上海政治经济学年鉴

2018

张晖明　孟捷　主编

上海人民出版社　格致出版社

前　言

中国特色社会主义政治经济学，是在过去40年改革开放中逐步发展起来的，具有坚实而伟大的实践基础。中国特色社会主义政治经济学的进一步发展，亟待实现进一步学理化，以构成一个反映中国实际、且具有一般理论意义的结构完整的经济学知识体系。

中国特色社会主义政治经济学是由在经验中形成的政策—制度话语和学术—理论话语共同构成的，由这一界分来看，中国特色社会主义政治经济学的下一步发展，还在于实现由政策—制度话语向学术—理论话语的根本转变。在改革之前受“左”的错误思想的影响，社会主义政治经济学学术—理论话语的相对独立性和自主性没有得到应有的承认，在国内高校、社科院等学术机构开展的话语生产，与党的路线方针政策的宣传(即政策—制度话语)在内容和形式上几乎雷同。历史经验证明，这种状况并不适合社会主义事业发展的需要。改革开放以后，上述局面迅速改观，学术—理论话语的相对独立性得到认可，并在20世纪80年代实现了空前的繁荣和发展。在20世纪90年代“社会主义市场经济”这一政策—制度话语的形成和发展中，学术—理论话语发挥了重要的建设性作用。

然而，经过此后几十年的发展，从近期的经验和观察来看，当前国内政治经济学界对于中国特色社会主义政治经济学两种话语的关系，仍然存在一些认识上的偏差，其具体表现是如下截然相反的两派观点：一派回到了改革开放之前，主张中国特色社会主义政治经济学就是党和国家领导人的讲话和著述汇编，其他人没有发展和完善社会主义政治经济学的资格。这种观点是严重的倒退，它抹杀了社会主义政治经济学两种话语类型的差异，只承认政策—制度话语的重要性，表面上重视中国特色社会主义政治经济学，实则切断了社会主义政治经济学的政策—制度话语和学术—理论话语的联系，否认了前者进一步学理化的可能性和必要性，消弭了社会主义政治经济学的科学性，削弱乃至破坏了中国特色社会主义政治经济学话语体系的总体影响力。与此同时，另一派观点则正好相反，只承认政治经济学学术—理论话语的重要性，甚至试图在放弃马克思主义、引进西方经济学的前提下发展社会主义政治经济学的学术—理论话语。这两种态度都是片面的，甚至是错误的。正确的态度应该是，在认可两种话语类型的差异的前提下，寻求在两者间实现创造性转化的可能性，进而达成两者的内在一致性和整体性，即形成完整的中国特色社会主义政治经济学话语体系。

在这个问题上，可以通过观察西方新自由主义经济学的话语体系，来深化对于上述两种话语类型的关系的理解。新自由主义经济学也是由类似的两种话语构成的整体。就制度—政策话语而言，所谓“华盛顿共识”是新自由主义话语的表现形式。在新自由主义最初形成的英美两国，这套话语的直接实践功能，是削弱在战后“黄金年代”成长起来的工人阶级及其工会的力量，重建资本、尤其是金融资本的权力；在国际上，则是通过私有化、自由化、金融化等，削弱发展中国家自主发展的能力，或者如剑桥大学经济学家张夏准所说的“踢掉梯子”——也就是发达国家自己在达到更高的发展阶段后，反过来阻挠发展中国家采取发达国家曾经利用过的手段来发展自己的经济。①在这套政策—制度话语之外，则是学术—理论话语的生产。就其要端而言，就是 80 年代以来形成的有别于传统凯恩斯主义的新古典经济学，后者不仅依靠传统微观经济学为自由市场经济及其效率提供了系统化的学理说明，而且在宏观经济学上实现了对凯恩斯主义的反革命，通过提出理性预期宏观经济学、实际经济周期理论、新政治经济学等来反对国家干预，因而在学术上支持了新自由主义的政策—制度话语。与此同时，西方新自由主义经济学的学术—理论话语还通过为发展中国家培训经济学博士，在世界范围内得到了传播，进一步加强了其政策—制度话语的霸权。

中国特色社会主义政治经济学政策—制度话语的形成和发展，其动力总在于要回应社会主义经济制度中的重大实践问题，因而具有鲜明的时代特征和问题导向。但与此同时，这一特点也决定了，这种话语的生产可能无暇充分顾及概念和表述的完备性和系统性，反而造成下述情况，即在未经深思熟虑的情况下，匆忙地采纳和借鉴了一些在学术和理论上不太恰当、不太成熟的术语和表达。可以就此分析几个典型的例子。先看第一个例子。在中共十五大报告里，提出了“坚持效率优先、兼顾公平”的表述，这一表述是针对特定历史时空下的问题提出来的，目的是为了根除在改革之初还在流行的“吃大锅饭”、过度平均主义等分配现象，因而在实践上是具有重要意义的。但问题是，这个命题混淆或误用了概念，即以公平（其含义相当于正义）替代了平等。这样一来，人们就可将这个命题理解为：效率优先，兼顾正义。这显然是荒谬的。如果真的这样理解，效率和正义就不适当地对立起来了，相关政策—制度话语就无法在马克思主义正义理论的架构内给予学理的论证。在中共十七大报告里，提出了“把提高效率同促进社会公平结合起来”以及“初次分配和再分配都要处理好效率和公平的关系，再分配更加注重公平”的表述，这显然是更为科学的。

① 张夏准：《富国陷阱——发达国家为何踢开梯子》，社会科学文献出版社 2007 年。

另一个例子是对按劳分配和按要素分配的关系的理解。在中共十九大以前中国特色社会主义政治经济学的政策—制度话语中，对此问题先后有过如下表述："坚持按劳分配为主体，多种分配方式并存的制度。把按劳分配和按生产要素分配结合起来。"（十五大报告）"确立劳动、资本、技术和管理等生产要素按贡献参与分配的原则，完善按劳分配为主体、多种分配方式并存的分配制度。……各种生产要素按贡献参与分配。"（十六大报告）"要坚持和完善按劳分配为主体、多种分配方式并存的分配制度，健全劳动、资本、技术、管理等生产要素按贡献参与分配的制度。"（十七大报告）"完善按劳分配为主体、多种分配方式并存的分配制度。"（十八大报告）

上述话语将按劳分配和按要素分配作为两种分配方式并提，在学术上是值得认真商榷的。在《哥达纲领批判》里，按劳分配既是一种分配方式，也是一种分配性正义的原则，易言之，在未来共产主义社会的第一阶段，作为正义原则的按劳分配和作为分配方式的按劳分配耦合了。根据马克思的设想，这种耦合的前提，是在未来共产主义社会消灭了私有制（也消灭了国有制），自主联合劳动自此成为分配的唯一所有权依据。而在社会主义初级阶段（这一阶段本质上是迈向共产主义第一阶段的过渡阶段），保证自主联合劳动得以实现的自由人联合体还未出现，因而并不存在上述耦合的条件。作为一种正义原则的按劳分配，并不能无条件地作为一种现实分配方式来看待。

与此同时，按要素分配则是一种与现实中的生产关系或产权制度相适应的分配方式。承认按要素分配的必要性，等于接纳了私人所有权及其经济实现形式。这一在生产关系领域的重要变革，是建设社会主义初级阶段的基本经济制度，即以公有制为主体、多种经济形式并存这一所有制格局所需要的。根据马克思在《资本论》里的表达，私人所有权具有其经济实现形式。如果不承认私人所有权的经济实现形式，所有权或产权就是残缺而不完整的。在马克思地租理论里，地租被界定为土地所有权的经济实现形式。将马克思的这一表达推而广之，可以将利息视为货币资本所有权的经济实现形式，将股息视为股份资本所有权的经济实现形式，将利润视为生产资料所有权的经济实现形式等。

根据上述分析，按要素分配事实上是现实中存在的私人产权制度的组成部分。如果将按要素分配和按劳分配相提并论，即将两者看作可以同时并存的分配方式，事实上等于将一种分配性正义的原则和现实中的产权制度相并列，这在学理上是难以圆融的。此外，在流行见解看来，按劳分配适用于公有制企业，而按要素分配适用于非公有制企业。这事实上等于宣布，按劳分配作为正义原则无法被用于解释非公企业，从而在意识形态或经济伦理上否定或贬低了非公企业发展的积极意义。更要紧的是，这一贬低或否定，与社会主义初级阶段的基本经济制度理论是自相矛盾的——既然公有企业和非公有企业都是社会主义基本经济制度的组成部分，为何同样一种分配性正义原则不能并用于两种所有制企业呢？如果按劳分配原则无法运用于非公企业，还有必要将其囊括在社会主义基本经济制度之中吗？

值得指出的是，在这个问题上，中共十九大报告出现了某种突破，其中不再有将按劳分配和按要素分配并论的表述，而写道："坚持按劳分配原则，完善按要素分配的体制机制，促进收入分配更合理、更有序。"这表明，第一，在社会主义市场经济条件下，按劳分配仍然是可坚持的一种正义原则；第二，作为这样一种正义原则，按劳分配是在按要素分配即在多种所有制并存的前提下实现的，按劳分配不仅适用于公有制企业，而且适用于非公有制企业。在本年鉴收录的编者之一的文章里，就将结合对马克思相对剩余价值生产理论的讨论，进一步探讨按劳分配作为分配性正义在市场经济前提下、即在存在按要素分配的前提下得以实现的具体条件。

在中共十八大以前围绕分配的政策—制度话语里，不仅出现过按要素分配和按劳分配并列的提法，还有按要素贡献进行分配的提法，易言之，按要素分配和按要素贡献分配是在等同的意义上使用的，这就不仅是表述有欠妥当了，而且是在理论上存在错误的。在马克思经济学的框架内，如果说按要素分配的表述还可被接受的话(其准确含义是指一种所有权获得了与之适应的经济实现形式)，按要素贡献分配则不然，后一种表述只有在新古典边际生产力学说的架构内才能成立。以地租这一要素收入为例，根据马克思的阐述，土地所有权没有为形成地租的超额利润做出任何贡献，而只是将已经形成的超额利润，从别人的口袋转移到土地所有者的口袋而已。将按要素分配进一步表述为按要素贡献分配，在社会主义政治经济学话语体系中是全然没有必要的。不过，撇开这点不论，单从意识形态的角度看，按要素贡献说有其合理内核，因为它试图对私人所有权及其经济实现形式的历史合理性作出一个在伦理上正面的解释。问题在于，这种正面的、即与一种正义观能相互接洽的解释，其实可以在马克思经济学的架构下来完成，而不必失之匆忙地诉诸新古典经济学，从而在理论上制造进一步的混乱。

过去40年来，伴随改革开放的深入，中国特色社会主义政治经济学的话语体系有了相当程度的发展。但总体而言，中国特色社会主义政治经济学的政策—制度话语仍然存在进一步学理化，即从政策—制度话语转化为学术—理论话语的巨大空间。推动中国特色社会主义政治经济学的进一步学理化，需要在理论上解决三个问题：第一，要更新对历史唯物论的认识，使之适应于解释当代中国制度变迁和改革以来形成的社会主义市场经济体制。第二，要借鉴和发展《资本论》中的相对剩余价值生产理论，使之成为一个理论参照系，以解释社会主义市场经济在解放生产力、发展生产力上所起的作用。一些执着于新古典经济学的学者，时常提及现实市场经济的理论参照系的问题，并主张完全竞争市场的一般均衡理论(所谓阿罗—德布鲁模型)是唯一可能的参照系。这一参照系的作用,是解释自工业革命以来,市场经济何以能实现持续的繁荣和增长。这些学者的观点有合理的地方——既然社会主义初级阶段的任务是发展社会主义市场经济,客观上就需要有一个理论参照系,以解释市场经济何以是推动生产率进步的引擎。这些观点的片面性则在于,在他们眼中,这种理论参照系只可能有一种,即阿罗—德布鲁模型。事实上,正如年鉴编者之一指出的,马克思的相对剩余价值生产理论是另一个可选的参照系(只要承认国有企业可以有效参与竞争,这一参照系便能运用于社会主义市场经济)。和阿罗—德布鲁模型相比,马克思的这一理论参照系是建立在劳动生产力进步基础上的,而阿罗—德布鲁模型则抽象了技术创新,且如斯蒂格利茨所指出的,该模型事实上无法通过任何改进以容纳创新。仅从这个角度看,马克思的参照系便是更为优越的。相对剩余价值生产这个参照系有助于解释今天流行的一个命题——让市场在资源配置中发挥决定性作用。不过,在马克思那里,相对剩余价值生产本身是包含两重性的,一方面,它可以解释生产力进步,另一方面,它的内部也蕴含着矛盾,可以造成利润率下降和危机,从而破坏其发展生产力的积极的一面。这样一来,我们就需要发展另一个与之配套的理论,这一理论可以用相对剩余价值的实现条件来概括。相对剩余价值生产的实现条件,涉及科学—技术条件、经济条件和制度条件这三重条件。马克思在《资本论》里较多地谈论了相对剩余价值生产的经济条件;新熊彼特派经济学较多地谈论了相对剩余价值生产的科学—技术条件;当代政治经济学流派——如调节学派和SSA——则较多谈论了相对剩余价值生产的制度条件。就中国经济而言,相对剩余价值生产的制度条件,实际上关涉到构成中国模式、中国道路的那些特殊的制度因素。要强调的是,市场本身往往不能自动满足相对剩余价值生产的三重条件,必须借助国家的作用来造就这些条件。这就引申出第三个问题,即要从相对剩余价值生产的实现条件——这三重条件事实上构成了马克思主义的市场失灵理论——出发,引申出国家的经济作用,从而建立一个内生性国家的经济理论。[①]如果说上述参照系、三重实现条件和国家的经济作用构成了中国特色社会主义政治经济学的体系结构,那么国家理论就是这一体系上的“王冠”,它的任务是解释今天流行的另一个命题——更好地发挥政府(实则是国家)的作用。

中国特色社会主义政治经济学话语体系,就其核心内容而言,不仅是对现实的反映,而且是现实生产关系赖以构建的原则,这一点赋予了中国特色社会主义政治经济学的话语生产(包括学术话语的生产)以极其重要的地位。在国内高校、科研院所等机构,中国特色社会主义政治经济学学术话语的生产能否和学科、院系以及学术评价等制度

① 参见收入本年鉴的孟捷的相关文章。

型式相结合，是决定这种话语能否形成葛兰西意义上的文化领导权、进而参与现实生产关系建构的必要条件。应该在高校体制内推动新的制度变革，将学科、院系以及学术评价制度的发展与中国特色社会主义话语体系建设更紧密地结合起来，以进一步巩固和加强中国特色社会主义话语体系的领导权。

本年鉴是复旦大学中国特色社会主义政治经济学研究中心组织编撰的出版物。冠名“上海政治经济学年鉴”，只是为了树立一种标识，并无任何地域性含义。本年鉴试图将近一两年来国内有代表性的论文加以收编，以期在尽可能短的篇幅内，反映国内政治经济学研究进展的总体风貌。在编选这些论文时，我们尽可能顾及了不同领域、不同进路和不同层次的研究，并将所有论文按专题顺序进行了编排。这些专题既涉及对中国特色社会主义政治经济学政策—制度话语的解读，也包括在学术—理论话语层面的研究。在学术—理论话语的研究中，包含了方法论、基础理论、制度分析、经验和数理分析、思想史研究等等。我们希望，通过这种选编方式，能反映相关研究专题内的最新进展。正如读者看到的，年鉴文章的作者不仅有知名专家，而且不乏初出茅庐的青年学者；不仅有许多传统意义的政治经济学家，而且有一些以演化经济学和后凯恩斯主义经济学为研究背景的学者；不仅有擅于传统定性分析的学者，而且有专门从事数量分析的学者。这种多样化的生态，反映了当前政治经济学界生动活泼、欣欣向荣的可喜局面。

编　者

2018 年 11 月

目　录

习近平经济思想研究

马克思主义中国化和中国特色社会主义政治经济学

改革开放 40 周年:政治经济学的回顾和展望

社会主义政治经济学理论和逻辑体系

国家和制度变迁的政治经济学

增长和发展的政治经济学

现代资本主义经济

劳动价值论研究

数理政治经济学

政治经济学流派和经济思想史

学 术 争 鸣

学 术 书 评

习近平经济思想研究

历史视界、时代意蕴、理论精华
——习近平新时代中国特色社会主义思想研究

顾海良*

摘　要　历史、现实和未来相结合，是党的十八大以来习近平总书记进行中国特色社会主义理论和实践探索的重要方法，也是习近平新时代中国特色社会主义思想形成的显著特点。习近平新时代中国特色社会主义思想，以近五年来中国社会的历史性变革为现实根据，以实现中华民族伟大复兴中国梦的历史视界展现其深刻的时代意蕴，以对世界社会主义500年的历史回溯揭示其深远的世界意义，在"不忘初心"的历史探索中升华根本宗旨、核心立场、历史使命和奋进路向。

关键词　习近平新时代中国特色社会主义思想　历史性变革　中国梦　世界社会主义

习近平总书记在党的十九大报告中对新时代中国特色社会主义思想的精神实质、根本要义和基本方略的深刻阐述，是对党的十八大以来以习近平同志为主要代表的中国共产党人理论创新的科学概括，集中体现了马克思主义中国化的最新成果。引人注意的是，在党的十九大报告中，习近平总书记一开始就对党的十八大以来五年工作的"历史性变革"和新时代中国共产党的"历史使命"作了深刻阐释，结合历史、现实和未来，对新时代中国特色社会主义思想的现实根据、奋斗目标和精神境界作了深入阐释。以深邃的历史视界、深厚的时代意蕴，彰显深湛的理论精华。历史、现实和未来相结合，是党的十八大以来习近平总书记进行中国特色社会主义理论和实践探索的重要方法，也是习近平新时代中国特色社会主义思想形成的显著特点。

一、从历史、现实和未来结合上拓展新时代中国特色社会主义的认识视界

对中国社会发展的新的历史方位的判定，是对中国特色社会主义进入新时代认识的基础；而

* 顾海良，北京大学中国道路与中国化马克思主义协同创新中心主任。

对新的历史方位的判定，又是以对当代中国的"历史性变化"和"历史性变革"的深刻把握为前提的。

历史、现实和未来相结合，是开拓马克思主义新境界的重要方法，也是拓展新时代中国特色社会主义新视界的基本要求。

党的十八大以后，习近平总书记在对坚持和发展中国特色社会主义理论和实践问题的探索中，多次提到历史、现实和未来相结合的方法问题。他提出："历史、现实、未来是相通的。历史是过去的现实，现实是未来的历史。要把党的十八大确立的改革开放重大部署落实好，就要认真回顾和深入总结改革开放的历程，更加深刻地认识改革开放的历史必然性，更加自觉地把握改革开放的规律性，更加坚定地肩负起深化改革开放的重大责任。"①对现实问题的理解要与历史、未来的探讨结合在一起，要在历史、现实和未来的内在联系中昭彰理论的魅力，探究思想的真谛。

党的十八大召开后不久，习近平总书记在参观《复兴之路》展览时，从中华民族"昨天""今天"和"明天"，对中华民族的历史、现实和未来作了阐释。中华民族的历史（"昨天"）可以说是"雄关漫道真如铁"。近代以后，中华民族遭受的苦难之重、付出的牺牲之大，在世界历史上都是罕见的。但是，中国人民从不屈服，不断奋起抗争，终于掌握了自己的命运，开启了建设自己国家的伟大进程，充分展示了以爱国主义为核心的伟大民族精神。中华民族的现实（"今天"）可谓"人间正道是沧桑"。改革开放以来，我们总结历史经验，不断艰辛探索，终于找到了实现中华民族伟大复兴的正确道路，取得了举世瞩目的成果。中华民族的未来（"明天"）可以说是"长风破浪会有时"。经过鸦片战争以来 170 多年的持续奋斗，中华民族伟大复兴展现出光明的前景。中华民族的历史、现实和未来，展现了几代志士仁人为民族复兴奋斗的艰辛历程，记载着近代以来一代又一代中国人的美好夙愿，深刻地揭示了中华民族的历史命运和当代中国的发展走向。在历史、现实和未来相联系、相结合的论述中，习近平总书记指出："现在，我们比历史上任何时期都更接近实现中华民族伟大复兴的目标，比历史上任何时期都更有信心、更有能力实现这个目标。"②正是在历史、现实和未来结合的视界上，才能更为坚实地确立全党全国各族人民共同的奋斗目标，才能更为坚定地宣明以习近平同志为主要代表的中国共产党人高度的历史担当和使命追求，才能更为深刻地揭示中国特色社会主义新时代的内涵。

历史是最好的教科书。党的十八大后，站在新时代的起点上，习近平总书记强调："正是从历史经验和现实需要的高度，党的十八大以来，中央反复强调，改革开放是决定当代中国命运的关键一招，也是决定实现'两个一百年'奋斗目标、实现中华民族伟大复兴的关键一招。"③"历史经验"为当下现实的发展提供了旨向，成为现实顺利走向未来的宝贵镜鉴。在党的十八届三中全会上，习近平总书记在对社会主义市场经济理论的历史逻辑的探索中，回顾了党的十四大以来社会主义市场经济理论的历史过程，提出"从党的十四大以来的 20 多年间，对政府和市场关系，我们一直在根据实践拓展和认识深化寻找新的科学定位。党的十五大提出'使市场在国家宏观调控

① 《习近平谈治国理政》，外文出版社 2014 年版，第 67 页。

② 同上书，第 167 页。

③ 同上书，第 71 页。

下对资源配置起基础性作用’，党的十六大提出‘在更大程度上发挥市场在资源配置中的基础性作用’，党的十七大提出‘从制度上更好发挥市场在资源配置中的基础性作用’，党的十八大提出‘更大程度更广范围发挥市场在资源配置中的基础性作用’。可以看出，我们对政府和市场关系的认识也在不断深化”①。在这一历史和现实相结合的论述中，得出“从理论上对政府和市场关系进一步作出定位，这对全面深化改革具有十分重大的作用”的结论，就拥有了更为深厚的历史底蕴、更为强烈的理论感召力、更为坚定的现实底气。

回溯历史、立足现实，如习近平总书记在党的十八大后中央政治局第七次集体学习时所强调的：“在对历史的深入思考中做好现实工作、更好走向未来，不断交出坚持和发展中国特色社会主义的合格答卷。”②马克思主义本质上是一门历史的科学。历史、现实和未来的结合是马克思主义方法的内在要求，要在历史、现实和未来的内在联系中，紧密结合新的时代条件和实践要求，勇于实践创新，勇于理论创新。这也是习近平新时代中国特色社会主义思想带给我们的重要的方法论上和立场上、观点上的深刻启示。

二、近五年来中国社会的历史性变革是新时代新思想形成的现实根据

在党的十九大报告中，习近平总书记一开始就对“过去五年的工作和历史性变革”作出了论述，从历史、现实和未来结合的高度，坚持辩证唯物主义和历史唯物主义，揭示了新时代的本质规定，作出了社会主要矛盾已经发生转化的新判断，彰显了习近平新时代中国特色社会主义思想的深厚的现实根据与深刻的时代特征。

在对党的十八大以来五年发展的历史性成就的回顾中，习近平总书记指出，这是党和国家发展进程中极不平凡的五年，改革开放和社会主义现代化建设取得了历史性成就。这一历史性成就凸显于经济建设取得重大成就、全面深化改革取得重大突破、民主法治建设迈出重大步伐、思想文化建设取得重大进展、人民生活不断改善、生态文明建设成效显著、强军兴军开创新局面、港澳台工作取得新进展、全方位外交布局深入展开、全面从严治党成效卓著十个方面。

因事而化。这一历史性成就是全方位的、开创性的，所实现的“历史性变革”也是深层次的、根本性的。“历史性变革”的着力点，就在于“解决了许多长期想解决而没有解决的难题，办成了许多过去想办而没有办成的大事”。“历史性变革”中“解决的难题”和“办成的大事”必然“化”出一些深刻的道理，其中最为突出的就是，党的十八大以来，以习近平同志为核心的党中央的坚强领导、习近平同志系列重要讲话精神和治国理政新理念新思想新战略的科学指引，是这五年取得这些历史性成就和变革的根本保证。“化”出的这些道理，是习近平新时代中国特色社会主义思想形成的现实根据。

党的十八大以来这五年的“历史性变革”，与改革开放新时期以来的历史紧密相连，是一个接

① 《习近平谈治国理政》，第76页。

② 习近平：《在对历史的深入思考中更好走向未来交出发展中国特色社会主义合格答卷》，《人民日报》2013年6月27日。

续奋斗、不断进取的历史过程。在这一过程中，我们党团结带领全国各族人民不懈奋斗，使党的面貌、国家的面貌、人民的面貌、军队的面貌、中华民族的面貌发生了前所未有的变化，中华民族正以崭新姿态屹立于世界的东方，中国特色社会主义由此进入新时代。

中国特色社会主义进入新时代，是对当代中国历史方位的新认识，是对中国社会现实发展态势的新判断，也是对未来中国走向的新瞻望。对中国特色社会主义"新时代"的历史进程、社会现实和未来趋势，习近平总书记作了三个"意味着"的概括。这就是，意味着近代以来久经磨难的中华民族迎来了从站起来、富起来到强起来的伟大飞跃，迎来了实现中华民族伟大复兴的光明前景；意味着科学社会主义在21世纪的中国焕发出强大生机活力，在世界上高高举起了中国特色社会主义伟大旗帜；意味着中国特色社会主义道路、理论、制度、文化不断发展，拓展了发展中国家走向现代化的途径，给世界上那些既希望加快发展又希望保持自身独立性的国家和民族提供了全新选择，为解决人类问题贡献了中国智慧和中国方案。

因时而进。习近平总书记对这一"新时代"的主要特征，作了五个方面的概括：一是承前启后、继往开来，在新的历史条件下继续夺取中国特色社会主义伟大胜利的时代；二是决胜全面建成小康社会，进而全面建设社会主义现代化强国的时代；三是全国各族人民团结奋斗，不断创造美好生活，逐步实现全体人民共同富裕的时代；四是全体中华儿女勠力同心，奋力实现中华民族伟大复兴中国梦的时代；五是我国日益走近世界舞台中央，不断为人类作出更大贡献的时代。新时代的这些特征，是从历史和现实、理论和实践、国内和国际结合上思考，是从我国社会发展的历史方位上探索，也是从党和国家事业发展大局上研究得出的科学结论。

因势而新。新时代的历史方位、现实态势和未来趋向，是以社会主要矛盾的新变化为基础和根据的。习近平总书记据此提出："中国特色社会主义进入新时代，我国社会主要矛盾已经转化为人民日益增长的美好生活需要和不平衡不充分的发展之间的矛盾。"这是对新时代历史方位和主要特征认识的主要根据。从1956年党的八大提出我国国内的主要矛盾是人民对于经济文化迅速发展的需要同当前经济文化不能满足人民需要的状况之间的矛盾，到现在已经过去了61年；从1981年党的十一届六中全会提出我国社会的主要矛盾是人民日益增长的物质文化需要同落后的社会生产之间的矛盾，到现在也已经过去了36年。

中国社会主义经济制度确立以来对社会主要矛盾的这三次认识，深刻反映了社会生产力和生产关系之间关系、经济基础和上层建筑之间关系的变化，是对中国特色社会主义的历史性变化具有全局性意义的科学判断。党的十九大对社会主要矛盾的新认识，将对党和国家工作提出一系列新要求，成为新时代中国特色社会主义思想形成和基本方略提出的基本根据。

三、实现中华民族伟大复兴中国梦的历史视界和时代意蕴

在党的十九大报告中，习近平总书记提出："中国梦是历史的、现实的，也是未来的。"党的十八大刚一结束，习近平总书记就在对中华民族发展历史与当代中国现实和未来走向的探索中，提出了实现中华民族伟大复兴中国梦的重要思想，铸就了习近平新时代中国特色社会主义思想的

宏伟奋斗目标和崇高精神境界。

习近平总书记在参观《复兴之路》展览时，回溯中华民族的历史，立足中华民族的现实，展望中华民族的未来，提出“实现中华民族伟大复兴，就是中华民族近代以来最伟大的梦想”的重要思想。实现中华民族伟大复兴中国梦的思想，是习近平总书记对时代新变化中坚持和发展中国特色社会主义的战略思考，成为中国特色社会主义新时代的重要标识。在全国人大十二届一次会议上，作为中华人民共和国新任主席，习近平总书记以誓词般的语言再次提出，中国梦就是“国家富强、民族振兴、人民幸福”的伟大梦想，“归根到底是人民的梦”；实现伟大梦想就要坚持走“中国道路”、弘扬“中国精神”、凝聚“中国力量”。伟大梦想的历史内涵，在坚持和发展中国特色社会主义的新时代中更彰显出生动的现实意蕴和深湛的理论精华。

实现中国梦必须走中国道路，这就是中国特色社会主义道路。道路决定命运，没有正确的道路，再美好的愿景、再伟大的梦想，都不能实现。历史和现实充分证明，无论封闭僵化的老路，还是改旗易帜的邪路，都是绝路、死路。只有中国特色社会主义道路才能发展中国、富强中国，才是一条通往中华民族伟大复兴梦想的康庄大道、人间正道。中华民族是具有非凡创造力的民族，我们创造了伟大的中华文明，我们也能够继续拓展和走好适合中国国情的发展道路。实现中国梦必须弘扬中国精神，这就是以爱国主义为核心的民族精神和以改革创新为核心的时代精神。伟大的梦想，需要伟大的精神作支撑。没有振奋的精神，没有高尚的品格，没有坚定的志向，一个民族不可能自立于世界民族之林。要弘扬这种伟大的民族精神和时代精神，不断振奋全民族的精气神，不断增强团结一心的精神纽带、自强不息的精神动力，永远朝气蓬勃迈向未来。实现中国梦必须凝聚中国力量，这就是全国各族人民大团结的力量。各族人民大团结的力量，是克服各种困难、战胜风险挑战的决定性因素。只要我们紧密团结，万众一心，为实现共同梦想而奋斗，实现梦想的力量就无比强大。

在党的十九大报告中，习近平总书记在回溯历史后指出，实现中华民族伟大复兴是近代以来中华民族最伟大的梦想。中国共产党一经成立，就把实现共产主义作为党的最高理想和最终目标，义无反顾地肩负起实现中华民族伟大复兴的历史使命，团结带领人民进行了艰苦卓绝的斗争，谱写了气吞山河的壮丽史诗。习近平总书记提出，实现伟大梦想必须合乎时代潮流、顺应人民意愿，勇于改革开放，让党和人民事业始终充满奋勇前进的强大动力。

实现伟大梦想，与进行伟大斗争、建设伟大工程、推进伟大事业是紧密联系在一起的。习近平总书记在党的十九大报告中指出，伟大斗争、伟大工程、伟大事业、伟大梦想，紧密联系、相互贯通、相互作用，其中起决定性作用的是党的建设新的伟大工程。推进伟大工程，要结合伟大斗争、伟大事业、伟大梦想的实践来进行，确保党在世界形势深刻变化的历史进程中始终走在时代前列，在应对国内外各种风险和考验的历史进程中始终成为全国人民的主心骨，在坚持和发展中国特色社会主义的历史进程中始终成为坚强领导核心。

“功崇惟志，业广惟勤。”伟大的梦想绝不是轻轻松松、敲锣打鼓就能实现的，我们必须准备付出更为艰巨、更为艰苦的努力。在党的十九大报告中，习近平总书记作出了我国社会主要矛盾已经发生转化的新判断。我国社会主要矛盾的变化不仅对党和国家工作提出了许多新要求，也对伟大梦想的实现提出新的精神境界、新的实践路向。实现伟大梦想任重而道远，需要锲而不舍、驰而不息的艰苦努力，要在继续推动发展的基础上，着力解决好发展不平衡不充分问题，大力提升发展质量和效益，更好地满足人民在经济、政治、文化、社会、生态等方面日益增长的需要，更好地推动人的全面发展、社会全面进步。只要一代又一代中国人勠力同心、不懈追求、接力奋斗，我们就一定能够到达中华民族伟大复兴的光辉彼岸。

实现中华民族伟大复兴的中国梦，是习近平新时代中国特色社会主义思想的宏伟奋斗目标和崇高精神境界的深刻表达。在新时代中国特色社会主义发展中，既要看到今天我们比历史上任何时期都更接近、更有信心和能力实现中华民族伟大复兴的目标；也要不负人民重托、无愧历史选择，在新时代中国特色社会主义的伟大实践中，以党的坚强领导和顽强奋斗，激励全体中华儿女不断奋进，凝聚起同心共筑中国梦的磅礴力量！

四、世界社会主义发展史上新时代中国特色社会主义的意义

中国特色社会主义进入新时代，在中华人民共和国发展史上、中华民族发展史上具有重大意义。新时代中国特色社会主义的新发展，将对世界社会主义发展史、人类社会发展史产生巨大和深远的影响。

习近平总书记在 2013 年初举行的新进党的十八届中央委员会委员、候补委员研讨班的讲话中，从历史、现实和未来相结合的高度，对世界社会主义 500 年的历史发展作出系统回顾，对新的历史条件和时代变化中坚持和发展中国特色社会主义问题作了深刻阐释。在对世界社会主义 500 年发展历史的探索中，习近平总书记特别注重把握社会主义思想、运动和制度发展的本质和历史趋势，特别注重坚定坚持和发展中国特色社会主义的信心和信念。

习近平总书记从六个“时间段”上阐释了社会主义思想和实践发展的历史过程。这六个“时间段”包括：空想社会主义产生和发展；马克思、恩格斯创立科学社会主义理论体系；列宁领导十月革命胜利并实践社会主义；苏联模式逐步形成；新中国成立后我们党对社会主义的探索和实践；我们党作出进行改革开放的历史性决策、开创和发展中国特色社会主义。对世界社会主义历史发展的深刻理解，为习近平新时代中国特色社会主义思想的创新、为新时代中国特色社会主义新境界的开拓，确立了重要的历史和理论基础。

回溯以 1516 年托马斯·莫尔《乌托邦》发表为开端的世界社会主义 500 年的历史发展，有助于理解共产主义理想和社会主义信念是建立在马克思主义揭示的人类社会发展规律的基础之上的。1848 年《共产党宣言》“以天才的透彻而鲜明的语言”①，全面阐述了科学社会主义的基本原理，成为科学社会主义的“出生证明”，科学社会主义的诞生无疑是社会主义思想史上“一次壮丽的日出”②。世界社会主义已经走过整整 500 年的历程。一路走来，可以说是不平凡的历程。社

① 《列宁专题文集·论马克思主义》，人民出版社 2009 年版，第 5 页。

② 《马克思恩格斯文集》(第 9 卷)，人民出版社 2009 年版，第 383 页。

会主义在自身发展过程中，不断创新社会主义理论、开展社会主义运动、建立社会主义制度、建设社会主义事业，既辉煌壮丽又跌宕起伏，既波澜壮阔又潮起潮落，既艰辛探索又破浪前行。在不断变动的社会实践中，世界社会主义在不断发展，从空想到科学、从理论到现实、从一国实践到多国实践、从一种模式到多种模式，在坎坷和曲折中不断前进的社会主义，不断开辟着人类社会伟大变革的历史进程。

对社会主义500年历史逻辑和理论逻辑的总体性思考，能更全面地厘清社会主义作为人类文明进步的思潮、运动和制度，是怎样在凯歌行进和如磐风雨中前行的；能更清晰地理解中国共产党和中国人民是怎样经过反复比较和总结，历史地选择科学社会主义，选择社会主义道路的；能更深刻地感悟中国共产党在把马克思主义基本原理同中国实际和时代变迁结合中，是怎样历经千辛万苦，付出各种代价，开创和发展中国特色社会主义的，又是怎样站立在时代变化的新起点上，开创中国特色社会主义新境界的；能更科学地总结世界社会主义发展的历史经验，揭示世界社会主义发展的内在规律，前瞻世界社会主义的未来进程。以此提高理论素养，树立世界眼光，培养战略思维，增强坚持和发展中国特色社会主义的道路自信、理论自信、制度自信和文化自信。

2017年是世界社会主义发展第六个百年开首之年，也是中国特色社会主义在新时代接续发展的重要起点。习近平总书记在十九大报告中指出，实践没有止境，理论创新也没有止境。世界每时每刻都在发生变化，中国也每时每刻都在发生变化，我们必须在理论上跟上时代，不断认识规律，不断推进理论创新、实践创新、制度创新、文化创新以及其他各方面创新。同时，在人类社会发展的历史进程中，我们也将以“中国道路”的新发展和新成就，拓展发展中国家走向现代化的途径，给世界上那些既希望加快发展又希望保持自身独立性的国家和民族提供全新选择，为解决人类问题贡献“中国方案”和“中国智慧”。在习近平新时代中国特色社会主义思想的指引下，我们将在世界上高举起中国特色社会主义的伟大旗帜，在世界社会主义的新发展中谱就新时代中国特色社会主义的华彩乐章。

五、在“不忘初心”的历史探索中升华新时代中国特色社会主义使命和路向

在对中国共产党发展历史和中华人民共和国发展历史的探索中，习近平总书记在从“不忘初心，继续前进”到“不忘初心，牢记使命”的系列论述中，结合中国特色社会主义的历史、现实与未来，提出增强“四个自信”，彰显了习近平新时代中国特色社会主义思想的根本宗旨、核心立场、历史使命和奋进路向。

“不忘初心，牢记使命”是党的十九大的主题内容。习近平总书记在十九大报告一开始就指出，不忘初心，方得始终。中国共产党人的初心和使命，就是为中国人民谋幸福，为中华民族谋复兴。这个初心和使命是激励中国共产党人不断前进的根本动力。全党同志一定要永远与人民同呼吸、共命运、心连心，永远把人民对美好生活的向往作为奋斗目标，以永不懈怠的精神状态和一

往无前的奋斗姿态，继续朝着实现中华民族伟大复兴的宏伟目标奋勇前进。

"不忘初心，牢记使命"深刻地揭示了习近平新时代中国特色社会主义思想的根本宗旨和核心立场。2016年，习近平总书记在回顾中国共产党已经走过的95年历程时，就以"不忘初心，继续前进"为题，提出"我们要永远保持建党时中国共产党人的奋斗精神，永远保持对人民的赤子之心。一切向前走，都不能忘记走过的路；走得再远、走到再光辉的未来，也不能忘记走过的过去，不能忘记为什么出发。面向未来，面对挑战，全党同志一定要不忘初心、继续前进"①。

在全面回顾中国共产党团结带领全国各族人民不懈奋斗走过的光辉历程和作出的伟大历史贡献时，习近平总书记用"三个历史阶段"的"三次伟大飞跃"作了概述：第一个历史阶段，从1921年至1949年，中国共产党紧紧依靠人民，用28年时间打败了日本帝国主义，推翻了国民党反动统治，完成了新民主主义革命，成立了中华人民共和国，实现了中国从几千年封建专制政治向人民民主的伟大飞跃；第二个历史阶段，从1949年到1978年，我们党团结带领中国人民完成社会主义革命，确立了社会主义基本制度，消灭了一切剥削制度，推进了社会主义建设，实现了中华民族由不断衰落到根本扭转命运、持续走向繁荣富强的伟大飞跃；第三个历史阶段，从1978年到现在，我们党团结带领中国人民进行改革开放新的伟大革命，极大激发了广大人民群众的创造性，极大解放和发展了社会生产力，极大增强了社会发展活力，人民生活显著改善，综合国力显著增强，国际地位显著提高，实现了中国人民从站起来到富起来、强起来的伟大飞跃。

这"三个历史阶段"的三次革命实现的"三次伟大飞跃"产生了深远的历史影响，这种影响要放在中华民族5 000年、世界社会主义500年、新中国成立60多年和改革开放近40年的历史进程中去考察。具体表现在以下几个方面：一是它"使具有5 000多年文明历史的中华民族全面迈向现代化，让中华文明在现代化进程中焕发出新的蓬勃生机"；二是"使具有500年历史的社会主义主张在世界上人口最多的国家成功开辟出具有高度现实性和可行性的正确道路，让科学社会主义在21世纪焕发出新的蓬勃生机"；三是"使具有60多年历史的新中国建设取得举世瞩目的成就，中国这个世界上最大的发展中国家在短短30多年里摆脱贫困并跃升为世界第二大经济体，彻底摆脱被开除球籍的危险，创造了人类社会发展史上惊天动地的发展奇迹，使中华民族焕发出新的蓬勃生机"。②

这"三个历史阶段"的"三次伟大飞跃"体现了"三大规律性认识"。习近平总书记用三个"历史告诉我们"论述了这"三大规律性认识"：第一，必须坚持先进政党的领导和先进理论的指导。第二，中国共产党领导中华民族伟大复兴的事业是正确的；中国共产党领导中国人民开辟的中国特色社会主义道路是正确的；中国共产党和中国人民实现国家发展的战略是正确的。因此，这三个方面"必须长期坚持、永不动摇"。第三，中国、中国人民和中华民族走过的历程是中华民族发展史上不能忘却、不容否定的壮丽篇章，也是中国人民和中华民族继往开来、奋勇前进的现实基础。

从坚持"不忘初心，继续前进"到坚持"不忘初心，牢记使命"的系列论述，贯穿其中的根本要

①② 习近平：《在庆祝中国共产党成立95周年大会上的讲话》，《人民日报》2016年7月2日。

求就是，要坚定道路自信、理论自信、制度自信、文化自信。习近平总书记指出："当今世界，要说哪个政党、哪个国家、哪个民族能够自信的话，那中国共产党、中华人民共和国、中华民族是最有理由自信的。"①在党的十九大报告中，习近平总书记强调，中国特色社会主义道路是实现社会主义现代化、创造人民美好生活的必由之路，中国特色社会主义理论体系是指导党和人民实现中华民族伟大复兴的正确理论，中国特色社会主义制度是当代中国发展进步的根本制度保障，中国特色社会主义文化是激励全党全国各族人民奋勇前进的强大精神力量。习近平总书记强调，全党要更加自觉地增强道路自信、理论自信、制度自信、文化自信，保持政治定力，坚持实干兴邦，始终坚持和发展中国特色社会主义。

从坚持"不忘初心，继续前进"到坚持"不忘初心，牢记使命"的系列论述，贯穿其中的核心立场，就是无论我们走多远，都不能忘记走过的路，不能忘记为什么出发；就是永远保持建党时中国共产党人的奋斗精神，永远保持对人民的赤子之心；就是激励全党，历史从不等待一切犹豫者、观望者、懈怠者、软弱者，只有与历史同步伐、与时代共命运的人，才能赢得光明的未来。在党的十九大报告中，习近平总书记对中国特色社会主义思想根本要义的八个方面的凝练和基本方略 14 个方面的概括，既是习近平中国特色社会主义思想内在的根本宗旨和核心立场的体现，也是以习近平同志为主要代表的中国共产党人历史担当的承诺。

（本文原载《当代世界与社会主义》2017 年第 6 期）

① 习近平：《在庆祝中国共产党成立 95 周年大会上的讲话》，《人民日报》2016 年 7 月 2 日。

马克思主义及其中国化理论的巨大成就

程恩富*

摘　要　本文首先依据理论内涵、时间跨度和空间范围的不同，阐述马克思主义的多内涵、多样式和完整性，强调准确理解马克思主义中国化的含义；其次，根据客观事实和统计数据阐述《宪法》中关于毛泽东思想指导我国取得的重大经济成就，以及中国特色社会主义理论指导我国取得更大的经济成就问题；然后阐述习近平新时代中国特色社会主义经济思想，贯彻习近平关于生产力和经济制度的新思想；最后指出新时代中国经济在世界体系中已取得“准中心”地位的巨大成就，并向“中心”国家行列迈进。

关键词　马克思主义　新时代经济发展成就

2018年是马克思诞辰200周年，中国共产党成立97周年，新中国成立69周年，改革开放40周年。我们有必要搞清什么是马克思主义、马克思主义中国化的创新理论及实践成就，深入学习和运用习近平新时代中国特色社会主义经济思想指引经济发展取得更大的成就，推动中国经济在世界体系中的“准中心”向“中心”国家行列迈进的步伐。

一、什么是马克思主义及其中国化理论？

马克思主义博大精深，源远流长，依据其理论内涵、时间跨度和空间范围的不同，进行新的多种区分，才能领悟马克思主义的完整性和多样式，从而在认识上得到升华。

第一，从较广的理论内涵来界定，马克思主义至少有六层含义：一是在创发主体层面，发展由马克思、恩格斯创立和后继者不断丰富的理论体系；二是在学术内涵层面，发展马克思主义关于自然、社会和思维发展的一般规律的学术思想体系；三是在社会功能层面，发展马克思主义关于工人阶级及其政党进行社会主义革命和建设以及过渡到共产主义社会的指导思想体系；四是在

* 程恩富，中国社会科学院大学首席教授，中国社会科学院马克思主义研究学部主任，习近平新时代中国特色社会主义思想研究中心学术指导委员，世界政治经济学学会会长，中华外国经济学说研究会会长，全国人大教科文卫委员会委员。

人民福祉层面，发展马克思主义关于改善民生和人的全面自由发展的原则思想体系；五是在价值观念层面，发展马克思主义关于人生信仰和基本价值观的文化思想体系；六是在国际交往层面，发展马克思主义关于和平发展和促进人类共同体的国际思想体系。

第二，从继承和发展的主体来分析，马克思主义有政界和学界两大主渠道或主平台，共产党领袖和马克思主义学者是两大主体。这并非说政界和学界以外的人不能发展马克思主义，而是说他们没有成为主要发展主体。自马克思和恩格斯创立马克思主义以来，各国马克思主义政党领袖和学者不断发展马克思主义，并结合各国国情和世情进行本国化、时代化创新，尽管存在某些失误，但马克思主义及其各国化理论总体上推进了这一理论体系的拓展和发展。这两大主体应塑造良性互动、共同发展的辩证关系。

第三，从时间跨度来分析，既包括经典作家和革命领袖在不同时期的马克思主义思想发展史，如马克思恩格斯在世界自由竞争资本主义时期创立的马克思主义，列宁斯大林在世界一般私人垄断资本主义时期和苏联社会主义建设时期发展的马克思主义（称之为列宁主义和斯大林主义），毛泽东在中国新民主主义革命时期和社会主义革命与建设时期发展的马克思主义（称之为毛泽东思想），邓小平、江泽民、胡锦涛、习近平在中国社会主义改革时期发展的马克思主义（称之为中国特色社会主义理论），也包括各个时期的马克思主义的哲学发展史、经济学发展史、政治学发展史、文化学发展史等等。

第四，从空间范围来分析，马克思主义出现了各国化的理论。譬如，马克思主义的苏联化是列宁主义，中国化是毛泽东思想和中国特色社会主义理论，越南化是胡志明思想，朝鲜化是金日成主体思想等。以马克思主义经济学为例，在美国有垄断资本学派、积累的社会结构学派、世界体系学派，在法国有调节学派，在日本有宇野学派、数理马克思主义学派，在中国有创新马克思经济学综合学派等。

第五，准确理解马克思主义中国化的内涵。1938 年，毛泽东首次提出"马克思主义中国化"问题。而中国共产党近百年历史，客观上是把马克思列宁主义同中国革命、建设和改革的具体实践相结合的历史，是曲折地不断推动中国进步繁荣的实践史，是科学继承和持续发展马克思列宁主义的思想史。撇开学术界不谈，马克思主义中国化所说的"马克思主义"是狭义的，单指马克思列宁主义，因为广义的"马克思主义"涵盖了毛泽东思想和中国特色社会主义理论。马克思主义中国化理论形成了毛泽东思想和中国特色社会主义理论的两大成果。

二、毛泽东思想指引下我国取得的经济成就

马克思主义中国化形成了两大理论成果，毛泽东思想是第一个理论成果，指导新民主主义革命和社会主义革命与建设取得伟大胜利。在毛泽东思想的理论指引下，中华民族打开了伟大复兴的历史之门。新中国的建设并非一帆风顺，而是在克服了种种磨难之后，才取得了辉煌成就。在改革开放前，经过大约 30 年（1949—1978 年）的漫长努力，我国首次实现了重化工业化，建立了基本自给自足的国民经济体系，并在军事和国防领域上取得了初步成效，经济发展速度赶上并超

过了同期世界绝大多数国家，社会生产力水平和人民生活水平等经济指标均得到大幅提升，与世界发达国家在经济、科技创新等领域的差距也在不断缩小。

1981 年通过的《关于建国以来党的若干历史问题的决议》中就指出我国在工业建设上取得了长足的进步，建立了较为完整的国家工业体系和国民经济体系，社会生产水平得到极大提高，并且在教育、科学、文化、卫生、体育事业等方面取得很大发展。2018 年 3 月全国人大通过的新《宪法》也再次肯定了新中国成立以来所取得的重大成就。由此可见，中国转向社会主义市场经济，并不是因为社会主义计划经济失败，而是因为计划经济功成身退，市场经济继往开来。一旦社会主义市场经济操作得法，可以获取比传统的计划经济更大的成就。

新中国成立之初尽管在探索社会主义的过程中间有一些失误，但是总体上取得了很大的绩效，国家越来越富强，改变了一穷二白的面貌，初步建立了一个比较完整的工业体系和国民经济体系，大大改善了人民的生活水平。新中国成立近 70 年来，经济欣欣向荣，大势向好，并没有将民富与国强生硬地割裂开，证明了毛泽东时代让中国逐步富强起来。两个“30 年”虽然在发展阶段和发展水平上有所不同，但共同构成新中国辉煌的历史，因此，我们不能将两个“30 年”的建设相互割裂和否定。

事实上，改革开放前后两个时期都是社会主义新中国历史的有机组成部分，紧密联系，休戚相关。一方面，改革开放前的发展时期奠定了现代经济政治文化的基础，为改革开放的出现提供了物质基础和制度基础。另一方面，改革开放后的发展时期是在前期的基础上发展起来的，继承了前期的成果，继而开创新的成果。但是改革以来出现了一些论著，为了论证改革开放的必要性和伟大成就，开始批判改革开放前的发展时期，片面地指责其缺陷，或者全盘否定前 30 年抑或割裂两个“30 年”之间不可分离和相辅相成的关系。一方面，这将扭曲公众对新中国的历史发展的科学认识，另一方面，也不利于我们正确把握科学发展规律。

三、中国特色社会主义理论指导我国经济实现更大跨越

从邓小平理论、“三个代表”重要思想到科学发展观，再到当下习近平新时代中国特色社会主义，不断丰富和发展的战略思想共同构筑了中国特色社会主义理论体系，是马克思主义中国化的又一理论成果，指引我国改革开放不断取得举世瞩目的成就。

在改革开放 40 年间，中国国民经济发展欣欣向荣，年均 GDP 增速超过九个百分点，远超同期其他国家的增长速度，甚至也大大高于美、德、日等国曾在经济发展黄金时期的速度。2017 年，我国人均 GDP 已跨入 8 000 美元的关口，人民生活水平显著提升，实现了从贫困到温饱再到小康的历史性跨越。我国对外贸易总额和外汇储备均居世界第一，国内生产总值位列全球第二。另外，我国在政治、社会、文化、国防、外交等领域也取得了诸多可喜成就。

在民富国强方面，中国可以进行自我纵向比较和与他国的横向比较，这样的对比方法可以得到较科学合理的结论。

第一，基于购买力平价(PPP)的国内生产总值(GDP)。根据世界银行相关相关统计资料显

示,以 PPP 标准测算,中国在 2016 年的经济总量达到 21.4 万亿美元,实际超过同期经济总量为 18.6 万亿美元的美国,印度只有 8.7 万亿美元,2016 年的中国已经是世界上最大的经济体。在经济学上,PPP 是基于不同国家的价格水平而计算出来的各国货币之间的等值系数,可以更好地衡量一个国家的生活水平,按照这个指标进行衡量和比较各国的国内生产总值较科学。如果把美元兑换成人民币,会发现在中国购买的东西比美国多,尤其是那些并非由国际贸易提供的商品和服务,比如在中国理发比美国便宜。若按照汇率比较,现在中国经济总量位居世界第二,仅次于美国,但汇率变动波动较大,可能导致结论的客观性缺失。根据国际货币基金组织基于 PPP 的统计数据,2017 年美国的 GDP 仍然是全球第一,为 195 558.74 亿美元,但是随着中国的不断强大,在全球十大强国中排名第二,中国 GDP 为 131 735.85 亿美元,而印度的 GDP 为 26 074.09 亿美元。而在人均 GDP 方面,受人口基数大的影响,中国排名第 70 位,而印度则被甩出 130 名以外。一旦中国人口总量呈现下降趋势,人均 GDP 将会有所改善,就能体现中国经济社会发展的成就。

第二,现代化指数。《中国现代化报告 2017:健康现代化研究》指出,1960 年以来中国平均预期寿命的国际差距缩小 20 岁,中国健康现代化指数位居世界第 59 位。从 1960 年至 2015 年间,中国平均预期寿命从 43.4 岁提高到了 76 岁,中国与高收入国家的差距从 25 岁缩小到约 5 岁,1970 年以来中国平均预期寿命超过世界平均水平。2014 年中国健康现代化指数为 41,排名第 59 位,属于健康初等发达水平。

第三,家庭财富指数。家庭财富包括六大组成部分:金融资产、房产净值、动产与耐用消费品、生产经营性资产、非住房负债以及土地,其中房产净值是指房产现价减去住房债务,非住房负债是指除住房债务以外的其他一切债务。2017 年中国家庭财富调查报告发布,家庭人均财富为 16.9 万元,房产占总资产近七成,动产中家用汽车占比最高,新增投资大部分是储蓄,互联网金融以消费支付为主。另据瑞士信贷研究部门(Credit Suisse Research Institute)发布的 2017 年全球财富报告,2017 年中国财富增加的速度赶上了欧洲,中国的财富总量增加了 11 万亿美元。这一增加量排在美国之后,高居全球第二位。

由此可得,新中国成立以来,中国经济的发展速度在全世界范围内是较快的,特别是在改革开放之后,而国情和中国相似的印度的经济发展远远落后于我国,这是因为两个国家的发展路径依赖和制度不同。在 20 世纪 40 年代后期,中国和印度的人均 GDP 水平大致相等,且印度拥有比中国优越的天然地理条件。但是中华人民共和国成立后,无论是改革开放前还是改革开放后,印度的人均 GDP 始终都落后于中国。究其根源,印度的理论指导思想是资产阶级的"民主社会主义"或"新自由主义",而中国是以马克思主义及其中国化理论作为指导思想。

四、习近平新时代中国特色社会主义经济思想的主要内容

2017 年,在以习近平新时代中国特色社会主义经济思想的引领下,中央经济工作会议提出"新发展理念",这是十八大召开后指导中国经济发展的理论结晶,是马克思主义中国化在经济领

域的又一最新理论成果，是当今中国经济社会发展和取得更大成就的指导思想。

第一，马克思主义政治经济学原理认为，生产力是最革命、最活跃的因素，而掌握先进科技和管理方式的人，对生产力起着核心作用，其中科技创新具有引领生产力发展的决定性功效。中国特色社会主义政治经济学依据马克思主义政治经济学的一般原理，强调解放和发展生产力是社会主义初级阶段的根本任务，倡导自主创新，建设创新型国家。习近平新时代中国特色社会主义经济思想提出关于创新是引领发展的第一动力，其要义在于从以往高速度经济增长转向新时代的高质量经济发展，必须积极实施创新驱动战略，推动重大科技创新取得新进展。为此，必须大力培育新动能，实现由制造大国向制造强国的转变，实现由追求速度向注重质量的跨越，最终实现向创新性强国的战略转型。

第二，马克思主义政治经济学原理认为，按比例分配社会劳动是生产与社会需要之间矛盾运动以及整个国民经济协调发展的基础性规律。中国特色社会主义政治经济学强调全面、协调、可持续发展和综合平衡，应正确处理好一系列重大经济比例关系，推动国民经济又好又快地发展。习近平新时代中国特色社会主义经济思想提出关于协调是持续健康发展的内在要求，其要义在于，“稳”和“进”的关系是辩证统一的，从整体角度出发把握其内涵。而协调发展的关键是统筹各项政策，加强各项政策之间的协同性。这表明协调发展是保持稳中求进工作总基调和推动高质量发展的基本保障，并体现在重点抓好防范化解重大风险、精准脱贫、污染防治三大攻坚战和八项重点工作之中。

第三，马克思主义政治经济学原理认为，由自然环境构成的自然力应与劳动力和科技力相协调，是生产力和经济社会发展的物质基石。中国特色社会主义政治经济学强调人口、资源与环境三者关系的良性化和可持续发展。习近平新时代中国特色社会主义经济思想提出关于绿色是永续发展的必要条件，其要义在于，加快推进生态文明建设，建立多元化生态补偿机制，改革生态环境监管体制，最终实现美丽中国的重大使命。为此，必须调整产业结构和能源结构，打好污染防治攻坚战。这一新理念蕴含了人类生态环境命运共同体的当代价值。

第四，马克思主义政治经济学原理认为，依据国际分工、国际价值规律、国际生产价格、国际市场等理论，在一国条件具备的情况下经济对外开放，有利于本国和世界的经济增长、资源优化配置。中国特色社会主义政治经济学强调对外开放，统筹国内国际两个大局，利用好国际国内两个市场、两种资源，积极参与互利共赢型的经济全球化。习近平新时代中国特色社会主义经济思想提出进一步解放思想，扩大开放，加快形成全面开放的新格局。

第五，马克思主义政治经济学原理认为，与资本主义私有制直接和最终的生产目的不同，社会主义公有制的直接和最终生产目的，是为了最大限度地满足全体人民的物质和文化需要。中国特色社会主义政治经济学强调人民的主体地位，始终坚持发展为了人民、发展依靠人民，要让全体人民共享改革发展成果。习近平新时代中国特色社会主义经济思想提出共享是以人民为中心的发展方针。这就是说，要提高保障和改善民生水平，使人民获得感、幸福感明显增强。为此，应注重解决突出民生问题，积极主动回应群众关切，精准谋划财富和收入分配、扶贫、就业、住房、教育、医疗卫生、社会保障等领域的民生改善。新理念有关“改善民生就是发展”的认识高度，充分体现了中国特色社会主义政治经济学的生产目的性原则和根本立场。

五、深入学习贯彻习近平关于生产力和经济制度的新思想

习近平总书记在纪念马克思诞辰200周年大会讲话时对如何学习和践行马克思主义提出了具体的要求。我们应当深刻领悟习近平总书记关于生产力和生产关系(经济制度)的思想,并引领新时代经济发展取得新的巨大成就。

第一,关于科技引领生产力发展。习近平继承和发扬了马克思主义经济思想,提出要进一步坚持解放和发展社会生产力,实施创新驱动发展战略。如何让创新成为引领发展的第一动力,习近平指出,创新的核心要素是人,要发挥人才的引领作用,尽力做到择天下英才而用之,积极调动社会各方力量参与到人才发展体系中来;另外,要努力打破体制机制障碍,加快科技创新的成果转化能力,加速形成生产力。此外,习近平还指出核心技术是国之重器,最关键、最核心的技术要立足自己研发、自主创新、自立自强,而市场换不来核心技术,有钱也买不来核心技术,应扭转“造不如买、买不如租”传统观念,而自主创新也不是关起门来搞研发,一定要坚持开放创新,正确处理原始创新、集成创新与引进消化再创新之间的关系。

可见,习近平从国际竞争和中国国情出发,在继承的基础上阐明人才、科技和自主创新对于发展社会主义生产力的极端重要性和总体思路。当前,我们只有深刻领会和坚决落实习近平关于科技和人才发展的基本思想,紧紧抓住作为发展第一动力的创新,从企业、产业和国家层面实施自主知识产权战略,才能围绕名牌创造、技术标准制定和科学理论发现等构筑企业和国家的竞争优势,实现经济结构转型升级,不断追赶和引领世界科技革命。

第二,关于基本经济制度。一个国家的所有制结构形成全社会的基本经济制度,决定该国的经济形态性质和国计民生的基本格局。马克思主义政治经济学和《资本论》没有过时,这是习近平新时代中国特色社会主义经济思想的基本判断。当前,许多西方国家经济不景气,持续低迷,社会两极分化加剧,这些现象都说明资本主义的社会矛盾依然存在且不断加深,但不同国家的表现形式、存在特点有所不同。坚持社会主义基本经济制度,坚持“两个毫不动摇”,实现各种所有制经济共同协调发展,同时也要坚持公有制主体地位和国有经济主导作用,确保全体人民共享改革发展成果。习近平强调,混合所有制改革要坚持有利于国有资产保值增值、有利于提高国有经济竞争力、有利于放大国有资本功能的方针,推动国有企业深化改革、提高经营管理水平,加强国有资产监管,理直气壮地坚定不移地把国有企业(包括国有资本)做强做优做大,而不是削弱国有企业;阐明农村要妥善安排好“分与统”的关系,不断完善家庭承包地“三权分置”制度,积极发展农村集体层经营和集体经济实力,积极发展作为带动农户增加收入、发展现代农业有效组织形式的农民专业合作社,要紧紧扭住发展现代农业、增加农民收入、建设社会主义新农村这三大乡村振兴战略任务。

可见,习近平重点阐释了中国特色社会主义基本经济制度的优越性,阐明公有制为主体、国有经济为主导、多种所有制共同发展的重要性。

目前，我们必须认真领会和坚决落实习近平关于毫不动摇地坚持和完善社会主义初级阶段基本经济制度的定力思维，尤其要促使国有企业成为贯彻新发展理念、全面深化改革的重要力量，成为实施“走出去”战略、“一带一路”建设等重大战略的重要力量，成为壮大综合国力、促进经济社会发展、保障和改善民生的重要力量，成为我们党赢得具有许多新的历史特点的伟大斗争胜利的重要力量。以“满足人民群众日益增长的物质文化需要”作为社会生产目的，而不是以利润率或单纯的经济增长为生产目的，这是中国特色社会主义政治经济学的人民性的体现，也是实现人民幸福和自由的必然选择。

第三，关于基本分配制度。社会基本分配制度是由所有制结构形成的基本经济制度决定的。习近平认为，美国等西方国家的不平等缘由，在于表层的分配问题和根本的所有制问题。我国仍处在社会主义初级阶段，必须继续坚持当前的分配制度不动摇；强调以人民为中心的发展理念，为了增强人民内部团结、提升发展内生动力，就要增加人民的获得感，消除贫困，实现发展成果更多地由人民共享，最终实现共同富裕的目标；要求缩小贫富差距，在坚持基本分配制度的同时，健全完善工资的决定、增长和支付保障机制，实现居民基本收入增长与经济增长步调一致。

可见，习近平在继承马克思的相关经济思想方面，主要拓展研究中国特色社会主义基本分配制度及其优势。

目前，我们要深刻领会和全面落实习近平阐明的共享新理念和共同富裕原则，遵照基本分配制度来改革财富和收入的分配体制机制，处理好分配领域公平与效率的互促共进关系，打好扶贫攻坚战，进一步提升广大劳动人民满意度和幸福感。

第四，关于基本经济调节制度。政府与市场的关系构成现代社会的基本经济调节制度。习近平继承和发展了马克思主义经济思想，认为在没有达到共产主义社会之前的社会主义初级阶段，要坚持社会主义市场经济体制改革方向不动摇，将社会主义基本制度与市场经济体制相融合，共同发挥出各自的优势；提出中国经济体制改革的方向，发挥市场在资源配置中的决定性作用，同时要更好的发挥政府作用，使“看不见的手”和“看得见的手”都要用好；强调既要减少政府对资源的直接配置，积极稳妥地推进市场化改革，又要更好地发挥政府在社会主义市场中的职责和作用。

可见，习近平侧重论述政府与市场有机结合的社会主义市场经济双重调节体系，二者的思想呈现批判与建构的互补递进关系。当下，应深刻领会和积极贯彻习近平关于更好地发挥政府和市场的双重调节作用的思想精髓，进而实现经济增长由高速向高质量发展的转变，加速建立现代化经济体系。

第五，关于经济全球化和开放制度。从资本主义生产方式和殖民主义在世界扩张开始，各国先后建立了程度和方式不一的开放制度。习近平新时代中国特色社会主义经济思想是对马克思主义经济思想的继承和发展，指出要继续坚持改革开放的基本国策不动摇，不断扩大对外开放深度和广度，实现更加全面的改革开放；关注和预防各种潜在的经济风险，坚决维护我国改革开放的经济发展成果，引领国际社会塑造经济新秩序和共同经济安全；强调要继续优化对外开放的区域布局，要避免区域内产生雷同和恶性竞争，损害各方利益；同时要提高我国在全球市场的分工层次，推进国际产能和装备制造合作，积极开展多边框架下的投资协定谈判，更加充分有效地利用外资;当下要重点抓好“一带一路”框架下标志性重大工程落地工作,发挥亚投行等金融机构在“一带一路”建设中的支撑作用,探索多层次的国际合作模式。

可见,习近平分析的是21世纪经济全球化的新变化,倡导和践行以“一带一路”为建构重点的公正经济全球化和对外开放的新格局。我们要深刻领会和认真贯彻习近平关于建立人类命运共同体和合作共赢新型国际经济关系的开放思维以及自力更生是奋斗的基点的自主思想,建立更高层次的全方位和双向对等性的开放型经济体系,明智应对狭隘的贸易保护主义和金融霸权主义,在维护经济安全的开放中实现国民福利极大化,加速现代化强国的建设。

六、结语:中国已取得世界体系“准中心”地位的巨大成就

习近平总书记在党的十九大报告中强调新时代“是我国日益走近世界舞台中央、不断为人类作出更大贡献的时代”,中国比以往任何时候都更接近世界舞台的中心。阿根廷经济学家劳尔·普雷维什提出了一种理论模式——“中心—外围理论”:它将资本主义世界划分成两个部分:一个是生产结构同质性和多样化的“中心”(由西方发达国家构成);一个是生产结构异质性和专业化的“外围”(包括广大的发展中国家)。目前,美国等七国集团是当代世界经济的中心,但中国不再是依附于发达国家的外围国家,因而当前迫切需要提出一个“准中心”国家的新概念。众所周知,中国取得了一系列成就,同时中国的经济实力、科技实力和教育水平等都达到了较高的水平,此外,中国支持的“一带一路”倡议、亚投行、上合组织等在国际社会上具有重要的影响力。这些都表明中国现阶段已处于世界经济“准中心”的重要地位。

只有认真学习和坚决贯彻习近平新时代中国特色社会主义思想,重点突出关于五大发展理念、生产力和经济制度的理论及其方略,中国才能先后圆满地实现全面建设小康社会、基本实现社会主义现代化、建设社会主义强国的三大宏伟目标,从现阶段世界经济的“准中心”迈入未来标准的“中心”。目前,西方国家指责中国在非洲等国的投资行为,批评中国与拉美国家的能源合作项目,质疑中国利用较为领先的科技实力和经济优势来剥削其他国家的劳动力,重蹈西方中心国家新老帝国主义和殖民主义的覆辙,目的是在发展一种潜在的新型的“中心—外围”关系,以掩盖其剥削的本质。我们必须意识到,中国追求“中心”地位,既是为了谋求自身利益的发展,提升自身在国际市场上的地位,同时也是为了支持人类命运共同体,驱动共同利益的发展。为了迈向世界经济舞台,一方面,中国要在经济实力和科技水平上达到传统的“中心”国家的水平,以在国际市场上赢得公信力,进而与先进发展力水平的国家展开全方位的合作;另一方面,中国要大力支持传统的“外围”国家,为“外围”国家提供资助和机会,发挥领头示范作用,携手共建国际经济新秩序,共建安全健康的国际经济环境,推动经济全球化向更加公平合理的方向发展。由此可见,我国和平、发展、合作、共赢的对外交往方针的思想,来源于马克思主义及其中国化理论,特别是习近平新时代中国特色社会主义思想。

(本文原载《东南学术》2018年第5期)

习近平经济思想的政治经济学理论品质及其原创性贡献分析

权　衡*

摘　要　习近平经济思想集中体现了真理性、实践性、人民性、时代性、开放性等马克思主义理论创新和发展的品质与特征。习近平经济思想具有丰富的政治经济学学理依据、创新价值和实践意义，为马克思主义政治经济学创新发展做出了重大和原创性贡献，是当代中国马克思主义政治经济学和21世纪马克思主义政治经济学的最新理论成果，也是中国特色社会主义政治经济学最重要内容和最前沿理论。本文运用马克思主义政治经济学分析框架和方法，对习近平经济思想的理论创新品质、原创性贡献及其学理依据、现实意义等进行分析。

关键词　习近平经济思想　政治经济学　理论创新　原创性贡献

2017年底，中央经济工作会议对习近平经济思想的主要内涵做出了重要概括，其内容可以简单归纳为："坚持加强党对经济工作的集中统一领导"；"坚持以人民为中心的发展思想"；"坚持适应把握引领经济发展新常态"；"坚持使市场在资源配置中起决定性作用、更好发挥政府作用"；"坚持适应我国经济发展主要矛盾变化完善宏观调控，把推进供给侧结构性改革作为经济工作的主线"；"坚持问题导向部署经济发展新战略"；"坚持正确工作策略和方法，以稳中求进为工作总基调"。习近平新时代中国特色社会主义经济思想，是过去几年来推动我国经济发展实践的理论结晶，是马克思主义政治经济学原理与中国特色社会主义经济发展实践结合的理性概括，是中国特色社会主义政治经济学的最新成果。

一、习近平经济思想与马克思主义政治经济学的理论创新品质

马克思主义政治经济学之所以能够成为一种伟大思想和理论，说到底就是因为马克思主义政治经济学本身所具有的真理性和科学性，就是因为马克思主义政治经济学本身具有的实践性

* 权衡，上海社会科学院副院长、世界经济研究所所长、研究员。

和开放性，就是因为马克思主义政治经济学本身具有的人民性和时代性。也正因为如此，马克思主义政治经济学以及马克思主义的其他学说，包括马克思主义哲学、马克思主义科学社会主义等从来都没有过时，从来都是充满强大的生命力和感召力。

作为当代中国马克思主义政治经济学的最新成果，习近平经济思想集中体现了真理性、实践性、人民性、时代性、开放性等马克思主义理论创新和发展的品质与特征，因而无疑对推动马克思主义政治经济学做出了许多原创性贡献。

第一，习近平经济思想集中体现了马克思主义政治经济学的真理性特征。习近平经济思想运用马克思主义关于人类社会发展规律以及由必然王国到自由王国发展的基本原理，坚持历史唯物主义基本观点，科学地阐述了中国特色社会主义发展规律、发展特征和发展趋势，科学地分析了新时代中国特色社会主义生产力与生产关系、经济基础和上层建筑的新变化、新特点、新趋势和新规律，体现了马克思主义政治经济学的规律性和真理性，因而无疑具有科学性的理论品质。

第二，习近平经济思想集中体现了马克思主义政治经济学的实践性特征。实践性是马克思主义政治经济学区别于其他经济学或者流派的根本区别，也是马克思主义政治经济学重在指导实践、重在改造实践的根本性特征。习近平经济思想不是来自书斋和空洞概念，而是始终坚持马克思主义政治经济学实践性特征，立足中国特色社会经济发展实践、改革开放实践、世界经济发展实践，立足回答和解决我国经济实践发展中不断出现的新问题、新矛盾，因此具有强大的实践生命力和发展导向。习近平经济思想来源于中国特色社会主义经济发展实践并指导和服务实践发展，因而无疑具有实践性的理论品质。

第三，习近平经济思想集中体现了马克思主义政治经济的人民性立场。坚持人本主义理念，推动人的自由、解放和全面发展，是马克思主义根本立场。马克思主义政治经济学揭示了资本主义劳动异化、剥削与压迫等，其根本的立场和出发点就是站在人民立场，探索建立一个没有压迫、没有剥削、人人平等、人人自由的理想社会。习近平经济思想坚持人民立场，始终强调“以人民为中心”的发展思想，回答了中国特色社会主义发展，包括党的基本路线确立的以经济建设为中心等，就是要为了人民的幸福和福祉，依靠人民的力量，发挥人民的创造性和积极性。习近平经济思想之所以具有影响力和感召力，本质上就是因为这一重大思想的人民性，即始终坚持为了人民，依靠人民推动中国特色社会主义不断发展。因此，习近平经济思想无疑具有人民性的理论品质。

第四，习近平经济思想集中体现了马克思主义政治经济学的时代性特征。立足时代发展、回答时代课题始终是马克思主义政治经济学的理论品质和理论特质。马克思经典政治经济学，立足当时时代，揭示资本主义生产方式及其运动规律，做出了“两个必然”的科学结论，给人类未来社会发展指明了方向。也正如马克思一再告诫人们的，马克思主义（包括马克思经典政治经济学）不是教条，而是行动指南，必须随着实践变化而不断发展。马克思主义政治经济学必须随着时代发展而不断创新，这也是确保马克思主义政治经济学始终站在时代前沿、不断回答时代课题、保持创新发展的活力和动力所在。习近平经济思想正是立足于中国特色社会主义时代前沿，特别是根据党的十八大以来我国经济发展与改革开放取得的历史性成就、发生的历史性变革，立足于我国改革开放和经济建设的新课题、新问题，提出了一系列新思想、新判断和新理念，为指导新时代中国特色社会主义经济建设、推动我国建设现代化经济体系、实现高质量发展提供了根本遵循。顺应时代性发展规律，回答时代之问，解决时代课题，本质上就是不断推动马克思主义政治经济学的创新和发展，必然就是马克思主义政治经济学的最新发展和最新理论成果。因此，习近平经济思想无疑体现了时代性的理论品质。

第五，习近平经济思想集中体现了马克思主义政治经济学的开放性特征。继承性与开放性是马克思主义政治经济学的又一个重大理论品质。马克思主义政治经济学是在不断吸收当时各种理论的合理性，特别是在对英国古典政治经济学批判性合理吸收的基础上，结合马克思对人类社会发展规律的深刻认识，进而使得马克思政治经济学最终超越古典政治经济学，成为科学的经济理论体系。因此，一部马克思主义政治经济学的发展历史，就是不断地合理性批判和吸收人类思想和文明成果的历史。习近平经济思想之所以具有科学性，本质上也是因为这一重大思想具有开放性、包容性、创新性的马克思主义理论品质。习近平经济思想继承了马克思主义政治经济学的基本原理，立足于中国特色社会主义经济实践基础，从中国发展的历史、文化与国情和现实出发，合理吸收和借鉴人类文明发展成果和优秀思想，是马克思主义政治经济学中国化、时代化发展的最新成果，也是中国特色社会主义政治经济学的最新成果。这个重大成果从一开始就不是另起炉灶和封闭静止的，而是具有鲜明的开放和动态性，具有鲜明的历史继承性和创新活力。因而，习近平经济思想具有开放性的理论品质。

二、习近平经济思想对马克思主义政治经济学的原创性贡献

如果从思想来源、实践基础、理论创新等方面进一步思考和学习，我们可以发现，习近平经济思想至少从如下若干方面对马克思主义政治经济学提出许多具有原创性的观点，对马克思主义政治经济学发展与创新做出了新的伟大贡献。具有极强的继承性、时代性、创新性和实践性的特征，因而具有极强的原创性和丰富的思想内涵。

（一）“坚持党的领导，发挥党总揽全局、协调各方的领导核心作用”的科学判断，对马克思主义关于社会主义本质特征认识、马克思主义政党学说以及社会主义市场经济理论及其发展做出了重大创新和理论贡献

马克思主义政治经济学，特别是其宏伟巨著《资本论》，主要是对资本主义经济运行和资本主义生产方式及其规律进行了科学分析；《共产党宣言》又对未来社会主义思想和共产主义提出了科学设想，形成了科学社会主义理论，也为人类未来社会发展勾画了美好的理想和目标。在社会主义革命实践和现代化建设事业发展过程中，究竟如何思考作为马克思主义政党即共产党的角色和定位？这从来都是马克思主义高度重视的一个重大理论和实践问题。马克思结合当时时代发展条件分析，揭示了人类社会发展规律，指出了马克思主义政党在推动人类社会革命运动和历史发展过程中的重大作用；同时在对未来社会发展的设想中，对如何发挥政党作用等都有十分科

学的分析。

在中国的革命战争时期和社会主义建设年代，毛泽东、周恩来等无产阶级革命家和领袖，坚持马克思主义政党理论，结合中国革命和建设的实际情况，创造性地提出了必须坚持"工农兵学商，党领导一切"，形成了"领导我们事业的核心力量是中国共产党"的重大思想和理论判断。根据这个重大理论和判断，中国共产党在社会主义革命和建设事业中发挥了极其重要的领导地位和重大积极作用。改革开放时期，邓小平根据马克思主义与中国发展实际需要，进一步提出要不断加强和改善党的领导。根据马克思主义生产力与生产关系的基本原理，邓小平创造性地提出了社会主义本质是解放生产力，发展生产力，消灭剥削，消除两极分化，实现共同富裕，对科学社会主义做出了重大贡献。在改革开放和实践过程中，邓小平根据社会主义初级阶段和社会主义市场经济发展的规律和要求，明确提出要进一步探索执政党和各级政府在经济建设与中国特色社会主义经济发展中的地位和作用，要研究"党领导一切"的实现形式和手段是什么。改革开放三十多年做了很多富有成效的探索和创新发展。

党政关系问题始终是关系党自身建设和改革开放事业发展的一个时代重大课题。十八大以来，在全面深化改革的新形势下，如何正确认识"党政关系""党的领导与党政分开"，如何正确理解"党的领导和党政分工关系"以及社会主义市场经济条件下的"政企关系、政资关系"等问题尤为突出，也尤为迫切。在现实层面上一个十分突出的问题就是，在改革开放实践发展中，党的领导力量被削弱，并由此产生了一系列新的深层次问题和矛盾。对此，习近平明确提出"坚持党的领导，发挥党总揽全局、协调各方的领导核心作用"①，这就对党在中国特色社会主义经济建设和事业发展中的定位提出了明确要求。党的十九大再次提出"坚持党对一切工作的领导"，并将它置于坚持和发展新时代中国特色社会主义基本方略的第一条，明确提出"提高党把方向、谋大局、定政策、促改革的能力和定力"，"确保党始终总揽全局、协调各方"②；提出"坚持党的领导是中国特色社会主义最本质的特征，也是中国特色社会主义制度的最大优势"③；坚持党的领导也是社会主义市场经济体制的重要特征。这一重大判断坚持马克思主义关于科学社会主义基本原理，从实践发展的要求出发，把中国共产党的领导与中国特色社会主义本质特征、发挥中国特色社会主义制度的最大优势以及社会主义市场经济体制重要特征等紧密联系起来，从理论上创造性地回答了在中国特色社会主义事业、社会主义市场经济发展历史进程中，中国共产党为什么要发挥领导作用以及如何发挥好领导作用，这对丰富和完善马克思主义关于人类社会发展规律、社会革命运动规律、社会主义建设规律以及马克思主义政党学说做出了独创性的理论贡献。

(二)"以人民为中心的发展原则"的科学判断，对马克思主义"人的解放和自由发展"思想做出了重大理论贡献

坚持"人的自由全面发展"，实现人的"彻底解放"，这是马克思主义政治经济学的本质，也是马克思主义政治经济学的根本立场。马克思主义强调人的全面自由发展与人民群众实践性发展

①②③ 《中国共产党第十九次全国代表大会文件汇编》，人民出版社 2017 年版，第 16—17 页。

是相统一的，人民性、实践性从来都是马克思主义政治经济学最根本的立场和基本方法。

中国新民主主义革命、社会主义革命以及现代化建设和改革开放等伟大事业，都始终坚持以人民利益为核心，以实现“人的全面解放和自由发展”这一马克思主义根本立场为奋斗目标。中国共产党从提出“为人民服务”的根本宗旨，到确立“从群众中来，到群众中去”的群众路线；从到发展“必须以人民利益为一切出发点”，到“坚持发展为了人民，发展依靠人民、发展成果由人民共享”，以及明确提出“人民对美好生活的向往，就是我们的奋斗目标”；这一切都可以证明，在实现中华民族伟大复兴中国梦的历史进程中，始终坚持马克思主义人民性的根本立场，始终在实践发展中饯行“为人民服务”这一党的根本宗旨和理想信念；更是始终牢记“为中国人民谋幸福、为中华民族谋福祉”的伟大初心和历史使命。

在过去几十年中国经济高速发展中，我国确立了以经济建设为中心，但是在实际工作中，一些部门和地方把“以经济建设为中心”等同于以 GDP 为中心，由此在推动 GDP 高速增长的过程中，也出现了一些偏差和问题，例如生态环境问题、收入分配差距扩大问题等等。习近平在党的十九大报告中，明确提出必须坚持“以人民为中心的发展思想”①，并将此作为“建设和发展新时代中国特色社会主义事业”的基本方略，强调“人民是历史的创造者，是决定党和国家前途命运的根本力量”②，“必须坚持人民主体地位”，“把党的群众路线贯彻到治国理政全部活动之中”③。这些重大判断和精辟论述，系统全面地论述了“以人民为中心”的发展思想，更加集中地体现了马克思主义人民性立场；这一重大思想也为实现“人的自由全面发展”这一马克思主义根本立场和共产主义理想目标进一步指明了战略举措和现实路径，对于推动中国经济如何更好体现“以人为本的发展理念”以及高质量发展具有极强的现实引领意义和战略导向作用。

（三）“坚持适应把握引领经济发展新常态”的科学判断，对马克思主义两大部类与生产再循环理论、经济增长理论做出了重大理论贡献

马克思对资本主义经济分析提出了两大部类理论，并据此分析了资本循环理论、资本周转理论以及资本再循环理论，这些经典理论深刻分析了资本主义经济运行规律，同时也触及了现代经济增长和发展的一些基本问题，例如产业结构、有计划按比例生产等思想，这些经典理论对如何发展社会主义经济、指导中国特色社会主义经济运行等具有重要的指导意义。

在社会主义初级阶段和社会主义市场经济条件下，如何加快经济增长，实现宏观经济稳定和协调发展，始终是一个需要在理论和实践上亟待深化和解决的重大课题。改革开放 40 年，中国经济持续高速增长，取得了举世瞩目的伟大成就以及巨大的意义和影响。但是，经济高速增长的背后也折射出一些深层次的问题，如经济结构性困境、城乡和区域发展不平衡问题、经济增长的质量和效率不高问题、生态环境与可持续发展挑战等四大根本性问题。针对这些问题和挑战，我们在中国特色社会主义经济实践发展中也进行了大量探索和思考，提出了诸如要处理好经济增长的“速度、规模和效益的关系”，处理好“经济增长、结构调整与深化改革的关系”，处理好“经济

---

①②③ 《中国共产党第十九次全国代表大会文件汇编》，第 16—17 页。

增长与收入分配、效率与公平的关系”，也提出了“两个转变即转变经济增长方式，转变经济体制”等等，应该说，这些思想和政策在经济发展和实践中也发挥了积极作用。但由于种种原因，我国经济长期发展过程中出现的上述四大问题并未真正从根本上得到有效的解决。

党的十八大以后，习近平根据中国特色社会主义经济发展的现实条件和发展阶段及其转型规律等，提出了“三期叠加”“经济发展新常态”等重要判断，特别强调经济新常态是我国未来经济发展的大逻辑，未来经济增长、结构调整等一系列重大方针政策都应当遵循经济新常态这个重大逻辑。“经济新常态”的创新价值和最大意义，就在于从理论和现实出发，科学判断和分析中国经济增长的速度、结构与动力的内在关系，创新性地指出中国经济在经历了持续高速度增长的历史阶段以后，必须把各大部类、各个部门、各个地区之间的结构调整和优化升级作为经济发展的重中之重，强调经济增长和发展既要有适当的速度，更要有合理的结构支撑和创新驱动发展的内在动力。习近平提出“经济新常态”的重大判断，其中强调经济增长过程中要注重“速度变化、结构优化、动力转化”的思想，极大地创新和丰富了马克思主义两大部类学说和经济增长理论，发展了马克思主义关于经济发展速度与结构关系的理论；而且，这一思想也极大地超越了西方主流经济学及其新古典经济增长理论的线性分析和单一总量分析方法，揭示了发展中国家“赶超型增长”的特殊性，即赶超增长过程中要及时转换经济结构和增长动力，否则就会陷入“中等收入陷阱”。因此，“经济新常态”这个创新和判断，从现实意义上说，有助于深化认识并科学引领中国以及其他发展中国家在建设现代化经济体系、实现高质量发展的过程中更好地处理速度、结构与质量效益之间的关系。

（四）“使市场在资源配置中起决定性作用，更好发挥政府作用”的科学判断，对马克思主义商品经济和价值规律理论以及社会主义市场经济条件下处理好政府和市场关系做出了原创性贡献

马克思主义政治经济学认为只要存在商品货币关系，就必然要发挥价值规律和市场供求机制等基本规律和作用。马克思运用这个分析方法剖析了资本主义商品货币关系，揭示了资本主义市场机制和运行规律。马克思主义经典作家曾设想，在基于资本主义生产力高度发展基础上的未来社会即共产主义社会，商品货币关系会消失，因而价值规律和市场供求机制也就不再发生作用。在未来的“自由人联合体”的社会里面，全社会应当可以实行有计划调节生产。

我国坚持马克思主义政治经济学的实践性、开放性理论创新品质，立足于社会主义初级阶段理论以及生产力水平较低的实际情况，先后提出发展有计划的商品经济和社会主义市场经济等一系列重大理论判断。既然要发展商品经济和社会主义市场经济，就必然出现商品货币关系，价值规律和市场供求机制也就必然对资源配置发挥调节作用。问题在于，在发展商品经济过程中，如何处理传统的计划与市场经济的关系？进一步讲，社会主义市场经济条件下，应该如何正确处理政府与市场的关系？中国改革开放 40 年的实践探索，围绕计划和市场关系，先后进行了一系列体制机制改革和实践探索，提出了“市场在资源配置中发挥基础性作用”的重大创新和判断。

党的十八大以后，习近平根据市场经济发展规律和我国社会主义制度的优势，提出“使市场

在资源配置中起决定性作用,更好发挥政府作用”①的重大判断,把市场定位的“表述”从“发挥基础性作用”到“起决定性作用”,同时更好发挥政府的作用,从而把社会主义市场经济条件下市场与政府的各自功能定位与关系论述得十分科学和清楚。发挥市场在资源配置中的决定性作用,这本身就是遵循市场经济规律的体现,反过来也从客观上要求进一步减少政府对资源的直接配置;更好发挥政府作用,也就是发挥社会主义制度优势,体现社会主义市场经济的特殊性功能,既弥补市场失灵,又防止政府过多干预,可以有效发挥市场和政府在我国市场经济中的双重作用,实现有效市场与有为政府的有机结合。这一重大判断进一步丰富和发展了当代中国马克思主义商品经济理论,对马克思主义商品货币关系以及价值规律理论做出了一系列原创性贡献和发展。同时,这一重大论述和思想,也超越了传统市场经济理论和新自由主义的思维和理念,进一步完善和创新发展了现代市场经济体系和理论。

(五)“以供给侧结构性改革为主线,积极完善宏观调控”的科学判断,对马克思主义经济危机学说和宏观调控理论做出了原创性贡献和发展

资本主义周期性的经济危机理论是马克思主义政治经济学的一个重要理论和判断。马克思指出,资本主义表面上出现的生产相对过剩与需求不足,从而发生的周而复始的经济危机,其背后的本质是资本主义私人占有制与社会化大生产之间的基本矛盾。因此,消除危机的根本在于消灭资本主义生产方式。马克思主义的这个判断从基本经济制度及其基本矛盾出发,论述了资本主义经济危机的根源及其消除方法。

第二次世界大战以后,许多发达国家针对不断出现的危机衰退和萧条,积极进行内部调整,特别是针对有效需求不足的危机,提出需求管理学说,积极发挥政府调节作用,从需求侧出发进行宏观调控,运用宏观经济政策扩张,刺激有效需求,消除经济危机。但是,周期性危机的事实证明,需求管理办法主要是解决短期问题,无法有效解决经济增长和发展过程中的结构性困境和矛盾,特别是 2008 年以后,几乎各国都采取了量化宽松的货币政策刺激增长,但全球经济复苏依然缓慢,其出现的货币宽松与投资乏力的结构性悖论,表明运用短期需求管理范式干预危机、刺激增长的效果式微。

面对危机后中国经济长期高增长积累的许多结构性矛盾并由此带来的增长下降趋势,中国独辟蹊径,试图尝试宏观调控范式创新和发展。针对经济发展中存在的深层次结构性问题,习近平明确提出“推动供给侧结构性改革”的重大判断,强调立足供给侧,瞄准结构性问题,通过体制机制改革加以解决长期积累的问题和矛盾。根据供给侧结构性改革,我们注重从供给侧入手,以提高供给侧质量体系和发展效率为目标,实施“三去一降一补”,通过结构性改革和挑战,探索创新中国特色宏观调控模式,把短期有效需求管理与长期供给侧管理有机结合,侧重供给侧,破解结构性困境,推动中国经济高质量发展。“供给侧结构性改革”思想丰富了马克思主义经济危机学说,为推动马克思主义宏观调控理论创新、完善中国特色社会主义政治经济学理论体系做出了

① 《中国共产党第十九次全国代表大会文件汇编》,第 17 页。

原创性贡献。值得一提的是，供给侧结构性改革也超越了西方新自由主义的供给学派理论，注重通过结构性改革与体制机制创新的思路解决经济增长深层次问题，这对于思考和解决当前世界经济结构性困境和矛盾同样具有重要启发和指导价值。

（六）“坚持问题导向部署经济发展战略”的科学判断，对马克思主义关于社会主义经济矛盾运动理论及实践发展理论和思想，以及马克思主义政治经济学的方法论做出了重大理论贡献

从经济实践出发，从经济问题出发，以解决实践发展中存在的各种问题为目标，是马克思主义政治经济学的优良传承和内在动力与活力。马克思正是立足于当时资本主义经济发展面临的重大问题、深层次矛盾，坚持实事求是，着眼于破除一切阻碍和影响人的自由全面发展的制度和体制机制障碍，并在此基础上提出了一系列有关政治经济学创新发展的重大思想、理论、观点和方法。尤其是马克思主义政治经济学关于经济发展的矛盾运动规律、实事求是解决实践中的问题等思想方法，至今仍然具有真理性和现实意义。

当代中国社会主义建设和改革开放的历史过程，本质上就是一个立足于生产力与生产关系矛盾运动规律和现实基础，着眼于解决阻碍生产力发展实践的一切体制机制和障碍，进而不断解放和发展生产力的历史过程。中国从改革开放一开始确立社会主义初级阶段理论出发，立足于人民群众日益增长的物质文化需要与落后的社会生产力之间的主要矛盾，不断通过改革开放，破解体制机制障碍，努力解放和发展生产力，以经济建设为中心，各项工作都是紧紧围绕社会主义初级阶段社会主要矛盾而展开，从而极大地促进了生产力的发展。

党的十八大以后，习近平坚持立足于我国经济社会发展中出现的各种新问题，坚持运用矛盾分析法，以社会主义生产力发展实践为基础，提出坚持问题导向，坚持稳中求进的工作主基调，全面部署我国经济发展战略和举措，针对各种发展瓶颈问题、短板问题发展的不平衡、不充分问题等，提出了一系列重大战略新理念、新思想和新战略。从问题出发，遵循社会矛盾运动规律，提出了“五位一体”总体布局和“四个全面”战略布局，重新界定社会主要矛盾的新变化等。实践证明，围绕社会主义矛盾新变化，全面落实这些战略和布局，就可以有效解决我国新时代全面改革、开放与创新发展等方面面临的问题和各种瓶颈。实践也表明，以问题为导向提出的一系列新理念、新思想、新战略极大地丰富了马克思主义关于社会主义经济发展的矛盾运动规律理论以及实践论和辩证法等思想，真正把马克思主义政治经济学的工具理性与价值理性有机结合起来，为马克思主义和中国特色社会主义经济发展的方法论做出了原创性贡献。

（七）“五大新发展理念”的重大思想，对马克思主义政治经济学关于全面发展思想、可持续发展理论以及对我国经济发展规律的新认识做出了新的理论概括和独创性贡献

马克思主义政治经济学坚持人的全面发展思想，从根本上推动了人的解放和自由发展。马克思主义政治经济学不仅强调物质方面的发展，更强调精神和文化等全方位的发展，对人类自由全面发展和解放提出了科学的理论和深刻思想。

中国在改革开放的伟大实践中，立足于社会主义初级阶段生产力和生产关系的变化与发展规律，提出了一系列引领中国经济增长和经济社会全面发展的新理念，如以经济建设为中心的基本路线、科学发展观以及可持续发展理念等，为促进中国全面协调发展发挥了重大引领作用。

党的十八大以来，习近平提出要牢固树立“创新、协调、绿色、开放、共享”①的发展新理念。这五大新发展理念，是对马克思主义关于全面发展思想的进一步完善和创新，是对中国特色社会主义经济社会发展实践的感性升华和发展规律的新的理论总结。“创新是引领发展的第一动力”，拓展和丰富了马克思主义关于社会知识和科技进步在生产力发展中的直接作用的理论，为提高中国特色社会主义经济实现高质量发展提供了重要理论指南。“协调发展是持续健康发展的内在要求”，拓展和丰富了马克思主义政治经济学有计划按比例协调发展的经典思想，提出的区域协调发展、城乡协调发展、经济社会协调发展、人和自然和谐发展、国内发展与对外开放协调发展以及“四化”协调互动发展等，对马克思主义可持续发展思想做出了新的理论拓展和贡献。“绿色是永续发展的必要条件”丰富和创新发展了马克思、恩格斯关于人与自然和谐发展的思想，提出的“生态文明战略”“绿色发展思想”等，都以中国特色社会主义绿色发展的实践为基础，为马克思主义人与自然关系的理论做出了新贡献。“开放是国家繁荣发展的必由之路”，立足于中国开放发展的新鲜经验，丰富了马克思主义政治经济学关于世界市场和国际分工理论，为马克思主义关于经济全球化的经典思想做出了新的理论贡献。“共享是中国特色社会主义的本质要求”，体现了社会主义公平正义的发展目标，进一步丰富和创新了马克思主义关于未来社会“所有人共同享受大家创造出来的福利”的思想，进一步丰富和发展了中国特色社会主义共同富裕的发展目标，也对马克思主义政治经济学关于按劳分配思想和理论做出了原创性贡献。

（八）“‘一带一路’建设”“构建人类命运共同体”及“参与全球治理”等重大判断，对马克思主义关于世界经济理论和开放经济发展做出了新的理论贡献

马克思主义设想未来共产主义和“大同社会”的理想目标，在国际市场、世界经济等方面提出了一系列丰富的思想和理论。列宁在《帝国主义是资本主义的最高阶段》中进一步深刻分析了资本主义在从自由竞争走向垄断发展的新阶段时，垄断资本主义生产高度集中、资本国际输出、瓜分世界市场等本质特征，从客观上分析了资本主义参与经济全球化的基本特征和方式，其丰富的思想内容十分深刻地触及了国际资本、国际金融、国际贸易等重大问题。

经济全球化是当今世界经济发展的必然趋势和本质特征。经济全球化一方面带来了世界经济繁荣和发展，但另一方面在客观上带来了世界经济发展的不平衡，特别是国际投资、国际贸易和金融资本等要素在全球流动并实现全球资源有效配置的过程中，也带来了全球发展中要素流动及其收益分配等问题。当前，经济全球化也遭到了各种批判和反对，逆全球化思潮和贸易保护主义进一步抬头，全球化进程中出现的全球共同性问题正在成为人类发展面临的新挑战。这些共同的挑战和问题深刻暴露了全球公共产品缺失、全球治理体系不完善等深层次矛盾和问题。

党的十八大以来，习近平从中国发展与世界发展的关系变化和新时代发展的新要求出发，分

① 《中国共产党第十九次全国代表大会文件汇编》，第 17 页。

别提出了"'一带一路'建设"[①]"构建人类命运共同体"[②]"参与全球治理"[③]等重大议题和方案，旨在为解决全人类面临的共同问题提供中国方案。其中，"一带一路"建设通过投资、贸易以及基础设施互联互通等，为加速世界经济发展提供了新动力，显然也是有效应对当前逆全球化思潮的重要引擎。"构建人类命运共同体"更是体现了马克思主义关于人类未来社会的"大同发展理想"，为构建人类和平发展、合作共赢的世界新格局提供中国方案。"完善全球治理体系"更是着眼于当下全球化发展失衡与人类面临的共同问题，提出通过改革和完善现有国际治理体系，为推动经济全球化健康发展，应对人类共同挑战贡献中国智慧。这些新思想和新战略的背后，都体现了"共商、共建、共享"的发展新理念，极大地丰富和发展了马克思主义关于国际市场、全球化分工理论以及列宁的帝国主义经济思想，为马克思主义政治经济学创新和发展做出了新的原创性贡献。

总之，习近平经济思想具有马克思主义政治经济学的理论创新品质，为丰富和发展马克思主义政治经济学以及中国特色社会主义政治经济学理论体系做出了巨大的原创性贡献，具有深刻的政治经济学的学理依据和创新价值。习近平经济思想作为新时代中国特色社会主义思想的重要组成部分，是中国特色社会主义经济发展实践经验的最新提炼和最新理论概括，是当代中国马克思主义政治经济学和21世纪马克思主义政治经济学的最新成果，必将成为新时代中国特色社会主义经济发展和实践创新的根本遵循。

---

① 《中国共产党第十九次全国代表大会文件汇编》，第28页。
② 同上书，第47页。
③ 同上书，第48页。

马克思主义中国化和中国特色
社会主义政治经济学

马克思主义中国化实践探索与中国特色经济理论的发育

张晖明*

摘　要　如何认识评价近70年来中国社会主义实践的经验和成就，如何理解近70年社会主义事业发展的前后两个阶段之间的关系，摒弃简单认为两个阶段是"矛盾"或"相悖"的错误观点，是创新发展中国特色社会主义政治经济学理论必须正面回答的问题。实践证明，我们党在对于社会主义基本经济制度的本质规定、对这种制度的实现途径可能选择什么样的经济体制、对一定的经济体制条件下不同社会主体所展开的经济活动机制这样三个层面关系的探索，正是伴随着社会主义事业的实践展开的，这中间必然存在一定的"试错"的探索，但是，围绕马克思主义中国化的基本宗旨始终不变，这是近70年来一贯的"底蕴"所在。正是在这个意义上说，中国社会主义建设事业在改革开放前后两个时期的实践在本质上是一致的、相互联系的。前后两个阶段所存在的重要区别表现在，前一个阶段实践的种种努力和尝试，为后面的阶段作了"测试"，起到了铺垫的作用。正是由前一个阶段付出了价格不菲的"学费"，才使得后一个阶段，举改革大旗的决心和信心更加坚定。

关键词　中国特色　实践　探索　经济理论

1776年亚当·斯密的《国民财富的性质和原因的研究》(简称《国富论》)作为古典政治经济学的开山之作发表，标志着政治经济学学科的确立。此后，伴随社会生产力的进步和生产的社会化发展，经济学理论研究一直是一门显学。古典政治经济学以其兼具人文精神和科学精神，或者说兼具价值理性与工具理性的学术特质，在回答财富增长原因的同时，也对财富增长的性质进行了系统分析。马克思继承了古典政治经济学的精髓，以其创新发展了的辩证唯物主义和历史唯物主义的科学的方法论，将政治经济学理论体系推上科学的轨道，通过发现概括社会再生产经济运行中的生产力和生产关系这一对基本范畴，并揭示出它们之间的矛盾关系相互作用的机理，用以分析社会生产方式演进的一般规律，特别是全面系统地解剖了资本主义制度下社会化大生产

* 张晖明，复旦大学经济学院教授、博士生导师，复旦大学中国特色社会主义政治经济学研究中心主任。

发展的性质，指出了资本主义经济制度的内在矛盾和矛盾演化的制度前景。以马克思主义作为指导思想理论基础的中国共产党，基于对中国基本国情的科学分析，通过统一战线有效整合和组织社会进步力量，将半殖民地半封建社会的旧中国带上社会主义发展道路。由此开创了一条在生产力相对落后国家走社会主义发展道路的新征程。因此，我们可以说，中国共产党带领中国人民取得革命胜利，走上社会主义道路，就是对马克思主义基本理论的自觉应用和积极创新探索。

现实社会主义在中国的实践，充满着马克思主义自身所特有的创新特质。依据政治经济学学科内容和研究任务加以考察，60 多年的历程，从国民经济恢复时期到制定国民经济发展五年计划；从如何组织农村经济到推进社会主义工业化；从阶级斗争为纲的"左"的认识被清理纠正到"全党工作重心转到经济建设上来"；从对马克思主义经典理解应用存在的教条主义倾向到解放思想，回到实事求是的思想路线；从模仿传统社会主义的计划经济的苏联模式到推进经济体制改革，以建设社会主义市场经济作为经济体制改革的目标模式，积极探索公有制与市场经济相结合的有效形式；从简单强调独立自主、自力更生而自我封闭到主动对外开放，融入全球化潮流，分享全球化红利，等等。社会主义的实践探索进程积累了丰富的经验，也不可避免存在某些不成功的地方或者说是教训。正确面对既有实践所走过的历程和经验教训，可以看到，中国共产党人总是坚守着一种信念，保持着积极进取的精神状态，贯穿其中的是对既往自身所理解和应用的马克思主义政治经济学理论不断地接受实践检验，不断探索、总结提高获取启发；不断加深对马克思主义基本原理与中国自身国情的有机结合。实践证明，正是由于中国共产党始终"坚持马克思主义的基本原理和贯穿其中的立场、观点、方法"，从中国自身的实际出发，从对于社会主义发展阶段的科学判断出发，抓住现实社会主义运动中的主要矛盾，找准推进社会主义实践的工作重点，开辟出一条符合中国自身国情的、具有中国特色的社会主义的发展道路，为创新马克思主义政治经济学，不断开拓马克思主义新境界，保持着与时俱进的创新活力和能力。

一、近 70 年实践探索的一贯性：前 30 年努力所积累的经验和教训

中国社会主义实践的探索，始终坚持了从中国自身实际出发，以问题为导向，将马克思主义基础理论与中国实践相结合，不断续写政治经济学新篇章。问题导向是马克思主义的鲜明特点。中国共产党领导社会主义实践的进程始终坚持了问题导向。我们可以从中华人民共和国经济发展 69 年的历史清楚地看到马克思主义政治经济学理论在中国的落地生根、发展演进的轨迹。从经济体制模式分析的视角进行考察，可以对中国社会主义实践进程分为前后两个大的阶段，可谓"走进""走出"传统计划经济体制。我们需要回答的问题是，前面 30 年为什么会选择传统社会主义计划经济体制模式？选择中央政府集中控制资源的传统的计划经济模式对于中国经济产生什么样的影响，提供了什么经验启示？以至于今天在实践着的"走出"传统模式，以"改革、开放"方针驱动引领，推进经济体制的转轨，变革计划与市场、政府与企业、中央与地方等方面的经济关系，探索在新全球化背景下，加快工业化和经济发展步伐的路径，开辟符合中国自身实际的社会主义道路，丰富发展中国特色社会主义理论体系。一定意义上说，改革的进程就是市场深化的进

程。从改革起步的重视商品货币关系的市场取向的改革，到1992年10月，中国共产党十四大明确以建设社会主义市场经济体制作为经济体制改革的目标模式，提出“让市场在配置资源中发挥基础性作用”，改革实践使我们加深了对于“处理好政府与市场的关系是经济体制改革的关键”的理解。2013年11月，党的十八届三中全会通过的《中共中央关于全面深化改革若干重大问题的决定》，进一步明确提出“发挥市场在配置资源中的决定性作用和政府的宏观调控作用”。中国特色社会主义政治经济学理论在改革实践中不断得到拓展、不断丰富发育。

中国社会主义实践进程，总是前行在积极探索马克思主义中国化的征途上。把前后两个阶段的实践放在这样的场景下加以考察，就能够对中国社会主义建设实践有科学的动态的认识和把握。正如习近平总书记所指出的，“我们党领导人民进行社会主义建设，有改革开放前和改革开放后两个历史时期，这是两个相互联系又有重大区别的时期，但本质上都是我们党领导人民进行社会主义建设的实践探索”。①

（一）选择“计划经济体制模式”的历史和理论原因剖析

从1949年10月到1978年12月的30年时间，是中国共产党领导社会主义经济建设发展的第一阶段。为了准确认识这一阶段的实践，需要追溯到中国共产党成立。“十月革命一声炮响，给中国送来了马克思列宁主义”，1921年中国共产党诞生。中国共产党以马克思主义理论为指导，将马克思主义与中国社会实际相结合。正是基于对中国社会复杂矛盾的解剖和对中国社会各阶级的科学分析，创造性地发展了马克思主义，开创了一条新民主主义革命的道路，在一个半殖民地半封建国家，通过农村包围城市，武装夺取政权，建立了社会主义制度。在取得政权后，中国共产党借助中央政府的权威，发挥集中力量办大事的制度优越性，迅速恢复国民经济，启动工业化进程，建设了相对独立的工业体系。

但是，如何使社会主义制度得以巩固确立，现实的社会主义究竟应该是一个什么样的图像？在当时的情况下，只有斯大林领导的苏联作为先行示范可以学习模仿，当时的苏联，经过30多年的建设，具有一定的经济实力。需要特别指出的是，在列宁领导十月革命取得成功，进入社会主义建设阶段以后，曾经提出过不少对如何建设社会主义的探索性的见解。可是，列宁没有能够具体展开对探索思考的贯彻实施，就过早地去世了。由于特殊的国际环境因素和斯大林自己对于马克思主义理论的理解，苏联的经济体制被斯大林形塑，具有高度集权的特点，并冠之以计划经济的标签，作为社会主义的基本特征之一。中国新生的政权只能选择“苏联模式”，在这个阶段，我们一直是在传统计划经济体制认识框架里摸索。

这30年又可以分解成几个小的阶段。首先，在1949年10月到1953年“三年恢复时期”，中国国民经济经过了短暂的休养生息。此后，社会主义建设事业从“社会主义改造运动”起步，着力于建立社会主义经济制度的物质基础；与此同时，凭借政权的力量，推进实现工业化，致力于建设

① 《习近平总书记在新进中央委员会的委员、候补委员学习贯彻党的十八大精神研讨班的重要讲话》(2013年1月5日)，《人民日报》2013年1月6日。

相对独立的国民经济体系。通过集中手段控制资源，解决结构性问题，能够更快地填补经济结构存在的空白，克服经济结构瓶颈。第一个五年计划时期(1953—1957 年)，苏联援助建设的 156 个工业项目形成工业化的"骨架"，进一步拓展工业体系的基础，经济发展取得明显的成绩，这也强化了我们对计划经济的深信不疑。到了"二五"时期(1958—1962 年)，经济发展的实践过程就出现了巨大的波动。"二五"计划开始时，国内经济状况较好，重工业的迅速发展意味着工业化的基础得以初步建立，加之"三大改造"①相继完成，公有制主体地位基本确立。"一五"计划的成就滋长了骄傲自满情绪，导致对客观经济自然规律没有深入的研究，对现实社会主义建设事业复杂性缺乏清醒的认识，"二五"计划制定了超高的发展指标，甚至是以"大跃进"的动员方式搞经济建设，变成完全是主观主义的一厢情愿，这种理想化的朴素的愿望自然会受到经济规律的惩罚。由此产生了治理国家的压力和焦虑，强化了"运动式"动员社会、解决经济问题的集权工作方式，使整个国民经济进入"一收就死、一放就乱"的循环，在集中计划为特征的传统社会主义经济体制里打转转。

实际上，对于如何展开社会主义建设事业，思想的探索与实践的展开没有能够契合。早在 1953 年，毛泽东就曾经明确指出："我们是一个六亿人口的大国，要实现社会主义工业化，要实现农业的社会主义化、机械化，要建成一个伟大的社会主义国家，究竟需要多少时间？现在不讲死，大概是三个五年计划，即十五年左右，可以打下一个基础。"②可见，以毛泽东为代表的中国共产党领导集体对如何建设社会主义，在思想和认识上秉持着一种比较谨慎稳健的工作态度和探索精神。

然而，回到具体的工作场景，实践是不能等待、不能停下来的。客观上，由于长期的战争，中国共产党不可能有充分的理论研究储备，提出完全独立的建设社会主义的设计蓝图，对工业化的一般规律也缺乏全面的研究。当时的理论环境也不允许有不同于苏联模式的理论出现。因此，只能是向已经先行步入社会主义道路的苏联"老大哥"学习，模仿其经济体制模式；以至于对于"社会主义改造"的安排，原来规划用三个五年计划时间完成的任务，只用了三年就完成了。与此同时，在农业部门，原来设计的组织农民走集体化规模经营路径方式，要经过"互助组""初级社"和"高级社"的分阶段推进设计。同样也受到苏式体制中的"集体农庄"模式的影响。原计划分阶段梯次推进的工作安排也很快被放弃，在 1958 年就全面推进人民公社制度。不仅如此，我们在如何推进工业化的努力中也只有寻求与苏联合作，由苏联援助建设 156 个工业项目。这些项目的建设，对于我们加快建设相对独立的工业体系起到了十分重要的作用。但这些项目的安排一定程度上使得人们对工业化理解过度简单。可以看到，在经济结构比较简单、所面临的矛盾比较突出的情况下，以计划手段集中配置资源，安排投资建设大的工程项目，可以获取比较明显的工作效果。而仓促推进的社会主义改造的工作方式，显然是存在诸多的"夹生"现象，造成具体工作开展中的矛盾累积，对此也引起领导层的警觉和重视。1956 年 2 月后，毛泽东用了两个多月的

① 指中华人民共和国成立后，由中国共产党领导的对农业、手工业和资本主义工商业的改造，实现了把生产资料私有制转变为社会主义公有制的任务。

② 《毛泽东文集》第 6 卷，人民出版社 1999 年版，第 329 页。

时间，先后听取了34个部委的汇报，形成了正确处理“十大关系”的思想，在1956年4月25日的中央政治局扩大会议上，作了《论十大关系》的讲话，紧接着在1957年2月的最高国务会议第十一次（扩大）会议上，又作了《关于正确处理人民内部矛盾的问题》的讲话。这表明了以毛泽东为代表的中国共产党领导集体一直是抱有对现实社会主义如何建设的探索精神。

实际上，社会主义制度的基本规定性和特征是什么？现实社会主义制度的规定性如何转化为体制性安排？具体的体制运行中又应该如何处理这一体制中的经济关系，体制运行的具体机制又是怎样？所有这些都还没有形成完整的理论认识，处在一种探索和“试错”的工作方式中。在1962年1月11日至2月7日，在北京召开了中共中央扩大会议，对既往经济工作进行了总结检讨，开展批评与自我批评，邓小平在这次会议上的讲话中提出：“计划指标如果切合实际，并且留有余地，那就不会发生过重、过死的问题了。今后订计划，一方面要有统一的计划，另一方面，在统一的计划内，要给下面留有这样的可能，就是使下面能够结合当地的具体实际去安排，特别是在因地制宜方面，在发挥地方积极性方面，都要做得更好。”①可见，当时的以毛泽东为核心的党中央领导集体，对如何安排国民经济计划、提出工作方式上总是保持着不断完善的思想倾向。

但是，探索中存在认识分歧，受斯大林的强势影响，党内教条主义的思想逐渐占得上风。1955年6月斯大林组织编写的《政治经济学教科书》中文版出版②，毛泽东组织理论界一起读苏联《政治经济学教科书》。正是这样，斯大林所建构的社会主义规定性对中国产生了直接的影响。该书概括的社会主义制度的三个基本特征——公有制、计划经济和按劳分配，成为对社会主义制度规定性权威性的解释，中国后来相当一段时间里经济制度演进和现实社会主义运动就是依据这样的理论展开的。

（二）传统体制运行与社会主义经济制度特征的探索

现实社会主义的图像如何描绘，具体的实践推进如何有序开展，涉及经济理论的多层次内容：如何贯彻和体现基本经济制度的原则要求？在一定的基本经济制度基础上，社会再生产的资源配置采用什么样的经济体制？还有，这种体制运行中又具体表现为什么样的经济机制？这三个方面相互之间又是一种什么关系？在当时的情况下并没有在理论上进行充分的讨论，从而能够形成清晰的认识。换句话说，对于现实社会主义运动的基本理论认识只能是简单地接受斯大林的理论模式，斯大林对社会主义制度的基本特征的概括，成了传统社会主义经济建设和经济管理工作的范本被采用。

具体说来，就如何建立生产资料公有制，我们可以看到，通过“社会主义改造”运动，没收官僚资本，改造民族资本，对城市小手工业者和对广大农民组织起来的做法，形成“全民所有”和“集体所有”两种生产资料公有制的基本形式。公有制生产关系迅速被固化下来。这一疾风暴雨式的

① 邓小平：《在扩大的中央工作会议上的讲话》（一九六二年二月六日），《邓小平文选》第1卷，人民出版社1994年版，第306页。

② 苏联科学院经济研究所编：《政治经济学教科书》（中文版），人民出版社1955年版。

群众运动过程把公有制生产关系注入经济生活的方方面面，如前所述，必然存在着简单化的问题。在电影《陈毅市长》中有一个镜头：民族工商业者白天敲锣打鼓到市政府报喜，公私合营了，晚间回到家里抱头痛哭，表现出对家族多年积攒形成的资产难以割舍。根据斯大林的说法，即使是全民和集体这两种公有制形式，还附加有所谓"高级""低级"之分，认为全民所有制是生产资料所有制的高级形式。进一步考察，不难发现，这种生产资料全民所有制，在资源配置和国民经济运行活动，只能由政府担当主体。也就是说，全民所有制表现为国家所有制，实际的经济活动当事人，必然就落在政府身上，由此形成政府所有制，全社会经济社会事务全由政府包了下来，表现为政府全能主义。因为集体所有制需要向全民所有制看齐，实际上成了"二全民"。本来意义上的公有制的规定性，变成了工作任务，不顾生产力的条件和劳动者的接受能力，不顾所有制关系与产业领域和产业经济活动具体内容，完全与现实生产力相脱节。除此之外，对于经济生活中存在的公有制难以覆盖的经济活动，对于居民个人从事的生产流通行为，则被当作"资本主义的尾巴"加以限制和批判，且一再强调要加以割除。足见在处理配置公有制生产关系时过于简单、宽泛。

由于简单地将资本主义生产方式条件下存在的商品货币关系视作经济制度基本内容，采用简单对立的思想方法，认为社会主义条件下不需要商品货币关系作为处理资源配置的工具，采用直接的实物分配方式，以纵向的直接计划调节对全社会再生产活动进行管理，似乎这样就可以消除自由资本主义经济运行中存在的再生产的盲目性。况且，在社会主义建设初期，特别是第一个五年计划，由于当时国民经济生活中所存在的结构性问题比较突出，中央政府的直接计划对于克服比较明显的结构性问题相对有效，进一步滋长了对于计划经济的迷信。微观场合国民经济活动中生产(供给)和消费(需求)关系的处理，都集中由中央政府直接管理。政府直接把国民经济活动的方方面面都管起来、包下来。表现为财政的统收统支、生产资料资源配置的统购包销(统包统配)、劳动力就业和薪酬处理的统分统配，计划经济、实物配置的经济运行滋生出全社会对政府的依赖，企业吃国家的"大锅饭"、个人吃企业的"大锅饭"，以及国民经济运行低效率。

最后，关于按劳分配，从形式上说，按劳分配隐含着对于劳动者劳动贡献的重视和相应激励。但是，如何客观地评价劳动者的劳动贡献，缺乏合适的评价工具和客观的尺度，加之对劳动力资源的统分统配，自然就滑向"干多干少一个样、干好干坏一个样"的平均主义薪酬处理方式，导致大生产作业方式下，团队作业条件下的"搭便车"行为成为常态，形成对劳动者行为的逆向激励，全社会劳动生产率不高，按劳分配原则难以得到贯彻落实。按劳分配原则有一个重要的前提，即各尽所能，实际上，全社会劳动力资源的配置，在中央计划部门不可能事先获取每一位劳动力的"所能"，并科学客观地加以配置。更何况经济社会发展离不开充分动员各类资源，特别是对于稀缺资源(包括技术、资金等)形成正向激励以充分调动资源开发利用，形成对稀缺资源的充分开发利用和经济补偿。形式上，传统的分配方式表现为关注了公平，但是，"大锅饭"的薪酬处理，挫伤了劳动者的工作热情和积极性，损害了劳动生产效率。最终只能是全社会劳动者工资收入提高不快，居民生活水平提高改善不明显。

中国社会主义制度建设前30年的实践，斯大林概括的社会主义经济制度的基本特征和基本原则(即公有制、计划经济和按劳分配),被作为“命题作业式”解答推进,并转化为资源配置经济运行的体制机制,集中计划管理的工作方式形成了集中计划管理体制。对于现实社会主义经济发展所面临的复杂环境缺乏客观全面了解,以“三大特征”去衡量一切经济活动,隐含着追求纯而又纯的思想倾向,以至于“左”的冒进成为工作主基调。脱离中国实际的经济政策必然带来对生产力的破坏和国民经济的低效率运行,反过来产生了对治理国家的压力和焦虑,进一步强化了“运动式”动员社会,解决经济问题集权的工作方式,使整个国民经济进入“一收就死、一放就乱”的循环。这种焦虑和以集权式工作方法解决问题的努力,潜意识总是想找到一个新的“出路”。20世纪60年代面对经济运行中企业活力不足的问题,我们也尝试过对企业管理体制的“上收”“下放”,但是,这种企业隶属关系不变下的变化,没有改变企业作为政府机构附属物的地位,因而不能从根本上改善社会主义经济运行的效率。所有这些努力都没有从根本上跳出既有的对现实社会主义基本经济制度、资源配置方式和经济体制和经济关系和行为机制的理解。实践证明,要摆脱旧有的对现实社会主义的理论认识的窠臼,必须跳出传统的计划经济体制,在思想理论上彻底清理,摈弃教条主义,回到实事求是的思想路线上来。

二、近70年实践探索的一贯性:在既有努力基础上校准新发展路向

经过前30年的艰苦探索,社会主义建设事业取得巨大的成就,同时也留有诸多不尽如人意的地方。实践证明,简单地以“拿来主义”的理论指导,模仿式地展开经济建设工作方式,存在着明显的经济运行管理方式与中国自身实际之间的不适应、不协调的问题,抑制了社会主义制度本来所具有的引领和容纳社会生产力快速发展的优越性。对照马克思主义实事求是的辩证唯物主义和历史唯物主义方法论,既往的探索与中国经济社会实际之间的脱节就十分清楚了。坚持马克思主义的科学方法,需要认真全面深刻地对中国社会主义建设30年的种种努力加以总结,需要有实事求是的原则方法,需要有思想解放和扎根中国自身实践土壤的理论创新,以充分彰显马克思主义与时俱进的理论特质。正如邓小平在1984年10月26日会见马尔代夫总统时的谈话中所指出的,“现在中国搞建设,也要把马克思列宁主义同中国的实际相结合,走自己的路。这是我们吃了苦头总结出来的经验”①。正是在这样的思想理论和工作实践的背景下,邓小平发起全党,尤其是党内的高层领导开展理论务虚,以一种宽松的研讨方式呼唤和推动“实事求是”的党的优良传统的回归,制定了“改革开放”的新的工作指导方针。

(一)解放思想,实事求是,在思想理论的交锋中使实事求是重新扎下了根

正如十八届三中全会通过的《中共中央关于全面深化改革若干重大问题的决定》中所指出的,“实践发展永无止境,解放思想永无止境,改革开放永无止境”,正是有了实事求是的方法武

① 邓小平:《革命和建设都要走自己的路》(1984年10月26日),《邓小平文选》第3卷,人民出版社1993年版,第95页。

器，开辟出一条中国特色社会主义发展的道路。重温 1978 年十一届三中全会前后思想解放大讨论对于中国经济社会发展所产生的影响，对于我们不断提升理论自信和道路自信具有重要的现实意义。

在集中计划经济体制下，各类社会主体都听从于中央政府计划。难以发挥自身的能动作用，反而养成对中央政府的依赖，换句话说，就是所谓吃“大锅饭”，形成主体自身的行为惰性和逆淘汰机制，以至于整个经济运行低效率、经济生活失去活力。前已述及，尽管针对国民经济低效运行，特别是企业活力不足问题，我们也有所觉察并尝试改变，但总是在原有的认识框架下，被束缚在斯大林模式中没有突破。换句话说，总是在低效率状态徘徊，没有能够改变“一穷二白”的落后面貌，社会主义制度的优越性没有得到发挥，这种状态如不改变，最终必然葬送掉社会主义。正是在这样的背景下，邓小平力挽狂澜，拨乱反正，展开解放思想大讨论，在 1978 年 11 月 10 日到 12 月 15 日，召开了中央工作会议，经过多场讨论会议的“思想风暴”，1978 年 12 月 13 日，邓小平在闭幕会上作了题为《解放思想，实事求是，团结一致向前看》的重要讲话。他指出，“解放思想是当前一个重大的政治问题”，“要善于学习，要研究新问题”。这次会议推动党的高级干部对社会主义实践有了一个比较全面完整的总结，在“解放思想”的引领下，党的思想路线回到了实事求是的轨道。再一次体现出中国共产党重视理论学习，善于在实践进程中及时总结检讨，对照运用马克思主义基本原理，矫正前行方向，不断提高解决中国经济社会发展的实际问题的能力。中央工作会议的理论务虚，为 1978 年 12 月 18 日至 22 日召开的十一届三中全会作了充分的思想准备，全会的中心议题就是根据邓小平的指示，讨论把全党工作重心转移到经济建设上来，会议明确了改革开放方针。从此，中国经济揭开新的一页。从传统的集中计划经济体制，转轨走向社会主义市场经济体制，探索一条符合中国实际的新的社会主义发展道路。总结回眸近 40 年的改革开放历程，摆脱僵化教条的对社会主义规定性的理解，不是一个简单的一蹴而就的跳跃性的事情能够做到的，长期积淀形成的对于传统社会主义理论的认识理解，需要用改革开放实践带来变化的事实加以开悟和启智，形成诱致性制度变迁①的驱动能量，去逐步消解旧有的思想理论观念与经济体制改革举措的羁绊，摆脱由这些旧观念产生的路径依赖惰性，使得改革事业总是以一种渐进的、递次展开、分阶段推进的图像展现出来。

（二）理论创新及时产生对实践的指导作用，改革开放成为中国经济快速发展的主要驱动力量

“解放思想、实事求是”的思想路线，体现了马克思主义的历史唯物主义方法。经济体制改革首先从农产品价格调整起步，一方面通过价格调整，增加农民收入；另一方面对城市居民劳动者施以调价补贴，由此松动经济运行体系中的价格体系，而后逐渐将改革的重点转到城市经济中来。针对传统体制的弊端，即排斥商品货币关系和市场机制，不尊重企业的法人地位和劳动群众

---

① 美国经济学家道格拉斯 · C.诺思（Douglass C. North）在经济史研究中将制度因素纳入解释经济增长，将制度变迁区分为“诱致性”和“强制性”两种类型。他的新经济史论和制度变迁理论使其成为新制度经济学的代表人物之一，并因此获得了 1993 年度诺贝尔经济学奖。

的创造能力，改革从触动计划管理的力度和范围开始，以扩大企业自主权起步，唤起各类经济主体的经济理性复归，承认和尊重经济主体的独立利益，形成了千军万马主动积极关心劳动绩效的局面，国民经济活力大大增强。驱动着中国经济步入发展的快车道，从1979年以来保持了连续30多年的10%左右的发展速度，到2010年，中国GDP总量跃居全球第二。

我们可以从经济体制建构的几个主要侧面对渐进的改革进程做一个概要的总结。就政府与企业的关系变革而言，先后经过了从原来的统收统支、国有国营，到放权让利的经济责任制、所有权经营权适度分离，以1984年十二届三中全会《关于经济体制改革的决定》为标志，企业改革的工作重点是搞活企业；再到"利改税"，视国有企业为市场活动中的独立纳税人，由此提出探索公有制实现形式创新概念(1992年，中共十四大)，形成政府与企业之间利益关系的新型主体关系，以现代企业制度作为企业改革的目标模式，政府与企业关系是出资人与用资人之间的新型市场关系。以1993年十四届三中全会通过的《关于建立社会主义市场经济体制若干重大问题的决定》为标志，可以称之为"搞活国有经济"阶段；一直到2013年十八届三中全会通过的《中共中央关于全面深化改革若干重大问题的决定》提出积极发展混合所有制经济，以混合所有制作为市场经济条件下公有制实现的主要形式，解决好公有制与市场经济相容性问题。由此探索形成公有制与市场经济相融合的新体制。

与此相伴随的改革，在劳动者就业制度方面，从传统的统包统配，走向逐步放开自主择业，用人单位的自主招聘录用，实行劳动合同制①，劳动者薪酬水平管理也从统一的工资薪酬标准，走向用人单位与劳动者协议工资，工资水平逐渐走向由市场决定。1993年，中共十四届三中全会通过的《关于建立社会主义市场经济体制若干问题的决定》，第一次明确提出要培育和发展劳动力市场，此后，《劳动法》和一系列配套法规相继颁布，养老保险制度初步建立，企业自主用工制度进一步落实，全员劳动合同制全面推行。对于国有企业，政府有关部门只是控制薪酬总额，非国有部门则是完全放开。在发育劳动力市场的同时，承认劳动力个人禀赋的差异，特别是鼓励科技要素、管理要素与劳动要素的有机结合，将之与一般劳动分开，从而导入人力资本概念。与此同时，结合市场对生产要素资源稀缺性作用机制的评价，逐渐引入各类生产要素对产出贡献的独立意义，将之导入报酬分配体系，形成按劳分配与按要素分配相结合的新分配关系模式。借此刺激调动各类要素的活力释放。

进一步展开，在尊重个人利益和经济理性，允许劳动力自主择业的基础上，中国经济生活中逐渐出现了"个人出资、自我就业"兴办企业的非公经济现象，与摆脱短缺、填补市场空白的市场机会相联系，非公经济被允许存在和发展。从传统体制下追求"一大二公"，视非公经济是"资本主义的尾巴"，到改革开放后，一方面主动吸引外资进入，发展中外合资合作和外商独资经济，到

① 1983年2月，劳动人事部门下发了《关于积极试行劳动合同制的通知》，对劳动合同制进行试点；1986年7月国务院发布《国营企业实行劳动合同制暂行规定》，同年10月1日，劳动合同制正式成为中国的就业政策，并在全国范围内实施推广；1994年7月，颁布的《中华人民共和国劳动法》中，再次确认了劳动合同制的实施；2007年6月29日，第十届全国人大常委会第二十八次会议通过《中华人民共和国劳动合同法》，将中国的劳动合同制纳入法制轨道。

允许私人注册兴办企业，以至于将非公经济看作是社会主义经济的补充力量，“多种经济成分长期共同发展”。①到1997年9月，中共十五大第一次明确提出，“公有制为主体、多种所有制共同发展，是我国社会主义初级阶段的基本经济制度，非公经济是我国社会主义市场经济的重要组成部分”。②1999年3月九届全国人大二次会议审议通过《中华人民共和国宪法修正案》将这一提法予以采纳。从过去的“有益补充”“必要补充”到“重要组成部分”，非公经济跨过一道道藩篱，走进了“阳光地带”。特别需要强调的是，中共十八届三中全会进一步提出对不同竞争主体要实现“平等使用生产要素、公平参与市场竞争、同等受到法律保护”③，标志着所有制关系的改革进入一个全新的理论认识和时间推进的新阶段、新境界。

我们再来看反映经济体制特征的资源配置方式又是如何从传统的计划经济转轨走上社会主义市场经济体制的变革路径。如前所述，在引入商品货币关系，赋予企业自主经营权利，允许企业在既有的计划安排之外自主采购、自主生产和自主销售，实际上就是一种计划外的市场行为。同样地，允许居民个人自主择业创业，相对于传统体制追求“一大二公”，排斥非公经济行为而言，也是一种计划外的开放投资准入的市场行为。因此，传统的计划经济体制发生变革，1982年中共十二大提出了“计划经济为主，市场调节为辅”；1987年中共十三大提出“社会主义有计划的商品经济体制”，强调计划与市场的内在统一；一直到1992年10月，中共十四大明确社会主义市场经济体制作为经济体制改革的目标模式，强调“要发挥市场在配置资源中的基础性作用”。由此，逐步厘清得出在社会再生产经济运行中的资源配置问题上，如何处理政府的作用与市场的作用是一对彼此融合、彼此互补嵌套的经济关系，“是整个经济体制改革的关键”④，在十八届三中全会通过的《关于全面深化改革若干重大问题的决定》(2013年11月)中，更是被清晰地表述为“发挥市场在配置资源中的决定性作用和政府的宏观调控作用”。⑤这使得在具体开展各项经济工作时，首先要重视发挥市场的作用，作为基础性的作用先行，这就是要在尊重经济规律基础上施以政府宏观管理措施，使市场与政府作用互洽互补，相得益彰。

以上我们叙述了1978年底开始的中国经济体制改革进程的缘起，即中国共产党全面总结既往的社会主义实践中的正反两个方面的经验和教训，确立起改革开放方针，开辟了中国特色社会主义新的篇章。我们着重对经济体制改革的几个主要方面的推进和与之相伴的对体制内容的认识进行了梳理，包括赋予各类经济主体的自主地位、尊重主体理性；探索公有制实现的新形式，解决好公有制与市场经济相融合；开放非公经济；在发育劳动力市场的同时逐渐导入要素稀缺产生的要素报酬评价，形成收入分配关系上的按劳分配为主与按要素分配相结合的新分配体制，由此

① 江泽民：《加快改革开放和现代化建设步伐，夺取有中国特色社会主义事业的更大胜利——在中国共产党第十四次全国代表大会上的报告》，人民出版社1992年版。

② 江泽民：《高举邓小平理论伟大旗帜，把建设有中国特色社会主义事业全面推向二十一世纪——在中国共产党第十五次全国代表大会上的报告》，人民出版社1997年版。

③ 中国共产党第十八届三中全会：《中共中央关于全面深化改革若干重大问题的决定》，人民出版社2013年版。

④ 胡锦涛：《坚定不移沿着中国特色社会主义道路前进，为全面建成小康社会而奋斗——在中国共产党第十八次全国代表大会上的报告》，人民出版社2012年版。

⑤ 中国共产党第十八届三中全会：《中共中央关于全面深化改革若干重大问题的决定》，人民出版社2013年版。

必然有经济体制其他各个方面的相应变革。不难发现,改革推进进程的理论深化引领,是以中国共产党的历次全国代表大会为节点,从1978年底确立改革开放方针,1984年十二届三中全会通过的《关于经济体制改革的决定》,在市场取向改革全面启动,极大地解放了各类社会主体的创造性力量,提高了全社会对于市场配置资源特性的理解和应用能力,因此,1992年10月召开的中共十四大明确了中国经济体制改革的目标就是建立社会主义市场经济体制,对于改革目标的具体内容在1993年11月召开的十四届三中全会通过的《关于建立社会主义市场经济体制若干重大问题的决定》作出了具体化设计,遵循建设社会主义市场经济体制的改革目标任务所推进的改革深化,传统的计划经济体制朝着社会主义市场经济体制转轨,到2003年十六届三中全会通过的《关于完善社会主义市场经济体制若干重大问题的决定》,认为中国社会主义市场经济体制的主要框架已经初步生成,在此基础上,如何以经济体制改革引领改革走向纵深,带动其他领域的改革,在国家治理体系的其他领域展开配套改革,一直到中共十八届三中全会讨论通过的《关于全面深化改革若干重大问题的决定》发表,明确了国家治理体系的现代化和治理能力的现代化的总体目标,即遵循马克思主义历史唯物主义的基本原理,发挥经济体制改革的引领作用,推进经济、政治、社会、文化和生态文明体制的全面改革,进入深层次的"啃硬骨头""涉险滩"攻坚阶段,以全面建构经济社会治理的"四梁八柱"。可见,近40年的改革进程的分阶段推进,凸显出鲜明的改革深化的节奏,成功地实现经济体制的顺利转轨。反映出中国共产党积极进取,主动有所作为,不断探索前行在改革开放的轨道上,清晰地走出一条有中国特色的社会主义建设道路。

三、改革开放实践催生中国特色社会主义政治经济学理论体系

上述对中国近70年社会主义事业发展的前后两个阶段的考察,中国共产党在对于社会主义基本经济制度的本质规定,对这种制度的实现途径可能选择什么样的经济体制,对一定的经济体制条件下不同社会主体所展开的经济活动机制,这样三个层次的关系,正是伴随着社会主义建设事业而展开,其中必然存在"试错"的探索,但是,围绕马克思主义中国化的基本宗旨始终不变,这是近70年来一贯的底蕴所在。正是在这个意义上说,中国社会主义建设事业在改革开放前后两个时期的实践在本质上是一致的、相互联系的。前后两个阶段所存在的重要区别表现在,前一个阶段实践的种种努力和尝试,为后面的阶段作了"测试",起到了铺垫的作用。正是由前一个阶段所付出的价格不菲的"学费",才使得后一个阶段,举改革大旗的决心和信心更加坚定。这些都是我们在总结中国特色社会主义政治经济学创新,开拓当代中国马克思主义新境界的理论研究工作必须重视的对比参照的"活教材"。

改革开放,坚持实事求是的思想路线,摒弃僵化教条的思想方法,摆脱传统的高度集权的计划经济体制模式束缚,以市场取向、增量改革推进,从经济体制改革的局部单项试点,到区域推进深化;从经济体制改革到全面深化改革,探索马克思主义中国化,开拓出一条中国特色的社会主义发展的道路。贯穿改革开放进程的思想理论的不断创新演进,蕴含着丰富鲜活的政治经济学理论创新的养料,需要我们扎根中国土壤,潜心开展系统深入的研究总结,从事实、案例和时间阶

段进程总结得出经验，从经验概括分析得出理论归纳见解，从理论见解提炼得到概念范畴，从概念范畴的逻辑关系发现规律，逐步丰富发育生成具有中国特色社会主义政治经济学理论体系，开拓马克思主义政治经济学理论的新境界。这也是习近平总书记近几年来对经济理论和哲学社会科学工作者提出的工作目标任务。

理论的创新引领着改革的不断深化，改革深化所面临的难点又刺激了理论研究的创新，改革开放的实践进程在经济社会运行的多个领域、经济体制建构的多个侧面产生变革，提升了执政党治国理政的领导能力、对社会建构复杂关系的驾驭能力，同时也锻炼了经济生活中的多个主体对体制变革带来的震动影响的承受能力。所有这些，都为中国特色的社会主义政治经济学理论体系提供素材养料，相关专题的认识不断深化，发育形成较为清晰成熟的理论成果。理论的发育走向成熟也促成新经济体制的“四梁八柱”架构的设计施工能力，推进中国特色社会主义步入发展的新阶段。在这里，我们可以对具有中国特色的社会主义政治经济学理论内容作一个梳理总结概括。

第一，社会主义初级阶段理论。对中国实践的现实社会主义发展阶段的重新认识，明确我们处在社会主义的初级阶段。正是在对中国社会主义实践历程的系统全面总结的基础上，明确回答现实社会主义所处发展阶段和务实前行的出发点，才能更好地找准发展阶段的主要矛盾和主要工作任务，才能准确判断现实社会主义发展的历史方位。也正是在经过现实社会主义第一个阶段的实践认真总结反思基础上，对于如何推进社会主义的扎实前行得出的重要判断。

实践告诉我们，现实社会主义制度的建立，与马恩所预言的未来社会(取代资本主义生产方式的共产主义社会，她的第一[初级]阶段可以称为“社会主义”①)是在生产力最发达的资本主义国家最先出现的理论逻辑轨迹不同，恰恰是在资本主义体系的薄弱环节，因为有马克思主义理论的指导，有工人阶级的先锋队共产党的领导，通过武装斗争，夺取政权，建立起社会主义制度的。因此，现实社会主义与马克思所指出的社会主义有着很大的差异，当马克思所揭示的社会主义的主要原则得以实现，现实社会主义如何建设，必然面临更加艰辛的探索和努力。如何借助社会主义制度条件，解决生产力发展水平相对落后的状况，加快发展生产力，必然是一个最为迫切、最具现实意义的工作任务。正是在认真总结反思既往实践的基础上，经过拨乱反正，解放思想，中国共产党十一届三中全会确定改革开放方针，全党的工作重心回到经济建设上来。1981 年十一届六中全会通过的《关于若干历史问题的决议》第一次明确提出“我国社会主义制度还处在初级阶段”的论断，在这样的背景下，在中共十二大上(1982 年 9 月)，邓小平提出“中国特色的社会主义”理论命题，1987 年 8 月，邓小平在接见意大利共产党领导人约蒂和赞盖里时的谈话中指出：“我们党的十三大要阐述中国社会主义是处在一个什么阶段，就是处在初级阶段，是初级阶段的社会主义。社会主义本身是共产主义的初级阶段，而我们中国又处在社会主义的初级阶段，就是不发达阶段。一切都要从这个实际出发，根据这个实际来制定规划。”1987 年 10 月中共十三大上，对于“我国还是处在社会主义的初级阶段”作了充分的阐述，形成全党的共识。基于这一基本判断，

① 参见马克思 1875 年发表的《哥达纲领批判》一书对“共产主义第一阶段”的论述，人民出版社 1992 年版。

可以使我们头脑清醒，避免在理论上和实践上出现“左”或右两种错误倾向。由此为中国社会主义建设明确了方向，开拓出一条中国特色社会主义发展道路。邓小平特别强调指出，“贫穷不是社会主义，发展太慢也不是社会主义”①，正是这种对现实社会主义发展条件和发展阶段的科学判断，中国特色社会主义现阶段的主要任务得以明确，“社会主义的根本任务是发展生产力”。即使是经过了近40年改革开放，中国经济已经持续高速发展，国内生产总值规模已经攀升至全球第二位，中国经济发展站在了一个新的历史起点上，中国特色社会主义进入了新的发展阶段，从历史和现实、理论和实践、国内和国际等结合上进行思考，从中国社会发展的历史方位上来思考，从党和国家事业发展大局出发进行思考，社会主义初级阶段仍然是中国现实社会主义发展阶段的主要特征。“准确地把握我国社会主义初级阶段不断变化的特点，坚持党的基本路线，在继续推动经济发展的同时，更好解决我国社会出现的各种问题，更好实现各项事业全面发展，更好发展中国特色社会主义事业，更好推动人的全面发展、社会全面进步。”②对社会主义初级阶段的判断，使中国共产党始终保持清醒的头脑，始终不忘发展是解决中国一切问题的第一要务，不忘初心，行稳致远。

第二，新国际环境与新全球化理论。准确认识和平与发展是当今世界的两大主题，由此形成发展的重要机遇期的判断。基于这一判断，动员全党更好地带领全国人民，集中精力于经济建设。邓小平在深刻洞察世界格局变化的基础上，将世界的主要矛盾精辟地概括为和平与发展两大问题，他指出：“现在世界上真正大的问题，带全球性的战略问题，一个是和平问题，一个是经济问题或者说发展问题。”③明确“和平和发展这个时代的主题”，对于自觉抓住发展机遇期树立紧迫感，强化工作责任，鼓舞工作干劲，具有特别的意义。正是基于这种对于时代发展主题的清醒认识，围绕解放和发展生产力这一中心任务，有只争朝夕的紧迫感，有助于思考如何充分用好国际经济环境，处理好中国经济与世界经济发展之间的关系。促成我们更加自觉地认识世界经济发展分工机会，主动自觉地学会善于利用“两个市场”和资金、技术比较优势。

第三，社会主义的根本任务是发展生产力理论。解放生产力、发展生产力作为现实社会主义建设的中心工作，经过了解放思想、拨乱反正，把全党的工作重心转移到经济建设上来。这也是在总结社会主义建设实践的经验教训基础上得到的全党的共识，是中国特色社会主义政治经济学理论的重要命题，也是解决社会主义初级阶段社会主要矛盾的主要工作抓手。邓小平指出，“根据我们自己的经验，讲社会主义，首先就要使生产力发展，这是主要的。只有这样，才能表明社会主义的优越性。社会主义经济政策对不对，归根到底要看生产力是否发展，人民收入是否增加。这是压倒一切的标准”④。“搞社会主义必须根据本国的实际。我们提出建设有中国特色的

① 邓小平：《社会主义必须摆脱贫穷》(1987年4月26日)，《邓小平文选》第3卷，人民出版社1993年版，第225、223—225页。

② 《高举中国特色社会主义伟大旗帜为决胜全面小康社会实现中国梦而奋斗》，习近平在省部级领导干部学习班开班式上的讲话，新华社，2017年7月27日。

③ 邓小平：《和平和发展是当代世界的两大问题》(1985年3月4日)，《邓小平文选》第3卷，人民出版社1993年版，第105页。

④ 邓小平：《社会主义首先要发展生产力》(1980年5月5日)，《邓小平文选》第2卷，人民出版社1994年版，第314页。

社会主义，……而坚持社会主义，首先要摆脱贫穷落后状态，大大发展生产力，体现社会主义优于资本主义的特点。……搞社会主义，一定要使生产力发达，贫穷不是社会主义。”①中国社会主义建设近 70 年的实践，特别是改革开放近 40 年的经济快速发展所取得的成就，充分证明了社会主义的根本任务是发展生产力，改革开放不断完善社会主义基本经济制度，推进经济体制机制的变革可以为生产力的快速发展创造制度条件，引领生产力的快速发展。

第四，新发展理念。伴随改革开放进程，围绕解放和发展生产力这一中心任务，形成“创新、协调、开放、绿色和共享”指导经济发展的成熟完整的理念。特别是改革开放近 40 年中国经济快速发展，主动积极加入世界分工体系，积极应对新全球化和新技术革命的潮流，在推进经济体制转轨和经济发展方式转变的社会主义实践中，不断加深对于指导经济社会发展的工作内容和处理国民经济与社会发展各个领域、各个方面、各条战线以及不同区域之间的相互关系的整体协调能力，不断摸索总结积累推进社会主义实践发展的规律。对于不断开发可持续发展的驱动力量，全面认识并妥善处理发展进程中与时空维度相关所面临的各种矛盾和社会阶层主体之间的关系，特别是处理好经济发展与资源生态环境之间的友好，与全球化潮流和世界经济发展之间的关系，发展绩效和目标实现与发展目的最终还是要落实在以人为本，以人民为中心，让人民充分享有发展成果这一立党初心和社会主义根本原则上。所有这些都充分说明中国共产党在领导中国特色社会主义前行中已经形成更为成熟的指导理念，对社会主义建设规律有了更加深刻的理解和运用的能力。

第五，市场发挥资源配置的决定作用理论。经过近 40 年的改革实践，成功推进了经济体制转轨，明确社会主义市场经济体制模式的改革目标，就是要发挥市场配置资源的决定性作用和政府的调控作用。从社会主义运动实践出发，认识到商品经济是生产力发展的必经阶段，商品货币关系、市场机制是处理生产分工关系和资源配置的工具和手段，对应于市场手段的计划机制，表现为政府的工作职能，在经济运行中是以政府与市场的关系加以表现。早在 1979 年，邓小平在接见美国记者吉布尼的谈话时，就提出“社会主义也可以搞市场经济”②。1987 年，在谈到计划与市场关系时，邓小平又明确提出，计划和市场都是方法，只要对发展生产力有好处，就可以利用，它为社会主义服务，就是社会主义的。③伴随改革深化的进程，对于市场机制的认识不断深化，1992 年中共十四大明确中国改革的目标模式是建立社会主义市场经济，与此同时明确市场是配置资源的基础性手段。2013 年 11 月，十八届三中全会通过的《关于全面深化改革若干重大问题的决定》中进一步强调了发挥市场配置资源的“决定性作用”和“政府的调控作用”，在尊重市场规律的基础上，发挥政府的调控作用，形成两者之间的相互感知、包容互洽、良性互动。如何处理好政府与市场的关系作为经济体制改革的关键受到重视。

第六，混合所有制经济作为公有制实现的主要形式。积极发展混合所有制经济，探索公有制

---

① 邓小平：《社会主义必须摆脱贫穷》(1987 年 4 月 26 日)，《邓小平文选》第 3 卷，人民出版社 1993 年版，第 225、223—225 页。

② 邓小平：《社会主义也可以搞市场经济》(1979 年 11 月 26 日)，《邓小平文选》第 2 卷，人民出版社 1994 年版。

③ 邓小平：《计划和市场都是发展生产力的方法》(1987 年 2 月 6 日)，《邓小平文选》第 3 卷，人民出版社 1993 年版。

与市场经济相融机制。混合所有制是社会主义市场经济条件下，公有制实现的重要形式。一方面，联系生产力发展特点加快发展生产力，充分调动多个社会主体的积极性和释放生产要素活力，明确了公有制为主体、多种所有制经济共同发展的基本经济制度，作为中国特色社会主义制度的重要支柱，也是社会主义市场经济体制的根基。公有制经济和非公有制经济都是社会主义市场经济的重要组成部分。另一方面，通过积极发展混合所有制经济，处理好公有制与市场经济的相融性，作为基本经济制度的重要实现形式，有利于国有资本放大功能、保值增值、提高竞争力，有利于各种所有制资本取长补短、相互促进、共同发展。

第七，生产力要素多样性和按要素贡献分配理论。联系市场经济特点和加快发展生产力的根本任务，积极探索“让一切劳动、知识、技术、管理、资本的活力竞相迸发”的资源配置体制机制。表明我们在对生产力发展的理解认识上不断深化，对于资源配置的具体内容有更加细腻的理解。根据马克思主义基本原理，这种对于生产力要素的理解折射出的是对于生产要素的细分，是对于分工理论的具体应用，也体现了我们对于生产力的驾驭管理能力的提高。正是这样，在处理要素报酬的收入分配制度改革方面，在坚持按劳分配基本原则的同时，引入按要素分配的新机制，处理好按劳分配与按要素分配相结合，使收入分配制度与社会主义市场经济目标模式相契合，有助于促进分工、促进生产力发展，调动各类生产要素主体的积极性。由此着力于在要素产出和要素组合机制的生产方式的变革和要素资源配置机制的不断优化。

第八，区域协调平衡发展理论。联系中国经济发展受地理区位、资源禀赋和人口分布以及历史等因素的影响，客观上存在的东中西部发展水平的落差，加之改革开放推进进程中的东部沿海以自身区位条件优势较早起步，吸引了更多的外资，因此可能出现区域发展水平的差距拉大。针对这种可能出现的问题，伴随近40年改革开放进程，中央政府先后及时导入区域推进发展战略措施，包括西部大开发、东部老工业基地振兴、中部崛起、京津冀一体化、长江经济带等多个区域发展战略举措，还有新型城镇化对区域创新的整体推进战略。与此同时，东西部省市区之间的对口支援成为社会主义制度条件下区域结对，发达地区将带动不发达地区联动发展。除了这些直接指向区域协调平衡发展的调控措施外，一项最重要的宏观管理手段就是财政体制安排的转移支付手段。伴随改革深化和全面推进，进一步明确了以“建立现代财政制度，发挥中央和地方两个积极性”，决策者清晰地认识到，财政是国家治理的基础和重要支柱，科学的财税体制是优化资源配置、维护市场统一、促进社会公平、实现国家长治久安的制度保障。近40年来，基于中国作为发展中大国，在发展中处理好区域协调平衡发展关系的工作经验，成为中国特色社会主义经济理论的重要组成部分。

第九，新宏观调控理论。根据经济发展阶段特点变化，宏观经济管理的工作重点及时加以变化调整，加快经济发展方式转型的理论。改革开放初期，国民经济处在“紧运行”态势，伴随体制转轨进程，宏观经济管理主要采取需求管理的工具手段，通过对投资、消费和出口“三驾马车”，运用财政和金融手段实施调控管理，通过放权让利调动微观经济主体的生产积极性，改革开放驱动中国经济持续高速发展。特别是2001年中国加入WTO，迅速融入全球化潮流，充分发挥比较优势，享有全球化红利，促进工业化水平的迅速提高，锻炼培育了中国企业在国际市场的竞争能力。

2008 年金融危机爆发，外需市场所受到的冲击和量的萎缩，全球经济结构的调整，给中国经济带来冲击，经济运行进入新常态，经济发展方式从既往的“资源推动、投资推动”朝着创新推动转型，针对国民经济运行新的特点，及时提出供给侧结构性改革的新的宏观经济管理举措，明确“去产能、去杠杆、去库存、降成本、补短板”五大工作任务，同时，在财政和金融等宏观管理措施运用上，引入结构性措施，实施预调微调和定向调节，表明国民经济宏观管理工具手段和能力全面刷新，进入新的工作境界。这反映出对于社会主义市场经济的理解和驾驭能力的提高和宏观管理经验的积累，也是中国特色社会主义经济理论和实践能力的积累。

第十，经济体制改革牵引理论。在全面深化改革“五位一体”的工作体系中经济体制处在基座的、发挥牵引作用的地位。这一理论揭示出经济体制构造在社会体系建构中的地位和特点，作为社会主义政治经济学理论的重要内容，也反映出运用历史唯物主义理论方法，着力推进国家治理体系现代化的工作内容。

纵观近 40 年改革历程，经济体制的改革对经济运行的生产、交换、分配、消费的多个环节管理方式的变革，对经济活动各类主体的利益关系进行调整，大大调动了经济活动参与主体的工作积极性，也大大提高了资源配置的产出效率，驱动经济快速发展。以相对宽松的经济实力，为政治体制、文化体制、社会体制和生态文明体制的改革创造扎实充分的物质基础。与此同时，也为经济体制改革提供配套协调环境，促进国家治理体系的现代化和治理能力的现代化。纵观中国开展社会主义实践近 70 年的历史，对照总结前后两个大的阶段的经验教训，特别是对改革开放近 40 年推进经济体制转轨，着力建设社会主义市场经济体制，丰富的实践积累孕育形成具有中国特色的社会主义经济理论，开拓马克思主义中国化的新境界。中国经济快速发展，GDP 总量规模迅速攀升至全球第二的位置，验证了中国特色社会主义理论的巨大生命力，也为我们进一步不断完善这一理论提供了实践依据，为其他发展中国家提供参考，为人类文明贡献中国智慧。

参考文献

[1]《习近平总书记在新进中央委员会的委员、候补委员学习贯彻党的十八大精神研讨班的重要讲话》(2013 年 1 月 5 日)，《人民日报》2013 年 1 月 6 日。

[2]《毛泽东文集》第 6 卷，人民出版社 1999 年版，第 329 页。

[3] 邓小平：《在扩大的中央工作会议上的讲话》(一九六二年二月六日)，《邓小平文选》第 1 卷，人民出版社 1994 年版，第 306 页。

[4] 苏联科学院经济研究所编：《政治经济学教科书》(中文版)，人民出版社 1955 年版。

[5] 邓小平：《革命和建设都要走自己的路》(一九八四年十月二十六日)，《邓小平文选》第 3 卷，人民出版社 1993 年版，第 95 页。

[6] 江泽民：《加快改革开放和现代化建设步伐，夺取有中国特色社会主义事业的更大胜利——在中国共产党第十四次全国代表大会上的报告》，人民出版社 1992 年版。

[7] 江泽民：《高举邓小平理论伟大旗帜，把建设有中国特色社会主义事业全面推向二十一世纪——在中国共产党第十五次全国代表大会上的报告》，人民出版社 1997 年版。

[8] 中国共产党第十八届三中全会:《中共中央关于全面深化改革若干重大问题的决定》,人民出版社2013年版。

[9] 胡锦涛:《坚定不移沿着中国特色社会主义道路前进,为全面建成小康社会而奋斗——在中国共产党第十八次全国代表大会上的报告》,人民出版社2012年版。

[10] 马克思:《哥达纲领批判》,人民出版社1992年版。

[11] 邓小平:《社会主义必须摆脱贫穷》(1987年4月26日),《邓小平文选》第3卷,人民出版社1993年版,第225、223—225页。

[12]《高举中国特色社会主义伟大旗帜为决胜全面小康社会实现中国梦而奋斗》,习近平在省部级领导干部学习班开班式上的讲话,新华社,2017年7月27日。

[13] 邓小平:《和平和发展是当代世界的两大问题》(1985年3月4日),《邓小平文选》第3卷,人民出版社1993年版,第105页。

[14] 邓小平:《社会主义首先要发展生产力》(1980年5月5日),《邓小平文选》第2卷,人民出版社1994年版,第314页。

[15] 邓小平:《社会主义也可以搞市场经济》(1979年11月26日),《邓小平文选》第2卷,人民出版社1994年版。

[16] 邓小平:《计划和市场都是发展生产力的方法》(1987年2月6日),《邓小平文选》第3卷,人民出版社1993年版。

(本文原载《学术界》2017年第11期)

在必然性和偶然性之间：从列宁晚年之问到当代中国社会主义政治经济学*

孟 捷**

摘 要 当代市场经济理论可以区分为1.0、2.0和3.0三个类型，这一类型区分是对当代中国社会主义政治经济学在经济思想史上加以定位的前提。为了发展作为市场经济3.0理论的社会主义政治经济学，需要对历史唯物主义进行概念的重构。列宁晚年提出，十月革命的爆发，是以世界历史的偶然性为前提的，但从资本主义向社会主义的过渡，又必须服从必然性即生产力的根本进步。将这种必然性和偶然性有机地结合，是对历史唯物主义进行概念重构的前提。邓小平提出，社会主义的根本任务是解放生产力，发展生产力。市场经济是完成这一任务的必由之路，从而继承和超越了列宁。习近平总书记对社会主义市场经济特点的概括，即"政治的经济化"和"经济的政治化"，则指向市场经济3.0理论的本质特征。从市场经济3.0和1.0理论的差别着眼，可以建立一个批判地考察当代中国经济学理论的坐标系。

关键词 列宁历史唯物论 市场经济理论 当代中国社会主义政治经济学 习近平新时代中国特色社会主义思想 经济思想史

一、马克思主义内部关于历史唯物主义的三次争论

在历史唯物主义发展史上，可以梳理出三到四次马克思主义者内部的争论，这些争论涉及生产力一元决定论和另一种相反观点（即主张阶级斗争和政治权力的变化是推动生产关系变革的主导因素）之间的对立。这些争论中最早的一次体现在恩格斯晚年关于历史唯物主义的几封书信中。19世纪末，针对第二国际普遍将历史唯物主义理解为经济决定论（即生产力一元决定论）的倾向，恩格斯写了五封书信，试图对这种倾向加以纠偏。在这些书信中，恩格斯还探讨了国家的经济作用，提出国家对经济发展的阻碍作用，有时足以使一国经济崩溃。但总体而言，恩格斯

* 本研究系北京市社会科学基金重大项目"当代中国社会主义政治经济学的理论创新"（17ZDA04）成果。

** 孟捷，复旦大学经济学院特聘教授、博士生导师。

的纠偏是不成功的，他对政治权力或国家的经济作用的看法，虽然包含着合理的要素，但毕竟没有上升到概念的层次，并没有给对历史唯物主义的解读带来实质性影响。

第二次争论发生在十月革命爆发后，是围绕十月革命的合法性问题而产生的。就此我们想多谈一谈。首先可以提到的是葛兰西，他后来成为意大利共产党的总书记。葛兰西当时写了一篇很有趣的文章，题为《反对〈资本论〉与革命》，这篇文章在人民出版社出版的《葛兰西文选》中可以看到。一方面，葛兰西作为意大利共产党的创始人，在实践上并不像第二国际的建制派那样，反对十月革命，而是积极地肯定了十月革命的伟大意义。另一方面，在理论上，葛兰西又体认到，十月革命的发生和历史唯物主义或生产力一元决定论是相矛盾的，对这种矛盾客观上需要一个解答。葛兰西所代表的这种认识，也反映在中国第一代马克思主义者身上。例如在 1919 年的《新青年》里，李大钊就曾提出，马克思主义关于历史发展的动力有两种彼此矛盾的看法，一种是将这种动力归于生产力，另一种则归于阶级斗争。显然，新生的中国共产党在实践上基本接纳了后一种看法。

需要指出的是，列宁在其晚年，对类似问题做了深刻思考。在《论我国革命》一文中①，列宁提出了一个解答，这个解答可以概括为“列宁之问”，其中包含两个要点：第一，在列宁看来，世界历史是由偶然性组成的，不仅包含必然性，十月革命成功地爆发在落后的俄国，体现了这种偶然性。第二，列宁问：凭什么不能先夺取上层建筑，建立苏维埃，然后在从文化和生产力上赶上欧美发达国家的水平呢？事实上，在十月革命之前，列宁已经为他在这里谈到的“世界历史偶然性”提供了一个理论，这个理论解释了偶然性何以发生，因而可简称为关于历史偶然性的理论。在这个理论中，列宁从主客观两个方面，解释了在俄国这样一个落后国家发生社会主义革命的可行性。就客观方面而言，列宁提出了帝国主义链条中最薄弱的环节的理论。就主观方面而言，列宁早在《怎么办》里提出了新的建党学说。十月革命是在这一关于革命可能成功的“偶然性”理论的指引下搞成的，而不是盲目的暴动。类似地，在中国，毛泽东也为中国革命提出了一个“偶然性”理论。从他井冈山时期的著作，到抗战时期的《论持久战》，再到《新民主主义论》，可以清晰地看到这种理论的发展。毛泽东最先是从下述问题开始的：在井冈山这样的地方搞工农武装割据，为什么是可能的？他的回答是：第一，帝国主义是分裂的；第二，帝国主义在中国的代理人是分裂的，因此中国共产党有可能开展工农武装割据，建立根据地，继而由农村包围城市。从土地革命到抗战，他的这个战略判断得到了应验，中国革命的力量得以不断发展壮大，最终完成了中国革命。

但问题是，如果只有关于世界历史偶然性的理论，强调生产力归根结底作用的历史唯物主义就丢弃了。道理很简单，历史唯物主义提出的生产力决定生产关系这样的规律，是具有因果性质的规律，代表了世界历史中的必然性方面。作为理论家的列宁试图回应这个问题，他认识到，如果我们谈论的不是一次平常意义的政治革命，而是经济社会形态的变迁，则生产力必须发挥作用，但这种作用在他那里不必是“事先的”，而可以是“事后的”，用他的话来讲，就是先改变上层建筑，然后在生产力上再赶上先进资本主义国家的水平。在他晚年的著述里，反复提到在新生的社

① 《列宁选集》第 4 卷，人民出版社 1995 年版。

会主义与资本主义的竞赛中，劳动生产率是具有决定性的力量。

如果说“列宁之问”试图在偶然性和必然性这两个不同的理论维度之间建立起联系，邓小平则在某种更高的层面代表了必然性的回归。这种必然性的回归体现在社会主义市场经济的建立。邓小平有两句话很深刻，第一，“究竟什么是社会主义，现在还不清楚”；第二，“社会主义的关键任务，是解放生产力，发展生产力。”①邓小平的上述论断，一方面体现了社会主义在陷于低潮后的沉思，另一方面他接过了“列宁之问”，即接纳必然性，并将其发展到新的高度，提出不搞社会主义市场经济，就无法完成解放生产力和发展生产力的任务。

二、现代市场经济理论三种类型与当代中国经济理论分类

对历史唯物论的概念重构，旨在为构建当代中国社会主义政治经济学奠定一个牢靠的方法论基础。在进一步讨论这一重构之前，首先来看下述问题：当代中国社会主义政治经济学在学术史上应该如何定位？它跟以往的经济学是什么关系，有什么特点？为了搞清这个问题，我提出了一个类型学划分，即将关于现代市场经济的理论区分为三个类型，分别是市场经济理论 1.0、2.0 和 3.0。从斯密以来的传统自由主义经济学，以及当代新自由主义经济学，属于市场经济理论的 1.0；以凯恩斯以及更早的李斯特为代表的提倡国家干预的经济学，属于市场经济理论 2.0；当代中国社会主义政治经济学，在我看来则属于市场经济 3.0。市场经济理论 3.0 是对 2.0 的继承和发展，并与市场经济理论 1.0 根本对立。李斯特和马克思的关系是值得探讨的，马克思早年批判过李斯特，一些人据此误以为马克思和李斯特是全然对立的。中国人民大学的贾根良教授则提出，根据马克思后期的论述来看，马克思事实上修改了对待李斯特的态度，肯定了后者的贡献。②至于凯恩斯，如果从《通论》最后一章表达的社会哲学来看，他事实上在某种意义上是社会主义者，因为他主张为了克服资本主义经济的矛盾，国家应该在一定程度上接管市场经济中最重要的经济权力，即投资的权力。伴随李斯特和凯恩斯的出现，形成了市场经济理论 2.0。市场经济理论的 1.0 和 2.0 版本区别在什么地方？这在理论上可以继续探讨，但择要而言，我认为有两点区别。

第一，如何看待下面三类范畴的关系，即市场和国家、经济和政治、基础和上层建筑的区别何在？它们是作为两类截然不同的制度相互区别呢，还是因所起的功能而区别开来呢？市场经济理论 1.0 主张三类范畴的区别是作为不同类型制度的区别，即经济是一类制度，政治是另一类制度，在经济制度的运行中，政治权力和政治关系不应该发挥实质性的干预作用。而市场经济理论 2.0 和 3.0 则主张，经济和政治的区别是相关制度在功能上的区别，政治权力也可以承担生产关系的功能，从而嵌入经济之中。

第二，两类理论对市场经济当中的行为主体认识不同。在市场经济理论 1.0 看来，市场经济

① 《邓小平文选》第 3 卷，人民出版社 1993 年版。

② 贾根良、陈国涛：《经济民族主义与马克思主义：比较与启示》，《马克思主义研究》2013 年第 9 期。

当中只有私人企业这一个主体，而在 2.0 和 3.0 看来，这类主体不仅有企业，还有国家乃至竞争性的地方政府。我赞同这样的观点，即中国市场经济是三维主体的市场经济，而不是一维主体的市场经济，要正视国家(甚至党)和地方政府作为经济主体的作用。

这里要谈谈市场经济理论 3.0 何以在继承 2.0 的同时，又超越了市场经济理论 2.0，为什么把当代中国社会主义经济学称作市场经济理论 3.0? 在当代中国社会主义市场经济的实践当中，国家的经济作用远远超越了凯恩斯的设想，甚至也超越了李斯特。这是个大课题，在此不能全面展开，只能局限于谈论下面这一问题。学术界在讨论中国经济模式和东亚发展型国家的差异时认识到，中国经济中有一个竞争性的地方政府体系，这个特点是日、韩等国所没有的。如何在经济学上将这个特点概念化和理论化，是建立当代中国社会主义政治经济学的重要任务。当代中国经济学家围绕地方政府的问题构建了不少理论，正是在这个问题上，我们可以辨识出市场经济理论 3.0 和 1.0 的区别。譬如，一种较有影响的理论是财政联邦主义理论，另一种是围绕 GDP 的锦标赛竞争理论，这两种理论的区别，主要是对地方政府行为动机及其收入的经济性质的解释不同，一种理论将这种动机归于对财税收入的汲取，另一种归于最大化 GDP。就前者而言，它忽略了如此解释的地方政府收入与斯密笔下的守夜人政府的区别。一个自由主义理论中的政府同样追求财税收入，将地方政府的收入的经济性质仅仅限于税收，是片面的理解，它低估了中国地方政府的作用。将地方政府的行为动机归于追逐 GDP，也没有恰当地回答地方政府作为经济主体的动机究竟何在的问题。GDP 并不是地方政府的经济收入，仅仅在这个层面谈论地方政府的行为是不充分的。锦标赛竞争理论规避了地方政府收入的经济性质这一问题，此外，它更注重解释个别官员，而不是政府的行为，因而看起来更像一个关于官员升迁的政治学理论，而不是政治经济学理论。最后，更为重要的是，关于地方政府的政治经济学不仅要解释地方政府的动机，而且要解释其行为，回过来看上述两种理论，在这方面的缺失就更明显了，无论财政联邦主义论，还是 GDP 锦标赛竞争论，都倾向于将地方政府的作用局限于界定产权、监督合同的履行等在节约交易成本方面所起的作用，从而维护了市场和国家、经济和政治在制度上的截然两分，附和了市场经济理论 1.0——具体而言是新制度主义。近年来，一些学者主张利用“租”这一概念来解释地方政府的动机模式，在我看来，这一思路代表了一种正确的研究方向，但具体理论仍然有待发展。

可以在区分市场经济理论 1.0 和 3.0 的基础上，绘出一个坐标系，对当代中国经济理论作一个分类(见图 1)。我们用横轴代表经济学范式或纯理论，以纵轴代表对中国经济的历史制度分析。这样就有了四个向度，横轴的两个向度分别代表市场经济理论 1.0 和 3.0 的纯理论范式，纵轴的两个向度代表以上述理论范式为基础对中国经济的两种可能的制度分析。这样一来就可以区别两个象限，即第一和第三象限。第一象限的特点是 3.0 理论和 3.0 制度分析的组合，它代表了我们心目中的当代中国社会主义政治经济学；第三象限则是 1.0 理论和 1.0 制度分析的组合。前面提到的财政联邦主义乃至锦标赛竞争理论，大体属于第三象限。除了上面两个象限之外，在解释过去 30 年形成的中国特色社会市场经济体制的时候，中国经济学还出现了一些过渡状态。从分类的严格意义来讲，本来只有第一象限和第三象限，但是我们发现有重要的经济学家出现在第二象限，第二象限的特点是，在理论上仍然依附于市场经济理论 1.0，或者至少在沿用市场经济

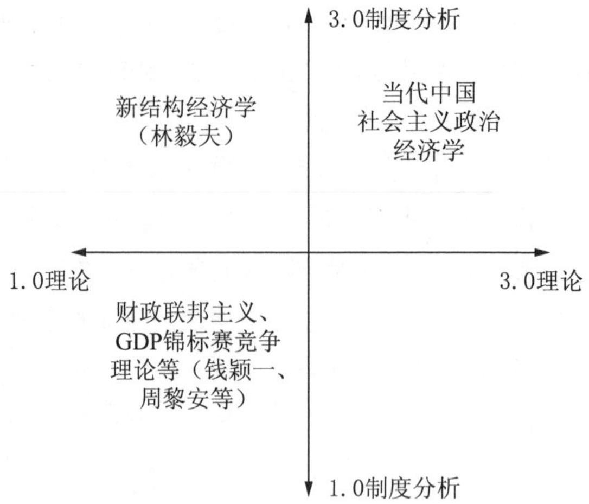

图 1　当代中国经济学的分野

理论 1.0 的话语，但在针对中国经济的分析，却发展了市场经济理论 3.0 的历史制度分析。这方面一个突出的例子是林毅夫的新结构经济学，新结构经济学对中国经济的理解是面向 3.0 理论的，破除了自由主义对市场和国家、经济和政治的关系认识上的教条，但在纯理论上，却依然使用了属于市场经济理论 1.0 的比较优势学说。这两者是矛盾的，就如旧瓶装新酒，但实在地构成了他的理论。在此意义上，我认为林毅夫的话语转换是不彻底的，他所沿袭的一些不太适当旧的话语给他造成了困扰，多少遮蔽了他在理论上的创新成果。

三、中国特色社会主义政治经济学需要以历史唯物论的概念重构为前提

当代中国社会主义政治经济学具有两重性，一方面，它是关于中国这么一个落后的发展中国家的制度变迁特殊道路的理论；另一方面，它也有一般性，这个一般性首先体现在我们对市场经济理论 3.0 特点的概括中。作为这样一种兼具特殊性和一般性的经济学理论，当代中国社会主义政治经济学需要以历史唯物论的概念重构为前提。在当代中国制度或生产关系的变迁中，政治权力和政治关系起着决定性的推动作用，这一作用的因果链条和传统理论指认的因果链条，即通过生产力发展来改变生产关系，是不同的。列宁虽然认识到这一问题，但来不及将其认识概念化。这里我乐意介绍张闻天的一个研究，他在 20 世纪 60 年代初写了篇重要文章，题为“论生产关系的两重性”，张闻天指出，生产关系有两重功能，其一是表现适应生产力，其二是服务于对剩余的占有，两者既可以统一，也可以相互对立。两者之间的对立性意味着，生产关系的变迁并不总是为了表现和适应生产力，而是由政治权力的改变所推动的，由此推动的生产关系变迁，虽然可以增加统治阶级支配的剩余，却不一定有利于发展生产力。①张闻天的研究所蕴含的上述思想，在美国马克思主义历史学家布伦纳 20 世纪 70 年代的研究中得到进一步的明确，并被用于比

① 张闻天：《论生产关系两重性的问题》，《经济研究》1979 年第 10 期。

较历史研究。布伦纳指出，近代欧洲的三个地区，即英格兰、法国和东欧，在生产力大体一致的前提下，自16世纪以降演变出三种制度类型，英格兰产生了资本主义生产关系，法国在绝对主义王权下形成广泛的小农经济，东欧则出现了农奴制的复辟。根据布伦纳的研究，导致制度变迁出现如此不同的原因，在于三个地方阶级斗争形势和政治权力平衡的差异。

从张闻天到布伦纳的研究，其共同点是赋予生产关系的改变以极大的相对于生产力的自主性。前两年在研究一个课题时，我系统地阅读了恩格斯晚年的书信，看到他对中日甲午战争的评论，恩格斯说：在这场战争失利后，大清帝国要想不走资本主义的道路，已经不可能了。当时我就强烈意识到，恩格斯的这个论断，触及当代中国制度变迁的实质——这一制度变迁是不能用传统的生产力一元决定论来解释的。我在拙著《历史唯物论与马克思主义经济学》①中，结合这一问题意识对历史唯物论作了一个系统的概念重构，以便为建立当代中国社会主义政治经济学建构一个适当的方法论基础。由这一重构得到的基本结论是以下四点。

第一，生产关系具有两重性。这种两重性首先体现在生产关系的类型上，即可将生产关系区分为劳动关系和所有关系。其次，这种两重性还体现为功能的两重性：一方面，生产关系表现和适应生产力；另一方面生产关系服务于对剩余的占有。这两重功能可以是统一的，但也可能彼此分离。后一种可能性意味着，生产关系的变革，不仅服从于生产力的影响，而且会受到生产力之外的其他因素的影响，尤其是政治、意识形态等上层建筑因素的直接推动。

第二，生产关系变革的结果，要么在生产力提高的前提下促进了剩余的增长，要么在促进剩余增长的同时，不依靠生产力的变化。前者概念上可称作相对剩余生产，后者可称作绝对剩余生产，这两个概念是马克思的绝对剩余价值生产和相对剩余价值生产在世界历史上的一般化。由于阶级斗争和国家间竞争的影响，世界历史的普遍规律呈现为有机生产方式的变迁，这个概念是我界定的，指的是在生产方式的演进中，绝对剩余生产所占的比重渐次递减，相对剩余生产的比重渐次增加。有机生产方式变迁的规律既可用于描述某种给定的生产方式，也可用于描述不同生产方式之间的嬗替，换言之，它可用于重新表述马克思所谓人类历史发展诸形态论的实质。

第三，政治权力、政治关系——抑或宗教、血族等其他制度——只要承担生产关系的功能，就直接成为经济基础的组成部分。这意味着，经济基础在人类社会的位置事实上是变动不居的。基础和上层建筑、经济和政治、市场和国家的区别，不是两种类型制度的区别，而是制度在其功能上的区别。这一点不仅适用于前资本主义经济，也适用于当代市场经济。在自由主义经济学即市场经济理论1.0的影响下，人们忘却了或不敢承认这一点。值得强调的是，习近平总书记对此问题有深刻的认识。他在早年发表的学术论文里提出，社会主义市场经济的特点，是“经济的政治化”和“政治的经济化”；②他还指出：“一个国家的政治制度决定于这个国家的经济社会基础，同时又反作用于这个国家的经济社会基础，乃至于起到决定性作用。在一个国家的各种制度中，政治制度处于关键环节。”③

① 孟捷：《历史唯物论与马克思主义经济学》，社会科学文献出版社2016年版。

② 习近平：《对发展社会主义市场经济的再认识》，《东南学术》2001年第4期。

③ “习近平总书记在庆祝全国人民代表大会成立60周年大会上的讲话”，《习近平总书记系列重要讲话读本》，学习出版社、人民出版社2016年版。

在中国社会主义市场经济中，政治关系、政治权力在市场经济中的嵌入，主要体现在以下方面：(1)通过重新界定中央和地方政府在剩余所有上的关系，使后者转变为具有特殊行为和动机模式的经济主体，由此带来了县域以上地方政府相互竞争的格局。(2)通过由各级政府支配的公有企业及银行等金融机构，政治权力直接决定了投资。在此前提下，政府或者直接充当熊彼特意义的企业家，或者承担集体生产资料和集体消费资料的供给，或者成为投资银行家以实现金融资产的增殖，等等。(3)作为事实上唯一的土地所有者，各级地方政府凭借土地产权及其利用方式构建了一系列制度和关系，借以获取与此相关的各种收益。拙作《历史唯物论和马克思主义经济学》还指出，当代中国社会主义政治经济学不仅要解释包括政治权力、政治关系在内的各种制度型式如何参与形成了新的生产关系，或直接作为生产关系发挥作用，而且要解释这些生产关系在何种程度上属于生产型(或汲取型)关系，其未来演变的动力和方向如何等一系列重大问题。①

第四，虽然政治权力、政治关系的嵌入在制度变迁中可以发挥主导作用，但只要我们谈论的是从一种经济社会形态向另一种新的经济社会形态的变迁，则生产力就必须发挥归根结底的决定作用，但这种作用不一定是事先的，而可能是事后的。这种事后因果性概念在《历史唯物论和马克思主义经济学》中将其称为结构因果性——事实上来自列宁。令人遗憾的是，在后来为斯大林范式化的历史唯物主义版本中，这种结构因果性却失落了。在由资本主义向社会主义的过渡中，如列宁指认的，世界历史的必然性和偶然性都发挥着作用。如何将这些分别象征必然性和偶然性的因素相结合，以形成一种在理论和学术上较为完备的当代社会主义政治经济学，是时代赋予我们的任务，有待于社会科学工作者为之付出不懈的努力。

参考文献

[1]《列宁选集》第 4 卷，人民出版社 1996 年版。

[2]《邓小平文选》第 3 卷，人民出版社 1993 年版。

[3] 贾根良、陈国涛：《经济民族主义与马克思主义：比较与启示》，《马克思主义研究》2013 年第 9 期。

[4] 张闻天：《论生产关系两重性的问题》，《经济研究》1979 年第 10 期。

[5] 孟捷：《历史唯物论与马克思主义经济学》，社会科学文献出版社 2016 年版。

[6] 习近平：《对发展社会主义市场经济的再认识》，《东南学术》2001 年第 4 期。

[7]《习近平总书记在庆祝全国人民代表大会成立 60 周年大会上的讲话》，《习近平总书记系列重要讲话读本》，学习出版社、人民出版社 2016 年版。

(本文原载《学习与探索》2018 年第 5 期)

① 在中国社会主义市场经济中，形成了三种最具特殊性的经济制度，分别是农村居民进城务工人员、竞争性地方政府体系、以及所谓“政党—国家”(party-state)。在现有学术研究中，对农村居民进城务工人员的分析是最为透彻的；对地方政府的研究在我看来只完成了一半；至于党作为一种经济制度的作用，似乎没有得到任何分析，这种现象的存在不能不说是市场经济理论 1.0 流布甚广所造成的结果。

生产力、公有资本与中国特色社会主义

——兼评资本与公有制不相容论

荣兆梓*

摘　要　当代生产力的基本特征决定市场经济、资本关系的同时存在，社会主义既不能绕过市场经济，也不可能“超越资本”；资本包括私有资本和公有资本两种历史形态。公有资本是社会主义市场经济下公有制内在矛盾展开的必然结果，是迫使劳动者个人为社会提供剩余劳动的经济关系。公有资本的强大积累功能与增进人民福祉结合，是中国经济快速增长的主因；公有资本的创新动力及其对资本主义危机的“免疫力”，显示了中国特色社会主义冲破资本主义桎梏，持续发展生产力的巨大能量，它证明，并且还将继续证明社会主义的历史合法性。本文也是对资本与公有制不相兼容论的一个回应。

关键词　当代生产力　资本　公有资本　中国特色社会主义

30年来，国有经济改革始终遵循公有资本逻辑：一方面，生产资料的所有制性质不变，国有资本归全体人民所有；另一方面，大中型国有企业实施公司制改造，劳动力市场初步实现双向选择机制，劳动者与国有资本所有者之间的市场交易关系形成。改革正在按照这一逻辑继续推进，国有经济的管理体制将从管企业为主转变为管资本为主。对于这一改革取向，始终存在着来自两个方向的责难：一种观点批评改革不彻底，认为股份公司制的改革应当以私有化为目标，坚持公有制主体地位不符合市场经济的逻辑，完全是意识形态的冗赘；另一种则认为，资本逻辑与社会主义性质相悖，公有资本是“无资本家的资本主义”（萨米尔·阿明，2003），或者迟早将重新回到资本主义（梅扎罗斯，2003）。两种错误观点源自同一理论信条：资本与公有制不相兼容。本文是对此类责难的一个回应，本文的基本观点是：市场经济、资本关系是社会主义不能超越的历史特征；资本可以私有，也可以公有；公有资本主导的市场经济是中国经济快速增长的主因，公有资本是中国特色社会主义突破资本主义桎梏，持续发展社会生产力的基本保障。

* 荣兆梓，安徽大学经济与社会发展高等研究院教授。

一、市场与资本共同的生产力基础

有关国有企业何以采取资本主权的改革方向，曾经有过许多不同的解释，比较制度理论与制度经济学的分析路径相近，大多从市场经济下资本主权型企业与劳动主权型企业的效率比较出发，得出前者比后者更有效率的结论。这个结论与绝大多数市场经济国家企业产权的事实相吻合，有一定解释力。但这种解释还是停留在从现象到现象的层次，没有讨论市场经济的本质规定，资本关系的历史性质，更没有讨论和比较二者与社会生产力的联系与关系，因此不能进一步解释市场经济下资本主权型企业效率更高的深层次历史原因。而这正是马克思的历史唯物主义观察问题的视角。

马克思在《资本论》创作中（尤其是 1857—1858 年手稿），深入讨论了“价值关系和以价值为基础的生产”向未来社会转变的生产力条件。马克思的分析从三个相互关联的角度展开：

(1) 财富尺度从劳动时间向自由时间和人的全面发展转换。由于社会生产力迅速提高，“已耗费的劳动时间和劳动产品之间惊人的不成比例”①，直接生产中投入的劳动量对财富的作用越来越小；随着工作日缩短，自由时间增加，人的全面能力更多地用于自由的创造性活动，以个人能力为基础的一般生产力（科技及其在生产中的应用）更加迅速地发展；必要劳动与剩余劳动的对立逐步消失②，自由时间不仅对个人来说成为劳动之外的剩余时间，而且对于社会而言也成为生产力发展的动因；③劳动时间不再是，也不可能再是财富的尺度④，以价值为基础的生产自然终结。

(2) 人与生产过程的关系发生根本转变。科学技术的进步及其在生产上的应用体现在机器系统上，表现为生产的自动化与智能化迅速发展，使所有程序化的、重复性的、可以由机器来替代人从事的工作从人的劳动活动中退出；劳动从深入直接生产过程之中的机器系统的“部件”，转变为站在过程旁边对之进行监督和控制的主人。并且，马克思指出，这一适用于机器系统的结论，对于全部人类交往过程也同样适用。⑤随着这一人与物质过程的关系的再颠倒，商品经济以物的联系反映人的联系的异化特征也就不可能继续下去了。

(3) 劳动的社会性质发生根本转变。劳动生产力的迅速进步推动分工形式的演变，以职业专门化为特点的旧式分工趋于消亡，“那种把不同社会职能当作互相交替的活动方式的全面发展的人”，代替了“只是承担一种社会局部职能的局部个人”。⑥由于必要劳动与自由活动比例的变化、生产过程中人的身份地位的变化，以及分工形式的变化，违背人类本性、导致个人片面发展的、令人厌恶、遭人诅咒的劳动，转变为适合人类本性、有利于个人全面发展的、吸引人的自由活

① 《马克思恩格斯全集》第 46 卷下册，人民出版社 1980 年版，第 218 页。

② 同上书，第 114 页。

③ 同上书，第 225 页。

④⑤ 同上书，第 218 页。

⑥ 马克思：《资本论》第 1 卷，人民出版社 1975 年版，第 535 页。

动。个人对生产劳动的主观感受根本转变,劳动之于个人不再是谋生手段,劳动之于社会不再是稀缺资源,以劳动时间为稀缺性指标的市场经济必然地终结(荣兆梓,2000)。

值得注意的是,以上三个视角都与资本具有密切的内在关联。资本是一种社会关系。

首先,价值生产是资本关系存在的前提,尽管资本在运动中不断变换形态,但万变不离其宗,它总归是自行增殖的价值体。因此,离开价值生产的基础,资本就成为无源之水、无本之木。只要价值关系还存在,必要劳动与剩余劳动的对立还存在,资本关系的可能性就始终存在。

其次,人与生产过程的颠倒关系对于资本来说是更重要的维度,从这一视角出发,物对人的统治才会具有实质性的基础,作为劳动创造物的资本对劳动者的统治是社会生产力发展特定阶段的产物。作为活动主体的人,如果不能站在人与自然的物质变换过程之外监督和调节它,那么,人对物质变换过程的支配地位始终是不可能确立的。因此,同样具有异化劳动性质的价值与资本的确可能具有相同的历史终点。

更具逻辑说服力的是第三个分析视角。劳动的社会性质是综合一系列历史因素的结晶体,它一方面决定了对大多数劳动者心理感受的负面影响,即牺牲、负担或现代经济学所谓"负效用",因此劳动只是个人谋生手段,劳动者并不自愿超出满足消费需要的必要劳动之外提供剩余劳动;另一方面,劳动又是社会财富的生产手段和社会财富的衡量尺度,只有积累过去劳动才能有财富积累,只有积累剩余劳动才会有社会生产的发展。综合以上两点,劳动者个人利益与社会利益处于明显的矛盾对立之中,劳动对于社会的稀缺性是这一矛盾的集中表现,劳动时间超出必要劳动时间的延伸是个人与社会争夺的焦点。资本是社会用以"协调"这一矛盾的工具,并且在劳动性质未变的整个历史阶段具有无可替代的主导作用。马克思说:"资本的伟大的历史方面就是创造这种剩余劳动,即从单纯使用价值的观点,从单纯生存的观点来看的多余劳动。"①资本行使使命的手段无非是强制,一方面是企业内部对劳动大军的"管理性强制",另一方面是市场内部优胜劣汰的"竞争性强制"。资本正是企业内外这两个强制的执行者,而它自己也在对剩余价值的无止境追求中被自己的内在冲动所强制。试想,还有什么更好的方法可以解决这一个人与社会的历史性矛盾?

研读马克思关于超越资本"历史使命"之生产力条件的论述②,不难发现,这些条件与市场经济消亡的条件高度重合。至少在马克思那里,两者被视作同一历史进程。马克思讲了三层意思:第一,"普遍勤劳",及其劳动成为"普遍需要";第二,"社会只需用较少的劳动时间就能占有并保持普遍财富";第三"社会将科学地对待自己的再生产过程","人不再从事那种可以让物来替人从事的劳动"。三层含义恰好与前面讨论的市场经济消亡的三个视角一一对应,可见马克思理论分析的严密逻辑。

①② 《马克思恩格斯全集》第46卷上册,人民出版社1975年版,第287页。

二、马克思之后的生产力发展

马克思关于商品经济与资本关系必然消亡的结论当然不是凭空臆想，他严格地是从资本主义大机器生产的发展实际和已经显露的趋势中提炼出来的。在他阐释上述一系列观点的几乎每一个场合，未来社会的特征，总是与大机器生产现实趋势的观察结果密不可分地联系在一起。但是，马克思从来也没有将两者混为一谈。现实趋势的动态性与指向性是一回事，未来结果的可能性与必然性是另一回事，两者间存在着巨大的程度差距和时间跨度，这对马克思是不言而喻的。马克思从历史唯物论出发，坚信自己预测的正确性，但他并不认为这种未来的可能性马上就会实现。马克思关于未来社会的时间预测并不确定，有的时候，他预测会快一些；而有的时候，他留给人们的印象是这还需要一个相当长的发展过程(顾海良，2014)。

那么，马克思之后一百多年的事实又怎样呢？至少，以下两点结论是显而易见的。

首先，马克思关于生产力发展趋势的预测是正确的，因此，他对未来社会的预期具有充分依据。以下三个指标足以证明我们的判断。

(1) 工作日长度。马克思那个年代，英国工人的工作日一般在10小时以上，《资本论》引用的许多实际材料中，工人的工作日长期往往超出12小时。因此，工人的每周劳动时间应该在70—80小时之间。这与今天一般市场经济国家每天8小时，每周5个工作日，即每周40小时相比，工作日的缩短是十分明显的。根据麦迪森的计算，包括英国和德国在内的欧洲12国，1870年的年人均工作时间是1 295小时，到1998年这个数字已经下降到657小时，大体上下降了50%。美国和日本在同一时间段人均工作时间下降得稍慢些，但基本趋势同样明显(麦迪森，2003)。根据这一趋势，能否想象，再过150年或者200年，到2200年前后，工人劳动时间下降到每周20小时？到2400年，这个数字会不会再下降到每周10小时？

(2) 生产自动化程度。马克思所观察到的英国先进制造业，大机器生产才曙光初显。此后一百多年生产自动化的发展，无论从深度还是广度而言，都远远超出人们想象，甚至也超出马克思的想象。特别是计算机技术与网络技术的发展，使得不仅体力劳动，而且巨大数量的脑力劳动也都成为机器可替代的对象。现代生产中各种机械手、机器人的应用日益广泛，而“深蓝”“深思”这类学习型机器人在与人对垒中的步步紧逼，充分显示了机器在未来岁月中逐步替代全部单调重复、可程序化的人类劳动的巨大可能。一个没有人的直接劳动参与其间的科幻式全自动物质生产体系，正在以令人眩目的速度走近现实。必须指出，马克思在这方面的预测并不仅限于机器系统，而且还包括人类的全部交往活动，即人不仅可以站在自动化机器体系的旁边成为它的监督者和调节者，而且“他们的社会关系作为他们自己的共同的关系”，也将“服从于他们自己的共同的控制”。①不久以前，人们还根据集中型大机器系统的特质，认为马克思的这一计划经济预期，需要有一个集权的社会计划中心才能实现。今天，一个包括了信息流、能量流，甚至物质流在内

① 《马克思恩格斯全集》第46卷上册，人民出版社1980年版，第108页。

的分布式网络系统的技术可能性已经充分显现，我们对未来社会经济协调机制的想象空间完全有理由扩展。计划经济为什么不能是建立在全球网络技术基础上，由全体社会个人参与，拥有高度智能化工具，利用全面公开的大数据，分布式神经网络型的民主计划经济呢？这样的计划经济，将来一定会比之前所理解的集中计划经济，更加有效地优化资源配置，节约劳动时间。马克思没有看到计算机技术与网络技术的发展，他自然不能展开如此想象。但他从对市场经济生产力本质的深刻理解，仍然天才地洞察了历史趋势。

(3) 人的全面能力的发展。马克思已经观察到了大机器生产中越来越频繁的劳动更换和职能互替，认为这有利于工人能力的提高。①马克思之后100多年全球经济发展中，至少有两件事，对于消灭旧式分工具有明显的积极意义。第一，普通教育和职业教育的发展使得越来越多的劳动者得到了更加全面系统的知识与技能的训练。普通教育较宽的学科口径和基础课程有利于学生在就业中更广泛的适应性和发展潜力；职业教育对有关工艺和适用技术实际操作的培训，也使劳动者在职业生涯起步时就具备了在多种职业间自由选择的能力。根据麦迪森的数据，1952—1998年间，中国人均受教育年限从1.6年上升到8.5年，但这肯定不是极限，同一时间内法国的人均受教育年限从9.58年上升到15.96年，美国则从11.27年上升到18.04年(麦迪森，2008)。毫无疑问，劳动者受教育年限随着社会生产力的提高而提高是长期趋势，它对劳动者素质的全面提升具有持续的影响力。第二，现代生产力对劳动者能力与素质的要求在发生变化。劳动力的供给结构与其需求结构的变化密不可分。一方面，以脑力劳动为主的白领工人的比重逐年上升，生产过程对劳动者受教育年限的要求不断提高；另一方面，机器系统科技含量迅速提高，对操作者全面能力的要求也越来越高。出现了如大卫·戈登所谓的工人“再技能化”与“去技能化”并存的现象(Gordon et al.，1982)，典型地表现在柔性自动化生产对一专多能技术工人的更多需求。可以肯定的是，社会生产力发展本身的要求是劳动者技能全面提升的根本原因，任何制度障碍都无法改变它的长期趋势。

其次，马克思所期待的未来社会，还需要全球生产力更长时间的发展才有可能实现。

仅从上述三个指标看，这一点也显而易见。尽管工作日有明显缩短，但每周40小时，甚至36小时的工作日，并不足以保证劳动者在工作之余全面发展其“自由个性”；尽管现代科学技术展现了生产自动化的巨大可能性，但要在全部物质生产流程中，实现人不再从事可以让机器来代替的劳动，则为时尚早；消灭旧式分工的目标可能需要更长时间，虽然劳动者能力在缓慢提升，但至少目前还看不清楚不依赖分工深化而能有效提高劳动生产率的路径。

考虑以下两点，人们会更清醒地认识到，人类生产力距离那个从量变到质变的转折点还有多远。

第一，全球生产力发展越来越不平衡。以上关于社会生产力状况的分析是以发达市场经济为主要对象的，但价值生产与资本关系的消亡不可能脱离经济全球化的背景。一个国家或者少数几个发达国家不可能独自进入共产主义。事实上当代发达国家的繁荣与富裕，离不开全球市

---

① 马克思：《资本论》第1卷，人民出版社1975年版，第535页。

场竞争的利益。从这个角度看，全球生产力距离理想的转折点路途更远。以各国人均GDP作为劳动生产率的近似指标，麦迪森的计算清晰表明了资本主义进程中全球生产力发展的不平衡（麦迪森，2003）。到1998年，全球水平的人均GDP为5 709国际元，欧美和日本等发达国家的人均GDP在20 000国际元左右；拉丁美洲和东欧接近全球平均水平，而亚非发展中国家的人均GDP只有2 000国际元左右。最大地区间差距是19∶1，亚非发展中国家与发达国家的总体差距大约为10倍，而且仍然有扩大趋势。要使全球经济在更加平衡的状态下发展到发达国家的水平，甚至比发达国家目前更高的水平，即使单纯从生产力角度看，也一定是艰难而长期的过程。

第二，生产力发展必须经历能源结构的根本变换。资本主义市场经济数百年的快速发展，是与大规模利用不可再生矿物能源同步的。生产力发展越快，煤炭和石油的开采和消耗速度也就越快（因而对地球环境的污染也越严重）。人类在一个特殊的短暂的历史时期内，集中利用地球在几十亿年长时间中所积蓄起来的能源，超常规地快速发展社会生产力。但这种被积蓄起来的矿物能源是会用完的。人类必须在旧能源耗尽前充分准备好有效利用新能源的技术，即使如此，以加快消耗"地球积蓄"来加快发展生产力的模式终归不能再来。可再生能源的利用需要从太阳能的捕获，而不是从已捕获能源的释放开始，因此，获取等量能源将耗费更多劳动，或者要求更高科技水平。马克思始终认为，自然丰裕程度影响劳动生产力。能源结构的根本转换，实质上是地球资源丰度在人类行为影响下的一次最严重"降级"，这一天正在向我们步步逼近，它必然影响全球生产力进程。不通过这个生产力的"卡夫丁峡谷"，人类还不可能从必然王国走向自由王国。

只要全球生产力持续发展，价值生产与资本关系的消亡是不可避免的，但这一天的最终到来还需要相当时日；现代市场经济是一个很长的历史时期，在此时期内，价值生产和资本关系与特定的生产力状况相适应，始终相互依存，携手同行。至此，市场经济下资本主权型企业效率更高的现象，就有了历史唯物主义的解释。

三、公有资本的可能性与现实性

资本关系是市场经济的普遍现象，而公有资本则是市场经济下公有制内在矛盾展开的必然结果。

首先，劳动者双重人格的并存，埋下了两种生产要素相分离的基因。社会主义公有制的所有权主体是一个劳动者集体，无论人数多少，规模如何，劳动者通过平等的集体决策行使财产所有权。作为公有财产所有者的每一个成员，同时又是自身劳动力的所有者，自主决定自己劳动力的使用和支配。因此，每个人都有双重身份：生产资料的公共所有者和劳动力的个人所有者。两者间的利益诉求并不总是一致，公共利益要求积累剩余劳动，个人利益却将劳动作为牺牲或负担。劳动者在双重人格间挣扎，作为两个不同要素的所有者自己与自己博弈。他们通过集体决策来控制个人行为，通过激励制度迫使个人更多地为社会提供剩余劳动。

其次，公产代理制形成了劳动者决策权利的差异。公有制与任何经济制度一样需要制度运转成本（或称交易成本）。随着产权规模的扩大，集体人数的增加，公有制经济内部决策成本也会增大。为了提高管理效率,劳动集体不得不接受专门的监督管理者,委托代理制不可避免。代理人作为专业的管理人,运用公共权利行使财产管理与劳动管理职能,作为拥有特殊权利的个体而与其他人对立。同时,管理劳动者也会“偷懒”(阿尔钦、德姆塞茨,1994),自下而上的监督机制也不能缺少。这就形成了双向的监督机制,即双向的委托代理关系。一个人对所有人的监督,对应着所有人对一个人的监督。管理者在公有制经济中拥有特殊地位,决策的平等关系发生变化。

再次,公产规模的扩大导致双向代理链的失衡。随着公产规模的扩大,直接代理制转化为更经济的间接代理制,全体成员参与的民主合议制,发展成为民主代议制和多层次的代表会议制。国有经济是规模最大的公有制组织,在它身上,公有产权的内在矛盾也表现得最为突出。劳动者通过自己选举的代表实现对代理人的监督,通过代表选举的代表来实现对高层管理者的监督。相应地,公有产权的管理体制演变成为一个等级分明的官僚体制。双向代理的链条越拉越长。“事实上,那条自下而上的代理链非常微弱,这是由公产规模扩大集体监控力度减弱的经济规律决定的。因此,国有制表现为自上而下实行管理的强大财产权,却没有对应地表现为自下而上的劳动主权。”(荣兆梓,1996)

所有这些提供了公有资本的可能性,但它还不等于现实。马克思认为资本产生的历史前提是:物质生产条件与人身生产条件相分离,进而两种生产要素只有通过劳动力商品的买卖结合在一起。公有制条件下,分离是如何产生的呢?

可能性向现实的转化的最后一步,是公有经济中两个劳动者集体的分离,即作为财产共同所有者的集体,与企业劳动者集体的分离。生产资料国家所有制的情形最为典型:国有制不可能覆盖全部国民经济,农业和其他小规模经济不可能合并到统一的“国家辛迪加”,国家所有制法理上归全体国民所有,而事实上能够进入国有企业就业的劳动者只能是其中的一小部分。劳动集体包含在财产所有者集体之中,但两个集体不完全重合。因此,即使在计划经济条件下,国有制也有招工指标,也要实行“八级工资制”。随着市场经济的发展,多种经济形式的交易逐步形成,公有制内部两个集体的分离日益显著。公司制改革将国有资产转化为国有股权,企业资产转化为独立的公司法人财产。作为“国家主人翁”的企业劳动者不再直接与生产资料结合,他们与现实营运中的公司法人资本在劳动力市场上交易,产生劳动力商品的买卖关系。混合所有制经济的发展使得资本与劳动的分离更加顺理成章。

公有资本还是资本,是能自行增殖的价值,是结合科层的管理性强制与市场的竞争性强制迫使劳动者提供剩余价值的社会机制。但它与私有资本不同,不再表现为阶级剥削关系,而是表现为劳动者集体意志对个人的支配,表现为公有资本所有者迫使劳动者个人为社会无偿提供剩余劳动的经济关系。

社会主义者最终认识到公有资本的必然性,经过了实践的长期摸索。

十月革命之初,苏联共产党人试图建立直接由全体工人管理的工人国家,但是,这一努力很快在实践中遭遇挫折。1919—1921 年间党内关于“工会国家化”的争论,反映了这一理想与现实的激烈碰撞。列宁首先在实践中发现问题,并且向全党发出明确信号:在工会组织基础上建设国家政权机关是不现实的,甚至利用工会组织管理工厂也不现实。列宁面对的,是现代生产力条件下劳动者个人利益、局部利益与社会利益的矛盾，是在“资本的严格纪律”中解放出来的工人群众自发行为，与新生政权百废待举的刚性任务之间的冲突。列宁主张在经济管理中实行集中制、一长制和委派制，以严肃劳动纪律，提高管理效率。为了说服全党，列宁花费了整整两年时间，最终仍不得不采取纪律手段，将少数坚持错误者开除出党。正是这一次党内争论，奠定了苏联社会主义制度70年一贯的科层等级制架构(荣兆梓，2010)。按照马克思关于“资本历史使命”的逻辑，科层制度只是组织内部对劳动大军的管理性强制，如果没有市场内部竞争性强制的互补，它在劳动纪律、创新激励和资源配置等方面的作用仍然是不完整的。列宁此后倡导市场取向的改革，即“新经济政策”。可惜这一改革取向因斯大林模式而被逆转。一直到第二次世界大战之后，东欧的若干社会主义政权才重提市场社会主义的改革。其中，南斯拉夫“劳动自治”的市场社会主义特别引人注目。

南斯拉夫模式的突出特点是工人自治加社会所有制，这在社会主义实践中具有独特意义。在社会所有制的名义下，国家逐步退出了生产资料所有者的地位，工人集体决策的基层经济单位权力逐步扩大，成为市场社会主义的微观基础。劳动自治赋予工人决定企业生产与分配等重大事务的权力，极大地激励了个人与企业的生产积极性，创造了经济发展的良好业绩。1954—1964年间，南斯拉夫国民生产总值年均增长8.6%，增长速度在当时全球经济中处于前列。但是，这个实验性体制的深层问题，几乎在同时也逐步暴露：企业收入分配倾向于“吃光、分光”，而无心积累；宏观经济中出现了工资失控与通货膨胀。20世纪60年代中期以后，南斯拉夫经济增速减缓，通货膨胀严重。与此相伴的是失业人数增加，个人收入差距扩大，地区贫富差距扩大(余文烈等，2008)。南斯拉夫模式的黄金期就此终结。

南斯拉夫模式是在市场经济的背景下展开的，因而产生了与苏联模式不同的效果。由于市场竞争的外部压力，企业劳动主权没有导致劳动纪律的崩塌，反倒激励了劳动者的生产积极性。这无疑是该体制实验的积极成果。但是，体制并没有解决好劳动者个人利益、局部利益与社会整体利益的矛盾，没有能够担负起迫使劳动者个人“超出必要劳动之外创造剩余劳动”的历史使命。决策者希望“劳动者自行决定劳动成果的分配，但这种分配必需对社会负责”(卡德尔语)。①但事实是，工人自治组织决策目标日益短期化，个人收入侵蚀投资，企业“留成收益”的积累动因枯竭，不得不靠贷款投资，一些企业甚至靠贷款谋取工人收入最大化。②这就导致无法避免的宏观经济问题。虽然几经改革，终究无法治愈投资不足、积累率过低的宏观经济病根。历史经验证明：由于生产力决定的劳动社会性质，剩余劳动的积累还需要外在强制。

改革开放以来，国内学界一直有人主张：“按‘劳动雇佣资本’的逻辑让工人参与国有企业治理”(李炳炎，2005)，但改革还是摸着石头，走上了资本主权型企业的方向。20世纪90年代中期的现代企业制度改革，明确了国有大中型企业公司制改革的目标取向。公司制度是现代市场经

① 转引自余文烈等：《市场社会主义：历史、理论与模式》，经济日报出版社2008年版，第134—135页。

② “工人管理的企业同资本主义的公司相比，在扩大生产的内趋力上要弱小得多。自我管理的企业的竞争本能与其说是进攻型的，不如说是防御型的。”(戴维·施韦卡特：《反对资本主义》，中国人民大学出版社2002年版，第99页。)

济下企业制度的主导形式，它按投资量分配决策权，按股份份额决定收入分配，权力结构的核心是资本主权。随着公司改制的逐步到位，中国国有大中型企业的产权制度，从法律构架上完成了从行政主权到资本主权的转轨。20 世纪 90 年代后半期开始的企业减员增效和再就业工程，加快了国有企业与劳动者之间契约关系的调整。随着数千万职工下岗再就业，国有企业的用工制度，实现了从计划经济的国家分配，到市场经济的双向选择和劳动力市场配置的转轨，资本主权的企业制度基本形成。

四、公有资本主导的经济增长

中国公有制为主体的市场经济普遍采取资本主权的企业形式，不仅非公经济以资本雇佣劳动，而且对国民经济拥有强大控制力的国有经济，也按照资本逻辑采取股份公司的实现形式。这引起了许多怀疑和责难。我们说“公有制为主体的市场经济就是社会主义”，这不是一个单纯的理论命题，而首先是实践问题。中国特色社会主义取得的成绩，是我们理解其性质和意义的起点。事实表明，公有资本的强大积累功能与增进人民福祉结合，主导了持续 30 余年的中国经济快速增长。这是中国特色社会主义的首要依据。

改革开放以来，中国经济超常规增长，大幅度缩小了与发达国家经济差距。到 2010 年，GDP 总量超过 40 万亿元，成为仅次于美国的全球第二大经济体。1978—2011 年，中国 GDP 总量年增 9.98%，人均 GDP 年增 8.8%。这一成绩在各国工业化进程中独一无二(见表 1)，因而引发了高速增长成因的持续讨论。

表 1　不同国家工业化阶段的平均 GDP 增速比较

国　别	发展阶段	相关时段	年均 GDP 增速(%)	人均 GDP 增速(%)
英　国	前沿国	1820—1870 年	2.05	1.26
美　国	跟进—前沿国	1870—1913 年	4.04	1.82
日本(1)	赶超国	1950—1973 年	8.92	7.70
日本(2)	赶超国	1950—1984 年	7.20	6.09
印　度	赶超国	1990—2011 年	6.47	4.66
中　国	赶超国	1978—2011 年	9.98	8.80

资料来源：英美数据来自[英]安格斯·麦迪森：《世界经济千年史》，伍晓鹰等译，北京大学出版社 2003 年版；日本数据来自日本统计局“Historical Statistics of Japan-Gross Domestic Product Classfied by Economic Activities-685SNA”，以 1990 年为基数；印度数据来自 IMF，“World Economic and Financial Surveys”，October 2012；中国数据来自国家统计局编：《中国统计年鉴 2012》，中国统计出版社 2012 年版。①

按照比较政治经济学的方法，这需要通过对全球经济体的比较、分类，筛选成功的发展型国家，分析影响其成功的共性因素；再从中发现中国模式的独特性，并解释其成功机理，理解其成功

① 转引自史正富：《超长增长：1979—2049 年的中国经济》，上海人民出版社 2013 年版。

原因。不难发现，在国家工业化初期快速起步的经济体并不少，但是能在达到中等收入水平后继续发展的不多，而且主要集中在东亚。归纳这些经济体的特征，可以从三层次展开。

首先，快速工业化国家的共同特点是国家干预型，甚至是国家主导型的。工业化初期的大规模投资，需要国家动员社会资源，集中起来办大事；工业化的推进，则需要有效的产业保护政策和成功的国家发展战略。国家的意志和政府的能力是成功的重要推手，从拉美到东亚所有发展型国家和地区，几乎无一例外。集权型计划经济只是其特殊形式之一，当然也可能是最激进的形式。

其次，东亚发展型经济的共性特征是东亚式社会权力结构和儒家传统的文化背景。权力结构更多向社会开放，较少身份等级特征，有利于建立政府与社会相互渗透、长期合作的经济体制。儒家文化传统上强调同一而不是斗争；个人和家庭储蓄倾向较高，教育投资较多，因此能够集中更多剩余劳动，积累更多人力资本，实现社会经济快速发展。乔万里·阿里吉说得对：中国的经济优势并不是丰富而廉价的劳动力，而是“这些劳动力在健康、教育和自我管理能力上的高素质”(乔万里·阿里吉，2009)。

最后，中国的独特性在于：既利用国家手中规模巨大的公有经济，主导超高的资本积累和基础设施投资，又利用日益完善的市场机制，最大限度动员国内、国际多种所有制成分的投资积极性，实现超常的经济增长。我们与自己比较，改革开放以来近 40 年的增长明显快于前 30 年，这可以用改革开放的市场激励效应给予说明；我们与世界比，包括与东亚成功发展的经济体相比，高速度的成因集合中，最不能忽略的因素显然是坚持公有制为主体。国有资本不同于私人资本，它是没有资本家的资本，因此也没有私人资本积累与消费“两个灵魂”的冲突①，其社会性质决定其更高的积累倾向。公有资本相比私人资本有更加长远的投资目光，更多代表劳动者长远利益而不是眼前利益，因此愿意接受规模较大，回报时间较长的投资项目。仅此两点，对中国政府在国家工业化进程中羡煞旁人的动员能力，就有很好的解释力。改革开放以来，国家将公有制与市场经济相结合，允许一部分人先富起来，成功打开民营经济发展的大门；将国内市场与国际市场相结合，招商引资，打开了合资与外商独资企业发展的大门。与此同时，国有经济渐次强化了国有资本的形式，其积累倾向更强，竞争能力也更强。最后，混合所有制经济的发展吸引越来越多的社会资本参加到经济建设过程。社会主义市场经济的改革，实现了毛泽东 60 年前的愿望：“把党内党外、国内国外的一切积极的因素，直接的、间接的积极因素，全部调动起来，把我国建设成为一个强大的社会主义国家。”②实践证明，没有市场机制，单靠国家一个积极性，资源是不可能被充分动员的。

总之，当代中国国家赶超战略的成功，靠的是公有制与市场经济两条腿走路，公有资本主导了改革与发展的历程。这一经验已经载入史册，成为全人类，尤其是发展中国家广大人民的财富。

但是，有人认为，现实社会主义“不惜代价地缩小差距”，与建设社会主义的目标(消灭异化劳

① 马克思：《资本论》第 1 卷，人民出版社 1975 年版，第 651 页。

② 毛泽东：《论十大关系》，《毛泽东文集》第 7 卷，人民出版社 1999 年版，第 44 页。

动)相冲突,其成就不足道。这种看似正统的观点,忽略了两个重要的实践视角。

其一是人民生活的视角。1979—2011年,中国总消费年均增长9.2%,只是略低于GDP年均9.8%的增速。中国人的生活在这连续30余年的快速增长中发生了怎样的变化,几乎每个中国家庭都可以讲述一个真实的故事。尽管分配不平等有所扩大,但底层民众生活改善是不可否认的事实。按照世界银行2011年购买力平价1天1.9美元的贫困标准,1981年至2012年全球贫困人口减少了11亿,同期中国贫困人口减少了7.9亿,占全球减少全部贫困人口的71.82%。①对于一个曾经的全球最贫困的发展中大国,这样的成就还不足道?兰切斯特(Lancaster, 1973)从工人与资本家的博弈出发,建立资本积累的社会最优模型,证明以社会总消费为社会福利指数,在特定的时点t^*之前,经济增长的社会最优路径是保持最大积累的路径。假定经济成果以给定方式在劳动与资本间分享,这一路径有利于劳动者长期利益。中国高积累高增长的赶超战略,可以视作兰切斯特模型的验证。

其二是全球经济的视角。全球经济的两极分化有扩大趋势。弗兰克(1999)和多斯桑托斯(1999)的依附理论认为,由于全球市场的竞争强制和中心国家的控制、盘剥,外围国家(广大发展中国家)在摆脱依附途径上存在两难,似乎没有出路。此后的"依附发展论"则认为,少数外围国家即使能够有些作为,其发展也只能是依附性的,不可能改变国际资本主导的两极分化的经济格局。中国经济的崛起,是对全球资本主义强有力的抵抗。这不仅是因为,13亿人口境遇的迅速提升极大抵消了两极分化的趋势,而且因为,这个曾经极度贫困的发展中大国主要依靠自身力量,在短短几十年时间里实现了向中等收入国家的转变。它的超常发展的经验,对全世界发展中国家已经产生吸引力,往后还会产生更大影响。中国不但成功大幅削减了本国贫困人口数量,还有能力和经验帮助其他发展中国家实现减贫目标。②公有制为主体的市场经济是中国模式的旗帜,公有资本主导的高速增长唤起了广大发展中国家的希望。它对全球资本主义秩序的冲击,以及对全球社会主义的启示,是当代马克思主义无论如何也不应该忽视的。

五、突破资本主义的生产力桎梏

社会主义是一个不断突破制度障碍,推进社会生产力的过程。中国特色社会主义利用公有资本的创新动力和对资本主义危机的"免疫力",持续突破资本主义桎梏发展生产力;它证明,并且还将继续证明社会主义的历史合法性。

马克思主义政治经济学的基本结论是:资本主义因其自身的基本矛盾,已经阻碍社会生产力的发展,因此必须有新的社会制度取代它,以持续推动人类社会的进步。马克思对资本主义的政

① 《中国减贫对世界作出巨大贡献30年减贫人口占全球逾七成》,中华人民共和国中央人民政府网,2016年12月28日,http://www.gov.cn/xinwen/2016-12/28/content_5153660.htm。

② 联合国助理秘书长阿贾伊·齐柏,2010年2月17日在亚洲开发银行总部举行的新闻发布会上的发言。引自:《中国对世界减贫贡献》,新华网,2014年10月11日,http://news.xinhuanet.com/politics/2014-10/11/c_127086679.htm。

治经济学分析集中在以下两点：(1)私人占有的资本积累必然导致相对过剩人口，以及财富与贫困的两极分化，这不仅导致社会冲突，而且带来社会资本再生产实现的严重问题，周期性的危机不可避免。(2)以利润为目标的资本主义生产具有一般利润率下降的长期趋势，它导致社会生产原动力的枯竭，成为经济危机更深层的根源。为了克服前一个矛盾，资产阶级社会不得不控制剩余价值率的提高；而为防止后一个矛盾，提高剥削率(剩余价值率)又是资本家应对竞争压力最有效手段。无论如何，这个社会都没有出路，只能在自我矛盾中一步步走向死亡。

20 世纪前半叶的资本主义世界的空前危机，以及危机前后两次世界大战，是马克思经济理论的强有力验证。这场由资本主义经济内在矛盾引发的巨大灾难，至今让全人类刻骨铭心。第二次世界大战后，资本主义经济出现了持续近 30 年的黄金增长期，1950—1975 年发达国家 GDP 年平均增长率达到从未有过的 4%以上。一些人试图以此证明，资本主义制度具有自我修复能力，马克思所分析的根本矛盾已经被克服。典型地，库兹涅茨根据这一时期的数据，提出了经济增长与社会不平等程度的“倒 U 字曲线”，认为资本主义已经自我修正了两极分化的趋势性特征。越来越多的研究表明，所谓黄金增长期的出现，不是马克思结论的否定，而恰恰是其结论的证明。是危机与战争破坏了巨大数量的“落后产能”，戳破了膨胀过度的财产泡沫，通过大规模消灭财富而实现了“缩小收入差距”，清除了资本主义矛盾长期积淀的“内存垃圾”。这是第二次世界大战后黄金期的必要前提。20 世纪 70 年代以后，随着石油危机的出现，黄金期终结，积累的矛盾重新显现。皮凯蒂(2014)在《21 世纪资本论》中应用大量数据，重新证明了资本主义经济的长期趋势。所谓“倒 U 字曲线”不过是危机与战争制造的暂时例外，资本主义两极分化的趋势从来没有改变。于是，人类社会不能不自问，这样的社会制度还有必要继续吗？如果短暂的繁荣需要以巨大的灾难，用数以亿计的生命为代价，我们愿意承受吗？我们的子孙应该承受吗？

社会主义革命是对这一世纪诘问的明确回答，俄国共产党率先担当了这一历史责任。按照经典理论，社会生产力是预先准备好的，先进的生产关系一旦建立，摆脱资本主义桎梏的生产力将自然高涨。而革命偏偏在经济落后国家发生。俄国共产党人起初不认为自己能够独立建设社会主义，他们苦苦支撑等待先进国家革命成功的支持。“一国建设社会主义”是形势逼迫的产物，它一开始便面对两大难题：一是摆脱国际竞争(不仅是经济的，而且是政治甚至军事的竞争)中被动挨打的局面；二是提高国内人民生活水平。解决两大难题的出路只有一个，那就是更快发展生产力。

事实上，苏联经济曾经一度成绩良好。1927—1975 年间，苏联 GDP 平均增幅高于美国，年均 4.5%，48 年中 GDP 增长 8 倍，同期美国的 GDP 仅增长了 4 倍多。据估计，到 1975 年，苏联 GDP 大约为美国的 60%，两国经济总量的差距明显缩小(大卫·科兹等，2010)。特别在西方世界 20 世纪 30 年代经济大危机的环境中，苏联经济一枝独秀，充分表现了公有制经济抵抗危机的强大力量。但是，第二次世界大战以后，资本主义世界出现所谓黄金增长期，美苏两国的增速差距逐渐收敛。20 世纪 70 年代中期以后，苏联经济突然失速停滞，增速被美国反超。其原因虽经反复讨论，却没有令人信服的答案(大卫·科兹等，2010)。我们认为，这很可能既与经济体制相关，又与经济增长动力源的转变有关。发展中经济体迟早要经历从投资为主动力向创新为主动力的转换。苏联经济在这个十字路口长期徘徊未能跨越，根本原因是集权的计划经济体制既没有灵活的资源配置,又没有有效的创新激励,"傻、大、黑、粗"加上"复制古董",旧的增长动力逐渐衰竭,新的增长动力不能形成。1973年石油危机的外部冲击使积累的矛盾突显,经济失速成为苏联体制最终瓦解的导火索。实践证明,保证生产力持续发展,始终是社会主义实践性命攸关的大事情。

20世纪70年代的中国,同样面临经济困境。一方面,国内经济在人民公社和"文化大革命"两场"左"倾冒进的实验中受挫,增长业绩不理想;另一方面,日本第二次世界大战后快速发展和"亚洲四小龙"崛起,对我们形成外部压力。不同的是,1973年,中国的人均GDP才839国际元,是同期苏联人均GDP的1/7(麦迪森,2003)。我们在较低增长水平上面临改革,动力转换问题尚未出现,改革相对从容。改革的目标是利用市场机制促进经济发展,开放的目标是在国际竞争中加快自身发展。这些都是从别人的成功经验借鉴来的。但中国坚持走自己的道路,拒绝依附性发展,坚持公有制为主体的基本经济制度。一方面,国有经济从小规模生产和经营领域退出,为中小民营资本腾出空间;另一方面,公有资本在更适于发挥优势的大规模生产和大规模经营领域放手发展,与国内与国际大资本开展竞争,扩大了规模,增强了实力。实践证明,公有制为主体,多种经济成分共同发展的基本经济制度是正确的。改革不仅极大释放了国内各个方面的积极性,而且通过引进外资,学习了国外的先进技术和先进管理,通过消化吸收,开始从外延扩大再生产向内含扩大再生产转变。

然而,高积累、高投资仍然是增长的主动力。改革开放近40年,中国投资率(资本形成占GDP的比重)始终保持在30%—40%间的高位,近十年甚至达到40%以上。动力源转换是早晚的事,因为外延式扩张已经不能支撑巨大的投资增量,靠引进技术和消化吸收的增长也要以技术差距的较大空间为前提(即所谓后发优势)。当年苏联与美国的GDP总量差距收敛到60%左右,其后发优势开始减弱。中国今天与美国相比的GDP总量差距大约也在这一水平,动力源转化问题如约而至。2008年金融危机之后,随着对外贸易的收缩,转变经济发展方式不能不提上日程。中国经济的"新常态"是一个内涵极其丰富的范畴,其核心是增速换挡和动力转换,也就是从依靠高积累,高投资的经济增长"旧常态",过渡到较少依靠积累率更多利用创新驱动的"新常态"。因为改变数十年高积累形成的惯性牵动再生产全局,涉及一系列需求侧与供给侧的结构调整,这一过渡一定复杂艰辛,并且需要相当时日。

无论如何,中国经济再次走到十字路口,冲破发展生产力的制度障碍继续前进,是唯一出路。我们有成功的基础:

第一,与苏联当年的情形不同,我们已经走在社会主义市场经济的轨道上,继续深化改革是顺理成章的事情,不需要仓促行事,更不应该慌不择路。新的增长动力需要更加强有力的创新激励。资本追逐超额剩余价值的市场竞争是迄今发现的最强有力的创新激励机制,它不仅以大量超额剩余价值奖励企业创新,而且通过市场竞争扩散创新,使奖励消失,迫使企业持续创新。马克思关于相对剩余价值生产的论述①,奠定了经济学创新理论的基础,也为我们今天进一步完善

① 马克思:《资本论》第1卷,人民出版社1975年版,第351—355页。

社会主义市场经济下的创新激励机制提供了理论依据。国有经济循着资本逻辑继续深化改革，是完善创新激励的重要步骤。在此基础上，一个鼓励大众创业，万众创新的体制将逐步完善。

第二，与全球资本主义经济不同，我们的市场经济以公有制为主体，由公有资本主导。面对来势汹汹去意绵绵的全球性经济危机，我们有更强的免疫力，因此有希望率先从逆境中奋起，给全球经济带来新动力。一方面，公有资本是没有资本家的资本，资本权利归全体人民，因此本质上有利于劳动民主和分配公平。公有资本的积累规律不是财富与贫困的两极分化，它在当前缩小收入分配差距的改革中，是可以充分调动的积极因素。譬如，深化国有企业内部的分配制度改革，完善国有企业利润上激制度，以国有资本充实社会保障基金等。保持较大份额国有资本，对于全社会的分配公平具有正面效应，它减少亿万富豪的财产份额，有利于社会分配的整体公平。另一方面，在市场经济利润率下降的长期趋势下，公有资本将保持旺盛的增长动力。公有资本更加关注劳动者整体利益与长远利益，能够在积累与消费的协调中，把增进人民群众物质文化生活设定为长期目标，因而在与私人资本的竞争中，对下降的利润率会有更强的承受力和适应性。越往后，这一性质就越将转换成更强的竞争力。与多数经济学家的看法不同，我们认为，在更加完善的市场环境和更加高度的经济发展中，成熟的公有经济将实力更强、比例更高。

综上，从基本制度层面，我们有足够理由相信，中国经济将顺利实现发展方式转变，率先从全球危机中突围。而这对于全球经济的复苏必定是好消息。

预测这一前景并不困难，重要的是理解它的意义。有人说，中国的成功将拯救全球资本主义。请问，我们是用什么拯救？一个马克思主义的执政党，一个公有制为主体的基本经济制度，一个超越全球资本主义的发展速度，一个在短期内将最大多数贫困人口带上全面小康之路的经济业绩！中国人民有超出自身经济发展水平的“预期寿命”和“平均受教育年限”，有正在快速提高的工资水平和逐步缩小的城乡差距，等等。观察者如果稍有动态分析的意愿，不难发现中国道路与世界上任何一种资本主义发展道路都有根本区别。我们这个遵循资本逻辑的市场经济保留了太多与资本主义市场经济不同的特点，以至于任何一个经济学家要将其称作资本主义都会有或多或少的犹豫。“审视当今中国，有人认为，这也许是资本主义，也许不是——我认为这仍然是个值得探讨的问题。即使假定它是资本主义，也与先前的资本主义截然不同，是彻底改变后的资本主义。”(乔万里 · 阿里吉，2009)阿里吉的讨论耐人寻味，这个“与先前的资本主义截然不同”，已经被“彻底改变后的资本主义”，为什么还被一些人称作资本主义？是它没有冲破资本主义的桎梏更快发展社会生产力？还是它没有能够在更短的时间内给人民带来全面小康？或者这种发展不是依靠自身力量，而是对其他发展中国家的掠夺与盘剥？显然都不是！根本的原因是传统社会主义的理论信条作祟。中国特色社会主义不同于之前的所有理论，它是经典理论指引下，社会主义实践长期探索的结果，实践对理论有许多修正。我们所理解的社会主义，无非是马克思主义执政党治理的、公有制为主体的市场经济，它有能力冲破资本主义对社会生产力的桎梏，实现共同富裕和人民群众长远利益的最大化。假如中国能以这样的方式“拯救资本主义”，这不过是证明社会主义制度比资本主义更加优越。福山近期有言：“中国与西方正展开一场发展模式的历史性竞赛”，其结果将决定欧亚绝大部分地区未来数十年的前途。看来，中国特色社会主义足以表明:历史还没有终结!

参考文献

[1] 萨米尔·阿明:《资本主义的危机》,社会科学文献出版社 2003 年版。

[2] 梅扎罗斯:《超越资本——关于一种过渡理论》,中国人民大学出版社 2003 年版。

[3] 荣兆梓:《经济学的稀缺性与马克思的丰裕社会理论》,《教学与研究》2000 年第 4 期。

[4] 顾海良:《百年争论——20 世纪西方学者马克思经济学研究述要(中)》,经济科学出版社 2014 年版。

[5] 麦迪森:《世界经济千年史》,北京大学出版社 2003 年版。

[6] 麦迪森:《中国经济的长期表现:公元 960—2030 年》,上海人民出版社 2008 年版。

[7] 阿尔钦、德姆塞茨:《生产、信息成本和经济组织》,载刘守英等《财产权利与制度变迁——产权学派与新制度学派译文集》,上海三联书店、上海人民出版社 1994 年版。

[8] 荣兆梓:《论公有产权的内在矛盾》,《经济研究》1996 年第 9 期。

[9] 荣兆梓等:《劳动平等论:完善社会主义基本经济制度研究》,社会科学文献出版社 2010 年版。

[10] 余文烈等:《市场社会主义:历史、理论与模式》,经济日报出版社 2008 年版。

[11] 戴维·施韦卡特:《反对资本主义》,中国人民大学出版社 2002 年版。

[12] 李炳炎:《中国企改新谭》,民主与建设出版社 2005 年版。

[13] 史正富:《超长增长:1979—2049 年的中国经济》,上海人民出版社 2013 年版。

[14] 乔万里·阿里吉:《亚当·斯密在北京:21 世纪的谱系》,社会科学文献出版社 2009 年版。

[15] 弗兰克:《依附性积累与不发达》,译林出版社 1999 年版。

[16] 多斯桑托斯:《帝国主义与依附》,社会科学文献出版社 1999 年版。

[17] 托马斯·皮凯蒂:《21 世纪资本论》,中信出版社 2014 年版。

[18] 大卫·科兹等:《来自上层的革命——苏联体制的终结》,中国人民大学出版社 2010 年版。

[19] Gordon, D.M., E. Richard, and R. Michael, 1982, *Segmented Work*, *Divided Workers*, Cambridge University Press.

[20] Lancaster, Kelvin, 1973, "The Dynamic Inefficiency of Capitalism", *Journal of Political Economy*, 81(5), 1092—1109.

(本文原载《经济研究》2017 年第 4 期)

改革开放 40 周年：
政治经济学的回顾和展望

论新时代下中国新的改革开放*

——写在纪念中国改革开放40年之际

龚　刚**

摘　要　经过近40年的改革开放，中国已进入了新时代(或新常态)。新时代意味着常态下中国已不再是“需求决定型经济”，而是“供给决定型经济”。正因为如此，推动经济增长的主要动力在供给侧。供给决定型经济不仅是供给侧结构性改革的逻辑起点，同时也是中国对外开放模式转型的逻辑起点。供给侧结构性改革是以新常态为背景，目标是跨越中等收入陷阱。为此，中国须竭尽全力进行自主研发。由此，供给侧结构性改革的核心内容是建设好中国的国家创新体系，为自主研发和创新提供足够的激励。“一带一路”倡议可以理解为新常态下中国试图通过“一带一路”倡议去寻找自己新的合作伙伴，它体现了新常态下中国对外开放的新模式。在“一带一路”框架下，中国对外贸易应转向针对发达国家追求贸易平衡，针对“一带一路”沿线的发展中国家鼓励用人民币进行贸易逆差，以实现与新的合作伙伴共赢经济发展，而人民币国际化和走出去战略将支撑贸易的这种转型。最后，中国的“一带一路”建设能否成功取决于中国的供给侧结构性改革能否顺利。

关键词　新常态　两阶段理论　供给侧结构性改革　“一带一路”倡议

一、引言：不言自明的假设

根据马克思历史唯物主义基本原理，本文的讨论将建立在如下不言自明的假设基础上：

● 发展过程必然伴随生产力的不断提高和经济体在经济结构和资源禀赋等方面的不断演变，而当这种演变从量变到达质变时，经济将进入新的发展阶段。

● 新的(不同的)发展阶段意味着新的(不同的)经济环境，从而对经济体形成新的(不同的)约束，由此而产生不同的经济变量的决定方式和不同的经济学理论。

---

*　本文系国家社科基金重大项目(项目编号15ZDA010)的部分研究成果。

**　龚刚，云南财经大学首席教授，经济学院院长。

● 新的(不同的)发展阶段也必然意味着不同的经济增长动力,从而要求不同的生产方式(或增长方式、发展模式)与此相适应。生产方式的错配(即生产方式不适合现有发展阶段,或生产关系不适合现有生产力发展)必然给经济体带来扭曲,并由此而产生各种问题。

● 经济发展战略是一国经济活动的基础,是体制设计、政策制定和行动规划的依据,是一国生产方式的具体化,从而必须契合不同经济发展阶段下的经济增长动力。

在这样一个不言自明假设下,本文将论证:(1)当前中国经济已进入一个新的发展阶段——新常态;(2)供给侧结构性改革是新常态下中国新的对内改革;(3)"一带一路"倡议是新常态下中国新的对外开放。它们共同构成新时代下中国新的改革开放。

二、新　常　态

2014 年 5 月,习近平总书记在考察河南论及经济形势时指出:"我国发展仍处于重要战略机遇期,我们要增强信心,从当前我国经济发展的阶段性特征出发,适应新常态,保持战略上的平常心态。"①这是习近平第一次使用"新常态"一词。此后,7 月 29 日,在中南海召开的党外人士座谈会上,习近平总书记又一次提到"新常态":"要正确认识我国经济发展的阶段性特征,进一步增强信心,适应新常态,共同推动经济持续健康发展。"②2014 年 12 月 9 日的中央经济工作会上,"新常态"进一步上升为中国目前及未来经济发展战略的逻辑起点。由此可见,习近平所提出的新常态事实上反映了中国进入了一个新的发展阶段。

然而,学术界对于"新常态"却存在着不同的理解。首先,"新常态"被认为是指全球经济的新常态,这与新常态(new normal)一词由境外学者在论述国际金融危机以后的全球经济时首先提出不无关系。其次,也有学者认为中国过去的超高速增长是不正常的,新常态就是要回归正常,既按经济规律办事。此外,还有许多学者则是通过对新常态下中国经济美好前景的描述来对新常态进行论述。更有甚者,某些经济学家将"新常态"看成是一个政治术语和媒体术语,从而认为不具备经济学基础。

显然,以上论述都没有从中国经济发展的阶段性特征出发来认识新常态。本文中,我们将构建发展中国家在脱离贫困陷阱后向发达国家发展的两阶段理论。这一理论将为新常态思想打下坚实的学术和理论基础。

(一) 关于经济增长的经典事实

首先,我们利用世界范围的经验数据考察关于经济增长的一些经典事实。我们借助 Penn World Table(PWT)数据库收集了 167 个国家(或地区)1960—2010 年间人均 GDP 水平,③并且

① 参见 http://zt.ccln.gov.cn/xxxjp/zyls12/jjjs1/8260.shtml。

② 参见李文:《人民日报人民要论:深刻认识我国经济发展新常态》,2015 年 6 月 2 日,http://opinion.people.com.cn/n/2015/0602/c1003-27088631.html。

③ 参见 Feenstra、Inklaar 和 Timmer(2013)。

按人均GDP将167个国家(地区)划分为低收入(贫困)、中等收入和高收入国家(或地区),其中,高收入组别为人均GDP大于美国人均GDP的60%,中等收入组别为人均GDP在美国人均GDP的10%—60%之间,低收入(贫困)组别则为人均GDP小于美国人均GDP的10%。所有收入水平经购买力平价(PPP)折算后按2005年的美元衡量。①

表1中,1960年低收入组别一共有56个,其中有42个(占75%)到2010年时仍然停留在低收入组别,只有13个(占23.21%)升入中等收入队列,1个国家,即韩国越入了高收入俱乐部。就中等收入组别而言,1960年中等收入国家(地区)一共有90个,其中有17个(占18.89%)到2010年退入低收入组别,59个(占65.56%)仍然停留在中等收入,另外14个(占15.56%)则进入高收入俱乐部。此外,1960年高收入组别共有21个国家(地区),其中有18个(占85.71)到2010年时继续留在高收入组别,尽管该俱乐部已由过去的21个增加到33个。

表1 相对人均收入转移矩阵(括号内百分比数据为转移概率)

1960年 \ 2010年	低收入	中等收入	高收入	1960年加总
低收入	42 (75%)	13 (23.21%)	1 (1.79%)	56 (100%)
中等收入	17 (18.89%)	59 (65.56%)	14 (15.56%)	90 (100%)
高收入	0 (0%)	3 (14.29%)	18 (85.71%)	21 (100%)
2010年加总	59 (35.33%)	75 (44.91%)	33 (19.76%)	167 (100%)

由此可见,经过漫长的50年的发展,只有13个(占23.21%)国家(或地区)从低收入成功转变为中等收入国家(或地区)。同时,也只有14个(占15.56%)国家(或地区)从中等收入成功转变为高收入国家(或地区)。特别需要一提的是,即使在这14个国家中,有相当一部分是依赖其天然资源(如石油)而致富的。这样一个残酷的经典事实为我们揭示了发展中国家向发达国家发展过程中的两陷阱,即贫困陷阱和中等收入陷阱。

(二)两阶段理论

发展中国家落后于发达国家的主要标志在于人均产量(或人均GDP)的差异。人均产量低下基本上来自两个方面:一是社会中存在着大量的剩余劳动力。现实中,这具体表现为大量的劳动力滞留在农村,只与有限的土地结合。大量剩余劳动力的存在本身也意味着就整个社会而言,人均所拥有的资本(机器、设备等)较低,即宏观上,整个经济社会的生产方式主要体现为

① 对于部分1960年数据缺失的国家,我们用1970年的数据代替。对于苏联加盟共和国,我们用其1990年的数据代替。这样一种代替,对最后的结果并不具有实质的影响。

劳动密集；二是已被使用的劳动力其生产力水平低下，即技术水平落后。正因为如此，人均产量的提高（或经济的增长和发展）可以通过趋资本密集化和趋知识（技术）密集化而得以实现。

人均资本的提高通常表现为更多的农村劳动力进入城市工作，即越来越多的劳动力脱离土地与资本结合。城市也正是通过不断地投资和开工建厂来吸纳和消化农村剩余劳动力。因此，就整个国家而言，农村剩余劳动力的消化和转移过程也就是生产方式从劳动密集向资本密集逐渐转化的过程，即人均资本拥有量不断提高的过程。

然而，由于农村剩余劳动力毕竟是有限的，因此，在没有技术进步的条件下，由资本密集（或投资）所带动的人均资本和人均产量的提高是有极限的。当经济达到这一极限时，唯有技术进步才能进一步提高人均资本和人均产量。由此，我们可以将发展中国家脱离贫困陷阱后向发达国家的发展过程分为两个阶段：第一阶段是剩余劳动力的消化过程，第二阶段是技术的追赶过程。①当然，两个阶段有可能是部分重叠的（见图 1）。

图 1　脱离贫困陷阱后经济发展的两个阶段

（三）两阶段理论与发展经济学中的“拐点”理论

发展经济学中存在着各种不同类型的拐点理论。首先是所谓的“刘易斯拐点”。刘易斯于 1954 年提出了著名的“二元经济”理论（Lewis, 1954）。在刘易斯看来，发展中国家在其发展初期存在着大量甚或无限的剩余劳动力，经济社会则被分隔成相对现代化的工业（或城市）部门和传统的农业（或农村）部门，而大量的剩余劳动力则滞留于农村。然而，随着经济的发展，传统农业部门中的剩余劳动力逐渐被现代工业部门所吸收。所谓刘易斯拐点，就是指劳动力由过剩向短缺的转折点，此时，进一步的增长将使工资快速上升。

库兹涅茨于 1955 年提出了发展过程中的另一种拐点理论（Kuznets, 1955）。按照这一理论，一国的收入分配状况随该国的经济发展（由人均 GDP 水平衡量）呈先恶化后改善的趋势。这样一种变化规律可以用所谓的库兹涅茨曲线来进行表示。借助该曲线，我们可以找到一国经济发展过程中所出现的“拐点”。

可以证明：刘易斯“拐点”和库兹涅茨曲线中的“拐点”是相互联结的，他们所代表的是经济社会发展过程中的同一状态。②在经济发展初期，大量剩余劳动力的存在（或刘易斯拐点出现之前）

---

① “两阶段理论”及其由此而引申出的供给侧改革思想是由我于 2008 年由高等教育出版社出版的《当代中国经济》一书中首先提出（龚刚，2008；Gong，2012），其观点在 2010 和 2012 年前后多次反复强调（龚刚，2010；2011；2012），并且也可以通过构建数学模型予以阐释（Gong，2016）。

② 参见 Gong(2013，2016)。

必然使工资的上涨速度缓慢,低于经济的增长速度,从而使工资性收入占 GDP 的比例下降,即收入分配持续恶化。而当劳动力开始逐渐变得紧缺时,工资的上升速度会相应加快,并且超过 GDP 的增长速度,从而使工资性收入占 GDP 的比例出现逆转,库兹涅茨曲线的拐点将会出现。由此我们看到,刘易斯拐点和库兹涅茨拐点之间的联接。

此外,发展中国家剩余劳动力消化(或接近消化)之时,该国一般也会进入中等收入行列。而根据前文关于经济增长的经典事实,当一个国家进入中等收入行列后,其向发达国家的发展绝非自然而然,其间很有可能陷入中等收入陷阱。

由此,我们可以将发展中国家脱离贫困陷阱后的两个发展阶段的特征做如下概括:

● 第一阶段:剩余劳动力的消化过程。此时,经济处在刘易斯拐点出现之前,库兹涅茨曲线前半部分,属低收入国家;生产方式从劳动密集逐渐向资本密集过渡。

● 第二阶段:技术的追赶过程。此时,刘易斯拐点出现,经济处于库兹涅茨曲线后半部分,属中等收入国家;生产方式从资本密集向知识密集转型。

(四) 新常态意味着中国进入了经济发展的第二阶段

按照相关研究,贫困陷阱是指当一个国家的人均收入很低时,人们会用绝大部分收入用于消费,以维持基本的生存状态,从而储蓄率非常低,缺乏用于发展工业化的资本积累,经济增长出现停滞。①按照贫困陷阱理论,常规的市场经济无法让一个处于生存水平的发展中国家走出贫困陷阱。脱离贫困陷阱,必须越过"门槛",在短期内大量投资,即所谓的"临界最小努力"。显然,市场经济是不可能完成这样一种"临界最小努力"的。例如,第二次世界大战后美国的马歇尔计划帮助了许多盟国(如韩国、日本等)走出了贫困陷阱。

就中华人民共和国成立后经济发展的历史来看,经过前 30 年的艰苦奋斗,中国通过计划经济和城乡分治等手段强行降低了本国居民(特别是农村居民)的生存水平,从而走出了贫困陷阱——尽管其中经历了许多曲折,走过了许多弯路。②1978 年,当一切尘埃落定之后,中国毅然决然地放弃了之前计划经济的生产方式,开始了史无前例的向西方学习的改革开放。中国的改革开放已历时 40 年,它使中国从过去封闭的、中央集权式的计划经济转向了开放式的市场经济。正是这样一种转变使得中国在脱离贫困陷阱后,迅速进入了连续 40 年高速增长的轨道。

然而,经过近 40 年的高速增长,大规模的剩余劳动力在中国已不复存在。现实中,"招工难"和"招工局长"等情况已经在东部沿海地区不时出现。有关研究显示,中国当前的综合失业率约在 6.6%(徐文舸,2015)。这一失业率水平小于西欧发达国家(如法国等)的失业率。剩余劳动力的短缺也必然意味着工资上涨快速(快于 GDP 的增长速度),从而收入分配开始好转,库兹涅茨曲线的拐点开始出现。例如,按照亚洲开发银行的研究,2008 年中国的基尼系数达到最高值

---

① 如 Nelson(1956)等。

② 从这个意义上说,中华人民共和国前 30 年的经济发展战略并非一无是处。

0.491，2015 年则降为 0.463(庄巨忠,2016)。此外,作为一个发展中国家,中国经济已经在很大程度上具有资本密集型经济的特征。例如,中国的钢产量已经连续十几年占据世界第一。进一步增资扩产的空间已经很小。大力发展资本密集型经济在现实中必然意味着以大项目来“吻”增长,而产能过剩也通常集中在资本密集型产业(如钢铁业等)。

综上所述,中国经济已经进入走出贫困陷阱后向发达国家发展的第二阶段,即新常态。

三、新常态下的供给侧结构性改革

习近平在 2014 年 5 月提出“新常态”之后,很快又提出了“供给侧结构性改革”:“在适度扩大总需求的同时,着力加强供给侧结构性改革,着力提高供给体系质量和效率,增强经济持续增长动力,推动我国社会生产力水平实现整体跃升。”①这一概念一经提出,不同的经济学家、媒体和官员就开始对其进行各种不同的解释,而其中最具代表性的解释是“三去、一降、一补”。例如,国家发改委 2016 年 7 月 15 日的文件一开始就说:“完成好供给侧结构性改革‘去产能、去库存、去杠杆、降成本、补短板’五大任务。”②然而,供给侧结构性改革是“三去、一降、一补”吗?

(一) 供给侧结构性改革是“三去、一降、一补”吗?

“三去、一降、一补”是 2015 年年底召开的中央经济工作会议给 2016 年部署的五大任务,这种年度工作会议本质上是解决经济当前所出现的短期问题,经济学中称为商业周期问题。如果将供给侧结构性改革仅仅理解成解决短期问题,则无疑大大降低了供给侧结构性改革的意义。考察一下“三去、一降、一补”的一些具体措施:去杠杆债用务置换、去产能一刀切按比例关掉一些锅炉、降成本采取降价(电价),等等,这些难道是供给侧结构性改革吗?再者,如果“三去、一降、一补”实现了(事实上,“三去、一降、一补”在最近的官方文件中已不再提及),那么,这是否就意味着供给侧结构性改革就顺利完成了?毫无疑问,“三去、一降、一补”本质上就是中国特色的宏观调控。

对于写入党章的“供给侧结构性改革”的理解需要与习近平的另一个经济思想——新常态——联系在一起,即“供给侧结构性改革”是指新常态下的供给侧结构性改革。这意味着中国经济进入新常态后因经济结构和资源禀赋的变化达到了从量边到质变,从而要求制定新的经济发展战略,通过“供给侧结构性改革”实现以新的生产方式来适应新常态(或新的生产关系来适应生产力发展)。因此,“供给侧结构性改革”涉及的是经济进入新常态后的长期增长问题,决不是“三去、一降、一补”等短期(或周期和波动)问题,它体现了习近平的对内经济改革。

---

① 参见 http://news.xinhuanet.com/comments/2016-01/14/c_1117776578.htm。

② 参见 http://www.sdfgw.gov.cn/art/2016/7/15/art_1141_201402.html。

(二) 供给决定型经济——供给侧结构性改革的逻辑起点

那么，为什么推动经济长期增长需要供给侧结构性改革？要知道，在这之前无论是在官方、媒体还是在经济学家的眼里，推动经济增长的主要动力是需求侧，是需求侧的"三驾马车"——投资、消费和出口。于是我们不得不问：为推动经济长期增长而提出的供给侧结构性改革其背后的逻辑是什么？

新常态的一个重要的特征是常态下(即不考虑临时性的经济波动而只考虑经济增长问题时)中国已不再是一个需求决定型经济，而是供给决定型经济。所谓供给决定型经济是指经济体的产量由其供给侧所形成的生产能力(由劳动力供给、资本设备和技术等生产要素组成)决定，而不是由需求(即投资、消费和出口这三驾马车)所决定。

也许有人会认为，尽管中国的劳动力供给是紧缺的，但其实中国的许多行业存在着产能过剩，因此，很难认定中国是一个供给决定型经济。

然而，第一，劳动力从大规模剩余转向短缺(或脱离土地与资本结合)反映的是经济社会漫长的发展过程，是工业化和城市化的结果，是一种不可逆的具有决定性意义的结构变迁，从而必然体现为经济的发展过程从量变达到了质变。正因为如此，它必将改变经济环境，对经济体形成新的约束，由此而产生新的不同的经济变量的决定方式。常态下经济社会从需求决定型转向供给决定型正是反映了这种质的转变。

第二，与劳动力从大规模剩余转向紧缺相比，产能过剩通常只是一种短期现象，正因为如此，在许多情况下是可以用经济学中解决短期商业周期问题的宏观调控政策，如凯恩斯需求管理型的宏观经济政策予以解决。"三去、一降、一补"正是这样一种具有中国特色的宏观调控。

第三，现实中，任何产能的运行都需要劳动力。当经济社会总体上存在着劳动力短缺时，需求增加，即使是那些过剩产能行业的需求增加，也只能使劳动力因工资的高低从一个行业转移到另一个行业，其结果必然是某些行业的产量会增加，某些则会减少，总体则增加有限，甚至不增加，但通货膨胀则因工资的上升而加速。正因为如此，只要劳动力短缺，经济社会总体上就是一个由劳动力供给所决定的供给决定型经济。

由此，我们发现，新常态(或经济发展的第二阶段)意味着常态下中国已不再是一个需求决定型经济，而是供给决定型经济。供给决定型经济不仅是新常态下供给侧结构性改革的逻辑起点，同时也是中国对外贸易模式转型的逻辑起点。

(三) 以自主研发的技术进步跨越中等收入陷阱——供给侧结构性改革的目标

在供给侧的三个要素中，劳动力供给是外生的。资本由投资所累积，而投资本身是一种需求，如果投资不能带来或体现为技术进步，则投资只能引发产能过剩。因此，当经济进入新常态后，技术进步就成为从供给侧推动经济高速增长的唯一动力。事实上，中等收入陷阱的存在本质上源于技术进步的不足。

在经济发展的第一阶段，由于大量剩余劳动力的存在，经济增长的动力既包括由资本投入(或投资)所带动的剩余劳动力的大量投入，同时也包括技术投入(或技术进步)。这实际上意味着经济增长的动力充沛。在第二阶段,剩余劳动力已不复存在,因此,经济增长的动力只能来自由技术进步所带来的劳动生产力的提高,从而增长动力减弱。更为严峻的是,在第二阶段,即使是技术进步也变得更为困难。技术进步可分为引进型技术进步和自主引发型技术进步。中国过去的技术进步最主要的源泉就是技术引进。然而,随着中国的技术水平逐渐接近国际前沿,技术引进的空间将越来越小,这无疑让引进技术的模式走到了尽头。因此,在经济发展的第二阶段,技术进步的主要模式只能是自主研发。

然而,自主研发式的技术进步绝非易事。首先,前期发展所形成的路径依赖和所养成的惰性使得发展中国家很少有意愿和能力去进行自主研发。其次,自主研发本质上是和发达国家竞争,需要有极大的勇气和胆量。最后,自主研发需要大规模的研发投入,包括高质量的技术人员和大量的研发经费等。一般地,研发投入的每 100 个立项,到最后大约只有 5 个可以取得申请专利;在 10 个申请专利的技术中,大约只有一两个具有商业价值(林毅夫,2003)。发展中国家正是因为长期依赖技术引进,缺乏自主研发型的技术进步,才陷入中等收入陷阱。

由此,发展中国家从第一阶段向第二阶段的发展绝非自然而然,其间很有可能陷入中等收入陷阱。而要走出中等收入陷阱,发展中国家必须极尽所能进行自主研发,实现其自主研发型的技术进步率大于前沿国家的技术进步率,这是供给侧结构性改革的目标。

(四) 建设中国特色的国家创新体系——供给侧结构性改革的核心内容

然而,在没有引进和模仿条件下,自主研发型的技术进步是如何实现的?其机制是什么?需要什么样的制度保障?

传统上,人们通常认为技术创新会自然地发生在“硅谷的车库”,这显然忽略了技术创新过程的复杂性、阶段性和所可能产生的各种风险。事实上,任何一个经典和有意义的创新都应被理解为产生于特定国家的国家创新体系。

“国家创新体系是指由公共和私营机构(包括个人、企业、大学、金融机构和政府研究机构等)所形成的网络,在该网络体系中,人们的交流活动和相互作用使得新技术的研发能得以启动、持续和传播,并最后通过商业化形成实质的生产力。”

阿特金森(Atkinson, 2014)将国家创新体系归纳为三个方面:商业环境、管制环境和创新环境(见表 2)。

商业环境包括企业制度、金融体系和文化因素等。其中的企业制度决定了企业行为,并且通过管理者天赋、企业决策时所考量的时间维度和企业的风险偏好程度等对企业行为进行反映。例如,时间维度对创新具有决定性的影响:一个追求短期利益的企业是不可能进行创新的,而在中国现有干部体制的激励下,追求短期利益是许多国有企业的通病。①金融体系(特别是其中的风投基金等)在创新体系中发挥着巨大的作用:许多“硅谷车库”中的创新如果没有风投基金的支持是不可能产生奇迹的,而股票市场能否有效地让科技创新型企业上市,也是技术创新过程中商业化的重要一环。

---

① 详细讨论请参见龚刚(2016, 2017)。

表2 国家创新体系

商业环境	管制环境	创新环境
企业制度 管理者天赋、时间维度、风险偏好、信息化程度等。 **金融体系** 风投基金、股票市场、债券市场和商业银行体系等。 **文化因素** 消费者的需求偏好（如是否愿意尝新等）、冒险精神、对科学的姿态和尊重、合作习惯和时间维度等。	**管制体制** 对垄断的容忍、行业的壁垒、设立公司的难易程度、管制的形式和作用、法律的透明度等。 **税收、贸易和政策** 宏观经济环境、税收政策、贸易政策、专利保护政策和商业标准化政策等。	**研发体系** 大学研发体制、科研机构和国家实验室的研发体制、对企业研发的支持等。 **知识的流动体系** 技术转移系统、创新园区（或集群）、产学研协作系统、技术的应用和传播系统等。 **人力资源体系** 中小学教育、高等教育、技术和技能培训、移民政策等。

管制环境对垄断和行业进出壁垒的容忍将严重阻碍企业的创新：一个获得垄断保护的企业是不可能拥有创新的激励。此外，对处于发展阶段的创新型企业进行税收减免和对专利进行保护等显然也会促进和鼓励创新。

就创新环境而言，人力资源体系和研发体系生产和积累知识和技术人才，它们是一个国家创新的源力。而知识流动体系则反映了知识在不同的人、机构和企业间的流转、扩散、融合和发展，并最后向商业化转移的流畅程度等。例如，在苏联，其研发投入常为GDP的4%以上，远远高于一般的发达国家。然而，其中的70%用于军事，与此同时，其技术（知识）传播的军转民机制并没有建立起来，从而其大规模的研发投入并没有给经济带来高增长。①

习近平总书记在十九大报告中提到供给侧结构性改革时，首次提出了建设现代化经济体系之概念。2018年1月30日，习近平总书记在中共中央政治局就建设现代化经济体系所进行集体学习中更是强调："强化现代化经济体系的战略支撑，加强国家创新体系建设。"②毫无疑问，供给侧结构性改革就是要建设现代化经济体系，而国家创新体系无疑是现代化经济体系的核心部分，从而建设国家创新体系是供给侧结构性改革的核心内容，它将为中国的自主研发和创新提供足够的激励。③

四、新常态下的"一带一路"

接下来我们将讨论新时代下中国新的对外开放。

① 参见Mazzucato(2011)。

② 参见赵银平：《习近平强力部署建设现代化经济体系》，2018年2月6日，http://www.xinhuanet.com/politics/2018-02/06/c_1122373759.htm。

③ 关于建设中国国家创新体系更详细的讨论请参见龚刚等(2017)。

(一) 比较优势下的中心—外围体系——中国过去的对外开放模式

所有的对外开放都是以贸易为出发点。按照李嘉图,贸易的基础是比较优势,而所有的比较优势又是建立在“差别”的基础上。作为一个发展中国家,中国与其他发展中国家的差别并不大。正因为如此,过去30多年,中国的对外开放主要是面向以美国为首的西方发达国家。由于中美之间在各个领域都存在着巨大的差别,由此也就自然形成了两者间的比较优势。

就中国而言,中国是一个人口大国,存在着大量的剩余劳动力,劳动力成本很低;与此同时,作为一个人口大国,中国也存在着巨大的市场潜力,这样一个市场潜力也是任何具有战略眼光的国际资本所不能忽略的。就美国而言,其最大的比较优势无疑是其先进的技术和其拥有的世界货币之地位。正是在这样一种比较优势的框架下,中国主动融入了以美国为中心的中心—外围体系。

当今世界经济秩序基本上可以看成是一个中心—外围体系(Dooly, et al., 2003)。美国及部分发达国家为中心区域,亚洲等发展中国家为外围区域。驱动世界经济增长的主要动力是外围国家大量的剩余劳动力和其经济增长模式——亚洲模式。采取亚洲模式的国家通常执行固定或有管理的浮动汇率制度,以调控汇率,使本币贬值,从而吸引中心国家的外商直接投资,促进本国商品的出口,同时也抑制了进口,进而积累外汇储备。

中心—外围体系本质上就是“美国生产美元—世界生产商品”(龚刚,2017)。

尽管美国时不时地会对外围国家的“亚洲模式”进行批判,指责其汇率操纵对美国相关产业和就业的冲击,然而,本质上,它是享受这样一种“美国生产美元—世界生产商品”的国际经济秩序。就外围发展中国家而言,通过固定或有管理的浮动汇率制度,使本币贬值,进而追求外商直接投资和出口顺差,不仅能迅速消化本国的剩余劳动力和促进经济增长,同时也能积累大量美元以防范金融风险等。

毫无疑问,在过去30多年中,中国就是这一中心—外围体系中最为主要的外围国家。中美之间天然所形成的这种非常亲密的经贸关系,也结成了当今世界国际产业分工链体系的基本形态。正因为如此,过去30多年,中美之间更多的是经济上的合作和共赢。某种程度上,“中美夫妻论”所言非虚,而中国的其他对外开放模式(如对外贸易和对外投资等)也无不体现了中美之间所形成的这样一种比较优势之框架。

在对外贸易上,中国采取的是出口导向型的贸易模式,即以追求出口和贸易顺差为主要目标。为鼓励出口,减少进口,中国一方面在早期推出了各种类型的出口补贴政策;另一方面执行固定汇率制度或有管理的浮动汇率制度,通过盯住目标汇率,使人民币贬值。这些措施有力地推动了中国向美国等西方发达国家的出口,而进口则或多或少地受到了一定程度抑制。

在对外投资上,中国过去30多年采取的是鼓励和吸引来自西方发达国家的外商直接投资。必须说明的是,外商对中国的直接投资通常伴随着一定的技术。正因为如此,中国吸引外商直接投资,通常带有引进技术之目的。通过吸引外商直接投资,中国在许多情况下实现了“以市场换技术”之目的,由此在某种程度上推动了中国的技术进步。然而,不得不说明的是,尽管中国以最大的热情,欢迎着外商直接投资,为此不惜采取了各种免税和补贴等政策,然而,也许是出于西方国家对中国的警惕,中国所吸引到的外商直接投资并非世界上最为先进的技术,通常这些技术是处于国际产业分工链的低端,如体现为劳动密集型的加工和组装,而一些敏感性的技术(如具有军事用途等)则更是被禁止出口。

在对外货币模式的选择上,中国过去执行的是弱势货币战略。弱势货币战略的主要目标是确保本国经济安全。于是,不对外发行债务,不开放资本市场,本币长期吃亏(即长期处于贬值地位),尽可能多地积累美元等强势货币等就成为弱势货币战略的主要特征。①

需要说明的是,无论是追求外商直接投资还是追求出口顺差,都可以看成是将外部需求因素作为拉动本国经济增长的动力。而中国采取以货币贬值和汇率固定等为特征的弱势货币战略不仅是因国力所限从而无法承担起强势货币之重任,同时也在很大程度上是为了推动出口顺差和吸引外商直接投资。在一个需求决定型的经济社会中,这些从需求角度拉动经济增长的考量无疑是顺理的,从而中国过去的对外开放模式是与中国过去所处的发展阶段相适应的。

(二) 转向"一带一路"

如前所述,当经济社会进入新的发展阶段之后,需要进行发展战略之调整,否则,必然发生生产方式(或增长方式、发展模式)的错配,即所谓生产方式不适合现有发展阶段(或生产关系不适合生产力发展),由此给经济体带来扭曲。

首先,随着中国经济进入其发展的第二阶段,大规模的剩余劳动力在中国已不复存在,这使得中国的劳动力成本迅速上升。与此同时,经过40年的引进、消化和自主研发,中国的技术水平也大幅度提高,个别领域已接近世界前沿——尽管总体而言与美国相比仍具有相当大的差距。作为一个中等收入的人口大国,中国的GDP水平已经位居世界第二。②总之,中美之间的差距已经缩小,趋同则在增加,从而比较优势已不再明显。

其次,中国崛起本身也已经使美国产生了焦虑和警惕。尽管中国仍然希望与美国"夫妻"相向,但美国毫不犹豫地将中国从过去的合作伙伴定义为战略竞争"对手"。既然作为对手,遏制中国的增长和发展就成为美国的必然选择。中美贸易战正是在这样一种背景下开打的。

所有这一切均意味着中国将不再适合继续担任以美国为中心的外围国家。未来中国对外开放的重点只能面向发展中国家。"一带一路"倡议可以理解为新时代(或新常态)下中国试图通过"一带一路"建设去寻找新的合作伙伴,而这些新的合作伙伴主要是发展中国家。它体现了新时代(或新常态)下中国对外开放的基本思路。

(三) 新常态下中国的对外贸易模式

然而,在"一带一路"建设背景下,中国的对外贸易、对外货币和对外投资等模式应如何转型?它们之间应如何配合和协调?

---

① 关于强势货币和弱势货币战略更详细的讨论,请参见龚刚(2013)。

② 事实上,按照IMF的统计,如果按购买力评价计算,中国的实际GDP已超过美国,成为世界第一。

如果新常态下，中国经济的一般状态已不再是一个需求决定型经济，那么，中国的对外贸易模式也应逐渐放弃追求出口和贸易顺差。出口和贸易顺差通常意味着输出本国资源和物化劳动为他国服务。如果本国的资源本来就是过剩的，则出口和贸易顺差不仅能调动本国的剩余资源（如劳动力等）并进而促进经济增长，同时也能积累国际货币，以防范国际金融和能源市场的风险。然而，在大量剩余劳动力已不复存在的新常态下，出口和贸易顺差必然意味着用本来已经紧缺的资源（如劳动力等）服务于他国。这不仅不能促进经济增长（因本国产量由劳动力供给决定），同时也会损害到本国居民的福利。而进口和贸易逆差则通过输入他国资源和物化劳动，缓解本国资源的紧缺，增加本国的投资，进而促进经济增长。例如，如果进口的是消费品，则原本用于生产消费品的资源就可以得到缓解，用于增加本国的投资。

事实上，在新古典增长模型框架下（即供给决定型经济中），我们可以论证如下贸易定理：①在供给决定型经济下，与贸易平衡相比，贸易逆差将推动经济增长，并带来更高的人均产量；贸易顺差则与此相反。

需要说明的是，以上讨论是基于供给决定型经济的一般状态（或常态），即当我们只讨论经济增长问题而不讨论商业周期问题时。这也意味着当经济出现危机（或需求不足）时，追求贸易顺差并非不是一项合理的选择。如前所述，美国要求人民币升值通常是在其经济出现危机之时。

（四）以人民币国际化和“走出去”战略支撑贸易转型

已经知道，在供给决定型经济下，贸易顺差将抑制经济增长，而贸易逆差则可促进经济增长。因此，在新常态下，中国的贸易战略应从原来的追求贸易顺差逐渐转向追求贸易平衡，并最终向追求贸易逆差转型。然而，不可否认的是，受国际收支平衡的约束，长期的贸易逆差是不可持续的。

然而，假如本国货币为国际货币，从而其进口可以用本国货币购买，则长期的贸易逆差却是可以持续的。在当今世界主要经济体中，贸易长期处于逆差状态的国家只有美国和英国，但唯独也只有美元和英镑在全球贸易中的支付比例是明显高于两国在全球贸易中所占的份额。②由此我们可以推断美国和英国的对外贸易主要是以本币结算的。

当然，我们必须承认，中国目前还不能用人民币从发达国家大量进口。然而，这并不意味着中国不能用人民币从那些发展程度上落后于中国，且还存在着大量剩余劳动力的发展中国家进口。在国际贸易中，以什么样的货币定价和交易一般由交易双方中占据主动地位的一方说了算。由于那些处于第一阶段的发展中国家还存在着大量的剩余劳动力，因此，追求贸易出口是这些国家企业的必然选择。正因为如此，中国在与这些国家的企业进行贸易过程中，必处于主动地位。从而，用人民币支付大量的进口商品是完全可能的。也唯有这样一种贸易和结算模式，中国才能与“一带一路”沿线上的新合作伙伴形成长期可持续的互补和共赢。

---

① 参见龚刚、李斌念、徐文舸（2015）和龚刚等（2016）。

② 参见龚刚（2017）。

此外,支撑贸易转型和人民币国际化的另一个重要举措是中国对外投资的“走出去”。中国的对外投资也需要从过去的鼓励大规模引进转向高水平引进和大规模走出去相结合。所谓高水平引进,就是要提高引进外资的质量(即能帮助中国的产业升级),而大规模走出去就是要在“一带一路”倡议背景下针对沿线国家将那些不符合中国现有比较优势的劳动密集型产业转移出去。

中国对外直接投资的“走出去”战略决不是简单地开放资本市场。除了一些必要的具有战略性意义的高科技技术可以动用中国的外汇储备来进行并购和投资之外,中国的“走出去”战略应主要体现为人民币“走出去”,即针对“一带一路”沿线国家以人民币进行投资,将那些不符合中国现有比较优势的劳动密集型产业转移出去,并将其生产的产品返销中国。这不仅为中国大规模从“一带一路”沿线国家用人民币进口提供便利,达到利用境外资源(如更为廉价的劳动力等)为中国的经济增长服务,同时,也有利于促进人民币在“一带一路”沿线区域的国际化。

(五) 能否成功转型取决于中国自主研发型的技术进步能否快速实现

最后,我们不得不指出的是,中国能否实现对外开放模式的成功转型,完全取决于中国自主研发型的技术进步能否实现。

首先,中国转向的“一带一路”沿线,寻找新的合作伙伴,形成新的互补和共赢,本质上取决于中国的技术水平与“一带一路”沿线国家(地区)的落差。如果这种落差不能形成,则中国与“一带一路”沿线国家(地区)之间的比较优势就不存在,从而也就不能实现互补和共赢,也不能形成新的国际产业链分工体系。

其次,随着中国本身的技术水平逐渐提高,与国际前沿距离正在逐渐缩小,技术模仿和引进的空间将不断缩减,加上美国(已联合欧日)对中国进行技术封锁,未来中国的技术进步自然来自自主研发。

因此,中国的“一带一路”建设能否成功取决于中国的供给侧结构性改革能否顺利。

参考文献

[1] Atkinson, R. D., “Understanding the U.S. National Innovation System”, *The Information Technology and Innovation Foundation*, I, June, 2014.

[2] Dooley, M., D. Folkerts-Landau and P. Garber, “An Essay on the Revived Bretton Woods System”, NBER Working Paper No.11771, 2003.

[3] Feenstra R. C., R. Inklaar and M. P. Timmer, “The Next Generation of the Penn World Table”, available for download at www.ggdc.net/pwt, 2013.

[4] Gong, G., *Contemporary Chinese Economy*, New York: Routledge Press, 2012.

[5] Gong, G., “Growth and Development in Harrodian Economy, with Evidence from China”, *Metroeconomica*, 2013, Vol.64, 73—102.

[6] Gong, G, “Two Stages of Economic Development. ADBI Working Paper 628. Tokyo: Asian Development Bank Institute”, available: https://www.adb.org/publications/two-stages-economic-development,

2016.

[7] Kuznets, S., "Economic Growth and Income Inequality", *American Economic Review*, 1955, 45: 1—28.

[8] Lewis, W. A., "Economic Development with Unlimited Supply of Labor", *The Manchester School of Economic and Social Studies*, 1954, 22:139—191.

[9] M.Mazzucato, *The Entrepreneurial State*, London: Demos, 2011.

[10] Nelson, R, "A Theory of the Low－level Equilibrium Trap in Underdeveloped Economies", *The American Economic Review*, 1956: pp.894—908.

[11] 龚刚:《当代中国经济——第三种声音》,高等教育出版社 2008 年版。

[12] 龚刚:《以供给管理为切入点调控宏观经济》, http://theory. people. com. cn/GB/13475299. html, 2010。

[13] 龚刚:《如何理解求稳》,2011, http://theory.people.com.cn/GB/148980/16580711.html。

[14] 龚刚:《"破八"体现中国迈入经济发展的第二阶段》,人民网,2012, http://theory.people.com.cn/GB/148980/17310120.html。

[15] 龚刚:《人民币突围——走向强势货币战略》,人民出版社 2013 年版。

[16] 龚刚:《国企改革重在健全激励机制》,《中国社会科学报》,2016 年 10 月 12 日。

[17] 龚刚:《当代中国经济》(第 2 版),高等教育出版社 2017 年版。

[18] 龚刚、李斌念、徐文舸:《出口还是进口——"新常态"下中国对外贸易战略的新思考》,《经济研究》工作论文,WP870,2015。

[19] 龚刚、马丽、李斌念、徐文舸:《论新常态下中国对外经济战略之转型》,《经济研究》工作论文, WP1184, 2016。

[20] 龚刚、魏熙晔、杨学明、赵亮亮:《建设中国特色国家创新体系跨越中等收入陷阱》,《中国社会科学》,2017 年第 9 期。

[21] 林毅夫:《技术创新、发展阶段与战略选择》,《经济参考报》2003 年 9 月 3 日。

[22] 徐文舸:《"新常态"下的供给约束——我国农业剩余劳动力究竟还有多少?》,《人口与社会》2015 年第 4 期。

[23] 庄巨忠:《评论:缩小收入差距仍存挑战》,环球网,2016, http://world.huanqiu.com/hot/2017-01/9973914.html。

兼顾公平与效率的收入分配制度改革40年

洪银兴*

摘　要　改革开放40年来，我国收入分配制度改革是围绕公平与效率关系的处理展开的。富起来时代的收入分配改革重在效率，改革集中在两个方面：一是各种生产要素参与收入分配后形成按劳分配为主体多种分配方式并存的基本分配制度；二是实施允许一部分地区和一部分人先富起来的大政策，并产生了明显的提高效率、充分动员了各种创造财富的要素的效果。进入强起来时代，面对的是人民收入普遍提高的同时，存在收入差距扩大和收入分配秩序不规范问题。这就需要继续深化收入分配制度改革，促进收入分配更合理、更有序，尤其是要根据社会主义共同富裕的要求，偏重于公平正义。改革应集中在两个方面：一是坚持按劳分配原则，完善按要素分配；二是缩小收入差距，使人民共享发展成果。40年中，两个时代的收入分配体制改革是一个整体，体现公平与效率的兼顾和统一，是邓小平理论和习近平新时代中国特色社会主义思想的伟大实践。

关键词　公平　效率　收入分配制度改革

一、引　　言

收入分配制度是经济社会发展中的一项基础性的制度安排，是社会主义市场经济体制的重要组成部分。在习近平总书记的表述中被称为“基本”经济制度的，一个是所有制结构体现的基本经济制度，一个是分配结构体现的基本分配制度。

收入分配制度的重要性在于，效率不仅源于资源配置，还源于收入分配的激励。改革开放以来中国经济发展的成功，尤其是效率的提高，除了靠市场配置资源外，再就是收入分配体制改革。40年来，在经济迅猛增长的同时，城镇居民人均可支配收入和农村居民人均纯收入都有显著增加。显然，纪念改革开放40周年必须总结40年收入分配体制改革及其产生的积极效应。

收入分配离不开公平与效率关系的处理。就如诺贝尔经济学奖得主斯蒂格利茨所说，分配与效率问题不可分割。“在一些不公平程度很高的情况下，它降低了经济效率……，然而在其他

---

* 洪银兴，南京大学经济学院、南京大学长江三角洲经济与社会发展研究中心教授。

情况下，不公平却可以加强经济效率。”①仔细研究我国在富起来时代和强起来时代收入分配体制的改革，可以发现，尽管两个阶段的改革有延续性，但还是有侧重点的差别。

富起来时代的收入分配改革针对过去长期实行的平均主义分配压抑积极性产生低效率状况，重在效率，其指导思想可以追溯到邓小平关于社会主义本质的论述：“我们坚持走社会主义道路，根本目标是实现共同富裕，然而平均发展是不可能的。过去搞平均主义，吃‘大锅饭’，实际上是共同落后，共同贫穷”。② 显然，贫穷不是社会主义，平均主义不是社会主义，“两极分化”也不是社会主义。这意味着我们所要建立的收入分配体制既要拉开差距促进效率，又要防止贫富两极分化，逐步实现共同富裕。改革集中在两个方面：一是各种生产要素参与收入分配后形成按劳分配为主体多种分配方式并存的基本分配制度；二是实施允许一部分地区和一部分人先富起来的大政策。其明显效果是：打破大锅饭的平均主义分配，提高了劳动效率；各种生产要素参与收入分配，充分动员了各种创造财富的要素；允许一部分地区和一部分人先富起来，充分释放了发展经济的潜力。

进入强起来时代后，面对的问题是，在人民收入普遍提高的同时，收入分配秩序不规范、收入差距扩大、部分群众生活比较困难等问题并存。这就需要继续深化收入分配制度改革，其指导思想是习近平总书记关于社会主义本质的论述：“消除贫困、改善民生、实现共同富裕，是社会主义的本质要求，是我们党的重要使命。”③这意味着改革开放中形成的行之有效的基本分配制度必须坚持但要进一步完善，促进收入分配更合理、更有序，尤其是要根据社会主义共同富裕的要求，偏重于公平正义。改革应集中在两个方面：一是坚持按劳分配原则，完善按要素分配；二是缩小收入差距，使人民共享发展成果。

总的来说，40 年中两个时代的收入分配体制改革是一个整体，体现公平与效率的兼顾和统一，是邓小平理论和习近平新时代中国特色社会主义思想的伟大实践。

二、允许一部分地区和一部分人先富起来的效应

改革前，平均主义分配倾向严重，干多干少一个样，干好干坏一个样，压抑和束缚了群众建设社会主义的积极性，造成了整个经济活动的低效率和人民群众的长期贫困。

粉碎“四人帮”后，我国思想理论界的四次关于按劳分配理论讨论会是当时重要的思想解放运动。1978 年 12 月中共十一届三中全会充分肯定了按劳分配理论研讨会的成果，对按劳分配理论进行了正本清源。邓小平在会上指出：“不讲多劳多得，不重视物质利益，对少数先进分子可以，对广大群众不行，一段时间可以，长期不行。革命精神是非常宝贵的，没有革命精神就没有革命行动。但是，革命是在物质利益的基础上产生的，如果只讲牺牲精神，不讲物质利益，那就是唯

① 斯蒂格利茨：《社会主义向何处去》，吉林人民出版社 1998 年版，第 54 页。
② 《邓小平文选》第 3 卷，人民出版社 1993 年版，第 155 页。
③ 《习近平在部分省区市党委主要负责同志座谈会上讲话》，《人民日报》2015 年 6 月 20 日。

心论。"[1]十一届三中全会对按劳分配的正本清源,虽然只是在当时公有制和计划经济的框架内的突破,但它直面体制上的低效率问题,承认物质利益和物质鼓励,反对平均主义,承认收入差别。这就为进一步推进分配体制改革打开了缺口。在同期召开的党的中央工作会议上,邓小平最早提出了允许一部分地区一部分人先富起来的大政策:"在经济政策上,我认为要允许一部分地区、一部分企业、一部分工人农民,由于辛勤努力成绩大而收入先多一些,生活先好起来。一部分人生活先好起来,就必然产生极大的示范力量,影响左邻右舍,带动其他地区、其他单位的人们向他们学习。这样,就会使整个国民经济不断地波浪式地向前发展,使全国各族人民都能比较快地富裕起来。"邓小平明确指出:"这是一个大政策,一个能够影响和带动整个国民经济的政策"。[2]这个大政策的提出是马克思主义共同富裕理论与中国所处发展阶段实际相结合的重大成果。

第一,在社会主义初级阶段共同富裕存在先富后富的差别。这就是《关于经济体制改革的决定》所说的:"由于一部分人先富起来产生的差别,是全体社会成员在共同富裕道路上有先有后、有快有慢的差别,而绝不是那种极少数人变成剥削者,大多数人陷于贫穷的两极分化。鼓励一部分人先富起来的政策,是符合社会主义发展规律的,是整个社会走向富裕的必由之路。"[3]

第二,在效率提高同时收入差距逐步扩大是否违反共同富裕的原则?中共十二届三中全会通过的《关于经济体制改革的决定》作了明确的回答:"平均主义思想是贯彻执行按劳分配原则的一个严重障碍,平均主义的泛滥必然破坏社会生产力","共同富裕决不等于也不可能是完全平均,决不等于也不可能是所有社会成员在同一时间以同等速度富裕起来。如果把共同富裕理解为完全平均和同步富裕,不但做不到,而且势必导致共同贫穷。只有允许和鼓励一部分地区、一部分企业和一部分人依靠勤奋劳动先富起来,才能对大多数人产生强烈的吸引和鼓舞作用,并带动越来越多的人一浪接一浪地走向富裕。"[4]

第三,允许一部分人先富起来不是允许两极分化,有先富帮后富的要求。邓小平最初提出通过一部分人先富起来带动越来越多的人走向共同富裕。1992年邓小平南方谈话完整提出了其共同富裕的构想:"先发展起来的地区带动后发展的地区,最终达到共同富裕。如果富的愈来愈富,穷的愈来愈穷,两极分化就会产生,而社会主义制度就应该而且能够避免两极分化。解决的办法之一,就是先富起来的地区多交点利税,支持贫困地区的发展。当然,太早这样办也不行,现在不能削弱发达地区的活力,也不能鼓励吃'大锅饭'。什么时候突出地提出和解决这个问题,在什么基础上提出和解决这个问题,要研究。可以设想,在本世纪末达到小康水平的时候,就要突出地提出和解决这个问题。到那个时候,发达地区要继续发展,并通过多交利税和技术转让等方式大力支持不发达地区。"[5]

第四,重视中等收入群体数量的增加。这涉及先富起来群体的结构。2002年中共十六大和

---

① 《邓小平文选(1975—1982)》,人民出版社1983年版,第136页。

② 同上书,第142页。

③④ 《改革开放三十年重要文献选编》,中央文献出版社2008年版,第356页。

⑤ 《邓小平文选》第3卷,人民出版社1993年版,第374页。

2003 年中共十六届三中全会《关于完善社会主义市场经济体制若干问题的决定》均提出："以共同富裕为目标，扩大中等收入者比重，提高低收入者收入水平"。[①]2007 年中共十七大关于全面建设小康社会奋斗目标的蓝图要求形成的合理有序的收入分配格局是"中等收入者占多数，绝对贫困现象基本消除"。[②] 将居民按收入分为高收入、中等收入和低收入三个群体，并且要求扩大中等收入者比重，并使之占多数，由此形成两头小中间大的橄榄型的收入群体结构。这可以说是对允许一部分人先富起来的大政策在新的发展阶段的新要求。中等收入群体扩大并占多数，不仅表明这部分群体对社会稳定和发展的积极作用，同时也表明社会收入结构的进步，反映一部分人先富与缩小收入差距的衔接。

允许一部分人先富起来是基于效率差别和要素投入及其贡献的差别。最初是允许和鼓励一部分人依靠勤奋劳动先富起来，1987 年 10 月中共十三大又提出允许善于经营的企业和诚实劳动的个人先富起来。1997 年 9 月中共十五大明确"允许和鼓励一部分人通过诚实劳动和合法经营先富起来，允许和鼓励资本、技术等生产要素参与收益分配"。[③]这样，一部分人先富起来的基础就由勤奋劳动、劳动效率扩展到善于经营和资本、技术等要素的投入，由此创造了一系列勤劳致富、创业致富、经营致富和创新致富的路径。居民在谋求先富起来的同时，提高了效率，各种创造财富的活力充分迸发。在为社会创造巨大财富的同时增加了收入，推动了经济的快速发展。

允许一部分地区先富起来，实际是给有条件加快发展的地区提供充分发挥其发展潜能的机会。不同地区间居民收入水平的差别直接反映各地的经济发展水平的差别，这就使发展较快的地区能够从快速发展中获得相应的经济利益，从而为各个地区加快发展提供强劲动力。而在原有的平均主义体制中，有条件和能力实现较快发展的地区，是没有加快发展动力的。允许一部分地区先富起来的政策，打破了原有的平均发展格局，由此产生的地区发展不平衡给各个地区发展输入了活力，一部分有发展条件的地区有可能充分发挥自己的优势。20 世纪八九十年代沿海开放政策是东南沿海地区首先享受的。沿海地区率先发展，只能靠政策。对东南沿海地区经济加速增长起作用的政策主要是率先市场化、国际化和工业化。

允许一部分人、一部分地区先富起来的大政策，牵动对公平和效率关系认识的深化。针对改革开放以前存在的平均主义分配制度，收入分配改革就是要打破铁饭碗和大锅饭。因此，在改革初期提出效率优先。在 1987 年中共十三大上明确提出，在促进效率提高的前提下体现社会公平。1997 年中共十五大则第一次出现坚持效率优先、兼顾公平的表述。这与在这次大会上同时提出的"允许和鼓励资本、技术等生产要素参与收益分配"相配套。2002 年的十六大以及 2003 年的十六届三中全会《关于完善社会主义市场经济体制若干问题的决定》在继续"效率优先、兼顾公平"的提法的同时，又进一步明确"初次分配注重效率，发挥市场的作用，鼓励一部分人通过诚实劳动、合法经营先富起来。再分配注重公平，加强政府对收入分配的调节职能，调节差距过大的

① 《中共中央关于完善社会主义市场经济体制若干问题的决定》，人民出版社 2003 年版。

② 胡锦涛：《高举中国特色社会主义伟大旗帜，为夺取全面建设小康社会新胜利而奋斗》，人民出版社 2007 年版。

③ 《十五大以来重要文献选编》(上)，中央文献出版社 2011 年版，第 21 页。

收入。”①

在富起来的时代,效率优先的收入分配体制取得了明显的效率提高的效果,不只是一部分人先富起来,全体人民的收入也有了普遍提高。据国家统计局数据,2012年城镇居民人均可支配收入24 565元,比1978年增长71倍,年均增长13.4%,扣除价格因素,年均增长7.4%;农村居民人均纯收入7 917元,增长58倍,年均增长12.8%,扣除价格因素,年均增长7.5%。城乡居民拥有的财富显著增加。2012年末,城乡居民人民币储蓄存款余额39.96万亿元,比1978年末增长1896倍,年均增长24.9%。股票、债券等金融资产规模不断扩大。城镇居民拥有的财产性收入从无到有,2012年占人均全部年收入比重上升到2.6%。但随之而来的是公平难以兼顾,居民收入基尼系数逐年递增,由1995年的0.389上升到2002年的0.443, 2007年的0.48。城乡居民收入差距由1992年的2.51倍扩大到2002年的3.30倍到2007年的3.60倍,与此同时,东中西部之间区域差距明显扩大。

在社会主义条件下,一部分地区先富起来不是目的,而是实现共同富裕的现实路径。实际上,我们党在实施允许一部分地区一部分人先富起来政策的同时就关注收入差距扩大问题,尤其是关注克服多种生产要素参与收入分配后收入差距扩大问题。党的十三大指出:“我们的分配政策,既要有利于善于经营的企业和诚实劳动的个人先富起来,合理拉开收入差距,又要防止贫富悬殊,坚持共同富裕的方向,在促进效率提高的前提下体现社会公平。”②对过高的个人收入,要采取有效措施进行调节;对以非法手段牟取暴利的,要依法严厉制裁。中共十六届三中全会《关于完善社会主义市场经济体制的决定》要求加大收入分配调节力度,重视解决部分社会成员收入差距过分扩大问题。以共同富裕为目标,扩大中等收入者比重,提高低收入者收入水平,调节过高收入,取缔非法收入。加强对垄断行业收入分配的监管。健全个人收入监测办法,强化个人所得税征管。中共十七大则进一步提出:“保护合法收入,调节过高收入,取缔非法收入。扩大转移支付,强化税收调节,打破经营垄断,创造机会公平,整顿分配秩序,逐步扭转收入分配差距扩大趋势。”③

进入21世纪后,分配不公问题更为突出,甚至严重影响效率的进一步提高。在此背景下,2007年10月中共十七大“不再使用效率优先,兼顾公平”的提法,而是用新的提法,即初次分配和再分配都要处理好效率和公平的关系,再分配更加注重公平。逐步提高居民收入在国民收入分配中的比重,提高劳动报酬在初次分配中的比重,并且要求逐步扭转收入分配差距扩大趋势。这意味着允许一部分地区一部分人先富起来的大政策需要转向让大多数人富起来,效率优先兼顾公平的分配原则需要转向兼顾效率和公平的原则。

多年效率优先的分配所产生的收入差距日积月累到2011年达到顶峰(2011年的基尼系数达到0.477)。实践证明,收入拉开差距可以促进效率,但差距过大甚至出现贫富差距,低收入群

---

① 江泽民:《全面建设小康社会,开创中国特色社会主义事业新局面》,人民出版社2002年版。

② 《十三大以来重要文献选编》(上),中央文献出版社2011年版,第28页。

③ 胡锦涛:《高举中国特色社会主义伟大旗帜 为夺取全面建设小康社会新胜利而奋斗》,人民出版社2007年版。

体不能分享到增长的成果，也会阻碍效率的进一步提高。尤其是在进入中等收入阶段后，居民的维权意识增强，不会容忍贫富两极分化。面对“中等收入陷阱”的威胁，在收入分配上就不能再继续实行允许一部分人先富起来的大政策，而是要通过共享发展，让大多数人富起来。2013 年 2 月 3 日，国务院批转的发展改革委、财政部、人力资源和社会保障部根据中共十八大精神制定《关于深化收入分配制度改革的若干意见》要求：力争中低收入者收入增长更快一些，人民生活水平全面提高。收入分配差距逐步缩小。城乡、区域和居民之间收入差距较大的问题得到有效缓解，扶贫对象大幅减少，中等收入群体持续扩大，“橄榄型”分配结构逐步形成。①

如果说允许一部分地区一部分先富起来是富起来时代的发展战略和政策，那么进入强起来时代后就要直接提出逐步实现共同富裕的要求。如果发展不以最广大人民群众的根本利益为目标，不以全体人民共同享有发展的利益成果为追求，就会不可避免地造成两极分化，甚至酿成严重的危机。因此，共享发展的理念是对共同富裕理论的升华。可见，从共同富裕的社会主义本质规定，到允许一部分地区一部分人先富起来的大政策，再到先富帮后富实现共同富裕以及共享发展理念，形成了完整的社会主义条件下实现共同富裕的理论体系。

三、社会主义基本分配制度的形成和完善

分配关系本质上和生产关系是同一的，是生产关系的另一面。马克思认为，“分配的结构完全决定于生产的结构，分配本身是生产的产物，不仅就对象说是如此，而且就形式说也是如此。就对象说，能分配的只是生产的成果，就形式说，参与生产的一定方式决定分配的特殊形式，决定参与分配的形式”。②我国所处的社会主义初级阶段的生产方式，一是公有制为主体、多种所有制经济共同发展的基本经济制度；二是社会主义市场经济体制，由此决定的收入分配制度就是按劳分配为主体多种分配方式并存的收入分配制度。其中按劳分配为主是公有制为主体在分配上的体现，多种分配方式指的是资本、技术、管理等要素参与分配，体现多种所有制经济的共同发展。

在我国社会主义初级阶段基本经济制度确立以后，收入分配体制改革进一步深入到劳动以外的生产要素参与收入分配。在社会主义初级阶段，发展生产力的主要约束因素是资本、技术、企业家等要素供给不足。在社会主义初级阶段基本经济制度中，不仅是劳动力，其他要素都属于不同的所有者。即使是国有企业，它相对于并存的其他国有企业，其所有的要素也有所有权的要求。因此在社会主义初级阶段，资本、技术、管理等要素都属于不同的所有者（包括私人）所有。与此相应，所要建立的收入分配制度，不仅要刺激劳动效率，还要刺激资本、技术、管理等要素所有者的各种要素的投入，特别是要让一切劳动、知识、技术、管理、资本的活力竞相迸发，让一切创造社会财富的源泉充分涌流。

---

① 《关于深化收入分配制度改革若干意见的通知》，《人民日报》2013 年 2 月 6 日。

② 《马克思恩格斯选集》第 2 卷，人民出版社 1995 年版，第 13 页。

我国多种收入分配方式形成的进程与多种所有制经济的发展进程是一致的。1987年中共十三大确认社会主义初级阶段。与此相适应,首次提出多种分配方式同时并存:社会主义初级阶段的分配方式不可能是单一的。我们必须坚持的原则是,以按劳分配为主体,其他分配方式为补充。当时所明确的多种分配方式,除了按劳分配这种主要方式和个体劳动所得,主要是指:企业发行债券筹集资金,就会出现凭债权取得利息;随着股份经济的产生,就会出现股份分红;企业经营者的收入中,包含部分风险补偿;私营企业雇用一定数量劳动力,会给企业主带来部分非劳动收入。1992年初,邓小平南方谈话肯定了市场经济。当年召开的中共十四大在确认社会主义市场经济同时明确在分配制度上,以按劳分配为主体,其他分配方式为补充,允许属于个人的资本等生产要素参与收益分配;1997年中共十五大第一次提出允许和鼓励资本、技术等生产要素参与收益分配,并明确提出完善分配结构和分配方式,坚持按劳分配为主体、多种分配方式并存的制度。把按劳分配和按生产要素分配结合起来,这个表述与中共十四大表述的不同在于:第一,"其他分配方式为补充"改为"多种分配方式并存"。第二,对多种分配方式的内容明确为:资本、技术等生产要素参与收益分配。中共十六大报告进一步提出确立劳动、资本、技术和管理等生产要素按贡献参与分配的原则,完善按劳分配为主体、多种分配方式并存的分配制度。这一表述与过去不同在于:第一,参与分配的生产要素更为全面,包括了劳动、资本、技术和管理等;第二,生产要素参与收益分配的原则是"按贡献"。中共十七大进一步提出要坚持和完善按劳分配为主体、多种分配方式并存的分配制度,健全劳动、资本、技术、管理等生产要素按贡献参与分配的制度。这里突出了相应的制度建设问题。这样就形成了我国社会主义初级阶段的基本分配制度。

确认要素报酬的核心是对财产性收入的定性。中共十六大报告在说明生产要素参与收入分配时提出了保护合法的财产和财产性收入的问题:一切合法的劳动收入和合法的非劳动收入,都应该得到保护;不能简单地把有没有财产、有多少财产当作判断人们政治上先进和落后的标准,而主要应该看他们的思想政治状况和现实表现,看他们的财产是怎么得来的以及对财产怎么支配和使用,看他们以自己的劳动对中国特色社会主义事业所做的贡献。①各种非劳动生产要素都可归结为财产。现实中财产不只是资本所有者之类的非生产劳动者所有,生产劳动者也会有财产。过去我们讲的居民收入一般都是指劳动报酬。随着生产要素参与收入分配的推进,财产性收入在收入中的比重越来越高。收入差距的扩大很大程度上归结为财产性收入与劳动收入之间的差距,面对由此产生的越来越大的收入差距,缩小收入差距的途径不可能否定财产性收入,可行的途径只能是生产劳动者除了得到劳动收入外,也能得到财产性收入。因此,十七大报告明确提出创造条件让更多群众拥有财产性收入。这些新提法可以说是中国特色社会主义的创造。

以生产要素参与收入分配为主要内容的改革,在富起来的时代效果非常明显,动员起了各种创造财富的要素。进入强起来的新时代后,这个分配制度不仅要坚持还要进一步完善。习近平总书记在2016年11月主持中央政治局学习时明确把按劳分配为主体多种分配方式并存称为"社会主义基本分配制度"。中共十九大报告提出,必须坚持和完善我国社会主义基本经济制度

① 江泽民:《全面建设小康社会,开创中国特色社会主义事业新局面》,人民出版社2002年版。

和分配制度。可见这个分配制度的重要地位。根据中共十八大以来习近平总书记的系列讲话和中央系列决定,完善社会主义基本分配制度,主要涉及以下几个方面:

首先,劳动、资本、技术、管理等要素按什么原则参与收入分配?十八大提出完善劳动、资本、技术、管理等要素按贡献参与分配的初次分配机制。十八届三中全会《关于全面深化改革若干重大问题的决定》根据市场对资源配置起决定性作用的新规定进一步指出,健全资本、知识、技术、管理等由要素市场决定的报酬机制。总结已有的表述,完整的要素报酬机制就取决于三个要素:一是要素的投入;二是要素的贡献;三是要素的供求。现实的收入分配是这三个要素的综合。很显然,对要素报酬的这些规定也是从要素效率的角度提出的。

其次,在各种生产要素参与的初次分配阶段就要处理好公平与效率的关系。过去讲初次分配讲效率,再次分配讲公平。十八大则要求在初次分配阶段就要处理好公平与效率的关系。就是说,过去各种生产要素参与收入分配是基于效率的考虑,而现在,各种生产要素参与收入分配也要处理好公平与效率的关系。不能只是在再分配时讲公平,初次分配既要讲效率,又要讲公平。

在初次分配阶段处理好公平与效率的关系,最为重要的是坚持按劳分配为主体。我国收入分配制度的改革是从坚持按劳分配开始的。改革初期的主要任务是在公有制企业中坚持和完善按劳分配,打破平均主义分配,随着包含非公有制的多种所有制经济的迅猛发展,多种分配方式也迅速产生。在此背景下,就同坚持公有制为主体一样,按劳分配也必须为主体。由于在初次分配的实践中,参与收入分配的各种非劳动要素的谈判能力更强,如何坚持按劳分配为主体,就成为党和政府在推进收入分配制度改革中所要关注的问题。党的历次大会的报告对坚持按劳分配为主体都作了安排。尤其是在十七大报告中明确提出提高“两个比重”问题,即逐步提高居民收入在国民收入分配中的比重,提高劳动报酬在初次分配中的比重。着力提高低收入者收入,逐步提高扶贫标准和最低工资标准,建立企业职工工资正常增长机制和支付保障机制。

进入新时代后,如何体现按劳分配为主体?不仅是理论问题,更是实践问题。十八大提出,深化企业和机关事业单位工资制度改革,推行企业工资集体协商制度,保护劳动所得。紧接着2013年国务院批转的《关于深化收入分配制度改革的若干意见》又针对提高劳动报酬比重作了具体部署,内容包括:实施就业优先战略和更加积极的就业政策,扩大就业创业规模,创造平等就业环境,提升劳动者获取收入能力,实现更高质量的就业。深化工资制度改革,完善企业、机关、事业单位工资决定和增长机制。十八届三中全会强调:着重保护劳动所得,努力实现劳动报酬增长和劳动生产率提高同步,提高劳动报酬在初次分配中的比重。健全工资决定和正常增长机制,完善最低工资和工资支付保障制度,完善企业工资集体协商制度。①应该说,这些规定是保障劳动所得的基本保障。

在多种生产要素参与收入分配的体制中,无论是按贡献,还是按供求,非劳动生产要素较劳动要素的谈判能力更强,也更强势,不可避免产生劳动报酬在收入分配中所占比重下降的趋势。在此背景下讲公平,讲劳动者报酬,不是简单的抛弃要素参与分配,而是要使劳动者也能拥有非

① 《中共中央关于全面深化改革若干重要问题的决定》,人民出版社2013年版。

劳动生产要素,如资本、技能等,也能获得非劳动要素的收入。根据十八大报告和《关于深化收入分配制度改革的若干意见》,劳动者获取非劳动要素收入主要有以下两方面途径:

一是加大人力资本投资,加大促进教育公平力度,提高劳动者职业技能,健全技术要素参与分配机制。简单劳动者成为复杂劳动者,拥有技术要素和管理能力。由此获得的技术和管理报酬,本身就是所从事复杂劳动的报酬。这些报酬连同一线生产劳动者的劳动报酬合在一起,按劳分配为主体就能得到体现。

二是多渠道增加居民的财产性收入。十八大提出多渠道增加居民财产性收入的要求后,《关于深化收入分配制度改革的若干意见》提出的增加居民财产性收入的渠道包括:加快发展多层次资本市场,落实上市公司分红制度,强化监管措施,保护投资者特别是中小投资者合法权益;推进利率市场化改革,适度扩大存贷款利率浮动范围,保护存款人权益;丰富债券基金、货币基金等基金产品;支持有条件的企业实施员工持股计划;拓宽居民租金、股息、红利等增收渠道;加强知识产权保护,完善有利于科技成果转移转化的分配政策,探索建立科技成果入股、岗位分红权激励等多种分配办法,保障技术成果在分配中的应得份额。①十八届三中全会《关于全面深化改革若干重大问题的决定》对增加农民财产性收入渠道作了更进一步的规定:赋予农民更多财产权利。保障农民集体经济组织成员权利,积极发展农民股份合作,赋予农民对集体资产股份占有、收益、有偿退出及抵押、担保、继承权。保障农户宅基地用益物权,改革完善农村宅基地制度,选择若干试点,慎重稳妥推进农民住房财产权抵押、担保、转让,探索农民增加财产性收入渠道。建立农村产权流转交易市场,推动农村产权流转交易公开、公正、规范运行。党的十九大明确的"三权分置"的农村土地制度更是为农民获得土地经营权流转收入创造了条件。

归结起来,劳动者在获得劳动收入同时也能获得更多的其他要素的收入。这意味着劳动收入和劳动者收入不是同一概念。虽然各种生产要素参与收入分配后,劳动报酬在收入中的比重会下降,但不意味着劳动者的收入会下降。劳动者收入会随着其拥有更多的非劳动生产要素而提高。

中共十八大以后,完善社会主义基本分配制度取得明显效果。2016年全国居民人均可支配收入23 821元中,人均转移净收入4 259元,比2012年增长56.2%,年均增长11.8%,占人均可支配收入的比重由2012年的16.5%提高到2016年的17.9%,提高1.4个百分点。人均财产净收入1 889元,比2012年增长53.5%,年均增长11.3%,占人均可支配收入的比重由2012年的7.5%提高到2016年的7.9%,提高0.4个百分点。人均工资性收入13 455元,比2012年增长43.5%,年均增长9.4%。人均经营净收入4 218元,比2012年增长33.0%,年均增长7.4%。

四、缩小收入差距,共享发展成果

就收入分配中的公平与效率的关系来说,过程的公平与效率是一致的。无论是按劳分配还

① 《关于深化收入分配制度改革若干意见的通知》,《人民日报》2013年2月6日。

是按要素分配，都是按同一个原则进行分配，即权利公平同效率目标是一致的。因此，所谓解决分配中的不公平主要是针对结果的不公平而言的。就像马克思讲按劳分配，就其按同一个尺度——劳动——分配是公平的，但由于不同劳动者的体力差别，家庭赡养人口的差别会产生事实上的不平等。在社会主义条件下在按效率原则进行分配时，必须解决分配结果的不公平问题，着力点是针对低收入群体帮扶，提高低收入者收入，使他们感受到社会主义的温暖。

在允许一部分人先富起来的时期，帮扶低收入群体的主要路径是建立社会保障制度。中共十四大就明确提出积极建立待业、养老、医疗等社会保障制度的要求。尤其是在中共十五大上对社会保障体系做了具体安排：完善企业职工基本养老保险制度，坚持社会统筹与个人账户相结合，逐步做实个人账户。将城镇从业人员纳入基本养老保险。建立健全省级养老保险调剂基金，在完善市级统筹基础上，逐步实行省级统筹，条件具备时实行基本养老金的基础部分全国统筹。健全失业保险制度，实现国有企业下岗职工基本生活保障向失业保险并轨。继续完善城镇职工基本医疗保险制度、医疗卫生和药品生产流通体制的同步改革，扩大基本医疗保险覆盖面，健全社会医疗救助和多层次的医疗保障体系。继续推行职工工伤和生育保险。积极探索机关和事业单位社会保障制度改革。完善城市居民最低生活保障制度，合理确定保障标准和方式。

进入新时代后，针对越来越大的收入差距，中共十八大明确提出：必须坚持走共同富裕道路。共同富裕是中国特色社会主义的根本原则。要坚持社会主义基本经济制度和分配制度，调整国民收入分配格局，加大再分配调节力度，着力解决收入分配差距较大问题，使发展成果更多更公平惠及全体人民，朝着共同富裕方向稳步前进。十八大所明确的全面小康目标要求：收入分配差距缩小，中等收入群体持续扩大，扶贫对象大幅减少。社会保障全民覆盖，人人享有基本医疗卫生服务，住房保障体系基本形成，社会和谐稳定。①

提出缩小收入差距和共同富裕，反映新时代的新要求。习近平总书记在新发展理念中提出了共享发展的理念。共享发展理念的核心内涵归结为：全民共享、全面共享、共建共享和渐进共享。这四个方面相互贯通、有机统一：全民共享是目标，全面共享是内容，共建共享是基础，渐进共享是途径。根据共享发展的理念，缩小收入差距的收入政策调整和收入分配体制改革思路主要涉及以下方面：

第一，千方百计增加居民收入。实现发展成果由人民共享，相应的收入分配体制改革的思路就是十八大所提的：努力实现居民收入增长和经济发展同步、劳动报酬增长和劳动生产率提高同步，提高居民收入在国民收入分配中的比重，提高劳动报酬在初次分配中的比重。按此要求推进的收入分配改革，实现了居民收入与GDP同比增长，居民收入增速快于经济增速。2016年全国居民人均可支配收入23 821元，比2012年增长44.3%，扣除价格因素，实际增长33.3%，年均实际增长7.4%；2017年全国居民人均可支配收入25 974元，比上年增长9.0%，快于同期GDP年均增速0.2个百分点，更快于同期人均GDP年均增速0.8个百分点。形成世界上人口最多的中等收入群体，现在全国中等收入人数达到3亿人，占世界中等收入者总数的1/3。

① 胡锦涛：《坚定不移沿着中国特色社会主义道路前进　为全面建成小康社会而奋斗》，人民出版社2012年版。

第二，不再提效率优先兼顾公平，而是强调初次分配和再分配都要兼顾效率和公平，再分配更加注重公平。这个提法在中共十七大就提出，中共十八大作了重申，尤其是对初次分配阶段兼顾公平和效率提出了具体要求。十八大以后2013年国务院批转的《关于深化收入分配制度改革的若干意见》做了具体安排。尤其是从两头入手：一方面促进中低收入职工工资合理增长。建立反映劳动力市场供求关系和企业经济效益的工资决定及正常增长机制。另一方面加强国有企业高管薪酬管理(限薪)。对部分过高收入行业的国有及国有控股企业，严格实行企业工资总额和工资水平双重调控政策，逐步缩小行业工资收入差距。

第三，再分配更加注重公平。其具体要求如十八大所说，加快健全以税收、社会保障、转移支付为主要手段的再分配调节机制。2013年《关于深化收入分配制度改革的若干意见》的具体部署包括：健全公共财政体系，完善转移支付制度，调整财政支出结构，大力推进基本公共服务均等化。加大税收调节力度，改革个人所得税，完善财产税，推进结构性减税，减轻中低收入者和小型微型企业税费负担，形成有利于结构优化、社会公平的税收制度。全面建成覆盖城乡居民的社会保障体系，按照全覆盖、保基本、多层次、可持续方针，以增强公平性、适应流动性、保证可持续性为重点，不断完善社会保险、社会救助和社会福利制度，稳步提高保障水平，实行全国统一的社会保障卡制度。①特别是十八大以后加大了扶贫攻坚的力度。

在缩小收入差距方面，可圈可点的是扶贫攻坚。改革开放以后，在允许一部分地区一部分人先富起来的同时，我国自1986年开展大规模扶贫，到2000年的十几年时间里，每年平均减少贫困人口639万。从2001年到2010年的十年里，每年减贫673万人。党的十八大以后，以党中央2013年首次提出精准扶贫为起点，以中共十八届五中全会和中央扶贫开发工作会议决策部署为标志，我国扶贫开发进入脱贫攻坚新阶段。为打赢脱贫攻坚战，党中央、国务院出台了一系列重大政策措施，举全党全国之力推进脱贫攻坚。

《2011—2020中国农村扶贫开发纲要》提出"到2020年稳定实现扶贫对象不愁吃、不愁穿，保障其义务教育、基本医疗和住房(简称'两不愁、三保障')"。按这个目标要求，我国制定了现行农村贫困标准，即"2010年价格水平每人每年2 300元"。国家统计局每年根据农村低收入居民生活消费价格指数，对此标准进行更新。至2014年，现行农村贫困标准为当年价每人每年2 800元。虽然现行农村贫困标准在不同年份的数值不同，但代表的生活水平基本相同。

截至2014年底，全国仍有7 000多万农村贫困人口，不少群众贫困程度还很深，2015年十八届五中全会上习近平总书记要求：到2020年，稳定实现农村贫困人口不愁吃、不愁穿，义务教育、基本医疗和住房安全有保障。实现贫困地区农民人均可支配收入增长幅度高于全国平均水平，基本公共服务主要领域指标接近全国平均水平。②

十八大以来的脱贫攻坚，表现出强烈的时代性特征，主要体现在五个方面：一是中央高度重视，形成了五级书记抓扶贫、全党合力促攻坚的生动局面；二是以改革为动力，强化顶层设计，通

① 《关于深化收入分配制度改革若干意见的通知》，《人民日报》2013年2月6日。

② 习近平：《在党的十八届五中全会第二次全体会议上的讲话》，《求是》2016年第1期。

过脱贫攻坚推动农村供给侧结构性改革落到实处；三是以精准为要义，由过去主要依靠政策带动、“大水漫灌”式扶贫，向因村因户因人施策、“精准滴灌”式扶贫转变；四是注重动员各方，形成党政齐抓共管、社会各界广泛参与的大扶贫格局；五是敢于较真碰硬，实施最严格的考核评估和督查巡查，确保脱贫成效经得起实践和历史的检验。

根据习近平讲话，到 2020 年，通过产业扶持，可以解决 3 000 万人脱贫；通过转移就业，可以解决 1 000 万人脱贫；通过易地搬迁，可以解决 1 000 万人脱贫，总计 5 000 万人左右。还有 2 000 多万完全或部分丧失劳动能力的贫困人口，可以通过全部纳入低保覆盖范围，实现社保政策兜底脱贫。

十八大以后脱贫攻坚取得显著成就。从 2012 年底到 2017 年底的五年，贫困人口减少 6 800 多万，易地扶贫搬迁 830 万人，贫困发生率由 10.2%下降到 3.1%。井冈山、兰考县已率先脱贫，再加上脱贫的其他贫困县，使得贫困县数量实现历史上首次减少。

十八大以后采取强有力的缩小收入差距措施，效果非常明显。就基尼系数衡量的居民收入差距来说，2016 年全国居民人均可支配收入基尼系数为 0.465，比 2012 年的 0.474 下降 0.009。就地区差距来说，2012 年以来，西部地区居民人均可支配收入年均增速为 10.3%，比中部地区高 0.4 个百分点，比东部地区高 0.9 个百分点，比东北地区高 1.8 个百分点。2016 年东部地区与西部地区居民人均收入之比为 1.67(西部地区居民收入=1)，中部地区与西部地区居民人均收入之比为 1.09，东北地区与西部地区居民人均收入之比为 1.21。东部与西部、中部与西部、东北地区与西部收入相对差距分别比 2012 年缩小 0.06、0.02、0.08。再就城乡差距来说，2012 年到 2016 年，城镇居民人均可支配收入年均实际增长 6.5%。农村居民人均可支配收入年均实际增长 8.0%，农村居民人均可支配收入年均实际增速快于城镇居民收入增速 1.5 个百分点。2016 年城乡居民人均可支配收入之比为 2.72(农村居民收入=1)，比 2012 年下降 0.16。

收入分配不只是发展的结果，也是发展的动力，分配与效率问题不可分割。总结我国 40 年收入分配体制的改革进程，可以发现收入分配改革就是围绕正确处理效率与公平关系展开的。在富起来时代的改革，针对过去的平均主义分配，更为重视效率，试图通过允许一部分地区和一部分人先富起来的大政策，生产要素参与收入分配，激励勤劳致富、效率致富、经营致富、投资致富和技术致富，形成社会主义初级阶段基本分配制度。由此产生明显的提高效率和经济增长的效应，居民收入也明显提高。进入强起来时代后，既要坚持富起来时代行之有效的分配制度，又要针对发展过程中出现的过大的收入差距以及分配不公的状况，并且基于先富起来的地区和个人达到的富裕程度，进一步完善和深化收入分配改革，以缩小收入差距共享发展成果为主线，由此使效率提高的同时公平正义的原则得到贯彻，多种生产要素参与收入分配的同时按劳分配为主体得到坚持。所有这些改革是中国特色社会主义经济制度和发展道路的重要方面，丰富了中国特色社会主义经济理论。

(本文原载《经济学动态》2018 年第 4 期)

深刻认识和把握新时代我国社会主要矛盾

逄锦聚*

习近平总书记在中共十九大报告中提出:中国特色社会主义进入新时代,我国社会主要矛盾已经转化为人民日益增长的美好生活需要和不平衡不充分的发展之间的矛盾。①这一客观实在的判断,深刻揭示了我国新时代社会主要矛盾的新变化,是中国特色社会主义理论体系的最新成果。

任何社会都是在矛盾运动中发展的。生产力与生产关系、经济基础与上层建筑的矛盾是社会基本矛盾。在我国,随着社会主义制度的确立,这种基本矛盾已经没有了对抗的性质,而以社会主要矛盾的形态表现出来。社会主要矛盾,是在社会诸多矛盾中居主导地位起主要支配作用的矛盾,它集中反映一定时期内社会基本矛盾的要求,制约和影响着社会其他矛盾的发展。揭示社会主要矛盾,反映基本矛盾运动规律的要求,是正确认识和把握经济社会发展规律,制定经济社会发展战略目标和根本任务的重要基础和前提。

社会主要矛盾不是一成不变而是随社会生产力的发展和生产关系、上层建筑的变化而发展变化的,人们的认识也要随着这样的变化而变化。1956 年中共八大曾明确指出:“我们国内的主要矛盾,已经是人民对于建立先进工业国的要求同落后的农业国的现实之间的矛盾,已经是人民对于经济文化迅速发展的需要同当前经济文化不能满足人民需要的状况之间的矛盾。”②但是,在后来的一段时期内,八大的正确论断没有很好地贯彻执行。1978 年 12 月,中共十一届三中全会认真总结了历史的经验教训,作出了把工作重点转移到社会主义现代化建设上来的战略决策。十一届六中全会通过的《关于建国以来党的若干历史问题的决议》肯定了八大对社会主要矛盾的正确认识并做了进一步准确的表述,提出我们在现阶段所面临的主要矛盾,是人民日益增长的物质文化需要同落后的社会生产之间的矛盾。③中共十三大、十八大重申我国社会主要矛盾没有变。这些判断,应该说是符合我国当时实际情况和认识水平的。

但是,必须看到,经过长期努力,我国经济社会有了长足发展,稳定解决了 13 亿多人的温饱

---

* 逄锦聚,中国特色社会主义经济建设协同创新中心、南开大学政治经济学研究中心教授。

① 习近平:《决胜全面建成小康社会,夺取新时代中国特色社会主义伟大胜利》,《人民日报》2017 年 10 月 19 日。

② 《建国以来重要文献选编》第 9 册,中央文献出版社 1994 年版,第 341 页。

③ 《中国共产党中央委员会关于建国以来党的若干历史问题的决议》,人民出版社 2009 年版。

问题，总体上实现了小康，2020 年将全面建成小康社会，人民美好生活需要日益广泛，不仅对物质文化生活提出了更高要求，而且在民主、法治、公平、正义、安全、环境等更高层次的要求日益增长。同时，我国社会生产力水平总体上显著提高，社会生产能力在很多方面进入世界前列，更加突出的问题是发展不平衡不充分，这已经成为满足人民日益增长的美好生活需要的主要制约因素。在这样的背景下，中国特色社会主义进入新时代，我国社会主要矛盾已经转化为人民日益增长的美好生活需要和不平衡不充分的发展之间的矛盾。

人民日益增长的美好生活需要和不平衡不充分的发展之间的社会主要矛盾，包括两个重要的矛盾方面：一方面，我国生产力水平和由生产力水平决定的经济社会发展已经达到新的高度和水平，但发展不平衡不充分的问题还相当突出。经过多年的奋斗，我国经济实力、科技实力、国防实力、综合国力、国际影响力和人民获得感显著提升，实现了中华民族从站起来、富起来到强起来的历史性飞跃。以经济发展为例，据国家统计局发布的数据显示，2013 年至 2016 年，我国经济年均增长率为 7.2%，明显高于同期世界经济增长 2.5%的平均水平。据世界银行测算，2013—2016 年，中国对世界经济增长的贡献率年平均为 31.6%，超过美国、欧元区和日本贡献率的总和，是世界经济增长的第一引擎。2010 年我国成为世界第二大经济体以来，国内生产总值稳居世界第二位，据国际货币基金组织数据计算，2016 年，我国 GDP 为 11.2 万亿美元，占世界总量的 14.9%，比 2012 年提高 3.4 个百分点。2012—2015 年，我国主要工农业产品产量稳居世界第一位；出境旅游人数年均增长 12%，2015 年达 1.2 亿人次，是全球最大的出境游市场；出境旅游支出 2015 年达 2 922 亿美元，居世界首位。世界经济论坛《2015—2016 年全球竞争力报告》显示，2015 年，我国的国际竞争力在 140 个国家和地区中排名第 28 位，比 2012 年提高 1 位，在发展中国家名列前茅。2016 年，我国货物进出口总额占世界的比重从 2012 年的 10.4%提高到 11.5%。2015 年，我国对外直接投资首次跃居世界第二位，创历史新高。①对于这样的生产力水平和由生产力水平决定的经济社会发展水平，再以“落后的生产”概括已经不能反映客观的事实。但是，无论是从经济发展还是从社会发展的角度看，我国发展不平衡不充分的问题还比较突出。生产力发展多层次，城乡结构、产业结构、地区结构、供需结构、分配结构、产品结构不协调；生产方式需要转变，供给侧结构性改革需要深化，国民经济的总体质量和效益需要进一步提高，后发潜力需要进一步发挥。另一方面，由生产力发展和经济社会发展决定的人们的生产关系和上层建筑领域也发生了新变革，人民日益增长的需要不仅在质和量上都上了新层次，而且在内涵上大大扩展，从物质文化的需要扩展到民主、法治、公平、正义、安全、环境等更高层次和更宽领域。对于人民需要的这样的新变化，再以“物质文化需要”概括也不能反映客观的事实。从这样的客观现实出发，对于社会主要矛盾做出新的理论概括，反映了经济社会发展的客观实际和广大人民群众对美好生活的新要求。

人民日益增长的美好生活需要和不平衡不充分的发展之间的矛盾的论断，具有重大理论意义和实践意义。第一，作为习近平新时代中国特色社会主义思想的重要组成部分，实现了马克思

① 国家统计局：《十八大以来我国经济指标稳居世界前列》，《光明日报》2017 年 6 月 23 日。

主义关于社会矛盾的基本原理与新时代中国实际相结合的新飞跃。第二,突出人民日益增长的美好生活多层次、多内涵需要,强化了以人民为中心的发展思想。第三,确认矛盾的一方从"落后的生产"转化为"不平衡不充分的发展",不仅使理论更加符合实际,而且强化了创新、协调、开放、绿色、和谐新发展理念。第四,为构建中国特色社会主义政治经济学理论体系话语体系提供了创新的范畴和理论。第五,为在全面建成小康社会基础上,分两步走在本世纪中叶建成富强民主文明和谐美丽的社会主义现代化强国,提供了坚实的理论基础和行动指南。

需要明确的是,我国社会主要矛盾的转化,是在社会主义初级阶段发展进程中的转化,这样的转化没有改变对我国社会主义所处历史阶段的判断,我国仍处于并将长期处于社会主义初级阶段的基本国情没有变,我国是世界最大发展中国家的国际地位没有变。经过长期探索,中国共产党人把马克思主义的基本原理与中国实际相结合,提出了社会主义初级阶段是中国最大的实际的论断,一方面强调就我国的社会性质来看,已经是社会主义社会,因此,我们必须坚持而不能离开社会主义;另一方面强调就我国社会主义社会成熟程度来看,它还处在社会主义初级阶段,必须坚持以经济建设为中心,大力发展社会生产力。这是对长期社会主义建设经验的总结,是对科学社会主义理论的丰富和发展,为解决经济文化相对落后国家建设社会主义所面临的新课题,为科学认识什么是社会主义,怎样建设社会主义奠定了基础,为制定正确的路线、方针和政策提供了根本依据。社会主义发展的实践证明,社会主义初级阶段是一个相当长的发展过程,在这一过程中,社会主义生产力的发展和生产关系、上层建筑的变革,社会主义制度的发展和完善,不会总是处在同一个水平上,还会经历若干个具体阶段,中国特色社会主义进入新时代,是社会主义初级阶段中的一个崭新的阶段。

我国社会主要矛盾的转化,是关系全局的历史性变化,对新时代改革开放和现代化建设必然提出许多新要求。要牢牢把握社会主义初级阶段这个基本国情,牢牢立足社会主义初级阶段这个最大实际,在继续推动经济社会健康持续发展的基础上,着力解决好发展不平衡不充分问题,大力提升发展质量和效益,更好满足人民在经济、政治、文化、社会、生态等方面日益增长的需要,更好推动人的全面发展、社会全面进步,为把我国建设成为富强民主文明和谐美丽的社会主义现代化强国而奋斗。

(本文原载《经济研究》2017年第11期)

改革开放40年的城乡关系：历史脉络、阶段特征和未来展望*

吴丰华　韩文龙**

摘　要　改革开放以来，我国城乡关系发展可分为四大阶段：城乡关系趋好阶段（1978—1984年），城乡再度分离阶段（1984—2003年），城乡统筹发展阶段（2003—2012年）和城乡全面融合发展阶段（2012年至今）。在市场化改革下，市场和政府的力量共同作用，制度破冰和创新改革同步推进，城乡居民共同努力，中国城乡关系呈现出独特的发展轨迹，经历了深刻变迁并得到极大改善。我们提出了"改革参与缺失理论"以解释20世纪80年代中期至21世纪初的城乡分离和城乡差距扩大，并将中共十八大以来以习近平为核心的党中央形成的城乡发展理论总结为"城乡发展目标理论—城乡发展路径理论—城乡发展对策理论"组成的理论体系。当前我国城乡发展的难点是户籍人口城镇化水平偏低和县域经济不发达，未来，我们要贯彻"以人民为中心"的城乡发展思想，坚持"五位一体"总体布局以破解五重城乡二元结构，深入推进实施乡村振兴战略，坚持发展城乡和促进城市发展并重的方针，着力振兴县域经济。

关键词　城乡关系　改革开放40年　阶段划分　乡村振兴　城乡融合

一、改革开放之初城乡发展的基础与改革开放以来城乡关系发展的总体图景

中华人民共和国成立之后，中国历经了三年国民经济恢复、"一化三改"和"一体两翼"的社会主义改造、人民公社化运动、"大跃进"、国民经济巩固调整和"文革"等数个大阶段、大事件，主线

---

* 本文系国家社科基金项目"近代以来中国城乡关系演进与新型城乡关系的形成研究"（14XJL013）和国家社科基金重大招标项目"西部地区易地移民搬迁工程的精准扶贫机制、综合效益评价与政策创新研究"（16ZDA023）的阶段性成果。感谢2015年度西北大学"优秀青年学术骨干支持计划"、西北大学"三大系列"研究项目——"新中国成立以来我国城乡关系发展研究"（17ZX08）的资助。

** 吴丰华，西北大学经济管理学院副教授，复旦大学理论经济学博士后流动站博士后；韩文龙，西南财经大学经济学院副教授。

是计划经济体制的确立和不断调整。在中华人民共和国初创阶段,计划经济体制发挥了巨大作用:基础设施建设迅速发展,农业生产条件改变显著,相对独立完整的工业体系得以建立,综合国力和国际地位显著提升。但计划经济体制的弊端也逐渐显现,对城乡关系而言,改革开放前,除三年国民经济恢复时期和60年代初国民经济调整时期城乡关系呈现向好态势①外,"一五"时期基本是城乡阻隔,"大跃进"和"文革"时期基本处于"城乡隔离"状态:一是城市偏向型政策导致工农业不均衡增长。1978年,我国的工业和农业总产值分别是1952年的12.14倍和3.03倍。②而且,农业生产效率不高,1979年,中国每农业劳动力平均生产的谷物和肉类数量不仅远远低于美国、日本、英国和苏联等发达国家,也低于巴西、阿根廷等传统农业国,甚至低于菲律宾等经济落后国家。③二是城乡割裂严重。城乡间劳动力、资本等要素流动几乎停滞,城乡被割裂成两个缺乏联系的部门。城市和农村与市场的联系几乎被切断,城乡的市场经济理念发展几乎停滞。三是城市化进程缓慢。1949—1978年,我国工业与农业的产值之比由3∶7变为7.5∶2.5,但1978年,农业人口占总人口的比例仍然高达84.2%,甚至超过了1949年82.6%的水平,农业劳动力仍占总就业劳动力的70%,城市化率仅有17.92%,低于1960年19.75%的水平。④总体而言,计划经济体制强化了中国的城乡二元结构,呈现四方面特征:一是工农业产品不等价交换;二是城乡要素难以自由流动,大量农村富余劳动力沉淀在土地上;三是农民没有自由择业权;四是农村居民和城镇居民的权利和发展机会严重不均。正是在这种困难局面下,中国城乡关系开始在市场化取向的改革大潮下探索出路。

1978年底,中共十一届三中全会拉开了改革开放的大幕,中央默许并推广了农民自发开展的家庭联产承包责任制改革,农村经济改革席卷全国。此后6年间,城乡收入差距不断缩小,城乡关系不断趋好。1984年10月,中共十二届三中全会召开,全会通过的《关于经济体制改革的决定》提出下一阶段改革重点在城市。特别是1993年我国明确提出建立社会主义市场经济体制之后,城市快速发展,城乡发展再度分离,城乡差距不断拉大。2003年召开的十六届三中全会把统筹城乡发展列为国家五大统筹发展战略之首。2004年伊始,时隔18年,中央再次把"三农"问题列为一号文件,此后不曾中断。这一时期,中央提出了构建城乡经济社会一体化新格局的战略目标,统筹城乡发展措施不断、两个反哺逐渐落实、新农村建设在全国范围内展开。此后10年,城乡差距在到达峰值后开始下降,统筹城乡发展成果初步显现。2012年11月,中共十八大召开,新时代开启。在以习近平为核心的党中央带领下,在全面建成小康社会的战略目标指引下,在五大发展理念的指导下,伴随着精准扶贫、美丽乡村建设、农业供给侧结构性改革等重大战略的实施,我国城乡关系持续好转、城乡差距持续缩小、城乡居民生活持续进步、城乡得以全面发展。2018年11月,习近平总书记在十九大报告中作出了"中国特色社会主义进入了新时代"的重大战略判断,中国城乡发展亦迎来新时代,实施乡村振兴战略添列当前七大战略之中,并作为"贯彻新发展

① 可参考刘应杰:《中国城乡关系演变的历史分析》,《当代中国史研究》1996年第2期。

② 谢志强、姜典航:《城乡关系演变:历史轨迹及其基本特点》,《中共中央党校学报》2011年第8期。

③ 具体可参考武力:《中华人民共和国经济史》,中国时代经济出版社2010年版,第655—656页。

④ 刘应杰:《中国城乡关系演变的历史分析》,《当代中国史研究》1996年第2期。

理念”的重要举措，成为“建设现代化经济体系”的核心内容。

改革开放40年来，中国城乡面貌发生了根本且深刻的变化，技术创新促进农业生产力稳步提高，不仅解决了超过10亿人口的吃饭问题，更为中国经济起飞奠定了粮食安全基础；市场化取向改革改善了农村的资源配置和要素整合能力，农副产品及其加工业的发展使农业结构不断优化；农村劳动力不断转移到非农产业，并积极参与到城市化进程中，既提高了农村居民的收入水平，也提高了单位土地劳动生产率。问题与成就伴生，中国城乡发展也出现了城乡多重二元结构固化、城乡收入差距较大、城乡公共服务尚不均等、城乡文化鸿沟仍然存在等问题。对现实的更深刻的认识，应当来自对历史的梳理和探究。

二、改革开放以来城乡关系发展的阶段划分及演进过程

依据我国城乡关系自身的阶段性变化，以及党和国家对城乡发展的重大决策和部署为节点，我们可以将改革开放以来的城乡关系发展划分为四大阶段：城乡关系向好阶段（1978—1984年），城乡再度分离阶段（1984—2003年），城乡统筹发展阶段（2003—2012年）和城乡全面融合发展阶段（2012年至今）。

（一）第一阶段（1978—1984年）：改革开放促进城乡关系向好阶段

面对计划经济执行过程中出现的严重问题和十年“文化大革命”导致国民经济出现难以为继的状态，国家于1978年底启动了市场化取向的改革。十一届三中全会作出了实行改革开放的重大决策。全会认为农业作为国民经济的基础还十分薄弱，提出了发展农业的一系列政策措施，并同意将《关于加快农业发展若干问题的决定（草案）》等文件发到各省市自治区讨论和试行，随后正式发布。实践领先于理论，改革发轫自安徽省凤阳县小岗村，家庭联产承包责任制释放了农民的生产积极性。农村微观经济体制的变革在1980年9月召开的省市自治区党委第一书记座谈会上得到认可，中央在1981年以1号文件的形式给予肯定。到1983年底，共有98%以上的农户实行了各种形式的承包责任制，其中实行包干到户的农户则达到94.5%。①

在经济学意义上，家庭联产承包责任制是一种制度复归，20世纪60年代初进行国民经济调整时，农村曾经出现过包产到组和包产到户等生产责任形式，某种程度上也是对建国前土地改革的制度复归。家庭联产承包责任制赋予了农民对土地的控制权、对生产的决策权和对收益的索取权，极大地唤醒了广大农民的生产积极性，农业生产效率大幅度提高，粮食产量激增。1978—1984年，在播种面积小幅下降的情况下，粮食、水稻和其他粮食作物的总产和单产的年均增长率都远高于1970—1978年的水平。经济作物的种植面积虽年均增长5.1%，但实际产值年均增长高达14.9%。②

国家迅速跟进，顺应了市场化改革的内在要求和农民改革意愿，短时间内陆续铺开多项改

① 武力：《1949—2006年城乡关系演变的历史分析》，《中国经济史研究》2007年第1期。

② 黄季焜等：《制度变迁和可持续发展》，格致出版社、上海人民出版社2008年版，第58页。

革,促进了农业快速发展和城乡关系趋好。首先,国家提高粮食收购价格,直接帮助农民增收。1983年农副产品的收购价格比1978年提高了47.4%,1984年又同比提高了4%。[①]此举缩小了工农业剪刀差,理顺了农民、市民和国家间的分配关系,调动了农民的生产积极性。其次,价格改革要求市场放开。国家逐渐放开农村市场、发展多种经营,逐渐废除统购统销制度。1981—1985年,《中共中央、国务院转发农牧渔业部和部党组〈关于积极发展农村多种经营的报告〉》《中共中央、国务院转发国家农委〈关于开创社队企业新局面的报告〉》等文件先后颁布,突破了"以粮为纲"的单一产业政策和不准农村办工业的禁令,鼓励发展多种经营、乡镇企业和个体工商业。1983年,国务院先后转批了《关于改革农村商品流通体制若干问题的试行规定》《关于完成粮油统购任务后试行多渠道经济若干问题的试行规定》和《关于合作商业和个人贩运农副产品若干问题的规定》,国家基本恢复了基层供销社的合作商业性质和管理上的民主性、灵活性,放开了对吸收农民股金的限制。鼓励农村剩余劳动力从事商业、饮食、修理、运输业等。再次,1985年初中央下发的一号文件《中共中央国务院关于进一步活跃农村经济的十项政策》中规定:"除个别品种外,国家不再向农民下达农产品统购派购任务,实行合同定购和市场收购"。[②]这标志着实行30多年的粮食统购统销制度瓦解,市场交易替代计划供应成了粮食流通的主渠道。[③]同时,市场化变革倒逼农村经济组织架构做出适应性调整。1981年,四川省率先进行政社分开的改革试点。1982年底宪法修改,规定乡镇是我国农村最基层的行政区域。[④]1983年政社分开在全国推广,人民公社不再承担农村基层政权的职能,代由新成立的乡政府来执行,同时成立村民委员会办理农村居住地的公共事业和公益事业。到1985年6月,全国共建立9.2万个乡镇人民政府,82万多个村民委员会,人民公社从此退出历史舞台。[⑤]最后,市场化改革呼唤要素自由流动,放宽城乡间劳动力流动限制。1984年,《国务院关于农村个体工商业的若干规定》和《国务院关于农民进入集镇落户问题的通知》相继出台,放松了户籍壁垒的限制,允许农民外出经营和务工,解决了大批农村剩余劳动力的出路,我国城镇化进程也随之加快。

得益于中国农民的伟大探索以及党和国家的伟大改革,"三农"问题得到初步改善,城乡关系向好发展。第一,长期被压抑的农业生产潜力得到释放。1984年,全国粮食产量达到40 731万吨,人均达400公斤,创造了历史最高纪录。1979—1984年,农业总产值增加172.1%,年平均增长8.4%。[⑥]第二,农村商品生产和商品经济逐渐恢复。农村专业户和多种形式联合生产的出现和发展,加速了中国农村经济由半自给自足的自然经济向商品经济的转化。截至1982年,全国共有大中型生产资料商场70个,营业额达5亿元;截至1984年,粮食的商品率达到了30%以上,农副产品的收购额比1978年增加了68%,集市贸易比1978年增加了280%。[⑦]农民非农收入明

①③④ 谢志强、姜典航:《城乡关系演变:历史轨迹及其基本特点》,《中共中央党校学报》2011年第8期。

② 中共中央文献研究室:《新时期经济体制改革重要文献选编》(上册),中央文献出版社1999年版,第318页。

⑤ 本段数据来自武力:《中华人民共和国经济史》,时代经济出版社2010年版,第725页。

⑥ 牛若峰、郭玮、陈凡:《中国经济偏斜循环与农业曲折发展》,中国人民大学出版社版1991年版,第44页。

⑦ 本段数据来自武力:《中华人民共和国经济史》,时代经济出版社2010年版,第725、724、726页。

显增长，1978—1988 年，农民非农收入占全部收入的比重由 15%上升到 36.6%。①第三，城乡收入差距持续缩小。得益于粮食产量增加、市场化定价和非农产业的收入提高，1978—1984 年，农村居民人均纯收入从 133.6 元上升至 355.3 元，6 年平均增幅高达 16.17%(见图 1)。而且，农村居民收入和消费增幅远超城市居民，1978—1985 年，农村居民人均收入和消费增幅分别为 169%和 94%，而同期城镇居民收入和消费增幅分别只有 98%和 47%。城乡收入比从 2.57∶1 迅速缩小至 1.71∶1 。②第四，沉寂多年的城镇化再次启动。1978—1984 年，因为知识青年和下放干部返城就业、高考恢复、城镇集贸市场开放和迅速发展、城市加大建设费用等多方面原因，我国城镇化一改多年徘徊不前的状态，从 1978 年的 17.92%提高到 1984 年的 23.01%。③

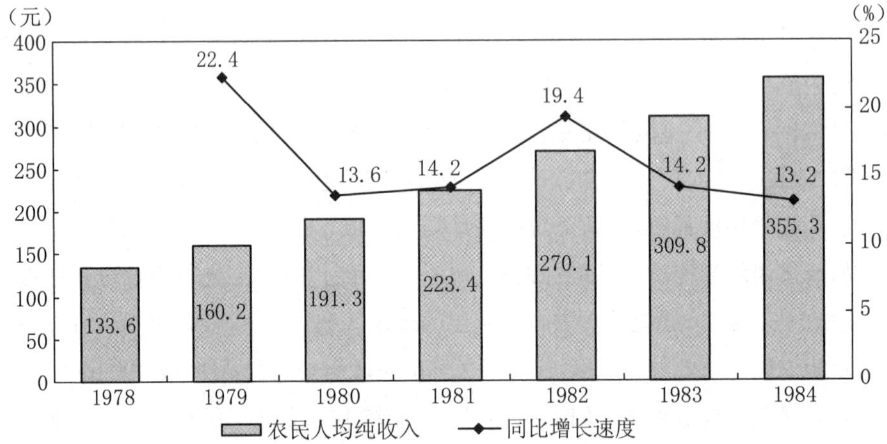

图 1 1978—1984 年中国农民纯收入及其增长率

资料来源：根据历年《中国统计年鉴》数据计算、制图。

总体看来，改革开放带来了蓬勃动力，1978 年底到 1984 年，计划经济时代“三农”发展困难重重、城乡缺乏互动交流、城镇化停滞不前的局面正在发生明确而积极的变化，我国城乡关系在人民发起、高层采纳、政策破冰的诸多改革和利好推动下快速变革、趋向好转。

(二) 第二阶段(1984—2003 年)：改革由农村转入城市导致城乡再度分离阶段

农村率先改革一定程度上“破坏”了计划经济时代形成的城乡稳态，对城市形成了巨大冲击，从而倒逼城市开展改革，以适应农村改革。改革从农村转向城市，契合多种逻辑：一是契合市场经济追求效率的逻辑。城市的资源聚集度更高、规模经济性更强、知识溢出更加普遍，市场取向改革(无论是改革制定者、参与者、受益者)要追求最大回报，而相较于农村，城市能够提供给改革最大的回报。二是契合了中国由易到难、由点到面的渐进式改革逻辑。三是契合了市场化改革

---

① 《中国统计年鉴(1988)》，中国统计出版社 1989 年版，第 743 页。

② 转引自赵洋：《中国特色社会主义城乡关系变迁：历史、理论与现实》，《思想教育理论导刊》2016 年第 9 期。

③ 武力：《1949—2006 年城乡关系演变的历史分析》，《中国经济史研究》2007 年第 1 期。

下我国“二元结构”变化的逻辑，改革从城市进入农村，体现了城乡力量对比的变化，一定程度上是城市本地人群体游说的结果。当然同时，破解“三农”问题的改革也在推进。

在城市改革和发展方面，1984年10月，中共十二届三中全会通过的《关于经济体制改革的决定》提出“现在面临的任务，是在继续深入搞好农村改革的同时，加快以城市为重点的整个经济体制改革的步伐”，“坚决地系统地进行以城市为重点的整个经济体制的改革，是当前中国形势发展的迫切需要”。此后，各项改革在城市全面开展：城镇居民收入分配体制改革改变了企业内部的工资分配形式，充分调动了城市职工的生产积极性；国有企业改革经过了“放权让利”改革（1978—1984年）、“两权分离”改革（1984—1992年）、产权制度改革（1992—2003年）三个阶段，逐渐了打破了国有企业一统天下的局面，初步形成了优胜劣汰的竞争机制；非公有制企业经过了政治高压下的艰难起步（1978—1982年）、夹缝中求生存（1982—1997年）、跨越式发展（1997—2003年）三个阶段，发展迅速。①

在农村改革和发展方面，一方面，国家在这一阶段也采取了一系列改革措施，以改善城乡关系。另一方面，我国农民的伟大创举也带动了“三农”进步。

承接上一阶段的价格改革，国家先后进行了6次较大规模的价格调整，提高了粮食、棉花等18种主要农业及副业产品和肉类等8种副食品及其有关制品的价格。1992—1994年，国家出台了对粮、煤、油、运输四大类影响重大的产品的调价措施，其中粮食和棉花的价格在1994年分别提高了51%和40%，调价总金额超过600亿元。90年代中期之后，面对粮食企业亏损严重、粮食价格形成机制不完善、国家对粮食调度不灵等问题，国家自1997年起深化粮食流通体制改革。

乡镇企业的快速发展是带动这一阶段城乡关系进步的主要内部动力。伟大的中国农民在历史的各个时期都有着伟大的创造。从产业维度看，乡镇企业包括第一、二、三产业；从所有制维度看，它既囊括乡镇和村集体性质，也包含个人或私营性质；从经营形式看，它包括承包、租赁、托管、集体、股份合作等。乡镇企业开辟了农村广阔的生产门路，拓展了农村剩余劳动力转移的出路，大大增加了农民收入。更为重要的是，乡镇企业作为一种根植于农村的非农产业，为中国工业化开辟了独特道路。

这一时期，乡镇企业获得了迅速发展。1978—1988年，我国乡镇企业从152.42万个增加至1 888.16万个，总产值从493.07亿元增加至6 495.66亿元，分别提高了11.4倍和12.2倍。②1986年全国乡镇企业总产值为3 472亿元，首次超过了农业总产值（3 010.7亿元）。乡镇企业对财政收入贡献巨大，1979—1988年，乡镇企业累计向国家缴纳税金830亿元，年均增长27%，占同期国家财政收入的16.3%。乡镇企业的大发展吸纳了更多农村剩余劳动力。1978—1988年，农村乡镇企业职工人数从2 218万人增加到9 545.45万人，累计转移农业剩余劳动力7 327.45万人。截至1994年，农村乡镇企业职工总数达到12 017万人，超过全国国有单位（包括行政、企事业单

① 这种关于国有企业和非公有制企业改革阶段的划分方法来自白永秀、任保平：《中国市场经济理论与实践》（第二版），高等教育出版社2011年版。

② 武力：《中华人民共和国经济史》，时代经济出版社2010年版，第788页。

位)的职工总数,占农村劳动力总数的 27%。①乡镇企业的大发展带动了城镇化进程,沿海地区涌现了大量新兴小城镇,并形成了苏南模式、浙江模式和珠三角模式等小城镇发展模式。到 1997 年,我国小城镇由 1978 年的 2 173 个增加到 1.82 万个,有 100 多万个乡镇企业聚集在各类工业小区和小城镇里。②

城乡关系改善和乡镇企业发展导致了更大范围、更高频次的城乡要素流动,客观要求户籍制度松绑。国家进一步放松了城乡劳动力自由流动的限制,开始户籍制度改革。

1984 年的中共中央一号文件规定,允许务工、经商、办服装业的农民自带口粮在城镇落户。1985 年 7 月,公安部又颁布了《关于城镇人口管理的暂行规定》,"农转非"内部指标定在每年万分之二。同时,作为人口管理现代化基础的居民身份证制度于 1985 年 9 月宣布实施。可见,这一时期,粮食产量仍是制约农民进城的主要障碍。进入 90 年代,1993 年同城市户口制度紧密结合的粮本与粮票,失去了作用。1994 年,国家又取消了户口按商品粮的标准划分,改为以居住地和职业进行划分,并建立以常住户口、暂住户口、寄住户口三种户口登记制度。1997 年 6 月、1998 年 7 月、2001 年 3 月,国务院先后批转了公安部《小城镇户籍管理制度改革试点方案和关于完善农村户籍管理制度的意见》《关于解决当前户口管理工作中几个突出问题的意见》和《关于推进小城镇户籍管理制度改革的意见》。此后,很多小城镇和中等城市,基本放开了户籍制度,不少大城市也放松了外地人口落户的限制。人口迁移变得相对自由,城镇化快速发展,我国城镇人口比重由 1985 年的 23.71%提高到 2002 年的 39.09%。③

各项改革举措和农民创举,特别是乡镇企业的快速发展,抵消了家庭联产承包责任制的改革红利下降,促进了城乡关系改善。一是产业结构优化,乡镇企业带动农村非农产业快速发展。1994 年,农村非农业产值已超过全国工业总产值的 50%,已占农村社会总产值的 74.3%,而农林牧渔业产值比重则下降到 25.7%。④二是城镇化快速发展,在城市加快建设、小城镇进一步发展、各类开发开放区建设的带动下,1992—2003 年,城市化率由 27.63%提高到 40.5%。⑤同时,1989 年民工潮起。1993 年中共十四届三中全会又提出"改革劳动制度","逐渐形成劳动力市场"。到 1995—1996 年,全国常年流动的农民工大约有 5 000—6 000 万人,其中跨省流动的农民工超过 2 000 万。农民工进城既为城市发展和城市建设提供了大量廉价劳动力,也创造了更多消费需求。

但总体而言,这一阶段改革重点在城市,农村改革相对有限,导致城市发展明显快于农村,在城乡共同发展的大背景下,城乡差距不断拉大。首当其冲的便是城乡收入差距拉大。城乡居民收入比从 1985 年的 1.86 ∶ 1 扩大到 1990 年的 2.2 ∶ 1、1995 年的 2.71 ∶ 1、2002 年的 3.11 ∶ 1 。⑥若综合衡量城乡的社会保障和福利差距,这一比率或将高达 7 ∶ 1 。⑦究其原因,一是改革重点转

① 国家统计局:《中国统计年鉴》(1995),中国统计出版社 1995 年版。
② 武力:《1949—2006 年城乡关系演变的历史分析》,《中国经济史研究》2007 年第 1 期。
③ 谢志强、姜典航:《城乡关系演变:历史轨迹及其基本特点》,《中共中央党校学报》2011 年第 8 期。
④ 刘应杰:《中国城乡关系演变的历史分析》,《当代中国史研究》1996 年第 2 期。
⑤ 国家统计局:《中国统计摘要(2005)》,中国统计出版社 2005 年版,第 39 页。
⑥ 谢志强、姜典航:《城乡关系演变:历史轨迹及其基本特点》,《中共中央党校学报》2011 年第 8 期。
⑦ 夏永祥:《改革开放 30 年来我国城乡关系的演变与思考》,《苏州大学学报(哲学社会科学版)》2008 年第 6 期。

入城市后,城镇居民收入迅速增加,农民收入则增加缓慢。二是农民负担加重。以"三提五统"和"两工"为主的农民负担持续加重,在个别严重的地方,农民收入甚至不够缴纳上述负担,处于负收入状态。①1994—2000年,农民人均承担的税费额从112.0元上升至168.4元,增加50.4%,虽占农民收入的比重略有下降(从12.2%下降至7.6%),但仍是一个很高的水平。(见图2)胡书东(2003)的研究显示,1978年以来的农民负担率,②在1992年之前均低于20%(除1986年达到36.88%外),而在1992—2000年间,全部高于20%,且呈不断上升的态势,2000年更高达35.38%。③三是工农业剪刀差依然存在,工农业产品比价虽经多次调整,但仍不合理。其次,农业转移人口即农民工在身份地位、教育水平、就业机会、劳动待遇、社会保障和参政议政等方面与城市居民还相距甚远,资源和权利分配不公带来城乡居民及其后代在工作待遇、生活状况与发展机会等方面差异较大。最后,城市化过程中农地问题突出。失地农民因强迫征地、补偿过低等原因失去了基本的生活保障,同时存在就业、城市低保政策享受等困难。

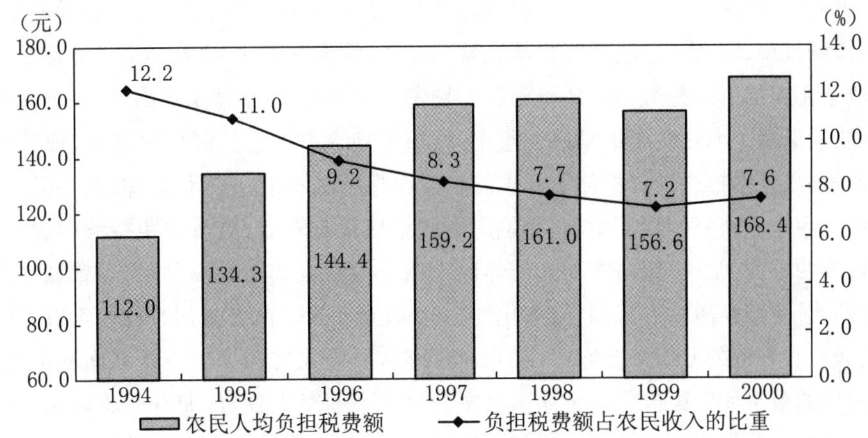

图2 1994—2000年农民人均负担税费额及其占农民收入的比重

资料来源:根据陈锡文:《中国农村公共财政制度》,中国发展出版社2005年版,第99页数据制图。

随之而来的问题是,在改革从农村转入城市的改革开放全面推进过程中,为何城乡差距会逐渐拉大?原因何在?学术界已有研究聚焦于城市偏向理论,或认为城市偏向的根源在于发展中国家政治结构的特殊性——城市群体和利益集团对政治决策的影响力和干预力强于农村群体;④⑤或关注到了后发国家的发展战略——往往坚信工业部门对经济起飞的驱动作用,而以农

① 杨小军、刘诗阳:《基于公平与效率视角看我国城乡关系历史演变》,《湘潭大学学报(哲学社会科学版)》2012年第3期。

② 农民负担率=[第一产业增加值-(农民人均纯收入×农村总人口)]/第一产业增加值。

③ 胡书东:《中国农民负担有多重——农民负担数量及减负办法研究》,《社会科学战线》2003年第1期。

④ Lipton Michael, *Why Poor People Stay Poor: Urban Bias in World Development*, Cambridge, MA: Harvard University Press, 1977.

⑤ Bates Robert, *Markets and States in Tropical Africa*, Berkeley, California: University of California Press, 1981.

业补贴工业是最快的途径,其结果是发展中国家必须承受城乡差距拉大之痛。①而且,发展中国家的"哺育"和"反哺"高度不对称,也进一步拉大了城乡差距。②这种不对称可以用发展经济学的"累积性因果关系理论"来解释。③上述理论极具启发,但对于为何会产生城市偏向,城市偏向为何会不断加剧,而城市又迟迟未能反哺农村等问题的回答似乎不足。基于此,我们提出了一种补充性解释——城市本地人群体影响改革,剥夺农村的改革参与权以尽可能多的分享改革收益、维护自身利益,最终结果是城乡分离加剧、城乡差距拉大。可称之为"改革参与缺失理论"。

任何改革都希望能带来收益增量,而且要能覆盖改革成本。但是,改革收益有限,只有制定改革政策、参与改革过程的主体才有资格优先分配改革收益。或者说,当一项改革所带来的收益确定或可预见但又有限时,改革参与权便是改革收益分享权的一个直接保障。反之,某个团体如果想划分改革收益或控制改革收益的流向,最有效的办法就是限制或控制改革参与主体,将其他集团或群体排斥在改革之外。

城市本地人群体在这一时期快速发展膨胀,足以在城乡关系中占据绝对主导地位。家庭联产承包责任制推行短短几年后,改革迅速转移到城市,国有企业改革、非公有制企业改革、分税制改革、资本市场改革、财政体制改革等相继在城市铺开,反观农村,则缺乏决定性的改革。不对等的持续性改革实施的后果是城市基础设施越来越完善、投资回报率越来越高、居民公共服务更有保障、生活质量更高。而在改革的动态调整中,城市本地人群体会持续施加影响,或诱导政府调整"三农"政策,或延缓推进农民群体所要求的利益均等化改革,防止其他群体(主要是农民群体)过多分割改革收益。映射到现实中,城市偏向的政策便很难转变,城乡差距持续扩大,城乡分离加剧。表现为两方面:第一,城市本地人群体决定城乡激励方式和改革路径,导致城乡分离。中国采取"级差式"的城乡激励方式和"分离化"的城乡改革路径。前者指通过拉大工农业的投资回报率、城乡居民收入等的差距来激励国人的致富欲望,引导农村各类生产要素向城市流动;后者指通过倾斜性的政策使市民群体从全体国民中分离出来而率先致富,拥有稀缺资源的地区和与市场结合紧密的行业先富。一个典型的政策是财政向城市大幅度倾斜。财政支农资金占中央财政收入的比重,"六五""七五""八五""九五"和"十五"时期分别为8.69%、9.38%、9.75%、9.29%和7.4%,总体处于波动和下降状态。④这种由城市本地人群体主导的城乡激励方式和改革路径相对忽视"三农",虽然带动了城市快速发展,但却致使城乡差距逐渐扩大。第二,城市本地人群体选择产业发展路径,城乡差距拉大。城市本地人群体确定了继续优先工业化的产业发展路径,农民再次背上了沉重负担。90年代初期,全国,尤其是沿海地区出现了大办工业、大上项目的浪潮,导致忽视甚至挤占农业,1990—1994年,全国耕地面积减少了1 150万亩;1992年棉花减产20%,1993年又减产17%,1994年粮食减产220亿公斤;⑤1991—1993年,国家用于农业基本建设的资金占基础建设投资的比重从4%下降至2.8%。同时,农民负担持续加重,国家明确规定

---

① Krueger, Anne, Maurice Schiff, and Alber to Valdes, Eds., *The Political Economy of Agricultural Pricing Policy*, 5 Vols., Baltimore, Maryland: The Johns Hopkins University Press, 1991, 1992.

② 洪银兴:《工业和城市反哺农业、农村的路径研究——长三角地区实践的理论思考》,《经济研究》2007年第8期。

③ 瑟尔瓦尔:《增长与发展》,中国人民大学出版社1992年版。

④ 韩俊:《中国城乡关系演变60年:回顾与展望》,《改革》2009年第11期。

⑤ 武力:《中华人民共和国经济史》,时代经济出版社2010年版。

农业税实际税负占农业收入的2.9%,"三提五统"应控制在农民人均纯收入的5%以内,但农民实际负荷远超于此。

(三)第三阶段(2003—2012年):统筹城乡战略带动城乡关系趋好

进入21世纪之后,2003年我国人均GDP已超过1 000美元,农业占GDP比重已降至15%以内,工农业产值比重已超过3∶1,这些指标均达到或超过了工业反哺农业起步阶段的国际参照值,我国初步具备了工业反哺农业的条件。①面对前一阶段城乡关系出现的严重问题和失衡态势,有赖于不断增长的综合国力,党和国家高层开始提出系列关于城乡关系变化的新认识和新判断,不断进步的理论指导实践不断发展。

第一,理论上"两个趋向"的论断为新型城乡关系奠定基调,实践上支农强度大幅提高。2004年9月,中共十六届四中全会提出:"综观一些工业化国家发展的历程,在工业化初始阶段,农业支持工业、为工业提供积累是带有普遍性的趋向;但在工业化达到相当程度以后,工业反哺农业、城市支持农村,实现工业与农业、城市与农村的协调发展,也是带有普遍性的趋向"。②"两个趋向"的提出实际标志着我国处理城乡关系的拐点到来。在"两个趋向"论断的指导下,我国不断加大"三农"支持力度。一是大幅提高财政支持力度。2003—2011年,中央财政支持"三农"投入额从2 144.2亿元增长至10 408.6亿元,9年间增长了3.85倍。③与税改前的1999年相比,2006年全面取消农业税后,全国农民每年减负1 250多亿元,人均减负140元左右。④二是丰富了财政支农的方式。启动了对农民的直接补贴,"十五"期间,中央财政对农民直接补贴超过11 000亿元,"四项补贴"⑤已成为农民增收的重要来源。三是加大了对农村教育、医疗、卫生等公共服务的支持。2003年首次提出中央财政新增教育、卫生、文化等事业经费主要用于农村。2005年底,国务院发出的《关于深化农村义务教育经费保障机制改革的通知》规定:"全部免除农村义务教育阶段学生学杂费,对贫困家庭学生免费提供教科书并补助寄宿生生活费";⑥2006年提出用两年时间全部免除农村义务教育阶段学生的学杂费,对困难家庭学生免费提供课本、对寄宿制学生给予生活补贴,将农村义务教育全面纳入国家财政保障。2003年1月,国务院《关于建立新型农村合作医疗制度的意见》打破了农村卫生医疗"民办、公助"的传统模式,明确各级政府对农村医疗卫生事业应承担更大的责任。⑦

第二,理论上提出"城乡经济社会一体化"和实践上的改革探索。2007年10月,中共十七大报告提出"建立以工促农、以城带乡的长效机制,形成城乡经济社会发展一体化新格局"。时隔一年,十七届三中全会指出要加快建立城乡经济社会一体化体制机制。城乡经济社会一体化理论

---

① 马晓河、蓝海涛、黄汉权:《工业反哺农业的国际经验及我国的政策调整思路》,《管理世界》2005年第7期。

② 《十六大以来重要文献选编》(中册),中央文献出版社2006年版,第311页。

③ 数据来自中华人民共和国财政部网站。

④ 金人庆:《扩大公共财政覆盖农村范围,建立支农资金稳定增长机制》,《求是》2006年第8期。

⑤ 即粮食直补、良种补贴、农机具购置补贴和农资综合补贴。

⑥ 《国务院关于深化农村义务教育经费保障机制改革的通知》,中华人民共和国国务院公报,2006年第5号。

⑦ 《国务院办公厅转发卫生部等部门关于建立新型农村合作医疗制度意见的通知》,中华人民共和国国务院公报,2003年第6号。

是城乡关系理论的重大进展，成为我国统筹城乡发展的新指南。在实践中，主要做了两方面工作。一是综合改革试验区的设立。2007 年，国家批准成都和重庆作为统筹城乡综合配套改革试验区，进行城乡经济社会一体化先改先试的探索；二是大力实施社会主义新农村建设。

第三，户籍和农地制度出现松动和实践上的破冰改革。户籍制度方面，2001 年，国务院转批公安部《关于推进小城镇户籍管理制度改革的意见》，这是国家层面对户籍制度系统的突破。在地方，经济较为发达的上海、广州、湖州等较早尝试突破原有户籍制度的条条框框，推行改革以缩小城市居民和外来居民的差别，并着力解决愈发严重的农民工问题，赋予进城农民工和流动人口更多的权利和更平等的待遇。农地制度方面，主要是改革土地承包经营权，逐步实现土地承包经营权的流转。

在发展的理论和系列改革的推动下，我国城乡差距开始缩小。2010 年农民人均纯收入 5 919 元，同比增长 14.9%，自 1998 年以来首次超过城镇居民人均可支配收入增幅。①城乡居民收入比由 2009 年峰值的 3.33∶1 下降至 2011 年的 3.13∶1，扭转了自 1984 年以来不断扩大的趋势。而且，农村居民收入结构不断改善。1990—2011 年，农村居民工资性收入占比从 20.2%上升至 42.5%，家庭经营纯收入从 75.6%下降至 46.2%，而财产性收入和转移性收入从 4.2%上升至 11.4%。②农民非农业生产的收入占比越来越高，而农业生产的收入占比越来越低，说明农民参与市场的程度逐步提高。参与市场的另一种表现是农民工群体的持续壮大。截至 2011 年，全国农民工总数已达 25 728 万人。从输出地区看，东部地区输出农民工 10 790 万人，占全国农民工总量的 42.7%；中部地区农民工 7 942 万人，占全国农民工总量的 31.4%；西部地区农民工 6 546 万人，占全国农民工总量的 25.9%。③当然，城乡关系中仍存在很多问题，这呼唤运用新的理论进行指导，促进统筹城乡发展和城乡经济社会一体化向城乡全面融合发展转化与提升。

（四）第四阶段（2012 年至今）：全面建成小康社会下的城乡全面发展阶段

中共十八大以来，以习近平为核心的党中央统筹推进“五位一体”总体布局、协调推进“四个全面”战略布局，提出一系列新理念新思想新战略。在中共十九大上，进一步作出了“中国特色社会主义进入了新时代”的重大判断。在城乡关系方面，党中央提出了一系列新理论和新战略，相互串联，形成了由“城乡发展目标理论——城乡发展路径理论——城乡发展对策理论”组成的有机理论体系。

第一，城乡发展总目标理论，即以全面建成小康社会背景下的城乡全面融合发展为总目标。这一总目标可以分为两步，第一步，在全面建成小康社会阶段，目标聚焦在农村贫困人口脱贫。习近平总书记上任伊始就强调：“全面建成小康社会，最艰巨最繁重的任务在农村，没有农村的小康，特别是没有贫困地区的小康，就没有全面建成小康社会”。④后来又进一步指出，“农业还是

① 李力：《亿万农民得到更多实惠》，《经济日报》2011 年 2 月 16 日，第 1 版。

② 数据来自《中国统计年鉴（2012）》，国家统计局官方网站。

③ 数据来自《2011 年我国农民工调查监测报告》，国家统计局官方网站，2012 年 4 月 27 日。

④ 此话为 2012 年 12 月底，习近平总书记到贫困地区和革命老区河北省阜平县看望困难群众时所讲。具体可参考新华社评论员文章《没有农村小康就没有全面小康》，新华网，2012 年 12 月 30 日。

‘四化同步’的短腿，农村还是全面建成小康社会的短板。中国要强、农业必须强；中国要美，农村必须美；中国要富，农民必须富”。①配合目标的完成，全国上下开展了规模空前、组织空前、力度空前的精准扶贫工作。到2020年，我国所有贫困县将全部摘帽，所有贫困人口将“一个不落”的全部脱贫，全面迈向小康社会。第二步，从2020年到2050年，在全面建设社会主义现代化国家阶段，目标聚焦在城乡全面融合发展。习近平在十九大报告中提出要“按照产业兴旺、生态宜居、乡风文明、治理有效、生活富裕的总要求，建立健全城乡融合发展体制机制和政策体系，加快推进农业农村现代化”。②2018年中央一号文件提出要“使市场在资源配置中起决定性作用，更好发挥政府作用，推动城乡要素自由流动、平等交换，推动新型工业化、信息化、城镇化、农业现代化同步发展，加快形成工农互促、城乡互补、全面融合、共同繁荣的新型工农城乡关系”。③这是对马克思主义城乡关系理论的回归，也是对经济社会发展到一定阶段后城乡关系发展趋势的准确判断。

第二，城乡发展路径理论，即用五大发展理念来指导新时代的城乡发展。五大发展理念既是全国经济社会发展的总体规划，也是城乡全面健康发展的可行路径：创新是引领城乡发展的第一动力；协调是要统筹推进城乡协调发展；绿色是要促进城乡环境保护和资源循环永续利用；开放是要促进城乡市场互相开放、要素双向流动，让农村也有机更多的参会国际分工、融入国际市场；共享是使城乡贫困群体在城乡融合发展中持续受益。以兼具继承和创新双重特性的五大发展理念来指导城乡发展，是跳出城乡看城乡，提高了对城乡关系的认识高度，能够指导经济新常态下城乡发展的新实践。

第三，城乡发展对策理论，即以实施乡村振兴战略推动城乡融合发展。作为新时代建设现代化经济体系的主要内容，被赋予破解“三农”问题核心抓手的最高定位。其意义重大，“是解决人民日益增长的美好生活需要和不平衡不充分的发展之间矛盾的必然要求，是实现‘两个一百年’奋斗目标的必然要求，是实现全体人民共同富裕的必然要求”。④涉及巩固和完善农村基本经营制度、深化农村土地制度和集体产权制度改革、深入推进农业供给侧结构性改革、促进农村一二三产业融合发展、构建现代农业产业、生产和经营体系、完善农业支持保护制度、支持和鼓励农民就业创业、健全自治、法治、德治相结合的乡村治理体系、培养造就一支懂农业、爱农村、爱农民的“三农”工作队伍等内容。

顶层设计和系列实践促进了近年来我国城乡关系的持续改善：考察城乡收入，2016年我国城乡收入比为2.72∶1，远低于上一阶段末2011年的3.13∶1，这得益于2012年以来我国农村居民实际收入增长速度连续快于城市居民。而且，直接缩小城乡收入差距的精准扶贫和精准脱贫成效巨大，据国家统计局数据，“按照每人每年2 300元（2010年不变价）的农村贫困标准，2016年我国尚有农村贫困人口4 335万人，比2015年减少1 240万人”，⑤比精准扶贫刚开始的2013年减少了近一半。增长成果在分配上更多向农村倾斜，是共享发展的体现。考察城镇化率，我国城

① 《习近平总书记系列重要讲话读本》，学习出版社，人民出版社2014年版，第68页。
② 习近平：《决胜全面建成小康社会　夺取新时代中国特色社会主义伟大胜利》，新华网，2017年10月18日。
③④ 《中共中央国务院关于实施乡村振兴战略的意见》，新华网，2018年2月4日。
⑤ 《中华人民共和国2016年国民经济和社会发展统计公报》，国家统计局官方网站，2017年2月28日。

镇化水平稳步上升。截至 2016 年底，我国常住人口城镇化率已达 57.35%，比 2012 年的 52.6% 提高 4.75 个百分点。①考察三次产业结构变化，我国产业结构持续优化。我国第一产业增加值从 2012 年的占 9.4%下降至 2016 年的 8.4%，第三产业增加值从占 45.3%上升至 51.6%，第二产业增加值则从占 45.3%下降至 39.8%。②

三、未来我国城乡关系的难点破解与应对策略

改革开放，特别是中共十八大以来我国城乡关系取得了长足发展，城乡面貌得到了根本性变化，城乡居民的获得感不断提高。但是，我国城乡关系发展中仍然存在一些难点，需要采取更具针对性的措施。

第一，我国户籍人口城镇化率依然偏低，尚有大量农业转移人口不能落户城市，亟须放宽城乡落户限制、破解城乡二元户籍制度。2016 年我国户籍人口城镇化率为 41.2%，远低于 57.35% 的常住人口城镇化率，而且这一缺口已持续多年(见图 3)，这些落户难人口中大量是农民工。数量庞大的农民工群体(截至 2016 年底，全国农民工达到 2.82 亿人)为我国经济发展和现代化建设作出了重要贡献，但由于二元户籍制度掣肘和城市落户限制，大部分农民工虽脱离农业进入了城市，但劳动条件差、签订劳动合同比例低(2016 年为 64.9%)、工资拖欠问题仍然存在；③在医疗、社保、养老、子女教育等方面不能享受与城市居民同等的待遇。④这都严重影响了农民工及其后代的人力资本接续发展，制约了中国特色社会主义的整体进步和发展。

第二，我国县域经济尚不发达，难以形成对城乡发展的有效串接和有力支撑。目前，县域经济已成为经济新常态下我国经济社会发展的短板，主要存在结构转型压力较大、县域新型城镇化发展滞后、县域经济发展面临较强的资源环境约束、县域经济发展的投融资机制仍不完善、县域发展开放合作不足等问题。⑤这些因素都导致我国县域经济在带动和支撑城乡发展、城乡互动方面难以起到应有的作用，这也是引致我国部分乡村凋敝的重要原因。

十九大报告指出，“农业农村农民问题是关系国计民生的根本性问题，必须始终把解决好‘三农’问题作为全党工作的重中之重”。⑥未来，我们要坚持习近平新时代中国特色社会主义思想，针对城乡关系中存在的突出问题，采取系统性措施，推进城乡融合发展。第一，在处理城乡关系中贯彻“以人民为中心”的发展思想。十八大以来，以习近平为核心的党中央逐渐凝练形成了“以人民为中心”的发展思想，并提出“把人民对美好生活的向往作为奋斗目标”。⑦落实到城乡发展中，城乡发展的顶层设计、政策措施都应有助于全面建成小康社会，实现城乡融合发展。第二，继

---

① 以上数据来自相应年度《中华人民共和国国民经济和社会发展统计公报》。

② 《中华人民共和国 2016 年国民经济和社会发展统计公报》。

③ 该处数据均来自国家统计局发布的《2016 年农民工监测调查报告》。

④ 宁夏：《改革开放以来的农民工流动——一个政治经济学的国内研究综述》，《政治经济学评论》2016 年第 1 期。

⑤ 李建伟：《新时期我国县域经济发展的战略意义、主要挑战与路径选择》，《重庆理工大学学报》(社会科学版)2016 年第 3 期。

⑥⑦ 习近平：《决胜全面建成小康社会　夺取新时代中国特色社会主义伟大胜利》，新华网，2017 年 10 月 18 日。

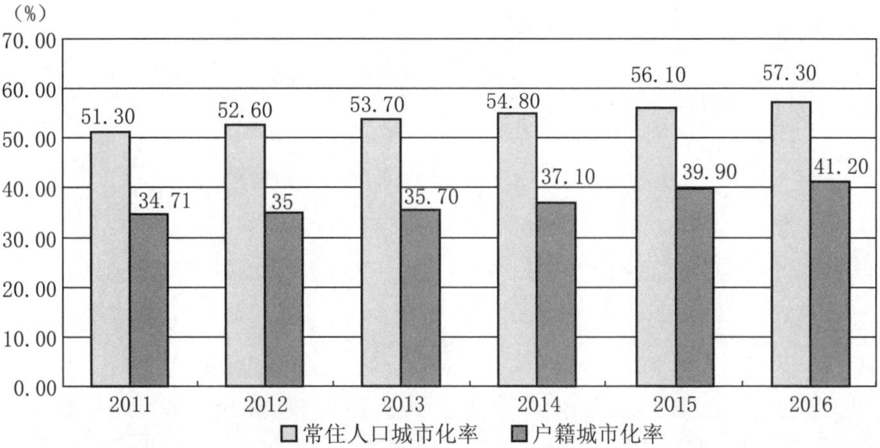

图3　2011—2016年中国常住人口城市化率与户籍人口城市化率

资料来源:根据历年《中国统计年鉴》数据整理制图。

续坚持"五位一体"总体布局,破解我国特有的城乡经济、政治、文化、社会、生态环境五重二元结构,实现彻底、完全的城乡发展一体化。①第三,深入推进实施乡村振兴战略。贯彻十九大精神,2018年中央一号文件《中共中央国务院关于实施乡村振兴战略的意见》全面部署实施乡村振兴战略,涉及相互关联的十方面主要工作:提升农业发展质量、推进乡村绿色发展、繁荣兴盛农村文化、构建乡村治理新体系、提高农村民生保障水平、打好精准脱贫攻坚战、强化乡村振兴制度性供给、强化乡村振兴人才支撑、强化乡村振兴投入保障、坚持和完善党对"三农"工作的领导。同时确定了实施乡村振兴战略的目标任务:"到2020年,乡村振兴取得重要进展,制度框架和政策体系基本形成;到2035年,乡村振兴取得决定性进展,农业农村现代化基本实现;到2050年,乡村全面振兴,农业强、农村美、农民富全面实现"。②第四,"继续坚持处理城乡关系和促进城市发展并重的方针。对于统筹协调处理城市与农村发展问题上,要坚持把'三农'工作作为全党工作的重中之重,同时要重视做好城市工作"。③具体来说,既要尊重城市和农村的不同发展路径,也要尊重城市居民和农村居民的不同诉求。在城市,要"改革完善城市规划,准确把握城市规划定位,加强对规划实施情况的监督",④并防止城市盲目"摊大饼",导致"大城市病"发生;在农村,要避免农村"空心化",尽快提高农业供给质量,加快建设新型职业农民队伍,乡提升村发展整体水平,健全城乡之间要素合理流动机制,强化乡村治理体系和治理能力。第五,进一步振兴县域经济、发展县域产业、加快县域转型,提升县域对城乡融合发展和乡镇振兴的带动作用。

(本文原载《学术月刊》2018年第4期)

① 吴丰华、白永秀:《城乡发展一体化:战略特征、战略内容、战略目标》,《学术月刊》2013年第4期。

② 《中共中央国务院关于实施乡村振兴战略的意见》,新华网,2018年2月4日。

③④ 《中共中央政治局召开会议分析研究二〇一六年经济工作》,《人民日报》2015年12月15日,第一版。

社会主义政治经济学理论和逻辑体系

中国特色社会主义政治经济学的理论结构：参照系、实现条件和国家的经济作用

孟　捷*

摘　要　中国特色社会主义政治经济学包括政策—制度话语和学术—理论话语，这两种话语在类型上存在差异，但共同构成了中国特色社会主义政治经济学的完整话语体系。进一步推动中国特色社会主义政治经济学的学理化，即由政策—制度话语向学术—理论话语的转化，需要解决以下三个关键问题：第一，要全面更新对历史唯物论的认识，使之适应于解释当代中国制度变迁和改革以来形成的社会主义市场经济体制；第二，要借鉴和发展《资本论》中的相对剩余价值生产理论，使之成为一个理论参照系，以解释社会主义市场经济在解放生产力、发展生产力上所起的作用；第三，要从这一参照系得以成立的约束条件，即相对剩余价值生产的三重条件出发，引申出国家的经济作用，从而建立一个具有内生性的国家的经济理论。

关键词　中国特色社会主义政治经济学　政策—制度话语　学术—理论话语　相对剩余价值生产理论　国家理论　按劳分配　生产关系

中国特色社会主义政治经济学的话语体系，是由政策—制度话语和学术—理论话语共同构成的，前一种话语集中体现在党和政府的各种文件和报告所揭示的路线、方针、政策上，后者则体现为学术生产的成果，两种话语虽有交集，但在类型上存在明确的差别。中国特色社会主义政治经济学话语体系的建设和完善，要求实现这两种话语类型的互动和彼此间的创造性转化。政策—制度话语是在因应社会主义经济体制的重大实践问题的过程中产生的，具有特定历史时空下的现实相关性，旨在为制度变迁提供直接的方向和路线的指引。学术—理论话语则具有某种普遍性，它要从马克思主义经济学范式出发，借助马克思主义经济学的术语，为政策—制度话语提供学理的解释或系统化、一般化的说明。

过去40年来，伴随改革开放的深入，中国特色社会主义政治经济学的话语体系有了相当程度的发展。但总体而言，本文认为，中国特色社会主义政治经济学的政策—制度话语仍然存在进

---

* 孟捷，复旦大学经济学院特聘教授、博士生导师。

一步学理化,即从政策—制度话语转化为学术—理论话语的巨大空间。推动中国特色社会主义政治经济学的进一步学理化,需要在理论上解决三个问题:第一,要更新对历史唯物论的认识,使之适应于解释当代中国制度变迁和改革以来形成的社会主义市场经济体制;第二,要借鉴和发展《资本论》中的相对剩余价值生产理论,使之成为一个理论参照系,以解释社会主义市场经济在解放生产力、发展生产力上所起的作用;第三,要从这一参照系得以存在的约束条件出发,引申出国家的经济作用,从而建立一个国家的经济理论。值得强调的是,中国特色社会主义政治经济学话语体系,就其核心内容而言,不仅是对现实的反映,而且是现实生产关系赖以构建的原则。这一点赋予了中国特色社会主义政治经济学的话语生产,包括学术话语的生产,以极其重要的地位。在国内高校、科研院所等机构,中国特色社会主义政治经济学学术话语的生产能否和学科体制相结合,是决定这种话语能否形成葛兰西意义上的文化领导权、进而参与现实生产关系建构的必要条件。我认为,应该在高校等学术机构推动新的制度变革,将学科的发展与中国特色社会主义话语体系建设更紧密地结合起来,以进一步巩固和加强中国特色社会主义话语的领导权。

一、中国特色社会主义政治经济学的两种话语:政策—制度话语和学术—理论话语

中国特色社会主义政治经济学的话语体系,是由政策—制度话语和学术—理论话语共同构成的。在改革之前受"左"的错误思想的影响,社会主义政治经济学学术—理论话语的相对自主性没有得到应有的承认,在国内高校、社科院等学术机构开展的话语生产,与党的路线方针政策的宣传(即本文所谓的政策—制度话语)在内容和形式上几乎雷同。个别坚持学术—理论话语相对独立性的学者(如孙冶方),受到压制和不公正的批判。历史经验证明,这种状况并不适合社会主义事业发展的需要。改革开放以后,上述局面迅速改观,学术—理论话语的相对独立性得到认可,并在 20 世纪 80 年代实现了空前的繁荣和发展。在 20 世纪 90 年代"社会主义市场经济"这一政策—制度话语的形成和发展中,学术—理论话语发挥了重要的建设性作用。

然而,经过此后几十年的发展,从近期的经验和观察来看,当前国内政治经济学界对于中国特色社会主义政治经济学两种话语的关系,仍然存在一些认识上的偏差,其具体表现是如下截然相反的两派观点:一派回到了改革开放之前,主张中国特色社会主义政治经济学就是党和国家领导人的讲话和著述汇编,其他人没有发展和完善社会主义政治经济学的资格。这种观点是严重的倒退,它抹杀了社会主义政治经济学两种话语类型的差异,只承认政策—制度话语的重要性,表面上重视中国特色社会主义政治经济学,实则切断了社会主义政治经济学的政策—制度话语和学术—理论话语的联系,否认了前者进一步学理化的可能性和必要性,消弭了社会主义政治经济学的科学性,削弱乃至破坏了中国特色社会主义政治经济学话语体系的总体影响力。与此同时,另一派的观点则正好相反,其只承认政治经济学学术—理论话语的重要性,甚至试图在放弃马克思主义、引进西方经济学的前提下发展社会主义政治经济学的学术—理论话语。这两种态

度都是片面的，甚至是错误的。正确的态度应该是，在认可两种话语类型的差异的前提下，寻求在两者间实现创造性转化的可能性，进而达成两者的内在一致性和整体性，即形成完整的中国特色社会主义政治经济学话语体系。

在这个问题上，可以通过观察西方经济学的话语体系，来深化对于上述两种话语类型的关系的理解。西方经济学也是由类似的两种话语构成的整体。就制度—政策话语而言，西方经济学近几十年来提供了一套新自由主义话语，所谓“华盛顿共识”是这套话语的表现形式。在其国内，这套话语的直接实践功能，是削弱在战后“黄金年代”成长起来的工人阶级及其工会的力量，重建资本，尤其是金融资本的权力；在国际上，则是通过私有化、自由化、金融化等，削弱发展中国家自主发展的能力，或者如剑桥大学经济学家张夏准所说的“踢掉梯子”——也就是发达国家自己在达到更高的发展阶段后，反过来阻挠发展中国家采取发达国家曾经利用过的手段来发展自己的经济。[①]在这套政策—制度话语之外，则是学术—理论话语的生产，就其要端而言，就是20世纪80年代以来形成的有别于传统凯恩斯主义的新古典经济学，后者不仅依靠传统微观经济学为自由市场经济及其效率提供了系统化的学理说明，而且在宏观经济学上实现了对凯恩斯主义的反革命，通过提出理性预期宏观经济学、实际经济周期理论等来反对国家干预，因而在学术上支持了新自由主义的政策—制度话语。与此同时，西方经济学的学术—理论话语还通过为发展中国家培训经济学博士，在世界范围得到传播，进一步加强了其政策—制度话语的霸权。

中国特色社会主义政治经济学政策—制度话语的形成和发展，其动力总在于要回应社会主义经济制度中的重大实践问题，因而具有鲜明的时代特征和问题导向。但与此同时，这一特点也决定了，这种话语的生产可能无暇充分顾及概念与表述的完备性和系统性，反而造成下述情况，即在未经深思熟虑的情况下，匆忙地采纳和借鉴了一些在学术和理论上不太恰当、不太成熟的术语和表达。在这一节里，我们想就此分析几个典型的例子。先看第一个例子。中共十五大报告中提出了“坚持效率优先、兼顾公平”的表述，这一表述是针对特定历史时空下的问题提出来的，目的是为了根除在改革之初还在流行的“吃大锅饭”、过度平均主义等分配现象，因而在实践上是具有重要意义的。但问题是，这个命题混淆或误用了概念，即以公平（其含义相当于正义）替代了平等。这样一来，人们就可将这个命题理解为：效率优先，兼顾正义。这显然是荒谬的。如果真的这样理解，效率和正义就被不适当地对立起来了，相关政策—制度话语就无法在马克思主义正义理论的架构内给予学理的论证。中共十七大报告中提出了“把提高效率同促进社会公平结合起来”以及“初次分配和再分配都要处理好效率和公平的关系，再分配更加注重公平”的表述，这显然是更为科学的。

另一个相关联的问题是对按劳分配和按要素分配的关系的理解。在十九大以前中国特色社会主义政治经济学的政策—制度话语中，对此问题先后有过如下表述：“坚持按劳分配为主体，多种分配方式并存的制度。把按劳分配和按生产要素分配结合起来。”（十五大报告）[②]“确立劳动、资本、技术和管理等生产要素按贡献参与分配的原则，完善按劳分配为主体、多种分配方式并存

① 张夏准：《富国陷阱——发达国家为何踢开梯子》，社会科学文献出版社2007年。

② 江泽民：《高举邓小平理论伟大旗帜，把建设有中国特色社会主义事业全面推向二十一世纪——在中国共产党第十五次全国代表大会上的报告》，人民出版社1997年版。

的分配制度。……各种生产要素按贡献参与分配。"(十六大报告)①"要坚持和完善按劳分配为主体、多种分配方式并存的分配制度,健全劳动、资本、技术、管理等生产要素按贡献参与分配的制度。"(十七大报告)②"完善按劳分配为主体、多种分配方式并存的分配制度。"(十八大报告)③

上述话语将按劳分配和按要素分配作为两种分配方式并提,在理论上值得认真商榷。在《哥达纲领批判》里,按劳分配既是一种分配方式,也是一种分配性正义的原则,易言之,在未来共产主义社会的第一阶段,作为正义原则的按劳分配和作为分配方式的按劳分配耦合了。根据马克思的设想,这种耦合的前提,是在未来共产主义社会消灭了私有制(也消灭了国有制),自主联合劳动自此成为分配的唯一所有权依据。而在所谓社会主义初级阶段(这一阶段本质上是迈向共产主义第一阶段的过渡阶段),保证自主联合劳动得以实现的自由人联合体还未出现,因而并不存在上述耦合的条件,按劳分配此时作为一种正义原则仍然是有效的,但不能无条件地作为一种分配方式来看待。④

与此同时,按要素分配则是一种与现实中的生产关系或产权制度相适应的分配方式。承认按要素分配的必要性,等于接纳了私人所有权及其经济实现形式。这一在生产关系领域的重要变革,是建设社会主义初级阶段的基本经济制度,即以公有制为主体、多种经济形式并存这一所有制格局所需要的。根据马克思在《资本论》里的表达,私人所有权具有其经济实现形式。如果不承认这种所有权的经济实现形式,所有权或产权就是残缺而不完整的。在马克思地租理论里,地租被界定为土地所有权的经济实现形式。将马克思的这一表达推而广之,可以将利息视为货币资本所有权的经济实现形式,将股息视为股份资本所有权的经济实现形式,将利润视为生产资料所有权的经济实现形式等。

根据上述分析,如果将按要素分配和按劳分配相提并论,即将两者看作可以同时并存的分配方式,事实上等于将一种分配性正义的原则和现实中的产权制度相并列,这在学理上是难以圆融的。在这个问题上,中共十九大报告出现了理论突破,其中不再有将按劳分配和按要素分配并论的表述,而写道:"坚持按劳分配原则,完善按要素分配的体制机制,促进收入分配更合理、更有序。"本文的观点与这段表述是完全接洽的——在社会主义市场经济条件下,按劳分配仍然是可坚持的一种正义原则;作为这样一种正义原则,按劳分配是在按要素分配即在多种所有制并存的前提下实现的。这意味着,在十九大报告中,按劳分配和按要素分配,不再被看成可以相互并列的两种分配方式,从而纠正了以往的错误。在下一节里,我还将结合对马克思相对剩余价值生产理论的讨论,进一步探讨按劳分配作为分配性正义在市场经济前提下、即在存在按要素分配的前提下得以实现的具体条件。

---

① 江泽民:《全面建设小康社会,开创中国特色社会主义事业新局面——在中国共产党第十六次全国代表大会上的报告》,人民出版社 2002 年版。

② 胡锦涛:《高举中国特色社会主义伟大旗帜,为夺取全面建设小康社会新胜利而奋斗》,人民出版社 2007 年版。

③ 胡锦涛:《坚定不移沿着中国特色社会主义道路前进,为全面建成小康社会而奋斗》,人民出版社 2012 年版。

④ 对按劳分配作为一种分配性正义原则的讨论,可参见孟捷:《历史唯物论与马克思主义经济学》,社会科学文献出版社 2016 年版,第 7 章。

在中共十八大以前围绕分配的政策—制度话语里，不仅出现过按要素分配和按劳分配并列的提法，还有按要素贡献进行分配的提法，易言之，按要素分配和按要素贡献分配是在等同的意义上使用的，在我看来，这就不仅是表述有欠妥当了，而且在理论上存在不可接受的错误。在马克思经济学的框架内，如果说按要素分配的表述还可被接受的话(其准确含义是指一种所有权获得了与之适应的经济实现形式)，按要素贡献分配则不然，后一种表述只有在新古典边际生产力学说的架构内才能成立。以地租这一要素收入为例，根据马克思的阐述，土地所有权没有为形成地租的超额利润做出任何贡献，而只是将已经形成的超额利润，从别人的口袋转移到土地所有者的口袋而已。将按要素分配进一步表述为按要素贡献分配，在社会主义政治经济学话语体系中是全然没有必要的。不过，撇开这点不论，单从意识形态的角度看，按要素贡献说有其合理内核，因为它试图对私人所有权及其经济实现形式的历史合理性做出一个在伦理上正面的解释。问题在于，这种正面的、即与一种正义观能相互接洽的解释，其实可以在马克思经济学的架构下来完成(本文下一节对此有进一步的讨论)，而不必失之匆忙地诉诸新古典经济学，从而在理论上制造进一步的混乱。

第三个例子是十九大报告对国家和市场关系的表述，其中写道："使市场在资源配置中起决定性作用，更好发挥政府作用。"这一表述在学理上可作补充。首先，在社会主义市场经济中，发挥经济作用的绝不只是国家的行政机关即政府，国家的其他构成如司法机关也是市场经济的重要组成部分。市场经济是合约经济，没有法律介入的市场经济是无法运行的。早在黑格尔的《法哲学原理》里，司法部门就被看作属于市民社会，即被认作市场经济运行的内在条件。其次，更为重要的是，在十九大报告提出后，很少有人意识到，更好发挥政府作用这一流行的表述里，党的作用并未体现出来，并与"党政军民学、东西南北中，党是领导一切的"这一表述之间缺乏足够的呼应。在前一表述即政府和市场的关系里，无法将党的作用包含在内。中国共产党不是西方政治学意义上的政党。在中国特色社会主义市场经济体制中，党已经成为一种经济制度，并与国家在相当程度上融为一体(所谓政党国家化)。当国家权力在直接构造生产关系的意义上嵌入了市场经济、从而自身也参与构成了基础的时候，党也随之嵌入了市场经济并发挥着经济作用。我们可以将社会主义的"政党—国家"(Party-State)作为一种最富有特色、最为典型的经济制度，来刻画中国特色社会主义市场经济的本质特征。倘认为在中国市场经济中只需更好地发挥政府的作用，就丢失了上述维度，淡化了社会主义市场经济中最为主要的"中国特色"。鉴于以上讨论，建议将"使市场在资源配置中起决定性作用，更好发挥政府作用"，修改为："使市场在资源配置中起决定性作用，更好发挥国家作用。"①

在学理上对上述问题开展分析的前提，是对历史唯物论加以再阐释或重构。拙作《历史唯物

---

① 在张宇的《中国特色社会主义政治经济学》以及张宇、谢地、任保平、蒋永穆等著的《中国特色社会主义政治经济学》中，正确地将党的领导看作国家在社会主义市场经济中的主导作用之一。(见张宇：《中国特色社会主义政治经济学》，中国人民大学出版社 2016 年版，第 174 页；张宇、谢地、任保平、蒋永穆：《中国特色社会主义政治经济学》，高等教育出版社 2017 年版，第 81—83 页。)令人遗憾的是，张宇等人同时自相矛盾地放弃了国家与市场这一提法，转而非批判地沿用政策—制度话语中常见的政府与市场这一对概念来刻画社会主义市场经济的核心特征。(见张宇：《中国特色社会主义政治经济学》，中国人民大学出版社 2016 年版，第 217 页；张宇、谢地、任保平、蒋永穆：《中国特色社会主义政治经济学》，高等教育出版社 2017 年版，第 76—77 页。)

论与马克思主义经济学》曾系统地讨论了国家作为一种制度如何嵌入——借用波兰尼的术语——经济的问题。[①]一个一般性命题是,任何制度,只要承担了生产关系的功能,就可直接构成基础,而不管这一制度在历史上是血族、宗教抑或国家。即便在市场经济体制下,基础和上层建筑的区别,也不是两类制度的区别,而是制度的不同功能的区别。这一对历史唯物论的重构,可以为我们进一步分析国家乃至党的经济作用,在方法论上扫除障碍。在中国特色社会主义政治经济学的学术—理论话语中,对社会主义政党—国家作为经济制度的分析严格讲来目前还未开始,因而客观上这里还存在一个巨大的理论空白。在中国特色社会主义政治经济学政策—制度话语中表现出来的上述矛盾,反映了中国特色社会主义政治经济学学术—理论话语的落后性。

二、中国特色社会主义政治经济学的学理化要解决三个关键问题

近年来,在推动中国特色社会主义政治经济学由政策—制度话语向学术—理论话语转化,即在中国特色社会主义政治经济学的学理化方面,得了一些成绩。其表现为,第一,出现了一些较为全面且系统的研究中国特色社会主义政治经济学话语体系的集成性著作,如张宇、谢地、任保平、蒋永穆等著的《中国特色社会主义政治经济学》以及张宇个人的同名著作。这些著作概括了过往有关社会主义政治经济学话语建设的理论,在一些重要问题上提出了自己的系统化见解,在推动中国特色社会主义政治经济学的进一步学理化方面起到了积极的作用。为此,我也特地选择这两册著作作为直接评论的对象。第二,在中国特色社会主义政治经济学学术话语体系建设方面开展了一些有益的讨论,尤其是围绕这一体系的叙述逻辑和起点范畴,提出了不同的意见,其中一种意见主张社会主义政治经济学的起点范畴是国家,因为国家的形成是社会主义经济制度确立的前提,同时国家权力也是改革开放的最初推动者[②];另一派则主张,起点范畴是"在双层所有制结构(公有制与非公有制)以及多种规律或者机制(例如社会主义基本经济规律和市场经济规律)制约条件下生产出来的特殊的变形商品"。[③]后文在涉及国家和市场经济的关系时,将针对第一种意见提出笔者自己的看法。就第二种观点即所谓变形商品论而言,它所概括的原则似乎更适宜作为贯穿整个叙述逻辑的"红线",这条红线代表了社会主义市场经济体制中的矛盾,即一方面是自主的、不受调节的市场这一原则,另一方面则是驾驭市场或驾驭资本的需要,以及诸如社会主义生产目的、按劳分配等纯粹社会主义的原则。这两方面矛盾的展开构成了整个叙述逻辑发展的动力。

在我看来,尽管中国特色社会主义政治经济学的学理化在现阶段已经取得不少成绩,但距离

① 孟捷:《历史唯物论与马克思主义经济学》,第一至三章,社会科学文献出版社 2016 年版(2018 年第三次印刷,两版页码有变动)。一个简要的讨论可参见孟捷:《从列宁晚年之问到当代中国社会主义政治经济学》,《学习与探索》2018 年第 5 期。

② 邱海平:《论中国政治经济学的创新及逻辑起点》,《教学与研究》2010 年第 3 期;林光彬:《中国的国家理论与政治经济学理论创新》,《中国社会科学院研究生院学报》2017 年第 6 期。

③ 颜鹏飞:《新时代中国特色社会主义政治经济学研究对象和逻辑起点》,《内蒙古社会科学》2018 年第 4 期,第 31 页。

学理化的最终目标,即形成一个与既有学术范式建立深刻的联系,同时又体现出超越既有学术范式的创新特征的"系统化学说",仍有较大的距离。要实现这个目标,还有一些非常关键的问题有待于解决。我尝试将这些问题概括为如下三个方面:第一,需要更新对历史唯物主义理论的认识,使之适应于解释当代中国制度变迁和改革以来形成的发展模式;第二,需要借鉴和发展《资本论》中的相对剩余价值生产理论,使之成为一个理论参照系,以解释社会主义市场经济的动态效率,即其在解放生产力、发展生产力上所起的作用;第三,需要从这一参照系得以存在的约束条件出发,建立马克思主义的市场失灵理论,再从中引申出国家的经济作用,构建一个国家的经济理论。

今年适逢改革开放 40 周年,过去 40 年走过的道路,造就了一种极具特色的新型市场经济,即中国特色社会主义市场经济。要从理论上系统而全面地解释中国特色社会主义市场经济,一个先决条件是要全面更新对历史唯物论的传统认识。在这个问题上,习近平为我们做出了榜样。早在福建工作时期,习近平就专门撰写了学术论文,提出社会主义市场经济的特点,是"经济的政治化"和"政治的经济化"①;他还指出:"一个国家的政治制度决定于这个国家的经济社会基础,同时又反作用于这个国家的经济社会基础,乃至于起到决定性作用。在一个国家的各种制度中,政治制度处于关键环节。"②

社会主义市场经济的特点是政治的经济化和经济的政治化,习近平的这一表述,是对中国特色社会主义政治经济学进行学理化的重要尝试,非常难能可贵。这一表述结合中国实际,提出了对历史唯物论既有命题和观点的新阐释。依照传统历史唯物论(即第二国际以来以及斯大林以来流行的生产力一元决定论),基础和上层建筑在制度上是截然两分的,而根据习近平的概括,上层建筑,即国家权力,在社会主义市场经济体制中显然是嵌入了基础,成为后者的一部分。在这种情况下,基础和上层建筑作为两种制度领域截然二分的假设,就难以成立了。习近平的这些研究为中国特色社会主义政治经济学进一步的学理化工作提供了指引。在学术界,一些学者在这条路线上继续发展了对相关问题的认识,例如,复旦大学的史正富教授就提出,中国特色社会主义市场经济可以概括为三维市场经济,以区别于新古典经济学所构想的一维市场经济。在当代西方经济学中,市场经济的主体只有私营企业,即从主体来看是一维的。而在中国特色社会主义市场经济当中,除了企业外,经济主体还包括竞争性地方政府和中央政府,因而是三维的。为此,我们就需要发展包括两级政府在内的关于市场经济主体的动机和行为模式的理论。

我在 2016 年出版的《历史唯物论与马克思主义经济学》一书里,系统地讨论了如何更新对历史唯物论的认识,使之运用于解释当代中国制度变迁和中国特色社会主义市场经济的问题。我在这本书里讨论了两个核心论点:第一,生产关系在功能上具有两重性,一方面,生产关系表现和适应生产力,另一方面,生产关系服务于对剩余的占有和支配。这两重功能可以是统一的,但也可能彼此分离。后一种可能性意味着,生产关系的变革,不仅服从于生产力的影响,而且会受到

---

① 习近平:《对社会主义市场经济的再认识》,《东南学术》2001 年第 4 期。

② 《习近平同志庆祝全国人民代表大会成立 60 周年的重要讲话》,《习近平总书记系列重要讲话读本》,学习出版社、人民出版社 2016 年版。

生产力之外其他因素的影响,尤其是政治、意识形态等上层建筑因素的直接推动。只有当上述两重功能彼此统一时,生产关系的改变才会伴随着不可逆的生产方式整体的变迁(我称之为有机生产方式的变迁),或言之,才会带动经济社会形态的真正进步。第二,任何一种制度形式(如血族、宗教或国家等),只要承担生产关系的功能,就直接成为经济基础的组成部分。这意味着,基础和上层建筑,抑或经济和政治、市场和国家之间的区别,并不是两类不同制度的区别,而是制度因其功能的差异而产生的区别。而且,基础在人类社会的位置事实上是变动不居的。在人类历史上,血族、宗教和国家,都曾扮演过生产关系的职能。在国家权力承担生产关系作用的场合,整个国家机器事实上被一分为二,其中一部分(如外交军事)仍然是上层建筑,另一部分则嵌入了基础,并成为后者的一部分。这一现象不仅存在于前资本主义经济,也存在于现代市场经济当中。换言之,上述观点具有普适性,而不只是适用于某种特例,如中国特色社会主义市场经济。还可指出的是,强调国家等制度因素在扮演生产关系的职能时即等于嵌入了基础,是对波兰尼理论的一个马克思主义回应。在波兰尼看来,一个"脱嵌的"(即完全摆脱了其他制度形式的嵌入)、纯粹由自我调节的市场,事实上是一个乌托邦。我们可以从马克思主义的角度给波兰尼的术语"嵌入"作一个定义。所谓嵌入,意味着市场之外的制度形式承担了生产关系的功能,因而成为经济基础的一部分。①

上述见解在马克思主义经典作家那里也能找到源头。大家都熟悉马克思和恩格斯的观点:在历史上,暴力是一种经济力;在前资本主义社会,超经济的强制在生产关系中发挥着作用等。经典作家的这些见解可以在下述意义上得到进一步发展:第一,在前资本主义经济中,除了超经济的强制(即表现为暴力的政治权力),其他以非暴力形式体现的制度形式(如宗教、血缘,或某种具有合约性质的社会关系),也可承担生产关系的功能,从而嵌入基础。第二,这一论点可以运用于现代市场经济(我用这一术语统摄资本主义市场经济和社会主义市场经济),而不局限于前市场经济或非市场经济的社会形态。

在中国特色社会主义市场经济中,国家可以成为基础的一部分的思想,也为国内一些学者所接纳。比如,在张宇等著的教材就写道:"在社会主义社会中,由于生产资料公有制占据主体地位,因此,国家不仅作为一种上层建筑从外部对经济生活产生间接影响,而且要作为公有经济的所有者和经济基础的组成部分,从内部对经济生活产生直接影响。经济和政治在这里具有了水乳交融般的密切关系。"②这些论断是正确的,但需补充以下两点:第一,在理论上需要进一步明确,国家成为基础的组成部分的原因,不仅在于国家是公有经济的法权意义的所有者,而且直接承担了生产关系的功能。第二,国家发挥生产关系的功能,不只是建立在作为国有经济所有者的前提之上,国家还通过其他各种途径参与生产关系的建构和发挥生产关系的作用。政治经济学需要对这些具体途径开展更为切近的类型学分析和研究。

中国特色社会主义政治经济学的学理化需要完成的第二项任务,是提出一个理论参照系,以

---

① 参见孟捷:《历史唯物论与马克思主义经济学》,社会科学文献出版社 2016 年版,尤见第一至四章。

② 张宇、谢地、任保平、蒋永穆等:《中国特色社会主义政治经济学》,高等教育出版社 2017 年版,第 82 页。

解释社会主义市场经济的动态效率，即其在解放生产力、发展生产力上所起的作用。笔者曾提出，要解决这个问题，就必须借鉴马克思的相对剩余价值生产理论。这一理论在经过适当的一般化处理，即剥去其资本主义生产关系的外壳后，可以作为上述理论参照系，解释社会主义市场经济的动态效率。①

在国内学术界，关于《资本论》的原理和范畴可否运用于中国特色社会主义政治经济学，一直是一个有争议的问题。少数学者认为，《资本论》只能解释资本主义经济，不能运用于中国特色社会主义政治经济学，只有《哥达纲领批判》可以成为中国特色社会主义政治经济学的理论指引。与此类观点不同，国内政治经济学界的多数学者认为，只要适当地扩展《资本论》原理和范畴所对应的生产关系内涵，这些范畴和原理就可以运用于中国特色社会主义政治经济学。在社会主义政治经济学发展史上，以孙冶方、卓炯、蒋学模等为代表的老一代学者很早就提出了类似的观点。从方法论的角度看，这类见解得以成立的先决条件，在于承认《资本论》的范畴和原理不仅反映资本主义生产关系，即具有所谓阶级性，而且在适当地剥离了其资本主义生产关系的外壳后，还可反映市场经济的一般性。在此问题上，我们不妨回顾一下邓小平的见解，他提出，市场和计划都是手段，资本主义可以用，社会主义也可以用。在这里，邓小平事实上提出了市场经济及其规律具有两重性的问题，这些规律（在理论上则表现为相关范畴和原理）一方面具有和特定的生产关系相接洽的阶级属性，另一方面也具有某种一般性或社会性，从而可以容纳其他类型的生产关系。

在中国特色社会主义的政策—制度话语中，发展社会主义市场经济的必要性，往往是以如下方式论证的——中国尚处于社会主义初级阶段，仍是全球最大的发展中国家，因而仍须借助于市场经济来发展和解放生产力。这个论断自然是正确的，但从学术话语的立场看，仅仅从这个角度看问题又是不充分的，我们需要一个正面解释市场经济何以具有动态效率的经济学理论。如果没有这个理论，西方经济学就会乘虚而入，因为西方经济学恰好提供了一个市场经济何以具有效率的理论，这便是微观经济学的核心理论——完全竞争市场的一般均衡论。

西方经济学的这个理论，在国外学术界也是受到广泛争议的。譬如，诺贝尔经济学奖得主斯蒂格利茨就在《社会主义向何处去》一书中系统地论证过，新古典微观经济学其实不是一个关于市场经济的理论，而是一个解释计划经济的理论。斯蒂格利茨还指出，在完全竞争市场的一般均衡论（也就是所谓的阿罗—德布鲁模型）当中，技术是给定不变的，这样一来，该模型就排斥了创新；不仅如此，他还进一步论证，阿罗—德布鲁模型不可能通过任何改进容纳创新，这意味着，市场经济的一个核心特征在这个模型中就彻底消失了。②斯蒂格利茨的上述观点并非完全是其独创，而是植根于经济思想史的。例如，他的第二个观点其实来自熊彼特，后者最先体认到，微观经济学是一个静态资源配置理论，与资本主义市场经济作为一个由创新带来的动态过程的特点完全不相吻合。斯蒂格利茨的另一个观点则来自波兰经济学家兰格，后者在20世纪30年代，曾将

① 孟捷：《〈资本论〉的当代价值》，《光明日报》2018年6月5日；孟捷：《〈资本论〉与现代市场经济》，微信公众号CPEER，2018年5月3日，https://mp.weixin.qq.com/s/3ItI5_pxTL5aNHudUsxdEA。

② 斯蒂格利茨：《社会主义向何处去》，周立群等译，吉林人民出版社1998年版。

新古典微观经济学的工具用于分析社会主义计划经济。兰格的尝试促使哈耶克意识到，完全竞争市场理论根本不适用于解释市场经济及其效率，必须另辟蹊径，重新构建经济理论以达到这一目的，为此就有了日后奥地利学派的发展。有趣的是，许多当代微观经济学的拥趸，完全没有意识到，或者忘却了这一段历史，仍然将一个与现实市场经济无关的理论奉为“科学”。事实上，新古典微观经济学之所以能流行至今日，不在于其对现实的解释力，而在于它为资本主义生产关系提供了一个意识形态的辩护。辩护是这样来完成的——只要现实市场经济出现问题（如2008年爆发金融危机），这个理论的信仰者就会提出，那是因为现实市场经济不符合完全竞争市场所需要的假设条件。在凯恩斯主义之后，这一辩护手法被用于攻击国家干预：一旦经济出现危机，那便是国家犯了干预经济的错误。这种辩护论全然没有顾及，正是因为缺乏国家干预，才带来了20世纪30年代美国和西方世界的大萧条；也正是因为自20世纪80年代以来国家解除或放松金融管制，才为2008年全球金融危机的爆发奠定了制度条件。从方法论的立场看，上述辩护论还有如下特点，即它永远不会犯错，因为任何经济中的矛盾或危机，在它看来都源于和一个理想参照系即完全竞争市场的背离。这一立场事实上将完全竞争市场这个参照系置于无法被证伪的境地。在科学哲学家波普尔看来，一个永远没有机会被证伪的理论，必然不是科学，而是神学。新古典微观经济学就是这样一种披着数学外套的神学。①值得一提的是，最早将资产阶级经济学比作神学的，或许是马克思，他在《哲学的贫困》里写道：“经济学家们在论断中采用的方式是非常奇怪的。他们认为只有两种制度：一种是人为的，一种是天然的。封建制度是人为的，资产阶级制度是天然的。在这方面，经济学家很像那些把宗教也分为两类的神学家。一切异教都是人们臆造的，而他们自己的教则是神的启示。”②在这里，马克思也预言了完全竞争市场理论的另一个特点，这个理论通过宣布完全竞争市场是人类经济组织的唯一合理状态，从而同时宣告了历史的终结。

新古典微观经济学对市场经济效率的解释，必须被另一个理论取代，这便是马克思的相对剩余价值生产理论，后者解释了市场经济的动态效率，也就是演化经济学所说的一个经济体接纳创新的能力。③长期以来，有些人一直戴着有色眼镜看待马克思的剩余价值理论，认为剩余价值论只是对资本主义经济的道德批判，而忽略了马克思的经济学理论和19世纪英国李嘉图派空想社会主义者的区别。④在《资本论》里，马克思首先通过相对剩余价值理论对资本主义市场经济在解放生产力、发展生产力方面的作用进行了系统化的说明，然后提出了他对资本主义市场经济的病理学分析，也就是他对资本主义的批判。早在《共产党宣言》里——马克思那时还没有形成自己的经济理论——他就和恩格斯一起写了如下格言：“资产阶级争得自己的阶级统治地位还不到一

① 纽约新学院大学著名马克思主义经济学家弗里提出了新古典经济学是神学的观点，见 Foley, D.K., *Adam Smith's Fallacy: A Guide to Economic Theology*, Harvard University Press, 2008。

② 马克思：《哲学的贫困》，载《马克思恩格斯全集》第4卷，人民出版社1965年版，第153—154页。

③ 参阅拙著《历史唯物论与马克思主义经济学》第六章第四节的论述。

④ 在拙著《历史唯物论与马克思主义经济学》第七章系统地讨论了这一问题。

百年，它所造成的生产力却比过去世世代代总共造成的生产力还要大，还要多。"①大约十年后，在《资本论》的第一部手稿里(《1857—1858年经济学手稿》)，马克思系统地厘定了相对剩余价值生产理论，对《共产党宣言》的格言式表述给出了系统的论证。通过相对剩余价值生产理论，马克思表述了资本主义市场经济中技术进步的动因、过程和结果。其中，技术进步的动因是与超额利润理论联系在一起的。技术进步的过程则涉及部门内竞争的理论，在后面这个理论中，马克思区分了两类企业——创新型企业和适应型企业，从而影响了日后的熊彼特。至于全社会技术进步所带来的结果，马克思指出了两个方面：其一，相对剩余价值生产意味着所有主要生产部门剩余价值率的增长；其二，工人阶级的实际工资也将伴随这一过程而增长。在谈到后面这个结果时，马克思认为，这体现了"资本的历史的合理性"。对于资本主义市场经济的这种历史合理性的论证，相当于提出了一个马克思的"看不见的手"原理，因为它从个别资本家追求超额利润的欲望出发，得出了有利于全社会的结果。从这个意义来看，相对剩余价值生产理论相当完整地为资本主义市场经济的动态效率作了论证乃至辩护。自然，马克思并没有停留于这种论证或辩护，他同时还在技术进步的前提下，指出了相对剩余价值生产的局限，即其造成各种内在矛盾，从而造成利润率下降和危机的趋势。对马克思的认识不能仅执于一端，而要辩证地看待其经济学说的整体。

值得强调的是，相对剩余价值生产理论不仅是对资本主义市场经济的理论说明，在剥去其附着的资本主义生产关系外壳后，我们完全可以将这个理论一般化，并进一步用于解释社会主义市场经济。如果我们能做到这一点，就为中国特色社会主义政治经济学的学理化奠定了扎实而可靠的基础。

审视马克思的相对剩余价值生产理论，可以发现这个理论有个切近的前提，它预设了企业之间充分的竞争，这种竞争迫使企业将其剩余价值或利润最大限度地用于生产性投资和创新。在马克思那里，只要具备这个前提，就会造成企业的技术进步，从而带来相对剩余价值生产的结果。尽管马克思的这个理论还可以精细化，即为相对剩余价值生产纳入更多的条件，但在这里，我们不妨从这两个最为切近的前提出发，探讨一下将该理论用于社会主义市场经济的可能性。

让我们把问题表述为：具有社会主义性质的国有或地方国有企业，是否可以充分地参与竞争？在我看来，过去40年改革的经验表明，国有企业是完全可以充分地参与竞争的。我想以一个典型部门为例来讨论这个问题，这就是家用汽车业。在20世纪90年代中期以前，中国家用汽车业是被国外品牌主宰的天下。90年代中期后，正是因为以奇瑞汽车为代表的一系列中国自主品牌企业进入这个市场，家用低端车型才开始降价。奇瑞汽车是地方国有企业，在这个案例里，地方政府事实上扮演了熊彼特意义的企业家角色。今天，中国家用汽车业是一个高度竞争的部门，其中既有外资主导的企业，也有国有企业和私营企业，其竞争程度和外国相比也更高。因此，和一些流行见解相左，中国家用汽车业的例子表明，国有企业的进入加强了这个行业的竞争，而不是相反。在这里，政府在发挥其作为熊彼特意义企业家的作用的时候(而不只是制定产业政策)，并不像一些常见的新自由主义观点所称的那样，刻意扭曲了价格，从而使资源配置偏离了优

① 《共产党宣言》，载《马克思恩格斯全集》第4卷，人民出版社1965年版，第471页。

化状态，而是使价格向竞争性价格收敛，使市场真正有效地发挥了作用。在以奇瑞为代表的自主品牌汽车进入之前，正是所谓市场，即被少数寡头企业垄断的市场才扭曲了价格，使中国消费者付出了高昂的代价。那种将政府的作用和市场的作用截然对立的观点，在解释中国经验的时候是完全不切题的。

总之，我们完全可以借鉴和发展马克思的相对剩余价值生产理论，将其作为一个参照系，用于解释社会主义市场经济的动态效率，并为十九大报告中"使市场在资源配置中起决定性作用"的论断提供学理的论证。在张宇等著的《中国特色社会主义政治经济学》中，有一小节题为"市场在资源配置中起决定性作用"，但遗憾的是，作者在其中没有结合马克思的相对剩余价值生产理论，而是试图诉诸价值规律来提供这种论证，他们写道："为什么要使市场在资源配置中起决定性作用？这是因为市场决定资源配置是市场经济的一般规律，市场经济本质上就是市场决定资源配置的经济，其基本的经济规律就是价值规律。价值规律通过价格、供求、竞争、生产要素的流动，调节着社会生产，促使人们节约劳动时间，实现社会总劳动在各部门之间的按比例分配。"①

显然，作者的顾虑在于，相对剩余价值生产是一个资本主义市场经济的特殊规律，而价值规律似乎隶属于市场经济一般，因而可以运用于解释社会主义市场经济。由前文可知，这一顾虑是不必要的，相对剩余价值生产理论经过适当的扩展，在社会主义市场经济中也是适用的。在这里，需作澄清的还有这样一个理论问题：价值规律究竟是否能脱离相对剩余价值生产规律而独立存在？《中国特色社会主义政治经济学》的作者主张这一点，而在我们看来，这一主张建立在对马克思《资本论》的研究方法和叙述方法的流行误解的基础上。从《资本论》的叙述逻辑来看，价值规律是先于剩余价值论而提出的，但问题是，价值规律的全面展开，是一个从抽象到具体的过程，正是在相对剩余价值生产理论中，价值规律获得了进一步具体的规定，在那里，马克思界定了个别价值和社会价值，并将这些范畴运用于解释为追求超额利润而开展的竞争，以及在此基础上形成的全社会相对剩余价值的增长。《中国特色社会主义政治经济学》一书提到的价值规律的诸般作用，如通过价格、供求、竞争、生产要素的流动，调节着社会生产，促使人们节约劳动时间，实现社会总劳动在各部门之间的按比例分配，都是以各种资本积累的运动规律为中介而实现的，离开这些规律，上述作用一个也不能实现。

在《资本论》第一部手稿，即《1857—1858 年经济学手稿》里，马克思明确地指出："在理论上，价值概念先于资本概念，而另一方面，价值概念的纯粹的发展又要以建立在资本上的生产方式为前提，……纯粹的和一般的价值存在要以这样一种生产方式为前提，在这种生产方式下，单个的产品对生产者本身来说已经不是产品，对单个劳动者来说更是如此，而且，如果不通过流通来实现，就等于什么也没有。对于生产一码布的极微小部分的人来说，一码布是价值，是交换价值，这一点绝不是形式规定。如果他没有创造交换价值，没有创造货币，他就什么也没有创造。因此，价值规定本身要以社会生产方式的一定的历史阶段为前提，而它本身就是和这种历史阶段一起

① 张宇等：《中国特色社会主义政治经济学》，高等教育出版社 2017 年版，第 77 页。

产生的关系，从而是一种历史的关系。”①这意味着，在马克思那里存在下述命题：价值概念和价值规律的存在，要以交换价值完全支配了社会生产为前提。与此命题相关联的是马克思的另一个命题：“只有当雇佣劳动成为商品生产的基础时，商品生产才强加于整个社会。”②将这两个命题相结合，可以得出结论：价值概念和价值规律，只有在存在劳动力商品化的现代市场经济条件下才可能存在。（我用现代市场经济一词统摄资本主义市场经济和社会主义市场经济）由此也可看出，那种将价值规律看作社会主义市场经济的资源配置规律，却将剩余价值规律和资本积累规律一概排除在外的做法，在理论上是难以成立的。③

在《资本论》的叙述逻辑中，价值概念是从交换价值抽象而来的，但这并不意味着，凡是存在交换价值的地方，都存在价值概念和价值规律。交换价值是一种“洪水期前的存在”，是隶属于商品经济一般的范畴，而价值是更为特殊的概念，是只有在现代市场经济条件下才能获得现实性的概念。马克思在《资本论》开篇所做的抽象，是相对于资本主义市场经济这一具体整体而作的抽象，其特点是将相关范畴（如商品）与思维重建的具体整体之间的全部中介联系暂时撇开，而不是从不同时代的交换价值中提取表面的共性。后一意义的抽象可称为形式共相，与前一种抽象或具体共相相反对。

从思想史来看，《资本论》所运用的辩证方法不仅继承了黑格尔，还可溯源到18世纪的启蒙哲学。④18世纪的启蒙哲学认为，人类的认知包括两个阶段，首先是分析，即将对象分解为其最简单的元素；其次是思维重建，即将认识对象作为整体在思维中予以恢复。马克思在历史唯物论的前提下继承了这种方法，将其运用于建构自己的经济学体系。所谓分析，被马克思称为从具体到抽象，而思维重建，则被称为从抽象到具体。在《资本论》中，为了重建资本主义生产方式这一具体整体，马克思选择以商品作为从抽象到具体的逻辑起点。《资本论》开篇第一句话写道：“资本主义生产方式占统治地位的社会的财富，表现为‘庞大的商品堆积’，单个的商品表现为这种财富的元素形式。因此，我们的研究就从分析商品开始。”⑤由此可知，整个叙述逻辑的起点就是资本主义商品，但这一点在叙述逻辑的开端还只能作为表象浮现在叙述者的头脑里。为了达成思维重建的目的，马克思须将商品作为资本产品、作为资本形态变化的环节等特点暂时撇开不予考虑，而一旦这样做，商品就立即成为一个“稀薄的”抽象，它与资本主义生产方式这一具体整体的中介联系就暂时消失了。只是随着叙述逻辑的展开，那些在开端被舍下的中介环节又被渐次引入，起点商品是资本主义商品这一点才真正得以确立，思维重建资本主义生产方式这个具体整体

---

① 《马克思恩格斯全集》第46卷上册，人民出版社1979年版，第205页。

② 《资本论》第1卷，《马克思恩格斯全集》第23卷，人民出版社1972年版，第644页。在该书另一处，马克思提到“那个正是在资本主义生产的基础上才自由展开的价值规律”以及“那种正是以雇佣劳动为基础的资本主义生产”，并将其作为两个必然互相包含的命题来看待（第586页）。

③ 劳动力商品化是社会主义初级阶段的市场经济体制的特征，为了驾驭资本和贯彻社会主义的价值目标，对劳动力商品化施加某种限制，即达成某种程度的劳动力“去商品化”，也是社会主义市场经济的内在要求，这一点与颜鹏飞主张的变形商品说是一致的。

④ 卡西尔：《启蒙哲学》，顾伟铭等译，山东人民出版社1988年版。

⑤ 《资本论》第1卷，《马克思恩格斯全集》第23卷，人民出版社1972年版，第47页。

的目标也随之逐步得到实现。①

与上述对《资本论》叙述逻辑的理解相反，国内理论界一直流行着由恩格斯提出的观点，即马克思在其著作中运用了所谓逻辑和历史相一致的原则。②根据恩格斯的意见："历史从哪里开始，思想进程也应该从哪里开始，而思想进程的进一步发展不过是历史过程在抽象的、理论上前后一贯的形式上的反映""整个说来，经济范畴出现的顺序同它们在逻辑发展中的顺序也是一样的。"③由此派生的观点，是将《资本论》的起点商品曲解为简单商品经济的商品，即简单商品。这样一来，从商品到资本的叙述逻辑，就成为对历史进程的一种反映，从抽象到具体，也就成为一种历史方法，而不是思维重建的方法。④这一阐释显然与前文引证的马克思本人的见解相龃龉，也不符合 18 世纪启蒙哲学和 19 世纪德国古典哲学对人类认知方法的理解。自 20 世纪 80 年代以来，不断有国内学者批评这种观点，他们指出，《资本论》的叙述逻辑的确结合了历史，但并不存在所谓逻辑和历史相一致的原则。在中国，逻辑和历史相一致的观点是借助于卢森贝的《〈资本论〉注释》和苏联《政治经济学教科书》的影响才得以流行的。⑤

在这个问题上，我还想特别提到列宁。在《哲学笔记》里，列宁尖锐地指出："不钻研和不理解黑格尔的全部《逻辑学》，就不能完全理解马克思的《资本论》，特别是它的第 1 章。因此，半个世纪以来，没有一个马克思主义者是理解马克思的!!"⑥列宁虽未明言他所批评的对象，但我们有充分的理由推断，其矛头所向正是恩格斯，这是因为，第一，列宁提出的是一个全称论断，在其所指的时间范围内（"半个世纪以来"，即从《资本论》第一卷问世直至写成《哲学笔记》的 1914—1915 年），不仅涉及所有第二国际理论家，而且涵盖了恩格斯；第二，恩格斯最先结合马克思的经济学著作，考察了马克思对黑格尔辩证方法的继承和发展，如果恩格斯的相关见解是完全正确的，列宁便没有任何理由提出上述全称论断。

让我们再回到前述围绕参照系的讨论。一个有趣的问题是，如果我们采用一个纯粹的相对剩余价值生产模型，将其作为参照系来解释市场经济的动态效率，则该模型事实上也同时假定了，作为分配性正义按劳分配原则是可以实现的。我将该原则视为以市场经济为前提的"马克思

---

① 捷克哲学家科西克在 20 世纪中叶发表的著作《具体的辩证法》恰当地描述了马克思的这一方法。令人遗憾的是，这一著作虽有中译，却无法作为信本，读者可参考该书的英文本：Kosik，K.，*Dialectics of the Concrete*，Springer，2012。

② 主张中国特色社会主义政治经济学应以国家理论为逻辑起点的一派学者，在论证其观点时也是以逻辑和历史相一致为方法的依据的。在我看来，逻辑和历史相一致这个教条今日已成为建立中国特色社会主义政治经济学理论体系的思维障碍。

③ 恩格斯：《卡尔·马克思"政治经济学批判"》，《马克思恩格斯全集》第 13 卷，人民出版社 1962 年版，第 532 页。

④ 苏联哲学家伊林科夫（或译伊利延科夫）的《〈资本论〉中从抽象到具体的辩证法》在解释《资本论》的辩证方法时，系统地发挥了恩格斯的逻辑和历史相一致的观点。该书可能是同类观点中论述最为系统、最有代表性的著作。伊林柯夫的著作有两个中译本，分别是伊利延科夫：《马克思〈资本论〉中抽象和具体的辩证法》，郭铁民、严正、林述舜译，福建人民出版社 1986 年版；伊林柯夫：《马克思〈资本论〉中抽象和具体的辩证法》，孙开焕、鲍世明、王锡君、张钟朴译，山东人民出版社 1992 年版。

⑤ 例如，可参见沈佩琳《〈资本论〉中范畴的逻辑顺序和历史顺序问题》，《中国社会科学》1987 年第 2 期；袁吉富：《对逻辑与历史相一致方法的质疑》，《教学与研究》2007 年第 4 期。

⑥ 列宁：《哲学笔记》，《列宁全集》第 55 卷，人民出版社 1990 年版，第 151 页。

主义福利经济学基本定理”。一个纯粹的相对剩余价值生产模型不仅要求抽象掉绝对剩余价值生产,即假设剩余价值率的增长纯粹源于生产率进步,而且假设剩余价值必须最大限度运用于生产性投资和创新,在这种情况下:第一,从其来源来看,剩余价值的增长是由生产力进步而不是过度剥削带来的;第二,从其利用来看(这是更为重要的维度),剩余价值被最大限度地用于生产性投资或创新,资本家因之成为马克思所说的“生产资料的委托人”①,为社会承担了积累的责任。将这两个维度结合在一起,就共同界定了一种所有制的经济含义。由于长期以来受到斯大林对生产关系的定义的影响,在一些人心目中,所有制的含义时常被等同于法律意义的所有权,而在《哲学的贫困》里,马克思明确指出,“给资产阶级的所有权下定义不外是把资产阶级生产的全部社会关系描绘一番”②,从而揭示了所有制或生产关系的整体性含义。在我看来,落实这种整体性思路,就必须在抽象的所有权之外,将剩余价值的生产和利用纳入所有制概念。在这里,剩余价值被利用或支配的方式,对于界定一种所有制的经济社会性质而言显得更为关键。可以从现实生活中举一个例子,大家都知道,在1949年后,长期以来存在着工农业产品价格的“剪刀差”。这种剪刀差所造成的剩余被集中用于国家初期工业化,这就从另一个角度为剪刀差作了正名——在这里发挥作用的生产关系或所有制(作为支配剩余的经济权力),其经济社会性质是服务于整个国家的长远利益的。在一个纯粹的相对剩余价值生产模型中,其生产关系或所有制的经济社会性质也可以在类似意义上来界定。

从以上分析出发,还可以看出按要素贡献分配这一观点的片面性。一种要素所有权的经济实现形式即要素收入是否对社会有贡献,主要应看要素收入是否能转化为相对剩余价值生产所需的生产性投资和创新。以地租为例,作为土地所有权的经济实现形式,地租虽然对价值创造并无实际的贡献,但只要能进一步转用于生产性投资和创新,就可以在“事后”证明自己的贡献或历史的合理性。否则,如果只是在“事前”(即在相关收入被利用或支配前)认定要素收入具有所谓贡献,则除了提供一种对现状、即对现实产权制度安排的非批判的辩护外,并不能具有任何科学的意义。

然而,正如我指出的,在现实中,相对剩余价值生产往往不能以纯粹的方式实现,它会遇到多重条件的约束。我试图将这些约束条件概括为三个方面,称其为相对剩余价值生产的三重条件,它们分别是相对剩余价值生产的科学—技术条件、相对剩余价值生产的制度条件以及相对剩余价值生产的经济条件。

相对剩余价值生产是以机器大工业,或马克思所说的“特殊的资本主义生产方式”为前提的,这种生产方式的特点不仅在于利用了机器体系,而且体现于科学在其中的系统化运用。科学技术知识存量的增长,事实上是相对剩余价值生产得以实现的条件。但问题是,和资本积累相比,科学知识存量的增长经常不能赶上前者增长的速度,从而限制了相对剩余价值生产。

在《资本论》里,马克思着重探讨了相对剩余价值生产的经济条件,这一概念指的是有利于资

① 《马克思恩格斯全集》第26卷Ⅲ,人民出版社1974年版,第469页。

② 马克思:《哲学的贫困》,《马克思恩格斯全集》第4卷,人民出版社1965年版,第180页。

本积累的经济环境，后者是通过马克思所采用的经济变量或范畴，如剩余价值率、资本有机构成、资本周转速度、两大部类的关系、平均利润率等来刻画的。正如马克思所指出的，那些造成相对剩余价值生产的因素，也会带来破坏相对剩余价值生产的趋势，其中最为突出的便是利润率下降趋势，后者会导致资本过剩和人口过剩的并存，从而颠覆相对剩余价值生产。

马克思相对忽略的，是相对剩余价值生产的制度条件，在他分析资本积累的有利或不利环境时，撇开了这一层面的问题。这一问题在当代马克思主义制度分析(其代表是法国调节学派和美国的社会积累结构学派)中得到了重视。事实上，马克思用来刻画经济运动规律的那些变量和范畴(它们也用来刻画相对剩余价值生产的经济条件)，在现实中是和各种制度形式(相对剩余价值生产的制度条件)相结合而发挥作用的。

调节学派和社会积累结构学派是和新制度主义在大致相同的时期形成的，其特点是强调了阶级斗争在制度变迁和资本积累长周期中的作用。这两个学派强调，应该在《资本论》所分析的资本主义生产方式一般运动规律的基础上，引入所谓"中间层次"的分析，这意味着，要将马克思笔下的抽象规律和具体的制度分析相结合，进而形成一种关于资本主义发展的历史阶段的理论。①这些在特殊阶段、特定国度存在的制度形式，可以起到支撑相对剩余价值生产的作用，或者使相对剩余价值生产的实现价值发生某种变形。在相关制度形式不能发挥这类作用时，相对剩余价值生产机制就会被削弱乃至被破坏。

在上述三重条件不能得到满足的情况下，剩余价值便不能足够充分地用于生产性投资和创新，从而导致人口过剩和资本过剩，大量剩余价值此时将转而用于奢侈性消费和与实体经济无关的金融资产投资，这样一来，相对剩余价值生产的机制就遭到了破坏。②在这种情况下，若要回到我们的参照系，即纯粹意义的相对剩余价值生产模型，就必须主要由国家出面，以确保相对剩余价值生产三重条件的实现，使现实经济向上述参照系复归。大体说来，在这三重条件中，保证相对剩余价值生产的技术(或者科学—技术条件)，要求国家在汉密尔顿—李斯特倡导的国家创新体系中发挥作用；保证相对剩余价值的经济条件，要求国家发挥凯恩斯主义的宏观调控作用，同时还要发挥李斯特和发展型国家论所注重的长期战略、产业政策等方面的作用；至于相对剩余价值生产的制度条件，它与其他两种条件是密切结合的，大体而言，这些制度条件涉及国家和市场的关系、中央和地方的关系、地方(城市)之间的关系、资本和资本的关系(包括国资和非国资的关系)、资本和劳动的关系等。国家在这所有方面的制度变迁中都应起到重要作用。

接下来就涉及中国特色社会主义政治经济学的学理化所需完成的第三项任务，即提出一个国家的经济理论。熟悉新制度主义经济学的人一定会发现，我们的思路和诺思有形式上的近似。诺思的理论框架主要由以下三个环节——或可通俗地称之为"三件套"——构成：第一，在诺思看来，解释经济增长的机制，是由新古典经济学的完全竞争市场理论提供的，后者描绘了一个理想

① 对这两个学派的介绍，可参见科茨：《法国调节学派和美国积累的社会结构学派之比较》，田方萌译，《西北大学学报》2018 年第 5 期；以及孟捷：《资本主义经济长期波动的理论—— 一个批判性评述》，《开放时代》2011 年第 10 期。

② 由于马克思假定工人阶级不储蓄，因而剩余价值就成为积累的唯一源泉。在更为具体的分析中，除了剩余价值，资本家阶级以外的储蓄也可以通过金融部门成为积累的源泉之一。

的市场经济，即提供了一个观察现实的参照系。第二，由于制度和交易成本的存在，现实市场经济和这个参照系是偏离的。第三，为了实现向参照系的复归，就必须发挥国家和意识形态的作用，推动制度变迁，削减交易成本。诺思理论的提出有其明确的针对性和目标，其要旨是要革新新古典主义经济学，使之在与马克思主义的竞争中落于不败之地。诺思曾明确地表述了这一意图，他写道："与马克思主义相比，自由市场意识形态并未在一个包含社会、政治和哲学（更不必谈形而上学）理论的包罗万象的框架内而发展。其结果是，在面临各种条件的变化时，要维持和取得各个集团对它的忠诚，面临着严峻的困难。"①由于诺思的努力，新制度经济学成功地帮助新古典主义实现了一次"创造性转化"。新古典经济学本来是一个解释力非常狭窄的理论，对现实历史中的制度变迁并无说服力，但在诺思之后，原本为马克思主义者耳熟能详的那些概念，如生产关系、国家、意识形态等，现在也改头换面，成了新制度主义的核心概念，并据此形成了新制度主义的原理和理论体系。②

马克思主义和新制度主义的关键区别，首先在于各自树立的理论参照系的差异。长期以来，国内马克思主义经济学，即所谓中国特色社会主义政治经济学，忽略了树立这样一个参照系对于阐释市场经济（包括社会主义市场经济）的重要性。而缺少这样一个参照系，就无法真正开展和新制度主义经济学的批判性对话。事实上，只要明确地将相对剩余价值生产理论树立为马克思主义经济学理解市场经济动态效率的参照系，则诺思的"三件套"结构，即他为构建其制度变迁和国家理论所运用的手法和步骤，在形式上都可为马克思主义者所借鉴。既然诺思在拓展新古典经济学的解释力时，不惮于借鉴马克思，马克思主义者何以不能借鉴新制度主义呢？在建构马克思主义制度变迁和国家理论时，同样需要"三件套"，具体而言：第一，要树立一个参照系，即相对剩余价值生产理论，以解释 18 世纪产业革命以来——在中国则是从改革开放以来——生产力和产出的增长。第二，要解释现实市场经济何以会与这一参照系发生偏离，这意味着，需要发展一个马克思主义的市场失灵理论。在我看来，只要相对剩余价值生产理论被树立为参照系，则相对剩余价值生产的三重条件就可扩展为第二个理论，以解释该参照系何以在现实经济中失去作用，即造成市场失灵。第三，在前两个理论的基础上，引申出国家的经济理论，以解释由国家主导的制度变迁，何以能向前述参照系复归，从而实现生产力或产出的最大限度的增长。在这一理论架构下，国家的作用是"内生的"，也就是说，国家发挥其经济作用的过程，是国家因应市场经济的变化及其矛盾而再形成的过程。在此意义上，国家的经济理论同时也是一个国家形成的理论。在理论逻辑上，这意味着，即便国家在迈向市场经济的历史进程中体现为制度变迁的最初推动者，

① North, D.C., *The Structure and Change in Economic History*, London and New York: W.W. Norton & Company, 1981, p.53.

② 诺思用新制度经济学的术语表达了马克思主义关于生产关系的两重功能及其相互间矛盾的思想。他写道："使统治者（或统治阶级）租金最大化的产权结构和那种会带来经济增长的产权结构是相冲突的。这类冲突的一个变种是马克思主义关于生产方式的矛盾的见解，根据这种见解，所有制结构和由不断演化的一组技术变革所带来的潜在收益的实现是不相容的。"（North, D.C., *The Structure and Change in Economic History*, London and New York: W.W. Norton & Company, 1981, p.28.）对诺思等人的进一步分析，可参见拙著《历史唯物论与马克思主义经济学》第三章。

但在构建国家的经济理论时，却可采取和这种现象相反的路径，即先提出一个市场经济理论（包括前述参照系及其实现条件的理论），然后再引入国家的作用，提出国家的经济理论。

上述结论与那种主张国家是中国特色社会主义政治经济学逻辑起点的进路是不同的，依照后面这种见解，国家事实上只能游离于市场经济外部，即限于作为"外生"因素而起作用。在张宇所著的《中国特色社会主义政治经济学》和另一本同名教材中，国家理论的建构大体依循了外生路径。依照张宇的表述："社会主义国家实行宏观调控的主要依据不是所谓的市场失灵或缺陷，而是生产资料的公有制以及在此基础上产生的有计划按比例发展规律。无论存在不存在所谓的市场失灵，只要公有制占据主体地位，国家作为生产资料公共所有权和社会公共利益的总代表，都需要并且能够在社会的范围内按照社会的需要有计划地调节社会再生产过程，合理地配置社会资源，以满足人民日益增长的物质文化需要，实现社会主义生产目的，从而成为推动经济发展的主导力量。""因此，社会主义市场经济中的国家调控不同于资本主义经济中的国家干预，具有鲜明的制度属性，体现了社会主义经济的本质要求。"①

张宇等人并不截然排斥在市场失灵的前提下建立国家理论，而是把市场失灵看作国家经济作用的次要依据。张宇在其著作中专门辟出篇幅批评了新古典经济学的市场失灵理论，认为这一理论是以完全竞争市场为前提的，具有多重片面性，无法反映市场经济的总体矛盾。②但问题是，在批判新古典市场失灵论的同时，应该发展一个马克思主义的市场失灵理论作为替代，张宇等人却没有提出这一问题。这样一来，建立一个内生性国家理论的任务，在他们那里实际上就被悬置了。

在把社会主义市场经济作为研究对象的时候，仅仅在外生的意义上理解国家的经济作用，必然造成理论上的自相矛盾。在张宇等人的著作里，这种矛盾体现在：一方面，他们承认在社会主义市场经济中，国家是生产关系的承担者，因而国家是作为经济主体在市场经济内部发挥作用的；另一方面，却主张国家的经济作用仅仅产生于公有制的主体地位和社会主义生产目的等，而与市场经济的运行基本无关。这种理论上的不彻底反映了一种犹疑态度，即担忧国家在市场经济中的形成会脱离社会主义价值和目标，沦为譬如凯恩斯主义的国家。这种担忧是合理的。但在笔者看来，解决这一问题的出路可能不在于否认或过度贬低国家经济作用的内生性，而应该把这种内生性作用和国家作为政治国家的外生性作用结合起来。张宇正确地指出，社会主义国家具有两重性，一方面，国家属于上层建筑，是政治国家，另一方面，国家又作为经济主体在基础内部发挥着作用。③党也是如此。在社会主义市场经济中，党和国家一样具有两重性，一方面，党的领导也包括在国家的经济作用当中，换言之，党和国家一道嵌入了经济，担负着生产关系的功能；

① 张宇：《中国特色社会主义政治经济学》，中国人民大学出版社 2016 年版，第 222 页。另见张宇、谢地、任保平、蒋永穆等：《中国特色社会主义政治经济学》，高等教育出版社 2017 年版，第 73—74 页。

② 张宇：《中国特色社会主义政治经济学》，中国人民大学出版社 2016 年版，第 220—221 页。

③ 同上书，第 218—219 页。史正富最早将中国特色社会主义市场经济概括为"三维市场经济"，此处的三维指的是这种市场经济内部的行为主体，其中不仅包括非公有制企业，还包括地方政府和中央国家。见史正富：《超常增长》，上海人民出版社 2013 年版。

另一方面,党又与政治国家融为一体,其价值和意识形态作为国家的"主观方面"构成了国家的灵魂。在社会主义初级阶段的市场经济体制中,党可以在生产力进步的前提下,将其价值和意识形态分阶段、分步骤地贯彻到经济中去,影响乃至主宰整个经济社会的制度变迁,从而推动社会主义初级阶段向社会主义的更高阶段过渡。在此过程中,党是最高的主权者,它利用政治国家的权力,规定了国家经济作用的性质和方向。

三、中国特色社会主义政治经济学的学术话语与现实生产关系的建构

20世纪七八十年代,法国马克思主义者戈德利耶对历史唯物主义进行了十分重要的概念重构,他的理论贡献包含了如下重要见解:包括生产关系在内的一切社会关系都包含所谓的"精神成分"(mental part,或译思想成分)。或言之,思想和观念是社会关系的"内在成分",是"社会关系的形成(以及再生产)的必要条件"。戈德利耶的这些观点是对葛兰西的继承,在葛兰西那里,思想和观念因素已不限于在上层建筑发挥作用,而是延展到整个社会。戈德利耶则更为明确地提出,观念因素是生产关系赖以建构的原则,这为马克思主义意识形态理论增添了新的内容。依照戈德利耶的这种观点,思想和观念因素就不仅是对生产关系的反映,而且构成了生产关系即基础的一部分,并且成为生产关系再生产即其变迁的直接推动力量。①这种见解丰富和发展了葛兰西关于文化领导权的思想,它所涉及的已不仅是单纯意识形态和文化领域的领导权,而是生产关系的构成原则这一更为根本而直接的问题。

从这种观点出发,中国特色社会主义政治经济学的话语体系,也不仅是对中国当代制度变迁、对中国特色社会主义市场经济体制的观念反映,其核心内容直接就是这种经济体制(作为生产关系体系)中的观念因素,是现实生产关系赖以构成的原则。从这个意义来讲,中国特色社会主义政治经济学的话语生产以及围绕这一生产而开展的不同性质话语的角力就具有极端的重要性,因为一旦这种话语发生根本的改变,现实的生产关系就立即变化,经济生活就会依循不同的原则来组织。这样一来,中国特色社会主义理论的话语权就显得格外重要。

在中国特色社会主义政治经济学的话语生产中,来自国内高校和科研机构的学者是主要参与者之一,这些学者所生产的学术话语,是中国特色社会主义政治经济学话语体系的有机组成部分,其要端、即与实践发生关联的部分,同样可能转化为现实生产关系的构成原则。中国特色社会主义政治经济学的学术话语赖以生产的那些组织和制度,可以视为现实生产关系在上层建筑领域内的延伸,或者反过来说,这些组织或制度,在某种程度上已经不再单纯地属于上层建筑,而是嵌入了基础。在国内高校,学科以及由此而形成的院系是一种学术生产的制度,同时也是一种权力关系,它们协调和分配学术生产的各种资源。中国特色社会主义学术话语的生产能否和学科结合,是决定这种话语能否形成领导权、进而向现实生产关系的构成原则转化的重要条件。

---

① Godelier, M., *The Mental and the Material*, London: Verso 1986, p.151; p.170.在拙著《历史唯物论与马克思主义经济学》第一章,结合卢卡奇的思想,对戈德利耶的这些观点作了进一步阐释和发展。

近年来,国内高校普遍设立了马克思主义学院,这对于推动和发展高校马克思主义研究、加强中国特色社会主义话语体系的宣传起了积极的作用。但同时要看到的是,在高校普遍设立马克思主义学院的同时也伴随着一些负面现象。在一些高校,只有马克思主义学院的人在从事马克思主义和中国特色社会主义话语的研究和宣传,其他院系或学科似乎与此没有直接关联。再如,政治经济学是理论经济学的二级学科,但在有些高校(有一些还是重点名校),只有马克思主义学院保留了这一学科,而在本应纳入该学科的经济学院或管理学院反而消失或濒于消失。这样做的结果必然削弱了马克思主义和中国特色社会主义学术话语的建设,为新自由主义等其他话语的霸权构建开了方便之门。我建议,应该在高校推动新一轮制度变革,让马克思主义和中国特色社会主义学术话语的生产和各个学科的发展紧密联系起来,让马克思主义和中国特色社会主义学术话语像毛细血管一样渗透到人文社会科学的各个学科各个院系,只有这样做,中国特色社会主义话语的学理化和体系化才能落到实处。

历史唯物论的改进与中国特色社会主义政治经济学

杨思远*

摘　要　针对生产力"一元决定论"的历史唯物主义理解，本文首先介绍孟捷改进的历史唯物论的基本观点，并对之重新作了表述。然后，以改进的历史唯物论中有机生产方式变革理论为哲学基础，对中国社会主义政治经济学中社会主义生产方式的创建和经济形式的变革两个问题，结合经济思想史和经济建设与改革的实践，提出了新的看法，彰显了改进的历史唯物论的科学价值和理论意义。

关键词　改进的历史唯物论　社会主义生产方式　社会主义经济形式

最近，孟捷教授在其新著《历史唯物论与马克思主义经济学》①中，对生产方式、生产关系及其与生产力相互关系重新进行规定的基础上，提出了有机生产方式变革理论，重新阐释了历史因果性概念，将阶级斗争和国家的作用作为制度变迁的直接动力，从而对历史唯物论做了极具价值的改进。这一改进为理解中国社会主义生产方式的创立，以及社会主义经济形式的变革，提供了基础理论的指引。

一、对历史唯物论的一个改进

对马克思两大理论贡献之一的历史唯物论的理解，在马克思之后逐渐形成了"一元决定论"（包括在生产力和生产关系相互关系上的生产力"一元决定论"、在经济基础和上层建筑相互关系上的经济"一元决定论"），机械地理解生产力决定生产关系，作为生产关系总和的经济基础决定上层建筑。尽管承认"反作用"的存在，但始终没有摆脱这种决定论。丰富而深刻的历史过程经这种决定论的剪裁而被简单化，甚至被歪曲，从而极大地削弱了马克思主义对制度变迁的解释力和预测能力。

自历史唯物论提出以来，马克思主义内部对这种一元决定论先后做过三次自觉的抵御，但均

---

*　杨思远，中央民族大学经济学院教授、博士生导师。

①　孟捷：《历史唯物论与马克思主义经济学》，社会科学文献出版社 2016 年版。

未成功。第一次是 19 世纪晚期恩格斯对经济决定论倾向的纠正，恩格斯把这种决定论的产生归因于自己和马克思没有对历史唯物论进行充分的阐发。①第二次是在十月革命前后列宁和葛兰西的努力。当时，围绕这场革命的性质，第二国际社会主义者如苏汉诺夫、考茨基、普列汉诺夫等人普遍以生产力“一元决定论”，否认十月革命的社会主义性质，认为这场革命缺乏生产力基础。考茨基提出了影响至今的“早产论”，他认为十月革命就像“一个孕妇，她疯狂万分地猛跳，为了把她无法忍受的怀孕期缩短并引起早产”“这样生下来的孩子，通常是活不成的”。“早产论”在 20 世纪末，由于国际社会主义运动转入低潮似乎得到某种“应验”。列宁反对说：“我们为什么不能首先用革命手段取得达到这个一定水平的前提，然后在工农政权和苏维埃制度的基础上赶上别国人民呢?”②列宁的态度恢复了马克思历史唯物论的辩证性质。葛兰西在十月革命胜利后不久，发表了《反〈资本论〉的革命》一文，强调意识形态在十月革命中的作用，“这是反卡尔·马克思《资本论》的革命”，布尔什维克用行动及其胜利证明：“历史唯物主义的原则并不像人们可能认为和一直被想象的那样是一成不变的。”俄国革命的客观基础不是“天然的经济事实”，而是欧洲的三年战争“在俄国唤起了它已经唤起的那种人民的集体意志”，社会主义宣传使“无产阶级的历史在一瞬间戏剧性地苏醒过来”。③葛兰西把无产阶级意志的力量视为十月革命发生的唯一决定性力量，同样脱出了“一元决定论”的窠臼。第三次是在 20 世纪 70 年代西方马克思主义复兴中，里格比和布伦纳对科恩生产力“一元决定论”的批判。西方分析马克思主义学派的代表人物、牛津大学哲学家科恩完全脱离生产关系，通过建立人的动机模型和行为模型，证明生产力趋向发展的规律，在此基础上解释一个社会的生产关系的性质是由生产力发展水平决定的，以此为“老式的历史唯物主义”辩护。④英国学者里格比提出，在马克思那里既有生产力决定生产关系的生产力首要性理论，又有特定生产关系决定生产力的理论，后一种理论“为一种对历史变迁非常不同的解释开启了理论空间，这种解释不同于生产力决定论给出的解释”。⑤当代马克思主义史学家布伦纳研究了欧洲从封建主义向资本主义过渡中，不同国家和地区由于生产关系不同塑造了不同的生产力发展轨迹，深化了对科恩的批判。⑥

尽管有这三次抵御，但船过波平，“一元决定论”仍然十分流行。究其原因，除惯性思维、官方教科书阐释及统考制度强化外，承认“反作用”的存在，使决定论获得了一种抵抗批判的较大弹性。要摆脱这种决定论，恢复马克思历史观的辩证性质，必须像布伦纳那样利用更为丰富的历史材料，同时对马克思历史唯物论的表述作全面准确的阐发，而不是把马克思 1859 年《政治经济学批判》(第一分册)序言中的那段话树为唯一经典的表述。孟捷的《历史唯物论与马克思主义经济学》结合中国古代史和农业技术史材料，以及马克思的“生产力—生产方式—生产关系原理”，对历史唯物论重新作了极具价值的改进。

---

① 《恩格斯致布洛赫(1890 年 9 月 21 日)》、《恩格斯致梅林(1893 年 7 月 14 日)》，载马克思、恩格斯《〈资本论〉书信集》，人民出版社 1976 年版，第 501、553 页。

② 列宁：《论我国革命(评尼·苏汉诺夫的札记)》，载《列宁选集(第四卷)》，人民出版社 1995 年版。

③ 葛兰西：《反〈资本论的革命〉》，载《葛兰西文选》，人民出版社 1992 年版，第 9—11 页。

④ 科恩：《卡尔·马克思的历史理论：一种辩护(序言)》，高等教育出版社 2008 年版。

⑤ 里格比：《马克思主义与历史学》，译林出版社 2012 年版，第 151 页。

⑥ 参见孟捷：《历史唯物论与马克思主义经济学》，社会科学文献出版社 2016 年版，第 40 页。

这种改进主要集中于四点：一是在重新发现马克思“生产力—生产方式—生产关系原理”的基础上，借鉴卢卡奇“社会存在最终‘要素’是人的目的论设定”①的观点，重新规定生产方式概念。二是吸收张闻天的生产关系二重性思想，提出生产关系具有两个功能和生产力与生产关系的相互关系存在两种可能的观点。三是规定了有机生产方式概念，重新阐释历史因果性概念。四是将阶级斗争和国家的作用作为制度变迁的直接动力。

改进后的历史唯物论，依笔者理解可以大致表述如下：

社会存在最终不可分割的要素是人的目的论设定活动，这种目的论设定包括人针对自然对象和为了占有自然人针对人的两种目的论设定，这两种目的论设定活动共同构成了生产方式整体。生产方式以榨取剩余劳动为目的，它是一个社会的生产力和生产关系相互作用的中介，其中生产力决定了生产剩余劳动的可能，生产关系决定了剩余劳动的归属。人对自然对象的目的论设定将生产力的各要素综合起来，人对人的目的论设定建立起生产关系，包括劳动关系和所有关系。生产力与生产关系的相互关系通过生产方式的中介而发生作用，既有生产力变化引起生产关系（直接生产关系和所有关系）变革的可能，也有生产关系尤其是所有关系即剩余劳动占有方式的变革促进或阻碍生产力进步的可能。生产关系具有两个功能：一方面表现、适应和促进生产力，另一方面服务于对剩余的占有。生产关系的变革即第二类目的论设定活动，可以由生产力进步引起，还可以由上层建筑和思想观念变革而引起，阶级斗争和国家之间的竞争关系是生产关系变革的直接动力。但是，生产关系的变革只有当生产方式趋向于将剩余劳动的榨取越来越多地建立在生产力发展的基础上，才会造成生产方式整体上不可逆转的变革，即有机生产方式的变迁。当生产关系变革未能引起有机生产方式的变迁，则这种生产关系的变革最终会招致失败。这种变迁所建立的历史联系，并非认识论意义上的相对因果性，而是本体论意义上的结构因果性。在结构性因果关联中，生产力作为历史发展的根本动因，不必一定在“事先”意义上，也可以在“事后”意义上表现出来。

上述改进的意义，在于恢复了马克思历史唯物主义的辩证性质。这一改进没有抛弃生产力对生产关系归根结底的决定作用的合理内核，但不囿于一般理解的马克思的那段经典表述，而是着眼于关于这一主题的全部论述；不仅吸收了马克思主义者的研究成果，也汲取了新制度经济学者诺思、阿西莫格鲁思想的合理因素；不仅用西欧历史的材料，也借助中国古代史材料，检验了改进的历史唯物论。

改进的历史唯物论，借用了“剩余”一语以替代“剩余劳动”，虽保留了剩余劳动的主体性，但褫夺了实体性，有待商酌。尽管如此，它对历史唯物论重构的科学价值不应被低估，对中国特色社会主义政治经济学的研究来说，尤为如此。

二、中国社会主义生产方式的创造

历史唯物论的改进，对于理解中国社会主义生产方式的创造，具有重要价值。中国革命的性

① 卢卡奇：《关于社会存在的本体论》下卷，重庆出版社1993年版，第411页。

质、道路和前途，中国社会主义生产方式的形成，都离不开历史唯物论，它是中国共产党的思想理论基础。

和十月革命相类似，中国革命的性质、道路和前途持续地引起争论。早在中国共产党成立初期，陈独秀就以中国无产阶级力量弱小、农民阶级涣散、资产阶级力量强大为依据，提出“二次革命论”。蔡和森批判道：“以为国民革命成功后需要经历长期的资本主义和平发展才有社会革命之需要和可能”“总括一句，这是‘二次革命论’，中国原始的孟塞维克倾向。”①陈独秀的“二次革命论”显然是将生产关系变革完全建立在近代中国落后的生产力所产生的阶级关系基础上。其“二次革命论”的历史观与十月革命前第二国际社会主义者中流行的“一元决定论”并无二致。毛泽东提出的新民主主义革命和社会主义革命的两步论，则是对“二次革命论”的超越，在历史观上也超越了“一元决定论”。毛泽东关于中国革命的主力军是农民阶级、革命的中心问题是土地问题、革命道路是农村包围城市等许多独特观点，均与抛弃机械的历史唯物论密切相连。如果说陈独秀是不自觉地接受了历史“一元决定论”的影响，改革开放后，中国经济学界关于社会主义生产方式“早产论”再度流行，以及改革就是“补资本主义课”的观点，则是自觉地以“一元决定论”的唯物史观为中国引入资本主义生产关系张目。

苏联政治经济学教科书在论述社会主义生产方式创立时，把作为上层建筑核心的无产阶级国家的作用树为前提。“社会主义经济形式不能自发地、自流地产生和发展。社会主义经济形式是由于无产阶级国家的有计划的活动、由于劳动群众的创造积极性而产生和发展的。社会主义国家只有依据生产关系适合生产力性质的客观经济规律，依据在新的经济条件的基础上产生的新的经济规律，才能完成建立新基础的任务。无产阶级专政保证创立比资本主义更高的社会劳动组织的类型。社会主义制度的力量和它对资本主义制度的胜利的主要源泉就在于此。”②但是，这段话又力图把具有辩证性的历史观同“一元决定论”历史观相调和，“社会主义国家只有依据生产关系适合生产力性质的客观经济规律……才能完成建立新基础的任务”，就是这种调和。十月革命后的俄国，作为资本主义链条的薄弱环节，尚未发展出需要社会主义生产关系与之相适应的生产力，又怎能令社会主义国家“依据”这个原理去完成历史任务呢？唯一正确的理解只能是列宁的态度：“我们为什么不能首先用革命的手段取得达到这个一定水平的前提，然后在工政权和苏维埃制度的基础上赶上别国人民呢？”③按照列宁的观点，先有社会主义上层建筑，后有社会主义经济基础，先有先进的生产关系，然后再赶上“别国人民”，也就是苏联政治经济学教科书说的“完成建立新基础的任务”。

中国革命深受十月革命的影响。毛泽东指出：“在十月革命以前，中国人不但不知道列宁、斯大林，也不知道马克思、恩格斯。十月革命一声炮响，给我们送来了马克思列宁主义。”④在毛泽东看来，不仅是苏维埃政权，先进的社会主义理论同样是中国社会主义生产方式形成的前提。在

---

① 蔡和森：《中国革命的性质及其前途》，载《和森文集》，人民出版社 1980 年版，第 790—791 页。

② 苏联科学院经济研究所：《政治经济学教科书》（第 3 版）下册，人民出版社 1959 年版，第 332 页。

③ 列宁：《论我国革命（评尼·苏汉诺夫的札记）》，载《列宁选集》第 4 卷，人民出版社 1995 年版，第 777 页。

④ 毛泽东：《论人民民主专政》，《毛泽东选集》第 4 卷，人民出版社 1991 年版，第 1470—1471 页。

《矛盾论》中,他说:“诚然,生产力、实践、经济基础,一般地表现为主要的决定的作用,谁不承认这一点,谁就不是唯物论者。然而,生产关系、理论、上层建筑这些方面,在一定条件之下,又转过来表现其为主要的决定的作用,这也是必须承认的。当着不变更生产关系,生产力就不能发展的时候,生产关系的变更就起了主要的决定作用。……当着政治文化等等上层建筑阻碍着经济基础的发展的时候,对于政治上和文化上的革新就成为主要的决定的东西了。”①在20世纪50年代初期对农业的社会主义改造中,针对刘少奇“先机械化后集体化”的观点,毛泽东主张“先合作化,后机械化”,并举资本主义工场手工业的例子以说服刘少奇等人,既然资本主义在工场手工业阶段尚未采用蒸汽动力机械,而依靠工场分工协作以形成新生产力,则中国的合作社,依靠统一经营形成新生产力去动摇私有制基础,就是可行的。②他又一次把生产关系变革视为生产力变革的先导。1971年在一次谈话中,他进一步指出“思想上政治上的路线正确与否是决定一切的”。③但是,列宁和毛泽东对“一元决定论”唯物史观的纠正工作,没有根本动摇后者的“至尊”地位,后者以生产关系对生产力“反作用”的存在消解了这种努力。

依据改进的历史唯物论,生产关系具有二重功能,既有促进生产力的一面,又有集中剩余劳动的一面。新中国成立后,经济建设方面的急躁可谓与生俱来,这同充分认识到生产关系第一个功能的作用密切相关。列宁就认为,“劳动生产率,归根到底是保证新社会制度胜利的最重要最主要的东西。”④毛泽东在制定社会主义建设总路线时,把“多快好省”作为根本要求,从20世纪中期的“大跃进”,到21世纪初期的“又快又好”,均一脉相承,以迅速追赶发达国家为旨归,形成了赶超型的发展模式。但是,在一国建设社会主义的特定环境中,生产关系在集中剩余劳动方面的功能,则发挥了更大的作用。农业和轻工业为重工业化建设付出了代价,国有企业的新建远远走在了既有企业的更新改造前面⑤,都是剩余劳动被集中使用的结果。仰赖社会主义先进的生产关系和上层建筑,社会主义生产方式无论在苏联还是在中国,均取得了历史性进步。问题在于,先进的社会主义生产关系和上层建筑,由于在相当长的历史时期与尚未建成的社会主义生产方式相脱离,最终遇到落后生产力的决定作用(农业手工生产力的广泛存在)而不得不进行改革。

社会主义生产方式在新中国初期因为生产力的落后,在改革开放后因为资本关系的引入,至今仍未完全形成。创建社会主义生产方式仍然是中国特色社会主义建设事业的主要经济任务。

三、社会主义经济形式

我们把社会分工基础上的生产者之间的经济联系形式称为经济形式,不同的经济形式下,生

① 毛泽东:《矛盾论》,《毛泽东选集》第1卷,人民出版社1991年版,第325—326页。

② 参见马社香:《刘少奇为什么放弃“先机械化后集体化”主张》,中国社会科学报2014年1月13日。

③ 中共中央文献研究室:《建国以来毛泽东文稿》第13册,中央文献出版社1998年版,第242页。

④ 列宁:《伟大的创举》,《列宁选集》第4卷,人民出版社1960年版,第16页。

⑤ 孙冶方痛感:“大家知道,为了保证重点建设,我们的基建投资是抓得很紧的,零星的‘改建’或‘基建’一般是很难得到批准的。”(孙冶方:《从“总产值”谈起》,载《社会主义经济的若干理论问题》,人民出版社1979年版,第39页。)

产者之间的物质变换方式是不同的。市场经济是一种经济形式,计划经济也是一种经济形式。前者通过市场将分散决策协调为统一的社会再生产,后者通过事先制订的计划指导整个社会再生产,取消了分散决策,代之以统一决策。

计划经济不仅是一种资源配置的技术体系,它首先是一种生产关系。中央集权的计划经济作为一种社会主义生产关系,涵盖社会分工和工厂内部分工,是计划制定者和计划执行者在生产目的设定一致基础上共同生产所采取的经济形式。

列宁的社会“大工厂”观念是这种计划经济形式的经典反映,但这种观念抹掉了工厂内部分工与社会分工之间的界限,“大工厂”以工厂内部分工取代社会分工,作为计划经济的基础。计划经济不止有这一个理论基础,更重要的是实现人的劳动直接成为社会劳动,而不是经由价值以迂回曲折的方式表现为社会劳动,而这种迂回曲折的方式是私有制的必然产物,因此,在消灭了私有制之后,应当实行不同于市场经济形式的计划经济。计划经济形式是人摆脱物的统治,摆脱商品拜物教、货币拜物教、资本拜物教,消灭商品货币关系的必然结果。

按照改进的历史唯物论观点,当生产关系变革未能引起有机生产方式的变迁,则这种生产关系的变革最终会招致失败。在社会主义经济思想史上,人们长期将计划经济的生产方式基础单纯理解为工业生产方式,以为只要完成了工业化,社会主义计划经济就有了自身的物质技术基础,就能够获得巩固。第二国际思想家们是这样理解的,列宁的“在工农政权和苏维埃制度的基础上赶上别国人民”的著名指示同样是这样理解的。问题在于:苏联和中国已经建立的工业并不像列宁所设想的那样,消灭了工厂内部分工和工厂之间社会分工的界限,并没有形成一个社会“大工厂”。工厂内部的核算尚且存在,工厂之间的核算更是不可或缺。经济核算的存在并不是像一些作者认为的那样,是发展商品经济的要求,相反,商品经济倒是这种利益核算的产物。

为什么社会主义工业基础奠定后,工厂内部和工厂之间会存在经济核算呢?孙冶方在谈到总产值指标的缺陷时,举示过工厂在产值计划指标确定后愿意生产刃具而不愿生产量具的例子①,经典地再现了计划经济中工厂利益与社会利益的矛盾。正是这种经济利益矛盾产生了经济核算的必要性。在孙冶方的这个例证中,社会化的工厂生产已经代替了自给性的个体小生产,并且工厂的生产资料所有制也已经完成了社会主义改造,为什么工厂会有选择性地去完成总产值生产任务呢?而且,这种选择并不存在信息问题,并不是工厂不了解刃具已经积压过剩,继续生产就是一种浪费。工厂明明知道这些,为何仍然多生产刃具?孙冶方的解释可以概括为两点:一是作为计划任务下达的“总产值”指标有缺陷,在统计上,总量指标掩盖了结构差异;二是量具和刃具在完成总产值任务指标中发挥的作用是有差别的,量具“料少工多”,难以完成,而刃具“工少料多”,易于完成。但这两点理解都不涉及利益关系,而是统计与计划管理的技术问题,以及产品价值构成的差异。事实上,正是工厂考虑到自身的利益(以最省力的方式完成计划任务指标),才是形成这种有选择性地进行生产的真正动力所在。这种选择在实际生产开始之前,就在工厂

---

① 孙冶方:“一般说来,量具是料少工多,而刃具是工少料多。……因此,如果工厂接的订货主要是精密的量具,那它就很难完成总产值计划。因此,不管有没有订户,不能不带做一些较粗的刃具以作平衡。”(孙冶方:《从“总产值”谈起》,载《社会主义经济的若干理论问题》,人民出版社 1979 年版,第 27 页。)

领导人的头脑中完成了，并作为目的论设定指导整个生产过程，也就是说，这里已经出现了偏离计划目标的目标，出现了统一决策之外的决策。这种偏离计划目标的生产过程一再进行，最终促使计划关系向市场关系转变。

从表象上看，工厂多生产刃具是钻了以总产值指标进行计划管理的空子，但钻空子的人总是为了谋求自身的利益，即使计划管理不采用总产值指标，而采用使用价值指标，只要工厂存在自身利益考量，同样会出现产品质量、品种、规格和花色问题。在孙冶方的例子中，愿意多生产刃具的工厂是在谋求不同于计划制定者赋予其角色不同的角色，是在谋求计划制定者赋予其利益之外的利益。于是，这里出现了两个角色和两种利益。两个角色和两种利益的出现，破坏了计划关系。计划经济关系的破坏，不是社会化生产造成的，而是生产资料公有制经济内在经济利益矛盾造成的。

卢卡奇在《关于社会存在本体论》①下卷中，设专章讨论观念的东西和意识形态问题。在这部著作第三章下设有“经济中的观念因素”“观念因素本体论”和“意识形态问题”三节。他将目的论设定的劳动作为社会存在本体论的根基，必然重视经济中的观念因素，而不是作为物质范畴的生产力和生产工具。正是在劳动的目的论设定中，观念因素起到了决定性作用，尽管观念因素的决定作用能否实现，要取决于将自在因果联系成功转变为被设定的因果联系。观念因素不仅在第一类目的论设定中起决定作用，在意图引起他人做出相应的目的设定的第二类目的论设定中，同样起决定性作用。计划经济是这样一种经济形式，它不是分散的决策在先，然后通过市场进行协调，而是事先订出社会再生产计划，所有工厂和个人的决策受计划制约，社会是一个有机的整体。计划经济中决策主体只有一个，那就是中央计划机关，目的也只有一个，那就是计划目标。各工厂和个人只是完成计划指标的器官，没有独立的决策和目标。然而，两个角色和两种利益打破了计划的整体性，一个角色是计划赋予的，一个是工厂自己谋求的。易言之，如果在计划管理中出现分散决策，也就是在事先做出的计划决策之后，又出现计划实际执行者因自身利益考量的分散决策，那么计划会受到冲击，冲击达到一定程度会造成经济计划的流产。

执行计划生产的个别工厂以及按计划要求进行劳动的个人，如果在上有政策（计划）时，寻求下有对策，那么计划赋予个体的角色就会发生观念上的分裂。计划经济是一个有机整体，对于整体而言只有一个中央决策机关②，只存在“统一意志”，下有对策等于在计划执行中产生了分散决策的意志，这种观念分裂，使得在统一计划管理下，作为计划执行的各个器官变成了独立的经济主体，这是计划经济内部特有的经济矛盾。

计划经济的成功要以不产生分散决策为条件，各工厂和个人只能有统一意志。在计划经济中，个别工厂不是没有自己的生产目标和利益，但是这种目的设定是以整个社会统一的目的设定为前提而产生的第二类目的论设定，后者通过计划指标的层层分解而形成一个目的论设定体系，计划的每个执行者努力的方向是整个目的设定体系中规定的具体目的，这种目的可称为被赋予

---

① 卢卡奇：《关于社会存在的本体论》下卷，重庆：重庆出版社 1993 年版。

② 至于计划制定本身也是一个过程，在这个过程中计划制定者固然要征求计划执行者的意见和建议，因而存在分散个体的不同决策，但这不在我们现在考察的范围内。这里的考察以社会再生产计划已经确定并下达实施为前提。

的目的，它与基于执行者自身利益分散决策时所设定的目的在性质上根本不同，后者可称为自主的目的。因此，自主目的设定的出现，等于在计划外进行生产。正像商品的内在矛盾最终会外化为商品和货币的矛盾一样，计划的内在矛盾最终会发展成计划生产和计划外生产的外在矛盾。

计划和市场，决不仅仅是资源配置手段，它们首先是不同的生产关系。市场经济的实行使市场重新成为社会生产关系的协调者，结果，具体劳动需要通过交换、通过价值的迂回曲折才能表现为社会劳动，一切资本主义特有的经济矛盾开始出现，社会主义社会有重新沦为阶级社会的危险。

20 世纪 50 年代，社会主义改造结束后，敏锐的学者认识到市场经济关系存在的必然性，在理论上是通过承认价值范畴和价值规律的作用表现出来的。但是，社会主义作为人类理想，作为一种在意识形态中的新的生产关系，作为目的论设定，已经为社会大多数人所接受。于是，尽管经历计划与市场的主辅关系、鸟笼关系、补充关系、有机结合关系的过渡，最终选择了市场经济形式，但必须坚守社会主义，这就是社会主义市场经济的由来。

马克思在批判古典经济学时这样写道："劳动产品的价值形式是资产阶级生产方式的最抽象的，但也是最一般的形式，这就使资产阶级生产方式成为一种特殊的社会生产类型，因而同时具有历史的特征。因此，如果把资产阶级生产方式误认为是社会生产的永恒的自然形式，那就必然会忽略价值形式的特殊性，从而忽略商品形式及其进一步发展——货币形式、资本形式等等的特殊性。"①

总之，改进的历史唯物论关于有机生产方式变迁的观点，不仅有助于理解当前中国社会主义经济改革的内在逻辑，对于把握中国社会主义经济思想史的基本线索，亦不乏其学术价值。

（本文原载《教学与研究》2017 年第 5 期）

① 马克思：《资本论》第 1 卷，人民出版社 2004 年版，第 99 页。

新时代中国特色社会主义政治经济学研究对象和逻辑起点

——马克思《资本论》及其手稿再研究

颜鹏飞*

摘　要　新时代中国特色政治经济学的研究对象以及该体系的逻辑起点是学术界一直争论不休的热点问题。马克思《资本论》及其手稿所展露的关于狭义的政治经济学体系的研究对象和逻辑起点的探索，为阐释新时代中国特色政治经济学的研究对象和逻辑起点提供了富于启迪的思路和方法论。社会主义生产方式总体及其生产力和生产关系的运动规律是中国特色社会主义政治经济学这一门科学的研究对象；而现实的社会主义公有制市场经济形态条件下的“变形的商品”则是中国特色社会主义政治经济学体系的逻辑起点或元范畴。

关键词　新时代中国特色社会主义政治经济学　研究对象　逻辑起点　马克思《资本论》及其手稿

一般而言，作为学科或者体系标识的研究对象与逻辑起点，举足轻重。马克思《资本论》及其手稿关于狭义的政治经济学体系的研究对象和逻辑起点的理论研究成果，实际上是新时代中国特色政治经济学研究对象和逻辑起点的理论渊源。社会主义生产方式总体及其生产力和生产关系的运动规律是中国特色社会主义政治经济学这一门科学的研究对象；而现实的社会主义公有制市场经济形态条件下的“变形的商品”则是中国特色社会主义政治经济学体系的逻辑起点或元范畴。

一、新时代中国特色社会主义政治经济学的研究对象

社会主义生产方式总体及其生产力和生产关系的运动规律，是中国特色社会主义政治经济学这一门科学的研究对象。

---

* 颜鹏飞，武汉大学教授，人文社会科学研究院驻院研究员，中央马克思主义理论研究和建设工程首席专家。

学术界对于中国特色社会主义政治经济学的研究对象颇具争议。1949 年以来，比较流行的观点是根源于斯大林经济学模式的，把政治经济学的研究对象仅定位于单一的生产关系及其三分法。以生产关系为研究对象论者居于主流地位。改革开放以来，熊映梧的生产力对象论（1978 年）、马家驹的生产方式对象论（1981 年）、吴易风的“生产力—生产方式—生产关系”对象论（1997 年），以及胡钧的“生产关系总体”论（2011 年），先后被列为政治经济学的研究对象而引起学界的讨论和争鸣。总的来看，其发展趋势是越来越逼近马克思的研究对象总体论。

（一）马克思研究对象理论史

马克思关于这一问题的阐述经历了一个发展过程。我们可以从中得到启迪。

（1）早期阶段侧重于广义的研究对象总体，以《1857—1858 年手稿》和 1859 年《政治经济学批判》为标志，揭示经济的社会形态这一“总体”（“有机体制”）的运动规律。

一是生产力和生产关系的辩证法运动规律。马克思在《1857—1858 年经济学手稿》著名的“导言”中的“政治经济学的方法”一节中，强调指出：政治经济学应该探索“生产力（生产资料）的概念和生产关系的概念的辩证法”，以及“第二级的和第三级的东西，总之，派生的、转移来的、非原生的生产关系”。①这就是《导言》结束语中，列举的政治经济学提纲 8 条中的第 5 条和第 3 条。政治经济学提纲 8 条堪比关于费尔巴哈的提纲 11 条（1845 年），前者探讨现实的社会经济社会的发展规律及其理论反映；后者把实践观点引入认识论，告诫哲学家们不仅要用不同的方式解释世界，而且问题在于改变世界。应该强调指出，《导言》就是习近平总书记列出的领导干部必读的经典篇目之一，“可以看作马克思全部政治经济学著作的总导言”。②

二是经济的社会形态〔有机体制〕这一“总体”的发展规律。马克思关于经济的社会形态“总体”的发展规律，主要有两大论述：

一是阐述了广义的唯物主义的辩证的新发展观，其特征是集创造型发展和从属型发展于一体，是对于历史虚无主义的严厉批判。他在《1857—1858 年经济学手稿》中指出：“新的生产力和生产关系不是从无中发展起来的，也不是从空中，又不是从自己产生自己的那种观念的母胎中发展起来的，……而它向总体的发展过程就在于：使社会的一切要素从属于自己，或者把自己还缺乏的器官从社会中创造出来。有机体制在历史上就是这样向总体发展的。”③

其二是狭义的唯物主义的辩证的新发展观，其特征是侧重考察社会经济形态的更替性和创造性：“人们在自己生活的社会生产中发生一定的、必然的、不以他们的意志为转移的关系，即同他们的物质生产力的一定发展阶段相适合的生产关系。这些生产关系的总和构成社会的经济结构，即有法律的和政治的上层建筑竖立其上并有一定的社会意识形式与之相适应的现实基础。物质生活的生产方式制约着整个社会生活、政治生活和精神生活的过程。不是人们的意识决定人们的存在，相反，是人们的社会存在决定人们的意识。社会的物质生产力发展到一定阶段，便

① 《马克思恩格斯文集》第 8 卷，人民出版社 2009 年版，第 33—34 页。

② 《〈政治经济学批判〉导言：经典价值历久弥新》，《光明日报》2017 年 12 月 29 日。

③ 《马克思恩格斯全集》第 46 卷上，人民出版社 1970 年版，第 235—236 页。

同它们一直在其中运动的现存关系或财产关系(这只是生产关系的法律用语)发生矛盾。于是这些关系便由生产力的发展形式变成生产力的桎梏。那时社会革命的时代就到来了。随着经济基础的变更,全部庞大的上层建筑也或慢或快地发生变革。……大体说来,亚细亚的、古代的、封建的和现代资产阶级的生产方式可以看作是社会经济形态演进的几个时代。资产阶级的生产关系是社会生产力的最后一个对抗形式。"①这一经典表述侧重考察社会经济形态的更替性和创造性。这与既定时代以及无产阶级政党赋予马克思的历史使命——即为工人阶级锻造批判和推翻资产阶级剥削制度的理论利器——是分不开的。

学术界在很长一段时间,大多把这段论述视为唯物主义历史观的全部核心内容和唯一的经典表述。这是一个误解。我们不能扬此抑彼,要全面把握马克思的社会机体发展规律。这两段论述的原理是一致的,只是从不同角度、共同体现了历史唯物主义的基本原理。应把上述两段经典表述以及散见于多处的相关论述综合加以理解。

(2) 第二阶段侧重于狭义的政治经济学研究对象,以1867年出版的《资本论》第一卷为标志,研究资本主义政治经济学研究对象,具体化为"资本主义生产方式以及和它相适应的生产关系和交换关系。"②

早在《1857—1858年经济学手稿》的"导言"中,马克思开门见山地指出,"摆在我们面前的对象,首先是物质生产"③,也就是社会物质直接生产过程结成的各种关系,市场整体的各个环节(生产、交换、分配和消费)之间的经济关系的总和。他反对把单个的孤立的个人生产当作出发点,因为这是属于18世纪的缺乏想象力的虚构,而是要把一定社会性质的生产当作自己的研究对象和出发点。

《资本论》第一卷正是这样做的,从生产商品的直接的物质生产过程中,寻找资本剥削劳动的秘密之所在。近全书一半篇幅阐释生产过程,其中包括从协作—分工和手工业—机器大工业,绝对剩余价值生产与相对剩余价值生产,旨在从物质生产过程中寻找剩余价值产生的秘密。马克思大量搜集"工厂视察查员"报告、"童工调查"、"公共卫生"、"面包行业"等委员会的蓝皮书。

美国"新左派"经济学家哈里·布雷弗曼(Harry Braverman)继承了马克思的研究对象学说,在《劳动与垄断资本——二十世纪中劳动的退化》(1974)一书中,注重探讨垄断资本主义条件下的劳动过程。在他看来,《资本论》把对劳动过程的分析第一次置于真正科学的基础之上,有鉴于此,布雷弗曼深入探讨了垄断资本主义条件下生产过程领域中的新变化和新现象,他认为,自马克思逝世后,至今尚无一个马克思主义者对此作出马克思主义的分析。

(3) 第三阶段以《哥达纲领批判》(1875)、《反杜林论》(1876—1878)为标志,侧重于研究广义政治经济学研究对象。

恩格斯第一次划分了广义政治经济学和狭义政治经济学,并探讨了广义政治经济学的研究对象。"政治经济学作为一门研究人类各种社会进行生产和交换并相应地进行产品分配的

---

① 《马克思恩格斯文集》第2卷,人民出版社2009年版,第591—592页。

② 《马克思恩格斯全集》第42卷,人民出版社2016年版,第14页。

③ 《马克思恩格斯文集》第8卷,人民出版社2009年版,第5页。

条件和形式的科学，——这样广义的政治经济学尚有待于创造”，必须先历史地个别地研究各种社会、各个国家、各个发展阶段上一定的特殊经济规律和经济形式，然后才能确立为数不多的、适合于一切生产和交换的最普遍的规律。恩格斯强调政治经济学的任务在于：证明现在开始显露出来的社会弊病是现存生产方式的必然结果，同时也是这一生产方式快要瓦解的标志，并且在正在瓦解的经济运动形式内部发现未来的、能够消除这些弊病的、新的生产组织和交换组织的因素。

由此看来，马克思恩格斯研究对象理论史的启迪是，生产方式总体及其生产力和生产关系的运动规律，应该是政治经济学的研究对象。

(二) 如何认识作为研究对象的核心范畴“生产方式”

在“资本主义生产方式以及和它相适应的生产关系和交换关系”这一研究对象中，关键在于如何界定作为研究对象的核心范畴“生产方式”这一术语。在马克思的著作中，这是使用频率很高的术语，并且在不同的语境下，马克思赋予生产方式范畴的含义往往是各不相同的。

学术界在这方面的争议颇大。归纳起来，马克思主要在以下六种含义上使用过生产方式概念：(1)生产方式指生产的技术基础；(2)生产方式就是生产关系；(3)指生产力的社会形式；(4)指用什么劳动资料进行生产以及生产规模的大小和不同的生产部门；(5)生产方式是联系生产力和生产关系的中间环节；(6)资本主义生产方式包括资本主义的一切经济形式。①

马克思在 1872—1875 年多次修改的《资本论》法文版中——“它仍然在原本之外有独立的科学价值，甚至对懂德语的读者也是有参考价值”——对于“生产方式”术语的规定性有了甚为明晰的解读。②在马克思看来，生产方式与生产关系不是同一个东西，应该了解“关于生产关系和生产方式之间的联系”③，而后者主要具有两种含义：

生产方式的第一种含义是生产形式或者劳动的生产条件，即技术条件(生产技术工艺、生产技术方式或生产的物质内容)和社会条件(生产的社会形式)或者劳动组织形式。马克思因此在《资本论》第一卷(共 7 篇)的第 3、4、5、7 篇，着重研究了作为第一种含义的资本主义生产方式，阐述了资本主义生产中的分工、机器的使用，以及机器和科学在资本主义的应用；阐释特殊的资本主义生产方式形成的三大阶段，即简单协作是资本主义生产的起点、分工和工场手工业凸显了资本主义性质、而机器和大工业则是特殊资本主义生产方式确立的显著标志，以及资本主义生产过程的二重性，等等。

第二种含义是社会制度或经济制度。马克思在《资本论》中，也着重研究了作为第二种含义的资本主义生产方式，就是以资本和雇佣劳动的关系，以及“把自己的生产方式建立在价值基础上，进而按照资本主义方式组织起来的国家”为特征的基本经济制度。④马克思着重阐释了劳动

---

① 参见赵家祥：《马克思恩格斯的哲学变革之路》，中国社会科学出版社 2016 年版，第 230 页。

② 《马克思恩格斯全集》第 23 卷，人民出版社 1976 年版，第 29 页。

③ 《马克思恩格斯全集》第 42 卷，人民出版社 2016 年版，第 13 页。

④ 《马克思恩格斯文集》第 7 卷，人民出版社 2009 年版，第 964 页。

力商品理论、劳动过程与价值增值过程理论、劳动对资本的形式从属到实际从属、资本总公式矛盾和资本的本质,等等。并且在《资本论》第三卷结束部分,对于资本主义生产方式特征作了理论概括。在他看来,商品是资本主义生产占统治地位的产品,资本主义生产的根本目的和动机就是剩余价值,并且剖析了剩余价值的各种分配形态(利润、利息和地租),批判了"三位一体"公式,即利润包括利息和企业主的收入,利息表现为资本所固有的产物,而企业主收入则表现为监督劳动的工资。这就凸显了资本主义生产方式的神秘化、社会关系的物化,各种生产关系越来越互相独立,剩余价值的不同部分互相异化和硬化,内部联系的线索越来越消失而最终割断了,剩余价值的源泉就完全被掩盖起来了。如果说在利润上还有劳动的幽灵,尤其在利息资本的形式上,收入源泉完全归结为资本的本性和风险成本。"庸俗经济学……会在这个消灭了整个内部联系的三位一体中,为自己的浅薄的妄自尊大,找到自然的不容怀疑的基础,这也同样是自然的事情。同时,这个公式也是符合统治阶级的利益的,因为它宣布统治阶级的收入源泉具有自然的必然性和永恒的合理性,并把这个观点推崇为教条。"①

除了资本主义生产方式的物化、异化、欺骗性和剥削性质外,马克思进而阐释了资本主义生产方式的历史进步性和历史暂时性。

总的来说,为什么把生产方式而不是把生产关系作为政治经济学研究对象之精髓?这是因为生产方式这一核心术语的意义在于:"任何时候,我们总是要在生产条件的所有者同直接生产者的直接关系——这种关系的任何当时的形式必然总是同劳动方式和劳动社会生产力的一定的发展阶段相适应——当中,为整个社会结构,从而也为主权关系和依附关系的政治形式,总之,为任何当时的独特的国家形式,发现最隐蔽的秘密,发现隐蔽着的基础。"②

西方激进派推崇马克思的生产方式理论。如法国的路易·阿尔都塞(L. Althusser)、艾蒂安·巴里巴尔(E. Balibar)在《读〈资本论〉》(1965)一书中,从哲学视域着重探讨了《资本论》的对象即资本主义生产方式理论。英国学者本·法因(Ben Fine)、劳伦斯·哈里斯(Laurence Harris)在《重读〈资本论〉》(1979)一书中,在经济学视域下探讨、解读和阐述一理论的当代价值。在他们看来,当代资本主义生产发生了显著的变化,但是资本主义社会的根本矛盾、资本主义生产方式的根本目的和特征并没有改变。

总而言之,就中国特色社会主义政治经济学体系逻辑运动的总路径和总过程而言,研究对象就是社会主义生产方式总体及其生产力和生产关系的运动规律。

二、中国特色政治经济学体系的逻辑起点

政治经济学逻辑体系的始点范畴、元范畴即逻辑起点或定位,牵一线而动全局。何为中国特色政治经济学体系的逻辑起点?这在学术界是一个争论不休的热门问题。人民主体论、社会主

① 《马克思恩格斯文集》第7卷,人民出版社2009年版,第941页。

② 同上书,第894页。

义公有制或者基本经济制度、经济运行(微观、中观、宏观)、市场经济一般、国家、人民主体、社会主义产品、自主的联合劳动、社会化的劳动一般、企业,抑或消费需求等,曾一一被选为中国特色政治经济学体系的逻辑起点。

2017 年,在这一领域有代表性的研究新进展之一,就是应该以大量存在于社会主义初级阶段中,现实的社会主义公有制市场经济形态条件下的"变形的商品"作为中国特色社会主义政治经济学体系的逻辑起点或元范畴。①

此外,"人民主体论""国家起点论"也引人注目。后者强调:中国政治经济学在理论上存在一个"国家暗箱",而"国家"在中国也是一种"普照的光",中国现代国家的建立,根本无法照搬"生产力—生产关系—上层建筑"这个"理论范式",因为中国现代的国家形态,并不是简单地由经济基础决定的,中国的公有制不是源于发达的社会生产力,而是源于国家发展的需要,因此完全可以改变一下马克思的"六册计划"中的范畴顺序,把"国家"作为中国特色社会主义政治经济学的"起点范畴"。②新的领导集体非常重视治国理政问题。二卷本《习近平谈治国理政》收录了讲话、谈话、演讲、批示、贺电等 178 篇。从某种意义上讲,这也是一个佐证。

(一) 马克思的政治经济学体系逻辑起点论

社会主义公有制条件下的"变形的商品",应该是中国特色社会主义政治经济学体系的逻辑起点。其理论渊源是黑格尔的开端论、马克思概念变形论和商品变形论。马克思《资本论》体系正是以商品为逻辑起点,开展了商品—货币—资本的矛盾运动,揭示了资本主义生产方式的欺骗性、剥削性,以及历史进步性和历史暂时性的辩证法运动。

在马克思看来,选择逻辑起点应该遵循始基性、抽象性、现实性或者历史性原则。其一,起点范畴应该包含着此后展开的一切矛盾的胚芽,其终端以扬弃的形式包含着自己开端的规定性,"它从一些简单的规定性开始,而在这些规定性之后的规定就愈来愈丰富,愈来愈具体,因为结果包含着自己的开端,而开端的运动用某种新的规定性丰富了它"③。商品—货币—资本的矛盾运动,凸显了商品蕴含着资本主义经济形态一切矛盾的胚芽。其二,抽象性服从现实性。庞大的商品堆积是资产阶级社会财富的看得见、摸得着的特征,具备现实性。马克思之所以最后抛弃具有简单规定性的价值范畴而选择更为复杂的商品范畴作为起点范畴,是因为价值是看不见、摸不着的"幽灵",仅仅具备抽象性而缺乏现实性。

马克思和恩格斯进而提出建立在概念变形论基础之上的"变形的商品"(die modifizierte

① 见中国人民大学书报资料中心经济编辑部课题组:《2017 年中国经济学与管理学研究热点分析》,《经济学动态》2018 年第 4 期。课题组指出:围绕中国特色社会主义政治经济学这一主题,2017 年有代表性的研究新进展主要体现在四个方面:分析了《资本论》与中国特色社会主义政治经济学的关系;探讨了中国特色社会主义政治经济学体系的构建;阐述了中国特色社会主义政治经济学的逻辑起点问题;以及与西方经济学的关系。

② 见邱海平:《论中国政治经济学的创新及逻辑起点——基于唯物史观对于中国现代历史适用性的思考》,《教学与研究》2010 年第 3 期。

③ 黑格尔:《逻辑学》,商务印书馆 1977 年版,第 51—65 页。

Ware)术语[①]，这是马克思商品学说的深化和丰富。它是建立在关于概念、术语或范畴变形理论基础之上的。马克思反对把概念"限定在僵硬的定义中，而是要在它们的历史的或逻辑的形成过程中来加以阐明"，它具有"历史的痕迹"，是一定的历史阶段才能出现的社会形式，以及存在于好几个社会经济形态中的物质内容。[②]

例如，资本主义条件下的劳动力，实际上是一种"变形的商品"。劳动力商品化理论，是马克思破解古典政治经济学破产之谜的极其重要的理论，是劳动价值论转化成为剩余价值理论的重要一环。资本主义条件下的资本，实际上也是一种"变形的商品"，即采取资本形式的生产资料转化为"特殊的商品"，从而成为"真正意义上的资本"。[③]

迄今为止，商品已经经历了三次变形。从一般的简单商品生产即 W－G－W，转化成为资本主义商品生产 G－W－G，这里的商品实际上是"已经在资本主义下变形的商品"[④]，此为第一次变形。金融商品即金融衍生产品或者虚拟经济产品(Virtual E Goods)的出现，是商品的第二次变形，从而表明，"一切资本主义生产方式的国家，都周期性地患上一种狂热病，企图不用生产过程作媒介而赚到钱"[⑤]。而在社会主义初级阶段条件下，商品正在进行第三次变形，即不同于资本主义商品经济的社会主义初级阶段社会主义公有制条件下的商品。

(二) 中国特色政治经济学体系的逻辑起点是第三次"变形的商品"

如果说，处于前两次"变形的商品"的生产，在资本主义私有制条件下，成为资本主义政治经济学体系的起点，那么，处于第三次变形阶段的商品，应该是中国特色社会主义政治经济学体系的起点范畴。

这种商品不同于斯大林的"特种的商品生产"[⑥]。因为在斯大林看来，生产资料在对外贸易领域是商品，而在国内经济流通领域"仅仅保持着商品的外壳(计价等等)"[⑦]，价值规律只是作为被限制的"改造过的价值规律"，而否认劳动力和生产资料是商品。

这种商品是一种二元并存的对立统一形态，即在双层所有制结构(公有制与非公有制)，以及多种规律或者机制(例如社会主义基本经济规律和市场经济规律)制约条件下生产出来的特殊的变形商品。这是符合新时代中国的特殊国情的，"这并不妨碍相同的经济基础——按主要条件来说相同——可以由于无数不同的经验的情况，自然条件，种族关系，各种从外部发生作用的历史影响等等，而在现象上显示出无穷无尽的变异和彩色差别，这些变异和差别只有通过对这些经验上已存在的情况进行分析才可以理解"[⑧]。详而言之，这种变形商品的典型特征是：前提条件的

---

① 马克思：《资本论》第 3 卷，人民出版社 1975 年版，第 17 页。
② 同上书，第 17 页；马克思：《资本论》第 1 卷，人民出版社 1975 年版，第 192 页。
③ 《马克思恩格斯全集》第 26 卷第 3 册，人民出版社 1972 年版，第 389、306 页。
④ 同上书，第 17 页。
⑤ 《马克思恩格斯全集》第 24 卷，人民出版社 2004 年版，第 67 页。
⑥ 《苏联社会主义经济问题》《斯大林选集》下卷，人民出版社 1979 年版，第 551 页。
⑦ 同上书，第 578 页。
⑧ 《马克思恩格斯文集》第 7 卷，人民出版社 2009 年版，第 894—895 页。

二元性质，即作为主体的社会主义生产资料公有制与非公有制并存；调节机制多元化，即市场机制与政府作用并存；商品形态二元化，即商品与公共品并存、劳动力商品化与非商品劳动力并存；按劳分配与按要素分配并存，等等。

如何以社会主义初级阶段公有制条件下的变形商品为起点范畴，演化出来中国特色社会主义政治经济学体系，这是基于马克思概念变形理论基础之上的，需要结合当代中国新的实际加以丰富发展的理论。这是一篇大文章。

（本文原载《内蒙古社会科学》2018 年第 4 期）

新时代“强起来”的中国特色社会主义政治经济学体系构建*

蒋永穆　卢　洋**

摘　要　中国特色社会主义政治经济学的体系构建是当前中国经济理论界研究的热点问题，现有成果大多集中于某一方面进行具体研究。文章基于新时代社会主要矛盾的变化，阐述了构建“强起来”的中国特色社会主义政治经济学体系的必要性和可能性，并构建了“强起来”的中国特色社会主义政治经济学体系，包括科学原则、研究对象、研究方法和内容等。

关键词　中国特色社会主义　政治经济学　强起来　社会主要矛盾　现代化经济体系

一、构建“强起来”的中国特色社会主义政治经济学体系的时代背景

对于政治经济学发展来说，随着中国特色社会主义进入新时代，意味着其主题实现了从“站起来”“富起来”到“强起来”的伟大转变。“强起来”的中国特色社会主义政治经济学体系的构建，既是中国特色社会主义新时代的题中之义，也是当前中国发展实际的生动阐释。

（一）构建“强起来”的中国特色社会主义政治经济学体系的必要性

进入新时代，只有加快构建“强起来”的中国特色社会主义政治经济学体系，才能充分体现中国特色社会主义政治经济学发展的时代性、实践性、理论性和国际性。

1. 充分适应社会主要矛盾转换的客观要求

社会主要矛盾的变化对于中国特色社会主义政治经济学的发展与主题的转换产生深刻影响和决定作用。中华人民共和国成立以来，社会主要矛盾经历了三次转换，中国特色社会主义政治经济学的主题也相应发生了三次转变。1956 年中共八大提出中国的社会主要矛盾是人民对建

---

* 本文系国家社会科学基金项目重大项目(2016MZD001)。

** 蒋永穆，四川大学经济学院教授；卢洋，四川大学经济学院博士生。四川大学 2017 级博士生周宇晗、王丽程、张红霞对本文亦有贡献，谨致谢意。

立先进的工业国的要求同落后的农业国的现实之间的矛盾和人民对于经济文化迅速发展的需要同当时经济文化不能满足人民需要的状况之间的矛盾，这一主要矛盾决定了中国特色社会主义政治经济学进入以“站起来”为主题的发展时期。在改革开放和社会主义市场经济逐步推进的过程中，社会主要矛盾转化为人民日益增长的物质文化需要与落后的社会生产之间的矛盾，这就决定了中国特色社会主义政治经济学进入以“富起来”为主题的发展时期。中共十九大以来，“中国特色社会主义进入新时代，我国社会主要矛盾已经转化为人民日益增长的美好生活需要和不平衡不充分的发展之间的矛盾”①，要充分适应和主动应对这一主要矛盾的变化，客观上要求中国特色社会主义政治经济学的主题转化为“强起来”。构建“强起来”的中国特色社会主义政治经济学体系，既与“站起来”和“富起来”的中国特色社会主义政治经济学一脉相承，又与当前中国国情相适应、与时代发展相融合。

2. 系统总结实践经验并指导新的伟大实践的迫切需要

从中国实践中提炼中国理论，用中国理论指导中国实践，是中国特色社会主义政治经济学发展的必然选择。一方面，中华人民共和国成立 60 多年，特别是改革开放 40 年来，中国经济发展与改革举世瞩目、成就斐然，这一系列中国特色社会主义经济实践，迫切需要强大的理论体系加以总结和提炼，即通过构建“强起来”的中国特色社会主义政治经济学体系，科学阐释中国特色社会主义经济发展规律和中国特色社会主义发展道路，从而将中国特色社会主义经济实践经验升华为系统化的中国特色社会主义经济学说，将“强起来”的中国特色社会主义实践优势真正转换为“强起来”的中国特色社会主义理论优势。另一方面，中国经济已经进入由高速增长转向高质量发展的新阶段，“全面建成小康社会到基本实现现代化，再到全面建成社会主义现代化强国”②等新的伟大实践，迫切需要先进的理论体系加以指导和支撑，即通过构建“强起来”的中国特色社会主义政治经济学体系，科学引导经济建设与发展，从而推动中国经济持续健康发展。

3. 开拓当代中国马克思主义政治经济学新境界的必然结果

发展与创新是政治经济学的鲜明特征，也是以马克思主义经济理论为根基的中国特色社会主义政治经济学的生命力所在。通过坚持将马克思主义基本原理与中国特色社会主义经济建设、改革实践和时代发展有机结合，使马克思主义政治经济学在中国不断发展和创新，而这种发展与创新是在实践中不断深化发展的。在新的发展阶段，面对更加错综复杂的国内外发展形势以及深刻变化的内外发展条件，党中央提出了开拓当代马克思主义经济学新境界的发展目标。立足理论发展的基础和方向，开拓当代马克思主义经济学发展新境界，就是要着力构建“强起来”的中国特色社会主义政治经济学体系，用强起来的、具有中国特色的、新的理论体系丰富和繁荣马克思主义政治经济学，从而持续推动马克思主义政治经济学在中国的创新和发展。

4. 积极贡献中国智慧和中国方案的有效途径

中国特色社会主义政治经济学的发展，不仅要立足中国实际，而且要具有国际视野。从国际

---

①② 习近平：《决胜全面建成小康社会　夺取新时代中国特色社会主义伟大胜利——在中国共产党第十九次全国代表大会上的报告》，《人民日报》2017 年 10 月 28 日，第 1 版。

理论影响上看，只有构建"强起来"的中国特色社会主义政治经济学体系，从中国特殊的发展战略和发展经验中提炼出具有原创性和主体性的理论观点，建立具有中国实际、中国特色和中国风格的理论体系，才能为世界经济理论尤其是马克思主义经济理论的发展贡献中国智慧。从国际实践影响上看，通过构建"强起来"的中国特色社会主义政治经济学体系，从中国模式和中国道路中总结出具有普遍性和规律性的发展经验，不仅可以为发展中国家的改革发展提供经验借鉴，而且能为发达国家的经济发展提供有益参考，从而为全球经济发展贡献中国方案，将"强起来"的中国特色实践优势真正转换为"强起来"的中国特色话语优势。

（二）构建"强起来"的中国特色社会主义政治经济学体系的可能性

构建"强起来"的中国特色社会主义政治经济学体系，在当前比任何时候都具有可能性。原因在于，中国通过多年的改革和发展，建立了中国特色社会主义的道路自信、制度自信和理论自信，为构建"强起来"的中国特色社会主义政治经济学体系奠定了坚实的经济基础、现实基础和理论基础。

1. 初级阶段经济建设实践取得重大成就

实践是理论的源泉，中国经济"强起来"的实践孕育着与之相匹配的"强起来"的理论体系。进入社会主义初级阶段以来，中国经济建设稳步推进，国民经济稳步增长，实现了从"站起来""富起来"到"强起来"的历史跨越。在经济总量上，中共十八大以来，中国国内生产总值从54万亿元增长到80万亿元，稳居世界第二，①在全球经济发展格局中真正占据了一席之地；在发展速度上，2012—2017年中国GDP年均增速超过7%，大幅高于同期全球和发展中国家的增长水平，创造了全球经济复苏中的"中国奇迹"；在国际影响上，中国经济对世界经济增长的贡献率已经超过30%，且超过了美国、欧元区和日本贡献率的总和，成为推动全球经济增长的主要力量。中国经济建设的伟大成就一方面充分印证了中国特色社会主义道路的正确性，另一方面有力夯实了构建"强起来"的中国特色社会主义政治经济学体系的实践基础。

2. 中国特色社会主义市场经济体制趋于完善

中国特色社会主义经济"强起来"的关键因素，在于建立、发展和完善了中国特色社会主义市场经济体制。其特点在于：既坚持了社会主义的基本制度，又发挥了市场经济的重要作用；既体现了社会主义制度的优越性，又展现了市场经济的先进性。经过多年发展，中国特色社会主义市场经济体制日趋成熟。一方面，中国仍然坚持公有制为主体、多种所有制共同发展的社会主义基本经济制度；另一方面，中共十八届三中全会将市场在资源配置中发挥"基础性"作用调整为"决定性"作用，中共十九大将"使市场在资源配置中起决定性作用，更好发挥政府作用"②写入党章，从而更好地为中国特色社会主义与市场经济的有机结合、协同发展与优势展现提供保障。不断完善的中国特色社会主义市场经济体制筑牢了构建"强起来"的中国特色社会主义政治经济学体

①② 习近平：《决胜全面建成小康社会 夺取新时代中国特色社会主义伟大胜利——在中国共产党第十九次全国代表大会上的报告》，《人民日报》2017年10月28日，第1版。

系的现实基础。

3. 以中国特色社会主义经济理论为主的理论资源日渐丰富

构建理论体系,迫切需要理论资源的支撑。习近平指出:“加快构建中国特色哲学社会科学,要善于融通古今中外各种资源,特别是要把握好三方面资源,一是马克思主义的资源,二是中华优秀传统文化的资源,三是国外哲学社会科学的资源。”①在吸纳马克思主义理论资源方面,在坚持和运用马克思主义政治经济学基本理论的基础上,结合中国实际,逐步形成了中国特色社会主义经济学理论等发展成果,巩固了中国特色社会主义政治经济学体系的理论基础。在利用中华优秀传统文化资源方面,中华民族深厚文化的传统,尤其是中国传统的经济思想所积淀下来的知识智慧和理性思辨,为构建“强起来”的中国特色社会主义政治经济学体系提供了宝贵的思想源泉。在使用国外哲学社会科学资源方面,国外的经济理论尤其是西方经济学各流派的理论思想和现代西方经济学的分析方法,也为构建“强起来”的中国特色社会主义政治经济学体系带来了有益滋养。

二、新时代“强起来”的中国特色社会主义政治经济学的科学原则

从原则来说,新时代“强起来”的中国特色社会主义政治经济学应坚持五方面原则。这五个原则之间的关系为:坚持新发展理念是首要原则,也是发展方向;坚持解放、发展和保护生产力是基本原则,也是重点任务;坚持以人民为中心是根本原则,也是出发点和落脚点;坚持社会主义市场经济的改革方向是关键原则,也是发展导向;坚持推动经济持续健康发展是重要原则,也是发展目标。

(一) 首要原则:坚持新发展理念

发展理念既是发展行动的前导,也是发展实践的引领。新发展理念是我们党对经济社会发展规律的认识深化和理论创新,是对国内外发展经验教训的深刻总结和对国内外发展形势的科学研判,也是解决中国发展中的突出矛盾和主要问题的治本之策。新发展理念不仅是中国经济社会发展必须坚持的,而且是中国特色社会主义理论发展必须遵循的。作为其组成部分,新时代“强起来”的中国特色社会主义政治经济学理应坚持新发展理念,用新发展理念去完善理论体系、指引发展实践。

新发展理念,即创新、协调、绿色、开放、共享五大发展理念。其中,创新发展是发展的内生动力,其核心在于通过创新驱动引领经济发展方式转变和经济增长动力转换,解决发展动力问题;协调发展是发展的内在要求,其核心在于通过协调发展补齐发展短板和拓展发展空间,解决发展不平衡问题;绿色发展是发展的必由之路,其核心在于通过绿色发展建设美丽中国和绿色强国,解决人与自然和谐发展问题;开放发展是发展的必然选择,其核心在于通过开放发展形成内外开

① 习近平:《在哲学社会科学工作座谈会上的讲话》,人民出版社 2016 年版,第 16 页。

放、互利合作新格局,解决内外联动发展问题;共享发展是发展的本质所在,其核心在于通过共享发展,真正实现改革发展成果的全体共享,解决社会公平正义问题。

坚持新发展理念的关键在于贯彻和落实新发展理念,将新发展理念普遍运用于实践当中。一是坚持创新发展,不断推动理论、制度和科技等各个方面的创新,有效培育发展新动力。二是坚持协调发展,大力推动城乡、区域、结构等各个方面的协调,不断增强发展的协同性和整体性。三是坚持绿色发展,加快推动形成绿色生产方式、生活方式和发展方式,建成人与自然生命共同体。四是坚持开放发展,积极发展更高层次的开放型经济,推动世界经济共建共享共发展。五是坚持共享发展,着力改善民生、满足人民群众对美好生活的向往,持续提高人民群众的获得感。

(二) 基本原则:坚持解放、发展和保护生产力

生产力是衡量经济社会发展成效的根本尺度,也是决定经济发展和社会进步的最终力量。新时代,中国社会主要矛盾虽然发生了变化,但是"我国仍处于并将长期处于社会主义初级阶段的基本国情没有变,我国是世界最大发展中国家的国际地位没有变"①,这在实践上决定了中国仍然要坚持解放、发展和保护生产力。解放、发展和保护生产力,不仅是实践的根本目的,而且是理论发展的重要准则。"强起来"的中国特色社会主义政治经济学体系的构建,则要将理论与实践结合起来,坚持解放、发展和保护生产力的基本原则。

解放、发展和保护生产力包含三层涵义:一是解放生产力,其目的在于破除各种束缚生产力发展的障碍和桎梏,为发展生产力准备有利条件;二是发展生产力,其目的在于促进生产力的不断更新和持续发展,从而持续推动经济发展和财富积累;三是保护生产力,其目的在于在生产力发展的过程中更加重视生态发展,促进人与自然的和谐发展。其中,解放生产力是发展生产力的前提,发展生产力是解放生产力的目标,保护生产力是解放和发展生产力的原则,三者缺一不可,必须长期坚持。

坚持解放、发展和保护生产力,核心在于持续推动生产力的发展。一是坚持解放生产力,深入推进各项改革,通过改革与生产力发展不匹配的内容和环节,推动生产力的加快发展。二是坚持发展生产力,充分遵循生产力发展规律,持续增强生产力发展动力,推动生产力的不断发展。三是坚持保护生产力,处理好经济发展与生态保护的关系,在经济发展过程中强化生态建设和环境保护,推动生产力的可持续发展。

(三) 根本原则:坚持以人民为中心

人民群众是历史的创造者,也是中国特色社会主义"强起来"的主体力量。党领导的社会主义经济建设,始终从人民群众的根本利益出发,坚持以人民为中心。以人民为中心是对马克思主义人民群众创造历史观点的深化,也是中国特色社会主义的内在属性。同时,以人民为中心是中

① 习近平:《决胜全面建成小康社会 夺取新时代中国特色社会主义伟大胜利——在中国共产党第十九次全国代表大会上的报告》,《人民日报》2017年10月28日,第1版。

国经济社会发展的价值追求，是中国特色社会主义政治经济学的根本立场。中国进行新时代的经济建设，仍然要坚持以人民为中心的根本准则；新时代"强起来"的中国特色社会主义政治经济学体系构建，仍然要坚持以人民为中心的根本原则。

以人民为中心，就是一切工作的出发点和落脚点都是人民，即实现好、维护好和发展好最广大人民的根本利益，不断增进人民福祉。其中，发展的起点是人民的需要，发展的主体是人民，发展的主要力量是人民，发展成果的受益者是人民，发展的目标是满足人民对美好生活的需要。

坚持以人民为中心，重点在于精准把握新时代人民的需要，有效满足人民日益增长的美好生活需要，充分满足人民群众多层次、多元化、多方面的需要。即坚持以经济建设为中心，不断推动经济高质量发展，更好满足人民群众的物质需要；同时，推动政治、经济、文化、社会、生态"五位一体"全面协调发展，持续提高发展的协调性、平衡性、充分性、可持续性，积极回应人民群众在民主、法治、文化、民生、环境等各个方面的非物质需要。

（四）关键原则：坚持社会主义市场经济的改革方向

社会主义与市场经济的结合，既是社会主义市场经济发展的精髓所在，也是政治经济学理论的重要成果。中国 40 年的改革开放充分印证了社会主义与市场经济结合的必然性和可行性，但是改革不是一蹴而就的，而是持续推进的，故在新时代应继续坚持社会主义市场经济的改革方向，从而更好地推动中国特色社会主义市场经济的发展。坚持社会主义市场经济的改革方向，不单是深入推进经济体制改革的基本方向，也是政治经济学体系的关键原则。

坚持社会主义市场经济的改革方向，就是在坚持公有制主体地位和社会主义基本发展方向的同时，深入推进经济体制改革，加快建设现代市场体系，不断完善和发展社会主义市场经济体制，从而建成市场机制有效、微观主体有活力、宏观调控有度的经济体制。

坚持社会主义市场经济的改革方向，核心在于正确处理好政府与市场的关系。即在市场有效发挥作用的同时，更好地发挥政府作用，建设有为政府并与有效市场相结合，形成"看得见的手"与"看不见的手"齐头并进、协同发挥作用、不断提升经济发展效率的良好格局。①

（五）重要原则：坚持推动经济持续健康发展

经济持续健康发展是社会主义经济建设的目标。随着中国经济建设进入由高速增长向高质量发展转变的新阶段，加快建设现代化经济体系，推动经济发展方式转化、结构优化、增长动力转换刻不容缓，而这一系列改革和发展的最终目的都是确保经济持续健康发展。推动经济持续健康发展，不仅是建设现代化经济体系的重要目标，而且应作为在现代化经济体系建设过程中发展的"强起来"的中国特色社会主义政治经济学的重要原则。

经济持续健康发展，即持续推动社会主义市场经济加快发展，不断创造发展新格局。一是在

---

① 蒋永穆：《建设现代化经济体系必须坚持的基本取向》，《马克思主义研究》2017 年第 12 期。

发展质量上，推动社会主义市场经济发展质量不断提高、效益稳步增加；二是在发展效率上，推动经济发展效率持续提高、水平不断提升；三是在发展动力上，推动经济发展持续增强动力、加快释放活力。

坚持推动经济持续健康发展，着力点在于建设现代化经济体系，推动经济发展质量变革、效率变革和动力变革，有效解决制约经济持续健康发展的结构性问题与体制性矛盾，不断提高全要素生产率，使经济持续健康发展。

三、新时代“强起来”的中国特色社会主义政治经济学的研究对象

新时代“强起来”的中国特色社会主义政治经济学的研究对象，从总体上来说，应是中国特色社会主义经济；从结构上来说，主要研究三个方面的内容，即生产关系、生产力和上层建筑。

（一）研究对象是中国特色社会主义经济

1.“中国特色社会主义的政治经济学”内涵界定

邓小平指出，中国特色社会主义政治经济学是“马克思主义基本原理和中国社会主义实践相结合的政治经济学”①。对于中国特色社会主义政治经济学的研究对象，有两种不同的理解，一种认为是“中国特色社会主义的政治经济学”，另一种认为是“中国特色的社会主义政治经济学”。这两种理解虽然看似只是词序的不同，其实存在很大差别，前者的重点在于中国特色社会主义经济，强调的是中国特色；后者的重点在社会主义经济，强调的是社会主义经济的一般。②中国特色社会主义政治经济学的研究对象应进行明确界定，即不是“中国特色的社会主义政治经济学”，而应该是“中国特色社会主义的政治经济学”，这主要基于两方面原因。一方面，从特殊性来说，中国特色社会主义的典型特征在于中国特色社会主义道路、制度和理论体系在其实践中的统一，具有鲜明的中国特色。在此基础上开展研究的中国特色社会主义政治经济学，是对中国特色社会主义经济发展规律的系统总结，故其研究的不是一般意义上的社会主义，而是中国特色社会主义。另一方面，从一般性来说，仅仅强调“中国特色”是片面的。“中国特色社会主义的政治经济学”中不仅蕴含了特殊性，而且包含了普遍性，其不仅要揭示中国特色社会主义经济的发展规律，而且要将中国经验提炼为一般性的理论规律，实现从特殊性到一般性的发展。因此，研究的应是“中国特色社会主义的政治经济学”，即不仅坚持马克思主义的基本原理和基本方法，而且充分结合中国实践，展现中国事实和中国经验。

2. 直接研究对象是中国特色社会主义经济

中国特色社会主义政治经济学的直接研究对象，是中国特色社会主义生产方式以及与之相适应的生产关系和交换关系。“强起来”的中国特色社会主义政治经济学，首先要遵循马克思主义经济学的基本原理研究生产关系；同时，又要结合生产方式研究生产力；此外，还要联系上层

① 《邓小平文选》第3卷，人民出版社1993年版，第83页。

② 张宇：《努力探索和完善中国特色社会主义政治经济学理论体系》，《政治经济学评论》2017年第2期。

建筑进行研究。其中,生产关系是政治经济学固有的研究对象,也是政治经济学的首要研究对象;生产力是政治经济学的必要研究对象;上层建筑是政治经济学的重要研究对象。

(二)首要研究对象:中国特色社会主义生产关系

生产关系是政治经济学固有的研究对象。马克思在《资本论》序言中指出,其研究的是"资本主义的生产方式及其与之相适应的生产关系和交换关系"①,奠定了政治经济学研究对象的基础。以马克思主义为指导构建的中国特色社会主义政治经济学,同样要将生产关系作为研究对象,在中国特色社会主义新时代深入研究和挖掘生产关系的发展规律。中国特色社会主义生产关系的内涵较丰富。结合市场经济的发展,中国特色社会主义政治经济学主要研究中国特色社会主义生产、分配、交换、消费等各个环节所构成的生产关系,涉及经济制度、经济体制、经济运行中的具体内容。一是在经济制度上,研究社会主义基本经济制度、基本分配制度和市场经济制度等内容;二是在经济体制上,研究社会主义市场经济体制以及政府与市场的关系和作用等内容;三是在经济运行上,研究宏观、中观和微观经济运行中的生产关系和作用机制等内容。

新时代中国特色社会主义生产关系的发展,要更加系统而深入地研究生产关系,即如何变革原有生产关系以及建设新的生产关系,使其适应生产力的发展,满足人民群众日益广泛的美好生活需要。当前,生产关系调整的重点集中在分配和消费两个方面。在分配上,进一步完善社会主义基本分配制度,推进生产要素报酬由市场决定的改革,促进居民收入增长和经济增长同步,逐步缩小收入差距。在消费上,着力完善促进消费的体制机制,更加突出提高人民消费水平的导向,加快培育新的消费增长点,不断增强消费对经济发展的基础性作用。

(三)必要研究对象:中国特色社会主义生产力

将生产力作为研究对象是中国特色社会主义政治经济学的理论突破。马克思主义政治经济学虽未明确将生产力作为研究对象,但其是在生产力与生产关系的矛盾运动中研究生产关系的。与资本主义不同,解放和发展生产力是社会主义的本质所在,故中国特色社会主义政治经济学将生产力作为研究对象。进入新时代,虽然落后的社会生产已经得到根本改变,但是"发展不平衡不充分,这已经成为满足人民日益增长的美好生活需要的主要制约因素"②。因此,新时代发展生产力仍然重要而且必要,"强起来"的中国特色社会主义政治经济学仍然要研究生产力。

对于生产力的科学内涵,首先要从马克思主义政治经济学中找到依据,即决定劳动生产力的各种因素,涵盖"工人的平均熟练程度,科学的发展水平和它在工艺上应用的程度,生产过程的社会结合,生产资料的规模和效能,以及自然条件"③,这些因素构成了生产力的基本体系结构,包

---

① 《马克思恩格斯文集》第 5 卷,人民出版社 2009 年版,第 8 页。

② 习近平:《决胜全面建成小康社会 夺取新时代中国特色社会主义伟大胜利——在中国共产党第十九次全国代表大会上的报告》,《人民日报》2017 年 10 月 28 日,第 1 版。

③ 《马克思恩格斯文集》第 5 卷,人民出版社 2009 年版,第 53 页。

括劳动者、劳动对象、劳动工具等内容。同时,在中国特色社会主义市场经济发展过程中,不仅重视劳动生产力的发展,而且强调科学技术作为生产力的重要作用,此外,更加重视自然条件,提出"保护生态环境就是保护生产力、改善生态环境就是发展生产力"①,从而充实了生产力的内容。

新时代中国特色社会主义生产力的发展,就是要研究怎样更好更快地发展社会生产力以及怎样更好地发挥生产力诸要素的作用。一方面,探索生产力的发展规律。即提出解放、发展和保护生产力的新观念、新思想与新战略,为中国特色社会主义生产力的发展提供科学的理论依据,如贯彻落实新发展理念,深入实施科教兴国战略等七大战略,从而推动经济持续健康发展。另一方面,推动生产力诸要素的组合以及诸要素作用的发挥。即通过改造更新旧的生产要素和发明应用新的生产要素来推动生产力向前发展,如通过科技创新、管理创新、劳动者科学文化素质的提高、生产资料数量的增加或者质量的改进等来推动生产力的发展;利用互联网、大数据、人工智能、新能源、新材料等推进产业转型升级,来提高生产力水平。

(四) 重要研究对象:中国特色社会主义上层建筑

在研究经济发展等问题时,不仅要研究生产力和生产关系,而且要结合生产力与生产关系来研究上层建筑,才能系统揭示中国特色社会主义政治经济学的发展规律。马克思主义政治经济学的研究表明,政治经济学的研究对象是生产关系,但是研究生产关系不是脱离生产力和上层建筑而孤立地进行的;同时,经济基础决定上层建筑,而上层建筑对经济基础具有反作用,故上层建筑也是值得研究的。在关注经济发展的同时,要更加重视上层建筑,将上层建筑作为研究对象。上层建筑的体系较为庞杂,主要可以从政治法律和思想意识两个层面进行理解。在政治和法律层面,政治和法律的制度与设施等都属于上层建筑,包括国家政权、政府机构与政党、军队、法治建设等具体内容。在思想和意识层面,上层建筑涵盖了文学艺术、道德宗教、新闻舆论等具体内容。与此同时,这两个层面的上层建筑是密不可分、相互作用的。

新时代中国特色社会主义上层建筑,应在"五位一体"的总体布局中进一步发展,根据新的实践对政治、法治、文化、党的建设等方面进行探索和发展。具体来说,在政治和法治建设上,积极发展社会主义民主政治,着力建设中国特色社会主义法治体系;在文化建设上,强调坚定道路自信、理论自信、制度自信和文化自信,加快建设社会主义文化强国;在党的建设上,坚持中国共产党的领导,不断提高党的执政能力和领导水平。

四、新时代"强起来"的中国特色社会主义政治经济学的研究方法

(一) 总体方法:哲学视野、经济学方法和科学社会主义原则相结合

作为研究新时代中国特色社会主义经济的科学,中国特色社会主义政治经济学的研究方法应具有整体性,即将马克思主义的哲学视野、经济学方法和科学社会主义原则结合起来,作为总

① 习近平:《习近平谈治国理政》,外文出版社 2014 年版,第 209 页。

体研究方法。其中，马克思主义哲学视野是发现问题的思想方法，马克思主义经济学方法是分析问题的具体方法，科学社会主义原则是解决问题的价值原则。

一是用马克思主义哲学视野进行研究。马克思主义哲学视野是认识和解释世界的重要基石。一方面，马克思主义哲学视野以辩证唯物主义为基础，科学解释了自然界与人类社会的一般运动、变化和发展规律，这种思维方式在中国特色社会主义政治经济学中的应用，能够帮助我们更好地把握中国特色社会主义经济的发展和变化规律。另一方面，马克思主义哲学视野以历史唯物主义为基础，系统揭示了生产力与生产关系、经济基础与上层建筑的矛盾运动，进一步阐释了人类社会的本质与规律，中国特色社会主义政治经济学同样需要运用该方法，精准把握经济发展中生产力、生产关系、上层建筑等的相互作用和运动规律，从而更加科学地认识中国特色社会主义经济的发展变化。二是用马克思主义经济学方法进行研究。马克思主义经济学方法源于马克思主义哲学，是认识论、辩证法与逻辑相统一的研究方法，即以实践的认识论为前提，以严密的逻辑分析为核心，通过辩证法将实践所获得的现实材料转化为逻辑形式，以此来分析经济现象和经济问题。这种分析方法也应用于当前政治经济学研究中，为具体分析中国经济发展提供有益指导。三是用科学社会主义原则进行研究。经济学的研究方法离不开其理论的价值取向。科学社会主义原则应作为中国特色社会主义政治经济学的价值原则，原因在于其关于社会主义最终必然代替资本主义、实现共产主义，建立自由人的联合体、实现无产阶级与人类解放，建立成熟的社会主义政党、正确领导工人阶级与人民大众等原则，是能够指导并运用于中国特色社会主义经济实践中的。在中国特色社会主义政治经济学研究中，同样也要坚持解放和发展生产力、坚持以人民为中心、坚持党对经济工作的领导等科学原则，为解决经济发展中的突出问题提供理论支撑。

（二）核心方法：马克思主义政治经济学的研究方法

马克思主义政治经济学的研究方法，是马克思主义总体方法在经济学研究方法上的具体体现，也是中国特色社会主义政治经济学的核心方法，其具体包含多种研究方法。

一是矛盾分析法。在研究资本主义生产关系时，马克思从商品的使用价值与价值的矛盾出发，分析具体劳动与抽象劳动的矛盾，进而分析私人劳动与社会劳动的矛盾，最终挖掘出资本主义社会的主要矛盾。中国特色社会主义进入新时代的判断就是运用了矛盾分析法，明确了主要矛盾的变化。中国特色社会主义政治经济学应坚持矛盾分析法，善于把握和解决矛盾。二是系统分析法。系统分析法不仅对研究对象的若干要素分别进行分析，而且将其作为一个有机的整体进行系统分析。如马克思将社会生产关系的要素分为生产关系、分配关系、交换关系、消费关系，并分别研究了其发展，在此基础上研究了系统中各个要素之间的相互关系和相互作用，最终发现了其中运行的关键，即剩余价值。中国特色社会主义政治经济学研究的内容结构，也可以看成一个系统，包括经济制度、经济体制、经济运行、经济发展和对外开放等具体内容，在分析这一经济系统时，应使用系统分析法，既要分析各个部分的具体发展情况，又要从整体上分析整个经济系统的发展规律，从而实现整体与部分的协调统一。三是发展分析法。发展分析法通常与系统分析法结合起来使用,即将研究对象看作不断发展的有机系统,在发展中研究其运动规律。马克思在分析商品二因素和劳动二重性时,使用了发展分析法,解决了困扰古典政治经济学的用旧商品关系无法说明资本与劳动交换、用旧价值观念无法解释平均利润等问题。中国特色社会主义政治经济学是发展中的经济学。中共十九大报告指出:"中国特色社会主义进入了新时代,这是我国发展新的历史方位。"①在这样的历史方位下,不仅国民经济在发生着变化,相应的政治经济学也在发生着变化。故中国特色社会主义政治经济学应运用发展分析法研究发展中的中国特色社会主义经济。四是科学抽象法。马克思指出:"分析经济形式,既不能用显微镜,也不能用化学试剂。二者都必须用抽象力来代替。"②中国特色社会主义政治经济学作为经济理论,要运用科学抽象法,将经济现实科学抽象为概念、判断和经验,揭示经济现象背后的经济规律;同时,将经济理论和经济规律运用于经济实践,科学指导中国特色社会主义经济发展。五是数学分析法。马克思主义政治经济学研究中,既注重定性分析,又注重定量分析,使用了数学分析法。如马克思在研究社会资本的简单再生产和扩大再生产时,就用 $\text{I}(v+m)=\text{II}c$、$\text{I}(v+\Delta v+m/x)=\text{II}(c+\Delta c)$ 等公式进行了推导,揭示了社会生产两大部类的内在联系。中国特色社会主义政治经济学,同样要使用数学分析法,对新时代中国特色社会主义经济发展相关内容进行定量研究,对主要经济指标进行计算和预测。

(三)延伸方法:多学科的分析方法

中国特色社会主义政治经济学,不仅要运用政治经济学的基本研究方法,而且要在固有研究方法的基础上进行拓展和创新,吸纳和借鉴其他有益的研究方法。

一是马克思主义的其他理论方法。马克思主义的理论方法不仅包括经济学方法,还包括其他研究方法,这些方法是中国特色社会主义政治经济学研究中可以参考的方法。如马克思在研究剩余价值时,不仅研究了剩余价值生产本身,而且研究了剩余价值对资本主义经济社会发展的影响,故在研究经济问题时,不仅要研究其内部因素,而且要将内部发展与外部环境的影响结合起来。再如在马克思的自然观中,通过对人与自然关系的深入分析,得出其作为人类社会的基础性矛盾是贯穿人类社会始终的,故在研究中应透过现象抓住本质,挖掘经济现象背后的深层次问题。二是西方经济学的分析方法。西方经济学中包含着合理、有用的研究范式和研究方法,可以用于中国特色社会主义政治经济学研究。西方经济学中的有关理论,如凯恩斯主义经济学、发展经济学、古典经济学、新古典经济学、制度经济学等的理论思想;西方经济学中的各种方法,如计量分析、实验法、博弈论等方法,对于中国特色社会主义政治经济学研究来说,在考虑其适用性的情况下,可以批判性地借鉴和有条件地运用。三是其他学科的分析方法。研究方法的多元化已经成为中国特色社会主义政治经济学研究的趋势。在研究经济问题时,中国特色社会主义政治经济学可以使用其他学科的一些分析方法,如社会学中的社会调查与个案研究方法、管理学中的

---

① 习近平:《决胜全面建成小康社会 夺取新时代中国特色社会主义伟大胜利——在中国共产党第十九次全国代表大会上的报告》,《人民日报》2017 年 10 月 28 日,第 1 版。

② 《马克思恩格斯文集》第 5 卷,人民出版社 2009 年版,第 8 页。

SWOT 分析方法、自然科学中的单一变量实验方法等，并且综合运用各种研究方法，丰富与拓展政治经济学学科的研究。

五、新时代“强起来”的中国特色社会主义政治经济学的体系和内容

政治经济学的体系是在一定的主题下构建的。新时代以“强起来”为主题的中国特色社会主义政治经济学体系，体现了政治经济学研究的整体性和系统性。而新时代“强起来”的中国特色社会主义政治经济学的内容，则侧重于主要问题和主要方面，体现了结构性和主体性。

（一）新时代“强起来”的中国特色社会主义政治经济学的体系

1. 初始条件：社会主义市场经济

新时代构建“强起来”的政治经济学体系，首先要明确其初始条件和起始范畴。马克思主义政治经济学的初始条件是商品，即以商品为起点，到资本再到剩余价值的发展，从中揭示了资本主义的发展和本质。而中国特色社会主义政治经济学，不仅研究社会主义经济的建设与发展，同时也随着时代的进步而深化。改革开放以来中国经济建设所取得的成就，则构成了新的起点和初始条件，这个初始条件就是社会主义市场经济。

2. 价值追求：满足人民日益增长的美好生活需要

坚持以人民为中心的发展，一直是党领导中国特色社会主义经济建设的价值追求。中华人民共和国成立以来，以人民为中心的发展经历了从满足人民对经济文化迅速发展的需要到满足人民对物质文化需要的转变。改革开放后，随着经济社会的持续发展，中国人民生活水平明显提升，已经解决温饱问题，并总体上实现小康，到 2020 年即将全面建成小康社会。①人民美好生活需要日益广泛，不仅对物质文化生活提出了更高要求，而且在民主、法治、公平、正义、安全、环境等方面的要求日益增长。②在这样的背景下，以人民为中心的发展就具体化为满足人民日益增长的美好生活需要。

3. 逻辑展开：破解经济发展的不平衡不充分

在新发展条件下，满足人民日益增长的美好生活需要受到多重制约，其中的根源就在于发展不平衡不充分。发展不平衡不充分体现在“五位一体”总体布局的多方面，但经济发展的不平衡不充分是根本性的，从深层决定了中国社会主要矛盾的变化。③故破解经济发展的不平衡、不充分，既是中国经济发展中的关键问题，也是中国特色社会主义政治经济学研究的重点问题。

4. 核心范畴：现代化经济体系

建设现代化经济体系是跨越关口的迫切要求和中国发展的战略目标。④提出建设现代化经

①③ 蒋永穆：《解读新时代社会主要矛盾》，《中国社会科学报》2018 年 1 月 12 日，第 4 版。

②④ 习近平：《决胜全面建成小康社会 夺取新时代中国特色社会主义伟大胜利——在中国共产党第十九次全国代表大会上的报告》，《人民日报》2017 年 10 月 28 日，第 1 版。

济体系的基本依据在于中国经济发展阶段的变化。①同时，建设现代化经济体系，是对新时代中国经济发展实践的科学概括。围绕这一实践，已经形成了一系列范畴，包括现代化经济体系、新发展理念、供给侧结构性改革等内容。其中，现代化经济体系是这一系列范畴的核心，并与其他范畴一起构成中国特色社会主义政治经济学体系的范畴。

5. 发展主线：供给侧结构性改革

供给侧结构性改革不仅是构建现代化经济体系的主线，也是构建中国特色社会主义政治经济学体系的主线。供给侧结构性改革，重点是解放和发展社会生产力，用改革的办法推进结构调整，减少无效和低端供给，扩大有效和中高端供给，增强供给结构对需求变化的适应性和灵活性，提高劳动生产率。②同时，应将经济发展的着力点放在实体经济上，推进去产能、去库存、去杠杆、降成本、补短板五大工作，加快培育新的经济增长点，不断提升供给体系的质量。③

6. 主攻方向：高质量发展

经济由高速增长转向高质量发展，既是经济发展新常态的基本表现，也是新时代经济发展的重要变化。高质量发展对中国特色社会主义政治经济学理论提出了新的要求，即如何保持经济的中高速增长、如何推动经济结构的转型升级、如何实现增长动力的有效转化等，从而持续推动社会生产发展。

（二）新时代“强起来”的中国特色社会主义政治经济学的主要内容

结合“强起来”的时代背景、中国特色社会主义的历史背景以及经济发展的不平衡不充分问题，新时代“强起来”的中国特色社会主义政治经济学主要包括五方面内容。

1. 适应和引领经济发展新常态

在中国经济已经进入中高速增长的情况下，如何进一步提高发展质量和效益，推动经济向形态更高级、分工更复杂、结构更合理的方向发展尤为重要。尤其是在虚拟经济与实体经济发展不平衡、“过度强调虚拟经济的作用，忽视实体经济和虚拟经济的辩证关系”④的情况下，要正确处理实体经济与虚拟经济的关系，真正适应和引领经济发展新常态。即应重视实体经济的发展，坚持走中国特色的新型工业化、农业现代化和新型城镇化发展道路，推动四化同步发展；同时，促进虚拟经济健康发展，逐步解决实体经济与虚拟经济发展不平衡的问题。

2. 发展社会主义市场经济

中国特色社会主义市场经济，不仅是新时代“强起来”的中国特色社会主义政治经济学的初始条件，而且是其主要内容。新时代发展社会主义市场经济，关键在于使市场在资源配置中起决定性作用，同时更好发挥政府作用。尤其是在政府与市场作用发挥不平衡、过度强调市场作用的

---

① 蒋永穆：《建设现代化经济体系必须坚持的基本取向》，《马克思主义研究》2017年第12期。

②④ 蒋永穆、张晓磊、周宇晗：《积极探索和构建中国特色社会主义的经济发展理论》，《政治经济学评论》2017年第2期。

③ 蒋永穆：《建设现代化经济体系必须坚持的基本取向》，《马克思主义研究》2017年第12期；张蕴萍：《供给侧改革：中国垄断行业政府规制改革的新动力》，《理论学刊》2016年第5期。

情况下，更要正确处理政府与市场的关系，推动社会主义市场经济发展。即应加快完善现代市场体系，有效提高市场在资源配置中的效率；同时要强化政府的宏观调控，不断提高政府的科学调控能力，从而将政府与市场作用有机结合起来，推动两者作用的平衡和发挥。

3. 建设创新型国家

创新不仅是中国特色社会主义经济发展的内生动力，也是“强起来”的中国特色社会主义政治经济学的主要内容。当前中国的创新并不充分，突出表现在三个方面：一是自主创新能力仍然不强，掌握的关键核心技术不足；二是创新成果转化应用和产业化发展水平仍然不高，转化成现实生产力的能力和对经济增效的支撑作用仍然不强；三是科技创新体制机制还不完善，科技与经济融合发展的通道还不够畅通。①因此，应加快建设创新型国家，走中国特色的自主创新道路，着力提高科技创新、成果转化与产业化、市场化的发展能力，有效解决创新不充分问题。

4. 全面深化改革

全面深化改革是“四个全面”战略布局的基本内容，也是构建现代化经济体系的重要内容。目前中国的改革仍然是不充分的，一是社会主义市场经济改革还不够充分，生产要素市场体系还不够完善；二是农村改革还不够充分，农村基本经营制度和土地制度还需要完善；三是科技改革还不够充分，科技人员积极性还未得到充分调动。因此，应继续深化改革，尤其是深化经济体制、农村土地和集体产权制度、科技体制等各项改革。

5. 推动全面开放发展

开放带来了经济的发展与进步，但是中国目前的开放并不充分。首先，参与经济全球化不充分，在国际贸易中的地位还需提高；其次，开放范围不广泛，市场准入仍然有较多限制；再次，开放优势尤其是比较优势还需要强化。因此，应加快推动形成全面开放的新格局，更加主动参与经济全球化，积极发展对外经济关系，提高参与全球经济治理的能力，着力培育国际经济合作与竞争新优势，从而解决开放不充分的问题。

（本文原载《社会科学战线》2018 年第 4 期）

① 蒋永穆：《建设现代化经济体系必须坚持的基本取向》，《马克思主义研究》2017 年第 12 期。

中国的国家理论与政治经济学理论体系创新*

林光彬**

摘　要　迄今为止，政治经济学研究的社会经济形态发展规律都是特定国家经济运动过程所呈现的规律，因此，国家理论应该是政治经济学理论体系的总前提和逻辑起点。本文首先对目前流行的国家理论进行了思辨分析，发现在西方理论中，国家一般不直接承担生产性功能或者只是有限地参与生产，这不能很好地解释中国的国家建设和当代中国的国家职能特征。其次，根据人类的生产实践演进，考察了中国早期的国家形成，发现我们的国家形成具有显著的生产属性，提出中国历代政府的合法性，都是建立在发展生产、保障供给、合理分配、维护公平秩序的基础之上的。再次，对指导中国现代发展的主要国家理论进行总结和分析，认为当代中国的国家理论自成一体，国家经济功能也具有显著的生产性特征。最后，认为中国国家政权的建立和国家理论的确立是中国特色社会主义政治经济学研究的首要条件，提出社会主义政治经济学的叙述逻辑应该从国家理论开始，然后按照生产、分配、交换、消费的逻辑顺序进行逐一展开。

关键词　中国国家理论　国家职能　生产性特征　政治经济学创新

政治经济学研究的社会经济形态的发展规律，都是特定国家经济运动过程所呈现的规律。因此，国家理论本应该成为政治经济学理论体系的总前提和逻辑起点。马克思在《资本论》中构建的逻辑体系是剖析19世纪资本主义经济运动过程规律的经典，并不能直接套用在20世纪和21世纪的中国经济运动过程中，也不能简单地作为中国政治经济学的逻辑框架，因为研究的理论假设前提、历史背景和目标并不相同。邱海平教授对国家作为政治经济学理论体系的逻辑起点做了很好的阐释。①本文在其研究基础上，进一步辨析西方国家理论和马克思主义国家理论在解释中国国家形成和现代国家特征上的不足，阐释中国早期国家诞生就具有鲜明的生产性特征，

---

* 本文系中央财经大学中国财政发展协同创新中心“国家理财学研究项目”(024050317013)的研究成果。感谢邱海平教授提出的建设性意见。

** 林光彬，中央财经大学经济学院教授、博士生导师，中国政治经济学研究中心主任。

① 邱海平：《论中国政治经济学的创新及逻辑起点——基于唯物史观对于中国现代历史适用性的思考》，《教学与研究》2010年第3期；邱海平：《论中国特色社会主义政治经济学的研究对象和理论特性——兼评张宇的〈中国特色社会主义政治经济学〉》，《教学与研究》2017年第3期。

并分析现代中国的主流国家理论所展现的生产性特征，论述中国国家经济职能所呈现的生产属性，说明把中国的国家理论学说作为中国特色社会主义政治经济学先导部分的逻辑依据。

一、关于目前流行的国家理论的思辨

古典经济学、新古典经济学和凯恩斯主义经济学没有完整的国家理论，只有有限的政府理论，而且政府的功能定位都是政治性的和公共性的，没有发展经济、从事生产的功能。比如：斯密在《国富论》中曾对国家的作用和政府的动机表示极大怀疑，认为自由市场制度通过“自私的动机、私有的企业、竞争的市场”这三根支柱，可以成为增加国民财富的最好办法，经济活动无需政府干预，政府的义务只是“保护社会，使之不受侵犯；保护社会上的每个人，使之不受其他人的侵犯；建设并维护某些公共事业及设施”，至于政府的经济职能，如果有的话，也只能限于“提高分工程度，增加资本数量，改善资本用途”。①斯密的这种认识一直是古典和新古典经济学的思想灵魂。但不断扩大的周期性经济危机，一直挑战着自由市场理论。20 世纪 30 年代的世界经济危机终于导致西方经济学的重大转变，以凯恩斯国家干预思想体系的诞生为标志。面对市场经济的缺陷——两极分化下的失业和有效需求不足，凯恩斯认为只有扩大政府的经济职能才能加以解决，没有政府干预，市场根本就不可能实现资源的有效配置。从此，这种认识就成为现代西方经济学的两大核心思想之一。但凯恩斯主义把政府的主要经济职能界定为，通过制定财政政策和货币政策稳定物价、降低失业、提供公共产品、刺激经济增长、解决有效需求不足、平衡国际收支与贸易等。斯蒂格利茨把政府经济活动的范围划分为生产方面的作用和消费方面的作用，认为市场失灵的具体领域基本上界定了政府经济活动的范围。②

凯恩斯主义的政府经济理论是目前流行的西方经济学理论的代表，这种理论把政府从事经济活动的行为建立在市场失灵理论基础之上。而政府、国家并不是因为市场失灵而诞生的。特别是中国的国家发展道路和阶级基础完全不同于西方资本主义国家。因此，用该理论来界定、指导和解释中国社会主义市场经济条件下的政府与市场的关系必然是无的放矢、误导国民，产生不良的后果和错误的舆论导向。所以，需要对这种理论和意识形态导向进行思辨分析，甄别其利弊得失。

近年来国内外流行的国家理论主要是契约论和掠夺论或剥削论，以及调和上述两种理论的国家暴力潜能分配论，其中具代表性的就是诺思的“新古典国家理论”。诺思认为：“国家的存在是经济增长的关键，然而国家又是人为经济衰退的根源；这一悖论使国家成为经济史研究的核心，在任何关于长期变迁的分析中，国家模式都将占据显要的一席……关于国家的存在有两种解释：契约理论与掠夺或剥削理论……然而，两种理论都是不全面的。正是‘暴力潜能’分配理论使两者统一以来。契约论假定主体间暴力潜能的平等分配，而掠夺论假定不平等的分配。”③诺思从“经济人”出发，提出三个关于国家的假说：“一是国家为取得收入而以一组被称为‘保护’和‘公

① 参见斯蒂格利茨：《政府为什么干预经济：政府在市场经济中的角色》，中国物资出版社 1998 年版，第 3 页。

② 同上书，第 34—111 页。

③ 道格拉斯 · C.诺思：《经济史中的结构与变迁》，上海三联书店、上海人民出版社 1994 年版，第 20、21 页。

正’的服务作为交换；二是国家为使收入最大化而为每一个不同的集团设定不同的产权；三是国家面临其他国家或潜在统治者的竞争。”基于这三个特征，国家的存在表现出两面性：“它既要使统治者的租金最大化，又要降低交易费用以使全社会总产出最大化，从而增加国家税收。这种两面性之间存在着持久的冲突，并导致对经济的双重影响，甚至决定国家的兴衰。”①诺思提出的国家模型特别强调：“国家的普遍趋势是产生低效率的产权，从而不能达到持续的增长；各国所固有的不稳定导致经济变革，结果，最后引起经济衰退。”②诺思还认为：“国家应当起的作用是：制定衡量配置和转化效率的明确尺度，制定平等的标准尺度，以及将效率和平等统一起来。”他说：“我还坚决拥护这样的观点，即国家最重要也最困难的任务是建立一系列的游戏规则，并将之付诸实施，以鼓励全民充满活力地加入到经济活动中来。”③诺思的新古典国家理论既与英美现代国家的发展历程即资本家主导的发展道路有关，也与新古典经济学以研究交换为中心有关，把国家看作一个追求福利或效用最大化的统治者模型，这个模型主要讨论统治者与选民的交换过程和确定交换要素的条件。这种理论完全无法解释第二次世界大战后到20世纪70年代中期各个国家制定的长期战略和长期计划、后发国家的赶超战略、全世界出现的国有化浪潮以及国家和政府部门在社会公平和重大经济决策中处于主导地位，特别是20世纪以来中国实现“从农业国到工业国”“四个现代化”“两个一百年”奋斗目标等国家行为。

因此，我们可以说，古典的、新古典的和凯恩斯主义的国家理论，都把国家和政府的经济职能限定在很小的领域内，即使有经济职能也是辅助性的维持秩序、制定游戏规则、弥补市场失灵，通过财政货币政策进行资源再分配、调节收入分配、促进社会公平等。也就是说，没有赋予国家和政府生产性职能，即直接从事生产活动的职能。

我们再来看看马克思主义的国家理论。马克思没有完成六册写作计划，也没有建立起完整的国家理论。马克思认为过去和现在的国家都是阶级矛盾的产物和阶级压迫的工具，国家具有二重性——专政的属性与社会的属性。马克思、恩格斯在《共产党宣言》中提出，(当时)最先进的国家几乎都可以采取下面的措施：剥夺地产，把地租用于国家支出；征收高额累进税；废除继承权；没收一切流亡分子和叛乱分子的财产；通过拥有国家资本和独享垄断权的国家银行，把信贷集中在国家手里；把全部运输业集中在国家手里；按照总的计划增加国营工厂和生产工具，开垦荒地和改良土壤；实行普遍劳动义务制，成立产业军，特别是在农业方面；把农业和工业结合起来，促使城乡对立逐步消灭；对所有儿童实行公共的和免费的教育，取消儿童的工厂劳动，把教育同物质生产结合起来等……在那里，每个人的自由发展是一切人的自由发展的条件。④也就是说，马克思、恩格斯观察到当时(1848年)最先进的国家已经开始掌握信贷、交通业，实行有计划的工农业生产，实行儿童免费教育等，这为他们对未来社会主义的设想奠定了客观基础。后来他们在分析社会化大生产发展与私人所有制之间矛盾的基础上，提出实行公有制，国家要充当“总

① 《经济史中的结构与变迁》，第22页。

② 诺思：《经济史中的结构与变迁》，商务印书馆1992年版，第28页。

③ 斯蒂格利茨：《政府为什么干预经济：政府在市场经济中的角色》，中国物资出版社1998年版，第161、163页。

④ 《马克思恩格斯选集》第1卷，人民出版社2012年版，第421—422页。

协调人”的观点。

恩格斯在《家庭、私有制和国家的起源》中，考察了(欧洲)国家在氏族制度的废墟上兴起的三种主要形式，认为：“雅典是最纯粹、最典型的形式：在这里，国家是直接地和主要地从氏族社会本身内部发展起来的阶级对立中产生的。在罗马，氏族社会变成了封闭的贵族制……最后，在战胜了罗马帝国的德意志人中间，国家是直接从征服广大外国领土中产生的……可见，国家绝不是从外部强加于社会的一种力量。国家也不像黑格尔所断言的是‘伦理观念的现实’，‘理性的形象和现实’。确切地说，国家是社会在一定发展阶段上的产物；国家是承认：这个社会陷入了不可解决的自我矛盾，分裂为不可调和的对立面而又无力摆脱这些对立面。而为了使这些对立面，这些经济利益相互冲突的阶级，不致在无谓的斗争中把自己和社会消灭，就需要有一种表面上驾于社会之上的力量，这种力量应当缓和冲突，把冲突保持在‘秩序’的范围以内；这种从社会中产生但又自居于社会之上并且日益同社会相异化的力量，就是国家。”①列宁也认为：“国家是阶级矛盾不可调和的产物和表现。在阶级矛盾客观上不能调和的地方、时候和条件下，便产生国家。”②也就是说，恩格斯和列宁都认为，国家是族群内部阶级矛盾冲突演进的产物。马克思主义关于国家的理论认为，国家与社会的冲突是由国家的二重性引起的：一方面，国家是社会的中心，产生于社会的公共职能；另一方面，国家并不完全是中立的，它照例是最强大的、在经济上占统治地位的阶级的国家。③

马克思、恩格斯、列宁基于研究英国、德国、俄国等欧洲国家形成的国家理论，能不能解释中国的国家产生和当代特征呢？当然不能完全解释。这是因为东西方国家发展道路的不同，国家形成的时空条件和社会条件不同，从而中国的国家诞生和当代特征具有不用于西方的一些典型特征。钱穆先生认为，东西方国家的演进关系存在明显的不同。“西方人似乎先有政府，而同时并无一国家观念。如古希腊……有政府无国家……故知城邦不知国家。古罗马乃由一城邦扩张为帝国，实不得谓是一国家……西方中古封建时期城邦废，堡垒兴……显然更不得谓是一国家。文艺复兴，沿海新城市兴起，先自意大利半岛，次及北欧波罗的海沿岸。此诸新城市，可谓乃古希腊城邦之雏形。由是而有葡萄牙、西班牙、比利时、荷兰，乃至法国英国等现代国家，则可谓是古罗马帝国之雏形。此皆先有政府，后有国家。非国家由政府建立，亦非政府由国家建立。西方建国情势，与中国传统不同，大体同具有帝国型。推究根源，则仍以城邦为基础。意大利与德意志两国，成立最后，亦显然以城邦扩张而来。……而中国则大不然。中国自始即有一国家观念成立在先，然后乃有政府来代表此国家，管理此国家之事……政府可有变，国家则终不变。政府交替，中国人称之曰代。每一代政府历时有久暂，久者或绵亘四五世八九世，乃至十几世。每世则称之为朝，指其为全国所朝向，所共同拥戴，故中国历史上只见有朝代更迭，而国家则依然如故。……就中国史言，此代表国家管理国家事务，而为国家人民共同朝向共同拥戴之政府，其成立亦可有

① 《马克思恩格斯选集》第 4 卷，人民出版社 2012 年版，第 186—187 页。

② 《列宁选集》第 3 卷，人民出版社 2012 年版，第 114 页。

③ 林岗、张宇主编：《马克思主义与制度分析》，经济科学出版社 2001 年版，第 24 页。

种种不同因缘。”①

综上所述，中西方对于政府和国家的认识有历史形成的自然演进区别，不可相互代替，亦不可以彼度我或以我度彼，没有原则地胡乱剪裁、相互否定，更不该将多样性说成同一性、用一般代替特殊。

二、中国早期国家的形成与特征

中国关于国家产生的理论以家及其族群为基础，遵循“家—家族—国家—天下”的自然演进逻辑。在中国，家和家族首先是一个生产单位，而不是新古典经济学所假设的交换单位。中国古代文化的正统观念认为，国家的本质就是一个放大了的家。一个家庭和国家，要生存、要发展，首先要解决吃喝拉撒的基本生活需要，这就必须通过生产来完成。因此，发展生产、保障供给是家庭和国家得以生存延续的首要职能。国家最先是有血缘或姻亲关系的家族群体间管理共同事务（生存与繁衍、生产与发展、安全与秩序）的生命共同体。或者可以引申说，国家是家族演进中维持自身生存和发展的客观需要的产物，而政府是人类智慧为了满足族群生命共同体需求而创造的精巧机构。因此，中国古人认为国家可以恒久，而国家的具体管理机构政府的形式可以不断创新、执政者可以不断更替。②

一般认为，中国的建国历史始于夏启，以家族内部世袭继承制度代替贤人禅让制度为标志。笔者近年读《管子》，发现书中说舜时已经建国，而且建国的道路不同于已有的理论。

《管子·治国》中说：“粟也者，民之所归也；粟也者，才（财）之所归也；粟也者，地（疆土）之所归也。粟多，则天下之物尽至矣。故舜一徙成邑，二徙成都，三徙成国。舜非严刑罚重禁令，而民归之矣。去者必害，从者必利也。”③这段话说明，中国上古的建国道路至少有一种生产者追随领袖建国的模式。

在农耕时代的早期，谁能生产或占有的粮食多，能养活的人民（即族人）就多，谁就得到族人的拥护，进而成为领袖，直至建立国家。这说明农业发展后，土地可以承载的人口聚集规模增加了，就自然而然产生了内部的管理需要和对外的保护需要，在这些需要的推动下，内部秩序的管理阶层就形成了，保护族群安全的城郭和自卫武装也建立起来了，国家就这样出现了。

《管子·牧民》开篇就讲：凡拥有土地治理民众的君主，最重要的事情在遵从四时保证生产，最关键的职责在使国库充实。国家财力充足，远方的人们就能自动迁来，荒地开发得好，本国的人民就能安心留住。④这说明，国家向心力的形成和治理的首要任务是发展生产，保障供给。根据《史记·夏本纪》记载，舜时已经派大禹负责勘察、测量、统计全国的土地、物产、人口，并制定因

① 钱穆：《晚学盲言》（上），三联书店2014年版，第231—233页。

② 孟子有“民为贵，君为轻，社稷次之；暴君可推翻”等理论主张，荀子有“水则载舟，水则覆舟”等民本思想。

③ 李山译注：《管子》，中华书局2009年版，第259页。

④ 参见《管子》：“凡有地牧民者，务在四时，守在仓廪。国多财，则远者来；地辟举，则民留处；仓廪实，则知礼节；衣食足，则知荣辱；上服度，则六亲固；四维张，则君令行。……四维不张，国乃灭亡。”

地制宜、因人制宜的税收制度。大禹还在会稽山对拒不缴税的防风氏进行审讯处死。[①]因此，太史公曰："自虞、夏时，贡赋备矣。"[②]

可见，至少到舜的时代，中国已经形成政治意义上的国家，而且国家首先呈现出来的是显著的生产性特征。这不同于西方的契约论和掠夺论或剥削论。

在中国的神话或传说中，三皇五帝都是通过为民谋生存、谋发展、谋福利等成为国家领袖的，即中国上古的国家是由族群领袖通过卓越的生产或发明能力而自然形成的。比如，被尊为中华"人文初祖"的黄帝(约公元前 2717—前 2599 年)，即轩辕氏，建都于有熊，亦称有熊氏。据说他播百谷草木，大力发展生产，始制衣冠、建舟车、制音律、创医学等，黄帝以统一华夏部落与征服东夷、九黎族而被载入史册。再比如，伏羲氏根据天地万物的变化，发明创造了占卜八卦，创造文字结束了"结绳记事"的历史；他又结绳为网，用来捕鸟打猎，并教会了人们渔猎的方法，发明了瑟，创作了曲子。中国经典的《周易》称，神农氏不仅尝百草，发明创造了犁地的耜，而且还始创"日中为市，致天下之民，聚天下之货，交易而退，各得其所，盖取诸《噬嗑》"。[③]这段话说明，上古的市场是当时的"部族国家"领袖神农氏创设的，市场的主要作用是交易货通。《尚书 · 洪范》中提出国家治理的八政中第一政是食，第二政是货。《汉书 · 食货志》道："洪范八政，一曰食，二曰货……二者，生民之本，兴自神农之世……食足货通，然后国实民富，而教化成。"[④]由此可见，中国从上古神农开始就重视农业生产和流通，把生产和流通作为国家凝聚和民富国实的核心。后来，大禹通过为民治水和杰出的管理才能，成为舜之后的国家最高领袖。商人的始祖契相传曾佐大禹治水。周人的始祖弃是种植稷和麦的创始者。

上述这些历史记载和历史传说说明，"物质生活的生产方式制约着整个社会生活、政治生活、精神生活的过程"[⑤]，也讲述了一个人类生产实践活动是解开人类历史社会发展、国家演进或制度变迁的故事，或者至少是解开故事的一把钥匙。

综上，中国古代国家形成中的经济社会职能的优先顺序，似可这样概括：第一，发展生产，保障供给——务四时(遵守经济规律)，守仓廪(民以食为先)；第二，合理分配，保障和谐——不患寡，患不均；第三，提供公共产品，协调生产与生活——顺民意，保民生；第四，维护公平秩序，保障安全——上服度(法、伦理、道德)，四维张(礼、义、廉、耻)。

三、当代政党中国的国家理论

(一) 孙中山的国家理论

1905 年 8 月，孙中山等人创建同盟会，他提出的"驱除鞑虏，恢复中华，创立民国，平均地权"

---

① 司马迁撰，韩兆琦主译：《史记》，中华书局 2008 年版，第 24—30 页。

② 同上书，第 38 页。

③ 杨天才译注：《周易》，中华书局 2016 年版，第 367 页。

④ 班固撰：《汉书》，中华书局 2007 年版，第 157 页。

⑤ 《马克思恩格斯选集》第 2 卷，人民出版社 2012 年版，第 2 页。

这一革命宗旨被采纳为同盟会纲领；在同盟会机关报《民报》发刊词中，他首次提出“民族、民权、民生”三大主义，成为政党中国的首个正式国家宣言。“平均地权”和“民生主义”体现了我国历史上“以民为本”的生产性国家的当代延续。

1911 年 3 月 11 日，临时大总统孙中山颁布《中华民国临时约法》。在政治上，它以根本法的形式废除了中国延续两千年的君主集权制度，确立了资产阶级民主共和国的政治体制。中国从此开始进入政党时代，国家主权属于国民全体，已经不属于任何家族。

1924 年，孙中山提出《国民政府建国大纲》，全文二十五条。第一条提出，国民政府本革命之三民主义、五权宪法，以建设中华民国。第二条提出，建设之首要在民生。故对于全国人民之衣、食、住、行四大需要，政府当与人民协力，共谋农业之发展；共谋织造之发展，以裕民衣；建筑大计划之各式屋舍，以乐民居；修治道路、运河，以利民行。第三、第四条为民权和民族。第五条提出，建设之程序为三期：一曰军政时期；二曰训政时期；三曰宪政时期。①即提出了“国家三阶段发展论”，这成为国民党政党政治和政府施政的主要纲领。在《制定建国大纲宣言》中，孙中山说：“自辛亥革命以至于今日，所获得者，仅中华民国之名。国家利益方面，既未能使中国进于国际平等地位。国民利益方面，则政治经济牵牵诸端无所进步，而分崩离析之祸，且与日俱深……文有见于此，故于辛亥革命以前，一方面提倡三民主义，一方面规定实行主义之方法与步骤。分革命建设为军政、训政、宪政三时期。期于循序渐进，以完成革命之工作。”并指出“盖不经军政时代，则反革命之势力无由扫荡。而革命之主义亦无由宣传于群众，以得其同情与信仰。不经训政时代，则大多数之人民久经束缚，虽骤被解放，初不了知其活动之方式，非墨守其放弃责任之故习，即为人利用陷于反革命而不自知。前者之大病在革命之破坏不能了彻，后者之大病，在革命之建设不能进行”②。孙中山的“三民主义”和“国家三阶段发展理论”说明，中华民国的建设，首先要改变生产关系和上层建筑，其次要进行意识形态教育与引导，然后利用改变了的生产关系和上层建筑发展经济，改善民生。

南京国民政府成立时，国民党将广州和武汉国民政府时期的“党治模式”进一步修订完善。1928 年 10 月，国民党中央常务会议通过《训政纲领》，宣布在国民党的领导下实行“训政”，即“以党治国”，由国民党中央代行国民代表大会一切权力，国民政府以国民党中央政治会为法源，下设立法、行政、监察、司法、考试五院。在国民党全国代表大会闭会期间，托付中国国民党中央执行委员会执行。治权亦在国民党中央执行委员会政治会议的“指导监督”下由国民政府行之。《中华民国国民政府组织法》规定，党权统一至上，五院分工不分权，国民党中央政治会议负责指导和监督国民政府的行政事务，市长以上的官员都须由国民党中央政治会议讨论决定。从中央到地方建立了一套与行政体系平行但却高于其上的国民党管理体制和基层组织机构，向社会各个行业和各阶层推行“三民主义”意识形态，强化国民党对全社会的领导。这样就确立了国民党一党专政的政治格局。

---

① 孙中山：《孙中山选集》(下)，人民出版社 2011 年版，第 624 页。

② 孙中山：《制定建国大纲宣言》，1924 年。

1931 年 5 月 12 日,《中华民国训政时期约法》由国民会议通过,同年 6 月 1 日公布施行,计有八章八十九条。它以准宪法的形式将国民党"以党治国"的政治体制加以确认,并增加完善了国家的经济职能,突出了国家具有的生产属性。关于国计民生,单列第四章共十四条,其中规定:"为发展国民生计,国家对于人民生产事业应予以奖励及保护。为发展农村经济、改善农民生活、增进佃农福利,国家应积极实施下列事项:一、垦殖全国荒地,开发农田水利。二、设立农业金融机关,奖励农村合作事业。三、实施仓储制度,预防灾荒,充裕民食。四、发展农业教育,注重科学实验,厉行农业推广,增加农业生产。五、奖励地方兴筑农村道路,便利物产运输。国家应兴办油、煤、金铁矿业,并对于民营矿业予以奖励及保护。国家应创办国营航业,并对于民营航业予以奖励及保护。"①这表明国民党根据国情和对世界经济趋向垄断资本主义的研判,开始着力发展国家垄断资本主义,兴办、创办各类国营经济。

孙中山的"三民主义"基本思想和《国民政府建国大纲》,以及后来的《中华民国训政时期约法》,表明了中华民国的国家经济职能不仅仅停留在基本公共经济职能上,而且还具有显著的生产职能。

(二) 毛泽东的国家理论

1940 年 1—2 月,毛泽东先后发表《新民主主义论》《新民主主义的宪政》,提出新民主主义的政治、经济和文化主张。在政治上,主张实行各革命阶级联合专政的国体和人民代表大会与民主集中制的政体。在经济上,提出大银行、大工业、大商业,归这个共和国的国家所有:"凡本国人及外国人之企业,或有独占的性质,或规模过大为私人之力所不能办者,如银行、铁道、航路之属,由国家经营管理之,使私有资本制度不能操纵国民之生计,此则节制资本之要旨也。"②无产阶级领导下的新民主主义共和国的国营经济是社会主义的性质,是整个国民经济的领导力量。他认为,"中国的经济,一定要走'节制资本'和'平均地权'的路,决不能是'少数人所得而私',决不能让少数资本家少数地主'操纵国民生计',决不能建立欧美式的资本主义社会,也决不能还是旧的半封建社会……这就是革命的中国、抗日的中国应该建立和必然要建立的内部经济关系。这样的经济,就是新民主主义的经济。而新民主主义的政治,就是这种新民主主义经济的集中的表现"③。他还指出:"世界上历来的宪政,不论是英国、法国、美国,或者苏联,都是在革命成功有了民主事实之后,颁布一个根本大法,去承认它,这就是宪法。"④也就是说,民主、宪政,是先有事实在前,后有宪法或法律追认。根据当时的国情,中国共产党把中国革命,即现代中国的建设道路分为两步或两个阶段:现在的纲领是新民主主义,将来的纲领是社会主义,也即最低纲领和最高纲领。⑤

1956 年,毛泽东通过总结中国社会主义建设的经验,提出了探索适合中国国情的社会主义

① 《中华民国训政时期约法》,1931 年。
② 《毛泽东选集》第 2 卷,人民出版社 1991 年版,第 678 页。
③ 同上书,第 678—679 页。
④ 同上书,第 735 页。
⑤ 同上书,第 686 页。

建设道路的任务，并总结归纳出社会主义国家治理的“十大关系”，其中涉及经济问题就有六个方面，即重工业和轻工业、农业的关系，沿海工业和内地工业的关系，经济建设和国防建设的关系，国家、生产单位和生产者个人的关系，中央和地方的关系，中国和外国的关系。①1953—1993年，中国实行计划经济或有计划的商品经济，由国家统筹安排国民经济发展和建设，执政党和政府行使设计者、组织者、领导者职能，国营经济在国民经济中扮演主导角色，使国家和政府呈现出典型的生产职能和生产特征。

1959—1960年，毛泽东通过读苏联《政治经济学教科书》，比较深入地研究了欧洲资产阶级革命，形成了自己的现代国家理论。毛泽东在论生产关系对生产力的先导作用时指出：“首先制造舆论，夺取政权，然后解决所有制问题，再大大发展生产力，这是一般规律。在无产阶级革命夺取政权以前，不存在社会主义的生产关系，而资本主义的生产关系，在封建社会中已经初步成长起来。在这点上，无产阶级革命和资产阶级革命有所不同。但是，这个一般规律，对无产阶级革命和资产阶级革命都是适用的，基本上是一致的……一切革命的历史都证明，并不是先有充分发展的新生产力，然后才改造落后的生产关系，而是要首先造成舆论，进行革命，夺取政权，才有可能消灭旧的生产关系，消灭了旧的生产关系，确立了新的生产关系，这样就为新的生产力的发展开辟了道路。”“生产力和生产关系之间、生产关系和上层建筑之间的矛盾和不平衡是绝对的……它们之间达到平衡，总是相对的……从世界的历史来看，资产阶级工业革命，不是在资产阶级建立自己的国家以前，而是在这以后；资本主义的生产关系的大发展，也不是在上层建筑革命以前，而是在这以后。都是先把上层建筑改变了，生产关系搞好了，上了轨道了，才为生产力的大发展开辟了道路，为物质基础的增强准备了条件。当然，生产关系的革命，是生产力的一定发展所引起的。但是，生产力的大发展，总是在生产关系改变以后……在英国，是资产阶级革命（十七世纪）以后，才进行工业革命（十八世纪末十九世纪初）。法国、德国、美国、日本，都是经过不同的形式，改变了上层建筑、生产关系之后，资本主义工业才大大发展起来。”②毛泽东还讲：“政治经济学研究的对象主要是生产关系，但是政治经济学和唯物史观难得分家。不涉及上层建筑方面的问题，经济基础即生产关系的问题不容易说得清楚……研究问题应该从历史的分析开始。”③因此，中国共产党在取得政权后，如何建立有效能的国家组织、所有制、人和人的关系、分配制度，使生产关系上轨道，就成为生产力大发展和实现现代化，特别是国家治理体系和治理能力现代化的关键。这不仅是一个经济问题，一个生产关系问题和政治问题，更是一个首要的国家理论创新问题。为此，以毛泽东为核心的党的第一代中央领导集体对社会主义国家建设道路进行了积极探索和大胆实践。

新中国的四部宪法，即1954年《宪法》、1975年《宪法》、1978年《宪法》、1982年《宪法》，在政治上，规定中国是人民民主专政的社会主义国家。社会主义制度是中华人民共和国的根本制度。中华人民共和国的一切权力属于人民。人民行使国家权力的机关是全国人民代表大会和地方各

---

① 《毛泽东文集》第7卷，人民出版社1999年版，第23—49页。

② 《毛泽东文集》第8卷，人民出版社1999年版，第132、131页。

③ 同上书，第138—139页。

级人民代表大会。全国人民代表大会和地方各级人民代表大会都由民主选举产生，对人民负责，受人民监督。国家行政机关、审判机关、检察机关都由人民代表大会产生，对它负责，受它监督。中央和地方的国家机构职权的划分，遵循在中央的统一领导下，充分发挥地方的主动性、积极性的原则。国家机构实行民主集中制的原则。

四部宪法的序言和正文都体现了党对国家的领导和在经济发展中的主导作用。1954 年《宪法》序言指出，从中华人民共和国成立到社会主义社会建成，这是一个过渡时期。国家在过渡时期的总任务是逐步实现国家的社会主义工业化，逐步完成对农业、手工业和资本主义工商业的社会主义改造。中国人民在过去几年内已经胜利地进行了改革土地制度、抗美援朝、镇压反革命分子、恢复国民经济等大规模的斗争，这就为有计划地进行经济建设、逐步过渡到社会主义社会准备了必要的条件。1975 年《宪法》序言部分提出：在本世纪内把我国建设成为农业、工业、国防和科学技术现代化的伟大的社会主义强国。1978 年《宪法》规定：中国共产党是全中国人民的领导核心。工人阶级经过自己的先锋队中国共产党实现对国家的领导。中华人民共和国的指导思想是马克思主义、列宁主义、毛泽东思想。全国人民代表大会根据中国共产党中央委员会的提议，决定国务院总理的人选。中华人民共和国武装力量由中国共产党中央委员会主席统率。1982 年《宪法》序言指出：中华人民共和国成立以后，我国社会逐步实现了由新民主主义到社会主义的过渡。生产资料私有制的社会主义改造已经完成，人剥削人的制度已经消灭，社会主义制度已经确立。工人阶级领导的、以工农联盟为基础的人民民主专政，实质上即无产阶级专政，得到巩固和发展。经济建设取得了重大的成就，独立的、比较完整的社会主义工业体系已经基本形成，农业生产显著提高。广大人民的生活有了较大的改善。中国新民主主义革命的胜利和社会主义事业的成就，都是中国共产党领导中国各族人民，在马克思列宁主义、毛泽东思想的指引下，坚持真理，修正错误，战胜许多艰难险阻而取得的。今后国家的根本任务是集中力量进行社会主义现代化建设。中国各族人民将继续在中国共产党领导下，在马克思列宁主义、毛泽东思想指引下，坚持人民民主专政，坚持社会主义道路，不断完善社会主义的各项制度，发展社会主义民主，健全社会主义法制，自力更生，艰苦奋斗，逐步实现工业、农业、国防和科学技术的现代化，把我国建设成为高度文明、高度民主的社会主义国家。社会主义的建设事业必须依靠工人、农民和知识分子，团结一切可以团结的力量。

在经济上，四部宪法的规定都突出了国家在社会主义经济建设中的核心作用，规定了国家的所有制、收入分配制度等基本经济制度和社会主义经济的发展方针(有计划、按比例、综合平衡)，强调通过科技发展实现“四个现代化”。1954 年《宪法》第十五条规定：国家用经济计划指导国民经济的发展和改造，使生产力不断提高，以改进人民的物质生活和文化生活，巩固国家的独立和安全。1975 年《宪法》第十条规定：国家实行抓革命，促生产，促工作，促战备的方针，以农业为基础，以工业为主导，充分发挥中央和地方两个积极性，促进社会主义经济有计划、按比例地发展，在社会生产不断提高的基础上，逐步改进人民的物质生活和文化生活，巩固国家的独立和安全。1978 年《宪法》第十一条规定：国家坚持鼓足干劲、力争上游、多快好省地建设社会主义的总路线，有计划、按比例、高速度地发展国民经济，不断提高社会生产力，以巩固国家的独立和安全，逐步改善人民的物质生活和文化生活。国家在发展国民经济中，坚持独立自主、自力更生、艰苦奋斗、勤俭建国的方针，以农业为基础、工业为主导的方针，在中央统一领导下充分发挥中央和地方两个积极性的方针。第十二条规定：国家大力发展科学事业，加强科学研究，开展技术革新和技术革命，在国民经济一切部门中尽量采用先进技术。科学技术工作必须实行专业队伍和广大群众相结合、学习和独创相结合。1982 年《宪法》第十五条规定：国家在社会主义公有制基础上实行计划经济。国家通过经济计划的综合平衡和市场调节的辅助作用，保证国民经济按比例地协调发展。禁止任何组织或者个人扰乱社会经济秩序，破坏国家经济计划。第十四条规定：国家通过提高劳动者的积极性和技术水平，推广先进的科学技术，完善经济管理体制和企业经营管理制度，实行各种形式的社会主义责任制，改进劳动组织，以不断提高劳动生产率和经济效益，发展社会生产力。国家厉行节约，反对浪费。国家合理安排积累和消费，兼顾国家、集体和个人的利益，在发展生产的基础上，逐步改善人民的物质生活和文化生活。

在国家机构的经济职能规定中，几部宪法相同的规定是：全国人民代表大会是最高国家权力机关，行使国家立法权，行使的经济职权包括决定国民经济计划，审查、批准国家的预算和决算等。规定中华人民共和国国务院，即中央人民政府，是最高国家权力机关的执行机关，是最高国家行政机关，行使的经济职权主要包括编制、执行国民经济计划和国家预算，管理对外贸易和国内贸易，保护国家利益，维护社会秩序，保障公民权利等。不同的规定是，1978 年《宪法》增加：全国人民代表大会根据中国共产党中央委员会的提议决定国务院总理的人选，有权向国务院、最高人民法院、最高人民检察院和国务院各部、各委员会提出质询，受质询的机关必须负责答复；全国人民代表大会常务委员会是全国人民代表大会的常设机构，对全国人民代表大会负责并报告工作。国务院对全国人民代表大会负责并报告工作；在全国人民代表大会闭会期间，对全国人民代表大会常务委员会负责并报告工作。1982 年《宪法》增加：全国人民代表大会常务委员会制定和修改除应当由全国人民代表大会制定的法律以外的其他法律；在全国人民代表大会闭会期间，对全国人民代表大会制定的法律进行部分补充和修改，但是不得同该法律的基本原则相抵触；解释法律；在全国人民代表大会闭会期间，审查和批准国民经济和社会发展计划、国家预算在执行过程中所必须作的部分调整方案；监督国务院、中央军事委员会、最高人民法院和最高人民检察院的工作；撤销国务院制定的同宪法、法律相抵触的行政法规、决定和命令；撤销省、自治区、直辖市国家权力机关制定的同宪法、法律和行政法规相抵触的地方性法规和决议等。

从四部宪法我们可以得出这样的结论：中国特色社会主义的国家经济职能具有鲜明的生产属性，而不仅仅是分配属性。

（三）邓小平的国家理论

邓小平的国家理论是在继承和运用毛泽东的国家理论基础上建立的，即先制造舆论，解放思想，搞实践是检验真理唯一标准的大讨论，然后在党政军取得领导权，变革发展路线（从阶级斗争为纲转向以经济建设为中心）和指导思想，接着调整人事和生产关系、所有制与分配关系，为经济建设和发展生产力开辟道路，并制定“一个中心，两个基本点”的社会主义初级阶段总路线和“三个有利于"标准作为衡量一切经济政策的准绳。这个总路线和衡量标准都把发展生产力作为核心，充分体现了新的历史条件下的社会主义国家的生产属性。

中共十一届三中全会以后，在总结新中国成立以来历史经验和改革开放以来新的实践经验的基础上，邓小平对中国社会主义所处的历史阶段进行了新的探索，逐步作出了中国还处于并将长时期处于社会主义初级阶段的论断，并把发展生产力作为首要任务。邓小平提出，底子薄、人口多、生产力落后，这是中国的现实国情；强调中国的现代化建设必然是长期的。1979 年 11 月 26 日，邓小平指出："我们革命的目的就是解放生产力，发展生产力。离开生产力的发展、国家的富强、人民生活的改善，革命就是空的。""社会主义的特征是搞集体富裕。""说市场经济只存在于资本主义社会，只有资本主义的市场经济，这肯定是不正确的……市场经济在封建社会时期就有了萌芽，社会主义也可以搞市场经济。"①1980 年 5 月 5 日，邓小平指出："根据我们自己的经验，讲社会主义，首先就是使生产力发展，这是主要的。只有这样，才能表明社会主义的优越性。社会主义经济政策对不对，归根到底要看生产力是否发展，人民收入是否增加。这是压倒一切的标准。"②1981 年中共十一届六中全会《关于建国以来党的若干历史问题的决议》，第一次提出中国社会主义制度还处于初级阶段。1982 年 9 月 1 日，邓小平在党的十二大开幕词中指出："把马克思主义的普遍真理同我国的具体实际结合起来，走自己的道路，建设有中国特色的社会主义，这就是我们总结长期历史经验得出的基本结论。"③一心一意搞建设，实现"四个现代化"和共同富裕，解决人民日益增长的物质文化需要同落后的社会生产之间的矛盾，是邓小平国家经济理论的主线。1983 年，他又提出，"农村、城市都要允许一部分人先富裕起来，勤劳致富是正当的。一部分人先富裕起来，一部分地区先富裕起来，是大家都拥护的新办法，新办法比老办法好……总之，各项工作都要有助于建设有中国特色的社会主义，都要以是否有助于人民的富裕幸福，是否有助于国家的兴旺发达，作为衡量做得对或不对的标准"。④党的十二大报告系统概括了社会主义社会的基本特征，并从中国国情出发，确定了以经济建设为中心。1984 年 10 月，党的十二届三中全会《关于经济体制改革的决定》，第一次提出中国社会主义经济是公有制基础上的有计划的商品经济的观点。因此，理论界和党的文件有"计划为主，市场为辅""政府引导市场，市场引导企业"的认识和决定。1987 年 2 月 6 日，邓小平提出"市场与计划都是发展生产力的方法"⑤。1987 年 8 月 29 日，十三大召开前夕，邓小平强调指出："党的十三大要阐述中国社会主义是处在一个什么阶段，就是处在初级阶段，是初级阶段的社会主义。社会主义本身是共产主义的初级阶段，而我们中国又处在社会主义的初级阶段，就是不发达的阶段。一切都要从这个实际出发，根据这个实际来制定规划。"⑥这就明确了社会主义初级阶段是党制定路线、方针、政策的出发点和根本

① 《邓小平文选》第 2 卷，人民出版社 1994 年版，第 231、236 页。
② 同上书，第 311、314 页。
③ 《邓小平文选》第 3 卷，人民出版社 1993 年版，第 3 页。
④ 同上书，第 23 页。
⑤ 同上书，第 203 页。
⑥ 同上书，第 252 页。

依据。

中共十三大上正式形成了社会主义初级阶段的理论，概括和阐述了党的“一个中心，两个基本点”的基本路线，确定了建设有中国特色社会主义的指导方针，并明确提出了中国现代化建设“三步走”的战略目标。十三大报告从中国人口结构、工业发展水平、地区发展状况、科学教育文化发展等几个方面概括了中国社会主义初级阶段的基本特征。经济上，就是当时中国社会生产力水平还比较低，地区发展不平衡，人民生活水平还不高；提出社会主义初级阶段的基本路线是：领导和团结全国各族人民，以经济建设为中心，坚持四项基本原则，坚持改革开放，自力更生，艰苦创业，为把中国建设成为富强、民主、文明的社会主义现代化国家而奋斗。

1992 年邓小平南方谈话提出“基本路线要管一百年，动摇不得”和衡量改革与发展的“三个有利于”标准，即“是否有利于发展社会主义社会的生产力，是否有利于增强社会主义国家的综合国力，是否有利于提高人民的生活水平”。[①]1997 年 9 月，中共十五大进一步具体化社会主义初级阶段理论，制定了党在社会主义初级阶段的基本纲领，回答了什么是社会主义初级阶段中国特色社会主义的经济、政治和文化，以及怎样建设，并指出：面对世纪之交改革攻坚和开创新局面的艰巨任务，我们解决种种矛盾，澄清种种疑惑，认识为什么必须实行现在这样的路线和政策，关键还在于对所处社会主义初级阶段的基本国情要有统一认识和准确把握。2002 年中共十六大、2007 年中共十七大继续强调，中国正处于并长期处于社会主义初级阶段。但随着经济基础和所有制度结构的巨变，党的纲领也出现显著的变化。这集中体现在 2002 年十六大提出的“三个代表”里面，即中国共产党必须始终代表“中国先进生产力的发展要求、中国先进文化的前进方向、中国最广大人民的根本利益”。2012 年中共十八大后又提出依法治国等战略，强调执政党也要遵守宪法和法律。

需要指出的是，党贯彻国家建设方针的“国民经济建设与发展五年规划”和“政府年度工作报告”，经过党代会、全国人大会议批准后，通过每年全国经济工作会议的形式，成为政府施政的纲领。这是 1982 年《宪法》赋予执政党领导中国的权力，其中对国家重大政策进行决策就是一个主要方面，党领导国家和建设国家。2014 年 10 月，中共十八届四中全会通过的《关于全面推进依法治国若干重大问题的决定》强调了“党的领导是中国特色社会主义最本质的特征”，提出“凡立法涉及重大体制和重大政策调整的，必须报党中央讨论决定。党中央向全国人大提出宪法修改建议，依照宪法规定的程序进行宪法修改”。

与执政党的基本理论、基本纲领、基本路线、基本政策、指导思想、经济发展变化相呼应，修改、完善党章和宪法就成为必然的要求。

先看修改党章。2017 年 10 月 24 日，中共十九大修改后的《中国共产党章程》在总纲中写道：中国共产党是中国工人阶级的先锋队，同时是中国人民和中华民族的先锋队，是中国特色社会主义事业的领导核心，代表中国先进生产力的发展要求，代表中国先进文化的前进方向，代表中国最广大人民的根本利益。我国正处于并将长期处于社会主义初级阶段。这是在原本经济文化落

① 《邓小平文选》第 3 卷，人民出版社 1993 年版，第 370—371、372 页。

后的中国建设社会主义现代化不可逾越的历史阶段，需要上百年的时间。我国的社会主义建设，必须从我国的国情出发，走中国特色社会主义道路。在现阶段，我国社会的主要矛盾是人民日益增长的物质文化需要同落后的社会生产之间的矛盾。我国社会主义建设的根本任务，是进一步解放生产力，发展生产力，逐步实现社会主义现代化，并且为此而改革生产关系和上层建筑中不适应生产力发展的方面和环节。必须坚持和完善公有制为主体、多种所有制经济共同发展的基本经济制度，坚持和完善按劳分配为主体、多种分配方式并存的分配制度，鼓励一部分地区和一部分人先富起来，逐步消灭贫穷，达到共同富裕，在生产发展和社会财富增长的基础上不断满足人民日益增长的物质文化需要，促进人的全面发展。发展是我们党执政兴国的第一要务。各项工作都要把有利于发展社会主义社会的生产力，有利于增强社会主义国家的综合国力，有利于提高人民的生活水平，作为总的出发点和检验标准，尊重劳动、尊重知识、尊重人才、尊重创造，做到发展为了人民、发展依靠人民、发展成果由人民共享。跨入新世纪，我国进入全面建设小康社会、加快推进社会主义现代化的新的发展阶段。在新世纪新阶段，经济和社会发展的战略目标是，到建党一百年时，全面建成小康社会；到新中国成立一百年时，全面建成社会主义现代化强国。中国共产党在社会主义初级阶段的基本路线是：领导和团结全国各族人民，以经济建设为中心，坚持四项基本原则，坚持改革开放，自力更生，艰苦创业，为把我国建设成为富强民主文明和谐的社会主义现代化国家而奋斗。中国共产党在领导社会主义事业中，必须坚持以经济建设为中心，其他各项工作都服从和服务于这个中心。要实施科教兴国战略、人才强国战略、创新驱动发展战略、乡村振兴战略、区域协调发展战略、可持续发展战略、军民融合发展战略，充分发挥科学技术作为第一生产力的作用，依靠科技进步，提高劳动者素质，促进国民经济又好又快发展。中国共产党领导人民发展社会主义市场经济。毫不动摇地巩固和发展公有制经济，毫不动摇地鼓励、支持、引导非公有制经济发展。发挥市场在资源配置中的基础性作用，建立完善的宏观调控体系。统筹城乡发展、区域发展、经济社会发展、人与自然和谐发展、国内发展和对外开放，调整经济结构，转变经济发展方式。促进工业化、信息化、城镇化、农业现代化同步发展，建设社会主义新农村，走中国特色新型工业化道路，建设创新型国家和世界科技强国。

党章中的这些表述，充分体现了社会主义国家执政党及其领导的政府把发展生产力作为实现国家目标的第一要务，呈现出鲜明的生产属性。

再看社会主义初级阶段国家理论在宪法中的体现。1993 年《宪法修正案》第三条，将序言第七自然段后两句修改为：我国正处于社会主义初级阶段。国家的根本任务是，根据建设有中国特色社会主义的理论，集中力量进行社会主义现代化建设。中国各族人民将继续在中国共产党领导下，在马克思列宁主义、毛泽东思想指引下，坚持人民民主专政，坚持社会主义道路，坚持改革开放，不断完善社会主义的各项制度，发展社会主义民主，健全社会主义法制，自力更生，艰苦奋斗，逐步实现工业、农业、国防和科学技术的现代化，把我国建设成为富强、民主、文明的社会主义国家。1999 年《宪法修正案》，一是进一步将社会主义初级阶段放在正文中，将第六条修改为：中华人民共和国的社会主义经济制度的基础是生产资料的社会主义公有制，即全民所有制和劳动群众集体所有制。社会主义公有制消灭人剥削人的制度，实行各尽所能、按劳分配的原则。（新增)国家在社会主义初级阶段,坚持公有制为主体、多种所有制经济共同发展的基本经济制度,坚持按劳分配为主体、多种分配方式并存的分配制度。二是进一步将非公有制经济的补充地位修改为重要组成部分,将第十一条修改为:在法律规定范围内的个体经济、私营经济等非公有制经济,是社会主义市场经济的重要组成部分。国家保护个体经济、私营经济的合法的权利和利益。国家对个体经济、私营经济实行引导、监督和管理。三是对农村集体经济也做了相应修改,将第八条第一款农村中的家庭联产承包为主的责任制修改为:农村集体经济组织实行家庭承包经营为基础、统分结合的双层经营体制。2004 年《宪法修正案》将第十一条第二款修改为:国家保护个体经济、私营经济等非公有制经济的合法的权利和利益。国家鼓励、支持和引导非公有制经济的发展,并对非公有制经济依法实行监督和管理。

社会主义初级阶段的国家理论、所有制理论、收入分配理论、现代化理论都是中国共产党自主发展形成的政治经济学理论。新中国国家与政府经济职能演进的历史也说明,中国特色社会主义政治经济学的内容必然在边际上是动态发展的,理论必然是以问题为导向的,国家理论也是随着实践的发展而发展。

四、结　　语

国家的首要功能是发展生产。离开生产,国家就难以持续生存,国家的其他功能也就难以有效发挥出来。从中国的国家诞生开始,国家和政府的职能首先是发展生产和保护生产,然后才是建立在生产基础之上的统治职能和公共服务职能。国家不仅控制土地等自然资源,而且直接从事生产和交易,包括农业上的兴修水利,实行屯田制;工商业上的粮食、盐铁等关系国家经济命脉行业实行政府专营专卖。1949 年,中华人民共和国建立后,国家通过有计划的经济发展规划主动发展生产力。1953—2013 年的 60 年间,在国家和政府的主导下,中国的 GDP 增速平均超过了 8.2%,工业化和现代化获得了整体性的建设和推动,同时在国家组织、所有制、收入分配制度和指导思想上建构了中国独特的经济基础、生产关系、上层建筑与意识形态,形成了完备的工业体系和国防体系以及教育、科学和文化体系。

而西方主流国家理论和政府理论的基础是建立在市场失灵理论之上的,更准确地说,是建立在资产阶级主导的国家政权基础之上。它认为市场与政府之间是二元对立关系,政府只需要在市场失灵的领域内发挥作用。而这个理论基石本身就存在着逻辑矛盾。因为从市场失灵并不能推导出国家和政府产生的必然性,或者说市场失灵并不是国家和政府功能产生的充分必要条件。从理论依据上看,无论是马克思主义国家起源理论,卢梭等资产阶级思想家的契约论,还是从中国的国家形成与当代特征来看,都不能得出因出现"市场失灵"问题才需要国家和政府的结论。国家和政府是基于社会共同需要而产生的。根据中国历史上市场与国家、政府的演进,本文提出生产性国家观,认为中国的国家和政府把发展生产、繁荣经济、保障供给作为根本任务,通过不断扩大的社会再生产来实现国家建设目标,具有典型的生产属性。中国国家的生产属性主要体现在国家理论、国家战略以及党章、宪法上,也体现在发展目标——"四个现代化""两个百年奋斗目标”及其政府施政纲领、五年计划、年度经济工作会议等方面。因而，中国经济的发展和经济奇迹的创造都要从国家的主体性、生产属性上来解释。在当前和未来一个很长的时期，国家在世界范围内仍是一个实体、一个发展的主体；国家之间的竞争也要求国家从事生产性的经济活动；理解中国的政府和市场关系，也要首先从国家的生产属性入手，然后才是国家的分配属性、阶级属性、国别属性上来具体分析。

中国特色的社会主义持续实践探索是构建中国政治经济学的理论基础，其中社会主义国家政权的建立和国家理论是首要的基础。有了社会主义国家政权，然后通过宪法、法律等，规定了国家和政府的基本政治经济制度和经济职能，规定了所有制、收入分配制度、财税制度、经济计划、人与人的关系，各类经济主体的权力和权力的功能与边界等。所以，社会主义政治经济学的叙述逻辑应该从国家理论开始，然后依据经济实践中形成的基本规律，按照生产、分配、交换、消费的逻辑顺序逐一进行展开。这个逻辑应该始终以人民为中心，以生产方式和生产关系中的主要矛盾为主线，近期以全面小康社会和工业化强国为目标，中期以实现社会主义为目标，最终实现人的自由全面发展的共产主义为目标，来构建中国特色社会主义政治经济学理论体系。同时要坚持马克思主义的思想开放性，在批判社会现实中发展社会；通过批判和自我批判，用“扬弃”的方法完善社会主义政治经济学理论体系和基本内容；通过洞悉中国和当代世界的深刻变化中，从中国发展实际出发，在道路自信、理论自信、制度自信和文化自信中赋予社会主义国家理论以新的内涵。

（本文原载《中国社会科学研究生院学报》2017 年第 6 期）

紧扣中国实践经验的创新典范
——蒋学模《政治经济学教材》与当代中国政治经济学

张晖明　刘　刚　宋欣如*

摘　要　蒋学模教授是中国老一辈马克思主义经济学家，在推进马克思主义中国化、大众化、时代化的教学科研工作中，始终坚持将马克思主义基本原理与中国社会主义实践有机结合，在《政治经济学教材》建设方面具有特别的地位。文章围绕蒋学模先生的《政治经济学教材》多个版本所蕴含的学术演进，从“缘起：理论构建之载体、中国经验之总结；长成：改革实践的经验总结、学术前沿的理论集成；升华：迈向未来理论体系的高级政治经济学”三个阶段演进中的思想脉络、逻辑主线和体系构造等方面展开讨论，认为这三个阶段的特点是中国政治经济学界总结“中国经验”走向“中国理论”的时代缩影。其紧扣现实的理论创新精神，深入浅出的学术风格，对于当代学者建构中国特色社会主义政治经济学理论体系具有重要启发意义。

关键词蒋学模　教材创新典范　政治经济学理论创新　当代启迪

蒋学模先生主编的《政治经济学教材》是一本发行量达 2 000 万册具有广泛影响的著名教材。教材以严密的逻辑结构和明快流畅的文笔受到一线师生的广泛欢迎。同时，教材也凝结了蒋学模先生的学术理论贡献，体现了他紧扣实践锐意创新的学术品格。重拾这版教材的创新精神和理论贡献，对我们发展中国特色社会主义政治经济学具有重要意义。

《政治经济学教材》的成功得益于蒋学模先生深厚的理论功底和勤奋的学术研究。蒋学模先生是老一辈政治经济学家中最高产、最活跃的理论家之一，六十余年笔耕不辍，在历次重大的学术争论和众多热点议题中，都能看到他的理论创见。除影响广泛的 1980 年首版《政治经济学教材》①，蒋学模先生还主持了其他教材的编写，我们选择蒋先生与姚耐、雍文远、苏绍智合作的 1961 年版《政治经济学教材(社会主义部分)试用本》②，以及他主编的 2001 年版《高级政治

---

* 张晖明，复旦大学经济学院教授、博士生导师，复旦大学中国特色社会主义政治经济学研究中心主任；刘刚，曲阜师范大学经济学院教授；宋欣如，曲阜师范大学经济学院。

① 蒋学模：《政治经济学教材》，上海人民出版社 1980 年版。

② 姚耐、雍文远、蒋学模、苏绍智：《政治经济学(社会主义部分)试用本》，上海人民出版社 1961 年版。

经济学》[1]为参考，将三本教材作为三个时代的学术缩影，结合蒋学模先生的相关学术成果，就他在政治经济学教材中的理论贡献进行简要梳理。

一、缘起：理论构建之载体、中国经验之总结

一般而言，理论体系的构建成果需采用学术专著的形式。但是在经济学界，教材一直具有比较明显的体系构造功能。例如，萨缪尔森和斯蒂格利茨等学者都在其编著的教科书中体现自己对理论体系的理解。在经济学界，各版知名的教科书也在一定程度上承载着著者关于理论体系的认识。在政治经济学界，尤其是中国政治经济学界，以教科书为载体的学术构建传统就更为明显。这一传统可能与苏联版政治经济学教科书有关。苏联版政治经济学教科书的编写采用了官方统筹集体创作的方式，教科书的社会主义部分是苏联官方对其社会主义经济理论的总结概括，换言之，理论体系是以教科书为载体进行构建的。

在苏联《政治经济学教科书》出版之前，国内学者已经开始介绍社会主义经济理论。但是，关于理论体系的集中研究出现在苏联《政治经济学教科书》[2]传入中国之后。受1956年苏共二十大意识形态波动影响，以及总结中国社会主义经济建设经验的需要，中国特别重视政治经济学研究。从1958年到1961年毛泽东四次提倡领导干部学习政治经济学，建议中央各部门党组和各省市自治区党委的第一书记组织读书小组读政治经济学[3]。他与刘少奇、周恩来分别组织了读书小组。在组织读书小组在杭州读书期间，他在信中说“读的是经济学。我下决心要搞通这门学问”[4]。在毛泽东的倡导下，20世纪50年代中后期中国出现了第一次社会主义经济理论学习研究高潮。编写中国版的社会主义政治经济学教科书成为学者努力的方向。薛暮桥回忆“1955年，党中央宣传部给我一个任务，要我和于光远、孙冶方两同志写一本政治经济学教科书”[5]。

能否写出一本成熟的政治经济学教科书，意味着能否做好社会主义政治经济学的体系构建。毛泽东在读苏联政治经济学教科书时曾指出，“写出一本社会主义、共产主义政治经济学教科书，现在说来，还是一件困难的事情。有英国这样一个资本主义发展成熟的典型，马克思才能写出《资本论》。社会主义社会的历史，至今还不过四十多年，社会主义社会的发展还不成熟，离共产主义的高级阶段还很远。现在就要写出一本成熟的社会主义、共产主义政治经济学教科书，还受到社会实践的一定限制”[6]。毛泽东的这一判断，既反映了他对构建完备的理论体系持冷静客观

① 蒋学模：《高级政治经济学——社会主义本体论》，复旦大学出版社2001年版。

② 苏联科学院经济研究所编：《政治经济学教科书》，中共中央马克思恩格斯列宁斯大林著作编译局编译，人民出版社1955年版。

③ 戚义明：《“大跃进”后毛泽东四次提倡领导干部学习政治经济学》，《党的文献》第3期。

④ 《建国以来毛泽东文稿》第8册第637页。此次学习期间毛泽东读苏联政治经济学教科书的批注和谈话成为中国政治经济学研究的重要文献资料。

⑤ 薛暮桥：《中国社会主义经济问题研究》，人民出版社1979年版，第1页。

⑥ 中华人民共和国国史学会：《毛泽东读社会主义政治经济学批注和谈话》，国史研究资料，1998年印，第804页。

态度；也体现了中国政治经济界以教科书为载体进行理论建构的基本思路；还表明毛泽东将政治经济学理论体系视为实践经验的理论反映，认为理论建构以实践为前提，以总结实践经验为方向。蒋学模先生的教材编写工作也鲜明地体现了这些观念：将教材视为理论构建的载体，教材编写直面理论难题，紧扣社会实践，力图通过研究总结中国经验形成中国理论。对此蒋学模先生曾写道："归根到底，理论是实践的反映，是受实践的制约的。各国社会主义建设实践的成就，为社会主义政治经济学的建设提供了一定的条件。"①

这一时期，在蒋学模先生主持或参与的教材编写工作中，紧扣实践的教材编写思路，也鲜明地体现了出来。这一时期中国社会主义经济建设的最大成就是社会主义改造的完成，总结这一经验是教材编写者的重要任务。在读苏联教科书的过程中，毛泽东不满意教科书对于新中国社会主义改造与建设的论断："教科书中关于中国的资本主义所有制转变为全民所有制的问题，说得不对。它只说了我们对民族资本的改造政策，没有说我们对官僚资本的没收政策。对于民族资本，也没有说我们是经过了三个步骤，即统购统销、加工订货、公私合营，来实现对它的社会主义改造。"②这一时期全国各地掀起以毛泽东思想为指导编写社会主义政治经济学教材的高潮，当时13个省编写了14个版本的教科书③，1960年到中央党校组织了相关讨论，会后有两本教材公开出版，蒋学模与姚耐、雍文远、苏绍智主编的上海版教材是其中之一。1961年，在华东局组织的教材评比会中，这一版教材也被推选为范本④。这本教科书的第二章"生产资料所有制的社会主义改造"分"资本主义工商业的社会主义改造"和"农业和手工业的社会主义改造"两节，系统概括了中国社会主义改造的经验，详细介绍了"我国资本主义工商业社会主义改造的步骤和形式"⑤。这版教材是中国总结社会主义改造经验的早期政治经济学文献，充分体现了紧扣实践的理论创新精神。

二、长成：改革实践的经验总结、学术前沿的理论集成

20世纪50年代末60年代初的政治经济学研究热潮和体系构建工作，受"文革"影响基本被打断。改革开放后，八九十年代政治经济学迎来第二次理论发展高潮，对于中国社会主义经济理论研究具有重要意义。在"文革"之前学者已经围绕如何构建社会主义经济理论进行了深入讨论。这一时期推出的教科书，在很大程度上延续了"文革"前的理论探讨，此前一些未能实现的体系构建工作得以实现。蒋学模主编的《政治经济学教材》也于1980年正式出版。⑥

---

① 蒋学模：《政治经济学教材（社会主义部分）辅导讲座》，上海人民出版社1986年版，第27—28页。

② 中共中央文献研究室编：《毛泽东年谱（1949—1976）》第四卷，中央文献出版社2013年版，第253页；转引自张生：《社会主义的"中国经验"：1961年沪版〈政治经济学教材〉编写始末》，《史林》2016年第3期。

③ 张守谦：《蒋学模的经济思想和学术贡献》，《海派经济学》2004年第2辑。

④ 张生：《社会主义的"中国经验"：1961年沪版〈政治经济学教材〉编写始末》，《史林》2016年第3期。

⑤ 姚耐、雍文远、蒋学模、苏绍智：《政治经济学（社会主义部分）试用本》，上海人民出版社1961年版，第26—32页。

⑥ 蒋学模：《政治经济学教材》，上海人民出版社1980年版。

(一) 紧扣实践的思想解放和理论创新过程

改革开放的深入推进，为这一时期的教科书编写提供了全新的实践经验，尤其是经济体制改革的理论突破，为丰富和完善《政治经济学教材》提供了重要的指导思想。1984 年中共十二届三中全会通过《关于经济体制改革的决定》，提出“在公有制基础上有计划的商品经济”，初步确立公有制与商品经济结合的经济体制改革方向，邓小平对此高度评价，认为“写出了一个政治经济学的初稿，是马克思主义基本原理和中国社会主义实践相结合的政治经济学”①。蒋学模教授对此高度重视，基于新的指导思想，在修订第四版教材时，把社会主义部分进行了重新编写。他写道：“我们认为，《决定》所涉及的问题，不是局部的，而是全面的，关系到整体上对社会主义经济的再认识。”②

1992 年初邓小平南方谈话发表，随后，下半年召开的中共十四大提出了“社会主义市场经济体制”的改革目标。1993 年初蒋学模教授就主持修订了教材，5 月教材第 7 版出版，其中第十二章“社会主义生产的调节机制”的第三节改为“社会主义市场经济体制”。同时，社会主义市场经济体制的确立也确立了资本主义和社会主义部分所共同具有的商品、货币和价值规律范畴，第 7 版开始把这三部分内容构成的“商品经济”从“资本主义部分”中独立出来。蒋学模教授概括道，“这一次修订，总体结构上的变化，是把原来的‘商品与货币’一章，从资本主义部分划出来，作为‘对象’之后独立的一章。……主要的变动集中在社会主义部分。修订的指导思想，是力图依照邓小平同志有中国特色社会主义理论和党的‘十四大’精神来充实完善政治经济学的社会主义部分”③。

总之，《政治经济学教材》每两年左右修订一次，每次修订都尽可能地体现实践变化和理论创新。正如蒋学模教授在第 9 版后记中所强调的：“《政治经济学教材》应当反映我国社会主义经济建设理论和实践的新观点、新经验。”④蒋学模教授为每个修订版所撰写的后记，成为记录和解读中国经济中改革开放重大变革和重大事项的“改革开放大事记”和梳理相关理论动态“理论发展大事记”。

(二) 集各派思想自成一体的理论框架：对象、起点、红线和体系

政治经济学教材社会主义部分的理论框架也是编者所理解的中国社会主义政治经济学的理论建构框架。从 20 世纪五六十年代开始，中国学者开始围绕体系构建的基本原则进行了深入探讨，也发生了激烈争论。把什么作为政治经济学的研究对象，以哪个范畴作为整体理论的逻辑起点，以哪个问题作为理论的中心线索，如何安排整体内容框架，成为理论体系构建的“对象论”“起点论”“红线论”和“体系论”。一本教材关于“四论”的回答，也就构成了这本教材在国内社会主义

---

① 邓小平：《1984 年 10 月 22 日在中央顾问委员会第三次全体会议上的讲话》，《邓小平文选》第 3 卷，人民出版社 1993 年版，第 83 页。

② 蒋学模：《政治经济学教材》(第 4 版)，上海人民出版社 1985 年版，第 406 页。

③ 蒋学模：《政治经济学教材》(第 7 版)，上海人民出版社 1993 年版，第 419—420 页。

④ 蒋学模：《政治经济学教材》(第 9 版)，上海人民出版社 1997 年版，第 444 页。

经济理论方阵中的基本定位。蒋学模教授积极参与了关于"四论"的讨论，将自己关于"四论"的理解认真贯彻到《政治经济学教材》的体系之中。因此，虽然教材的13个版本始终锐意创新不断调整，但是基本的理论框架却保持了严格的逻辑一贯性。这是《政治经济学教材》的理论骨架和灵魂所在，正是基于这样的理论框架，教材持续不断的理论创新和内容调整才能聚于一魂，活而不散、动而不乱，终有大成。

1986年上海人民出版社出版了蒋学模教授的《〈政治经济学教材〉(社会主义部分)辅导讲座》①。此书的基础文稿来自蒋学模先生在贵州省委党校做的辅导报告，是教材前四个版本历次辅导报告的汇总集成。这本书的第一讲就集中回答了关于理论体系的"四论"。具体内容的编写集中概括形成自己的理论叙述风格，使《政治经济学教材》的体系特征更加鲜明。

蒋学模先生在回答上述"四论"的同时，也概括了学界关于上述"四论"的不同观点。这里，就蒋先生对"四论"分歧的概括与自己的回答进行简要梳理，就可以清晰地总结出国内社会主义政治经济学教材体系构建的理论方阵，以及《政治经济学教材》在方阵中的定位。

关于"对象论"，蒋学模先生总结，学界存在生产力、生产关系和生产方式三种不同观点，他认为政治经济学的研究对象就是生产关系。虽然生产力非常重要，部分教材也设专章论述，但是"我们还没有看到哪一部社会主义政治经济学著作是研究生产力和生产关系并重的。……研究生产关系，总要从生产力对生产关系的决定作用和上层建筑对生产关系的反作用这样两个方面来考察，才能把问题看透"②。

关于"起点论"，蒋学模先生概括，学界存在产品、所有制、企业和劳动等不同观点，他认为应从精神实质上理解马克思为什么要从分析商品开始来分析资本主义经济运动，原因在于资本主义社会中商品是劳动表现，是历史前提和经济细胞。而社会主义的基本前提是"公有制代替私有制"。社会主义社会的物质利益关系，"归根结底，都要追溯到社会主义所有制的性质和特点。所以，我认为，社会主义政治经济学应该从分析所有制开始"③。

关于"红线论"，学界存在社会主义基本经济规律、经济效益、经济利益、剩余劳动规律、必要价值规律等不同观点④。蒋学模先生认为，"剩余价值规律作为资本主义的基本经济规律，是支配着资本主义运动的全过程的。照此类推，社会主义的基本经济规律，社会主义的生产目的，也应该成为分析社会主义经济运动的红线"⑤。

关于体系结构，蒋学模先生总结，"大体上有两种类型。一种是按生产、流通、分配和消费四环节来组织的。一种是按生产过程、流通过程、总过程来组织的。我们的教材属于后面这种类型"⑥。

---

① 蒋学模：《〈政治经济学教材〉(社会主义部分)辅导讲座》，上海人民出版社1986年版。

② 同上书，第3页。

③ 同上书，第23页。

④ 张宇：《关于中国特色社会主义政治经济学的若干问题》(上)，《经济导刊》2016年第6期。

⑤ 蒋学模：《〈政治经济学教材〉(社会主义部分)辅导讲座》，上海人民出版社1986年版，第24页。

⑥ 同上书，第27页。

（三）引领学术前沿的理论创见

蒋学模先生长期活跃在政治经济学的学术前沿领域，做出了卓越的理论贡献。作为国内历次学术大讨论的亲历者，蒋学模先生能够准确把握学术前沿动向和基本学术共识，及时吸收前沿成果和理论共识进入教材，使《政治经济学教材》成为观点新颖、创见丰富的经典教材，在学术界也起到了推广和引领学术前沿的作用。

1994 年，洪银兴教授在《中国社会科学》发表《蒋学模经济思想述评》①，指出“蒋学模坚持将马克思主义经济学的基本理论同中国具体实际相结合，对许多重大经济理论问题进行了深入系统地研究，提出了独到的见解”。他将蒋学模的经济思想概括为六个方面：社会主义所有制理论、公有制经济与非公有制经济共存关系、社会主义宏观经济理论、社会主义经济危机的理论分析、社会主义公有制内部商品关系、计划和市场结合的调节机制。

这六个方面的理论贡献，也成为《政治经济学教材》的重要理论创见。

第一，在社会主义公有制理论方面，相关理论观点已经融入第十章“社会主义经济制度导论”，其中关于“所有、占有、支配和使用”的“四权”理论融入了社会主义公有制实现形式理论。

第二，在公有制与非公有制经济共存关系方面，相关理论观点已经融入“社会主义基本经济制度”，其中教材中关于多种所有制共同发展、公平竞争的讨论，对于我们准确把握“两个毫不动摇”具有重要的理论参考价值。

第三，在社会主义宏观经济理论方面，蒋学模先生是最早将宏观经济运行引入政治经济学教材的学者，这部分内容被置于第十六章“社会主义再生产”部分，将经济增长、经济波动、国民收入核算和宏观运行融为一体，把马克思主义政治经济学的再生产原理应用于中国特色社会主义经济，是理论创新和实践总结的经典之作。

第四，在社会主义经济危机问题上，部分观点体现在了第十六章第一节的“经济波动”部分，提出从经济增长波动来看，“可以说我国也出现过危机”②，同时重点论述了危机的不同性质。这些观点直到今天都有鲜明的理论创新性，是重要的政策参考，也值得学术界继续深入探讨。

第五，关于公有制内部商品关系的观点，体现在第十一章“社会主义生产是公有制基础上的商品生产”，这一部分对于公有制生产中的劳动和劳动者的相互关系进行了深入细致的解析，对于准确理解“公有制与市场经济的结合”这个当前理论界的热点议题，依然有重要的理论参考价值。

第六，关于计划与市场相结合的调节机制的观点，体现在第十二章“社会主义生产”的调节机制，其中关于计划与市场各自优缺点，以及将两者结合的观点，为“正确处理政府与市场关系”，提供了重要的理论基础。

洪银兴教授的概括还停留在 1994 年。在此之后，蒋学模先生依然长期活跃在学术前沿。例

---

① 洪银兴：《蒋学模经济思想述评》，《中国社会科学》1994 年第 4 期。

② 蒋学模：《政治经济学教材》(第 13 版)，上海人民出版社 2005 年版，第 407—408 页。

如,在"劳动价值论"的大讨论中,蒋学模先生重点论述了市场经济条件下劳动价值论和剩余价值理论的适应性问题①;关于社会主义市场经济的基本范畴和基本理论,蒋学模先生直面争议,进行了深入研究②,对于当前构建中国特色社会主义政治经济学具有重要的理论参考价值。

当然,由于一些前沿高深的学术创见,可能面临相应的争议,不宜在初级教材中体现,蒋学模先生并未将上述所有理论创见都写入教材,反映出他对教材内容范围和理论深度的准确把握。而一些已经基本达成共识,可以通过教材推广的创新性观点,他也尽可能地吸收进入了教材。例如,蒋学模先生也参与了关于"生产劳动"和"价值创造"范围的讨论,关于服务业和精神产品的价值创造问题,他就较早地引入了《政治经济学教材》,在教材第 9 版中他指出:"在本书第二章《商品经济》中,新增加了一节《生产社会化的发展和商品外延的扩大》,依据马克思本人在《政治经济学批判》和《剩余价值理论》等著作中的观点,把商品的外延从有形的物质产品扩大到无形的精神产品和服务产品。相应地,把创造价值的劳动从物质生产领域扩大到商品生产的一切领域。"③

总之,1980 年首版的《政治经济学教材》,在二十余年的 13 个版本中,始终坚持紧扣改革实践的理论创新道路,严格保持了统一的理论框架和学术风格,积极吸收学界前沿成果,始终服务于教学和科研一线,为中国政治经济学教学科研做出卓越贡献。这版教材对于几代学者的成长具有重要影响,在中国中青年政治经济学家中,很多学者都对这一版教材印象深刻。

三、升华:迈向未来理论体系的高级政治经济学

蒋学模先生始终将《政治经济学教材》作为政治经济学普及读物和初级教材进行编写,严格要求教材的观点是初步达成理论共识的观点,教材的表述做到"深入浅出"。这也在一定程度上限制了教材理论体系和学术观点的深度创新。在 1980 版教材连续再版二十年后,蒋学模教授关于社会主义政治经济学理念体系的认识达到了新的高度,筹划在更高的理论水平和更深的理论层次上编写高级政治经济学教材。虽然这版教材的使用范围不及 1980 年的初级版本,但是教材的理论框架和理论风格,延续了 1980 年的版本,尤其是紧扣实践的理论创新精神得到了进一步的升华。当前,在中国全面讨论如何构建"中国特色社会主义政治经济学"理论体系的背景下,重读蒋学模先生编写的高级政治经济学教材,会惊讶于蒋学模先生深刻的理论洞见和超前的理论创新。从某种意义上说,这版教材在"中国特色社会主义政治经济学"体系提出之前,就是已经提出初步成熟的理论框架的高级版本。直到今天,教材中的很多研究,依然超前于学界所讨论的议题范围,堪称一本面向未来的先驱性的中国特色社会主义政治经济学理

① 蒋学模:《社会主义经济中的资本范畴和剩余价值范畴》,《经济研究》1994 年第 10 期;蒋学模:《现代经济条件下如何坚持和发展劳动价值学说》,《经济学动态》1996 年第 4 期;蒋学模:《马克思劳动价值论在社会主义市场经济中的应用》,《复旦学报》(社会科学版)2004 年第 1 期。

② 蒋学模:《社会主义市场经济的几个有争议的理论问题》,《社会科学战线》1994 年第 1 期。

③ 蒋学模:《政治经济学教材》(第 9 版),上海人民出版社 1997 年版,第 445 页。

论教材和读物。

蒋学模先生将高级版本的教材的编写设想概括为以下几方面原则①:第一,从社会主义政治经济学发展史的角度来写。第二,贯彻理论联系实际的原则。第三,贯彻百家争鸣方针。教材出版了《总论卷》②和《本体论卷》③。这里只简要介绍这版教材对于当前“中国特色社会主义政治经济学”理论建构具有重要意义的三处理论创见。

在《本体论卷》中,理论框架的安排基本实现了与《资本论》的对应,尤其是将《资本论》中具有重要现实意义的“地租理论”应用于社会主义地租问题,不仅讨论了农村地租和城市地租,还具体分析了地租的分配问题——直到今天,这一领域依然缺乏全面广泛的讨论。当前解释地方政府的行为模式,社会主义地租理论显得尤为重要。高级政治经济学教材关于地租问题的理论创见,具有重要的现实意义。同时,这里提出的土地供给双轨制问题,直到现在未获有效解决,地租的实现形式问题,依然是经济体制改革的前沿议题。④

在《总体论卷》中,围绕物质激励与精神激励问题,重点论述了社会主义精神激励与社会主义本质和社会主义民主的联系,提出“搞物质鼓励,社会主义搞不过资本主义”,强调两者的结合是中国社会主义经济建设的重要原则。这些认识对于当前正确认识“社会主义基本制度”的重要性和“坚持党的领导”的重要性,具有重要意义。⑤

在《本体论卷》中,关于市场与计划机制的调节,教材将这一理论置于马克思“按比例分配劳动”的原理基础之上,不仅论述了计划与市场的界限,还论述了计划与市场的内在关联性。这一观点,既强化了这一研究主题的基础理论深度,又预见性地系统论述了计划与市场的结合,其中的很多观点与后来“政府与市场关系”讨论中“既要有效市场,又要有为政府”的观点不谋而合,且具有更为规范和深刻的理论透视。⑥

四、结　　论

中国社会主义政治济学研究经历了 20 世纪五六十年代和八九十年代两次理论高潮。2015 年习近平总书记提出“坚持和发展中国特色社会主义政治经济学”之后,中国政治经济学界已经迎来了第三次理论研究热潮。

习近平总书记指出,“中国特色社会主义是全面发展的社会主义”⑦,“经过 30 多年改革开

---

① 蒋学模:《社会主义政治经济学:我们应该做什么和能够做什么?——编写〈高级政治经济学〉(社会主义部分)的一些设想》,《经济问题探索》1997 年第 10 期。
② 蒋学模、张晖明:《高级政治经济学——社会主义总论》,复旦大学出版社 2001 年版。
③ 蒋学模:《高级政治经济学——社会主义本体论》,复旦大学出版社 2001 年版。
④ 同上书,第 515—520 页。
⑤ 蒋学模、张晖明:《高级政治经济学——社会主义总论》,复旦大学出版社 2001 年版,第 100—108 页。
⑥ 蒋学模:《高级政治经济学——社会主义本体论》,复旦大学出版社 2001 年版,第 87—100 页。
⑦ 习近平:《在十八届中央政治局第三十次集体学习时的讲话》,《人民日报》2016 年 1 月 31 日。

放,我国社会生产力、综合国力、人民生活水平实现了历史性跨越,我国基本国情的内涵不断发生变化"①,提出要"提炼和总结我国经济发展实践的规律性成果,把实践经验上升为系统化的经济学说"②,"坚持和发展中国特色社会主义政治经济学,要以马克思主义政治经济学为指导,总结和提炼我国改革开放和社会主义现代化建设的伟大实践经验"③。从毛泽东认为写出成熟的教科书"受到社会实践的一定限制",到邓小平认为"写出了一个政治经济学的初稿",再到习近平提出"把实践经验上升为系统化的经济学说",坚持和发展中国特色社会主义政治经济学,上述历史脉络清楚地表明:社会主义经济理论在中国的三次研究高潮,是中国社会主义事业发展的真实写照;中国特色社会主义政治经济学的提出,是社会主义建设实践和理论发展两条线索在当代交汇的历史必然。总结中国经济建设经验,实现理论升华,是中国特色社会主义政治经济学的历史使命,也是当前政治经济学理论工作者的历史责任。

蒋学模教授的政治经济学教材编写工作,贯穿了20世纪五六十年代中国社会主义政治经济学理论体系的初创期、八九十年代的理论繁荣期,以及2000年初积极推进高级版本的教材体系和学科体系时期。蒋学模教授的教材编写工作,是中国政治经济学界总结"中国经验"逐步走向"中国理论"的时代缩影。《政治经济学教材》除对政治经济学的知识普及、教学科研工作的卓越贡献外,其紧扣现实的理论创新精神,深入浅出的学术风格,对于当代学者具有重要意义,尤其是2000年之后推出的高级版本,为我们发展中国特色社会主义政治经济学提供了大量的学术素材和高质量的理论创见,是一个有待进一步开发的理论宝藏。

(本文原载《世界经济文汇》2018年第3期)

① 新华社:《坚持运用辩证唯物主义世界观方法论提高解决我国改革发展基本问题本领》,《人民日报》2015年1月25日。

② 新华社:《立足我国国情和我国发展实践　发展当代马克思主义政治经济学》,《人民日报》2015年11月25日。

③ 新华社:《坚定信心增强定力　坚定不移推进供给侧结构性改革》,《人民日报》2016年7月9日。

国家和制度变迁的政治经济学

混合所有制经济的属性与导入特点的新探究

张晖明　陆军芳*

摘　要　中共十八届三中全会通过的《关于全面深化改革若干重大问题的决定》明确提出“积极发展混合所有制经济”的改革方针，以此作为坚持和完善基本经济制度的重要工作内容，以便处理好公有制与市场经济相互融合的关系，创新基本经济制度的实现形式。围绕“混合所有制”命题，理论上还存在一定的认识差异，“积极发展混合所有制经济”与坚持公有制究竟是一种什么关系？实践中的“混合所有制经济”以一种什么样的图像展开？混合所有制经济形式的改革效应表现在哪些方面，如何创造条件，进一步推进改革深化？对这三个方面展开讨论，可以为稳健推进混合所有制经济改革贡献思想的力量。

关键词　混合所有制经济　公有制　资源配置方式　所有制实现形式

中共十八届三中全会《关于全面深化改革若干重大问题的决定》明确提出“积极发展混合所有制经济”的改革方针，作为坚持和完善基本经济制度的重要工作内容，以便于处理好公有制与市场经济相互融合的关系，创新基本经济制度的实现形式。一年多来，已经有 28 个省区市推出了“关于国资国企改革的实施方案”，通过顶层设计指导推进改革实践有序展开，国有企业改革全面进入 2.0 新阶段。联系改革实践，围绕“混合所有制”命题，理论上还存在一定的认识差异，“积极发展混合所有制经济”与坚持公有制究竟是一种什么关系？实践中的“混合所有制经济”以一种什么样的图像展开？混合所有制经济形式的改革效应表现在哪些方面，如何创造条件，进一步推进改革深化？本文尝试从这三个方面展开讨论，旨在为稳健推进混合所有制经济改革贡献思想的力量。

* 张晖明，复旦大学经济学院教授、博士生导师，复旦大学中国特色社会主义政治经济学研究中心主任；陆军芳，复旦大学经济学院博士研究生。

一、“混合所有制”是由不同的出资人（终极所有者）共同联合出资组成的“法人组织所有制”，是“派生的”（第二层次的）所有制。积极发展混合所有制与坚持社会主义公有制可以并行不悖

了解“混合所有制”的内在含义有助于进一步把握和实施“混合所有制”的精髓，避免出现认识上的“误区”、形式上的“走样”。对于财产所有制的界定，《中华人民共和国民法通则》第五章有这样的说法：“国家所有”“集体所有”和“公民个人所有”三种基本形式。而国家所有和集体所有又可以归结为“公有制”概念范畴。马克思主义政治经济学在论述生产资料所有制问题时，认为社会经济生活中存在着有两种最基本的所有制形式——私有制、公有制，这是两种性质完全不同的所有制。社会经济生活中的各种具体的所有制形式都是这两种基本的所有制（或者称之为“终极所有制”）演变和发展起来的。

联系人类社会进步的历史，特别是在进入社会化分工的大生产方式以后，这两种不同性质的所有制所扮演的角色和发挥的作用，马克思主义政治经济学理论有丰富的讨论。从社会进步的动态阶段特点出发，马克思和恩格斯对生产资料私有制的历史进步性和对社会再生产发展的贡献给予了充分的褒扬，同时又进一步指出它所固有的内在矛盾，预言私有制最终要被生产力发展所抛弃，被生产资料公有制所取代。在这里，马克思主义对待生产资料私有制的历史唯物主义的分析态度和辩证逻辑恰恰是我们需要认真加以理解吸收的科学方法论。

“混合所有制经济”实际上是指财产权分属不同性质所有者共同出资组合形成的新的经济形势。因此，我们可以将之视作“第二层次”意义上的（非终极所有权意义的）所有制。从宏观层次来讲，混合所有制经济是指一个国家或地区所有制结构的非单一性，即在所有制结构中，不同性质的终极所有者主体并存，既有国家、集体等公有制经济，也有个体、私营、外资等非公有制经济。这也就是我国《宪法》对基本经济制度的表述上所提出的“公有制为主体，多种经济成分共同发展”的意义所在。作为微观层次的混合所有制经济，是指不同所有制经济作为投资主体共同出资组建混合所有制经济组织的企业。在企业这样一个组织平台内部，不同性质的资本相互合作、形成合力去实现某一共同目标。纵观人类社会经济发展的历史进程，特别是在资本主义大生产方式下，从事生产经营活动的企业，采取多个主体共同出资的混合所有制经济形式完全是既有可能又是十分必然的事情。马克思在《资本论》第三卷第 27 章讨论社会化大生产需要有基础设施（如铁路等）大型公共工程建设时，就已经有所预见并且加以肯定。马克思指出，这种联合出资行为，有效地解决了单个资本数量规模不足，难以承担需要大额投资的铁路建设的难题，而通过联合投资可以较好地集聚资本规模，同时也较好地分散了大额资本投资可能存在的风险。另一方面，这种社会性联合出资行动也克服了由于基础设施建设投资资本回收周期长，单个资本也不愿意独立承担的缺陷。正是在这样的背景下，出现了联合投资（集资）方式的“股份制”，通过多元主体共同出资，就此成就了大型公共工程。马克思对此予以充分肯定，指出“股份制是私人资本在社会范围内的扬弃”，揭示出股份制的资本组织形式的进步意义。

基于以上分析，可以由此加深对混合所有制经济特点的认识和理解，不同性质的资本主体之间的结合，多个主体的出资在一个企业组织内部的结合，可能包括公有制主体与私有制主体、私有制主体与私有制主体相互之间的出资联合。由此可以得出对混合所有制含义的完整的理解。“混合所有制”经济形式，在宏观意义上的理解和表现就是“多种经济成分并存”。在微观意义上就是不同性质的资本主体联合出资，共同兴办某个事业，是融合式的资本一体化运营。今天，在讨论“混合所有制经济”概念范畴时，更多地是对企业组织层面的混合所有制的关注。在微观经济活动主体的企业，在资本一体化的企业组织内部，不同性质的(终极)所有者主体交叉持股、不同性质的所有制资本相互融合，由此可以促成不同所有制资本取长补短、相互促进、共同发展。因此，发展混合所有制经济与坚持生产资料公有制完全可以并行不悖，因为作为终极意义的生产资料所有制与配置实现层次意义上的混合所有制处在两个不同层次上，有着不同的性质定位。况且在混合所有制经济主体的企业组建方式上，公有制资本可以发挥组织、引导者的角色，因此，有利于国有资本放大功能，保值增值，提高竞争力。

我们还是要面对一种理论上的追问，就是究竟如何给“混合所有制经济”定性？这也似乎成为绕不开的、必须加以回答的重大理论命题。混合所有制经济本身不是一种独立的所有制形式，它是由公有制经济成分与非公有制经济成分相混合组成的，由于“名义的”“货币的”所有权采取“出资”的形式与“现实的”所有权发生分离，不同性质的所有权主体“联合出资”，客观上存在共同的目标，这就使得既有的不同性质资本彼此淡化资本性质对立，更多地关注一致性的配置目标，共同赋予联合资本主体法人生命和生存目标。一般对于追问定性的回答，都会从混合所有关系中占绝对数量(控股)主体的属性来获取定性依据。但是，考虑到法人治理机制的有效性，塑造不同主体之间的相互制衡关系，通常大股东不一定超过50%的持股数量，因此，多元主体联合出资的混合所有制企业的定性应该摆脱传统的思维方式而赋予新的规定性。回到法人治理机制运作特点考虑，就要看发挥主导作用的第一大股东的经济属性，从而第一大股东对于其他小股东的动员能力和利益诉求的兼顾处理能力，最终影响这种混合所有制经济的性质实现。否则的话，从现代公司治理机制特点考察，就会出现资本合作行为的摩擦，增加公司治理成本，甚至最终出现联合关系的解体。说到底，混合所有制经济组织体现什么样的社会属性，取决于公有制经济成分与非公有制经济成分的实力对比和合作目标的和谐实现，取决于特定的经济和政治环境，取决于特定的政策与法规，归根结底取决于基本经济制度的性质。进一步推论，在私人资本与私人资本联合出资的混合所有制企业，这种联合出资行为已经产生出一种新的机制，即资本权利实现的开放性、资本在社会范围对私人性的“扬弃”，也就是说，私人资本的“出资”已经在“用资”的“法人资本”(企业)场合被“社会性”使用。这种社会性扬弃，客观上也会产生对于私人资本属性的改造。对此，传统的政治经济学理论只是停留在对于资本属性的静态规定意义的讨论，显然不能说明资本存在和运动的全部意义。这也正是需要我们加以正视、需要花气力加以跟踪研究的理论创新空间所在。

二、"混合所有制"在中国经济生活中受到重视并积极主动导入实践，作为推进公有制实现形式创新的工作内容，作为国有企业改革深化的新举措，是经济体制改革步入深水区在理论上的新突破。这种导入方式的特点与资源配置方式和所有制实现形式的变革直接相关

纵观人类经济社会发展的历史，伴随着生产力发展、技术进步、生产与交换范围的扩大，生产作业的企业组织规模也不断扩大成长，当这种成长能力超出单个资本家资本数量和管理能力后，出现了所有权与经营权相分离的资本配置和管理形式，原来的"私人资本主义"经济模式就被所谓的"经理人资本主义"经济模式所取代。在大量的经济活动探索实践中，这种私人资本的联合投资行为在民事责任担当方式上又经过了从"无限连带责任"向"有限责任"的变革，最终使"混合所有制"取得了一种相对稳定的法律制度形式和企业组织形态，这就是现代公司制度。尽管私人资本相互之间的合作行为促成了私人资本在社会范围内的扬弃，但是，这种"扬弃"本身并没有根本改变生产资料私人占有的基本性质。一个不容忽视的事实是，作为混合所有制的现代公司通过社会化动员资本能力和以股权形式配置资本，在资本的名义所有权与资本的现实所有权(资本的使用权)关系上，通过资本的二级市场给名义资本所有权制造"退出"和"进入"的灵活性，赋予了资本配置能够根据生产力技术变化进行流动重组的灵活性。与这种资本配置方式相关联，现代公司制度的运营治理也逐渐累积形成一整套的治理规则，共同构成作为混合所有制的现代公司制度的重要内容。考察社会化大生产方式条件下生产力技术进步和经济增长发展的历史不难发现，以混合所有制作为资本配置组织形式的现代公司制度发挥了十分重要的驱动性作用。

考察在资本主义生产方式下私人资本联合投资所生成的混合所有制经济，与之相伴的市场经济文化价值因素值得挖掘。首先，单个资本走出所有权与经营权合一的、封闭的自我经营状态，将自己的资本投放出去，出现"名义资本"与"现实资本"的分离，表现出一种资本关系的开放性；其次，不同投资主体相互之间在投资资本合作关系上的平等性，同股同权同利。对于资本使用则根据资本数量关系，以"少数服从多数"的"产业民主主义"方式进行决策管理。在此基础上，允许资本所有者用积极的方式参与管理，即"用手投票"，也可以采取消极的参与方式，即"用脚投票"，通过配套创设的(二级)资本市场抛售股权，退出合作关系，由此形成对联合投资中的大股东形成制约约束。这就又可以得出第三个方面的因素，就是资本联合合作关系中权力博弈的信息公开性。诚然，无论是这种资本联合的混合所有制关系的确立，混合所有制的现代公司治理规则，还是投资者所拥有的股权的进入退出，都是在一种透明的法律规则下有序运行的，表现为对资本权利的法律保护。这些都是市场经济发育水平的重要内容。

混合所有制在既往的社会化大生产方式下就已经出现，从既有的实践加深认识不同资本主体联合出资的混合所有制经济的内在机理。同时也是为了更好地说明，在我国经济体制改革进入攻坚期和深水区，为什么要提出"积极发展混合所有制经济"在理论上的新的突破意义，以及导入混合所有制经济对于改革新阶段的实践深化意义。

回顾改革开放近40年来的历程，围绕国有企业改革的举措，从最初的"放权让利"，调动企业的经营积极性，实行"利润留成"，扩大企业经营自主权。1984年，中共十二届三中全会做出的《关于经济体制改革的决定》就明确了"增强国有大中型企业的活力，是整个经济体制改革的中心环节"，给国有企业改革定了位。1992年，中共十四大明确提出社会主义市场经济作为我国经济体制改革的目标，进而1993年中共十四届三中全会通过的《关于建立社会主义市场经济体制若干重大问题的决定》明确了建立"产权清晰、权责明确、政企分开、管理科学"的现代企业制度的企业改革任务，由此塑造出市场经济的微观主体。在明确以现代企业制度作为企业改革的目标模式以后，我国国有企业改革的步伐加快，差不多在20世纪90年代基本上完成了对国有企业的公司制改造，通过采取多元出资的"有限责任公司"和"股份有限公司"，作为生产经营活动主体的企业，在形式上都改造成为多个出资主体联合出资组建的混合所有制经济组织。除了对于原有的国有独资企业进行公司制改造，现实经济生活中，结合市场商机也新组建了不少混合所有制企业。尽管如此，我们在理论上承认"混合所有制经济"，但总是一种被动的接受式的表达方式。我们强调坚持公有制主体包括混合所有制经济中的国有和集体成分，同时也明确强调"股份制是公有制实现的重要形式"。正是在改革实践探索的成功经验基础上，证明了混合所有制经济体现出的生命力，因此，《决定》明确提出"积极发展混合所有制"的改革方针，这就将既往的只是强调公司制企业组织形式对于国有企业改革的具体举措，进一步上升到在所有制理论上确立混合所有制在社会主义市场经济体制建设中的地位和作用，应当积极加以发展。而且在微观的企业组织内部，不同性质的所有制成分通过股权关系交叉持股、相互融合，一体化运作。把积极发展混合所有制作为深化国资国企改革的重要举措，作为科学处理好公有制与市场经济有机融合的重要途径。相比以往，只是从企业组织形式意义上强调说股份制是公有制实现的一种重要形式，上升到所有制关系层面的新表述，是所有制理论的新突破、新发展。

回到具体实践层面的讨论，在中国经济生活中"积极发展混合所有制经济"，以积极进取的态度对待混合所有制，可以为改革拓展更大的空间。总结国有资产管理体制改革和国有企业改革历程，我们所要解决的问题是如何处理好公有制与市场经济的关系，如何将公有制资本灵活有效地加以配置，赋予经营的活力。我们是在经济体制实现从计划经济向市场经济转轨的大背景下，围绕国有企业改革最终在理论上导入"混合所有制经济"概念，实践中经过了增强企业活力（如何搞活企业）、开放非公经济与国有经济并存（如何搞活国有经济）和实现公有制与非公有制联合合作、相互融合（如何搞活国有或集体资本）的改革深化阶段。在改革实践中，混合所有制经济已经存在并得到发展，改革实践取得的成果当然需要在经济理论上得到肯定并纳入社会主义市场经济理论体系。

三、对照积极发展混合所有制经济的工作要求，总结改革实践所走过的历程，进一步加深对混合所有制改革效应的理解，澄清在所有制问题上的某些偏见，加强顶层设计，继续推进改革走向深化

十八届三中全会通过的《决定》对于积极发展混合所有制经济作了深刻的阐述，明确指出混

合所有制经济是我国基本经济制度的重要实现形式，积极发展混合所有制经济，为建构社会主义市场经济体制目标模式，解决好公有制与市场经济关系，对于坚持和完善以公有制为主体、多种所有制经济共同发展的基本经济制度具有十分重要的理论意义。改革实践充分证明，混合所有制经济组织形式对于发挥国有经济的主导作用，不断增强国有经济活力、控制力、影响力开辟了市场化运作的通道。通过市场机制作用，可以充分动员利用劳动、资本、技术、管理和土地等各类资源，并使其活力得到迸发。

国有企业通过改组、改制、资产出让，转变为多元主体联合出资的股份制企业，走上市场化、民营化治理方式；与此同时，一大批私营企业通过合伙、改制形成多个投资主体联合出资的公司制、股份制企业，不少私人资本主体还参与了国有企业的改制改造。到 2013 年年底，全国规模以上工业企业有 33.3 万户，其中股份制企业占 63.6%，资产总量占 58.5%，主营业务收入占 58%，税金占 58.9%，利润占 59.1%，大体上说，在全国规模以上的工业企业中，混合所有制的股份制企业占六成。在混合所有制经济组织中，国有资本、集体资本和非公资本交叉持股，相互融合，不同所有制资本取长补短、相互促进，调动多个投资主体的积极性，形成多元出资主体相互之间的制衡机制，多元资本合作，建立起公司治理机制，改造转化了企业经营机制，激发了投资人、管理层和员工的积极性，推动了技术进步，提高了效率和效益。2010 年、2011 年、2012 年，全国规模以上工业企业的资产利润率，国有和国有控股企业分别为 4.9%、5.4%和 4.6%，混合所有制的股份制企业分别为 6.6%、8.4%和 7.6%，混合所有制企业的经济效率相对较高。①

选择混合所有制的股份制产权组织形式的企业，无论上不上市，都进一步赋予了资本(股权)配置的灵活性，通过股份的流转、增减，使股权结构不断改善优化。对于不同所有者主体而言，可根据所掌握的资本状况自主选择在具体产业领域和企业中的配置方式。对于国有资本产权主体而言，可以更好地发挥在社会经济生活中的控制力和影响力，根据经济社会发展目标和发展阶段重点选择，联系社会发展阶段特点，适应生产力技术进步特点的需要，发挥动员组织作用，调度整合社会资本，实现国有资本放大功能。由此也有助于促成对于国有资产管理的工作内容从原来的管企业、管资产转向管资本，促进国有资产监督管理体制和组织体系、组织功能的转变。

在混合所有制经济中，基于对资本作为生产要素作用贡献的市场评价和股权工具的运用，进一步促成劳动者能力贡献和资本能力之间的合作关系处理的新形式运用，有利于开放员工参与持股，推行"员工持股计划"，更好地调动管理者、科技人员和其他劳动者的工作积极性，形成资本与劳动更加紧密的合作，塑造现代公司制企业的新产权实现机制。对此，《决定》也有明确的阐述："允许混合所有制经济实行企业员工持股，形成资本和劳动者利益共同体。"借助股权价格认定的评价机制，还可以进一步拓展到对其他生产要素贡献的计价和折股方法的运用，对不同生产要素的贡献通过市场化客观评价，回归到资本价值分析和在此基础上的折股处理，从而形成不同生产要素之间充分有效的合作，更好地调动各类生产要素的积极性。

此外，还有一个非常重要的机制塑造和文化发育问题。开放的资本市场存在也为全社会居

① 相关数据根据国家统计局发布的信息整理。

民提供了参与投资和投资型理财、获取财产性收入的更多机会，由此会带动社会民众承担投资责任、承受投资风险压力，锻炼成长新型主人意识。混合所有制经济的开放性社会化的资本动员能力带动了投资人的产权平等意识发育。联合出资主体彼此之间相互尊重，共同遵守一定的议事规则，基于股权平等基础上的“少数服从多数”的议事规则，有助于培育全社会的资本平等意识和合作精神，为走向现代社会助力。

我们的既有观念、传统理论和日常管理行为中先验地存在着对公有制、私有制性质认识上的情感色彩，总是偏好于公有，简单地认为私有制一定就是落后的、低效率的，甚至在政策设计和日常工作中对私有制有所“歧视”，国有经济、公有制资本似乎天然地高一个等级，甚至具有一定的特权，造成资本主体之间的“不平等”，不同所有制性质的企业(在价格和数量上)不能平等地获取生产要素。对照《决定》所提出的工作要求，传统的见解带有强烈的形而上学色彩，必须加以澄清。推进改革的不断深化需要继续在观念、思想和基本理论上加以更新，摒弃偏见，营造公正平等的舆论环境，为实践先行开路。

推进混合所有制经济发展还需要进一步做好改革的顶层设计，创造配套条件，使改革真正收到实效。首先，需要塑造行使国有资本出资行为的“终极所有者”主体，将国有资本的出资行为纳入市场化运营轨道；其次，论证处理好在现有的国有企业组织体系中，究竟应该在哪一个企业组织层次推进资本关系的混合所有。在此基础上，理顺国有经济的配置体系，更好地发挥国有经济的活力、控制力和影响力。否则就有可能出现“为混而混”，搞形式主义，甚至会出现资本的使用者(伙计)把主人的资本(资产)任意处置的现象，要防止盲目行事，避免出现混乱局面；再次，在推进混合所有制经济改革时，必然碰到如何对资本联合行为关系的处理，即合作资本之间的定价关系问题，必须严守法律和程序规范，通过市场的公开信息，合理定价，防止出现定价不准，国有资产流失；最后，要保证混合所有制经济改革举措稳健有序，同时保证国有企业职工的合法权益，使改革能够带来企业绩效的改进，改革的成果能够惠及企业职工和全体民众，取得广大民众的理解和拥护，保证改革深化的正确方向，朝着既定目标砥砺前行。

(本文原载《毛泽东邓小平理论研究》2015 年第 2 期)

中国国有经济制度安排的政治经济学*

汪立鑫**

摘　要　基于新古典经济学的狭义的微观配置效率视角，对国有经济的流行理解存在两大局限：一是将企业微观效率的决定因素只局限于产权激励，二是仅仅局限于微观效率视野来评价国有经济。要全面准确理解我国国有经济制度安排，必须超越微观效率视野，基于更深广的政治经济学视野，从国家宏观整体利益出发来分析。国有经济制度安排的深刻意义体现在：社会基本制度维护、国家经济安全保障，以及国家经济竞争力提升三个维度。对于中国特色社会主义政治经济学而言，一个有说服力的国有经济理论是其必需的核心内容。

关键词　国有经济制度安排　国家经济安全　国家经济竞争力　社会主义政治经济学

我国社会主义市场经济与西方资本主义市场经济的根本区别之一，就是我国国有经济的主导地位。如何理解和评价我国这一国有经济制度安排的必要性与优越性，对于构建中国特色的社会主义政治经济学，坚持中国特色社会主义的理论自信和制度自信，有着极为重要的意义。当前对国有经济制度安排的各种理解中，基于新古典经济学框架下的狭义的微观资源配置效率视角的理解颇为流行，这导致了对我国国有经济的诸多不合理乃至不公正的评价。要全面准确地理解和评价我国的国有经济制度安排，必须超越这一新古典经济学狭隘视野，基于更为宽广深邃的政治经济学的视野，从国家宏观整体利益出发来分析。

一、基于新古典经济学对国有经济的流行理解及其局限

（一）基于新古典经济学对国有经济的流行理解的基本逻辑

新古典经济学框架下对国有经济的流行理解（后文将简称“流行理解”），具体而言就是基于西方微观经济学的一系列理论假设或原理，从微观资源配置效率的角度来对国有经济进行评价。其具体分析逻辑如下。

---

*　教育部人文社会科学重点研究基地重大项目“制度影响经济绩效的原理与中国经济成功的制度根源研究”（批准号：15JJD790007）。

**　汪立鑫，复旦大学世界经济研究所教授、公共经济研究中心副主任。

首先，从微观经济学的信息经济学理论出发，具体而言就是基于委托代理理论，认为从产权制度的意义上，国有企业必然是低效率的。因为国有企业实行的是全民所有的公有产权制度，这导致从最初委托人到最终代理经营者之间的委托代理层次过多，从而监督效率过低，难以实现有效的激励约束。①所以，为了提高资源配置效率，必须要缩减国有经济规模。②

其次，从微观经济学的市场失灵理论出发，认为国有经济存在的合理性在于且仅仅在于弥补市场失灵，如公共品的提供或纠正外部性等。换言之，在没有市场失灵的场合包括行业或时点，国有经济应逐步退出。

（二）流行理解对于微观资源配置效率之决定因素的认识局限

上述流行理解将企业微观资源配置效率之决定因素只归结于微观激励机制及效果，而对于微观激励又过于强调产权制度因素特别是所有制因素，这样的分析有明显的片面性并且过于简单化。

首先，就企业微观效率而言，对企业生产经营的关键岗位特别是对经营管理层的微观激励确实很重要，但这一微观激励并不仅仅是来自产权的内在激励，更不是只来自所有制性质。因为，产权激励可以通过股权激励如股票期权等形式来实现，而不是只能通过控股权或所有制性质变化来实现；更重要的是，微观激励除了来自产权激励，还来自外部监督约束机制，而随着财务会计制度、公司治理结构的完善，信息技术的发展，这一外部监督约束机制的效率会越来越高，其对产权激励的可替代性也越来越强。

其次，微观激励只是解决了企业生产经营者积极性调动问题，如果认为企业微观效率只是由这一维度决定，那么资本主义早期的私人独资的业主制企业应该是效率最高的，但为何其后来逐渐为现代公司制企业所取代？这就引出了另一个重要问题，即决定企业微观效率的除了微观激励外，其实还有其他同等重要甚至更重要的因素，这包括三个方面：专业化分工协作的深度与水平，生产技术的先进性程度，以及经营管理的能力或称企业家才能。其中，专业分工水平取决于企业规模，生产技术的进步则很大程度上依赖于资本的投入，因此这两个因素都与企业资本规模相关；而企业家才能的专业性与稀缺性，一方面意味着资本所有者并不必然具有这一能力，这就提出了所有权与经营权分离的制度创新要求，另一方面还意味着优秀企业家应与大规模资本相结合，以达到对企业家资源利用的"规模经济"性。

而现代公司制企业一方面实现了所有权与经营权分离，另一方面通过资本社会化为企业资本规模扩大打开了空间，从而在上述三个非微观激励的因素上促进了企业微观效率的提高。现代公司制企业取代个人业主制企业成为当今全球市场经济中企业制度的主流这一事实表明，在今天的时代背景下，相比于产权激励因素，包括上述三个因素在内的非产权激励因素对于企业微观效率的提升有着更为重要的影响。

---

① 张维迎、马捷：《恶性竞争的产权基础》，《经济研究》1999年第6期。

② 世界银行和国务院发展研究中心联合课题组：《2030年的中国：建设现代、和谐、有创造力的社会》，中国财政经济出版社2012年版。

从个人业主制向现代公司制的制度变迁，当然可能伴随产权激励的弱化，由此引起的一个重要问题就是现代公司制企业的“内部人控制(Insider Control)”问题。虽然青木昌彦等最早提出这一概念针对的是转型中的国有企业，①但实际上内部人控制问题在西方现代大公司中也不同程度地广泛存在，只不过西方社会从理论与实践层面从未设想过要因此倒退到个人业主制，而是探索如何在现代公司制背景下解决这一问题。与之类似，即使国有企业可能存在产权激励上的局限，我们也不能以此为理由轻率得出必须全面私有化的结论，而是应在如何弥补与完善微观激励上做文章，例如如何针对企业经营管理层设计有效的监督约束机制以及薪酬激励计划(包括股权激励方案)等。

(三) 流行理解更为严重的局限:仅仅基于微观效率视角

一个社会是其各部分相互联系的整体性系统，并且该系统是动态和开放的。仅仅基于微观效率的视角来评判国有经济，这样的流行理解显然是一种孤立和机械静止的观点。国有经济是我国社会主义市场经济体制的一项根本性制度安排，要对其进行科学合理的评价，就必须超越微观效率的视角局限，站在我国经济社会发展的全局性战略高度来分析。

例如，在中国这样一个发展中大国，国有企业没有局限于微观自身利润最大化目标，而是服从国家意志，在保障国家经济安全、实施国家创新驱动发展战略上发挥了主力军作用；又如，在中国这样一个社会主义国家，国有经济在保障社会基本制度特别是政治上层建筑的稳定上发挥着经济基础的作用。国有经济上述更为重要的作用显然不是新古典经济学的微观效率视野所能观察到的。

上述超越微观效率层面对国有经济的理解，其实是一种广义的政治经济学的理解，这一理解大多是从国家整体长远经济利益层面及更高的社会政治层面出发的。本文将重点从这一政治经济学的视野，来解释我国的国有经济制度安排。

二、国有经济的政治经济学分析框架对新古典经济学分析框架的超越

具体而言，本文所述的关于国有经济的政治经济学分析框架，其对新古典经济学微观效率视野的超越主要体现在两大方面。

首先，在经济层面对微观效率视野的超越，从中观产业结构升级优化、宏观平衡协调可持续发展的视野来理解国有经济对我国整体的经济增长与发展的正外部性。在国有经济制度安排下，与私营企业追求自身利润最大化目标不同，国有企业最能体现国家的意志，从国家经济增长与发展的全局性战略高度来开展经营活动。其中包括国有企业服从国家的创新驱动发展战略，追求自主创新，向高端前沿产业进发或占领产业制高点，从而为我国国民经济产业结构的升级优化、提升我国国家经济竞争力作出贡献；国有企业保持能源、交通等基础产品供给及价格的稳定，

① 青木昌彦、张春霖:《对内部人控制的控制:转轨经济中公司治理的若干问题》,《改革》1994 年第 6 期。

为广大企业的生产经营提供了稳定的市场环境，也保障了广大百姓的生活稳定；国有企业特别是中央企业成为国家宏观短期调控的重要抓手，提高了国家宏观调控政策特别是宏观财政政策的效率与效果；国有企业是国家中长期发展计划或规划，如五年计划与十年规划的核心承担与实施者，为我国长期可持续发展做出贡献，等等。

其次，超越经济层面，从社会政治层面来理解国有经济制度安排的重要性。在我国现阶段，仍然要坚持以经济建设为中心，但经济建设的顺利推进却离不开全社会非经济层面的支持与保障，这其中尤其重要的是和平安全的外部环境与和谐稳定的国内局面。而国有经济在确保国家安全尤其是国家经济安全方面发挥着可靠中坚力量的作用，同时国有经济作为全社会经济中的主导性经济力量，也是目前我国卓有成效的政治上层建筑之核心经济基础，保障和促进了我国的政治稳定和社会基本制度的稳定，而这方面的稳定是整个社会稳定的根本。

本文接下来着重从社会基本制度维护、国家经济安全保障以及国家经济竞争力提升三个维度，来讨论国有经济制度安排在其中不可替代的关键作用。

三、国有经济与社会基本制度维护及国家经济安全保障

（一）国有经济与社会主义基本制度的维护

1. 中国建立社会主义制度的必然性与制度路径依赖

我国是一个以社会主义基本制度为立国之本的国家，其最核心的两个基点在于共产党的领导地位与公有制的主体地位。新中国社会主义制度的建立反映了我国近现代以来历史发展的必然趋势，是半封建半殖民地之旧中国背景下进行反帝反封建民主革命探索的必然结果。

而社会主义基本制度作为一项根本性的社会制度一旦建立，就必然作为一个里程碑意义上的历史节点，决定和影响着后来的制度变迁及其路径，要求后者必须在前者框架下进行，如果违背这一客观要求贸然破除这一框架，就很可能遭受历史的“惩罚”，如巨大社会成本的付出、社会的动乱、经济的崩溃与长期衰退。对此，不仅有制度变迁的“路径依赖”理论提供了理论解释，①更有苏联和平演变后的国家分裂、社会倒退的现实以及阿拉伯之春后相关中东国家的悲惨乱象提供了经验验证。

因此，在我国坚持和维护社会主义基本制度，不仅是一种意识形态信念的坚守，而且更是一种敬畏历史、尊重传统的理性选择。

2. 中国社会主义制度的优越性与制度自信

在我国坚持和维护社会主义基本制度，还有一个更重要的理由在于，它与我国作为发展中大国的特定国情相契合，其一经建立，即开始不断发挥出在促进我国社会经济发展方面的巨大优越性，对此可概括为四大方面：民族独立解放与人民民主之成果的巩固与发展；有利于后发大国动

① North, D., 1990, *Institution*, *Institutional Change and Economic Performance*. New York: Cambridge University Press.

员社会资源，尽快实现工业化；更有可能避免两极分化，让人民共享发展成果；有利于多民族地区不平衡大国的社会稳定。只要和那些大多数照搬了西方资本主义制度的发展中国家进行这四方面的对照，自然就会认同社会主义中国在这些方面的卓越表现。

而特别要强调的是，面向未来，如果中国能顺利发展到中等发达国家水平，则那时中国仍然需要国家计划调节，而且这一要求将更具挑战性，它突出体现在宏观经济的协调、应对国际经济波动冲击、社会保障建设以及环境保护与资源可持续开发利用等方面，而社会主义制度在应对这些挑战方面无疑更具有优势。

综上，正是中国社会主义制度已展示的多方优势以及面向未来的巨大潜力，是我们坚定制度自信的深刻缘由。

3. 国有经济对于维护社会主义基本制度的重要性

首先，按照马克思主义理论，一个社会的上层建筑是由其经济基础所决定的，而一个社会的经济基础就是该社会占统治地位的生产关系各方面总和。①就目前我国的以公有制为主体的社会主义基本经济制度而言，其中最为关键的就是国有经济的主导地位。如果国有经济得不到健康发展甚至不能保持其在国民经济中的主导地位，则社会主义上层建筑将由于逐步丧失其核心经济基础而渐渐成为空中楼阁，而且也会因社会经济基础的改变而逐渐背离社会主义的宗旨，最终整个社会主义制度将趋于瓦解。

其次，社会主义制度的诸多优越性需要通过国有经济去实现。社会主义国家正是通过国有经济对国民经济命脉的掌握，才能发挥其在宏观调控和计划调节方面的优越性，才能有效引导整个社会经济沿着为社会中最大多数人利益服务的方向发展。除此之外，上述社会主义制度优越性的很多方面，也都有赖于国有经济去实现。例如，正是国有经济保障了我国经济的独立自主，从而从经济层面巩固与发展了民族独立解放与人民民主之成果；我国正是通过国有经济在计划经济时期集中社会资源，快速建立了相对完备的工业体系等。

（二）国有经济与国家经济安全的保障

1. 国家经济安全与企业、家庭经济安全的不同内涵

在市场经济背景下，企业与家庭都是市场体系中的微观主体，与市场保持着“交换”循环，其经济安全问题主要是指面对市场的不确定时，如何保障这一“交换”循环的稳定与持续。为此，家庭要考虑的是如何进行收入与消费决策以避免入不敷出的风险，而企业要考虑的是如何进行投资与生产经营决策以避免破产风险。简单来说，两者经济安全的核心均在于，如何防止其与市场交换中的资金链断裂问题。

而国家经济安全是指一个国家保持其经济稳定运行和持续发展的可能性或能力。它的核心在于该国国民经济体系的安全，市场经济背景下就是该国范围内的市场体系本身的安全。而一国市场体系的安全可分为两个方面：一是该市场体系内部的“交换”循环的稳定与持续，这其

① 马克思：《〈政治经济学批判〉序言》，《马克思恩格斯选集》第2卷，人民出版社1995年版。

中又主要取决于本国经济命脉性产业或者说具有全局影响性的产业的稳定与安全，这些产业包括粮食、金融、军工、能源、交通、通讯与信息等产业，一国能否独立自主地掌控这些产业是决定这些产业安全与否的首要因素；二是该市场体系对外“交换”循环的稳定与持续，具体而言就是从国际看，一国对于其经济稳定运行和持续发展所必须依赖的国外资源和市场，能否确保其稳定与可及性。

可见，国家经济安全相对于企业、家庭经济安全，不仅是更高层面的经济安全，具有完全不同的内涵，而且决定和影响着后者的经济安全，构成后者的系统性风险背景。

2. 后发大国应依赖私营经济还是国有经济来保障国家经济安全？

只要世界仍然分立为各主权独立国家，国家之间相互冲突和封锁的可能性就会永远存在，因此如何提高国家经济安全使其保持在令人满意的水平，就成为一国政府发展本国经济时所要考虑的首要问题。这也是与一国内部地方政府经济决策背景与目标的根本区别之所在。

一国为提高国家经济安全而可用的国家干预手段大致有：一是通过外交战略的审慎选择和具体实施，以争取相对安全和有更大回旋空间的国际政治经济环境，发展对外经济关系、以利用外国资源和技术，来提高本国经济安全；二是对于涉及国家经济安全的领域，扶持和保护本国私营企业的成长和发展；三是对于涉及国家经济安全的领域，创建国有企业并扶持其发展壮大。

上述三种手段是相互支持、互为补充的。但就后发国家的私营企业而言，由于其资本、技术实力与国际先进企业相比处于相对落后地位，一方面在通过市场竞争方式争夺国民经济命脉性产业控制权上，相对于外资企业处于竞争劣势，另一方面受自身利润最大化动机的驱动，其可能更倾向于朝自身具有短期比较优势的方向去发展，而不一定必须朝以控制国民经济命脉性产业为目标的方向发展，因而国家对其的扶持能否达到预期目的，具有较大不确定性。后发大国私营经济的上述局限，决定了在我国依赖国有经济来保障国家经济安全是更为合理的选择，因为国有经济能更有效体现国家意志，更好落实国家在经济安全上的战略部署。

与上述理论分析相一致，在我国实践中依赖国有经济来保障国家经济安全，作为国有经济的一项战略性制度安排也渐趋明朗。2006 年 12 月 5 日，国务院办公厅转发了国务院国资委《关于推进国有资本调整和国有企业重组的指导意见》（国办发〔2006〕97 号文件），该意见明确指出，国有资本调整和国有企业重组的主要目标之一，就是要进一步推进国有资本向关系国家安全和国民经济命脉的重要行业与关键领域（简称重要行业和关键领域）集中，以增强国有经济控制力，发挥主导作用。依据该意见，国资委后来进一步将上述的重要行业和关键领域，具体明确为军工、电网电力、石油石化、电信、煤炭、民航、航运等七大行业。

四、国有经济与国家经济竞争力的提升

（一）国家间的移民限制、国家利益与国家间经济竞争

如果说个体（及其家庭）利益、企业利益还比较容易识别的话，那么对国家利益的理解则往往存在种种歧义。因为一方面，在阶级社会中，国家内部往往存在着严重的阶级利益对立和冲突，

以至于代表阶级间共同利益的国家利益严重淡化甚至不复存在;另一方面,如果社会成员个体在不同国家间可以自由迁徙,则国家利益至少对这部分“世界公民”而言,是十分淡化甚至不复存在了。

尽管对于国家利益范畴存在着种种质疑甚至批判,但站在今天的现实情境中来考察,必须承认国家利益是客观存在的。一方面,虽然国家内部存在着阶级利益的冲突,但这种冲突是“分蛋糕”意义上的,而国家利益则关乎蛋糕总体的大小;另一方面,在当今乃至未来相当长的时间来看,世界各国特别是发达国家的移民限制将始终存在,这源于不同国家居民的人均公共福利水平的差别。因此,能够免于国际间移民限制的所谓世界公民只能是那些拥有较高人力或物质资本的少数人,对发展中国家居民来说尤其如此。

正是国家间移民限制的客观存在导致了国家利益的客观存在:对于那些只能选择居住在某一国度的公民来说,国家利益从纯经济角度而言,就是该国在对外经济交往中追求本国国民总体经济利益最大化;从短期看,就是国民总体收入水平与公共福利水平最大化;从长期看,就是实现国家经济竞争力的最快提升。而国家利益的存在意味着不可避免的国家间经济竞争,这一竞争的目标就是追求本国国家利益最大化。

(二) 国家经济竞争力的核心:自主创新能力

一国为追求国家经济利益而与他国进行的经济竞争有两种竞争战略:一种是基于本国资源禀赋状态而实施的发挥本国比较优势的战略,这一战略着眼于国家短期经济利益;还有一种竞争战略就是促进本国自主创新以创造技术领先优势的战略,这一战略着眼于国家长期经济利益。

上述两种国家经济竞争战略中,后一种战略无疑具有更为根本的价值。因为国家之间经济竞争的实质就是,在国际经济交往中实现对本国更为有利的利益分配。如果只是采取基于本国资源禀赋状态的比较优势竞争战略,长期看是不可持续的:如果依赖的是物质资源丰裕的比较优势,则物质资源终究有耗尽的一天;如果依赖的是劳动力资源充裕和劳动力低成本的比较优势,则本身就意味着居民收入水平增长必然受到抑制。

可见,基于物质资源禀赋或劳动力成本比较优势的国家竞争战略,终究不是长远之计。而且,由于各国移民限制导致劳动力国际间不能自由流动,因此技术领先的发达国家与技术模仿的后发国家之间所形成的国际间“垂直分工”,往往带来的是这两类国家间在国民收入与福利水平上的分化。

因此,可持续的且更为根本的国家经济竞争战略,应当是以创造技术领先优势为核心的发展战略,为此一国政府要力促本国企业提高自主创新能力,以使本国在适当选定的经济领域占据国际性的技术领先优势。从这个意义上可以说,一国经济竞争力的核心是该国的自主创新能力,而一国的自主创新能力是由一系列的文化与制度如教育、科技等体制所支撑,集中反映为该国在现代产业体系中的核心基干产业和尖端产业上的自主创新能力,进而言之,也就是这些产业中的本国企业的自主创新能力。

(三) 后发大国的自主创新能力与国有企业

与后发小国相比,后发大国要提升自己在国际上的经济竞争力,更需要培育本国的自主创新能力。因为,一方面后发大国在培育本国自主创新能力方面,具有更充足的人力物力条件以及必要的经济回旋余地;另一方面,如果后发国家放弃本国自主创新能力的培育,则只能选择技术模仿加依附型经济的发展道路并成为先发大国事实上的经济附庸,这对后发小国来说,确是一个虽无奈但仍可行的选择;但对后发大国而言,从长远看是不现实的。

后发大国如要培育本国的自主创新能力,首先从产业层面看,应该将扶持重点放在基干产业(即重化工业,包括冶金、电子、化工、机械等)和尖端产业(包括生物工程、航空航天、核工业、软件信息等)上,前者着重培育的是本国自主生产的技术能力,后者着重培育的是本国自主创新的技术能力。其次从企业层面看,由于就后发国家多数私人企业而言,受其追求自身利润最大化动机的驱动,加上其资本、技术实力与国际先进企业相比的相对落后,可能更倾向于朝自身具有短期比较优势的方向去发展,而拒绝进入投资周期长、投资量大、回报慢、风险大的基干产业和尖端产业。因此,国家除了积极鼓励和支持私人企业进入这些产业,通过各种方式与私人企业联合,将培育自主创新能力的国家意志注入私人企业决策中去之外;另一种更为有效的方式就是,政府通过在这些产业部门组建国有企业或控股、参股企业,来贯彻国家的自主创新发展战略。

就我国而言,新中国成立以来在计划经济时期通过组建国营企业,已形成相对齐全的工业体系,改革开放后国有经济虽经过改革与调整,但从目前我国国有企业的布局特别是中央企业的布局上看,除了分布在如上所述的与国家经济安全相关的产业外,其他企业也大多分布在与国家核心竞争力相关的基干产业和尖端产业上,在这些产业中国有经济仍保持主导地位。因此在我国,依赖国有企业来实施国家自主创新发展战略更为符合我国国情,是一个更为有利的选择。

五、国有经济制度安排的原则与国有经济理论的建构

(一) 国有经济制度安排的原则:国家整体利益与企业微观效率的统筹

综合前面的分析可得,从政治经济学视野看,国有经济制度的安排必须做到国家整体利益与企业微观效率的统筹。那么,在确保国家整体利益的前提下,如何进一步提高国有经济的微观效率呢?

首先,从国有经济布局战略的角度而言,除了前述关系国家经济安全以及国家核心竞争力这两类产业外,在一般竞争性行业,国有经济布局战略目标将不再是谋求对行业或企业的控制,而是国有资本的保值增值。为此,国资委要做的是按照市场经济的优胜劣汰原则进行资本运作以提升资本微观配置效率,这既包括在国有经济范围内将资本向优势国企集中,也包括和私营资本联合实行混合所有制,甚至作为参股方投资优秀私营企业。

其次,从微观产权激励的角度而言,要继续推行管理层股票期权激励这一在西方大型公众公

司普遍采用的经理人激励措施。与此同时，还要试点员工持股激励的改革，从而使产权激励更全面地被激活。

最后，从对经理人的绩效考核与监督约束的角度而言，要充分利用当今高度发达的信息技术，设计出严密合理的考核监督体系，其中特别是要有效区分企业业绩中的客观影响部分与经理人主观努力部分，从而对国企经理给出公正合理的评价，进而可直接对接于竞争性的经理人市场。

（二）中国特色社会主义政治经济学的国有经济理论：基本的建构设想

中国特色社会主义实践在今天已取得辉煌成就，为全球所瞩目。如何总结这一实践，推动中国特色社会主义理论的发展，是摆在我国哲学社会科学工作者面前的首要任务。而这其中尤为关键的是，构建一个有说服力的中国特色社会主义政治经济学理论。

对于中国特色社会主义政治经济学理论来说，一个有说服力的国有经济理论又必然是它的核心理论之一，因为中国特色社会主义市场经济区别于西方资本主义市场经济的根本特点之一，就在于国有经济的主导地位。

对于构建这样一个国有经济理论，本文尝试的是，超越新古典经济学局限于微观效率的视野，基于历史唯物主义认识论，从保障国家经济安全、提升国家经济竞争力和维护社会基本制度稳定等社会整体利益方面来说明国有经济制度安排的深刻意义。除此之外，一个有说服力的国有经济理论至少还应包括：

其一，为改革开放前后国有经济的发展提供统一的理论基础。这里特别是要在马克思主义理论框架下，对改革开放前后两个时期国有经济之间的内在本质一致性和体制转变必然性给出逻辑自洽的阐释，从而为中国特色社会主义理论关于前三十年与后三十年之间紧密相连、继承发展关系的核心观点提供坚实的理论依据。进一步地，还要逻辑一致地说明未来我国达到中等发达国家水平时，国有经济的主导地位与作用。显然，上述主体分析所依赖的三个逻辑支点——保障国家经济安全、提升国家经济竞争力和维护社会基本制度——是这里所寻求的统一理论基础的必然支撑要素。

其二，提供一个科学公正的关于国有经济微观效率的理论评价。要基于现代公司制的背景，严格论证同为公司制的国有企业与非公有制企业在微观个体意义上的效率无系统差异性，从而在理论上彻底解决能否以微观效率或产权缺陷为理由私有化国企的问题。放眼今天的全球经济，与经营者的所有权激励相比，分工协作、技术进步及企业家才能这些非产权激励因素，对于企业微观效率的影响更为重要。因此，能为企业规模扩张带来便利的现代公司制才成为企业制度的绝对主流。另外，现代公司制实践还表明，经营者的所有权激励不足可以通过有效的监督约束以及薪酬激励（包括股票期权激励）来弥补。

其三，为国有经济与私营经济的共同发展提供理论依据。在宏观总体意义上，对于国有经济与私营经济之间的关系要给出清晰的理论阐释，为私营经济存在和发展的合理性与必要性，为国有经济与私营经济之间的互补性提供理论依据。对此我曾借鉴哈耶克的市场分散信息论的观点①,从国有经济系统成员所掌握市场信息相对于全社会成员的有限性假定出发,构建了关于一般竞争性领域国有经济与私营经济最优合理比重的理论模型,并提出理想的经济系统应当是一种混合经济系统,是对国有经济优势与私营经济优势的权衡与综合。②

目前这还只是一种初步探索,该主题有待更多角度的深入分析。

(本文原载《探索与争鸣》2018年第6期)

① [美]哈耶克:《个人主义与经济秩序》,上海三联书店2003年版。

② 汪立鑫:《信息局限、税收替代与国有经济最优比重》,《经济研究》工作论文,编号2013(WP474)。

新时代中国特色社会主义主要矛盾变化研究*
——以CSSA理论为分析基础

马　艳　张沁悦**

摘　要　本文以中国资本积累的社会结构理论(CSSA理论)为分析工具,详细梳理1949年新中国成立以来党对主要矛盾的论述与各阶段社会结构变化的矛盾关系,阐明十九大报告中"新时代"论断与"新矛盾"变化的历史依据和理论逻辑。指出"新矛盾"的形成是基于转型CSSA中国劳资、资资、政府经济角色、国际竞争关系、主流意识形态和生态矛盾等六大制度特征的必然结果,"新矛盾"的具体表现也由上述六大制度特征所决定。同时本文总结了十九大报告中的"新方略""新任务"和"新举措"与CSSA六大制度的关系,认为它们指明了有助于解决"新时代""新矛盾"的CSSA未来变革的方向。

关键词　新时代　主要矛盾　新矛盾　CSSA理论

中共十九大报告指出,"中国特色社会主义进入新时代,我国社会主要矛盾已经转化为人民日益增长的美好生活需要和不平衡不充分的发展之间的矛盾。"(以下简称"新矛盾")。这是自1981年36年以来,党对中国社会主要矛盾论述的首次变动。"新矛盾"是对新时代中国经济社会问题的整体概括,直接决定中国的路线选择、方针规划和政策走向,准确把握"新矛盾"是关乎全局、国运的重大命题。该论述一经提出,就引起了高度关注和多方解读。现有研究主要包括三方面,一是综合梳理了新中国成立以来中国主要矛盾提法变化的历史(丁任重,2017;吴学琴,2018);二是结合中国经济发展的现实,对"新矛盾"的性质(刘须宽,2017),新矛盾的两方面及其相互关系(逄锦聚,2017;邱耕田,2017)进行了阐述;三是对解决"新矛盾"的路径和方法进行了初步分析(徐小佶,2017;蒋永穆,2018)。

现有研究为我们分析"新矛盾"的演变和历史,以及如何应对"新矛盾"提供了初步思路,但运用经济学方法阐述"新矛盾"生成和演化路径的理论研究尚显不够深入。为此,本文将以马克思

---

* 本文系国家社会科学基金重点项目"基于'中国积累社会结构理论'的中国特色社会主义政治经济学体系创新研究"(项目编号:17AJL002)。

** 马艳,上海财经大学经济学院教授、博士生导师;张沁悦,上海财经大学经济学院副教授。

主义政治经济学的基本原理为指导,以中国资本积累的社会结构理论(China social structure of accumulation theory, CSSA 理论)为分析基础,研究 1949 年至今中国社会经济发展的各阶段的主要矛盾的特征,及其生成和演化的内在机理与逻辑路径。以阐明"新矛盾"变化与"新时代"论断的历史依据和理论逻辑,并提出基于"新时代"应对"新矛盾"的有效应对措施。

一、CSSA 理论是阐明中国各阶段主要矛盾演变逻辑的有效框架

"新时代""新矛盾"的论断是习近平新时代中国特色社会主义经济思想的有机组成部分,深入理解这一思想的精髓,必须以现代化中国化的马克思主义经济理论为分析框架。资本积累的社会结构理论(social structure of accumulation theory, SSA 理论)是当代西方马克思主义经济学的主要流派之一,CSSA 理论是将 SSA 理论中国化后的理论成果。

(一) SSA 理论是马克思主义经济学现代化的理论成果

SSA 学派继承和发展了马克思主义经济学的唯物辩证法和历史分析法,着重对当代资本主义社会经济发展中的各项具体矛盾的内涵、特征、相互作用关系以及演化机理进行分析,可以为分析新时期中国社会主要矛盾的变化提供借鉴。其主要理论特征如下。

第一,围绕资本主义社会的再生产过程,从积累目标与社会结构的矛盾运动中理解社会经济的发展。SSA 理论认为,长期快速稳定的经济扩张需要一个涵盖政治、经济和文化制度的积累的社会结构(social structure of accumulation, SSA)进行支撑。资本积累的动机是资本扩张或利润率增长,SSA 的主要功能就是通过处理和缓解资本积累全过程中的各项矛盾,为个别资本家提供投资利润率与稳定的预期,从而促进社会总投资与资本积累。为使分析更加具体化,SSA 理论将资本积累过程面临的各类具体矛盾提取为劳资矛盾、资本竞争矛盾、资本与社会的矛盾、国际矛盾、资本积累与主流意识形态的矛盾等五大核心矛盾,就每对矛盾的内涵与作用,以及各对矛盾的相互作用等作了深入细致的阐述。

第二,强调 SSA 的阶段性特征,着重对资本主义具体制度的变化进行动态分析。SSA 理论从五大核心矛盾的不同特征入手,界定了不同 SSA 的阶段特征。指出处理五大核心矛盾的相关的制度构成了 SSA 的核心,这些具体制度既有相互支撑和相互依赖,同时又有相互对立的矛盾,正是这些矛盾关系的发展促使了 SSA 的阶段演变。其中,劳资冲突的尖锐化是 SSA 阶段转化的核心动力机制。此外,每一阶段 SSA 内部演变包括探索、巩固和衰退三个时期。当现有 SSA 无法有效缓解资本积累过程中的各类矛盾时,便进入衰退期,此时资本积累动机不足,经济将长期处于增长率较低或资本利润率较低的状态,同时社会进行下一阶段 SSA 的探索。新旧 SSA 的衰退期与探索期在时间上难以有效区分,但可以在事后用一些"关键性"历史事件加以明确。当可以缓和资本积累矛盾的新 SSA 得以有效确立时,新 SSA 便进入巩固期,此时资本积累动机旺盛,经济保持长期快速扩张或利润率快速增长状态。可见,资本增长率(GDP 增长率)或利润率增长率是划分资本主义不同 SSA 阶段的重要指标之一。SSA 理论运用这五大矛盾与制度分析框架,解释了近代以来美国、日本、德国等主要资本主义国家的具体制度的历史特征及演变逻辑。

(二) CSSA 理论是将 SSA 理论中国化后的理论框架

SSA 理论是为分析资本主义经济运行，解释资本主义具体制度发展与演变而构建的理论框架，不能直接用于分析社会主义中国的经济运行。为此，CSSA 理论基于中国基本经济制度与国情，调整并发展了 SSA 理论的相关概念和基本分析框架，使其适用于研究中国经济现实，可以为阐明中国经济在变革中走向“新时代”，“新矛盾”的历史发展和理论逻辑，认清中国经济的未来走向提供有效的分析基础。

首先，CSSA 理论将 SSA 理论中的一些基本概念中国化。认为社会主义再生产的根本目标是满足各阶段人民的合理需要；指出社会主义初级阶段的中国资本具有多重来源，公有资本占据相当大的比重并将发挥主导作用，且在一定历史阶段长期允许公有资本和私人资本并存。社会主义中国的资本积累有三方面内涵，一是资本价值的增加；二是 GDP(产品和劳务，社会财富)的增长；三是社会资本和劳动力的扩大再生产。

其次，CSSA 理论发展了 SSA 理论的五大矛盾分析框架，将其拓展为六大矛盾。主要是考虑到地球自然承载能力对资本积累的制约和影响，将资本积累与生态的矛盾纳入 CSSA 理论的核心框架中。在分析这第六大矛盾关系时，CSSA 理论强调以中国国情为背景分析资源环境约束及其相关制度与经济发展的关系，关注中国作为发展中国家性质导致的经济与生态循环的不平衡性，同时关注中国在国际分工体系中的不平等地位导致的生态损害以及危害。

再次，CSSA 理论对中国社会结构转化的阶段划分依据进行了分析。指出中国社会结构阶段转化的核心动力机制是政府主导下的经济增长，而非 SSA 理论中的劳资冲突。中国社会主义建设的一贯历史表明，政府的价值取向与工作重点对于社会结构转化的作用十分重要。因此，理解 CSSA 的阶段转化需要着重关注中国共产党历次全国代表大会的表述与决议。此外，根据中国的社会主义初级阶段的特征，CSSA 阶段划分时还应格外注重六大原则，包括资本来源、劳动力来源、资本和劳动的结合方式、需求的来源及其结构、政府政策的阶段演变特征和原因，以及主流意识形态的特征等。

依据上述划分标准，我们将 1949 年新中国成立以来的社会结构划分为三个阶段，分别为计划 CSSA、转型 CSSA 与成熟社会主义市场 CSSA(或新时代 CSSA)(参见表 1)。

表 1 CSSA 阶段划分

计划 CSSA	探索期	1949—1956 年
	巩固期	1956—1966 年
	衰退期	1966—1978 年
转型 CSSA	探索期	1978—1992 年
	巩固期	1992—2008 年
	衰退期	2008—2014 年
成熟社会主义市场 CSSA (新时代 CSSA)	探索期	2014—2017 年
	巩固期	2017 年
	衰退期	

由此可见，作为马克思主义经济学现代化和中国化发展成果之一的CSSA理论，可以为阐明中国主要矛盾演变逻辑提供有效分析框架。这是因为，第一，CSSA阶段划分与新中国成立以来，我党对主要矛盾变化的判断与具体的时间节点具有高度一致性；①第二，CSSA理论阐明了中国资本积累的目标是“满足各阶段人民的合理需要”，有助于把握社会主义经济建设的基本方向；第三，CSSA理论的阶段性分析思路与六大矛盾分析框架一方面有助于阐明不同历史条件下各项具体矛盾的表现与相互作用，阐明“新矛盾”变化和“新时代”论断的现实依据和理论逻辑；另一方面与“五位一体”总体布局和“四个全面”发展战略相互支撑，有助于为解决矛盾提供具体思路。

二、新中国成立以来中国主要矛盾演变历史的CSSA理论分析

历史发展具有延续性，制度变迁存在路径依赖，社会现实与主要矛盾的特征通常建立在过往历史的基础上。为理解“新时代”的特征与“新矛盾”的产生，有必要对较近的经济历史和社会矛盾进行梳理。由于CSSA阶段更替的主要动力机制是政府主导下的经济增长，中国政府对不同历史阶段社会主要矛盾的认识将对CSSA六大矛盾的具体特征和相关制度产生重要影响；而这些具体机制又在不同阶段对经济发展产生了或促进或抑制的反作用。因此，有必要梳理党中央界定的主要矛盾与CSSA阶段特征的互动关系。

（一）“计划CSSA”时期社会主要矛盾演变与“计划CSSA”的具体特征

计划CSSA(1949—1978年)时期，我国社会结构的六大特征主要是：一元化的资本关系、单纯的劳动关系、高度集权的政府角色、马克思主义绝对占优的意识形态、经济弱国独立于世界市场的国际关系，和潜在隐性的生态矛盾。上述社会结构的形成和演变过程参见表2。这一时期，中国共产党在关键时间点对中国社会的主要矛盾均作出了不同论述，从而与计划CSSA的探索、巩固和衰退时间节点高度吻合。

表2 计划CSSA(1949—1978年)六大制度特征

	探索(1949—1956年)	巩固(1956—1966年)	衰退(1966—1978年)
资本关系	多元并存趋向一元	一元公有资本确立并高度加强	
劳动关系	单纯劳动关系形成	单纯劳动关系持续稳固	
政府角色	高度集权形成	高度集权巩固并加强	
意识形态	马克思主义绝对占优		僵化、教条
国际关系	弱国，与苏联结盟		自主独立
生态矛盾	潜在隐性		

计划CSSA的探索期伊始，即1949年新中国成立前夕，毛泽东在《中国共产党第七届中央委

① 将在本文第二、第三部分进行详细论述。

员会第二次全体会议决议》中指出了当时中国社会存在两种基本矛盾，一是国内的工人阶级与资产阶级的矛盾，二是国际上中国和帝国主义国家的矛盾。这些基本矛盾决定了新中国成立初期政府工作的中心。国内在强化工人阶级领导权的同时进行社会主义改造。我国在计划 CSSA 的探索期着力进行了社会主义的“一化三改”，①使得旧有五种经济成分②逐步趋向公有资产一元化特征。随之形成单纯的劳动关系，使得劳资矛盾不再是社会的主要矛盾。伴随着社会主义改造，政府确立了经济工作中的高度集权地位，意识形态方面的马克思主义绝对占优地位得以确立，这些特征又支撑了社会主义改造不断深化，至 1958 年在国内建立了生产资料的纯公有制。国际上废除国民党时期签订的一系列不平等条约与债务，从而使中国作为独立的社会主义国家屹立于世界民族之林。

计划 CSSA 的巩固阶段，1956 年我国社会主义改造基本完成后，中共八大指出“我们国内的主要矛盾，已经是人民对于建立先进的工业国的要求同落后的农业国的现实之间的矛盾，已经是人民对于经济文化迅速发展的需要同当前经济文化不能满足人民需要的状况之间的矛盾。”为完成这个艰巨的任务，提出了优先发展重工业、积极发展轻工业，同时实现农业增产和发展运输业与商业的各项措施。此时，在单一公有制的基础上，我国政府在经济工作中形成了集权特征，同时马克思主义在社会意识形态中绝对占优，在上述系列制度支撑下，采取了优先发展重工业，大力发展轻工业并注重工业与农业的协调发展的策略。使得我国国民经济结构中，工业产值占国民经济总产值的比重从 1952 年的 17.64％增长到了 1966 年的 34.72％③，较为有效地解决了“人民群众对建立先进工业国的需要与落后的农业国现实”的矛盾。同时经济增长速度较快，GDP 总额从 1952 年的 679 亿元增长到 1966 年的 1 868 亿元；人均 GDP 翻番，从 1952 年的 119 元增长到了 1966 年的 254 元。④这一阶段不存在劳资利益冲突，主要是不同劳动者之间的利益差别。包括由于农业“剪刀差”形成的农村对城市的长期补贴导致的农村劳动者与城市劳动者之间的利益摩擦；不同公有制之间如全民所有制和集体所有制条件下劳动者的利益非均衡性和公有制内部劳动者之间的劳动收入差异等。在对外关系上，我国主要与苏联、东欧等社会主义国家的贸易和经济合作，并利用港澳地区的特殊性同西方国家建立贸易联系等。但对外贸易仅定义为互通有无、调剂余缺，对我国经济增长的影响微乎其微。同时，由于我国经济总量较低，对苏联的依赖较多，因此中国在国际关系处于政治影响上的“弱国”地位。在经济与生态的关系上，计划 CSSA 时期始终处于生态矛盾“潜在隐形”积累时期。由于缺乏生态保护意识，“大炼钢铁”等粗放型生产方式使得生态环境与经济发展之间的矛盾潜在累积。但此时中国工业化水平仍然较低，尽管落后的生产方式使单位生产过程污染较高，但整体而言生态矛盾并不突出。

计划 CSSA 的衰退期，由于各种主客观原因，党对主要矛盾的正确认识发生了转化。1969 年党的第九次全国代表大会实际将阶级矛盾、资本主义和社会主义两条道路的矛盾等看作社会的主要矛盾，使“文化大革命”的理论和实践合法化。自此，党的工作重心从经济工作转移到了阶级

---

① 一是实现社会主义工业化；二是对农业、手工业实行合作化，对资本主义工商业实行公私合营。

② 即国营经济、合作社经济、公私合营经济、私人资本主义经济和个体经济。

③④ 根据历年《中国统计年鉴》整理。

斗争上，从而导致计划 CSSA 进入衰退阶段。该阶段对马克思主义指导思想的认识出现了教条化和僵化的特征，“纯而又纯”的公有资本一元特征、政府经济集权特征不断固化，虽然没有劳资冲突，但在其他社会结构的支持下，劳动者之间主要进行“吃大锅饭”的平均分配，损害了劳动者积极性。这一阶段，中国的社会主义建设仍在进行，也取得了一定的成效，GDP 总量在 1978 年增加至 3 624.1 亿元。但从增长速度来看，除 1969 年和 1970 年 GDP 年均增长率在 16.9%和 19.4%以外，其余各年均低于 9%，甚至 1967 年、1968 年和 1976 年出现负增长。①从国际关系来看，由于巩固期后期我国与苏联关系的恶化，中国开始实行独立自主、联合广大发展中国家的对外策略，在国际中的政治地位和战略地位有所提高，但经济总量仍处在世界较低水平。

为排除计划 CSSA 衰退时期社会结构对国民经济产生的不利影响。党和人民进行了多方探索，对社会主要矛盾的认识进一步转变，中国进入了转型 CSSA 阶段。

（二）“转型 CSSA”时期主要矛盾演变与“转型 CSSA”具体特征

转型 CSSA（1978—2014 年）阶段我国六大关系的主要特征是：多元的资本关系、复杂的劳资关系、政府在经济工作中有控制地放权、马克思主义与西方自由主义思潮动态博弈的意识形态、“弱国与强国”并存的国际关系和显性激化的生态矛盾。上述社会结构的形成和演变过程参见表 3。党对该阶段社会主要矛盾的正确认识贯穿了整个转型 CSSA 阶段的探索、巩固和衰退阶段，但实际社会主要矛盾在转型 CSSA 后期发生了变化。

表 3　转型 CSSA（1978—2014 年）六大制度特征

	探索（1978—1992 年）	巩固（1992—2008 年）	衰退（2008—2014 年）
资本关系	多元资本关系出现	多元资本关系完全确立并逐步强化	多元资本混合发展
劳资关系	劳资矛盾尚不明显	冲突凸显	冲突呈群体性
政府角色	逐步放权	有控制地进一步放权	
意识形态	西方思潮渗入	新自由主义思潮与马克思主义相互博弈	
国际关系	弱国逐步参与国际市场	全面参与经济全球化，强国与弱国并存	
生态矛盾	逐步凸显	显性激化	

1978 年以来，为解决经济建设中的结构性问题，中国共产党领导下的中国政府和人民进行了多方探索，为正确认识主要矛盾奠定了基础。至 1981 年，中共十一届六中全会通过的《关于建国以来党的若干历史问题的决议》对我国社会主要矛盾作了规范表述：“在社会主义改造基本完成以后，我国所要解决的主要矛盾，是人民日益增长的物质文化需要同落后的社会生产之间的矛盾。”为此，党和国家的工作重心从阶级斗争转到了以经济建设为中心的社会主义现代化建设上来。这一关于社会主要矛盾的正确论述此后至 2017 年 36 年间均未发生变化。

转型 CSSA 的探索期，由于对社会主要矛盾认识的变化，我国首先致力于改变上一阶段教条

① 根据历年《中国统计年鉴》整理。

化和僵化的意识形态特征。学术领域进行了真理标准大讨论、关于社会主义计划经济与商品货币关系问题的讨论、关于社会主义本质的讨论等论战，从而使得意识形态的开放性与包容性大大提高。因此西方思潮不断涌入，逐步为中国社会所接受，媒体内容更加多元化，教育工作更加开放化。政府各项文件的论述也产生了新变化。最关键的是 1978 年 11 月召开的中共十一届三中全会，决定将工作重心转移到经济建设上来，推动改革开放战略，引入国外资本。此后，党的各项文件逐步承认了个体经济和私营经济的合法性。同时政府在宏观经济体制①、财税②和企业制度③等方面逐步放权。包括 1982 年，中共十二大指出，"正确贯彻计划经济为主，市场调节为辅的原则，是经济改革中的一个根本性问题"，1980 年至 1993 年，推行了长达 13 年的地方财政包干制度，1988 年七届全国人大一次会议通过的国务院机构改革方案中进一步提出"政企分开，权力下放"的国企改革措施等。伴随着上述政府放权过程，我国经济中个体经济、私营经济和外资不断涌现，初步形成多元化资本关系，但公有制成分仍占主体地位；劳资关系也初步出现，但劳动关系仍为多数，社会劳资冲突尚不明显。中国在世界市场上的地位有所提升，但由于经济起点较低，在国际竞争中仍处于相对弱势地位，表现为经济总量仍位于世界中等水平、对于国际事务缺乏参与权、在国际贸易中处于劣势地位等。伴随着经济高速增长，生态矛盾仍在前在积累，但尚不明显。值得指出的是，这一阶段，我国在经济建设方面取得较为显著的成就。1992 年，我国工业总产值 34 599 亿元，是 1978 年的 8 倍以上，农业总产值 5 588 亿元，是 1978 年的 5 倍。城镇和农村居民人均可支配收入均增加到 1978 年的 5 倍以上，农村贫困人口从 1978 年的 2.5 亿下降到 1992 年的 8 000 万人。④有效缓解了"人民群众日益增长的物质文化需要与落后的社会生产之间的矛盾。"

转型 CSSA 的巩固期，基于前期建设的突出成果和我国基本国情，党对社会主要矛盾的判断持续不变。1992 年中共十四大明确改革的目标为建立社会主义市场经济体制，全面改革开放。并在政府经济角色方面加大放权力度。宏观经济体制方面，建立社会主义市场经济体制"就是要使市场在社会主义国家宏观调控下对资源配置起基础性作用"；财税制度方面，1994 年以后以"分税制"取代"包干制"；企业制度层面，1995 年推行"分类指导""抓大放小"的国企改革方针；1997 年采取"五种手段"将部分或全部国有企业产权转让给内部职工、整体出售或租赁给管理人员等，1998 年推进"国退民进""战略重组"，使得中国企业所有制格局发生重大变化和调整；2003 年中央指出要使股份制成为公有制的主要实现形式，进一步加大股份制改革力度。该时期政府的放权又是有控制的，主要表现在政府对改革方向的主导、公有资本在国民经济命脉行业的控制力，以及政府始终承担并不断加强其社会保障职能等。政府经济角色改变的同时，中国多元资本

---

① 1982 年，中国共产党第十二次代表大会指出"正确贯彻计划经济为主，市场调节为辅的原则，是经济改革中的一个根本性问题"见《全面开创社会主义现代化建设的新局面》，http://www.gov.cn/test/2007-08/28/content_729792.htm。

② 1980—1993 年，中国推行了长达 13 年的地方财政包干制度，进行中央与地方的"划分收支、分级包干"。

③ 1988 年七届全国人大一次会议通过的国务院机构改革方案中进一步提出政企分开、权力下放。

④ 根据历年《中国统计年鉴》整理。

关系迅速发展,以公有制为主体的多元资本格局不断加强。公有资本比重不断下降,个体与私营资本、外国资本、混合资本比重逐步增加。统计数据显示,国有和集体企业的固定资产投资占比从1992年的84.88%下降至2008年的31.9%;个体与私营投资占比从1993年的11.29%上升至2008年的24.74%;港澳台与外资企业投资占比自1995年有统计数据以来,维持在10%左右;混合所有制企业①自2006年有统计数据以来,占比保持在32.47%左右;其他所有制企业投资占比从1995年的4.61%上升至2005年的27.7%。②从劳资关系来看,转型CSSA时期经历了从"单纯劳动关系"向"复杂劳资关系"的演变。伴随着资本多元化的发展,中国劳动力来源也发生了变化。劳动者地位既是共同占有公有生产资料的主人,又产生了一定的分化。形成了"半工人半农民""半主人半雇佣劳动者""半国人半外国人"和"单纯雇佣劳动者"四大类。这些多种来源的劳动力与多种性质的资本分别结合,使得"复杂的劳资关系"最终确立并进一步巩固。在国际经济竞争中,我国全面参与经济全球化过程,逐渐形成了"强国与弱国并存的双重身份"。我国的经济增长数据可以反映出这种"双重性":我国GDP总量自2007年起居世界第三位,目前居世界第二位,成为世界大国之一,但人均GDP这一指标却仍处在发展中国家水平,与发达国家还存在较大差距。随着政府经济放权与市场化改革,我国主流意识形态进入了西方思潮与马克思主义动态博弈的过程。西方新自由主义思潮对中国的影响不断扩大,涉及学术研究、高校教育、政企管理等各方面,主要表现为过度鼓吹私有制在经济效率提升方面的作用。同时坚持马克思主义的学者纷纷对这种思潮进行回应和批判。政府仍然坚持马克思主流意识形态,并通过"马克思主义工程""基地人才培养""党校培训班"等措施不断调整和控制"西化"之风。

思想解放、改革开放、政府有控制地放权,以及非公有制经济的蓬勃发展等社会结构相互支撑,使得我国自1978年以来经济社会等各项工作均取得了巨大成就,人民生活水平显著改善,有效解决了人民群众日益增长的物质文化需要与落后的社会生产之间的矛盾。需要重视的是,转型CSSA巩固期的上述特征在有效实现当期资本积累目标,缓解了社会主要矛盾的同时,也产生和累积了新的矛盾。主要表现是公有制经济地位逐年下降,导致劳资矛盾凸显,以及市场化改革下的市场失灵导致的生态矛盾"显性激化"等。

一是劳资矛盾凸显。从劳动报酬占GDP的比重来看,该指标自1992年的48%左右不断下滑,到2007年下降到最低的39.73%,这表明了劳动者利益的相对下降以及经济地位的相对削弱。从劳资纠纷看,该阶段的劳资冲突显著增加,集体谈判数量不断上升。劳动人事仲裁受理案件数从1996年的48 121件上升至2008年的693 465件,12年来年均增长24.9%,总体增长为原来的14.41倍;劳动争议案件中涉及的劳动者人数从1996年的约18万人上升至2008年的120余万人,总体上升为原来的6.42倍,12年来年均增幅为16.8%。③

二是生态矛盾显性激化。我国在转型CSSA巩固阶段实现的工业化、现代化、市场化、城镇

① 混合所有制企业包括联营企业、股份有限公司、有限责任公司等;2006年以前无具体统计,应包含在"其他经济"一项中统计。

② 根据历年《中国统计年鉴》整理。

③ 根据历年《中国劳动统计年鉴》整理。

化的跨越式发展，在一定程度上以牺牲环境为代价，加之逐步富裕起来的中国人民的环保和健康意识的不断提高，使得生态矛盾从隐性转为显性，并不断趋于表象化。例如，该阶段我国二氧化碳排放量与 GDP 增长的变化趋势基本保持一致，这在一定程度上显示出了我国 30 多年高速经济增长所付出的生态代价；同时，我国二氧化碳排放量在世界各国中处于较高水平，尤其是 2000 年以后，呈现出几何级数的增长。又如，以空气中 PM2.5 含量为例，1990—2008 年间，中国的 PM2.5 含量远远高于美国、英国、日本和南非等国家。①

三是经济实力与国际竞争中的话语权相对失衡。转型 CSSA 巩固阶段，中国经济总量快速增长，整体经济实力不断增强，在国际关系中逐渐形成了“强国与弱国并存”的双重身份。一方面，中国与非洲、拉美等地的发展中弱国相比，在政治、经济和军事方面已经成为大国；但另一方面，与发达国家相比中国仍然是发展中国家，在制定国际规则、引导国际舆论、引领国际前沿等方面仍缺少话语权。

由此可见，随着社会生产的不断发展，转型 CSSA 的制度特征已经从有利于解决中国社会主要矛盾，转为对社会经济发展的抑制作用逐步增强。虽然上述矛盾在转型 CSSA 的巩固阶段尚不尖锐，但伴随着 2008 年全球金融危机对中国经济的冲击，中国社会结构的新矛盾逐步显性化，因此，我们将 2008 年看作转型 CSSA 进入衰退期的标志性事件。转型 CSSA 衰退阶段各种社会矛盾的表现与积累形成成熟社会主义市场 CSSA 阶段探索的依据，也从另一个角度印证了十九大报告对中国“新时代”“新矛盾”的论述。因此，我们在本文第三部分具体论述转型 CSSA 衰退阶段的六大制度特征与新矛盾形成的关系。

三、“新时代”“新矛盾”论断的 CSSA 理论依据

十九大报告指出，新时代主要矛盾是“人民群众对美好生活的需要和不平衡不充分的发展之间的矛盾”。这一“新矛盾”的产生是转型 CSSA 制度特征与中国解决转型 CSSA 阶段主要矛盾的工作相互作用的结果。

首先，转型 CSSA 对于促进社会生产力发展，满足人民群众日益增长的物质文化需要起到极大的推动作用。十九大报告将其总结为：“我国稳定解决了十几亿人的温饱问题，总体上实现小康，不久将全面建成小康社会。”伴随着经济社会的不断发展，人的需要也在不断产生变化。马克思曾论述过人的需要的不同层次。他认为人的需要包括“人的自然需要”和由于“历史性地发生了变化”而产生的“人的社会需要”②，这决定了人的需要具有社会性和历史性。因此，伴随着社会经济的发展，我国人民日益增长的物质文化需要转为了对“美好生活的需要”，“不仅对物质文化生活提出了更高要求，而且在民主、法治、公平、正义、安全、环境等方面的要求日益增长。

其次，转型 CSSA 六大制度特征产生的新矛盾的积累，形成“发展不平衡不充分”问题，成为

① 根据世界银行数据整理。

② 《马克思恩格斯全集》第 23 卷，人民出版社 1972 年版，第 669 页。

“满足人民日益增长的美好生活需要的主要制约因素。”

从转型 CSSA 衰退期的多元混合资本关系这一特征来看，当前我国与这一特征相关的不平衡不充分问题主要表现为四个方面。一是企业创新动机与创新能力不断增强，但引领世界发展的重大科技创新成果相对经济总量来说还不足；二是整体经济实力大幅跨越式增强，但行业与区域之间的发展仍不平衡，主要体现在工业服务业与农业的行业差距，以及东部与中西部的区域差距上；三是产业结构整体升级，但部分与需求结构升级不适应的落后产业规模仍然过大；四是虚拟经济与网络经济的新工具新手段不断涌现，但实体经济活力相对不足等。这些问题不能说均由多元混合资本关系所导致，但与其具有密切联系。因为占中国国民经济三分之二左右的非公有资本往往以利润最大化为唯一目标，一方面有很强的创新与扩张动机，极大地增强了经济的活力；另一方面非公有资本在利益驱动下，必将主要流向基础设施与优秀人才聚集度较高的东部区域和产业（尤其是金融服务业与房地产业等），形成经济的结构性问题；由于成本约束和短期化目标，仅靠非公有资本无法推动足量的周期长、短期难以实现获利的重大科技创新；由于市场竞争的分散性与盲目性特征，导致部分企业对人民消费结构升级与变化的应对不够迅速，从而产生供给与消费的结构性失衡。同时，占国民经济三分之一左右的公有资本为了与非公有资本进行市场竞争，在承担社会责任作用方面的发挥有所不足。还需要指出的是，由于公有资本多处于非竞争性行业，创新动力仍需加强。因此，上述不平衡不充分的发展问题与公有资本未能真正做优做大做强，没有充分发挥对经济的主导作用亦有一定的关联。

从转型 CSSA 衰退期的复杂劳资关系这一特征来看，复杂劳资关系引致了劳动与资本之间的收入分配差距不断扩大以及劳动者内部利益分配不平衡不充分问题。一是伴随着非公有制经济的发展，不断扩大的雇佣劳动者群体与非公有资本所有者在劳动成果分配方面的不平衡关系。这一利益不平衡，由前文所述的劳动收入份额占 GDP 比重不断下降，以及社会劳资纠纷不断增多的现实所体现。① 二是多种所有制条件下产生的劳动者之间的利益不平衡关系。伴随着国有企业改革和劳动力商品化，原国有企业工人与企业间由过去的终身关系变为契约关系，公有制企业中劳动者拥有了双重身份。一方面，作为国有资本的共同占有者具有“主人”的身份；另一方面，当他们通过劳动力市场与公有资本发生契约关系后，又具有雇佣者的身份。由于中国公有制经济占主导地位，公有制经济成分处于具有垄断属性的国民经济命脉行业，并且对各项劳动者保护法规遵守较好，因此公有制企业中的劳动者待遇从社会整体评价来看优于普通民营企业劳动者。还值得一提的是外资企业中的“半国人半外国人”劳动者。一方面，他们仍然是中国公民，并享受国人待遇；另一方面，他们又享受着外企特殊收入和福利政策以及中国对外资的优惠政策，因此，这些劳动者往往享有相对较高的劳动收益。三是中国特有的户籍制度条件下形成的农民工与城市户籍工人之间的利益不平衡问题。一方面，农民工拥有农村土地经营承包权，却不在农村务农；另一方面，他们长期在城里工作，又不享有城市居民的待遇（户籍和福利等）。形成了农

① 当然，由于中国社会主义经济制度以及公有资本的主导性，这些“雇佣工人”与纯粹私有制条件下的雇佣劳动者又有不同，他们通过政府提供公共品以及社会保障制度等措施享有全民所有公有制条件下的共同利益。

民工与城市户籍劳动者在“同工”条件下的利益不均等。

上述两种转型 CSSA 衰退期的矛盾特征与主流意识形态、政府经济角色、国际关系、生态关系等特征相互作用相互加强，形成新时代中国的主要矛盾。从主流意识形态来看，经济方面的不断开放搞活，非公有制经济成分的不断增加，使西方新自由主义思潮在我国学界、商界和政界的影响力不断提升，逐步增强到与马克思主义意识形态分庭抗礼的地位。部分学者甚至认为国有企业注定低效率，为提升经济效率应大力促进私有化改革。这一思想影响了部分政府工作者，从而在基础医疗和教育等领域进行了过度市场化改革。从政府的经济角色来看，一方面政府一直将改进民生、提升人民福祉作为主要工作目标，在基础设施建设方面投入巨大，并通过积极财政、货币与产业政策等，大力促进产业结构升级与三大产业的协调发展；另一方面由于治理能力尚需提高，以及前期在基础医疗、教育、居住等领域过度的市场化，政府在相关公共领域发挥的作用与承担的责任尚需进一步加强。从国际关系来看，一方面由于国际金融危机发生前我国在国际竞争中的发展情况良好，我国参与国际竞争的优势持续存在，高水平引进来，大规模走出去正在同步发生；但由于过去长期以低成本比较优势参与国际竞争，在国际剩余价值分配中处于不利地位，因此加紧培育新的比较优势的任务较为迫切。同时，我国在引领世界发展方面的大国地位尚未充分确立，引领作用仍需加强。此外，由于环境保护意识仍显不足，环境保护制度尚未完善，以及不考虑经济外部性的非公有制经济成分比重过大，我国生态矛盾也不断显性激化，环境承载能力已经接近或者达到上限。

需要肯定的是，转型 CSSA 的衰退阶段，中国政府在社会结构控制方面仍然发挥了较强的作用，主要是自 2004 年起至 2010 年前后出台了一系列有利于保护劳动者利益的政策和法律。因此，从社会矛盾来看，劳资冲突有所好转或至少并未恶化。劳动争议案件数和涉及劳动者人数在 2009 年均有回落。其中劳动争议涉及劳动者人数自 2009 年回落后缓慢升至 2008 年最高峰的 82%左右。① 但与此同时，各种利益不平衡问题更多表现为社会问题。诸如以“三鹿奶粉”事件为代表的食品安全问题，曝光率日益增高的医患矛盾和以雾霾天数持续居高为代表的生态环境问题等。导致上述利益不平衡问题日益社会化的具体原因是，一方面互联网和新媒体的急速发展使社会公众获得相关信息并加以关注的可能性增加，从而使利益失衡问题显性化；另一方面因为企业将利益不均衡问题转嫁给了社会，同时政府在解决市场失灵的工作效率和服务功能还跟不上市场化的速度，致使利益失衡问题累积化。

由此可见，“不平衡不充分的发展”的确形成了对“人民群众日益增长的美好生活需要”的制约。同时这一矛盾也是转型 CSSA 制度特征作用的结果。

应该看到，中国政府对转型 CSSA 新矛盾的探索并非起步于十九大，而是早就进行了多方探索并得出了初步论断。具有重要意义的标志性事件是 2014 年“中国经济新常态”的提出。2014 年 5 月，习近平总书记首次以新常态描述新周期中的中国经济，②同年 12 月，中央经济工作会议上对中国经济新常态的九大特征进行了详细论述，③这九大特征反映了政府对中国经济新矛盾

① 数据来源：历年《中国劳动统计年鉴》。

② 2014 年 5 月，习近平在河南考察时指出，我国发展仍处于重要战略机遇期，我们要增强信心，从当前中国经济发展的阶段性特征出发，适应新常态，保持战略上的平常心态。

③ 《中央经济工作会议在京举行》，新华网，2014 年 12 月 11 日。

变化的思考。其后为应对这些新矛盾，2015 年 11 月，习近平首提“供给侧结构性改革”思路，同年 12 月指明了供给侧结构性改革的五大任务。①因此，我们认为 2014 年标志着转型 CSSA 衰退期进入了下一阶段 CSSA 的探索期。从学术角度，我们将这一阶段的 CSSA 命名为“成熟社会主义市场 CSSA”，从与官方文件一致的角度，可以将其命名为“新时代 CSSA”，两种命名方式在文字上不同，内涵上一致。

四、“新时代”“新矛盾”与“新方略”“新举措”“新任务”的内在统一

中共十九大报告在指出了“新时代”“新矛盾”变化的同时，也为解决“新矛盾”提出了全面建设小康社会的两步走“新战略”、五大经济基本“新方略”、“建设现代化经济体系”的六大“新任务”和经济建设具体工作的数十条“新举措”。这些“新方略”“新任务”和“新举措”与 CSSA 六大矛盾框架高度吻合，指明了“成熟市场社会主义 CSSA”应有的发展方向。

首先，从动力机制来看，政府主导下的经济增长仍然是 CSSA 阶段转换的主要驱动力。因为现阶段我国经济建设的主要目标是解决“人民群众对美好生活的需要与不充分不平衡的发展之间的矛盾”，同时我国处于社会主义初级阶段的基本国情没有变。为解决当前主要矛盾，我们仍然必须牢牢坚持党的基本路线，以经济建设为中心，坚持四项基本原则，坚持改革开放。并为此坚定不移地推进全面建设小康社会的两步走“新战略”。具体来看，要将“坚持以人民为中心”这一基本方略放在首位。因为中国共产党的宗旨和最高价值取向就是坚持全心全意为人民服务，这一原则与“坚持党对一切工作的领导”也具有自洽性。

其次，“新方略”“新举措”和“新任务”全面指明了“新时代”CSSA 六大制度的应有特征（参见表 4）与调整方向。如果这些指导方向能在未来的具体工作中落到实处，则可以将十九大报告发布的 2017 年看作“成熟市场社会主义 CSSA”进入巩固阶段的标志。

表 4　成熟市场社会主义 CSSA 应有的六大制度特征

劳资（劳动）关系	以人民为中心的和谐利益关系
资本关系	结构优化均衡的混合资本关系
政府经济角色	在发展中保障和改革民生的适度控权政府
意识形态	以马克思主义为指导的社会主义核心价值体系
国际关系	推动和构建人类命运共同体的大国强国
生态关系	人与自然和谐共生的生态环境。

关于劳动（劳资）关系，十九大报告通篇强调以人民利益为中心。各项“新方略”“新任务”和“新举措”均以提升人民利益为抓手，旨在缩小要素收入分配差距，缩小劳动者内部利益差距，并

① 即“去产能、去库存、去杠杆、降成本、补短板”五大任务，见 2015 年 12 月 18 日召开的中央经济工作会议。

缓和与利益失衡相关的社会矛盾。由此形成以人民为中心的和谐利益关系。

关于资本关系，十九大报告指出，在所有制上，“必须坚持和完善我国社会主义基本经济制度和分配制度，毫不动摇巩固和发展公有制经济，毫不动摇鼓励、支持、引导非公有制经济发展”。在资本结构调整上，加快推进“深化供给侧结构性改革”“加快建设创新型国家”“实施乡村振兴战略”“实施区域协调发展战略”等，由此形成结构优化均衡的混合资本关系。

关于政府的经济角色，十九大报告指出，要“加快完善社会主义市场经济体制”，“使市场在资源配置中起决定性作用，更好发挥政府作用，推动新型工业化、信息化、城镇化、农业现代化同步发展。”特别强调“坚持在发展中保障和改善民生”，“补齐民生短板、促进社会公平正义，在幼有所育、学有所教、劳有所得、病有所医、老有所养、住有所居、弱有所扶上不断取得新进展，深入开展脱贫攻坚，保证全体人民在共建共享发展中有更多获得感，不断促进人的全面发展、全体人民共同富裕。建设平安中国，加强和创新社会治理，维护社会和谐稳定，确保国家长治久安、人民安居乐业”。实现上述目标要求建设适度控权的政府，确保在发展中保障和不断改善民生。

关于主流意识形态，十九大报告指明要坚持以马克思主义为指导的社会主义核心价值体系。“必须坚持马克思主义，牢固树立共产主义远大理想和中国特色社会主义共同理想，培育和践行社会主义核心价值观，不断增强意识形态领域主导权和话语权，推动中华优秀传统文化创造性转化、创新性发展，继承革命文化，发展社会主义先进文化。”

关于国际关系，十九大报告提出要“推动形成全面开放新格局”，“主动参与和推动经济全球化进程，发展更高层次的开放型经济，不断壮大我国经济实力和综合国力”。“坚持推动构建人类命运共同体”，从而在国际上确立推动和构建人类命运共同体的大国强国地位。

关于解决经济发展与生态约束的矛盾关系，十九大报告指出要“坚持人与自然和谐共生”。“必须树立和践行绿水青山就是金山银山的理念，坚持节约资源和保护环境的基本国策，像对待生命一样对待生态环境，……实行最严格的生态环境保护制度，形成绿色发展方式和生活方式，坚定走生产发展、生活富裕、生态良好的文明发展道路，建设美丽中国，为人民创造良好生产生活环境，为全球生态安全作出贡献。”

上述六大制度发展方向是一个相互支撑，互相兼容的整体。以人民为中心，必然要求 CSSA 中的六大制度按照十九大报告指明的方向进行整体变革。在强调发展国有资本的前提下推进混合所有制的发展，将为改善人民利益分配不均衡的现状提供基本制度与经济支持。政府在以人民为中心的指导思想下适度控权，有利于实现“建设现代化经济体系”的六大“新任务”；中国在国际竞争中确立大国和强国地位有利于提升和培育更大更新的比较优势，进一步为提升人民利益提供物质基础，并推动世界人民分享中国经济社会发展的成果。以马克思主义指导的社会主义核心价值体系将为上述制度变革提供支撑和加强作用。同时，以人民为中心，推动国有资本做优做大做强，实现政府在经济中的适度控权，坚持社会主义核心价值体系等有利于解决经济发展对环境带来的负外部性问题，促进人与自然的和谐发展，从而实现优良的自然生态环境支撑经济发展的良性循环。

值得注意的是，如果 CSSA 的六大关系中，有一个或几个制度的发展方向不当，则整体制度也无法发挥促进资本积累以满足人民群众日益增长的对美好生活的需要的有效作用。例如，在资本关系上，如果不能坚持毫不动摇地发展公有资本，推动国有资本做优做大做强，则将失去以有利于人民的方向解决社会矛盾的经济基础与根本保障；社会主义初级阶段历史背景下，如果抑制非公有资本的发展，则将损害社会经济活力，不利于社会生产力的进一步提高。在政府经济角色上，如果过度推进市场化与私有化，在“发展中保障和改善民生”将成为一句空话；如果过度集权，则将损害市场有效运行条件下的市场经济主体创新动力。在主流意识形态上，如果不能坚持以马克思主义为指导的社会主义核心价值体系，就无法保证“为了人民利益”的发展初心。在国际关系上，如果不能确立大国强国地位，有效参与国际规则的制定，则无法培育新的比较优势，在世界竞争中处于不利地位从而影响国内经济发展。在生态关系上，如果生态环境进一步恶化，则经济发展以及满足人民对美好生活的需要都将成为无根之木、无本之源。

综上所述，十九大报告论述的“新方略”“新举措”和“新任务”在“新时代”“新矛盾”的背景下，为 CSSA 阶段性调整指明了方向。这些“新方略”“新举措”和“新任务”是一个相互兼容，相互支撑的有机整体。如果能将上述“新方略”“新举措”和“新任务”落到实处，则中国将进入“成熟市场社会主义 CSSA”的巩固阶段，从而为中国资本积累提供经济、政治、文化方面等社会结构的整体支撑，将有利于促进“新时代”“新矛盾”的解决，实现“满足人民日益增长的美好生活需要”的阶段性资本积累目标。

五、结　　论

本文以 CSSA 理论为基本框架，分析了十九大报告中“新时代”论断与“新矛盾”变化的现实依据和理论逻辑。指出中国资本积累的主要目标是满足人民群众的需要；CSSA 阶段变革的主要动力是政府主导下的经济增长。CSSA 的六大矛盾分析框架，即劳资矛盾，资本竞争矛盾、政府经济角色、国际关系、主流意识形态和经济与生态矛盾六大矛盾关系与资本积累目标达成的辩证关系，是认识中国社会阶段性变革与主要矛盾的分析工具。具体得出了三方面结论。

一是基于 CSSA 理论框架梳理了新中国成立以来中国共产党对社会主要矛盾认识的历史演变。通过将新中国成立以来中国经济发展分为“计划 CSSA（1949—1978 年）”，“转型 CSSA（1978—2014 年）”和“成熟社会主义市场 CSSA（2014 年）”三阶段，发现了党对主要矛盾认识的变化与 CSSA 阶段性转化的高度一致性。这是因为党对中国主要矛盾认识的变化对 CSSA 六大具体制度特征产生了重要影响，而这些具体机制又在不同阶段对经济发展产生了或促进或抑制的反作用。从而“新时代”“新矛盾”的变化建立在上述历史变革的基础之上。

二是着重分析了“转型 CSSA”六大制度特征与社会矛盾积累的关系。从而指出“转型 CSSA”的六大制度特征是“新时代”“新矛盾”产生的具体原因并决定了“新矛盾”的主要表现。一方面“转型 CSSA”在巩固阶段对经济发展的促进作用使得“人民群众日益增长的物质文化需要”转化为了“人民群众日益增长的对美好生活的需要”。另一方面，转型 CSSA 衰退期的多元混合资本关系不断加强、复杂劳资关系不断巩固下的冲突日益社会化，政府有控制地进一步放权，新自由主义思潮与马克思主义相互博弈、强国与弱国并存的国际地位与显性激化的生态矛盾是形成我国不充分不平衡的发展现状的矛盾因素。

三是阐明了十九大报告中“新时代”论断与“新矛盾”变化和“新方略”“新任务”“新举措”的关系。从 CSSA 理论框架来看它们是一个有机整体，“新方略”“新任务”“新举措”指明了为解决“新时代”“新矛盾”而应当进行的 CSSA 六大制度变革方向。即建立以人民为中心的和谐利益关系，结构优化均衡的混合资本关系，建设在发展中保障和改革民生的适度控权政府，确立马克思主义为指导的社会主义核心价值体系，确立国际竞争中的大国强国地位与构建人与自然和谐共生的关系。如果十九大报告提出的各项行动指南能得到真正落实，则中国将进入“成熟市场社会主义 CSSA”的巩固阶段，这一 CSSA 将有利于“新时代”“新矛盾”的解决。如果这些行动指南无法真正落实，CSSA 六大核心制度有一项或多项不能按十九大报告论述的方向发展，则整体 CSSA 将无法发挥有效作用，“成熟社会主义 CSSA”仍将处于探索阶段，从而不能有效实现解决“新时代”“新矛盾”的作用。

参考文献

[1] 丁任重:《深刻领会和把握新时代我国社会主要矛盾的》,《经济学家》2017 年第 12 期。

[2] 吴学琴:《深刻阐释新时代社会主要矛盾转化的内在逻辑》,http://cssn.cn/mkszy/yc/201802/t201802243856629.shtml。

[3] 刘须宽:《新时代中国社会主要矛盾转化的原因及其应对》,《马克思主义研究》2017 年第 11 期。

[4] 逄锦聚:《深刻认识和把握新时代我国社会主要矛盾》,《经济研究》2017 年第 11 期。

[5] 邱耕田:《辩证分析当前我国社会主要矛盾》,《理论视野》2017 年第 10 期。

[6] 徐小佶:《全面深刻认识把握新时代的新矛盾》,《中共福建省委党校学报》2017 年第 11 期。

[7] 蒋永穆:《解读新时代中国社会主要矛盾》,http://ex.cssn.cn/zzx/zgzz_zzx/201801/t20180115_3814745.shtml。

[8] 丁晓钦、尹兴:《积累的社会结构理论述评》,《经济学动态》2011 年第 11 期。

[9] 马艳、王琳、张沁悦:《资本积累的社会结构理论创新与中国化探讨》,《马克思主义研究》2016 年第 6 期。

（本文原载《东南学术》2018 年第 3 期）

政府与市场的“互融共荣”：经济发展的中国经验

胡乐明[*]

摘　要　政府与市场的关系是影响市场经济国家经济发展绩效的关键。经济自由主义与国家干预主义由于存在政府与市场的“二分法”、注重静态配置效率以及忽视市场经济和政府与市场关系的多样性等局限，难以准确定位和解释现实世界政府与市场的作用及其演进。中国经济的转型发展始终坚持社会主义市场经济的改革方向和社会主义现代化国家的发展目标，坚持政府与市场共进共生、积极渐进的演变方式，走出了一条中国特色的处理政府与市场关系的独特道路。中国经验表明，新兴市场经济国家能否取得良好的经济发展绩效，关键在于能否在目标选择、生产组织、技术创新、制度变迁以及规制调节等方面形成政府与市场之间“互融共荣”的新型关系。

关键词　政府　市场　互融共荣　中国经验

改革开放以来，中国经济的转型发展取得举世瞩目的伟大成就。与此同时，如何“破解中国经济发展之谜”也一直是国内外学界的热点话题。有些学者认为，中国经济发展的成功是自由市场发挥作用的成功，是私有化、市场化、自由化的成功。另有一些学者则认为，中国经济发展的成功归因于“强大的国家权力”，是国家干预主义的胜利。事实上，中国经济发展成就的取得依赖于多方面因素。从经济角度而言，如何处理政府与市场的关系是中国经济体制改革的核心和经济发展的关键，由此解读“中国奇迹”不失为一个可取的理论视角。但是，上述两种认识囿于西方主流经济学的固化思维，不仅难以准确定位和解释发达市场国家的政府与市场作用，更难以合理解释新兴市场经济国家的政府与市场关系的演进路径及其经济发展绩效。

与西方主流经济理论不同，玛丽安娜·马祖卡托、埃里克·赖纳特和贾根良等学者通过长期经济史和经济政策史的研究发现，美国等西方发达市场经济国家从未真正践行西方主流经济学关于市场和政府作用的理论界分，处理政府与市场关系应该“按美国所做的去做，不要按美国所说的去做”。①

---

* 胡乐明，中国社会科学院经济研究所副所长，中国社会科学院大学经济学院特聘教授、博士生导师。

① Mariana Mazzucato: *The Entrepreneurial State*, *Demos*, London, UK. 2011；埃里克·赖纳特：《富国为什么富，穷国为什么穷》，杨虎涛等译，中国人民大学出版社 2010 年版；贾根良等：《新李斯特经济学在中国》，中国人民大学出版社 2015 年版。

一、经济自由主义与国家干预主义的认知误区

政府与市场的关系，是经济学家长期争辩的主题，并在长期争辩过程形成了经济自由主义与国家干预主义两大思潮。然而，经济自由主义和国家干预主义貌似对立，在理论逻辑与分析思路方面却存在共通的认知误区，难以准确定位和解释现实世界政府与市场的作用及其演进过程。①

尽管在不同历史时期，经济自由主义和国家干预主义各有不同的理论表现，在其各自内部也存在认识分歧，而且两者之间的对立已开始出现松动并呈现一定程度的“融合”趋势②，但是两者各自的基本信条始终没有变化。经济自由主义认为，市场机制是市场经济实现资源最佳配置的唯一有效手段，市场机制的自发调节能够导致经济繁荣和社会进步；不存在作为政府公共政策追求目标的所谓公共利益，“社会福利函数”也只是一个虚幻的存在；政府是“无能、低效、腐败的化身”，市场解决不好的事情政府也难以解决，政府干预只会破坏经济的正常运行。因此，应充分发挥市场机制的自发作用，限定乃至最小化政府的作用范围。相反，国家干预主义认为，市场的有效性是有条件的，市场不是理想的，存在市场失灵；存在独立于个人的公共利益，由个人偏好可以合乎逻辑地导出社会福利函数；政府作为公共利益的代表，能够有效促进实现社会福利最大化。因此，应充分发挥政府的作用，弥补市场的缺陷和不足。

然而，观点的对立并不意味逻辑的不同。在经济自由主义与国家干预主义那里，市场与政府皆被视作截然两分、彼此独立的制度安排，并基于对市场与政府的静态估价直接导出它们各自的职能范围以及彼此替代的潜在可能。按照他们的逻辑，市场是市场经济的内在秩序，政府则是凌驾于市场经济之上的外在力量；市场是提供私人物品的制度安排，政府则是提供公共物品的制度安排，而且两者之间存在非此即彼的替代选择：“政府失灵”是市场扩展的理论依据，“市场失灵”则是政府干预的逻辑起点。但是，从人类社会发展历史来看，政府固然可以被视作使共同体免受外来侵犯而产生的一种外在性保护组织，它更应被视为使共同体繁衍生存发展而产生的一种内在性生产组织。中世纪之后，为摆脱封建王权对于新兴资本主义发展的束缚，以“自由”之名驱逐政府于“市民社会”之外的努力日渐高涨，政府与市场的“二分法”逐渐成了西方主流经济学的“金科玉律”。事实上，完全独立的外在化国家并不存在，政府并非一个高居于经济社会之上并与经济社会相脱离的外在组织，相反，政府与市场一样都是市场经济社会内生的组织和协调经济活动的制度安排。政府总在“那里”并总在“行动”，“外在”的政府“干预”市场经济运行，并非政府的真实存在；同样，寄望于通过扩展明晰的个人产权制度并寻求所有经济问题的“市场解”从而“外化”政府，也只能是一种柏拉图式的精神幻想。

既然政府和市场都是市场经济社会内生的组织和协调经济活动的制度安排，那么现实社会的资源配置也必然是市场和政府相互结合、互融互动的结果，而非两者之间非此即彼的单项选择

① 胡乐明：《公共物品与政府的作用》，《财经研究》2001 年第 8 期。

② 杨春学、谢志刚：《国际金融危机与凯恩斯主义》，《经济研究》2009 年第 11 期。

过程。在经济自由主义那里,"市场万能"是他们鼓吹自由放任的理论基础,"政府失灵"则是他们反对政府干预的现实理由。但是,如果说"政府退出"的全部依据在于市场的完美秩序,那么市场失灵就会成为政府干预的有力根据。正是按照经济自由主义者的逻辑思路,庇古等国家干预主义者发现了在现实世界"理想政府"的存在与位置。事实上,现实世界的市场和政府都有其自身不可克服的缺陷,任何一方的缺陷在逻辑上并不必然保证来自另一方的替代一定是合理的选择。而且,政府与市场既各有其独立性和自主性,又具有一定程度的相互嵌入性和共生性。卡尔·波兰尼深刻指出,主流经济学家们倾向于将市场独立出来,并在假定周围环境不变的条件下静态地分析市场运行与市场规律,但是并不存在与市场无涉的支持性制度环境,现实世界的市场也必然"嵌含"于社会之中,纯粹的自律性市场以及一切试图"脱嵌"的研究都是乌托邦。①类似地,巴泽尔借助"公共领域",明确提出"没有绝对排他的私有产权"。在他看来,任何个人的任何一项权利的强度都要依赖于个人、他人以及"第三方"为保护和分享该项权利而付出的努力,因而政府必然深嵌于市场经济个人产权的界定、实施与控制的整个过程。②脱离了政府的"嵌入",市场必定步履维艰,政府与市场之间存在一种相互渗透的复杂的结构性关系。

国家干预主义与经济自由主义另一个共通的局限是,它们都是一种抽象而机械的短期静态分析而不是具体而科学的动态历史分析。它们关注的是市场体系与配置效率(也被称为"静态效率"或"帕累托效率")之间的联系。然而,帕累托效率与科技创新和长期发展之间不存在任何理论或历史的联系。③对于一个国家而言,"通过追求静态的资源配置效率,虽然也能部分地实现国民收入与财富的扩大,但是要想持续地实现国民收入与财富的扩大,就必须获得动态的资源配置效率"。④所谓动态的资源配置效率也就是一个国家的发展效率,它不仅依赖于市场机制的功能发挥,也依赖于政府作用及其与市场的融合互动。而且事实上,支持垄断、国家指导、企业联合和保护主义等旨在提升发展效率而非弥补市场失灵以实现"静态效率"的政府行为,恰恰是美国等发达国家实现长期经济增长的重要因素。马祖卡托在其《企业家型政府》研究中发现,美国等发达国家现在处于世界领先地位的产业的早期发展都是得益于政府的支持,而且即使到今天发达国家政府也并没有奉行自由放任的政策,它们还在利用专利保护、补助基础科研、政府采购等措施来支持企业进行产业升级和技术创新。⑤不过,现今美国的许多政府政策已被设计为隐藏在公众视野之下,不是通过直接高度透明的立法来实施,而是通过间接和被动机制来执行。⑥"政府隐形"模糊了政府的作用,夸大了市场的力量,但是却无法遮蔽一个基本的经济史实:经济自由主义与国家干预主义作为意识形态而流行,为了长期发展,政府与市场总是同时"在场"。

此外,经济自由主义与国家干预主义同样忽视了世界范围内市场经济的复杂性以及政府与

① 卡尔·波兰尼:《巨变——当代政治与经济的起源》,社会科学文献出版社 2013 年版。
② Y.巴泽尔:《产权的经济分析》,费方域、段毅才译,上海人民出版社 1997 年版。
③ 托马斯·罗斯基:《中国及其经济改革的理念》,《国外理论动态》2013 年第 6 期。
④ 青木昌彦、奥野正宽、冈崎哲二:《市场的作用国家的作用》,中国发展出版社 2002 年版,第 89—90 页。
⑤ 林毅夫:《新结构经济学的理论基础和发展方向》,《经济评论》2017 年第 3 期。
⑥ 戴斯蒙德·金:《美国的隐性政府:隐藏国家的代价》,《国外理论动态》2013 年第 3 期。

市场关系的多样性。作为西方主流经济学的“普世价值”，自由主义与干预主义曾在世界各地广泛传播。但是，它们既不能准确定位西方发达市场经济国家的政府与市场，更难涵盖各个市场经济国家政府与市场关系的多样性存在。从理论上说，政府与市场的有效边界并不存在某个固定的均衡路径或是单一的静态最优解，而是存在多重均衡路径和多个可能的动态优化组合。①也就是，政府与市场之间并不存在整齐划一、泾渭分明的固定边界。从现实来看，人们通常认为当代发达国家的市场经济可以区分为三种类型：以美国为代表的“自由市场经济模式”、以日本为代表的“政府主导型经济模式”和以德国为代表的“社会市场经济模式”。显然，崇尚政府作用的日本模式与注重社会平等和长远利益的德国模式皆非自由主义和干预主义所能解释的，即使所谓自由经济典范的美国模式，政府也不是一个外在的只限于弥补市场失灵的“有限政府”。美国学者弗雷德·布洛克指出，美国实际上是被意识形态所遮蔽的隐形“网络式发展型国家”，政府长期通过四种国家行为，即资源定位、窗口开放、中介经纪和引导推促来推动经济发展。②事实上，市场经济并非只有一种“标准”模式和演进路径，风俗习性、意识形态、价值观念、文化道德以及发展阶段，对于市场经济及其政府与市场关系的形成与演进都有着十分关键的影响。除了上述三种类型，我们很容易发现，现实世界里成熟型市场经济与发展型市场经济、古典市场经济与新兴市场经济以及其他市场经济国家的政府与市场关系，也都与经济自由主义和国家干预主义陈腐的“强制”抽象相去甚远。

亚当·斯密之后，经济自由主义成了西方主流经济学的“圭臬”；1929 年大危机之后，国家干预主义又成为西方主流经济学的“圣经”；20 世纪 70 年代的滞胀使得经济自由主义以“新”的名义重新流行；2008 年的金融经济危机及其持续演化却同时宣告了自由主义与干预主义的“破产”。经济史实已经证明，政府与市场之间简单地强调一方必然导致谬误的再现与历史的重复，作为西方发达资本主义国家主流意识形态而交替流行的经济自由主义和国家干预主义，不仅难以揭示现实世界政府与市场的作用，更无法治愈根源于资本主义基本矛盾的经济痼疾。可以预期，经济自由主义与国家干预主义在西方国家的对立与交替的意识形态之争还会持续上演，但是新兴市场经济国家绝非只有两种选择：或者向放松政府管制的市场化方向“滑落”，或者向强化政府管制的统制化方向演变，而是必须也能够开拓出“第三条道路”。

二、处理政府与市场关系的中国实践

毫无疑问，中国的改革开放过程是一个市场作用不断扩大的历史过程，但绝不是一个政府不断“退出”从而市场不断替代政府的单边过程。依据 1978 年之后中国经济体制改革的历史进程，处理政府与市场关系的“中国实践”可以大致划分为四个阶段进行分析总结。

1978 年中共十一届三中全会作出了以经济建设为中心和实行改革开放的历史性决策，开启

① 陈雨露、马勇：《大金融论纲》，中国人民大学出版社 2013 年版，第 540 页。

② 弗雷德·布洛克：《被隐形的美国政府在科技创新上的重大作用》（上、下），《国外理论动态》2010 年第 6 期和第 7 期。

了新时期处理政府与市场关系的中国实践。此后,又逐步确立了社会主义初级阶段理论和"一个中心、两个基本点"的基本路线,以此为指导,中国共产党富民强国的执着追求和人民群众为此做出的大胆探索不断推动着政府与市场关系的演进。随着理论认识从"按经济规律办事,重视价值规律作用"到"计划经济为主、市场调节为辅",再到"有计划的商品经济"直至"国家调节市场,市场引导企业"的不断深化,家庭联产承包责任制、扩大地方和企业自主权、价格体系和价格管理办法以及劳动制度和工资制度改革与发展多种所有制经济等实践探索也渐次展开,使得中国的经济体制由政府主导资源配置和经济发展的计划经济体制顺利转变为政府与市场共同发挥作用的"双轨体制"。到1992年中共十四大召开之前,指令性计划产品占全部工业总产值的比重下降到16%左右,指导性计划产品占比上升到42%左右,市场调节产品占比超过40%。

1992年中共十四大明确提出"建立社会主义市场经济体制","使市场在社会主义国家宏观调控下对资源配置起基础性作用","更好地发挥计划与市场两种手段的长处",处理政府与市场关系的中国实践步入新的阶段。在此阶段,以"有利于发展社会主义社会生产力、有利于增强社会主义国家的综合国力、有利于提高人民生活水平"为遵循,中国的经济体制改革快速推进,财政税收体制、金融银行体制、计划管理体制和投资体制以及国有企业管理体制等领域改革不断深化,商品市场、资本市场等各类生产要素市场以及中央银行制度和商业银行体系、现代财政体制和税收制度逐步形成,微观资源配置和经济活动转向主要依靠市场调节。到2002年,政府定价和政府指导价占社会消费品零售总额的比重已由1978年的97%下降到不足4%,市场自发定价占比超过96%。同时,政府职能也从偏重运用行政手段直接管理经济活动,转向偏重运用中长期规划和发展战略以及综合运用经济手段、法律手段和行政手段,组织和调节社会经济活动。

2002年中共十六大进一步提出"在更大程度上发挥市场在资源配置中的基础性作用,健全统一、开放、竞争、有序的现代市场体系",处理政府与市场关系的中国实践踏着"入世"的脚步迈上了新的台阶。在此阶段,为了"从制度上更好发挥市场在资源配置中的基础性作用",行政审批制度改革、行政管理体制改革、政府机构改革以及国有资产管理体制改革等举措全面推开。到2011年底,国务院取消和调整行政审批事项超过60%,各地区取消和调整行政审批事项超过50%。这样,政府一方面更加偏重运用国家规划、计划以及产业政策、财政政策及货币政策引导和调节社会经济活动,另一方面也更加注重统筹区域、城乡、经济与社会、人与自然以及国际国内等各个领域协调发展,全面调动各种积极因素促进市场经济科学发展。同时,经过前述两个阶段的政府培育与推动,借助国际市场经济一般规则的"催生"与"激励",市场机制和市场力量已由改革以来的不断"嵌入"发展到自我扩展、整体建构,中国特色社会主义市场经济逐步确立。

2012年中共十八大又明确提出"必须更加尊重市场规律,更好发挥政府作用","更大程度更广范围发挥市场在资源配置中的基础性作用",处理政府与市场关系的中国实践进入了新的时代。在此阶段,为了使"市场在资源配置中起决定性作用,更好发挥政府作用",经济体制、政治体制、文化体制、社会体制和生态文明体制等各个方面的改革全面深化,国有企业、财税体制、金融体制、土地制度、对外开放等重点领域的改革不断深入,全面实施市场准入负面清单制度,清理废除妨碍统一市场和公平竞争的各种规定与做法,完善价格形成与要素配置市场化机制,进一步减少政府定价的范围和品种，重视发展混合所有制经济，推动国有资本做强、做优、做大，注重加强政府自身改革和全面准确履行政府职能，重视运用创新政策和发展战略引导供给侧结构性改革和微观经济主体的发展活力，政府与市场呈现互融共荣的发展趋向。

转型发展，曾是苏联东欧等社会主义国家面临的共同挑战。与接受被新自由主义经济学广为颂扬的“华盛顿共识”和“休克疗法”的国家不同，中国立足本国实际，围绕政府与市场关系这一经济体制改革的核心问题和经济发展的关键因素，大胆探索和建设社会主义市场经济，超越了经济自由主义与国家干预主义的陈腐教条，成功走出了自己的转型发展之路，为发展中国家处理市场与政府的关系提供了重要启示。

首先，中国经济的转型发展始终坚持社会主义市场经济的改革方向和社会主义现代化国家的发展目标。一种流行观点认为，“引领中国走向现代市场经济的一系列事件并非有目的的人为计划”，中国经济的转型发展是“人类行为的意外后果”①。事实上，中国经济的转型发展从一开始便具有明确的方向目标和推进逻辑②。改革开放之初，基于对传统计划经济体制弊端的深刻反思和社会主义初级阶段现实的清醒认识，中国确立了市场取向的改革方向和现代化国家的发展目标，并具体化为明确的行动理念和通俗的生活话语，从而迅速凝聚起引领各种资源和各方力量积极参与转型发展的社会共识。此后各个时期，尽管历经诸多理论质疑和现实挑战，但是上述方向、目标不仅没有发生根本变化反而更加明晰可行。这样，中国经济的转型发展不仅在实践层面具备了前后一致的行动指南，而且具备了取得成功所必不可少的稳定而灵活的意识形态支撑和保障。经济发展史实表明，任何社会的转型发展若要取得成功，都必须通过意识形态预设制度变迁和经济发展的逻辑后果，以不断增进人们对于转型发展预期收益的广泛认同，形成普遍包容和持续推动转型发展的主流社会意识。

其次，中国经济的转型发展是政府主导的积极渐进的动态稳定过程。关于传统社会主义计划经济体制转型发展的路径选择，一种曾被西方主流经济学家广为接受的看法是，必须推行以“华盛顿共识”为基础的“休克疗法”，从而一步跨越计划经济与市场经济的“鸿沟”，迅速建立起现代市场经济有效运行所需要的完整的制度体系。然而，众多前社会主义国家转型发展失败的惨痛实践表明，上述“共识”不过是西方主流经济学家对于“完美市场秩序”宗教般虔诚的再一次不完美的“祈祷”。人类社会的制度变迁，存在激进式变迁和渐进式变迁两种方式。但是除了新旧社会制度交替，激进式变迁往往难以取得理想的效果。因为激进式变迁容易导致政治失序和经济失调，甚至导致严重的社会冲突。因此，即使西方发达资本主义国家也是经历了 19 世纪至 20 世纪的漫长过程方才建立起所谓的“成熟市场经济”。毫无疑问，中国经济的转型发展正确地选择了渐进式变迁，从而确保了政府能够有效把握整个社会经济发展的大趋势和政治发展的大格局，也使市场秩序比较顺利地完成从政府培育到自我生长的演变过程。但是，渐进式变迁也往往由于摩擦成本和时间滞后而导致制度的真空和无序。因此，中国经济的转型发展也不乏“激进”

① 罗纳德·哈里·科斯、王宁：《变革中国：市场经济的中国之路》，中信出版社 2013 年版，第Ⅴ页。

② 蔡昉：《破解中国经济发展之谜》，中国社会科学文献出版社 2014 年版，第 50—51 页。郑永年：《中国模式》，浙江人民出版社 2010 年版，第 4 页。

之举，有效应对了来自内部和外部的要求快速转型发展的压力与挑战，从而成为一种“积极的渐进式变迁”。这样，中国经济转型发展之巨大的规模、深刻的变迁和快速的发展所引发的挑战和问题都能够在当下的时空得以协调和解决①，为转型发展取得成功提供了必要的动态稳定的秩序体系。

最后，中国经济的转型发展是国家推动下的政府与市场互促共进的双向互动过程。“要么市场多一点，要么政府多一点”，是经济自由主义与国家干预主义执着而无解的“理论猜想”。但是历史分析和实践经验表明，新兴市场经济体的成功崛起往往与政府强力推动的产权界定和市场扩展紧密相联；越是发达的市场越是依赖政府在界定产权、维护秩序和优化投资环境等各个方面的有效渗入，越是有效的政府越是善于在公共产品提供、公共事业管理甚至国防安全等领域引入市场力量和竞争机制，政府与市场任何一方的作用缺失都会导致市场经济失去持续发展的应有活力。借鉴历史经验，中国经济的转型发展实践没有陷入西方主流经济学的“理论陷阱”，执着于政府与市场之间“非此即彼”的两难选择，而是以“三个有利于”为遵循，秉持“发展是硬道理”理念，使政府与市场从“板块共存”的互补关系成功演进为“相互嵌入、互融共荣”的共生关系。美国著名中国问题研究专家雷默曾形象地指出，中国需要一种“淡色”的国家形象，将相反的东西和谐地结合在一起；所谓“淡”，即是融合“水”与“火”的矛盾结合体。②正是凭借将西方主流经济学视为水火不容的政府与市场“和谐融合、互促共荣”，中国经济的转型发展方能获得取得成功不可缺少的持续不断的社会活力。

“任何社会所出现的任何形式的转型发展都离不开权威、秩序和活力这三大基本要素。权威力量的存在是转型发展的前提，秩序是转型发展的保障，社会与民众的活力是转型发展的内在动力。”③改革开放以来，中国通过目标明确、积极渐进、双向互动的探索实践，逐步构建起政府与市场之间“互融共荣”的新型关系，为中国经济的转型发展取得成功提供了必要的权威、秩序和活力。英国剑桥大学教授彼得·诺兰指出，如果我们所说的“第三条道路”是指国家与市场之间的一种创造性的、共生的相互关系，那么中国2000年以来一直在走它自己的“第三条道路”④。

三、互融共荣：政府与市场的新型关系

恩格斯曾经指出，政府对于一个国家经济发展的作用可能存在三种情况：沿着同一方向发挥作用从而促进经济发展；沿着相反方向发挥作用从而阻碍经济发展；或者阻碍经济发展沿着某些方向并推动经济沿着另一方向发展从而阻碍或促进经济发展⑤。也就是，政府既是“经济增长的关键，又是人为经济衰退的根源”。中国经济的转型发展既具有自己的独特逻辑，又遵循着市场经济国家发展强盛的一般规律，为新兴市场经济国家处理政府与市场关系提供了一种新的选择。

①③ 林尚立：《有效政治与大国成长——对中国三十年政治发展的反思》，《公共行政评论》2008年第1期。

② 徐觉哉：《国外学者论中国特色社会主义》，《中国特色社会主义研究》2008年第3期。

④ Peter Nolan, Jan.2005, China at the Crossroads, *Journal of Chinese Economic and Business Studies* UK.

⑤ 见《马克思恩格斯选集》第4卷，人民出版社1972年版，第483页。

中国经验表明，能否发挥政府促进而不是阻碍经济发展的“决定性作用”，关键是能否在目标选择、生产组织、技术创新、制度变迁以及规制调节等方面，形成政府与市场之间相互增进而不是相互抑制的“互融共荣”的新型关系。

1. 目标选择

对于一个国家的经济发展而言，“做什么”远比“怎样做”更为重要①。众所周知，对于“做什么”，市场选择具有即时性和灵活性的优势，往往可以实现静态的资源配置效率，但是市场选择由于其短期性和自发性也极易导致社会经济的比例失调乃至长期发展的失败；同时，政府选择具有长期性和战略性的优势，往往可以实现长期的发展效率，但是政府选择失灵也会导致“资源错配”并损害配置效率。因此，为了提升一个国家的长期经济发展效率，必须实现市场选择的即时性与政府选择的长期性的有机统一，以及短期效率目标和长期发展目标有机结合。首先，必须优化国家的长期发展战略和总体目标。一方面，国家的长期发展战略和发展目标必须通过科学预测，顺应和把握现代市场经济的发展规律和发展趋势，另一方面，国家的长期发展战略和发展目标也必须通过“自上而下”与“自下而上”的互动结合，反映和表达社会公众的利益与关切。其次，必须确保国家发展的长远规划与政策取向的相对稳定与连续，以塑造和稳定市场预期并引导市场选择趋向长期化和宏观化。再次，必须建设和完善全国统一、信息公开、竞争有序的市场体系，破除地方保护及其所导致的“市场分割”和“信息扭曲”，使市场选择既能反映微观主体的“小目标”，也能反映地方政府的“中目标”，更能反映整个国家的“大目标”。只有这样，实现政府选择与市场选择的“耦合”，才能真正实现人民群众的当前利益与长远利益、局部利益与整体利益的有机结合。

2. 生产组织

现实世界“生产的组织结构”是市场与政府的有机结合，而不是自由市场的“独奏”。实证分析发现，公共资本存量与私人资本存量以及要素生产率、私人资本收益率和私人投资率之间存在一种密切的内在函数关系；政府投资或会“挤出”私人投资，但也会“挤入”私人投资；基础设施等公共投资的增加或减少会刺激或阻碍私人投资及其效率的提升以及整个国家的经济发展。②因此为了繁荣市场和实现国家经济发展目标，必须实现政府与市场两者的生产组织功能的有机融合。首先，必须顺应公共产品及公共支出随着经济发展和社会进步而增加的客观趋势，有效发挥政府组织生产的作用以增加公共物品供给。这样，一方面满足人们对于公共安全、医疗保健和教育体育等富有收入弹性的公共物品的需求，另一方面为民间投资和社会生产的扩展提供必要的基础设施。其次，必须完善公共物品的提供方式，将政府直接生产和间接生产结合起来，引导私人企业和市场力量参与公共物品生产以提高公共物品的供给效率。再次，应借助全国统一的市场体系的调节力量，规范地方政府组织和协调生产活动的竞争行为，引导各类资源在各个区域合理有序流动。此外，对于具有战略意义和高风险的新兴产业（网络经济、数字经济及生物技术和空间技术）以及金融等重要领域，政府必须发挥“超级企业”的功能，提升国家的资源创造能力，外

① 贾根良：《从五百年经济政策史中探寻国富国穷的奥秘》，《国外理论动态》2013 年第 3 期。

② 阿斯乔：《基础设施：美国的第三种赤字》，《世界经济译丛》1991 年第 10 期。

扩整个社会的生产可能性曲线，同时有效防范社会资本“脱实向虚”和发生系统性金融风险。

3. 技术创新

技术创新是引领经济发展的“第一动力”，是一个国家和地区提升经济竞争力的战略支撑。由于创新活动是一个具有累积性、集体性和不确定性特征的动态过程，一个国家的创新体系的形成和发展绝非通过个体企业的创新活动和市场竞争就能实现。因此，旨在促进技术创新活动的产生和扩展、推动创新经济的发育和发展的创新政策在西方发达资本主义国家长期而普遍的存在已是一个不争的事实，而且其创新政策经历了致力于解决市场失灵问题的“创新政策 1.0”、解决系统失灵问题的“创新政策 2.0”到关注系统变革和转型的“创新政策 3.0”的演进。①对于新兴市场经济国家而言，若要取得经济赶超发展的持续动力，必须融合各类创新政策，并在技术创新领域充分发挥政府的驱动作用，同时激发市场的创新活力。②首先，政府应增加智识性基础设施、社会性基础设施以及制度性基础设施的供给，为创新活动提供良好的市场环境。其次，政府应通过扶持国有企业这一重要创新载体，直接配置公共资源以增加技术创新的有效供给，同时利用公共采购、税收补贴等需求侧政策，推动新技术的利用和扩散，引导民间资源流向政府所指引的创新领域。第三，政府应通过与企业之间的双向互动，协调各个主体之间、产业内部、产业之间的创新活动，推动创新网络和创新体系的形成与发展以及整个社会经济体系的创新。

4. 制度变迁

对于任何一个国家尤其是一个新兴市场经济体，制度安排并非静态不变。正是市场主体与政府之间的持续互动导致的制度演进，决定了一个国家的经济发展路径，并最终形成不同形式的市场经济及其绩效。也就是，政府与市场任何一方的单边行动或自发扩展都难以建构实现经济持续发展所需要的“制度结构”，致力于赶超发展的新兴市场经济国家的制度变迁必须融合政府与市场双方的智慧和力量。首先，必须通过政府与市场的双向互动，凝聚推动制度变迁的社会主流意识。应通过有效途径，将国家意志和话语框架转化为社会公众普遍的价值追求，并持续地得到新旧利益团体的拥护与忠诚。其次，必须通过政府与市场的双向互动推动各种制度安排的优化演进，并不断塑造出“新”的政府与市场。政府与市场既是制度变迁的“主体”，它们同时也不断被“重塑”。政府可以通过国家行动不断培育和塑造市场，市场也可以通过自发扩展“倒逼”政府改革，任何一方谋求单边扩展的“脱嵌行动”，必然导致政府与市场关系的扭曲和制度变迁的失败。最后，必须通过政府与市场的双向互动，为市场经济条件下的制度变迁提供必要的权威、秩序与活力。应不断提高政府驾驭市场经济的能力，以持续获取推动制度变迁所需要的权威力量与秩序基础，同时持续激发市场的创新能力，以不断获取推动制度变迁所需要的“潜在收益”和社会活力。

5. 规制调节

与西方主流经济理论隐含的政府部门与私人部门应尽量隔离，以避免政府机构被私人部门

① 陈志：《被“忽视”的产业政策——创新政策的演进与未来》，《学习与探索》2017 年第 8 期。

② 顾昕：《治理嵌入性与创新政策的多样性：国家—市场—社会关系再认识》，《公共行政评论》2017 年第 6 期。

所俘获的政策主张相反，现代塑造和创造市场的理论认为，如果政府试图通过塑造和创造新技术、新部门和新市场来推动经济结构的转变，那么就必须鼓励两者之间建立相互依赖的紧密关系和新型的信任关系，政府可以利用自身的感召力、各种经济行为主体之间信任关系的代理人和定位于具体任务的政策工具等，对私人行为者提供方向性的指导和协调。①也就是，如果目标不仅在于静态的配置效率而更在于长期的发展效率，那么政府与市场在规制调节方面必须相互融合，以规范、引导、激励市场主体的经济行为。首先，应使政府规则与市场规则相互“契合”以实现“规制相容”。如果政府规则“超脱”了植根于风俗习性、传统文化和习惯心理的市场规则，必然导致市场主体的行为扭曲。应通过社会文化建设，使市场规则与政府规则相互融合和共同演进。其次，顺应现代科技“解构权威”与“去中心化”的发展趋势，应充分发挥中介组织和“合同治理”的作用，构建政府部门与私人部门相互协同、相互合作的新型治理格局——“网络治理”。此外，应借助大数据、云计算以及人工智能等现代信息技术，改进政府的规制调节方式，加强对于市场主体的“窗口指导”，以协调企业之间、产业之间的经济活动，避免由于市场调节滞后导致的“结构失衡”。

四、余　　论

历史经验和理论分析表明，经济自由主义与国家干预主义基于政府与市场的“二分法”试图明确界定两者作用范围的种种学说，不过是一种理论猜想而非现实存在。在它们的影响下，许多发展中国家过于关注“市场驱动”的力量而忽视了“政府驱动”的作用，结果导致经济发展绩效不佳。事实上，美国作为西方主流经济学说的倡导者，政府却一直深深地“嵌入”社会经济生活的诸多方面，从而为自己过去和现在的经济成功奠定了基础。处理政府与市场关系的中国实践也表明，取得长期经济发展的成功，必须超越自由主义和干预主义的固有认知，构建政府与市场相互嵌入、相互增进的“互融共荣”的新型关系。

但是，对于市场理性与政府理性及其局限也必须保持清醒认识。中国经济的转型发展之所以取得成功，关键并不在于“威权政府”，而是在于始终坚持共产党领导和社会主义发展方向。坚持市场经济的共产党领导和社会主义方向，为中国的政府选择和政府行为长期具有广泛的人民性和公共性提供了根本保障，并能够有效地创造市场和塑造市场。这既是“中国经验”的独特之处，也是众多新兴市场经济国家难以复制之处。

同时，为了弥补市场理性和政府理性的局限，也必须加强社会建设并充分发挥社群治理的重要作用，保持政府、市场、社会之间的平衡共生。英国著名政治学家安东尼·吉登斯指出，最好的社会类型是在竞争的市场、有效的政府和富有活力的市民社会之间达到一种平衡。如果市场影响过大，就会带来不平等和过度商业化；如果政府影响过大，就可能造成专制主义；如果市民社会

① 贾根良:《开创大变革时代国家经济作用大讨论的新纲领》,《政治经济学学报》2017 年第 8 卷。

过于强大，则会造成社会分裂而引起冲突。①这三者之间的关系也需要引起新兴市场经济国家的重视。

参考文献

[1] 斯蒂格利茨:《政府为什么干预经济》,中国物资出版社 1998 年版。

[2] 道格拉斯 · C.诺斯:《经济史中的结构与变迁》,上海三联书店、上海人民出版社 1994 年版。

[3] 程恩富:《中国特色社会主义政治经济学重大原则》,济南出版社 2017 年版。

[4] 潘维:《中国模式:解读人民共和国的 60 年》,中央编译出版社 2009 年版。

[5] 武力:《中华人民共和国经济史》,中国时代经济出版社 2010 年版。

(本文原载《马克思主义研究》2018 年第 5 期)

① 安东尼 · 吉登斯:《国家最重要的投资是对人的投资》,《南方周末》2007 年 12 月 20 日。

中国"一带一路"背景下的包容性全球化理论与引领路径分析

龚晓莺　陈　健*

摘　要　"一带一路"背景下的包容性全球化是为应对西方主导下的传统全球化所造成全球发展失衡等负面效应而提出的,无论是官方还是学界都已经意识到"一带一路"倡议由于具有包容性的内涵,因此通过"一带一路"引领全球化完全可以实现不一样的全球化,即包容性全球化,从而破解西方主导下的全球化所造成的负面效应。但是学术界对包容性全球化的内涵、特征及"一带一路"倡议引领包容性全球化等方面鲜有研究,因此本文在对包容性全球化的互利共赢、公平包容性等内涵和特征进行理论界定的基础上,就包容性全球化发展面临的信任度缺失、大国掣肘等困境进行分析,进而进一步阐述中国通过"一带一路"力推多边包容贸易体制、开启E贸易时代、消除沿线贸易壁垒,力推"一带一路"沿线区域经济一体化以及包容性合作平台的建立等以助推包容性全球化的发展。

关键词　"一带一路"　包容性全球化　包容　共享

一、中国"一带一路"背景下的包容性全球化的提出

20世纪80年代,美国总统里根和英国首相撒切尔倡导实施全球化,推动了经济、科技、技术、资本等的全球化进程,加速了全球经济的发展。但是2008年金融危机以后,经济全球化出现了逆行,美国等西方国家面对无法解决的国内问题和全球经济颓势,开始实行贸易保护主义政策,逆全球化浪潮兴起。追根溯源,逆全球化的根源在于西方主导下的全球化所产生的巨大负面效应,主要表现为:

(一)残缺狭隘的全球化,发展模式缺乏包容性,造成贫富差距加大、失业率居高不下、区域发展不均衡等现象

在世界历史上,全球化的兴衰史伴随着古丝绸之路的兴衰而兴衰,古丝绸之路曾促进了东西

* 龚晓莺,同济大学马克思主义学院教授;陈健,同济大学马克思主义学院博士研究生。

方的交流和文明的互鉴,但是 1453 年随着奥斯曼帝国的崛起在东西方文明交流和经贸交往之间立了一堵墙,把东西方文明切断了,欧洲人为了发展被迫走海洋之路发展贸易和交往,从此产生了西方中心论和残缺的全球化,而这种残缺的全球化产生了一系列问题,像区域发展不均衡等问题,据世界银行统计,目前全球贸易 90%通过海洋进行,而那些离海洋远的国家和地区很难受到海洋经济的辐射,因此产生了不同国家和区域发展不平衡和贫富差距拉大现象,而且这种全球化在美国等西方国家内部也产生了贫富差距拉大等现象。由此产生了美欧等西方国家逆全球化的行径,纵观全球化的发展史可知逆全球化有其深刻的历史根源。

(二)目前全球化分工体系是基于西方发达国家利益的分工体系,发展中国家长期处于全球分工体系的外围

纵观世界各国的发展史,很多强国、大国的发展总是以牺牲其他弱小国家的利益为代价的,从早期西方国家扩张殖民地开始到现在西方国家为了本国的生态环境而向发展中国家转移生态危机,始终都围绕一个主线:就是目前的全球化是以西方为中心,而广大发展中国家都处于中心以外的外围,在全球国际分工格局中居于不利的地位,西方国家把高污染高耗能的产业都转移到广大发展中国家。尽管西方国家一直倡导贸易自由化,但是西方国家在全球化过程中并不是真的对所有国家都推行贸易自由化和投资便利化,按照传统全球化理论,区域一体化是全球化发展的初级阶段,全球化是区域一体化的终极阶段,但是在现实中呈现了相反的情况,产生了欧盟、TTP 等圈子文化,例如在 TTP 和欧盟等组织的内部成员国实行自由贸易,外来国家进入必须征收高额关税,这些原因都在一定程度上让很多国家对目前的全球化产生逆反心理。

(三)西方的信仰和普世价值论的强势推广,产生了极端恐怖主义

由于目前的全球化由西方发达国家主导和引领,目前西方国家大多信奉基督教,基督教文明具有很强的排他性,这不仅使西方发达国家主导下的经贸交流具有排他性,产生了贸易壁垒等,而且西方的普世价值论,坚信自己的民主是最好的民主,把自己所谓的民主强加于其他发展中国家,特别是伊斯兰等国家本来也有自己的宗教信仰,西方等国横加干涉,造成了很多国家或者团体出现极端恐怖主义来反对西方国家的行径。西方的价值观本质上是带有很强的排他性的,在目前西方的价值观下这种矛盾是不可调和的,因此面对全球性问题,必须有新的方案引领全球化进程。

如何破解目前存在的逆全球化现象,建立基于各国共享共赢利益的公平公正的包容性全球化发展格局成为当前重要的议题。目前中国已经成为世界第二大经济体,中国对世界经济的贡献率也非常大,世界经济有三成以上贡献来自中国,中国与长期在全球化发展中处于不利地位的广大发展中国家有共同的历史境遇,在历史上都饱受帝国主义的压迫和剥削,因此作为最大的发展中国家,对目前的逆全球化浪潮和不合理的全球化格局,必须主动有所担当,成为引领包容性全球化发展的主导力量。2017 年 1 月 17 日习近平主席出席世界政治经济论坛年会并发表题为《共担时代责任 共促全球发展》的主旨演讲:“强调要坚定不移推进经济全球化,引导好经济全球化走向，打造富有活力的增长模式、开放共赢的合作模式、公正合理的治理模式、平衡普惠的发展模式，牢固树立人类命运共同体意识，共同担当，同舟共济，共促全球发展。”①习近平主席提出的全球化究其实质就是包容性全球化。习近平总书记在中共十九大报告中指出：中国坚持对外开放的基本国策，推动形成全面开放新格局，推动建设开放型世界经济。并指出“要以‘一带一路’建设为重点，坚持引进来和走出去并重，遵循共商共建共享原则，加强创新能力开放合作，形成陆海内外联动、东西双向互济的开放格局”②。从习近平十九大报告中的表述可以看出，“一带一路”不仅是未来长期坚持的互利共赢开放倡议，而且也是推动世界经济开放发展包容发展的重要举措，对于包容性全球化的发展具有重要的作用，党的十九大把“一带一路”倡议纳入党章，足见其在中国经济、全球经济中的分量。

习近平关于丝路精神的重要论述表明，“一带一路”就是用“丝路精神”推动沿线国家建立伙伴合作关系，实现共同发展，而丝路精神最重要的一个内容就是开放包容、互利共赢。包容性全球化所坚持的发展理念是均衡发展、包容性发展，包容性全球化坚持的包容性发展、均衡发展就其实质来讲就是普惠发展、互利共赢的发展。因此可知“一带一路”倡议和包容性全球化之间的发展理念如出一辙，具有共同的发展理念，也体现了“一带一路”倡议的丝路精神与包容性全球化理念的有机融合，“一带一路”倡议是属于具体发展举措，包容性全球化属于发展理念，包容性全球化要想落到实处必须通过具体举措进行推进，因此通过具有开放包容、互利共赢发展理念的“一带一路”倡议引领包容性全球化发展，才能实现包容均衡普惠发展。因此“一带一路”倡议与包容性全球化是属于路径与理念的关系，“一带一路”就其实质来讲就是包容性全球化的实践路径，即丝路精神＋新型全球化。

通过对已有的相关文献进行梳理发现，目前从事包容性全球化研究的相关文献较少，特别是在“一带一路”背景下进行包容性全球化理论和引领路径方面鲜有研究，目前的研究主要集中于以下几个方面：一是对欧美等西方发达国家主导下的全球化造成的负面影响。如有学者通过对全球化发展的失衡及其负面效应，不仅助推了民粹主义的全球性复兴和转向，而且给世界政治秩序带来许多新的不确定性因素。③二是关于全球化发展新时代产业如何发展。如有的学者认为，在全球化新时代，产业发展必须向着更具包容性的方向转型升级。④三是关于全球化发展阶段。如有的学者把“一带一路”倡议引领的全球化称为全球化 4.0 时代，认为“一带一路”倡议实际是全球化 4.0 进程的先导。⑤四是关于新型全球化背景下中国如何应对国际经贸规则新趋势。如有的学者指出，在新型全球化背景下妥善应对国际经贸规则新趋势，必须善于与发达经济体博弈，

① 习近平：《共担时代责任 共促全球发展》，http://news.xinhuanet.com/world/2017-01/17/c_1120331492.htm。

② 习近平：《决胜全面建成小康社会 夺取新时代中国特色社会主义伟大胜利——在中国共产党第十九次全国代表大会上的报告》，http://news.xinhuanet.com/politics/19cpcnc/2017-10/27/c_1121867529.htm。

③ 吴宇、吴志成：《全球化的深化与民粹主义的复兴》，《国际政治研究》2017 年第 1 期，第 52—65 页。

④ 佟家栋、谢丹阳、包群、黄群慧、李向阳、刘志彪、金碚、余淼杰、王孝松：《“逆全球化”与实体经济转型升级笔谈》，《中国工业经济》2017 年第 6 期，第 5—59 页。

⑤ 张可云、蔡之兵：《全球化 4.0、区域协调发展 4.0 与工业 4.0——“一带一路” 战略的背景、内在本质与关键动力》，《郑州大学学报》(哲学社会科学版)2015 年第 3 期，第 87—92 页。

加强与发达新兴经济体的合作，通过"一带一路"建设创建区域化国际经贸新规则，在博弈与合作中调整和变革既有国际经贸规则。①五是关于"一带一路"倡议对新型全球化的引领及新型全球化的前景与路径。如有的学者指出，"一带一路"倡议坚持"共商、共赢、共建、共享"原则，并以这种原则推动世界经贸格局向更加公平、更加和谐方向变革，从而成为新型全球化发展的引擎。②有的学者认为新型全球化是破解目前逆全球化的正确路径。③六是关于从政治经济学视角分析逆全球化问题。如有的学者认为，中国倡导的开放、包容、共享、普惠的新型全球化模式实际是"内嵌的自由主义"全球化体系的现代升级版。④

以上可见，无论是官方还是学界，在"一带一路"倡议的理论分析中，已经意识到中国"一带一路"倡议将会引领一个不同的全球化，甚至在其内涵上也具有了包容性的思想，但是，在理论上没有明确表达和深入的分析。本文的工作就是与逆全球化相对立，明确提出包容性全球化的概念，在对其作出理论界定后，将进一步阐述中国"一带一路"倡议对于包容性全球化的引领作用，以期在理论上证明中国"一带一路"倡议将对全球经济的贡献，在实践上为中国"一带一路"倡议提供路径支持。

二、中国"一带一路"背景下包容性全球化理论与发展困境

要想弄清楚"一带一路"倡议引领包容性全球化的路径，必须通过对"一带一路"背景下包容性全球化的概念与特征及发展困境等进行界定分析，才能使包容性全球化的路径靶向精准、措施得当。为此本文首先对包容性全球化进行理论界定，分析其面临的困境，以期更好地建构"一带一路"引领包容性全球化的发展路径。

(一) 包容性全球化的内涵与特征分析

包容性全球化必须从以下几个方面理解：一是发挥政府在包容性全球化中的引导作用，尤其要充分发挥政府宏观调控领域中的作用，如充分发挥政府在促进均衡发展、维护社会公平及缩小贫富差距等方面的作用，不能单纯依靠市场机制解决所有问题，因为市场自身也有其缺陷，防止资本的作用被放大，充斥一切空间，占据主导地位；二是尊重各国根据自身特点选择不同的发展道路，即发展道路的自主性和均衡性。而且事实证明资本主义的自由化发展道路未必是最佳道路；三是坚持发展利益由大多数国家共享，寻求各国发展的最大公约数，使互利共赢、平等互利成为各国共同遵守的原则；四是遵循求同存异、和而不同发展理念。

① 王跃生、李宇轩：《新型全球化下国际经贸规则新趋势与中国对策》，《中国特色社会主义研究》2017 年第 2 期，第 28—33 页。

② 卫玲：《"一带一路"：新型全球化的引擎》，《兰州大学学报》(哲学社会科学版)2017 年第 3 期，第 23—29 页。

③ 宗良、黄雪菲：《新型全球化的前景、路径与中国角色》，《金融论坛》2017 年第 6 期，第 7—13 页。

④ 陈伟光、蔡伟宏：《逆全球化现象的政治经济学分析——基于"双向运动"理论的视角》，《国际观察》2017 年第 3 期，第 1—19 页。

包容性全球化的特征如下：一是机会平等性。包容性全球化的核心就是在全球化发展中要注重公平和平等，使各国都能够享受全球化发展带来的机遇与契机，而不以国力强弱或者意识形态差异进行差别对待。二是互利共赢性。各国的发展应是互利共赢的发展，力争在全球化中消除剪刀差等，避免发达国家独享全球化的利益。三是共享发展性。包容性全球化还具有共享发展性特征，让经济全球化和经济发展成果惠及所有群体，所有国家在可持续发展中实现世界的永续发展。四是开放性。在包容性全球化中各个国家各个区域性组织等应力促贸易和投资便利化，防止贸易保护主义。

包容性全球化与西方主导下的传统全球化的区别主要体现在以下几个方面：一是包容性全球化在发展过程中注重寻求各国利益的最大公约数和最大契合点；而西方主导下的传统全球化在各国经贸等交往中容易形成剪刀差，利益往往由发达国家独享，发展中国家往往处于利益的边缘位置。二是包容性全球化是各国共同发展、互利共赢的全球化，这里的共同发展不仅包括各国间的共同发展，也包括人与自然的共同发展；而西方主导下的传统全球化是注重发达国家利益的单边全球化，而且在环境保护方面，西方主导的全球化往往由于资本的趋利性忽视了对环境的保护。三是包容性全球化注重各国发展的机会平等性，不因社会制度和意识形态差异而区别对待；而西方主导的传统全球化是发达国家独享发展机会。四是包容性全球化倡导开放包容发展，不设置区域排他安排；西方主导下的全球化是排他性的全球化，如欧盟对区域外国家设置高额关税壁垒。五是包容性全球化在发展中坚持各国互利共赢原则；而西方主导下的传统全球化是西方发达国家力求独享全球化发展利益。为了更好地理解两者的区别，本文通过表 1 进行辅助说明。

表 1

包容性全球化	传统全球化
注重各国利益契合	利益单边化
共同发展	单边发展
机会平等性	发达国家机会独享
开放包容	排他狭隘
互利共赢	单边多赢

（二）中国“一带一路”倡议引领的包容性全球化发展面临的困境

1. 缺少信任度

习近平主席在提出“一带一路”倡议的时候特别提出，“一带一路”建设是互利共赢的，并强调了“民心相通”的重要性，尽管与沿线的基础设施建设等重大项目的合作相比，民心相通的打造看似容易，其实难度非常大，沿线一些国家对中国“一带一路”倡议的实施和中国的开放战略是持矛盾复杂的心态，一方面希望中国的开放给他们提供欧美等国家不可能提供的资金、贷款及基础设施建设的帮助；另一方面又担心对中国过分依赖。中国作为全球第二大经济体，体量庞大，资源消耗巨大，让他们对中国充满了担心和疑虑，认为中国的开放会加剧对其资源的利用。2008 年全球金融危机以来，世界经济发展动力不足，让很多国家不敢大步前行，支持中国引领包容性全球化发展。因为过去几个世纪美欧等西方发达国家主导的全球化造成了全球发展失衡、贫富差距加大等问题,从而让他们不敢再轻易相信其他国家,为此中国必须通过实际举措消除这些国家的疑虑。

2. 大国掣肘

按照西方发达国家主导下全球化的逻辑,谁主导全球化发展谁就能廉价获取发展中国家的资源。因此西方发达国家对于中国提出的"一带一路"倡议处处设置障碍,"一带一路"沿线地区是资源丰富的地区,历来也是西方大国争夺的焦点,这一地区复杂的民族矛盾和恐怖主义等也反映了这一地区是争夺的焦点。试图把这一地区作为势力范围的既有沿线的俄罗斯、印度等国家,也有西方的欧美等国家,如美国提出了:"新丝绸之路战略,试图以阿富汗为中心,把中亚和南亚连接起来。"①美国为了增强在亚洲地区的势力范围,先后提出了重返亚太战略和印太战略,这些都对"一带一路"主导包容性全球化发展产生巨大的牵制作用。印度担心中国的海上丝绸之路打破其在印度洋的地位等,这些国家虽表示不反对,但是均通过实际举措来遏制中国的发展。而且"一带一路"倡议所要引领的包容性全球化是建立公平合理互利共赢的全球化,这与西方国家主导的全球化有根本区别,因此西方国家必然采取举措牵制中国引领包容性全球化的发展。

3. 新旧国际规则冲突

中国在引领包容性全球化的同时,面临着遵循既有国际制度规则和中国按照人类共同利益建立的新国际制度规则的矛盾。西方国家尤其是美欧国家,一直强调要遵守国际规则,并希望中国加入更多的国际规则,这些国际规则都是在美欧等西方发达国家基于西方国家利益主导建立的,以便通过这些规则对中国加以控制和约束,当然这些规则作为第二次世界大战后维持世界秩序的重要制度安排,也有其合理性,因此中国在一定程度上也需要这些规则发展自己。例如加入世界贸易组织(WTO),尽管这是基于发达国家利益的,但是中国可以化不利为有利来发展自己。中国基本加入了所有国际规则和组织,而且只有加入这些国际规则和组织才能代表发展中国家多发声,才能有机会参与制定新的国际规则。但是美欧等国肯定不甘心中国主导新国际规则的制定,因此出现新规则和旧规则的矛盾,中国要想引领包容性全球化的发展,必须借助"一带一路"倡议等实际的举措,让世界各国感受到中国的方案是基于全人类利益的共同方案,从而使基于世界各国利益的新规则最终取代不合理的旧规则。

三、中国"一带一路"倡议对包容性全球化的引领路径

在新的战略机遇期和矛盾叠加期,对于如何破局逆全球化浪潮,助推全球化强劲有力的发展,2017 年 1 月 18 日习近平主席在联合国日内瓦总部发表题为"共同构建人类命运共同体"的主旨演讲指出:"经济全球化是历史大势,促成了贸易大繁荣、投资大便利、人员大流动、技术大发展。本世纪初以来,在联合国主导下,借助经济全球化,国际社会制定和实施了千年发展目标和

① 赵华胜:《美国新丝绸之路战略探析》,《新疆师范大学学报》2012 年第 6 期,第 15—24 页。

2030年可持续发展议程，推动11亿人口脱贫，19亿人口获得安全饮用水，35亿人口用上互联网等，还将在2030年实现零贫困。这充分说明，经济全球化的大方向是正确的。当然，发展失衡、治理困境、数字鸿沟、公平赤字等问题也客观存在。这些是前进中的问题，我们要正视并设法解决，但不能因噎废食。"①习近平主席在这次会议上对经济全球化如何发展，以及经济全球化的意义等予以了阐述，体现了中国推动经济全球化的担当精神，为新时期开辟经济全球化包容性发展新阶段指明了方向，树立了信心，为经济全球化基于人类共同利益的强劲推进贡献了中国智慧。"一带一路"倡议尽管从地理位置上包括国内18个省和沿线65个国家，但是"一带一路"倡议不同于欧盟等区域性战略，"一带一路"倡议是开放包容的，对非沿线国家只要有意愿均可加入"一带一路"框架进行合作，2016年4月习近平主席与特朗普总统在海湖庄园会谈时就曾表示"中方欢迎美方参与'一带一路'框架内合作。"②2016年9月3日，习近平主席在二十国集团工商峰会开幕式上的主旨演讲中指出："中国的发展得益于国际社会，也愿为国际社会提供更多公共产品。我提出'一带一路'倡议，旨在同沿线各国分享中国发展机遇，实现共同繁荣。丝绸之路经济带一系列重点项目和经济走廊建设已经取得重要进展，21世纪海上丝绸之路建设正在同步推进。我们倡导创建的亚洲基础设施投资银行，已经开始在区域基础设施建设方面发挥积极作用。"③通过以上分析可知"一带一路"倡议是开放包容的倡议，也是实践包容性全球化发展的具体举措，任何国家只要有意愿均可加入，因此通过"一带一路"倡议引领包容性全球化发展具有重要的意义。

(一) 中国力推建立"一带一路"沿线多边包容贸易体制机制，实现"一带一路"沿线贸易体制向利益均衡方向发展

包容性全球化要想顺利推进，必须具有多边包容贸易体制作为载体。第二次世界大战后之所以经济全球化获得迅猛发展，得益于美国主导的布雷顿森林体系和关贸总协定(及之后的世界贸易组织)，尽管美国等西方国家主导的多边贸易体制是基于发达国家利益的，但是在一定程度上也为世界经济做出了巨大贡献，为广大发展中国家日后参与新型全球化的包容性发展奠定了基础。随着西方国家主导下的全球化深入发展，现行的多边贸易体制在带来全球经济发展的同时，也日益暴露出一些全球性问题，如全球发展失衡、高失业率及治理赤字、和平赤字等问题，2008年全球金融危机加剧了这种矛盾，现行的多边贸易体制已经不能满足和代表广大发展中国家的利益，迫切需要改革和创新现有的多边贸易体制。而且目前中国在对外贸易中面临贸易摩擦频发，产生贸易摩擦频发的因素很多，但究其根本原因在于，中国的出口贸易量激增所造成的对进口国产生较大压力，当然中国出口的商品多是利润低廉的小商品等，而美国等国家出口的多

① 习近平：《共同构建人类命运共同体》，http://news.xinhuanet.com/world/2017-01/19/c_1120340049.htm。

② 习近平：《习近平同特朗普第二次会晤》，http://m.news.cctv.com/2017/04/08/ARTI838UiFg7FOK7JQvC2JKU170408.shtml。

③ 习近平：《中国发展新起点　全球增长新蓝图》，http://news.xinhuanet.com/world/2016-09/03/c_129268346.htm。

是高科技产品、大型机电产品等附加值和科技含量较高的产品，利润较高，因此表面上中国对美贸易顺差，其实获利最大的依然是美国等西方国家。中国作为一个负责任有担当的大国也在增加进口，以减少这些国家对中国的敌意，以最大诚意获得和世界各国互利共赢合作，如中国通过境外投资的方式不仅可以增加当地就业岗位，而且可以增加当地税收。据相关数据显示："2014年至2016年，中国同'一带一路'沿线国家贸易总额超过3万亿美元。中国对'一带一路'沿线国家投资累计超过500亿美元。中国企业已经在20多个国家建设56个经贸合作区，为有关国家创造近11亿美元税收和18万个就业岗位。"①因此中国在"一带一路"沿线的直接投资不仅对于实现沿线发展中国家均衡发展、包容性发展有所助益，对于提升沿线各国由于经济实力的提升而产生的贸易地位的提升也起到重要的作用，如此必将使贸易体制向多边化方向发展。因此"一带一路"倡议引领包容性全球化发展正逢其时，不仅可以改革现行的多边贸易体制，而且可以增加广大发展中国家在多边贸易体制中的话语权。

（二）中国应加快"一带一路"沿线网络等基础设施建设，通过大数据、互联网技术开启"一带一路"沿线贸易方式进入"互联网＋"时代，即E贸易时代，通过新型贸易方式催生国际经济秩序朝包容性方向发展

随着全球化的深入发展，各国之间的交往越来越倾向于发展跨境电商服务，特别是随着沿线网络基础设施建设进程的加快，各国之间E贸易更加便捷，国际贸易的方式迅速E化，随着第四次工业革命的来临，E贸易的范围将进一步拓展，将涵盖生产、流通、消费、金融、投资等各个环节和领域，E贸易的发展不仅仅局限于各国间经贸往来方式的变革，由于其发展的覆盖面、便捷性、透明性使各国之间的联系更加紧密，互动更加频繁，从而为各国间经贸政策协同发展提供了契机，各国越来越注重自身利益的维护，通过E贸易方式进行公平公正议价等从而催生了包容性新规则新体制的诞生，使全球国际经济秩序朝着公正合理的包容性方向发展。因此中国在"一带一路"倡议推进过程中加快沿线网络等基础设施建设，为沿线E贸易时代的开启提供技术保障和基础设施，通过在E贸易方式中建立基于沿线各国利益的公平公正的贸易方式，改变西方国家主导下的不平等的贸易方式，加快沿线包容性国际经济秩序的建立，为包容性全球化的发展提供秩序保障。而且E贸易时代的开启也有利于各国及时通过数据平台发布的贸易信息了解沿线各国经贸往来情况，为沿线各国制定下一步计划提供决策依据，如《"一带一路"贸易合作大数据报告2017》显示，2016年中国与沿线国家贸易总额约为9 535.9亿美元，其占中国对外贸易总额的比重达25.7%，较2015年上升了0.4个百分点。②这些数据的精准获取和计算也在于大数据方法和大数据技术的采用。但是由于沿线国家大多是发展中国家，这些国家的互联网、大数据技术相对落后，因此中国除了要加快沿线网络基础设施建设，实现沿线国家网络互联互通之外，还应加快

① 习近平：《习近平在"一带一路"国际合作高峰论坛开幕式上的演讲》，http://news.xinhuanet.com/politics/2017-05/14/c_1120969677.htm。

② 《"一带一路"贸易合作大数据报告：去年我国与沿线国家贸易额9 535.9亿美元》，https://www.yidaiyilu.gov.cn/xwzx/gnxw/9954.htm。

对这些国家的技术援助，帮助这些国家发展大数据、互联网技术，通过联合建立相关专业院系、培训机构等方式，加快沿线各国大数据、互联网技术人才培养。

（三）中国力推“一带一路”沿线区域经济一体化，减少和消除区域壁垒，实现“一带一路”沿线区域投资和贸易便利化，实现“一带一路”沿线各国投资和贸易包容性发展

区域主义是相对于多边主义而言的，区域经济一体化本来是属于全球经济一体化的必经阶段，但是现实中像欧盟等却实行贸易保护主义，欧盟贸易 80%属于区域内贸易，对外采取严格的贸易保护主义。例如很多区域性组织，只是在各自区域内规定取消区域内成员的关税，对于区域外国家和组织会收取高额关税，从区域内成员取消关税这个维度考量其贸易自由化程度要高于多边主义，在这个意义上讲其促进了经济全球化发展。但是正像其对区域外成员收取高额关税一样，区域主义又是有边界限制的，在这个意义上讲其阻碍了经济全球化的发展，如面对 2008 年的全球金融危机，欧美等国家在各自区域内实行了贸易保护主义等逆全球化的行径。因此只有在区域主义具有开放特性时才会有利于经济全球化，为此应畅通区域经济一体化步伐，减少和消除区域壁垒。而且沿线贸易便利化水平的提高有助于进一步扩大沿线贸易潜力，贸易潜力的大小与一个国家经济实力的强弱呈现正相关，因此将沿线亚欧国家贸易潜力进一步提升可以释放巨大的贸易潜力。据相关数据显示，沿线亚欧国家贸易潜力提升一个档次，可释放 30.67%的贸易潜力。①目前中亚、西亚、南亚国家面临产业结构单一，外资流入较少等困局，通过“一带一路”倡议的实施推动将促进沿线各国投资和贸易的发展，形成优势互补的融合发展，对于变革基于发达国家利益的不合理的全球价值链体系具有重要的作用。中国针对“一带一路”沿线国家发起设立的亚洲基础设施投资银行、丝路基金等为发掘贸易潜力、提高贸易便利化水平、促进沿线国家的投资和贸易往来提供了资金支持。另外通过建章立制可以率先在沿线各国建立畅通化的区域经济一体化，减少和消除区域壁垒，为全球其他区域做出表率，从而引领经济全球化进入包容性全球化发展阶段。我国一直为减少和消除贸易壁垒做出贡献，如：“目前我国已实施 14 项自由贸易协定和 3 项优惠贸易安排，2017 年上半年享惠进口 3 705 亿元，同比增长 39%，比同期我国货物贸易进口增速高 13 个百分点；税款减让 314 亿元，其中关税减让 270 亿元，分别增长 37%和 32%。”②

（四）中国牵头打造公平合理的“一带一路”沿线包容合作平台，实现“一带一路”沿线各国合作平台包容性发展

目前世界上现有的区域经济合作机制的一个基本特征就是设有门槛边界，包括 WTO 等组织也都实行严格的边界门槛，因此并不是包容性的合作平台，而“一带一路”倡议的实施其显著特

① 孔庆峰、董虹蔚：《“一带一路”国家的贸易便利化水平测算与贸易潜力研究》，《国际贸易问题》2015 年第 12 期，第 158—168 页。

② 海关总署：《上半年我国自贸协定货物贸易大幅增长》，http://www.gov.cn/xinwen/2017-08/01/content_5215286.htm。

征就是开放包容性、互利共赢性，其不对任何国家设线，任何国家不管是何种意识形态何种社会制度，只要有意愿均可加入这一倡议，包括非沿线国家和地区只要有意愿也可以加入。因此开放性是“一带一路”倡议有别于其他区域合作机制的重要特征之一；而且“一带一路”倡议通过基础设施建设等加强互联互通，有助于消除国家间的壁垒和误解，增进合作；“一带一路”倡议同时还具有多元性，其发展是尊重各国利益的发展，对各国的关切和意见充分尊重；“一带一路”倡议传承了古丝路精神“以义为先、义利并举”的精神，因此可以通过“一带一路”连接现有的区域合作平台，如连接东南亚、欧美等地区的区域组织，也可以连接对接单个国家的发展战略等，实现真正意义上的基于各国利益的全球经济一体化。

（本文原载《教学与研究》2018 年第 1 期）

发展型国家视域下的中国镜像*

——中国究竟是怎样的发展型国家?

杨虎涛**

摘　要　在对中国模式的讨论中,发展型国家成为一个普遍的视域。发展型国家及其基础上衍生出的诸多概念,如新发展型国家、新发展主义、后社会主义发展型国家等,被广泛用于描述中国发展。本文对这种从发展型国家视域考察中国的代表性观点进行了梳理,并重新审视了中国"发展型"国家的独特性。发展型国家本身并不是一个含义精准的概念,其应用和拓展必须考虑到历史特定性和连续性。不仅国家主体的结构与能力特征以及构成这一结构与能力特征基础的政治文化传统,而且在内外部初始约束条件及相应的选择集合上,中国都与东亚典型发展型国家存在巨大差异,在发展战略、路径以及相应的政策措施上也有所不同,从而使中国模式具有比传统发展型国家更为丰富和复杂的意蕴。

关键词　发展型国家　中国模式　国家能力　历史特定性

一、引　　言

在对中国经济发展模式的研究中,发展型国家理论往往成为一个最为"顺手"的标签,研究者们惯于将中国与历史上的发展型国家,尤其是东亚发展型国家进行特征比较,认为中国具有之前东亚发展型国家的一些共性,如高储蓄率、高投资率和政府主导等;也具有某些独有特征,如在晋升激励机制下的地方政府竞争、更强调国家直接控制大型企业、强调国家竞争力等。①在这种比较研究的过程中,一些发展型国家的衍生概念也同时发展出来并被用于刻画中国模式,如新发展

* 本文系国家社科基金(14BJL005)"以国民共享和产业协同为导向的创新驱动战略及政策选择研究"的阶段性成果。

** 杨虎涛,中南财经政法大学经济学院教授。

① Schweinberger, A., 2014, "State Capitalism, Entrepreneurship, and Networks: China's Rise to a Superpower", *Journal of Economic Issues*, 48(1), 169—180.

型国家①、李斯特型发展型国家②、后李斯特主义③、后社会主义发展型国家④等。这些从发展型国家视域出发的中国研究,或者认为中国只是在再现东亚发展型国家的历史,或者认为中国和其他新兴国家已构成新的发展型国家。虽然赋予了中国发展型国家这一标签,但并未详细或者系统地回答中国模式是否具有超越一般意义上发展型国家的特征以及这种特征的深层次来源等问题。

发展型国家理论从一开始就不是一个具有普适意义(one size fits all)的理论,而只是具有一个历史特定性的理解框架,而发展型国家这一术语,在狭义的范围内,已经被演变成为"东亚经济快速增长的同义词和独特经济管理方式的象征",在广义的含义上,它则已经演变成为所有"国家主导下的发展"或者"快速增长国家的分类标签"。因此,即使出于比较分析的便利,我们默许发展型国家及其衍生标签之于中国的这种术语惯性,也不得不审慎思考,发展型国家的理论是否适用于解释、指导和预测中国的发展?而由此引发的需要进一步探索的问题则在于,中国发展是否具有独特的、不可复制的特征,使发展型国家这一标签无法涵盖其复杂性?中国发展所取得的成绩和产生的问题,是否也具有不同于传统发展型国家的发生机理,从而要求不同的理论解释和解决方案?

二、作为一种习惯性分类标签的发展型国家理论

自 2002 年卡瓦特·辛格提出北京共识这一概念之后(kavaljit singh, 2002),经 2004 年 5 月美国学者乔舒亚·库珀·雷默(Joshua Cooper Ramo)发表的《北京共识:中国实力的新物理学》一文的推动,国内外学术界掀起了讨论"中国模式"和"中国崛起"的热潮。这一讨论在 2008 年经济危机之后达到了高潮,无论中国还是其他国家,研究者们都对中国模式表现出更多的兴趣。⑤仅 2009 年,关于中国模式的讨论论文就达到了 3 000 多篇。⑥

虽然 20 世纪 90 年代东南亚金融危机之后,发展型国家理论受到了诸多批评,尤其是这一理论的关键假设——"存在一个能够独立于社会集团压力的自主性政府"被视为过于理想化,但这并未影响在众多关于中国模式的讨论中,发展型国家仍然成为一个主要的视域。相当一部分学者认为中国就是发展型国家(王新颖等,2011)。也有部分学者对发展型国家概念进行了修正,用新发展型国家(new development state, NDS)、国家资本主义(state capitalism)(Albert Schwein-

① Trubek D.M., 2008, "Developmental States and the Legal Order: Towards a New Political Economy of Development and Law", *Law & Development Review*, 25(2):2—105.

②⑤ Breslin, S., 2011, "The 'China model' and the global crisis: from Friedrich List to a Chinese mode of governance?", *International Affairs*, 87(6), 1323—1343.

③ Strange, G., 2011, "China's Post-Listian Rise: Beyond Radical Globalization Theory and the Political Economy of Neoliberal Hegemony", *New Political Economy*, 16(5), 539—559.

④ Bolesta A., 2012, "China as a post-socialist developmental state: explaining Chinese development trajectory", *London School of Economics & Political Science*, 2012.

⑥ Fewsmith, J., 2011, "Debating 'the China Model'", *China Leadership Monitor*, 35(21), 1—7.

berger, 2014)、自由的新发展主义(liberal neo-developmentalism),新李斯特(New Listian)和后李斯特(Post Listian)等不同提法来形容中国模式(Gerard Strange, 2011)。事实上,这种发展型国家的视角并不只是体现在对中国模式的研究中,也体现在对其他新兴国家如巴西、印度的分析中。①发展型国家理论从 20 世纪 80 年代诞生至今 30 多年时间里仍能保持如此强大的生命力,似乎印证了发展型国家理论的代表人物彼得 · 伊文思的评价,发展型国家已经被证明为是发展理论中最耐用也最有感召力(Robust and Charismatic)的概念,它是继 20 世纪 50 年代西方中心视角的现代化理论和 60 年代的激进依附理论之后,最能说明新兴国家,尤其是东亚国家经济发展的理论②。

一般认为,发展型国家始于查默斯 · 约翰逊 (Chalmers Johnson, 1982)对日本经济发展经验的研究,经由阿姆斯登(Alice H. Amsden, 1989)对战后韩国的研究,罗伯特 · 韦德(R. Wade, 1990)和伊文思(Evans Peter, 1995)等人对中国台湾地区研究之后,这一理论才逐步完善和发展起来。禹贞恩将发展型国家的特征总结为:持续的发展意愿、具有高度自主性的核心经济官僚机构、紧密的政商合作以及有选择的产业政策。③在组织结构和运作特征上,发展型国家则具有约翰逊所提出的四个特征,即:优秀官僚、国家自主、干预市场和计划部门(Johnson, 1982,第 315—320 页)。按照发展型国家理论,东亚国家之所以能走出一条不同于自由主义和计划经济的发展型国家道路,实现了格申克龙对后发国家"集中快速"工业化的构想,在于东亚特定的历史文化使东亚国家表现出高度自主性,在这种国家自主性保障下,精英技术官僚有能力和意愿干预经济,通过对特定产业的补贴和多种形式的扶持,达到了经济持续发展的目的。

然而,在发展型国家的理论形成过程中,约翰逊和阿姆斯登等代表人物依据各自的案例所界定的"发展型国家"含义各不相同,其研究对象所采取的政策措施也不尽相同,而且几乎所有发展型国家的提出者,都强调了自己所研究对象的独特性和不可复制性。对于成功的关键所在,约翰逊认为日本的成功应归结为于通产省的产业规划以及紧密的政商关系;而阿姆斯登则认为韩国成功的关键在于政府以补贴企业的形式扭曲价格(give wrong price);韦德则认为,中国台湾地区成功的关键在于统御市场和诱发自由市场。再如,虽然都强调国家或政府如何有效地嵌入经济,但在具体实施过程中却明显存在差异,如韩国侧重扶持财阀、中国台湾地区则倚重中小企业等。而且,虽然所有东亚发展型国家都强调,在"强国家"和"经济至上"的形成过程中,集体主义和民族主义精神起到了非常重要的作用,但具体表现在产业政策和外资政策上,新加坡更类似于国际主义,日本则凸显民族主义特征,韩国则是明显的国家主义。④

正因如此,相当一部分研究者都认为,发展型国家只是一个抽象的概念,并不具备清晰的可识别性。正如哈佛大学教授奈特指出的那样,尽管发展型国家的概念非常流行,但到底什么是发

① Haggard, S. M., 2013, "The Developmental State is Dead: Long Live the Developmental State!", in *Annual Meeting of the American Political Science Association*, August.

② Evans, P., Heller, P., 2013, "Human Development, State Transformation and the Politics of the Developmental State", *The Oxford Handbook of Transformations of the State*, Oxford University Press.

③ 禹贞恩:《发展型国家》,吉林出版集团有限公司 2008 年版,第 1 页。

④ 郑为元:《发展型国家或发展型国家理论的终结?》,《台湾社会研究季刊》1996 年第 24 期。

展型国家，却始终没有形成共识。①也有学者认为，约翰逊等研究者在研究发展型国家的特征时，并没有把历史因素考虑进去，而被后继者进一步拓展成为理想型(Ideal type)之后，发展型国家的原始胚胎中所包含的历史性往往就受到忽视，成为了无历史的抽象理论模型。从概念上说，发展型国家只是重商主义、官僚资本主义、统合主义和国家中心主义诸多词语的融合和延伸。②从实践上看，发展型国家在不同国家和地区体现出了相当大的差异性，政策手段、政商关系和经济绩效都不尽相同，研究者们认识到，发展型国家除了广为人知的缺陷，如忽视国家复杂特性，将官僚集团视为单一目标的纯粹决策主体之外，还存在一个突出的不足，就是“理论物化”，它“逐渐被用于对一种事实的归类，成为一种快速增长国家的分类标签”。③从这一意义上说，发展型国家理论在中国研究中有意或无意的广泛使用，应被视为一种术语“惯性”，而不是一个精准的把握。而这正是我们需要审慎对待中国的“发展型”标签的原因所在。

三、发展型国家视域下的中国：代表性观点

在众多发展型国家视域下的中国研究中，我们大致可以划分为三类观点：

第一类观点认为，虽然中国与东亚发展型国家具有差异性，但这种差异性并不构成一种中国独有的发展型国家模式，现阶段的中国可类比为20世纪80年代之前的日本和20世纪90年代之后的韩国。持这类观点的代表人物有约翰·奈特(John B. Knight, 2014)、托马斯·卡尼诺沃斯基(Thomas Kalinowski, 2014)，卞承佑(Baek, Seung-Wook, 2009)等；第二类观点则认为，中国与东亚发展型国家存在明显差异性，传统东亚发展型国家理论和政策建议不再适用于中国，中国、印度及巴西等新兴经济体已经构成一种新发展型国家的类别。持这类观点的代表人物包括戴维·特鲁贝克(D.Trubek, 2008)、伊文思(Evans, 2013, 2014)等。第三类观点则沿袭了怀特(Gordon White, 1984)对社会主义发展型国家和资本主义发展型国家的区分，结合中国从计划经济到市场经济的转型背景讨论中国的发展型国家特征，将中国界定为后社会主义发展型国家，如安德烈·博尔斯塔(Andrzej Bolesta, 2012)和阿尔文·杨(Alvin Y. So, 2016)等。

在第一类观点中，哈佛大学的奈特具有代表性。在奈特看来，发展型国家这一概念本身并没有什么高度共识，只要符合两个基本条件：第一，国家将经济发展作为优先目标；第二，国家通过制度安排和激励结构去实现这一目标，就可以称之为发展型国家。④按照这一标准，中国就是发

---

① Knight, J. B., 2014, “China as a Developmental State”, *The World Economy*, 37(10), 1335—1347.

② 郑为元：《发展型国家或发展型国家理论的终结?》，《台湾社会研究季刊》1996年第24期。

③ 吴德荣：《亚洲经验的回顾与反思国家导向型发展的再出发》，香港城市大学工作论文，第18页，http://www.cityupress.edu.hk/Template/Shared/previewSample/9789629372323_preview.pdf。

④ 但奈特并不认为发展型国家必然意味着高增长率。他认为，发展型国家本身并不能从绩效上进行判断，一个国家很有可能优先将经济发展作为目标，但却受制于条件制约或政策无效，而未能取得经济的快速发展；同样，一个国家很有可能因为偶然因素如初始条件好市场机遇好，虽未采取有效的制度安排，但也可能取得高增长率。因此，一个发展型国家未必增长很快，而一个增长很快的国家未必就是发展型国家。相比之下，阿德里安·莱夫特威克(Adrian Leftwich, 2000)则将发展型国家定义为在25—30年间有经济至少有4%以上增速的国家。详见：Leftwich, A., 2000, *States of Development: On the Primacy of Politics in Development*, Polity Press, p.173。

展型国家。在奈特看来,新中国的前三十年是以政治而非经济作为优先目标的,因此这一阶段更大的成绩主要是体现在政治上的。1978 年之后,中国才开始将经济发展作为首要目标,从而走向发展型国家的道路。和众多研究者一样,奈特认为中国更多的是依靠政治分权下的地方政府竞争驱动的,晋升锦标赛特征明显。在很大程度上,中国的地方政府应更适合于发展型国家特征。①奈特的总体结论是,中国是个成功的发展型国家,而且截至目前,中国仍是发展型国家,其所面临的发展障碍与风险与东亚其他发展型国家早期经历无异,如利益集团、社会稳定和金融风险,东亚国家所面临的困境和风险,也是中国需要提防的。

此类似观点的还有卞承佑(Baek, Seung-Wook, 2005)、李和马修斯(Lee and Mathews, 2010)和托马斯·卡尼诺沃斯基(Thomas Kalinowski, 2014)等。从政府对金融资源的控制手段、出口导向的产业政策等方面的比较中得出结论,卞承佑认为中国和东亚其他发展型国家没有本质差异,中国的高储蓄率、促进工业化的政策、强大的中央政府和管理体系等多个方面都符合韦德在 1990 年提出的"政府统御市场"的相关标准,而差异主要体现在中国的商业主体在所有制形式和控制上和韩日不同。李和马修斯(Lee and Mathews, 2010)则强调中日韩的共性,认为中国吸收了日韩新的经验,三者在模式和政策上都存在趋同性,他们直接将中日韩归结为 BeST 发展共识(BeST Consensus for development), BeST 代表了北京(Be, Beijing)首尔(S, Seoul)和东京(T, Tokyo)。②托马斯·卡利诺斯基(Thomas Kalinowski, 2014)则按照政府支出、政府干预经济的手段和协调市场的形式差异,认为现阶段的中国类似于 20 世纪 80 年代之前的日本和 90 年代之前的韩国,其特征是保护主义和明确的宏观增长计划。

表 1 资本主义的不同类型

	政府支出	国家主要作用	互动方式	所属类型
规制型国家	小	提供制度框架	市场	美国
新法团主义	大	促进利益集团之间的协同	协同、调节	德国
福利国家	大	再分配	协同、调节	瑞典
发展型国家	小	增长的宏观计划和保护主义	层级制度 国家主导	20 世纪 80 年代前的日本,20 世纪 90 年代前的韩国,当代中国
新发展型国家	增长	企业发展 微观干预和补贴	层级 企业主导	20 世纪 80 年代之后的日本,20 世纪 90 年代之后的韩国

资料来源:Thomas Kalinowski(2014)。

① 这种认为中国地方政府更符合发展型国家特征的学者还有理查德·斯塔布斯(Richard Stubbs),详见 Richard Stubbs, 2009, "What ever happened to the East Asian Developmental State? The unfolding debate", *The Pacific Review*, Vol.22, No.1, 1—22。

② Lee K, John A. Mathews, 2010, "From Washington Consensus to BeST Consensus for world development", *Asian-Pacific Economic Literature*, 24(1):86—103.

在第二类观点中，威斯康辛大学教授戴维·特鲁贝克(D.Trubek，2008，2010)和发展型国家理论的代表人物伊文思(P.Evans，2013，2014)的观点具有代表性。戴维·特鲁贝克认为，用新发展型国家(New development state，NDS)形容包括中国在内的金砖国家更为适合。按照国家干预程度和经济开放程度的不同，特鲁贝克将发展型国家区分为三个类型，第一类是古典发展型国家(Classical development state，CDS)，如德国等国，其特征是国家兼具强的国家干预和较低的开放程度，保护主义特征明显；第二类是亚洲发展型国家(Asian development state，ADS)，其特征是强政府干预和一定程度的开放，但对外国直接投资采取了限制的态度；第三类是以金砖四国为代表的新发展型国家，其特征同样是强政府干预，但经济开放度远高于前两者。特鲁贝克指出，由于全球供应链的存在，信息技术的发展和知识经济的兴起，东亚例外的时代，或者说后发国家可以通过集中动员的短期工业化实现赶超的时代已经不存在了，对于新发展型国家而言，重要的是超越东亚经验，建立一种新发展型国家的政治经济学。①

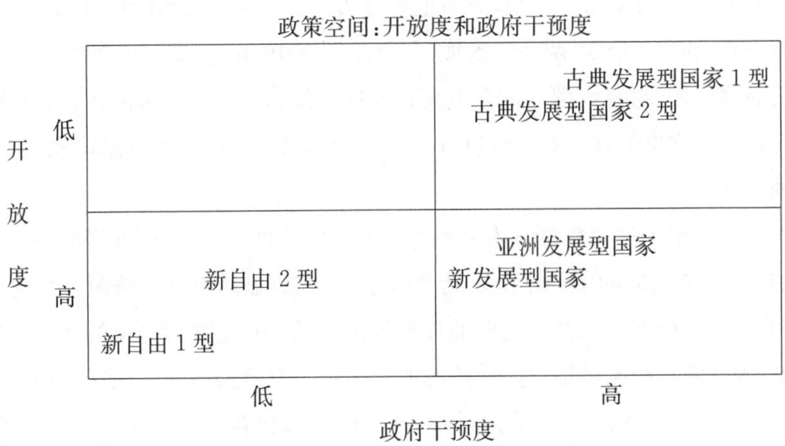

图 1 发展型国家的不同类型

资料来源：D.Trubek(2008，2010)。

虽然都采取了新发展型国家的提法，但伊文思更多地沿袭了"嵌入"思路，重点讨论的是发展型国家的目标修正，以及国家、社会和企业之间的关系调整(Evans，P.，2013，2014)。在伊文思看来(Evans，P.，2013)，发展型国家理论必须超越单一的经济发展目标，转为强调人的能力的扩展，其核心是森式的(Senian)，即：人的发展不仅是发展的终极目标，也应成为提高生产力的重要手段。伊文思突出强调了嵌入性，尤其重视国家能力、国家—社会联系、国家能力和市民社会等诸多要素，对于实现发展型国家目标，尤其是实现人的发展这一新目标的影响。其中，有能力的、

① 特鲁贝克概况了这种新发展型国家的政治经济学的核心主张，包括：通过计划和有目的性的投资，实现国家的特定利基(Nich)、强调技术能力和创新能力，提升全球供应链中的位置，主要依赖于私人部门的投资而不是政府直接投资，重视企业家创新产品发展，而不是依赖于进口技术，促进生产型的而非投机性的 FDI，强调私人企业之间竞争而不是保护，发挥资本市场在配置资源方面的作用，减少不平等现象的发展从而保证社会的稳定性等诸多方面(D.Trubek，2010)。

连续而稳定的公共服务机构被伊文思认为是首要因素，一旦它们得不到保障，以人的发展和人的能力扩展为目标的发展就不可能实现。在伊文思看来，中国和印度这样的发展中大国显然不同于传统的东亚发展型国家，他们具有更为复杂的国家结构，以及更为复杂的国家与社会之间的联系与互动方式，但两者在快速发展的过程中都面临着一个相似的问题，那就是在缺乏社会反制性力量的前提下，日益强大的资本所具有的政治力量有可能会破坏国家能力，从而破坏发展型国家目标的达成。

第三类观点的代表人物是安德烈·博尔斯塔(Andrzej Bolesta, 2012)。沿袭20世纪80年代早期戈登·怀特(Gordon White, 1984)对发展型国家的"资本主义式"(Capitalist)和"社会主义式"(Socialist)以及对社会主义发展型国家的"传统的社会主义发展型国家"和"修正的社会主义发展型国家"的划分。博尔斯塔将中国总结为后社会主义的发展型国家模式(Post-Socialist Developmental State model, PSDS)，这一模式的独特性在于，它提供了一种不同于后社会主义新自由模式的替代方案。[①]在博尔斯塔看来，只有融合发展型国家模式(DS)和后社会主义国家的转型(post-socialist transitions, PST)两种学术视野，才能解释中国的战略、政策和制度选择。仅从东亚经验视角去观察比较，忽视中国后社会主义转型这一体制经历所带来的影响，就无法理解中国的不同寻常之处。与之类似，阿尔文·杨(So, Alvin Y., 2016)也以发展型国家的后社会主义之路描述中国的发展特征。[②]

后社会主义发展型国家视角与前述两类的显著不同之处，在于强调发展型特征的连贯性，这和奈特等人的"1979年之后的中国才是发展型国家"的判断显然不同。按照怀特等人的理解，中国乃至于苏联、东欧等国家改革开放之前的计划经济也是一种发展型国家的体现，其关键特征是抑制私人资本，国家完全控制经济，这是"传统的社会主义发展型国家"，在这种模式中，社会主义计划和市场之间被看作一种对立关系。而以兰格(Lange)和勒纳(Lerner)等人为代表的市场社会主义理论及其在南斯拉夫的实践，则可视为"修正的社会主义发展型国家"。[③]在博尔斯塔看来，在20世纪90年代之后的社会主义国家转型过程中，只有中国致力于发展一种"非新自由主义"的发展型国家模式，与东欧转型国家相比，中国的独特性不仅在于其渐进性，而是在于东欧转型国家在"后社会主义时期"集中于体制转型而忽视了发展政策，而中国即使在转型过程中，政策注意力仍始终聚焦于发展。中国的后社会主义发展模式和历史上的发展型国家虽有许多相似之处，但更好的理解，是将其视为新李斯特政治经济学在体制重构的过程中，在特定的内外部环境下的一种应用。

---

① 在中国学者中，郁建兴和石德金等人也持类似观点，他们用"新社会主义发展型国家"描述中国模式，认为中国的发展模式已超越了怀特所界定的社会主义发展型国家，也不同于早期以南斯拉夫为代表的修正的社会主义发展型国家，中国通过确立发展主义、经济国家主义、灵活多样的地方政商关系、国家合作主义等，突破与超越了传统的社会主义发展型国家。详见郁建兴、石德金：《超越发展型国家与中国的国家转型》，《学术月刊》2008年第4期。

② So, A. Y., 2016, *The Post-Socialist Path of the Developmental State in China*, The Asian Developmental State, Palgrave Macmillan US.

③ 郁建兴、石德金：《超越发展型国家与中国的国家转型》，《学术月刊》2008年第4期。

四、国家引导下的结构动态:发展型国家多样性的根源

前述三类代表性观点的区别在于:第一类观点将发展型国家视为一个后发国家赶超过程中的必经的、具有共同特征的阶段,因此,处于某一特定时期的发展型国家总可以找到历史上可类比的对象,因此中国只是在"重复"再现日韩过去的发展型国家特征;第二类观点则认为,发展型国家是一个动态概念,处在不同时段中的发展型国家均有其不同特点,中国的独特性足以使其拒绝所有东亚其他发展型国家的类比,但可以和印度、巴西等新兴经济体共享"新发展型国家"的标签;第三类观点则结合了社会主义转型国家和发展型国家的双重视域,从历史的特定性和连贯性上考察一国的发展特征,强调中国"前三十年"和"后三十年"发展的一贯性和这一过程中发展型国家特征的变迁。

上述从发展型国家视域出发的中国研究,虽在不同程度上指出了中国发展模式的某些特征。但也存在两个共有的缺陷。缺陷之一就是在基于国家主导这一宏观视角的同时,都忽视了微观意义上的企业能力和产业竞争优势的形成过程。而事实上,成功的发展型国家的关键特征之一,恰恰就在于成功地实现了产业追赶。在研究传统上,上述判断基本上都只秉承了发展型国家理论中以约翰逊为代表的强调国家干预、政策制定和政策导向这一进路的研究传统,而忽视了以詹姆斯·阿贝格伦(James C. Abegglen)、阿姆斯登等人为代表的侧重以企业生产活动为导向的分析传统。在后一分析进路中,政府能力并不构成发展型国家的全部,而企业能力(包含生产能力和技术能力)的形成与演进构成发展进程不可或缺的特征之一,因为在一定意义上,"后发国家的经济发展就是获得技术能力并依据技术能力形成可以制造或提供产品和服务的生产能力的过程。"①进一步地,产业政策以及与之相关的以生产活动为中心的政企互动不仅重要,而且因此成为区分不同发展型国家的关键过程。②从这一点上说,无论是特鲁贝克基于开放度和政府干预度来区分发展型国家的类型,还是托马斯·卡利诺斯基(Thomas Kalinowski, 2014)基于按照政府干预经济的手段和协调市场的形式差异所进行的资本主义多样性划分,都没有涉及与生产过程相关的微观层面的制度安排和创新活动,正如埃里克·图恩(Thun E., 2006)指出的那样,发展的进程因产业部门的不同而有很大差异。③

更为重要的是,在试图用发展型国家这一标签对中国发展经验进行归类处理的时候,上述研究者都在不同程度上忽略了政治—经济—社会三个系统之间的结构耦合及支持逻辑。事实上,

---

① 宋磊:《追赶型工业战略的比较政治经济学》,北京大学出版社2016年版,第195页。

② 需要指出的是,在约翰逊等人的传统发展型国家或主流发展型国家的研究中,产业政策过程仅仅局限于官僚在参考企业界意见之后对政策资源的投放方向和领域,但却不涉及企业如何将这种资源转换为竞争优势,而阿贝格兰等人的研究则侧重政策资源如何在政企互动过程中转换为特有阶段和特有产业的竞争力。关于这一传统的详细研究,可参见宋磊:《发展型国家论的研究传统与新李斯特主义的管理学基础》,《教学与研究》2015年第49卷第3期,第18—25页。

③ Thun E., *Changing Lanes in China: Foreign Direct Investment, Local Governments, and Auto Sector Development*, Cambridge University Press, 2006. p.18.

在发展型国家理论的后续发展过程中，从伊文思的“嵌入型自主性”，到琳达·维斯的“治理式互赖”，以及阿图尔·科利所强调的政治能力与经济发展的分析框架，都已经超越传统发展型国家理论中的理性官僚至上的分析方法，而是试图更多地将政治—经济—社会三个维度的复杂互动纳入其中。对于理解中国发展经验，无论是否采用发展型国家这样的标签，如果疏忽了政治—经济—社会的结构互动关系，则无益于解释“为什么是这样而不是那样”的发展这种更为关键的问题。

发展型国家并不等同于政府干预，因为以此标准，世界上所有的国家都是发展型国家；发展型国家同样也不只是指政府对特定部门给予支持和引导的国家，因为这同样也是所有国家过去直至现在都仍然共有的政策特征。①历史地看，发展型国家只是特指那些国家在重构国民经济体系的过程中扮演着社会引擎作用的国家。在发展型国家更早的李斯特源头上，它只是指国家在促进一国从初级的、原始的、农业的经济体系向现代制造业工业体系的转换过程中具有加速作用和引擎作用的国家。②正是在这一点上，禹贞恩（Woo-Cumings, M., 1999）才认为，发展型国家模式同样适用于描述近代欧洲的重商主义时期，以及后来德国和美国的崛起时期，甚至欧洲的奥地利、法国以及斯堪的纳维亚国家都可归类为发展型国家。肖恩·布雷斯林则认为，李斯特的发展型国家表明了中国模式、以前亚洲的国家发展主义模式与更早的欧洲和美国的国家主导型发展体制之间存在一种连续性。③因此，广义而言，如果说存在着一个普适性而非个案性的发展型国家概念的话，那么发展型国家的本质和现代市场经济体系的形成是高度一致的。④只是，在不具备完善的市场主体和市场机制的背景下，这一过程更多地是由国家引导的。

虽然发展型国家共享的特征是国家主导，但这并不构成一国发展模式特征的全部。事实上，在杰瑟普看来，有效的发展模式并非国家的单一作用，而是市场机制、国家干预和社会结构三者契合与协同作用所形成的结构化的动力机制的结果。因此，东亚国家的故事，只不过是在“从全球冷战时代背景下的赶超式工业化过程中，实现了国家—经济—社会三者的结构性契合的故事”。⑤从这一角度看，发展型国家的本质，只是一个开始时并不具备有效的市场机制、国家管理

---

① 例如，布洛克就认为美国也是一种隐藏型的发展型国家，这种发展型国家的力量主要体现在对国家创新体系的支持、对新技术部门和战略性产业的有力干预上，这种力量在过去三十年时间里不是在减弱而是在加强，从星球大战开始的 NASA 到 ARPA(Advanced Projects Research Agency)都是明证。事实上这一特征不仅在美国，而且在欧洲也是一样。详见 Block F(2008)。

② Kasahara, S., 2013, The Asian developmental state and the flying geese paradigm. International Institute of Social Studies of Erasmus University Research Paper.

③ Breslin, S., 2011, “The ‘China model’ and the global crisis: from Friedrich List to a Chinese mode of governance?”, *International Affairs*, 87(6), 1323—1343.

④ 正是在这一意义上，一大批学者将有关的思路从东亚拓展到其他地区和其他历史时期经济发展的研究。顾昕指出，广义而言，“发展型国家”这一标签不再是专属于东亚经济体的政府，而是成为一种政府行为与制度模式的标签，可以适用于任何历史时期所有或多或少采用过政府主导型发展模式的国家与地区。关于发展型国家的研究案例，已经从东亚扩展到法国、德国、以色列、爱尔兰、俄罗斯、印度、巴西、南非、博茨瓦纳等。见顾昕：《“政府主导型发展”的国际神话》，《经济观察报》2014 年 1 月 20 日。

⑤ 何子英：《李斯特主义工作福利国家的兴起，危机与转型——杰索普关于东亚奇迹的政治经济学述评》，《教学与研究》2011 年第 5 期。

和社会结构，也不具备成熟的市场主体和市民社会的国家，在经济发展这一集体意愿下，由国家去动员、组织、激发和引导社会和经济行动者，并最终形成具有自发性的、内驱性的市场经济体的过程。它的形式和手段可以多样的，但其最终目的，是要形成一种以内在经济激励为主导的、具有内在驱动力的经济体。国家之所以对发展型国家至关重要，是因为它在发展初期是最具有合法性的动员者和组织者，嵌入性之所以对发展型国家至关重要，是因为国家最终不能替代经济主体和社会主体去实现所有的经济和社会目标，它必须和市场、社会之间保持距离，但同时必须保障合理的方向。[①]它必须在"渗透"和"挤出"之间，在"激发"和"抑制"之前保持巧妙的平衡。发展型国家，最终要实现一个由"计划理性"的国家去完成大量的社会和经济目标的过程，转变为一个由具有内驱性的市场主体和市民社会去共同完成社会和经济目标的过程。用埃里克·图恩(Thun E.，2006)的话说就是，成功不只是积极政府的作用，而是政府让市场自由激发的结果。[②]在这个过程中，内外部初始条件的差异，主体及其能动性的区别，都会使其发展道路表现出不同的特征。

这也意味着，从结构动态的角度去考察发展型国家这种由国家引导、动员、组织和协调的发展，在理解"发展"的同时达到解释"为什么是这样而不是那样的发展"的目的，一个可行而且必要的分析，就是从国家这一行为主体，以及国家所面临的约束条件方面进行考察。国家这一行为主体及其在约束条件下的策略行动所导致的政治—经济—社会的结构动态，构成更为完整的发展型国家图谱。对国家主体的考察，在于把握构成发展型国家关键特征的，潘佩尔(T. J. Pempel)意义上的"发展型政体"(the development regime)本身所具有的结构与能力特征，以及构成这种结构与能力深层次基础的长期政治文化传统。包括国家合法性的基础、政治体制的关键特征、官僚机构的完整性和独立性，国家的渗透、汲取与协调能力(也即迈克尔·曼所称的建制性能力)等。这种根植于政治文化传统的发展型政体本身的结构与能力特征，对发展过程中国家自主性的保持，国家能力的强弱存续，激励和引导社会群体对国家发展计划的参与及合作的可能性与方式，乃至于对经济、社会与政治的战略转型的把握，具有基础性和决定性的作用。发展型国家能否实现有效而持续的引导、动员、组织与协调，能否"在强化政治参与的合法性同时，通过相互合作而不是损耗主要社会参与者的方式，来获得更大的力量"，[③]从而实现政治—经济—社会的良性契合，首先取决于根植于政治文化传统的发展型政体本身的结构与能力特征。

发展型国家所面临的内外部约束条件，则客观上给出了国家这一行为主体的可能性集合。发展型国家在其发展过程中，面临的内部约束条件包括规模、人口、资源禀赋、社会结构及其相应的政治格局、市场初始发育状态(如市场主体的初始分布、所有制、规模等)、官僚能力等；外部约束条件则包括外部经济条件(技术长波的所处阶段、国际分工和贸易秩序)、外部政治和军事条件

① 发展型国家所暴露出的种种弊端，与这种嵌入性的难度不无相关，马克·比森指出，发展型国家的危险和技巧在于，它既要官僚机构要能干、懂得协调，而且要充分接近社会和经济的行动者，这样才能实施政策和"指导"发展。

② Thun E.，2006，*Changing Lanes in China*：*Foreign Direct Investment*，*Local Governments*，*and Auto Sector Development*，Cambridge University Press，p.18.

③ 琳达·维斯等：《国家与经济发展：一个比较及历史性的分析》，吉林出版集团有限责任公司2009年版，第65页。

（结盟与敌对性的力量）等。在发展型国家的发展过程中，这些内外部条件也都会随之变化，如因自身发展导致外部政治、经济和军事秩序的变化，导致国内社会结构、政治格局和经济格局的变化等，而发展型国家的政策，也必须相应地适应这种变化，才能顺利地实现发展型国家的目标。初始约束条件的差异性使发展型国家表现出路径依赖的不同，对环境条件动态的变化使发展型国家体现出路径创造的不同。历史地看，成功的发展型国家，不仅在各自初始制约条件下正确地完成了自己的方向设置，也随着约束条件的变化相应地做出了正确的调整。

五、国家主体及其约束条件：东亚发展型国家模式一致性的基础

东亚发展型国家的发展过程，充分展示了这种政府主导下的现代市场经济国家演化的结构动态过程。从国家引导下的结构动态角度出发，我们就不难理解，为什么尽管东亚发展型国家在经济发展战略、政府干预经济的方式和手段上虽有所不同，但却可以共享发展型国家这一范畴，也可以理解，发展型国家这一始于约翰逊日本经验的个案研究，为什么最后会衍生为众多东亚国家和地区的代表性标签。虽然就发展型国家的成功要旨，从约翰逊到伊文思等发展型国家理论的代表人物存在着不同的观点，但分歧多围绕着政府和市场的关系而展开。从国家引导的结构性动态变迁过程这一多维视角出发，东亚发展型国家之所以被归类为东亚发展型国家，是因为国家主体，而且国家所面临的内外部约束条件，具有相当的一致性。

如前所述，对国家主体本身所具有的结构与能力特征的把握，对理解发展型国家的特征至关重要。因为发展型国家的国家引导并不限于经济政策，而是包括了“意识形态动员、全方位的政治控制和社会调控”(Gordon White and Robert Wade, 1988:1-29)。①正如亚德里安·莱夫特威克所强调的那样，发展“应始终被理解成一个不可避免的政治过程，在此过程中，基于不同文化与历史背景中的人、权力和资源之间的目的性互动，形成了特定时间点的模式与结果”。②东亚发展型国家之所以被约定俗成地归类为富有代表性的“一组”，首先在于，在国家这一行为主体的结构与能力特征上，东亚发展型国家具有相当的一致性。具体表现在：第一，政治文化背景具有较高的同质性，如儒家传统、集体主义文化以及民族主义等，这使得在这些国家和地区建立一个强大的干预主义国家的理念容易取得合法性；第二，国家能力的来源具有相似性，都是通过殖民政治遗产或通过外部植入，在形成相对独立的官僚机构的同时获得一定的国家渗透、汲取与协调能力；③第三，都属于规模有限，且不具备完全国家自主性的国家和地区，发展目标的设定相对单一；第四，政治体制乃至经济体制的初始设置都具有植入和模仿建构的成分，在政治和经济体制

① White, Gordon and Robert Wade, 1988, “Developmental States and Markets in East Asia: An Introduction”, in Gordon White ed. *Developmental States in East Asia*, St. Martin's Press.

② Adrian Leftwich, 2005, “Politics in Command: Development Studies and the Rediscovery of Social Science”, *New Political Economy*, vol.10, No.4, p.575.

③ 尽管二战之后独立的前殖民国家数量很多，但拉克曼认为，只有当原先独立自主的各类精英进入国家并把他们所控制的制度性资源带入国家之后，国家才得以扩张权力，国家内部的精英结构、联合或斗争状态制约着国家的力量和自主性。参见理查德·拉克曼：《国家与权力》，上海人民出版社 2013 年版，序言，第 5 页。

的型构、完善与最终走向上，上述国家和地区带有一种自觉不自觉的模仿和趋同意愿，而缺乏一种探索自身独有的政治和经济体制的信心和可能性。从这一点上说，东亚发展型国家普遍经历了从威权政治向开放民主的转型，并不仅仅只是福山所说的“成功的威权造就了毁灭自身的种子”，而是自其伊始就带有不自觉的制度偏好。

除了政治文化传统的相似之外，构成东亚发展型国家一致性的第二个根本原因，则在于他们有着极为相似的内外部约束条件以及由这些内外部约束条件所给出的政策可选集合。虽有规模、初始经济发展水平的差异，但在积累方式、产业政策和政商关系等诸多方面，东亚发展型国家基本上是在相似的约束条件下选择了相似的策略组合。从日本、韩国、新加坡和中国台湾地区这四个第一波亚洲新兴经济体(First—tier ANIES)的发展路程看，他们初始外部条件的共同之处在于：在政治军事外部条件上，都同处在冷战时期中的西方阵营，在意识形态和政治体制上与英美趋同。这就使他们在不同程度上均得益于冷战体系下的外部经济[①]援助，实现了第一波资本积累，建立了相应的工业体系[②]；也均被默许在建立和扶助目标部门(targeted sectors)的过程中，可对目标部门实行保护主义，包括各种补贴，同时对外资可采取严格的控制。[③]而欧美诸国在允许他们采取上述措施的同时，则不对等地向他们开放自己的市场，并在技术转让、知识产权上采取了相对宽松的政策。在外部技术条件上，他们均经历了第四次技术浪潮展开期的成熟阶段和第五次技术浪潮，在经济发展的过程中，全球价值链尚未形成，产品间分工为国际分工的主要形式，而跨国公司的垄断程度远没有达到今天的程度，这就大大减少了这些国家进行技术赶超，创造独有的技术利基的难度。

从内部的相似性看，上述国家和地区有三个共同优势：易于达成经济赶超共识，具备精英官僚阶层，形成了适合于发展主义的社会结构。第一，在经济发展之初，适逢冷战环境，由于历史原因，这些国家和地区面临着强大的外部压力，因此有必要也较易形成民族主义，以快速经济发展为目的不仅是提升政府绩效合法性的必要手段，而且与之相应的社会凝聚和社会动员的成本较小，经济发展目标优先不仅必要，而且可能；第二，国家高度官僚化，在经济意识形态上，官僚阶层在自由市场取向上具有高度共识，大批具备相关知识储备和经验的职业官僚，使发展型国家的驱动者具有一种“能力可能”；第三，从社会结构上看，第一波亚洲新兴经济体在成为发展型国家之初，都通过战争、殖民或改革等方式经历了社会结构的较大变动，其结果是社会阶层及利益群体间原本固化的界限有所松动，社会出现“扁平化”趋势。这就使其可以“采取一种导向性和约束性

---

① 拉克曼认为，成功的发展需要与之相应的社会结构，包括可以被赎买、改造或抑制的非精英阶层，被去权的地方精英阶层、数量较少且相对团结的资产阶级。参见理查德·拉克曼：《国家与权力》，上海人民出版社 2013 年版，第 89—96 页。

② 相关统计表明，日本仅从朝鲜战争中就得到了超过 34 亿美元的订单，约翰逊将美国对日本的援助称为亚洲版马歇尔计划，而在越南战争中，中国台湾地区和韩国也获得了类似的外部有利条件，仅 1946—1978 年间，韩国获得了 60 亿美元经济援助和贷款。

③ 唯一的例外是新加坡。1965 年独立的新加坡没有享受到朝鲜战争红利，也没有自然资源出售，其唯一的有利条件是港口，在资本积累和产业启动上具有强烈的资本饥渴，这就使新加坡在发展初期，呈现出对以跨国公司为代表的外资力量的极度包容、欢迎甚至刺激政策(Kasahara, 2013)。

的特殊的政治体制及发展策略，将工业化进程中的社会流动导向了经济社会领域，形成促进经济增长的广泛而强劲的动力，同时约束了政治参与，限制了政治纷争”。①从市场经济体系的形成而言，这样的社会结构意味着大量潜在的、激活成本较低的市场主体，从长期发展目标的保障而言，这种地方精英被“去权”的社会结构，更能使国家集中权威、资源和战略方向。具有了斯科特所说的“亲国家的市民社会无力抗拒”②这一发展计划成功的必备条件。

简言之，从国家引导下的政治—经济—社会结构动态契合性角度出发，东亚成功的发展型国家之所以成功，是因为较好地利用了自己的政治文化传统中的有利因素来激励、组织和动员社会经济资源，使其有效地服务于国家发展目标，并能就其内外部条件的变化做出经济与社会政策的适时调整，从而实现其经济发展与社会、政治战略转型的目的。相似的政治文化传统与内外部约束条件，使他们在跃升为成功发展型国家的过程中具有很高的模式辨识度和一致性。

六、主体特定性与中国模式的独特性

正如肖恩·布雷斯林指出的那样，“中国模式的研究应该从中国不是什么和不代表什么去考虑”③。如果从国家主导下的结构动态角度考察，而不是从单一的经济政策和经济发展绩效考察，中国的国家主体结构和能力特征、政治文化传统，以及所面临的内外部约束，都使中国的发展型国家之路，有着不同于东亚发展型国家乃至于其他社会主义转型国家所不同的特征。易言之，对中国而言，东亚发展型国家这一标签，过于“小”和“狭隘”了。用马克·比森的话说，就是“中国是和日本一样的发展型国家，但中国最终会成为更深层意义上的发展型国家”。④如果中国的发展型国家经验与特征之独特，构成了对东亚发展型国家的超越，那么也就意味着，从东亚发展型国家曾经有过的经验、教训，以及其政治经济体制的发展趋势等角度去解读、借鉴和预判中国，就需要相当审慎。

中国模式的独特性，或者说中国作为更深层次上的发展型国家所具有更深层意义，首先是由国家这一主体的结构与能力特征，以及作为其基础的政治文化传统的独特性所决定的。在主体这一层次上，中国和东亚发展型国家存在巨大差别。不难发现，东亚发展型国家的理论研究者们所讨论的国家，只是韦伯意义上的理性职业官僚组织，以及比较政治经济学意义上的国内层次和个人层次上的国家，而不是国际层次意义上的主权国家。这对于研究东亚一些后殖民时代的、庇护体制下的中小国家而言，可能是一个适当的、也更易于把握的角度，但对于中国这样一个“不仅是一个国家，而且一块大陆，是一种次全球体系”（马丁·雅克，2016）的国家而言，仅仅只是从韦

① 房宁将这种经过社会结构变动的国家称之为亚洲的“快国家”，而未经过这种社会结构变动的国家如菲律宾等称之为“慢国家”，相较于后者，前者的经济激励措施较少受到传统社会利益阶层的阻挠，更易于启动。参见房宁等：《民主与发展——亚洲工业化时代的民主政治研究》，社会科学文献出版社 2015 年版，第 13 页。

② 理查德·拉克曼：《国家与权力》，上海人民出版社 2013 年版，第 95 页。

③ 肖恩·布雷斯林、冯瑾：《“中国模式”与全球危机：从弗里德里希·李斯特到中国治理模式》，《当代世界与社会主义》2012 年第 1 期。

④ 马克·比森：《东亚的发展型国家：中日经验比较》，《经济社会体制比较》2010 年第 2 期。

伯意义上去把握中国的"国家主导下的发展"之中的"国家",必然会忽视其悠久的政治文明在其当代政治体制和政治秩序中的诸多表现,也会因此而忽视国家在社会渗透、组织与动员过程中的独有特征。

从国家主体的结构与能力特征,以及决定这一结构和能力特征的深层次基础的长期政治文化传统看,中国显然与东亚发展型国家缺乏可比性。具体表现在:

首先,在政治文化背景上,中国虽然和东亚国家一样具有较高的同质性,如儒家传统、集体主义文化等,但仍有着明显的区别。和欧洲意义上的民族国家一样,东亚发展型国家的国家认同主要来自民族国家历史,但中国的国家认同来自文明史的产物,借用马丁·雅克的话说,就是:中国由文明构成,而东亚发展型国家由民族构成。①这种超疆域的文明认同以及悠久的文明历史,使发展型国家的首要任务——经济优先目标的高度共识和集体意愿的一致性——在中国的达成,就有着完全不同于东亚发展型国家的社会文化基础。东亚发展型国家的经济优先目标的高度共识和集体意愿的一致性的形成,主要来自外部威胁和殖民后的民族国家意识,但在中国,这种高度共识和集体意愿则主要来自中华文明基体的自信和大国复兴的诉求。两者的差别不在于达成这一共识的难易程度,而在于集体意愿和共同目标的可持续性。作为世界上为数不多的政治体规模存续时间超过数千年的"文明基体",中国政府不仅可以借助于新中国成立以来形成的强大凝聚力在短期内将大多数人的意志力凝聚在最需要优先发展的目标下,而且依托大国复兴和文化自信优势,国家获得了长期内组织调动全国资源集中的正当性和目标激励的有效性。

其次,在国家能力,也即"权力中枢超越社会利益集团和部门政治的约束而将自己意志变为现实的能力"②的来源上,东亚发展型国家之所以具有其他殖民后独立国家所难以比拟的国家渗透、汲取与协调能力,主要来自于殖民遗产或植入型带来的官僚体系与治理能力,尤其是这种殖民政治结构中对地方精英和寡头的去权,为其自主性和国家能力提供了有利条件。③但中国的国家能力,不仅在渗透、汲取能力上,而且在最为关键的建制性协商能力上,都具有较之东亚发展型国家更为独特的方式和文化基础,具体而言,就是具有强大的、拉克曼所指的"将精英的制度性资源统合纳入国家权力"的能力。在短期内,这种能力与改革开放前 30 年的计划经济时期所建立的国家干预和治理能力不无相关,而在长期内,这种能力则可追溯至中国悠久的政治文化传统。杨光斌教授认为,中国模式的核心是民主集中制,但这一核心特征形成的深层次原因,在于中华文明基体的独特性,也即"包括但不限于关于国家的大一统,'民本','和为贵',行政的官僚制和选贤任能、文化的包容与中庸之道等包含了中国在漫长历史长河所形成的连续性关联因素的'基因'。④这些独特的文明基因,构成了中国的政治合法性和治理机制迥异于西方以及东亚发展型

① 马丁·雅克:《大国雄心:一个永不褪色的大国梦》,中信出版集团股份有限公司 2016 年版,第 176 页。

② 杨光斌:《国家治理体系和治理能力现代化的世界政治意义》,《政治学研究》2014 年第 2 期,第 2 页。

③ 尽管二战之后独立的前殖民国家数量很多,但拉克曼认为,只有当原先独立自主的各类精英进入国家并把他们所控制的制度性资源带入国家之后,国家才得以扩张权力,国家内部的精英结构、联合或斗争状态制约着国家的力量和自主性。参见理查德·拉克曼:《国家与权力》,上海人民出版社 2013 年版,序言,第 5 页。

④ 杨光斌:《习近平的国家治理现代化思想:中国文明基体论的延续》,中国社会科学出版社 2016 年版。

国家的基础。白果和阿格利塔则强调指出，西方以及东亚发展型国家的国家权力结构来自政治实体的妥协、合作与斗争，其合法性来自关键政治群体的政治代表，但长期以来，中国的政权合法性就来自它能否直接为人民提供基本福利，在国家的大一统传统下，在具有高度文化同质性的社会中，中央具有足够的权威且能通过层级官僚体制贯彻其目标，将地方性政治、经济权力统合和吸纳于中央以达成共同的国家意志和战略目标。白果和阿格列塔所强调的"数千年来中国之所以能形成绝对中央权威与分权化行政管理并存的政治制度，之所以中央权威能和分权化以相互强化的方式共存"①，史正富教授所提出的"战略性中央政府、竞争性地方政府和竞争性企业系统的三维体制"②之所以能有效地实现中央政府的战略领导力、地方政府的发展推动力与企业的创新活力的有机结合，都与中国的这种国家能力及其政治文化基础有着不可分割的关系。

最后，作为一个具有完全意义上的独立性和自主性的发展中大国，中国在经济、军事、外交等领域中的发展目标远比东亚发展型国家更为复杂和宏大，因而单纯就经济、政治和社会政策的单一维度考量，中国就表现出更多的矛盾性和非连续性，从而也使观察中国模式更为困难。尤为重要的是，作为世界上为数不多的政治体规模存续时间超过数千年的"文明基体"，中国有着更为充足的政治文化传统作为合法性的来源，这就使中国不仅可以和东亚发展型国家一样"建立一个强大的干预主义国家的理念容易取得合法性"③；而且在国家在国家政治体制与经济体制的最终目标设置上，有着追求更为自主、也更为适宜体制的诉求与自信。

理解了中国的这种国家主体特定性，就能理解中国和东亚发展型国家在国家引导的方向、能力和趋势上的本质不同。也只有理解了中国国家主体的结构和能力特征，才可以理解为什么"中国的发展轨迹并不是一个朝着任何普世价值或西方理想模式收敛的过程，而是其自身经济结构和制度的联合转型"。④

七、约束条件与选择集合：中国为何不同于东亚发展型国家

从发展型国家尤其是从东亚发展型国家视角进行的中国模式比较研究，往往拘泥于经济政策的相似性和差异性，如政府干预、外向战略，产业扶持等。但即使是同样的发展目的，由于内外部约束条件的不同，在战略制定、策略选择、绩效和表现形式上也必然存在巨大的差别。就内外部约束条件而言，中国和东亚发展型国家也有着明显的区别：

首先，从初始外部条件看，在政治和军事条件上，中国既不具备日韩等国的机遇，也不可能像他们一样采取"跟随模式"。可以说，无论是在传统的社会主义发展型国家阶段，还是改革开放之后的"新社会主义发展型国家"阶段⑤，中国从发展之初直至今日，都始终面临着不信任、警惕、遏

① 白果，米歇尔·阿格列塔：《中国道路：超越资本主义与帝制传统》，格致出版社、上海人民出版社 2016 年版，第 25 页。

② 史正富：《超常增长：1979—2049 年的中国经济》，上海人民出版社 2013 年版。

③ 马克·比森：《东亚的发展型国家：中日经验比较》，《经济社会体制比较》2010 年第 2 期。

④ 白果、米歇尔·阿格列塔：《中国道路：超越资本主义与帝制传统》，格致出版社、上海人民出版社 2016 年版，第 80 页。

⑤ 郁建兴、石德金：《超越发展型国家与中国的国家转型》，《学术月刊》2008 年第 4 期。

制和防范，因为从国际秩序的长期变化看，中国发展所引致的后果绝非日韩等国家和地区可比拟，因为“像中国这样的新发展型国家具有成为国际秩序竞争者和挑战者的能力”(Trubek, D. M.2008)。从外部经济条件上看，在技术层面上，中国改革开放之前的30年里，已经建立起完整的工业体系，为改革开放之后的技术赶超提供了技术能力基础，但与此同时，中国在改革开放伊始就面临着发达国家严苛的技术封锁和知识产权限制，中国所面临的国际监管机制的影响力和渗透性都也远非东亚发展型国家可比拟，当中国更为全面地并且是以接受“远远多于其创始成员国所接受的条款”①更多的条款嵌入到全球分工体系和贸易体系时(以加入WTO为标志性事件)时，全球价值链已经基本形成，在模块化生产和产品内分工格局下，中国的技术进步所受到的制约不仅在力度上，而且在性质上也不同于之前任何一个发展型国家。除此之外，中国也不可能像日韩等国那样长期在美元体系下发展，对能源大宗商品的影响力度也远超过日韩等国，中国的经济发展对世界劳动力市场格局、分工秩序的影响必然都是巨大而深远的，正如肖恩·布雷斯林指出的那样，中国一旦融入世界经济体，必然以其廉价的生产平台导致很多国家的工作岗位流失以及发展战略的重新制定，亚太地区的政治经济格局也将因此而重新划定。②

从初始内部条件上，除了共享“易于达成经济赶超共识”这一前提之外，考虑到中国改革开放前30年和后30年的连贯性和路径依赖效应，在社会经济结构和经济管理阶层能力上，中国和东亚其他发展型国家都存在着明显差异，这种差异根源于中国在前30年传统社会主义发展型国家时期所形成的计划经济基础。中国市场经济的演化过程，也是一个计划经济的转型过程。不同于日韩等国从一开始就毫不犹豫地走自由市场之路，中国始终在坚持探索一条中国特色的社会主义道路，也不同于东欧转型国家，中国对激烈而快速的政治体制改革和经济体制改革一直持审慎而非激进的态度。当中国明确了经济优先目标之后，形成于计划经济时代的经济发展的偏好和能力，以及同样形成于计划经济时代的经济主体和社会结构，就成为理解内部初始约束条件的关键所在。

从经济管理层面考察，中国并不像日韩等国那样，有一批在自由市场导向上具有高度共识，并具备相关知识储备和经验的职业管理阶层；而是有一批政治意识形态具备一致性和组织忠诚性的，富有计划经济管理经验的管理阶层。经济管理阶层这一初始条件的差异至少意味着，在大量经济政策的导向上，中国并不像日韩等国那样容易在共同偏好下形成一以贯之的连续性，而是带有很强的实用主义倾向，渐近性和稳定性成为改革开放以来经济政策选择中的首要考虑，这也是为什么“对大多数中国观察者而言，在保持政治稳定的同时，促进增长的实验与非意识形态承诺是中国治理模式的关键特征”。③虽然在分权体系下，这种渐近性和稳定性的追求会在一定程度上让政策实施容易产生偏差和对冲效果。正如肖恩·布雷斯林指出的那样，中国政府制定政

① 马克·比森:《东亚的发展型国家:中日经验比较》,《经济社会体制比较》2010年第2期。

② Breslin, S., 2005, Power and Production: Rethinking China's Global Economic Role. *Review of International Studies*, 31(04), 735—753.

③ 肖恩·布雷斯林、冯瑾:《“中国模式”与全球危机:从弗里德里希·李斯特到中国治理模式》,《当代世界与社会主义》2012年第1期,第158页。

策时，出于维护党内团结和避免招致地方政府反对的考虑，往往会牺牲发展政策的合理性、协调性和统一性。而中央的发展政策在地方执行的过程中也往往被扭曲乃至被抵制，全国性的经济协调难以有效实施(Breslin，S. G.，1996)，但并未构成对地方政府竞争动力的削弱，也未造成对整个组织目标的偏离。这也不难理解，为什么改革开放以来，对有效的经济管理机构和官僚管理能力的追求，以及对中央地方关系的适时调整，一直是政府体制改革中所强调和看重的。

从经济主体的层次考察，形成于计划经济时代的庞大国有经济体系无疑是经济主体，但却并不是彻底的市场经济主体，国家和城市居民、国企管理者和员工之间存在着包含着终身雇用及其他福利承诺内容的“隐性契约”，要对其进行市场化导向的激活和改造并不容易。相较之下，中国潜在而易于激活的经济主体主要是农村、乡镇集体企业和个体企业，在国有经济为主，缺乏市场经济主体和外部援助的前提下，中国的发展首先选择了体制外的边缘改革，释放阻力最小的经济主体的活力。在渐进式的改革中，中国这种有别于东亚发展型国家的经济主体结构差异性，也一直在 30 多年的发展过程中得以延续，随着经济发展，中国逐步形成了多元的，竞争与合作并存的所有制结构，但其中国有经济仍然占主导地位，同时农村的土地仍然是农民集体所有。这意味着，就发展型国家理论一再强调的国家需要“嵌入”、需要“通过与工业的重要行为者建立大量结构性连接，强化政治参与的合法性”而言，中国采取了不同于东亚发展型国家的模式，即通过国家机构和执政党对国有企业和集体经济的管理和监督，使其直接成为国家经济能力的一部分，并以这一方式保证了国家自主性和国家能力。这一“嵌入”和“连接”方式，显然不同于日韩等国的经济官僚与企业家、财阀的联盟与协商关系。

初始内部条件的另一重要差异，在于中国具有广阔的疆域，多层次的、发展不均衡的经济区域，以及与之相对应的大量层级性地方政府。相互间具有竞争性，但同时又受中央政府统合引导的地方政府格局，以及基于庞大人口和广阔地域的规模经济，是东亚发展型国家无法比拟的初始内部条件，也使中国模式具有了更为复杂多样的政策选择和组合可能性。一方面，地方政府竞争体系使中国更类似于一个发展型国家的集群组合，或者经济意义上的联邦制国家，而不是东亚发展型国家那样以单一城市为发展极的国家，这就使中国呈现出多样性的、有分歧、共同依存但都为政治领导层所接受的发展模式，托马斯·海贝勒称之为“一国千模”。①另一方面，依托经济规模和地域差异，中国可以通过产业引导，同时在不同地域中建构更为全面、更为复杂的、具有互补性和递进性的产业体系，同时参与国际分工体系中的低端、中端和高端产业，实现对劳动力密集型、资本密集型和技术密集型的立体式布局。正如朱云汉指出的那样，雁阵模式不适用于中国，因为中国的规模经济大到内部就可以实现雁阵模式，内部就可以进行垂直分工，增长动力可以从沿海到中部，再到西部，可以形成一种多层次的接力赛。②

同样，从国家主体特征以及国家所面临的内外部约束条件中，我们也不难理解中国在后社会主义发展型国家群体中所具有的独特性。按照博尔斯塔的理解，和东欧等前社会主义国家一样，

---

① 托马斯·海贝勒:《关于中国模式若干问题的研究》,《当代世界与社会主义》2005 年第 5 期，第 9—11 页。

② 朱云汉:《高思在云》，中国人民大学出版社 2015 年版，第 132 页。

中国的传统社会主义发展型国家阶段为其后社会主义发展阶段提供了若干有利的条件，如完整的工业体系、教育普及，以及可起到发展型金融作用的国有银行体系等。而中国之所以走出一条不同于东欧和前苏联国家的发展路径，在于中国当时的经济发展水平更低①，二元经济结构明显，东欧的近邻，即欧共体十五国(即欧盟老成员国 EU15)在整个 20 世纪 80 年代的平均增长率只有 2.4%，成员国相互之间贸易保护主义盛行，而中国的近邻正值“东亚奇迹”阶段，加之中国广大的海外华人华侨资本，为中国提供了大量的资本和贸易机会。而从政治体系和社会稳定上看，中国没有东欧国家那样从内到外、从上至下的西式民主压力，政府有效的领导可使中国在保持系统稳定的同时实施渐进式的改革。当然，中国与其他社会主义发展型国家的差异之处远不止这些，若要详细地比较，属于另一篇论文的任务了。

八、结　　语

国家主体的结构和能力特征及其深植其中的政治文化传统，以及初始内外部条件的差异，使中国成为一个特殊的“发展型”国家，这使我们需要对东亚乃至其他发展型国家的经验和教训持审慎的态度，尤其不能以其他发展型国家的政治经济体制的发展作为对中国模式发展趋势的预判依据。肖恩·布雷斯林曾发问，“正在形成的中国式替代选择——‘北京共识’或者‘中国模式’——是否有可能取代占有主导地位的新自由主义发展和治理模式？这是否会破坏发展中世界在民主和治理方面已经取得的许多进步？”②肖恩的最后一问，在某种程度上折射出了西方学者惯于从发展型国家审视中国模式的深层次原因，因为如果中国以民主集中制为核心的发展是一种可行的、普适性的、比西方民主更为先进的道路，东亚发展型国家最后所呈现的政治转型就不会以同样的方式在中国发生，中国模式的“治理民主”的世界性意义及其超越自由民主的价值，就会对长期以来关于民主和经济发展的理论及与之相应的价值观形成巨大的挑战。

中国模式的特殊性并不意味着发展型国家理论的失效。本文只是试图说明，由于国家主体及其所面临的初始约束条件的差异，发展型国家一定是千差万别的，潘佩尔的问题——“发展型国家是否是一个不考虑国际条件的国家所能采取的暂时性选择；或者发展型国家最成功的体现已经是历史上的特例，以后不再复现？”③始终具有警示意义。但这并不能否定成功的发展型国家所存在的主要逻辑，即如何有效地实现现代市场经济国家的型构。比照不同发展型国家的经验教训，不仅需要考察不同的政策手段、政策过程，还需要考察市场主体、政府嵌入和社会型构及三者之间的结构动态关系。在这一意义上，不仅发展型国家，而且所有成功的市场经济国家，在如何实现国家、社会和经济三者的动态契合问题上都有值得借鉴之处。一国在市场经济发育之

① 根据联合国统计司的数据，1989 年中国的人均 GDP 只有 391 美元，同期苏联是 5 204 美元，波兰是 2 139 美元，匈牙利是 3 043 美元。

② 肖恩·布雷斯林、冯瑾：《“中国模式”与全球危机：从弗里德里希·李斯特到中国治理模式》，《当代世界与社会主义》2012 年第 1 期，第 157 页。

③ 禹贞恩：《发展型国家》，曹海军译，吉林出版集团有限公司 2008 年版，第 170 页。

初，普遍面临着市场机制不成熟、市场主体欠缺和市民社会发育不够的问题，其首要任务，归根结底，都是培育和引导市场机制，辅助市场主体和市民社会发育，随着市场机制、市场主体和市民社会的逐步发展，国家如何统御市场和管理社会，实现有效的"嵌入"才不至于破坏市场和社会的自有力量，就显得极为重要。

尽管经过了 30 多年的改革开放，但在如何实现市场机制、国家干预和社会结构的有效契合上，仍是中国发展面临的长期课题，而要回答这一根本问题，仍需回到中国特色的社会主义市场经济这一基础性的、长期性的命题上来。在建设和完善中国特色的社会主义市场经济的过程中，国家治理现代化是重中之重，正如十八届三中全会指出的那样，"全面深化改革的总目标是完善和发展中国特色社会主义制度，推进国家治理体系和治理能力现代化"①。习近平总书记关于治国理政的一系列重要讲话都表明，中国的改革深化在较长时间内都将具有如下特点：第一，深化改革背景下的中国发展道路转型和治理体系变迁，不会简单地再现发展型国家理论所辨识出的某种类型，因为"一个国家选择什么样的治理体系，是由这个国家的历史传承、文化传统、经济社会发展水平决定的，是由这个国家的人民决定的。"②第二，对社会主义初级阶段这个最大实际的判断、坚持发展的重大战略和以经济建设为中心，意味着发展仍将是主旋律。第三，在确定发展主旋律前提下，将处理政府和市场关系视为改革关键，既强调市场在资源配置中的决定性作用，也强调更好地发挥政府作用，意味着激发市场主体活力，转变政府职能，实现全能政府向有限政府的转型将贯穿于发展过程之中。第四，坚持"以人民为主体"作为治国理政的基本原则，意味着治理现代化的实现过程，不仅只是正确处理政府与市场关系的过程，也是政府与市场、社会和公民协同共治的治理体系的形成过程。简言之，在建设中国特色社会主义经济过程中，能否实现市场、政府和社会的有效契合，不仅取决于既要推进国家治理体系的现代化，也取决于治理能力的现代化。

参考文献

王新颖主编：《奇迹的建构：海外学者论中国模式》，中央编译出版社 2011 年版。

禹贞恩：《发展型国家》，曹海军译，吉林出版集团有限公司 2008 年版。

房宁等：《民主与发展——亚洲工业化时代的民主政治研究》，社会科学文献出版社 2015 年版。

朱云汉：《高思在云》，中国人民大学出版社 2015 年版。

史正富：《超常增长：1979—2049 年的中国经济》，上海人民出版社 2013 年版。

马丁·雅克：《大国雄心：一个永不褪色的大国梦》，孙豫宁等译，中信出版集团股份有限公司 2016 年版。

白果、米歇尔·阿格列塔：《中国道路：超越资本主义与帝制传统》，李陈华、许敏兰等译，格致出版社、上海人民出版社 2016 年版。

琳达·维斯等：《国家与经济发展：一个比较及历史性的分析》，黄兆辉等译，吉林出版集团有限责任公司 2009 年版。

---

① 《中共中央关于全面深化改革若干重大问题的决定》，《人民日报》2013 年 11 月 16 日。

② 习近平：《习近平谈治国理政》，外文出版社 2016 年版，第 105 页。

理查德·拉克曼:《国家与权力》,郦菁译,上海人民出版社2013年版。

杨光斌:《习近平的国家治理现代化思想:中国文明基体论的延续》,中国社会科学出版社2016年版。

郑为元:《发展型国家或发展型国家理论的终结?》,《台湾社会研究季刊》1996年第24期。

吴德荣:《亚洲经验的回顾与反思国家导向型发展的再出发》,香港城市大学工作论文,http://www.cityupress.edu.hk/Template/Shared/previewSample/9789629372323_preview.pdf。

马克·比森:《东亚的发展型国家:中日经验比较》,《经济社会体制比较》2010年第2期。

托马斯·海贝勒:《关于中国模式若干问题的研究》,《当代世界与社会主义》2005年第5期。

何子英:《李斯特主义工作福利国家的兴起,危机与转型——杰索普关于东亚奇迹的政治经济学述评》,《教学与研究》2011年第5期。

杨光斌:《民主的社会主义之维——兼评资产阶级与民主政治的神话》,《中国社会科学》2009年第3期。

杨光斌:《"国家治理体系和治理能力现代化"的世界政治意义》,《政治学研究》2014年第2期。

郁建兴、石德金:《超越发展型国家与中国的国家转型》,《学术月刊》2008年第4期。

Amsden, A.H., 1989, "Asias Next Giant-how Korea Competes in the World-economy", *Technology Review*, 92(4).

Baek, S. W., 2005, "Does China follow 'the East Asian development model'?", *Journal of Contemporary Asia*, 35(4).

Breslin, S. G., 1996, "China: Developmental State or Dysfunctional Development?", *Third World Quarterly*, 17(4).

Breslin, S., 2005, "Power and Production: Rethinking China's Global Economic Role", *Review of International Studies*, 31(04).

Breslin, S., 2011, "The 'China model' and the global crisis: from Friedrich List to a Chinese mode of governance?", *International Affairs*, 87(6).

Block, F., 2008, "Swimming against the current: The rise of a hidden developmental state in the United States", *Politics & society*, 36(2).

Bolesta A., 2012, "China as a post-socialist developmental state: explaining Chinese development trajectory", *London School of Economics & Political Science*.

Evans, P. B., 1995, *Embedded autonomy: states and industrial transformation* (Vol.25). Princeton, NJ: Princeton University Press.

Evans, P., & Heller, P., 2013, "Human development, state transformation and the politics of the developmental state", *The Oxford Handbook of Transformations of the State*, Oxford University Press, Oxford.

Evans, P. B., 2014, "The capability enhancing developmental state: concepts and national trajectories", In *The South Korean Development Experience* (pp.83—110). Palgrave Macmillan UK.

Fewsmith, J., 2011, "Debating the China model", *China Leadership Monitor*, 35(21).

Gordon White, 1984, "Developmental States and Socialist Industrialisation in the Third World", *Journal of Development Studies*, vol.21, no.1.

Haggard, S. M., 2013, "The developmental state is dead: long live the developmental state!", in *Annual Meeting of the American Political Science Association*, August.

Hofstede, G., & Bond, M. H., 1988, "The Confucius connection: From cultural roots to economic growth", *Organizational dynamics*, 16(4), 5—21.

Huang, Y., 2008, *Capitalism with Chinese Characteristics: Entrepreneurship and the State*(Vol.1), Cambridge: Cambridge University Press.

Johnson, C., 1982, *MITI and the Japanese Miracle: the Growth of Industrial Policy: 1925—1975*, Stanford University Press.

Knight, J. B., 2014, "China as a developmental state", *The World Economy*, 37(10).

Kalinowski, T., 2015, "Crisis management and the diversity of capitalism: fiscal stimulus packages and the East Asian(neo-) developmental state", *Economy and Society*, 44(2).

Kasahara, S., 2013, "The Asian developmental state and the flying geese paradigm", International Institute of Social Studies of Erasmus University(ISS) Research Paper.

Lee K, John A. Mathews. 2010, "From Washington Consensus to BeST Consensus for world development", *Asian-Pacific Economic Literature*, 24(1).

Ramanujam, N., Verna, M., & Betts, J., 2012, "Rule of Law and Economic Development: A Comparative Analysis of Approaches to Economic Development Across the BRIC Countries", Available at SSRN 2389074.

Schweinberger, A., 2014, "State Capitalism, Entrepreneurship, and Networks: China's Rise to a Superpower", *Journal of Economic Issues*, 48(1).

Stubbs, R., 2009, "What ever happened to the East Asian Developmental State? The unfolding debate", *The Pacific Review*, 22(1).

Strange, G., 2011, "China's post-Listian rise: beyond radical globalization theory and the political economy of neoliberal hegemony", *New Political Economy*, 16(5).

Stubbs, R., 2009, "Whatever happened to the East Asian Developmental State? The unfolding debate", *The Pacific Review*, *22*(1).

So, A. Y., 2016, "The Post-Socialist Path of the Developmental State in China. The Asian Developmental State", *Palgrave Macmillan US*.

Trubek, D. M., 2010, "Developmental states and the legal order: towards a new political economy of development and law", Univ. of Wisconsin Legal Studies Research Paper(1075).

Trubek D M. 2008, "Developmental States and the Legal Order: Towards a New Political Economy of Development and Law", *Law & Development Review*, 25(2).

Wade, R., 1990, *Governing the market: Economic theory and the role of government in East Asian industrialization*, Princeton University Press.

中国城市空间生产与空间正义问题的资本逻辑*

陈建华**

摘　要　在西方资本主义发展历程中，资本逻辑在时间和空间上不断转型和变化。20世纪70年代，资本已由“空间中事物的生产”向“空间本身的生产”转移，空间超越时间成为经济生产的主导因素。经济金融化和信息化进一步巩固了空间在资本追逐利润过程中的地位。中国在改革开放之初所面对的外部世界是已经进入空间资本化阶段的西方资本主义世界体系。中国20世纪80年代经济资本化、90年代中后期资本空间化和2000年以来的空间资本化，推动城镇化进入加速阶段。资本逻辑之下的城市空间生产会消解人与自然的协调性，侵蚀社会平等性和城市空间多样性，产生空间正义问题。因此，应当促进对外经济开放有序化，提高国内外经济之间均衡性，以制度节制资本，建构空间正义的制度体系。

关键词　资本逻辑　空间生产　资本空间化 空间资本化

资本逻辑是资本具有追求利润和获取剩余价值的不竭动力。它通过扩张、渗透和转型，获取利润实现价值增殖。城市空间生产是指“城市的急速扩张、社会的普遍都市化以及空间性组织的问题等各方面”。①城镇化是农村人口向城市转移的过程，而城市空间生产则指社会各种因素变化条件下城市空间急速扩张。在资本主义发展的不同阶段，资本逻辑的运行具有不同的投入对象和时空特征。自20世纪70年代以来，空间成为资本的载体，空间生产成为资本增殖的方式。②不同于西方国家的私有资本特征，中国的资本逻辑除了私有资本之外还有公有资本，包括集体资本和国有资本。国际资本向我国转移以及国内经济资本化进程的双重作用产生巨大的空间效应。资本逻辑一方面成为推动中国城镇化发展的动力，另一方面成为中国城市空间正义问题的根源所在。当前我国城镇化水平已达58.52%，城镇化进入了加速时期。③本文以新马克思主义

---

* 本文系上海市浦江人才研究项目《大都市区化下上海城市蔓延与精明增长路径研究》(16PJC067)阶段性成果。

** 陈建华，上海社会科学院经济研究所副研究员，硕士生导师。

① [法]列斐伏尔：《空间：社会产物与使用价值》，载包亚明主编：《现代性与空间的生产》，上海教育出版社2003年版，第47页。

② Henri Lefebvre. 1991, *The Production of Space*. MA: Black publishing.

③ 国家统计局：《中华人民共和国2017年国民经济和社会发展统计公报》。

空间理论为依据，以资本逻辑的时空变化作为分析主线研究我国城市空间生产过程，探究空间正义问题的根源，并提出治理方略。

一、资本逻辑的时空变化与我国对外经济开放

20 世纪 70 年代末和 80 年代初，改革开放的国策推动我国经济开始融入世界经济体系。此时，资本主义经过数百年发展，资本逻辑经过若干变化之后具有新的时空特征。资本获取利润的方式已经发生新的变化，已由“空间中事物的生产”向“空间本身的生产”转移。①资本主义国家的对外资本投资，一方面采用产业转移方式进行“去工业化”，另一方面复制本国内的投资方式对外投资，重点投资国外的生产与消费空间而不是工业制造领域。因此，我国从 20 世纪 70 年代末 80 年代初的“工业化”与接受国际产业转移，同西方资本主义国家的“去工业化”是一个耦合的过程。中国的城市空间从这个时候开始，逐渐成为国际资本和国内资本的投入对象，成为资本积累与循环的载体。

（一）资本逻辑的时空变化解析

资本追求利润获取剩余价值的方式会在时间和空间上不断变化和转型。在马克思对产业资本循环的分析之中，货币资本、生产资本和商品资本在时间上并存、在空间上继起，剩余价值得以创造和实现，资本实现价值增值。在资本的积累与循环过程中，个别资本为获得超额利润，总是试图缩短个别生产时间和流通时间，减少资本循环的周期。个别资本通过提高时间上的周转速度获得超额利润，从而获得更好的竞争地位。劳动时间、生产时间和流通时间在资本形态变化及其循环过程的作用较为重要。马克思对于资本的生产过程、资本的流通过程和资本主义生产总过程的分析，都是以时间为基础进行分析，他对于空间在生产的作用研究贯穿于其以时间为主分析之中。“在马克思的思想中，‘时间消灭空间’是一个非常重要的概念。……社会必要劳动时间形成价值的本质，剩余劳动时间是利润的来源，剩余劳动时间和社会必要周转时间的比率决定利润率，并最终决定平均利率”。②在 19 世纪中叶，资本通过时间的积累来“跨越”或“消灭”空间，时间是资本逻辑的主导因素。

由于竞争的作用，资本总是试图从简单再生产走向扩大再生产。不同的生产环节如果能在同一个地点分布并在更大的空间范围之内同时来完成，可以提高生产效率。资本通过扩张企业空间规模，生产更多的产品，获得较多的利润额。通过以空间换时间，空间扩张可以使资本获得较好的竞争地位。空间对资本积累与价值增值的作用与意义不断彰显出来。在这样的资本空间化初始阶段，资本的扩大再生产是以工业产品特别是轻工业产品为主，工业化为劳动力从农村人口向城市转移之时提供就业机会，是这个时期城镇化的主要动力。

---

① ［法］亨利·列斐伏尔：《空间：社会产物与使用价值》，载包亚明主编《现代性与空间的生产》，上海教育出版社 2003 年版，第 47 页。

② ［美］大卫·哈维：《资本的城市化——资本主义城市化的历史与理论研究》，苏州大学出版社 2017 年版，第 35 页。

资本的扩大再生产发展到了一定阶段，必然要求打破一切增值障碍，突破民族国家的地理界限走向世界。“资本按其本性来说，力求超越一切空间界限”；①“资本越发展，从而资本借以流通的市场，构成资本空间流通道路的市场越扩大，资本同时也就越是力求在空间上更加扩大市场，力求用时间去更多地消灭空间。”②在生产超过本地区消费能力的情况下，资本总是在千方百计地寻求突破生产供过于求的办法，突破区域的空间限制，到全球范围寻找机会。在这里，空间作为资本扩大利润和实现剩余价值的间接途径而出现。资本空间化是资本解决危机的重要途径，是资本循环的空间修复。③它是资本逻辑利用空间增值的第一个阶段。空间在这个过程中外生于资本的积累与循环过程，并不是资本积累与扩张的内生动力。同质化生产、数量式空间扩张是资本进行空间扩大再生产的特征。

随着工业生产规模的扩大，由于轻工业产品需求缺乏收入弹性，生产已经使得资本增值途径越来越狭隘，资本的投入对象不仅逐渐向重型化工业产品方向发展，而且深入到对长期固定资本项目的投入方面，以缓和资本主义矛盾、延缓危机的发生。这是资本循环的时间修复。随着长期固定资本项目被纳入关注范围，资本不断从工农业产品的单纯生产转向生产条件的生产，包括固定资本项目、人造环境与空间条件的生产。空间进一步被纳入生产过程。由于空间需求相对刚性，拥有持久与牢靠的高利润率保障，在高于工业产品平均利润率的条件下，资本的投入对象会不断向空间生产方面转移。到20世纪60年代末和70年代初，资本对生产的重点投入对象已经悄然发生实质性变化，它逐渐失去了对工业产品生产的兴趣。这样，资本逐渐通过对空间的占有与使用来获得利润。“今日，对生产的分析显示我们已经由空间中心事物的生产转向空间本身的生产”。④这是因为通过城市空间的生产并以此获取租金产生的利润比投入工业生产所产生利润来得更多更快。“在建筑业中，通过建筑业本身，依靠一种中介—空间—金钱又带来了金钱。”⑤在这里，空间生产对于资本生产不再是基础与条件，而是成为资本存在的载体，是资本增殖的内生变量。因此，空间被资本化了。

资本逻辑的时空变化，如果说以时间为主导的资本积累与循环是第一级循环的话，那么以空间为主导是资本的第二级循环。在平均利润率不断下降的条件下，资本为提高利润率获得超额利润，会不断进入第二级循环。资本第二级循环的投入对象是生产和消费提供环境功能的人造空间建设，如不可移动的长期固定资本、交通网络与城市人造空间等。⑥资本投资于生产与消费的人造空间环境实际是资本积累与循环的“时间—空间修复”。⑦通过空间资本化过程，资本完成

① 《马克思恩格斯全集》第46卷(下)，人民出版社1980年版，第16页。

② 同上书，第33页。

③ David Harvey, 1981, The Spatial Fix—Hegel, VonThunen, and Marx, *Antipode*, Vol.13, (3), pp.1—12.

④ [法]亨利·列斐伏尔：《空间：社会产物与使用价值》，载包亚明主编《现代性与空间的生产》，上海教育出版社2003年版，第47页。

⑤ [法]亨利·列斐伏尔：《后技术社会机制》，载《空间与政治》，上海人民出版社2015年版，第79页。

⑥ 大卫·哈维(David Harvey)认为在资本积累的一般规律之下，资本进入生产领域具有三种形式的循环：第一级资本循环(the Primary Circuit of Capital)，第二级资本循环(the Secondary Circuit of Capital)和第三级资本循环(the Tertiary Circuit of Capital)。参见[美]大卫·哈维：《资本的城市化——资本主义城市化的历史与理论研究》，苏州大学出版社2017年版，第4—8页。

⑦ [美]大卫·哈维：《新帝国主义》，社会科学文献出版社2009年版，第89—91页。

了对劳动力的全面包围，获得了牢靠的利润率保障。“资本从中找到庇护的空间，一个额外的、补充性的剥削领域。”①这样，20 世纪 70 年代以来，西方资本主义已经迥异于马克思所说的“资本在历史上起初到处是以货币形式作为货币财产，作为商人资本和高利贷资本，与地产相对立”的时代。②在资本主义初期阶段的生产，时间是生产过程的主导因素，时间对于利润率提高具有重要意义。当资本主义生产达到一定阶段之后，空间已经超越时间成为生产的主导因素。因此，“19 世纪的人们曾经被时间所牢牢地掌握，但是，从 20 世纪中期开始，人们被空间的魔力抓住了。”③到 20 世纪 70 年代，资本主义国家已经到达空间资本化的阶段。空间资本化是资本逻辑利用空间增值的第二阶段，也是全新的阶段。空间不仅是资本积累与循环的条件，而且是资本直接攫取超额利润的途径与方式。

（二）空间资本化的全球背景与我国对外经济开放

从 20 世纪 70 年代发端的全球经济金融化与信息化进一步催化了空间资本化，巩固了空间在资本逻辑中的地位。经济金融化使得个别资本突破了数量与规模的瓶颈约束，而信息化进一步实现了资本的全球性空间生产。1971 年，布雷顿森林体系（Bretton Woods System）崩溃使得世界各国货币发行失去了黄金的硬约束。从此，全球的金融投机与虚拟经济发展进入全新阶段，资本出现全球性泛滥现象。先前，个别资本需要积累到一定的数量与规模之后，才可以从工业品生产（第一级资本循环）进入到空间生产（第二级资本循环）过程，信用扩张与金融工具的运用是受到产业资本规模约束的。现在，资本借助于大量的金融杠杆，扫清了资本循环升级的数量约束与障碍。从属于产业资本的货币资本、生产资本和商品资本循环，现在由于大量金融资本的介入与帮助使得循环变得更为顺畅。金融资本的发展促进了产业资本从第一级循环升格为第二级循环，巩固了空间资本化。④

在全球经济金融化的过程中，同时发生还有信息技术革命推动的资本主义生产方式转变。资本借助于信息技术寻找新产业和新机会，摒弃福特主义（Fordism）生产方法，采用后福特主义（Post-Fordism）弹性生产方式，在空间上寻找最佳盈利区位，充分利用国外资源，贴近原料与劳动力市场，使得更多的地方参与到资本的扩大再生产过程中来。这也是全球生产水平分工与垂直分工的细化，把更多的空间纳入其生产体系，直至最后把空间变成资本的载体。弹性生产不仅可以是工业品生产，而且可以是空间生产，复制相同模式的生产与消费空间，采取差异化的空间设计。弹性生产推动下的空间弹性积累，使得空间生产可以像工业产品一样实现差异化与个性化，实现错位竞争。资本采取空间性的竞争，城市空间成为弹性空间，城市成为弹性城市（Flex-city 或 Flexopolis）。⑤弹性生产促进资本实现全球性空间生产。这是资本大幅度征服空间的阶段，既

① ［法］亨利·列斐伏尔：《对空间政治的反思》，载《空间与政治》，上海人民出版社 2015 年版，第 44—45 页。

② 马克思：《资本论》第 1 卷，人民出版社 1975 年版，第 167 页。

③ Michel Foucault. 1984, Of Other Spaces, Heterotopias. Architecture, Mouvement, Continuité, (5):46—49.

④ 宋宪萍、梁俊南：《基于资本循环框架的金融化与空间化》，《马克思主义研究》2014 年第 10 期，第 89—102 页。

⑤ ［美］爱德华·W.索亚：《后大都市：城市和区域的批判性研究》，上海教育出版社 2006 年版，第 224 页。

是对全球性空间的征服与整合，也是空间进一步被整合进资本逻辑并完全沦为资本载体的标志。

于是，以美国为主的资本主义国家经济金融化和信息化下的弹性空间生产进一步推动了空间资本化。自此之后，不论是发达国家或是发展中国家，空间资本化进入了全新的膨胀阶段。在20世纪70年代和80年代，在如美国、日本、西班牙和希腊等发达资本主义国家，金融与房地产部门成为国民经济的支柱产业。发展中国家的城市空间生产是最有利可图的利润增长点，成为国际资本的主要俘获对象；发展中国家的工业生产和科技领域并不是国际资本的主要青睐对象。发达国家的空间资本化推进了发展中国家的空间资本化。发展中国家的空间资本化使得其城市化与工业化脱离关系。同布雷顿森林体系崩溃时间相耦合的是，发展中国家就是从这个时候进入加速城市化时期。1975年发展中国家的城市人口数量首次超过了发达国家；到2000年发展中国家的城市人口占世界城市人口比重是68%，但是GDP占世界的比重不足21%。这表明城市化与工业化脱节较为严重。①

中国在改革开放之初所面对的西方资本主义国家不仅是一个已经进入了空间资本化的世界体系，而且是经济已经高度金融化和信息化的资本主义世界体系。由于平均利润率下降和危机逼近，资本进行全球性的空间生产。“资本主义正进行着一次大规模的‘空间修复’过程，表现为资本时空转移的趋势明显增强，跨国企业转移资本过度积累的方式，已经从简单地扩大生产规模，转向投资于跨国建成环境领域。”②在资本主义的“时间—空间修复”过程中，“地理扩张经常需要投资长期的物质性和社会性基础设施，在时间转移和空间转移双重力量的影响下，许多不发达国家和地区被‘拉拢’进资本循环体系，成为吸收盈余的‘接收器’”。③一方面，中国不断接受了西方国家由于空间资本化而转移出来的产业，借用我国廉价的劳动力，把其与西方资本主义国家转移出来资本和技术相结合，发展了一批劳动密集型的出口行业，使中国成为“世界工厂”。另一方面，中国的对外经济开放战略为国际资本的进入提供了较好的条件，“在融入全球经济之际，中国的资本、劳动力和土地也一并纳入了资本主义的空间整合过程。”④在资本逻辑的作用下，“‘空间生产’已经成为与‘工业生产’并行的相对独立的社会生产机制”。⑤在空间资本化的全球背景下，在新一轮“时空压缩”(Timespace Compression)的作用下，资本可以更短的时间从“空间中事物的生产”转移到“空间本身的生产”上来。⑥在工业化、信息化、城市化与全球化多重同时作用之下，中国从1978年开始到20世纪末只用了20年时间就从工业产品生产迅速地向城市空间生产转变。⑦通过融入世界经济体系，中国城镇化从初级的资本积累到空间资本化所经历的时间更短。

① 陆晓文、郁鸿胜：《城市发展的理念——和谐与可持续》，上海三联书店2008年版，第10—11页。
② 武延海、张能、徐斌：《空间共享——新马克思主义与中国城镇化》，商务印书馆2014年版，第96页。
③ 张凤超：《资本逻辑与空间化秩序》，《马克思主义研究》2010年第7期，第37—45页。
④ 武延海、张能、徐斌：《空间共享——新马克思主义与中国城镇化》，商务印书馆2014年版，第96页。
⑤ 同上书，第98页。
⑥ [美]大卫·哈维：《时空之间——关于地理学想象的反思》，载包亚明主编《现代性与空间的生产》，上海教育出版社2003年版，第391页。
⑦ 武延海、张能、徐斌：《空间共享——新马克思主义与中国城镇化》，商务印书馆2014年版，第97页。

二、我国的资本空间化、空间资本化与城市空间生产

中国改革开放进程对外是不断融入世界体系的过程，对内是经济市场化的过程。资本逻辑的时空变化不仅通过资本主义国家的空间资本化进程影响中国经济生产，而且发生于中国不断市场化的经济生产体系之中。在来自世界和国内空间资本化内外联动的"夹攻"之下，中国仅仅用 30 年左右就走到了空间资本化阶段。在效率为先的条件下，公有资本(集体资本与国有资本)同私有资本一样，遵循着资本的逻辑。资本空间化与空间资本化推动我国城市空间生产，也使得城乡空间关系出现"溶解"，城市空间呈现"畸形"的特征。①

(一) 20 世纪 80 年代和 90 年代初期的经济资本化与城镇化

在改革开放之初，中国放松对私营经济的管制、发展乡镇集体工业企业、国有企业的放权让利和吸引外商直接投资，推动了我国经济资本化进程。改革首先开始于农村生产体制，许多联户合办、跨区联户等形式的合作性质企业趋向于在小城镇集中，乡镇集体企业得到前所未有的发展。此时，私有资本发展还受到限制，对外来资本的管制还没有完全放开。许多私营企业和外资企业假借集体企业名义进行生产。集体资本具有追逐利润与价值增值的内在动力，假借集体企业的名义而实质上是私营企业与外资企业加强了集体资本的性质与特征。在当时特定历史条件下，乡镇集体企业的个人产权归属并不清晰，但是集体资本的逻辑推动了集体企业快速发展，尤其是劳动密集型轻工业。乡镇企业快速发展成为中国经济发展的新兴力量。1978 年，中国在集体单位的就业人数是 2 048 万，到 1990 年增长到 3 549 万，增长 73.29%，增长率居于国有、集体与私营企业之首。②从有代表意义的工业来看，集体经济已超过国有经济，到 1995 年底，全国城镇集体企业达到 100 万户，从业人员占城镇职工业总数的四分之一，其创造的工业产值占城市工业产值的四分之一以上。③乡镇集体企业在利税上缴、外贸出口和剩余劳动力安置都起到了重要的作用，已经成为农村经济的支柱，是推动 20 世纪中国城镇化的重要力量。

在城市，20 世纪 80 年代对国有企业的扩权、减税、让利、利改税和经营责任制，尤其是 1992 年开始推行的现代企业制度，逐渐让资本逻辑在国有企业之中得到发展，国有资本追逐利润的动力要求不断得到政策正式确认。通过 20 世纪 80 年代的价格"双轨制"，城市的工业部门特别是国有企业获得较多的超额利润。国有工业企业成为国家性资本积累的重要部门。相当一部分的国有资本保值与增值并不表现为企业账面上利润的增长，而是转化为隐性的个人与企业收益。在城市是生产性城市的政策下，城市作为国有企业的集中地点，国有企业的扩大再生产是中国城镇化的重要推动力。虽然效率相对较低，但是国有企业的发展仍是城市吸引

① Henri Lefebvre. 2014, "Dissolving city, planetary metamorphosis", *Environment & Planning D: Society & Space*. Vol.32, (2), pp.203—205.

② 国家统计局:《中国统计年鉴》(2017)。

③ 范恒山:《所有制改革理论与方案》,首都经济贸易大学出版社 2000 年版,第 265 页。

农村劳动力的主要途径。1978 年，中国国有企业的就业数量是 7 451 万人，到 1992 年增长到 1.03 亿人，增长 38.85%。①除了私营企业、乡镇集体企业和国有企业，在 20 世纪 80 年代，资本逻辑与特征最为清晰的是来自外商直接投资的资本。国际资本利用中国廉价的劳动力与环境成本，以扩大在中国市场份额为目标。这在珠江三角洲和沿海开放城市表现较为明显，出口导向轻工业是主要产业形式，也是其城镇化的重要动力。由外商直接投资兴办“三资企业”成为吸收农村劳动力的一条渠道。到 1990 年，在“三资企业”就业的人数达到 62 万。②

随着中国改革开放从农村领域不断拓展到城市，在国内市场需求拉动和外向型经济发展模式支持下，劳动密集型的轻工业迅速发展，带动了工业就业人口迅速增长。在我国沿海地区的企业集聚区域，由新兴小城镇组成的“工业化地区”较为快速。私营企业、“三资企业”和乡镇集体企业由于管制不断放松而发展较为迅速，而国有企业受到体制的约束而发展较为缓慢。出口产品、轻纺产品和家用电器等是非国有企业在这个时期的主要产品。国有企业仍然是重化工业的主力军。在工业化带动下，我国城镇人口从 1978 年的 1.72 亿增加到 1992 年的 3.22 亿人，城镇化水平从 1978 年 17.92%增长到 1992 年的 27.46%。③城市建成区面积在 1981 年为 7 438 平方公里，1992 年为 1.50 万平方公里，增长近一倍。④ 城镇化速度相对低于工业化速度。

（二）20 世纪 90 年代中后期的资本空间化与城镇化加速

进入 20 世纪 90 年代，中国在建立社会主义市场经济体制的目标之下，资本的制度约束被进一步放松，资本逻辑得到进一步实行。乡镇集体企业产权在这个时期进入明晰化进程，原先假借集体企业之名的私营企业与外资企业纷纷正名，资本逻辑得以名正言顺。私营企业蓬勃发展，“三资企业”加快发展。非公有制企业在数量、规模和行业领域上都获得了扩展。国有企业以建立现代企业制度为目标，采取“政企分开、政资分开”的战略。公司制改革是国有企业按资本逻辑改革而作出的重要举措。公司制权力结构的核心是资本主权，按股份份额决定收入分配，根据投资权分配决策权，为资本追逐利润提供了治理结构基础。随着公司制改革逐步到位，国有大中型企业的治理结构从法律构架上完成了从行政主权到资本主权的转变。国有资产监督和管理委员会的成立，是改革按照资本逻辑迈出的坚实一步。尽管国有资本按照资本逻辑决策还受到我国相关体制的约束，国有企业还承担着社会职能而不是完全以利润作为唯一的衡量标准，但是资本主权以及保值增值取向已经在国有资本之中得以确立，效率成为国有企业的重要发展指标。

在这个时期，社会主义市场机制向更深的范围发展，生产要素市场化改革走向深化。中国许多竞争性商品和服务价格全面放开，生产资料价格“双轨制”逐步取消。企业从计划经济的限制之中不断突破，原材料与产品价格根据市场供求状况确定。城市国有土地使用制度改革正式拉

①② 国家统计局：《中国统计年鉴》(2017)。

③ 国家统计局：《中国统计年鉴》(1993)。

④ 国家统计局：《中国城市统计年鉴》(1993)。

开序幕，在1994年分税制确立之后，土地制度改革逐渐从深圳和上海扩展到全国各个城市。1991年中国开始城镇住房制度改革，城镇居民住房制度朝着市场化方向发展，单位福利分房制度于1998年终结。房地产业从这个时候开始并逐渐成为国民经济的支柱产业。土地作为生产要素参与剩余价值分配的方式得以确立。

在这个时期，中国的国内统一市场进一步形成，市场范围不断扩大，市场体系不断完善。行政管理体制之下的分割市场和“诸侯经济”不断被突破，许多原来限于本地区的劳动力、技术以及产品从本地区市场走出，不断向全国市场拓展。企业产品的市场范围从地方变成国内，再从国内不断向国外延伸。外贸管理体制进一步改革和放开，企业进出口经营权扩大，汇率制度实行改革。轻工产品不断开拓国外市场，外贸出口在整个90年代呈现加速的态势。1990—2000年，我国对外进出口贸易额增长7倍。①至此，中国基本形成对外开放性经济发展格局。

同这些市场深化与范围扩大相对应的是，资本空间化对于中国的城镇化作用开始显现并不断加深，城镇化进入加速时期。1995年之后，中国城镇人口增长速度明显高于整个80年代。1978—1995年，中国城镇化率每年提高0.64个百分点；到1995年以后，每年提高1.25个百分点，进入了快速的发展时期。2000年，中国的城镇人口为4.59亿人，城镇化水平为36.22%，城市建成区面积2.24万平方公里，比1992年增加了7 480.6平方公里。②1995年之后，中国城镇化人口、城市建成区和经济开发区增长速度明显高于此前时期，已经超越工业化增长速度。重型化生产和生产空间扩大是工业园区扩大与数量增长的主要因素之一。到21世纪之初，全国各类开发区达6 866个，开发区规划面积达3.86万平方公里，超过了当时全国所有城市建成区的面积。③

（三）2001年至今中国的空间资本化与城市空间生产

2001年中国加入世界贸易组织，意味着中国经济体系正式对接世界经济体系，西方资本主义国家的空间资本化对中国的影响加深加大。在国内，经过20多年的发展与积累，私有企业和国有企业的规模不断壮大，私有资本和公有资本的数量与规模不断接近并达到了从工业品生产（第一级资本循环）向空间生产（第二级资本循环）的规模要求。同时，以土地为核心的制度改革进一步向市场化方向发展，城市空间建设领域的制度创新有利于资本不断进入，土地、房地产和交通基础设施领域逐渐成为资本的青睐对象。城市居民住房商品化加快发展，房地产业成为支撑地方经济增长的主导产业。金融业的管制放松也有利于城市空间进一步建设。中国空间资本化进程正式开始。

在空间资本化过程中，资本与地方政府交互作用，形成了以土地为中心的增长联盟机制，推进了城市空间急剧扩张，使得城镇化演变为城市空间生产。在这一时期，资本发现，通过发展和销售城市空间可以获得高于农业和制造业的产业利润率。城市空间成为私有资本与公有资本的

① 国家统计局：《中国统计年鉴》(1991，2001)。

② 国家统计局：《中国统计年鉴》(2017)。

③ 郑国：《开发区发展与城市空间重构》，中国建筑工业出版社2010年版，第49页。

主要投资对象。地方政府发现,通过不断建设城市空间,推动经济保持增长态势,再加上持续的通货膨胀,可以缩小实际债务规模,并不会导致地方政府债务危机。地方政府通过银行借贷和融资平台,不断获得开拓城市空间的能力。银行和金融机构为城市空间生产注入了动力。通过市场化改革和融资渠道,私人资本可以加入到城市空间的建设与投机之中。这样,不断地有资本从工业的第一级循环脱离出来,加入城市空间生产的第二级循环之中。

中国经济金融化和虚拟经济发展进一步推动了空间资本化进程。金融资本与产业资本相结合,极大地提高了空间资本化的规模与速度。资本借用利用信用杠杆和金融工具,可以实现资本的快速集中,扫除了资本从第一级循环到第二级循环的障碍,促进中国城市空间生产。首先,中国加入世界贸易组织之后,外贸顺差带来的大量外贸盈余在强制结售汇制度下转化为基础货币。由于中国的外贸依存度相对较高、外贸顺差不断增多,基础货币投放量不断增加,如图 1 所示。目前,中国有 3 万多亿美元的外贸盈余,相对应地发行了 18 万亿元人民币左右的基础货币。这部分基础货币提高了银行贷款数量,成为中国金融业和虚拟经济较快发展的重要组成部分。

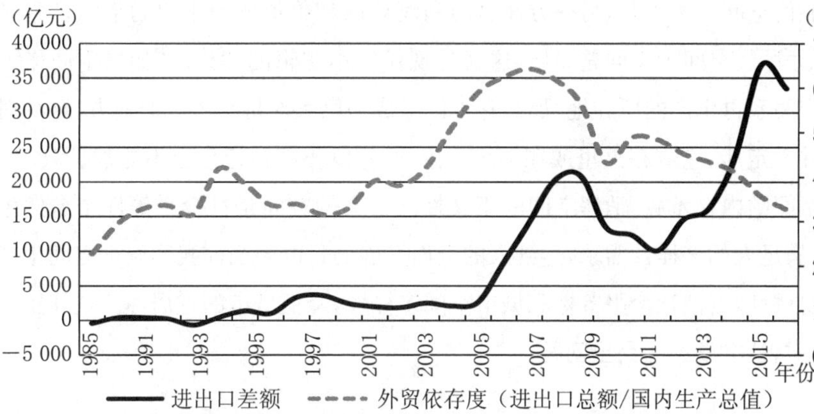

图 1 1985—2016 年中国进出口差额和外贸依存度

资料来源:国家统计局:《中国统计年鉴》(2017)。

在 2008 年全球金融危机之际,中国为应对危机采取的货币政策与财政政策,促进了金融业的快速发展,提高了虚拟经济在国民经济之中的比重。由于货币超发导致相关资产估值急剧膨胀,以房地产业和金融业为核心的虚拟经济快速发展。2000 年,中国的货币供应量 M2 为 13.46 万亿元,到 2016 年增加到 155.66 万亿元,增长 10.5 倍;2000 年,中国房地产业与金融业的增加值分别是 4 149.4 亿元和 4 836.2 亿元,到 2016 年增加到 48 132.8 亿元和 62 132.4 亿元,增长 10.6 倍和 11.8 倍,远远高于国内生产总值增长 6.48 倍的速度。[①]金融业的发展扩大了资本空间化的范围,促进中国企业对产业和空间的投资从本地区走向全国、从国内走向国外。中国企业的国际化步伐大大加快,这也是中国资本空间化的国际进程。同时,中国空间资本化从这个时候进一步

① 国家统计局:《中国统计年鉴》(2017)。

加深，城市空间生产速度加快。空间成为资本存在的一种形式。

随着中国经济不断增长，国内资本已经超越外来资本数量，国内资本逻辑的时空变化逐渐居于主导地位。在这个时期，资本逻辑支配城市建设思想——城市主义与开发主义盛行。①地方政府与资本形成合作关系，共同对城市空间进行开发，推进旧城改造与城市新区建设。通过这样的空间开发机制，城市周边空间不断地以基础设施加房地产的形式卷入到城市空间之中，进一步加快了城镇化速度。2017 年，我国的城镇人口为 8.13 亿人，占总人口（常住人口城镇化率）的 58.52%。②2016 年，中国城市建成区面积为 5.43 万平方公里，比 2000 年增加 3.03 万平方公里。③中国城市建成区以空前的速度增加，城镇化到这个时期已经发展成为城市空间生产。

三、资本逻辑的悖论、空间正义问题与治理方略

“资本积累向来就是深刻的地理事件。”④当空间被整合进资本积累与循环过程之后，一方面资本逻辑会驱使空间飞速扩张，另一方面运用利润获取和价值增殖来驱动空间扩张必然会促使城市空间畸形发展、空间正义问题突出，这就是现代资本逻辑的悖论。“如果空间作为一个整体已经成为生产关系再生产的所在地，那么它也已经成为巨大对抗与矛盾的地方，这种对抗与矛盾产生的中心并无定所，它或在这里或在那里。因此，它既不能被定位也不能被扩散。”⑤资本逻辑的悖论造成空间的内在矛盾，消解空间的正义性。正义的空间是社会平等性与自然生态性的多样性综合体，满足人的多样性需求，达到人的全面发展的目的。当前我国城市空间生产不断消解人与自然的协调性，侵蚀社会平等性和城市空间多样性，降低城市的宜居性。空间正义问题已经成为中国经济与社会发展的突出问题。

（一）国内外经济失衡、城乡空间“二元”对立和对外开放有序化

从改革开放之后相当长的时期内，中国的产业发展和城镇化进程是处于国际资本处于垄断地位、西方发达国家处于主导地位的环境下进行的。“我们全都卷进了一个资本主义城市化或不平衡时空发展的全球进程，即使那些国家，它们至少在名义上探索着一条非资本主义发展道路或非资本主义城市形式。”⑥出口依然是中国经济增长的重要动力，许多沿海城市的外贸依存度都在 100%以上。在国际资本空间化过程中，作为发展中国家的中国对外经济生产是从属于世界经济体系的一部分。中国的出口加工生产远距离地同资本主义的全球性生产构成有机整体，而

① 陈映芳：《都市大开发——空间生产的政治社会学》，上海古籍出版社 2009 年版，第 5 页。
② 国家统计局：《中华人民共和国 2017 年国民经济和社会发展统计公报》。
③ 国家统计局：《中国统计年鉴》（2015）。
④ ［美］大卫·哈维：《希望的空间》，南京大学出版社 2006 年版，第 23 页。
⑤ Henri Lefebvre. 1976, *The Survival of Capitalism*, London. Allison & Busbay. p.85.
⑥ ［美］大卫·哈维：《正义、自然和差异地理学》，上海人民出版社 2015 年版，第 474 页。

近距离地同国内其他生产部分的关联相对较弱。从资本主义国家转移到中国的生产环节相当大一部分是高污染的低端生产部分，它们利用中国的廉价劳动力和较低的环境污染成本。在中国资本空间化过程中，数量增长对资本获取更多的剩余价值具有较为重要的意义。同质性生产及其相同或相似的空间数量式扩张成为城市空间生产的常态，“空间规模的生产”的特征较为突出。许多低端的工业生产环节无节制的空间扩张产生了较大的环境污染问题。如果这种生产得到大量与持久的发展而不能转型升级，一方面使得中国的生产空间长时间依附于资本主义生产世界体系，另一方面造成了中国自然环境恶化、人与自然之间关系趋于紧张。

资本逻辑的悖论对中国空间正义的消极影响远不止于其造成人与自然之间矛盾尖锐之上。资本逻辑下的城市空间生产必然带来“不平衡的地理发展”。①一方面，同质性与规模化生产造成严重的环境污染、相同特征的生产工厂和千篇一律的城市外观，造就了粗放与表面的城市化；另一方面，空间资本化使得不同空间合作趋于降低，城乡空间之间的协调趋于式微，空间越来越失去内在关联性。在空间资本化过程中，当空间被整合进资本的积累与循环过程之后，资本以空间为载体直接攫取超额利润，资本与产业（农业和制造业）的关联性越来越低，工业化与城市化的内在耦合性不断降低，从而侵蚀城市与农村之间已经形成的分工与协作关系，造成城乡空间“二元”对立。“在世界市场的压力之下，以城市化作为手段，资本依据复制与繁殖原则不仅可以控制先前的空间，而且可以生产自己的空间秩序”。②在中国，通过地方政府与资本的交互作用，大城市以工业化为先导、以旧城改造和城市新区建设为主要途径，在中小城市以房地产和建筑业为支柱产业，推动城市空间生产，促使城市空间扩张过快。

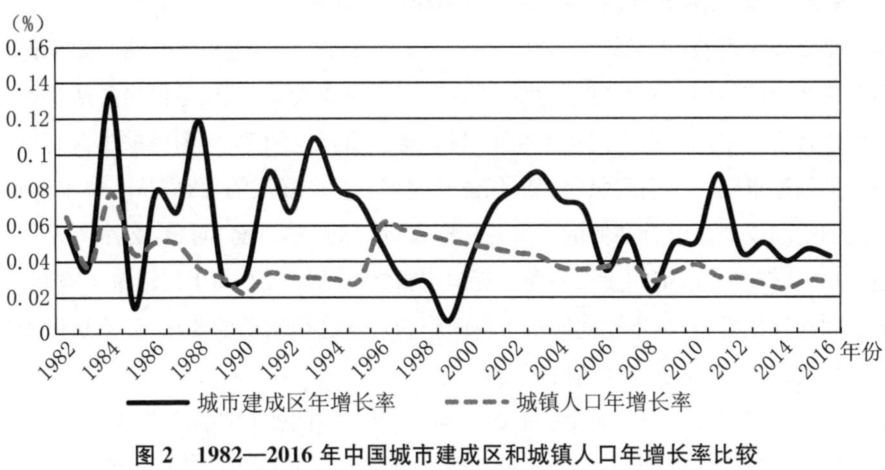

图 2 1982—2016 年中国城市建成区和城镇人口年增长率比较

资料来源：国家统计局：《中国统计年鉴 2017》。

改革开放以来尤其是进入 21 世纪以来，中国城市空间扩张速度超过城市人口增长所应当拥

① [美]大卫·哈维：《希望的空间》，胡大平译，南京大学出版社 2006 年版，第 19—89 页；David Harvey，1985，*The Urbanization of Capital*，Oxford，UK：Basil Blackwell Ltd.，p.159.

② Henri Lefebvre. 1991，*The Production of Space*. Oxford UK. Blackwell Ltd. p.326.

有相应的空间增长速度，城市空间顺着交通轴线从城市近郊不断向外扩张，城市空间生产威胁到自然环境与传统农村生存空间。1982—2016 年，中国城市建成区年均增长 5.88%，城市人口年均增长 3.99%，城市建成区年平均增长率高于城市人口年均增长 1.89 个百分点，如图 2 所示。① 城市建成区增长速度超过人口城市化增长速度，城市空间作为人造空间环境与自然之间关系显现出对立与紧张的局面。许多城市空间生产不仅威胁到自然环境的可持续发展，而且使得城市与农村之间关系不断趋于对立，城市空间过快扩张并挤压传统农村空间，农村的经济社会结构被打破之后又无法融入城市空间。这使得农村与城市并没有朝着生产分工与协作方向发展，而是使农村以不正常的关系依附于城市，城乡空间“二元”对立关系走向深化。

因此，要本着适当、渐进和有序的方式来推进中国经济对外开放，平衡国内外经济之间的关系。要降低中国的外贸依存度，把产业结构从出口与投资驱动型转变到立足本地与本国居民需求消费的轨道上来，提高国内生产供给与需求的对应度，发展基于本地方比较优势与要素禀赋的产业体系。要防止中国城市空间生产过度地被国际金融资本裹挟进资本主义世界体系之中，应当防范国际金融资本把中国城镇化作为重点投机领域，防止中国城市空间成为国际资本的俘获对象。在虚拟经济过度发展的状况之下，金融资本会通过空间资本化方式催化城市空间过快扩张。因此，应当控制中国的货币超发状况，限制经济金融化与虚拟经济的发展。要对中国的汇率制度和结售汇制度进行合理化改革，保证人民币的均衡性供给，保持国内外货币兑换的合理性，保证资本在国内外的进出受到一定的管制。

（二）“单向度”的资本逻辑、空间正义性消解和制度节制资本

空间从来是多维度的，正义的空间具有生态性、平等性、多样性和体系性。如果把空间当作实现资本价值增殖的途径，必须会摒弃其他维度。在资本逻辑下，城市空间生产从来不会系统性和平等性地进行空间生产。在空间资本化下，资本虽然重视空间生产，但是缺少对高层次与精致化的空间产品的追求动力。空间只要能够保证利润率和生产发展需要，服从于资本逻辑，除此之外其他维度的空间发展是没有必要的。这就是资本逻辑的“单向度”问题，必然产生“单向度”的空间问题，也必然带来城市空间正义问题。资本逻辑之下的城市空间生产消解了空间的整体性，促使城市空间碎片化发展，城市空间屈从于空间作为资本必须增殖的要求，而不从属于城市居民的生活与工作逻辑，不从属于空间的使用功能。

正如工业产品以差异性在竞争中获取超额利润一样，空间作为产品和资本存在的形式，以空间差异性企图在竞争中胜出，但是它以资本逻辑作为扩张依据必然会造成了空间的单调性和胁迫性，导致城市的丰富性和宜居性不足。“正义问题不能独立城市条件之外，不仅仅因为大多数人居住在城市，首先是因为城市集聚了已经浸润了现代社会的多种张力和冲突”②。在空间资本化过程，空间差异和弹性空间成为资本实现利润的手段。“一方面，空间壁垒和区域性的区分必

① 国家统计局:《中国统计年鉴》(2017)。

② Edward W.Soja. 2010, *Seeking Spatial Justice*, Minneapolis: the University of Minnesota Press, p.1.

须被打破拆毁；另一方面完成这个终极目标所采用的手段势必带来新的地理差异的生产，从而形成有待克服的新的空间壁垒。”①这个过程是“地理差异的生产”。②空间在资本与贸易的力量下重新组织，而空间自身的固有屏障则在资本流动下不断崩溃。空间差异、空间破碎化和空间不平等是资本逻辑之下中国城市空间生产的明显结果。居民的个体空间越来越受到资本逻辑的影响。

在国际资本空间化的影响下，由于中国各个城市分别进行多头对外的出口导向型并带有竞争性的经济生产，产业同构化现象仍然比较严重，导致城市群内部不能形成有效率的分工与协作关系。在资本空间化与空间资本化下，中国城市空间必然产生破碎化与非连续性开发问题。在城市中心城区，城市空间各个组成部分互不协调，没有构成协同与配套关系；在城市郊区，土地破碎化低效率利用现象比较普遍。随着中国经济市场化不断深入，土地租金和房地产价格在中国城市空间布局之中的作用日趋突出，利润率和收入日渐成为不同产业和城市居民在空间定位的主要依据。居民的空间区位隔离正在变得越来越严重。许多大城市的中心城区与城市边缘区呈现二元化发展特征：中心城区集中优势的公共资源，城市郊区缺乏这些资源并且治理混乱。城市空间矛盾不断走向尖锐化，促使“二元化城市”的兴起。③在这样的城市空间之中，不同社会群体的社会隔离日益明显，空间平等性受到侵蚀和消解，空间流动性被破碎化的城市空间所阻碍。

因此，应当用制度把资本逻辑限制在积极的范围之中，在地方政府与资本之间矗立起一道“隔离墙”，规范资本逻辑。在过去的20年中，以土地为核心的城镇空间建设不断向市场化和资本化方向发展，相关法规不断放松便于资本进入城镇空间建设领域。但是，对于资本的节制、规范和约束的制度体系尚未完善，导致了资本的无序逐利。所以，要运用制度的激励与约束作用，规范和约束资本，推动资本从房地产业、以金融业为核心的虚拟经济和城市空间生产领域（第二级资本循环）向科技创新和社会发展方向（第三级资本循环）发展，防止资本过多地停留于虚拟经济和城市空间生产领域。④要促进我国行政管理体制、财税管理制度、社会保障制度、土地制度、户籍制度和城乡规划制度形成节制和约束资本的制度体系，提高城市空间正义性。

参考文献

[1] Das, Raju J., 2017, “David Harvey's theory of uneven geographical development: A Marxist critique”, *Capital & Class*, Vol.41, (3).

[2] David Harvey, “Paik Nak-chung, 2017, How capital operates and where the world and China are going: a conversation between David Harvey and Paik Nak-chung”, *Inter-Asia Cultural Studies*. Vol.18, (2).

[3] Edward W.Soja., 2010, “Spatializing the urban Part Ⅰ”, *City*, Vol.14, (6).

[4] Henri Lefebvre., 2014, “Dissolving city, planetary metamorphosis”, *Environment & Planning D: Society & Space*. Vol.32, (2).

① David Harvey. 1982, *The limits to Capital*, Oxford: Basil Blackwell Ltd., p.417.

② 唐旭昌：《大卫·哈维城市空间思想研究》，人民出版社2014年版，第174页。

③ [美]曼纽尔·卡斯泰尔：《信息化城市》，崔保国译，江苏人民出版社2001年版，第247页。

④ 根据大卫·哈维的理论，第三级资本循环是资本进入科学与技术领域，还包括对教育、医疗、社会保障、军事领域和国家机器的投资。

[5] Margarida Queirós. Edward Soja, 2016, "geographical imaginations from the margins to the core", *Planning Theory & Practice*, Vol.17, (1).

[6] Michel Foucault, 1984, "Of Other Spaces, Heterotopias", *Architecture*, *Mouvement*, *Continuité*, (5):46—49.

[7] Barney Warf and Santa Arias, 2009, *The Spatial Turn: Interdisciplinary perspectives*, Routledge.

[8] Edward W.Soja, 2010, *Seeking Spatial Justice*, Minneapolis: the University of Minnesota Press.

[9] David Harvey, 2017, *Marx, Capital, and the Madness of Economic Reason (1st edition)*, Oxford University Press.

[10] David Harvey, 1985, *The Urbanization of Capital*, Oxford, UK: Basil Blackwell Ltd.

[11] Henfi Lefebvre, 1976, *The Survival of Capitalism*, London. Allison & Busbay.

[12] Henri Lefebvre, 1991, *The Production of Space*, MA: Black publishing.

[13] 宋宪萍、梁俊南:《基于资本循环框架的金融化与空间化》,《马克思主义研究》2014 年第 10 期。

[14] 张凤超:《资本逻辑与空间化秩序——新马克思主义空间理论解析》,《马克思主义研究》2010 年第 7 期。

[15] 范恒山:《所有制改革理论与方案》,首都经济贸易大学出版社 2000 年版。

[16] 包亚明:《现代性与空间的生产》,上海教育出版社 2003 年版。

[17] 唐旭昌:《大卫·哈维城市空间思想研究》,人民出版社 2014 年版。

[18] 武延海、张能、徐斌:《空间共享——新马克思主义与中国城镇化》,商务印书馆 2014 年版。

[19] 郑国:《开发区发展与城市空间重构》,中国建筑工业出版社 2010 年版。

[20] 陈映芳:《都市大开发——空间生产的政治社会学》,上海古籍出版社 2009 年版。

[21] [美]迈克·詹克斯等:《紧缩城市——一种可持续发展的城市形态》,中国建筑工业出版社 2004 年版。

[22] [美]大卫·哈维:《新自由主义简史》,上海译文出版社 2016 年版。

[23] [美]大卫·哈维:《资本的城市化——资本主义城市化的历史与理论研究》,苏州大学出版社 2017 年版。

[24] [美]大卫·哈维:《新帝国主义》,社会科学文献出版社 2009 年版。

[25] [美]大卫·哈维:《希望的空间》,南京大学出版社 2006 年版。

[26] [美]爱德华·W.苏贾:《后现代地理学——重申批判社会理论中的空间》,商务印书馆 2004 年版。

[27] [法]亨利·列斐伏尔:《空间与政治》,上海人民出版社 2015 年版。

[28] [加拿大]简·雅各布斯:《美国大城市的生与死》,译林出版社 2005 年版。

[29] [美]曼纽尔·卡斯泰尔:《信息化城市》,江苏人民出版社 2001 年版。

(本文原载《学术月刊》2018 年第 7 期)

增长和发展的政治经济学

中国特色社会主义政治经济学的共享发展研究

刘　灿*

摘　要　共享发展是马克思在对资本主义私有制、剥削和社会两极分化现象批判的基础上，对未来社会主义社会发展的价值目标和发展方式的科学揭示。共享发展的理念对于构建中国特色社会主义政治经济学具有重要意义，它构成了中国特色社会主义政治经济学的逻辑主线，是整个体系借以形成和展开的核心。进入新时代，中国特色社会主义共享发展理念下的发展道路要坚持人的全面发展，以发展来推进社会公平正义，体现包容性增长和益贫式增长。实践证明，中国现代化必然要走、也正在走一条有自己特色的独特道路，在这条道路的特殊内涵中，共享发展无疑是其中的核心价值之一。

关键词　中国特色社会主义　政治经济学　共享发展　共同富裕

共享发展是马克思在对资本主义私有制、剥削和社会两极分化现象批判的基础上，对未来社会主义社会发展的价值目标和发展方式的科学揭示。中国传统文化中包含着共享的文化意蕴和理想追求。直到20世纪80年代后，邓小平逐渐形成了其共同富裕的思想，清晰阐述了社会主义的本质，共享的理想追求逐步实质化。2015年中共十八届五中全会召开，以习近平为核心的党中央领导集体适应新的发展需要首次提出了共享发展的新发展观。这是在继承共同富裕思想的基础上，深入对社会主义本质的理解，是中国特色社会主义的本质要求，是新时代引领中国发展的思想指南。

一、共享发展理念的思想渊源

（一）共享发展与自由人联合体、命运共同体

在人类历史文化和思想发展的进程中，我们可以找到共享发展的思想渊源，“共富”“公平正义”“共同体”这些概念都与共享发展这一理念有关。最早提出共同体概念的是法国思想家让·雅克·卢梭，他从社会契约论角度出发，认为社会契约一旦缔结，“就意味着每个人把自己的全部

* 刘灿，西南财经大学马克思主义经济学研究院教授。

权利都转让给由人民结合成的集体，因此个人服从集体的‘公意’，也就是服从自己，人民则是这个政治共同体的主权者。”①马克思的科学社会主义理论是建立在生产资料公有制基础上的，共享发展、共同富裕、公平正义都是这个理想社会的特征，马克思、恩格斯曾经用“真正的共同体”概念来表达，并提出在真正的共同体的条件下，各个人在自己的联合中并通过这种联合获得自己的自由，“在那里，每个人的自由发展是一切人的自由发展的条件”。②马克思、恩格斯认为这是一种人类发展的高级阶段的社会，在这个社会中没有阶级，没有民族国家，没有私有制和压迫。在“真正的共同体”中，不仅实现了各个人的真正联合，这种联合把个人的自由发展建立在共同发展之上，而且个人的发展又是全面的、自由的。

共享发展理念作为人类经济社会活动的先进理念，体现了在一个人的全面发展的理想社会人的共同意志和人的主体性地位。共享发展理念与资本主义生产关系是不相容的，这是因为资本主义不可能内含共享发展所需要的价值取向和生产关系特质。在马克思看来，资本主义私有制和与之适应的市场体制，商品拜物教和货币拜物教支配着所谓“理性经济人”的行为，劳动“异化”和资本强权等构成资本主义生产关系中社会个人的生活生存特质。在社会主义社会，基本经济制度和所有制关系发生了根本变化、广大人民需要的充分满足以及公平正义的普遍化，生产关系的主体的生存特质也相应地发生变化，社会成员在有自身个人利益的同时，又成为实现社会共同利益的主体，共享发展有了高度发展的生产力和新的生产关系提供的条件，又成为这一社会生产关系的特质。按照马克思历史唯物主义的观点，从资本主义向未来理想(共产主义社会)的转变是一个长期的历史过程，而实践表明，这一过程中还要经历社会主义发展阶段以及在社会主义发展中要经历一个初级阶段。在《哥达纲领批判》中，论及未来的新制度及其形成，马克思是这样描述的：“在共产主义社会高级阶段上，在迫使个人奴隶般地服从分工的情形已经消失，从而脑力劳动和体力劳动的对立也随之消失之后；在劳动已经不仅仅是谋生的手段，而且本身成了生活的第一需要之后；在随着个人的全面发展，他们的生产力也增长起来，而集体财富的一切源泉都充分涌流之后，——只有在那个时候，才能完全超出资产阶级权利的狭隘眼界，社会才能在自己的旗帜上写上：各尽所能，按需分配！”③

（二）共享与分享

麻省理工学院的马丁·魏茨曼提出了著名的分享工资理论。分享工资是指对生产单位——企业的利润分享，也可以看作是分红工资，它是工人的工资与某些经济效益指标挂钩、随经济效益水平而同比例增减的劳动报酬制度。分享工资制是对资本主义传统工资的一种改良，它并没有改变资本主义企业中的劳资对立关系。随着资本主义经济进入 20 世纪后经济停滞、通货膨胀、企业效率下降等顽疾的出现，分享制在企业中被广泛运用。分享制对 20 世纪西方劳动经济学和工资理论有重要影响，它与“边际生产力工资理论”“劳资谈判工资理论”成为主流的工资理

① 卢梭：《社会契约论》，商务印书馆 1982 年版，第 23 页。
② 马克思、恩格斯：《共产党宣言》，《马克思恩格斯选集》第 1 卷，人民出版社 1972 年版，第 273 页。
③ 《马克思恩格斯选集》第 3 卷，人民出版社 1995 年版，第 305—306 页。

论。与20世纪开始流行的"企业员工持股"一样,分享制成为企业改善公司治理结构和劳资关系的重要手段。

(三) 共享与公平正义

共享与公平正义在社会价值追求上是一致的。人们对公平问题的探讨,可以追溯到很早以前。从古希腊的卡克利斯、柏拉图和亚里士多德,到中世纪的西欧思想家,及至资产阶级革命时期的伏尔泰、孟德斯鸠、卢梭等人及其以后的马克思、恩格斯等,都对公平问题作了许多阐述,形成了丰富的有关公平的思想。17、18世纪资产阶级思想家格劳秀斯、霍布斯、伏尔泰、卢梭等都是"天赋人权论"的提出者和发展者,他们的公平正义思想代表了当时欧洲资产阶级革命时期追求所谓"社会理性",即捍卫公民自由,反对封建主义专制。如格劳秀斯认为,基于人类共有的理性,人们所拥有的符合人性要求的自然权利是公正的、公平的。19世纪,不少资产阶级思想家提出与自然法思想相异的公平思想,如边沁认为,公平的要求在于为社会谋福利。马克思认为,公平正义虽然代表了一种价值判断,但它是现实经济关系的反映;在不同的历史时期不同的社会利益代表者对公平正义范畴给予了不同的内涵,因此,公平正义范畴本身是"历史的"。公平正义是马克思关于社会分配的价值取向和基本原则,但马克思认为公平分配原则和方式是客观的,而不是主观的、抽象的。分配公平与否取决于它是否与一定历史阶段由生产力水平决定的生产方式及生产关系相适应。马克思指出,所谓的分配关系,是同生产过程的历史规定的特殊社会形式,以及人们在他们生活的再生产过程中互相所处的关系相适应的,并且是由这些形式和关系产生的,分配关系不过表示生产关系的一个方面。

二、共享发展的理论逻辑和实践探索

(一) 共享发展的深刻内涵

共享发展首先是发展。共享发展理念具有多层次性,共享发展分为质和量两个方面。质的方面是指多个发展主体在发展结果分配上,拥有平等索取权;量的方面是指平等不等于等量,平等地享有权利仅仅是指资格的平等,并非等量的平均索取权。共享式发展在质与量上的定义应更加精确化,可分为非等量式共享发展和等量式共享发展。社会主义或共产主义条件下的共享是相对的,而非绝对的,在按劳分配下有劳动质量的差异,在按需分配下有需求能力的差异,共享更多是指机会和资格。在基本生存必需品方面是等量共享,由于人的需求、才能、个性、偏好的差异,在发展品和享受品的共享方面,只能是相对共享。①共享在经济学意义上是共享经济。共享经济表达了这样一种状态,即人们在开展经济活动的思想认知上具有共识性,在经济活动的过程中具有共同管理的原则,而在经济活动的成果占有上具有共享性的处置方法。因此,共享经济涉

---

① 李红梅:《共享发展的理论来源、科学内涵和实践维度》,红网:http://ldhn.rednet.cn/c/2017/07/12,2017年7月12日。

及主体、组织、机制、过程、结果等方面的共享特征，我们党提出的共享发展理念所包含全民共享、全面共享、共建共享、渐进共享正是对共享理念深刻内涵的科学概括。

（二）共享发展与共同富裕

共同富裕是指发展成果由全体人民共同享有，它既是人们追求的梦想，也是实现后的一种状态。因此，共同富裕的内涵中必然包含共同享有。关于共享和共富的关系问题，学界有较多的讨论。如邓鹏(2016)指出共同富裕侧重物质财富的增加，共享发展强调经济、政治、文化、社会、生态发展成果的全面共享；他认为共同富裕是社会主义的发展目标，共享发展是实现共同富裕目标的阶段性基础。①刘武根(2016)认为共享内含共富，并为共富的实现提供动力，共富指引着共享，共富是目标，并为共享指明方向。②余源培(2011)认为共享突出的是分配问题，具体化为处理好“先富”“后富”和“共富”的关系，关键是初次分配、再次分配都要讲公平，实现分配正义；共享发展体现社会主义本质，深化了共同富裕的内涵，共享发展的宗旨在于缩小收入差距、消除两极分化。③胡培兆(2006)认为，我国处于社会主义初级阶段，共同富裕就是让人民大众能共享经济发展的成果，逐步扩大社会福利。④按照马克思主义的观点，所有制决定分配关系，财产关系决定分配关系，财富和收入的分配不公的根源在于所有制结构的根本性变化，⑤卫兴华(2012)认为，要坚持公有制为主体、多种所有制共同发展的基本经济制度，搞好搞活国有经济，为全国人民创造更多的财富和增加全民的利益⑥，贯彻新时代中国特色社会主义思想，“坚持以人民为中心的发展思想，不断促进人的全面发展、全体人民共同富裕”。马克思认为人的全面发展内含了所有个体的发展，人的自由发展必须以个体能力的全面发展为前提，且发展的最终目标是为了人本身⑦，共享发展中的全民共享、全面共享、共建共享和渐进共享的发展理念是马克思主义中国化和时代化的新成果。范从来(2017)认为，共享发展是共同富裕道路的新阶段，现阶段的共同富裕就是走共同富裕的道路。⑧

在推进社会主义共同富裕的过程中，共享是共富的基础，为共富提供动力，共享的目标是共富；共富在发展阶段上包含着先富以及先富带后富、实现共同富裕。从共享自身的内涵看，共享的主体是全体人民而不是一部分或少数人，不管是个人还是群体，都有平等的资格和机会参与经济社会活动。共享不等于共有或均享，不能无偿占有他人劳动和损害他人的正当权益。共享发展是建立在社会公平正义、共建基础上的共享，即建设越多、贡献越大，享受发展成果的能力和机会也越大。共享经济发展成果是最重要、最基础的共享，但不是共享的唯一内容；践行共享发展

---

① 邓鹏：《论共享发展理念的民生伦理意蕴》，《中国社会科学院研究生院学报》2016 年第 5 期。

② 刘武根、艾四林：《论共享发展理念》，《思想理论教育导刊》2016 年第 1 期。

③ 余源培：《以共识、共通、共容、共享引领社会管理创新》，《毛泽东邓小平理论研究》2011 年第 8 期。

④ 胡培兆：《贫富论》，《学术月刊》2006 年第 5 期。

⑤ 程恩富、张建刚：《坚持公有制经济为主体与促进共同富裕》，《求是学刊》2013 年第 1 期。

⑥ 卫兴华：《坚持和完善中国特色社会主义经济制度》，《政治经济学评论》2012 年第 1 期。

⑦ 李雪娇、何爱平：《政治经济学的新境界：从人的全面自由发展到共享发展》，《经济学家》2016 年第 12 期。

⑧ 范从来、谢超峰：《益贫式增长、分配关系优化与共享发展》，《学术月刊》2017 年第 3 期。

理念不是只解决基本社会在社会主义民生问题，还包括满足人民的精神层面需求，包括干净的空气、丰富的闲暇休息和文化生活等等，即包括经济、政治、社会、文化、生态等在内的全面共享。在社会主义初级阶段社会生产发展不充分、不均衡的条件下，但不能实现全方位、全领域的共享，而是“渐进共享”和“有条件的共享”，并需要通过法律法规形式，建立秩序和规则，为共享发展提供稳定的社会预期和长期的制度保障。从这几个方面的意义上讲，共享与共富有着相同的涵义，因此，共同富裕必然包含共享共富。

（三）我国社会主义建设中追求共享和共富的实践探索

(1) 新中国成立到改革开放以前(1949—1978 年)。新中国成立之初，我国建立了人民民主专政和人民代表大会制度的国体和政体，经过全面的社会主义改造，建立起社会主义的制度体系，为共同富裕理念奠定了制度基石。中国共产党以“实现共产主义”作为党的最高纲领，以“全心全意为人民服务”作为党的根本宗旨，符合共建、共享、共富等社会价值的追求。1953 年 12 月 16 日，中共中央通过《关于发展农业生产合作社的决议》，指出“为着进一步提高农业生产力……并使农民能够逐步完全摆脱贫困的状况而取得共同富裕和普遍繁荣的生活”。走共同富裕的社会主义道路和社会主义基本制度为实现共同富裕奠定了根本前提，以毛泽东为核心的党中央领导集体进行艰辛的社会主义建设探索。在分配领域，通过实行生产资料社会主义公有制，采取均等的按劳分配方式尝试共享和共同富裕。

(2) 邓小平时期(1978—1992 年)。邓小平是我国改革开放的“总设计师”，也是我国改革开放以来共同富裕理论的主要奠基者和共同富裕实现路径的领路人。邓小平认为，共同富裕“是体现社会主义本质的一个东西”，“社会主义的本质是，解放生产力，发展生产力，消除剥削，消除两极分化，最终达到共同富裕”；关于在社会主义初级阶段实现共同富裕目标方面，邓小平指出“社会主义原则，第一是发展生产力，第二是共同致富”，实现共同富裕的物质基础是大力发展生产力，即“整个社会主义历史阶段的中心任务是发展生产力”。①在共同富裕的实施路径上，邓小平反复强调：“我们允许一些地区、一些人先富起来，是为了最终达到共同富裕，所以要防止两极分化。”②邓小平时代沿着这样的思路对经济体制进行了大胆的改革。在农村推行家庭联产承包责任制、在城市开始发展商品经济，同时对外开放、建立经济特区、鼓励东部沿海有条件的地区率先实现现代化等。在分配领域，打破平均主义的分配方式，提出一部分人先富起来，在效率的基础上实现公平，通过先富带动后富，逐步实现共同富裕。

(3) 构建社会主义市场经济体制(1992 年至中共十七大)。1992 年以后，中共领导集体不断继承、丰富和发展共同富裕思想。中共十四大报告明确提出“我国经济体制改革的目标是建立社会主义市场经济体制”，“兼顾效率与公平，运用包括市场在内的各种调节手段，既鼓励先进，促进效率合理拉开收入差距，又防止两极分化、逐步实现共同富裕”。在分配领域，实行按劳分配和按

---

① 《邓小平文选》第 3 卷，人民出版社 1993 年版，第 254—255 页。

② 同上书，第 195 页。

要素贡献分配相结合的方式，以及效率与公平相统一的原则，追求分配共享；促进区域平衡发展，追求区域共享。中共十六大制定了全面建设小康社会的奋斗目标，强调在社会主义现代化建设的每一个阶段都必须让广大人民群众共享改革发展的成果，兼顾效率与公平，指出共同富裕思想为“三个代表”重要思想的核心内容之一。中共十七大强调“以人为本，科学发展，更加注重公平”，提出科学发展观的战略思想。科学发展观的核心是以人为本，就是要始终把实现好、维护好、发展好最广大人民的根本利益作为党和国家一切工作的出发点和落脚点，做到发展为了人民，发展依靠人民，发展成果由人民共享。这种以人为本、关注人的多方面需求和全面发展极大地扩展了共享和共富的内涵。

(4) 习近平新时代(2012 年至今)。中共十八大提出“全面建成小康社会”总目标的要求，明确坚持走共同富裕道路，“要坚持社会主义基本经济制度和分配制度，调整国民收入分配格局，使发展成果更多更公平惠及全体人民，朝着共同富裕方向稳步前进”，提出“促进人的全面发展、逐步实现全体人民共同富裕”是中国特色社会主义的目标，深刻体现科学发展观中“以人为本”的价值观。以习近平为核心的党中央站在全面建成小康社会、实现中华民族伟大复兴中国梦的历史高度，坚定“人人参与、人人尽力、人人享有”的共享发展理念，不断深化收入分配制度改革，着力构建“发展成果由人民共享”的长效机制。中共十九大立足中国特色社会主义进入新时代的新的历史定位，提出我国社会主要矛盾已经转化为人民日益增长的美好生活需要和不平衡不充分的发展之间的矛盾，明确了新时代中国特色社会主义思想的丰富内涵，最根本的要求是以人民为中心的发展思想，着力解决发展不平衡不充分问题，不断促进人的全面发展、全体人民共同富裕。中共十九大将全面建设小康社会目标划分为两步或两个阶段，突出提高人民收入和提高人民生活水平的目标任务，立足改善民生、让改革成果更多惠及全体人民。

三、共享发展在中国特色社会主义政治经济学中的理论价值

(一) 共享发展体现了社会主义的本质要求和根本目标

根据中国特色社会主义实践，邓小平提出了关于社会主义本质的科学论断：“社会主义的本质，是解放生产力，发展生产力，消灭剥削，消除两极分化，最终达到共同富裕。”[①]邓小平对社会主义本质的新概括，既坚持了马克思主义的科学社会主义，同时又赋予社会主义新的时代内容。它的基本内涵包括两个方面：一是把解放和发展生产力纳入社会主义的本质；二是突出强调了社会主义社会的发展目标，即消灭剥削、消除两极分化，最终达到共同富裕。在共同富裕这个概念中，“富裕”反映了社会成员对社会财富拥有的丰裕程度，是社会生产力发展水平的集中体现；“共享”则反映了社会成员对财富的占有方式，是社会生产关系性质的集中体现。因此，共享发展和共同富裕包含着生产力与生产关系两方面的特征，从质的规定性上成为社会主义的本质规定和奋斗目标。

① 《邓小平文选》第 3 卷，第 373 页。

(二) 社会主义制度为实现共享发展提供了根本条件

在现实中是不存在抽象的财富分配，它们总是同特定的经济制度和社会关系结合在一起，而共享发展和共同富裕的基本属性规定了只能和社会主义公有制结合起来才能具有充分的实现条件。马克思讲到，只有在存在着资产阶级和无产阶级的阶级对立的私有制社会被一个新的“联合体”代替后，即一个新的社会制度产生后才能实现。这就界定了共享发展和共同富裕的制度前提。生产资料占有不公和由此导致的分配不平等是资本主义社会的顽疾，只有消除生产资料私人占有的资本主义制度，才能消除剥削和不平等，实现共同富裕。在资本主义经济制度的前提下，无论采取什么样的社会财富和收入再分配的办法，都无法消除内生于资本主义生产方式的不平等和两极分化现象。建立在公有制基础上的社会共同占有和管理社会共同财产的社会主义制度是确立共同富裕、共享发展目标的根基，体现了社会主义制度的价值追求，也为实现共同富裕提供了制度条件。当代资本主义国家一直在用国家干预和社会福利政策来调节贫富差距，减少社会矛盾。但是要看到，资本主义市场经济内在的贫富分化和社会利益结构失衡是由它的基础生产关系决定的，资本主义私有制限制了对财产和收入分配结构调节的力度及范围。当代资本主义国家为经济增长已付出巨大的代价(不平等和社会分裂)，我国在发展社会主义市场经济的过程中，要避免资本主义制度最有害的和破坏性的特征出现。

(三) 生产力的发展是实现共享共富的必要条件

马克思深刻地揭示并突出地强调了人类物质生产力及其发展对于人类社会和人的发展所具有的重要性。历史唯物主义把人类的生产活动理解为人类最基本的也是最重要的实践活动，而人类生产活动的主要内容就是不断发展社会的物质生产力，人类从事物质生产活动以及其他一切社会活动的一般的主要目的和动机，就是为了获得一定的物质利益。生产力发展为人类社会进步提供最重要的基础和条件。马克思、恩格斯认为，在未来社会生产力充分发展和物质财富极大丰富的基础上，建立了生产资料公有制，个人被动地、强迫性地服从旧的社会分工，脑力劳动和体力劳动的对立现象才能消失；在这个基础上，劳动不仅仅是谋生的手段，随之成为生活的第一需要，人的全面发展才能实现；在这个基础上，被市场等价交换原则和资产阶级权力所束缚的个体才能得到解放，多样性、平等性、自由性的个体特征才能出现，才能真正实现个人的“自由和全面”发展，从而实现全社会的共享发展和共同富裕。

(四) 共享发展理念的当代价值

中国特色社会主义政治经济学是马克思主义政治经济学在当代中国的创新和发展，共享发展的理念对于构建中国特色社会主义政治经济学具有重要意义。一是共享发展作为中国特色社会主义政治经济学的价值取向决定了其以人民为中心的基本立场；二是共享发展理念本身所蕴含的马克思主义历史唯物主义方法对于中国特色社会主义政治经济学构建具有重大的方法论价值；三是共享发展理念构成了中国特色社会主义政治经济学的逻辑主线，是整个体系得以形成和展开的核心。这就是：社会主义基本经济制度和分配制度是共享发展的制度保证；生产关系的性质决定共享发展的层次和范围;生产力发展是共享发展的物质基础;解决社会主要矛盾是共享发展的出发点;企业及个人的微观主体地位、市场要素的决定作用以及政府调控的主导作用,是共享发展的基本条件;促进人的全面发展、全体人民共同富裕是共享发展的根本目的;共享是人类发展的本质,是构建人类命运共同体的重要价值目标。

四、中国特色社会主义共享发展理念下的发展道路

(一) 发展只不过是人的全面发展

马克思、恩格斯从人的解放和全面发展出发,从历史演变的角度揭示了三大社会形态中人的发展状态,指出人的全面发展的历程和人类社会历史发展一样是一个自然历史过程。马克思按照人的个体发展的程度把人类社会分为依次递进的三种社会形态,其中最初的社会形态是指人的依赖关系,"在这种形态下,人的生产能力只是在狭窄的范围内和孤立的地点上发展着"。①这种形态包括原始社会、奴隶社会、封建社会,生产力不发达,人身依附是社会人与人关系的特征。人身依附关系完全扼杀了个人的主动性和生产积极性,严重阻碍了生产力的发展。以物的依赖性为基础的人的独立性,是第二种社会形态,相当于马克思所讲的资本主义社会和资本主义市场经济。在这种社会形态下,物的依赖性主要表现为对资本的依赖性。资本追求剩余价值的同时也推动了社会生产力的极大发展,马克思、恩格斯在《共产党宣言》中对于资本主义市场经济形成的巨大生产力给予了充分的肯定。他们写道:"资产阶级在它的不到一百年的阶级统治中所创造的生产力,比过去一切世代创造的全部生产力还要多,还要大。"②资本主义社会生产力的发展为一个更高级的生产形式创造了物质条件,但资本生产力本身又是在"异化"的形式下表现出来,其生产关系特征是资本以市场平等交换的假象无偿占有他人的劳动成果以及资本与劳动的对立。"建立在个人全面发展和他们共同的社会生产能力成为他们的社会财富这一基础上的自由个性,是第三个阶段"③,它相当于马克思所讲的社会主义和共产主义社会。在这个阶段,人类由"必然王国"进入"自由王国",以自由人联合体为基础,消灭了私有制和剥削。在这一社会形态中,高度发展的生产力的基础上实现了对异化劳动的扬弃,个人从权力和资本的奴役下解放出来,实现了全面发展和自由发展。马克思强调,"第二个阶段为第三个阶段准备条件"。马克思所讲的条件既包括生产力发展所提供的物质条件,也包括人与人的社会关系方面的条件,如社会公平正义、按需分配、个人自由选择和对社会公共事务的充分参与等。在这里,共享发展和共同富裕不仅是社会价值、理念,更是现实的社会实践。就物质资料生产、所有制与人的发展的关系看,从历史唯物主义出发,马克思认为财产权和所有制不仅是一种与物质生产力发展有关的生产关系,它本质上包含着人的发展的基础条件,即能否突破旧的社会分工和机器大工业对人的束缚,消灭并剥夺任何人利用财产的占有权力去奴役他人劳动的权力,重建"劳动者个人所有制"和自由人联合体,

①③ 马克思:《1857—1858 年经济学手稿》,《马克思恩格斯全集》第 46 卷上,人民出版社 1979 年版,第 104 页。

② 马克思、恩格斯:《共产党宣言》,《马克思恩格斯选集》第 1 卷,第 256 页。

最终实现每个人的自由全面发展。马克思追求的是人的全面发展,物质资料的生产和发展只不过是人的全面发展的基础。

生产力的发展和经济增长的目的是什么?经济社会的发展怎样做到可持续?各个国家都必须回答这些问题。加尔布雷斯认为经济发展应当回到重视公共目标、重视人的发展的轨道;阿马蒂亚·森同样批评了将发展等同于国民生产总值的增长,或个人收入的提高,或工业化与技术进步,或社会现代化,认为这些都是狭隘的发展观,最多属于工具性范畴,是为人的发展服务的。经济发展是以人为基础又以人为目的的社会生产活动,马克思主义政治经济学就是以物质资料生产为起点的。马克思认为生存和发展的需要是人类开展社会生产活动的根本原因。在社会生产活动中,人是活动的主体,而社会生产活动又以人为目的,即保障人的生存和发展。从19世纪中叶开始的产业革命和工业化带来了极大的生产力以及社会物质资料的丰富,物质化的发展观不断驱使各个国家走了一条偏技术而忽略人、忽略人与自然关系的发展道路,这种发展方式长期的结果是造成社会差距扩大,社会分裂,生态环境不堪重负,人与自然关系紧张。到21世纪,各国纷纷反思这种传统工业化的发展方式,在发展理念上形成新的共识,即经济发展的价值目标是为了人的发展,并且强调世界各国形成一套共同的价值目标和行动纲领,即自由、平等、共济、宽容、尊重大自然和共同承担责任。①中国立足于改革开放以后的经济增长与发展实践,在丰富的实践经验基础上,形成了以人民为中心的发展思想。习近平指出,“要坚持以人民为中心的发展思想,这是马克思主义政治经济学的根本立场。要坚持把增进人民福祉、促进人的发展、朝着共同富裕方向稳步前进作为经济发展的出发点和落脚点,部署经济工作、制定经济政策、推动经济发展都牢牢坚持这个根本立场。”②以人民为中心的发展,其关键是实现共享发展,体现逐步实现共同富裕的要求。

(二)以共享发展来推进社会公平正义

增长理论与各国发展的历史经验表明长期经济增长关键是实现经济的转型,而其进程必然经历经济成果的分配过程,不同的收入分配必然造成收入的不同分布,并进而影响一国的经济福利。根据各个发展中国家的经验,经济转型和实现长期经济增长并非能自行解决收入的不平等问题。社会制度结构也会影响一国的经济增长,如果经济增长的成果不能为全体社会成员共享而是被少数人或社会利益集团独占,经济增长将失去普遍的激励价值。发展中国家如何实现经济现代化以及成功转型,西方主流经济学根据西方国家经验开出了不少药方,而中国立足于自身国情坚持走中国特色社会主义道路,其发展道路和成功经验却受到越来越多的关注。然而不应该忽视的是,与其他发达国家一样,不平等问题与中国息息相关,而且在接下来的几十年里,不平等问题将越来越突出,因为经济增长最终将不可避免地放缓。③

当前我国收入分配领域存在着分配不公和收入差距过大的突出矛盾,其原因是复杂多样的,

① 李义平:《马克思的经济发展理论:一个分析现实经济问题的理论框架》,《中国工业经济》2016年第11期。

② 习近平:《立足于我国国情和我国发展实践,发展当代中国马克思主义政治经济学》,《人民日报》2015年11月25日。

③ 李实、岳希明:《〈21世纪资本论〉到底发现了什么》,中国财政经济出版社2016年版,第iii页。

一方面是来自深化改革，一方面来自发展过程。通过不断完善社会主义市场经济体制和深化改革，处理好市场经济中政府与市场的关系，可以在一定程度上抑制差距扩大的趋势，而在今后相当长的时间内保持较高速度的经济增长，实现共享经济发展。我们的道路选择应该是坚持共享发展理念，坚持发展为了人民、发展依靠人民、发展成果由人民共享，来解决收入分配领域的公平正义问题，稳步实现共同富裕。中国特色社会主义是一个不断追求公平正义、实现共同富裕的过程，在实践中需要与之相适应的体制机制。按照马克思历史唯物主义观点，人类社会不存在普遍的正义，正义是历史的产物。一个公平正义的制度，其作用是要形成一个让社会绝大多数成员都感到满意，从而能激励他们的创造性劳动的制度环境，最终促进经济效率的提高。任何一个制度作为生产关系的法定表现是由生产力决定的，在收入分配和财产权构建上，我们要选择的是这种制度与现阶段生产力发展、增进经济效率的内洽性。

(三)“包容性增长”和“益贫式增长”

经济增长的成果如何让人民共享，特别是让穷人受益，20 世纪以来发展经济学根据一些发展中国家的增长经验概括出“包容性增长”和“益贫式增长”的模式。“包容性增长”这一概念最早由亚洲开发银行在 2007 年首次提出，它最基本的含义是公平合理地分享经济增长，其中最重要的表现就是缩小收入分配差距，它涉及平等与公平的问题，最终目的是把经济发展成果最大限度地让普通民众来受益。与此相关的是“益贫式增长”，它关注经济增长、不平等和贫困三者之间的关系。发展中国家的增长实践表明，单纯的经济增长并不能自动惠及穷人，穷人的生活水平有可能随着经济增长而下降，因此“涓滴效应”并没有出现。在这个背景下，人们重新审视经济增长、贫困和不平等之间的关系并达成共识：高速的经济增长和对穷人有利的收入分配相结合能够导致绝对贫困下降的最大化，达到所谓的“益贫式增长”。[①]“益贫式增长”模式强调增长机会平等，对贫困人口给予更多关注，实现充分就业并使劳动收入增长率高于资本报酬增长速度。“益贫式增长”强调一国要实现较高且可持续的经济增长率就要增加贫困人口参与经济增长过程的机会，提高贫困人口参与经济增长的能力使其成为经济增长的推动者，而不是单纯依靠社会保障和救济来帮助穷人。对处在经济社会转型期的中国而言，发展劳动密集型产业，尽可能多地创造就业机会，减少失业；实施乡村振兴战略，富农增收，是贫困减除和实现“益贫式增长”的主要途径。

共享发展作为中国道路实践经验的概括和总结，它包含着“包容性增长”和“益贫式增长”的意义，同时彰显了中国增长和发展道路的鲜明特色。实践证明，中国现代化必然要走、也正在走一条有自己特色的独特道路，在这条道路的特殊性内涵中，共享发展无疑是其中的核心价值之一。

(本文原载《学术研究》2018 年第 6 期)

① 张庆红:《对“益贫式增长”内涵的理解：一个文献综述》,《经济学研究》2013 年第 4 期。

新时代高质量发展的政治经济学理论逻辑及其现实性

任保平*

摘　要　进入中国特色社会主义新时代，我国经济已由高速增长阶段转向高质量发展阶段，高质量经济发展的实现首先要明确其理论依据。马克思主义政治经济学对质量问题进行了多方面的论述，在微观方面主要分析的是产品质量问题，马克思主要运用劳动价值理论分析了产品质量与使用价值、价值之间的关系问题。在宏观方面主要研究了生产过程的质量循环链、生产力质量和经济增长质量等问题，马克思对质量问题的这些论述是新时代高质量发展的政治经济学理论基础。梳理马克思主义政治经济学中的质量经济学理论，对构建中国特色的质量经济学具有重要的现实性，这些现实性主要体现在构建以质量为导向的中国特色社会主义政治经济学，同时建立起宏观、中观、微观相结合的中国特色的社会主义质量经济学，为中国特色社会主义新时代高质量发展提供理论指导。

关键词　马克思　《资本论》　质量经济理论　高质量发展

综观中共十八大以来我国经济社会的发展，“质量”成为了我们这个的时代的最强音。中共十九大报告进一步指出，“我国经济已由高速增长阶段转向高质量发展阶段”“必须坚持质量第一、效益优先，以供给侧结构性改革为主线，推动经济发展质量变革、效率变革、动力变革”。2018年中央经济工作会议指出“推动高质量发展是当前和今后一个时期确定发展思路、制定经济政策、实施宏观调控的根本要求”。质量成为新时代我国经济发展的主题，高质量发展的实践需要质量经济学来提供理论指导。但是现有研究中国质量问题的研究成果，大多依据西方经济学的质量经济学理论，其实马克思在《资本论》中对质量问题有过多方面的论述，总结和概括马克思《资本论》中的质量经济学理论，构建具有中国特色的质量经济学，对中国特色社会主义新时代构建以质量为导向中国特色的社会主义政治经济学和实现高质量发展都具有重要的现实意义。

---

* 任保平，西北大学经济管理学院院长、教授、博士生导师，中国西部经济社会发展研究中心主任。

一、质量经济属性的政治经济学阐释

“质量”在《辞海》里解释包含两重含义。第一重含义认为质量就是量度物体所含物质多少的物理量，或者是物体惯性大小的量度，这是从质量的自然属性角度来解释的。第二重含义认为质量就是事物、产品或工作的优劣程度，这是从质量的社会属性角度来解释的。从经济学的角度来研究质量，主要采用的是质量的第二重含义，也就是质量是指事物、产品或工作的优劣程度。根据《辞海》对于“质量”的解释，我们知道质量本质是一种价值判断，经济学范畴内的质量是指对经济事物社会价值的判断，即对某一事物优劣性的判断。随着中国经济从数量时代向质量时代的转变，质量问题就成为了一个研究的热点问题，这就需要从经济理论的高度来分析质量的经济属性。

从质量作为价值判断的角度而言，这实际上涉及的是质量的现实性价值判断，即追求经济效率，但没有涉及质量的终极价值判断，没有涉及实现人的全面发展。因此，从广义的质量经济学视角来看，质量的经济属性应当同时涉及质量的现实价值判断与终极价值判断，因此，我们对质量概念的外延应当进一步拓展。从微观的角度，质量不仅仅包括产品质量与企业质量，还应包括人口质量与环境质量。从微观经济视角出发来看，质量的经济属性不论是产品质量还是企业质量，实际上都关注的是投入和产出，要求实现成本最低，收益最高。从中观的角度，质量包括产业发展质量、工业化质量、城市化质量、金融发展质量和生活质量。从宏观的角度，质量包括经济增长质量、国民经济运行质量、经济发展质量、公共服务质量、对外贸易质量、高等教育质量和经济政策质量。

因此，分析微观、中观、宏观三位一体的质量经济属性，就意味着我们要同时关注质量的现实价值判断和终极价值判断。从现实价值判断的角度，微观上的质量是要实现生产成本的最小化和效益的最大化，中观和宏观上的质量是要实现经济发展的代价降低，实现经济发展成本的最小化。从终极价值判断的角度，微观上的质量经济属性就是使人的幸福水平提升，使人力资本得到提升。中观和宏观上的质量经济属性就是要实现国民素质优化，使经济社会实现均衡发展，最终实现人的全面发展。

二、高质量发展的政治经济学理论基础分析

马克思在《资本论》中论述政治经济学的基本理论时抽象掉了商品质量的差别，只是从一般意义上研究商品经济问题及其理论。但是《资本论》也从不同角度论及一些质量的经济问题，形成了马克思主义政治经济学的质量经济理论，这些理论构成新时代高质量发展的政治经济学理论基础。

(一) 高质量微观经济发展的政治经济学理论依据

《资本论》对微观质量的经济分析主要研究的是产品质量问题，在这方面马克思依据劳动价值理论分析了产品质量与使用价值、价值之间的关系。这些论述构成了高质量微观发展的政治经济学理论依据。

1. 质量的劳动价值理论分析

由于质量的经济性是指在投入与产出比较的情况下，用尽可能少的劳动消耗，生产能够满足消费者更多需要的产品，从而获得尽可能多产出和收益的特征。因而质量的经济属性必然涉及商品经济中价值和使用价值的关系分析，质量的经济属性分析必然要以劳动价值理论为理论基础。马克思在《资本论》中创立劳动价值理论时，运用了科学抽象法，为了便于分析，抽象掉了产品质量的差异，使用中等质量水平的标准来进行研究。这样做是因为："第一，这是马克思抽象方法的运用。他把同最终研究目的(揭示资本主义社会运动的经济规律)没有直接关系的范畴都抽象掉了，第二，马克思处于商品经济发展的数量型经济阶段，质量问题对社会经济活动的影响尚不显著。"①例如，马克思在《资本论》第三卷论述价值的转化形式时所使用的是"生产部门相同种类相同，质量也接近相同的商品"的概念。这种抽象只是为了便于问题分析进行的科学抽象，目的是为了更好地突出《资本论》揭示资本主义社会运动规律这一最终目的。尽管如此，马克思依据劳动价值理论对产品质量的经济性质也作过论述，这种论述包括以下方面：

(1) 从劳动质量角度来分析产品质量。《资本论》首先从简单劳动和复杂劳动的关系入手，分析了劳动质量的差别，同时又在此基础上，分析了劳动质量差别对产品质量的影响。

首先，马克思分析了简单劳动和复杂劳动的差别，指出，简单劳动是指不需要经过专门训练的，没有一定技术专长，任何劳动者都可以胜任的劳动。复杂劳动是指经过专门训练以后，具有技术专长的劳动，复杂劳动多指智力劳动。马克思认为在复杂劳动计量时："比较复杂的劳动只是自乘的或不如说是多倍的简单劳动，因此，少量的复杂劳动等于多量的简单劳动。"②按照马克思政治经济学原理，商品的价值是由"社会必要劳动"决定的，而这种社会必要劳动是以简单劳动为基础计量的。复杂劳动在计量时可以换算成倍加的简单劳动。由此可见，马克思关于简单劳动和复杂劳动关系的区分本质上是分析不同劳动质量之间的差别。

马克思认为产品质量与劳动质量之间是相互影响的，过去劳动的质量影响过去的产品质量，过去的产品质量又影响现在的劳动质量和产品的质量，两者之间形成了一种循环影响。因此，要正常质量的产品必须与"正常质量的劳动"相一致，使得产品生产的"劳动要具有正常程度的品质与强度"③正如马克思所认为的"在这里，劳动的质量是由产品本身来控制的，产品必须具有平均的质量"。④关于劳动质量决定产品质量的原因方面，马克思认为在制造产品的过程中，劳动能使产品形成满足人们需要的物质功能。同时，劳动过程是具有目的性的，使所制造的产品符合一定

① 郭克莎：《马克思论"质量"的经济问题及其现实意义》，《兰州学刊》1988 年第 1 期。
② 马克思：《资本论》第 1 卷，人民出版社 2004 年版，第 645 页。
③ 《马克思恩格斯全集》第 49 卷，人民出版社 1982 年版，第 80 页。
④ 马克思：《资本论》第 1 卷，人民出版社 2004 年版，第 635—636 页。

的社会需要。这表明产品要有质量,生产产品的劳动能够使得产品可具有一定的物质功能,这种物质功能能够满足社会的需要。

因此,马克思指出,“只要过去劳动过程的产品作为要素、作为劳动材料或者劳动资料进入一个新的劳动过程,是我感兴趣的,只是过去劳动的质量,劳动产品实际上是否具有它所要求具有的那种合乎目的的属性,这一劳动是好是坏”,“它们作为使用价值的质量,它们在这种特殊消费过程中实际充当的使用价值的程度就只是取决于一种特殊劳动的结果,取决于这种特殊劳动的质量。同在一定的劳动过程中完全一样,劳动之所以引起我们的兴趣,只是由于它是作为具有一定物质内容的一定的有目的活动起作用,只是由于产品的好坏程度以及它实际上所具有的和包括的使用价值(它在劳动过程中应当获得这种使用价值)的程度取决于劳动的质量,取决于劳动的完善程度以及劳动合乎自身目的的性质。”①

(2) 关于产品质量与价值量关系的研究。马克思在《资本论》中认为产品质量决定着社会必要劳动时间的凝结量,而社会必要劳动时间的凝结量又直接影响着产品价值量的高低。因为马克思建立的关于社会必要劳动时间决定商品价值的原理认为,商品价值量是以“平均样品”为基准来决定的,他认为“作为价值是社会劳动时间的化身,并且只有在劳动时间化为一般社会劳动时间,即同等社会劳动时间自乘的情况下,它们才是包含在自身中的劳动时间的化身。”②因此,个别产品中劳动时间与“平均样品”的劳动时间不一致时,所决定的价值是有差别的。如果个别产品的质量高于“平均样品”的标准质量,产品可以凝结较多的价值,因而高质量的产品就具有了比较高的价值量,质量与商品的价值成正比关系。同样的道理,个别产品的质量低于平均样品的标准质量,这样只能形成较少的价值量,低质量的产品所拥有的价值量就少。

(3) 关于产品质量和商品经济的一般规律关系的研究。等价交换是商品交换过程中的一般规律,而等价交换规律作用的前提是质量保证。如果商品质量有问题,那么,商品等价交换的规律就无法发挥作用,也就是说,在市场经济条件下,使用价值与价值是有机联系的,使用价值是价值的物质体现,价值是体现在具有有用性的具体物质商品中的,消费者购买所需要的商品质量是商品交换发生的基础条件,因此,商品生产不仅有数量追求,而且有质量要求,质量是所生产的商品必须具有的基本条件。不同质量的商品具有不同的价格,质量高的商品必然价格高,质量低的商品必然价格低,这是商品交换中的一般质量规律。如果质量差,就会在市场竞争中处于不利地位,所以,马克思指出“使自由工人成为比其他工人好得多的工人,因为他像任何商品卖者一样对他所提供的商品负有责任;他的商品必须具有一定的质量,否则他就会被同种商品的另一些卖者从市场上排挤出去”③,“在资本主义生产方式的基础上,奴隶制是非正义的;在商品质量上弄虚作假也是非正义的”④,“自由工人倒是被自身的需要驱使着而劳动的。自由地自己决定自己这种意识,即自由的意识,使雇佣工人成为比奴隶好得多的劳动者,甚至产生责任感,因为他像任何

①② 《马克思恩格斯全集》第47卷,人民出版社1979年版,第63—64页。

③ 《马克思恩格斯全集》第49卷,人民出版社1982年版,第91页。

④ 马克思:《资本论》第3卷,人民出版社2004年版,第379页。

商品卖者一样对他所提供的商品是负有责任的,如果他不想被同种商品的另一些卖者所排挤,他就必须提供一定质量的商品"①。

2. 关于质量和使用价值关系的研究

研究质量与使用价值的关系,最为重要的就是研究质量作为单个商品使用价值如何转化为社会使用价值。传统的政治经济学理论把使用价值看作商品的自然属性,否定使用价值的社会属性,因此,没有对社会使用价值进行研究。商品经济使用价值的本质是社会使用价值。商品的使用价值是为别人、为社会生产的使用价值,这就使商品的质量成为社会的质量,同时,作为社会质量,必须符合社会的质量要求、质量标准,并且适应这些要求和标准的变化而变化,这就使商品的使用价值在内容上成为社会需要的反映,使用价值的社会质量最终得以体现。

(1) 质量是使用价值的重要方面。马克思在《资本论》中认为质量也是提高使用价值量的因素。马克思曾指出"由于在产品上使用了更多的手工劳动,产品的使用价值不是通过产品量的增加而是通过产品质的提高而提高了"②。因此,在质量经济背景下,个体商品的使用价值要转化为社会使用价值,就意味着商品的质量要符合社会必需的质量水平,必须与社会必要的质量相适应。如果单个商品质量与社会必要的质量不相适应,单个商品的使用价值就不能转化为社会使用价值。质量是使用价值的重要方面,超越了社会需要的社会需求和消费水平所决定的质量水平,也不能具有社会使用价值。所以,社会使用价值在量上的规定性是符合一定量的社会需要,而商品质量的变动在其中起着重要的作用。

(2) 使用价值方面质量的二重性。马克思政治经济学认为"创造越来越多的,质量越来越好的,越来越多种多样的使用价值——创造大量的社会财富"③,实际说明使用价值不仅有数量,而且使用价值也由质量问题。马克思认为"产品的好坏程度以及它实际上所具有和包括的使用价值(它在劳动过程中应当获得这种使用价值)的程度取决于劳动的质量,取决于劳动的完善程度以及劳动合乎自身目的的性质"。④在这段话中马克思主要分析了使用价值角度质量的二重性,"产品的好坏程度"指的是产品的品质或耐久性,这是讲质量的物质属性,使用价值首先是指物质能够满足人们使用的物理属性,这是指质量的物质属性。产品实际上所具有的使用价值的程度是产品的实用性功能,这主要是指产品的物质性能的社会表现,也就是指质量的社会属性,满足社会需要的经济功能。而商品使用价值质量的二重性质取决于生产商品劳动的质量及其完善程度。

3. 质量和价值的关系

从质量与价值的关系来看,价值是具有社会性的,而质量与价值的内在联系就是通过质量的社会性起作用的。

(1) 产品质量对价值的影响。从劳动价值论来看,质量对价值的影响是社会必要劳动时间

① 《马克思恩格斯全集》第48卷,人民出版社1985年版,第10页。

② 《马克思恩格斯全集》第46卷(上),人民出版社1979年版,第416页。

③ 《马克思恩格斯全集》第48卷,人民出版社1985年版,第41—42页。

④ 《马克思恩格斯全集》第47卷,人民出版社1979年版,第63—64页。

决定商品价值的重要内容。这是因为，一定量的使用价值不仅与一定量的社会必要劳动时间相联系，而且与一定的质量水平相联系。也就是使用价值取决于产品的数量和质量两个方面，在产品数量相同的条件下，使用价值的大小就取决于产品的质量，产品质量越高，单个商品中耗费的劳动时间少于当时社会必要劳动时间，在这种情况下单个商品的自身所具有的使用价值就会转化为社会的使用价值，产品实现的社会价值就越大。

(2) 产品质量对价值决定的关系。从相对动态的再生产过程中，也可以考察质量与价值的关系。从再生产过程来看，每个生产者的产品质量会发生变化，在劳动生产率不变的条件下，质量变化会影响到商品价值量。如果产品的质量提高，那么再转化为社会价值的过程中，折算为社会平均质量水平的数量就能够增多，在这种情况下同一单位劳动时间生产的使用价值就会增多，但是根据价值决定的规律，仍然需要通过社会必要劳动时间形成价值。那么，与原先同等的社会时间，实质上是代表了更多的社会价值，如果根据这个增大的价值量来补偿同量的劳动耗费，那么，质量提高的产品就含有更多的价值量。同样，如果一种产品的质量下降，那么，意味着同样时间生产的使用价值降低，此时生产的劳动时间要高于社会必要劳动时间，那么，根据价值决定规律，这一高出部分无法得到价值补偿，原先同等的劳动时间只能够代表更少的社会价值。根据减少的价值量来补偿同量的劳动耗费，就意味着质量下降的同量产品具有较少的价值量。因此，产品价值随质量提升而增加，随质量下降而降低。

(二) 高质量宏观经济发展的政治经济学理论依据

马克思对宏观质量的研究主要体现在《资本论》第二卷的生产过程的质量循环链、生产力质量和经济增长质量等问题，这些论述构成高质量宏观发展的政治经济学理论依据。

1. 质量循环再生产的分析

马克思政治经济学认为社会再生产是数量再生产循环和质量再生产循环有机统一体，在这个有机统一体社会再生产既是数量的再生产，也是质量的再生产。社会再生产的有机联系系统是数量循环和质量循环的有机统一，这种统一体就构成了社会再生产过程中的质量循环过程，在这个循环过程中产品质量水平的提高是通过再生产系统中数量和质量循环的有机统一来实现的。马克思在《资本论》第三卷中写道："废料的减少，部分地要取决于所使用的机器质量"，"在生产过程中究竟有多大一部分原料变为废料，这要取决于所使用的机器和工具的质量。最后，还要取决于原料本身的质量。而原料的质量又部分地取决于生产原料的采掘工业和农业的发展(即本来意义上的文化的进步)，部分地取决于原料在进入制造厂以前所经历的过程的发达程度"。①这表明质量是具有循环再生产特征的，生产过程中的质量取决于生产条件的质量，生产条件的质量又取决于提供生产条件的产业的质量。在质量循环的过程中，不同环节和不同部门之间是相互影响的，一些部门、产业和企业的质量问题，又可以在质量循环过程中影响到另外的生产部门、产业和企业的产品质量。

---

① 马克思:《资本论》第 3 卷，人民出版社 2004 年版，第 117—118 页。

2. 生产力质量的分析

生产力理论是马克思主义政治经济学的主要内容之一，马克思的生产力理论是从数量和质量统一的意义上去研究。过去我们在理解马克思生产力理论时，仅仅只研究了生产力的数量，而忽视从质量意义上研究生产力水平。马克思认为“生产力当然始终是有用的具体的劳动的生产力，它事实上只决定有目的的生产活动在一定时间内的效率。因此，有用劳动成为较富或较贫的产品源泉与有用劳动的生产力的提高或降低成正比。相反的，生产力的变化本身丝毫也不会影响表现为价值的劳动。既然生产力属于劳动的具体有用形式，它自然不再同抽去了具体有用形式的劳动有关。因此，不管生产力发生了什么变化，同一劳动在同样的时间内提供的价值量总是相同的。但它在同样的时间内提供的使用价值量会是不同的：生产力提高时就多些，生产力降低时就少些。因此，那种能提高劳动成效从而增加劳动所提供的使用价值量的生产力变化，如果会缩减生产这个使用价值量所必需的劳动时间的总和，就会减少这个增大的总量的价值量，反之亦然。一切劳动，从一方面看，是人类劳动力在生理学意义上的耗费；作为相同的或抽象的人类劳动，它形成商品价值。一切劳动，从另一方面看，是人类劳动力在特殊的有一定目的的形式上的耗费；作为具体的有用劳动，它生产使用价值”。①这段话表明生产力是具有质量特征的，生产力质量的标志是生产力的效率，说明生产力效率提高时提供的使用价值量就多些，反之生产力效率低的情况下生产的使用价值数量就少。在生产过程中，衡量生产效率的标准，一般采用用单位时间生产的产品数量和单位产品耗费的劳动时间两种方法。同时，马克思还进一步论述了生产力要素中机器的质量、原材料的质量、土地的质量对剩余价值和财富创造的影响。

3. 经济增长质量的分析

马克思的经济增长质量理论主要体现在《资本论》第二卷的扩大再生产理论和第三卷的地租理论中。马克思在《资本论》第二卷第八章中，一方面把扩大再生产分为两种类型：外延扩大的再生产和内涵扩大的再生产。外延扩大的再生产是指通过增加要素投入来扩大生产规模的方式来实现的扩大再生产，外延扩大的再生产的关键是扩大生产要素的投入数量；而内涵扩大再生产是指通过提高生产要素的使用效率来实现的扩大再生产，其关键是通过技术进步和创新作用的发挥，从而来提高要素的使用效率。一是提高要素的结合效率，通过技术进步提高资本和劳动的结合，进而提高生产率，技术进步通过资本有机构成来衡量。二是通过提高资本的使用效率、提高劳动生产率、提高生产资料的效率来扩大生产规模，内涵扩大再生产的核心因素是技术进步，关键是效率的提高。

另一方面，马克思在《资本论》第三卷的地租理论中论述级差地租时，提出了粗放经营和集约经营两种经济增长方式，他指出“这种比较不肥沃的地区会获得剩余产品，并不是由于土地的肥力高，从而每英亩的产量高，而是由于可以进行粗放耕作的土地面积很大，因为这种土地对耕作者来说不用花费什么，或者同古老国家相比，只花极少的费用。”“这里起决定作用的，不是土地的质，而是土地的量。这种粗放耕作的可能性，自然会逐渐消失，新土地越肥沃，消失得越慢；它的

① 马克思：《资本论》第1卷，人民出版社2004年版，第59—60页。

产品出口得越多，消失得越快。”①这种“只需要很少的资本，主要是劳动和土地”为主要生产要素的经营方式“就是粗放型经营”，粗放型经营依赖的是数量，而不是依靠质量。“在经济学上，所谓集约化耕作，无非是指资本集中在同一土地上，而不是分散在若干毗连的土地上。”②依据马克思在《资本论》中的这些论述，一个社会的经济增长方式可以依据要素投入的不同分为粗放型和集约型两种类型。粗放型经济增长方式是通过要素数量的投入增加，从而实现规模扩张来实现的经济增长，粗放型经济增长属于数量速度型增长。而集约型经济增长方式依赖生产要素的质量和使用效率的提高来实现，在技术进步条件下，实现生产要素组合方式的优化，同时通过提高劳动者素质、提高资金、设备、原材料的利用率而实现的经济增长，由此可见集约型经济增长是以提高经济增长的质量和经济效益为核心。

4. 对外贸易的质量分析

马克思在分析质量问题时，不仅分析了微观上质量与使用价值、价值的关系，宏观上生产过程的质量循环链、生产力质量、经济增长质量，而且研究了国际贸易质量，探讨了产品质量对国际贸易质量的影响。

李嘉图的比较优势学说在国际贸易理论中长期占据统治地位，这一学说是从数量意义上来研究国际贸易的，只强调了国际贸易中的产品数量，而忽视了国际贸易中的产品质量。古典经济学家李嘉图在论述比较优势学说时曾经认为“我们生产工业品并用来在国外购买其他商品，是因为这样做比在国内生产能获得数量更多的商品”。针对李嘉图的这段论述，马克思在“数量更多的商品”后面的括号里加上了一句评论“没有质量的差别!”，并运用了惊叹号。③他的意思是李嘉图只强调了国际贸易中的工业品数量，而忽视了国际贸易中的工业品质量。“然而遗憾的是，在马克思之后，质量问题在比较成本理论中一直没有得到重视”④，在数量意义的比较成本学说指导下的国际贸易理论虽然取得一定的成就，但是在价值链竞争的国际贸易竞争背景下，质量就成为了比较成本学说的一个短板。

三、高质量发展政治经济学理论基础的现实应用性

中共十九大报告指出“建设现代化经济体系，必须把发展经济的着力点放在实体经济上，把提高供给体系质量作为主攻方向”，2018 年中央经济工作会议进一步提出“要建立推动高质量发展”的考核体系，加快形成推动高质量发展的指标体系、政策体系、标准体系、统计体系、绩效评价、政绩考核体系的创建和完善制度环境，推动我国经济在实现高质量发展上不断取得新进展。因此，新时代中国经济发展的核心问题是提高质量和效益，从数量追赶转向质量追赶，在质量追赶中需要从微观、中观到宏观全面提高质量。因此，我们需要以马克思主义政治经济学的质量经

① 马克思：《资本论》第 3 卷，人民出版社 2004 年版，第 756 页。

② 同上书，第 760 页。

③ 《马克思恩格斯全集》第 26 卷(Ⅱ)，人民出版社 1973 年版，第 601 页。

④ 郭克莎：《比较成本与比较质量》，《兰州学刊》1988 年第 1 期。

济理论为指导,结合中国特色社会主义新时代的现实需要,"建立起宏观、中观、微观相结合的中国特色的社会主义质量经济学理论"①,对指导中国特色社会主义新时代高质量发展具有重要的现实性。

(一) 构建以质量为导向的中国特色社会主义政治经济学,建立新时代高质量发展的理论框架

中国特色质量经济学应该是中国特色社会主义政治经济学的重要组成部分,新时代高质量发展的现实需要建立以质量为导向的中国特色社会主义政治经济学。在马克思那个时代,由于质量问题没有成为主要问题,因此,马克思的《资本论》主要是以数量分析为核心的。当代中国经济发展已经进入质量时代,质量问题成了这个时代的大问题。在构建中国特色社会主义政治经济学的过程中,需要在马克思主义政治经济学关于质量问题分析的基础上,沿着马克思质量经济理论的逻辑方式,对经典马克思政治经济学进行扩展,构建以质量为导向的中国特色社会主义政治经济学,建立新时代高质量发展的理论框架。首先,以质量为核心,扩展马克思的劳动价值理论。在价值、使用价值、价格、劳动等理论中重新引入质量分析,为构建质量型的中国特色社会主义政治经济学奠定理论基础。其次,在微观分析中,以提高劳动生产率为核心,引入生产要素质量分析、产品质量分析、企业质量分析等,以微观质量的提高为核心,深化供给侧结构性改革。第三,在宏观经济分析中扩展马克思关于内涵扩大再生产、集约生产方式、结构分析等,为新时代的结构升级提供理论依据。最后,分析国际贸易质量、生态环境质量问题,为新时代的开放发展中提高国际竞争力和落实绿色发展提供理论依据。

(二) 建立中国特色的微观质量经济学理论,促进新时代高质量的微观经济发展

按照马克思《资本论》中的质量理论,建立中国特色的微观质量经济学理论,在提高微观发展质量的过程中,要从使用价值的二重性出发,既要重视质量的物质性,更要重视质量的社会性,把质量的物质性和社会性有机结合起来,使生产结构和需求结构相适应,促进微观经济质量的提高。同时,按照马克思《资本论》中的质量理论,产品质量是通过劳动质量的提高来实现的,企业必须通过提高劳动质量来提高产品质量。在当前中国经济进入新常态的背景下,经济运行中出现了严重的产能过剩,产能过剩有多方面的原因,也有多方面的解释。从马克思《资本论》的质量理论来看,主要是企业生产中,仅仅只注意了产品使用价值的物质属性的质量,而忽视了产品使用价值的社会属性的质量,生产结构不能满足社会需要而过剩了。因此,在中国特色社会主义新时代首先要重视产品质量的提高,以提高产品质量为基础促进微观发展质量的提高。

(1) 以劳动质量来提高产品的质量。马克思《资本论》中的质量经济理论认为,劳动质量决定产品质量,因此,产品质量的提高依赖于生产要素的质量,包括生产条件的质量、技术进步、人力资本质量和产业发展的质量,通过生产条件的改善、技术进步和人力资本作用的发挥、产业发

① 任保平、魏婕、郭晗:《超越数量:质量经济学的范式与标准》,人民出版社 2017 年版,第 6 页。

展质量的提高，进而提高劳动质量，这是提高产品质量的根本性措施。在提高微观经济质量的过程中，首先要鼓励和引导企业促进技术研发，加强生产技术改造，实现产品更新换代，提高新技术在企业生产中利用效率，促进社会的先进科技向企业生产过程的转化。加强人力资源的教育和培训，在技术进步和人力资本开发的基础上不断应用新材料和新工艺、开发新产品、开辟新市场、发展新产业，依据社会需求的变化和消费的升级，努力提高产品的质量。

(2) 依据需求端消费水平的升级，使供给端的生产和消费相适应。依据马克思《资本论》中的经济学规律，总需求结构决定品总供给结构，总需求结构要与总供给结构保持大体平衡，产品总供给结构和需求结构的变化影响着经济结构和产业结构。随着收入水平、消费水平和消费质量的提高，消费品的功能、档次和质量也需要不断地根据需求提高。在中国特色社会主义新时代，我国经济发展进入了新的消费升级阶段，消费升级对产品的质量要求更高，随着消费从低端消费水平走向中高端消费水平，消费者对产品质量标准要求不再是经久耐用，不再是追求消费的数量，而是更加追求消费的质量，诸如消费的安全性、时尚性、便利性、环保性、健康性和舒适性。因此，需要生产者不断提高产品质量，生产高质量和高品质的产品。

(3) 依据世界新科技革命和新产业革命的要求，进一步提高企业的发展质量。按照马克思《资本论》中的质量理论，企业生产的循环过程也决定产品质量，产品质量取决于生产过程质量，生产过程质量取决于管理质量，管理质量最终取决于企业人力资源的素质，要在提高产品质量的过程中，首先提高企业发展的质量。企业要树立质量理念，完善质量标准体系，制定严格的企业质量管理流程，把质量看成是企业的第一生命线，落实在每一个生产的环节中，贯彻在每一个生产环节中。同时，通过创新提高企业的质量，比如，通过企业技术进步、管理的规范化、工艺流程改善，人力资本素质的提高来促进企业的生产率。优化企业的创新环境，激发企业的自主创新能力，在加快技术进步的基础上来提高企业发展质量。同时，实施全面质量管理，把质量管理纳入企业的发展战略之中，以产品质量提高为核心，以管理质量的提高为手段，建立起一套科学高效的质量管理体系，以提高企业的发展质量。

(三) 建立中国特色的中观质量经济学理论，促进新时代高质量的中观经济发展

进入中国特色社会主义新时代以后，我国经济发展最大的制约因素是经济结构失衡和产业结构的低端锁定，造成了供给结构与需求结构不平衡，进而形成资源的误配和低效利用，造成经济发展中传统产品产能过剩与高端产品供给不足同时存在的矛盾，导致中观经济质量问题，制约了产品质量社会属性的实现，影响了微观产品质量的提高。因此，需要依据马克思《资本论》中的质量经济理论，建立中国特色的中观质量经济学理论，以产业结构转型升级为目标，促进产业结构的高级化和合理化，促进中观经济质量的提高。

(1) 促进产业结构的高级化和合理化。改革开放后，我们依靠大量农村剩余劳动力转移促进了工业化的发展，通过劳动力禀赋中的比较优势实现了产业结构的多元化。但是由于技术进步的约束，虽然实现了产业结构多元化，但是没有实现产业结构的高级化和现代化，在全球价值产业链条中处于低端位置，产业附加值低、环境压力大，低端锁定成为中国经济转型升级的主要

障碍。因此,我们需要建立中国特色的中观质量经济学理论,在打破产业结构的低端锁定上下功夫,以质量提升促进产业结构高级化,形成产业发展新格局,推动产业向中高端迈进,在积极融入全球产业链的基础上,使我国的产业结构向国际产业价值链的中高端迈进,提高中观产业发展的质量。

(2) 以生产力质量的提高带动结构升级。新常态下我们仍然面临着发展生产力的问题,但是当前的主要任务是提高生产力质量,通过生产力质量的提升形成新的发展动力。目前全球生产力发生着巨大的变革,新生产力孕育着新一轮技术革命和产业革命,在此背景下新生产力要素中的信息技术成为当前世界经济的发展中促进经济发展的主要生产力力量。在当前世界经济的发展中,推动经济发展的生产力要素不仅有数量问题,更重要的是有质量问题,因此,要更加重视生产力的质量。我们必须把握世界生产力发展的大趋势,通过创新努力提高生产力质量,从依赖低质量的生产力要素转向利用高质量的生产力要素,通过生产力质量的提高培育经济发展的新动能,以生产力质量的提高推进我国中观经济学质量的提高。

(3) 促进传统产业的提升和整合。在中观经济运行和产业转型升级过程中,产业结构的转型升级依赖于新技术、新产品、新产业、新经济的发展。中观经济质量提高关键在于结构升级,而结构升级要坚持以创新为支持,以市场为导向,按照技术、安全、环保、能耗等标准进行传统产业的提升和整合。在传统产业升级中,建立产业创新链,提高企业技术改造效率。鼓励推动企业优化产业链和价值链,在产业结构层面,引导传统产业向全球价值链升级,鼓励企业改造供应链关系,提高企业的核心竞争力。在产业组织层面,进行产业组织结构调整,推进行业兼并重组,通过企业之间的合资、合作、股权置换、产权流转等方式,进行产业价值链并购重组,通过带动传统产业转型升级实现中观质量的提升。

(四) 建立中国特色的宏观质量经济理论,促进新时代高质量宏观经济发展的实现

依据马克思在《资本论》中提出的宏观质量理论,集约型的增长方式以提高经济增长质量和经济效益为核心。因此,按照马克思《资本论》中的宏观质量理论,建立中国特色的宏观质量经济学理论,要以提高经济增长质量和效益为核心,促进我国宏观经济质量的提高。

(1) 以技术创新形成高质量宏观经济发展所依赖的技术创新支持体系。依据马克思《资本论》中的宏观质量理论,劳动生产率的提高既可以表现为数量的增加,也可以表现为质量的提高。在提高宏观质量的过程中,要以技术创新支持体系的完善推动技术创新,提高经济增长和运行的效率,进而提高宏观经济质量。在这个过程中关键是通过建立完善的技术创新体系实现协同创新机制,促进技术进步和人力资本在宏观经济运行中发挥真实作用,提高技术进步对经济增长的贡献率。提高宏观经济发展质量的科技创新过程中要实现创新数量和创新质量的协调,加快由增长激励向创新激励的转变,促进技术创新从模仿创新转向自主创新,提高技术创新的质量,形成提高经济增长质量的完备的技术创新体系。

(2) 加强体质创新为高质量宏观经济发展建立激励导向机制。提高宏观经济质量的关键在于突破体制约束。体制具有激励导向功能,在我国宏观经济质量提高过程中,要以体制创新来形

成宏观经济增长和发展的质量激励和导向。首先,完善质量型的经济评价体制,突破 GDP 数量评价的局限性,从数量评价转向质量效益评价,消除提高宏观经济发展质量的体制机制约束。其次,消除宏观经济质量提高中的科技创新的各种体制性约束,让科技创新成为提高宏观经济增长质量的主导因素,让科技创新引领产业结构转型升级和宏观经济增长质量提高的新动力。第三,建立质量效益型的宏观调控新体制,实现宏观调控从数量调控转向质量调控,建立起总量调控转向与结构调控相结合、需求调控与供给调控相结合、短期调控与长期宏观调控相结合,具有质量效益特征的宏观调控新体制。

(3) 进行发展战略转型为高质量宏观经济发展提供战略支持。从宏观经济质量提高来看,发展战略转型就是依据经济发展资源禀赋条件的变化,通过发展战略的调整和变革来整合资源,进而形成新的经济发展的战略导向。新中国成立以来我们实施了追赶战略,改革开放以来我们又延续了这一战略,多年的追赶战略促进了中国经济的发展。进入中国特色社会主义新时代,我国已经成为世界第二大经济体,必须由追赶战略向质量效益战略转型,宏观经济质量提高的战略要从数量追赶战略向质量追赶战略转变,从比较优势向竞争优势转变,发展出具有比较优势的新型产业链,通过质量效益战略提高中国宏观经济的发展质量,实现中国经济的可持续发展。

(五) 建立中国特色的国际贸易质量经济学理论,促进新时代高质量开放发展

中共十九大报告指出“中国开放的大门不会关闭,只会越开越大”,中国特色社会主义新时代的中国经济要实现开放发展,推动形成全面开放新格局。在世界经济由数量型向质量型转变和新技术革命背景下国际贸易竞争日益激烈的条件下,国际贸易中的质量问题发展为质量竞争问题,并不断上升到首要地位。按照马克思《资本论》中的国际贸易质量理论,建立中国特色的国际贸易质量经济学理论,实现开放发展,以提高质量为核心,从比较优势相竞争优势转变,促进我国对外贸易从数量扩张向质量提高转变,从以数量的比较优势向以提高质量的竞争优势转变。

(1) 依靠科技创新,提高出口产品质量。选择和培育一批具有开发潜力的出口企业和行业,促进高科技技术产品的出口,提高出口产品附加值,提高出口产品的国际竞争力,实现出口产品由低附加值向高附加值转变。

(2) 优化进出口产品结构,提高对外贸易质量。注重对劳动密集型和资源密集型行业的生产技术进行升级改良,提高相关出口产品的科技含量,走集约型的出口增长方式,从而使现有具有出口优势的产品能够在长期的发展过程中,实现产品的换代升级,保持持久的竞争力。逐步改善本国要素资源配置向技术含量较高的产业转移,最终为贸易增长方式的转变提供有利条件。

(3) 通过创新制度安排,提升对外贸易质量。通过能源控制和管理,限制甚至有可能要禁止涉及战略意义的矿产资源,严格控制其出口和贸易,同时减少高能耗产品和行业的重复建设和运营,合理规划产业布局,加大对贸易部门生产技术方面科研投入。建立严格的环境规制制度,降低贸易部门生产过程中污染的排放,规避“污染天堂”在正常贸易过程中出现。

(本文原载《人文杂志》2018 年第 2 期)

中国经济发展的一般性、异质性及其引申含义*

高　帆**

摘　要　改革开放40年以来，中国经济发展绩效呈现出两个特征事实：总量高速增长和结构持续失衡，这种特征事实在经济层面推动了中国的社会主要矛盾转化。20世纪70年代末期，中国自身经济面临的挑战以及经济体制比较的理论和国际经验，构成了中国推动市场化经济体制转型的两重背景，利用市场机制来推动经济增长体现出中国经济发展的一般性特征。然而，中国作为社会主义的发展中大国要实现持续发展和共同富裕，这导致其经济发展具有独特的社会基础、约束条件和目标诉求，由此，也就在市场化转型中内生出相应的经济制度安排，这集中体现为政府间的地方分权式威权体制和市场间的上游管控型市场扩展。地方分权式威权体制和市场间的上游市场管控型市场扩展相互组合，导致中国经济制度具有区别于其他经济体的异质性特征，也导致中国经济在高速增长的同时诱发或加剧了结构性问题。依据中国经济发展的一般性和异质性，可以勾画出新时代中国经济发展的制度调整的基本方向，也可以为形成中国特色社会主义政治经济学提供理论和实践维度的逻辑支撑。

关键词　市场化转型　地方分权式威权体制　上游管控型市场扩展　中国特色社会主义政治经济学

1978年中国开启了对内市场化改革和对外开放程度提高的伟大战略，中国的改革开放在中国发展史、甚至全球发展史上具有里程碑意义。从发展绩效的角度看，改革开放不仅显著地提升了中国的综合国力以及城乡居民的福利水平，而且深刻地改变了中国在国际经济格局中的地位及影响力。在改革开放业已推进到四十年的特定时刻，人们需要回望“来时的路”，即清晰地理解改革开放以来中国的经济发展是如何进行的？中国的经济发展具有哪些基本特征？相对于其他经济体，中国的经济发展在何种意义上具有一般性和异质性？深入思考并精确回答这些问题具有理论和实践两个维度的重要价值。在理论维度，人们需要在总结中国经济发展经验的基础上

* 本文系作者主持的国家社会科学基金重大项目“全面建成小康社会背景下新型城乡关系研究”（项目编号：17ZDA066）、国家社会科学基金重点项目“中国城乡一体化发展的理论逻辑与实现机制研究”（项目编号：17AJL010）的阶段性成果。

** 高帆，复旦大学经济学院教授、博士生导师，经济学系常务副主任。

推进理论创新,构建中国特色社会主义政治经济学、理解习近平新时代中国特色社会主义经济思想首先需要解释中国经济发展的“特色”究竟是什么。在实践维度,人们需要在理解“来时之路”的基础上更好地选择“未来的路”,在社会主要矛盾转化的背景下,中国经济已经从高速增长阶段转向高质量发展阶段,今后中国经济的持续协调发展既需要关注此前发展的路径依赖,也需要依据时空变动而对此前发展方式进行动态调整。

一、中国经济绩效的特征事实及其理论追问

中国经济发展是一个包括发展初始条件、目标、方式、动力、绩效等内容的系统概念,由此,观察和理解中国的经济发展也就可以从不同视角、不同维度展开。考虑到发展的初始条件和目标通常会内生出相应的发展方式和动力机制,而发展方式和动力机制则会带来相应的经济绩效,因此,经济绩效可以在“结果”意义上反映出中国经济发展的特征及其改进方向。从绩效角度看,1978 年启动改革开放以来,中国的经济发展集中呈现出两个特征事实:一是经济总量的高速增长。根据 CEIC 数据库提供的资料,1978—2016 年中国的 GDP 从 3 678.7 亿元增至 74.4 万亿元,人均 GDP 则从 385 元增至 53 980 元,考察期内,GDP 和人均 GDP 的年均增长率分别为 9.66%和 8.60%。如果以 1978 年为 100,则 2016 年中国的 GDP 指数和人均 GDP 指数分别达到 3 229.7 和 2 240.2。此外,世界银行的数据库显示:按照名义汇率计算,1978—2016 年中国人均 GDP 从 156.4 美元提升至 8 123.4 美元,中国人均 GDP 占美国人均 GDP 的比例也从 1.48%急速增至 14.1%。毋庸置疑,改革开放以来中国经济总量呈现出持续高速的增长态势,在中国经济史、甚至全球经济史上创造了“增长的奇迹”(史正富,2013),并在人均 GDP 意义上体现出向美国等主要发达国家的快速“追赶”。二是经济结构的持续失衡。在经济总量高速增长的背景下,改革开放四十年以来,中国经济系统中不同组成部分之间的结构问题却持续存在,甚至伴随着时间推移在不断累积、加剧和放大。例如:1978—2015 年中国收入最高的 10%人群的收入总额占全部总收入的比例从 27%上升到 41%,而收入最低的 50%人群的收入总额占全部总收入的比例则从 27%下降到 15%,这意味着改革开放以来中国的收入不平等程度渐趋拉大并接近美国(Piketty, Yang, and Zucman, 2017)。此外,投资、消费、净出口在需求意义上通常被认为是理解经济增长的“三驾马车”,然而,中国固定资本形成总额占 GDP 比重的中轴则经历了 1978—1992 年的 30%、1993—2002 年的 35%、2003—2008 年的 35%和 2009—2016 年的 45%,这从侧面反映出在需求结构意义上,中国经济对投资依赖程度渐趋增强而对居民消费倚重程度相对下降。

显而易见,改革开放 40 年以来,中国经济发展绩效呈现总量增长与结构失衡并存的基本特征事实,这种事实深刻地改变了中国的经济社会实践,并内生出后续的发展战略调整趋向。立足于经济领域的上述特征事实,中共十九大报告非常明确地提出中国社会主要矛盾转化的重大论断。1981 年中共十一届六中全会以来,中国在很长时期内将国内社会主要矛盾表述为“在社会主义改造基本完成以后,中国所要解决的主要矛盾,是人民日益增长的物质文化生活需要同落后的社会生产之间的矛盾”,而 2017 年中共十九报告则正式提出“中国特色社会主义进入新时代,

中国的社会主要矛盾已经转化为人民日益增长的美好生活需要与不平衡不充分发展之间的矛盾”，社会主要矛盾转化体现出中国依据实践的动态演变不断深化对社会发展规律和矛盾特征的认识。从经济维度来看，中国社会主要矛盾转化意味着：改革开放以来中国社会生产力、或者说经济总量得到了极为显著的提升，同时经济结构问题、或者说发展的不平衡问题对现代化的制约作用在日趋增强。由此延伸开来，人们必须在经济维度思考并回应这些追问：改革开放四十年以来，中国此前落后的社会生产力是如何被显著提升的？换言之，中国是依靠什么实现了经济总量的持续高速增长？在经济增长的背景下，中国的不平衡不充分发展问题又是如何衍生出来的？换言之，中国为什么在经济领域派生出多个维度的结构失衡？从经济理论和跨国比较的角度看，中国经济发展格局在何种意义上是有自身特色的？

针对上述这些问题、尤其是针对中国经济发展的特色或者“异质性”，部分研究文献曾给予了关注和回应。例如：中国社会科学院经济体制改革三十年研究课题组(2008)从改革的理论指导、改革的性质、改革的方向、改革的方式、改革与发展的关系、改革与稳定的关系、改革与开放的关系、改革的协同配套、改革的推动力量等9个方面归纳和总结了中国特色经济体制改革道路。高帆(2008)强调区别于其他国家体制转型和结构转化分别推进的情形，改革开放以后，中国正处在体制转型—结构转化同时推进的阶段，这意味着中国的经济发展在跨国比较中具有显著的“异质性”特征。王诚、李鑫(2014)则认为区别于其他经济体，社会主义市场经济是“中国特色”最为重要的方面，这也导致中国经济理论在分析思路、政策方案和价值理念等方面体现出自身特征。与这种理解类似，刘文革、孙瑾(2016)也指出“社会主义”是中国发展模式的本质规定，“市场经济”是中国发展模式的资源配置方式规定，两者相结合则体现了中国独特经济发展模式的基本特征。杨春学(2016)则认为社会主义与市场经济的有机结合是中国对社会主义经济形态发展的最重大贡献，围绕这种结合所进行的理论分析是中国特色社会主义政治经济学的中心任务，社会主义初级阶段和中华文明基因导致中国经济理论和实践具有自身“特色”。概括起来，已有研究文献针对全球化背景下中国经济发展的特征问题做了探索和分析，然而这些文献还存在需要补充、完善和改进的空间，例如，已有文献还难以精确地回应改革开放以来，中国为何同时出现经济总量增长和结构失衡这“一枚硬币的两个方面”，中国经济发展在制度层面的特征是什么以及是如何形成的，中国经济发展的“自身特色”是固定不变的还是动态演化的，等等。就此而言，本文对改革开放以来中国经济发展一般性、异质性的分析，不仅体现出对理解中国经济发展实践的回应，而且体现出对建构中国特色社会主义政治经济学理论的回应。

二、中国经济的转型背景以及发展的一般特征

20世纪70年代末期，中国在经济领域实施的改革开放战略是其现代化进程中具有转折意义的事件，理解这种转折的发生逻辑有两个基本的切入点。

一个切入点是中国经济自身面临的挑战和困难。新中国成立之后，中国快速完成了对农业、手工业和资本主义工商业的社会主义改造，并在此基础上推动和实施了以重工业优先发展为主

旨的赶超战略。然而,重工业优先发展战略与当时中国资本短缺、劳动充裕的禀赋条件存在冲突,作为解决这种冲突的主要方式,中国在经济体系中就内生出以扭曲要素和产品价格为主要内容的宏观政策环境,高度集中的资源计划配置制度和缺少自主权的微观经济机制(林毅夫、蔡昉、李周,2012)。追求纯粹的生产资料公有制、按劳分配以及计划经济体制,随即成为此时段中国经济运行的基本制度特征。就制度的实施绩效而言,"20 世纪 70 年代末中国开始了经济改革,在之前的 20 多年中,中国的计划经济体制带来了利弊参半的结果"(劳伦·勃兰特、托马斯·罗斯基,2009)。上述制度安排导致中国在初始条件极度不利的条件下,在短时间内形成了一个较为系统且独立的工业体系,并相对于新中国成立之前实现了国民经济秩序的恢复,以"两弹一星"作为主要标志的国防工业更是取得了长足发展。然而,在市场机制严重缺位的背景下,单纯依靠中央政府的指令性计划来推动经济发展,必然伴生着资源配置低效率和微观主体缺乏经济活力。明显的例证是:1956—1977 年中国职工平均货币工资从 601 元下降至 576 元,同期人均粮食产量则从 306.8 公斤下降至 297.7 公斤。在独立的工业体系形成之后,这种极度严峻的经济格局倒逼中国重新思考经济发展战略及其由此派生的经济制度选择。

另一个切入点是经济体制比较的理论及国际经验。从经济理论的角度看,企业、居民、地区、国家均面临着资源稀缺性和需求无限性之间的内在冲突,稀缺资源的配置问题随即成为经济理论研究和经济制度选择的关键问题,而计划经济和市场经济两种体制,正是人们为了解决稀缺资源配置问题而提炼概括出的两种典型方式。计划经济的要旨是政府、尤其是中央政府依靠指令性计划实现资源配置和经济运行,而市场经济的主要特征则是企业、居民等微观主体依据各类价格信号实现资源配置和经济运行。在短期内,计划经济有助于实现政府设定的某种战略目标,例如:在国家安全面临挑战时,计划经济可以通过指令快速地形成国家的整体资源动员能力,但从长期来看,计划经济在促进资源配置效率方面的表现却难以令人满意。这里的主要原因是:计划经济要有效提高资源配置效率需要具备多重苛刻的条件,例如:政府具有完全的理性和充分的信息,它能准确地掌握各个微观主体的供求信息并能依据这些信息安排经济活动,能精确辨识微观主体经济贡献度的基础上对其进行持久充分的激励,也能有效地解决政府组成部门之间的偏差并使指令性计划得以完全执行等等。在经济实践中,政府要同时满足这些条件通常是困难的。相反地,市场经济将"价格"视为反映各类资源相对稀缺度的指标,企业和居民依据价格信号通过资源的跨地区、跨部门、跨时期甚至跨国境流动来优化资源配置。在这一过程中,政府的单一经济决策主体也转变为企业和居民的多个经济决策主体,每个经济主体在逐利动机和竞争压力下,会自发地形成提高经济效率、推动经济创新的内在激励。据此,市场经济相对于计划经济更有利于长期提高资源配置效率,从而推动经济增长和发展社会生产力,在某种意义上,经济增长的过程就是一个市场秩序扩展、市场机制不断发挥作用的过程。国际经验也显示:市场经济虽然不能解决特定国家现代化进程面临的所有问题,但它相对于计划经济却更能促进特定国家的长期经济增长,这从 20 世纪后半期计划经济国家的市场化转轨,以及民主德国—联邦德国、朝鲜—韩国等的经济体制选择和绩效比较中可以得到印证,现阶段世界绝大多数国家在经济体制上选择或转向市场经济体制。

无论是中国经济实践面临的严峻挑战，还是经济体制比较的理论及国际经验，都暗示着中国需要变革此前的重工业优先发展战略，需要变革纯粹的生产资料公有制、按劳分配以及计划经济体制，并在引入和扩展市场秩序的基础上推动生产力的持续发展。这种转型的内在逻辑异常清晰：在资源稀缺的情形下，实现长期经济增长的核心是提高资源配置效率，而提高资源配置效率的前置条件是增强资源依据价格信号在国内外的流动性，资源的国内流动需要推进经济体制的市场化改革，资源的国际流动则需要提高融入全球化的程度。如果将对外开放视为面向国际领域的市场化程度提高，那么，改革开放的实质就是引入和扩大市场机制的资源配置功能。换言之，只要将此前的经济运行方式转变为价格信号有效的宏观政策环境、企业和居民分散化决策的资源配置制度以及拥有自我选择权的微观经济机制，中国才有可能探寻到能够推动经济长期发展的动力源泉。在这个意义上，市场化取向的经济体制改革是中国实现现代化战略目标的内生产物，而依据市场机制来推动经济发展也体现出中国与其他经济发展的普遍特性。正是依据这种逻辑，以1978年中共十一届三中全会召开为转折点，中国开启了对内市场化改革和对外积极融入全球化进程的重大转折。1982年中共十二大报告提出要正确贯彻计划经济为主、市场经济为辅的原则，1987年中共十三大报告强调社会主义经济是公有制基础上的有计划的商品经济，1992年中共十四大报告提出中国经济体制改革的目标是建立社会主义市场经济体制，直至2013年中共十八届三中全会强调使市场在资源配置中起决定性作用和更好发挥政府作用，这在理论认识或政策文本层面集中体现出市场化转型以及市场机制作用的渐次增强。从实践的角度看，与理论认识或政策文本的演变相契合，中国先后推进了从农村经营方式到城市企业经营体制、从民营企业增量调整到国有企业存量改革、从各类企业变革到财税金融体制改革、从产品市场价格放开到要素市场化提高、从价格"双轨制"到价格逐渐并轨的系统性变革。与此同时，依托从沿海到内地、从商品到要素、从试点到推广的策略，中国经济领域对外开放的程度也在渐次提高，直至2001年以加入WTO为标志，中国经济实现了从有限开放格局向全面开放格局的深刻转变。

如果说市场经济是推动长期经济增长的动力源泉和国际惯例，在资源优化配置的意义上，计划经济国家只有依靠市场化转型才能实现生产力的解放和发展，那么，改革开放四十年以来，中国的经济体制转型和发展就具有与其他经济体高度类似的特征。这种一般性特征集中表现为：中国的经济发展在运行体制上集中体现为市场化转型，具体地说：就是通过中央政府逐步放松对企业、居民甚至地方政府的管制来激活市场活力，在此基础上，商品和要素的跨地区、跨部门、跨时期甚至跨国家流动性显著增强，价格也逐渐取代指令性计划而成为反映资源相对稀缺度、实现资源再配置的核心变量。从时序意义上看，根据加拿大弗雷泽研究所发布的世界经济自由报告，1980—2015年中国的经济自由度指数从3.64分提高至6.40分。在该报告中，经济自由度指数又可细分为5个子系统：政府规模，法律结构与产权保护，获得和使用稳健的货币，国际贸易自由度，对信贷、劳动和商业的管制等。改革开放以来，中国经济的这些子系统在整体上也呈现出市场化转型和自由度提高的基本态势，例如：1980—2015年政府规模分解指数从2.63分提高到5.08分，获得和使用稳健的货币分解指数从6.18分提高至8.28分，国际贸易自由度分解指数从

2.72 分提高至 6.63 分，对信贷、劳动和商业的管制也从 3.04 分提高至 6.37 分。如果说经济自由度体现了国内的市场化转型，那么，主动参与全球化程度则体现了对外的市场化转型。世界银行提供的数据显示：1978—2006 年中国的商品贸易占 GDP 的比重从 14.1%提高至 63.97%，2006 年之后受制于国际金融危机以及主要发达国家的贸易保护主义政策，中国的对外贸易依存度有所下降，但 2016 年该比例仍达到 32.91%。此外，1992—2016 年中国的高科技出口占制成品出口的比重也从 6.44%提高至 24.97%。概括起来，20 世纪 70 年代末期以来，经济自由度提高和融入全球化程度提高均意味着中国发生了市场化取向的重要转型，这种转型与其他发达国家的现代化进程以及其他计划经济国家的经济体制转轨是极其一致的。

三、改革开放以来中国经济发展的制度异质性

改革开放以来，中国经济发展在引入市场机制层面体现出一般性，然而，导源于特定的禀赋条件、发展阶段以及社会基础，中国经济发展在目标、策略、方式以及绩效等方面均不完全等同于其他国家，相反却表现出与本土化实践相契合的“异质性”特征。新中国成立以来，中国在经济领域面临的核心命题是：一个社会主义的发展中大国如何实现持续发展和共同富裕。这个命题包含三个关键词：一是社会主义制度，体现为中国的现代化进程是在中国共产党领导下进行的，经济领域的生产资料所有制和分配制度有别于主要资本主义国家，经济发展的目标是解放和发展生产力、并最终实现共同富裕。二是发展中大国，意味着中国是一个地理和人口规模绝世罕见的国家，中国不仅需要解决经济增长和结构优化问题，同时也需要处理不同地域、不同部门、不同层级政府，以及中国与域外的经济协同问题。三是持续发展和共同富裕，即中国的发展不仅要实现经济的高速增长，而且需要提高增长的质量、效益、可持续性，高质量的经济增长同时能够促使不同社会群体的福利水平得到提升。社会主义制度、发展中大国、持续发展和共同富裕分别构成中国经济发展的社会基础、约束条件和目标追求。一个社会主义发展中大国实现持续发展和共同富裕，这是人类发展史上具有开创性的工作，也意味着中国是在更为严苛的约束条件下实现更为高远的发展目标，社会基础、约束条件和目标追求也就“三位一体”地内在规定着中国经济发展的道路选择和具体制度安排。

新中国成立直至 20 世纪 70 年代末期，中国主要采用重工业优先发展战略、以及计划经济体制等完成了社会主义大国的经济秩序重建，但对资源配置效率和长期发展绩效的追求却促使中国走向了改革开放的经济转型道路。改革开放以来，中国的社会主义制度在经济层面逐步从“工具理性”转向“价值理性”，即社会主义制度并不直接等同于纯粹的公有制、按劳分配和计划经济，而是在功能意义上体现为生产力的发展以及共同富裕的实现。由于将计划经济和市场经济均视为实行经济运行的工具，而不是区分社会主义和资本主义两种制度的基准，这样中国就可以通过市场经济的引入、政府—市场关系的动态调整来推动经济发展，进而在价值或功能意义上更好地回应社会主义制度的实质。区别于其他经济体，中国是一个发展中大国，这意味着：首先，中国在实现持续发展和共同富裕目标时是有策略的，即首先通过经济增速的提高、经

济总量的扩大来为共同富裕目标提供基础，采用非均衡发展方式从计划经济的普遍贫困走向经济增长、进而走向持续发展和共同富裕。其次，中国在引入市场机制以提高资源配置效率时也是有策略的，即采用从农村到城镇、从试点到推广、从增量到存量的渐进方式，这种渐进方式充分考虑了不同地区、部门和群体在市场化转型中的差别化特征。最后，中国在政府—市场关系的动态调整中还关注到政府内部和市场内部的结构特征，即在中国这样的发展中大国，政府和市场都不是一个内部高度均齐、同质化的概念。政府内部和市场内部的制度安排成为影响经济发展绩效的内生变量，而政府内部和市场内部的制度安排随即成为中国经济发展“自身特色”或“异质性”的集中体现。

从逻辑上说，经济制度是特定国家在给定约束条件下，实现某种或某组经济发展目标的产物。改革开放初期，中国经济面临的核心问题是一个发展中的大国，在长期实行纯粹公有制、按劳分配和计划经济的初始条件下，如何通过引入市场机制来提高社会生产力，从而为持续发展和共同富裕目标的最终实现奠定总量维度的坚实基础。这种约束条件与目标诉求之间的组合，必然衍生出独特的政府间和市场间的制度安排，这些制度均服从于或服务于这样的目标：即在确保整体社会秩序平稳的前提下推动经济总量的持续高速增长。从政府间的角度看，作为一个地理和人口超大规模的国家，中国的国家治理是通过不同层级政府间的分工和协作实现的，这导致中国在历史上始终存在着中央统辖权和地方治理权之间的博弈和互动(周雪光，2015)，这意味着政府间的关系是理解中国经济社会发展的重要切入点。特别是，改革开放以后，中国在市场化取向的经济体制改革中，逐步形成独特的政府间行为方式和制度安排，研究文献也关注到地方政府面临的财税制度、目标函数对中国经济发展不同维度的影响(Li, Kung, 2015；谢贞发、张玮，2015)。Xu(2011)则将改革开放之后中国政府间的制度安排定义为地方分权式威权体制(regionally decentralized authoritarian system, RDA)，并指出这种体制的基本特征是政治和人事控制权在中央层面的高度集中，以及经济与行政权在地方层面的高度放权。如表1所示，从全国决策机构、决策过程、地方官员激励、地区竞争和地方实验等制度比较的视角来看，中国地方分权式威权体制均区别于苏联体制和联邦体制，例如：从地区竞争角度看，中国地方分权式威权体制主要是不同地方政府围绕经济增长进行锦标赛式的竞争，而竞争则影响地方政府在纵向行政层级的升迁，然而在强调中央高度集权的苏联体制下，不同地方政府之间的竞争对是不重要的，甚至也缺乏竞争展开的社会条件，而在强调地区之间自治的联邦体制下，不同地方政府之间往往是围绕财政而竞争，且竞争影响地方官员的连任或再选。显然，中国地方分权式威权体制区别于苏联体制和联邦体制，由此，各级政府、尤其是地方政府就具有区别于其他国家的决策方式和行为逻辑，这种行为逻辑也通过影响微观经济主体的制度环境而对经济发展绩效产生影响。

除了政府间的独特制度安排之外，中国作为发展中大国在经济体制转型中还形成了独特的市场间结构安排，事实上，政府间的地方分权式威权体制提供了政府影响经济的可能，它必须通过市场间的结构安排使这种可能性转变为现实性。巫永平(2017)在解释中国台湾省20世纪50年代至80年代中叶的经济起飞时，依据产业结构提出了二元市场结构以及上游市场、下游市场的概念。如果借用这种概念来理解中国大陆的经济发展，并与地方分权式威权体制相对应，则可

表 1　中国地方分权式威权体制与其他制度相比的特征

比较因素	中国地方分权式威权体制	苏联体制	联邦体制
全国决策机构	中央、地方和部委官员	中央和部委官员	代表地区选民的联邦立法机构
决策过程	中央—地方协商；形成共识；将地方试验作为策略	自上而下；国有企业与部委协商	立法机构投票；联邦政府—州政府协商
地方官员激励	升迁；绝对和相对绩效；对上级负责；人事控制	升迁；绝对绩效；对上级负责；人事控制	选举产生；独立于联邦政府外；对选民负责
地区竞争	锦标赛式的竞争；竞争影响地方官员的升迁	不重要	财政竞争；竞争影响官员的再选
地方试验	地方试点是中央决策过程的组成部分；试点结果可能成为全国政策	不重要	州是政策“实验室”；自愿开展试验

资料来源：Xu(2011)。

表 2　中国上游管控型市场扩展与其他制度相比的特征

比较因素	中国上游管控型市场扩展	计划经济	完全自由市场经济
资源配置主体	各级政府；微观经济主体	各级政府	微观经济主体
资源配置工具	价格；政府调控；政府直接干预	政府直接干预	价格
上游企业特征	国企主导、数量少，分布于核心要素、上游产业、基础设施等领域	国企数量庞大，占据企业主体，分布于产业链所有环节	国企数量无或极少，在产业链各环节不占据优势
上游企业目标	效率等经济目标；稳定等社会目标	稳定等社会目标	效率等经济目标
下游企业的作用	“拖船”效应，拉动上游市场的演变	嵌入指令性计划中	与上游企业各自发展

以提出中国在改革开放之后形成上游管控型的市场扩展格局，上游管控型市场扩展的基本内涵是：中国的经济体制转型并不是在所有领域齐头并进地、以同样的速度或方式推进市场化，在下游市场（通常与消费产品和一般性生产要素配置相关）快速市场化的过程中，各级政府对上游市场（特别是与金融、土地、能源等核心性生产要素相关）仍具有较为显著的介入程度。从制度比较视角看，如表 2 所示，与计划经济以及完全自由的市场经济相比，中国上游管控型市场扩展在资源配置主体、资源配置工具、上游市场特征、上游市场目标、下游市场作用等方面均存在明显区别。例如：就资源配置主体而言，计划经济的资源配置主体是各级政府（尤其是中央政府，地方政府通常是中央政府指令性计划的执行者），完全自由市场经济是企业和居民等微观经济主体，上游管控型市场扩展则是各级政府（包括不同层级的地方政府在内）、企业和居民等微观经济主体。就上游企业特征而言，如果说国有企业是政府影响或介入经济的组织载体的话，那么，计划经济下国有企业数量庞大，占据着企业数量的主体部分，且分布于从要素供给到商品供给的产业链各个环节；完全自由市场经济则国有企业数量没有或者极少，在产业链各环节并不占据数量及功能的优势；然而，在中国上游管控型市场扩展格局中，国有企业虽然数量少，但通常分布于核心要

素、上游产业或基础设施等领域，因此，其在经济发展进程中往往起着主导、调控或执行政府发展战略的作用。

改革开放以来，中国在经济维度逐步形成了地方分权式威权体制和上游管控型市场扩展，它们分别在政府间和市场间体现出中国经济制度的“异质性”。从发生学的角度看，这种异质性均导源于发展中大国这个约束条件与追求高速增长这个当期目标之间的权衡。正是因为发展中大国，中国就需要保持社会基础和体制转型的平稳性，因此确保中央政府对经济发展的统辖权，以及实现对上游市场的相对管控就是至关重要的。正是因为要快速地解放和发展生产力，因此，赋予地方政府以自主权并推动不同地方政府“为增长而竞赛”，同时广泛地推进商品和一般性生产要素的市场化改革也是重要的。更值得强调的是，地方分权式威权体制和上游管控型市场扩展分别刻画了中国政府间和市场间的结构特征，但从功能角度看，这两者并不是相互割裂的，而是存在着相互支撑的“镜像互补”关系。例如：在地方分权式威权体制下，中央政府对地方政府进行经济放权以及地方政府“为增长而竞赛”，一个支撑条件是地方政府事实上仍可能对金融、土地和能源等核心要素的配置施加影响。反过来说，在上游管控型市场扩展中，市场化取向的经济体制转型以中央政府的决断和制度制定为保障，且市场化进程也受到中央政府和地方政府之间经济互动状况的影响。上述分析意味着：地方分权式威权体制和上游管控型市场扩展两者之间相互嵌套，共同构成改革开放之后中国经济制度选择中的重要特色。

就制度实施而言，特定的经济制度总会产生相应的经济绩效。改革开放以来，中国地方分权式威权体制和上游管控型市场扩展的相互组合，首先带来了中国经济总量的持续快速增长，落后的社会生产力也因这种增长而得到深刻改变，1978 年以来中国年均接近两位数的 GDP 增长率就是明显例证。这里的核心机制是：地方分权式威权体制和上游管控型市场扩展均是在市场化转型中发生的，市场化取向的经济体制改革为各类资源的跨地区、跨部门、跨时期、跨国界再配置提供了有利条件，且企业和居民等微观经济主体拥有了不断扩大的经济自主权，这导致其为了追求自身经济利益而开展经济决策，即微观经济主体为经济增长形成了广泛和持久的“自我激励”。此外，地方分权式威权体制导致地方政府具有了促进经济发展的重要使命，“为增长而竞赛”则导致地方政府将经济增长视为其行为决策的关键目标。上游管控型市场扩展也为地方政府推动经济增长提供了条件：即地方政府部分地可以通过影响核心生产要素配置，提高本地区在短时期内的经济增长率进而在行政锦标赛中占据优势，地方政府强调招商引资、强调固定资本投资等均是上述逻辑的衍生产物。

另一方面，在经济总量快速增长的背景下，地方分权式威权体制和上游管控型市场扩展的相互结合，也诱发或者加剧了经济发展中的结构性问题。这里的核心机制是：市场化取向的经济体制改革本身会带来结构性问题，例如，市场经济强调企业和居民等微观主体依据价格机制配置资源并获得相应回报，但企业和居民存在着禀赋条件差异，这必然会导致其在经济收入或财富分配方面出现落差。中国作为一个地理和人口超大规模的国家，市场化转型也不是在所有领域均齐化进行的，渐进式、非均衡的改革策略本身也会带来经济发展中的结构失衡。除此之外，地方分权化威权体制激励地方政府“为增长而竞赛”，且上游管控型市场扩展也提供了竞赛的基本要件，这不仅导致了地方政府的竞赛方式通常聚焦于增加固定资产投资、发展种类有限的特定产业，而且导致了经济发展的其他维度（例如：能源利用率、生态环境保护、民生类公共产品供给等）被相对忽略。其结果是投入结构、产业结构、经济增长与能源环境之间的结构、经济增长与社会发展之间的结构等失衡问题不断累积且渐趋加剧。就此而言，改革开放以来，中国经济的总量增长和结构失衡均是特定经济制度的实施结果，它们是地方分权式威权体制和上游管控型市场扩展这种制度运行的"一枚硬币两个方面"，因此，必须而且可以在同一个逻辑框架下得到阐释。

四、中国经济发展一般性和异质性的引申含义

改革开放以来，中国在经济领域具有引入市场机制、推进市场化转型的一般特征，但也形成了地方分权式威权体制和上游管控型市场扩展等具有异质性的制度安排。中国经济发展的一般性和异质性带来了相应的绩效，例如：总量持续高速增长但结构问题渐趋加剧。从经济发展面临的核心命题出发，中国在生产力解放和发展的基础上需要更好地实现持续发展和共同富裕，作为一个社会主义发展中大国，中国还应基于本土化发展实践对经济理论创新做出贡献。这意味着：中国经济发展的一般性和异质性，不仅应该用来解释改革开放 40 年以来中国经济发展呈现的特征事实，而且应该用来引申对中国经济后续发展和经济理论创新的诸多含义。

从经济发展实践的角度看，新中国成立以来，中国采用了重工业优先发展战略以及相应的计划经济等体制安排，结果是形成了较为系统和独立的工业体系，从而完成了经济秩序的重建，但同时也带来了国民经济发展的低效率以及社会成员的普遍贫困。改革开放以来，中国在对内市场化改革和对外开放程度提高的背景下，借助地方分权式威权体制和上游管控型市场扩展推动了经济持续高速增长，从而显著地推动了社会生产力的解放和发展，但同时也伴生或加剧了经济系统的结构性问题。现阶段中国经济领域需要回应的核心问题是：在生产力水平和经济总量显著提升的背景下，如何更好地实现持续发展和共同富裕这个更高使命？解决这一问题，需要将经济发展理解为包含但不局限于经济增长的系统概念，需要将经济结构问题的化解放在更为突出的位置，需要在深化改革中保持经济的中高速增长。概括地说，中国经济正在从高速增长阶段转向高质量发展阶段，社会主要矛盾转化首先需要解决经济领域的不平衡不充分发展问题。由于经济绩效总是特定制度安排实施的产物，因此，中国要解决经济领域的不平衡不充分发展问题，就必须对改革开放以来的一系列经济制度进行完善和调整，这种调整不是说此前的制度选择是"错的"，而是说这些制度不能有效地适应新格局下约束条件与发展目标的转变。具体地说，地方分权式威权体制是改革开放以来中国经济发展的独特制度安排，作为一个社会主义发展中大国，坚持中央政府对经济工作的统辖权，同时调动地方政府的经济发展活力都至关重要。由此出发，后续中国的地方分权式威权体制应在保持整体框架思路的基础上调整和完善其操作方案，尤其是，地方政府的目标函数和约束条件应契合高质量发展阶段的需要。为此，中国应尽快形成与高质量发展阶段相匹配的指标体系、统计体系和绩效评价方式，将创新、生态环境保护、民生类公共产品工具、收入分配调整等引入地方政府的激励机制之中，同时通过深化财政管理体制改革，形

成不同政府层级财政收支相对均衡的格局，促使地方政府有动力也有能力“为创新而竞赛”“为民生而竞赛”。

上游管控型市场扩展也是改革开放以来中国经济发展的独特制度安排，中国实现经济的持续发展和共同富裕需要依靠市场化改革和建立社会主义市场经济体制。作为一个社会主义发展中大国，中国在市场化转型中强调政府对市场作用的调控是重要的，但其可以通过调控方式和多元化和组合化来实现，政府直接控制上游市场不是调控的唯一方式，且在实践中政府对上游市场的直接管控也产生了多重负面结果，例如：金融、土地、能源等要素市场化改革滞后于商品市场化改革，且要素市场扭曲或资源错配对经济增长和全要素生产率提高均产生了显著负面效应（王小鲁、樊纲、余静文，2017；罗德明、李晔、史晋川，2012）。从企业的角度看，上游管控型市场扩展容易针对不同企业形成差别化的营商环境，数量庞大的民营企业往往在要素获取和行业进入中面临不利格局。为此，中国后续的经济发展应着力促使市场在资源配置中起决定性作用，并更好发挥政府作用。改革开放以来，中国商品市场和一般性要素市场的市场化改革推进迅速，现阶段中国促使市场在资源配置中起决定性作用集中表现在核心要素市场，应将金融、土地、能源等核心要素的市场化改革放在深化经济体制改革的首要位置。通过“做对价格”来提高要素市场和商品市场之间的协同程度，进而激发各类微观经济主体依据资源相对稀缺程度展开经济决策。考虑到核心要素配置通常与国有企业、国有资本紧密相连，因此，要素市场化改革必定与国有资产运营和管理体制改革息息相关。现阶段中国应通过发展多种类型的混合所有制来激活国有企业活力，改善民营企业营商环境，为中国经济的高质量发展提供微观层面的强大支撑。除此而外，政府在从直接管控上游市场中逐渐退出的同时，应该依靠加强产权保护、引导基础创新、完善市场秩序、调节收入分配等方式丰富的经济调控方式，增强经济调控的预见性、针对性和执行力，依靠政府和市场之间的动态调整和良性互动实现高质量发展。

就经济理论而言，新中国成立以来，中国强调经典理论与本土化实践相结合，在引入和改造中形成了指导经济实践的思想依据和工作方案，进而在马克思主义政治经济学当代化和西方经济理论本土化的基础上丰富了已有的经济理论。从经济学说演进的角度看，古典政治经济学具有社会嵌入、价值评判和制度反思等特征，政治经济学向主流经济学的转型在增强学说“科学性”的同时削弱了这些特征，现阶段新制度经济学、新古典政治经济学、新马克思主义经济学分别从社会嵌入、价值评判和制度反思等维度体现了“政治经济学回归”（高帆，2016），中国特色社会主义政治经济学在学说演进视角体现出对这种态势的回应。更重要的是，改革开放 40 年以来，中国的经济发展除了具有与其他经济体相类似的特征之外，在社会基础、约束条件、目标选择以及相应的经济制度等层面存在着异质性特征。特别是，发展中大国的约束条件导致中国的经济发展区别于地理和人口规模较小、或内部均质化程度较高的经济体，持续发展和共同富裕目标导致中国的经济发展区别于以短期高速增长为取向的经济体，约束条件和发展目标的组合导致中国是在更为严苛的条件下实现更为高远的目标。以此为出发点，中国的市场化转型是沿着政府向市场放权、政府—市场关系变迁这个主线展开的，但这种展开导致政府间和市场间的结构性变化，即形成地方分权式威权体制和上游管控型市场扩展。这两者与其他发达经济体或新兴经济体相比均存在显著差异，由此也就导致中国经济发展绩效的多面性。从这个意义上说，改革开放以来，中国的经济发展确实具有自身特征，有必要系统总结这些异质性特征并将其上升至理论高度，中国特色社会主义政治经济学具备极为丰富的经验素材和实践基础。

从中国经济发展的一般性和异质性出发，人们在形成或构建中国特色社会主义政治经济学时，应该廓清其体现出马克思主义政治经济学"从具体到抽象、从抽象到具体"的理论形成范式，以及追求人的全面发展这个理论研究目标，其理论来源包括马克思主义政治经济学、西方主流经济学以及中国的经济发展实践，它是一个以马克思主义政治经济学思想方法为指引、但包含其他经济学流派和观点、立足和服务于中国经济发展的开放性、融合性理论学说。此外，中国特色社会主义政治经济学在制度安排上不仅突破了社会主义制度和市场经济体制的割裂，而且突破了政府—市场二分法的惯常思维和分析范式，即理解中国经济发展必须将政府和市场的内部结构问题引进来，在剖析政府内部运行、市场内部运行以及政府—市场交互作用的基础上把握中国经济发展。从板块结合角度理解政府—市场关系对构建中国特色社会主义政治经济学而言是很不充分的，地方分权式威权体制和上游管控型市场扩展就是明显例证。更重要的是，中国特色社会主义政治经济学导源于经典理论和本土化实践的结合，经济理论是动态演变的，中国的经济实践更具有变迁性质，现阶段中国的社会主要矛盾已经出现转化，经济发展也将解决结构问题放在关键位置，这意味着中国的经济实践仍会派生出新的制度安排。据此，中国特色社会主义政治经济学在保持逻辑连贯性的同时也应具有动态调整特征，依据过往经验机械地理解中国特色社会主义政治经济学是不恰当的。概括起来，开放性、结构性和动态性是中国特色社会主义政治经济学应具备的重要理论品质。从理论价值的角度看，基于中国经济发展一般性和异质性构建的中国特色社会主义政治经济学，不仅丰富了已有的经济理论，尤其是政治经济学、发展经济学、制度经济学、转型经济学理论，而且突破了单纯按照苏联体制、或者"华盛顿共识"实现国家经济发展的传统认识，为其他发展中国家依据自身实践探寻适合自身的经济发展路线提供了生动范本。

参考文献

[1] 史正富:《超常增长:1979—2049 年的中国经济》,上海人民出版社 2013 年版。

[2] Piketty, T., Yang, L. & Zucman, G., 2017, "Capital Accumulation, Private Property and Rising Inequality in China, 1978—2015", NBER Working Paper.

[3] 中国社会科学院经济体制改革三十年研究课题组:《论中国特色经济体制改革道路》,《经济研究》2008 年第 9 期。

[4] 高帆:《体制转型—结构转化:中国经济发展的"异质性"及其引申含义》,《西北大学学报》(哲学社会科学版)2008 年第 1 期。

[5] 王诚、李鑫:《中国特色社会主义经济理论的产生和发展》,《经济研究》2014 年第 6 期。

[6] 刘文革、孙瑾:《中国特色经济发展模式的逻辑演化与多元特征》,《经济社会体制比较》2016 年第 4 期。

[7] 杨春学:《社会主义政治经济学的"中国特色"问题》,《经济研究》2016 年第 8 期。

[8] 林毅夫、蔡昉、李周:《中国的奇迹:发展战略与经济改革》(增订版),格致出版社、上海人民出版社2012年版。

[9] 劳伦·勃兰特、托马斯·罗斯基:《伟大的中国经济转型》,格致出版社、上海人民出版社2009年版。

[10] 周雪光:《中国国家治理的制度逻辑:一个组织学的研究》,生活·读书·新知三联书店2017年版。

[11] Li H., Kung J., 2015, "Fiscal Incentives and Policy Choices of Local Governments: Evidence from China", *Journal of Development Economics*, Vol(116):89—104.

[12] 谢贞发、张玮:《中国财政分权与经济增长》,《经济学》(季刊)2015年第2期。

[13] Xu Chenggang, 2011, "The Fundamental Institutions of China's Reforms and Development", *Journal of Economic Literature*, Vol.49(4):1076—1151.

[14] 巫永平:《谁创造的经济奇迹》,生活·读书·新知三联书店2017年版。

[15] 王小鲁、樊纲、余静文:《中国分省份市场化指数报告(2016)》,社会科学文献出版社2017年版。

[16] 罗德明、李晔、史晋川:《要素市场扭曲、资源错配与生产率》,《经济研究》2012年第3期。

[17] 高帆:《"政治经济学回归"与中国经济学说的选择逻辑》,《政治经济学评论》2016年第5期。

(本文原载《学术月刊》2018年第6期)

深刻把握乡村振兴战略*

——政治经济学视角的解读

王立胜　陈　健　张彩云**

摘　要　在新时代，我国社会主要矛盾在农村有其特殊表现："我国最大的发展不平衡，是城乡发展不平衡；最大的发展不充分，是农村发展不充分"。从马克思主义政治经济学角度讲，解决这个矛盾，需要重新定位城乡关系，确立城乡融合理念，这是实施乡村振兴战略的必然选择，也是乡村振兴战略的理论依据。践行乡村振兴战略，要通过城乡融合发展来破解"三农"难题，这是一个必经过程。具体来说，要达到"产业兴旺、生态宜居、乡风文明、治理有效、生活富裕的总要求"。

关键词　乡村振兴　三农问题　城乡融合

一、引　　言

中共十九大报告明确提出，中国特色社会主义进入了新时代。我国社会主要矛盾已经转化为人民日益增长的美好生活需要和不平衡不充分的发展之间的矛盾。在新时代，我国社会主要矛盾在农村有其特殊表现："我国最大的发展不平衡，是城乡发展不平衡；最大的发展不充分，是农村发展不充分"，这反映在"农业发展质量效益竞争力不高，农民增收后劲不足，农村自我发展能力弱，城乡差距依然较大"①。解决这个矛盾，实施乡村振兴战略是必然选择。十九大把乡村振兴提到了国家战略的高度予以部署。对于乡村振兴的意义，正如习近平总书记在2013年中央农村工作会议上指出的："中国要强，农业必须强；中国要美，农村必须美；中国要富，农民必须富。农业基础稳固，农村和谐稳定，农民安居乐业，整个大局就有保障，各项工作都会比较主动"②。

---

* 本文系中国社会科学院当代中国马克思主义政治经济学创新智库项目的阶段性成果。基金项目为国家社会科学基金重大项目"中国特色社会主义政治经济学探索"（16ZDA002）。

** 王立胜，中国社会科学院经济研究所党委书记、副所长。陈健、张彩云，中国社会科学院经济研究所、中国特色社会主义经济建设协同创新中心。

① 《党的十九大报告辅导读本》，人民出版社2017年版。

② 邵峰：《"三农"问题本质何在》，《浙江日报》2013年8月27日。

解决好“三农”问题,实施乡村振兴战略,实现农业农村现代化,是未来几十年建设社会主义现代化强国这一总体目标的必然要求。研究乡村振兴战略问题有很多角度,本文试从马克思主义政治经济学的角度予以解读。

二、城乡关系的新认识:城乡融合理念的确立

乡村振兴战略的提出意味着中国共产党站在新时代的高度对城乡关系问题形成了新的认识成果,这个成果就是城乡融合理念的确立。

城乡融合也是马克思主义关于解决城乡关系问题的基本主张。马克思在1847年的《哲学的贫困》中写道:“城乡关系一改变,整个社会也跟着改变”①。马克思主义城乡关系理论认为,城乡关系演进与生产力发展水平密切相关,生产力的发展推动着人类生产方式与生活方式的变革,由此带动城乡关系不断演进;在人类社会发展的历史长河中,城乡关系要依次经历城乡依存、城乡分离、城乡融合三个阶段②。随着生产力的发展,农业和畜牧业所提供的剩余粮食和劳动力不断增加③,分工以及紧密的协作关系形成了城市,但是在前工业社会中,农业文明处于中心和主导地位,城市尚处于农业文明母体之中的发育雏形期,城乡关系呈农强城弱的浑然一体状态④。城乡分离(对立)是生产力进一步发展的结果。马克思指出城乡分离和对立是生产力发展到一定阶段出现的社会现象。之所以会出现城乡对立,根源在于生产力的发展但是发展仍然不足⑤。农业出现了剩余劳动力为农业和工业分离提供了条件,但是由于工业生产力水平发展不足导致了乡村农业人口分散和城市工业人口的集中,进而出现城乡对立⑥。随着生产力进一步发展,城乡将趋于融合,因为“消灭城乡之间的对立,是共同体的首要条件之一,这个条件又取决于许多物质前提”⑦。恩格斯在《共产主义原理》中首次提出了城乡融合的概念。他认为:“通过消除旧的分工,进行生产教育、变换工种、共同享受大家创造出来的福利,以及城乡的融合,使全体成员的才能得到全面的发展。”⑧芒福德也认为:“城与乡,不能截然分开;城与乡,同等重要;城与乡,应当有机结合在一起。”⑨在马克思主义相关理论的基础上,总结中国实践经验,剖析中国国情,可发现城乡关系不断处于变化之中,且具有明显的阶段性特征。城乡关系这一本质问题集中表现为“三农”问题。解决城乡对立问题,就必须解决“三农”问题,解决“三农”问题又必须实施乡村振兴

① 《马克思恩格斯选集》第1卷,人民出版社1995年版。
② 白永秀、王颂吉:《马克思主义城乡关系理论与中国城乡发展一体化探索》,《当代经济研究》2014年第2期,第22—27页。
③ [美]刘易斯·芒福德:《城市发展史:起源、演变与前景》,倪文彦等译,中国建筑工业出版社1989年版。
④ 林聚任、王忠武:《论新型城乡关系的目标与新型城镇化的道路选择》,《山东社会科学》2012年第9期,第48—53页。
⑤ 周志山:《从分离与对立到统筹与融合——马克思的城乡观及其现实意义》,《哲学研究》2007年第10期,第9—15页。
⑥ 董济杰:《马克思恩格斯城乡关系理论及对当前中国城乡一体化的启示》,《前沿》2017年第8期,第11—17页。
⑦ 《马克思恩格斯选集》第1卷,人民出版社1995年版。
⑧ 《马克思恩格斯全集》第4卷,人民出版社1958年版。
⑨ [美]刘易斯·芒福德:《城市发展史:起源、演变与前景》,倪文彦等译,中国建筑工业出版社1989年版。

战略。

城乡关系的阶段性变化不仅体现在对“三农”问题的认识上，还体现在一系列针对“三农”问题的政策设计上，前者是认识论范畴，后者则是方法论范畴。首先，“三农”问题是一个什么范畴的问题？这是认识城乡关系的核心和突破口。“就‘三农’论‘三农’，已经难以从根本上解决‘三农’问题。我们只有跳出‘三农’抓‘三农’，用统筹城乡发展的思路和理念，才能切实打破农业增效、农民增收、农村发展的体制性制约”①。这意味着，“三农”问题是一个整体，表面上看三农分别涉及农业、农民、农村三个方面，一种思路是农业遇到什么不足，可以出台关于加强农业发展的意见，农民遇到什么状况，可以出台改善农民状况的意见，农村遇到什么问题，可以出台改进农村工作的意见。但这种思路是对三农问题分割的、孤立片面②的认识在认识论上犯了机械论和形而上学的错误。“三农”问题的表象是农业效益低农民收入低，农村发展水平低，而这种低是有比较对象的，是与工业、城市居民、城市相比较得到的结论。因此，“三农”问题本质上是这一发展过程中工业农业、农民市民、城市乡村发展的失衡，即城乡对立问题。由于工业和市民集中在城市，“三农”问题本质也就是城乡关系和矛盾的不平衡。就“三农”本身论“三农”问题，解决不了“三农”问题，而应该把焦点放在城乡二元分割的体制上③。城乡二元经济结构是发展中国家工业化过程中特定出现的现象④，出现城市中以制造业为主的现代化部门和农村中以传统生产方式为主的农业的并存。就中国而言，城乡二元结构也出现在经济发展过程中，而体制性因素进一步强化了这一结构。

1949—1978 年中国最根本的问题就是如何解决农业快速发展并为工业化奠定基础和提供保障。如果从 1978 年以前的中国经济看，城乡关系实质上是工农业关系的更广泛表现，工农业关系是城乡关系的核心问题。在推行农村经济体制由个体经济、合作经济再向“政社合一”的集体经济转变过程中，城乡分隔的壁垒也逐步形成，农民被束缚于既有的土地和社区内不得自由流动。这就是所谓的城乡“二元结构”⑤。具体而言，从中华人民共和国成立开始，国家采取了优先发展重工业的政策，为此采取农产品统销统购和工农产品价格“剪刀差”，以农业剩余实现对工业化的支持。为了保证支持的效果，国家采取了城乡分割的二元体制，包括城乡分割的生产资料所有制和户籍管理制度，以及在此基础上的农村以人民公社体制为标志的城乡二元社会就业、教育、福利保障等治理机制。这种城乡二元分割体制使农民在既有的土地和农村中不得自由流动，既集中力量于农业积累为国家的工业化服务，又减少了对城市的就业、粮食供应等各方面的冲击。应该说，改革开放前的“三农”状况的主导因素是国家的重工业优先发展战略形成的工业农业关系，工业农业关系决定了农民的身份和农民市民关系，也决定了城乡关系的实质，从而形成了“三农”问题的体制因素。中国的农业、农民、农村在改革开放前为中国的工业化做出了巨大贡

① 习近平：《要跳出“三农”抓“三农”》，2004 年 4 月 9 日，《之江新语》，浙江人民出版社 2007 年版。
② 刘守英：《城乡共同发展方能解决“三农”问题》，《发展》2013 年第 3 期，第 9 页。
③ ［英］刘易斯：《经济增长理论》，商务印书馆 1996 年版。
④ 罗楚亮：《城乡收入差距的变化及其对全国收入差距的影响》，《劳动经济研究》2017 年第 1 期，第 21—47 页。
⑤ 武力：《1949—2006 年城乡关系演变的历史分析》，《中国经济史研究》2007 年第 1 期，第 23—31 页。

献,这些工业成就和相应的城市发展为改革开放积累了良好的物质基础。这一时期农业、农民、农村对工业化的支持主要是通过提供农产品剩余来支持,改革开放后则转为以提供农村劳动力和土地来支持。①

1978年底中共十一届三中全会以后,城乡关系进入一个新的历史时期,过去完全由政府控制的城乡关系开始越来越多地通过市场来调节,但是农业支持工业、乡村支持城市的趋向并没有改变②。改革开放是从农村开始的,首先是农业生产上的体制改革,家庭联产承包责任制在维持土地集体所有制的基础上取代了原来的人民公社,加上以化肥使用和农作物品种改良为代表的农业科技进步,农业粮食产量得到极大提高,很快解决了温饱问题。改革开放后的农业对工业的支持除了农业生产迅速提高对工业提供更多的农产品剩余支持外,更重要的是改革开放引入了市场经济,农民开始以转移劳动力的方式参与工业化,包括农民创办乡镇企业和作为农民工进入城市。这表明,改革开放后二元分割的城乡壁垒开始松动,特别是农民进入城市打工与创业使原来严格的户籍制度开始松动。

在这一时期,农民的劳动力转移开始以市场的方式实现,但市场化的经济发展本身也会存在市场经济惯有的拉大发展差距的倾向,相比农村发展,城市产业的聚集效应使高生产率的产业都集中在城市,这会拉大城市和农村的发展差距,农村的乡村工业和乡镇企业也必须适应这种聚集的过程。农民可以从农村移居城市加入城市化和工业化浪潮,但对农民工来说,由于之前在农村受到的教育层次低导致的知识水平限制,高生产率和高收入水平的职业机会难觅。并且,城乡二元体制只是松动,城乡分割的体制仍然存在,"三农"仍是处于为工业化城市化服务的附属地位,农业成为工业的附属,农村与农民成为城市的附属,只不过表现形式有所变化。一系列数据可反映这一时期的城乡对立关系,改革开放后的城乡发展差距拉大,这成为全国收入分配差距的主要成因。1978年城乡居民收入差距是2.37倍,1985年缩小到1.72倍,但随着80年代中后期改革重心开始转向城市,城乡收入差距又开始扩大,1995年扩大到2.47倍,2004年则扩大到3.21倍。③

社会主义的本质是发展生产力,并实现共同富裕。"三农"问题是关系国计民生的根本性问题。"三农"问题不解决,共同富裕也实现不了,而且就扶贫工作而言,我国贫困人口基本在农村,无论是扶贫还是缩小城乡差距,解决"三农"问题都是系统性、整体性的。党中央历来重视农业问题,在改革开放初期的1982－1986年连续发布了五个中央一号文件,对当时农村以承包制为核心的体制改革和农业发展做了部署,当时中央关注"三农"问题的核心在于农业生产的发展,中央农业政策激发了广大农民的积极性,农业发展取得极大的成效。随着改革开放和城市化的进一步发展,城乡发展差距继续拉大,"三农"问题更加突出。"三农"问题不再只是农业落后于工业的问题,更在于"三农"问题系统性和整体性的变化,因农产品附加价值低,农民仅从事农业生产,使收入增加缓慢,这又导致农村发展缓慢。这个问题在20世纪90年代初我们已有所认识。1991

① 王伟光:《建设社会主义新农村的理论与实践》,中共中央党校出版社2006年版。

② 武力:《1949—2006年城乡关系演变的历史分析》,《中国经济史研究》2007年第1期,第23—31页。

③ 国家统计局:《中国统计摘要(2005)》,中国统计出版社2005年版。

年中共十三届八中全会是改革开放多年后召开的一次专门讨论农业及农村问题的重要会议，与以往会议不同，这次会议不再只关注农业，而是把农业与农村发展联系起来。之后，1998 年中共十五届三中全会明确提出“三农”问题是关系我国改革开放和现代化建设全局的重大问题。2001 年中共十六大提出全面建设小康社会的宏伟目标，解决好“三农”问题，是其中的关键。至此，跳出了传统的以农业论农业、以农村论农村，工作重点只是在于农业粮食增长的思路，提出了“统筹城乡经济社会发展，建设现代农业，发展农村经济，增加农民收入”，这首次明确了统筹城乡发展、缩小城乡发展差距、解决“三农”问题的方式。十六大还明确了土地承包经营权流转，反映了农村土地集体所有制实现形式适应经济发展需要的新要求，同时提出了走中国特色城镇化道路，为农村劳动力有序流入城镇做了部署。2003 年中共十六届三中全会将统筹城乡发展的目的进一步界定为逐步改变城乡二元经济结构，为此国家要加大对农业和农村的财政投入，对在城市有稳定职业住所的农业人口，放宽了户籍管理的规定。

之后，中国发展进入了统筹城乡发展和城乡一体化发展阶段。时隔 18 年后的 2004 年，中央一号文件重新聚焦“三农”，指出农民增收对解决“三农”问题的重要性，并加大了财政对“三农”的支持力度，提出了三项补贴政策，即粮农补贴、良种农机具补贴、最低收购价补贴。2005 年十届全国人大常委会第十九次会议做出了废止农业税条例的决定，这意味着在我国延续了 2 600 多年的农业税从此不复存在，对农民减负具有典型意义。2005 年中共十六届五中全会提出社会主义新农村建设，要求“生产发展、生活富裕、乡风文明、村容整洁、管理民主”，这意味着“物的新农村”和“人的新农村”建设齐头并进。2006 年、2007 年中央一号文件提出了推进社会主义新农村建设的部署，进一步加大了支持“三农”工作的力度，提出了各种强农惠农的政策。总的来说，中共十六大以来，基于我国社会主义经济建设不断取得巨大成就和日益暴露出的发展中的一些问题，党中央逐步确立了科学发展观的指导思想。科学发展观的确立是新世纪以来中国发展理念层面的一次重大变化，其要求是实现全面协调可持续的发展，提出的“五个统筹”，其中第一位的就是统筹城乡发展，这也反映了新世纪以来党把“三农”工作提高到关系发展全局的战略高度。这种发展不同于过去单纯的农业增产，而是关注社会民生和协调发展的农村全面发展，农民全面增收，最终实现消除城乡二元差别。这也表明，相对之前农业为工业化服务，中国城乡关系进入了工业反哺农业、城市支持乡村的新阶段，我国工业化和城市发展的巨大成就使得这种反哺与支持既有可能，也更为必要。

具体到“三农”问题与城乡一体化的关系，这一阶段对这对关系的认识不断深化，相关政策也陆续出台。“三农”问题的核心问题是城乡二元体制，解决“三农”问题需要从城乡一体化着手综合布局，而不仅是考虑如何增加农业生产。消除城乡二元差别，彻底解决“三农”问题，一直是党中央工作的重中之重，2004 年开始每年的中央一号文件都体现了这种重视。除了政策部署，在发展战略上，继“城乡统筹发展”的提法之后，2007 年中共十七大提出“缩小城乡差别，加速城乡一体化”，十七届三中全会指出，以工促农、以城带乡，形成城乡一体化发展新格局。城乡一体化的一个核心是要实现基本公共服务的均等化，这触及了城乡一体化的本质，意味着继以往的城乡差别户籍制度改革之后，城乡在基础设施、教育、医疗、社保等领域也要缩小公共服务差距。原来城乡居民间因身份差异导致公民权利和应享基本服务的巨大差异是中国城乡二元差异的本质，在以往“三农”重点是农业增产为工业服务的思路中，粮食生产是重点，在新世纪中央重视“三农问题”和提出城乡统筹发展之后，关注的重点开始转移到如何增加农民收入和城乡共同发展上，而在城乡一体化发展战略阶段，解决因身份造成的公共服务待遇差异，不再因户籍差异造成享有权益的不平等这一城乡最大的不平等，真正触及了城乡二元分割这一“三农”问题的实质。

中共十八大以来，以习近平为核心的党中央对“三农”问题和城乡一体化发展做出适应新时代发展要求的重大部署，并在实践中形成一系列新理念、新战略和新思想。十八大报告明确提出城乡发展一体化是解决“三农”问题的根本途径。除此之外，还提出走中国特色“新四化”道路，即新型工业化、信息化、新型城镇化和农业现代化同步发展，农业现代化、工业化与城镇化并列，突出强调了三者之间协调发展和互相促进的关系。城镇化是农业人口通过空间集聚而转化为非农产业人口的过程，而新型城镇化则是强调以人为核心的城镇化，为移居城镇的人口提高其素质和生活质量。从根本上说，由于传统农业生产率低，而现代农业劳动力需求不大，农民增收问题不可能依靠农业自身来解决，而只能通过农村富余劳动力移居到城镇从事工业和三产来解决，因此，“四化”同步，归根到底是实现可持续和协调的发展局面，而城乡一体共同发展正是其中的重要部分。习近平在十八届三中全会上指出：我国“城乡二元结构没有根本改变，城乡发展差距不断拉大趋势没有根本扭转。根本解决这些问题，必须推进城乡发展一体化”。①十八届三中全会《关于全面深化改革若干重大问题的决定》提出，城乡二元结构是制约城乡发展一体化的主要障碍。必须健全体制机制，形成以工促农、以城带乡、工农互惠、城乡一体的新型工农城乡关系，为此要推进城乡要素平等交换和公共资源均衡配置，完善城镇化健康发展体制机制，促进城镇化和新农村建设协调推进。这些新思路和新做法在理念上已经接近城乡融合的实质性内容。中共十九大对解决“三农”问题的认识又前进了一大步。报告首次提出乡村振兴战略问题，而乡村振兴战略是城乡融合为旨归的重要战略。“农业农村农民问题是关系国计民生的根本性问题，必须始终把解决好‘三农’问题作为全党工作重中之重。”“建立健全城乡融合发展体制机制和政策体系，加快推进农业农村现代化。”②

从“城乡统筹发展”，到“城乡发展一体化”，再到“城乡融合发展”，反映了党和政府对解决“三农”问题的战略设计的与时俱进，城乡融合发展在消除城乡二元体制上与之前的战略是一致的，而创新的地方在于不仅是强调了政府对于城乡公共服务均衡配置的责任，更强调了乡村与城市的共存共生关系和和谐发展局面。以往“城乡统筹”和“城乡一体化”注重的是缩小城乡差距，注重的是政府的统筹兼顾和公共政策导向，以城带乡、以城补乡，乡村发展是被动的，是被带动和被补贴的发展，乡村发展仍然滞后，城市导向的农村公共政策的结果仍是村庄凋敝。③而城乡融合发展更强调了乡村自身的发展动力机制和潜在的发展比较优势乡村与城市互相带动，互相促进。

① 习近平：《中共中央关于全面深化改革若干重大问题的决定》，新华社2013年11月15日。

② 习近平：《决胜全面建成小康社会　夺取新时代中国特色社会主义伟大胜利——在中国共产党第十九次全国代表大会上的报告》，《人民日报》2017年10月28日。

③ 吴玉才：《十六大解决“三农”问题的新思路》，《内蒙古农业大学学报》(社会科学版)2003年第4期，第17—18页。

在以往强调工业化和城市化的推进过程中，农业附属于工业、农村附属于城市的格局之所以尚未得到根本改观，就在于乡村缺乏自我发展的功能，以农村人口向城市转移可以增加收入，但这并不能改变农村发展的落后局面。我国至今仍有约一半的人口居于乡村，解决“三农”问题也不可能只依靠城市化的一端。城乡齐头并进，是新时代中国特色社会主义融合发展的必由之路，而其中重点在于农村，乡村振兴战略正是站在新时代的高度，着眼于增强乡村的造血机能，而不仅仅是进行财政转移支付，根本的是要改变城乡之间乡村发展被动和依赖的一面，无疑这才是从根本上解决“三农”问题，实现可持续的协调发展，实现社会主义共同富裕的顶层战略。

三、农村发展战略的新定位：解决新矛盾的重要选择

中国社会主要矛盾已经由人民日益增长的物质文化需要同落后的社会生产之间的矛盾，转化为人民日益增长的美好生活需要和不平衡不充分的发展之间的矛盾①，这一主要矛盾在乡村最为突出。发展不平衡不充分的问题在量与质方面都有体现，也分布于政治、经济、文化、社会、生态这五个方面。政治和经济方面的表现是，农村基层党建存在薄弱环节，乡村治理体系和治理能力亟待强化；农产品阶段性供过于求和供给不足并存，农业供给质量亟待提高；农民适应生产力发展和市场竞争的能力不足，新型职业农民队伍建设亟须加强；国家支农体系相对薄弱，农村金融改革任务繁重，城乡之间要素合理流动机制亟待健全。文化、社会和生态方面表现为，农村基础设施和民生领域欠账较多，农村环境和生态问题比较突出，乡村发展整体水平亟待提升。②新时代中国社会主要矛盾具有整体性，发展不平衡不充分是一个系统性、整体性问题，因此，要把上述问题纳入乡村振兴战略中去，才能从根本上解决乡村的主要矛盾。

中国的社会主义制度脱胎于半殖民半封建社会，生产力极端落后是近代中国的基本国情，解放和发展生产力及实现共同富裕就成为中国特色社会主义建设的双重任务。1981 年中共十一届六中全会指出，在现阶段，我国社会的主要矛盾是人民日益增长的物质文化需要同落后的社会生产之间的矛盾。发展生产力是解决这一主要矛盾的根本途径，改革开放也是为了这一根本任务而采取的措施。改革开放之后的相当一段时期内，快速发展经济，追求发展速度，成为改革开放的重心，追求 GDP 增长速度成为经济发展的成就和标准。在追求经济高速发展的形势下，由于农业本身的特点和效益状况，其必然在追求经济增速中处于附属地位，农业的任务就是为城市人口提供廉价农产品，农民为工业化提供廉价的劳动力，农村为城市的发展扩张提供廉价的资金和土地。“三农”的附属地位是客观存在的：从市场经济角度看，工业和城市的集聚功能自然会吸引资金和人力资源，市场经济的发展自然会导致发展的天平朝向工业和城市一端，而计划经济时期形成的城乡二元体制又使得资源过度向工业和城市倾斜，乡村的发展既然对 GDP 和经济增长不如工业和城市那么起作用，相比之下乡村的工作也难免不被重视。

---

① 习近平：《决胜全面建成小康社会　夺取新时代中国特色社会主义伟大胜利——在中国共产党第十九次全国代表大会上的报告》，《人民日报》2017 年 10 月 28 日。

② 吴玉才：《十六大解决“三农”问题的新思路》，《内蒙古农业大学学报》(社会科学版)2003 年第 4 期，第 17—18 页。

从经济发展角度看，随着经济的高速增长，人民日益增长的物质文化需要同落后社会生产之间的矛盾得到了极大缓解。但是，追求总量的增长使资源汇集于城市，城市成为经济发展和现代化的动力，而发展的代价是城乡差距的拉大，就城乡而言，主要矛盾表现在城市居民收入的快速增长上，而农村居民收入增长缓慢。在新世纪，"三农"工作的重心和矛盾解决的侧重点转到了农民增收上，以往对农业的重视并不必然带来农民增收，这主要因为农村劳动力丰裕但土地资源有限，导致农业的低生产率。农民增收的主要途径是农业人口从低收入的农业转移到工业和第三产业，并移居到城市。因此，新世纪以来的"三农"政策除了给农民减负，增加农业科技扶持，主要的方法是工业化和城镇化。事实上，新世纪以来中国的城镇化率，从 1999 年的 30.89%提高到 2016 年的 57.35%，是提高速度最快的一段时期。为了配合城镇化的进程，实现以人为本的城镇化，使城镇化的农民享有居住、就业、教育、社保等市民同等权利，国家对城镇化做了总体规划和部署，这正是十八大报告"四化"并举中的农业现代化和新型城镇化的政策意义。

城镇化已成为我国经济增长的关键因素，我国的城镇化率每增加 1%，就可拉动当年国内生产总值 1%—2%①，城镇化是解决我国"三农"问题的根本途径。但另一方面城镇化中除了镇区所在人口外，其余的大中小城市人口与农村在空间距离和产业分布上都相去甚远，城镇化实现了人的转移，但城镇化不可能完全替代农村的发展。而且，城镇化特别是让人口往城市集中使得农村中最具生产力的劳动力外流，这容易使乡村出现空心化和凋敝现象，这也是城乡二元经济发展中容易出现的城市与乡村的矛盾，它拉大了城市与乡村发展上的差距。只要大量农民仍然生活在农村，农村中的农民仍然面临增收的问题，只要国民农产品消费不可能 100%依靠进口，农村中的农业仍然面临发展的问题。此外，在地域空间上，农村的广大与城市的狭小形成了鲜明对比，农村的发展还具有空间格局的问题，包括资源开发和生态环境的空间格局，也包括乡村文化和社会环境的空间格局，这使得农村发展具有特殊而重要的意义。2015 年 4 月 30 日习近平在中央政治局第二十二次集体学习时的讲话中指出："推进新农村建设，使之与新型城镇化协调发展、互惠一体形成双轮驱动"②，这高度概括了农村发展与城镇化的齐头并进的关系。新世纪以来在党和政府的关怀下，我国农村发展在新农村建设的战略指引下取得了长足发展，这不仅反映在农村基础设施的改善和农村居住条件以及周边环境的改善上，也表现在农村社会事业的发展和乡村工作的改进上，这包括农村义务教育经费国家保障、新型农村合作医疗制度、农村最低生活保障制度和新型农村社会养老保险制度等，这些都反映了中央对农村的关心和财政对农村的强大支持。③

随着多年来我国经济的快速发展，我国经济进入了强起来的阶段。如何才能够强起来呢？在根本的意义上就是要集中精力解决人民日益增长的美好生活需要和不平衡不充分的发展之间的矛盾。而城乡之间的不平衡是最大的发展不平衡，农村发展的不充分是最大的发展不充分。

---

① 习近平:《中共中央国务院关于实施乡村振兴战略的意见》，新华社 2018 年 2 月 4 日。

② 陈锡文:《我国城镇化进程中的"三农"问题》，《国家行政学院学报》2012 年第 6 期，第 4—11 页。

③ 习近平:《健全城乡发展一体化体制机制让广大农民共享改革发展成果》，新华社 2015 年 5 月 1 日。

这也是十九大提出了乡村振兴战略的根据。在新时代，在中国强起来的过程中，尽管农业占GDP的比重会进一步下降，但农业的基础地位不会变，农业在保障国家安全的战略地位不仅不会下降，而且还会进一步加强。习近平总书记讲，饭碗要牢牢端在自己手里。尽管城镇化水平将进一步提高，但大量农民生活在乡村的国情也不会改变，他们对美好生活的追求也会日益增长。从农业增产、到农民增收，再到农村发展，以往党中央的一系列相关政策侧重的是"三农"的某一或某些方面，到十九大的乡村振兴战略，则形成为综合性的整体战略设计，是新时代"三农"工作的总方针。乡村振兴战略把农业增产、农民增收、农村发展作为一个整体来安排。在整体性的视野中，农业增产和农民增收是为了实现农村发展，这与过去侧重于强调发展农业是为工业化积累做贡献，农民是为工业化和城市化提供劳动力的思路是不一样的。乡村振兴战略更加强调农村全面发展的重要性，关注更加综合和全面的农村发展。十九大提出了农业农村现代化，与十八大"新四化"的农业现代化相比，增加了农村现代化，表明了农村发展和农村现代化的整体性意义，这比单纯强调农业现代化更加全面和深刻。

乡村振兴这种整体性的战略安排与过去提出的"城乡统筹"和"城乡一体化"的发展思路也有所不同。它是以城乡融合为根本理念的，应当说，"城乡融合"是对"城乡统筹"和"城乡一体化"的进一步发展和超越。"城乡统筹"和"城乡一体化"着眼的是以工补农和以城统乡，农村成为各种政策和补贴的接受者，这种思路虽然比城乡对立的理念有所进步，对解决"三农"问题有所裨益，但从发展理念上讲这仍然是以城市为中心的发展模式，按照这种思路也不会改变总量发展下城乡结构差距拉大的情况。城乡差距既然成为新时代解决主要矛盾的主攻方向之一，那么，强调乡村与城市是共存共荣互相推动的两个空间发展布局，从以往城市为中心转变到城市与乡村的双中心，乡村不再是依附城市的发展而要有自己的独立性和自主的发展格局，这种思路就成为必然选择。乡村振兴战略正是"城乡融合"理念在国家实践层面的具体实施，着眼的是农村发展与乡村振兴，使农村发展形成与城市发展既有共性又有差异性，形成农村自主发展的格局，最终消除城乡发展差距。因此，无论从"三农"问题本身来看，还是从消除城乡发展差距来看，乡村振兴战略都是解决"三农"问题和消除城乡差距的政策交汇点，通过增强农村的全面发展，来彻底解决"三农"和城乡发展差距问题，也就是发展不充分和不平衡的问题。正如2018年1月2日中共中央、国务院《关于实施乡村振兴战略的意见》指出的，"加快推进农业农村现代化，走中国特色社会主义乡村振兴道路，让农业成为有奔头的产业，让农民成为有吸引力的职业，让农村成为安居乐业的美丽家园"。

四、农村发展的新思路：实施乡村振兴战略的总要求

关于乡村振兴，十九大报告明确指出，"产业兴旺、生态宜居、乡风文明、治理有效、生活富裕的总要求。"这五大要求既是"五位一体立体布局"在乡村振兴战略上的体现也是解决乡村社会主要矛盾的路径。在此基础上，2018年3月8日，习近平总书记在参加全国人大山东代表团审议时提出"五个振兴"的科学论断，"乡村产业振兴、乡村人才振兴、乡村文化振兴、乡村生态振兴、乡村

组织振兴”。“五大振兴”是落实总要求的举措,这五大要求以及“五个振兴”既是“五位一体,立体布局”在乡村振兴战略上的体现,也是解决乡村社会主要矛盾的路径:产业兴旺和产业振兴针对经济问题,生态宜居和生态振兴针对生态问题,乡风文明和文化振兴是文化层面的要求,治理有效和组织振兴是政治领域的表现,生活富裕和人才振兴是社会方面的体现。具体而言,建立健全城乡融合发展体制机制和政策体系,加快推进农业农村现代化。巩固和完善农村基本经营制度,深化农村土地制度改革,完善承包地“三权”分置制度。保持土地承包关系稳定并长久不变,第二轮土地承包到期后再延长三十年。深化农村集体产权制度改革,保障农民财产权益,壮大集体经济。确保国家粮食安全,把中国人的饭碗牢牢端在自己手中。构建现代农业产业体系、生产体系、经营体系,完善农业支持保护制度,发展多种形式适度规模经营,培育新型农业经营主体,健全农业社会化服务体系,实现小农户和现代农业发展有机衔接。促进农村一二三产业融合发展,支持和鼓励农民就业创业,拓宽增收渠道。加强农村基层基础工作,健全自治、法治、德治相结合的乡村治理体系。培养造就一支懂农业、爱农村、爱农民的“三农”工作队伍。

之后,2018年中央农村工作会议对贯彻乡村振兴提出了八点要求:一是坚持加强和改善党对农村工作的领导,为“三农”发展提供坚强政治保障;二是坚持重中之重战略地位,切实把农业农村优先发展落到实处;三是坚持把推进农业供给侧结构性改革作为主线,加快推进农业农村现代化;四是坚持立足国内保障自给的方针,牢牢把握国家粮食安全主动权;五是坚持不断深化农村改革,激发农村发展新活力;六是坚持绿色生态导向,推动农业农村可持续发展;七是坚持保障和改善民生,让广大农民有更多的获得感;八是坚持遵循乡村发展规律,扎实推进美丽宜居乡村建设。这八点要求是对乡村振兴战略的落实,也是应遵循的原则。

从理论基础和中国实践来看,城市与乡村是对立统一的关系,在以往,城市的发展与乡村的发展更多是对立的一面,这主要是因为农村劳动力大量移居到了城市。城市化的过程是经济发展的必然现象,同时也应该看到,在进入新时代后,我国的城镇化提高速度的最高峰已经过去,这意味着农村人口流出趋于减少,并且,城市化带来的大城市病导致的房价飙升、交通拥挤和环境污染使部分人不再像过去那样向往城市生活,对生态优美、食品绿色、节奏舒缓的乡村生活的向往不断成为风潮,这些都表明城乡关系在新时代所具有的新的特色,与新时代主要矛盾的转变,相对应,城乡发展差距的矛盾中向乡村有利的一面也不断呈现。①当然,使部分都市人开始向往乡村生活的前提是乡村物质和生活的便利不能和城市相去甚远,如果总是“城市像欧洲,农村像非洲”,这种向往对农村发展有利的一面也无从体现。这也正说明,乡村振兴战略着眼的农村发展正当其时,推动农村全面发展对于促进城乡要素双向流动,进而缩小乃至消除城乡差距都起到关键的作用。另一方面,随着新时代我国工业化和城市化的取得的巨大成就,工业及三产和城市比以往任何时期都更能为农村的发展提供全方位的支持,不仅包括过去的财政支持,还包括城市对农村产业的市场,城市资本、技术及其他要素流动到农村,后者能改变单靠财政支持给农村输血的状况,使新时代的农村发展更具有以往不具备的自主性、内生性。

① 王立胜、刘岳:《乡村振兴战略:新时代农业农村工作的总遵循》,《红旗文稿》2018年第3期,第20—22页。

十九大报告提出的乡村振兴战略五大要求，实质上为农村发展定下的总基调，涉及经济、生态、文化、政治、社会诸多方面，这与十八大提出的"五位一体"总体布局是完全一致的，是"五位一体"总体布局在乡村领域的具体化。十九大报告进一步明确"五位一体"也是新时代中国特色社会主义建设事业的战略部署和路线图，乡村振兴战略因此也是新时代中国特色社会主义"三农"工作的总路线图，与新时代"五位一体"总体布局是一个有机整体一样，乡村振兴战略也是一个有机整体，从物质文明、政治文明、精神文明、社会文明、生态文明各个角度一致和协同地推动乡村的整体振兴和乡村的现代化。乡村振兴战略的这些总体要求描绘了农业农村的现代化，从十八大报告正式提出"四化"同步以来，农业现代化和其他三化，特别是新型城镇化间的密切联系，同步发展。2013 年十八届三中全会提出全面深化改革的总目标是完善和发展中国特色社会主义制度、推进国家治理体系和治理能力现代化，这包括政治、经济、文化、社会、生态文明建设和党的建设等各领域的体制机制的现代化。2015 年 4 月中共中央、国务院《关于加快推进生态文明建设的意见》指出了生态文明建设在中国特色社会主义建设事业中的重要性，在"四化"的基础上加入"绿色化"，成为"五化同步"，乡村振兴战略的这些总体要求，也是"五化同步"，是国家治理体系和治理能力现代化在农村发展和现代化战略中的反映，是这些总体工作布局在"三农"工作中的细化。

十九大报告指出，进入新时代，伴随着主要矛盾的转化，中国经济也从高速增长阶段进入了高质量发展阶段，以新发展理念为指导，建设现代化经济体系是跨越这个阶段性转变关口的迫切要求和实现高质量发展的战略目标。现代化经济体系是质量第一、效益优先的体系，包含实体经济、科技创新、现代金融、人力资源协同发展的产业体系和市场机制有效、微观主体有活力、宏观调控有度的经济体制。在建设现代化经济体系的六个方略中，乡村振兴战略为其中之一，地位十分重要。从农业农村现代化角度，农业农村发展也是现代化经济体系的有机成分，本身也要注重质量和效益，实现高质量发展的转变；新发展理念崇尚创新、注重协调、倡导绿色、厚植开放、推进共享，也是农业农村现代化的发展方向；现代化经济体系的产业体系方向和市场机制准则也为农业农村现代化指明了攻关方向。

这些工作的所有安排都是围绕着实现中国特色社会主义现代化事业而做的布局，乡村振兴战略的意义也同样要从农业农村在中国特色社会主义现代化建设中的地位去理解。在中国特色社会主义现代化建设事业上，十八大提出来 2020 年全面建成小康社会、十九大进一步提出到 2020 年决胜小康社会，"五位一体"总体布局和"四个全面"战略布局都为此提供了总体规划，乡村振兴战略在其中的地位不仅反映在其为现代化经济体系的重要成分，而现代化经济体系就是社会主义现代化强国建设的经济总战略，而且，就十九大提出的决胜全面建成小康社会战略设计，乡村振兴战略成为十九大报告中提出的决胜全面建成小康社会的七大战略之一，其重要意义更是不言自明。"小康不小康，关键看老乡"，2015 年 4 月 30 日习近平在中央政治局就健全城乡发展一体化体制机制进行第二十二次集体学习中指出，"全面建成小康社会，最艰巨最繁重的任务在农村"，最大的发展不平衡在于城乡发展不平衡，只有农村完成决胜全面小康，才谈得上全面决胜小康社会的胜利。同样，如果说农村是决胜全面小康社会的短板，而部分农村地区脱贫又是其中的短板,“没有农村的小康,特别是没有贫困地区的小康,就没有全面建成小康社会”。十九大报告和2017年12月的中央经济工作会议,提出从现在到2020年的全面建成小康社会决胜期,要坚决打好防范化解重大风险、精准脱贫、污染防治的攻坚战,精准脱贫就是其中之一。更进一步,实现建成全面小康社会的目标,是我们党提出的实现第一个百年奋斗目标,在此基础上还要分阶段向第二个百年奋斗目标,即建设社会主义现代化强国进军。2018年1月2日中共中央、国务院《关于实施乡村振兴战略的意见》还指出,“农业农村农民问题是关系国计民生的根本性问题。没有农业农村的现代化,就没有国家的现代化”。乡村振兴战略着眼的农村发展不仅仅只是为了迎合全面决胜小康社会的目标,而是适应两个一百年奋斗总目标的长期战略,是建设社会主义现代化强国的关键成分,也是最终实现全体人民共同富裕的关键成分。2018年1月中共中央、国务院《关于实施乡村振兴战略的意见》与十九大提出的两个一百年奋斗目标安排相对应,到2020年,乡村振兴取得重要进展,制度框架和政策体系基本形成,这与2020年决胜全面小康社会的总安排是一致的,特别是对于脱贫攻坚战的安排,2020年要实现现行标准下农村贫困人口实现脱贫,贫困县全部摘帽,解决区域性整体贫困;到2035年,乡村振兴取得决定性进展,农业农村现代化基本实现;到2050年,乡村全面振兴,农业强、农村美、农民富全面实现。乡村振兴战略的这些规划为实现乡村全面振兴、全面实现农业农村现代化描绘了宏伟蓝图。

乡村振兴战略的总要求是一个内容全面的战略要求,是一个有机整体,中共中央、国务院《关于实施乡村振兴战略的意见》明确指出,“产业兴旺是重点”,这也是现代化经济体系建设的必然要求,就如同“五位一体”中经济建设的地位一样。要实现农业农村现代化,首要条件是产业兴旺。乡村振兴战略要实现“城乡融合”理念,在新时代农村发展也需要从原来附属和被动的发展地位改变为实现内生和主动的发展,产业兴旺是重点是因为它是农村内生和主动发展的重点。就农业发展而言,产业兴旺包含了农业现代化。就农民增收而言,过去在以城市为主导的经济发展格局下,农民增收的主要途径不是靠农业农村的就业机会,例如,2014—2016年,农业净收入对农民增收的贡献只有14.7%,农民增收主要是靠到城市打工。在新型城镇化的配合下,乡村产业兴旺就是要让剩下的农民在农村也能有好的就业和收入,从而实现农民增收的内生循环的长效机制。就农村发展而言,产业兴旺更是意味着实现农村发展的自我造血机能,产业兴旺可以带来农村社会、文化等方方面面的兴旺,从而为农村发展带来可持续的发展格局。产业兴旺也不仅仅是指发展现代农业来提高农民收入,更是要依靠“促进农村一二三产业的融合发展”,以现代农业为基础,发展农产品加工流通业和依托农业农村的观光、休闲、旅游、文化、养老等服务业,以及依托农业农村的绿色科技产业,来实现农业农村发展的新动能。

生态宜居是建设生态文明的重要组成部分,在地理上农村占有最广阔的空间,居住着近一半的人口,农村的生态宜居搞好了,建设美丽中国的宏伟计划才能实现。在以往工业化和城市化过程中,环境污染也日益严重,这也不可避免地影响到农村,农村环境问题一方面是农村农药化肥污染问题,这方面的环境治理与发展现代绿色农业是结合在一起的。另一方面,农村往往是城市废弃和工业污染的排放地,这方面的环境治理是与美丽中国和健康中国的战略规划联系在一起的,加大农村的生态系统保护力度,加快农村的绿色产业发展,真正实现“绿水青山就是金山银山”。一个生态宜居的农村，不仅有利于农民的身心舒畅和农村的持续发展，与产业兴旺也是密切联系的，只有生态宜居的农村才能实现农村大旅游大健康产业等新型服务业和绿色科技产业。而且，一个生态宜居的农村，桃红柳绿，丹桂飘香，怡人的田园风光本来就是中华传统文化称颂的人文场景，是中华传统优秀文化在当代的继承与实现。

乡风文明同样是中国乡村传统，也是文化建设的重要组成部分，光有物质建设的乡村只是空壳，文化才是乡村的内在。乡风文明要继承和发扬中华传统优秀文化和区域特色非物质文化，并体现在乡村精神风貌中，这对乡村的产业兴旺也有重要的促进作用，它使乡村新型服务业带有文化内涵并具有本土文化特色。乡村文明也要推动社会主义精神文明建设，开展移风易俗，弘扬时代新风，使农村成为精神生活朝气蓬勃，人民安居乐业的社会主义新农村。

乡村振兴，治理有效是基础。治理有效是政治建设的重要内容，是国家治理能力和治理体系现代化的重要成分。农村由于地广人散的特点以及熟人半熟人群聚而居，加上传统文化的影响相对较大，乡村治理有其自身的特点。十九大报告提出“健全自治、法治、德治相结合的乡村治理体系”，就是中国特色乡村治理体系的提纲挈领的提法。自治是基于农村地广人散的乡情，这样可以顺应农村的具体乡土风情，减少治理成本，也是社会主义民主政治在乡村基层的实践；法治是“四个全面”中全面推进依法治国在乡村治理中的贯彻，在坚持和完善党的领导下的依法治国，在乡村治理中不仅要维护各种法律的尊严，确保法律的实施，更要坚持和完善党的领导，这是农村工作和乡村治理的基本原则；德治是乡村熟人半熟人社会，传统文化习俗对治理影响的反映，道德风尚不仅包括传统习俗，更要在坚持和完善党的领导下提倡社会主义价值观。乡村工作治理有效不仅能促进乡风文明，更能通过乡村工作推动产业兴旺和生态文明，在这个意义上有效治理为乡村振兴的各个方面提供了保障。

在产业兴旺、生态宜居、乡风文明、治理有效的社会主义新农村，生活富裕是顺理成章、水到渠成的结果。①产业兴旺是生活富裕的物质保障，生态宜居是生活富裕的环境保障，乡风文明是生活富裕的文化保障，治理有效是生活富裕的政治保障。在乡村振兴战略中的生活富裕，不是单指物质生活的富裕，那只是基础，生活富裕还包括生态、文化精神、政治生活的充实富裕，是一种综合、全面、美好的富裕，是社会主义现代化和美丽中国的具体体现，也是社会主义本质即解放和发展生产力、实现共同富裕的美好愿景的具体体现！

五、农村发展的新举措

无论是理论还是实践，乡村振兴首先必须重塑城乡关系，走城乡融合发展之路。乡村振兴战略的核心是农业农村的现代化，这需要坚持农业农村优先发展的政策，乡村振兴实现产业兴旺是重点和前提，农村产业的核心是农业，发展方向是现代农业及围绕农业农村的各种加工业和服务业。但总的来说，城镇化仍是中国经济发展的首要因素，在新时代，农村劳动力的有序转移和实

① 洪银兴：《以三农现代化补“四化”同步的短板》，《经济学动态》2015年第2期，第4—11页。

现新型城镇化仍是解决“三农”问题的基本途径。在新型城镇化的配合下，农业转移人口的市民化是与乡村振兴战略密切相关的政策选择，在中共中央、国务院《关于实施乡村振兴战略的意见》中也提到促进农村劳动力转移，为此要“深化户籍制度改革，促进有条件、有意愿、在城镇有稳定就业和住所的农业转移人口在城镇有序落户，依法平等享受城镇公共服务”。解决城乡二元矛盾是破解“三农”问题的主线，解决“三农”问题也仍然要围绕城乡关系展开。过去的工业化是城市驱动，农村单方面向城市输送资金、劳动力和土地，引起农村发展的空心化，在新时代主要矛盾转换的情况下，乡村振兴就要实现城镇和乡村的双轮驱动，在城乡关系上就要实现城乡要素的双向流动，而这仍然是以新型城镇化的发展为前提的。农村人口转移为新型城镇化助力，农村劳动力转移也为土地规模适度经营，发展现代农业，提高农业效益提供了空间。当然，这也同样是以现代化农业和农村新兴产业的发展为前提的，只有实现产业兴旺、生态宜居、乡风文明、治理有效，才能进一步调动城乡两个积极性，吸引城镇各种要素流向农村。

必须深化农业供给侧结构性改革，走质量兴农之路。现代化经济体系建设的重要内容是乡村振兴，要将这一战略纳入现代化经济体系建设之内。农村要实现自主和内生的发展，产业兴旺是重点，乡村振兴战略也明确指出了这点，与以往单纯依靠政府财政支持不同，农业农村的振兴要落实的是十八届三中全会“使市场在资源配置中起决定性作用，更好发挥政府作用”的精神，这样农业农村的发展的自主和内生性才能实现。为此要实施以市场为主导的农业供给侧结构性改革，这也是经济进入高质量发展的新时代的要求。2017 年 1 月中共中央、国务院《关于深入推进农业供给侧结构性改革加快培育农业农村发展新动能的若干意见》对深化农业供给侧结构性改革提出指导意见，“围绕农民增收、农业增效、农村增绿，加强科技创新引领，加快结构调整步伐，加大农村改革力度，提高农业综合效益和竞争力”，农业供给侧结构性改革与整体经济的供给侧结构性改革是完全一致的，也是现代化经济体系的重要构成。农业提高供给质量和效益，注重创新引领，是农业现代化的基本要求。高效益的现代农业为农村产业兴旺提供基础，为农民增收提供动力。现代农业的发展需要积极发展适度规模经营，在新型城镇化下农村劳动力的转移缓解了人地关系，规模经营需要土地经营制度的变革，十九大报告提出“保持土地承包关系稳定并长久不变，第二轮土地承包到期后再延长三十年”，这与第二个百年奋斗目标契合，也使广大农民吃了长效定心丸。在此基础上，农村土地形成所有权、承包权、经营权三权分置，经营权实现流转，实现了三权之间“变”与“不变”的辩证统一，为土地流转和适度规模经营提供产权保障，这是继家庭联产承包责任制后农村改革又一重大制度创新。“三权分置”的本质是激活农村的存量土地资产，使之具备资本收益功能①，为农民增收增加财产性渠道，这也是十八届三中全会赋予农民更多财产权利的规定的落实。同样，符合规划和用途管制的农村集体经营性建设用地入市，十八届三中全会《关于全面深化改革若干重大问题的决定》提出了“建立城乡统一的建设用地市场”，这有利于提高集体土地的补偿标准，打破城乡二元土地制度壁垒。此外，中共中央、国务院《关于实

① 张云华：《打破二元土地制度壁垒，打开制度通道，构建农村集体建设用地入市的制度框架》，《中国经济时报》2018 年 2 月 5 日。

施乡村振兴战略的意见》也提出“适度放活宅基地和农民房屋使用权”，为使用权的转让适度开了绿灯，这都有助于增加农民的财产性收入。更重要的，这些产权制度的改革和经营权的流转为以规模经营为特点的城市资金、技术及其他要素流入现代农业和服务业创造了条件。

必须巩固和完善农村基本经营制度，走共同富裕之路。现代农业是适度规模经营的农业，而我国农业在长期的历史过程中是小户耕作经营，家庭联产承包责任制更是突出了这点，这有利于农户积极性的发挥，但也存在小户经营与现代农业发展如何有机衔接的问题，中共中央、国务院《关于实施乡村振兴战略的意见》关注了这一问题，提出要“发展多样化的联合与合作，提升小农户组织化程度”。现代农业呼唤新型职业农民制度，与传统小户农民不同，新型职业农民以农业为专业，爱农业、懂技术、善经营，包括各种农业专业大户和农业企业中的专门职业人员等，他们一头推行高质量高效益的现代农业，一头连接市场对接各种专业化的农业产业服务组织，包括销售服务、技术服务、信息服务、融资服务等，以其专业技术知识和规模经营获得在市场中的抗风险能力。此外，社会资金包括城乡各类资金也可以成立专业化市场化服务组织，推进农业生产全程社会化服务。中国农村是建立在土地集体所有的集体经济基础上的，发展现代农业和其他现代产业，与小户对接需要集体经济的发展。我国农村的集体经济是统分结合的双层经营体制，如何协调“统”和“分”的关系，实现产业兴旺的要求，是其中的重大课题，2013 年全国“两会”期间，习近平指出：“当时中央文件提出要建立统分结合的家庭承包责任制，实践的结果是，‘分’的积极性充分体现了，但‘统’怎么适应市场经济、规模经济，始终没有得到很好的解决”。在“统”和“分”的对立统一关系中，分田到户适应了当时小户低水平生产的需要，在发展现代农业的新时代，随着社会主义初级阶段主要矛盾的转换，也应重视“统”的一面，发展集体经济，以企业的形式在市场经济中实现农业农村现代化，对于促进农业及附加产业的分工，实现技术化和专业化，增强农民在市场的抗风险能力和谈判能力，都是十分必要的。在乡村振兴战略中，集体经济也将发挥前所未有的作用，产业兴旺要求的一二三产业融合发展，提高产品、服务档次和附加值，这大都不是传统小户农民能胜任的，需要的是企业化的力量，集体经济在此大有所为。同样，在增加农民财产性收入上，盘活农村集体资产也是重要途径。农村集体经济是中国特色社会主义公有制经济的重要形式和组成部分，集体经济的资产，包括土地和其他经营资产也是农业农村现代化的既有物质基础，这些家底不能丢，壮大集体经济既是我国社会主义基本经济制度的要求，也是实现共同富裕的基本保障之一。与资本下乡相比，农村集体经济创造的收益归全体村民所有，这对于防止农村两极分化，让广大农民分享经济发展成果，实现共同富裕都是十分重要的。十九大报告指出，“深化农村集体产权制度改革，保障农民财产权益，壮大集体经济”，这是乡村振兴战略的基本内容之一，是中国特色社会主义乡村振兴道路的基本路径之一。

农村集体经济的发展需要不断探索农村集体所有制有效实现形式，以适应社会主义市场经济的要求，2016 年 12 月中共中央、国务院《关于稳步推进农村集体产权制度改革的意见》提出深化农村集体产权制度改革的实施方法。发展集体经济不仅要防止集体资产的流失，例如要严格禁止下乡利用农村宅基地建设别墅大院和私人会馆，也要探索农村集体经济的新形式，坚持保障农民合法权益，在“分”的基础上实现“统”的一面，中共中央、国务院《关于实施乡村振兴战略的意见》指出，通过“资源变资产、资金变股金、农民变股东”，进一步，《关于稳步推进农村集体产权制度改革的意见》提出，逐步构建“归属清晰、权能完整、流转顺畅、保护严格的中国特色社会主义农村集体产权制度”。新型集体经济既要体现集体经济的优越性，又调动农民个人积极性，基本方式是农村集体资产确权到户基础上的股份合作制，这种新集体经济可以说是在统分结合双层体制改革上既家庭联产承包责任制实现“分”的飞跃后，通过“统”实现的第二次飞跃。

市场起决定性作用，政府的作用也十分重要，这在农业农村现代化中也体现得十分明显。乡村振兴要形成城乡双轮驱动的发展，乡村的自主和内生性发展是其中的关键。但由于过去城乡发展的不平衡，单纯依靠市场机制推动乡村内生发展是远远不够的，农村底子差、基础薄弱的局面如未改观，城市因为发展的饱和使要素流入到农村的局面也难以自发实现，这都意味着有为政府的重要性。乡村振兴战略就是党和国家顶层设计的结果，是现代化经济体系和全面决胜小康社会战略的重要组成。在具体政策上，农业农村的发展首先离不开农业农村基础设施，包括水利、电力、交通、通信等的改善，2017 年中央农村工作会议提出要“把公共基础设施建设的重点放在农村”，中共中央、国务院《关于实施乡村振兴战略的意见》提出要“推动农村基础设施提档升级”，改善农村人居环境包括推进农村“厕所革命”，加快农村基础设施建设，推动城乡基础设施互联互通。加强农村社会保障体系建设，推进健康乡村建设也需要政府的财政投入，之前多年来的新农村建设通过加大对农村基础设施和民生保障的投入，取得了很大成效，新时代的乡村振兴战略将沿着城乡基础设施互联和城乡基本公共服务均等化等方面取得更大成效。建立职业农民制度需要完善的配套政策，这需要政府加快职业农民教育培训制度，以及通过各种政策加强农村专业人才队伍建设，吸引技术人员和社会各界投身乡村建设，激发农村创业创新活力。除了人才短缺的问题，乡村振兴也面临资金短缺的问题，这方面除了需要政府建立健全实施乡村振兴战略财政投入保障制度，还要创新投融资机制，形成社会积极参与的多元投入格局，把更多金融资源配置到农村经济社会发展的重点领域和薄弱环节。在土地上，乡村振兴也需要政府因地制宜对乡村土地进行规划，盘活资产，用活资源。可见，在乡村振兴急需的人、钱、地上，在农户与市场对接和集体经济体制改革上，政府都发挥着不可或缺的作用。

乡村振兴战略实施过程中，除了产业与经济发展外，乡村治理是基础性的工作，这包括深化村民自治实践、建设法治乡村、提升乡村德治水平、建设平安乡村等，特别是近期农村深入开展扫黑除恶专项斗争，这对于净化农村发展环境，提高各种要素进入乡村的吸引力，还乡村人民以祥和的环境，都是十分重要的。中共中央、国务院《关于实施乡村振兴战略的意见》还注意到了乡村存在的小微权力腐败问题，这些权力腐败事小，但对农村工作的伤害却是深远的。《意见》提出推行村级小微权力清单制度，加大基层小微权力腐败惩处力度。严厉整治惠农补贴、集体资产管理、土地征收等领域侵害农民利益的不正之风和腐败问题。

必须创新乡村治理体系，走乡村善治之路。建立健全党委领导、政府负责、社会协同、公众参与、法治保障的现代乡村社会治理体制，健全自治、法治、德治相结合的乡村治理体系。其中，党的领导是关键，乡村振兴要解决的是农村发展这个中国发展最大的短板，乡村振兴战略的政策和工作方针千头万绪，没有一个坚强的领导核心是无法实现的。2017 年 12 月中央农村工作会议提出乡村振兴战略的"八个坚持",第一就是坚持加强和改善党对农村工作的领导,为"三农"发展提供坚强政治保障,这也是和十九大报告坚持加强和改善党的领导,为决胜全面建设小康社会、奋力夺取新时代中国特色社会主义伟大胜利提供坚强政治保障的路线是完全一致的。党政军民学,东西南北中,党是领导一切的,只有坚持党的领导,才能正确遵循新时代中国特色社会主义思想的路线方针,正确实施乡村振兴战略,发挥社会主义制度的根本优势,凝聚起全党和全国人民的智慧和力量,完成中国特色社会主义乡村振兴的伟大事业。

加强和完善党的领导,要提高新时代党领导农村工作的能力和水平。2017 年 12 月中央农村工作会议强调"要健全党委统一领导、政府负责、党委农村工作部门统筹协调的农村工作领导体制",中共中央、国务院《关于实施乡村振兴战略的意见》提出了研究制定中国共产党农村工作条例,各级党委和政府主要领导干部要懂"三农"工作,健全党委统一领导、政府负责、党委农村工作部门统筹协调的农村工作领导体制。党政一把手是第一责任人,五级书记抓乡村振兴,特别是县委书记要当好乡村振兴"一线总指挥",乡村振兴的考核结果作为选拔任用领导干部的重要依据。上面千条线,下面一根针。农村基层党组织是落实方针政策的关键,中共中央、国务院《关于实施乡村振兴战略的意见》强调加强农村基层党组织建设,强化农村基层党组织领导核心地位,并推动村党组织书记通过选举担任村委会主任以与村民自治体制相适应。通过这些工作部署,乡村振兴战略与以往农村发展政策呈现出的最大不同就是党的组织领导和政治保障功能得以突出,形成上下齐抓共管的新局面,真正把党管农村工作的要求落到实处。可以说,党管农村工作,是中国特色乡村振兴的最大特色所在,是建设社会主义现代化和实现乡村振兴的最根本的保障力量。

六、结　　论

马克思、恩格斯在创建科学社会主义时,目睹了资本主义生产关系条件下社会化生产所带来的诸种矛盾,其中之一就是尖锐的城乡对立。资本主义生产方式的发展过程中一方面是城市的兴起,集中了资本和人口,另一方面是乡村的破败和流失。马克思恩格斯站在历史唯物主义的高度,对生产力和生产关系的辩证关系和矛盾运动做出了深刻分析,指出城乡之间的矛盾关系及其变化,进而得出分工的出现和生产力的发展造成城乡对立的根本原因,城乡对立是一个不可避免的历史阶段,而资本主义生产方式使城乡对立达到尖锐的顶峰。马克思、恩格斯进而预言了随着生产力的进一步发展和社会分工的消失,城乡对立也将趋于消失,城乡融合成为城乡关系发展的最高阶段。

马克思、恩格斯的城乡发展理论指出城乡关系是一个曲折发展、螺旋上升的历史过程,也符合从资本主义到经典作家设想的社会主义的生产力生产关系矛盾运动发展的一般趋势。我国是在落后生产力基础上建设的中国特色的社会主义,城乡关系在生产力发展处于较低水平的时候,城乡矛盾运动中的城乡对立也是必然出现的历史现象。城乡对立的消失归根到底取决于生产力的发展,中国特色社会主义的本质是解放和发展生产力,中华人民共和国成立以来,特别是改革开放以来，我国生产力取得巨大发展，城乡关系也必然会走向城乡一体化和城乡融合，最终消灭城乡差别的新阶段。

我国城乡融合的发展不仅是顺应生产力发展的一个客观过程，在中国特色社会主义制度优越性的推动下，在党的坚强领导下，城乡融合发展更是一个主观能动的过程，从新农村建设到乡村振兴战略，都是这个过程的体现。中共中央、国务院《关于实施乡村振兴战略的意见》指出："我们有党的领导的政治优势和社会主义的制度优势，有亿万农民的创造精神，有强大的经济实力支撑，有历史悠久的农耕文明，有旺盛的市场需求"，这"五个有"全面总结了中国特色乡村振兴道路的体制优势和有利条件，必将推动农业全面升级、农村全面进步、农民全面发展，谱写新时代乡村全面振兴新篇章！

（本文原载《经济与管理评论》2018 年第 4 期）

我国乡村振兴战略的实施与制度供给[*]

刘守英　熊雪锋[**]

一、问 题 的 提 出

中共十九大报告提出实施乡村振兴战略，作为实现“两个一百年”奋斗目标的重要举措。乡村现代化不仅是中国建设现代化强国的重要战场，而且在很大程度上决定“中国梦”的成色。实施乡村振兴战略将是未来“三农”领域理论创新、决策制定、政策实施、政府工作的基本方位。十九大报告描绘了“产业兴旺、生态宜居、乡风文明、治理有效、生活富裕”的未来农村图景，2018 年中央 1 号文件作出了 2020、2035、2050 年三个阶段的乡村振兴战略部署。乡村振兴战略的提出与实施，意味着“三农”作为“农业、农民、农村”三位一体的回归；乡村是农业和农民的空间与载体，以乡村振兴为抓手有望真正解决中国久拖未决的“三农问题”。

十九大乡村振兴战略提出之后，从学术界、政策界、地方政府的反应，彰显了乡村振兴研究滞后对战略实施的可能后果。迄今为止学术界的解读热度不减，但基本上是以传统思维对这一战略的自我解释，要么继续以单向城市化逻辑来理解乡村的归宿，要么以孤立的乡土和传统农业思维陷入脱离实际的乡村浪漫主义情绪；政策界在基本内涵不清的情况下，沿袭着忙于做规划、列工程、造项目的工作惯性，各地政府更是召开各种报告动员会，大有兴起一股乡村振兴运动之势。乡村振兴面临的最大瓶颈是理论的缺乏。中国共产党在各个阶段都强调“三农”的基础地位和全党工作重中之重的位置，但是，在农业份额已经降到 7%以后，“三农”基础地位的理论依据如何表述？长期以来，关于“三农”问题的研究存在农业—农民—农村的顺序，农业作为之首是因为历史以来吃饭问题的重要性和保障国家工业化战略的意义，农民问题受到重视是因为小农对国家秩序的意义，乡村问题事实上成为“三农”问题的末端，以传统农业为主导的“三农”理论存在缺陷。在我们看来，乡村振兴战略承载的是新时代乡村现代化的使命，需要基于发展阶段、城乡格局和乡村变迁趋势的分析，思考乡村与城市的关系，农民与土地及村庄的关系以及代际变化等对

---

* 本文系教育部哲学社会科学研究重大课题攻关项目“农地三权分置的实践研究”（项目号：16JZD024）的阶段性成果。

** 刘守英，中国人民大学经济学院教授；熊雪锋，中国人民大学经济学院博士研究生。

乡村发展的影响，农业内涵、功能与基础性地位的界定，农业优先发展与乡村现代化的路径，村庄作为一种制度装置的功能和演化。

二、国内外研究现状与评述

(一) 农业为什么没有跟上工业化步伐

工业化在后发经济体中一直被赋予至高无上的地位，普遍认为它是一切现代社会进步的动力和源泉。①但是，工业化普遍被理解为经济重心由初级产品向制造业生产的转移②，主要特征为制造业活动在国民收入和劳动人口份额的上升③。这种对工业化的片面理解造成二战后很多国家的农业发展受挫和对国民经济的拖累。发展中国家误以为工业能够带来经济发展而农业代表落后，从而认为应当用获得的农业剩余来补贴工业，尤其许多社会主义国家通过"剪刀差"实现这一目标。④将工业化看作制造业(尤其是重工业部门)在国民经济中比重的增加，造成只注重集中资源投资于制造业，而忽视了传统农业的改造和农村发展的错误倾向，这是战后发展中国家工业化进程步履维艰和屡屡失败的重要根源之一。⑤工业化应该涵盖整个国民经济，它至少应该包括工业和农业的机械化和现代化。工业化表现为"一系列基要的生产函数"发生连续的变化，进而导致生产过程、经济组织、社会结构，以及人们的生活方式、消费方式、行为方式和思维方式的变化。以此认识"工业化"，就不可能出现为了发展工业制造业而牺牲农业的错误倾向。⑥

遗憾的是，以错误理念推动的工业化就在提出过正确概念的经济学家的国家发生了。中国通过重工业优先发展战略建立完备的工业体系、实现从农业国到工业国的转变，所付出的代价极其高昂。这套扭曲的政策导致农业增长速度的下降，也造成农产品和农业生产要素市场的扭曲。要素市场扭曲所导致的农业增长缓慢，使得整个经济增长受到影响。由此导致的对农村劳动力向城市流动的限制，导致中国的农村贫困。

(二) 城市偏向导致的城乡差距

城市是经济、政治和人民精神生活的中心，被作为前进的主要动力。⑦都市化是人口从乡村向城市运动，并在都市中从事非农业工作，是乡村生活方式向城市生活方式的转变。但是，后发经济体实施的城市偏向政策往往导致农业、农村发展被忽视。形成城市倾向政策的手段通常是实行工农业产品价格的"剪刀差"政策，即通过扭曲产品和生产要素价格，创造偏向城市而不利于农业、农村和农民的政策，获取农业剩余以补贴工业化。⑧发展中国家选择城市倾向政策，一方面

---

①⑥ P.K. Chang, 1949, *Agriculture and industrialization*, Harvard University Press.

② Chenery H., S. Robinson and M. *Syrquin*, 1986, *Industrialization and Growth: A Comparative Study*, Oxford University Press.

③ 伊特韦尔:《新帕尔格雷夫经济学大辞典》，经济科学出版社 1992 年版。

④ Krueger A., 1997, "Trade Policy and Economic Development: How We Learn", *American Economic Review*, Vol.81, no.1.

⑤ 张培刚:《新发展经济学》，河南人民出版社 1992 年版。

⑦ 《列宁全集》第 19 卷，人民出版社 1959 年版，第 264 页。

⑧ Schultz, T.W., 1978, *Distortions of Agricultural Incentives*, Bloomington: Indiana University Press.

由于对农业征税可以为工业化提供绝对必要的财政支持。中国城乡分割的根源在于中央计划经济采取了重工业优先的发展策略,需要提取农业剩余以增加城市资本积累以及对城市进行补贴。①另一方面,大多数发展中国家的政治结构造成城乡居民在政治谈判地位和政策影响力上存在严重的不对等。农村部门拥有大多数贫困人口以及成本低廉的各种资源,城市部门拥有大部分的表达渠道,组织和权力,农民的分散居住和个体产出水平占比有限导致极高的集体沟通成本和搭便车问题,这些因素导致农村部门居于不利地位。中国实施城市倾向政策的根源在于新中国成立初期确立的重工业优先发展的战略,改革时期城市倾向政策依然存在,则是由于原有战略形成的城市利益刚性。②

中国城市倾向政策的主要执行机制包括对农业生产的控制、农产品上缴、压低粮价以及通过户籍制度对劳动力由农村到城市的流动限制。城乡居民之间的福利待遇差异、倾向性政策下农村居民更高的生活成本、城乡之间教育及医疗卫生设施差异以及有利于城市的金融转移项目,导致巨大的城乡收入差距。城市倾向的政策造成农产品和农业生产要素市场的扭曲,导致经济系统的扭曲,从而最终降低了农业和整个经济体系的增长,不利于中国未来的经济增长。

(三) 城乡统筹与城乡关系调整

直到 20 世纪 90 年代中期前后,农村总体上都仍还处于为城市和工业部门提供资金的阶段,在 1998 年国家确立"多予、少取、放活"的方针前后,情况才有所缓解,但是农村、农业受扶持的力度非常有限。③2003 年以来中央政府对城乡关系进行重大调整。我国城乡关系进入城乡统筹发展阶段,密集出台一系列强农惠农富农政策。

总的来说,十六大以来统筹城乡发展对城乡之间公共资源均衡分配功不可没,城乡之间公共政策差距在缩小。但是,在"城乡统筹"中政府占主导、市场力量不足,最后导致乡村被城市"统筹",城市高度繁荣、农村衰败的局面并没有得到改变。④城乡分隔的二元体制和城市优先发展战略,促使大量劳动力、土地、资本等生产要素向城市集聚,制约了乡村可持续发展,引发了日趋严峻的"乡村病":土地、人口等生产要素高速非农化;农村社会主体过快老弱化,乡村人气不旺、人力不足,制约了现代农业与乡村转型发展。⑤农村青壮年主力军选择离开家乡到大城市闯荡,他们离土、出村、不愿意回村,加剧了农村的衰落;村庄用地严重空废化。据测算,全国空心村综合整治潜力达 1.14 亿亩。空心村不整治,新农村难振兴⑥;乡村地区深度贫困化,城乡居民收入差距难以缩小⑦;乡村社会治理隐患存在。

---

① Yang, Dennis Tao, 1999, "Urban-Biased Policies and Rising Income Inequality in China", *American Economic Review Papers and Proceedings*, May:306—310.

② 蔡昉、杨涛:《城乡收入差距的政治经济学》,《中国社会科学》2000 年第 4 期。

③ 李明、邵挺、刘守英:《城乡一体化的国际经验及其对中国的启示》,《中国农村经济》2014 年第 6 期。

④ 刘守英:《乡村为何衰败? 如何复兴?》,《财经》2017 年第 20 期。

⑤⑥ 刘彦随:《中国新时代城乡融合与乡村振兴》,《地理学报》2018 年第 4 期。

⑦ 韩俊:《中国城乡关系演变 60 年:回顾与展望》,《改革》2009 年第 11 期。

（四）十九大以来对乡村振兴战略的解读

现阶段我国社会的主要矛盾已经转化为人民日益增长的美好生活需要和不平衡不充分发展之间的矛盾，这种发展的不平衡不充分，突出反映在农业和乡村发展的滞后上。随着农业机械化的普及和农业社会化服务体系的健全，农民在大宗作物生产上的劳动强度逐步降低，劳动时间不断减少，如果能使农民利用好比以往更充裕的剩余劳动时间，在农村创造新的供给、满足城镇居民新的需求，正是实施乡村振兴战略的本意所在。①

实施乡村振兴战略应在党管农村工作，农业农村优先发展，农民主体地位，乡村全面振兴，城乡融合发展，人与自然和谐共生，因地制宜、循序渐进七个原则②的基础上，实现乡村的美好产业、美好家园、美好风气、美好秩序和美好生活。③具体来讲，应当建立健全城乡融合制度保障体制：一是必须建立城乡统一的要素市场，进一步扩大要素在城乡之间的自由流动；二是必须抛弃将农村视为两个“蓄水池”的陈旧思想；三是必须将农业竞争力提高战略纳入国民经济整体竞争力提高战略；四是必须使各项经济政策推动中国人口布局大调整；五是必须完成现行农村政策在实施对象上的转变。④除此之外，还应当实现农业技术进步模式转变，农地保护模式转变，城乡区划模式转变，城乡社会治理模式转变，土地产权制度以及农业经营制度变革。

实施乡村振兴战略就是要坚持改革创新精神，按照七个“必须”的要求走中国特色社会主义乡村振兴道路：一是必须重塑城乡关系，走城乡融合发展之路；二是必须巩固和完善农村基本经营制度，走共同富裕之路；三是必须深化农业供给侧结构性改革，走质量兴农之路；四是必须坚持人与自然和谐共生，走乡村绿色发展之路；五是必须传承发展提升农耕文明，走乡村文化兴盛之路；六是必须创新乡村治理体系，走乡村善治之路；七是必须打好精准脱贫攻坚战，走中国特色减贫之路。⑤实施乡村振兴的路径还应当包含以下内容：一是完整理解乡村振兴战略，改变重农业增产、农民增收而轻农村现代化的倾向；二是从城乡统筹转向城乡融合，实现人、地、资本等要素的城乡互动，实现城市和乡村文明共荣共生；三是农业农村优先发展和农业农村现代化；四是改革农村土地产权和农业经营制度；五是乡村治理，重建乡村秩序和制度。⑥

实施乡村振兴战略应当注意以下问题：(1)关于巩固和完善农村基本经营制度，坚持农村土地农民集体所有，坚持家庭经营的基础性地位，坚持稳定土地承包关系，实行“三权分置”；(2)关于深化农村集体产权制度改革，落实农民集体土地承包权、宅基地使用权和集体资产收益分配权，明确农村集体经济组织的基本性质。(3)关于实现小农户和现代农业发展有机衔接，在有条件也符合农民意愿的地方，应当引导承包耕地的经营权流转、集中、发展适度规模经营。但是，并非所有的耕地都适合规模经营，关键是要向小农户的生产提供优良品种、栽培技术、储运营销和其他各种适合于他们的服务。把握好土地经营权流转、集中、规模经营的度，要与城镇化进程和

① 陈锡文：《从农村改革四十年看乡村振兴战略的提出》，《行政管理改革》2018年第4期。

②⑤ 顾益康：《乡村振兴的着力点要放在村一级》，《光明日报》2017年12月2日。

③ 陈文胜：《寻找实施乡村振兴战略的突破口》，《中国乡村发现》2017年第6期。

④ 党国英：《乡村振兴战略的现实依据与实现路径》，《社会发展研究》2018年第1期。

⑥ 刘守英：《乡村振兴战略是对乡村定位的再认定》，《中国乡村发现》2017年第6期。

农村劳动力转移规模相适应，与农业科技进步和生产手段改进程度相适应，与农业社会化服务水平提高相适应。①

三、影响乡村振兴的制度安排与体制机制

当前，实现乡村振兴与城乡融合发展还面临着诸多制度性难题。综合分析，我们认为这些难题主要存在五个方面：一是乡村的从属地位；二是农民的城市权利被忽视；三是乡村发展权丧失；四是现行农地制度与农业发展方式不适应；五是宅基地制度改革滞后阻碍村庄转型。

（一）赶超战略、城市偏向与乡村的从属地位

中国乡村问题的根源来自工业和城市优先的发展导向。新中国成立不久，中国共产党开启了一个农业国向工业国的转变，并选择了重工业优先的国家工业化战略，农业充当了提供资本形成与积累的角色，农产品统购统销、集体化与人民公社制度、城乡分割的户籍制度提供重要支撑。国家计划工业化启动并推动了结构转变，但也由此形成工业化先于农业现代化、农业和农村服务于工业发展的工农关系，农民被剥夺了参与工业化的权利。80 年代率先开启的农村改革，开放了农村的发展权利，以及农村土地改革、市场化改革、乡村工业化和城市化的权利，改变了不平等的城乡关系，农民收入快速增长，城乡收入差距缩小，国家的结构转变主要由乡村工业化推动，成为我国城乡关系最顺畅的时期。乡村工业化开放了农民在农村地区参与工业化的权利，农村的分工分业带来农民的就业与收入对农业的依赖性降低。但是，无论是乡村工业化还是农民自主城镇化，仍然被圈在本乡本土，并未根本改变城市主导乡村的格局。1995 年特别是 1998 年以后，中国的工业化城市化进入快车道，园区工业化兴起，尤其是以沿海为主的园区工业高速增长，使中国成为世界制造工厂。城市化进程加速，1998—2016 年，中国的城市化率每年提速 35.89%，城市建成区面积从 21 380 平方公里扩增到 54 331.47 平方公里，年均增长率达到 5.32%，但是，在政府主导的园区工业化和城市化下，城乡发展权利差距拉大，乡村工业化退场，在规划、土地用途等官职下，乡村失去发展权，农村产业发展受阻，农业功能窄化，城乡差距拉大，农民的收入主要依托于出外打工挣取收入，在不断繁荣的城市下，乡村陷入衰败。②

（二）农民的城市权利被忽视

“一五”计划时期大量农民纷纷涌入城市，导致城市就业压力和粮食供应紧张，加上城市管理体制毫无准备，这些人口被政府视为盲目流动人口，国家采取紧缩城市人口政策，每隔几年就要求各地政府清理城市流动人口，特别是城市企业在计划外招录的农村劳动力。从 50 年代中期开始，以户籍制度为基础，严格限制农民进入城市。1958 年的户籍制度管制形成计划经济条件下

① 陈锡文：《实施乡村振兴战略，推进农业农村现代化》，《中国农业大学学报（社会科学版）》2018 第 1 期。

② 刘守英：《城乡中国的土地问题》，《北京大学学报》（哲学社会科学版）2018 年第 3 期。

农村户口向城市户口迁移的条件审批准入制，农民迁移进城的主要途径是招工、招兵、上学、亲属投靠及其他临时性政策性通道。在集权计划体制和重工业优先的赶超型经济发展战略下，城市的大门基本对农民关闭，城市与乡村成为互相隔绝的两个板块，农民被排斥在工业化城市化进程之外，农民与城镇居民之间的权利和发展机会不平等形成并逐渐拉大。

1978 年到 1998 年是中国农民参与工业化城市化的黄金时期，1978 年到 1991 年，农村劳动力转移总量由 3 298 万人增长到 10 623 万人，农村非农就业人数从 3 150 万人增长到 8 906 万人。但是，城市管理体制改革没有启动，计划经济时期形成的城乡二元体制没有被真正触动，农民只是在城门外开展农民自发工业化和城镇化，农村户口迁往城市的门槛仍然很高，城市居民享有的住房、医疗、养老、教育等公共服务仍然与农村居民无缘。到 20 世纪 90 年代中期以后，工业化城市化的快速推进，为农民入城创造了机会。中西部地区的农民通过跨区域流动"撞城"进入并不接纳他们的城市，参与沿海地区的工业化城市化进程，农民的出村入城促进了中国城镇化的快速推进。

但是，中国农民经过"撞城"入城，城市的权利依然只赋予本地市民，为经济社会发展做出巨大贡献的农民工群体没有享受到与市民同等的基本权利和公共服务。在子女教育方面，20%以上的农民工子女无法入读全日制公办中小学校。不少在城市接受过完整义务教育的农民工子女，无法参加中考和高考。在医疗社会保险等方面，农民工参加职工基本医疗、城镇职工基本养老保险、失业保险的比率很低。在住房保障方面，城市保障性住房基本不对农民工开放，农民工公积金缴存率也很低。农民工的跨区域就业造成大量社会问题，农村"三留守"问题尤其突出，大多数农民工只是这场波澜壮阔的城市化的过客，在他们过了劳动年龄以后又返回乡村、回归农业。户籍人口城镇化率与常住人口城镇化率差值从 90 年代末开始逐步拉大，到 2017 年，中国的常住人口城化率已经达到 58.52%，农民工总量到 2016 年时已达 2.8 亿，2016 年常住人口城市化率与户籍人口城市化率的差距仍然高达 16.2 个百分点。回溯新中国 60 多年的城市发展与治理史，对进城农民的专项行动在 50 年代、60 年代、90 年代都曾发生过，凸显农民作为城市过客的尴尬。在城市化进程中，如果不能正确回答城市是谁的，农民对他们参与建设的城市能否享有基本的权利，城市治理将矛头对准农民的惯性还会继续，以此思维主导的城市治理难免酿成不可测的经济、社会和政治后果。①

（三）二元土地制度与乡村发展权丧失

在影响农村发展的制度因素中，土地制度是最为重要的一项安排。改革之初到 1998 年《土地管理法》修订前，农地转为集体建设用地的通道一直是敞开的。80 年代初期，随着农地改革释放大量剩余劳动力，政府鼓励农民利用集体土地创办乡镇企业，农村建设用地量快速增长。直到 1987 年实施老《土地管理法》时，农村土地进入非农建设还保留有三个通道：一是只要符合乡（镇）村建设规划，得到县级人民政府审批，就可以从事"农村居民住宅建设，乡（镇）村

① 刘守英、曹亚鹏：《中国农民的城市权利》，《比较》第 94 辑。

企业建设,乡(镇)村公共设施、公益事业建设等乡(镇)村建设”。二是全民所有制企业、城市集体所有制企业同农业集体经济组织共同投资举办联营企业,需要使用集体所有土地时,“可以按照国家建设征用土地的规定实行征用,也可以由农业集体经济组织按照协议将土地的使用权作为联营条件”。三是城镇非农业户口居民经县级人民政府批准后,可以使用集体所有的土地建住宅。

1992 年开始,国家对集体建设用地的政策发生转变,集体土地必须先征为国有出让才能作为建设用地;集体土地作价入股兴办联营企业的,其土地股份不得转让。1998 年出台修订后的《土地管理法》从法律上对农地进入非农集体建设使用的口子缩紧,明确规定“农民集体所有的土地的使用权不得出让、转让或者出租用于非农业建设”,保留“农村集体经济组织以土地使用权入股、联营等形式与其他单位、个人共同举办企业”。1999 年出台的一项规定要求“乡镇企业用地要严格限制在土地利用总体规划确定的城市和村庄、集镇建设用地范围内”。自那以后,加上乡镇企业改制和建设用地年度指标管制的加强,农村集体建设用地在大多数地区合法进入市场的通道基本关闭。直到 2004 年时对农村集体建设用地使用的规定才发生一些变化,该年发布的 28 号文“鼓励农民建设用地整理,城镇建设用地增加要与农村建设用地减少挂钩。在符合规划的前提下,村庄、集镇、建制镇中的农民集体所有建设用地使用权可以依法流转”。到 2006 年的国务院 31 号文也是允许在“符合规划并严格限定在依法取得的建设用地范围内,农民集体所有建设用地使用权流转”。

在集体建设用地转用通道关闭后,征地转用更是成为唯一的合法土地转用方式。1998 年版《土地管理法》沿袭了征地公共利益原则、城乡分治格局和原用途补偿。现行土地配置制度——农地转用一律实行征收、建设用地只能使用国有土地;土地用途、规划、年度计划指标和所有制管制;城市政府独家供应土地——是一套高效保证和促进土地向城市转换的组合,它将乡村用地权利关闭,形成城市用地通道。土地使用的城市偏向又加剧了劳动力和资本往城市的单向配置。在城乡格局从单向转向城乡互动后,人口和劳动力从乡村到城乡的单向流动转向城乡之间的对流,城里人对乡村的需求上升带来乡村产业的复活与发展,乡村机会的增加又引致资本下乡。人口和资本配置变化带来的乡村经济活动的变革,凸显土地制度的不适应。当下乡村的衰败与农业产业的竞争力缺乏,与这套制度有很大关系,在现行土地制度安排下,农民利用集体土地从事非农建设权利被剥夺,导致大多数乡村地区非农经济活动萎缩,农村产业的单一,农民在乡村地区的发展机会受阻,造成乡村的凋敝和城乡差距的拉大。①现行土地制度是阻碍城乡融合与平等发展的最大障碍。如果乡村不能获得平等的建设用地权利,乡村空间就无法实现与城市空间平等的发展权,乡村产业发展受阻,人口和劳动力就不可能持久地向乡村流动,资本下乡因没有获利前景而不可能,乡村振兴战略就找不到有效的实施路径。

---

① 刘守英:《土地制度变革与经济结构转型——对中国 40 年发展经验的一个经济解释》,《中国土地科学》2018 年第 1 期。

(四) 农业发展方式历史转型与农地制度不适应

在高速工业化、城镇化浪潮的冲击下，中国的农业生产方式正在历经意义深远的重大变迁。到2015年，中国农业产值和就业份额已分别仅占9.2%和30.5%；农民的分化程度加深，根据国家统计局6万农村住户抽样数据，到2016年，纯农户仅18.3%，纯非农户15.9%，一兼户和二兼户分别为30.1%和35.7%；随着农民外出从事非农就业成为常态，农户非农收入份额上升，农家内部分工分业深化，农地的经济重要性下降，青壮年劳动力出外打工挣取非农收入，老人和妇女留守村庄，他们在看守家庭所承包土地的同时，也产出保证家庭生计所需的食物；以农业边际生产率衡量的刘易斯转折点于2010年前后真正到来，农业劳动力成本上升，农业与非农业争夺劳动力的竞争劣势凸显。在农业要素相对价格发生巨大变化的背景下，长期依靠高劳动投入提高土地单产的中国农民开始改变投入方式，大幅减少作物劳动投入，增加机械和资本投入；农业发展方式发生历史性转变，以2003年为转折点，中国农业以提高土地生产率的精耕细作传统农业模式向以提高劳动生产率为主的现代农业发展模式转变。①

在城乡中国阶段，由于农业发展方式转型与农民高度分化，变革农地制度和经营制度的现实需求与呼声会使农地问题重新成为热点。这一阶段的农地问题既有遗留下来的悬而未决的难题，也有农业转型出现的新问题。

第一，集体所有制的政治与制度选择。中国共产党选择了公有制社会主义制度，集体所有制就是这一制度在乡村的基础制度安排。集体所有制的实现有不同的选择，集体化时期采取的是国家控制下集体组织代理行使土地权利的安排，农村改革时期采取的是集体所有下的成员权利安排，两种安排的制度绩效已有大量实证检验。在城乡中国阶段，改革时期做出的成员权集体所有制安排面临现实提出的挑战，比如，既然集体所有是成员所有，新出生人口作为集体成员如何享有成员土地权利？减少人口是否应该交出集体成员权？当集体成员不再从事土地经营以后，集体所有者是否有权主张将发包给集体成员的承包经营权收回？集体存在的大量未界定到农户的资源产权属于谁？这些资源在投入使用与再组合以后的利益属于谁？在城乡中国阶段，集体所有制如何安排是一个政治选择问题，且会对农地制度的稳定性与权利结构产生根本影响，进而影响农户行为和资源配置。

第二，农民成员权利的保障与处置方式。对农民土地权利的安排与保障是农地制度的基础。集体化时期的教训是剥夺了农民的土地权利，造成国家和农民利益双损；改革时期的经验是在集体地权下赋权于集体成员并对其权利予以政策和法律保障，给农民吃的"定心丸"也换来国家在乡村的稳定。但是，随着农民出村与非农经济活动增加，尤其是农二代对土地和农民的观念发生重大变化以后，农地制度安排与农业经营制度之间的匹配已经出现了不一致。尽管法律明确承包权是农民的财产权，但是它同时也是一个用益物权，农民承包土地与集体之间是承包发包关系，在人地分离趋势下，承包权与经营权分离成不可逆之势，承包权的权利内涵会发生哪些变化？制度选择的方向是朝向更强更完整的承包权保障，还是在设置底线下朝向有利于强化经营权的

① Shouying Liu, Ruimin Wang, Guang Shi, 2018, "Historical Transformation of China's Agriculture: Productivity Changes and Other Key Features", *China & World Economy*, Vol.26, No.1.

方向？由于结构变迁及农民与土地关系变化，仅仅以不许动应对意识形态和偏激做法，又会延误实际变革需求的制度供给。

第三，经营权的权利地位与经营制度的演化。从农地制度与农业经营的关系来看，耕作权是影响最为直接的一项权利。随着人地的分离与农民的分化，城乡中国阶段的农业效率取决于经营者对土地利用的权利安排。从发展趋势来看，中国的农业经营制度必然朝向适度规模和经营主体多元化的方向演化，但是如何抵达这一目标？经营权如何从千万小农的承包权中分离出来？如何使经营权成为一种有保障的权利，赋予经营权的权利有多大？赋权强度的火候如何把握？都是目前已经遇到、未来会更加显化的亟待想法解决的问题。①

（五）乡村分化与宅基地制度滞后

在中国的农村几项土地安排中，宅基地制度是最落后的一项制度安排，中国村庄的衰败、无序等都与宅基地制度的缺陷与改革滞后有关。新中国成立 60 多年来，当中国农村历经土地改革—合作化运动—人民公社—家庭承包制的频繁制度变迁时，宅基地制度变迁经历了与农地承包经营权制度变迁基本类似但制度安排相异的历程，呈现出一副独特和复杂的图景：

一是宅基地的权利安排制度的特殊性。宅基地所有权归集体所有，集体经济组织可以分配和控制集体所有的宅基地，并拥有从集体建设用地获取收益的权利。农户可以从集体处无偿取得宅基地的使用权，依法拥有宅基地占有权和使用权，可以在宅基地修建农民住房和晒坝等附属设施，但是一户宅基地不允许出租、转让和买卖、出卖出租房屋后不得再申请。农户拥有房屋的所有权，但因宅基地使用权权能残缺并且房地不可分割，房屋所有权权能实现也受到影响。二是宅基地的获得与分配的独特性。宅基地使用权在一定程度上体现为成员资格权，申请和获得宅基地使用权的前提是申请者具有集体经济组织成员资格。同时，拥有资格权的申请者，可以无偿获得无限期使用的宅基地使用权。值得强调的是只拥有宅基地的占有和使用权，即使在集体成员之间也不允许转让和交易。三是宅基地的特殊功能。宅基地有两个特殊的社会目标，其一是严守耕地，1987 年老土地管理法和 1998 年修订土地管理法，均制止农民居民侵占耕地修建宅基地。其二是稳住农民，一定程度上来讲宅基地作为集体经济时代遗留下来的保障农民生产生活的场所，对于农民的稳定有极大的作用。从这个方面来讲，宅基地制度至少能够保证农民不流离失所从而形成社会动荡，这是宅基地功能最大的特殊性。

在政治、法律和政策为宅基地制度的特殊性左右为难时，这一制度在现实中遇到的困境越来越大，政策、法律与现实的冲突加剧，既造成政策实施困难，又伤害法律的权威。这些困境表现在：第一，尽管在法律上没有赋予宅基地出租、转让和交易权利，但事实上，农民宅基地仍变相地进入市场，给农民带来一部分财产性收入的同时，也解决了进城人口的居住问题，并降低了城镇化的成本。但是，这种变相入市与现行法律直接冲突。第二，宅基地的无偿分配和成员取得难以为继。随着城镇化进程的加快，农村地区尤其是沿海地区建设用地十分紧张，不可能再无偿分配

① 刘守英：《城乡中国的土地问题》，《北京大学学报》（哲学社会科学版）2018 年第 3 期。

宅基地。城镇化带来宅基地价值的显化，集体内农民或为获得财产收入变卖、出租宅基地，集体外的居民或迫于城市高房价压力或为了到农村寻求另一种生活方式，纷纷租或变相购买农民宅基地(房)。第三，宅基地管理失控。由于乡镇以上管理机制缺乏、监督成本极高、村级制约力度不强，造成农村宅基地处于失控状态，并且危及耕地保护。第四，宅基地的无序扩张不利于城市健康发展。由于宅基地使用现状与法律严重冲突，政府对宅基地使用的管理基本处于缺位状态，规划和用途管制无法实施。在政府管制缺位下，农民宅基地的扩张和盖房更是处于无序状态，甚至有蔓延之势。造成城中村的私搭乱建、毫无规划、基础设施和公共服务不足、治理无组织，治安问题严重，与城市形成完全的两张皮，增加了城市管理成本，并加剧了未来更新的难度。①

四、乡村振兴的路径与制度供给

(一) 总体思路

乡村振兴应以实施乡村振兴战略为统领，以强化活化乡村的制度供给和城乡融合的体制机制创新为支撑，以“活业—活人—活村”为路径，实现“产业兴旺、生态宜居、乡风文明、治理有效、生活富裕”。通过城乡关系的重塑，改变不利于乡村经济活动的城市偏向公共政策，改革妨碍乡村发展的城乡二元体制，实现城乡平等发展。顺应发展阶段转换和消费需求变化，研究新阶段农业产业演变规律，完善农地三权分置制度，建立小农与现代农业相结合的产业体系、组织体系、服务体系，探索中国农业优先发展模式和现代化路径。正视农民代际革命和城市人口对乡村文明的需求，对进城农民的城市权利赋权，实现城乡居民权利平等，促进人口城市化，以体制机制创新促进社会资本和城市人力资本下乡，提升和改造乡村人力资本结构。通过村庄的开放、实行乡村规划体制、宅基地制度、治理结构改革，促进村庄转型与复兴。顺应城乡互动和乡村经济活动的变化趋势，通过土地、资本、劳动力要素市场改革，促进生产要素城乡顺畅配置与流动，实现城市文明与乡村文明的共融共生与城乡共同发展与繁荣。

(二) 目标模式

第一，城乡平等发展。认识城乡中国作为乡土中国抵达城市中国的过渡阶段的基本特征，改革城乡隔绝、阻碍城乡要素流动的二元规划、土地、融资、公共品供给、社会保障体制，改变单向城市化思维下的城市偏向制度、体制机制和公共政策，促进城乡基本公共服务均等化，改革空间规划管制，制定城乡两个空间共存、共融、可持续发展的乡村规划，实现城乡两个空间的平等发展。

第二，农业产业革命与农业现代化。顺应消费需求变化、结构变革带来的人地关系和农业相对要素价格变化，重新定义新发展阶段农业的基础地位和内涵，通过农业主要生产要素新组合和农业补贴政策改革，提高主粮农业竞争力，确保主粮粮食安全；通过土地配置制度改革、资本下乡、城乡人力对流和乡村资源产权改革，促进农业多功能化和农业产业融合与裂变，探索农业工

① 刘守英：《直面中国土地问题》，中国发展出版社 2014 年版。

业化路径；以农地三权分置为方向，明确农地集体所有权，保障集体成员农地承包权，赋予耕作者更完整的农地经营权，建立现代农业发展的农地权利基础；以服务规模化、区域产业规模化、市场规模化为核心，探索农业规模报酬实现方式；完善农业经营制度，提升农户人力资本和农业经营能力，实现农民与现代农业产业体系结合，实现中国特色农业现代化。

第三，乡村人力资本的提升与改造。在人口城市化趋势下，顺应农民代际革命，保障农民乡村土地等基本权利同时，赋予进城农民的城市权利、促进农民进城落户和市民化。顺应乡村经济机会出现和经济活动变化，吸引部分年轻人回故乡从事新农业、新产业、新业态，造就一批引领乡村产业发展和农民致富的乡村企业家。顺应城乡互动格局的到来，通过集体制度改革打开乡村封闭性，构建乡村资源与资本的组合与合作制度，培养契约精神，完善乡村产业和资本下乡政策，引导城市居民、企业家及社会资本下乡，提高乡村生产要素配置效率。顺应农村产业发展、农业发展方式转变、农产品生产方式改变以及农业价值链变化，通过示范、学习、引领、合作、参与、互惠，提升农民人力资本和经营能力。顺应农业经济活动的多样化、打破乡村封闭性，完善乡村治理结构，培育与乡村振兴相适应的村社新型带头人。

第四，村庄转型与复兴。正视乡村分化的现实和基本趋势，研究不同类型乡村的演化特征，制定乡村振兴规划，因村施策，分类推进，寻找不同类型村庄的复兴路径。进一步完善乡村基本公共服务的供给，提升农村社会保障水平，改善农村老人养老服务，改善村庄整体环境。顺应代际革命、人口城市化和城乡互动阶段的到来，通过规划、宅基地制度和基本服务供给方式改革，实行村庄适度集聚。研究村庄活化的条件与方式，创新活化村庄的制度供给、体制机制和政策安排，加快有条件的村庄加快振兴。通过强化基本公共服务、环境整治、老人群体养老保障、对乡村特困群体的精准扶贫，改变大部分乡村衰而未亡状态，实现乡村整体复兴。

第五，城乡互动与融合。顺应城乡互动阶段的到来，通过消除城乡二元体制性障碍，促进资本、劳动、土地在城乡的互动与配置。通过城乡公共服务均等化，实现城乡两个空间基本条件的融合，加大以征地制度和集体建设用地入市的改革，实现集体土地与国有土地的同地同权，实现乡村发展权、产业落地和人力与资本进村。通过宅基地制度改革促进村庄转型、集聚与复兴，实现城乡和乡村两个空间的平等发展与融合。通过城乡平等体制机制的建立，实现城乡全面融合与乡村振兴。

（三）路径选择

第一，以“活业”带动“活人”，实现“活村”，全面复兴乡村空间。乡村振兴的根本是全面复兴乡村空间，使乡村和城市相得益彰、差异互补、共融共生共荣。乡村振兴的标志是乡村空间的“活业”“活人”与“活村”，没有乡村的活态化，就不成其为乡村振兴。在振兴路经顺序上，首先是“活业”，它是乡村振兴的前提，没有乡村产业兴旺，乡村振兴就成了无本之木，不具有可持续性。活业既包括传统农业竞争力的提升和农业从数量向质量的结构转变，也包括农业功能和形态变化带来的农业附加值提高和农业工业化水平提高。接着是“活人”，有了活的业态，就能吸引人才进入乡村创业和从事有回报的农业经济活动。“活人”是乡村振兴的关键，人活包括本村部分年轻人的回归、有情怀、有作为的外村人的进来以及传统农业的现代化改造。只有人力资本的提升和改造，乡村产业发展、业态活化才有可能，乡村才能变得更有生机。“活业”“活人”的结果就是“活村”。“活村”是乡村振兴的归宿。有了活的业态，有了有生命力的新型乡村人力资本，乡村的活态就能出现并可持续。在乡村振兴的路径上，最要吸取的教训是，以政府行动和规划强制，实行村庄变革，将改变村庄作为乡村振兴的标志。也要避免不切实际地以大量政策优惠补贴等差别性政策培育乡村新型主体、龙头企业和回村创业，没有产业支撑的“引人”不仅难以持续，还会挫伤一批有情怀、有能力的人的下乡热情，也可能导致对大多数小农的歧视。

第二，在城乡互动格局下实现乡村活化。新阶段的乡村振兴不是乡土中国阶段的乡土重建，也不是快速城市化下的以城统乡，而是城乡互动下的乡村复兴。乡村振兴就是利用城乡互动带来的机会，复兴乡村产业，活化乡村空间；通过城乡要素的流动与再配置，形成乡村与城市互动的资本流和人流，实现乡村的振兴。要避免两个极端，一个是固守乡土中国理念，以不变应万变，导致乡村发展机会的丧失；另一个是继续沿袭快速城市化惯性，不改城市过度发展后补贴乡村的公共政策，加剧乡村的衰败。

第三，以土地制度改革为突破口，实现城乡两个空间的平等发展。城乡要素配置不畅和城乡发展不平等的最大障碍是城乡二元土地制度。农地转非农用地必须实行政府征收、非农经济活动必须使用国有土地，土地用途和年度指标管制以及政府独家垄断土地市场，是乡村发展权丧失、乡村产业窄化、城乡财富差距拉大的根源。只有改革土地配置制度，实现集体建设用地和国有建设用地权利平等，才有乡村产业和发展空间的复兴。在此基础上，才有城乡资本和人力的持续对流与配置，乡村发展才有可持续的制度支撑。在此基础上，配合城乡基本公共服务均等化和城乡居民权利平等，才能促进城乡一体发展。

(四) 加大乡村振兴的土地制度供给，实现“活业、活人、活村”

实施乡村振兴战略，关键在深化农村改革，加大制度供给，消除不利于乡村发展的制度制约，以“活业”带动“活人”，实现“活村”，全面活化乡村空间，使乡村和城市相得益彰、共融共生共荣。

第一，改革生产要素配置制度，促进城乡互动。随着经济发展阶段转换、消费需求升级、乡村经济活动变化，我国的城市化已经从单向城市化转向城乡互动。改革长期存在的城乡二元体制，促进生产要素在城乡之间的对流与配置，将为乡村振兴创造巨大机会。一是改革土地配置方式，实现乡村平等发展权。我国土地大规模扩张的城市化阶段已过，具备了按照公共利益、市场价补偿、程序公开透明原则改革征地制度的条件，减少强制低价征地对农民土地权益的损害恰逢其时。城市用地可以通过土地利用结构改革，减少工业用地和基础设施用地、加大存量用地制度创新来保障。城中村是城乡融合的重点区域，应加大城中村地区的土地制度创新，利用土地价值增值捕获实现城市更新中的资本平衡、公共土地的获得以及土地所有权利益，允许城中村农民集体利用集体土地直接提供租赁房，解决进城农民在城市的体面落脚和居住问题。在符合规划和用途管制的前提下，允许集体经济组织和农民利用集体建设用地从事非农建设，享有出租、转让、抵押集体建设用地的权利。二是改革规划制度，保障乡村发展空间。按照城乡融合的空间形态，在用地类型、标准、规划编制等方面保证多功能、新产业、新业态、新形态在乡村落地。根据乡村分化与集聚、人口流动趋势、以生态韧性为重点编制乡村振兴规划。三是实现农民城市权利，促进农民市民化。保障农二代城市居住权。鼓励大城市农民集体利用集体土地建立房屋租赁市场，城市保障性住房向外来务工人员及其家庭开放，降低农民工在城市落户门槛。落实农三代城市教育权。实现公办学校向随迁子女开放，放宽随迁子女在流入地参加高考限制，将“教育券”拓展到义务教育阶段公办学校。四是向城市市民开放乡村权利。允许外来人口在满足一定条件后，享有村庄的住房、土地、公共事务参与等权利。鼓励城市社会资本下乡，提升乡村人力资本质量。

第二，完善农地权利体系，促进农业转型。农业现代化是乡村振兴的基础。我国农业正处于历史转型期，农民对农地的经济依赖性下降，消费需求变化促进农业从数量农业向质量农业转变，农业发展方式已经向提高劳动生产率转变，农业的内涵、功能、要素组合、业态等呈现势不可挡的变化，农地制度和经营制度变迁决定农业转型的成败。一是明晰集体所有权。对于未到户集体资源进行全面确权，明确归属和利益分享机制，增强集体经济发展能力；推进清产核资、资产量化、确股到户的集体产权改革，确保集体资产保值增值。探索实行承包地股份合作制，在确保农户土地基本权利的前提下，实行农地资源重组与配置。创新集体资源资产的集体经营、委托经营、合作经营等多种方式，保障集体成员按份共有集体资源资产经营收益。二是承包经营权的分割与农户权利保障。顺应农民离土出村和农二代、农三代与土地及农业观念变化，在自愿前提下，实行农地承包权与经营权的分离，保障集体成员对承包地的按份占有权、收益权、地租权、转让权。实行获得城市户籍农民承包地有偿退出权和一定期限内的可赎回权。三是经营权设权赋权。明确从农户承包经营权分割出的经营权的合法权利地位，双方议定的合约受法律保护，经营者享有所经营土地的耕作权、收益权、转让权、土壤改良补偿权、土地收益抵押权。四是创新农业经营体系。在自愿、依法、有偿原则下推进土地流转。探索国家土地信托制度，进行闲置低效利用土地的收购、整理和发包。培育现代农业经营主体、服务主体、合作组织和市场主体，以农业经营规模适度规模化、服务规模化、区域种植规模化、市场化实现农业规模报酬。

第三，推进宅基地制度改革，促进村庄转型。随着人口城市化、农民代际变化和城乡互动的到来，村庄的分化势在必行，宅基地制度改革是促进乡村活化、阻止乡村衰败的重要抓手。一是改革宅基地的无偿分配制度。对于农户超占宅基地部分实行收回或有偿使用。可以考虑以时点划断办法，对时点以后集体成员在保障宅基地资格权的前提下，实行宅基地的有偿获得。二是赋予农民宅基地财产权。在保障农户宅基地占有权和居住权的前提下，以宅基地财产权交换福利分配权，农民宅基地可以有偿退出、可出让、转让、交易，从事乡村相关产业。三是对外村人和外来资本的有序开放。在规划和用途管制前提下，实行村庄宅基地、农房和闲置空闲地的对村外人和外部资本开放，实行乡村资源与外来资本的有效组合，显化乡村价值，提高资源配置效率。四是改革宅基地管理体制。将乡村纳入国土空间规划，控制和锁定村庄宅基地总量，通过宅基地跨区域使用和资格权保障促进村庄适度集聚，行政部门对宅基地实行总量控制和规划管制，村内宅基地使用、分配、处置交由村集体组织行使。

（本文原载《政治经济学评论》2018 年第 4 期）

现代资本主义经济

论 长 波

高 峰*

摘 要 资本积累过程存在着长期波动。经济长波是西方非主流经济学研究的一个重要课题。对长波内在机制的不同解释形成了三种影响较大的长波理论。但如果把积累率的波动置于长波分析的中心地位，则长波并非决定于单一因素，而是取决于技术、制度、市场等多种因素的共同作用。第二次世界大战后资本主义世界经历了第四次扩张长波，并于20世纪70年代转入长波下降阶段。对于80年代是否出现了新的扩张长波，有些学者有不同看法。本文认为，从20世纪80年代到2007年，在信息技术革命、新自由主义制度调整和经济全球化的共同推动下，以美国为主的发达国家确实经历了一次新的扩张长波。而2008—2009年的金融—经济危机则开启了萧条长波的新阶段。对于当前世界资本主义经济在长期波动中所处的历史阶段及其特征，我们应有恰当的认识和积极的应对。

关键词 资本主义经济 长期波动 金融—经济危机 长期萧条

一、资本积累过程中的波动性

资本积累从来就不是一个均衡平稳的发展过程。积累过程的一个重要特征是它的波动性，即在不同时段资本的积累是或正或负、时快时慢的，并由此引起经济增长过程上下起伏、快慢不均的波动。经济增长的这种波动变化在历史上往往作为相隔一段时间反复发生的现象，因而也被一些学者称为周期。在经济学研究中，有四种周期性波动最为引人注目，它们分别以其主要发现者的名字命名，即基钦周期(Kitchin cycle)，长度通常为3—5年；尤格拉周期(Juglar cycle)，长度通常为7—11年；库兹涅茨周期(Kuznets cycle)，长度通常为15—25年；康德拉捷耶夫周期(Kondratieff cycle)，长度通常为45—60年。基钦周期反映的是生产中存货投资的变动，也称存货周期。尤格拉周期的基础是固定资本更新，因而也被称为固定资产投资周期。尤格拉周期就是人们通常所说的商业周期，它是经济学中关注度最高和研究最多的一种经济波动。库兹涅茨周期是由建筑活动的兴衰引起的，因而称建筑周期。康德拉捷耶夫周期作为时间最长的经济波动，通常被认为与重大科技革命和大规模基础设施建设投资紧密相关。由此可见，四种周期波动

* 高峰，南开大学经济学系当代资本主义经济研究室主任、教授、博士生导师。

都反映了投资的波动即资本积累的波动，或者说是由积累的波动所引起的。所以范・杜因说："投资波动常常被看作经济周期的引擎……不同长度的经济周期分别与某种特定的投资类型有关：基钦周期与存货投资、尤格拉周期与机器设备投资、库兹涅茨周期与建筑物投资以及康德拉捷夫周期与所谓基本的资本货物如大型工厂、铁路、运河、土地改良工程等投资相联系。"①

资本积累和经济增长过程中这四种周期波动的重要性是不同的。基钦周期通常波动幅度较小，对经济活动的影响相对说来也较弱。库兹涅茨周期只是在美国比较显著，并且只存在于一定历史时期，因而并不具有普遍性。商业周期是重要的，但并非本文的主题。本文将主要关注康德拉捷耶夫周期，即世界资本主义经济的长期波动问题。

康德拉捷耶夫周期是西方非主流经济学家长期研究的课题，但也存在较多不同观点与争论。由于在这种长期波动的时间轮回和原因上至今缺乏严密的论证，更多学者宁愿将其称为长期波动或长波，而不是长周期。

让我们首先回顾历史，看看主要资本主义国家在其发展过程中是否存在经济上的长期波动。经验观察首先涉及反映经济波动的经济指标的选择。早期的长波学者较多注意价格的波动，后来的学者则更重视工业生产乃至整个国民产出的波动。从工业生产或国民产出增长率的变动来观察经济的长期波动显然更符合实体经济状况和经济活动的本质。下面就来看看从 19 世纪中期到 20 世纪 70 年代这个长时期内主要资本主义国家的工业生产增长率、总产出增长率、GDP 总量增长率以及世界工业生产增长率的长期波动情况。

从表 1、表 2、表 3 中增长率变动的数据来看，资本主义经济活动中的长期波动是显著存在的。每次长波都包含一个资本较快积累的上升时期和一个积累相对缓慢的下降时期。表中没有涉及第一次长波是因为学术界对此尚有争论，个别国家个别时期的增长率变动也可能有例外。但总体看长波的存在应该是肯定无疑的。

表 1　主要资本主义国家工业生产增长率的长期波动(19 世纪中期到 20 世纪 70 年代)(%)

	英　国		美　国		德国		法国		意大利	
第二次长波										
上升时期	1845—1873	3.0	1864—1873	6.2	1850—1872	4.3	1847—1872	1.7	—	—
下降时期	1873—1890	1.7	1873—1895	4.7	1872—1890	2.9	1872—1890	1.3	1873—1890	0.9
第三次长波										
上升时期	1890—1913 1920—1929	2.0 2.8	1895—1913 1920—1929	5.3 4.8	1895—1913 1920—1929	4.1	1890—1913 1920—1929	2.5 8.1	1890—1913 1920—1929	3.0 4.8
下降时期	1929—1948	2.1	1929—1948	3.1	1929—1948	—	1929—1948	−0.9	1929—1948	0.5
第四次长波										
上升时期	1948—1973	3.2	1948—1973	4.7	1948—1973*	9.1	1948—1973	6.1	1948—1973	7.9

注：* 联邦德国数据。
资料来源：范・杜因：《经济长波与创新》，上海译文出版社 1993 年版，第 182 页表 9.7。

① 范・杜因：《经济长波与创新》，上海译文出版社 1993 年版，第 7 页。

表 2 主要资本主义国家总产出增长率的长期波动(19 世纪中期到 20 世纪 70 年代)(%)

	英国		美国		德国		法国		意大利	
第二次长波										
上升时期										
下降时期	1873—1890	1.9	1873—1895	4.2	1872—1890	2.3	1872—1890	0.8	1873—1890	0.7
第三次长波										
上升时期	1890—1913 1920—1929	1.8 1.9	1895—1913 1920—1929	4.0 4.0	1890—1913 1920—1929	3.2 4.9	1890—1913 1920—1929	1.8 4.9	1890—1913 1920—1929	2.2 3.0
下降时期	1929—1948	1.6	1929—1948	2.3	1929—1948	0.0	1929—1948	0.0	1929—1948	0.6
第四次长波										
上升时期	1948—1973	2.9	1948—1973	3.8	1948—1973*	6.8	1948—1973	5.3	1948—1973	5.6

注：* 民主德国数据。

资料来源：范·杜因：《经济长波与创新》，上海译文出版社 1993 年版，第 183 页表 9.8。

表 3 世界工业生产和 16 个资本主义国家 GDP 总量增长率的长期波动(19 世纪中期到 20 世纪 70 年代)(%)

		尤格拉周期	世界工业生产的增长率	16 个资本主义国家 GDP 总量的增长率
第二次长波	上升时期	(1850—1856) 1856—1866 1866—1872	(7.6) 2.8 4.5	— — —
	下降时期	1872—1883 1883—1892	2.7 3.4	2.4 2.7
第三次长波	上升时期	1892—1903 1903—1913 1913—1920 1920—1929	4.3 4.1 −1.0 5.1	2.9 3.0 0.3 3.8
	下降时期	1929—1937 1937—1948	1.6 1.8	1.3 1.8
第四次长波	上升时期	1948—1957 1957—1966 1966—1973	5.9 5.9 5.1	4.8 4.8 4.8

资料来源：范·杜因：《经济长波与创新》，刘宁英译，上海译文出版社 1993 年版，第 177 页表 9.5。

根据历史发展中经济变动的实际情况，长波学者一般认为主要资本主义国家经历了四次或五次长期波动。对于每次长波的起止年份和转折年份，由于着眼点的差异，长波学者的观点并非完全一致，但除罗斯托外他们在关键年份的选择上差别并不很大。按照多数学者的意见，可将资本主义发展历史上的长波大致描述如下：第一次长波，从 1790 年到 1848 年，其中，1790—1815 年为上升时期,1815—1848 年为下降时期;第二次长波,从 1848 年到 1896 年,其中,1848—1873 年为上升时期,1873—1896 年为下降时期;第三次长波,从 1896 年到 1948 年,其中,1896—1929 年为上升时期,1929—1948 年为下降时期;第四次长波,从 1948 年开始,1949—1973 年为上升时期。

对于上述长波年表有三点需要说明。第一,第一次长波的主导国家是英国,其经济波动只是从价格变动率上看是存在的,而实体经济的增长率变动并不显著。英国工业生产的增长率 1782—1825 年为 3.2%, 1825—1845 年为 3.5%。①究其原因,英国这个时期处于经济起飞和工业革命阶段,两个主导工业部门纺织业和炼铁业的扩张之后,是 1830—1950 年间的大规模铁路建设,从而延续了工业生产的迅速增长。这就是范·杜因在列表时忽略第一次长波的原因。第二,第三次长波的上升时期为 1896—1929 年,但中间曾被第一次世界大战所打断,故 1913—1920 年这段时间应属特例。第三,20 世纪 70 年代以后的情况在年表中没有涉及,是因为学术界有不同意见。许多学者认为 1973 年后资本主义经济进入了长期衰退,也有人认为从 80 年代资本主义经济又开始了一次新的长波。由于这个问题在长波研究中具有更现实的意义,也正是本文的重点,故此处忽略,留在后面重点讨论。

为说明历次资本主义长波的主要特征,有必要先简要回顾一下关于长波的几种主要理论。

对长波内在机制的不同解释形成了三种影响较大的长波理论。②一是熊彼得开创的技术创新的长波理论,断言一定时期重大技术创新群集出现所带动的投资高潮,以及技术革命潜力用尽后所导致的投资衰落,是推动经济长期波动的基本原因。③二是曼德尔构造的马克思主义的长波理论,认为由若干基本经济变量所制约的利润率的上升和下降,是导致经济长期波动的主要力量。他同时强调促使经济转入长波下降阶段的经济因素是内生的,但经济转入长波上升阶段必须依赖外生因素的推动。④三是戴维·戈登等提出的"社会积累结构"的长波理论,强调有利于资本积累的特定制度环境(即社会积累结构)的形成和衰败在经济长期波动中起决定作用,而特定社会积累结构的形成和衰败则是内生的经济过程,与不同社会积累结构的更替相伴随的是相继的长波,并形成资本主义发展的不同阶段。这一理论也受到马克思主义传统的深刻影响。⑤

---

① 范·杜因:《经济长波与创新》,上海译文出版社 1993 年版,第 174 页。

② Ismael Hossein-zadeh, Anthony Gabb, "Making Sense of the Current Expansion Of the U.S.Economy: A Long Wave Approach and a Critique", *Review of Radical Political Economics*, 32.3(2000);高峰:《"新经济",还是新的"经济长波"?》,载张宇等主编:《高级政治经济学》,经济科学出版社 2002 年版;孟捷:《资本主义经济长期波动的理论:一个评判性评述》,《开放时代》2011 年第 10 期。

③ 约瑟夫·熊彼特:《经济发展理论》,商务印书馆 2000 年版;G.O.Mensch, *Stalemate in Technology*, Ballinger Publishing Company, 1979;范·杜因:《经济长波与创新》,上海译文出版社 1993 年版。

④ 埃内斯特·曼德尔:《晚期资本主义》,黑龙江人民出版社 1983 年版;埃内斯特·曼德尔:《资本主义发展的长波》,北京师范大学出版社 1993 年版。

⑤ D.M.Gordon, "Stages of Accumulation and Long Economic Cycles", *Economics and Social Justice*, Edward Elgar Publishing, 1998; D.M.Gordon, R.Edwards, M.Reich, Segmented Work, *Divided Workers*, Cambridge University Press, 1982.与"社会积累结构"学派相近的还有法国的"调节学派",但这个学派对资本主义长波的研究,在理论概念上不够清晰,造成理解上的过多歧义;对于资本主义发展某些阶段的刻画,也存在一些较明显的问题,因此我们仅以"社会积累结构"学派为代表。

三种长波理论所着眼的重点显然不同。技术创新理论主要强调技术变量,曼德尔的理论主要强调以利润率为中心的经济变量,"社会积累结构"理论主要强调制度变量。但在我们看来,这三种理论与其说是互相对立,不如说是互相补充的。经济增长的直接推动力是投资,投资率和积累率的高低通常是制约经济增长率高低的决定性因素。长波上升阶段迅速的经济增长一般总是和较高的投资水平相联系,长波下降时期缓慢的经济增长则通常是投资水平低下的直接结果。这一点已被无数经验资料所证明。因此,应把投资或资本积累增长速度的变化置于长波分析的中心地位。而一旦强调投资率变动的核心地位,则不难看出,决定投资率长期变化的并非单一因素而是多种因素。长波上升时期形成较高的投资率和资本积累率至少涉及以下几个条件。第一,投资的动力。这来自上升的利润率趋势和由此产生的乐观利润预期。资本的目的是追求利润,没有利润率日趋增长的刺激,资本家不会把大量资本投入生产和经营。而利润率的上升趋势,需要与之相关的主要经济变量的单独或共同作用,如剩余价值率提高、资本价值构成相对停滞或下降、资本周转速度加快、产品实现条件改善,等等。这正是曼德尔所着力分析的问题。第二,投资的物质基础。这来自技术革命和创新群集所形成的新兴生产部门,以及技术革命推动的传统生产部门的技术改造。大规模基础设施和先进生产设备的生产和建设,是大规模投资的物质载体。没有这种物质基础,巨额资本将无处可投,当然也难以维持多年较高的投资增长率。第三,投资的制度环境。这意味着制度结构的某些重大变化,要推动若干基本经济变量朝着促进利润率上升的方向发展,以保证投资者良好而稳定的利润预期和投资积极性,这是任何较长时期投资高涨所不可或缺的。在重大技术革命浪潮来临时,有利于资本积累的制度结构可能起到决定作用。制度调整对长波的推动和影响,说明长波这种资本主义经济现象基本上是内生的。第四,投资的市场需求。资本积累过程的基本矛盾之一是资本主义生产与资本主义市场的矛盾,实质是剩余价值生产与剩余价值实现的矛盾。这个矛盾也制约着积累过程。较高的积累率要求国内外市场扩大,以满足巨额投资所生产的大量产品的实现条件。这些产品如果不能被市场消化而实现其价值,资本家就不能获得利润并维持较高的投资率。我们加上这一条件,是因为上述三种理论对这一点虽有涉及但并未突出强调。以上是扩张长波必须具备的四个基本条件。反过来看,长波下降阶段较低的投资率和资本积累率,则是由于投资动力、投资的物质基础、有利的投资环境以及市场需求这四个基本条件的缺乏。由此可见,经济长波的内在机制,并非取决于上述三种理论所分别强调的某种单一因素,而是由社会经济生活中与投资直接相关的多种基本因素共同决定的。按照上述长波机制的分析,我们将以积累率为中心,从技术、制度和市场三个主要方面来观察长波的基本特征。为了突出本文的重点,我们将从第四次长波开始讨论。

二、战后扩张长波的主要特征

经过以 20 世纪 30 年代大萧条和第二次世界大战为特征的长波下降时期,从 40 年代末期开始,一个新的长波上升时期逐渐形成。这次扩张长波的主导国家是美国、德国和日本。关于此次长波的技术基础,学者的意见不太一致。曼德尔把这次扩张长波的技术革命特征归为自动化和半自动化,①这个论断是值得讨论的。实现生产过程自动化的关键技术革命是电子技术和计算机技术,而电子技术和计算机技术在50年代虽已开始应用,但还远未普及到在生产过程中起主导作用。计算机的初始商业应用大约在1960年前后。第一个工业机器人是通用汽车公司在1961年引入的。1960年电话公司开始用穿孔卡片制作账单,银行单据和保险单很快也由计算机打印。电话接线员在60年代开始被计算机代替。②尽管如此,以计算机数字控制为特征的自动化当时还局限于大公司的办公室工作,并未普及到一般企业,更没有扩展到生产车间的劳动过程。直到1968年,美国工业使用的机床中数字控制机床仅占百分之一。③1969年出现的莫林斯系统24(MolinsSystem 24)被认为是第一个"灵活制造系统"。④个人电脑则到20世纪80年代初期才问世。综上所述,把自动化半自动化界定为五六十年代扩张长波的技术基础,显然是不妥的。

五六十年代扩张长波的主要技术基础,应为19世纪末20世纪初以电力和内燃机为标志的科技革命的延续与扩展。这次科技革命曾是1896—1929年扩张长波的技术基础,其间曾一度因第一次世界大战而间断。但当时的扩张长波并未使这次科技革命的潜力完全发挥,就又被1929年开始的大萧条和随之而来的第二次世界大战所打断。因此,此次科技革命在战后继续展开,并在欧洲和日本与战后的经济重建相结合,在制度结构演进的推动下,形成了一个经济繁荣的黄金时期和新的长波上升阶段。战后推动发达国家经济迅速发展的主导经济部门有汽车、卡车、拖拉机、战车、机械化战争装备、飞机、耐用消费品、加工设备、合成材料、石油、石油化工等。相应的基础设施有高速公路、飞机场、空中航线等。它们或者是20世纪初期科技革命时的主导工业部门,或者是那次科技革命所衍生出的重要工业部门。正如弗里曼和苏特所说:"二战后的25年可以说是人类历史上社会经济发展最快的一个阶段。这一飞速发展很大程度上是建立在石油、汽车、飞机、石化制品、塑料和耐用消费品的基础之上。"⑤弗里曼和卢桑在另一本书中也写道:"汽车工业、柴油机和拖拉机工业、飞机工业和航空公司及其零部件供应商、石油、石化和合成材料工业、公路和机场基础设施、辅助性的维修、保养和销售服务、基于机动化的各种大众服务,一起构成60年代领先国家国民总产出的很大比重,可能高达1/3。"⑥罗伯特·戈登则强调,第二次工业革命的伟大发明,在1870年后的半个世纪里,彻底改变了美国人的生活和工作条件,而这些发明的全部影响,甚至要到1970年才得以真正实现。⑦

战后上升长波的制度基础问题,可简单概括为下面几个方面。第一,发达国家的主要经济部

① 埃内斯特·曼德尔:《晚期资本主义》,黑龙江人民出版社1983年版。

② Robert J.Gordon, "Is US Economic Growth Over? Faltering Innovation Confronts the Six Headwinds", NBER Working Paper, August(2012), p.11.

③ 哈里·布雷弗曼:《劳动与垄断资本》,商务印书馆1979年版,第176—177页。

④ 克里斯·弗里曼、弗朗西斯科·卢桑:《光阴似箭——从工业革命到信息革命》,中国人民大学出版社2007年版,第326—327页。

⑤ 克里斯·弗里曼、罗克·苏特:《工业创新经济学》,北京大学出版社2004年版,第178页。

⑥ 克里斯·弗里曼、弗朗西斯科·卢桑:《光阴似箭——从工业革命到信息革命》,中国人民大学出版社2007年版,第309页。

⑦ Robert J.Gordon, "Is US Economic Growth Over? Faltering Innovation Confronts the Six Headwinds", NBER Working Paper, August(2012), p.8.

门被垄断大公司所控制。它们基本上形成以默契勾结为特征的寡头垄断市场结构,少数行业则是由支配性企业占统治地位。混合联合大公司成为垄断企业的主要形式,它们在一些高度集中的部门中起主导作用,并与由其控制的中小企业形成整个经济的二元结构。第二,在主要经济部门中形成了以劳资议价谈判为标志的相对协调的劳资制度。这种劳资关系的演进缓和了资本主义的主要阶级冲突,有利于提高以工人为主体的居民的消费需求,促进新技术革命和劳动生产率增长,提高资本的利润率。第三,银行业进一步集中和金融机构多样化。更为集中的银行业形成巨型银行的垄断地位。同时各种非银行金融机构大规模快速兴起。非银行金融机构和大商业银行一起,极大地强化了集中闲置货币资金的能力,促进了发达国家的资本积累和居民消费。第四,国家对经济的干预制度在凯恩斯主义影响下得到空前加强。国家的经济职能不断扩大,开始对包括生产、流通、分配和消费的整个再生产过程进行全面和经常的经济干预。在对社会再生产进行干预的同时,还直接影响社会的总有效需求,力图通过"反周期"操作来"熨平"危机。这些干预措施对于"黄金时期"经济的相对稳定增长确实起到了一定作用。第五,形成以美国为主导的相对稳定的国际经济关系。美国通过第二次世界大战取得了政治、军事和经济上的绝对优势。1944 年布雷顿森林会议所确立的国际货币制度,使美元获得作为世界货币和储备货币的特权,形成较为稳定的国际货币关系。这种"美国统治下的世界和平"有利于国际资本的流动,扩大了国际贸易与世界市场,使发达国家能够获取廉价的原材料和能源,从而为美国和资本主义世界的经济增长提供了良好的国际经济环境。

国际贸易的发展和世界市场的扩大也为 20 世纪五六十年代资本主义经济的快速增长提供了不可或缺的市场条件。在发达国家内部,迅速的资本积累创造了旺盛的投资需求,政府的宏观调控政策和福利制度大大提升了居民的收入水平,大萧条和二战期间被压抑的个人需求得以释放,这些都使发达国家的有效需求大幅度提高,扩大了内部市场和国家间贸易。在发达国家外部,战前的殖民地半殖民地纷纷独立后,发达国家用贸易、投资和援助等经济手段继续剥削和控制这些不发达国家,将其作为廉价的能源和原材料供应地和制成品销售市场。世界市场扩大表现为发达国家贸易出口增长率迅速提高,并大大超过经济增长率。

战后"黄金时期"形成扩张长波的上述技术、制度和市场条件,推动了发达国家经济的强劲增长。1950—1973 年,16 个发达国家平均计算的年均复合增长率为:GDP 增长 4.9%,人均 GDP 增长 3.8%,非住宅固定资本存量增长 5.5%,出口增长 8.6%。①然而,长期波动的规律是资本主义经济无法抗拒的,各种潜在的问题随着扩张长波的推进而逐渐累积并暴露出来。从供给方面看,经过较长时期强劲的经济增长,劳动市场日趋紧张、实际工资不断提高,而实际工资增长一旦超过劳动生产率增长就必然挤压资本利润。事实上,从 60 年代中后期开始,发达国家的企业利润已经开始下降,到 1973 年时利润份额已降到只相当于 60 年代高峰水平的 75%。②与此同时,原材料价格也随着经济的长期增长而逐渐上涨,1968—1973 年,上涨程度已超过制成品,进一步侵

① A.Maddison, *Phases of Capitalist Development*, Oxford University Press, 1982, p.91.

② 阿姆斯特朗等:《战后资本主义大繁荣的形成和破产》,中国社会科学出版社 1991 年版,第 216 页。

蚀了企业利润。70年代的两次“石油危机”更是加剧了初级产品价格的飞涨。这就从成本方面削弱了利润和积累。从需求方面看，群众有支付能力的需求终究落后于全球生产的急剧扩张，长波上升时期强劲的经济增长把大量商品提供到世界市场上，生产与消费的矛盾逐渐尖锐起来，发达国家之间的竞争日益加剧。加上原有科技革命的影响力逐渐减弱，整个社会的资本积累受到技术变革推力不足和消费需求拉力不足的双重遏制，投资增长率必然放慢。社会的总有效需求终于变得相对不足，形成全球性的产品过剩和生产能力过剩。生产能力利用率因此必然下降，而竞争加剧又遏制了资本家的提价能力，使制成品的价格上涨不能充分弥补日益上升的生产成本。而这对利润的侵蚀是不言自明的。

上述日趋严重的经济问题，反映了资本主义经济内在矛盾的重新尖锐化，使资本主义经济陷入前所未有的双重危机之中。一方面，利润被侵蚀和利润率下降，使资本积累速度放慢，经济增长率趋于下降，失业率迅速上升；另一方面，在实际工资提高、初级产品价格上涨和长期宽松的宏观政策推动下，通货膨胀率又不断攀升。资本主义经济进入一种“停滞膨胀”（“滞胀”）状态，陷入低积累、低增长、高失业、高通胀的两难困境。从美国看，资本积累的年均增长率从60年代的7.2%下降到70年代的5.6%，国内总产值年均增长率从4.4%下降到3.3%，失业率从4.8%上升到6.2%，通货膨胀率从2.4%上升到7.1%。①其他发达国家的宏观经济指标也大多表现为类似的变动趋势。70年代标志着战后资本主义“黄金时代”终结，开始进入危机和萧条时期，由此开启了战后经济长波的下降阶段。

三、20世纪70年代以后的长期波动

对于战后50年代到60年代资本主义国家经历的第四次长波上升阶段，绝大多数长波学者似乎没有争议，但对此后的发展就观点不同了。一些学者认为，从70年代开始资本主义经济进入了长期持续的长波下降阶段，直到20世纪末，并延续到2008年的全球性金融危机。如奥哈拉（O'Hara）所说：“长波的调节学派认为，20世纪五六十年代是美国和世界经济的长波上升时期，而70年代到90年代则是一个长波的下降时期。这种调节方式的分析得到美国实际GDP增长周期数据的支持。”②

奥哈拉采用实际GDP十年平均增长率作为论据。这类资料似乎可以证明上述论断是正确的。

自20世纪60年代以来，美国按每十年平均计算的实际GDP年均增长率确有下降趋势，这在按二十年平均计算的实际GDP年均增长率的变动上表现得更为突出。但是，如果我们按照另外一种时期划分来观察美国的实际GDP及其他主要经济指标的长期变动，就会看到十分不同的变动轨迹（见表5）。

① 《美国总统经济报告》（2009年），第287页表B-4、334页表B-42、357页表B-63。资本积累以非住宅固定资本投资增长率代表；通货膨胀率以消费物价指数变动率代表。年均数据根据各年数字算出。

② O'Hara, Phillip Anthony, “Deep Recession and Financial Instability or a New Long Wave of Economic Growth for U.S. Capitalism? A Regulation School Approach”, *Review of Radical Political Economics*, 5.1(2003), pp.18—43.

表 4　战后美国实际 GDP 按十年计算的年均增长率的长期变动(%)

时　期	GDP 年均复合增长率
1950—1959	4.2
1960—1969	4.5
1970—1979	3.2
1980—1989	3.1
1990—1999	3.2
2000—2009	1.8

资料来源:美国商务部经济分析局:"Table1.1.1. Percent Change from Preceding Period in Real Gross Domestic Product", Bureau of Economic Analysis(Last Revised on: August 28, 2014)。

表 5　美国战后不同时期实际 GDP 及其他若干主要经济指标的变动(%)

时　期	实际 GDP(年均复合增长率)	私人国内总投资(年均复合增长率)	劳动生产率(年均复合增长率)	失业率(年平均失业率)
1950—1973	4.2	5.7	2.8	4.8
1974—1982	2.0	0.5	0.9	7.2
1983—2007	3.4	4.7	2.3	5.8
2008—2016	1.3	0.7	1.1	7.3

资料来源:美国 GDP 变动率:美国商务部经济分析局(2017 年 5 月 26 日):"Gross Domestic Product Percent Change from Preceding Period";投资率变动率:经济分析局(2017 年 6 月 29 日):"Table1.1.1. Percent Change From Preceding Period in Real Gross Domestic Product";劳动生产率变动率:美国劳工部劳工统计局(2017 年 6 月 5 日):"Major Sector Productivity and Costs: Labor Productivity (Nonfarm Business)";失业率:劳工统计局(2017 年 5 月):"Employment Status of the Civilian Noninstitutional Population, 1946 to date"。

表 5 反映的美国经济战后变动形态与表 4 全然不同。在五六十年代的经济繁荣以后,美国经济增长并非处于持续的下降趋势,而是经历了一个新的长期波动。经过 1973—1982 年大约 10 年的增长率减速,从 80 年代早期开始了新的增长加速周期,直到 2007 年金融危机爆发。从 20 世纪 80 年代开始的经济增长重新加速,能否看作进入了一次新的长波上升阶段呢?我倾向于肯定的回答。因为在这 20 多年中,与 1974—1982 年的萧条时期相比,美国经济的几个主要指标都表现出了显著的改善。在实际 GDP 增长率加快的同时,投资增长率大幅度提高,劳动生产率增长率提高了一倍多,失业率则下降了 1.4 个百分点。

战后美国经济长期波动的决定性因素是什么?是资本积累率的波动。表 5 的数据表明,以私人国内总投资为代表的资本积累的波动最为剧烈。正是积累率的迅速增长带动整个美国经济进入新的长波上升时期。金融危机爆发后积累率的急剧下降,则标志着此次扩张长波结束,美国经济再次转入长期萧条阶段。

以下我们将围绕积累率的波动来分析 20 世纪 80 年代开始新的扩张长波的主要条件和原因。①

① 我在 2002 年的论文《"新经济",还是新的"经济长波"?》中,虽然已经提出美国进入了新的扩张长波,但当时认为此次长波始于 90 年代,从而得出一个误判,以为扩张长波还会有一个较长时期的发展。事实证明这个判断是错误的。

四、20 世纪 80 年代开始新的扩张长波的主要推动力量

80 年代早期开始美国资本积累的重新加速不是偶然的，而是一系列技术、经济和制度演变的结果。以下几个方面的因素起了主要作用。

（一）信息技术革命

信息技术以集成电路、计算机、软件、电信、互联网、移动通信等技术和产业为主要特征。它们与五六十年代以汽车、石油、飞机、农业机械、家用电器、合成材料等为主导的技术变革是非常不同的。信息技术虽然在六七十年代已经逐渐兴起，但正是在八九十年代的迅速发展，促成一批迅速扩张的新兴工业部门，如芯片生产、计算机制造、软件制作、电信设备制造和电信运营部门等，需要进行大规模与信息技术相关的基础设施建设，如光纤网络、无线通信基站等；还推动了整个工业企业的信息技术升级，影响直至服务业、办公室和家庭。这次信息技术革命的影响非常深刻，它改变了企业生产的组织方式和经营方式，改变了人们的社会经济生活，形成了佩蕾丝和弗里曼等所谓的新的"技术—经济范式"。①

信息技术革命作为新的扩张长波的物质技术基础，从几个方面推动了资本积累和经济增长。第一，形成旺盛的投资需求，为大规模投资和资本积累提供了物质载体。信息技术革命推动了一系列信息产业部门兴起，以及传统工业部门和整个社会经济生活的信息技术改造。这从欧林勒和斯切尔对当时美国非农部门经济增长的核算数据中得到部分证明。在 1991—1995 年和 1996—1999 年两个时期的经济增长中，资本投入增长的贡献率接近四成；而在总资本投入中，信息技术资本投入增长的占比又接近六成。由此可见信息技术革命在加速资本积累和经济增长中的重要作用。②第二，促进劳动生产率加速增长。信息技术革命下计算机的广泛应用和互联网的迅速发展，大大提高了劳动生产率，进而推动经济产出加速增长。欧林勒和斯切尔的核算数据也部分地证明了这一点：在 1991—1995 年和 1996—1999 年这两个时段中，投资加速增长导致的资本/劳动比率提高解释了劳动生产率快速增长的 40%，而信息技术资本/劳动比率提高则解释了整个资本深化的 80%以上。可以说整个资本深化主要是由信息技术资本投资的高速增长带来的。③第三，提高了资本生产率。信息技术革命的一个重要特点是计算机核心设备（芯片）制造的生产率增长率极高，导致成本和价格急剧下降，从而在信息技术投资导致资本/劳动比率不断提

① 卡萝塔·佩蕾丝：《技术革命与金融资本》，中国人民大学出版社 2007 年版；克里斯·弗里曼、弗朗西斯科·卢桑：《光阴似箭——从工业革命到信息革命》，中国人民大学出版社 2007 年版。

② S.D.Oliner and D.E.Sichel, "The Resurgence of Growth in the Late 1990s: Is Information Technology the Story?" *Journal of Economic Perspectives*, 14.4(2000), p.10.他们核算的三个时期分别为 1974—1990 年、1991—1995 年和 1996—1999 年。由于 1974—1990 年时期没有区分 1974—1982 年和 1983—1990 年两个阶段，所以仅观察 90 年代的核算。

③ S.D.Oliner and D.E.Sichel, "The Resurgence of Growth in the Late 1990s: Is Information Technology the Story?" *Journal of Economic Perspectives*, 14.4(2000), p.13, Table2.

高的同时,使资本生产率和全要素生产率能够较快上升。这从欧林勒和斯切尔的核算数据中同样部分得到证明。[①]全要素生产率迅速提高,必然推动经济加速增长。

(二) 利润率回升

利润率的变动趋势在资本主义经济的长期波动中具有决定作用。国内外有些学者的实证研究已证明,美国经济中的利润率从 20 世纪 80 年代早期开始了回升的势头。无论是多梅尼尔和列维的长期数据,抑或布伦纳的长期数据,抑或谢富胜等的长期数据(虽然他们的具体数值不同),都表明美国制造业和私人经济中的利润率有共同的变动形态:1948 年到 60 年代中期处于高位波动,60 年代中期转为下降趋势,到 1973 年危机时期开始大幅度下降,但从 1980—1982 年危机后重新转为上升趋势,[②]而后处于波动中,直到 2007 年金融危机爆发。从具体数值来看,按照多梅尼尔和列维的数据,1950—1973 年期间,美国经济中的利润率年均为 20.2%;而后从 1973 年的 19.4%大幅下降到 1982 年的 12.3%;从 1983—2007 年,利润率又逐渐提高到 18.2%。[③]

美国经济中的利润率从 1983 年开始回升,有两个直接决定因素。一个因素是,国民收入中利润份额扩大。收入分配中利润份额的大小,取决于劳动生产率增长和雇员实际工资增长的对比关系。美国劳动生产率增长从 80 年代初期衰退后开始趋于提高,但美国雇员的实际工资水平却长期处于停滞甚至下降趋势之中。美国私人非农经济中生产和非监督雇员平均小时实际收入(按 1982 年美元计算),从 1959 年的 6.69 美元上升到 1973 年的 8.55 美元;而后则趋于下降,到 1995 年降低到 7.39 美元;90 年代后半期略有回升,但到 1999 年也只达到 7.86 美元,仍未恢复到 1973 年的水平。[④]劳动生产率增长长期快于实际工资增长,必然推高资本的利润份额。美国公司收入中的利润份额从 1973 年的 18.0%,上升到 1997 年的 21.6%。[⑤]利润份额提高意味着工资份额降低,反映为劳动成本下降和资本利润上升。另一个因素是,日益提高的资本生产率。资本生产率也是决定利润率的一个重要因素。资本生产率提高意味着单位产品的资本耗费和资本成本下降,必然有利于推高企业利润率。

上述决定利润率回升的两个直接因素,涉及马克思主义经济学的两个基本范畴:剩余价值率和资本有机构成。利润份额不过是剩余价值率的另一种近似的衡量方式;资本生产率则通常与资本技术构成呈现反向变动,因为资本生产率的倒数即资本/产量比率的变动(在劳动生产率不变条件下),其与资本/劳动比率的变动呈正比。[⑥]马克思把剩余价值率和资本有机构成这两个范

---

① S.D.Oliner & D.E.Sichel, "The Resurgence of Growth in the Late 1990s: Is Information Technology the Story?" *Journal of Economic Perspectives*, 14.4(2000), p.13, Table2.

② 罗伯特·布伦纳:《繁荣与泡沫》,经济科学出版社 2003 年版;Duménil, Gérard and D.Lévy, "The Profit Rate: Where and How Much Did It Fall? Did It Recover? (USA1948—2000)", *Review of Radical plitical Economics*, 34.4(2002), pp.437—461;谢富胜、李安、朱安东:《马克思主义危机理论和 1975—2008 年美国经济的利润率》,《中国社会科学》2010 年第 5 期。

③ Duménil, Gérard and D.Lévy, United States Long Term Version, Data Base(1896—2011), January 2013.

④ 《美国总统经济报告》(2001 年),统计附录,第 330 页表 B-47。

⑤ Pollin, Robert, "Anatomy of Clintonomics", *Published Studies*, 39.3(2000), pp.17—46.

⑥ 高峰:《资本积累理论与现代资本主义》,社会科学文献出版社 2014 年版,第 51—53 页。

畴看作决定利润率的基本变量。在利润率低下的经济萧条时期,推动利润率回升以刺激投资和经济增长的基本手段,就是设法提高剩余价值率并同时抑制资本有机构成的过快增长,这恰恰是美国经济在 20 世纪八九十年代所经历的事情。根本改变第二次世界大战后美国工人实际工资不断上涨的趋势,同时大力恢复 70 年代日趋缓慢的生产率增长,是当时美国资产阶级在国家帮助下力图实现的主要任务,结果便是利润份额上升或剥削率提高。而以信息技术资本为主导的资本积累,又抑制了资本有机构成的增长。两者共同导致美国利润率的逐渐恢复和上升。按照罗伯茨的计算,1982—2002 年,美国经济中的剩余价值率提高了 22.5%,资本有机构成下降了 5.2%,利润率提高了 29.9%。①我们则根据多梅尼尔和列维的原始数据也计算了这三个变量在两个不同时期的平均值:1974—1982 年与 1983—2007 年相比:剩余价值率从年均 37.7%上升到 39.3%,提高 4.2%;资本有机构成从年均 2.41 降低到 2.22,下降 7.9%;利润率则从年均 15.7%上升到 17.8%,提高 13.4%。②由于具体计算方法不同,数据变动幅度的差别较大,但基本趋势是清晰和一致的。

美国经济从 1984 年开始的利润率回升具有深刻的制度背景。从 70 年代开始,在利润率下降和增长率放慢等经济困境的推动下,美国的经济关系和经济结构经历了深刻的调整过程,为重新提高利润率和投资率创造了有利的经济环境和制度基础。其中别重要的有以下三个方面。

(1) 关于劳资关系。70 年代后发达国家劳资制度的最大变化,是从战后相对协调互利的劳资关系逐渐演变为相对紧张和对工人不利的劳资关系。战后黄金时期美国的劳资关系相对协调。但从 70 年代美国经济步入困境以后,大公司管理层开始对工人采取强势进攻策略。经济全球化以及美国政府新自由主义经济政策的得势,助长了资本策略的这种转变,由此所引起的制度性变化是造成 70 年代后工资挤压的重要原因。第一,公司经营的政治环境发生变化。联邦最低工资法定水平几次长期冻结,导致最低工资实际价值因通货膨胀而长期下降,必然导致平均实际工资下降。第二,劳动密集型生产大规模转移到国外彻底逆转了劳动市场的供求形势。再加上新技术革命加速机器对劳动的替代,大大减少了资本对国内劳动力的需求。资本迁移的现实压力和潜在威胁,使工人基本丧失与资方讨价还价的能力。第三,"工会密度"(工会会员占工人的比例)不断下降。工会在资方攻势下日益转为守势,不得不在工资和福利等方面做出让步。第四,广泛采用"弹性"工作制度。这种被主流舆论吹嘘为促进经济效率的雇佣制度,不过是扩大使用可任意支配的雇佣工人(disposable worker),包括非自愿的非全日制工人、临时工、日工和各种没有劳动合同保障的做暂时工作的工人。他们的工资明显低于正式的全日制工人,缺乏工作保障,福利低下,没有职业安全感。

(2) 关于金融制度。从 80 年代开始,美国的金融制度逐步向自由化方向演变。在历史上,美国实行与德、日等国不同的单一和分业经营的银行制度。《1933 年银行法》建立的"格拉斯—斯蒂格尔墙"把商业银行和投资银行的业务严格分开。但从 80 年代开始金融管制逐渐放松,"格

① M.Roberts, *The Long Depression*, Haymarket Books, 2016, p.62.

② Duménil, Gérard and D.Lévy, United States Long Term Version, Data Base(1896—2011), January 2013.特别感谢多梅尼尔教授和列维教授提供的有关美国经济利润率长期变动的"数据库"资料。

拉斯—斯蒂格尔墙”出现明显松动，并于1999年最终被废除，商业银行和投资银行趋于混业经营，各种金融机构的业务交叉越来越多。金融制度的这种变革扩大了银行规模，加剧了金融业的竞争，在一定程度上提高了金融资源的配置效率，有利于资本积累和投资增长。与此同时，在美国金融自由化推动下，金融创新层出不穷，特别是风险资本(即创业资本)的迅速发展具有重要意义。风险资本与创业板市场相结合，帮助创立了大批小型高新技术公司，使它们从资本市场上筹集到资本。这种制度创新对信息技术迅速发展的推动作用不容忽视。此外，1980年后美国的金融政策方向发生转变，开始把控制通货膨胀放在优先地位。随着通货膨胀率不断下降，利率也逐渐降低。低通胀和低利率的金融环境，也有力地刺激了投资增长。

(3) 关于市场结构。20世纪最后30年，美国的市场结构有了新的变化。新自由主义思潮重新占上风后，反托拉斯政策趋向缓和，政府对市场的管制日益放松；信息技术的采用则降低了企业的平均规模，增强了小企业的竞争能力；经济全球化和国际贸易也得到了空前发展。这一切都提高了一般行业的市场竞争性。但是在普通行业趋向竞争性市场结构的同时，高新技术部门却存在国际化的垄断性趋势。20世纪最后20年兴起的巨型并购和跨国并购，使这一趋势得以加强。美国制造业加权平均的四大企业集中率，从1982年的37.7%提高到1992年的39.9%；又从1992年的39.4%(就制造业中的可比行业计算)，上升到1997年的42.0%。[①]普赖尔指出，世界规模的产业集中已经发生，而跨国并购和策略联盟这两种跨国公司的全球化活动形式正在变得日益普通。[②]美国市场结构这种二重化的演变趋势，体现了70年代后美国经济深刻的结构调整：高新技术部门日益壮大，低技术和劳动密集型生产与劳务大量向外转移，服务业得到迅速发展。这种市场结构对美国经济的有利方面在于：垄断性的高科技企业可以依靠技术垄断、规模经济、控制小科技公司以及全球化的资源配置，获取高额利润，在世界经济的关键部门保持技术优势和支配地位；而一般部门市场结构日趋竞争性则可以暂时促进经济繁荣，创造较多就业机会，并通过大量进口廉价商品压低商品价格，从而有利于保持相对较低的失业率和通胀率。

(三) 世界市场扩大

每一次扩张长波都必须具备有利的市场条件，20世纪80年代开始的长波当然也不例外。此次世界市场的扩大集中表现为经济的全球化。经济全球化虽然从资本主义形成早期就已开始，但20世纪70年代以后这一过程在量上和质上都发生了重要变化。从商品(劳务)和生产要素的国际流动来看。美国出口和进口占GDP的比率，自70年代开始显著增长。对外贸易的主体也发生了变化，到20世纪末大部分对外贸易是由跨国公司主导的。90年代中期美国跨国公

---

① F.L.Pryor, “New Trends in U.S. Industrial Concentration”, *Review of Industrial Organization*, 18.3(2001), pp.301—326; Pryor, F. L. “News from the Monopoly Front: Changes in Industrial Concentration, 1992—1997”, *Review of Industrial organization*, 20.2(2002), pp.183—185.由于1997年的集中率普查资料采用了与1992年不同的产业分类系统，普赖尔只能从两个系统中选出那些定义没有改变的部门作比较。

② F.L.Pryor, “Internationalization and Globalization of the American Economy”, T.L.Brewer and G.Boyd(eds.), *Globalizing America*, Edward Elgar Publishing, 2000, p.20.

司就进行了大约三分之二的出口和大约40%的进口。再如资本的国际流动,美国资本流出和资本流入占GDP的比重,从70年代后也迅速提高。货币流动的全球化发展则更为迅猛:美国每日外汇交易额占年度GDP的百分比,从1977年的0.2%上升到1995年的3.4%。①从世界范围看,跨国的银行贷款存量占世界GDP的比重,已从1972年的6%上升到1991年的37%。债券和股票的跨国交易量占各国GDP的百分比,美、日、德三国在1980年都不到10%,到1997年已分别提高到160%、80%和200%。②金融全球化已成为70年代后新的经济全球化最突出的特征。

这个时期经济全球化的迅猛发展,反映了国际经济关系的重大制度变革。首先是企业跨国经营制度空前发展实现了生产资源的全球性配置。发达国家大企业的国际化经营早已有之,但从70年代开始,对发展中国家的投资迅速增长,大量劳动密集型生产企业和生产环节向工资低廉的国家或地区转移,一些劳务项目也被"外包"。80年代后期开始这类投资出现前所未有的高涨,1987—1995年年均增长25%,从150亿美元猛增到900亿美元,其中东亚占52%,拉美占28%。③其次是国际金融制度的变化。在新自由主义政策推动下,政府放松了对资本项目和金融业的监管,撤除了货币资本国际流动的制度障碍。70年代初布雷顿森林体系崩溃,开启了浮动汇率制时代,进一步促进了货币的国际流动,外汇交易开始了爆发式增长。布雷顿森林体系崩塌导致金汇兑本位制最终退出历史舞台。美元从此摆脱了黄金的制约,但并未改变其世界货币和储备货币地位,这使美国能够更方便地运用货币工具服务于它的经济利益,更加强了美元的国际霸权地位。

经济全球化所导致的世界市场扩大,对此次美国经济的扩张性长波至关重要。第一,经济全球化为美国在信息技术革命中兴起的大公司和其他高新技术公司提供了有利的生产条件和广阔的国外市场。经济全球化首先导致美国的进出口急剧扩大,远超国民生产总值的增长速度。1983—2007年,美国GDP年均增长3.4%,而出口的年均增长高达6.5%,进口的年均增长高达7.8%。④世界市场扩大为信息技术产品提供了巨大需求,推动美国信息技术大公司迅速成长。1996年全球最大20家信息技术公司中有13家是美国公司。一大批美国高新技术公司在全球市场上占有统治地位,如IBM、微软、苹果、谷歌、通用电气、通用汽车、波音飞机、埃克森石油等。另一方面,世界市场扩大,也为美国的高新技术产业进行全球资源配置以降低成本、提高利润创造了条件。高技术产业的国际分工从产业间分工、产业内分工发展到产品内分工,形成全球性的产业链。以上两方面都为美国此轮信息技术革命的兴起提供了不可或缺的市场条件。第二,经济全球化有利于美国国内维持较低的通货膨胀率。经济全球化在扩大商品市场的同时也扩大了投资市场。美国以跨国公司为主体的对外投资在此期间得到迅速增长,一大批劳动密集型低端制

① Pryor, Frederic L., "Internationalization and Globalization of the American Economy", T.L.Brewer and G.Boyd (eds.), *Globalizing America*, Edward Elgar Publishing, 2000, pp.3—14.

② B.Sutcliffe and A.Glyn, "Still Underwhelmed: Indicators of Globalization and Their Misinterpretation", *Review of Radical Political Economics*, 31.1(1999), p.127.

③ 雅克·阿达:《经济全球化》,中央编译出版社2000年版,第100—101页。

④ 美国商务部经济分析局(2017年6月29日):"Table1.1.1. Percent Change from Preceding Period in Real Gross Domestic Product"。

造业被转移到发展中国家,其产品再以较低价格出口回流到美国。美国由此获得多重利益:既可加强国内工人的就业压力以压低工人工资、降低企业劳动成本以提高利润,又可大量进口价格低廉的一般工业品来满足居民的需求,使工人在工资长期停滞情况下生活水平不至于过度降低。发达国家出口工业品,进口初级产品的传统交易模式,已演变为美国等发达国家出口高新技术产品、发展中国家出口一般工业制品和初级产品的交易模式。第三,经济全球化还强化了美元的金融霸权。在经济全球化浪潮下,尽管美国在高新技术领域取得国际统治地位,但大批中低端制造业向发展中国家转移并大量进口工业品,使美国的国际贸易逆差不断扩大,国际收支长期处于失衡状态。而美国维持这种失衡所依靠的正是美元的霸权地位。美国通过发行不受黄金约束的美元大量进口所需产品,再借助发达的国际金融市场吸收流入国外的美元,以平衡因大量进口而导致的国际收支逆差。这种国际交易模式使美国能够用美元换取他国大量的廉价商品,又可从国外获得巨额的低成本融资。美国还根据经济形势的变化周期性地调整美元汇率:在经济不振时实行宽松的货币政策使美元贬值,以刺激经济加强出口,往往使其他国家陷入经济困境,或形成经济泡沫;而在经济状况改善时则实行紧缩的货币政策使美元升值,又可能导致其他国家资本外逃、泡沫破灭,甚至诱发金融和经济危机,美国大资本则通过兼并、投机等金融手段获取巨额利润。

五、此次扩张长波转化为萧条长波的必然性

2008 年发生的金融—经济危机形成此次长波的转折点,开启了长波的下降阶段。这种转折的必然性在于有利于扩张长波的各种因素逐渐向不利于积累的方向转化。

(一) 信息技术革命对投资的推动作用逐渐趋于减弱

信息技术革命对投资的带动作用,在 20 世纪末特别是 90 年代最为强劲。但经过一段迅速的资本积累,随着计算机相关设备的普及与更新,以及互联网基础设施的建成,信息技术的带动效应和相关的投资需求必然趋于下降。这从美国经济投资率的变动趋势中可以看出来(见表 6)。

表 6 美国经济中非住宅固定资本投资的平均变动率(1974—2016)(%)

	非住宅固定资本投资	设备投资
1974—1983	3.4	3.3
1984—1989	5.4	6.4
1990—1999	6.6	8.3
2000—2007	3.4	4.0
2008—2016	1.6	2.3

资料来源:美国商务部经济分析局(2017 年 6 月 29 日):“Table 1.1.1 Percent Change from Preceding Period in Real Gross Domestic Product”。

数据表明,在信息技术革命的带动下,美国的非住宅固定资本投资从 80 年代中期开始加快

增长，到 90 年代达到高潮。特别是设备投资，90 年代的年均增长率高达 8%以上。但在进入 21 世纪后，投资率开始迅速下降，2000—2007 年，非住宅固定资本投资年均增长率降低了将近一半，设备投资年均增长率则降低了一半多。投资率的大幅度下降在很大程度上反映了信息技术革命积累效应的递减。

特别需要指出的是，信息技术革命对投资和经济增长的带动作用，远不如 19 世纪末 20 世纪初以电力和内燃机为基础的技术革命强大。罗伯特·戈登强调，第二次工业革命的伟大发明，在 1870 年后的半个世纪里，彻底改变了美国人的生活和工作条件，而这些发明的全部影响，甚至要到 1970 年才得以完全实现。①为什么信息技术革命对资本积累的带动作用，没有 19 世纪末 20 世纪初第二次工业革命的作用强大呢？这是因为，第二次工业革命不仅使工业生产发生了革命性变革，而且使社会生活实现了现代化，从而带动了整个社会生产和社会生活的庞大规模的基础设施建设，推动了更长时期和更大规模的投资需求。信息革命在这方面显然无法与第二次工业革命相比拟。

（二）利润率变动趋势的逆转

从 20 世纪 80 年代早期开始，美国经济中的利润率逐渐趋于上升，开启了新的扩张长波阶段。按照多梅尼尔和列维的计算数据，美国的利润率从 1983 年的 14.5%提高到 1997 年的 20.0%；而后开始趋于下降，虽然经过 2003—2005 年的短暂回升，到 2007 年已降低到 18.2%；2008 年金融—经济危机爆发，利润率则骤降到 16.3%。②英国学者罗伯茨也计算了美国经济的利润率，展现了大体相同的变动趋势：1982—1997 年，利润率提高 15%；1997—2008 年，利润率下降 12%。③利润率变动趋势的逆转，必然导致资本积累和经济增长逐渐放慢，使经济中的内在矛盾趋于尖锐化，为经济危机的最终爆发和经济长波的向下转折准备了条件。现在的问题是，为什么美国经济中的利润率变动趋势在 20 世纪 90 年代后期会逐渐发生逆转呢？让我们分别观察影响利润率的几个关键因素，从中探讨其内在原因。

首先来看利润份额。前面讲到，1984 年开始的利润率回升，是带动投资率增长从而引致扩张长波的主要力量。推动利润率回升的首要因素就是利润份额的扩大，而这又是由于工人实际工资长期趋于下降和劳动生产率增长逐渐趋于提高共同作用的结果。前面已经指出，美国工人实际工资的下降趋势，从 1973 年一直延续到 1995 年。在这长达 20 多年的长时期中，私人经济中生产工人和非监督雇员的平均小时实际收入下降了 16%，平均每周实际收入下降了 22%。1974—1983 年萧条长波时期的下降幅度最大。如果专门观察 1984 年开始的扩张长波时期，1984—1995 年，平均小时实际收入仍下降 5.4%，平均每周实际收入下降 7.5%；但同时期，美国私人非农部门的劳动生产率却提高 19%。这必然提高利润份额和剩余价值率，推高利润率。但

① Robert J. Gordon "Is US Economic Growth Over Faltering Innovation Confronts the Six Headwinds", NBER Working Paper, August(2012), p.8.

② Duménil, Gérard, and D.Lévy, United States Long Term Version, Data Base(1896—2011), January 2013.

③ M.Roberts, *The Long Depression*, Haymarket Books, 2016, p.23.

是到90年代中期，由于经济持续增长导致失业率下降，雇员实际工资从1996年开始扭转下降趋势并转为缓慢上升，1995—2007年，小时实际工资上涨10.4%，每周实际工资上涨8.8%。然而，这段时间实际工资的上涨并未能挤压利润份额，因为生产率增长显著地加快了。信息技术革命引致的生产率增长主要发生在1996—2003年，此期间非农部门的生产率增长率年均达到3.1%，大大高于1984—1995年的年均增长率1.6%。1995—2007年，劳动生产率增长38%。①

由此可见，20世纪90年代末期美国利润率开始转入下降趋势，主要不是由于利润份额缩小和剩余价值率降低。事实上，整个扩张长波时期工人受剥削的程度并没有减轻。2007年与1984年相比，美国的实际GDP增长了101%，非农部门的劳动生产率提高了64%；而工人的实际工资却基本上处于停滞状态，平均小时实际收入只提高了4.5%，比1973年仍低7%，平均每周实际收入仅上升了0.7%，比1973年仍低15%，都未恢复到1973年的水平。②这种情况的结果，必然是社会不平等程度扩大，经济增长和生产率增长的利益主要被少数最富裕的人群所获取。斯蒂格利茨于2011年就指出，当今身居美国财富金字塔顶端1%的人口，收入占全国总收入的近25%，拥有财富占全国总财富的40%；而在25年前，这两个数字分别为12%和33%。过去10年来，上层1%人群的收入激增18%，中产阶层的收入却在下降，只有高中文化程度的群体下降最严重，仅过去25年里就降低了12%。③

日益严重的社会经济不平等和普通民众实际收入的停滞或下降，必然带来有效需求不足，加剧生产与消费的矛盾。生产过剩会最实时地反映在生产设备的利用不足上。统计数据表明，美国工业中的能力利用率正是在1997年达到高点，而后转入下降趋势。全部工业的能力利用率从1982年的73.6%上升到1997年的84.2%；而后逐年下降到2002年的74.9%，到2007年虽然回升到80.4%，仍显著低于1997年的水平；危机爆发后，则骤降到2009年的68.6%。④从较长时期看能力利用率的年平均值，1984—1997年为82.0%，1998—2007年下降到79.1%。由此可以推断，社会需求不足和能力利用率下降，构成1997年后利润率转入下降趋势的一个重要原因。

其次来看资本构成。以信息技术革命为基础的扩张长波，由于带动了信息设备投资的迅速增长，必然推高资本的技术构成。但正如前面所说，信息技术革命的一个重要特点是，信息技术设备在性能急速提升的同时成本与价格的下降速度极快。信息技术不变资本迅速贬值，抵销了信息技术设备物质数量的扩大，使资本的价值构成提高缓慢，甚至下降。但这一有利于利润率的技术条件随着信息技术革命作用的减弱而改变。一系列经济指标说明，进入21世纪以来特别是到2005年前后，信息技术革命对美国经济的积极影响逐渐趋于消退。从投资的增长率来看，私人国内总投资年均增长率1990—1999年为5.9%，2000—2007年下降到2.3%；非住宅固定资本

---

① 计算根据：《美国总统经济报告》(2015年)，统计附录，第402页表B-15，第403页表B-16。

② 计算根据：同上，第324页表B-2，第402页表B-15，第403页表B-16。

③ 约瑟夫·斯蒂格利茨：《1%的人所有、1%的人治理、1%的人享用》，陈人江编：《西方危机之争》，中国社会科学出版社2013年版，第186页。

④ 《美国总统经济报告》(2013年)，统计附录，第387页表B-54。

投资年均增长率从 6.6%下降到 3.4%;设备投资年均增长率从 8.3%下降到 4.0%。①从劳动生产率增长率来看,1977—1994 年年均增长 1.44%,1995—2004 年上升为 2.05%,2005—2014 年下降到 1.30%。从全要素生产率增长率来看,1970—1994 年年均增长 0.57%,1994—2004 年上升为 1.03%,2004—2014 年下降到 0.40%。从信息技术设备价格—效能比的变动率来看,1996—2000 年期间见证了信息和通信技术设备价格指数最迅速的下降,年下降速率在 1999 年达到 -14%的最高点;而后逐渐放慢,2005 年约为 -5%,到 2010—2014 年则只有 -1%。从"摩尔定律"的时间变迁来看,尽管 1999—2003 年芯片效能翻倍所需时间缩短至不到 18 个月,但从 2006 年以来,"摩尔定律"已经脱离轨道,芯片效能翻倍的时间急剧上升,2009 年飙升到 8 年,然后至 2014 年又回落到 4 年。而"摩尔定律"的变迁与计算机价格—效能比的变迁是紧密相关的。②以上这些经济指标的变动充分说明,信息技术革命高潮时期有利于阻遏资本有机构成上升的各种因素,到 2005 年前后已开始逐渐消失,结果必然是降低资本生产率和提高资本有机构成。按照罗伯茨的计算,美国经济中的资本有机构成在 1982—2002 年虽然下降了 5.2%,但在 2002—2011 年间则提高 41.3%。③

影响资本有机构成的另外一个因素是生产能力利用率。前文已经指出,此次扩张长波时期美国普通雇员实际工资长期处于停滞状态,社会收入和财富占有不平等日益扩大,加之美国工业的国际竞争力有所削弱,这一切必然带来有效需求不足,加剧了生产与消费的矛盾。生产过剩实时反映为生产设备的利用不足。而设备利用率下降的直接经济影响,就是降低资本生产率和提高资本有机构成。在能力利用率降低时,闲置的固定资本数量相对增大,但仍要被计算在总的资本存量之中,所以即使生产技术状况未变,资本构成的水平也会相应提高。前文也已指出,美国工业的能力利用率从 1982 年开始逐渐上升,但在 1997 年后已转入下降趋势,进而成为推高资本有机构成和压低利润率的一个重要因素。这正是有效需求不足和实现问题加剧导致利润率下降的作用机制。

还有一个影响利润率变动趋势的重要因素,涉及经济金融化中迅速膨胀的债务经济。美国经济中的利息率,在经过 1979—1981 年的急剧上涨之后,即转入长期下降趋势。谢克根据美国 3 月期国债利息的变动轨迹,指出战后美国利息率变动趋势的两个阶段:1947—1981 年为第一阶段,利息率从 1947 年的 0.59%上升到 1981 年的 14.03%,提高近 23 倍;1981 年开始的第二阶段,以同样剧烈的程度从 14.03%下降到 2009 年的 0.16%。④从几个时期来看:1974—1983 年,3 月期国债利息率年平均值为 8.6%;1984—1990 年 7.3%;1991—2000 年 4.7%;2001—2008 年 2.7%。⑤低利率直接助推了借贷扩张和股市繁荣,并在 20 世纪 90 年代后期和 21 世纪的前 7 年中两次形成

① 参见表 6。

② Robert J. Gordon, *The Rise and Fall of American Growth*, Princeton University Press, 2016, pp.328, 375, 587—588.

③ M. Roberts, *The Long Depression*, Haymarket Books, 2016, p.62.

④ 安瓦尔·谢克:《21 世纪的第一次大萧条》,《当代经济研究》2014 年第 1 期,第 27—28 页。

⑤ 计算根据:《美国总统经济报告》(2015 年),统计附录:第 404 页表 B-17。

严重的金融泡沫。金融泡沫和债务膨胀相互推动，既在此次扩张长波的一定时期扩大了总需求，保证了利润率上升的市场条件，又反映了此次经济扩张基础的脆弱性，并使经济中的固有矛盾逐渐激化，最终导致利润率下降和结构性危机爆发。第一次股市泡沫发生在 90 年代后半期，是在个人电脑和互联网等 IT 技术革命基础上形成的金融泡沫，表现为美国历史上罕见的股市繁荣。美国公司的股票价值从 1994 年的 6.3 万亿美元飙升到 2000 年第一季度的 19.6 万亿美元。①股票价格的飙升完全偏离实际利润水平。在此过程中，宽松的金融环境鼓励了非金融公司肆无忌惮的金融操纵活动。它们从银行大量借款回购公司股票，助推股价上扬，这种投机行为虽然有利于扩大金融利润，但也造成企业债务的空前膨胀。非金融公司债务与 GDP 之比在 70 年代初不到 50%，20 世纪末已达到 90%左右，不仅高于第二次世界大战后的任何时期，甚至大大高于 1929 年的水平。②与此同时，家庭债务也急剧上升。股市异常繁荣刺激了居民的个人消费支出。资产升值的财富效应使储蓄率大幅度下降，家庭借贷则迅速扩大。消费信贷平均占个人年收入的比例，1970—1975 年为 64%，到 2001 年已达约 100%。③通过金融化发展债务经济，成为美国在工人工资停滞条件下提高居民消费以扩大国内市场的主要手段。靠债务支撑的消费高涨在推动 90 年代的经济繁荣中虽然起了一定作用，但狂热的债务经济和信贷泡沫也暗藏着引发危机的祸端。一旦货币当局因担心金融泡沫过度膨胀而转向货币紧缩，股市泡沫面临破灭，就可能诱发金融危机和经济危机。企业可能因金融亏损导致信贷链条断裂，家庭则可能因债务违约导致消费需求下降，被债务膨胀所掩盖的企业实际利润低下和居民实际消费不足将立即暴露出来。20 世纪 90 年代末期 IT 泡沫破灭是上述过程在这个时期的第一次表现。2000 年利率提高到 1991 年以来的最高水平，立即引起 2001 年第一季度爆发的周期性危机。

这次危机相对温和，美国也并未从中吸取教训。2001 年信息技术泡沫破灭以后，房地产泡沫开始膨胀，债务消费的狂热再起。金融机构加强推行个人收入特别是住房的金融化，包括对工人阶级中较贫穷的一部分人发放次级房屋抵押贷款。④政府的低利率政策和金融业的证券化发展则大大助长了这种金融化趋势，2002—2004 年的 3 月期国债利息率都降低到百分之一左右。结果迅速形成日趋膨胀的房地产泡沫。这不但刺激了居民的住房消费，而且由于房屋价格不断上涨，类似股票价格上升的财富效应使居民敢于举债以扩大个人消费，导致储蓄率下降和债务急剧增长。2000—2007 年的短短 8 年，非农业不动产抵押贷款债务余额猛增 116%，其中一一四口之家的房屋抵押贷款债务占 3/4 以上；同时期消费信贷债务余额也增长 47%。而这 8 年间，实际 GDP 的增长不过区区的 17%，雇员平均每周实际收入的增长更是微不足道的 2.1%。⑤结果是，世纪之交时泡沫破灭的一幕终于重演。2006 年和 2007 年货币当局的信贷紧缩立即引爆次贷危机，进而引起 2007 年固定资本投资率下降，导致 2008—2009 年的大危机爆发。但此次危机已不

① R. Brenner, "The Boom and the Bubble", *New Left Review*, 6(2000), p.24.

② M. Roberts, *The Long Depression*, Haymarket Books, 2016, pp.100, 198.

③ Howard J. Sherman, *The Roller Coaster Economy*, M.E.Sharpe, Inc., 2010, p.94.

④ 考斯达斯·拉帕维查斯：《金融化了的资本主义：危机和金融掠夺》，《政治经济学评论》2009 年第 1 期。

⑤ 《美国总统经济报告》(2009 年)，统计附录，第 374、376、284、340 页。

再是类似于世纪之交时的那种温和的周期性危机，而是周期性危机与结构性危机叠加，是整个扩张长波时期所积累的深层矛盾的大爆发，并成为由扩张长波到萧条长波的转折点。

（三）经济全球化所影响的世界市场也在发生变化

经济全球化开始确实为美国带来多重利益，为加速资本积累和经济增长提供了有利的生产和市场条件。但资本主义经济的利润逻辑始终包含着无法解决的内在矛盾，其暂时的有利条件会随着时间的推移而走向反面，逐渐显示出各种不利后果。其中最重要的是造成美国制造业的空心化，削弱了美国工业的国际竞争力。发达国家部分产业转移促进了一批新兴市场经济体的兴起，使世界市场上的竞争变得更加激烈。其实早在 70 年代初，美国的进出口格局已经开始发生变化。作为战后“黄金时期”最强大的制造业国家和贸易顺差国，美国在 1971 年第一次出现商品贸易逆差，70 年代迅速扩大。但 80 年代中期后，随着信息技术革命、经济全球化和新的扩张长波，美国的高新科技制造业重新强大起来，与此同时，1985 年的“广场协议”迫使日元和德国马克升值，也加强了美国商品的国际竞争力。1985—1995 年，美国商品出口年均增长从 1974—1985 年的 7.4%提高到 10.3%，进口的年均增长则从 11.3%下降到 8.3%。①这在一定程度上为美国的扩张长波提供了国际市场条件。

然而，制造业的空心化终究会逐渐销蚀美国工业生产的实力。经济全球化和产业转移虽然使美国从对发展中国家的投资和贸易中获得高额利润，同时也在日、德等老竞争对手之外培植了一批新的竞争对手，特别是中国等新兴市场经济体。它们通过技术引进和逐渐提升产品质量与附加值，不仅在国内挤压美国等发达国家的进口产品，而且也不断蚕食和扩大在美国的市场份额。美国产业空心化带来的另一个问题是，尽管 1985—1995 年出口增长率快于进口增长率，美国仍然累积了巨额的国际贸易逆差，需要靠日本等顺差国大量购买美国国债来平衡国际收支。但“广场协定”后由于日元大幅度升值，日本的出口型经济承受了空前的压力，经过 80 年代后期的金融泡沫和 90 年代初期的泡沫经济破灭，日本在 90 年代中期因货币过度升值而面临严重经济衰退的风险，而一旦作为当时美国国债最大买主的日本陷入衰退将极大地威胁美国货币市场的稳定性。出于对自身经济利益的权衡，美国在 1995 年出人意料地与日德签订了所谓的“反广场协定”，促使日元及马克贬值和美元升值。这一汇率趋势的反转，对美国来说虽然有利于大量廉价商品的进口，以及巨额海外投资涌入美国助推经济繁荣，却又削弱了美国制造业的国际竞争力。②因此，虽然 90 年代后半期美国的经济表现十分强劲，却也无法改变美国工业国际竞争力下降和世界市场份额相对缩小的大趋势，潜在的市场问题重新趋于尖锐化，并通过实现困难而侵蚀利润率。这也反映在美国产品进出口格局的变化上。例如 1998 年与 1997 年相比，美国商品进口增长 4.8%，而出口却下降 1.2%。这在非衰退年份中是极不寻常的，并很可能是促使 1998 年美国工业能力利用率下降的因素之一。从较长时期看，1995—2007 年，美国商品进口的年均增

---

① 《美国总统经济报告》(2009 年)，统计附录，第 402 页表 B-103。

② 罗伯特·布伦纳:《繁荣与泡沫》，经济科学出版社 2003 年版。

长率为 8.4％，与 1985—1995 年的 8.3％基本持平，但出口的年均增长率却从前一时期的 10.3％急剧降低到 5.9％。①国外市场相对缩小必然恶化美国经济的实现条件，成为 2008 年大危机爆发并开始转向萧条长波的一个重要原因。

六、对此次扩张长波的进一步讨论

对于发达国家是否存在此次扩张长波问题，学术界有不同意见和争论。有些学者否认存在此次扩张长波，认为从 20 世纪 70 年代开始的长期萧条一直延续至今，其间经历的一段时间生产率较快增长，特别是 90 年代的经济繁荣，主要是一种短周期的扩张现象，并未根本改变萧条长波的基本态势。②这类观点是可以讨论的，特别是以下两点否定扩张长波的"论据"值得商榷。

第一，有学者不认为 20 世纪 80 年代后具备出现扩张长波的制度环境。他们把经济全球化自由化与形成新的社会积累结构对立起来，断言经济全球化加剧国际竞争，削弱了民族国家自主干预和调节经济的能力，而没有一个实行调节主义的国家，就难以形成新的社会积累结构，也不可能出现新的扩张长波。③这种观点我认为是过于绝对化了。在经济全球化条件下，日趋激烈的国际竞争对民族国家自主调节能力的某些制约，以及 80 年代后美英等国新自由主义思潮的兴起，都是客观事实，但同时也应看到，在生产社会化和资本主义内在矛盾已发展到很高程度的今天，国家对经济的调节是必不可少的，只是根据大资本的需要和客观经济形势的变化在程度上有所不同而已。美国政府在战后黄金时期实行凯恩斯主义的干预政策，对当时社会积累结构的建立固然起了重要作用，但没有理由认为实行调节主义的政府是任何新社会积累结构形成的基本前提。经济全球化和经济自由化不仅没有阻碍新的社会积累结构的建立，而且它本身就体现了国内国际经济制度的调整，成为新的社会积累结构的基本组成要素。毋庸讳言，新自由主义的制度结构包含着深刻的矛盾和脆弱性(这点后面将要谈到)，但不能因此否认它在一定时期对提高利润率和投资率从而加速经济增长的实际作用。因此，对于 20 世纪最后二三十年美国国内外制度环境的一系列重大变化，采取漠视态度或简单化的分析都是不恰当的，应该充分估计到它们对长期资本积累和经济增长的复杂影响。

还有学者认为新自由主义的调节方式包含深刻的矛盾，导致积累体制充满实际冲突和不稳定性，从而否认有利于扩张长波的新的制度结构的形成。④其实，资本的本质决定了，任何资本积累的制度结构都包含着矛盾，只是矛盾的深度和表现形式不同而已。战后"黄金时代"扩张长波的制度结构也包含着矛盾，例如相对协调的劳资关系和议价制度虽然促进了工人实际工资增长

---

① 《美国总统经济报告》(2009 年)，统计附录，第 402 页表 B-103。

② P. A. O'Hara, "Deep Recession and Financial Instability or New Long Wave of Economic Growth for U. S. Capitalism? A Regulation School Approach", *Review of adical Political Economics*, 5.1(2003), p.28.

③ 大卫·科茨：《国家、全球化和资本主义的发展阶段》，罗伯特·阿尔布里坦等主编：《资本主义的发展阶段》，经济科学出版社 2003 年版。

④ P. A. O'Hara, "Deep Recession and Financial Instability or New Long Wave of Economic Growth for U. S. Capitalism? A Regulation School Approach", *Review of Radical Political Economics*, 5.1(2003), pp.18—43.

而扩大了消费市场，但同时也导致劳动成本上升挤压利润，成为 60 年代中期后利润率转向下降的原因之一。在有些学者看来，如果一种制度关系导致工人实际工资下降、社会不平等程度扩大和一般社会福利被削减等，似乎它就不可能实际推动经济增长和形成扩张性长波。对此有学者指出，这种态度可被看作判断经济扩张的一种"资本主义道义性"标准，似乎是把生产率、效率和经济增长同公平、收入分配、富裕等问题混为一谈了。①如果我们分析 80 年代开始的这次扩张长波，可以看出，造成普通雇员实际工资停滞或下降的制度调整，恰恰是推动资本份额扩大从而利润率回升的重要条件，而金融化、股市繁荣、财富效应和债务膨胀等也在一定时期促进了投资、消费和经济扩张，尽管它们本身包含着深刻的矛盾和不稳定性，并最终为转向萧条长波准备了条件。因此，对新自由主义的制度调整应该作实际而辩证的分析，不能因为其内在矛盾和脆弱性，而否定它们在一定时期成为新的扩张长波的制度条件。

第二，还有些学者认为，20 世纪 80 年代后仅仅由于美国经济相对繁荣并不能断言出现了世界性的扩张长波，因为有些发达国家如日本同时陷入长期停滞。

对此我认为，从历史上看，长波首先是主导性资本主义国家的一种经济现象。第一次扩张长波和第二次扩张长波主导性国家是英国，第三次扩张长波主导性国家是美国和德国，第四次扩张长波主导性国家是美国、德国和日本，第五次扩张长波主导性国家是美国。长波作为资本主义经济的一种国际现象，在主导性国家中表现得最为显著。至于其他国家由于各种历史原因和现实原因，可能在经济总量的波动上与主导性国家不一致。例如，在 19 世纪 70 年代到 90 年代的第二次长波下降时期，作为主导性国家英国经济增长率的下降非常明显，但美国并不显著；而在 19 世纪 90 年代到 20 世纪 20 年代的第三次长波上升时期，作为主导性国家的美国经济增长率显著提高，但英国却没有增长率上升的迹象。②20 世纪 80 年代开始的最新的一次长波也是如此。表 7 是战后几个时期七国集团各国和 OECD 国家的年均增长率。

表 7　七国集团各国和 OECD 国家几个不同时期 GDP 的年均复合增长率(%)

	美　国	英　国	加拿大	法　国	德　国	意大利	日　本	OECD 国家
1961—1973	4.4	3.4	4.9	5.7	—	5.3	9.4	5.2
1974—1982	2.0	0.9	2.7	2.6	—	2.9	3.5	2.4
1983—2007	3.4	2.9	2.9	2.2	1.5	1.9	2.4	3.0
2008—2016	1.3	1.0	1.5	0.5	1.0	−0.8	0.4	1.2

资料来源：OECD Economic Outlook: Statistics and Projections(2017), https://data.oecd.org/gdp/real-gdp-forecast. htm#indicator-chart。

可以看出，1983—2007 年的扩张长波，美国和英国的增长率上升最为显著，日本、法国和意大利等几个国家却反而有所放缓。但这并不能作为否定此次扩张长波的理由。且不说美国和英

① Ismael Hossein-zadeh, Anthony Gabb, "Making Sense of the Current Expansion of the U. S. Economy: A Long Wave Approach and a Critique", *Review of Radical Political Economics*, 32.3(2000), p.394.

② 参阅本文表 2。

国的 GDP 在七国集团中占 50%以上的份额，整个 OECD 国家的增长率也提高了；更重要的是，所有发达资本主义国家的技术基础、制度基础和市场基础在此次扩张长波中都经历了重大的结构性变化，这正是判断经济长波是否出现的根本依据。正如弗里曼和卢桑指出的："一些经济学家把 1861—1865 年美国内战以后美国经济若干年的迅速增长，作为第二次康德拉季耶夫长波在结束时没有下降、1895—1913 年也没有任何上升的证据。这种建立在国内生产总值总趋势基础上的观点忽视了美国在 19 世纪 70、80 和 90 年代早期经历的调整的结构性危机，同期的几个西欧国家也出现了类似危机。"又说："甚至在经历了 19 世纪七八十年代的萧条以后，英国经济也未能赶上德国和美国。这一点常被用来作为'证伪'世界经济长波假设的证据。从国民经济统计意义上看，在英国，几乎没有出现第三次康德拉季耶夫长波的上升运动。"但是，"'英国的情况'与'我们的模型'不一致有力地证明了我们在第一部分结论中提出的模型是有效的。在那里，我们强调必须全面考虑政治、文化、科学和经济子系统的'准独立'发展。"①

其实，其他主要资本主义国家和美国一样，在 20 世纪 70 年代都出现了结构性危机，并在八九十年代经历了重大的结构调整。70 年代结构性危机最集中的表现就是利润率急剧下降。按照阿姆斯特朗等提供的数据计算，1974—1981 年与 1952—1973 年相比，美国以外发达资本主义国家制造业的年均纯利润率从 19.5%下降到 10.4%；西德从 24.5%下降到 12.0%，日本从 34.7%下降到 14.1%。正是利润率的崩溃导致资本积累率和经济增长率大幅度下降。这两个时期相比，美国以外发达资本主义国家制造业固定资本总存量的年均增长率从 6.3%跌落到 3.5%；西德从 7.5%下降到 2.1%，日本从 11.9%下降到 5.5%。②

20 世纪 70 年代出现的利润率下降和积累率下降，是发达资本主义国家严重的结构失衡的集中表现，包括技术基础、制度环境和市场条件。而 80 年代到 90 年代则是巨大的结构调整时代。在技术基础方面，所有发达资本主义国家都经历了肇始于美国的信息技术革命。计算机、个人电脑、互联网等渗透到几乎一切生产部门和社会生活中，主导工业部门显著转换，企业的管理模式和经营范式也实现了巨大的转变。在制度环境方面，几乎所有发达国家都不同程度地从凯恩斯主义转向新自由主义，实施有利于大资本的制度与政策，推行私有化和自由化，压低工人工资与福利。同时放松金融监管，推动经济趋于金融化，在布雷顿森林体系崩溃基础上促进了资本与货币的自由流动和汇率的浮动，加剧了金融套利与投机行为。在市场条件方面，所有发达国家都卷入了新的经济全球化浪潮，将劳动密集型制造业和部分服务业转移或外包到新兴发展中国家，跨国公司实行全球资源配置，国际贸易迅速扩大，为新兴信息技术部门提供了必要的市场。正是所有这些深刻的结构性调整，构成从 20 世纪 80 年代到 21 世纪初新的长波上升时期的经济、技术和制度基础。至于有几个发达国家在扩张长波时期没有出现增长率的加速，涉及此次扩张长波的历史背景和各个国家的特殊原因，并不能作为否定此次资本主义扩张长波的理由或根据。

① 克里斯·弗里曼、弗朗西斯科·卢桑：《光阴似箭——从工业革命到信息革命》，中国人民大学出版社 2007 年版，第 217、260、262 页。

② 阿姆斯特朗等：《战后资本主义大繁荣的形成和破产》，中国社会科学出版社 1991 年版，第 434 页表 A1、435 页表 A2、438 页表 A5、439 页表 A6。

七、此次萧条长波的主要特征

2008—2009年的全球性金融—经济危机，是第五次扩张长波的转折点，发达资本主义国家由此步入缓慢积累的萧条长波阶段。

判断和观察此次萧条长波，首先应该对此次扩张长波的特殊性有所了解。20世纪80年代开启的第五次扩张长波，和前几次扩张长波特别是战后"黄金时期"的扩张长波相比较，最显著的不同点在于，它是在一个全球资本过剩和生产能力过剩的经济背景下发生的。20世纪初期(1894—1929年)的扩张长波也造成严重的生产过剩，但经过30年代大萧条和第二次世界大战，大量过剩资本或废弃，或贬值，或直接被摧毁，所以战后五六十年代扩张长波出现时，并不存在严重的生产过剩。相反，被世界大战推迟了的社会消费需求、大规模的战后经济重建、凯恩斯主义指引下的扩张性经济政策以及工人实际工资的长期增长等，都为"黄金时期"资本主义国家强劲的经济增长提供了市场保证。80年代开始的新的扩张长波就不同了。"黄金时期"扩张长波阶段空前迅速的经济发展，终究会超过社会需求的增长而造成严重的生产过剩，这种苗头早在60年代后期就已经显现。随着德国和日本的高速发展，发达资本主义国家之间的贸易竞争逐渐加剧。有效需求不足和长期过度积累所推动的劳动成本和资本成本上升相结合，必然造成利润挤压。七国集团的平均盈利率在1965—1973年已下降25%。①70年代的石油危机只是进一步加剧了资本主义的经济危机，并使战后的扩张长波最终转入萧条阶段。但70年代的萧条长波时间很短，并未像30年代大萧条和第二次世界大战那样充分实现对过剩资本的摧毁，就在80年代早期开始了新的扩张长波。所以这次扩张长波是在全球仍然存在生产能力过剩的经济背景下发生的。

乍一看，这里似乎存在一个悖论：在生产能力过剩的全球背景下怎么能够出现新的扩张长波呢？其实，市场问题固然是资本主义发展的根本问题，资本过剩从理论上说通常导致危机和停滞，但在重大技术革命和制度变革条件下并非不能在一定时期部分被克服，使一次新的扩张长波出现成为可能。每次扩张长波都是在科技革命和制度调整相结合基础上发生资本主义结构性危机和重大结构转换的结果。正是80年代开始的信息技术革命、新自由主义倾向的制度调整和经济全球化，推动了资本主义国家的这次重大结构转换，使之进入新的长波上升阶段。但与此同时也应看到，上述特殊的经济背景使此次扩张长波具有了弱势化的特征。主要表现在两个方面。一是这次扩张长波远不如战后"黄金时代"的扩张长波那样强劲。经济的较快增长主要体现在此次扩张长波的主导性国家美国。而且即使在美国，其GDP增长、资本积累增长、劳动生产率增长和失业率等主要经济指标都低于五六十年代上一次扩张长波时期(见表5)。同时，德国和日本这两个依靠出口而迅速扩张的重要发达国家，由于生产能力过剩条件下的国际竞争加剧，特别是1985年屈从于美国压力签订"广场协定"后日元和马克大幅升值，其经济增长在八九十年代表现

① 罗伯特·布伦纳：《繁荣与泡沫》，经济科学出版社2003年版，第114页。

不佳。1990年民主德国、联邦德国合并也对德国的财政金融政策产生不利影响,削弱了德国商品的国际竞争力,导致经济增长乏力。①可见,此次扩张长波阶段日本和德国没有表现出增长加速的上升运动,并非偶然,而正是此次长波所处特殊经济背景的产物。二是此次扩张长波中推动美、英等主要国家经济加速增长的重大结构调整,也包含着深层次的矛盾和脆弱性。首先,在全球资本过剩和生产能力过剩的经济背景下,信息技术革命无疑是推动资本加速积累和经济较快增长的重要技术基础,但和促进世纪转折时期的第三次扩张长波和战后"黄金时期"的第四次扩张长波的技术革命基础相比,信息技术革命在扩大新兴工业部门、提高劳动生产率、促进城市和工业基础设施建设等方面,要弱得多,从而在推动资本加速积累的强度上也难以与它们匹敌。其次,在全球生产能力过剩的经济背景下,为恢复利润率增长以促进资本加速积累,大资本在国家帮助下实行了新自由主义导向的制度调整。其特征有两点须特别强调。一是压低工人工资增长以提高剥削程度,增加利润份额。这显然有利于推高利润率,但同时也加剧了相对于过剩生产能力而言的有效需求不足。二是实行经济金融化以转移过剩资本,并通过金融泡沫、财富效应和债务经济来拉动消费和投资,增加社会有效需求,解决产品实现问题。这种制度调整确实在一定时期推动了利润率回升和投资增长,但也包含着深层次的矛盾性和脆弱性,成为导致20世纪末期IT泡沫破灭和2007年房地产泡沫破灭的深刻根源,并最终催发2008—2009年的大衰退及其后的长期萧条。第三,在生产过剩背景下的经济全球化和发达国家低端制造业的对外转移,起初确实有利于大资本在全球配置资源,开拓国外市场,扩大剥削范围和提高剥削程度,从而提高利润率和投资率。但其长期后果却是削弱发达国家自身制造业的国际竞争力,并由于新兴市场国家和地区的工业快速发展,更大规模的制造业产品被提供到国际市场上,最终加剧了全球性的生产过剩和资本过剩。

正是此次扩张长波及其特征,决定了2008—2009年的金融—经济危机并非一次单纯的周期性经济危机或一般的金融危机,而是一次形成长波转折点、开启萧条长波阶段的结构性大危机。一些西方左派学者将其称为"大衰退"(The Great Recession),而与单纯周期性的衰退或危机相区别。第一,此次大衰退就其长度来说,是1929—1933年大危机以来最严重的。按照美国"国民经济研究局"(NBER)的权威界定,1933年以后直到2012年,美国经历了13次衰退,而此次大衰退持续时间最长,达到18个月,几乎相当于前12次衰退平均长度(10个月)的两倍。②第二,此次大衰退的深度也是20世纪30年代大萧条以来极少见的,经济下降超过了战后的历次危机。2009年美国实际GDP降低了2.8%,甚至大大超过1982年严重衰退年份的-1.9%。③第三,此次大衰退的深度还特别体现为投资的大幅度下降,并构成此次美国经济大衰退的直接原因。2009年美国私人国内总投资狂降21.6%,这在战后历次衰退中极为罕见。其中,住宅投资在2008—2009年连续两年跌幅超过20%,非住宅固定资本投资在2009年也创造了下降15.6%的战后记录。两

---

① 罗伯特·布伦纳:《繁荣与泡沫》,经济科学出版社2003年版,第三章。

② M. Roberts, *The Long Depression*, Haymarket Books, 2016, pp.10, 66.

③ 美国商务部经济分析局(2017年5月26日):"Gross Domestic Product—Percent Changes from Preceding Period", http://www.bea.gov/national/index.htp//gop。

者在战后历次危机中都是空前的。①第四,此次大衰退还表现为多重危机的结合。这里不仅是结构性大危机与周期性危机的叠加,而且与住宅周期的下降阶段和长期信贷扩张所累积的金融泡沫的破灭相重合。正是它们的同时作用使危机显得特别严重。第五,此次大衰退虽源于美国,但在经济全球化条件下迅速蔓延到整个资本主义世界,使全球资本主义经济都卷入自 20 世纪 30 年代以来最严重的大危机中。就经济合作与发展组织(OECD)国家总体来看,从 2007 年危机前高点到 2009 年中的大衰退低谷,实际 GDP 收缩了 6 个百分点,工业生产下降了 13%,同时世界贸易下降了 20%,世界股票市场则平均下跌了 50%。②这确实是一场大危机、大衰退。

更重要的是,美国和资本主义世界在这场大衰退结束后,并未出现通常的周期性高涨,而是进入一个相对停滞时期,即“长期萧条”,充分说明这场大衰退确是一个转折点,开启了此次经济长波的下行阶段。这可从以下几个方面来观察。第一,美国经济从 2009 年下半年走出衰退开始复苏,即便已经过去了七年多,却始终没有出现周期扩张阶段应该出现的经济繁荣。2010—2016 年的实际 GDP 年均只增长 2.08%,是战后历次衰退后最虚弱的一次复苏,明显低于 2002—2007 年周期扩张阶段的 2.7%, 1992—2000 年周期扩张阶段的 3.8%和 1983—1989 年周期扩张阶段的 4.4%。③其他主要资本主义国家的情况更为糟糕。根据经济合作与发展组织的数据,2010—2016 年各国年均经济增长率:德国 2.0%,英国 2.0%,日本 1.4%,法国 1.1%,意大利 -0.1%。④这种情况是战后历次危机后从未出现过的。第二,从周期复苏走向繁荣主要依靠投资带动,而此次大衰退后却未出现持续的投资高涨。大衰退低谷的 2009 年美国发生了自 20 世纪 30 年代大萧条以来极为罕见的资本积累坍塌,私人国内总投资剧降 21.6%,非住宅固定资本投资剧降 15.6%。如此严重的积累危机后开始的经济复苏,理应有投资率的急剧反弹和加速以带动新的周期性扩张。但除 2010 年和 2012 年两年积累率稍高外,各年的投资都相对疲软,且有明显的下降趋势,2016 年甚至跌入负增长。整个 2010—2016 年的复苏阶段,美国私人国内总投资年均增长率为 6.1%,而 2013—2016 年只有 3.5%;投资中具有关键作用的非住宅固定资本投资表现更差,2010—2016 年为 4.3%, 2013—2016 年只有 2.8%。⑤正是资本积累的疲软,决定了当前美国经济的萧条态势。其他发达国家也同样投资不振。国际货币基金组织(IMF)指出,所有发达国家在 2008—2014 年的企业投资,比其期望回到大衰退前 2007 年春季的水平仍低 13%。⑥第三,美国经济的萧条性质还表现为生产率增速的显著下降。在此次大衰退后的复苏阶段,美国劳动生产率增长率之低下,是战后以来前所未有的。从 2010 年到 2016 年的 7 年中,美国的劳动生产

---

① 美国商务部经济分析局:“Table 1.1.1. Percent Change from Preceeding Period in Real Gross Domestic Product”(August 28, 2014)。

② M. Roberts, *The Long Depression*, Haymarket Books, 2016, p.66.

③ 美国商务部经济分析局(2017 年 5 月 26 日):“Gross Domestic Product—Percent Changes from Preceeding Period”, http://www.bea.gov/national/index.htp//gop。

④ OECD Economic Outlook: Statistics and Projections(2017), https://data.oecd.org/gdp/real-gdpforecast.htm#indicator-chart。

⑤ 美国商务部经济分析局(2017 年 6 月 29 日):“Table 1.1.1. Percent Change from Preceeding Period in Real Gross Domestic Product”。

⑥ M. Roberts, *The Long Depression*, Haymarket Books, 2016, p.125.

率除 2010 年增长 3.3%外，其他年份从未超过 1%，7 年的年均增长率只有区区的 0.9%，大幅度低于 2002—2007 年周期扩张阶段的 2.6%、1992—2000 年周期扩张阶段的 2.2%和 1983—1989 年周期扩张阶段的 2.0%，甚至比萧条的 20 世纪 70 年代周期上升阶段(1976—1979 年)的 1.6%还低 0.7 个百分点。①空前低下的劳动生产率增速成为此次"长期萧条"的突出特征。第四，此次复苏阶段的失业率也比战后历次危机后的复苏阶段都高。2010—2016 年的年均失业率为 7.2%，显著高于 2002—2007 年的 5.3%、1992—2000 年的 5.5%，甚至高于 1983—1989 年的 6.8%和 1976—1979 年的 6.7%。②此次复苏阶段年均失业率高，首先是因为大衰退期间失业的增长空前猛烈，从高峰到低谷(2008—2010 年)就业人口下降了 6.3%，比从 1957—2001 年间六次衰退的就业下降平均幅度−2.6%高出将近一倍半，③失业率从 2007 年的 4.6%飙升到 2009 年的 9.3%。其次是进入复苏阶段后头几年就业增长比较缓慢，到 2013 年仍未恢复到危机前的 2007 年的水平，失业率一直保持高位。直到 2014 年就业的增长才逐渐加快，失业率开始明显下降，2016 年已达 4.9%。④此次美国复苏阶段失业率下降还有一个影响因素不可忽视：劳动力参与率下降，已从 2007 年的 66.0%下降到 2016 年的 62.8%。⑤大批劳动力退出劳动市场有助于拉低失业率。⑥仅看 2016 年失业率降至 4.9%，似乎已接近充分就业水平，但也反映了劳动力参与率下降对就业状况的部分掩盖。更能反映真实就业情况的还有另一个指标：就业对人口的比率。2016 年这个比率为 59.7%，仍比危机前夕 2007 年的 63.0%低 3.3 个百分点。⑦同时，较低的失业率还掩盖了大量不充分就业现象：许多希望做全日工作(full-timejob)的雇员却只能打零工(part-timejob)。大衰退期间全日制工作急剧减少，非自愿打零工雇员从 2006 年 4 月的 393 万猛增到 2008 年 11 月的 732 万；进入复苏阶段后这类雇员虽然逐渐减少，但直到 2016 年仍有 468 万，比 2006 年仍多 75 万人。⑧

八、展　　望

资本主义世界由"大衰退"开启的长波下行阶段，已被许多学者称为"长期萧条"，其形成并非

① 计算根据：美国劳工部劳工统计局(2017 年 6 月 5 日)：《美国非农企业部门所有就业人员的劳动生产率年增长率》。

② 美国劳工部劳工统计局(2017 年 2 月 8 日)："民用非机构人口的就业状况"，http://www.bls.gov/cps/documentation.htm#comp。

③ M. Roberts, *The Long Depression*, Haymarket Books, 2016, p.66.

④⑤ 美国劳工部劳工统计局(2017 年 2 月 8 日)：《民用非机构人口的就业状况》。

⑥ 在美国，"没有从事任何求职活动"的劳动力即使没有工作也不被算作失业者。由此导致的失业率下降并不反映就业的增长。美国劳动力参与率从 2007 年开始出现下降趋势，固然有人口结构变化的因素(战后 50 年代"婴儿潮"一代人逐渐进入退休年龄)，但有 30%—40%的下降是由周期因素所引起的。经济不景气和就业前景黯淡会使一些本想工作的劳动力暂时放弃求职。而周期因素对劳动力参与率的影响并非不可逆转，参见 R. Balakrishnan, et al., "Recent U. S. Labor Force Dynamics: Reversible or Not?", IMF Working Paper, January (2015)。

⑦ 美国劳工部劳工统计局(2017 年 2 月 8 日)：《民用非机构人口的就业状况》。

⑧ 美国劳工部劳工统计局：《全日制和非全日制工人的就业和失业状况》(2017 年)；"Involuntary Part-time Work on the Rise", Issues in Labor Statistics, December(2008)。

偶然。本文第六部分对其原因已作过具体分析。概括起来说，它是扩张长波时期所积累的一系列结构性矛盾尖锐化的必然结果。从技术基础的结构性矛盾来看，以信息技术为中心的第三次工业革命对经济的积极作用已逐渐消退，而新的技术革命高潮还未到来，整个社会缺乏带动生产率和投资迅速增长的技术动力。从制度基础的结构性矛盾来看，新自由主义制度结构对资本积累的主要积极作用已转化为消极作用，而新的有利于资本积累的制度结构还未生成，无法解决目前积累过程中不断加剧的深层矛盾，促进利润率全面回升，以带动投资和经济迅速增长。从市场基础的结构性矛盾来看，经济全球化的世界市场开拓效应已转化为更严重的全球生产过剩，而新的全球市场扩张又面临强大的政治、社会阻力，无法解决当前严重的有效需求不足问题，为积累和经济更快增长提供市场条件。因此，资本主义国家要走出“长期萧条”、开始新的扩张长波，就要看这三个基础性的结构矛盾得以解决的时间和程度，真正实现深层次的结构调整与转换。资本主义经济从 2007 年开始爆发金融经济危机至今已逾十年，从 2009 年下半年走出危机进入复苏阶段也已八九年，资本主义的结构性矛盾解决得怎样呢？

在科技革命方面，还看不到推动新的扩张长波的技术基础已经形成。不可否认，当前技术进步的速度非常快，以智能化为中心的第四次工业革命已初现端倪，3D 打印、机器人、大数据、云计算、清洁能源、无人驾驶、人工智能等等新技术层出不穷。许多人对科技革命前景及其经济效应极为乐观。但罗伯特·戈登对此却泼了一盆冷水。他提出的几点看法值得我们深思。首先，要区别创新的速度和创新对经济的影响。他强调，对于当前革新活动的狂热发展，特别是在数字技术领域，包括机器人和人工智能，人们没有争议。但是，测量创新和技术变化对经济的影响的标准尺度，应该是生产率增长。用这个标准来衡量，美国现时的创新活动虽然极度活跃，对生产率的影响却十分微弱。2004—2014 年，美国全要素生产率的年均增长率仅为微不足道的 0.4%。①2010 年走出危机进入复苏后直到 2016 年的 7 年中，劳动生产率年均增长率也只有区区的 0.9%。②活跃的创新为何不能转化为生产率增长？其中原因戈登虽然谈到一些，但似乎还值得深入探讨。其次，戈登还指出，从历史上看，工业革命的伟大发明从出现到产生强大的经济影响，往往有一个长时间的延迟。如第二次工业革命的核心发明电力和内燃机，都出现在 1870—1900 年间，而在工业中得到广泛应用却是在 1910 年以后，并从 20 年代开始才对生产率增长产生重大影响。第三次工业革命的信息技术也是如此。虽然 60 年代大型计算机已在一些大公司应用，80 年代个人电脑已开始逐渐普及，但对生产率的强力推动主要发生在 1994—2004 年这十年。③由此看来，第四次工业革命的主要发明尽管已经出现，若要对生产率和经济增长产生显著影响可能还需要时间。此外，戈登还强调了第三次工业革命和第二次工业革命在促进生产率增长力度上的区别。他比较了 1890 年以来几个不同时期美国经济全要素生产率的年均增长率：1890—1920 年，0.46%；1920—1970 年；1.89%；1970—1994 年，0.57%；1994—2004 年，1.03%；2004—2014 年，0.40%。④在戈登看来，

① Robert J. Gordon, *The Rise and Fall of American Growth*, Princeton University Press, 2016, pp.567, 601, 575.

② 美国劳工部劳工统计局(2017 年 6 月 5 日)：《非农经济部门劳动生产率(平均小时产出)的年度百分比变动》。

③ Robert J. Gordon, *The Rise and Fall of American Growth*, Princeton University Press, 2016, p.576.

④ Ibid., p.575.

1920—1970年生产率的长时期高增长应归因于第二次工业革命的作用，1994—2004年的生产率较快增长则应归因于第三次工业革命的推动。比较而言，第二次工业革命对生产率的促进作用极为强劲，时间长达50年；第三次工业革命对生产率的促进作用不仅强度较弱，而且时间也短得多。对于第四次工业革命对生产率可能产生的刺激作用，戈登也没有抱十分乐观的预期。戈登的上述观点及其客观依据是值得重视的。虽然我们不一定像戈登那样悲观，但至少可以得出判断：第四次工业革命在美国和资本主义世界真正形成高潮可能还需要时间，而这场科技革命对生产率增长具有多大的推动作用也还难以预计。

在制度结构方面，新的有利于资本积累的制度基础也还没有成形。在大衰退和萧条性的复苏阶段，美国和其他主要资本主义国家推行的基本上还是新自由主义政策。这突出地表现在以下几个方面。

第一，从大衰退初期爆发次贷危机和金融危机开始，美国政府即实施了大规模的救市措施。由于金融部门已发展为资本主义经济体系的重要组成部分，因害怕金融企业破产拖垮生产部门，政府不得不出资对濒临倒闭的大银行、抵押贷款公司、保险公司等进行救助。其资金部分来自纳税人的高额税款，大部分则通过借贷，即向这些身陷困境的大银行和保险公司出售政府债券。大多数金融巨鳄(除“雷曼兄弟”等少数破产外)，由于其贪婪和鲁莽而造成的巨大亏损，在政府的救助下得到了补偿，最终埋单的则是广大纳税人。其他主要发达国家在危机中实行的也是这套做法。结果是，美国和主要资本主义国家的债务飙升到二战以来的创纪录水平，政府预算赤字急剧扩大。而一旦走出衰退，政府为降低预算赤字和政府债务，便着手实行所谓“紧缩”计划：削减政府开支特别是政府投资和社会福利开支，提高工薪劳动者的税收，延长退休年龄和提高缴费比率以降低“年金”成本等等。所有这些“紧缩”措施，不过是把大衰退的损失进一步转嫁到劳工阶级身上。①危机期间和复苏阶段资本主义国家这种看似反自由主义的政府干预，实质仍是用劳工群众的血汗钱去维护和补偿大资本。至于这些措施的经济效应，看似缓和了危机的破坏性，但由于过剩资本未能充分毁灭和贬值，并不利于利润率恢复和经济扩张的重启。而干预金融危机的后果是将企业债务转为国家债务，一些欧洲国家甚至发展为主权债务危机，严重限制了政府投资，阻碍了经济的迅速复苏。广大劳工阶级承担危机损失的补偿又必然削弱群众的购买力，同样不利于实现问题缓解与经济的真正复苏。

第二，新自由主义制度结构的一个基本特征是加强对雇佣劳动的榨取以提高剥削率。这种制度特征虽然在美国此次长波上升时期促进了利润率的恢复和经济扩张，但最终转化为危机的激化条件，成为大衰退的促进因素之一。问题在于，当美国从2009年下半年走出危机进入复苏阶段后，这个制度条件是否发生重大变化，开始向有利于经济增长的制度条件转化？现在看来并没有。仅从美国官方统计数据来看，广大雇员的实际工资延续了自20世纪70年代以来的下降和停滞趋势。美国生产和非监督雇员的平均小时实际收入(按1982—1984年不变美元计算)，2009年为8.88美元；2014年为8.85美元，仍低于2009年的水平；2015年上涨到9.08美元，

① M. Roberts, *The Long Depression*, Haymarket Books, 2016, pp.67—68.

仅比 2009 年多 0.2 美元，仍低于 1972 年 9.26 美元的水平。普通雇员的每周实际收入，2009 年为 293.83 美元；2015 年为 305.91 美元，仅比 2009 年多 12 美元，但仍比 1972 年的 341.73 美元低近 36 美元。①复苏阶段广大雇员实际工资的停滞，必然使居民收入不平等进一步扩大。按照皮凯蒂等学者的最新估算，自 1978—2015 年，美国上层 10%人群的收入在整个国民收入中的份额从 35%上升到 47%；而下层 50%人群的收入份额从 20%下降到 12%。重要的是这个不平等扩大的趋势在此次"复苏"阶段中是一直延续的：2009—2015 年，上层 10%人群的收入份额上升约 3 个百分点，而下层 50%人群的收入份额则下降约 2 个百分点。②社会不平等加剧的延续，严重制约了普通居民的购买力，使消费需求的增长乏力。作为 GDP 最大组成部分的个人消费支出，在 2010—2016 年的所谓周期扩张阶段，其年均增长率只有可怜的 2.3%，远低于 20 世纪 80 年代周期扩张阶段（1983—1989 年）的 4.4%，90 年代周期扩张阶段（1992—2000 年）的 4.1%，和 2002—2007 年周期扩张阶段的 3.0%。③疲软的个人消费支出限制了社会有效需求的增长，无法缓解生产过剩的矛盾，致使 2010—2016 年美国制造业的能力利用率只有 74.3%，整个工业部门的能力利用率也只有 76.5%，④皆处于自 20 世纪 60 年代以来历次周期扩张时期的最低位。居民消费需求增长乏力已成为此次美国经济复苏至今无法真正转为经济高涨的主要制约因素。

第三，新自由主义制度结构的另一个基本特征是经济的金融化。美国经济的金融化和虚拟化发展，曾一度在 20 世纪 80 年代初开始的扩张长波中起过推动作用，但由此形成的金融泡沫及其破灭也成为引爆此次金融危机和"大衰退"的重要因素。危机后美国对金融部门的整饬不能说不严厉，但经济的金融化趋势似乎并未逆转。在此次危机中，美国政府不仅如前所述通过财政政策大规模救助金融巨鳄，同时通过非常规的"货币政策"来救市。其主要措施就是进行货币扩张，连续实行了几轮的所谓"量化宽松"，迅速降低利率，向银行大量收购政府、公司的抵押贷款债权。美联储的资产负债表由此急剧膨胀约 4 万亿美元，相当于当时美国 GDP 的 25%。⑤三年期的国债利息率则从 2007 年的 4.41 剧降到 2009 年的 0.16。进入复苏阶段后利率继续下降到接近于零，2011—2015 年的三年期国债利率平均仅为 0.06 。⑥美联储指望借助这种极端宽松的货币政策来刺激投资和消费，推动经济迅速增长，但实际上并未如愿。廉价易得的美元的确促使非金融公司大量借贷，但它们借入的货币资本没有投资于实体经济，而是大量用于金融资产投机，回购公司股票，推高股票价格，赚取金融利润。结果是实体经济增长缓慢而股票市场价格飞涨。与此同时，和金融化相伴随的债务经济得到进一步扩张。美国非金融公司的负债总额，2007 年金融危机爆发时为 12.91 万亿美元，占当年美国 GDP 的 89.2%；到 2016 年已大幅提高至 18.72 万亿

① 《美国总统经济报告》(2017 年)，统计附录，第 582 页表 B-15。

② Filippov, Andrey, "Global Inequality Dynamics: New Findings", NBER Working Papers(2017).

③ 美国商务部经济分析局："Table 1.1.1. Percent Change from Preceeding Period in Real Gross Domestic Product" (June 29, 2017)。

④⑤ 美国联邦储备银行(2017 年 7 月 14 日)：《美国工业生产和能力利用率》，https://www.Federalreserve.gov/releases/g17/current/table 12. htm。

⑥ 《美国总统经济报告(2017 年)》，统计附录，第 591 页表 B-24。

美元，占 GDP 的 100.6%。①美国联邦政府则由于金融危机后的经济救助，使自身的债务激增。2007—2016 年，联邦政府负债从 8.95 万亿美元一路飙升到 19.45 万亿美元，占 GDP 的比重也从 62.5%飙升到 106.0%。②这样的高债务正是美国企业和政府对实体经济投资不振的重要原因之一，严重阻碍了美国经济的强力复苏。在市场条件方面，"大衰退"后国际贸易增长率的下降态势还未出现显著的逆转和回升。前面谈到 1983—2007 年扩张长波时期美国曾经有较高的进出口增长，但在大衰退后已大幅度下降。美国的进口（商品与劳务）年均增长从 1983—2007 年的 7.8%下降到 2008—2016 年的 1.7%；出口（商品和劳务）年均增长同期则从 6.5%下降到 3.0%。更有甚者，美国的出口增长率在此期间还有明显的下降趋势。刚转入复苏阶段的 2010 年和 2011 年，美国出口年增长率分别为 11.9%和 6.9%；而到 2015 年和 2016 年，年增长率已分别跌落到 0.1%和 0.4%。③从七国集团发达国家整体来看，情况和美国基本相似。七国集团的年均出口增长率从 1983—2007 年的 5.7%下降到 2008—2016 年的 2.4%；进口的年均增长则从 5.9%下降到 2.2%。④另外，罗伯茨根据 WTO 的数据计算，发现全球实际 GDP 增长率和全球实际国际贸易增长率的对比关系在此次金融—经济危机后也发生了深刻变化。1992—2007 年，全球世界贸易年均增长 7.1%，比全球 GDP 年均增长 3.7%高出接近一倍；而在 2008—2013 年，全球国际贸易年均增长率已下降到 2.8%，甚至低于全球 GDP 年均增长 2.9%。⑤罗奇提供的最新数据则是：2009—2017 年全球贸易年均增长 3%，只相当于 1980—2008 年年均增长率的一半。⑥对美国等发达国家来说，进口增长率放慢意味着国内市场需求疲软，出口增长率放慢则表明国外市场相对缩小。西方国家走出大衰退七八年后世界市场依然不振，反映了几个方面的问题。首先是发达国家的经济复苏仍然虚弱，增长率低下，并影响到其他发展中国家的经济和需求，使全球市场难有大的起色。其次，美国等发达国家的国际竞争力在此次复苏阶段中并未显著提升，和中国等新兴工业化国家相比甚至相对下降，这也使它们的出口市场受到蚕食。在危机时期上台的美国奥巴马政府尽管大力推行"制造业复兴计划"，企图使制造业回流，实现"再工业化"，加强工业竞争力，但八年过去了，几乎未见成效。最后，美国等发达国家面对自身的"工业空心化"和竞争力下降，不但不自省自查锐意改革，反而迁怒于相关贸易国，掀起一股"反全球化"逆流，美国新总统特朗普甚至公然打出"美国优先""雇美国人""买美国货"的保护主义旗号，和多国挑起贸易争端。这显然不利于国际贸易的健康发展。以上诸多因素使全球贸易增长远低于大危机爆发前，世界市场不振也反过来成为发达国家强劲复苏的约束条件。

---

① 美国非金融公司负债数据：美联储圣路易斯分行（2017 年 9 月），https://fred.stlouisfed.org/series/TLBSNNCB；美国 GDP 数据：美国商务部经济分析局（2017 年 9 月 28 日）："Current-Dollar and 'Real' Gross Domestic Product"。

② 《美国总统经济报告》（2017 年），统计附录：第 584 页表 B-17、585 页表 B-18。2016 年数字为估计值。

③ 美国商务部经济分析局："Table 1.1.1. Percent Change from Preceeding Period in Real Gross Domestic Product" (June 29, 2017)。

④ 世界银行数据库（2017 年 9 月），https://databank.wordbank.org/data/reports.aspx?suorce=world-development-indicators.

⑤ M. Roberts, *The Long Depression*, Haymarket Books, 2016, p.119, Figure 7.4.

⑥ 史蒂芬·罗奇：《新时代的中国阐释新增长模式》，《环球时报》2017 年 10 月 23 日。

总之，从技术基础、制度基础和市场基础三方面的结构性矛盾来看，主要资本主义国家在进入复苏阶段八年后，似乎还没有出现显著的调整与转换，形成走出“长期萧条”的基本条件。2017年以来，美国的经济状况似乎有所好转。第二季度GDP增长率达到3.1%，第三季度达到3.3%，相比第一季度(1.2%)显著反弹，是近年比较强劲的连续季度数据。①鉴于中国等新兴市场国家的经济增长和其他一些国家的经济表现向好，国际货币基金组织(IMF)和世界银行在10月举行年度会议之际也对世界经济展现了乐观情绪，上调了2017年和2018年的全球经济增长的预测。另一方面，从美国历史上看，最长的周期扩张时期持续了120个月(1991年4月—2001年3月)，即10年。第二次世界大战后经历的11次经济周期，其扩张阶段的平均时长不过58.4个月。②而美国从2009年7月走出危机，到2017年底是102个月，达8.5年，属第三长的周期扩张阶段。历史证明资本主义国家摆不脱周期性危机，只是程度深浅而已，所以有学者对近年会有新的经济衰退到来的担忧并非杞人忧天。③鉴于欧美国家经济复苏疲软而借贷市场股票市场却异常繁荣，人们更担心金融泡沫破灭引发金融危机。法国《费加罗报》2017年8月16日曾忧心忡忡地指出，那些受次贷危机影响最深的国家好像失忆了，因为仅在一年时间里美国总债务就增加了2万亿美元，在2017年第一季度末突破63万亿美元。美国道琼斯指数也刚刚越过22 000点的历史关口，意味着自2009年2月以来已上涨了两倍。“可以说，在次贷危机爆发10年后，全球金融再次在一座火山上生活、跳舞和安睡。而这座火山随时都有可能爆发。由于与2007年相比有了巨大差距，当时成功灭火的两个消防员，美国联邦储备银行和欧洲中央银行，今天实际上已耗尽了用于灭火的所有水储备。”④但自美国商务部11月29日发布最新季度增长数据以来，加上税收法案逐渐落实的影响，对美国经济增长的预期明显转向乐观，认为美国2017年的实际GDP增长率将达到2.5%，2018年达到2.69%，2019年则为1.7%，更有部分经济学家预测，美国此次经济扩张将延续到2020年。即使延续到2019年下半年，也将形成美国历史上最长的扩张周期，打破20世纪90年代创下的经济繁荣持续时间记录。⑤我们姑且不论这些预测能否实现。假定所有以上乐观预期成为现实，这个创纪录的扩张周期也谈不上经济繁荣。因为即使按照这些预测，2010—2019年共10年的美国实际GDP年增长率也不过只有2.14%，远低于20世纪70年代、80年代、90年代以及21世纪前7年扩张周期的经济增长速度。如果说这样的扩张周期创下了持续时间的历史纪录，它也同时创下了扩张周期最为疲软的历史纪录，称它为一次“萧条性”的扩张周期并不为过。

从美国等发达国家结构性矛盾的缓慢调整观察，此次萧条长波可能还要延续一段时间，具体年份难以预测。当然不论时间长短，资本主义经济也不会永远处于衰退或萧条状态。随着第四次工业革命高潮兴起，对资本积累相对有利的制度结构逐渐形成，以及全球市场进一步扩大，一

① 美国商务部经济分析局2017年11月29日发布的数据。

② M. Roberts, The Long Depression, Haymarket Books, 2016, p.10, Table1.1.

③ 朱安东、王娜：《新自由主义的新阶段与资本主义的系统性危机》，《经济社会体制比较》2017年第4期。

④ 《参考消息》2017年8月18日第4版。

⑤ 《参考消息》2017年12月1日第4版，12月17日第4版，12月27日第4版。

个新的长波上升时期终将到来。工业革命的逐渐发展是肯定的,但制度结构的调整目前看来还具有较大的不确定性。在此次“大衰退”和“长期萧条”的大背景下,发达资本主义国家出现了显著的政治分化,传统的政治精英被人们厌弃,更多选民转向非主流的政治人物。政治的两极分化趋势与20世纪30年代大萧条时期的情势颇为相似。一方面,极右的保守势力迅速崛起。在欧洲,反全球化、反移民、反欧盟、鼓吹民粹主义的政党,如法国的“国民阵线”、荷兰的“自由党”、德国的“选择党”等,都在2017年的议会选举中壮大了力量;英国民众在公投中支持脱欧;美国的特朗普甚至依靠其民粹主义主张登上总统宝座。另一方面,由于新自由主义逐渐失去民心,真正的左派政治人物得到日益增多的民众拥戴。2016年美国总统选举在民主党初选中,原本默默无闻并自称民主社会主义者的桑德斯曾险些击败希拉里。在英国,主张彻底变革新自由主义的资深左派科尔宾在2015年以压倒性优势当选工党党首,率领工党在2017年6月全国性大选中超预期地赢得262个席位,占总议席的40%多。有学者断言,英国“在某种程度上,左派将有机会提出一种全新的、完全不同于新自由主义的政治经济主张”①。据英国《独立报》网站10月8日报道,独立民调显示,工党的支持率已领先保守党5个百分点,科尔宾的支持率高出特雷莎·梅2个百分点。②总之,制度结构的变革,在很大程度上取决于不同国家的阶级力量对比、政党实力消长,以及广大选民的政治选择。至于世界市场的扩大,全球贸易在2017年虽然开始出现恢复活力的迹象,增长率仍远低于危机爆发前,且受到“逆全球化”的保护主义威胁。但全球化的历史潮流是不可逆转的,世界经济早已融为一体。现在以中国为代表的新兴市场经济体正在迅速壮大,其他一些第三世界国家也在逐渐发展。特别是中国“一带一路”倡议的实施,正带动亚欧非相关国家的经济建设,促进国际贸易发展和世界市场扩大。仅中国近年来以内需驱动为主的经济发展,对世界经济增长的贡献就超过了30%。发达资本主义国家今天比过去任何时候都更依赖国外市场。而新兴工业化经济体和发展中国家的经济增长和市场扩展,有可能为发达资本主义国家转入一次新的扩张长波提供有利的市场条件。

资本主义经济是在经济周期和长期波动中发展和演变的。预料资本主义当前的萧条长波终将转化为新的扩张长波并非断定资本主义将在长期波动中永世长存。其实,从近几十年全球经济政治的实际演进来观察,世界资本主义经济呈现出明显的衰败趋势。我们应该把趋势和波动区别开来,趋势是体现在波动过程之中的。即使是在1983—2007年的长波上升阶段,美国等发达国家也在相对趋于衰落。1980年时,按汇率计算的GDP总量,美国排世界第一,中国排第13位,GDP只相当于美国的6.6%;到2007年,中国已跃升到世界第三,GDP总量提高到美国的24.1%。“大衰退”发生后这一趋势明显加速。到2016年,中国的GDP排位已稳居世界第二,GDP总量达到美国的60.4%,相当于日本(排位第3)的227%。③如果按购买力平价计算,中国GDP已经超过美国。当前的主要资本主义国家,不仅经济上步履蹒跚,政治上也乱象丛生。美

① 马丁·雅克:“为何科尔宾是新时代的新领袖”,https://www.guancha.cu/MaDing-Yake/2017_07_07_416914_s.shtml。

② 《参考消息》2017年10月10日,第2版。

③ 世界银行数据库,转引自“中国在过去三十年里,是怎样一点点把印度甩在身后的?”,www.anyv.net/index.php。

国总统特朗普一系列率性而为的言论和政策，搅得国家内斗不断，社会分裂，盟友意见纷纷。其务实性的商人做法在短期内可能有助于国内制造业投资和就业的增长，长期效果还有待观察；大规模减税是他的大手笔，但减税法案利弊兼有，评价不一，长期综合效果还难以估计；他以“美国优先”为中心的施政方针能否真正推动许多根本性的结构改革也还有待观察。欧洲更是陷入多重困境：主权债务危机、英国脱欧、分裂主义抬头、恐怖袭击不断、难民危机重重、民粹主义思潮泛滥等等。日本经济则已萎靡不振多年。同战后“黄金时代”经济社会稳定繁荣相比，美欧日等发达国家已不可同日而语。由于近几十年以“金砖国家”为代表的新兴市场国家兴起，世界经济形势进入21世纪后已开始发生重大变化，全球经济体系从“中心—外围”的两极格局，正在逐渐演变为“发达国家—新兴市场经济体—其他发展中国家”的三元格局。美国带领发达国家掌控世界经济政治霸权的时代可能将一去不返。

在世界经济政治格局的演变中，中国的崛起具有特别重要的意义。中国虽然是一个国家，但其人口几乎相当于资本主义“七国集团”约7.5亿人口的1倍，是南美洲12个国家3.8亿人口的3.6倍，比非洲54个国家的11.4亿人口还多出2亿。①经过几十年的高速发展，中国已经进入中高收入国家行列。中共十九大的胜利举行，为到21世纪中叶把中国建成为现代化的社会主义强国规划了明确的目标和清晰的路线。世界上没有任何力量能阻挡社会主义中国的崛起，而中国的崛起将是国际共产主义运动胜利发展的根本保证。中国经济已经与全球经济紧密相连，正确认识世界资本主义经济发展的基本态势对我国的发展非常重要。在20世纪80年代初期到2007年的西方扩张长波时期，中国在改革开放路线的指引下，充分利用资本主义国家较快的经济增长和强劲需求，通过出口导向型模式，促进了中国经济近30年的高速增长。但自2008年全球金融—经济危机爆发并转入萧条长波后，国际经济贸易环境已发生巨大变化。对于这个可能还要延续一些年份的“长期萧条”，我们要有清醒的认识，并进行有效的利用和应对。第一，根本改变中国经济增长的路线，实现经济结构改革和动力转换。即由出口驱动转为内需驱动，由粗放投入驱动转为创新驱动，由低端制造业驱动转为中高端制造业与服务业驱动，由高速增长转为高质量发展。过去十年中国已经开始了这种转换，从而保证了中国经济在“新常态”下稳定的中高速增长。十九大后只会以一系列更有效的方针政策来推动这一经济转型。这将是推动中国经济继续强劲增长和人民共同富裕的基本条件。第二，主动开拓国外市场，特别是发展中国家市场。在发达国家经济不振和需求疲软的情况下，新兴市场国家和其他发展中国家却蕴藏着广阔的市场潜力。中国倡议并大力推行的“一带一路”，正在“互利共赢”前提下帮助沿线国家的基础设施建设和经济发展，同时也促进了相关市场和跨国贸易的扩大。我们要进一步加强“南南合作”，把发展中国家作为我们开拓市场的重点，来抵消西方国家萧条态势对中国经济的不利影响。第三，加强对西方国家的资本投资和人才引进，助推中国的技术创新、经济转型和产业升级。危机与萧条使发达国家出现投资下降、企业破产、就业减少等困难，为中国扩大投资和吸引优秀人才提供了有

① The World Bank, World Development Indicators, 2008, pp.40—42. http://elibrary.worldbank.org/doi/abs/10.15961978-0-8213-7386-6.

利条件。中国通过几十年的高速增长已经积累了充裕的资本，近年来已成为对外投资大国。一些国家或地区以优惠条件吸引国外投资，中国应有选择地利用。并购某些陷入困境的高新技术公司则可助推我国的科技发展。由于西方政府对尖端技术的封锁和相关并购的阻挠，中国的高科技发展还是要立足于自主创新，但也不乏通过并购填补国内科技短板的成功案例。如中国化工集团兼并瑞士先正达，就一举使中国的农业化工技术进入世界先进行列。工作机会减少也使大批留学人员回国就业创业，现已形成改革开放以来最大的海归潮。一些外国人也蜂拥来中国寻找就业机会。中国应以更优惠的政策措施来吸引国外更多优秀的科技和管理人才。第四，认真做好准备，应对可能的突发事件。历史表明，资本主义长期萧条阶段往往是突发事件的高发期，20 世纪三四十年代是很好的例子。不但经济领域的贸易摩擦增多，金融风险加剧，各类危机频繁，而且政治上的极化现象极易导致“黑天鹅”事件发生，也不能排除出现局部军事冲突的可能。因此必须做好充分的准备，来应对可能发生的各种事件，将其负面影响降到最低，这样才能保证我国建设社会主义现代化强国的历史进程不受太大干扰。

去工业化、去周期化与经济停滞常态化*

——一个认识当代资本主义的新视角

何自力**

摘　要　随着机器对劳动替代的深化和资本有机构成的提高，西方资本主义经济出现去工业化，推动制造业走向衰落，投资导向型经济转变为消费导向型经济，经济增长不再以大规模固定资本更新和技术创新为支撑，经济波动去周期化，经济停滞成为常态。

关键词　西方资本主义　去工业化　经济停滞常态化

2008年美国次贷危机引发全球金融危机，此次危机是继20世纪初大萧条以后又一次对资本主义体系造成强烈震撼的重大事件。综观对此次金融危机发生原因的研究，主要有四种观点：金融家贪婪论、系统性风险论、监管不力论以及经济失衡论。笔者认为这些用来解释金融危机原因的观点都缺乏说服力。金融危机本质上是西方资本主义国家实体经济的危机，是去工业化和资本主义财富创造能力枯竭的表现。金融危机标志着工业资本主义的衰落。工业资本主义衰落使西方资本主义经济陷入严重困境，经济停滞成为常态。

一、劳资关系悖论

要认识工业资本主义衰落和西方资本主义经济停滞常态化的动因，首先必须弄清楚资本主义的本质特征和深层次矛盾。

马克思对资本主义经济关系的分析以生产领域的资本运动为对象，由此建立的资本主义经济关系的分析框架实际上是以阐明产业资本为基础的工业资本主义形成、发展和走向灭亡的规律为主要任务。明确马克思研究资本主义经济关系的对象和任务十分重要：认识当代西方资本

---

* 本文为教育部马克思主义大众化、中国化、时代化专项重点项目“马克思经济学本体论研究特征及当代价值”(12JD710001)；国家社会科学基金重点项目“经济全球化条件下当代资本主义经济停滞常态化及其影响研究”(15AJL001)的阶段性成果。

** 何自力，南开大学经济学院副院长、教授。

主义金融危机及经济停滞常态化的成因，不能从金融资本的运动中去找原因，正确的路径是从以产业资本为基础的工业资本主义的运动中找原因。既然工业资本主义生产方式建立在机器大工业生产体系的基础上，那么工业资本主义生产方式衰落的原因也必须在机器大工业生产体系产生、发展和衰落的历史过程中去寻找。

工业资本主义最典型的特征是资本与雇佣劳动的对立。这个对立的意义有两个方面：一方面，产业资本是居支配地位的资本形式，机器大工业生产体系是由产业资本支配的以剩余价值生产为目的的资本主义生产体系，雇佣劳动者在产业资本的支配下从事资本主义生产，产业资本与产业工人的结合是资本主义生产体系得以运转的根本条件；另一方面，产业资本为了获取超额剩余价值，为了在激烈的市场竞争中获胜，必然不断采用新技术，购置新机器，不断改进经营与管理，以便提高劳动生产率，结果是机器排挤工人，资本有机构成高的企业排挤资本有机构成低的企业，以致产业工人大量失业。在这里，产业资本排挤产业工人，产业资本与产业工人相分离也是工业资本主义赖以存在的条件。至此，我们面对着的是一个严重的悖论：资本只有与劳动结合在一起，资本主义生产方式才能得以运行，同时，资本主义生产方式的生存和发展又迫使资本与劳动相分离。其实，资本与劳动关系的这一悖论恰恰是资本主义生产方式的本质特性，这一特性可以称为劳资关系悖论。这一悖论在工业资本主义条件下的存在和发展，必然导致工业资本主义走向衰落并陷入危机：一方面，资本雇佣劳动者与其控制的机器大工业生产体系结合在一起，通过剥削雇佣工人占有越来越多的剩余价值。另一方面，越来越多的劳动者被资本主导的新技术、新机器所排挤，越来越多的传统加工制造行业被淘汰，产业空心化越来越严重。与此同时，金融业不断膨胀，金融资本逐渐取代产业资本占据支配地位，大机器生产体系的衰败最终让工业资本主义陷入严重的危机，直至经济停滞成为常态。西方工业资本主义 200 多年的发展历程是资本主义生产方式这一本质特性的真实写照。

二、工业资本主义的兴衰

从 1500 年算起，西方资本主义已经历 500 多年的发展历史，其中由产业资本主导的工业资本主义经历了 200 年的发展历程。这一历程又可以分为两个发展阶段：一是工业资本主义的成长阶段，时间跨度为 18 世纪 70 年代到 19 世纪 70 年代，约 100 年；二是工业资本主义的兴盛阶段，时间跨度为 19 世纪 70 年代到 20 世纪 70 年代，约 100 年。200 年的工业资本主义发展历史是产业资本主导地位从确立到被金融资本所取代的历史；是从工业化实现到去工业化的历史；是制造业支撑的西方资本主义繁荣到制造业衰落导致西方资本主义陷入持久停滞的历史。

在工业资本主义成长阶段的 100 年间，资本主义生产方式呈现的特点是：其一，第一次工业革命确立了资本主义生产方式的统治地位，资本与雇佣劳动的对立具有了坚实的物质技术基础。其二，商品输出推动世界市场形成。其三，周期性经济危机频繁发生，成为工业资本主义的重要特征。其四，工业资本主义生产了巨大的财富，资本与劳动的矛盾却不断加深，劳动者通过激烈的革命方式表达不满。其五，英国靠机器大工业生产成就了经济霸权国家的地位。

在工业资本主义兴盛阶段的一百年间，资本主义发展呈现出新的特点：其一，金融资本在工业资本主义的发展过程中崛起并逐渐占据支配地位，改变了资本主义的积累方式，也重塑着资本主义的运行方式。其二，金融资本的出现加剧了工业资本主义的危机，金融资本的形成和发展推动了资本主义信用的发展，它虽然对产业资本的生产活动有一定的支持作用，但也加剧了资本主义基本矛盾。其三，国家在经济生活中的作用得到增强，但是难以制止工业资本主义的衰落。其四，科技进步推动了高速增长，加快了资本主义陷入严重衰退的步伐。其五，美国确立金融资本主导的经济霸权地位。美国建立的世界经济霸权体系从一开始就是由金融资本主导的，美元霸权货币体系成为这一体系的支柱，这既决定了这一霸权体系的强大扩张性，也决定了这一霸权体系的极度脆弱性。

三、西方资本主义经济停滞常态化的表现

西方资本主义自第一次工业革命确立统治地位到 20 世纪 70 年代，经历了成长和兴盛发展两个阶段，从 20 世纪 70 年代起开始走上迅速衰落的轨道。目前，西方资本主义经济停滞呈现明显的常态化。

（一）产业空心化导致产业危机，严重削弱国家竞争力

20 世纪 70 年代以来，西方国家的纺织、服装、造船、炼钢、家电、汽车等产业开始衰退，新兴高技术产业发展缓慢，产业结构中缺少带头产业。在制造业日益萎缩的同时，西方各国一直持续增长的产业是服务业，主要包括国际贸易、国际金融、国际保险、咨询业、广告业、批发业等。目前，西方发达国家三次产业的产值占国内生产总值的比重分别是：第一产业约为 10%，第二产业约为 15%，第三产业约为 75%。据统计，2007 年制造业产值在 GDP 中的比重美国是 20.9%，意大利是 15%，爱尔兰是 12%，西班牙是 11%，葡萄牙是 11%，希腊是 9%。这样的产业结构意味着加工制造业趋于萎缩，大部分普通消费品、日用品、工业制成品等在西方国家已不生产，消费品需求主要靠进口来满足，外贸赤字迅速扩大，加工制造业产业竞争力严重衰竭。在 2008 年的全球金融危机和其后的主权债务危机风暴中，美国、西班牙、意大利、希腊等国均为重灾区。在产业空心化的背景下，产业供应链无法形成，资本循环难以实现，投资无法得到回报，投资乏力必然成为常态，无论政府如何刺激都无济于事。

（二）金融危机频繁爆发

20 世纪 70 年代以来，西方国家推动金融自由化，是为了将陷入“滞胀”泥沼的经济拉出来，恢复往昔的繁荣。然而，实施金融自由化的后果却是金融风险的不断扩大和金融危机的频繁爆发。20 世纪 80 年代爆发的拉丁美洲国家的债务危机揭开了全球性金融危机的序幕。1992 年爆发了涉及 10 个欧洲国家的欧洲货币危机。1994 年 3 月，墨西哥发生金融危机，外国投资者纷纷抽走资本，墨西哥外汇储备急剧减少。1997 年 7 月，受美元升值和美国利率上调的影响，泰国市

场信心下挫,外资开始大量撤离,股市连续下滑,泰铢急剧贬值,引发亚洲金融危机。俄罗斯于1997年10月和1998年5月先后两次爆发金融危机,在货币市场和证券市场上,占俄罗斯国债总额约1/3的外国资本大规模外逃,引起汇率下跌和股市大幅下挫。2001年3月,阿根廷进入偿债高峰,而国内资本外逃却日益严重,经济陷入严重动荡和危机。2007年4月2日,美国第二大次级抵押贷款企业新世纪金融公司由于逾84亿美元的流动性债务申请破产保护,美国次级抵押贷款危机爆发,引发全球金融危机。受金融危机的冲击,从2008年8月到2009年3月世界贸易总值大约萎缩了31%,2008年和2009年全球投资也大幅下降,2009年全球经济出现负增长0.6%,其中美国衰退2.6%,欧元区整体出现4.1%的负增长。发展中国家和新兴经济体也遭遇沉重打击。金融业的发展基础是实体产业的发展,只有深厚的实体产业基础才能支持繁荣的金融。金融危机本质上是工业衰退的危机,是产业衰退和资本主义财富创造能力枯竭的表现。金融危机的作用是"挤水分",是按比例发展规律在资本主义条件下的实现形式,其底线是金融业的发展与实体经济发展的要求相适应。金融危机的结果必然表现为财产性收入的大幅度缩水、金融机构的大批倒闭以及金融从业人员的大量失业。金融危机持续多久,要看产业危机持续多久,只要产业危机没有结束,金融危机就不可能根本结束。

(三)政府债务负担不断加重,公共开支难以为继

新机器、新技术替代劳动是工业资本主义条件下劳资关系悖论的典型表现。在这一悖论存在的情况下,越来越多的劳动者被从生产部门排挤出来,进入失业大军的队伍,被迫在技术含量低或者没有技术含量的第三产业就业,收入水平十分低下;财富越来越向少数人手里集中,两极分化越来越严重。这一切对资本主义制度构成严重威胁,迫使资产阶级政府通过扩大公共开支来缓和矛盾。然而,加工制造业的衰退弱化了经济增长,政府扩大财政收入失去了经济来源。政府向资本家征税以维持福利制度,结果却迫使资本家借对外直接投资之名,将资本和相应的收入转移他国,以达到避税目的,这使政府税源进一步减少。产业空心化和制造业衰落以及资本家逃税行为使政府通过增大公共开支来支持福利制度变得非常困难,被迫举债以维持公共开支,结果使债务雪球越滚越大。目前,所有发达资本主义国家的政府都背负着巨额债务,债务危机随时可能爆发并压垮资本主义经济。2009年10月,希腊政府宣布其2009年的财政赤字占国内生产总值的12.7%,公共债务占国内生产总值的113%,远远超过欧元区所要求的3%和60%的上限,随后惠誉、标准普尔和穆迪相继下调对希腊的主权信用评级,标志着希腊主权债务危机的爆发。随着希腊债务危机的发展,欧元大幅下跌,欧洲股市暴挫,主权债务危机在欧元区蔓延,西班牙、意大利、葡萄牙和爱尔兰等国也相继陷入信用危机,希腊主权债务危机迅速蔓延为欧洲范围的一场危机。如今虽然经过全力救助,欧债危机有所缓和,但是造成危机的经济和政治条件并未发生根本变化,新一轮危机的爆发只是个时间问题。在过去的20年里,日本国债平均每年以40万亿日元(约合4 080亿美元)的速度增长。日本政府的债务1981年度超过100万亿日元(约合1万亿美元),2008年度达500万亿日元(约合5.1万亿美元)。2013年8月,日本国债达到1 000万亿日元(约10.4万亿美元)大关,占GDP的240%,相当于日本国民人均8.2万美元。现在日本政府每

年财政支出半数以上依靠发行国债，财政恶化的程度在发达国家名列第一。自 2008 年美国爆发次贷危机以来，联邦政府一直处于举新债还旧债的状态，这种“拆东墙补西墙”的手段在美国政府关门事件中得到突出表现。2013 年 10 月 16 日，美国国会达成协议，结束部分政府部门长达 16 天的关门危机，协议批准联邦政府借债 3 280 亿美元。在这之前规定的上限是 16.7 万亿，致使美国债务首次突破 17 万亿美元，达到 17.075 万亿美元。在经济持续衰退的背景下，巨额债务这把高悬的“达摩克利斯之剑”随时会掉下来。

(四) 经济复苏无望

据世界银行统计，2008 年全球经济增长率从 2007 年的 3.6%下降到 1.9%，2009 年负增长为 −2.2%。发达国家由 2008 年以前较高的增长率下降到 2008 年的 0.8%，2009 年降为 −3.3%。美国、日本、欧元区的经济增长率分别从 2007 年的 2.2%、2.1%和 2.7%降到 2008 年的 1.1%、−0.7%和 0.7%，2009 年分别又降为 −2.5%、−5.4%和 −4.0%。金融危机期间，西方各国政府采取了一系列措施试图挽救遭受重创的经济，包括出巨资援助大银行和大公司；实施宽松货币政策，将利率降到接近于零的水平；实施再工业化政策，鼓励海外投资回流本土；加大基础设施、环境保护、高新技术产业的投资，创造新的经济增长点，等等。然而政策实施的成效甚微。目前，西方国家投资疲弱，消费不振，出口乏力，通货紧缩严重，经济增速低迷。

(五) 失业率高居不下

1974 年后，各发达资本主义国家的失业率几乎都超过了 5%。到了 20 世纪 80 年代，虽然通货膨胀得到抑制，但失业率仍然居高不下。90 年代，失业现象进一步加重，特别是欧洲国家的失业率达到空前严重的程度。1995 年，经济合作与发展组织(OECD)25 个成员国的平均失业率高达 8%。1997 年，欧盟国家平均失业率高达 10.6%。金融危机导致严重失业，美国、日本、欧元区的失业率分别从 2007 年的 4.6%、3.9%和 7.1%上升到 2008 年的 5.8%、4.0%和 7.8%以及 2009 年的 9.3%、5.0%和 9.4%。2013 年 9 月美国的失业率为 7.2%，青年人失业率为 21%，黑人失业率为 12.9%，拉丁裔为 9%。西班牙 2013 年第一季度总体失业人数增加到 620 万，失业率升至 27.16%。意大利 2012 年 11 月的失业率为 11.1%，与此同时，在 24 岁以下的青年失业率高达 37.1%，创下历史新高。希腊全国整体失业率 2013 年初达 27%，24 岁以下的青年失业率达 64.2%，也创历史新高。目前欧元区 17 国失业率为 10%以上。

(六) 中产阶层分化，橄榄型阶层结构转变为金字塔型结构，阶层对抗加剧

中产阶层是由机器大工业生产体系造就的。蓝领也好，白领也好，都是制造业和大企业的产物。美国中产阶层的标准是：有面积人均 100 平方米以上的住房，两个孩子，职业为公司白领、政府公务员、会计、律师、医生、大学教师等，三口之家年收入 10 万—20 万美元。随着制造业衰落，越来越多的蓝领和白领进入服务业，而服务业的劳动生产率和劳动者收入水平大大低于制造业。美国第三产业每小时平均工资约比制造业低 11%。由于第三产业中零售业、金融业、保健业有

大批工人从事非全日制工作，其收入水平就更低了。随着制造业的衰落，庞大的政府公共开支难以为继，不得不实行紧缩政策，大规模削减政府公务员的数量和降低工资，造成中产阶层人数的减少和收入水平的下降。随着制造业的迅速萎缩，中产阶层的主导地位被动摇，收入增长缓慢，生活状况越来越差。2006 年 10 月 2 日出版的《美国新闻与世界报道》指出，现在美国人贫富收入悬殊甚于历史上任何时候。20 世纪初，美国产业工人的工资可让贫穷的家庭逐渐过上中产阶层的生活。全国的穷人和中产阶层各占一半，他们的子女大多数比父母过得好。1970 年美国实施经济紧缩政策后，美国人的收入差距迅速拉大。即使今天社会福利提高了，还是无法弥补这一差距。据“美国经济政策研究所”和“预算与政策选择中心”这两个智囊机构共同发布的题为《差距拉大》的研究报告显示，美国过去 20 年来的贫富收入差距明显扩大。现在，美国最富有的 1％家庭拥有近全社会 40％的财富，而底层 80％的家庭只拥有全国 16％的财富。随着中产阶层的没落和在社会政治生活中平衡作用的消失，西方社会形成 1％最富有人群与 99％的低收入人群的严重对立，这种状况仿佛回到了财富占有极端不平等的资本主义发展的初级阶段，社会的阶层结构重新表现为穷人和富人两大集团的对立。在中产阶层分化，低收入人群越来越庞大的情况下，消费抑制必然越来越严重，消费对经济的拉动作用必然越来越微弱，消费不旺，经济复苏自然没有希望。

四、西方资本主义经济停滞常态化的直接原因

西方资本主义经济停滞趋势的发生是由多种原因造成的，既有直接原因，也有深层次原因。金融自由化、对外直接投资、美元霸权体系的内在矛盾等是直接原因。

（一）金融自由化加快资本主义经济的虚拟化程度，资本主义的财富创造能力急速衰竭

第二次工业革命之后，金融业迅速膨胀，金融资本得以形成，标志着金融资本向产业资本挑战局面的出现。到了 20 世纪 70 年代后，金融资本彻底战胜产业资本，产业资本沦为金融资本的附属物。为了克服滞胀，西方国家政府纷纷推行金融自由化，为庞大的金融资本寻找谋利机会创造条件和提供便利。各国金融机构开始突破原有的专业分工界限，综合经营各种金融业务，取消银行和非银行存款机构间的利率限制差距，取消外汇管制，实行浮动汇率制度，金融市场相互开放，金融工具不断创新，传统信贷业务逐年减少，债券业务却迅速增长，融资方式的证券化趋势出现。金融自由化导致金融危机频繁爆发，工业资本主义经济受到沉重打击。

（二）对外直接投资大规模开展，加快工业资本主义产业空心化进程，产业竞争力急剧下降

从 20 世纪 70 年代开始，西方主要大国对外直接投资规模不断扩大，大公司争先恐后地进行对外投资。在这一过程中，大量传统产业转移到发展中国家，如服装、鞋帽、纺织、造船、炼钢、电子、汽车等。驱使西方国家大公司大规模开展对外直接投资的动因主要有：一是将已经标准化的技术转移出去，可以继续获利。二是为了避税。因为许多国家实行税收壁垒，出口产品会遭遇高

税收门槛,进行直接投资就可以避免税收限制。三是逃税。将资本转移别国,可以将获得的利润通过各种手段转移到零税率的避税天堂,达到逃税的目的。四是避开国内工人涨工资的压力。经济发展了,按照历史和道德的要求,工人的工资收入必须相应地上升,以满足基本的生活需要。与发展中国家相比,发达国家工人的工资是比较高的,这对资本家而言就构成了很大的成本压力。到劳动力成本低廉的发展中国家和地区进行直接投资,可以节约成本,增强竞争力,获得更高收益。西方国家大公司在逐利动机驱使下大规模进行产业转移,产生了严重的后果:严重削弱母国的国内投资项目和生产部门的资金供给能力,导致就业机会减少;导致财政收入大幅度降低;引起产业空心化、经济衰退和社会动荡;使东道国产品与母国的产品在东道国国内和国际市场上展开竞争,甚至挤占母国产品的市场;通过直接投资渠道进行国际研发,导致母国创新体系的优势弱化以及技术流失。这一系列后果的影响是深远的,今日西方国家经济陷入停滞常态与其有直接关系。

(三)美元霸权世界货币体系导致世界经济严重失衡,美元霸权地位遭到严重质疑,"去美国化"成为趋势

美元霸权体系的运行逻辑是"美元是美国的,问题是别人的"。美元霸权体系使美国可以放纵地基于国内经济目标发行货币,而不必担心其国际收支状况和汇率水平,而其他国家则需要承担国际收支调整压力,不得不主动维系美元汇率的稳定,无法维护本国的货币主权。美国滥用美元作为国际交易中主要交换媒介的垄断地位,保持国内通货膨胀率居高不下,同时还可以促使美元对其主要贸易伙伴货币不断贬值,以谋取更多的铸币税收入。美国的金融霸权使发展中国家产生了对"美元体制"的严重依附,使其为了维持外部均衡而不得不牺牲本国内部经济的均衡,结果严重阻碍了自身经济的发展,加剧了全球经济失衡。美国恣意妄为、不负责任的行为遭到绝大多数国家,特别是发展中国家的强烈批评,国际社会在要求美国重树负责任大国形象的同时,开始探索避开美元进行经济往来的方法和途径,"去美国化"成为越来越多的国家的自觉行动。"去美国化"必然动摇美元的世界霸权地位,这对经济已经陷入严重衰退且复苏无望的美国来说无疑是雪上加霜。

五、西方资本主义经济停滞常态化的根本原因

工业资本主义衰落直至陷入停滞是不可阻挡的趋势。推动工业资本主义陷入停滞常态的根本原因有以下几个。

(一)以私有制和雇佣劳动为基础的基本经济制度

经济制度规定着一定社会生产、分配和交换的基本原则,规定着该社会生产关系的性质。经济制度是经济体制的基础,决定经济体制的根本性质和主要特点,规定着它的发展方向。西方国家的市场经济偏重市场调节,轻视必要的政府干预,这与其实行的基本经济制度有密切关系。西

方资本主义经济制度的核心是私有制与雇佣劳动制度，私人资本在市场经济中占据支配地位，私人资本与雇佣劳动之间的关系具有对抗性。私人资本的本性是追求最大利润，它构成了私人资本从事所有经济活动的唯一动机和目标，决定了资本主义市场经济的固有特征，即资本利益至上和契约自由。在资本主义私有制条件下，私人资本最愿意接受的市场竞争秩序是自由放任和自由竞争，市场发挥自发调节作用的自由市场经济是最符合私人资本的本性和意志的经济运行机制，体现了私人资本追求最大利润的目标和要求。基于资本主义私有制，私人资本追求私人利益最大化而不是社会利益最大化，私人利益与社会利益存在着尖锐的矛盾。私人资本对任何限制和约束其谋求私人利益最大化的行为的制度安排本能地予以抵制，拒绝承担任何以牺牲资本私利为代价的社会义务和责任，反对政府基于社会利益对其谋利行为的干预和调控，导致经济持续停滞，社会财富创造能力枯竭。

（二）以权力制衡为特征的政治法律制度

西方市场经济体制中市场力量强大而政府地位弱小，与西方的政治制度也有密切关系。在西方的三权分立制度安排中，立法是基础，司法是保证，行政只是立法和司法的从属和执行机构。表面上看，社会各种利益群体都有自己的代表参与立法决策，决策过程显示出民主性，但是事实上，真正能够影响决策的只是少数财力雄厚的利益集团，决策最终体现的是少数利益集团的意志和要求。西方政治制度中的政府是行政机构，基本职能是落实议会批准和通过的各项政策和法规。由于政府行政职能受到立法机构的严格制约，而立法机构又控制在少数利益集团的手中，体现少数人的意志和要求，因此，政府在本质上只是为少数利益集团服务的工具。西方的多党制与三权分立制度相适应，主要任务是定期为政府机构选择一个掌门人，哪个政党能够执掌政府权力，就看哪个政党能够代表大资本利益集团的意志和要求，或者看大资本利益集团支持哪个政党，愿意为哪个政党捐出巨额竞选经费。西方国家最有势力的利益集团既操纵议会的立法过程，又控制政府行政部门首脑的选举，政治体制沦为利益集团的驯服工具。在西方国家的政治实践中，私人资本利益集团占有社会资源，绑架公共权力，不允许政府过多干预和限制自己的权力。在这套制度中，不同党派为各自代表的利益集团的私利在立法机构激烈争斗，相互掣肘和拆台，很难就重大经济和社会问题达成一致，决策效率极端低下，致使作为执行机构的政府难以有效发挥职能，很难及时应对、解决经济社会发展中出现的重大问题和矛盾，导致经济持续停滞，社会财富创造能力枯竭，人们的收入水平不断下降。

（三）以新自由主义为核心的意识形态

新自由主义是流行于西方社会的主流意识形态。新自由主义形成于20世纪30年代，发展于20世纪50年代末60年代初，主要以哈耶克、弗里德曼等人发表的一系列论著中阐述的新自由主义思想为代表。新自由主义思想的主要内容是：宣扬个人高于社会的唯心主义历史观，将个人自由视为自由市场经济的基础；反对公有制，极力主张全盘私有化；倡导经济自由主义，迷信市场自行调节，断言市场机制可以有效地实现资源配置；反对国家干预，认为国家干预只会扭曲资源配置，降低资源配置效率，管得最少的政府才是最好的政府。自 20 世纪 70 年代以来，哈耶克、弗里德曼等人宣扬的新自由主义在西方大行其道，在该思潮的影响下，西方国家实施了一系列旨在强化市场调节，削弱国家干预的政策措施，遂使西方市场经济体制向更加偏向市场的方向转变。这种模式对私人资本的经济行为缺乏有效约束，对宏观经济波动和失衡状态缺乏有力调控，对私人利益与社会利益的矛盾难以有效化解，导致经济和社会矛盾日益激化，金融危机、债务危机频发，经济停滞常态化，社会成员的高收入难以为继。

当代资本主义已经失去往昔的繁荣，去工业化和制造业的衰落使经济危机的机理发生变化，经济增长不再以大规模固定资本投入为支撑，固定资本更新对经济全局的影响力大大减弱，难以推动整个经济从衰退中走向复苏和繁荣，从危机到繁荣再到危机的重复成为历史。这意味着西方资本主义经济波动不再具有鲜明的周期性了，经济停滞常态化成为当代资本主义的鲜明特征。西方资本主义经济停滞常态化意味着经济增长持续低迷；投资持续缺乏动力；失业率长期高企；收入不断下降；消费水平上升乏力；出口能力衰竭；政府债务越滚越大；对经济刺激不再敏感。经济停滞常态化的资本主义已经失去财富创造能力，只能靠消化已有的财富维持生存，这样的日子可以过一段时间，但是不会太长久。经济停滞常态化的资本主义也会寻找新的发展路径，但是除非放弃私有制和雇佣劳动制度，否则这样的出路是根本找不到的。

参考文献

[1] 米奇·费尔斯坦：《全球经济怎么了——从欧洲危机到美国骗局》，王天美译，机械工业出版社 2012 年版。

[2] 格雷厄姆·特纳：《未来经济之路——当前经济体系的缺陷及对策》，王燕梅译，电子工业出版社 2011 年版。

[3] 丹比萨·莫约：《西方迷失之路——西方的经济模式是错误的》，李凌静、肖建译，重庆出版集团、重庆出版社 2011 年版。

（本文原载《华南师范大学学报》（社会科学版）2015 年第 4 期）

新自由主义与资本主义多重性危机*

丁为民　李　菁**

摘　要　由经济、政治、社会、文化等危机构成的多重性危机成为当前资本主义的重要特征。本文以马克思主义危机理论和资本扬弃理论为基础，揭示了新自由主义体制下多重性危机产生的基础和原因，研究了新自由主义理论的特征和新自由主义体制的阶级基础，从体制和制度视角前瞻了危机的演变趋势和影响因素。认为西方发达国家与发展中国家不同的战略选择和博弈，将成为影响多重性危机和世界经济走向的基本因素；某些重大政治事件，可能对这一走势产生重要影响。

关键词　多重性危机　新自由主义　垄断金融资本　治理与前瞻

美国于2007年爆发的次债危机，经过10年嬗变，非但没有真正恢复增长与繁荣，反而沿着金融危机—经济危机—财政危机，甚至主权债务危机的路径，陷入拖累发达资本主义国家、冲击发展中国家的衰退和停滞。同时，这一危机又派生出政治、社会、文化、生态等领域的混乱与冲突，演化为一场波及各个领域的多重性危机。深化对这一危机的研究，增强对经济中长期走势的预判，有重要意义。

一、历史上的两类经济危机与资本的自我调整

经济危机是与资本主义长期伴随的经济现象，通常表现为对该社会经济制度下经济增长的重大的、有威胁性的破坏。当代马克思主义者通常把近代以来的危机分为两类：一类是短期的或周期性的危机，如发生在美国1981—1982年和2001年的经济衰退；另一类是长期的或结构性危机，经常导致深刻的政治和社会僵局，如20世纪30年代的“大萧条”和70年代的“大滞胀”(Devine, 1987)。与西方经济学家把危机看作由外生、偶然原因引发的观点相反，马克思主义经济学认为，不论是由资本逐利和积累造成的生产—实现链条断裂引发的周期性危机，还是由长期利润

*　天津市教育系统调研课题(Y201757023)。

**　丁为民，天津师范大学经济学院教授、博士生导师；李菁，天津师范大学经济学院副教授。

率趋向下降或阶级关系重大变动引发的结构性危机，都是资本主义内在矛盾运动的产物，它集中暴露了资本主义制度的弊端和历史过渡性。同时，危机又是恢复经济增长最特殊机制：在经历了生产破坏、金融崩溃、资本毁灭、群众苦难、结构调整后，资本主义又进入一个新的均衡和增长阶段。因此，“危机永远只是现有矛盾的暂时的暴力的解决，永远只是使已经破坏的平衡得到瞬间恢复的暴力的爆发”（中央编译局，2009：277）。

在《资本论》中，马克思指出：“资本主义生产的真正限制是资本自身”（中央编译局，2009：278），从而明确揭示了资本主义经济危机的根源。同时，马克思主义还认为，由于资本主义经济关系首先是价值、商品和信用关系，在内在矛盾作用下，在一定限度内，资本可以借助自我调整、自我扬弃实现自我修复、自我肯定，为新的经济增长奠定基础。因此，马克思主义强调，对危机特别是结构性危机的研究，要特别关注资本主义经济关系的调整对摆脱危机、实现再均衡的作用。20 世纪 70 年代以来，西方左翼经济学家进一步丰富了这一观点。其中，法国调节学派提出了“调节方式理论”，美国社会积累学派提出了“积累的社会结构理论”。他们认为，正是由于危机过程中调节方式或积累社会结构的演变，改变了既有利益格局和权力结构，为技术创新和结构调整创造了条件，使资本主义走出危机“僵局”；同时，又为下一次危机奠定了体制和物质基础。著名英国左翼经济学家哈维则直接以《资本论》为基础，探寻了研究危机理论的多个“切入点”。提出，研究危机问题的“第一个切入点”（the “first-cut”）是资本主义生产和由此形成的生产与交换的矛盾，它使危机具有必然性，后者又通过商品、货币和资本的贬值得以终结；“第二个切入点”（the “second-cut”）是信用制度，信用制度首先把个别资本联系为社会资本，在逐利、积累和信用制度共同作用下，资本投机热潮必然加剧资本主义经济的不平衡，导致不断升级的危机和新周期的形成，而“从资本主义长期演化的观点看，积累周期又是运行手段，借此，使更深刻的社会变迁过程得以实现。这一过程必定至少暂时减缓了生产力与社会关系之间的内在紧张，使资本主义得以生存”（Harvey，2006：326）。

历史表明，正是在 19 世纪后期，在信用制度基础上，大资本普遍利用股份形式实现了生产集中和垄断，改造了劳动过程，同时尝试通过国家对某些行业进行监管，为摆脱当时的系列危机，实现第二次科技革命提供了条件；在 20 世纪 30 年代以后，在凯恩斯主义指导下，资本又利用多种形式与国家结合，构成以垄断资本为主导、私人资本为主体、国有资本为重要保障的混合经济结构和以此为基础的国家对经济的干预，为战后资本主义发展的“黄金时期”奠定了基础。

但是，在资本通过自我调整实现社会变迁和自我肯定的同时，也伴随着自我否定。我们以凯恩斯主义体制下的国家干预为重点进行分析。

第一，资本增殖本质要求受到束缚。以需求管理为核心的国家干预有利于资本主义再生产的实现，缓和了生产与交换的矛盾，但同时需要财政和信贷支持。当这种政府转移支付超过一定限度，不仅会形成日益庞大的赤字和滞胀等“制度成本”，而且会干扰资本谋利行为，甚至增大资本主义企业的负担，形成对资本增殖目标的约束或限制。①美国左翼经济学家鲍尔斯等人就曾指

① 巴兰和斯威奇认为，在一定限度内，剩余中的政府部分和私人部分能够同时增长。“只有在政府的吸收甚至在达到充分利用以后仍在继续增长时，像在第二次世界大战后期各年份那样，私人剩余才会受到侵蚀。”（巴兰、斯威奇，1977：142）

出,传统观点认为,如果有利润就是值得干的,国家干预不影响私人企业追求利润的逻辑。但20世纪60年代以来有关职业安全、消费者安全、环境保护、改变能源(禁止核能)的运动和要求,使"人们产生了对私人利润在决定资源分配和经济决策中的首要地位的怀疑",不断增加的政府干预和管控支出就是对"利润逻辑的挑战"(巴兰、斯威奇,1977:73)。

第二,资本活动方式受到限制。资本追求剩余价值是通过竞争实现的。正是竞争,使包含在资本内在的东西"作为外在的必然性现实地暴露出来"。历史表明,在资本主义发展的不同阶段,随着资本形态由自由资本向垄断资本、国有资本的转变,竞争经历了自由竞争、垄断竞争、国家干预下的垄断竞争等形式的变迁。马克思指出:"自由竞争是资本主义生产过程的最适当形式,自由竞争越发达,资本运动的形式就表现得越纯粹。"但是,国家干预制约了企业活动范围和行为方式,意味着私人资本不能完全自由地根据自己的意愿行事,束缚了自由竞争这一资本运动的最适当方式。这就像马克思所预言的:"当资本开始感到并且意识到自身成为发展的限制时,它就在这样一些形式中寻找避难所,这些形式虽然看来使资本的统治完成,同时由于束缚自由竞争却预告了资本的解体和以资本为基础的生产方式的解体。"(中央编译局,2009:160)

第三,资本与劳动的关系发生调整。在国家干预的背景下,政府推动了以大公司和有组织工人参加的"劳资协议",奉行了某些福利政策。其结果,一方面,分裂了工人队伍,缓和了劳资关系,维护了资本的根本利益;另一方面,也提高了劳动者的议价能力和收入及社会保障水平。据鲍尔斯等人的统计,1948—1966年,美国生产工人实际可支配收入年均增长达2%左右(Bowles et al.,1990:38),这在一定程度上改变了劳资之间的分配关系,甚至形成"工资挤压利润"态势。尽管这种劳资关系的调整不能从根本上否定雇佣制度,但仍会束缚资本积累的能力,削弱资本行为的动力。

总之,这种社会变迁过程中与资本自我肯定同在的自我否定效应,或者说,在资本自我扬弃过程中资本自我肯定和资本自我否定的统一或同一(丁为民,1991),规定了资本关系自我调整过程的空间和规律性特征,形成了20世纪70年代末凯恩斯主义体制崩溃和自由主义体制复归的基本背景。随着时间推移,这种否定效应进一步被放大,肯定效应相对缩小,超过一定限度,两种体制的替代就具备了现实性。

二、金融—经济危机应对的错配与多重性危机的生成

以供给管理为核心的新自由主义体制扭转了凯恩斯主义体制下日益严重的对资本的不利倾向,增强了资本积累和经济增长的动力,利用信息革命成果和全球化潮流,促成了20世纪末的"新经济"和美国历史上最长经济扩张期(120个月)。但在同时,不仅恢复甚至加剧了自由主义体制固有弊端,削弱了劳动者的议价能力,持续压低了工人的实际工资水平,形成"利润挤压工资"甚至"工资崩溃"格局,加重了贫富分化和实现条件恶化,而且造成产业空心化和经济金融化等新问题,致使劳资力量严重失衡,生产与交换矛盾进一步激化,实体经济与虚拟经济比例重大失调,奠定了2007年以来全球性金融—经济危机的深厚基础。

种种迹象表明,新一轮危机是一场源自新自由主义体制、根植于资本内在矛盾的结构性危

机。但是，在危机爆发后，西方主流经济学和西方发达国家的政府却长期把它作为通常的周期性波动甚至简单的信用危机加以认识和应对，并未正视它的结构性矛盾特征，更未彻底清算它的体制原因，尽管反对这一体制及其恶果的社会运动此起彼伏，并在“占领华尔街运动”中达到高潮。实践表明，通过实施注资救市、加强金融监管和宽松货币政策，美国等国经济出现暂时稳定和恢复，但赤字和国家债务却达到空前水平，其他部分国家甚至资不抵债，出现主权债务危机，深陷衰退或停滞泥淖。同时，新自由主义体制所固有弊端也被再强化。最突出的，就是两极分化进一步加剧；以此为基础，又通过一系列传导机制，造成寡头政治凸显，阶级、民族、种族矛盾激化，社会分裂严重，价值认同混乱等一系列问题；在这一过程中，“富豪政治”“劣质民主”弊端进一步被放大，形成对西方主流的精英政治和以自由为核心的价值观的重大挑战。这说明，应对措施的错配，是此次危机治理过程的显著特点，它成为西方经济难以走出经济僵局，反而演化为多重性危机的直接原因。从这个意义上讲，目前发生在西方国家的经济停滞和多重性危机，首先是新自由主义体制持续盘踞的结果。

从里根政府和撒切尔政府算起，新自由主义思潮与体制占据统治地位已有近 40 年历史。不论在西方发达国家，还是在拉美等发展中国家，都招致了灾难性后果。人们在思考，为何这一思潮和体制迟迟不能退出舞台？

首先，是由新自由主义理论的特点决定的。新自由主义理论是古典自由主义形式上的继承者。古典自由主义作为一种社会思潮，产生于 17 世纪。它作为处于上升时期的资产阶级意识形态，主张维护宗教宽容、崇尚贸易和实业自由、强调尊重财产权，认为人生来平等，并且具备某种反对中世纪教权和皇权的反抗意识。这种崇尚个人自由的主张，直接反映了资本主义经济关系首先是商品经济关系这一形式特征的外在要求，又与美国近现代以来长期形成的世界性支配地位，和美国人由于历史原因形成的强烈自由传统相契合。作为新自由主义理论的巨擘及其奠基之作，哈耶克在《通往奴役之路》中依然坚持古典自由主义的经济自由主张，把集中和计划看作万恶之源，试图通过市场解决一切经济问题。直到现在，这一方法已成为新自由主义的思维定势（即“市场拜物教”）。作为一种经济思潮，新自由主义产生于 20 世纪 20—30 年代。但是，“新自由主义从边缘化的学术观点转变为霸权意识形态，是以战后凯恩斯主义体制开始解体而呈现经济危机为起点的”。基于这一思维定势，2007 年以来的“危机并不预示着新自由主义政策即将崩溃。相反，危机实际上代表了一个延续，它为新自由主义提供了一个扮演适应社会经济治理制度角色的机会”(Peck, 2010)。因此，“新自由主义制造的这些持续不断的‘冲击’和危机，包括不断恶劣的环境破坏，持续深化的社会排斥，越发高涨的种族—民族主义，更加盛行的独裁主义，以及逐渐升级的暴力活动，又相应地再造了花样翻新的新自由主义化。”(Springer, 2015)

其次，是由新自由主义体制的阶级基础决定的。垄断金融资本的兴起并持续占据统治地位，构成新自由主义体制长期盘踞的直接原因。经济体制是与经济增长密切相关的利益关系和“权力结构”。20 世纪 30 年代以后，由资本主义深刻矛盾所引发的经济危机、世界大战和激烈阶级冲突，致使发达资本主义国家的权力结构发生重大演变：产业资本对有组织的雇佣工人实行了妥协，金融资本的相对权力、收入和财富在一定程度上受到削弱。而在新自由主义时期，国家干预被削弱，金融市场自由化，包括金融、保险和不动产在内的广义金融（FIRE）成为利润和积累的主渠道，他们与巨型公司高层管理者达成紧密联盟，成为政治和经济权力的实际控制者。著名美国左翼经济学家福斯特等人指出："新自由主义根本不是传统经济自由主义的复活，而是日益表现为全球规模的大资本、大政府和大金融的产物。"（福斯特等，2010）垄断金融资本作为大产业资本与大金融资本的结合，既是经济自由化的最大受益者和其他经济主体的主要控制者，也是政府调控的最大反对者，是不会轻易放弃经济和政治支配权的。这也表明，尽管资本主义商品经济赋予劳动者以形式自由，这种形式自由优于前资本主义的真实不自由，但仍是工人改换雇主的自由，而不是真实自由。①因此，自由从来都是具体的、历史的；在资本主义条件下，经济自由从来都是占统治地位的阶级和阶层的自由。

最后，是由资本主义制度自我调整空间日趋收窄的处境决定的。马克思指出："无论哪一个社会形态，在它们所能容纳的全部社会生产力发挥出来以前，是决不会灭亡的。"（中央编译局，2009：592）同前资本主义社会相比，资本主义经济关系无疑更有利于容纳生产力发展。但是，这种容量并非无限的，认识资本主义生产关系演变的特点和趋势，成为研究这一容量的前提。鉴于第二次世界大战后资产阶级国家与私人垄断资本形成各种形式的结合，一些马克思主义学者曾认为，资本主义已经走上从私人资本到私人垄断资本，再到国家垄断资本的自我扬弃道路，其重要标志，是"就全社会而言，日益增大的一部分资本已经不直接属于某个垄断资本家或某个垄断集团，而是属于资产阶级国家"（祈华等，1980）。而另一些学者，如日本左翼经济学家大内力等，则依据资产阶级国家对经济调节特别是对财政货币政策的不同态度，认为国家垄断资本主义只是垄断资本主义所采取的一种体制，而不是一个新的发展阶段，滞胀作为国家垄断资本主义体制不可避免的现象，已经表明这一体制的崩溃（大内力，1986）。美国左翼经济学家大卫·科茨则进一步提出，在20世纪，美国经历了调节主义体制与自由主义体制的交替性演变。（Kotz，2003）20世纪以来特别是新自由主义的实践表明，不论是从国家掌握的资本看，还是从国家对经济调控的态度看，后者的判断可能更符合实际。资本主义走向了一条以私人资本和私人垄断资本为基础，调节主义体制与自由主义体制交替转换、螺旋曲折上升的路径。尽管资本主义基本矛盾及其派生矛盾即剩余价值生产与剩余价值实现的矛盾特征是这一转换的根本原因（丁为民，2009），但必须承认，在调节主义体制运转和上述体制转换过程中，国家能力特别是经济实力发挥了重大杠杆作用。近年来，在金融—经济危机打击下，资本主义国家的政府债务不断突破上限，调控能力日趋下降，而资本的实现条件却更加恶化，急于借助外力拓展空间。这一矛盾，又通过主流经济学的"政府失灵"与"市场失灵"的教义冲突和政治家各种形式的"承诺悖论"不断歪曲地表现出来。这说明，由资本自我肯定和自我否定所规定的资本自我调整空间已日趋狭隘，资本主义国家已进入全面趋于衰落阶段。这也表明，西方国家深陷其中的经济停滞和多重性危机，又是资本自我调整空间日趋狭隘的产物。

---

① 印度学者拉马钱德兰指出："马克思区分了……资本主义下工人的形式自由与前资本主义制度下工人的真实不自由：'工人改换雇主的自由使他有了在更早的生产方式中不曾有过的自由'。"（Ramchandran，1990）

三、多重性危机的长期性与治理前瞻

多重性危机的多重原因及其相互作用，决定了西方经济将在较长时间处于停滞或低速增长阶段，由此形成的多重性危机也将进一步深化。

第一，垄断金融资本制约再工业化进程和经济增速。20 世纪 70 年代末，为了克服“大滞胀”，美国的某些政策制定者就曾提出再工业化战略(Gordon et al., 1988)。2007 年危机以后，美国政府又重提再工业化。但是，至今没有取得实质进展，唯独金融、保险、不动产的经营业务占 GDP 的比重却大幅上升。究其原因有多种，但主要在于，在资本内在矛盾所造成的产能严重过剩背景下，与产业资本相比，金融资本或通过企业的金融活动有更强的积累和谋利能力。不仅如此，垄断金融资本很有可能利用“重建金融带动的扩张”去克服经济危机(福斯特等，2010)。最近，已有学者通过经验资料，证明危机后美国经济运转的趋势不是再工业化而是再金融化(张晨、冯志轩，2016)。这样，以广义金融为重要内容的服务业发展，就会进一步成为麦迪森所说的“结构拖累”(麦迪森，1997)，迫使发达国家生产率持续走低，进入更深刻、长期的衰退或停滞。

第二，财政危机和政府负债制约为企业投资创造条件。在通常情况下，政府资助对企业摆脱危机困境有重要作用，因为在现代经济条件下，两者有重要的内生和外生联系。21 世纪之初，美国左翼学者约翰·麦克德莫特曾撰文指出，在马克思写作《共产党宣言》和《资本论》时代的资本主义，投资和积累是由资本家个人、家族或企业独立完成的。但是，在生产高度社会化和资本主义基本矛盾冲突不断深化的今天，通过资本独立运作，完成循环和周转，或者说，实现社会资本再生产，已不再现实。现代国家不能仅是“资本家阶级的执行委员会”(the executive committee of the capitalist class)，还必须承担起对资本主义明显具有极端重要性的管理事务，如培训能够满足需要的未来劳动力，保持宏观经济的可预见性，开发基础设施，提供各种津贴等。相应地，资本主义企业已成为越发具有政治色彩的产业机构。(McDermott, 2001)为说明这一判断，他提供了一个美国当年私人投资(私人净投资额扣除库存调整)与政府相关支出(各级政府的教育支出，联邦政府用于研究、自然资源开发、培训和就业支出，州和地方政府用于公路、自然资源、废物处理支出)比例的统计数据。依据他所提供的计算方法和我们可利用的资料，可以看到，在美国，两者比例是：1997 年，1∶0.51；2000 年，1∶0.45；2003 年 1∶0.53；2006 年，1∶0.48；2009 年，1∶0.70；2012 年，1∶0.90；2015 年，1∶0.84。20 世纪末以来的一段时间，每 1 美元的私人投资，大体需要 0.5 美元的政府支出与之配合，但在 2008 年危机以后，这一比例迅速扩大了。与此同时，美国政府的负债却迅速攀升，其中，联邦政府债务负担由 1960 年的 2 905 亿美元增加到 2011 年的 154 766 亿美元，占同期 GDP 的比重，由 1960 年的 56.0%，上升到 2011 年的 102.6%，年均增长 7.8%，远远高于同期财政收入的增速。①

① 1997 年的相关资料来自 1998 年《美国统计摘要》表 715、251、543 和 50；2000、2003、2006、2009 年的相关资料来自 2012 年《美国统计摘要》表 220、436、473 和 667；2012 和 2015 年相关资料来自美国经济分析局(Bureau of Economic Analysis)的统计数据；美国联邦政府负债资料来自 2012 年《美国统计摘要》表 470。在计算政府配套投入时，并没有加上政府给私人企业提供的以各种形式出现的补贴，即所谓的“公司福利”(corporate welfare)。实际上，这种补贴的数量也是相当惊人的。根据麦克德莫特使用的 1997 年资料，这种补贴至少占当年私人投资 15%以上。

迅速攀升的美国政府债务负担，必然为政府支持私人投资设置重大障碍。

第三，两极分化不仅加重存量商品的实现困难，而且制约创新产品扩散。两极分化是资本主义的伴随物，在新自由主义体制下表现得最为严重。斯蒂格利茨指出：当今身居美国财富金字塔顶端的1%人口，其收入占全国总收入的近25%，拥有财富占全国总财富的40%；而在25年前，这两个数字分别为12%和33%。过去10年来，上层1%人群的收入激增18%，中产阶层的收入却在下降，高中文化程度的群体下降最严重，仅过去25年里就降低了12%（斯蒂格利茨，2013：189）。与此同时，美国家庭的私人债务，却从1980年的9 300美元，增加到2015年的6.52万美元（赫景秀等，2016）。21世纪以来，以信息技术为基础、大数据和人工智能为核心的新一轮科技革命已经呼之欲出，这一创新可能会对产业结构和社会面貌产生一定影响，但是，能否使最终消费实现重大变革，仍然存疑。康德拉季耶夫认为，要把科技发现和发明与其大规模应用区别开来："只要有利于它们采用的经济条件还不具备，它们就没有用。"（康德拉季耶夫，1986）由两极分化所造成的需求困境和实现恶化，很可能成为新一轮科技革命的制约性条件。

但是，据此我们尚不能得出资本主义行将就木的结论。哈维认为，除了"制度修复"，资本还掌握着"空间修复"这一缓和自身危机的手段，它是研究危机理论的"第三个切入点"（the "third-cut"），其基础就是世界经济"不平衡的地理发展"（Harvey, 2006：425）。美国左翼经济学家约翰·威克斯发现，在增长与交往过程中，发达国家之间的经济呈趋同与分化的循环模式，其长期趋势是趋同，而与欠发达国家的关系则是分化（威克斯，2002）。赫德森则梳理了国际经济学中关于国家分化与趋同问题研究的理论史，指出："一旦一国取得先发优势，它所获得的优势就开启了扩大全球两极分化的反馈过程，除非其他国家通过引导市场提升其劳动、工业和农业的质量。"（赫德森，2014）这些研究表明，发达国家之间转嫁危机、缓和矛盾的空间已经趋窄，通过与发展中国家的经济联系实现"修复"还有较大空间。因此，协调内部关系，加强对发展中国家的扩张和控制，可能成为西方发达国家摆脱系统性危机的强制性手段；而变革旧国际经济秩序，建立新的以合作共赢、共同发展为核心的命运共同体和新型国际关系，必然成为新兴发展中国家的战略选择。两种力量的博弈，将成为影响未来世界经济走向的基本因素；而由于政治冲突而导致的重大政治事件，将会对这一走势产生重大甚至决定性的影响。

另一方面，也应看到，西方发达国家在通过推动全球化以摆脱危机的同时，经济全球化抑或成为发达国家经济增长制约因素，因而可能出现局部或暂时的逆全球化现象。这是因为，在新自由主义体制下，对资本跨国流动的监管将更加困难，资本的跨国流动，特别是由发达区域向不发达区域的转移，作为其全球战略组成部分，必然深刻改变生产力的空间布局，孕育着构建新的世界经济格局的可能。我国当代外交家傅莹发现："全球化的进程改写了世界，同样也改变着世界力量格局。过去几十年来，我们先看到资本、技术和市场从西方发达中心向更加广泛的边缘地区扩散和转移，使较不发达国家有条件实现经济超越型发展。而现在我们也开始看到，伴随这个转移和扩散，世界权力也出现分散化的趋势。新兴国家被期待更多地参与世界事务和分担责任。"（傅莹，2016）如果这一判断得以证实，也可以看作资本自我肯定和自我否定过程在更大范围、更高层次的展开。这样,资本主义危机就会在全球范围内以更猛烈形式表现出来,资本主义内在矛盾就是在这一过程中通过自我(消极)扬弃和积极扬弃方式得以缓和、深化直至最终解决的。

参考文献

[1] J. N. Devine, "An Introduction to Radical Theory of Economic Crisis", in R. Cherry et al.(eds.), *The Imperiled Economy*, *Book I*, Union of Radical political Economics, 1987.

[2] 中央编译局:《马克思恩格斯文集》第 8 卷,人民出版社 2009 年版。

[3] D. Harvey, *The Limits to Capital*, Verso, 2006.

[4] 巴兰、斯威奇:《垄断资本》,商务印书馆 1977 年版。

[5] S.Bowles, D.Gordon, T. E. Weisskopf, *After the Waste Land*: *A Democratic Economics for the Year-2000*, M.E.Sharpe, Inc., 1990.

[6] 丁为民:《关于资本自我扬弃的几个问题》,《〈资本论〉与当代经济》1991 年第 2 期。

[7] J.Peck, N. Theodore, and N. Brenner, "Postneoliberalism and its malcontents", *Antipode*, 2010, 41(s1), 94—116.

[8] S. Springer, "Postneoliberalism?" *Review of Radical Political Economic*, 2015, 47-1.

[9] 约翰·B.福斯特等:《垄断金融资本、积累悖论与新自由主义本质》,《国外理论动态》2010 年第 1 期。

[10] V. K. Ramachandran, *Wage Labour and Unfreedom in Agriculture*: *An Indian Case Study*, Clarendon Press, 1990, 1—2.

[11] 祈华等:《国家垄断资本主义是垄断资本主义生产关系的部分质变》,《南开学报》1980 年第 1 期。

[12] 大内力:《国家垄断资本主义结构的破产》,中共中央党校科研办公室 1986 年版。

[13] D. M. Kotz, "Neoliberalism and the Social Structure of Accurmulation Theory of Long-Run Capital Accumulation", *Review of Radical Political Economics*, 2003, 35-3.

[14] 丁为民:《新自由主义体制下经济增长的矛盾与危机》,《经济学动态》,2009 年第 3 期。

[15] D. M. Gordon, R. Edwards and M. Reich, *Segmented Work*, *Divided Workers*, Cambridge University Press, 1988, 1.

[16] 张晨、冯志轩:《再工业化,还是再金融化——危机后美国经济复苏的实质与前景》,《政治经济学评论》2016 年第 6 期。

[17] A.麦迪森:《世界经济二百年回顾》,改革出版社 1997 年版。

[18] J. McDermott, "One Hundred Year of ???", *Review of Radical Political Economic*, 2001, 33.

[19] 约瑟夫·斯蒂格利茨:《1%的人所有、1%的人治理、1%的人享用》,载陈人江编:《西方危机之争》,中国社会科学出版社 2013 年版。

[20] 赫景秀等:《社会两极分化加剧:中产没落,美国滑向"贫困大国"?》,《环球时报》2016 年 7 月 5 日。

[21] 尼·康德拉季耶夫:《经济生活中的长期波动》,载《现代国外经济学论文选》,商务印书馆 1986 年版。

[22] 约翰·威克斯:《资本扩张与世界不平衡发展》,载张宇等主编:《高级政治经济学:马克思主义经

济学的最新发展》,经济科学出版社 2002 年版。

[23] 迈克尔·赫德森:《国际贸易与金融经济学:国际经济中有关分化与趋同问题的理论史》,中央编译出版社 2014 年版。

[24] 傅莹:《探讨失序抑或秩序再构建问题》,《人民日报》2016 年 6 月 9 日。

(本文原载《当代经济研究》2017 年第 8 期)

当代资本主义危机的政治经济学分析

周　文　方　茜*

摘　要　从生产领域到流通领域，从经济危机到生态危机，再从结构性危机、周期性危机到系统性危机理论，尽管国内学界对资本主义危机的认知不断深化，但仍有不足：一是从政治经济学角度展开分析的偏少，从资本主义固有矛盾切入危机讨论的力度不够；二是大多从单一视角研究资本主义危机，将多视角研究联系起来讨论的较少。基于此，本文力求从马克思主义政治经济学的视角解析资本主义危机，从当代资本主义三大变化（经济全球化、新自由主义和金融化）切入对资本主义危机的讨论。本文认为，全球化、自由化和金融化在满足了资本主义剥削和逐利的同时，正副效应叠加，导致资本主义危机的升级，也导致了资本主义危机的多样化、复杂化和系统化。

关键词　资本主义危机　经济全球化　新自由主义　金融化

资本主义自诞生以来，无论在经济发展、科技创新、国家治理和社会健全等方面都有了历史性进步，但是随着资本主义的发展，其固有的矛盾却在发展中越来越尖锐化和复杂化。20世纪70年代以来，资本主义国家经历了经济长期停滞、金融危机频发、全球治理危机和社会抗争复苏等一系列危机。2008年美国次贷危机引发的全球金融危机暴露出资本主义的深层次矛盾，影响至今。对内，西方国家在解决自身问题上救治乏力。对外，在处理区域性和全球性问题上更缺乏应对方案和影响力，陷入一种无所适从的境地。

正是由于资本主义在发展中不断暴露出的问题和矛盾，使得学者对资本主义的批判不断加码。相反，对社会主义，特别是对中国发展成就的认知，形成了批判和反批判的强烈反差。作为两种基本体制，资本主义仍旧是社会主义的主要对手（俞可平，2015），两者较量依旧激烈。20世纪80—90年代，一批社会主义国家在资本主义推行的“华盛顿共识”中，出现经济大衰退，有的甚至解体。资本主义的阵营空前强大，占据绝对优势。但是，21世纪以来，伴随着资本主义危机的加剧，世界体系呈现“西方的衰落”和“东方的兴起”，资本主义的落寞与社会主义的自信形成强烈的反差，实力悬殊的格局开始扭转。而中国全球治理话语权的提升、资本主义左翼学者的活跃，

---

* 周文，复旦大学当代马克思主义研究院教授；方茜，四川省社会科学院政治学所所长，研究员。

诸多现象说明,曾标榜为"先进"的资本主义,已在过渡积累中走向衰亡。正确认识资本主义危机的病因,既能增强我们对社会主义的自信,也能让我们在不断加剧的意识形态冲突中,站稳立场,坚定信念。

从现有的文献来看,学者们对当代资本主义危机的研究各有侧重。总体上,可将这些观点分为两派,即局部性危机派和系统性危机派。主张局部危机的学者将讨论重点放在经济领域。主张系统危机的学者则认为,资本主义危机并不仅仅限于某个地区、领域、行业或是行业(童晋,2016),已从生产相对过剩的商业危机、货币支付手段不足的金融危机演变为经济、政治、社会和思想各方面交织并发的全面的、深刻的、结构性的危机(赵丽华、赵旭亮,2013)。客观地说,局部危机主张者对资本主义的批判并不彻底,其间隐含这样一个逻辑,资本主义本身并没有问题,只要消除新自由主义、经济全球化、金融化等造成的负面影响,通过对机构进行救助或强化对金融系统的管控,危机就可避免。与局部性危机主张者不同,系统性危机论者认为,资本主义国家反复发生经济危机、金融危机,尽管危机源可能不同,却都表明了它是体制性、系统性和根本性的(王今朝,2016),而系统性危机只能通过系统的重建来实现(大卫·科茨,2010)。

毋庸置疑,系统危机论对资本主义病的诊断更加深刻,但在回答"资本主义需要何种程度的重建"这一问题上,又不够明确。而在西方经济学主流学派中,我们更难找到答案。长期以来,为了替少数资产者讲话,西方经济学主流学派刻意屏蔽了政治和经济的联系,避开生产过程和生产关系对流通过程和交换关系的决定作用,也巧妙地回避了对资本主义生产方式基本矛盾的探讨。这种避重就轻、避实就虚的选择,服从资本逐利的目的,但科学研究的本质被改变了。本研究正是基于此种大背景,力求从马克思主义政治经济学的视角解析资本主义危机。"马克思主义政治经济学的精髓在于它基于辩证唯物主义和历史唯物主义的科学方法论和基本原理,而不在于它在历史条件下得出的某些具体结论。"①在政治与经济关系的基调中揭开资本主义危机的面纱,既可以回答"资本主义向何处去"这类问题,也可以丰富马克思主义经济学的理论,增加其对资本主义危机的解释力。

一、研究现状与评述

(一) 资本主义危机研究的视角

从现有的研究文献来看,虽然对资本主义危机相关理论的分类学界未达成共识,但文献中出现频次较多的理论有马克思经济危机论、结构性危机论、生态危机论、福利国家危机论和系统危机理论等。

马克思经济危机论主要围绕生产过剩展开,从商品过剩、资本过剩以及信用扩张角度剖析资本主义危机产生的根源。马克思经济危机理论强调,资本主义危机非外因所致,而是其内在经济运行机制的必然趋势(Grossmann, 2000)。1929 年亨里克·格罗斯曼在《资本主义制度的积累规律与崩溃:危机理论》中提出,以利润为目的的生产使资本主义不可能像纯粹的使用价值生产那

① 参见卫新华、林岗主编:《马克思主义政治经济学原理》,中国人民大学出版社 2012 年版,第 1 页。

样永续下去,利润的消失将导致生产过程的中断(Grossmann and Banaji, 1995),资本主义危机是资本主义崩溃的自然结果。学者普遍认为,马克思为经济危机理论为理解资本主义危机提供了坚实的理论支柱,其超越历史的宽大研究视野迄今无人可及(侯为民, 2015)。

结构性危机是指,非周期性因素引起的经济结构失调所造成的危机(俞可兴,1992)。二战后,资本主义频发生态危机、原料危机、能源危机、粮食危机等结构性危机。20 世纪 70 年代以前,结构性危机主要发生在生产领域,并向流通领域蔓延。20 世纪 70 年代后,生产领域和流通领域的结构性危机交织,成为资本主义的重要特征。结构性危机理论特别强调各国发展不平衡、产业结构失衡以及国际分工体系变革等,都是结构性危机的诱因。而科技进步引发的传统工业衰落,国际债务危机、金融危机等则是结构性危机的主要表现。学者普遍认为,资本主义危机的复杂性的最重要的表现是,周期性危机和结构性危机的相互交织和加深(尔·恩托夫、李琮,1988)。

生态危机理论强调生态危机、经济危机是资本主义的两种主要危机。生态危机理论的切入点是消费异化、劳动异化。约翰·福斯特认为,资本主义生产方式导致劳动过程和交换过程的异化。"这种体制的显著特征犹如一种巨型的松鼠笼子。几乎每一个人都是其中的脚踏轮上的一部分,既不可能也不愿意从中脱离……成为环境之主要敌人者不是个人满足他们自身内在欲望的行为,而是我们每个人都依附其上的这种像踏轮磨房一样的生产方式。"①在福斯特看来,人本来是通过劳动与自然实现物质交换的,但资本主义将劳动异化了。原本有序的物质交换过程被欲望膨胀的商品交换所替代。伴随资本不断积累,人被异化的范围从生产领域延伸到消费领域。消费一方面成为劳动自由的补偿;一方面又成为资产阶级实施控制的工具。消费异化使得人的需要与消费发生背离,导致人与自然关系的扭曲。

福利国家危机理论主要研究后期资本主义引发的危机。后期资本主义与后工业时代、后现代社会以及信息社会等概念相称,其特点是资本主义传统控制手段被替代,权力行使更加依赖专业化方法和科学技术,被哈贝马斯称为"由国家调节的资本主义""有组织的资本主义"。福利国家危机理论强调经济危机是资本主义的第一层次危机。伴随资本主义社会变革和调整,危机逐渐向第二层次危机过渡,即"危机管理的危机",最终表现为政治系统的危机。该理论代表人物克劳斯·奥菲认为,经济、政治和规范是资本主义的三个子系统,三者关系紧密,相辅相成。经济子系统是资本主义社会的基础,会受到政治和规范子系统的侵入,特别是政治子系统会将威胁导入到经济系统,使得经济层面的危机转化为政治层面的危机,这正是现代资本主义面临的主要尴尬症状(舒建华,2017)。

系统危机理论认为,资本主义危机具有综合性、复杂性。经济危机、政治危机、社会危机、文化危机、生态危机是资本主义系统危机的主要表现。随着资本主义生产方式的全球延伸,资本主义危机在全球范围拓展,具有了全球化特性。新自由主义危机理论可归于系统论。该理论认为,新自由主义促进高利润和长期的经济扩张,导致不平等增加、金融化程度加剧以及资产泡沫,为资本主义系统性危机打下基础(大卫·科茨,2010),代表人物有大卫·科茨、热拉尔·杜梅尼尔、多米尼克·莱维等。

---

① 参见约翰·B.福斯特:《生态危机与资本主义》,上海译文出版社 2006 年版,第 175 页。

(二) 国内相关研究状况与简要评述

在国内知名数据平台 CNKI 对资本主义危机的文献进行检索。设置检索条件为主题词“资本主义”“危机”“经济危机”，检索时间段为 1949—2017 年，文献范围限定在核心期刊。对检索到的文献进行清洗，删去书评、公告等，得到有效文献 567 篇。总体上，在资本主义危机研究领域成果领先的机构是中国社会科学院、复旦大学和中国人民大学，学者多来自马克思主义、政治学、世界经济、公共管理等学科。该议题国内期刊论文作者的机构分布见图 1。

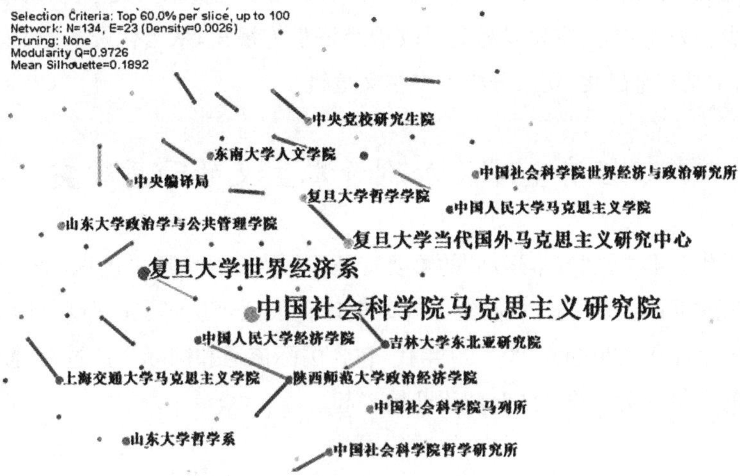

图 1　国内期刊论文作者的机构分布

从关键词来看，学者分析资本主义危机的重点在“新自由主义”“经济全球化”“金融危机”“当代资本主义”“资本主义基本矛盾”，对危机的讨论则主要包括“经济危机”“金融危机”和“生态危机”三个方面(见图 2)。

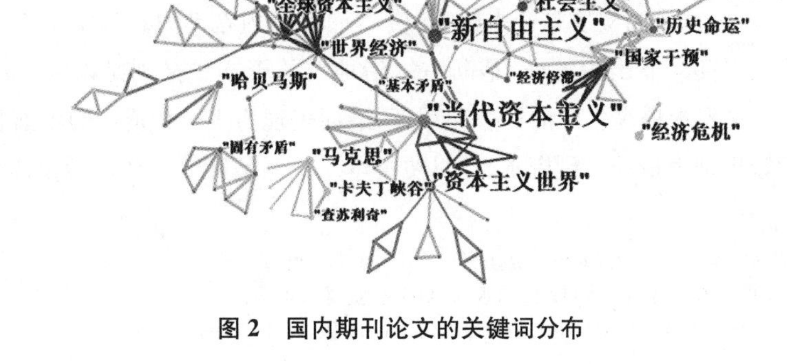

图 2　国内期刊论文的关键词分布

从时间上看，学界对该议题讨论的重心有所变化。如 2008 年的突发主题是“次贷危机”，2009—2010 年的突发主题是“金融危机”；2012 年是“金融化”和“当代资本主义”，2014 年、2015 年的突发主题则是“经济危机”“资本主义多样性”。

综上，学界对资本主义危机的认识在不断深化，从生产领域扩展到流通领域，从经济危机拓展到生态危机，再从结构性危机、周期性危机发展到系统性危机理论。目前，国内研究热点与当代资本主义的变化基本吻合，但仍有不足。一是从政治经济学角度展开分析的偏少，从资本主义固有矛盾切入危机讨论的力度不够；二是大多从单一视角研究资本主义危机，将多视角研究联系起来讨论的较少。为此，本文主要以马克思政治经济学为视角，从当代资本主义三大变化（经济全球化、新自由主义和金融化）切入分析资本主义危机。

二、经济全球化加剧资本主义的矛盾冲突

全球化是当代资本主义“资本运动”的重要特征。作为客观的历史进程，全球化始于 19 世纪 60 年代世界市场的形成，发展于 20 世纪中叶。全球化大致经历了三个阶段，即生产全球化、贸易全球化和金融全球化。20 世纪 80—90 年代，包含国际流通和国际生产过程，涵盖世界经济再生产全部过程的完整意义上的经济全球化开始兴起。

（一）经济全球化扩大资本输出和扩张资本增值空间

经济全球化既是资本本性使然，也是国家垄断资本主义发展到一定阶段的产物。在马克思看来，资本扩张的本性必然导致全球化趋势。“利润是资本主义生产的推动力，只有那种在生产上有利润可得并且实际会提供利润的东西才会被生产出来。”①对剩余价值的渴望，迫使资本不断发展生产力、扩大生产规模、延伸市场范围。资本一方面要力求摧毁资本运动的地域限制，夺得整个地球作为它的市场；另一方面，“它又力求用时间去消灭空间，把商品从一个地方转移到另一个地方花费的时间缩短到最低限度”②。随着生产力提升、科学技术进步、生产社会化程度提高、世界市场扩大，国际分工在广度和深度上的不断延伸，必然要求资本配置从一国范围扩展到全球范围，跨国生产、国际贸易、资本国际运动成为常态。经济全球化不仅是资本主义在地理空间上的延展，更是资本主义“改变、调整以至最后消除”阻碍资本进行“世界规模积累”的国与国的自然和人为疆界的过程。③

更进一步，经济全球化的实质是资本输出，资本增值是内在动力。列宁认为，自然竞争占统治地位的资本主义以商品输出为特征，垄断占统治地位的资本主义则是以资本输出为特征（列宁，2014）。资本主义发展提高生产的社会化程度，继而表现为生产和资本的不断积累和集中，在发达资本主义国家出现大量的过剩资本。“只要资本主义还是资本主义，过剩的资本就不会用来

① 参见马克思：《资本论》第 1 卷，人民出版社 1973 年版，第 283 页。

② 参见《马克思恩格斯文集》第 8 卷，人民出版社 2009 年版，第 169 页。

③ 参见雅克·阿达：《经济全球化》，中央编译出版社 2000 年版，第 3—4 页。

提高本国民众的生活水平，而会输出国外，输出到落后的国家去，以提高利润。”(列宁，2014:60)资本主义将剩余资本输出到原料丰富、地价低、工资低但资金匮乏的国家或地区，而这些国家或地区的利润通常都很高。资本主义输出资本源于一些资本主义国家中有利可图的投资场所已经不够了(列宁，2014)。从而，一旦一个或者少数几个资本主义国家爆发危机就会使危机波及世界。

(二) 加剧资产阶级与无产阶级冲突规模

经济全球化的过程也是资本主义剥削向外延伸的过程，导致资产阶级与无产阶级的对抗不断加剧。首先，发达国家资本家将工厂转移到国外，是全球化进程的普遍现象，也是资本主义剥削关系突破国界的主要方法。剥削关系的延伸不仅体现在发达国家与发展中国家，也体现在发达资本主义国家之间。“美国资本家到日本开工厂，美国资本家就剥削日本工人；而日本资本家到美国去开工厂，日本资本家就剥削美国工人，都存在剥削。”①其次，经济全球化导致生产和资本的不断集中，加剧了垄断。大资本家剥削小资本家，一个资本家打倒许多资本家。一个生产部门的大部分生产和销售被少数大企业控制。资本的无限积累原则，使得“资本不可逆转地不断积累，并最终掌握在一小部分人手中，是一个没有天然界限的过程”②。再次，经济全球化过程中无产阶级队伍不断壮大。机器替代劳动力产生更多的失业工人，破产的小企业主被抛入无产阶级队伍，以及利息率下降使得“小食利者不能再依靠自己的利息过活，只好到工业中去”③。最后，伴随着经济全球化的深入，资本主义在世界市场上扩大资本输出，形成垄断同盟，达成世界性的协议，强资本、弱劳工的局面不断固化。资本越来越集中，在全球运营能力不断提高，在谈判中讨价还价的能力更强，迫使资本输入国通过降低关税、改善服务、取消管制以及出台优惠政策等吸引投资，而这些是以牺牲劳工利益为代价的(程恩富、朱富强，2000)。相较资本实力的不断增强，劳动集体力量越发分散。

综上，经济全球化的过程是资本主义向外输出资本，实现剥削全球化的过程，也是资本主义基本矛盾的全球扩展过程。全球化强化了发达资本主义国家垄断资本的主导地位，使得资产阶级与无产阶级的冲突从发达国家内部向外延伸，演变为发达国家资产阶级与本国、他国无产阶级的冲突，而跨国资产阶级与跨国无产阶级的矛盾开始成为国际社会的主要冲突。

三、新自由主义加剧了资本主义的系统性危机

20世纪60—70年代，西方主要资本主义国家经济增长速度减缓，通货膨胀加剧，财政预算赤字增加，爆发了“滞胀型”经济危机。西方经济学家将此轮危机归结于凯恩斯主义的错误，转而回归市场导向，强调政府放松对经济和金融的管制，弱化福利。“滥觞于二战之前且被长期边缘

① 参见于光远：《政治经济学社会主义部分探索(三)》，人民出版社1985年版，第560页。

② 参见托马斯·皮凯蒂：《21世纪资本论》，中信出版社2014年版，第10页。

③ 参见《马克思恩格斯文集》第1卷，人民出版社2009年版，第752页。

化的反对国家干预的新自由主义开始迈向历史前台"（刘儒，2016），成为主流经济学。伴随着"华盛顿共识"的全球推进，新自由主义理论嬗变为资本主义的经济范式、政治纲领和政策体系（胡乐明、宁阳，2013）。

（一）新自由主义加重经济运行的无序状态

20 世纪 30 年代西方资本主义国家相继出现了反对资产阶级的斗争高潮。为了缓解冲突，资本主义国家以凯恩斯主义为核心调整了体制和政策。凯恩斯主义的政策主张对缩小贫富差距，增加就业起到了较好效果，为资本主义带来了短暂的繁荣。但凯恩斯只能缓解而非解决资本主义的矛盾。以凯恩斯主义为代表的国家干预政策的失败成为新自由主义"反凯恩斯革命"的充分理由。

但是，新自由主义的政策举措进一步强化了基本矛盾。新自由主义的主要内容包括：一是减少政府宏观干预，政府职能倾向于保证低通货膨胀率，而不是低失业率；二是削减工会力量，增加资本对劳动的控制权；三是削减公共服务开支，削减社会福利政策；四是为企业和富人减税；五是取消对商业和金融的管制，实现资本的自由流动；六是私有化社会资产和服务。表面上，新自由主义在做减法，减少各种约束以实现经济自由。实质上，新自由主义是在削减政府、工会和劳动者竞争力的同时，增加资产阶级的自由（如减税），为资产阶级创造有利于剥削的新环境（如取消管制、倡导私有化）。新自由主义让资本剥削劳动更为自由、便利：一方面，它以减税的方式增加企业自由，调节资本与国家的关系；另一方面，它又通过推动外汇市场自由化和汇率调整的方式，改善本国资本主义的国际市场竞争力；再一方面，它也打压劳动阶级以及为劳动阶级说话的工会，保证资本主义有庞大的产业后备军队伍。新自由主义实施的结果是，个别企业生产的组织性与整个社会生产无政府状态相对立的格局更加严重，加剧了经济运行的无序状态。

（二）新自由主义加剧世界贫富分化

新自由主义遵循的基本逻辑是，市场是万能的，而保证市场的功效需要私有化和自由化两个条件。过去三十余年，世界上大多数国家采取了自由主义市场的政策，但未达到预期效果。自由市场政策不仅阻碍大多数国家的经济增长，拉大不平等差距，还加剧经济的不稳定性。"自由市场理论家传播的'真理'如果不是一些藏有私心的观念，就是建立在不严密的假设和主观狭隘的幻想之上的东西。"①即使在美国，新自由主义成为政策主导后，也出现了工人阶级失业率上升、生活水平下降以及工作环境恶化诸多问题（大卫·科茨，2016）。"20 世纪 70 年代以来，美国人的工资长期停滞不前和劳动时间不断延长；撒哈拉以南非洲的生活水平在过去 30 年里一直原地踏步；拉丁美洲的人均收入增长率在这一时期降低了三分之二。"②

就私有化来看，新自由主义并不自由，而是"选择性自由"，"资产阶级的自由"。对私有化，新

---

① 参见张夏准：《资本主义的真相：自由市场经济学家的 23 个秘密》，新华出版社 2011 年版，第 3 页。

② 同上书，第 2—3 页。

自由主义代表人物哈耶克在《通往奴役之路》中这样阐述:“私有制是自由最重要的保障,这不单是对有产者,而且对无产者也是一样。”①哈耶克忽视了资本主义私有制是建立在“剥削他人劳动”基础之上的,所谓的自由只是劳动的有限自由②,而非“分配的自由”。站在资本对面的劳动取得的收入分配远远低于资本的分配。贫困在劳动层面不断加大,财富在资本层面不断集中。私有化使得“生产资料的集中和劳动的社会化,达到了同它们的资本主义外壳不能相容的地步”③。

新自由主义代表食利阶级的利益,代表少数资产者和企业上层管理者(特别是金融类企业)的利益诉求。资产阶级及其代理人借助新自由主义在全球巩固自己的霸权地位(裴小革,2015)。新自由主义提倡的一系列政策,与马克思在《资本论》中提到的资本主义阻挠和抵消“利润率下降”的原因是基本一致的。而“一切现实的危机的最后原因,总是群众的贫穷和他们的消费受到限制,而与此相对比的是,资本主义生产竭力发展生产力”④。新自由主义导致的两极分化不仅体现在资本家与工业阶级、企业高管与普通工人、主流社会与边缘群体之间,还表现在发达国家与发展中国家,跨国垄断资产阶级与跨国工人阶级之间。在经济全球化活跃的 20 世纪 80—90 年代,美国收入前 10%人群的收入占国民收入的比重从 35%提高到 47%左右;德国、法国、英国私人资本与国民收入之比从 3 提升到了 5 左右。⑤瑞士信贷银行研究所发布的《2016 年全球财富报告》显示:全球 0.7%的人口掌握了整体财富的 45.6%,而全球 73.3%的人口仅掌握了整体财富的 2.4%。这一比例高于 2000 年,表明世界人口财富的差距仍在拉大。

综上,资本逐利的本性驱使其迈过国家边界、意识形态等诸多阻碍,寻找更低的成本、更大的市场和更多的消费。新自由主义的内核“三化”(即市场化、自由化和私有化)适应了国家垄断资本向国际垄断资本过渡的需要,满足垄断资本急于从福利国家制度、国家主权和国家疆界等诸多束缚中脱身的诉求。对内,为了保持国际竞争力,企业倾向于降低劳工标准和环境标准。对外,资本主义竭力打开民族国家的市场,借助搭载全球化之舟,向各国特别是发展中国家输送新自由主义思想。20 世纪八九十年代,资本主义国家在拉美、苏东、东南亚经济改革过程中强推以新自由主义为核心的“华盛顿共识”,直接导致苏联解体以及拉美国家经济大衰退,弱化了这些国家的经济主权。因此,新自由主义替代凯恩斯主义后并未治愈或平复资本主义危机,反而引发更加严重的问题。那些过去对危机曾有效的政策,对 2008 年的危机已经无效。以新自由主义为核心的社会积累结构不是一个有效的结构,不能维持经济的增长和稳定。大卫·科茨、多米尼克·莱维等学者认为,2008 年的金融危机是特定形式的资本主义系统性危机,即新自由主义资本主义的系统性危机。

① 哈耶克:《通往奴役之路》,中国社会科学出版社 1997 年版,第 123 页。

② 在就业问题上,劳动者没有充分的自由。

③ 参见马克思:《资本论》第 1 卷,人民出版社 2004 年版,第 874 页。

④ 参见马克思:《资本论》第 3 卷,人民出版社 2004 年版,第 548 页。

⑤ 参见托马斯·皮凯蒂:《21 世纪资本论》,中信出版社 2014 年版,第 25 页。

四、金融化破坏资本积累与再生产的运行规律

金融化是当代资本主义最重要的经济特征，主要是指“在国内和国际两个层面上，金融市场、金融机构以及金融业精英们对经济运行和经济管理制度的重要性不断提升的过程”①。有的学者也将金融化称为“资本积累过程的金融化”“经济金融化”。

（一）金融化强化了资本与生产的分离

列宁认为，金融资本的统治是资本主义的最高阶段。这一阶段，资本与生产的分离达到了极大的程度。“资本主义的一般特性，就是资本的占有同资本在生产中的运用相分离，货币资本同工业资本或者说生产资本相分离，全靠货币资本的收入为生的食利者同企业家及一切直接参与运用资本的人相分离。”（列宁，2014：56）

在以生产为主导的资本积累模式中，资本与劳动的结合是紧密的，“再生产—剩余价值—资本积累”是资本主义反复、常用的模式。直到 20 世纪上半叶资本主义的资本积累仍是通过扩大再生产来实现的。20 世纪下半叶，资本主义本质发生变化，积累——即商品和服务领域的真实资本的形成——越来越从属于金融（福斯特，2007）。虽然资本增值不能在流通过程中实现，但货币的资本属性使其可以通过对生产所有权的控制来实现增值。金融化过程中社会再生产不断被削弱，以产业利润为基础和支撑，依靠生产资本积累的剩余价值进行再分配的旧盈利模式，被“以钱生钱”的模式替代。如果股权买卖可以获取利润，资本就没有参与生产的意愿。与关注生产流通领域、细化国际分工的经济全球化不同，金融化切断资本和生产的关系，让金融部门职能从服务生产部门向主导生产部门转移，且不断弱化、丧失服务生产部门的职能，强化了剩余价值生产与社会再生产过程的分离。

实体经济会衰退的根本原因是，资本的本性是逐利，而不是生产。当前，全球范围普遍存在实体经济被资本操纵的现象。类似股份制这样的企业制度，使得资本所有权与使用权脱离有了广大的载体。以“公司治理”为代表的现代企业制度，使得债权人对企业的控制权被强化，股东对产业集团的直接控制构成了金融优势积累体制的一个显著特征（莫雷拉、阿尔梅达，2010）。资本从后台走向企业管理的前台，成为控制投资、生产和雇佣员工的主要力量。而资本逐利的本性使其对企业的关注不会落脚在“生产层面”。在战略决策中，企业更倾向于短期而非中长期策略；在发展上，更偏好为股东派发股息，而非技术研发或投资新产能。资本一旦与生产脱离开来，不再关心价值的生产，其食利者的本性将对生产进行的毁灭性打击。

（二）虚拟经济挤压实体经济引发危机

经济发展的完整过程是“生产—分配—交换—消费”。生产过程产生价值和净增价值，流通

---

① 参见刘元琪主编：《当代资本主义经济新变化与结构性危机》，中央编辑出版社 2015 年版，第 3 页。

过程实现价值和净增价值。经济发展的优劣取决于生产,即价值的生产。只有实体经济发展了,经济才发展了。虚拟资本的运作在分配和交换环节,只是实现价值但不创造价值,其有益于社会财富集中和资源配置优化。也就是说,虚拟经济发展再好,只能表示分配和交换领域的活跃,并不意味着生产力的发展。实体经济的发展和虚拟经济的发展本应相辅相成。当以产业为基础的生息资本的运动包含着产业资本运动时,"虚拟资本的积累对实体资本积累的效率有着巨大的影响,它在适应实体资本积累时,能够使市场交易更加方便,加速资本配置和财富的创造"①。但是,当虚拟资本积累与实体资本积累脱离时,其不成比例的发展会给国民经济带来非常恶劣的后果,金融危机即是其中一个表现。

金融化导致虚拟资本积累快速增加,以及虚拟经济规模的扩大,使得虚拟资本的积累与实体资本的积累脱节。其一,虚拟资本从社会再生产环节脱离出来,生息资本运动频率加快,由长期向短期转移,导致危机爆发周期明显缩短。其二,在"此消彼长"的过程中,实体经济被虚拟经济掏空。新自由主义为资本提供了自由流动的大环境,使得资本更加方便地从实体经济抽离,向虚拟经济转移。在有限资源约束下,虚拟经济抢占了实体经济发展所需的资金和机遇。其三,虚拟经济具有介稳性特质,在经济发展好的时期可以保持相对稳定。一旦外部环境恶化,会迅速破坏经济的稳定性。其四,相比生产过剩危机,虚拟资本积累过度造成的危害更大。虚拟资本建立在信用制度基础上,信用风险具有传染性。虚拟经济形成的泡沫经济,会破坏信用流通链条,造成商品降价、信用票据跌价、企业破产、银行倒闭,以及工厂停工等一连串的问题。虚拟资本的杠杆效应用好了是优势,用坏了就是风险。其五,金融化加重贫富分化。马克思认为,虚拟资本是一种赌博行为,"在这种赌博中,小鱼为鲨鱼所吞掉,羊为交易所的狼所吞掉"②。金融化逐步成为国际垄断资产阶剥削发达国家和发展中国家的中小资产阶级、无产阶级的重要工具。

综上,金融化是资本主义生产和资本集中发展到一定阶段的产物。从时间上看,新自由主义的高潮在20世纪80年代初期,金融化形成的时间节点在20世纪80年代末90年代初,高潮在90年代后。可以认为,新自由主义的失败构成了金融化进程的原因(张晨、马慎萧,2014)。需要明确的是,金融化在破坏资本主义国家经济的同时,也强化了资本主义对全球的控制。在以美国为中心,英国为次中心的金融化背后,资本主义渗透到发展中国家,强化了资本主义的霸权地位。

五、当代资本主义危机的系统性

经济全球化即资本主义剥削的全球化,是资本主义在内部发展乏力、剥削空间减小以及无产阶级反抗力量增加的条件下,实施的向外扩张战略。对全球化的认识,有两点需要关注:一是资

① 参见裴小革:《论虚拟资本与实体资本的积累——兼谈中国虚拟资本积累应注意的问题》,《河北经贸大学学报》2005年第3期,第1—6页。

② 参见《马克思恩格斯文集》第7卷,人民出版社2009年版,第498页。

本输出的过程伴随着剥削关系输出，导致资产阶级与无产阶级冲突的升级，矛盾演进为跨国资产阶级和跨国工人阶级、无产阶级的矛盾。二是当代的经济全球化建立在世界生产体系的基础上，带有利益均沾的特点，是多赢模式。而早期的全球化靠武力和殖民来实现，是发达国家“剪”了发展中国家的“羊毛”，是单赢模式。在多赢模式中，一些资本主义国家感觉获利少了、负担重了，故而转向了“逆全球化”。

新自由主义的本质是资本主义为发展打造适应的环境，方便自己更好地实施剥削。在国内，资本主义通过反抗“凯恩斯主义”，减少政府干预、鼓吹市场万能，放宽金融监管、弱化工会力量等，制造出虚假的繁荣。在国外，资本主义宣扬新自由主义的“优越”，向发展中国家、社会主义国家推行“华盛顿共识”，导致这些国家经济停滞、发展停滞。对新自由主义的认识，有三点需要关注：第一，新自由主义代表食利阶级的利益，导致了更为严重的贫富分化。第二，新自由主义的内核“三化”（市场化、自由化和私有化）让资产阶级更加任性，加重了经济运行的无序状态。第三，新自由主义适应了国家垄断资本向国际垄断资本过渡的需要。

金融化让资本主义积重难返的原因是，其强化了资本与生产的分离。对金融化的认识，需要关注三点：第一，金融化切断了资本和生产的关系，导致剩余价值生产与社会再生产过程的分离，金融部门的职能从服务生产部门向主导生产部门转移。第二，金融化导致虚拟经济与实体经济发展脱节，抢占了实体经济发展的资金和机遇。第三，虚拟经济过度发展让经济体系面临更高风险。

经济全球化、新自由主义和金融化的关系是：(1)经济全球化的过程也是新自由主义全球化和金融全球化的过程，经济全球化给了新自由主义和金融化更大的地理空间和经济空间。(2)新自由主义为资本主义营造了更加自由的环境，加速了金融化形成。(3)三者正负效应叠加，导致资本主义危机的升级，也导致了资本主义危机的多样化、复杂化和系统化。三者的共性是：(1)满足了资本主义剥削和逐利的目的；(2)扩大了资产阶级和无产阶级的冲突规模；(3)扩大了危机影响的空间和群体；(4)加剧了贫富分化。

近期资本主义国家出现了“逆全球化”趋势，如英国脱欧事件，跨太平洋伙伴关系协定(TPP)无疾而终，以及美国新一届总统特朗普上台后发布的“穆斯林禁令”。事实上，逆全球化并不是解决资本主义危机的良策。首先，资本主义国家将危机归结于全球化是一个误判。全球化导致财富更多地集中在少数人手里，而新自由主义打压了无产阶级在再分配领域减贫的空间。贫穷的增加、消费的减少与生产力的迅速提升，加重了生产过剩。在生产领域获利艰难，资本从实体经济转移至虚拟经济，实体经济的衰败导致更大的失业群体。不消除新自由主义、金融化的负面影响，不解决私有制“按资分配”这一问题，资本主义国家靠“关门”是解决不了危机的。其次，“逆全球化”在资本主义国家恐难推行。“逆全球化”不是资产阶级的诉求。“逆全球化”意味着去市场化、减少社会化生产规模，这与资本逐利的本性相悖，必然遭受资产阶级抵制。虽然民主大众形成的政治控制权可以倡导“逆全球化”，但经济控制权始终掌握在资产阶级手中。政治权利、经济权利哪种力量占优尚无定论，孰胜孰败也无定数，美国就是最好的实例。第三，资本主义选择“逆全球化”的原因并非“不想”，而是“不满”。在全球化过程中，资产阶级始终是受益者，资本主义国家的无产阶级才是受损者。但国际垄断资本主义认为经济全球化的收益在减少,而负担相对过重,希望“卸包袱”。因为,解决问题关键不在“逆”,而在如何调整利益分配、财富分配。

综上,当代资本主义仍处于不断发展的过程中。通过扩展活动空间、扩大活动领域、创新活动形式等化解各种因素对资本主义的限制。经济全球化、新自由主义和金融化是不同时期资本主义求变、求进的重要选择,体现了资本主义积极的一面。但资本主义危机是系统性的,所谓系统性危机,就是“牵一发而动全身”。资本主义的系统性危机具有三个特征:一是危机对经济的危害更甚,资本更加垄断,失业人口增加,先前解决危机的方法不可行;二是危机产生的周期更短、经济更不稳定;三是资本主义危机的负外部性更大,危机与世界的联动性更大,对各国的危害更大。而资本主义面对这种系统性危机,只能缓解或延迟冲突的爆发,但无法避免罗莎·卢森堡所说的“最后的危机”,即资本主义向社会主义的最终转化。

参考文献

[1] C.A.莫雷拉、A.阿尔梅达:《资本主义的“金融化”及其近年来对拉丁美洲新兴经济体的影响》,《当代经济研究》2010 年第 9 期。

[2] H. Grossmann, “The Theory of Economic Crises”, *Research in Political Economy*, 2000, 18, 171—180.

[3] H. Grossmann and J. Banaji, *The Law of Accumulation and Breakdown of the Capitalist System: Being also a Theory of Crises*, Pluto, 1995.

[4] 程恩富、朱富强:《经济全球化:若干问题的马克思主义解析》,《上海经济研究》2000 年第 7 期。

[5] 大卫·科茨:《当前的金融和经济危机:一个新自由资本主义的系统性危机》,《上海金融学院学报》2010 年第 2 期。

[6] 大卫·科茨:《新自由主义的衰落与社会主义的未来——大卫·科茨访谈》,《当代世界与社会主义》2016 年第 2 期。

[7] 尔·恩托夫:《结构性危机与周期性危机相互影响的基本形式》,《国际经济评论》1988 年第 4 期。

[8] 侯为民:《生产过剩、信用扩张与资本主义经济危机——马克思的经济危机理论及其现实启示》,《学术研究》2015 年第 2 期。

[9] 胡乐明、宁阳:《如何看待新自由主义》,《紫光阁》2013 年第 11 期。

[10] 列宁:《帝国主义是资本主义的最高阶段》,人民出版社 2014 年版。

[11] 刘儒:《国际金融危机与国家垄断资本主义新发展》,《红旗文稿》2016 年第 5 期。

[12] 裴小革:《新自由主义与资本主义经济危机——基于阶级分析方法的研究》,《理论探讨》2015 年第 3 期。

[13] 舒建华:《系统危机理论视域下的资本主义危机新形式——奥菲的资本主义福利国家危机理论》,《贵州省党校学报》2017 年第 1 期。

[14] 童晋:《21 世纪的资本主义向何处去——西方左翼人士对资本主义危机的新审视》,《当代世界与社会主义》2016 年第 6 期。

[15] 王今朝:《当代资本主义危机的系统性和根本性》,《人民论坛·学术前沿》2016 年第 20 期。

[16] 俞可平:《择其不善者而改之》,《学习时报》2015 年 12 月 31 日第 6 版。
[17] 俞可兴:《试论当代资本主义结构性危机》,《世界经济》1992 年第 11 期。
[18] 约翰·B.福斯特:《资本主义的金融化》,《国外理论动态》2007 年第 7 期。
[19] 张晨、马慎萧:《新自由主义与金融化》,《政治经济学评论》2014 年第 4 期。
[20] 赵丽华、赵旭亮:《当前资本主义危机的新特点及其原因探讨》,《求实》2013 年第 4 期。

（本文原载《经济学动态》2017 年第 6 期）

劳动价值论研究

从"新解释"到价值转形的一般理论

孟　捷*

20 世纪 80 年代初,美国学者弗里(Duncan K. Foley)、法国学者迪梅尼尔(G. Dumenil)分别独立提出了一种关于劳动价值论的新见解,引发了国际马克思主义经济学界的长期关注和讨论。①在文献中,这一新见解起初被称为"新解法"(new solution),后来则冠名为"新解释"(new interpretation)。新解释为转形问题的研究提供了一个新思路。自此,围绕转形问题的研究和争论,在相当程度上是以新解释提出的方法和问题为核心的。"新解释"的出现虽然有利于转形问题的研究摆脱鲍特基维茨和新李嘉图主义传统的束缚,但因其在考察价值和价格的关系时囿于净产品,也招致了不少诟病。本文指出,新解释被忽略的真正贡献在于其回到了马克思原初的立场,即以产出而非投入的价值作为转形的出发点。本文继承这一立场,并试图在下述方面进一步发展新解释所倡导的方法:第一,利用冯金华提出的实现价值方程,将这一方法推广到总产品;第二,强调转形不必局限于均衡条件,在再生产失衡的前提下,同样存在价值转形;第三,结合第二种社会必要劳动(或第二种市场价值)概念,对转形所需服从的总量一致命题作了新的阐释。转形不仅是从价值到生产价格的转形,在考虑非均衡和市场价值概念的前提下,也是从第二种含义的市场价值向市场生产价格的转形。

一、以"新解释"为中心的当代转形理论:一个批判的概述

(一) 新解释的基本思想:一个再评价

新解释的理论出发点来自劳动价值论的基本思想:生产中投入的活劳动创造新价值。但新解释把这个纯理论命题转换成了经验性命题,主张在生产中使用的活劳动与扣除了中间物质消耗的净产品之间,存在着因果关系。基于这一观点,新解释在总量层面定义了"劳动时间的货币表现"(monetary expression of labor time, MELT),它等于某一时期以市场价格度量的增加值(等于该时期产出的价格减去工资以外的成本)与生产性活劳动的比率。根据新解释的这一定义,货币的价值(不同于货币商品的价值)等于 MELT 的倒数,即等于 1 单位货币所代表的抽象劳动量。借用弗

---

* 孟捷,复旦大学经济学院特聘教授、博士生导师。

① Dumenil, G., 1983—1984, "Beyond the Transformation Riddle: A Labor Theory of Value", *Science and Society*, Vol.47 No.4; Foley, D.A., 1982, "The Value of Money, The Value of Labor Power, and the Marxian Transformation Problem", *Review of Radical Political Economics*, Vol.14 No.2, pp.37—47; Foley, D.A., 1986, *Understanding capital*, Cambridge: Harvard University Press.

里的例子，在 20 世纪 80 年代初，美国国民收入的增加值或净产品大约等于 3 万亿美元，雇佣劳动力 1 亿人左右，如果假设这些人一年里工作 50 周，每周的标准工作时间是 40 小时，再假设这些人全部在生产性部门就业，则所耗费的全部活劳动时间就等于 2 000 亿个小时。根据这些条件，每小时劳动平均可带来 15 美元的增加值，即 MELT= 15；货币的价值则等于其倒数(1/15)。①

在概述新解释的基本思想时，大多数文献都使用了由多部门构成的方程组。伦敦大学亚非学院的法因(B. Fine)、拉帕维萨斯(C. Lapavitsas)、萨德-费罗(A. Saad-Filho)在一篇合著文章中则指出，这样做并无必要，利用简单的数学表述便足以概括新解释的基本思想。②记某一经济中的总利润为 Π，净收入(即总收入减去非工资成本)为 R，货币工资率为 w，活劳动总量为 L，总剩余价值为 S，货币价值 $m=L/R$，可以写出以下三个等式：

$$\Pi = R - wL \tag{1}$$

$$S = L - wLm \tag{2}$$

$$Rm = L \tag{3}$$

其含义分别为：总利润等于净收入减货币工资总量，总剩余价值等于活劳动总量减货币工资所代表的价值量，通过货币价值得到的净产品价值量等于活劳动量。

值得注意的是，在给定 m 即货币价值的定义时，等式(3)事实上是同义反复。在等式(1)的两端乘以 m，解出 Rm 后代入等式(3)，可有：

$$\Pi m = L - wLm \tag{4}$$

或

$$S = \Pi m \tag{5}$$

等式(5)意味着，总利润乘以货币的价值等于总剩余价值，或言之，利润是剩余价值的货币表现形式。

法因等人在概括新解释的基本思想时，只采用了上述 5 个等式。在此基础上，还可添加一个等式

$$e = \frac{S}{V} = \frac{\Pi m}{wLm} = \frac{\Pi}{wL} \tag{6}$$

其中 e 为剩余价值率，V 是劳动力价值总量。等式(6)表明，剩余价值率既可看作剩余价值和劳动力价值之比，也可以看作利润总量和货币工资总量之比。

在新解释那里，只要给定货币价值和劳动力价值的定义，就会得出上述等式。值得强调的是，这些等式不受特定的价格形成原则的束缚，即新解释的核心思想既适用于一个利润率平均化，从而形成了生产价格的经济，也适用于市场价格偏离生产价格、不存在利润率平均化的经济。③在此

① Foley, D.K., 1986, *Understanding capital*, Cambridge: Harvard University Press, p.14.

② Fine, B., C. Lapavitsas, and A. Saad-Filho, 2004, "Transforming the Transformation Problem: Why the 'New Interpretation' is a Wrong Turning", *Review of Radical Political Economics*, Vol.36 No.1.

③ 法因等人认为：新解释只是一个解释，其正式内容属同义反复。参见 Fine, B., C. Lapavitsas, and A. Saad-Filho, 2004, "Transforming the Transformation Problem: Why the 'New Interpretation' is a Wrong Turning", *Review of Radical Political Economics*, Vol.36 No.1, p.6；另见 Saad-Filho, A., 1996, "The Value of Money, The Value of labour power and the Net Product: An Appraisal of the 'New Approach' to the Transformation Problem", in Freeman A., and G. Carchedi, eds., *Marx and Non-Equilibrium Economics*, Cheltenham, U.K: Edward Elgar, p.132。

意义上，新解释并不以解决转形问题为其唯一目的，但是，正如下文将要看到的，新解释的确构成了对转形问题的一种解答。在新解释的转形模型中，等式(3)和等式(5)都可作为转形的不变性条件，其含义分别为：第一，投入生产的活劳动所形成的新价值等于净产出在实现后取得的价值(后者等于净收入乘以货币的价值)；第二，在生产中形成的总剩余价值等于在交换后所取得的总剩余价值(后者等于总利润乘以货币的价值)。不过，正如后文在介绍伊藤诚时将要看到的，新解释自身对于等式(3)和等式(5)的理论意蕴阐述得并不充分，需要借助其他学派的工作，我们才能更为清晰地认识这些等式的含义。

等式(3)作为转形的不变性条件，同时也构成了对鲍特基维茨(Ladislaus von Bortkiewicz)所代表的转形研究进路的拒斥，使新解释在某种意义上回到了马克思原初的立场。等式(3)有两个特点：第一，等式右边的 L，代表了生产中投入的活劳动及其创造的净产出的价值；第二，从货币资本循环公式 $G—W—P—W'—G'$ 来看，等式(3)对应的是其中的 $W'—G'$ 阶段，即净产出的价值表现为货币衡量的增加值。因此，等式(3)的提出，意味着新解释明确将产出(W')而非投入的价值(W)作为转形的真正出发点。与此相反，在鲍特基维茨看来，马克思只限于将产出的价值转形为生产价格，而未将投入的价值作类似处理，因而在理论上是不彻底的。①但问题是，从再生产过程来看，当期的投入就是上一期的产出，如果像鲍特基维茨那样，将投入的价值和产出同时转形，对各部门而言，前后两个再生产时期的单位产出价值就是相等的。这一假设若能成立，又需以再生产过程中没有技术进步，且始终存在再生产均衡为前提。②

价值转形是以产品的价值形成过程为前提的，在价值形成过程中，不管投入是以何种价格购买的，它们都将在生产过程中作为价值转化为产品价值的一部分 $(C+V)$；一旦价值形成过程结

---

① 对鲍特基维茨及其后继者研究的系统介绍，可参见张忠任：《百年难题的破解：价值向生产价格转形问题的历史和研究》，人民出版社2004年版。在国内研究者中，也有一批这一进路的追随者，如张忠任、丁堡骏等，对这些研究者的批判性评论，可参见冯金华：《生产价格会偏离价值吗》，收入冯金华：《价值决定、价值转形和联合生产》，社会科学文献出版社2014年版。近年来，冯金华教授从事了一项重要研究，他利用反证法指出，如果像鲍特基维茨及其追随者那样研究转形，即在将成本价格"转形"的同时，坚持马克思所设定的两个总量约束条件，最终将造成个别产品的价值与其生产价格相等这一悖论。冯金华得到的这一结果，相当于宣布由鲍特基维茨开辟的研究进路"此路不通"，从而在客观上支持了"新解释"所代表的观点。见冯金华：《价值决定、价值转形和联合生产》，北京：社会科学文献出版社，2014年。

② 而这也就解释了，鲍特基维茨何以在其研究中要假设转形隶属于简单再生产及其平衡条件。在新李嘉图主义那里，投入的价值和产出的价值可以在当期投入产出条件和实际工资率的前提下直接求得，这一做法与鲍特基维茨有所不同，但两者在下述意义上仍有一致性：他们都忽略了再生产失衡所造成的产出实现条件的变化对价值决定的影响。长期以来，国外转形问题的研究一直深受鲍特基维茨和新李嘉图主义的影响，一些马克思主义者体认到这种弊端，将新解释的出现视作抵消这一影响的"解毒剂"。伦敦大学的萨德—费罗曾提出："新解释在无须假设一般均衡和简单再生产的前提下就取得了两个总量一致的等式。这是向前迈出的重要一步，因为它使有关转形问题的争论脱离了由新李嘉图主义设定的那些(不充分的)条件。"参见 Saad-Filho, A., 1996, "The Value of Money, The Value of Labour Power and the Net Product: An Appraisal of the 'New Approach' to the Transformation Problem", in Freeman A., and G. Carchedi, eds., *Marx and Non-Equilibrium Economics*, Cheltenham, U.K: Edward Elgar, p.121。法因等人也指出，在新解释那里，价值与价格不是以生产的物量数据为前提同时决定的。以劳动力价值为例，它要以货币工资和货币价值的形成为前提，而后者即货币的价值在净产品实现后才能决定。参见 Fine, B., C. Lapavitsas, and A. Saad-Filho, 2004, "Transforming the Transformation Problem: Why the 'New Interpretation' is a Wrong Turning", *Review of Radical Political Economics*, Vol.36 No.1, p.13。

束，产品的价值就构成转形的唯一出发点，而无需再考虑投入价值的转形。新解释在这个重要的方法论问题上回到了马克思的立场，并因此在当代西方转形理论中独树一帜。不过，新解释尽管有上述贡献，仍存在如下不足：第一，等式(3)在解释价值和价格的关系时，是以净产品为前提的，而未顾及总产品（参见本章附录）。第二，新解释虽然在相当程度上摆脱了新李嘉图主义和鲍特基维茨的影响，但等式(3)仍暗含了再生产均衡的假设：生产中投入的活劳动恰好等于净产出实现后所取得的价值，后者进而表现为以货币为量纲的净收入。若以数学式表达，可写出

$$\mathrm{MELT}=\frac{R}{L}=\frac{W}{L}\times\frac{R}{W}=\frac{R}{W} \tag{7}$$

其中 W 是净产出所实现的价值。在这个等式里，MELT 被分解为两项，即劳动时间的价值表现 $\left(\frac{W}{L}\right)$ 和价值的货币表现 $\left(\frac{R}{W}\right)$。在《资本论》里，马克思使用了“社会平均劳动的货币表现”这一概念，但从未用过“劳动时间的货币表现”，原因很简单，货币是价值的尺度，是用于表现价值的，而不能直接表现劳动。①只有在假设 $L=W$ 时，前述 MELT 的定义才与价值的货币表现相等。第三，在等式(3)中，Rm 即通过货币价值得到的价值，在概念上不同于生产中形成的价值，而新解释对这一价值概念的含义却未作足够充分的交待。如果要将新解释所倡导的方法在转形研究中加以推广，即提出一个更为一般的理论，就必须解决上述三个问题。

接下来，我们将依次介绍弗里、伊藤诚和“单一体系”的转形理论，从比较的角度分述其得与失。

（二）弗里的转形方案②

新解释的代表之一弗里，曾提出了一个更为具体的转形模型，兹介绍如下。假定一个生产小麦和钢铁的两部门经济，其投入和产出的技术关系如表 1 所示：

表 1　小麦和钢铁部门的投入产出条件(一)

部　门	小　麦	钢　铁	活劳动	产　出
小　麦	0	1/4	1	1
钢　铁	0	1/2	1	1

令钢铁和小麦的单位价值分别为 λ_s 和 λ_w，根据表 1 给出的生产条件，可写出单位价值形成等式如下：

$$\lambda_s=1+\frac{1}{2}\lambda_s \tag{8}$$

$$\lambda_w=1+\frac{1}{4}\lambda_s \tag{9}$$

① 马克思：《资本论》第 1 卷，载《马克思恩格斯全集》第 23 卷，人民出版社 1972 年版。

② 参见 Foley, D.A., 1986, *Understanding capital*, Cambridge: Harvard University Press, pp.95—104。

解等式(8)和等式(9),得$\lambda_s=2$,$\lambda_w=3/2$。假设小麦和刚的产量均为10 000单位,剩余价值率为100%,再假设价值与价格的比例为1∶1,即1单位劳动量表现为1美元,可得到表2中的价值体系。

表2　价值体系和马克思的转形方案

部　门	C	V	S	$C+V+S$	p($)	e	r(%)
小　麦	5 000	5 000	5 000	15 000	1.40	1	50
钢　铁	10 000	5 000	5 000	20 000	2.10	1	33.33
总　计	15 000	10 000	10 000	35 000		1	40.00

从表2中可知一般利润率为$r=40\%$。设c,v分别为单位产品价值中的不变资本和可变资本,则马克思的生产价格定义式可写为$p=(c+v)(1+r)$。将一般利润率代入此式,得到小麦的生产价格(p_w)为1.40美元,钢的生产价格(p_s)为2.10美元。此时有1 000美元的利润从小麦部门再分配到钢铁部门。

在马克思之后由鲍特基维茨开创的转形研究传统中,实际工资率在转形前后是假定不变的。根据表1给出的投入产出条件,包含小麦部门在内的两部门为生产单位产品而投入的活劳动均为1单位,剩余价值率为100%,故而单位产品或单位时间所包含的劳动力价值为1/2。又因小麦价值为$\lambda_w=3/2$,可知单位时间的劳动力价值相当于1/3单位小麦的价值,即$\frac{1}{3}\lambda_w=\frac{1}{2}$。由于先前假定1单位(1小时)劳动量表现为1单位货币量,故而该式里的单位价值,也可改换为小麦的单位价格(p_w),单位时间的劳动力价值则可改换为货币工资率(w),从而有$\frac{1}{3}p_w=w$。据此可写出鲍特基维茨意义上的、将成本价格也转换为生产价格的一组方程:

$$p_w=(1+r)\left(\frac{1}{4}p_s+w\right) \tag{10}$$

$$p_s=(1+r)\left(\frac{1}{2}p_s+w\right) \tag{11}$$

$$w=\frac{1}{3}p_w \tag{12}$$

解此方程组,可得一般利润率和相对价格,即$r=39.45\%$,$p_s/p_w=1.5\,354$。在鲍特基维茨开创的转形研究传统中,常见的做法是在上述体系中再增添一个等式,如总利润=总剩余价值,或总价格=总价值,以求得绝对价格。但是,除非假设一种极为特殊的条件,否则无法保证这两个等式同时成立。这便是鲍特基维茨的研究进路所面临的无法化解的难题。

为解决上述问题,新解释提出了两个新的不变性条件。其中一个条件涉及对劳动力价值的重新界定。根据新解释的定义,单位时间的劳动力价值等于货币工资率乘以货币的价值。由于前文已经假设 1 单位(1 小时)劳动量表现为 1 美元,1 单位美元的货币价值便等于 1 小时,在此前提下,若假设货币工资率为 1/2 美元,劳动力价值便等于 1/2 小时。新解释认为,在转形前后,货币工资率或单位时间的劳动力价值保持不变,这一观点修改了鲍特基维茨进路所假设的实际工资率不变的条件。

新解释所倚重的另一不变性条件涉及活劳动和增加值。新解释认为,在转形前后,活劳动总量保持不变,当货币价值给定时,这一活劳动量也决定了增加值或净收入的数量。在上述例子里,两部门新价值为 20 000 单位,由于货币价值等于 1,增加值便为 20 000 美元。

基于上述不变性条件,弗里构造了如下一组等式:

$$p_w=(1+r)\left(\frac{1}{4}p_s+\frac{1}{2}\right) \tag{13}$$

$$p_s=(1+r)\left(\frac{1}{2}p_s+\frac{1}{2}\right) \tag{14}$$

$$10\,000\left(p_w-\frac{1}{4}p_s\right)+10\,000\left(p_s-\frac{1}{2}p_s\right)=20\,000 \tag{15}$$

其中等式(15)与等式(3)相对应:等式左边的各项分别为产量乘以利润,右边则为投入于生产的活劳动总量乘以劳动时间的货币表现(假设为 1)。解此方程组,得到一个以美元为单位的生产价格体系,见表 3,其中 Π 为利润,e 为剥削率。

表 3　弗里的转形方案

部　门	C	V	Π	$C+V+\Pi$	p(\$)	e	r(%)
小　麦	5 520	5 000	3 960	14 480	1.448	0.79	37.65
钢　铁	11 040	5 000	6 040	22 080	2.208	1.21	37.65
总　计	16 560	10 000	10 000	36 560		1	37.65

表 3 第 1 列数字是这样得到的:由表 1 给出的投入条件可知,当两部门产量均为 10 000 单位时,小麦部门与钢铁部门投入的钢分别为 2 500 单位(10 000×1/4) 和 5 000 单位(10 000×1/2);将这些投入量分别乘以钢的单位生产价格,就得到表 3 第 2 列的 5 520 和 11 040 。[①]

如何评价弗里的模型是个有趣的问题。一方面,从该模型中的第三个等式来看,弗里贯彻了新解释的思想;但另一方面,从模型的前两个等式来看,由于其中将投入也作了转形,因而明显表现出鲍特基维茨和新李嘉图主义的影响。在我看来,弗里的模型是矛盾的产物,这种矛盾体现在:弗里本人虽然是新解释的领军人物,却未能完全领略新解释的主要贡献之一是将产出而非投入的价值作为转形的出发点。对均衡假设的习惯性依赖,或许是妨碍弗里认识到这一点(或在此

① 在弗里的模型中,尽管净产品价值等于其生产价格(以货币价值等于 1 为前提),但总产品价值(35 000)与其生产价格(36 560)是不等的。新解释将这一不等归咎于总产品带来的重复计算。

问题上表现出倒退)的原因。

(三) 伊藤诚论转形

新解释提出,转形的不变性条件之一,是生产中形成的价值量和实现的价值量相等,这个观点从思想史的角度来看并非是其独创。在新解释出现之前,日本学者伊藤诚已提出了类似观点,并且在方法论上更为自觉和彻底。伊藤诚隶属于日本马克思主义经济学的“宇野学派”(The Uno School),该学派主张,生产价格是在自由竞争资本主义经济中发展起来的一种特有的价值形式;生产价格作为这样一种发展了的价值形式不仅要表现生产中形成的价值实体和价值量,而且是在不同部门和不同阶级间分配价值实体的中介。宇野学派的这个观点是对《资本论》开篇提出的价值形式理论的发展,在国际范围内也产生了一定的影响。①伊藤诚将此观点进一步运用于解决转形问题。在他看来,价值和生产价格分属不同的理论层次,前者对应于价值实体(其量纲为劳动时间),后者对应于价值形式(其量纲为货币),将一个以价值为量纲的生产体系与一个经过转形、并以货币为量纲的生产价格体系直接比较,即在转形中遵从马克思所设定的两个总量约束条件,除非附加十分特殊的假设,否则在理论上是难以成立的。②

伊藤诚进一步提出,马克思的价值概念并不只涉及生产中形成的价值量,而包含以下三重维度:第一,在生产中形成的、物化于商品的价值实体;第二,作为价值形式的生产价格;第三,以生产价格为中介,不同部门和阶级在市场上取得的价值。上述三个维度分别对应于商品流通一般公式即 $W—G—W$ 中的三个环节。在转形研究中,马克思、鲍特基维茨传统是将第一个环节的 W(对应于生产中形成的价值体系)与第二个环节的 G(对应于生产价格体系)相比较。而在伊藤诚看来,这种比较在概念上是不合理的;应该加以比较的,是第一个环节的 W 和第三个环节的 W,与前者一样,后者也是一个以价值为量纲的体系。③下面通过伊藤诚给出的一个数例(见表 4、表 5 和表 6)进一步介绍他的观点。

表 4 价值体系(商品内含价值实体) 单位:工作日

部 门	不变资本	可变资本	剩余价值	总价值
1	225	90	60	375
2	100	120	80	300
3	50	90	60	200
总 计	375	300	200	875

① 除了后文将要提到的格林(已故牛津大学马克思主义经济学家)以外,美国著名马克思主义经济学家、纽约新学院大学的谢克也曾接受这个观点。见 Shaikh, A., 1982, “Neo-Ricardian Economics—A Wealth of Algebra, A Poverty of Theory”, *Review of Radical Political Economics*, Vol.14 No.2, p.72。

② 伊藤诚对转形理论的研究见于以下两本著作:Itoh, M., 1988, *The Basic Theory of Capitalism*, London: Macmillan, pp.220f; Itoh, M., 1980, *Value and Crisis*, London and New York: Monthly Review Press, pp.74f。

③ 伊藤诚的这一观点得到格林的支持,见 Glyn, A., 1990, “Marxist Economics”, in J. Eatwell et al. eds., *The New Palgrave: Marxian Economics*, London: Macmillan Press Limited, p.277。

表 5　生产价格体系　　单位:美元

部　门	不变资本	可变资本	平均利润	总生产价格
1	144	48	48	240
2	64	64	32	160
3	32	48	20	100
总　计	240	160	100	500

表 6　价值体系(得到的价值实体)　　单位:工作日

部　门	不变资本	可变资本	剩余价值	总价值
1	225	90	96	411
2	100	120	64	284
3	50	90	40	180
总　计	375	300	200	875

表 4 是转形的出发点。在从表 4 得出表 5 时,伊藤诚沿用了鲍特基维茨设计的经过“彻底”转形的方程组。为了解出这样一组方程,鲍特基维茨假设每个部门都有一个生产价格—价值比率(分别为 x, y, z),并假设第三个部门(即奢侈品部门,作为价值尺度的黄金的生产隶属于该部门)的比率 $z=1$。值得注意的是,在鲍特基维茨那里,$z=1$ 的假设不仅可以减少一个未知数,从而使等式得到唯一的解析解,而且还起到了将 1 单位价值等同于 1 单位生产价格,从而使价值体系和生产价格体系可以直接相互比较的作用。在此意义上,$z=1$ 是个十分特殊的条件。与鲍特基维茨不同的是,伊藤诚刻意假设奢侈品部门的生产价格—价值比率不等于 1,而等于 1/2,这样一来,两张表就不存在直接等同关系,无法直观地进行比较。①

伊藤诚的理论特色,或与鲍特基维茨的不同之处,在于他所设计的第三张表(表 6)。将表 5 的数值分别乘以各部门的生产价格—价值比率(x, y, z),就得到表 6 的数字。表 6 的经济意义在于,资本家将产品实现后,还要在再生产中补偿所耗费的不变资本和可变资本,同时——在简单再生产条件下——用利润购买奢侈品以满足自己的消费。伊藤诚指出,比较上述三张表,可以观察到如下特征:

第一,表 4 和表 5 的总量互不相等。但这不应引起任何意外,因为两者分属不同的概念层次,量纲也不相同,无法直接比较。

第二,表 6 和表 4 在不变资本和可变资本这两列数字完全一致,这意味着,以生产价格为中介,各部门通过购买不变资本和可变资本要素在再生产中不仅实现了实物补偿,而且实现了价值补偿。

第三,与不变资本和可变资本不同,各部门在市场上取得的剩余价值数量不等于它们各自所生产的剩余价值数量。这一结果是由部门间竞争造成的,竞争通过平均利润率的形成实现了剩

① 如果像鲍特基维茨那样假设 $z=1$,表 5 里的总利润就等于表 4 的总剩余价值。

余价值总量在各个部门的再分配。

第四,比较表4和表6,全部商品的价值总量和剩余价值总量是一致的,这恰好是生产价格发挥其中介作用的结果。

伊藤诚的理论缺失主要是追随鲍特基维茨传统,将投入也转形为生产价格。其贡献则在于:区分了作为价值形式的生产价格和在生产中形成的价值实体,并在此基础上重新界定了转形的约束条件,即在生产中形成的价值总量等于经由生产价格中介而在市场上取得的价值总量。显然,将生产价格定义为价值形式的做法,在理论上支持了新解释的等式(3)。伊藤诚对转形约束条件的重新界定,也与等式(3)极为近似。不过,在伊藤诚那里,在市场取得的价值总量,是通过将各个部门产出的生产价格乘以价值—生产价格比率而得到的,这样一来,在市场取得的价值总量就和以价值为量纲的生产价格无关。而在新解释那里,在市场取得或实现的价值等于生产价格直接乘以货币的价值,这意味着,在市场上取得或实现的价值事实上等于以价值为量纲的生产价格。对这两种生产价格的分梳是必要的,在本文的模型中,这一分梳也起着重要作用。①

(四)新解释和"单一体系"学派

"单一体系"学派是和新解释同时出现的,其首倡者为美国学者沃尔夫(R.D.Wolff)及其合作者罗伯茨(B.Roberts)和卡拉里(A.Callari)。②另一位美国学者莫斯里(F.Moseley)也是该学派的重要代表。以莫斯里为例,他认为,新解释对可变资本和不变资本的处理在方法论上是不对称的,一方面,根据定义,可变资本或劳动力价值以一笔给定的货币工资为前提,即等于货币工资乘以货币的价值(前文的 wLm),而非像新李嘉图主义那样得自给定的物量数据,即以实际工资乘以工资品的价值($b\lambda L$,其中 b 为实际工资率,λ 为工资品单位价值)。另一方面,在新解释那里,不变资本却仍是以生产的物量数据为前提的,即等于生产资料价值乘以物量,因而并未与新李嘉图主义彻底划清界限。③为了克服这一矛盾,莫斯里提出,在马克思的相关理论中,初始给定的前提并不是生产的技术条件和实际工资这些物量数据,而是作为货币额的不变资本和可变资本;在

① 严格讲来,有三种不同的生产价格。除了以货币为量纲的生产价格外,以价值为量纲的生产价格还可区分为两种,第一种是以生产中形成的价值为实体的生产价格,第二种是以流通中取得的价值为实体的生产价格。马克思采用的是前一种含义的以价值为量纲的生产价格,并在此意义上主张总产品的价值等于其生产价格。新解释所采纳的是第二种含义的以价值为量纲的生产价格。

② Wolff, R.D, B. Roberts, and A. Callari, 1982, "Marx's(not Ricardo's) 'Transformation Problem'", *History of Political Economy*, Vol.14 No.4, pp.564—582; Wolff, R.D., A. Callari and B. Roberts, 1984, "A Marxian Alternative to the Traditional 'Transformation Problem'", *Review of Radical Political Economics*, Vol.16 No.2/3, pp.115—135.

③ 莫斯里:"我认为,在弗里的解释中,不变资本的决定与可变资本的决定在方法上存在关键的不一致。可变资本得自给定的货币量,而不变资本则得自给定的物量。弗里对于处理不变资本和可变资本的前后不一致并未给出合理的解释。我认为,由于不变资本和可变资本都是资本的一般概念的特殊形式,是最初预付的货币资本(M)的两个组成部分,因而应该以相同的方式来决定,即要么都作为给定的货币量,要么都得自给定的物量。""因此我认为,在摆脱新李嘉图主义对马克思理论的物量解释这个问题上,弗里只走了'半程'。如果弗里接受我对不变资本的理解,我们之间的差异似乎就涣然冰释了。"参阅:Moseley, F., 2000, "The 'New Solution' to the Transformation Problem: A Sympathetic Critique", *Review of Radical Political Economics*, Vol.32 No.2。

购买生产资料和工资品时，无论是按照与价值成比例的价格来购买，还是按照生产价格来购买，不变资本和可变资本都是作为具有一定价值的货币额而给定的。在此观点的基础上，莫斯里写出了如下等式，以替代新解释的等式(3)：①

$$P=\bar{C}+\frac{1}{m}L \tag{16}$$

其中 P 是以价格为量纲的生产价格总量，$\bar{C}$是预付资本里用于支付生产资料的部分，$\frac{1}{m}L$ 则是活劳动所创造的货币增加值。

从本文的角度看，等式(16)其实是未完成的，这是因为，该式虽然引入了不变资本，但等式右端的两项具有某种非对称性：一方面，和新解释一样，$\frac{1}{m}L$ 所代表的净收入价值是由生产中投入的活劳动创造的，但另一方面，在$\bar{C}$上面却看不到它与当下价值形成过程的联系。单一体系理论片面强调不变资本是具有价值的货币额，必然忽视不变资本价值的形成与生产的技术条件的关系。正如莫恩(S.Mohun)所指出的，单一体系理论彻底切断了由生产的技术条件决定的商品内含价值量与通过货币价值得到的价值量的关系。②此外，作为预付货币资本价值的一部分，$\bar{C}$的大小事实上取决于投入品的数量和价格，为此可写出 $\bar{C}=pAq$，其中 p，q 分别为以货币为量纲的生产价格和产出向量，A 为生产资料投入矩阵。在此可以看到，与莫斯里的意图相反，新李嘉图主义的物量数据事实上仍是形成不变资本价值的基础。

等式(16)与沃尔夫等人提出的单一体系理论的典型表达式是一致的。可以从新解释的等式(3)出发，经过扩展得到单一体系理论的标准表达式。通过等式(3)即 $Rm=L$，新解释界定了货币的价值，若以包含多部门的矩阵方式整理等式(3)，可写出：

$$mpy=lq \tag{17}$$

其中各变量均为相关向量，y 代表净产出，且 $R=py$，l 为生产单位产品所支出的活劳动，q 为总产出。货币的价值为：

$$m=\frac{lq}{py} \tag{18}$$

等式(17)左边为净产出的价值，这一价值是通过货币的价值(m)得到的，因而不同于在生产中形成的内含价值(λ)。为表达这一差异，我们将这一价值称为实现价值，并将单位实现价值向量记为 λ^* $(=mp)$，以与内含价值 λ 相区别。正如后文指出的，将 λ 和 λ^* 区别开来，在理论上具有重要意义。

---

① F. Moseley, Money and Totality: A Macro-Monetary Interpretation of Marx's Logic in Capital and the End of the "Transformation Problem"(Leiden, Netherlands: Brll, 2016).

② Mohun, S., 2004, "The Labor Theory of Value as Foundation for Empirical Investigation", *Metroeconomica*, Vol.55 No.1, pp.80—81; pp.92—93.

在等式(17)两边加上 $mpAq$，得到：

$$mpy+mpAq=lq+mpAq \tag{19}$$

此式左边是净产品价值和生产资料投入价值之和，等于总产品的价值，即等于 mpq。故有：

$$mpq=\lambda^{*}q=mpAq+lq \tag{20}$$

或

$$\lambda^{*}=mpA+l \tag{21}$$

等式(21)可视为单一体系理论的典型表达式，①其中不变资本等于预付货币额(pA)乘以货币的价值(m)；活劳动量 l(或单位净产出价值)则在转形中维持不变。②

将等式(21)和等式(17)相比较，可以直观地发现单一体系理论与新解释之间的区别和相通之处。两者间的共通之处体现在：第一，双方都主张投入生产的活劳动量在转形前后保持不变；第二，尽管等式(21)和等式(17)分别以总产品和净产品为前提，但可以证明，两式各自定义的货币价值在数学上是等价的。③

单一体系和新解释的区别则在于，前者试图将不变资本也纳入考虑范围，即在总产品的意义上考察转形，而后者仅限于考察净产品。不过，单一体系的意图虽然合理，在其模型中却误将预付资本价值，而不是生产中形成的价值作为转形的前提。由于预付资本价值的大小必然要以生产的物量数据(A)为前提，因而单一体系并没有如其希望的那样，真正脱离鲍特基维茨和新李嘉图主义的影响。

在单一体系学派的基础上，又派生出"跨期单一体系"学派(TSSI)。这一派的特点是注重非均衡，强调同一产品作为产出的价值不同于作为投入的价值。④其思想概括在如下以矩阵形式表达的等式中(其中投入和产出在时期上是分开的)：

$$\lambda_{t+1}^{*}=m_t(pA)_t+l_t \tag{22}$$

和先前一样，为了强调等式左边的单位价值不同于生产中形成的价值，而是经由货币价值的

---

① 要指出的是，由于产量 q 是列向量，等式(21)并不能通过将 $\lambda^{*}q=mpAq+lq$ 里的产量直接化约而得到。但是，如果该等式中的 q 和价值、价格决定没有关系，也就是在同一套价值、价格体系下，产量可以是任意的，那么此处向等式(21)的过渡就是成立的。不过，本文的这一推导只是为了方便和新解释相比较。事实上，正如下一个脚注里提及的，单一体系理论的代表沃尔夫等人在构建模型时直接就写出了等式(21)。

② 沃尔夫、卡拉利、罗伯茨提出了一个正式的价值转形模型，其中共有三个方程，除了生产价格方程和价值利润率方程外，第三个最为关键的方程即为：$\lambda=pA+l$，其中 p 为价值量纲的生产价格。见 Wolff, R.D., A. Callari and B. Roberts, 1984, "A Marxian Alternative to the Traditional 'Transformation Problem'", *Review of Radical Political Economics*, Vol.16 No.2/3, pp.115—135。

③ 莫恩给出了这一证明：Mohun, S., 2004, "The Labor Theory of Value as Foundation for Empirical Investigation", *Metroeconomica*, Vol.55 No.1, pp.80—81。

④ "跨期单一体系"学派的代表人物为克莱曼、弗里曼等人，相关文献可参见：Kliman, A., and T. MaGlone, 1999, "A Temporal Single-system Interpretation of Marx's Value Theory", *Review of Political Economy*, Vol.11 No.1; Freeman, A., A. Kliman, and J.Wells, eds. 2004, *The New Controversy and the Foundations of Economics*, Cheltenham, UK: Edward Elgar.后一文献还包含了对 *TSS* 的批判性讨论。

中介而得到的，我们用 λ^{*}_{t+1} 代替了 λ_{t+1}。将这个等式和前述单一体系的核心等式即等式(21)相比较，可以发现跨期单一体系是对后者的进一步发展。尽管我并不赞成单一体系和跨期单一体系的核心等式，但后者强调的非均衡在方法论上却是有积极意义的，和新解释相比，应视为一个进步。

针对单一体系将考察拓展到总产品的建议，弗里表现出一种微妙的调和性态度：一方面，他在原则上不反对改总产品为考察对象，另一方面，他又有保留地认为，通过乘以货币价值而把货币形态的不变资本转换为以劳动度量的价值，其理论含义是暧昧不明的，因为由此得到价值“一般而言既不等于生产资料中内含的历史劳动，也不等于在现行技术下再生产生产资料所需要的劳动”。①

然而，弗里没有虑及的是：第一，在生产中形成的、内含于商品的历史劳动，抑或在现行技术条件下再生产商品的劳动，都属于第一种含义的社会必要劳动，而价值概念还要以第二种含义的社会必要劳动为依据。借助货币的价值而得到的不变资本价值，对应于第二种含义的社会必要劳动概念。第二，商品价值关系所表达的是在同一价值空间里形成的共时性关系，在此意义上，不同批次、不同时期的不变资本价值与当前耗费的活劳动所形成的价值在理论上是同质的。

二、非均衡与第二种市场价值概念

正如前文提及的，新解释(以及单一体系)在界定货币价值时假设了再生产均衡。然而，在马克思那里，转形问题和均衡条件并无实质的联系。在非均衡条件下，也存在利润率平均化和价值转形，但此时总量一致条件的表达，会有微妙的变化：总产出的价值与其生产价格相等，将替换为总产出的市场价值与其市场生产价格相等。为此，这一节将引入与非均衡相对应的第二种市场价值概念，以作为下一节研究的预备性讨论。

在马克思主义经济学内部，围绕两种含义社会必要劳动概念的争论最早发生于20世纪初叶的德、俄两国。当时极为活跃的俄国经济学家鲁宾(I.I.Rubin)在其著作中反映了这场争论。半个世纪后，鲁宾的著作首度翻译为英文，使这一争论得以在国际范围内被了解。鲁宾对当时争论双方的立场做了这样的概括：

> 社会必要劳动的“经济”概念在于，……商品的价值不仅取决于生产率(它表现为在给定的平均技术条件下生产一种商品所必须的劳动量)，而且取决于社会需要或需求。这个概念的反对者(即那些认为社会必要劳动时间由“技术”决定的人)则反对道，需求的变化，如果没

① 参见 Foley, D.A., 2000, “Recent Developments in the Labor Theory of Value”, *Review of Radical Political Economics*, Vol.32 No.1, pp.24—25。法因等人在谈及此问题时则持更明确的反对态度，他们认为：“如果同期的死劳动……也借助货币的价值而转形，严重的问题就会不顾弗里的调和性声明而出现。认为通过除以活劳动与当前净产出价格的比率，就可将既往不同时期、不同批次的不变资本中所包含的劳动(这些劳动已经转移为当前产出的价值)普遍视为彼此等同，并且与现期耗费的劳动也相等同，这种做法并不具有逻辑或经济的理由。”见 Fine, B., C. Lapavitsas, and A. Saad-Filho, 2004, “Transforming the Transformation Problem: Why the ‘New Interpretation’ is a Wrong Turning”, *Review of Radical Political Economics*, Vol.36 No.1, p.14。

有伴随着生产率和生产技术的变化，只能带来市场价格对市场价值的暂时的偏离，而不会给平均价格带来长期的永久的变化，也就是说，不会带来价值本身的变化。①

此后，在马克思主义经济学中一直存在这两种相互对立的立场，但相较而言，后一种立场(即坚持第一种含义的社会必要劳动)具有更大的影响，日本学者伊藤诚在出版于20世纪80年代的英文著作里恰当地指出了个中原因之所在，他写道：

> 如果供给和需求的比率决定市场价值的水平，那么价值由生产这种商品的内含的抽象劳动量所决定这一点，就会受到损害，而且这样做类似于边际主义以供给和需求决定价格的理论。为了避免这一立场，多数马克思主义者在传统上偏爱马克思对市场价值的第一种定义，把市场价值理解为由生产一种给定商品在技术上所需要的平均劳动时间所决定的。②

不幸的是，在伊藤诚的这一论断发表之后，上述局面在西方马克思主义者中一直未有任何改观，以至在围绕新解释的争论中，几乎没有人提及市场价值的第二种理论与这场争论的联系。

在协调马克思两种市场价值概念的努力中，我赞赏罗斯多尔斯基(Roman Rosdolsky)，以及国内学者魏埙等人的尝试。魏埙和谷书堂在20世纪50年代提出：

> 供求状况在一定条件下(劳动生产率不变)可以调节社会价值，使之或是与社会平均条件下的个别价值相一致，或是和优等或劣等条件下的个别价值相一致。③

类似地，罗斯多尔斯基也以马克思的论述为依据，主张在下述意义上理解市场价值概念以及市场价格和市场价值的关系：

> 市场价值只能在由三种生产类型中的某一种所决定的生产条件(从而也是由个别价值决定)的限度内运动。
>
> 如果由于市场的变动，大多数商品按照高于在较坏条件下生产的商品的个别价值出售，或者相反，按照低于在较好条件下生产的商品的个别价值的价值出售，市场价格就会在实际上偏离市场价值。④

---

① Rubin, I.I., 1972, (1928) *Essays on Marx's Theory of Value*, Detroit: Black and Red, p.185.

② Itoh, M., 1980, *Value and Crisis*, New York: Monthly Review Press, p.84.

③ 魏埙、谷书堂(1956):《价值规律在资本主义各个阶段中的作用及其表现形式》(第三版)，上海人民出版社1961年版，第6页。不过，在和第一种理论的拥护者辩论时，谷书堂等人有时陷入了误区，以为供求只影响价格与价值的偏离，而不涉及市场价值决定本身。例如他们说："第二种含义的社会必要劳动时间参与价值决定，而市场供求只决定市场价格与价值的差额，只决定价值实现，两者怎么可以混同呢？"谷书堂、杨玉川：《对价值决定和价值规律的再探讨》，《经济研究》1982年第2期，第22页。

④ 罗斯多尔斯基：《马克思〈资本论〉的形成》，山东人民出版社1992年版，第三章第五节，尤见第102—105页。

根据上述解释：第一，市场价值对应于部门内某种既有的个别价值，但未必等于由平均的生产条件所决定的个别价值。第二，供求因素可以参与市场价值的决定，但其影响被局限在一个限度内，即供求只能导致市场价值在最坏或最好的生产条件之间变动；一旦超出这个范围，供求变化就只影响市场价格与市场价值的偏离，而不影响市场价值本身。

以罗斯多尔斯基、魏埙和谷书堂为代表的这类解释，代表了协调市场价值两种理论的重要尝试。我赞同并试图发展这一解释。值得强调的是，罗斯多尔斯基在讨论市场价值的形成时，没有为其附加任何均衡条件，这意味着，当市场价值由较高或较低的生产率水平调节时，该部门（乃至整个社会生产）可能处于市场供求不均衡乃至再生产失衡的状态。在一篇发表于 1982 年的论文里，谷书堂和杨玉川更为明确地指出：应该在商品供求不均衡的前提下开展对第二种意义的市场价值的分析；在非均衡的前提下，市场价值可能和通过加权平均得到的市场价值无关，而直接等于最优或最劣生产条件下的个别价值。①

在围绕第二种含义市场价值的研究中，近年来出现了一个突破性进展。由于冯金华教授的工作，我们拥有了一个分析市场价值决定的便利工具，即冯金华提出的实现价值方程。②利用这个方程，我们可以更为准确地界定第二种市场价值概念，揭示这一概念和第一种市场价值之间的联系。

假定存在一个两部门经济。令生产第 i 种 $(i=1,\ 2)$ 产品所需要的劳动量（包括物化劳动和活劳动）为 t_i，这一劳动量所带来的总产出为 q_i，单位产品的内含价值量为 λ_i，同时令第 i 种产品在市场上实现的单位价值量为 λ_i^*。在再生产均衡的前提下，两个部门总产出在生产中形成的内含价值总量（$\sum_{i=1}^{2}\lambda_i q_i$），必然等于投入于生产的全部劳动量 $\sum_{i=1}^{2}t_i$，且总产出的内含价值总量等于其实现价值总量（$\sum_{i=1}^{2}\lambda_i^* q_i$），即有：

$$\sum_{i=1}^{2}\lambda_i^* q_i=\sum_{i=1}^{2}\lambda_i q_i=\sum_{i=1}^{2}t_i \tag{23}$$

接下来要讨论，单位商品的实现价值 λ^* 是如何决定的。从定义来看，单位产品的实现价值（λ_i^*）应当等于用单位产品交换到的货币的价值（以劳动量衡量），换言之，即等于产品的交易价格与单位货币价值（后者用 m 表示）的乘积。若用 p_i 表示第 i 种产品的价格，则可写出如下交易方程：

$$\lambda_i^*=p_i m \tag{24}$$

将等式(24)代入等式(23)，解出单位实现价值 λ_i^*，得到：

$$\lambda_i^*=\frac{p_i}{\sum_{i=1}^{2}p_i q_i}\sum_{i=1}^{2}t_i=mp_i \tag{25}$$

---

① 谷书堂、杨玉川：《对价值决定和价值规律的再探讨》，《经济研究》1982 年第 2 期，第 20—21 页。

② 冯金华：《价值的形成和实现：一个新的解释》，《学习与探索》2015 年第 5 期；冯金华：《价值决定、价值转形和联合生产》，社会科学文献出版社 2014 年版。

这便是所谓"冯金华实现价值方程"。式(25)意味着,第一,根据其中的第一个等式,单位产品实现价值是全社会在生产中耗费的总劳动量($\sum_{i=1}^{2} t_i$)按照一个比率分布而形成的,这个比率等于单位产品价格与全社会总产出价格的比率。在特定条件下,这一等式可用以定义第二种含义的社会必要劳动(详见后文);第二,根据第二个等式,单位产品实现价值也可看作交易价格和货币价值(m)的乘积,其中 $m=\frac{\sum_{i=1}^{2} t_i}{\sum_{i=1}^{2} p_i q_i}$。①

在冯金华实现价值方程的推导中,不难加入代表非均衡的条件。再生产非均衡意味着在生产中投入的劳动量以及这一劳动量所形成的市场价值总量没有完全实现,从而总产出的实现价值总量小于市场价值总量(这一市场价值总量同时也是均衡条件下的内含平均价值总量),即有如下不等式:

$$\sum_{i=1}^{2} \lambda_i^* q_i < \sum_{i=1}^{2} t_i = \sum_{i=1}^{2} \lambda_i q_i \tag{26}$$

或

$$\sum_{i=1}^{2} \lambda_i^* q_i = \phi \sum_{i=1}^{2} t_i \tag{27}$$

其中 $\phi(0<\phi\leqslant 1)$ 为度量非均衡的系数。将等式(24)代入等式(27),有

$$\lambda_i^* = \frac{\phi p_i}{\sum_{i=1}^{2} p_i q_i} \sum_{i=1}^{2} t_i \tag{28}$$

在等式(28)的基础上还可写出:

$$\lambda_i^* q_i = \frac{\phi p_i q_i}{\sum_{i=1}^{2} p_i q_i} \sum_{i=1}^{2} t_i \tag{29}$$

从马克思再生产图式的角度看,$\sum_{i=1}^{2} t_i$ 带来的年产品价值为 $\sum_{i=1}^{2}(C_i+V_i+S_i)$,其实现(即年产品价值补偿和实物补偿)是由 $\sum_{i=1}^{2}(C_i+V_i+S_{ik}+S_{ic}+S_{iv})$ 所代表的有效需求所决定的,其中 S_{ik},S_{ic},S_{iv} 分别代表资本家的消费和投资,以及新增工人的消费。这样一来,等式(29)还可写为:

$$\lambda_i^* q_i = \frac{p_i q_i}{\sum_{i=1}^{2} p_i q_i} \sum_{i=1}^{2}(C_i+V_i+S_{ik}+S_{ic}+S_{iv}) \tag{30}$$

① 将等式(24)带入等式(23),可以求出 $m=\frac{\sum_{i=1}^{2} t_i}{\sum_{i=1}^{2} p_i q_i}$。

其中 $\sum_{i=1}^{2}(C_i+V_i+S_{ik}+S_{ic}+S_{iv})$ 相当于全部社会年产品最终实现的总价值。比较式(29)和式(30),可知:$\phi=\frac{\sum_{i=1}^{2}(C_i+V_i+S_{ik}+S_{ic}+S_{iv})}{\sum_{i=1}^{2}t_i}$。

在再生产均衡条件下,冯金华实现价值方程所定义的实现价值(λ_i^*)与市场价值在数量上是一致的,但在非均衡条件下,两者数量上并不必然相等。用数学集合语言来说,市场价值此时只是实现价值的一个子集,为此需要确定这一子集形成的条件。按照罗斯多尔斯基、魏埙等人所代表的解释,在非均衡条件下,市场价值不再等于部门内中等的或经过某种平均的内含价值(记为 λ_i^a),而等于部门内最优或最劣的个别价值(分别记为 λ^{min} 和 λ^{max})。这个解释可以通过冯金华实现价值方程得到说明。

式(31)表达了任一部门单位产品实现价值与其内含平均价值的关系:

$$\lambda_i^*=\phi_i\lambda_i^a=\frac{\phi p_i}{\sum_{i=1}^{2}p_iq_i}\sum_{i=1}^{2}t_i \tag{31}$$

ϕ 是度量两者偏离程度的系数。由式(31)可以看出,ϕ 此时也度量了因非均衡造成的实现价值与内含平均价值的偏离。由于单位产品的市场价值可以在[λ^{min}, λ^{max}]这一区间内变动,任一部门单位产品的实现价值只要能满足等式(32)所刻画的条件,就可作为市场价值:

$$\lambda_i^{min}\leqslant\lambda_i^*\leqslant\lambda_i^{max} \tag{32}$$

将等式(31)的第一个等式代入等式(32),就得到 ϕ 的变动范围为:

$$\frac{\lambda_i^{min}}{\lambda_i^a}\leqslant\phi\leqslant\frac{\lambda_i^{max}}{\lambda_i^a} \tag{33}$$

依照罗斯多尔斯基等人的观点,当因非均衡而产生的 ϕ 的变动处于式(33)所刻画的范围时,需求的变化直接影响部门内市场价值的决定;一旦超出该范围,需求的变化就只调节价格和价值的偏离,而不再影响市场价值本身。

将考虑非均衡的等式(28)加以整理,可得到:

$$\lambda_i^*=\frac{\phi p_i}{\sum_{i=1}^{n}p_iq_i}\sum_{i=1}^{n}t_i=p_i\frac{\phi\sum_{i=1}^{n}t_i}{\sum_{i=1}^{n}p_iq_i}=mp_i \tag{34}$$

在式(34)中,第一个等式可作为刻画第二种含义市场价值的工具;第三个等式则表达了非均衡条件下货币价值的定义,即 $m=\frac{\phi\sum_{i=1}^{2}t_i}{\sum_{i=1}^{2}p_iq_i}$。

从等式(34)或等式(25)可以看到,冯金华实现价值方程和新解释的核心方程即式(3)在数学结构上是完全一致的。①但相较而言,冯金华实现价值方程具有如下优点。第一,冯金华实现价值方程是经推导而来,新解释的方程则纯粹是定义。第二,冯金华实现价值方程是在总产品基础上建立的,因而更具一般性。②第三,冯金华实现价值方程最初是为了刻画第二种社会必要劳动而提出的,在这个方程中,通过乘以货币价值的方式而得到的价值对应于第二种含义的市场价值,因而其含义不像新解释的定义那般暧昧不明,而有着明确的理论基础。第四,冯金华实现价值方程更为简洁明了地表达了以货币为量纲的生产价格和以价值为量纲的生产价格的区别,这一点体现在,只要方程里的交易价格 p 是以货币为量纲的生产价格,则 λ^* 就对应于以价值为量纲的生产价格。

三、价值转形的一般理论

冯金华实现价值方程即等式(25)为价值转形问题的解决提供了新的思路。将该方程加以整理,可得

$$\frac{\lambda_i^*}{p_i}\sum_{i=1}^{n} p_i q_i = m\sum_{i=1}^{n} p_i q_i = \sum_{i=1}^{n} t_i \tag{35}$$

其中第二个等式等价于:

$$\sum_{i=1}^{n} \lambda_i^* q_i = \sum_{i=1}^{n} t_i \tag{36}$$

在非均衡条件下,分别有:

$$m\sum_{i=1}^{n} p_i q_i = \phi\sum_{i=1}^{n} t_i \tag{37}$$

$$\sum_{i=1}^{n} \lambda_i^* q_i = \phi\sum_{i=1}^{n} t_i \tag{38}$$

等式(35)相当于新解释的等式(3),但它是在总产品的意义上建立起来的,该式意味着:总产品的价值通过货币价值(或 MELT)的中介表现为总产品的生产价格。

接下来可写出一组与利润率平均化兼容的、由单位产品的市场价值(λ)向实现价值(λ^*)转形的方程:等式(39)。此处的实现价值 λ^* 也可看作以价值为量纲的生产价格,对应于以货币为量纲的生产价格 p:

$$\lambda_i^* = mp_i = (1+r)(\lambda_j A_i + mwl_i) \tag{39}$$

---

① 裴宏博士体认到这一点。见裴宏:《劳动价值论数理模型新探》,《政治经济学报》2017 年第 9 卷。

② 该方程也可兼容净产品,只要将其中的代表总劳动的 $\sum_{i=1}^{n} t_i$ 改换为活劳动 $\sum_{i=1}^{n} L_i$,总产量 q 改换为净产量 y,方程同样成立。前文已经指出,以总产品定义的货币价值和以净产品定义的货币价值在数学上是等价的。

在这个方程里,投入的价值和产出的价值是不同的,分别以 λ 和 λ^* 表示。前者是根据生产的技术条件并参照需求而形成的,构成价值转形的基础①;后者是通过分配而形成的,反映了利润率平均化的结果。值得注意的是,在等式(35)中,不仅生产的技术条件,即生产单位产出的生产资料投入和活劳动量是给定的,而且表示分配关系的剩余价值率也是给定的。

借助于等式(14)、等式(23)、等式(24),可以构建一个解释价值转形的模型。参照弗里给出的两部门投入产出数例,并和他一样假设货币工资率为 1/2,货币价值为 1,可得如下一组方程(其中 λ_s 和 λ_w 为已知数,分别等于 2 和 3/2)。②

$$\lambda_w^* = (1+r)\left(\frac{1}{4}\lambda_s + \frac{1}{2}\right) = (1+r) \tag{40}$$

$$\lambda_s^* = (1+r)\left(\frac{1}{2}\lambda_s + \frac{1}{2}\right) = (1+r) \times 1.5 \tag{41}$$

$$10\,000\lambda_s^* + 10\,000\lambda_w^* = 35\,000 \tag{42}$$

$$\lambda_w^* = \frac{p_w}{10\,000p_w + 10\,000p_s} \times 35\,000 \tag{43}$$

$$\lambda_s^* = \frac{p_s}{10\,000p_w + 10\,000p_s} \times 35\,000 \tag{44}$$

根据前三个方程,可求得:$r=0.4$, $\lambda_w^*=1.4$, $\lambda_s^*=2.1$。λ_w^* 和 λ_s^* 是以价值为量纲的生产价格,将其代入式(43)和式(44),得到以货币为量纲的生产价格的相对比例,即 $\frac{p_w}{p_s}=\frac{2}{3}$。在货币价值等于 1 时,$p_w=1.4$, $p_s=2.1$。

从模型的求解来看,这一组结果和马克思原来的转形方案所得到的结果是完全一致的(参见本章有关弗里的那一小节)。但在涉及两个总量一致命题时,本文接纳了新的解释。首先,在转形前后,总产品的市场价值总量等于实现价值总量,前者为 $10\,000\lambda_s+10\,000\lambda_w=35\,000$;后者为 $10\,000\lambda_w^*+10\,000\lambda_s^*=35\,000$。其次,在生产中形成的总剩余价值等于总平均利润。由于货币价值和货币工资是给定的,活劳动总量在转形中也保持不变,在此前提下,生产中形成的剩余价值总量为 $\left(1-\frac{1}{2}\right)\times 10\,000+\left(1-\frac{1}{2}\right)\times 10\,000=10\,000$;总平均利润为 $10\,000\times\left(\frac{1}{4}\lambda_s+\frac{1}{2}\right)r+$

① 在再生产均衡的假定下,λ 等于部门内个别价值的加权或算术平均;而在非均衡时,这一点将不再成立,λ 此时可能等于部门内最优或最劣生产条件下的个别价值。参见后文讨论的以非均衡为前提的数例。

② 方程组的相对一般的形式如下:

$$\lambda_i^* = (1+r)(\lambda_j A_i + mwl_i)$$

$$\sum_{i=1}^{2}\lambda_i^* q_i = \sum_{i=1}^{2} t_i$$

$$\lambda_i^* = \frac{p_i}{\sum_{i=1}^{2} p_i q_i}\sum_{i=1}^{2} t_i$$

其中 λ_i^*, r, p_i 为未知数。

$10\,000 \times \left(\frac{1}{2}\lambda_s + \frac{1}{2}\right) r = 4\,000 + 6\,000 = 10\,000$。

要特别予以说明的是，以上转形是以再生产均衡为前提的，在此前提下，与利润率平均化对应的市场价值似乎是由投入产出条件单独决定的。然而，这只是假象，市场价值的决定还要依靠模型里的第三个方程，而且，正是在非均衡条件下，第三个方程的作用才更为明显地体现出来。参照前文讨论，引入象征非均衡的偏离系数 $\phi(\phi \leqslant 1)$，且在非均衡时假设产量仍能出清，但会有价格调整，则等式(41)可改写为：

$$10\,000\lambda_s^* + 10\,000\lambda_w^* = 35\,000\phi$$

与此同时，我们将式(40)和式(41)改写如下：

$$\lambda_w^* = mp_w = (1+r)k_w \tag{45}$$

$$\lambda_s^* = mp_s = (1+r)k_s \tag{46}$$

其中 k 代表两个部门的以价值度量的单位成本。由此解得：

$$r = \frac{3.5\phi}{k_w + k_s} - 1 \tag{47}$$

若 $\phi = \frac{4}{7}$，则可知一般利润率大于零的条件为 $k_w + k_s < 2$。在此前的均衡条件下，两部门的单位成本之和为 $k_w + k_s = 1 + 1.5 = 2.5$，故而不符合此条件。在这种情况下，如果任一部门存在更为先进的企业，使其单位成本与另一部门单位成本之和恰好符合这一条件，则该类先进企业的个别价值将调节其部门产品的市场价值。

基于以上讨论，可假设钢铁部门存在一种更为先进的技术条件(见表 7)。

表 7 小麦和钢铁部门的投入产出条件

部 门	小 麦	钢 铁	活劳动	产 出
小 麦	0	1/4	1	1
钢 铁	0	3/8	1/2	1

当此生产条件和小麦部门原有的生产条件分别称为各自部门内起调节作用的生产条件时，可建立如下价值生产方程，其中 λ'_s 和 λ'_w 分别为在新的技术条件下形成的两种产品的内含价值：

$$\lambda'_w = \frac{1}{4}\lambda'_s + 1 \tag{48}$$

$$\lambda'_s = \frac{3}{8}\lambda'_s + \frac{1}{2} \tag{49}$$

解此方程，求出 $\lambda'_s = 0.8$，$\lambda'_w = 1.2$；这一结果满足 $k_w + k_s < 2$ 的条件，即有 $\left(\frac{1}{4}\lambda'_s + \frac{1}{2}\right) +$

$\left(\frac{3}{8}\lambda'_s+\frac{1}{4}\right)=1.25$。在此基础上，可写出如下一组转形方程：

$$\lambda_w^*=(1+r)\left(\frac{1}{4}\lambda'_s+\frac{1}{2}\right)=(1+r)\times 0.7 \tag{50}$$

$$\lambda_s^*=(1+r)\left(\frac{3}{8}\lambda'_s+\frac{1}{4}\right)=(1+r)\times 0.55 \tag{51}$$

$$10\,000\lambda_s^*+10\,000\lambda_w^*=35\,000\times\frac{4}{7}=20\,000 \tag{52}$$

解得 $\lambda_w^*=\frac{28}{25}$，$\lambda_s^*=\frac{22}{25}$，$r=\frac{21}{35}$。据此首先再看两部门总产品的市场价值和实现价值的关系，前者为 $10\,000\lambda'_w+10\,000\lambda'_s=12\,000+8\,000=20\,000$，与实现价值总量正好相等。其次考察总产品市场价值中的剩余价值总量与其实现价值中的平均利润总量的关系：剩余价值总量为 $\left(1-\frac{1}{2}\right)\times 10\,000+\left(\frac{1}{2}-\frac{1}{4}\right)\times 10\,000=5\,000+2\,500=7\,500$；平均利润总量为 $10\,000\times\left(\frac{1}{4}\lambda'_s+\frac{1}{2}\right)r+10\,000\times\left(\frac{3}{8}\lambda'_s+\frac{1}{4}\right)r=4\,200+3\,300=7\,500$，双方恰好相等。

在上述模型中，我们是从一个给定的价值体系出发，最后得到以价值为量纲的生产价格和以货币为量纲的生产价格。在此过程中，不仅技术条件，而且活劳动总量和表示分配关系的剩余价值率等都是给定的。在此前提下，我们得到了总产品的市场价值总量和实现价值总量相等，剩余价值总量和平均利润总量相等的结果。这些不变性条件的存在事实上意味着，从原初的价值体系向生产价格体系的转形，是以两个体系在时间上的同时并存为前提的。它们两者的关系就像一棵树或一栋建筑物和它们在太阳下的阴影之间的关系。在给定太阳的方位、以及树木或建筑物的尺寸时，我们就能测量影子的长度。在《资本论》中，价值转形服从于马克思所使用的从抽象到具体的叙述方法，这一方法的要旨，是说明生产关系的整体性，也就是在思维上重建"一切关系在时间上同时存在而又互相依存的社会机体"。①价值和生产价格的关系，正属于这种同时存在而又互相依存的关系。在此意义上，价值转形是一种逻辑意义上的"静态"转形。新解释的等式(3)和本章引入的等式(23)，都表达了转形的这一含义。

值得强调的是，上述意义的价值转形和利润率平均化的动态过程是有区别的，后者伴随着资本在部门间的流入和流出，因而会改变作为转形起点的各部门产品的价值及其构成。在转形研究中，一些研究者有意或无意地将这种利润率平均化的动态过程和价值转形混淆在一起，主张从价值体系出发，经过若干轮竞争或利润率的平均化过程，最终达到一个彻底转形的生产价格体系。在笔者看来，虽然对利润率平均化过程本身进行研究或建模是有意义的，但这一平均化过程和上述逻辑转形不同，两者分属不同的问题。②将逻辑转形和利润率平均化的实际过程相混淆，

① 马克思：《哲学的贫困》，《马克思恩格斯全集》第 4 卷，人民出版社 1958 年版，第 145 页。

② 所谓历史转形，是和研究利润率平均化的实际过程颇为近似的一个问题。它假设价值体系只存在于简单商品经济，生产价格体系则存在于资本主义经济，因而转形同时也是简单商品经济向资本主义经济的过渡。马克思和恩格斯都有历史转形的看法（见马克思：《资本论》第 3 卷，载《马克思恩格斯全集》第 25 卷，人民出版社 1974 年版）。将历史转形作为一个独立的问题来看待，是可以接受的，但若以历史转形取消或代替逻辑转形，则是错误的。在当代作者中，英国学者米克是支持以历史转形取代逻辑转形的代表人物。见米克：《劳动价值学说的研究》，商务印书馆 1963 年版。

必然要求转形研究依赖于简单再生产等极为特殊的假设条件,使之变成一个缺少实际意义的抽象问题。①

四、尾　论

20 世纪 80 年代以来,转形问题的研究事实上形成了两大派别,其中一派追随鲍特基维茨的研究传统,错误地理解了转形的出发点,并将投入品的价值转形为生产价格,从而使问题变得难以解决;另一派则以新解释为代表,主张转形的出发点是在生产中形成的产出的价值,转形所要满足的条件,是产出价值总量与在交换中通过价格实现的价值总量相等,从而为转形问题的最终解决指出了方向。然而,新解释的出现虽然有利于相关研究摆脱鲍特基维茨和新李嘉图主义传统的束缚,但其囿于净产品,并假设了再生产均衡,因而具有明显的局限性。本文一方面继承了新解释所采取的方法,另一方面将这一方法推广到与总产品和非均衡相适应的情况,并结合第二种含义的社会必要劳动,对转形的含义作了新的阐释。在此基础上,本文指出,价值转形不只是由生产中形成的内含价值向生产价格的转形,在非均衡前提下,也是由第二种市场价值向市场生产价格的转形。

强调转形和非均衡的联系,对于准确理解马克思经济学的特质具有重要意义。长期以来在马克思主义经济学内部有一种观点,主张生产价格是长期均衡价格。这意味着,除了生产的技术条件和实际工资的变动以外,生产价格不受其他因素的影响。由于价值转形是联系劳动价值论和《资本论》第三卷的资本积累理论的中介环节,上述主张必然会连带地造成对这两种理论的错误理解。首先,将生产价格视为长期均衡价格,会导致将劳动价值论也视为一般均衡理论的组成部分。森岛通夫就曾明确表达了这种观点。②其次,将生产价格理解为长期均衡价格,还会导致在利润率动态的研究中接纳比较静态的方法,从而使利润率动态——这一理论是马克思资本积累理论的核心——也成为均衡理论的组成部分。所谓置盐定理便是这一倾向的典型例证。③因此,若要恢复马克思经济学作为非均衡经济学的特质,将非均衡纳入对价值转形的研究就成为一项先决条件。

附录　总产品与重复计算

"新解释"以净产品为前提定义了货币的价值,并在此基础上就价值转形问题提出了自己的解释。这一进路尽管在经验研究中具有优点,但因其排斥总产品,在理论上是有缺陷的,故而引

① 美国学者谢克是这类研究的代表,他将迭代方法引入转形,为此假设了简单再生产平衡条件。Shaikh, A., "Marx's Theory of Value and the 'Transformation Problem'", in *The Subtle Anatomy of Capitalism*, ed. by J. Schwartz, Santa Monica, CA: Goodyear Publishing, 1977.

② Morishima, M., 1979, *Marx's Economics: A Dual Theory of Value and Growth*, Cambridge: CUP, pp.1—2.

③ 参见孟捷:《非均衡与平均利润率的变化:一个马克思主义分析框架》,《世界经济》2016 年第 6 期。

起了较为普遍的批评。新解释在给自己辩护时，提出了以下理由：以总产品为前提研究价值转形，会造成下述意义的重复计算——在投资品生产中取得的利润，一方面计入了社会总利润，另一方面又会计入消费品的成本。①

可以通过一个由两部门构成的简化模型来说明这种重复计算产生的原因。②假设两个部门分别生产作为原料的亚麻和作为消费品的麻布，亚麻和麻布的投入产出条件为：

$$4l \rightarrow 1F \tag{1}$$

$$2l + 1F \rightarrow 1L \tag{2}$$

这意味着 4 单位活劳动可生产 1 单位亚麻；2 单位活劳动和 1 单位亚麻可生产 1 单位麻布。由此可知亚麻的单位价值 $\lambda_F = 4l$；麻布的单位价值则为 $2l + 4l = 6l$，其中 $4l$ 是生产 1 单位亚麻的社会必要劳动时间。若写出价值生产方程，可有：

$$\lambda_F = l_F \tag{3}$$

$$\lambda_L = \lambda_F + l_L \tag{4}$$

l_F 与 l_L 分别代表生产 1 单位亚麻或麻布所需的活劳动；λ_F 是亚麻的单位价值。设总产出价值为 W，它等于亚麻的单位价值 λ_F 与这一时期生产的麻布的单位价值 λ_L 之和，即有：

$$W = 4 + 6 = 4 + 4 + 2 = 10l \tag{5}$$

或者

$$W = \lambda_F + \lambda_L = \lambda_F + \lambda_F + l_L \tag{6}$$

这个例子表明，耗费在生产资料（亚麻）生产中的劳动，在总产出价值里被计算了 2 次，第 1 次是作为已耗费生产资料的价值，第 2 次是作为依靠生产资料生产的最终消费品的价值。

长期以来，有关转形问题的研究一直把总产出作为分析对象。隶属于新解释学派的美国学者坎贝尔（Al Campbell）提出，正是这一原因不可避免地造成重复计算，并使总价值等于总价格这一不变性条件在转形后不能成立；新解释的优点在于以净产出代替总产出，从而在理论上避免了这一困境。③让我们通过上面的数例对此作进一步说明。

假设两个部门的剩余价值率为 100%，每单位亚麻和麻布的价值构成如附表 1 所示。按照这个数表，亚麻业的利润率为 100%（2/2）；而麻布业的利润率为 20%（1/5）。现在考虑一个利润率

---

① 参见 Dumenil, G., 1983—1984, "Beyond the Transformation Riddle: A Labor Theory of Value", *Science and Society*, Vol.47 No.4; Foley, D.A., 1982, "The Value of Money, The Value of Labor Power, and the Marxian Transformation Problem", *Review of Radical Political Economics*, Vol.14 No.2, pp.37—47。

② Saad-Filho, A., 1996, "The Value of Money, The Value of Labour Power and the Net Product: An Appraisal of the 'New Approach' to the Transformation Problem", in Freeman A., and G. Carchedi, eds., *Marx and Non-Equilibrium Economics*, Cheltenham, U.K: Edward Elgar; Campbell, A., 1997, "The Transformation Problem: A Simple Presentation of the 'New Solution'", *Review of Radical Political Economics*, Vol.29 No.3.

③ Campbell, Al, 1997, "The Transformation Problem: A Simple Presentation of the 'New Solution'", *Review of Radical Political Economics*, Vol.29 No.3.

得到平均化的生产价格体系(见表9)。在这个体系中,亚麻不再按照与价值成比例的价格即4单位来销售,而是以3单位来销售,这将使亚麻部门的利润率由2单位降至1单位。另一方面,麻布的价格则假定不变,但麻布的利润由1单位增至2单位,这是作为投入品的亚麻价格下降的结果。这样一来,两个部门的利润率平均化为50%。在附表2中,随着价值转形为生产价格,剩余价值在两个部门中重新分配:亚麻部门生产的剩余价值有一半没有留在本部门,而是分配到麻布部门。

附表1　亚麻和麻布部门产品的价值构成

	不变资本	可变资本	剩余价值	总价值
1单位亚麻	0	2	2	4
1单位麻布	4	1	1	6
总　计			3	10

附表2　亚麻和麻布部门的价值转形

	不变资本	可变资本	利润	总生产价格
1单位亚麻	0	2	1	3
1单位麻布	3	1	2	6
总　计			3	9

由附表1和附表2可见,在转形后,两部门总剩余价值仍等于总利润(3),但总价值(10)不等于总生产价格(9)。个中原因就在于,亚麻作为投入进入麻布的生产过程。亚麻业利润的下降不仅削减了亚麻的价格,而且削减了麻布生产所需的投入品的价格。因此,如果我们计算的是总产出的价格,亚麻价格的下降就被计算了2次,一次反映在亚麻业产出的价格中,另一次反映在麻布业投入的价格中。

然而,正如一位作者指出的,这种重复计算是在经验研究中产生的,在高度抽象的理论分析中,这一问题其实可以忽略不计:

> 转形研究假定,所有部门的生产期间是一致的。这样一来,不变资本要素作为产出就不可能在同一期循环中又成为其他商品生产的投入。在t时期使用的原材料必须在$t-1$时期生产出来。因而在此并不涉及重复计算。①

如果这一辩护成立,在转形研究中以总产品为分析对象就不是问题。事实上,新解释完全了解这一点,以英国学者莫恩为例,他明确意识到,对净产品方法的热衷纯粹出于经验研究的考虑,而和更为抽象的理论分析无关。在详细考察了SS和TSS学派的主张后(这两个学派都赞同分

① Sinha, A., 1997, "Transformation Problem: A Critique of the 'New Solution'", *Review of Radical Political Economics*, Vol.29 No.3.

析总产品价值的转形),莫恩最终从经验可操作性的角度维护了新解释的观点,他写道:

> 一个核算框架的唯一价值就是能够使用它。偏爱新解释的一个纯粹实际的理由在于,它避免了和资本存量的估算联系在一起的众所周知的困难。SS 和 TSS 方法需要就资产的寿命、折旧和摊提的比率、存货的估价,以及通货膨胀核算的一贯合理性达成一致。所有这些问题都是有争议的,资本存量数据是国民收入核算数据中最不可靠的。而且,由于不变流动资本流量从国民收入核算数据中剔除了出去,在"增加值"方法和"总价值"方法之间偏爱于前者,就有了显而易见的工具性理由。的确,采用总价值的方法能说出多少具有理论内涵的经验内容是有疑问的。而新解释就不是这样。①

然而,价值转形是一个纯粹理论问题,在考察这一问题时,我们完全有理由抽象掉莫恩举示的与资本存量估算相关的所有这些因素。采用总产品进路虽然在经验研究中不具有优势,但就转形问题而言,却不失为一个恰当的选择。

(本文原载《世界经济》2018 年第 5 期)

① Mohun, S., 2004, "The Labour Theory of Value as Foundation for Empirical Investigations", *Metroeconomica*, Vol.55 No.1, p.93.

价值、生产价格的经验估计方法:应用与评价

马梦挺*

摘　要　本文探讨了一种利用投入产出表估算价值和生产价格的经验方法,并利用中国2012年139个部门的投入产出数据分析了其在技术和理论上的局限。本文发现利用该方法得出的直接价格、生产价格和市场价格在总体上高度接近的结论,只是体现了劳动成本在成本结构中的特殊性。偏离程度更多的是成本加成定价以及投入产出结构内在平均化作用的结果。该结果并不应该被视为是对劳动价值论的直接证明。理论上,虽然该方法的理论预设具有新李嘉图主义的倾向,但由于现有的投入产出表中的技术关系是由国民收入核算事后推算的,因此该方法在应用层面并不违背市场价值决定的动态性和不确定性特征。本文并不否认投入产出分析的意义。实际上,投入产出分析具有与劳动价值论类似的理论预设,因此是马克思主义经济学分析的重要理论工具。

关键词　劳动价值论　投入产出分析　成本加成定价　经验方法

一、引　言

马克思主义经济学的研究者在尝试使用马克思主义经济学的范畴进行经验分析时,总是面临着一些特殊的障碍。总体而言,这些障碍来自两个方面。第一,马克思主义经济学的几个核心范畴,例如剩余价值率、资本有机构成、劳动力价值是以劳动价值定义的,而国民收入的基本核算单位却是信用货币体系下最终产品的货币价格。第二,今天流行的国民收入核算体系(SNA)直接的理论基础更接近新古典主义经济学,①而非马克思主义经济学,因此在一些概念上实际与马克思主义经济学有着一定的距离。正如美国的马克思主义经济学家安华德·谢克(Anward Shaikh, 1984)所言,马克思主义经济学需要构建自己的经验分析基础。

大约从20世纪80年代开始,国外马克思主义经济学家中间开始流行一种基于投入产出表

* 马梦挺,中国人民大学经济学院。

① 国民收入核算体系也并不完全符合新古典主义理论,因此即便在新古典学者中间,也存在很多对国民收入核算体系进行拓展的修正。关于这方面的详细介绍,可参见Shaikh & Tonak(1994)。

估计商品价值和生产价格的方法(Shaikh, 1984; Ochoa, 1989; Petrović, 1987)。①值得引起注意的是,这些学者并不局限于将之视为一种经验估计方法,还将其看作是一种在经验上验证劳动价值论的方法。基于美国(Shaikh, 1984, 1998; Ochoa, 1989)和南斯拉夫(Petrović, 1987)的投入产出数据,这一方法的早期应用显示,在总体平均的意义上,商品价值、生产价格与市场价格并不会发生太大的偏离。在这些学者看来,这是劳动价值论成立的有力证据。随后,这一方法被运用到其他国家的投入产出数据上,并得出了类似的结论。

最近,该方法也得到国内学者的重视。冯志轩(2016)将该方法推广到国际投入产出表,用以估算国际价值和国际生产价格,进而说明国际利润率平均化的特征。荣兆梓、陈旸(2014)则将该方法用于转形问题的讨论,说明B体系的转形方案可以保证"总量相等二命题"。以上研究只是将该方法作为一种价值和生产价格的经验估计方法来应用。另一方面,李海明(2017)则将该方法看作是劳动价值论的经验检验方法,他认为从中国1987—2012年11个价值型投入产出表得到的经验结果可以支持马克思的价值规律命题。

对该方法的批评,目前主要集中在技术细节上。早期的研究通常使用二元线性回归分析来测度价值、生产价格和市场价格两两之间回归的拟合优度或者皮尔逊相关系数。由此得到的价值、生产价格和市场价格两两之间的相关程度一般都在90%以上。这似乎印证了李嘉图的"93%的劳动价值论"。然而这一方法招致了一些学者的批评。克利曼(Kliman, 2002, 2004)、迪亚斯和奥沙纳(Diaz & Osuna, 2005, 2007)都提出了伪回归的问题。他们认为之前的研究测度的实际上是各部门的总价值、总生产价格和总市场价格两两之间的相关性。其高相关性更多的是因为产量本身。该方法测度的所谓相关程度实际上受到量纲的影响。

后来的多数研究在很大程度上接受了这一批评,即不再使用总价值、总生产价格和总市场价格之间的皮尔逊相关系数和拟合优度说明其相关程度,转而使用各种度量向量距离的指标来测度价值和价格之间的偏离程度。谢克(Shaikh, 2016)在其最新著作中就最好地体现了这一变化。谢克在该书有关这一内容的章节中,对于截面数据,已经不再主要依赖回归分析和拟合优度的结果,而是使用了几种度量偏离程度的指标。这些偏离指标显示,直接价格(与价值成固定比例的价格)、生产价格和市场价格总体上的偏离程度不会超过20%。

在国内学者中,冯志轩(2016)实际上也提到过该方法可能存在的问题,其着眼点在于奥乔亚(Ochoa)在估算价值中所采用的一些技术细节。在冯志轩提出的批评中,与本文相关的主要是两点。第一,奥乔亚在研究中并没有区分生产性部门和非生产性部门;第二,奥乔亚用工资差异化与劳动复杂程度的差异,存在用价格解释价值的逻辑矛盾。但冯志轩并没有对此深入,而是通过剔除非生产性部门,以及转而使用国际投入产出表中以小时为单位的劳动投入数据规避了这两个问题。

① 根据Shaikh(1984)的介绍,早在1977年,两位意大利学者格拉齐耶拉·马尔齐(Graziella Marzi)和保罗·瓦里(Paolo Varri)就利用意大利1959年和1967年的投入产出数据尝试了这一方法。

本文在某种程度上可以视为对冯志轩提出的两个问题的深入，旨在从技术和理论两个角度阐明该方法的局限性和适用范围。本文利用中国2012年139部门投入产出数据对该方法进行了应用，结果发现该方法所测度的价值和价格之间总体偏离程度不大，只是反映成本与产出之间的关联性。这可以视为是劳动价值论的一种经验表征，但很难看作是对劳动价值论的直接证明。

本文之后的内容安排如下：第二节介绍该经验估计方法的一般原理；第三节为该方法在中国2012年139部门投入产出表中的应用结果；第四节则利用第三节的经验估计结果分别从技术和理论两个层面讨论了这一方法的局限性；第五节为结论。

二、价值、生产价格估计的一般原理

（一）价值的估计

理论上，假定中间投入品的技术结构与产出品的技术结构一致，那么，商品的价值可以由一张实物投入产出表来得到，即

$$\boldsymbol{v}=\boldsymbol{l}^{*}(I-A)^{-1} \tag{1}$$

其中A为直接消耗系数矩阵，$\boldsymbol{v}$为单位商品价值行向量，$\boldsymbol{l}^{*}$为经由复杂还原系数调整之后的单位直接劳动投入行向量。等式(1)表示商品价值等于商品直接劳动投入（活劳动）和间接劳动投入（死劳动）之和，可以由直接劳动投入行向量右乘一个列昂惕夫逆矩阵得到。

在应用层面，上述方法受到投入产出表编制本身的限制。目前绝大多数国家编制的投入产出表为价值表，即投入产出表所记录的产业间联系均以货币为单位，同时其劳动投入的直接含义指的是每个部门付出的劳动报酬而非以小时计量的劳动时间。

尽管在理论上，只要我们知道每个部门的单位产品价格，就能够将价值型投入产出表转化为实物型投入产出表，但是这一工作存在两方面的困难。第一，投入产出表中有不少部门并不存在物质形态上的产品，难以确定进行计量的物量单位，因而所谓的单位产品价格根本就无从谈起。第二，即便是那些有着物质形态产品的部门，依然是一个大类，包含了在形态和功能上存在差异的多种产品。要找到一种对部门内所有产品都适用的物量单位，并统计其价格，无论在理论上，还是在具体的统计操作上，都有较大的难度。不过这种转化并不是必要的，由价值表得到的技术关系表达的同样是物量意义上的技术关系（Tsoulfidis and Paitaridis，2006）。例如，从价值型投入产出表得到的直接消耗系数a_{ij}表示生产1美元j部门产品需要直接投入a_{ij}美元的i部门产品。1美元产出总会对应着一定的物理单位。例如，1吨铁的价格如果为1 000美元，那么由价值表得到的消耗系数对应的产品物量单位就是$ 1/1 000 $吨。①尽管我们无从知晓由价值表得到的直接消耗系数矩阵确切的物量单位，但我们至少可以确定它一定对应着一种实物意义上的

① 这里要提醒读者注意，这一理解同时意味着从不同年份的投入产出表估计得到的结果对应着不同的物量单位。

联系。

然而,上述理解为具体的应用带来便利的同时也导致一些额外的问题。例如,在利用价值型投入产出表估计价值和生产价格时,得到的价值和生产价格对应的实际上是 1 单位货币价格的产出。换句话说,在对价值型投入产出表的分析中,每个部门产品的市场价格都始终为 1,价格向量是一个全 1 向量。本文将在之后的内容中具体分析这一性质所带来的问题。

上述理解上的便利并不适用于直接劳动投入时间的估计。研究目的本身决定了必须用物量单位来度量直接劳动投入。在目前的研究中,主要存在两种估算部门直接劳动投入时间的方法。

第一种方法由谢克(Shaikh, 1984, 1998, 2016)最初提出,也是目前最为流行的一种方法。谢克假定部门间平均小时工资的差异反映了劳动强度和复杂程度的差别,即设复杂劳动还原系数 h_i 为:

$$h_i = \frac{w_i}{w} \tag{2}$$

其中,w_i 表示部门 i 的直接劳动投入的小时工资,w 表示全社会的平均小时工资。不同性质的劳动在复杂程度上存在差别,同样时间的自然劳动投入可以代表不同的价值量。在经验上一般认为价值的单位是简单平均劳动,因此如果 i 部门劳动的复杂劳动还原系数为 h_i,则其 l_i^* 小时的自然劳动投入实际上包含了多倍的简单平均劳动,即 $h_i l_i^*$。孟捷、冯金华(2017)在最近的一篇文章中对复杂劳动还原问题进行了专门的研究。在这个问题上,他们认为工资并不会反映劳动复杂程度的差别。不过根据谢克的假定,i 部门单位商品的活劳动所创造的新价值为:

$$l_i = h_i l_i^* = \frac{w_i}{w} l_i^* = \frac{W_i}{w} \tag{3}$$

其中 l_i^* 表示 i 部门单位商品所直接投入的自然劳动时间,W_i 表示 i 部门单位商品生产中的劳动成本。等式(3)表明,一旦假定小时工资差异反映了劳动强度和复杂程度的差别,单位商品活劳动创造的价值可以由劳动成本直接除以社会平均小时工资得到,进而有:

$$\boldsymbol{v} = \boldsymbol{l}(I - A)^{-1} \tag{4}$$

$\boldsymbol{l}$ 为各部门活劳动创造的价值 l_i 构成的行向量。

等式(3)虽然为估计直接劳动提供了一种极为便利的方法,但在理论上却存在根本的局限。在马克思主义经济学的理解中,工资是劳动力价值的表现,而劳动在复杂程度和强度上的差别关乎的是劳动所创造的价值,两者并没有直接联系。此外,假定工资水平完全反映劳动复杂程度的差别,即假定资本家为工人 1 小时活劳动所支付的货币工资在不同部门是相等的,某种程度上相当于假定不同部门的剩余价值率相同,这种假设也缺乏明确的根据。

谢克这一估算直接劳动投入的方法在后续的应用中还有一些变形形式。例如,荣兆梓、陈旸(2014)通过将建筑行业选定为典型劳动部门,然后以建筑行业的就业人口为基础,经由投入产出表得到的直接劳动消耗系数换算得到其他部门的就业人数,以此作为直接劳动投入。这一方法与谢克的区别仅在于计算的量纲不同，本质上是一致的。

第二种估算直接劳动投入的方法是将各部门自然劳动投入时间(或就业人数)直接作为活劳动。这一方法显然在理论上有局限性，因为它忽略了劳动在复杂程度和强度上的差别。科克肖特(Cockshott, 2011)是这一方法主要的主张者，其为这种方法辩护的一种理由是：尽管劳动确实存在质的差别，但是任何产品的生产都投入了多种其他产品，而这些作为中间投入产品的生产中也投入了多种产品。产品生产中投入产出的完全联系对不同复杂程度和强度的劳动起到了一种平均化的作用，这样一来劳动在质上的差别就不再那么重要。

至于估算各部门的自然劳动投入时间存在很多方法，可以由部门的劳动报酬除以部门的平均工资得到(Cockshott and Cottrell, 1995)，也可以由微观上的家庭支出数据估算，而如瑞典等有些国家本身就有对自然劳动投入时间的统计。

(二) 生产价格的估计

对生产价格的估计涉及转形问题，不同学者基于不同的假定会有不同的解法。本文主要介绍基于斯拉法转形体系的方法。这一方法的特点是：第一，假设工资后付，即可变资本不包括在预付资本之中；第二，使用标准商品的净产出作为计价单位。根据是否考虑固定资本，该方法又可区分为流动资本模型和固定资本模型。本文并不涉及对转形问题的讨论，如果忽略不同方法背后对转形问题的不同理解，这些方法的数理结构是类似的，其区别并不影响本文的讨论。因此对于其他转形体系，我们只在本小节的末尾做简要说明。

对于 n 部门的投入产出结构，其生产价格行向量可以表示为：

$$\boldsymbol{p} = w\boldsymbol{l} + \boldsymbol{p}(A + D) + r\boldsymbol{p}AT + r\boldsymbol{p}KU \tag{5}$$

其中 $\boldsymbol{p}$ 表示生产价格行向量，w 和 r 分别表示平均工资率和平均利润率，D 为资本折旧系数矩阵，K 为固定资本占有系数矩阵，U 为各部门产能利用率构成的对角矩阵，T 为各部门流动资本周转次数构成的对角矩阵。①从等式(5)可以看出，为什么谢克估计直接劳动投入的方法会流行，因为这一方法可以很好地与转形过程中要求统一工资率的假定结合起来。等式(5)的完全形式为：

$$\boldsymbol{p} = w\boldsymbol{v} + r\boldsymbol{p}H \tag{6}$$

其中

$$H = (KU + AT)(I - A - D)^{-1}$$

$$\boldsymbol{v} = \boldsymbol{l}(I - A - D)^{-1}$$

等式(5)或等式(6)表示的联立方程组有 $n+2$ 个未知数(n 个生产价格、w 及 r)和 n 个独立方程，因此存在两个自由度。

① 如果不考虑固定资本、产能利用率以及周转次数，那么基本的投入产出结构为 $\boldsymbol{p} = w\boldsymbol{l} + \boldsymbol{p}A + r\boldsymbol{p}A$，完全形式依然可以表示为 $\boldsymbol{p} = w\boldsymbol{v} + r\boldsymbol{p}H$，不过此时 $\boldsymbol{v} = \boldsymbol{l}(I - A)^{-1}$，$H = A(I - A)^{-1}$，此时称为流动资本模型。

紧接着定义标准商品 $\boldsymbol{X}_s$：

$$H\boldsymbol{X}_s = \frac{1}{R}\boldsymbol{X}_s \tag{7}$$

$\boldsymbol{X}_s$ 实际上是矩阵 H 对应于主特征值 $1/R$ 的主特征向量，其中 R 为等式(6)当工资率取零时的最大利润率，也是标准商品的净产出资本比。[①]进一步地，根据标准商品确定生产价格的量纲，即令

$$\boldsymbol{pX}_s = \boldsymbol{vX}_s \tag{8}$$

联立等式(6)、等式(7)、等式(8)可得利润工资曲线：

$$w = 1 - \frac{r}{R} \tag{9}$$

注意，此时的工资率 w 含义发生了一定的变化，实际上指的是原体系的总劳动成本占标准商品净产出 $\boldsymbol{pX}_s - \boldsymbol{pAX}_s$ 的比重。例如，当 $r=0$ 时，有 $\boldsymbol{p}(\boldsymbol{0})\boldsymbol{X}_s = w\boldsymbol{vX}_s = \boldsymbol{vX}_s$，故 $w=1$(Sraff, 1960)。此时，由等式(6)可得生产价格向量 $\boldsymbol{p}(\boldsymbol{0}) = \boldsymbol{v}$。可见，经过等式(8)对生产价格量纲的处理，生产价格便可以直接与价值进行比较，且价值向量正好等于利润率为零时的生产价格向量。在等式(6)、等式(9)的基础上，再外生给定一个利润率 r，即可得到生产价格向量 $\boldsymbol{p}$。

本文已经指出，根据不同的假定事实上可以有不同的估计生产价格的方法。例如，根据马克思的原意，工资是预付的，应该包含在预付资本当中，则等式(5)可改写为：

$$\boldsymbol{p} = w\boldsymbol{l} + \boldsymbol{p}(A+D) + r(\boldsymbol{p}A + w\boldsymbol{l})T + r\boldsymbol{p}KU \tag{10}$$

其完全形式为：

$$\boldsymbol{p} = w\boldsymbol{v} + rw\boldsymbol{v}^* + r\boldsymbol{p}H \tag{11}$$

其中

$$H = (KU + AT)(I - A - D)^{-1}$$
$$\boldsymbol{v} = \boldsymbol{l}(I - A - D)^{-1}$$
$$\boldsymbol{v}^* = \boldsymbol{v}(I - A - D)^{-1}T(I - A - D)$$

此时利润工资曲线为：

$$w = \left(1 - \frac{r}{R}\right)\frac{1}{1 + r \cdot ts} \tag{12}$$

其中

$$ts = \frac{\boldsymbol{v}^*\boldsymbol{X}_s}{\boldsymbol{vX}_s}$$

表示流动资本的社会平均周转次数。

另外，也可以不用标准商品的概念，由给定的实物工资向量来得到生产价格(Ochoa, 1989)。

---

① 关于标准商品的讨论，参见 Sraff, 1960:21—39。

为了保证两个“总量一致命题”的成立，荣兆梓和陈旸(2014)构造了转形的 B 体系。不过这些方法的数理结构基本类似，其区别并不影响本文的讨论，因此这里不再做过多的介绍。

(三) 价值、生产价格和市场价格偏离程度的计算

用以上方法得到价值、生产价格之后，就可以与各部门商品的市场价格进行比较，观察各自的偏离程度。早期的研究(Shaikh，1984，1994；Ochoa，1989；Petrović，1987)通常使用二元线性回归分析法来测度价值、生产价格和市场价格两两之间回归的拟合优度或者皮尔逊相关系数。这里我们将看到之前提到的由价值型投入产出表估算价值、生产价格带来的问题。由于市场价格向量是全 1 向量，因此价值或生产价格与市场价格的皮尔逊相关系数实际上无法定义，直接进行二元回归的结果也必然表现为高度显著的常数项 1。为避免这一问题，早期研究转而对各部门总价值、总生产价格和总产值之间进行两两回归。但正如很多批评者(Kliman，2002，2004，2005；Diaz and Osuna，2005，2007)所指出的，这样得到的皮尔逊相关系数或者拟合优度是虚假的，此时 $p_i^m x_i$，$p_i x_i$，$v_i x_i$ 的高相关性来自产量本身，而且得到的皮尔逊相关系数或拟合优度会受到各部门产品量纲的影响。更合理的方式是以各种度量向量之间距离的指标来说明价值、生产价格和市场价格两两之间的偏离程度。

对于价值和市场价格的比较，首先需要将价值向量转换为直接价格向量 $\boldsymbol{d}$(与价值成固定比例的价格)，以统一量纲。令

$$TMP=\sum_{i=1}^{n} p_i^m x_i$$

$$TV=\sum_{i=1}^{n} v_i x_i$$

其中 x_i 表示 i 商品的产量；p_i^m 表示商品 i 的市场价格；v_i 表示商品 i 的价值；TMP 表示社会商品总产品市场价格总额，即总产值；TV 表示社会总产品的价值总额。

定义：

$$\mu=\frac{TMP}{TV}=\frac{\sum_{i=1}^{n} p_i^m x_i}{\sum_{i=1}^{n} v_i x_i} \tag{13}$$

进一步可定义直接价格为：

$$d_i=\mu v_i \tag{14}$$

设 $q_i=p_i^m/d_i$，则常用的指标有：

① 偏离程度加权绝对均值(mean absolute weighted deviation，MAWD)

$$\mathrm{MAWD}=\sum_{i=1}^{n} |\, q_i-1 \,|\, \omega_i$$

其中 $\omega_i = \dfrac{p_i^m x_i}{\sum_{i=1}^{n} p_i^m x_i}$。

② 欧几里得距离(Euclidean distance)

$$\delta_e = \sqrt{\sum_{i=1}^{n}\left(\frac{q_i}{\| q \|} - \frac{1}{\sqrt{n}}\right)^2} = \sqrt{2(1-\cos\theta)}$$

其中 $\| q \| = \sqrt{\sum_{i=1}^{n} q_i^2}$。

在下文给出的研究结果中,我更倾向于用偏离程度加权绝对均值来度量偏离程度。这主要是因为欧几里得距离绝对值大小的含义并不清晰。

对于生产价格和市场价格的比较,也需要对生产价格做一定的调整。①记 $TP = \sum_{i=1}^{n} p_i x_i$,$\mu^* = TMP/TP$,则在计算生产价格和市场价格偏离程度时,$q_i$ 相应地变为 $q_i = p_i^m/(\mu^* p_i)$。

三、基于2012年中国投入产出数据的经验估计结果

表1总结了几位学者分别对美国、英国、日本、瑞典、韩国和中国进行经验估计的结果。这些研究结果显示,估算的直接价格与市场价格、估算的生产价格与市场价格的偏离程度总体上都在20%以内,并且生产价格并不明显地比价值更加接近市场价格。②

为了更好地把握这一经验方法的实质,本文利用2012年中国139部门的投入产出数据对该方法进行了应用。

本文采用前文介绍的谢克的方法估计各部门的直接劳动投入。在这种方法中,我们取社会平均小时工资为14.6元每小时。根据国家统计局数据,2012年城镇单位就业人员的年平均工资为46 769元;根据《2012年农民工监测报告》,农民工月工资平均为2 290元;根据《2015年农民工监测报告》,外出农民工2014年平均外出10个月,每月工作时间25.3天,平均每天工作8.8小时。采用黄宗智(2009)的方法从2012年中国统计年鉴推算,城镇就业中非正规就业占到约60%。以农民工代表非正规就业人员,以国家统计局统计的城镇就业单位就业人员代表正规就业人员,则社会年平均工资为32 447.6元。③最后,以农民工每年的平均劳动时间表示社会就业人员平均年劳动时间,得到社会平均小时工资14.6元每小时。这一估算当然有限粗糙,但实际上社会平均小时工资绝对量并不影响对于偏离系数的讨论,因此不必过于在意社会平均小时工

① 按照斯拉法的方法计算得到的生产价格实际上是和价值在一个量纲上。

② Shaikh、Ocho 和 Cockshott 的研究结果显示,估计得到的价值实际上要比生产价格更加接近市场价格,但是从表\ref{multi-countries}的结果看,实际上无法得出这个结论。

③ 根据2012年139部门投入产出表中的劳动报酬总量,以及2012年国家统计局公布的三次产业总就业人口估计的社会平均工资为34 435.5元每年。可以看到由投入产出表的劳动报酬总量除以总就业人口得到的社会平均工资,与正规就业和非正规就业加权平均得到的社会平均工资非常接近。这从侧面反映了用农民工代表非正规就业,以城镇单位就业代表正规就业,且前者占到总就业人口60%的估计是比较合理的。

表 1　主要国家价值和市场价格、生产价格和市场价格偏离程度

国　家	年　份	部门数量	价值与市场价格		生产价格与市场价格			
			MAWD	d	MAWD		d	
					流动资本	固定资本	流动资本	固定资本
美　国	1947	65	0.163	0.263		0.158		0.297
美　国	1958	65	0.142	0.176		0.145		0.168
美　国	1963	65	0.172	0.179		0.156		0.171
美　国	1967	65	0.161	0.166		0.165		0.185
美　国	1972	65	0.145	0.157		0.146		0.161
美　国	1998	65	0.145	0.147		0.124		0.212
平均值			0.155	0.181		0.149		0.199
英　国	1968	31	0.076		0.093			
英　国	1979	31	0.078		0.099			
英　国	1984	31	0.128		0.127			
英　国	1990	31	0.183		0.146			
英　国	1998	37	0.121		0.133			
平均值			0.117		0.120			
日　本	1970	32	0.145		0.167			
日　本	1975	32	0.125		0.123			
日　本	1980	32	0.138		0.111			
日　本	1985	32	0.152		0.100			
日　本	1990	32	0.116		0.071			
日　本	1995	37	0.113		0.123			
日　本	1995	85	0.131			0.098		0.241
日　本	2000	95	0.141			0.088		0.230
平均值			0.133		0.116	0.093		0.236
瑞　典	1995	48	0.200			0.103		0.268
瑞　典	2000	48	0.184			0.091		
平均值			0.192			0.097		
韩　国	1995	36	0.171					
韩　国	1995	27	0.131	0.179		0.213		
韩　国	2000	27	0.143	0.164		0.217		
平均值			0.148	0.172		0.215		
中　国	1997	40	0.160	0.340	0.110			
中　国	2007	39	0.240		0.170			
平均值			0.200		0.140			

注：美国的全部数据来自 Shaikh，2016；英国的全部数据、日本 32 部门和 37 部门数据、瑞典的全部数据、韩国 1995 年 36 部门数据来自 Zachariah，2006；韩国 1995 年和 2000 年 27 部门数据来自 Tsoulfidis & Rieu，2006；中国 1997 年的数据来自 Moriolis & Tsoulfidis，2009；中国 2007 年的数据来自荣兆梓、陈旸，2014。其中生产价格的计算除了荣兆梓和陈旸采用其 B 体系方法之外，都采用斯拉法的方法。

资估算的精确性。

结果显示，由这种方法估计的直接价格和市场价格的总体偏离程度 $MAWD_{dm}=0.1410$，①生产价格与直接价格的总体偏离程度为 $MAWD_{dp}=0.0945$，市场价格与生产价格总体偏离程度为 $MAWD_{pm}=0.0928$，其中生产价格的估计采用斯拉法的流动资本模型。这一估算的结果与其他学者的估计结果相近，即直接价格、生产价格和市场价格两两之间总体上并没有很大的偏差。

不过，还原为劳动的“价值”只是在总体平均的意义上没有与市场价格发生很大的偏离，就个别部门而言，却并不一定如此。图 1 显示了各部门直接价格和市场价格的核密度图，从中可见，大部分部门的直接价格和生产价格都在市场价格 20%的偏离幅度内，但也有不少部门发生了较大的偏离。表 2 分别显示了直接价格与市场价格、生产价格和市场价格偏离程度最高的 15 个部门。②就市场价格和直接价格而言，可以发现农业相关部门一般会有比较大的偏离。另外，无论是直接价格还是生产价格，“废弃资源和废旧材料回收加工品”的偏差都非常大，达到 75%左右。

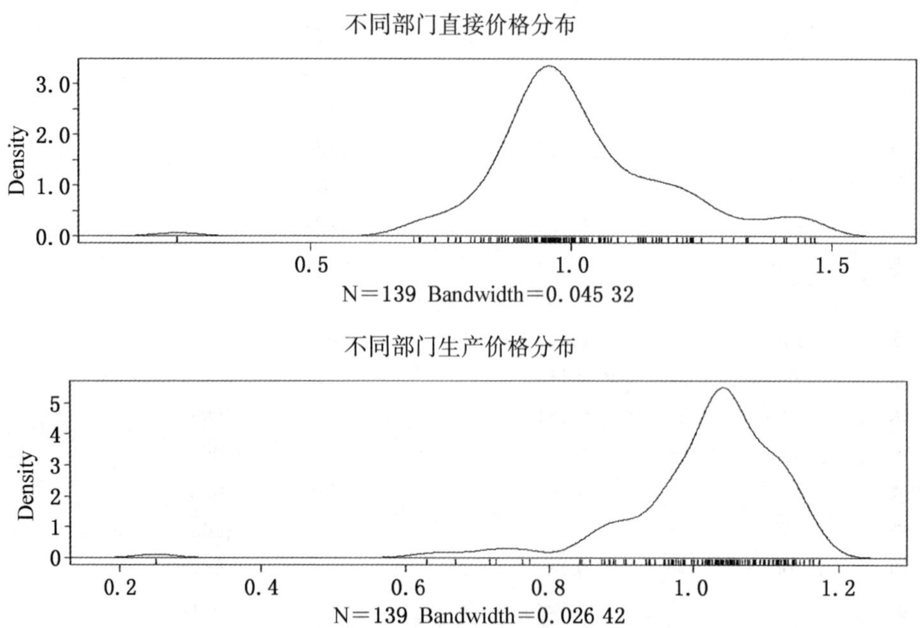

图 1　直接价格、生产价格分布的核密度

① 在本文发表于《经济学动态》2018 年第 1 期的版本中，市场价格与直接价格的偏离程度 $MAWD_{dm}=0.1362$。当时的计算有些问题。两个数值的差异来自最后计算偏离程度时所选取的分母不同。按照本文提供的计算公式，$MAWD_{dm}=\sum_{i=1}^{n}|p_i^m/d_i-1|\omega_i=\sum_{i=1}^{n}|1/d_i-1|\omega_i$，即以直接价格作为分母计算偏离程度。但由于各部门产品的市场价格为 1，似乎以市场价格作为分母计算偏离程度更简便，于是在之前的版本中，我实际是按照公式 $MAWD_{dm}=\sum_{i=1}^{n}|d_i-1|\omega_i$ 计算的。这一点在《经济学动态》版本的表 2 中实际有直接的体现。好在两者计算方式的经济学含义相同，数值差异也很小，完全不影响本文所有内容的讨论。当时我并没有在文中指出这一点，故在这个版本中作此说明。同样，在下文的数值例子中，我也相应做了调整。

② 表 2 中市场价格与直接价格偏离程度与计算 $MAWD_{dm}$ 时的偏离程度有些许差异。

表 2　2012 年中国 139 部门中市场价格分别与直接价格、生产价格偏离程度最大的 15 个部门

部门名称	市场价格与直接价格偏离程度最大的 15 个部门		部门名称	市场价格与生产价格偏离程度最大的 15 个部门	
	直接价格	偏离程度		生产价格	偏离程度
废弃资源和废旧材料回收加工品	0.240	0.760	废弃资源和废旧材料回收加工品	0.252	0.748
林产品	1.467	−0.467	货币金融和其他金融服务	0.629	0.371
渔产品	1.460	−0.460	房地产	0.669	0.331
畜牧产品	1.449	−0.449	电信和其他信息传输服务	0.717	0.284
农产品	1.436	−0.436	批发和零售	0.725	0.275
社会工作	1.414	−0.414	管道运输	0.762	0.238
教育	1.409	−0.409	石油和天然气开采产品	0.772	0.228
农林牧渔服务	1.390	−0.390	畜牧产品	1.173	−0.173
公共管理和社会组织	1.340	−0.340	铁路运输	1.165	−0.165
铁路运输	1.337	−0.337	屠宰及肉类加工品	1.164	−0.164
社会保障	1.314	−0.314	棉、化纤纺织及印染精加工品	1.159	−0.159
货币金融和其他金融服务	0.697	0.303	燃气生产和供应	0.842	0.158
管道运输	0.708	0.293	资本市场服务	0.845	0.155
谷物磨制品	1.291	−0.291	针织或钩针编织及其制品	1.152	−0.152
电信和其他信息传输服务	0.709	0.291	纺织服装服饰	1.146	−0.146

四、局限性讨论

(一) 技术局限性

在经济理论的经验工作中，受限于数据的可获得性或者数据本身的结构，往往需要做出一些带有妥协性的假设。从局部看，这些假设并不明显地违背背后的理论预设，可是一旦从总体上考察这些假设在经验工作中真正所起的作用，就容易背离该经验工作的初衷。

那么上述应用结果是否存在类似的问题呢？更重要的是，我们是否可以将上述结果视为对劳动价值论的证明呢？这是下文将要关注的内容。

本文已经指出，第一种估计直接劳动投入的方法，特殊之处在于其对复杂劳动还原系数的假定。让我们回到模型最初的假定 $l_i = W_i / w$。这一假定意味着估算的活劳动创造的价值总是与劳动成本成比例，在完全联系的意义上，则意味着单位产出中的完全(integreted)劳动投入总是与完全的劳动成本成比例。这其实相当于用投入产出表中的劳动报酬向量代替劳动投入向量。

在完全联系的意义上，单位产出只是由完全劳动成本和完全利润两部分构成，于是任何部门的市场价格在完全联系的意义上都可以表示为：

$$p_i^m = wv_i + \pi_i^T = wv_i(1+\sigma_i) \tag{15}$$

其中 π_i^T 表示完全利润，$\sigma_i = \pi_i^T / wv_i$ 表示完全利润工资比。①又由于 $p_i^m = 1$，于是估算得到的产品直接价格 d_i 与该部门的完全利润工资比 σ_i 满足关系：

$$d_i = \mu v_i = \frac{\mu p_i^m}{w(1+\sigma_i)} = \frac{\mu}{w(1+\sigma_i)} \tag{16}$$

根据等式(16)可知，每一部门产品的直接价格与该部门的完全利润工资比一一对应。于是，一旦假定工资差异完全反映劳动在复杂程度和强度上的差别，那么任何直接价格与市场价格(为 1)的偏离都将反映在完全利润工资比的差异上。一旦放弃上述方法背后的理论预设，而只关注估算得到的直接价格在技术意义上的含义，那么不同部门产品直接价格与市场价格(为 1)之比的差异只是指完全利润工资比在部门间分布的差异。

另一方面，完全利润工资比也可以理解为完全劳动成本在总产出中的占比，两者满足关系：

$$\frac{wv_i}{p_i^m} = \frac{wv_i}{wv_i + \pi_i^T} = \frac{1}{1+\dfrac{\pi_i^T}{wv_i}} = \frac{1}{1+\sigma_i} \tag{17}$$

结合等式(16)、等式(17)易知直接价格 d_i 与完全劳动成本满足关系：

$$\frac{wv_i}{p_i^m} = \frac{d_i w}{\mu} \tag{18}$$

本文已指出，第一种直接劳动投入的估计方法意味着将投入产出表中的以货币价格计量的劳动报酬向量与以时间计量的劳动投入向量等同。如果不再将这里的劳动投入理解为价值，而仅仅理解为劳动成本，那么所谓直接价格与市场价格总体上偏离程度不大的结论，实际上只是指完全利润工资比 σ_i 或者完全劳动成本在部门间呈现比较集中的分布。例如，根据 2012 年中国 139 部门的投入产出数据，2/3 的部门的完全利润工资比落在区间[0.5, 1.0]内，超过一半部门的完全利润工资比落在区间[0.5, 0.8]内。而从完全劳动成本的角度，对应的经验事实是：对 2/3 的部门而言，完全劳动成本占其总产出的比例将在 50%—66.7%之间。

现在问题转化为如何理解完全劳动成本或者完全利润工资比在部门间呈现较为集中的分布这一事实。

① 谢克称之为“the integrated profit/wage ratio”，本文仿照投入产出分析的术语，称之为完全利润工资比，以与直接利润工资比相区分。本文任何带有“完全”这一前缀的概念都是指这一含义。

对此的一种理解是，如果认可工资差异确实反映了劳动复杂程度和强度的差别，那么完全劳动成本或完全利润工资比的集中分布这一事实本身就是劳动价值论的反映。Farjoun 和 Machover(1983)曾经得到类似的结论，他们对投入产出表的计算发现，产品价格与完全劳动成本之比(作者称之为 specific price)大概满足均值为 2，标准差为 1/3 的正态分布。Cockshott(2009)利用英国数据对其进行了验证，发现尽管均值有些不同，但标准差为 1/3 及满足正态分布的结论是正确的。Farjoun、Machover 和 Cockshott 均认为这可以视为劳动价值论的一种证据。但本文的估计结果显示，产品价格与完全劳动成本之比并不服从正态分布(因为产品价格为 1，因此这些作者所谓的“specific price”不过是完全劳动成本的倒数)，但在部门间确实呈现较为集中的分布。

对于上述结果，本文认为还有另外一种解释。所谓完全劳动成本，指的是将所有中间投入都还原为劳动成本之后，所有间接劳动和直接劳动之和，实际上可以视为是对成本价格的某种度量。不同部门单位货币产出中的完全劳动成本相差不大这一点很可能是成本加成定价的结果。后凯恩斯主义学者曾指出，在今天的经济活动中，企业多实行成本加成定价，即在单位成本之上附加一个成本边际。①至于供给与需求的缺口主要依靠存货或产能利用率的变化进行调整，而不是依靠市场价格(Lavoie, 2013：111; 2014：175—181)。谢克(2016：398—400)在其最新的著作 *Capitalism*：*Competition*，*Conflict*，*Crises* 中介绍上述估计价值、生产价格的经验方法时，也提到了上述事实。他引用了普蒂(Puty)的一项研究，发现在美国 1856—1969 年的几次经济周期中，各部门产品从波峰到波谷的产量调整(平均变化程度为 22.18%)的剧烈程度要远远大于价格(平均变化程度为 9.13%)。但谢克对此的解释并不是成本加成定价，而是认为正是由于短时间内产品价值不会发生太大变化，才导致价格变化程度不是那么剧烈。

我认为，基于投入产出表估算得到的直接价格与市场价格偏离程度不大这一经验结果主要由成本加成定价所致。主要基于三个理由。

第一，等式(16)、等式(17)和等式(18)表明，估算得到的直接价格与完全利润工资比、单位产出中的完全劳动占比一一对应。在一个厂商均采取成本加成定价的经济系统中，如果将所有中间成本进一步还原为劳动成本和利润，那么最终得到的完全利润工资比或者单位产出中的完全劳动占比就会呈现较为集中的分布。这里用一个数值例子来说明其中的原理。表 3 为一个 5 部门的价值型投入产出表，其中列项表示生产某种产品的投入结构。从表中设定的数值来看，各部门的利润率有着很大差异，直接导致不同部门增加值中的(直接)利润工资比有着很大的差异。但是一旦将所有的中间投入都如等式(15)那样还原为劳动成本和利润，那么由此得到的完全利润工资的部门间差异将大为缩小。进一步计算可知，单位产出中的完全劳动成本与价格总体上的偏离程度只有 MAWD=0.1547。其中的机制在于，投入产出表揭示了不同部门生产之间的投入产出联系，每一种产品的投入中都包含了其他产品作为中间投入，而这些中间投入又可以还原

① 注意“成本边际”与“边际成本”是完全不同的两个概念。成本边际表示单位产品所包含的预期利润。

为其他部门的劳动投入和利润，由此就形成一种平均化的作用。

表 3 完全利润工资比平均化的数值例子

	部门 1	部门 2	部门 3	部门 4	部门 5
部门 1	100	150	50	200	150
部门 2	50	200	400	300	50
部门 3	400	100	50	200	500
部门 4	300	50	200	50	200
部门 5	250	300	100	100	250
劳动成本	200	100	150	250	50
成本价格	1 300	900	950	1 100	1 200
利润率	0.1	0.2	0.3	0.4	0.5
产出价格	1 430	1 080	1 235	1 540	1 800
直接利润工资比	0.65	1.8	1.9	1.76	12
完全利润工资比	1.64	2.2	2.08	1.94	3.39

第二，在对上述经验估计方法的应用中，学者们对非生产性劳动的处理经常只是剔除若干部门。但是按照劳动价值论，非生产性部门尽管不创造价值，却参与剩余价值的分配。换句话说，非生产性部门的产值中包含了价值，而将其简单地剔除，等于将非生产性部门产出中所分割来的价值也一并舍弃了。成本加成定价却没有这个问题，尽管非生产性部门的劳动不创造价值，但依然有成本，厂商依然是通过在成本之上附加一个成本边际来进行定价。因此，如果采取成本加成定价的预设，那么在估算偏离系数时就没有必要剔除非生产性部门。事实上，在对偏离系数的计算中，剔除非生产性部门与否的确不会对偏离系数产生显著的影响。

第三，对劳动价值的还原必须借助劳动成本进行，但是对于成本的还原却并不一定需要借助劳动成本。实际上，在投入产出表的结构中，“固定资本折旧”项几乎与“劳动报酬”项有着相同的位置，都被列在增加值项下。借助列昂惕夫逆矩阵，我们可以将所有的中间成本都还原为“固定资本折旧”。利用中国 2012 年 139 部门投入产出数据，估计得到的完全固定资本折旧与市场价格总体的偏离系数只有 MAWD=0.239。这一结果表明，利用投入产出表得到的直接价格，最直接的含义只是对完全成本的一种度量。

（二）成本加成定价与劳动价值论的关系

在后凯恩斯主义经济学的研究中，成本加成定价是经常被采用的一个假定。不过有必要指出的是，成本加成定价并不是严格意义上的价格理论。成本加成定价具有两种含义。第一，成本加成定价表示厂商在销售之前的一种定价策略。在厂商对产品定价时，其采取的原则往往是在单位平均成本之上追加一个成本边际(cost margin)。第二，成本加成定价也表示一种事后的产品价格构成。从事后看，单位产品的价格总是可以分成成本和利润两部分，这部分利润一般称作利润边际(profit margin)，是价值实现之后的利润(Lavoie，2014：157)。从事前的意义上讲，成本加成定价只是一种定价理论，从事后的意义上讲，成本加成定价只是对现象的一种描述，在逻辑上不会与任何一种价格理论发生矛盾。

劳动价值论实际上蕴含着成本加成的思想，主要体现在两个方面。第一，在考虑转形时，等量资本获取等量利润，此时产出就等于成本价格与平均利润之和。这显然是成本加成定价的一种形式。并且应当注意，在等量资本获取等量利润的原则中，并不需要区分生产性部分和非生产性部门。例如，商业资本利润的绝大部分并不是来自本部门创造的剩余价值，而是以等量资本获取等量利润的原则从生产性部门转移而来的。第二，如果考虑垄断资本，则产出等于成本价格与垄断利润之和，这是成本加成定价的另一种形式。垄断资本与竞争性资本在成本加成中的区别只在于其利润不再遵循利润率平均化的原则。实际上，在早期，后凯恩斯主义诉诸成本加成定价的主要理由便是垄断，并且通常用加成率的大小来衡量垄断程度(Shaikh，2016：159—363)。

从这个角度来看，本文的经验结果在一定程度上也可以视作劳动价值论在经验上的一种表现。

另外要特别指出的是，尽管成本加成定价与任何一种价格理论在形式上都不会发生矛盾，但后凯恩斯主义学者历来强调自己与新古典主义的差异。例如，后凯恩斯主义的厂商理论强调，在工业品生产部门，产品生产的短期平均可变成本(劳动力、原材料和辅助材料成本)在到达全产能利用率之前一般是不变的。厂商一般都会保留一定程度的过剩产能。这就与新古典的边际分析产生了明显的区别。

(三) 理论局限性

上一小节的讨论可以视为对该经验估计方法技术局限性的说明，下面侧重说明其理论的局限性。

细究该经验估计方法背后的理论预设就不难发现，该方法在一定程度上具有新李嘉图主义的倾向。其方法论是从一套给定的技术结构来得到价值，进而得到生产价格。实际上有关这一经验方法的大部分文献讨论地更多的也是李嘉图和斯拉法，而非马克思。这意味着这一方法很难避免斯蒂德曼(1991)对劳动价值论的诘难：如果生产价格体系已经由技术体系给定，那么为何还需要去计算劳动价值呢?

孟捷(2004)曾经对斯蒂德曼的诘难提出过回应。在他看来，劳动价值论是把握资本主义再生产中不确定性的理论工具，而生产的标准技术条件与市场价值之间的关系，并不是斯蒂德曼所设想的那种单一、决定性的关系。换言之，上述经验方法中的技术条件并不可能完全脱离价值实现而在事前决定，相反，这一技术条件要受到供需矛盾的影响。关于标准技术条件和市场价值确定的这一动态性特征，马克思在《资本论》第三卷中这样说道：

> 我们假定，所生产的商品的量是不变的，是已定的，只是这个在不同生产条件下所生产的量的各个组成部门的比例发生了变化，因此，同样数量的商品的市场价值按不同的方法来调节。假定这个量就是通常的供给量，并且我们撇开所生产的商品的一部分会暂时退出市场的可能性不说。如果对这个总量的需求仍然是通常的需求，这个商品就会按照它的市场

> 价值出售，而不管这个市场价值是按以上研究过的三种情况中的哪一种情况来调节的。这种商品量不仅满足了一种需要，而且满足了社会范围内的需要。与此相反，如果这个量小于或大于对它的需求，市场价格就会偏离市场价值。第一种偏离就是：如果这个量过小，市场价值就总是由最坏条件下生产的商品来调节，如果这个量过大，市场价值就总是由最好条件下生产的商品来调节，因而市场价值就由两端中的一端来决定，尽管单纯就不同条件下生产的各个量的比例来看，必然会得到另外的结果。如果需求和生产量之间的差额更大，市场价格也就会偏离市场价值更远，或者高于市场价值，或者低于市场价值。（马克思，2004：206）

不过有一点需要指出的是，上述经验估计方法并不包含再生产均衡的假定。其基本价格方程，即方程组(6)中并没有任何关于再生产均衡的条件。但正如孟捷所指出的，问题是这一估计方法的技术条件从何而来呢？考察这一经验估计方法的具体操作就能发现，尽管这一方法的应用者们大多宣称价值是由给定的技术条件确定的，但是根据投入产出的编制原则，投入产出表蕴含的技术关系实际上是由国民收入核算事后推算的。因此，由投入产出表得到的技术条件其实反映的是价值实现过程发生之后每个部门平均的生产条件，其所估计的价值，实际上是在实现过程对标准技术条件的选择机制发生之后，即标准技术条件得以确定之后对应的价值。①背后实际的逻辑关系是从价格体系得到技术体系，进而得到价值和生产价格。可见，该方法在应用层面的逻辑关系与其理论预设的逻辑关系完全相反。这实际上也是本文在上一节所讨论的技术局限性的根源，正因为其技术条件以及直接劳动投入完全是从价格体系推导而来的，其最后得到的价值与市场价格之间的联系，往往体现的是成本和产出之间的联系。这种方法与劳动价值论之间的联系是间接的，而非直接的。作为一种价值和生产价格的估计方法，投入产出技术起到的是将直接联系转化为完全联系的作用，对于价值、生产价格的估计总是需要以对直接劳动投入中创造价值的生产性劳动规模的估计为前提。

五、尾　　论

本文考察了一种基于投入产出估算价值和生产价格的方法，在已有的文献中，该方法还经常被视为是一种劳动价值论的证明方法。本文的分析表明，由该方法估计得到的价值与市场价格之间的联系所直接反映的是成本与产出之间的联系，其偏离程度之所以很小，很可能是成本加成定价以及投入产出结构内在平均化作用的结果。因此，该方法的结果与劳动价值论的联系是间接的。

此外，尽管该方法的理论预设具有新李嘉图主义的倾向，但是其应用层面的逻辑关系却是相反的，即它不是从给定的技术条件来得到价值和生产价格，进而与市场价格比较，而是从给定的

① 当然，由于投入产出表得到总是一个部门投入产出加总的情况，因此这一技术条件只是事后确定的平均技术条件，因而忽略了部门内其调节作用的标准技术条件并不一定是平均的生产条件这一情况。

价格体系来得到技术条件，进而得到价值和生产价格，是一种事后的推算。因此在操作层面该方法并不必然违背市场价值决定的动态性和不确定性特征。

最后，我们对劳动价值论和投入产出分析之间的联系再做一点探讨。在目前的政治经济学体系中，劳动价值论其实更像是整个逻辑体系的出发点，一种预设。从这种预设出发，我们可以对整个经济运动规律进行自洽的解释。至于这一预设本身，其实并不需要直接的证据。本文基于投入产出分析得到的经验结果并不与劳动价值论矛盾，相反是劳动价值论的一种经验表征。但这并不是对劳动价值论的直接证明。其实可以反过来思考这一问题。例如，如果最后得到经验结果是价值和市场价格发生了很大的偏离，我们是否就能认为劳动价值论不成立呢？我认为答案是否定的。假定商品按照价值出售只是马克思在《资本论》第一卷所采用的一个阶段性假定。随着分析越来越具体，诸如垄断、利润率平均化、虚拟资本等因素都会导致价格与价值的偏离。

事实上，国内已经有学者指出投入产出分析背后有着类似于劳动价值论的预设。例如夏明在谈到列昂惕夫体系的投入要素有无替代性时，就指出："列昂惕夫体系的替代性的有无问题不在于固定系数，而根本问题在于列昂惕夫体系假定劳动是唯一的初始投入要素。在经济是'循环流'的观点下，所有产品的生产都相互需要，没有一种产品只作为投入存在，只有劳动，或者说初始投入是例外。"（夏明、张红霞，2013：93）可见，在投入产出分析的理论框架中，劳动作为唯一的初始投入本身就具有特殊性。这一预设与劳动价值论是契合的。也正因如此，投入产出分析方法对于马克思主义经济学有着重要意义。

本文的讨论并不是对投入产出分析方法的否定，而是澄清这一方法与劳动价值论之间的联系。本文主要反对的是将基于投入产出分析得到的结果看作是对劳动价值论的直接证明。本文的分析表明，这一观点无论在技术上，还是在理论上都有局限性。我认为，指明这些局限，反而会有利于投入产出分析方法在马克思主义经济学领域的应用。

参考文献

[1] 马克思：《资本论》第 1 卷，人民出版社 1983 年版。

[2] 马克思：《资本论》第 3 卷，人民出版社 2004 年版。

[3] 黄宗智：《中国被忽视的非正规经济：现实与理论》，《开放时代》2009 年第 2 期。

[4] 斯蒂德曼：《按照斯拉法思想研究马克思》，商务印书馆 1991 年版。

[5] 孟捷：《劳动价值论与资本主义再生产中的不确定性》，《中国社会科学》2004 年第 3 期。

[6] 孟捷、冯金华：《复杂劳动还原与产品的价值决定：理论和数理的分析》，《经济研究》2017 年第 2 期。

[7] 冯志轩：《国际价值、国际生产价格和利润平均化：一个经验研究》，《世界经济》2016 年第 8 期。

[8] 荣兆梓、陈旸：《转形问题 B 体系：模型与计算》，《经济研究》2014 年第 9 期。

[9] 李海明：《检验劳动价值论：方法与证据》，《经济学动态》2017 年第 9 期。

[10] 夏明、张红霞：《投入产出分析：理论、方法与数据》，中国人民大学出版社 2013 年版。

[11] Cockshott, P. et al., 1995, "Testing Marx: Some New Results from UK Data", *Capital &*

Class, 19(1):103—130.

[12] Cockshott, P. et al., 2009, *Classical Econophysics*, Routledge.

[13] Cockshott, P., 2011, "Competing Theories: Wrong or Not Even Wrong?", *Vlaams Marxistisch Tijdschrift*: 97—103.

[14] Diaz, E. & R.Osuna, 2005, "Can We Trust in Cross-sectional Price-value Correlation Measures? Some Evidence from the Case of Spain", *Journal of Post Keynesian Economics*, 28(2):345—363.

[15] Diaz, E. & R.Osuna, 2007, "Indeterminacy in Price-value Correlation Measures ", *Empirical Economics*, 33(3):389—399.

[16] Farjoun, E. & M. Machover, 1983, *Laws of Chaos: A Probabilistic Approach to Political Economy*, The Thetford Press Limited.

[17] Kliman, A. J., 2002, "The Law of Value and Laws of Statistics: Sectoral Values and Prices in the US Economy, 1977—97", *Cambridge Journal of Economics*, 26(3):299—311.

[18] Kliman, A. J., 2004, "Spurious Value-price Correlations: Some Additional Evidence and Arguments", in: Zarembka. P(ed.), *Neoliberalism in Crisis*, *Accumulation*, *and Rosa Luxemburg's Legacy* (*Research in Political Economy*, Volume 21), Emerald Group Publishing Limited.

[19] Lavoie, M., 2013, *Sraffians*, *other Post-Keynesians*, *and the Controversy over Centres of Gravitation*, Post-Print.

[20] Lavoie, M., 2014, *Post-Keynesian Economics*: *New Foundation*, Post-Print.

[21] Mariolis, T & L. Tsoulfidis, 2009, "Decomposing the Changes in Production Prices into 'Capital-Intensity' and 'Price' Effects: Theory and Evidence from the Chinese Economy", *Journal of Biochemistry*, 116(5):1134—1138.

[22] Ochoa, E., 1989, "Values, Prices, and Wage-profit Curves in the US Economy", *Cambridge Journal of Economics*, 13(3), 413—429.

[23] Petrović, P., 1987, "The Deviation of Production Prices from Labour Values: Some Methodology and Empirical Evidence", *Cambridge Journal of Economics*, 11(3), 197—210.

[24] Shaikh, A., 1984, "The Transformation from Marx to Sraffa", in: E. Mandel & E. Freeman (eds), *Ricardo*, *Marx*, *Sraffa*, The Langston Memorial Volume.

[25] Shaikh, A & A. Tonak., 1994, *Measuring the Wealth of Nations*, Cambridge University Press.

[26] Shaikh, A., 2016, *Capitalism*: *Competition*, *Conflict*, *Crises*, Oxford University Press.

[27] Sraff, P., 1960, *Production of Commodities by Means of Commodities*, Cambridge University Press.

[28] Tsoulfidis, L. & D. Rieu., 2006, "Labor Values, Prices of Production and Wage-Profit Rate Frontiers of the Korean Economy", *Seoul Journal of Economics*.

[29] Zachariah, D., 2006, "Labour Value and Equalisation of Profit Rate: A Multi-country Study", *Indian Development Review*, 4(6):1—20.

（本文原载《经济学动态》2018 年第 1 期）

数理政治经济学

两大部类的积累和增长:政府调控与市场机制*

——基于马克思扩大再生产公式的讨论

冯金华**

摘　要　在马克思的扩大再生产模型中,两大部类的增长率从第二期开始趋于相同,但它们的积累率却始终不同。如果在马克思的模型中引入利润平均化的条件,并像马克思那样假定平均利润率、资本有机构成和第一部类的积累率保持不变,第二部类的积累率根据第一部类的积累率进行调整,以保证两大部类之间的供求平衡,则从第二期开始,不仅两大部类的增长率会趋同,而且它们的积累率也将趋同。这意味着,为了实现任意给定的整个经济的增长率目标,政府只需要让第一部类的积累率等于由该增长率目标确定的整个经济的最优积累率并保持不变,而让第二部类的积累率随市场的要求自动调整即可。

关键词　两大部类　积累　增长　政府调控　市场机制

一、引　言

中共十八届三中全会《关于全面深化改革若干重大问题的决定》提出:"经济体制改革是全面深化改革的重点,核心问题是处理好政府和市场的关系,使市场在资源配置中起决定性作用和更好发挥政府作用。"①

"使市场在资源配置中起决定性作用和更好发挥政府作用"是中国特色社会主义政治经济学的一个重大理论观点。本文在马克思扩大再生产模型的基础上,通过引入利润平均化的条件发现,从第二期(或第二年)开始,两大部类的积累率和增长率都将趋于相同。这意味着,为了实现任意给定的整个经济的增长率目标,政府所需要做的就是:让第一部类的积累率等于由该增长率目标确定的整个经济的最优积累率并保持不变,而让第二部类的积累率随市场的要

* 本文系国家社会科学基金项目"一般均衡价格与价值研究"(15BJL007)的阶段性成果。

** 冯金华,上海财经大学马克思主义学院教授、博士生导师。

① 《中共中央关于全面深化改革若干重大问题的决定》,人民出版社 2013 年版。

求自动调整。①

马克思本人是否清楚地意识到在他的扩大再生产模型中存在着上述增长率趋同现象现在已经不得而知。例如,他在《资本论》第二卷第二十一章第Ⅲ节"用公式来说明积累"的"第一例"中,连续计算了"五年规模扩大的再生产"。②这似乎意味着,他没有看到,实际上只需要计算两年或最多三年就可以了,因为第二年的情况只是第一年的情况在规模扩大的基础上的重复。特别是,在这个例子中以及在其他地方,马克思都没有去计算每一年两大部类以及整个经济的增长率,因而也就没有看到,在他的模型中,从第二年开始,两大部类以及整个经济的增长率实际上都是完全相同和固定不变的。

无论如何,一个不争的事实是:长期以来,马克思扩大再生产模型中的增长率趋同以及(在引入利润平均化假定之后的)积累率趋同现象一直没有引起足够的重视。例如,在一些重要的政治经济学教科书和著作中就几乎没有提到过这一点;③而在涉及这一问题的少数经济学家中,往往也只是看到了增长率的趋同,并对此持批评的态度,更没有"发现"利润平均化条件下的积累率趋同。例如,森岛通夫把两大部类的增长率趋同看成是"奇怪的结论",是马克思"非常独特的投资函数"的"逻辑上必然的结果",并认为"从马克思的特殊的投资函数所导出的这个奇怪的结论不仅是反常的,而且是同他的均衡利润率的形成的论证相矛盾的"。④

尽管森岛通夫看到了利润平均化的重要性,但却没有进一步地在马克思的扩大再生产公式中直接引入利润平均化的条件,而是"迂回"地假定了两大部类的资本所有者都具有同样的储蓄倾向以及对两大部类的投资机会都同样感兴趣,⑤因而没有能够看到,在引入利润平均化的假定之后,不仅两大部类从而整个经济的增长率会趋同,而且,两大部类从而整个经济的积累率也会趋同。⑥换句话说,在马克思的扩大再生产公式中,两大部类资本所有者的共同的储蓄倾向实际上就是利润平均化的一个"结果"。

本文根据马克思的扩大再生产公式,同样假定在再生产的过程中,两大部类的资本有机构成保持不变,但引入利润平均化的条件,并假定在再生产的过程中,平均利润率也保持不变。在这些假定之下,本文将证明:在扩大再生产的过程中,如果第一部类的积累率给定且不变,⑦第二部类的积累率总是随着第一部类的固定不变的积累率自动地进行调整,以保证两大部类之间的供给与需求总是相等,则从第二年开始,不仅第二部类从而整个经济的增长率都将趋同于第一部类的增长率,而且第二部类从而整个经济的积累率也将趋同于第一部类的积累率。

---

① 这里的积累率是指积累占剩余价值的比率,即"剩余价值积累率"或"剩余积累率"。它不同于"资本积累率"。后者是指积累与原有资本的比率。

② 《马克思恩格斯文集》(第6卷),人民出版社2009年版,第574—579页。

③ 《马克思主义政治经济学概论》编写组:《马克思主义政治经济概论》,人民出版社2011年版;吴易风:《马克思主义经济学与西方经济学的比较研究》(第3卷),中国人民大学出版社2009年版。

④⑥ 森岛通夫:《马克思的经济学——价值和增长的双重理论》,上海人民出版社1990年版,第140、142—144页。

⑤ 容易看到,仅仅依靠这两个假定,并不能够保证两大部类的供给和需求总是能够平衡,或者说,并不能够保证扩大再生产的条件总是能够等到满足。

⑦ 与马克思原来公式中的积累率的含义不同,引入利润平均化之后的积累率是指积累占平均利润(而非剩余价值)的比率,即"平均利润积累率"。

引入利润平均化条件的马克思扩大再生产公式中的两大部类增长率和积累率趋同规律具有重要的政策含义。例如，为了实现整个经济的某个计划增长率，我们只需要由该计划增长率确定相应的整个经济的最优积累率，然后令第一部类的积累率等于这一最优积累率并保持不变即可。根据积累率趋同规律，这样做可以保证从第二年开始，第二部类的积累率从而整个经济的积累率都将等于第一部类的积累率，亦即等于整个经济的最优积累率，从而可以保证计划增长率目标的实现。换句话说，对于任意给定的某个经济增长率，总可以通过第一部类的某个不变的积累率来实现。

二、马克思模型中的增长率趋同

我们从马克思原来的再生产公式开始讨论。马克思假定，在第一年的一开始，两大部类面临的情况（即所谓的“开端式”）如下：①

$$
\begin{aligned}
&\text{Ⅰ}.\ 4\,000c + 1\,000v + 1\,000m = 6\,000 \\
&\text{Ⅱ}.\ 1\,500c + 750v + 750m = 3\,000
\end{aligned}
\tag{1}
$$

式(1)反映了上一年即第“0”年的生产结果：②在第“0”年中，第一部类使用了 4 000 单位的不变资本 c 和 1 000 单位的可变资本 v（从而该部类的资本有机构成为 $c:v=4\,000:1\,000=4:1$），生产了一个包括 1 000 单位的剩余价值 m（从而该部类的剩余价值率为 $m/v=1\,000/1\,000=100\%$）在内的总共价值为 6 000 单位的生产资料；第二部类使用了 1 500 单位的不变资本 c 和 750 单位的可变资本 v（从而该部类的资本有机构成为 $c:v=1\,500:750=2:1$），生产了一个包括 750 单位的剩余价值 m（从而该部类的剩余价值率也为 $m/v=750/750=100\%$）在内的总共价值为 3 000 单位的消费资料。整个经济生产的生产资料和消费资料的价值总量为 $6\,000+3\,000=9\,000$。③

马克思进一步假定，在第一年（以及以后的各年）中，第一部类的积累率为 50%，第二部类跟随第一部类的积累率来调整自己的积累率，以保证两大部类之间的供求平衡，且在积累和扩大再生产的过程中，每一部类的剩余价值率都保持不变，即仍然都为 100%，两大部类的资本有机构成也保持不变，即仍然分别为 4∶1 和 2∶1。资本有机构成不变意味着新增资本的有机构成与原有资本的有机构成完全相同。

根据这些假定可以计算得到：第一部类的积累即新增资本为 $50\%\times1\,000=500$，从而，资本所有者的个人消费为 $1\,000-500=500$；在积累的新增资本 500 中，按 4∶1 的资本有机构成，新增不变资本应为 400，新增可变资本应为 100；第一部类与第二部类相交换的部分包括原有的可变

① 《马克思主义政治经济学概论》编写组：《马克思主义政治经济学概论》，人民出版社 2011 年版。

② 注意，在马克思的原文中，开端式(1)被看成是第 2 年开始（亦即第一年结束）时的情况。

③ 尽管这里假定了两大部类的剩余价值率相同，但所得的结论即增长率趋同显然也适用于剩余价值率不同的更加一般的情况。

资本、新增的可变资本与资本所有者的个人消费，三者之和为 1 000 + 100 + 500 = 1 600。

另一方面，第二部类与第一部类相交换的部分包括原有的不变资本和新增的不变资本。由于该部类的原有不变资本为 1 500，故为了保证两大部类之间的供给和需求平衡，它必须要新增加不变资本 100(= 1 600 − 1 500)；此外，为了保证第二部类的资本有机构成仍然为 2∶1，它还必须要新增加可变资本 50(= 100/2)。于是，第二部类的总的积累等于 100 + 50 = 150(积累率为 150/750 = 0.2)，资本所有者的个人消费则为 750 − 150 = 600。

按照以上所说重新分配开端式(1)中的各项即得到所谓"为积累的目的而改变的组合"：

$$
\begin{aligned}
&\text{Ⅰ}.\ (4\,000+400)c+\underline{(1\,000+100)v+500u}=6\,000\\
&\text{Ⅱ}.\ \underline{(1\,500+100)c}+(750+50)v+600u=3\,000
\end{aligned}
$$

其中，u 代表资本所有者的个人消费，下划线指示的是需要在两大部类之间进行交换的部分。

由于假定两大部类的剩余价值率均为 100%且保持不变，故经过交换和扩大再生产之后，在第 1 年结束时可以得到：

$$
\begin{aligned}
&\text{Ⅰ}.\ 4\,400c+1\,100v+1\,100m=6\,600\\
&\text{Ⅱ}.\ 1\,600c+800v+800m=3\,200
\end{aligned}
\tag{2}
$$

根据定义，用第 1 年结束时的产值(即式(2)中等号右边的各项)减去开始时的产值(即式(1)中等号右边的各项)再除以开始时的产值，就可以得到这一年的产值增长率(简称"增长率")。于是，第一部类和第二部类的增长率(分别用 g_1 和 g_2 表示)可分别计算如下：

$$
g_1=\frac{6\,600-6\,000}{6\,000}=0.1,\ g_2=\frac{3\,200-3\,000}{3\,000}\approx 0.067
$$

整个经济的增长率(用 g 表示)则为：

$$
g=\frac{(6\,600+3\,200)-(6\,000+3\,000)}{6\,000+3\,000}\approx 0.089
$$

由此可见，在马克思的扩大再生产公式中，如果让第一部类率先积累而第二部类跟随调整以保证生产资料和消费资料的供求平衡，则在第 1 年中，两大部类以及整个经济的增长率通常并不相同(同样，在该年中，两大部类以及整个经济的积累率通常也不相同)。

现在来看第二年的情况。在第二年的一开始，我们面临的是第一年的生产结果，即式(2)。重复第 1 年由开端式即式(1)得到结果即式(2)的方法，就可由式(2)进一步得到第二年中扩大再生产的结果(亦即第三年开始的情况)。

具体来说，第一部类在第二年中的积累或新增资本为 550(= 1 100 × 50%)，资本所有者的个人消费亦为 550(= 1 100 − 550)，在积累的资本中，新增不变资本为 440(= 550 × 4/5)，新增可变资本为 110(= 440/4)，从而，与第二部类相交换的部分为 1100+110+550=1760；第二部类的新增不变资本为 160(=1760−1 600)，新增可变资本为 80(=160/2)，总的积累为 240(=160+80)，资本所有者的个人消费则为 560(= 800 − 240)。于是，在第二年中，"为积累而改变的组合"可表示如下：

$$\begin{aligned} &\text{Ⅰ}.\ (4\,400+440)c+\underline{(1\,100+110)v+550u}=6\,600 \\ &\text{Ⅱ}.\ \underline{(1\,600+160)c}+(800+80)v+560u=3\,200 \end{aligned} \tag{3}$$

同样，由于在第二年中两大部类的剩余价值率仍然都为100%，故经过交换和扩大再生产，在第二年结束时可以得到：

$$\begin{aligned} &\text{Ⅰ}.\ 4\,840c+1\,210v+1\,210m=7\,260 \\ &\text{Ⅱ}.\ 1\,760c+880v+880m=3\,520 \end{aligned} \tag{4}$$

于是，在第二年中，第一部类和第二部类的增长率都将等于10%，即有：

$$g_1=\frac{7\,260-6\,600}{6\,600}=0.1,\ g_2=\frac{3\,520-3\,200}{3\,200}=0.1$$

整个经济的增长率亦为10%，即有：

$$g=\frac{(7\,260+3\,520)-(6\,600+3\,200)}{6\,600+3\,200}=0.1$$

由此可见，根据马克思的假定和再生产公式，两大部类以及整个经济的增长率尽管在第一年中互不相同，但在第二年中，第二部类以及整个经济的增长率都将趋同于第一部类的增长率，从而出现所谓的“均衡增长”。

这里特别需要提醒注意的是，尽管在第二年中，两大部类以及整个经济的增长率已经趋于一致，但一般来说，它们的积累率仍然并不相同。例如，在第二年中，第一部类的积累率已知是50%，但根据该年中“为积累而改变的组合”即式(3)，第二部类的积累率却为：

$$\frac{160+80}{800}=0.3$$

进一步讨论下去还会发现，根据马克思的扩大再生产公式以及关于剩余价值率和资本有机构成均固定不变的假定，只要第一部类的积累率始终保持不变，第二部类的积累率总是跟随第一部类的积累率而调整，以保证两大部类之间的平衡，则不仅在第二年中，而且在以后的各年中，第二部类以及整个经济的增长率都将与第一部类的增长率保持一致，尽管它们的积累率一般来说仍然不会等于第一部类的积累率。

例如，我们继续考察第三年中的情况。第三年的一开始面临的是第二年结束时的情况，即式(4)。相应的，按积累而改变的组合为：

$$\begin{aligned} &\text{Ⅰ}.\ (4\,840+484)c+\underline{(1\,210+121)v+605u}=7\,260 \\ &\text{Ⅱ}.\ \underline{(1\,760+176)c}+(880+88)v+616u=3\,520 \end{aligned} \tag{5}$$

经过交换和扩大再生产，在第三年结束时可以得到：

$$\begin{aligned} &\text{Ⅰ}.\ 5\,324c+1\,331v+1\,331m=7\,986 \\ &\text{Ⅱ}.\ 1\,936c+968v+968m=3\,872 \end{aligned}$$

于是，在第三年中，第一部类和第二部类的增长率都等于10%，即：

$$g_1=\frac{7\,986-7\,260}{7\,260}=0.1,\ g_2=\frac{3\,872-3\,520}{3\,520}=0.1$$

从而，整个经济的增长率亦等于10%。

与第二年中的情况一样，在第三年中，尽管两大部类以及整个经济的增长率已经趋于一致，但它们的积累率一般来说仍然互不相同。例如，在第三年中，第一部类的积累率已知还是为50%，但根据该年中"为积累而改变的组合"即式(5)，第二部类的积累率还是等于它在第二年中的积累率，即：

$$\frac{176+88}{880}=0.3$$

由此可见，在马克思所作的那些假定之下，上述的增长率趋同现象并非偶然。实际上，可以严格地证明，在马克思扩大再生产公式中，存在着如下的均衡增长定理，即：如果假定两大部类的资本有机构成和剩余价值率均保持不变，且第二部类的积累率总是跟随第一部类的积累率而进行调整，以保证两大部类的供给与需求总是相等，则当第一部类的积累率保持不变时，从第二年开始，第二部类以及整个经济的增长率都将趋同于第一部类的增长率，①尽管它们的积累率通常并不相同。

从以上的讨论中也可以看到，在马克思的再生产理论中，两大部类的作用是不同的。与第二部类相比，第一部类似乎要更加重要一些，因为它起到了某种"调节器"的作用，即可以调节第二部类从而整个经济的增长率。可以证明，如果我们反过来假定总是第二部类率先积累，而让第一部类跟随第二部类的积累率来调整自己的积累率，以保证两大部类之间的供求平衡，则当第二部类的积累率保持不变时，并不会得到两大部类均衡增长的结果。

三、利润平均化和积累率趋同

从上面的讨论中可以看到，在马克思的扩大再生产公式中，尽管两大部类的剩余价值率是一样的，但它们的利润率却并不相同。例如，在开端式(1)中，两大部类的剩余价值率均为100%，即

$$\frac{1\,000m_1}{1\,000v_1}=\frac{750m_2}{750v_2}=1$$

但它们的利润率却分别为：

$$\frac{1\,000m_1}{4\,000c_1+1\,000v_1}=0.2,\ \frac{750m_2}{1\,500c_2+750v_2}\approx 0.33$$

① 森岛通夫：《马克思的经济学——价值和增长的双重理论》，上海人民出版社1990年版，第140、142—144页。

这里，c_i、v_i 和 m_i 分别表示第 i 部类的不变资本、可变资本和剩余价值。

假定两大部类的剩余价值率相同而利润率不同既不“现实”，也不“自然”。①因此，有必要把马克思扩大再生产公式中的剩余价值平均化假定替换为更加现实一些的利润平均化假定，并考察在引入平均利润率之后的马克思扩大再生产公式中，两大部类之间的增长率是否仍然会趋同，以及两大部类的积累率是否也会趋同。

为此，我们让第二部类的利润率与第一部类一样，也为 20%，并把马克思的开端式(1)改写如下(其中，π 表示平均利润，但为简单和方便起见，这里仍然用符号 c 和 v 来表示以生产价格计量的不变资本和可变资本)：

$$\begin{aligned}&\text{Ⅰ}.\ 4\,000c+1\,000v+1\,000\pi=6\,000\\&\text{Ⅱ}.\ 1\,500c+750v+450\pi=2\,700\end{aligned}\tag{6}$$

容易看到，改写后的开端式(6)与马克思原来的开端式(1)相比，两大部类的不变资本和可变资本完全一样，从而，它们的资本有机构成也完全一样，即仍然分别为 4∶1 和 2∶1；(等号左边的)唯一的数字上的区别就是第二部类原来的 750 单位的剩余价值现在被替换为 450 单位的平均利润(第一部类原来的剩余价值与现在的平均利润在数量上仍然相等)。这一变化保证了两大部类的利润率完全相同，即均为：

$$\frac{1\,000\pi_1}{4\,000c_1+1\,000v_1}=\frac{450\pi_2}{1\,500c_2+750v_2}=0.2$$

如果把利润平均化的式(6)作为第一年的开端式，并像马克思那样假定，两大部类的平均利润率和资本有机构成保持不变，②第一部类的积累率(即“平均利润积累率”)保持不变，且第二部类的积累率跟随第一部类的积累率来调整，以保证两大部类之间的供求平衡，则不仅可以看到，在利润平均化的条件下，马克思扩大再生产公式中的增长率趋同性质仍然被保留下来，即从第二年开始，第二部类以及整个经济的增长率都将等于第一部类的增长率，而且还会看到一个新的现象，即在利润平均化的条件下，从第二年开始，第二部类从而整个经济的积累率也将等于第一部类的积累率。

例如，和以前一样，我们仍然假定，在扩大再生产的过程中，第一部类的积累率为 50%且保持不变，两大部类的资本有机构成和平均利润率也保持不变。于是，结果也和以前一样：在第一年中，第一部类的积累为 500，资本所有者的个人消费为 500，在积累中，新增不变资本为 400，新增可变资本为 100，从而，第一部类用于与第二部类相交换的部分，即原有可变资本、新增可变资本以及资本所有者的个人消费之和，为 1000＋100＋500＝1600；这意味着，为了保证再生产的顺利进行，第二部类的不变资本也必须从原来的 1 500 增加到 1 600，即增加 100，相应的，第二部类的可变资本又必须增加 50。于是，在第一年中，为积累而改变的组合为：

① 利润平均化假定不仅更加符合实际，而且还可以使计算和证明变得更加简单。

② 尽管平均利润率(以及上一节所涉及的剩余价值率)和资本有机构成在长期中都可能会发生变化，但是，假定它们在一个相对较短的时期(如本文所要求的两个时期)内保持不变仍然是合理的。

$$\text{Ⅰ}.\ (4\,000+400)c+\underline{(1\,000+100)v+500u}=6\,000$$
$$\text{Ⅱ}.\ \underline{(1\,500+100)c}+(750+50)v+300u=2\,700$$

从上式中可以看到,在第一年中,第二部类的积累率为:

$$\frac{100+50}{450}=\frac{1}{3}\approx 0.33$$

并不等于第一部类的积累率50%。

由于两大部类的利润率均为20%,故经过部类之间的相互交换和扩大再生产,第一年结束时便可以得到:

$$\begin{aligned}&\text{Ⅰ}.\ 4\,400c+1\,100v+1\,100\pi=6\,600\\&\text{Ⅱ}.\ 1\,600c+800v+480\pi=2\,880\end{aligned}\tag{7}$$

于是,在第1年中,两大部类的增长率分别为:

$$g_1=\frac{6\,600-6\,000}{6\,000}=0.1,\ g_2=\frac{2\,880-2\,700}{2\,700}=\frac{1}{15}=0.067$$

整个经济的增长率则为:

$$g=\frac{(6\,600+2\,880)-(6\,000+2\,700)}{6\,000+2\,700}=\frac{13}{145}\approx 0.09$$

由此可见,和原来的马克思模型一样,在引入利润平均化假定的扩大再生产公式中,一般来说,在第一年中,两大部类从而整个经济的积累率仍然互不相同,它们的增长率也互不相同。

再来看第二年。由于我们假定第一部类的积累率始终等于50%,故在第二年中,为积累而改变的组合可以表示为:

$$\begin{aligned}&\text{Ⅰ}.\ (4\,400+440)c+\underline{(1\,100+110)v+550u}=6\,600\\&\text{Ⅱ}.\ \underline{(1\,600+160)c}+(800+80)v+240u=2\,880\end{aligned}\tag{8}$$

又由于我们假定两大部类的利润率始终等于20%,故经过两大部类之间的交换之后,第二年扩大再生产的结果为:

$$\begin{aligned}&\text{Ⅰ}.\ 4\,840c+1\,210v+1\,210\pi=7\,260\\&\text{Ⅱ}.\ 1\,760c+880v+528\pi=3\,168\end{aligned}\tag{9}$$

比较第二年结束时和开始时的式(9)和式(7)可以知道,在第二年中,第一部类和第二部类的增长率均为10%,即:

$$g_1=\frac{7\,260-6\,600}{6\,600}=10\%,\ g_2=\frac{3\,168-2\,880}{2\,880}=10\%$$

从而,整个经济的增长率亦为10%。

由此可见,在引入利润平均化假定之后,马克思扩大再生产公式中的增长率趋同现象仍然存在,即在利润平均化的条件下,如果假定第一部类率先积累而第二部类跟随调整以保证生产资料和消费资料的供求平衡,则当第一部类的积累率保持不变时,在第2年中,第二部类从而整个经济的增长率都将等于第一部类的增长率。

这里特别需要强调指出的是,引入利润平均化的条件之后,在第二年中,不仅第二部类以及整个经济的增长率都将趋同于第一部类的增长率,而且第二部类以及整个经济的积累率也将趋同于第一部类的积累率。例如,根据第二年"为积累而改变的组合",即等式(8),第二部类在该年中的积累率为:

$$\frac{160+80}{480}=0.5$$

正好与第一部类在该年(以及在上一年)中的积累率完全相同。换句话说,在利润平均化的条件下,不仅马克思扩大再生产公式中的增长率趋同性质仍然被保留下来,而且还带来了一个新的结果,即两大部类的积累率也将趋同。

同样,进一步讨论下去还会发现,在马克思的扩大再生产公式中引入利润平均化假定之后,不仅在第二年中,而且在以后的各年中,第二部类以及整个经济的积累率和增长率都将与第一部类的积累率和增长率保持一致——只要第一部类始终保持一个不变的积累率,而第二部类始终跟随第一部类的积累率来调整自己的积累率,以维持两大部类之间的平衡。

例如,我们继续考察利润平均化条件下的第三年情况。第三年一开始面临的是第二年结束时的情况,即式(9)。该年中按积累而改变的组合为:

$$\begin{aligned}&\text{Ⅰ}.\ (4\,840+484)c+\underline{(1\,210+121)v+605u}=7\,260\\&\text{Ⅱ}.\ \underline{(1\,760+176)c}+(880+88)v+264u=3\,168\end{aligned}\tag{10}$$

于是,第二部类的积累率为:

$$\frac{176+88}{528}=0.5$$

同样等于第一部类的积累率。

经过两大部类之间的相互交换和扩大再生产,第三年结束时可以得到:

$$\begin{aligned}&\text{Ⅰ}.\ 5\,324c+1\,331v+1\,331\pi=7\,986\\&\text{Ⅱ}.\ 1\,936c+968v+580.8\pi=3\,484.8\end{aligned}\tag{11}$$

比较第三年结束时和开始时的式(11)和式(9)可以知道,在第三年中,第一部类和第二部类(从而整个经济)的增长率同样都为10%,即:

$$g_1=\frac{7\,986-7\,260}{7\,260}=0.1,\ g_2=\frac{3\,484.8-3\,168}{3\,168}=0.1$$

于是,在利润平均化的条件下,第三年也和第二年一样,不仅第二部类以及整个经济的增长率会趋同于第一部类的增长率,而且第二部类以及整个经济的积累率也会趋同于第一部类的积累率。

由此亦可见，在马克思原来所作的那些假定以及我们新增加的利润平均化假定之下，上述的增长率趋同现象和积累率趋同现象并非偶然。实际上，我们可以严格地证明，在利润平均化的马克思扩大再生产公式中，存在着如下的均衡增长和均衡积累定理：无论初始状态（即开端式）如何，也无论在开始时，第一部类的积累率如何，只要假定两大部类的资本有机构成和平均利润率均保持不变，且第二部类的积累率总是跟随第一部类的积累率进行调整，以保证两大部类的供给与需求总是相等，则当第一部类的积累率保持不变时，从第二年开始，第二部类以及整个经济的增长率和积累率都将趋同于第一部类的增长率和积累率。①

同样需要注意的是，在利润平均化的条件下，第一部类的"调节器"作用变得更加突出：它不仅可以使得第二部类从而整个经济的增长率趋同于第一部类的增长率，而且可以使得第二部类从而整个经济的积累率也趋同于第一部类的积累率。如果我们一开始时先确定第二部类的积累率并让它始终保持不变，则不会得到两大部类以及整个经济的增长率趋同和积累率趋同的结果（实际上，此时两大部类的积累率的差距从而增长率的差距反而有越来越扩大的趋势）。

四、最优积累率和计划增长率

在马克思的扩大再生产公式中，需要进一步讨论的另外一个问题是"最优化"，即如何来确定最优的积累率——这里，所谓"最优"，是指可以实现一国经济的某个预先给定的计划增长率的积累率。

例如，在马克思的开端式(1)或引入利润平均化条件的开端式(6)中，第一部类的积累率均被假定为50%且保持不变。但是，这个数字完全是"随意"的，并不一定代表了"最优"。特别是，如果我们假定一国经济的目标是"利润"的最大化或"产值"的最大化，从而，计划增长率就等于整个经济的最大增长率，则可以很清楚地看到，上述第一部类的固定不变的50%的积累率就不可能是最优的。

容易验证，如果假定第一部类的积累率为更大一些的60%（保持模型中的其他假定如利润率为20%等不变），则无论是根据马克思的开端式(1)，还是根据经过利润平均化修正过的开端式(6)，所得到的结果都是，在第二年以及在以后的各年中，两大部类以及整个经济的增长率都将达到12%，都将超过当第一部类积累率为50%时所得到的相应的增长率10%。

于是，需要进一步解决的问题就是：在利润平均化的条件下，如何来确定最优的积累率，才能够保证整个经济的增长率最大？

根据前面的讨论，在利润平均化的条件下，无论第一部类的积累率是多少，只要保持该积累率不变，并让第二部类根据第一部类的积累率来调整自己的积累率，以保证两大部类之间的供求

① 可以更加一般地证明，在所给的条件下，只要第二年中任何一个部类的积累率等于第一年中第一部类的积累率，则在第二年中，两大部类的积累率必然相同。

平衡，则从第二年开始，两大部类的积累率和增长率都将相同，从而，整个经济的积累率和增长率就等于第一部类的积累率和增长率，故如果我们令第一部类的积累率尽可能地大，就可以使整个经济的增长率也尽可能地大。

那么，这个尽可能大的第一部类积累率是多少呢？它可能等于1，也可能小于1。这是因为，在有些情况下，如果让第一部类的积累率过大，就可能无法保持两大部类之间的平衡关系。例如，在利润平均化的开端式(6)中，如果令第一部类的积累率为1，则新增资本就为1 000，资本所有者的个人消费为0。在新增资本中，新增不变资本为800，新增可变资本为200。用于与第二部类交换的部分为1000+200+0=1200。但是，第二部类原有的不变资本就有1 500，故在这种情况下，即使第二部类完全不积累，其需要与第一部类相交换的部分也远远超过了第一部类需要交换的1 200。

实际上，根据利润平均化的开端式(6)以及扩大再生产的条件可以知道，第一部类在第一年中的最大可能积累率（即第一部类最大的均衡积累率）为62.5%——如果超过这个水平，第二部类就必定会有一部分消费资料不能得到实现。

现在来看按这一积累率进行积累和扩大再生产的情况。首先，按照第一部类的最大可能的积累率62.5%，利润平均化的开端式(6)经过重新组合变化为：

$$\text{Ⅰ}.\ (4\,000+500)c+\underline{(1\,000+125)v+375u}=6\,000$$
$$\text{Ⅱ}.\ \underline{1\,500c}+750v+450u=2\,700$$

此时，第二部类无需积累，即积累率为0，全部的平均利润π均转化为资本所有者的个人消费u。

经过两大部类之间的相互交换和扩大再生产，在第一年的结束时可以得到（注意，平均利润率为20%）：

$$\text{Ⅰ}.\ 4\,500c+1\,125v+1\,125\pi=6\,750$$
$$\text{Ⅱ}.\ 1\,500c+750v+450\pi=2\,700$$

于是，两大部类及整个经济在第1年中的增长率分别为：

$$g_1=0.125,\ g_2=0,\ g\approx0.086$$

假定第二年继续按第一年那样积累，即第一部类的积累率仍然为62.5%、第二部类仍然根据第一部类的积累率来调整自己的积累率以保证两大部类之间的平衡，则在第二年中，按积累而改变的组合就为：

$$\begin{aligned}&\text{Ⅰ}.\ (4\,500+562.5)c+\underline{(1\,125+140.625)v+421.875u}=6\,750\\&\text{Ⅱ}.\ \underline{(1\,500+187.5)c}+(750+93.75)v+168.75u=2\,700\end{aligned}\tag{12}$$

由于平均利润率为20%，故在第2年结束时可以得到：

$$\text{Ⅰ}.\ 5\,062.5c+1\,265.625v+1\,265.625\pi=7\,593.75$$
$$\text{Ⅱ}.\ 1\,687.5c+843.75v+506.25\pi=3\,037.5$$

于是，在第二年中，第一部类和第二部类(从而整个经济)的增长率均为 12.5%，即：

$$g_1=\frac{7\,593.75-6\,750}{6\,750}=0.125,\ g_2=\frac{3\,037.5-2\,700}{2\,700}=0.125$$

由此可见，当第一部类的积累率始终为 62.5%时，则在第二年(以及以后的各年)中，两大部类和整个经济的增长率都相同，即都等于 12.5%。这个增长率要大于当第一部类的积累率始终为 50%时的增长率 10%。此外，在第二年(以及以后的各年)中，第二部类从而整个经济的积累率也与第一部类相同。例如，根据第二年中按积累而改变的组合，即式(12)，第二部类在该年中的积累率亦为 62.5%，即：

$$\frac{187.5+93.75}{187.5+93.75+168.75}=62.5\%$$

对比第一部类积累率始终为 50%的情况可以看到，当第一部类的积累率从始终为 50%上升到始终为 62.5%，即上升了 25%之后，整个经济的长期增长率从 10%上升到 12.5%，也上升了 25%。由此可见，在保证两大部类供求均衡的条件下，整个经济的长期增长率与第一部类的积累率保持同一比率变化。

由此可见，如果社会的目标是利润最大化，或产值最大化，或最大的经济增长率，则通过在第一年的一开始，让第一部类的积累率尽可能地大(从而让第一部类的增长率尽可能地大)，并在以后各年中保持这一积累率，就可以从第二年开始，使第二部类的积累率和增长率与第一部类保持一致，使整个经济的增长率达到最大。①

在以上的讨论中，我们假定一国经济所追求的目标只是利润的最大化，因而计划的增长率就等于最大的增长率。但是，计划的增长率也可能不是最大的增长率，而是根据某些更加广泛的社会目标(利润目标只是其中之一)来综合确定的某个水平的增长率。在这种情况下，我们又如何确定最优的积累率，来实现计划的增长率呢？

为了实现预先给定的任意水平的计划增长率，我们可以按如下的方法来操作：首先由该计划增长率，确定相应的整个经济的最优积累率，然后令第一部类的积累率等于这一整个经济的最优积累率，并保持不变。根据前面的讨论可知，这样做的结果，将使得从第二年开始，第二部类的积累率从而整个经济的积累率都将等于第一部类的积累率，亦即等于整个经济的最优积累率，保证计划增长率目标的实现。换句话说，给定任何一个关于整个经济的计划增长率，我们总可以通过确定一个第一部类的积累率，来实现这个计划增长率。

例如，设计划增长率为 8%，平均利润率为 20%，且保持不变，则容易知道，整个经济的最优

① 我们已经知道，如果假定第一部类的积累率总是等于它在第一年中的最大可能值，则从第二年开始，第二部类的积累率就将等于第一部类的积累率，即等于第一部类在第一年中的最大可能积累率。进一步来看，如果假定第一部类的积累率总是等于它在每一年中的最大可能值，则可以证明，经过 n(n 通常不会很大)年之后，第一部类的积累率就将总是等于它在第 n 年中的最大可能值，从而，从 $n+1$ 年开始，第二部类的积累率也将等于第一部类的积累率，即等于第一部类在第 n 年中的最大可能积累率。

积累率就应当为 8%/20% =40%。①为了看出第一部类将积累率固定在 40%的水平上不变确实能够实现 8%的整个经济的计划增长率,我们回到利润平均化的开端式即式(6)。在第一年中,该等式按第一部类 40%的积累率而改变的组合为:

$$\begin{aligned} &\text{I}.\ (4\,000+320)c+\underline{(1\,000+80)v+600u}=6\,000 \\ &\text{II}.\ \underline{(1\,500+180)c}+(750+90)v+180u=2\,700 \end{aligned}$$

第 1 年结束时得到:

$$\begin{aligned} &\text{I}.\ 4\,320c+1\,080v+1\,080\pi=6\,480 \\ &\text{II}.\ 1\,680c+840v+504\pi=3\,024 \end{aligned} \tag{13}$$

上式在第二年按第一部类 40%的积累率而改变的组合为:

$$\begin{aligned} &\text{I}.\ (4\,320+345.6)c+\underline{(1\,080+86.4)v+648u}=6\,480 \\ &\text{II}.\ \underline{(1\,680+134.4)c}+(840+67.2)v+302.4u=3\,024 \end{aligned}$$

由上式可以看到,在第二年中,第二部类的积累率也等于 40%,即:

$$\frac{134.4+67.2}{134.4+67.2+302.4}=0.4$$

从而,整个经济的积累率也等于 40%。

第二年结束时得到:

$$\begin{aligned} &\text{I}.\ 4\,665.6c+1\,166.4v+1\,166.4\pi=6\,998.4 \\ &\text{II}.\ 1\,814.4c+907.2v+544.32\pi=3\,265.92 \end{aligned} \tag{14}$$

比较第二年结束时的式(14)和第一年结束时的式(13)可知,两大部类(从而整个经济)的增长率均为 8%,即:

$$g_1=\frac{6\,998.4-6\,480}{6\,480}=0.08,\ g_2=\frac{3\,265.92-3\,024}{3\,024}=0.08$$

由此可见,如果我们让第一部类的积累率等于 0.4,且保持不变,则从第二年开始,第二部类从而整个经济的积累率都会等于 0.4,从而可以实现整个经济的 8%的计划增长率。②

当然,也有可能出现这样的情况:为实现计划增长率所需要的第一部类的积累率超过了它的最大可能值。在这种情况下,我们可以先令每一年中第一部类的积累率都等于其最大的可能值,从而提高它在以后各年中的最大可能值,直到某一年的最大可能值等于为实现计划增长率所需要的积累率。从这时起,如果保持第一部类的积累率不变,则在第二年之后,即可实现最初给定的计划增长率。

---

① 一国经济的增长率等于其积累率与平均利润率的乘积,即 $g=sr$,从而有 $s=g/r$。

② 如果在上一年(即第 0 年)中,第一部类的积累率已经等于 0.4,那么,当第一年中第一部类的积累率亦为 0.4 时,则从第一年开始,第二部类从而整个经济的积累率就都会等于 0.4。

以上讨论带来的另外一点启示是：在传统计划经济时期实行的“以农业为基础、以工业为主导”的政策具有一定的合理性。如果我们近似地把这里的工业看成第一部类，把农业看成第二部类，则优先发展工业（第一部类）的做法尽管会暂时（“第一年”）地牺牲农业（第二部类），但从长期（“第二年”以后）来看，工业和农业（两大部类）仍然会实现同步增长——如果我们按照前面所说的方法保持工业的积累率不变而让农业的积累率自动调整以保证工农业之间的供求平衡。过去在这方面的一个失误是，我们的计划常常不仅只是“规定”工业的积累率，而且同时也把农业的积累率规定“死”了。这就违背了让农业积累率自动适用工业积累率的要求。

五、结　　论

在马克思的扩大再生产公式中，如果假定两大部类的资本有机构成和剩余价值率均保持不变，且第二部类的积累率总是跟随第一部类的积累率而进行调整，以保证两大部类之间的供给与需求总是相等，则当第一部类的积累率保持不变时，从第二年开始，第二部类以及整个经济的增长率都将趋同于第一部类的增长率，尽管它们的积累率通常并不相同。

在引入利润平均化的马克思扩大再生产公式中，假定两大部类的资本有机构成和平均利润率均保持不变，且第二部类的积累率总是跟随第一部类的积累率而进行调整，以保证两大部类之间的供给与需求总是相等，则当第一部类的积累率保持不变时，从第二年开始，不仅第二部类以及整个经济的增长率将趋同于第一部类的增长率，而且它们的积累率也将趋同于第一部类的积累率。

在利润平均化的条件下，假定两大部类的资本有机构成和平均利润率均保持不变，则实现一国经济的某个计划增长率的步骤有二：首先，用这一计划增长率除以平均利润率，求得为实现该计划增长率所必须的整个经济的最优积累率，其次，令第一部类的积累率等于整个经济的最优积累率，并保持不变，而让第二部类的积累率随之调整，以保证两大部类之间的供求平衡。如前所说，按照这一方法，从第二年开始，第二部类以及整个经济的积累率就将等于第一部类的积累率，亦即等于整个经济的最优积累率，从而，整个经济就可以实现其预先计划的任意增长率。

（本文原载《学术研究》2017 年第 6 期）

真实竞争和利润率下降：真实竞争理论与MF模型的比较

孙小雨*

马克思认为资本对相对剩余价值的追求会不断提高资本有机构成，虽然短期而言剩余价值率的提高可能会抵消一部分资本有机构成的提高，但是长期资本有机构成的提高将会使利润率趋于下降。这种观点通常被称为马克思的利润率趋于下降理论。1961 年，日本学者置盐信雄在《神户大学经济评论》(英文版)发表了《技术变革与利润率》一文，提出给定实际工资不变，如果基本品行业引进的技术创新满足成本准则，那么整个经济的一般利润率将会提高。①这个被称为置盐定理的观点，引起国际学术界的广泛关注和热烈争论。对置盐定理的相关研究可以分为两类：一是内部探讨，在坚持置盐定理实际工资不变和存在新均衡两个假设的前提下，以罗默为代表的学者②将置盐定理扩展到涵盖固定资本和联合生产的情况；二是外部探讨，以谢克为代表的学者③对置盐定理的假设前提进行了批判。④这两类研究都将置盐定理与马克思的利润率趋于下降规律对立起来，忽视了置盐定理是建立在一系列特殊假定的基础上的。本文认为置盐定理表面上与马克思的利润率下降理论相反，看似推翻了政治经济学最重要的一个规律，但实际上，置盐定理和马克思利润率趋向下降的规律并不矛盾，它只是表明在特定的假设下剩余价值率的上升抵消了资本有机构成的上升，从而导致利润率的上升。置盐将这种抵消利润率下降的特殊情况在理论上予以明确化正是其贡献所在。⑤

---

* 孙小雨，清华大学社科学院经济所博士生。

① 置盐信雄：《技术变革与利润率》，《教学与研究》2010 年第 7 期。

② Nakatani 证明了包含固定资本的置盐定理。Nakatani, T., "Profit rate, real wage and technical change: considering the existence of durabl capital," *Keizai Kenkyu*，日文版，1978。

③ TSSI(temporal single-system interpretation，跨期单一体系)反对置盐定理在共时均衡的意义上定义利润率，提出引入跨期因素，这实质也是非均衡视角。Freeman 明确指出了这一点。Freeman, Alan, "A General Refutation of Okishio's Theorem and a Proof of the Falling Rate of Profit," in Marxian Economics: A Reappraisal, edited by Bellofiore R., London, Palgrave Macmillan, 1998, pp.139—162.

④ Rieu, Dong Min, "Has the Okishio Theorem been refuted?," *Metroeconomica* 60(1), 2009, pp.162—178.

⑤ 孟捷、冯金华：《非均衡与平均利润率的变化：一个马克思主义分析框架》，《世界经济》2016 年第 6 期；裴洪、李帮喜：《置盐定理反驳了利润率趋向下降规律吗》，《政治经济学评论》2016 年 3 月；骆桢：《对置盐定理的批判性考察》，《经济学动态》2010 年第 6 期。

从这个角度而言，本文认为将置盐定理与利润率趋于下降规律完全对立起来有碍对平均利润率的进一步研究，应该从放松置盐定理特殊的限定条件出发，构建一个一般的解释平均利润率变动的框架。置盐定理的限定条件主要包括：一是实际工资不变；二是技术选择标准是成本准则；三是新的生产价格和平均利润率始终可以确立的比较静态均衡分析。谢克从批判技术选择标准出发，强调真实竞争中技术选择标准不是利润率最大化，而是生产成本最低。孟捷和冯金华从引入资本积累的基本矛盾出发，指出新的生产价格和利润率的确立完全可能与再生产非均衡并存。我认为两者虽然切入点不同，但殊途同归，最后都从非均衡的角度对置盐定理严格的限定条件进行了批判。本文通过比较谢克的真实竞争理论和孟捷和冯金华的模型（本文将其简称为 MF 模型），建立了解释平均利润率变化的更一般的框架，并根据此框架对谢克的真实竞争理论进行评价。

一、谢克的真实竞争理论

总体而言，谢克对置盐定理的批判可以分为两个阶段：一是批判置盐定理不包含固定资本，提出纳入固定资本后的利润率会下降；①二是在罗默等学者②将置盐定理拓展至包含固定资本和联合生产以后，谢克从真实竞争角度批判涵盖固定资本的置盐定理。

谢克在 1978 年对多布的危机理论进行批判性思考时，发现置盐定理与多布的危机理论存在共同点。置盐定理的一个推论是，如果出现利润率下降的情况，那么造成这一情况的原因只能是实际工资的上升而非技术进步，而多布也将实际工资上升视为利润率下降趋势的主要原因。谢克从两个方面对置盐定理进行了批判：第一，他区分了利润边际和利润率两个概念，利润边际 $=\frac{p-uc}{uc}$，利润率 $=\frac{p-uc}{k}$，其中 p 为价格，uc 为单位生产成本（包括原材料、劳动力成本和折旧），k 为单位资本成本（或单位投资成本）（下同）。他指出置盐定理没有引入固定资本，其所谓的利润率实质是利润边际。给定价格不变，如果新技术使 uc 下降，那么利润边际一定会上升。而实现更低的单位生产成本一般需要更高的单位资本成本，因此新技术可能使利润率下降。第二，谢克指出资本竞争中的价格削减将改变现有价格体系下的技术选择。他举例说明，假定现有生产方法 A 不包含固定资本，其单位成本价格为 100 美元，销售价格为 120 美元，因此其利润边

① Alberro 和 Persky 同样认为纳入固定资本后的置盐定理可能不成立，不过他们的批判角度与谢克不同。他们认为引入固定资本后，单个企业会采用预期利润率更高的技术。假定存在不可预期的技术创新，那么固定资本会被加速折旧，企业难以获得其潜在寿命中的所有收入流，实际利润率会下降。因此预期利润率的上升伴随着实际利润率的下降。一个极端的情况是每一年都有创新，资本家在每个时期都投入了大量成本以购买新资本，但是仅从上一期的产出中获得了较少的利润。Alberro，J.，and J. Persky.，"The Dynamics of Fixed Capital Revaluation and Scrapping，" *Review of Radical Political Economics* 13(2)，2014，pp.32—37.罗默对此观点进行了反驳，认为这在短期而言是可能的。但长期而言企业家会调整对技术创新速度的预期从而使实际利润率与预期利润率保持一致。Roemer，John E.，"Continuing controversy on the falling rate of profit：fixed capital and other issues，" *Cambridge Journal of Economics* 3(4)，1978，pp.379—398.

② Alberro 和 Persky 以两部类经济为例对包含固定资本的置盐定理进行了简单证明。Alberro，J.，and J. Persky.，"The Simple Analytics of Falling Profit Rates，Okishio's Theorem and Fixed Capital，" *Review of Radical Political Economics* 11(3)，1979，pp.37—41.

际和利润率都为 20%。新方法 B 机械化程度更高,其单位成本价格为 50 美元,单位资本成本为 388.89,在现有价格 120 美元的条件下,其利润率为 18%,低于原有生产方法 A。谢克指出在给定价格不变的假设下,企业不会选择新方法 B。不过在竞争的战场上,企业的选择不是“自愿的”,具有成本优势的资本将试图通过削减价格的方式将其他竞争者逐出市场。在这个数例中,当采取生产方法 B 的企业将价格降至 99 美元时,其利润虽然由 70 美元降低至 49 美元,但采用原有生产方法的企业将亏损 1 美元。采用新技术的企业会迅速扩张市场,而使用原有方法的企业或者选择采用新技术或者退出市场。①

罗默将置盐定理拓展至包含固定资本的情况,回应了上文总结的谢克对置盐定理的第一点批判。②但罗默的模型没有反驳谢克的第二点批判。谢克在其 2016 年的书中提出了真实竞争(real competition)理论,以区别于新古典的完全竞争和不完全竞争。③真实竞争理论很大程度上是对他早期观点的继承和完善,他在此基础上批判了涵盖固定资本的置盐定理。该理论主要有三个特征:第一,竞争通过调节资本展开,谢克吸收了古典经济学和凯恩斯主义的观点,将具有可复制性且生产条件最优(the best generally reproducible condition of production)的资本称为调节资本(regulating capital)。④调节资本的生产成本最低,这意味着在任何与其他企业相同的价格上,它们的边际利润更高。但因为通常而言它们的资本成本也更高,因此它们在主导性市场价格上(在价格削减之前)可能具有更低的利润率。第二,在第一个特征的基础上提出,真实竞争中技术领先企业的最大特征是主动的价格削减行为,不同于完全竞争条件下的价格接受行为和不完全竞争条件下消极的价格制定行为。调节资本可以通过削减价格即价格战的方式来提高利润率,从而排挤竞争对手在竞争中获得优势。第三,价格削减可以对行业内的技术选择产生关键影响,参照给定价格体系下的最优生产方法与价格变动下的最优生产方法存在差异。Nakatani 对此进行了证明,⑤但他不认同谢克的技术选择标准。Kliman 将其称为 Shaikh-Nakatani 批判。⑥这种批判指出置盐定理中平均利润率上升的微观基础是企业选择给定价格体系下的最优生产方法,而在真实竞争中价格削减将迫使企业采用次优的技术,这实际上重建了平均利润率变动的微

① Shaikh, Anwar, “Political economy and capitalism: notes on Dobb's theory of crisis,” *Cambridge Journal of Economics* 2(2), 1978, pp.233—251.

② Roemer, John E., “Continuing controversy on the falling rate of profit: fixed capital and other issues,” *Cambridge Journal of Economics* 3(4), 1979, pp.379—398.

③ 新古典经济学有一派将现实世界的常态视为完全竞争,认为经济中不存在垄断竞争或寡头竞争,没有偏离完全竞争模型。代表人物有 George Stigler, Milton Friedman 和 Arnold Harberger,主要与芝加哥大学有关。另一派认为现实经济的特征是由市场扭曲造成的不完全竞争,他们提出明确的反垄断法和规制措施以纠正这些不完全竞争,使现实经济更接近于完全竞争。这一派在 20 世纪 70 年代后逐渐占据主导地位。代表人物有 Edwin Chamberlin, Joe Bain 和 John K. Galbraith,主要与哈佛大学有关。

④ Anwar Shaikh, *Capitalism: Competition, conflicts and crises*, Oxford University Press, 2016, p.265.

⑤ Nakatani 虽然证明技术削减导致企业选择生产成本最低的生产,但他认为这不是因为技术选择标准是生产成本最低,而是因为竞争导致原料和实际工资成本上升。Nakatani 依然坚持技术选择标准是过渡利润率最高。Nakatani, Takeshi, “The law of falling rate of profit and the competitive battle: comment on Shaikh,” *Cambridge Journal of Economics* 4(1), 1980, pp.65—68.

⑥ Kliman, Andrew, “A value-theoretic critique of the Okishio theorem,” *Marx and Non-equilibrium Economics* 1996, pp.206—224.

观经济学基础。

（一）真实竞争中的技术选择

置盐定理的技术选择标准是成本准则。如果不考虑联合生产和固定资本，置盐定理的成本准则可以表述为：第 i 行业的利润率为 $r=\frac{p-uc}{uc}=\frac{p}{uc}-1$。如果新的技术条件满足 $uc'<uc$，那么这种新技术符合成本准则。我们可以看到在不包含固定资本的情况下，成本准则等同于利润率准则，即新的技术条件下满足利润率 $r'>r$。①假设现在存在两种技术进步，第一种技术的单位成本为 uc'，第二种技术的单位成本为 uc''，可以证明如果满足 $uc''<uc'<uc$，那么在任何给定的价格水平下都会有 $r''>r'>r$。

置盐在 1963 年指出，如果引入固定资本，那么技术选择标准是过渡利润率（主导价格条件下的利润率）最高而非生产成本最低。②罗默等人坚持了置盐的这一观点，引入固定资本后，利润率可以表示为 $r=\frac{p-uc}{k}$。这时我们可以看到在包含固定资本的情况下，成本准则不一定等同于利润率准则，因为单位成本更低往往伴随着单位资本成本更高，所以利润率不一定提高。罗默认为在给定价格 p 的条件下，新的生产方法（uc', k'）只有满足 $r'=\frac{p-uc'}{k'}>r$，才能成为行业的技术选择。

谢克指出一旦将固定成本考虑在内，单位成本最低的技术就不一定成为利润率最高的技术。置盐及其追随者没有考虑竞争中的价格削减因素，参照给定价格体系下的最优生产方法与价格变动下的最优生产方法存在差异。谢克试图通过以下数例来说明他的观点：某部门存在原有生产方法 C 和两种替代生产方法 D1 和 D2，三种生产方法的单位成本和单位资本见表 1。

表 1　三种生产方法的利润率

	单位成本（uc）	单位资本（k）	利润率 $\left(r=\frac{p-uc}{k}\right)$
原有生产方法（C）	78	137.5	$r=\frac{p-78}{137.5}$
替代方法 1（D1）	76	142.31	$r=\frac{p-76}{142.31}$
替代方法 2（D2）	75	157.89	$r=\frac{p-75}{157.89}$

① 这里可以比较一下利润率准则和新古典经济学的利润最大化准则。两者的主要区别在于，利润率准则应用于技术条件出现变化的情况下，在不同技术条件间进行选择。它强调只有新生产方法在现有价格体系下满足使利润率更高的条件时，资本家才会选择这一生产方法。利润最大化准则指给定技术条件下，满足边际成本等于边际收益（mc = mr）使厂商利润最大化。

② Nakatani, Takeshi, "The law of falling rate of profit and the competitive battle: comment on Shaikh," *Cambridge Journal of Economics* 4(1), 1980, pp.65—68.

图 1 描述了不同价格水平下，原有生产方法和两种替代方法的利润率：当初始价格为 85—100 美元时，与替代方法 2 相比，替代方法 1 的单位成本更低、利润率更高；当价格等于 85 美元时，替代方法 1 和替代方法 2 的利润率相等；当价格从 100 美元降至低于 85 美元时，替代方法 2 的利润率由低于替代方法 1 到开始转变为高于替代方法 1 。①

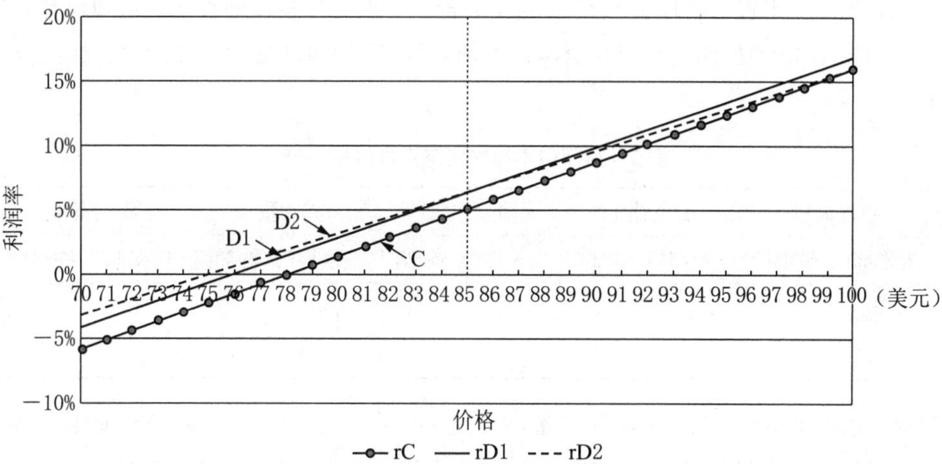

图 1　三种生产方式及其利润率

资料来源：Anwar Shaikh，*Capitalism*：*Competition*，*conflicts and crises*，Oxford University Press，p.317.

根据图 1，谢克指出在现有价格为 100 美元时，替代方法 1 的利润率高于原有的生产方法，而替代方法 2 的利润率低于现有的生产方法，因此如果遵循新古典的价格接受假设，那么替代方法 2 不会被选择，谢克认为这就是置盐定理的逻辑。但根据真实竞争理论，企业可以不断削减价格以争取竞争优势，当价格下降至低于 85 美元时，替代方法 2 成为利润率最高的生产方法。在置盐定理框架中不会被采用的替代方法 2 即 D2 在真实竞争理论中反而成为行业的主导生产方法。根据上述分析，我们可以发现价格本身的水平可以影响技术选择。除了影响在替代方法 1 和替代方法 2 之间的选择以外，价格也影响到新的生产方法是否可以替代现有的生产方法。在上述例子中，对于替代方法 1，只有当价格低于 135 美元时，其利润率才高于现有的生产方法；对于替代方法 2，只有价格低于 98 美元时，其利润率才高于现有的生产方法。

此外，从图中我们可以看到，单位资本较高而单位成本较低的生产方法在价格较高时，其利润率相对于单位资本较低而单位成本较高的生产方法而言较低，在价格较低时其利润率则较高。因此，如果技术变革导致单位资本较高而单位成本较低，那么这种技术变革在价格较低时更有可能具有更高的利润率从而成为主导性生产方法。

（二）谢克对置盐定理的批判——三个数例

罗默等学者证明在包含固定资本的置盐定理中，只要某个行业的新技术满足利润率准则，即

① Anwar Shaikh，*Capitalism*：*Competition*，*conflicts and crises*，Oxford University Press，2016，pp.316—317.

在现有价格体系下利润率提高,那么一般利润率也会高于原有利润率。谢克的观点与之相反,他在上述技术选择分析的基础上指出,在真实竞争中,即使某个行业的新技术不满足利润率准则,并且在新价格体系下平均利润率也较低,企业依然可能选择这种技术。谢克以玉米部门和铁部门为例,①玉米部门没有固定资本,原有生产方法的铁行业也不存在固定资本,其投入产出表见表 2。之后,铁部门出现了两种生产方法,这里分析的重点是考察每种替代方法和现有方法之间的选择。②需要指出的是,谢克对单位资本成本的计算沿用了斯拉法的方法,没有将工资算入预付资本。③

表 2　两部门不存在固定资本的投入产出

	投入流量		工资篮子		折　　旧		流动资本		固定资本		产出
	玉米部门	铁部门	玉米部门	铁部门	玉米部门	铁部门	玉米部门	铁部门	玉米部门	铁部门	
玉米	0.625	3	0.05	0.333	0	0	0.625	3	0	0	1
铁	0.03	0.10	0.013	0.083	0	0	0.03	0.10	0	0	1

假定玉米行业年产品为 800 单位产量,铁行业为 60 单位产量,保持两个行业年产品价格之和不变为 875 。④设玉米价格为 x,铁价格为 y,两部门利润率均等化后的一般利润率为 r。

我们得到以下方程组:

$$800x + 60y = 875$$

$$\frac{x-(0.625x+0.03y+0.05x+0.013y)}{(0.625x+0.03y)} = \frac{y-(3x+0.1y+0.333x+0.083y)}{(3x+0.1y)}$$

第一个等式表示年产品价格之和不变,为 875,第二个等式表示玉米部门和铁部门原有生产方法的利润率相等。求解方程组得到 $x=0.806$, $y=3.837$。将 x 和 y 代入第一个或第二个等式,得到一般利润率为 16%,见表 3。

表 3　原有生产方法的部门成本、利润率和价格

部　门	单位生产成本 (uc)	单位资本成本 (k)	利润率(r) (%)	生产价格 ($p = uc + r \cdot k$)
玉米	0.707	0.619	16.0	0.806
铁	3.390	2.802	16.0	3.837

---

① Parijs 认为谢克在 1978 年的文章中仅分析了单个行业利润率在引入技术创新后会下降,但没有继续讨论这种降低利润率的创新对一般利润率的影响。谢克在这里以玉米和铁行业为例分析了技术选择对一般利润率的影响,不点名回应了 Parijs 的这一评论。Parijs, Philippe Van, "The Falling-Rate-of Profit Theory of Crisis: A Rational Reconstruction by Way of Obituary," *Review of Radical Political Economics* 12(1), 1980, pp.1—16.

② Anwar Shaikh, *Capitalism: Competition, conflicts and crises*, Oxford University Press, 2016, pp.319—321.

③ 我将工资纳入预付资本,对谢克的数例重新进行计算,发现数据之间的对比和主要结论没有变化。

④ 为了得到价格体系和利润率的绝对值,置盐定理假定实际工资不变,或者工资品的实际价格不变,而谢克假定行业年产品价格之和不变。

谢克假定铁部门出现了两种替代生产方法,两种生产方法都引入了固定资本①,两者的投入结构相同,但后者的固定资本比重更大,其投入产出表如表 4。

表 4 铁部门替代方法 1 的投入产出表

	投入流量(1)	工资篮子(2)	折旧(3)	流动资本(4)	固定资本(5)
玉米	2.583	0.20	0.233	2.583	2.334
铁	0.083	0.05	0.013	0.083	0.134

表 5 铁部门替代方法 2 的投入产出

	投入流量(1)	工资篮子(2)	折旧(3)	流动资本(4)	固定资本(5)
玉米	2.583	0.20	0.30	2.583	3
铁	0.083	0.05	0.02	0.083	0.2

在 $x=0.806$, $y=3.837$ 的现有价格体系下,我们可以分别计算出替代方法 1 的利润率为 17.6%,高于原有利润率。而替代方法 2 的过渡利润率为 13.7%,低于原有利润率(见表 6)。

表 6 铁部门三种生产方法在现有价格体系下的利润率

铁部门生产方法	单位生产成本(uc)	单位资本成本(k)	利润率(r)(%)
原有生产方法	3.390	2.802	16.0
替代方法 1	2.994	4.794	17.6
替代方法 2	3.073	5.587	13.7

下面分别求出引入替代方法 1 和替代方法 2 后的平均利润率。将替代方法 1 和玉米部门的利润率均等化,②得到一般利润率为 16.5%,高于原来一般利润率 16%。旧的生产方法在新的价格体系下利润率为 14.1%,低于 16.5%(见表 7)。

相似地,将替代方法 2 和玉米行业的利润率均等化,③得到一般利润率为 15.2%,低于原来

---

① 谢克为了进行对比,构造了仅将流动资本纳入总资本的例子(原有生产方法)和仅将固定资本纳入总资本的例子(替代方法 1 和替代方法 2)。为了统一文中的计算,总资本都包括流动资本和固定资本两部分。在遵循这个定义的基础上,为了与谢克的结算结果保持一致,本文铁部门替代方法 1 和替代方法 2 的固定资本都等于谢克书中的固定资本项减去流动资本项。

② $800x+60y=875$

$$\frac{x-(0.625x+0.03y+0.05x+0.013y)}{(0.625x+0.03y)}=\frac{y-(2.583x+0.083y+0.2x+0.05y+0.233x+0.013y)}{(4.917x+0.217y)}$$

第一个等式表示年产品价格之和为 875,第二个等式表示玉米部门和铁部门引入替代方法 1 后的利润率相等。求解方程组得到 $x=0.810$, $y=3.789$。

③ $800x+60y=875$

$$\frac{x-(0.625x+0.03y+0.05x+0.013y)}{(0.625x+0.03y)}=\frac{y-(2.583x+0.083y+0.2x+0.05y+0.3x+0.02y)}{(5.583x+0.283y)}$$

第一个等式表示年产品价格之和为 875,第二个等式表示玉米部门和铁部门引入替代方法 2 后的利润率相等。求解方程组得到 $x=0.810$, $y=3.789$。

一般利润率16%。旧的生产方法在新的价格体系下利润率为18.9%，高于15.2%(见表8)。

表7 引入替代方法1后新价格体系下的利润率

部 门	单位生产成本(uc)	单位资本成本(k)	利润率(r)(%)	生产价格($p=uc+r\cdot k$)
玉 米	0.707	0.620	16.5	0.810
铁(替代方法1)	2.998	4.801	16.5	3.789
铁(原有生产方法)	3.393	2.808	14.1	—

表8 引入替代方法2后新价格体系下的利润率

部 门	单位生产成本(uc)	单位资本成本(k)	利润率(r)(%)	生产价格($p=uc+r\cdot k$)
玉 米	0.706	0.618	15.2	0.800
铁(替代方法1)	3.067	5.577	15.2	3.914
铁(原有生产方法)	3.385	2.792	18.9	—

根据以上计算，我们发现替代方法1在现有价格体系下的过渡利润率和新价格体系下的平均利润率都高于原有利润率16%，而替代方法2则都低于原有利润率。谢克指出在真实竞争理论中，替代方法2可以通过价格削减使其利润率高于原有生产方法，企业将选择替代方法2。但他没有像图3一样，具体说明价格削减到什么程度，替代方法2的利润率将高于原有生产方法。可以说，谢克试图从真实竞争角度利用三个数例来批判置盐定理的论证是不完整的。

二、MF模型从非均衡角度对置盐定理的再考察

孟捷和冯金华建立的MF模型主要有两个贡献：一是放弃了实际工资不变的假定，将实际工资作为影响平均利润率变化的其中一个变量；二是引入产品实现率，考察了价值实现困难对平均利润率的影响。这里着重介绍第二个贡献。孟捷和冯金华指出，置盐在研究利润率时用成本准则取代生产率准则，而劳动生产率进步引起的单位时间产出的增长有可能在总量层面导致再生产失衡，因此置盐忽视了产出总量和技术进步的关系，将平均利润率和新的价格体系的形成本身视为均衡的实现，无法从非均衡角度分析平均利润率的变化。①他们以两部门经济(第一部类为投资品部门，第二部类为工资品部门)为例对产品实现率进行了定义，为了使模型一般化，本文将两部门经济拓展为n部门。

假定单位产品价值量向量为$\boldsymbol{\lambda}$，单位时间内的产出向量为$\boldsymbol{x}$，所需要的劳动向量(包括物化劳动和活劳动)为$\boldsymbol{l}$，可实现的单位价值量向量为$\boldsymbol{\lambda}^*$。生产中形成的价值总量总是等于投入生产的总劳动(包括物化劳动和活劳动)，由此我们得到：

① 孟捷、冯金华：《非均衡与平均利润率的变化：一个马克思主义分析框架》，《世界经济》2016年第6期。

$$\boldsymbol{\lambda x} = \boldsymbol{lx} \tag{1}$$

根据定义,单位产品的实现价值等于产品的交易价格与单位货币价值之积,即 $\boldsymbol{\lambda}^* = m\boldsymbol{p}$。在 n 部门经济中,产品实现率 ϕ 指实现的总价值与生产的总价值之间的比率,即 $\phi = \frac{\boldsymbol{\lambda}^* \boldsymbol{x}}{\boldsymbol{\lambda x}}$。

(一) 再生产均衡

在再生产均衡的假定下,部门在单位时间内的产出实现的价值总量等于标准技术条件下所决定的生产中形成的价值总量:

$$\boldsymbol{\lambda}^* \boldsymbol{x} = \boldsymbol{\lambda x} = \boldsymbol{lx} \tag{2}$$

给定 $\boldsymbol{\lambda}^* = m\boldsymbol{p}$, 我们可得

$$\boldsymbol{\lambda} = \frac{\boldsymbol{lx}}{\boldsymbol{px}} \boldsymbol{p} \tag{3}$$

在再生产均衡条件下,产品实现率为 $\phi = \frac{\boldsymbol{\lambda}^* \boldsymbol{x}}{\boldsymbol{\lambda x}} = 1$。

(二) 再生产非均衡

在再生产非均衡的条件下,经济中生产的总价值不能完全实现,即

$$\boldsymbol{\lambda}^* \boldsymbol{x} = m\boldsymbol{px} = \phi \boldsymbol{\lambda x} \, (0 < \phi < 1) \tag{4}$$

给定货币价值 m 不变,产品实现率的下降导致实现的总价值不变。如果非均衡部门通过价格调整实现再均衡,那么价格 $\boldsymbol{p}$ 下降。置盐定理中的生产价格向量 $\boldsymbol{p} = (1+r)(\boldsymbol{pA} + \boldsymbol{pbl})$ 由此转变为 n 部门的 MF 模型 $\phi \boldsymbol{p} = (1+r)(\boldsymbol{pA} + \boldsymbol{pbl})$。MF 模型发现平均利润率受到产品实现率、消耗系数和实际工资三个变量的影响。利润率分别随实现率的上升而上升,随消耗系数的下降而上升,随实际工资的下降而上升。

三、比较谢克的真实竞争理论和 MF 模型

(1) 从整体分析方法而言,两种观点都是从非均衡的角度出发考察置盐定理。谢克批判置盐定理的利润率标准,而坚持生产成本最低的技术选择标准,意在强调真实竞争中的价格削减行为,实际是一种非均衡角度。不过谢克没有自觉地从非均衡角度开展分析,而主要是从竞争的角度强调价格削减的影响。孟捷和冯金华明确提出,置盐定理以再生产均衡为预设前提来研究利润率的动态变化是片面的。他们认为利润率的变化只有在以剩余价值生产和剩余价值实现的矛盾为基础的非均衡框架中才能合理分析,因此引入了代表再生产失衡的产品实现率,以解释平均利润率的变动。

(2) 从整体对置盐定理的评价而言,谢克认为置盐定理只有在新古典的价格接受假设下才成立,而新古典的价格接受行为与真实竞争的价格削减行为是两种不同的竞争方式,因此谢克认为置盐定理与真实竞争理论是对立的,置盐定理无法被纳入非均衡的框架。而孟捷和冯金华认

为置盐定理是抵消理论下降的一种特殊情形，在其构建的解释平均利润率变化的一般框架中，置盐定理成为产品实现率为 1 且保持实际工资不变的特例。

(3) 相比 MF 模型，谢克的真实竞争理论有两个贡献：一是谢克的考察对象是包含固定资本的置盐定理，他在引入固定资本的基础上考察价格削减对技术选择和平均利润率的影响。孟捷和冯金华针对的是不包含固定资本的置盐定理，其构建的一般理论框架中没有涵盖固定资本。二是谢克分析了行业内价格削减对企业技术选择标准的影响，以玉米行业和铁行业为例分析了价格削减对平均利润率变化的影响。谢克对行业内价格削减的强调实际上挑战了置盐定理及其追随者确立的技术选择标准——利润率准则，而代之以生产成本最低(一般而言生产成本最低伴随着固定资本最高)的准则。罗默将是否具有微观基础视为一个理论是否科学的标准，他根据置盐定理指出马克思利润率趋于下降的理论缺乏微观基础。由此可见，谢克对置盐确立的技术选择标准的挑战具有重要意义，为从非均衡角度分析技术进步对平均利润率的影响提供了微观基础。而孟捷和冯金华更侧重于产品实现率的宏观分析，这种宏观分析可以和谢克对部门内竞争的微观分析相结合。

(4) 谢克通过真实竞争理论对置盐定理的再考察也存在缺陷，这些缺陷一定程度上可以被 MF 模型所弥补。一是谢克试图通过列举数例的方式来阐明价格削减对企业技术选择和平均利润率变化的影响，没有建立一般化的模型。二是谢克的价格削减对应于 MF 模型中产品实现率变化的一个方面——价格调整，而忽视了产量调整。只有在特定的制度条件下，企业才会以价格削减为主要竞争策略。①相比于垄断资本主义，竞争性资本主义的企业更有可能采用价格竞争策略，从这个角度而言，谢克的观点更适用于竞争性资本主义而非帕里斯所说的垄断资本主义。②三是最为重要的是谢克在分析部门内竞争时，强调价格接受行为和价格削减行为之间的区别，但他没有指出价格削减的限度和边界。③布利尼(Bleaney)深刻地指出了这一问题，他认为谢克的论证只有在市场价格永久地低于生产价格的条件下才能成立，而供求变化在很多情况下引起市场价格高于生产价格。他举例道，假定某行业 90%的产出由技术 A 生产，其生产价格为 p。另外 10%的产出由更机械化的技术 B 生产，B 的生产成本更低，当价格降低至 p' 时 B 的利润率高于

① 美国 SSA 学派学者 Crotty 提出两种不同的竞争体制：一是共同体制，资本之间开展兄弟般的竞争。资本积累主要通过资本广化进行，企业相比于无序竞争会获得高利润，并免于受到不正常的技术变化的影响。二是无序体制(anarchic regime)，资本之间以不受调节的自相残杀的竞争为特征。资本积累主要通过资本深化进行，导致利润率在长期严重地下降，引发企业之间更强烈的斗争。在后一种体制下企业更有可能通过价格削减进行竞争。Crotty, James R., "Rethinking Marxian investment theory: Keynes-Minsky instability, competitive regime shifts and coerced investment," *Review of Radical Political Economics* 25(1), 1993, pp.1—26.

② 帕里斯认为在竞争性资本主义中，企业可以选择利用旧技术进行扩大再生产、投资于经济其他领域以获得均衡利润率，而不必采用导致利润率下降的技术创新。在垄断资本主义，有限的需求和行业进入壁垒使垄断资本家只能进行技术创新，尽管这样可能降低利润率。帕里斯的这一点评论表面上是维护谢克的观点，实质却如谢克所评论的那样，将真实竞争等同于不完全竞争，依然将利润率最高作为技术选择标准，忽视了完全竞争、不完全竞争和真实的企业竞争行为之间的区别。谢克的真实竞争理论着重强调了这一点。Parijs, Philippe Van, "The Falling-Rate-of Profit Theory of Crisis: A Rational Reconstruction by Way of Obituary," *Review of Radical Political Economics* 12(1), 1980, pp.1—16.

③ 谢克在一篇批判新李嘉图主义的文章中提到价格变化具有相对自主性，但价格变化同样具有限度，价格变化的限度决定于社会必要劳动时间。Shaikh, Anwar, "Neo-Ricardian economics: a wealth of algebra, a poverty of theory," *Review of Radical Political Economics* 14(2), 1982, pp.67—83.

A。假定初始市场价格等于生产价格,如果需求下降10%,竞争促使市场价格下降至低于 p',这种情况下生产者采用技术B,技术B的产出份额由10%增加至11%,一些使用技术A的企业退出行业,价格回到 p。如果需求增加,价格上升,那么企业将会使用技术A。①

本文认为布利尼的评论的确指出了谢克的缺陷,但是没有给出令人满意的解释。布利尼的数例潜在地假定生产的标准技术条件决定了生产价格,进而决定了市场价值。根据孟捷对两种市场价值概念的分析,这种价值概念(第一种市场价值概念)是以均衡为前提,在非均衡条件下,市场价值(即由需求参与决定的第二种市场价值概念)可能与中等技术条件无关,而直接等于最优或最劣生产条件下的个别价值,甚至偏离部门内一切既有的个别价值。②可以说,布利尼看到谢克的真实竞争理论没有建立在第一种市场价值概念的基础上,但他没有第二种市场价值概念的理论,因此只能用第一种市场价值概念来证明谢克理论的错误。实际上,谢克的微观价格削减行为的可能性,即市场价格持续低于生产价格的可能性正是建立在宏观层面非均衡的基础上,价格削减的限度决定于价值生产和价值实现的矛盾。根据孟捷和冯金华对产品实现率的定义,我们可以看到产品实现率从根本上受限于资本家阶级的积累活动,可实现的价值量首先在宏观总量上决定(先在部门之间分配),然后在微观上展开部门内的竞争。部门内竞争受限于整个宏观水平的资本积累矛盾,如果没有这个限定,价格削减将是任意的。谢克在以玉米和铁行业为例分析平均利润率时,假设两种产品年产量的价格之和不变,即 $800x+60y=875$,这个假设没有考虑宏观层面再生产的非均衡条件。

四、一般框架:构建涵盖固定资本的MF模型

(一) 罗默:包含固定资本的置盐定理

在纳入固定资本的置盐模型中,$\boldsymbol{\varphi}$ 代表 $n\times n$ 固定资本投入系数矩阵,这里假定固定资本不存在折旧且可以永远存在,$\boldsymbol{A}$ 代表 $n\times n$ 流动资本投入系数矩阵,$\boldsymbol{L}$ 代表 $1\times n$ 直接劳动投入系数向量,$\boldsymbol{b}$ 代表 $n\times 1$ 工人实际工资向量。③

$(\boldsymbol{p}, r)$ 是技术条件 $(\boldsymbol{\varphi}, \boldsymbol{A}, \boldsymbol{L})$ 下的均衡,满足:

$$\boldsymbol{p}=r\boldsymbol{p}\boldsymbol{\varphi}+(1+r)(\boldsymbol{pA}+\boldsymbol{L}) \tag{5}$$

$$1=\boldsymbol{pb} \tag{6}$$

假定 i 行业出现技术创新,$(\boldsymbol{\varphi}^*, \boldsymbol{A}^*, \boldsymbol{L}^*)$ 代表新技术投入系数,企业只有在以下条件满足时才会采用新技术:④

① Bleaney, Michael, "Maurice Dobb's theory of crisis: a comment," *Cambridge Journal of Economics* 4(1), 1980, pp.71—73.

② 孟捷:《劳动价值论与资本主义再生产中的不确定性》,《中国社会科学》2004年第3期。

③ Roemer, John E., "Continuing controversy on the falling rate of profit: fixed capital and other issues," *Cambridge Journal of Economics* 3(4), 1978, pp.379—398.

④ Roemer(1978)指出,只有在固定资本可以永远存在的条件下,企业采用新技术的条件才为 $-\boldsymbol{p\varphi}_i-(\boldsymbol{p\varphi}_i^*+\boldsymbol{pA}_i^*+\boldsymbol{L}_i^*)+\sum_{i=1}^{\infty}\frac{p_i-(\boldsymbol{pA}_i^*+\boldsymbol{L}_i^*)}{(1+r)^i}>0$,该不等式等同于 $p_i>r\boldsymbol{p}(\boldsymbol{\varphi}_i+\boldsymbol{\varphi}_i^*)+(1+r)(\boldsymbol{pA}_i^*+\boldsymbol{L}_i^*)$

$$p_i > r\boldsymbol{p}(\boldsymbol{\varphi}_i + \boldsymbol{\varphi}_i^*) + (1+r)(\boldsymbol{p}\boldsymbol{A}_i^* + \boldsymbol{L}_i^*) \tag{7}$$

对上述公式进行变形,我们发现新技术条件要满足利润率准则,即在现有价格体系下利润率提高。

罗默(Roemer, 1978)证明新的均衡满足:

$$\boldsymbol{p}^* = r^* \boldsymbol{p}^* \hat{\boldsymbol{\varphi}} + (1+r^*)(\boldsymbol{p}^*\boldsymbol{A}^* + \boldsymbol{L}^*) \tag{8}$$

$$1 = \boldsymbol{p}^* \boldsymbol{b} \tag{9}$$

$\hat{\boldsymbol{\varphi}}$ 为第 i 列替换为 $(\varphi_i + \varphi_i^*)$ 的 $\boldsymbol{\varphi}$ 矩阵。

令 $\boldsymbol{M} \equiv \boldsymbol{A} + \boldsymbol{bL}$,表示流动投入系数总和矩阵,那么 $\boldsymbol{p} = \boldsymbol{p}[\boldsymbol{M} + r(\boldsymbol{M} + \boldsymbol{\varphi})]$。

令 $\boldsymbol{M}^* \equiv \boldsymbol{A}^* + \boldsymbol{bL}^*$

$$p_i > \boldsymbol{p}[\boldsymbol{M}_i^* + r(\boldsymbol{M}_i^* + \hat{\boldsymbol{\varphi}}_i)] \tag{10}$$

$$p_j = \boldsymbol{p}[\boldsymbol{M}_j^* + r(\boldsymbol{M}_j^* + \hat{\boldsymbol{\varphi}}_j)],\ j \neq i \tag{11}$$

令 $\boldsymbol{M}^* + r(\boldsymbol{M}^* + \hat{\boldsymbol{\varphi}}) \equiv \boldsymbol{\Omega}(r)$,我们可以得到 $\boldsymbol{p} \geqslant \boldsymbol{p\Omega}(r)$。该不等式意味着对非负向量 $\boldsymbol{p}$ 而言,$\boldsymbol{\Omega}(r)$的 Frobenius 特征值小于 1。$\boldsymbol{M}^* + r(\boldsymbol{M}^* + \hat{\boldsymbol{\varphi}})$ 为不可约矩阵,$\boldsymbol{\Omega}(r)$要素的增加将增加矩阵的 Frobenius 特征值,r 的增加可以产生一个具有特征值为 1 的矩阵 $\boldsymbol{\Omega}(\mathrm{r}^*)$,$r^*$ 对应着非负特征向量 $\boldsymbol{p}^*$。

(二) 构建涵盖固定资本的 MF 模型

罗默建构的上述模型回应了谢克等学者对置盐定理不包含固定资本的批判,之后他利用冯·诺依曼的模型给出了包含联合生产在内的更一般化的证明。为了简化分析,本文暂不考虑联合生产问题,沿用上文罗默的模型关于固定资本的假定。假定所有部门的产品实现率为 ϕ,为外生参数。则平均利润率由以下方程决定:

$$\phi\boldsymbol{p} = r\boldsymbol{p\varphi} + (1+r)(\boldsymbol{pA} + \boldsymbol{L}) \tag{12}$$

$$1 = \boldsymbol{pb} \tag{13}$$

假定 i 行业出现技术创新,$(\boldsymbol{\varphi}^*, \boldsymbol{A}^*, \boldsymbol{L}^*)$代表新技术投入系数,新的均衡满足:

$$\phi\boldsymbol{p}^* = r^* \boldsymbol{p}^* \hat{\boldsymbol{\varphi}} + (1+r^*)(\boldsymbol{p}^*\boldsymbol{A}^* + \boldsymbol{L}^*) \tag{14}$$

$$1 = \boldsymbol{p}^* \boldsymbol{b} \tag{15}$$

令 $\boldsymbol{M}^* \equiv \boldsymbol{A}^* + \boldsymbol{bL}^*$, $\boldsymbol{M}^* + r^*(\boldsymbol{M}^* + \hat{\boldsymbol{\varphi}}) \equiv \boldsymbol{\Omega}(r^*)$,我们可以得到 $\phi\boldsymbol{p}^* = \boldsymbol{p}^*\boldsymbol{\Omega}(r^*)$。根据 Perron-Frobenius 定理,我们可以推出平均利润率随着产品实现率的上升而上升,随着产品实现率的下降而下降,随着实际工资的上升而下降,随着实际工资的下降而上升;引入固定资本以后,技术进步通常使消耗系数 $\boldsymbol{A}$ 和 $\boldsymbol{L}$ 下降的同时导致固定资本投入系数 $\hat{\boldsymbol{\varphi}}$ 提高,因此对利润率的总影响不确定。

(1) 产品实现率对技术选择和平均利润率的影响。

假定 i 行业出现技术创新,$(\boldsymbol{\varphi}^*, \boldsymbol{A}^*, \boldsymbol{L}^*)$代表新技术投入系数,企业只有在以下条件满足时才会采用新技术:

$$\phi p_i > r\boldsymbol{p}(\boldsymbol{\varphi}_i + \boldsymbol{\varphi}_i^*) + (1+r)(\boldsymbol{p}\boldsymbol{A}_i^* + \boldsymbol{L}_i^*) \tag{16}$$

由此我们可以得到：

$$\phi p_i > \boldsymbol{p}[\boldsymbol{M}_i^* + r(\boldsymbol{M}_i^* + \hat{\boldsymbol{\varphi}}_i)] \tag{17}$$

$$\phi p_j = \boldsymbol{p}[\boldsymbol{M}_j^* + r(\boldsymbol{M}_j^* + \hat{\boldsymbol{\varphi}}_j)],\ j \neq i \tag{18}$$

我们可以将上述式子写为 $\phi \boldsymbol{p} \geqslant \boldsymbol{p}\boldsymbol{\Omega}(r)$。该不等式意味着对非负向量 $\boldsymbol{p}$ 而言，$\boldsymbol{\Omega}(r)$的 Frobenius 特征值小于 ϕ。$\boldsymbol{M}^* + r(\boldsymbol{M}^* + \hat{\boldsymbol{\varphi}})$ 为不可约矩阵，$\boldsymbol{\Omega}(r)$要素的增加将增加矩阵的 Frobenius 特征值。r 的增加可以产生一个特征值为 ϕ 的矩阵 $\boldsymbol{\Omega}(r^*)$，r^* 对应着非负特征向量 $\boldsymbol{p}^*$。因此，只要技术进步满足利润率准则，新的平均利润率依然将提高。

假定 i 行业现在存在两种替代方法$(\varphi_{1i}^*, A_{1i}^*, L_{1i}^*)$，$(\varphi_{2i}^*, A_{2i}^*, L_{2i}^*)$，相比于原有生产方法，两种替代方法的消耗系数更低同时固定资本更高，满足 $\varphi_i^* < \varphi_{1i}^* < \varphi_{2i}^*$，$A_i^* > A_{1i}^* > A_{2i}^*$，$L_i^* > L_{1i}^* > L_{2i}^*$，$\varphi_i^* + A_i^* + L_i^* < \varphi_{1i}^* + A_{1i}^* + L_{1i}^* < \varphi_{2i}^* + A_{2i}^* + L_{2i}^*$。现行价格条件下三种生产方法的利润率分别为

$$r^* = \frac{\phi p_i - (pA_i^* + L_i^*)}{p(\varphi_i + \varphi_i^*) + (pA_i^* + L_i^*)}$$

$$r_1^* = \frac{\phi p_i - (pA_{1i}^* + L_{1i}^*)}{p(\varphi_i + \varphi_{1i}^*) + (pA_{1i}^* + L_{1i}^*)}$$

$$r_2^* = \frac{\phi p_i - (pA_{2i}^* + L_{2i}^*)}{p(\varphi_i + \varphi_{2i}^*) + (pA_{2i}^* + L_{2i}^*)}$$

三种生产方法的利润率可以表示为图 2。

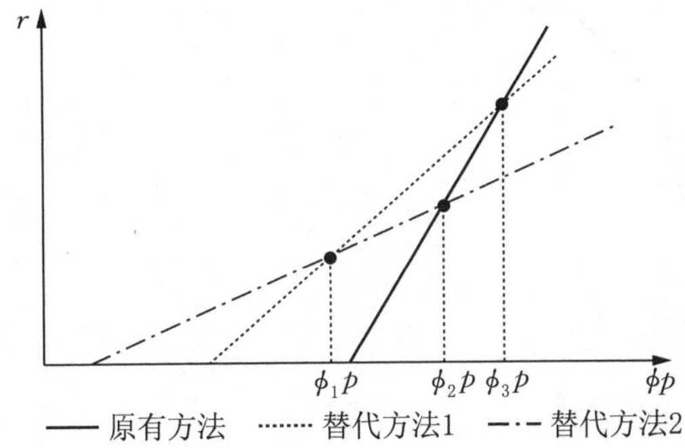

图 2　不同产品实现率下三种生产方法的利润率

根据图 2，比较替代方法 1 和原有生产方法，当产品实现率 $0 < \phi < \phi_3$ 时，替代方法 1 的利润率高于原有生产方法；$\phi > \phi_3$ 时，替代方法 1 的利润率低于原有生产方法。比较替代方法 2 和原有生产方法，当产品实现率 $0 < \phi < \phi_2$ 时，替代方法 2 的利润率高于原有生产方法；$\phi > \phi_2$ 时，替代方法 2 的利润率低于原有生产方法。我们由 Perron-Frobenius 定理推知当新生产方法在现有价格体系下满足利润率准则时，平均利润率提高。以替代方法 1 为例，当产品实现率 $0 < \phi < \phi_3$ 时，引入替代方法 1 后的平均利润率高于原来的平均利润率；当 $\phi > \phi_3$ 时，引入替代方法 1 后的平均利润率低于原来的平均利润率。归纳起来，产品实现率可以影响技术选择从而影响平均利

润率。对固定成本较高而生产成本较低的生产方法而言，较低的产品实现率更有利于使其成为利润率相对较高的生产方法。

我们引入产品实现率的概念对谢克的数例进行重新计算，完成谢克有待完成的分析：在真实竞争中价格削减到什么程度时（假定产品实现率通过价格调整，即为产品实现率下降到什么程度时）企业会选择替代方法 2。为了与谢克的分析进行比较，接下来的计算保留了两部门产品价格之和为 875 的假设。

(2) 以产品实现率概念分析谢克的数例。

假定铁部门产品实现率为 ϕ，因为谢克强调价格削减，因此这里的产品实现率通过价格调整而非产量调整。将原有生产方法的铁行业和玉米行业的利润率均等化，得到以下方程组：

$$800x + 60y = 875$$

$$\frac{x-(0.625x+0.03y+0.05x+0.013y)}{(0.625x+0.03y)}=\frac{\phi y-(3x+0.1y+0.333x+0.083y)}{(3x+0.1y)}$$

先得到 x 和 y，可以求解得到利润率的表达式[见附录一等式(a1)]。表 4 的替代方法 1 和表 5 的替代方法 2 在现有价格体系下的利润率分别表示为产品实现率 ϕ 的函数（利润率表达式均见附录一）。在现有价格体系下，原有生产方法、替代方法 1 和替代方法 2 的利润率和产品实现率之间的关系如图 3 所示。分别比较替代方法 1 和 2 与原有生产方法，从中我们可以看到：

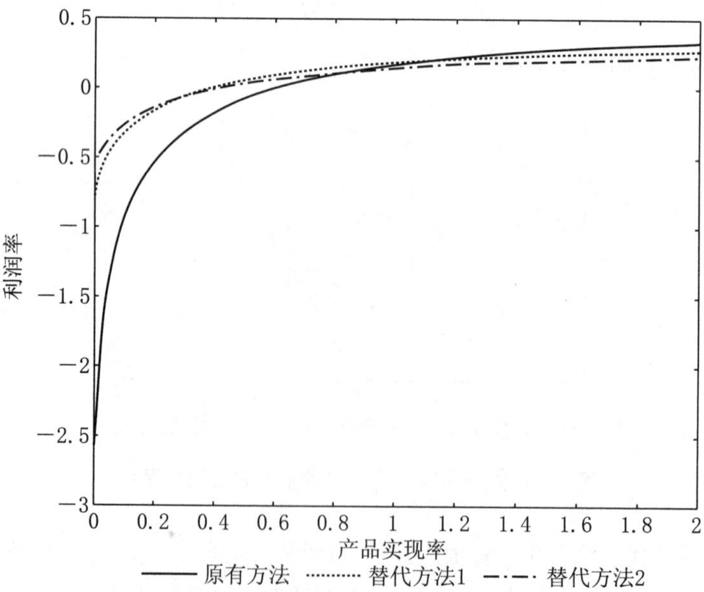

图 3　现有价格体系下三种生产方法的利润率

当产品实现率大于 1.148 时，替代方法 1 和替代方法 2 都不满足成本准则，原有生产方法的利润率更高；当产品实现率为 1.148（忽略复数和虚部），替代方法 1 的利润率等于原有生产方法；当产品实现率大于 0.871 小于 1.148 时，替代方法 1 满足利润率准则，而替代方法 2 不满足利润率准则；当产品实现率为 0.871（忽略复数和虚部），替代方法 2 的利润率等于原有生产方法；当产品实现率小于 0.871(忽略复数和虚部),替代方法 2 的利润率高于原有生产方法。

将替代方法 1 和玉米行业的利润率均等化,玉米部门产品实现率为 1,铁部门产品实现率为 ϕ_1(假定产量不变,表示价格调整的程度)。

$$800x+60y=875$$

$$\frac{x-(0.625x+0.03y+0.05x+0.013y)}{(0.625x+0.03y)}=$$

$$\frac{\phi_1 y-(2.583x+0.083y+0.2x+0.05y+0.233x+0.013y)}{(4.917x+0.217y)}$$

求解方程组得到 x 和 y,将利润率表示为产品实现率的函数[见附录一等式(a4)]。相似地,将替代方法 2 和玉米行业的利润率均等化,玉米部门产品实现率为 1,铁部门产品实现率为 ϕ_2(假定产量不变,表示价格调整的程度)。

$$800x+60y=875$$

$$\frac{x-(0.625x+0.03y+0.05x+0.013y)}{(0.625x+0.03y)}=$$

$$\frac{\phi_2 y-(2.583x+0.083y+0.2x+0.05y+0.3x+0.02y)}{(5.583x+0.283y)}$$

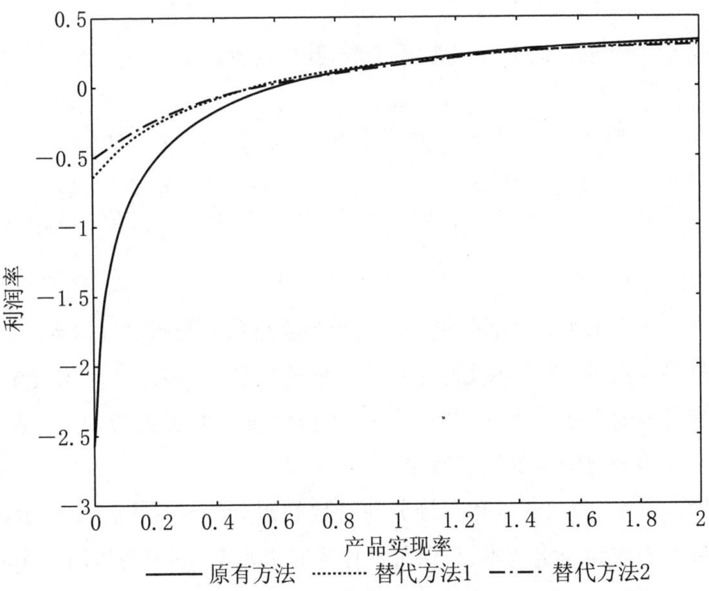

图 4　新价格体系下不同产品实现率下三种生产方法的利润率

求解方程组得到 x 和 y,进而将利润率表达式表示为产品实现率的函数。在新价格体系下,原有生产方法、替代方法 1 和替代方法 2 的利润率和产品实现率之间的关系如图 4 所示。分别比较替代方法 1 和 2 与原有生产方法,从中我们可以看到,对于替代方法 1 和原有生产方法:当产品实现率 =1.148 时,替代方法 1 的利润率等于原有生产方法;当产品实现率大于 1.148 时,原有生产方法的利润率高于替代方法 1；当产品实现率小于 1.148 时，替代方法 1 的利润率高于原有生产方法。对于替代方法 2 和原有生产方法：当产品实现率 =0.871 时，替代方法 2 的利润率等于原有生产方法；当产品实现率大于 0.871 时，原有生产方法的利润率高于替代方法 2；当产品实现率小于 0.871 时，替代方法 2 的利润率高于原有生产方法。

这个数例有两个重要推论：一是验证了这样的命题：在引入产品实现率以后，如果新技术在给定产品实现率条件下满足利润率准则，那么引入新技术后的一般利润率将同样高于原有利润率。在现有价格体系和新价格体系下，替代方法 1 和替代方法 2 的利润率曲线与原有生产方法的交点相同，都在产品实现率分别为 1.148 和 0.871 时相交。二是产品实现率的降低可以改变技术选择。以替代方法 2 为例，在 $\phi=1$ 时，替代方法 2 在现有价格体系下因而也在新价格体系下利润率低于原有生产方法，而当 $\phi<0.871$ 时，替代方法 2 的利润率都高于原有生产方法。依据谢克的假设，产品实现率在真实竞争中不断下降，那么替代方法 2 的确是可以被选择的方法。这是谢克始终强调的一点。

（三）等利润率方程

以上讨论的是单独一个变量对技术选择和平均利润率变化的影响。为了说明两个或两个以上变量对技术选择和平均利润率的影响，我们可以以谢克的玉米部门和铁部门为例，引出等利润率方程。①

令 $q_1=x/w$，$q_2=y/w$，其中 w 为货币工资，我们得到

$$\phi q_1=(1+r)\left(a_{11}q_1+a_{12}q_2+\frac{b_1\tau_1}{800}q_1+\frac{b_2\tau_1}{800}q_2\right)$$

$$\phi q_2=a_{21}q_1+a_{22}q_2+\frac{b_1\tau_2}{60}q_1+\frac{b_2\tau_2}{60}q_2+r\left(a_{21}q_1+a_{22}q_2+\frac{b_1\tau_2}{60}q_1+\frac{b_2\tau_2}{60}q_2+\varphi_{22}q_2\right)$$

$$b_1q_1+b_2q_2=1$$

其中 $a_{i1}(i=1,\ 2)$ 表示第 i 个部门投入的玉米为原材料的数量，$a_{i2}(i=1,\ 2)$ 表示第 i 个部门投入的铁为原材料的数量，b_1 表示实际工资中玉米的数量，b_2 表示实际工资中铁的数量，τ_1 指生产 800 单位玉米投入的直接劳动，τ_2 指生产 60 单位铁投入的直接劳动，φ_{22} 表示铁部门生产 1 单位铁需要投入的作为固定资本的铁的数量。

假定铁部门固定资本、流动资本和直接劳动系数如谢克的替代方法 1 所示，为了计算方便，下列数例中没有将玉米作为固定资本、只保留铁作为固定资本，不考虑折旧。实际工资为 4 单位玉米、1 单位铁，两部门的产品实现率都为 0.9，我们可以得到：

$$\frac{0.9q_1-(0.625q_1+0.03q_2+0.05q_1+0.013q_2)}{(0.625q_1+0.03q_2+0.05q_1+0.013q_2)}=\frac{0.9q_2-(2.583q_1+0.083q_2+0.2q_1+0.05q_2)}{(2.583q_1+0.083q_2+0.2q_1+0.05q_2+0.134q_2)}$$

又因为实际工资为 4 单位玉米、1 单位铁，那么

① 将工资纳入预付资本。

$$4q_1 + q_2 = 1$$

我们可以求得：

$$q_1 = 0.126$$
$$q_2 = 0.497$$
$$r = 0.065$$

(1) 假定产品实现率不变，b_1，τ_2 和 φ_{22} 可变。

所有其他因素都为初始值：

$$b_2 = 1,\ a_{11} = 0.625,\ a_{12} = 0.03,\ a_{21} = 2.583,\ a_{22} = 0.083,\ \tau_1 = 10,\ \phi = 0.9$$

我们得到等利润方程为：

$$b_1 = -\frac{(487\,500\varphi_{22} + 133\,125\tau_2 - 2\,102\,641.182)}{(18\,147.6\tau_2 - 27\,690\varphi_{22} + 345\,743.73)}$$

对固定资本投入系数和直接劳动系数求偏导[分别见附录二等式(a5)和等式(a6)]，当 $0 < \varphi_{22} < 1$，$0 < \tau_2 < 5$ 时，① $\frac{\partial b_1}{\partial \varphi_{22}} < 0$，$\frac{\partial b_1}{\partial \tau_2} < 0$。这表明在等利润率的各种组合中，如果直接劳动系数不变，实际工资随着固定资本系数的增加而减小。同样，如果固定资本系数不变，实际工资随着直接劳动系数的增加而减小。

此时等利润率的几何图示见图5，在等利润率平面上，实际工资、固定资本系数和直接劳动系数的所有组合对应的平均利润率相等。等利润率平面如果向上移动，则平均利润率下降；等利润率平面如果向下移动，那么平均利润率会上升。

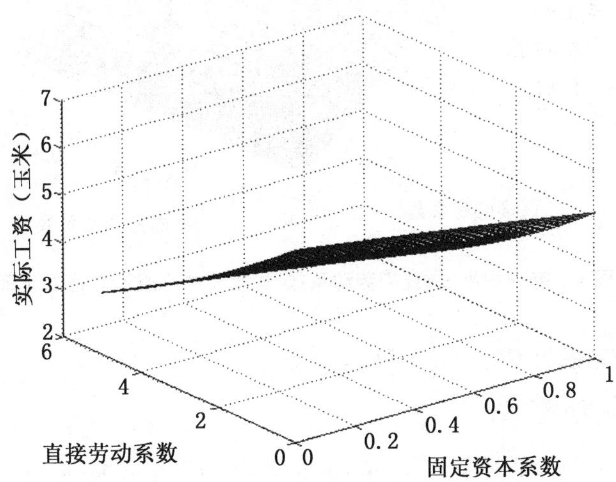

图5　等利润平面：直接劳动系数、固定资本系数和实际工资

① $0 < \varphi_{22} < 1$ 指生产1单位铁投入的作为固定资本的铁的数量小于1，$0 < \tau_2 < 5$ 指新生产方法耗费的活劳动小于原有的生产方法。

(2) 假定实际工资不变,ϕ,τ_2 和 φ_{22} 可变。

所有其他因素都为初始值:

$$b_1=4,\ b_2=1,\ a_{11}=0.625,\ a_{12}=0.03,\ a_{21}=2.583,\ a_{22}=0.083,\ \tau_1=10$$

我们得到等利润率方程为:

$$\phi=0.032\,5\varphi_{22}+0.008\,875\tau_2+0.000\,156\,25(43\,264\varphi_{22}^2+23\,628.8\varphi_{22}\tau_2-839\,295\varphi_{22}+3\,226.24\tau_2^2-97\,561.5\tau_2+9\,170\,479)^{0.5}+0.403\,635$$

对固定资本投入系数和直接劳动系数求偏导[分别见附录二等式(a8)和等式(a9)],当 $0<\varphi_{22}<1$,$0<\tau_2<5$ 时,$\frac{\partial\phi}{\partial\varphi_{22}}>0$,$\frac{\partial\phi}{\partial\tau_2}>0$。这表明在等利润率的各种组合中,如果直接劳动系数不变,产品实现率随着固定资本系数的增加而增加。同样,如果固定资本系数不变,产品实现率随着直接劳动系数的增加而增加。

此时等利润率的几何图示见图 6,在等利润率平面上,产品实现率、固定资本系数和直接劳动系数的所有组合对应的平均利润率相等。等利润率平面如果向上移动,则平均利润率上升;等利润率平面如果向下移动,那么平均利润率会下降。

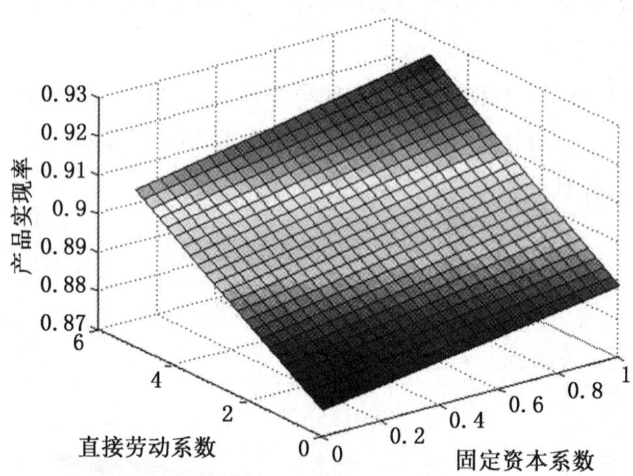

图 6 等利润平面:直接劳动系数、固定资本系数和产品实现率

(3) 假定直接劳动系数不变,ϕ、b_1 和 φ_{22} 可变。

所有其他因素都为初始值:

$$b_2=1,\ a_{11}=0.625,\ a_{12}=0.03,\ a_{21}=2.583,\ a_{22}=0.083,\ \tau_1=10,\ \tau_2=3$$

我们得到等利润率方程为:

$$\phi=0.006\,656\,25b_1+0.032\,5\varphi_{22}+0.000\,156\,25(1\,814.76b_1^2-17\,721.6b_1\varphi_{22}+241\,580.85b_1+43\,264\varphi_{22}^2-697\,522.18\varphi_{22}+7\,911\,470.9)^{0.5}+0.403\,635$$

对固定资本投入本系数和实际工资求偏导[见附录二等式(a10)和等式(a11)]，当 $0<\varphi_{22}<1$，$0<b_1<11$ 时，①$\frac{\partial\phi}{\partial\varphi_{22}}>0$，$\frac{\partial\phi}{\partial b_1}>0$。这表明在等利润率的各种组合中，如果实际工资不变，产品实现率随着固定资本系数的增加而增加。同样，如果固定资本系数不变，产品实现率随着实际工资的增加而增加。

此时等利润率的几何图示见图 7，在等利润率平面上，产品实现率、固定资本系数和实际工资的所有组合对应的平均利润率相等。等利润率平面如果向上移动，则平均利润率上升；等利润率平面如果向下移动，那么平均利润率会下降。

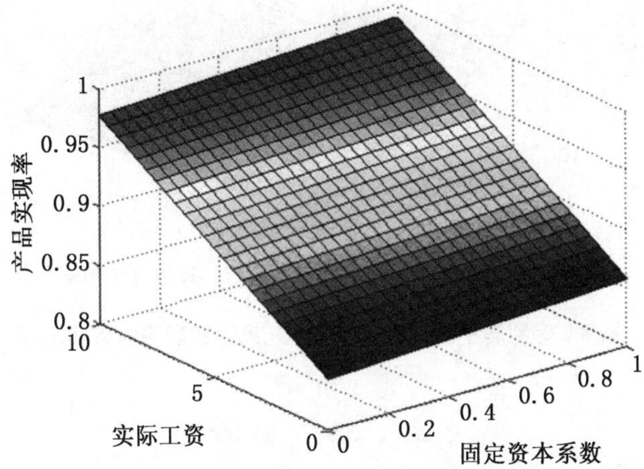

图 7 等利润平面:产品实现率、固定资本系数和实际工资

(4) 假定固定资本系数不变，ϕ、b_1 和 τ_2 可变。

所有其他因素都为初始值：

$$b_2=1,\ a_{11}=0.625,\ a_{12}=0.03,\ a_{21}=2.583,\ a_{22}=0.083,\ \tau_1=10,\ \varphi_{22}=0.134$$

我们得到等利润率方程为：

$$\phi=0.006\,656\,25b_1+0.008\,875\tau_2+0.000\,156\,25(1\,814.76b_1^2+28\,068.29b_1\tau_2+155\,001.3b_1+3\,226.24\tau_2^2-206\,668.39\tau_2+8\,409\,748.79)^{0.5}+0.381\,365$$

对直接劳动系数和实际工资求偏导[见附录二等式(a12)和等式(a13)]，当 $0<\tau_2<5$，$0<b_1<14.5$ 时，②$\frac{\partial\phi}{\partial\tau_2}>0$，$\frac{\partial\phi}{\partial b_1}>0$。这表明在等利润率的各种组合中，如果实际工资不变，产品实现率随着直接劳动系数的增加而增加。同样，如果直接劳动系数不变，产品实现率随着实际工资

① 当 $a_{11}=0.625$，$a_{21}=2.583$ 时，实际工资中的玉米总量小于生产的玉米净产量，即 $800\times(1-0.625)-60\times2.583=145.02$。给定 $\tau_1=10$，$\tau_2=3$，因此 $0<b_1<11$。

② 当 $a_{11}=0.625$，$a_{21}=2.583$ 时，实际工资中的玉米总量小于生产的玉米净产量，即 $800\times(1-0.625)-60\times2.583=145.02$。给定 $\tau_1=10$，$0<\tau_2<5$，因此 $0<b_1<14.5$。

的增加而增加。

此时等利润率的几何图示见图 8，在等利润率平面上，产品实现率、直接劳动系数和实际工资的所有组合对应的平均利润率相等。等利润率平面如果向上移动，则平均利润率上升；等利润率平面如果向下移动，那么平均利润率会下降。

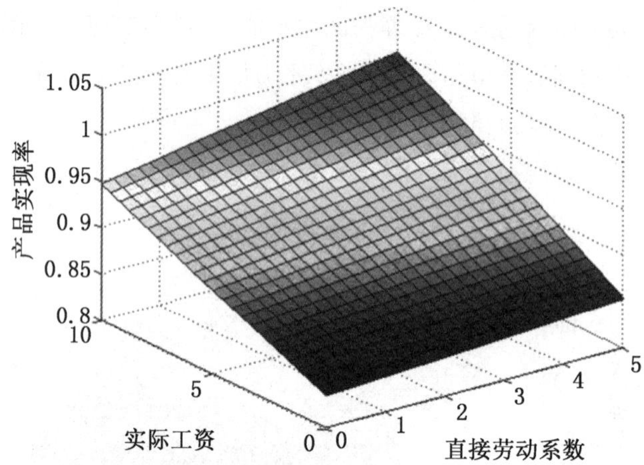

图 8　等利润平面：直接劳动系数、产品实现率和实际工资

五、结　　语

本文梳理了谢克批判置盐定理的两个阶段，着重介绍了第二个阶段谢克运用真实竞争理论对包含固定资本的置盐定理的批判。谢克强调置盐定理遵循的是新古典的价格接受假设，批判其在真实竞争理论中并不成立。这种批判在一定程度上沟通了 MF 模型从非均衡角度对置盐定理的再考察，谢克从真实竞争角度强调价格削减是产品实现率的一个方面，也属于一种非均衡角度。而且谢克对企业价格削减行为的分析挑战了传统的技术选择标准（利润率准则），强调价格削减情境下的生产成本标准，为孟捷和冯金华从宏观层面分析非均衡导致的价格和产量调整奠定了微观基础。不过谢克在以玉米和铁两个行业为数例进行分析时假定两部门产品的价格之和保持不变，忽视了宏观层面的再生产失衡，表明谢克没有自觉地在非均衡的框架内对置盐定理进行考察。我在谢克和 MF 模型的基础上，建立了涵盖固定资本的解释利润率变化的一般框架。一方面将谢克的数例批判一般化，用产品实现率的概念完成了谢克的数例批判；另一方面将 MF 模型拓展为涵盖固定资本，并且为宏观层面产品实现率的变化奠定了微观技术选择基础。

涵盖固定资本的 MF 模型的结论与 MF 模型的相似点在于：平均利润率随产品实现率的上升而上升，随实际工资的上升而下降。二者的主要区别在于引入固定资本后对技术进步的分析，我将其归结为两点：第一，MF 模型的技术进步意味着消耗系数下降，因为平均利润率随着消耗系数下降而上升，因此技术进步在 MF 模型中依然只能提高利润率，在这个意义上 MF 模型并没有反驳置盐定理。引入固定资本之后，技术进步在导致消耗系数下降的同时一般也增加了固定资本(和折旧),这将会对一般利润率产生下降效应。如果固定资本的增加超过了对生产成本的节约,那么技术进步将导致平均利润率下降。第二,产品实现率对技术选择进而对平均利润率有关键影响,较低的产品实现率更有利于使固定成本较高而生产成本较低的生产方法成为利润率相对较高的生产方法,从而成为行业的主导生产方法。上述第二点反映了谢克的真实竞争理论:价格削减使生产成本最低(一般而言固定成本最高)的生产方法成为主导性生产方法。包含固定资本的 MF 模型对谢克理论的发展在于:产品实现率的概念为谢克的价格削减建立了价值论基础,联系了微观和宏观两个层面的分析;利用产品实现率概念沟通了技术进步和价格削减,在谢克的理论中价格削减是真实竞争的主要特征,仿佛与技术进步没有直接关系。克利曼对此进行批判,认为谢克和 Nakatani 是从竞争角度证明利润率下降,没有维护马克思的机械化导致利润率下降的观点。①而 MF 模型指出技术进步带来的产出总量的增长会导致再生产失衡,从而降低产品实现率,这在微观上可能表现为价格削减。

本文对一般利润率分析的一个重要推论就是技术进步在非均衡条件下可以成为导致利润率下降的重要原因,挑战了置盐、萨缪尔森等人的技术进步一定不会导致利润率下降的观点,沟通了马克思强调资本有机构成提高是导致利润率下降主要原因的观点。文初已经提到置盐定理是利润率下降规律的一个特例,它的成立依赖于一系列特定的假设,其中最重要的一个就是均衡假设。其假设的特殊性决定了其推论的特殊性,置盐定理的一个推论是只有实际工资上升到一定程度才会导致一般利润率下降,将利润率下降的主要原因归结于工人的过分需求。本文构建的包含固定资本的 MF 模型放松了均衡假设,从非均衡角度建立了分析平均利润率的一般框架。根据此模型,利润率的下降可能由产品实现率下降、实际工资上升所导致,同时技术进步也有可能导致利润率下降。具体而言,在真实竞争的压力下,当技术选择标准为生产成本最低的准则时,技术进步导致的固定资本增加可以直接拉低利润率;此外技术进步带来的产量增长可能引起宏观层面的剩余价值实现困难,从而降低产品实现率,间接降低利润率;而且考虑到产品实现率的下降更有利于固定成本更高而生产成本更低的生产方法成为行业主导性生产方法,从而通过技术进步进一步降低产品实现率,由此可能导致利润率的连续下降。

附　　录

利润率表示为产品实现率的函数

原有生产方法、表 4 的替代方法 1 和表 5 的替代方法 2 在现有价格体系下的利润率分别表示为产品实现率的函数:

$$r = 3.523 - \frac{43.75 \times (0.561\phi + 0.318)(500\,000\phi - 4 \times (15\,625\,000\,000\phi^2 + 8\,785\,750\,000\phi - 26\,580\,671)^{0.5} + 272\,683)}{1\,080\,000\phi + 611\,333} \tag{a1}$$

---

① Kliman, Andrew, "A value-theoretic critique of the Okishio theorem," *Marx and Non-equilibrium Economics* 1996, pp.206—224.

$$r=\frac{\phi y-(3.016x+0.146y)}{(4.917x+0.217y)}=$$

$$\frac{-4((15\,625\,000\,000\phi^2+8\,785\,750\,000\phi-26\,580\,671)^{0.5}(802+10\,000\phi)-578\,377\,500\phi-1\,250\,000\,000\phi^2+60\,563\,329)}{568\,715\,000\phi+6\,071\times(15\,625\,000\,000\phi^2+8\,785\,750\,000\phi-26\,580\,671)^{0.5}+337\,616\,467} \quad (a2)$$

$$r=\frac{\phi y-(3.083x+0.153y)}{(5.583x+0.283y)}=$$

$$\frac{-((15\,625\,000\,000\phi^2+8\,785\,750\,000\phi-26\,580\,671)^{0.5}(3\,129+40\,000\phi)-2\,285\,545\,000\phi-5\,000\,000\,000\phi^2+257\,878\,633)}{828\,785\,000\phi+5\,429\times(15\,625\,000\,000\phi^2+8\,785\,750\,000\phi-26\,580\,671)^{0.5}+483\,169\,033} \quad (a3)$$

新价格体系下替代方法 1 和替代方法 2 的利润率表达式

$$r=8.433-\frac{43.75\times(1.298\phi_1+0.890\,8)(2\,500\,000\phi_1-8\times(97\,656\,250\,000\phi_1^2+91\,733\,250\,000\phi_1+17\,661\,106\,519)^{0.5}+1\,926\,519)}{5\,400\,000\phi_1+3\,705\,349} \quad (a4)$$

$$r=\frac{43.75\times(1.644\phi_2+1.019)(1\,250\,000\phi_2-2\times(390\,625\,000\,000\phi_2^2+398\,935\,750\,000\phi_2+115\,024\,477\,041)^{0.5}+1\,042\,363)}{2\,700\,000\phi_2+1\,674\,323}-10.244 \quad (a5)$$

偏导求解结果

假定产品实现率不变，对固定资本投入系数求偏导

$$\frac{\partial b_1}{\partial \varphi_{22}}=-\frac{27\,690\times(487\,500\varphi_{22}+133\,125\tau_2-2\,102\,641)}{(18\,147.6\tau_2-27\,690\varphi_{22}+345\,743.7)^2}-\frac{487\,500}{(18\,147.6\tau_2-27\,690\varphi_{22}+345\,743.7)} \quad (a6)$$

假定产品实现率不变，对直接劳动系数求偏导

$$\frac{\partial b_1}{\partial \tau_2}=\frac{90\,738\times(487\,500\varphi_{22}+133\,125\tau_2-2\,102\,641)}{5\times(18\,147.6\tau_2-27\,690\varphi_{22}+345\,743.7)^2}-\frac{133\,125}{(18\,147.6\tau_2-27\,690\varphi_{22}+345\,743.7)} \quad (a7)$$

假定工资不变，对固定资本系数求导

$$\frac{\partial \phi}{\partial \varphi_{22}}=\frac{86\,528\varphi_{22}+23\,628.8\tau_2-839\,295}{12\,800\times(43\,624\varphi_{22}^2+23\,628.8\varphi_{22}\tau_2-839\,295\varphi_{22}+3\,226.24\tau_2^2-97\,561.5\tau_2+9\,170\,479)^{0.5}}+0.032\,5 \quad (a8)$$

假定工资不变，对直接劳动系数求导

$$\frac{\partial \phi}{\partial \tau_2}=\frac{23\,628.8\varphi_{22}+6\,452.48\tau_2-97\,561.5}{12\,800\times(43\,624\varphi_{22}^2+23\,628.8\varphi_{22}\tau_2-839\,295\varphi_{22}+3\,226.24\tau_2^2-97\,561.5\tau_2+9\,170\,479)^{0.5}}$$

$$+0.008\,875 \tag{a9}$$

假定直接劳动系数不变，对固定资本系数求导

$$\frac{\partial \phi}{\partial \varphi_{22}} = 0.032\,5 - \frac{17\,721.6b_1 - 86\,528\varphi_{22} + 697\,522.176}{12\,800 \times (1\,814.76b_1^2 - 17\,721.6b_1\varphi_{22} + 241\,580.85b_1 + 43\,264\varphi_{22}^2 - 697\,522.18\varphi_{22} + 7\,911\,470.9)^{0.5}} \tag{a10}$$

假定直接劳动系数不变，对实际工资求导

$$\frac{\partial \phi}{\partial b_1} = 0.006\,656\,25 + \frac{3\,629.52b_1 - 17\,721.6\varphi_{22} + 241\,580.851\,2}{12\,800 \times (1\,814.76b_1^2 - 17\,721.6b_1\varphi_{22} + 241\,580.85b_1 + 43\,264\varphi_{22}^2 - 697\,522.18\varphi_{22} + 7\,911\,470.9)^{0.5}} \tag{a11}$$

假定固定资本投入系数不变，对直接劳动系数求导

$$\frac{\partial \phi}{\partial \tau_2} = \frac{6\,452.48\tau_2 + 28\,068.29b_1 - 206\,668.39}{12\,800 \times (1\,814.76b_1^2 + 28\,068.29b_1\tau_2 + 155\,001.3b_1 + 3\,226.24\tau_2^2 - 206\,668.39\tau_2 + 8\,409\,748.79)^{0.5}} + 0.008\,875 \tag{a12}$$

假定固定资本投入系数不变，对实际工资求导

$$\frac{\partial \phi}{\partial b_1} = \frac{28\,068.29\tau_2 + 3\,629.52b_1 + 155\,001.3}{12\,800 \times (1\,814.76b_1^2 + 28\,068.29b_1\tau_2 + 155\,001.3b_1 + 3\,226.24\tau_2^2 - 206\,668.39\tau_2 + 8\,409\,748.79)^{0.5}} + 0.006\,656\,25 \tag{a13}$$

（本文原载《世界经济》2018年第3期）

政治经济学流派和经济思想史

寻找供给侧结构性改革的理论源头*

方福前**

摘　要　供给理论和供给侧结构性改革的理论源头，是历来重视供给的英法古典经济学，而不是其后企图否认会出现经济危机的萨伊及萨伊定律。马克思深化了供给理论，认为生产（供给）结构和产品（收入）分配结构取决于生产关系的性质和结构，这个思想对我国的供给侧结构性改革尤其具有指导意义。美国供给学派的可借鉴处主要是供给改革和供给管理的一些政策主张。我国的供给侧结构性改革需要构建中国特色的社会主义供给理论。

关键词　供给侧结构性改革　理论源头　古典经济学　马克思　供给学派

一、引　言

"供给侧结构性改革"是近期我国学术界研究和讨论的热门话题。这些讨论主要涉及两大类问题：一类是为何和如何搞好中国经济的供给侧结构性改革；另一类是供给侧改革的理论源头或理论依据是什么。前一类问题主要是改革的政策方案设计或实际操作问题，后一类问题则是基本理论问题。本文集中讨论后一类问题。

在后一类问题讨论中，我国有些学者以美国供给学派为依据，把供给侧结构性改革的理论源头追溯到19世纪初的法国经济学家萨伊。①实际上，这些文章的立论不符合经济学发展史的事实，也错误地解读了萨伊定律，更重要的是给读者造成错误的认知，似乎实施供给侧结构性改革就是皈依萨伊定律。

首先，我们要明了什么是"（总）供给理论"。在我看来，研究一个经济的总供给能力（产能）及

---

* 本文系国家社科基金重大项目"中国经济自发展能力研究"（15ZDB133）的阶段性成果。

** 方福前，中国人民大学经济学院教授，中国人民大学国家发展与战略研究院研究员。

① 参见邓新华：《这位庸俗经济学家是供给侧改革的鼻祖》，2015年12月2日，http://finance.ifeng.com/a/20151202/14103573_shtml；许小年：《供给侧的源头——"萨伊定律"》，2015年12月11日，http://www.chinareform.org.cn/Economy/consume/Practice/201512/t20151212_240216.htm；盛洪：《供给侧结构性改革应该改什么？》，2016年3月10日，http://www.ftchinese.com/story/001066554。盛文一开头就写道："中国最近在热议供给侧结构性改革。供给侧结构性改革的理论依据是供给经济学。供给经济学的核心思想是萨伊定律，即供给自动创造需求。"

其增长之决定因素的理论,即为(总)供给理论。总供给理论主要研究两大问题:(1)一个经济体的总供给能力由哪些因素决定;(2)什么样的体制机制会促进总供给能力增长,或一个经济体的长期增长由哪些因素决定。至于总供给与总需求的关系,那是总供给理论(供给经济学)和总需求理论(需求经济学)都要讨论的问题。

其次,我们要回答什么是供给侧结构性改革理论。我的答案是:供给侧结构性改革理论是在供给理论的基础上,研究如何通过经济体制改革、经济结构调整和优化,促进总供给能力增长、总供给质量提高,以及总供给在规模和结构上如何与总需求相适应、相匹配的问题。

供给侧结构性改革理论与供给理论有联系、有交叉,但是供给理论不等于就是供给侧结构性改革理论。供给理论的核心是总供给能力由哪些因素决定,供给侧结构性改革的核心是改革——在识别供给侧结构及其失衡的基础上,研究如何通过改革来改善总供给结构,提高总供给的能力和质量。所以,我们不能简单地把供给侧结构性改革理论等同于供给理论,更不能以供给理论取代供给侧结构性改革理论。经济学中任何理论的形成都有一番过程及其特定的源头,都不会是空穴来风,所以对理论基础的研究不能脱离其理论来源。但是理论源头又不等于理论基础,不等于这种理论本身。理论基础本身就是系统的理论依据,而理论源头则指一种理论的初始形式和最初来源。比如,马克思的劳动价值论的理论源头是英法古典经济学的价值论,可以溯源到威廉·配第的思想,但是马克思的劳动价值论不等于古典经济学的价值论,这两种价值论有质的差别。类似地,供给侧结构性改革的理论源头,可以追溯到供给理论的源头。明确了这些界定,我们就不难追寻到供给侧结构性改革的理论源头。

二、供给理论的源头是古典经济学

纵观经济学发展史(经济思想史)不难发现,重视供给、认为供给比需求重要、强调供给研究的,一直是凯恩斯以前的经济学,特别是英法古典经济学①的传统。“劳动创造财富”是古典经济学家普遍认同的思想。从分析的视角来看,古典经济学就是供给经济学或侧重于供给分析的经济学体系。

古典经济学产生于资本主义市场经济兴起时期和资本主义制度确立时期,这是工场手工业向机器大工业的过渡时期。在这个伟大的历史大变革时代,大量的商品和财富出自工厂生产过程而不是流通过程(商业或贸易),这已经是举目可见的事实,并且资本主义制度的根基也需要从理论上找到安身之所。作为新生工业资产阶级的代言人,古典经济学家力图从生产过程,也就是供给侧,寻找社会财富和商品价值的源流,寻找资本主义制度的经济基础。所以他们把经济学研究的视角对准了供给方,把政治经济学的解剖刀深入资本主义商品生产过程,从而颠覆了重商主义“财富来自流通(贸易)”的说教。

被马克思称为英国古典政治经济学创始人的威廉·配第已经认识到,商品的价值是由劳动

① 本文所说的“古典经济学”和“庸俗经济学”都是依照马克思的界定。

创造的，而且认为货币的价值也是由劳动决定的。人们熟知的“劳动是财富之父，土地是财富之母”的著名格言，就是配第提出来的。配第的原话是：“土地为财富之母，而劳动则为财富之父和能动要素”。①劳动和土地（生产资料）就是我们今天所说的决定供给的两大生产要素，并且配第在这里正确地认识到，劳动是支配供给侧其他生产要素的能动的、活的要素。西方现代供给经济学的一个基本观点认为，劳动分工会促进劳动生产率的提高，进而会降低生产成本，这最初也是配第提出来的。他写道：“譬如织布，一人梳清，一人纺纱，另一人织造，又一人拉引，再一人整理，最后又一人将其压平包装，这样分工生产，和只是单独一个人笨拙地担负上述全部操作比起来，所花的成本一定较低。”②这段表述所要表达的思想与后来亚当·斯密在《国富论》中所列举的，用来说明分工和专业化经济效果的著名“制针”例子如出一辙。马克思在《政治经济学批判》中，曾经对配第的这个思想给予高度评价：“配第也把分工当作生产力来阐述，而且他的构想比亚当·斯密还要宏大。”③科学技术进步、创新、劳动者素质与技能提高，这些都是促进供给或产出增加、推动经济增长的重要因素，这已构成今天经济学家们的共识，也成为绝大多数国家的政策取向。配第在1672年前后写成（1690年出版）的《政治算术》一书中，就明确地论述了这个思想。他写道：“有的人，由于他有技艺，一个人就能够做许多没有本领的人所能做的许多工作。例如，一个人用磨粉机把谷物磨成粉，他所能磨出的分量会等于20个人用石臼所能舂碎的分量。一个印刷工人所能印出的册数，会等于100个人用手抄写出来的册数。”④配第正确地认识到，改进资源配置可以提高效率，增加供给和收入。他说：“长满灌木的荒地经过加工，可以种植亚麻或三叶草，这样，它的价值就会增加100倍。同一块土地，如果在上面建筑房屋，则它所提供的地租要比充作牧场多100倍。”⑤配第还指出，一个国家的财富和实力大小，主要不是取决于它的领土大小和人口多少，而是取决于技术、产业发展和政策。他说：“一个领土小而且人口少的小国，由于它的位置、产业和政策优越，在财富和力量方面，可以同人口远为众多、领土远为辽阔的国家相抗衡。”“一个人，如果技艺高超，可以和许多人相抗衡。”⑥配第的这个思想在今天仍然具有真理性，加快技术进步、推动技术创新、促进产业转型升级和制定实施恰当的政策，仍然是我国目前供给侧改革的重要内容。

在17世纪末18世纪初的法国，农业是国民经济的主要产业部门，也是经济问题最突出的部门。当时法国政府推行的重商主义政策，导致农业经济严重凋敝。因此，法国古典经济学一开始就和重商主义断然决裂，走向重农主义道路。法国古典经济学的早期代表人物布阿吉尔贝尔，不但强调“一切的财富都来源于土地的耕种”，而且认识到产业部门之间应保持正确的比例，自由竞争可以使社会总劳动量（即资源总量——引者注）按照正确的比例，配置于各个产业部门。⑦法国

① 威廉·配第：《配第经济著作选集》，商务印书馆1981年版，第12页。
② 同上书，第66页。
③ 《马克思恩格斯全集》第31卷，人民出版社1998年版，第446页注①。
④ 威廉·配第：《配第经济著作选集》，第12页。
⑤ 同上书，第11—12页。
⑥ 同上书，第11页。
⑦ 布阿吉尔贝尔：《谷物论，论财富、货币和赋税的性质》，商务印书馆1979年版，第102—103页。

重农学派把社会财富看作是通过土地耕作生产出来的农产品，认为社会财富的真正源泉是农业。这种观点在今天看来显然有片面性，因为农业只是生产财富的部门之一，但它却是从供给方而不是从需求方来研究社会财富的源泉和增长的。著名的魁奈《经济表》在经济学发展史上第一次论述了社会总资本的再生产和流通过程，实际上就是论述了我们今天所说的总供给和总需求的关系。①《经济表》确认，农业在一年里生产出来的总产品(总供给)是经济循环的起点。

亚当·斯密被公认为是古典政治经济学体系的创立者，西方现代经济学的鼻祖。斯密《国富论》的整个理论体系是从分析分工开始的。斯密把分工看作是劳动生产率提高的最大贡献者。《国富论》第一章开宗明义就说："劳动生产力的最大改进，以及劳动在任何地方运作或应用中所体现的技能、熟练和判断的大部分，似乎都是劳动分工的结果。"②他以制针业为例说明，分工极大地提高了劳动生产率。他写道："一个没有受过这种业务(劳动分工已经使它成为一个独立的行业)训练，而又不熟悉它所使用的机器(同样的劳动分工使这种机器的发明成为可能)的工人，用他最大的努力，或许一天制造不出一枚针，肯定不能制造 20 枚。"而他看到的一个小制针厂，只雇用了 10 个工人，每天却能够制造出 48 000 枚针。这个例子说明，分工后的单个工人的劳动生产率是没有分工的单个工人的 240 倍[48 000 ÷ (10 人 × 20 枚)]，甚至是 4 800 倍(48 000 ÷ 10 人)！并且，斯密进一步认识到，分工不但会提高单个工人的劳动生产率，增加单个企业的产出，而且会在宏观经济层面上促进一国的产业发展和效率提高。他说："在享有最发达的产业和效率增进的那些国家，分工也进行得最彻底。"③分工发达加上国家治理良好，会使一个国家走向普遍富裕。"由于实行劳动分工的所有不同行业的产量成倍增长，在一个治理很好的社会出现普遍的富裕"。④

斯密认为：劳动是国民财富的源泉，增加国民财富只有两种方法，一是提高劳动生产率，二是增加有用劳动者的人数；而分工的发展、机器的使用、劳动配置的改进会促进劳动生产率的提高，资本积累增加会增加雇用有用劳动者的人数；所以一个国家的财富增长取决于分工发展的快慢和资本积累的多寡。斯密写道："要增加一国土地和劳动的年产物的价值，没有其他的办法，只有靠增加生产性劳动者的人数，或增加以前所雇用的生产性劳动者的生产力(即生产率——引者注)。一国生产性劳动者的人数，显然只有靠增加资本即增加用来维持他们的基金才能增加。同一人数的劳动者的生产力，只有靠增添和改进用来促进和节约劳动的机器和工具，或者靠更加适当地划分和分配工作，才能得到增进。"⑤

我认为，斯密的供给和发展理论中最富有启发性的是以下观点。(1)分工会极大地提高劳动生产率，而分工的发展又取决于市场交易范围的扩大，所以要促进分工就要发展市场和市场体

① 弗朗索瓦·魁奈：《魁奈〈经济表〉及著作选》，华夏出版社 2006 年版。
② 亚当·斯密：《国富论》(上)，陕西人民出版社 2001 年版，第 7—8 页。
③ 同上书，第 9 页。
④ 同上书，第 14 页。
⑤ 亚当·斯密：《国富论》(上)，第 384 页。

系。因为"交换能力引起劳动分工,而分工的范围必然总是受到交换能力的限制,换言之,即受到市场范围的限制。"①(2)一国的制造业越发达,它的农业就越繁荣②,国内贸易和对外贸易就越发达③,城市化水平就越高。④(3)一国经济增长的驱动机制是个人自我改善的欲望,也就是人的自利动机;一国经济增长的制动机制(或约束机制或保护机制)是人的理智和竞争。一个国家的制度是否有效率,是否能够促进国民财富增加,就看这种制度能否生成一种把个人自我改善的强烈欲望,转变成对社会有益的机制。《国富论》的下面这段话常常被引用:"人总是需要有其他同胞的帮助,单凭他们的善意,他是无法得到这种帮助的。他如果诉诸他们的自利之心,向他们表明,他要求他们所做的事情是于他们自己有好处的,那他就更有可能如愿以偿。任何想要同他人做买卖的人,都是这样提议的。给我那个我想要的东西,你就能得到这个你想要的东西,这就是每项交易的意义;正是用这种方式,我们彼此得到自己所需要的帮助的绝大部分。不是从屠夫、酿酒师和面包师的恩惠,我们期望得到自己的饭食,而是从他们自利的打算。我们不是向他们乞求仁慈,而是诉诸他们的自利之心。"⑤斯密下面这句话似乎被引用的不多,但是这句话同样很重要:"他的大部分日常需要是通过和其他人同样的方式去满足的,就是通过契约、通过交换、通过购买。"⑥这里的契约和交换可以理解为一种把个人自我改善的强烈欲望,转变成对社会有益的体制机制安排,也就是市场经济制度安排。(4)自由竞争的制度体系会促进国民财富增长和社会进步,经济社会应当消除这方面的制度障碍,并把政府的职能和作用限制在必要的范围内。斯密认为,限制制造业和贸易的制度体系,"阻碍而不是加速了社会向着真实财富和强大的进步,它减少而不是增加了社会土地和劳动年产物的真实价值"。"因此所有偏重或限制的体系被完全取消以后,明显的和简单的天然自由体系就自行建立起来了。每一个人,只要他不违反公正的法律,就有完全的自由去按他自己的方式去追求他自己的利益,用他的劳动和资本去和任何其他人或其他一类人的劳动和资本竞争。"⑦

可见,《国富论》就是从供给方来探寻经济增长源泉的,从而提供了较为系统、深刻的供给经济学分析和经济发展理论。今天我们讨论供给侧结构性改革,仍然离不开分析分工、资本积累、劳动、劳动生产率、制造业发展、市场发展、城市(镇)化、体制变革等因素以及它们之间的关系。以上概括的《国富论》中的四个观点,对我们今天的供给侧结构性改革尤其具有现实意义。其中的第(3)点和第(4)点,实际上说的是制度供给。中国当前的供给侧结构性改革,应当把中国特色社会主义的经济结构改革和体制改革结合起来,通过改进和优化制度供给,协调好经济主体的利益机制与竞争机制,按照社会主义市场经济发展的内在要求,重塑政府与市场的关系,藉此调动个人、企业和地方政府的积极性,形成经济增长的新动力新机制,促进有效供给增加。

---

① 亚当·斯密:《国富论》(上),第22页。
② 同上书,第10页。
③ 同上书,第3编第1章"论财富的自然增长"。
④ 同上书,第3编第3章"论罗马帝国衰落后城市的兴起和发展"。
⑤⑥ 同上书,第18页。
⑦ 亚当·斯密:《国富论》(下),陕西人民出版社2001年版,第753页。

被马克思看作是英国古典政治经济学完成者的李嘉图，把国民财富增长的原因，高度概括为机器的发明、技术进步、分工的发展和市场的发展。他写道："由于机器的发明，由于技术的熟练，由于更好的分工，由于使我们能够进行更有利的交换的新市场的发现，一百万人在一种社会情况下所能生产的'必需品、享用品和娱乐品'等财富可以比另一种社会情况下大两倍或三倍"①，并且"通过不断增进生产的便利，我们……不只是增加国家的财富，并且会增加未来的生产力"。②由这两段话不难看出，生活在19世纪早期的李嘉图对供给能力增长或经济发展原因的认识，与西方现代经济学家几乎没有什么差别。

综上所述，我们有理由认为，整个古典经济学就是初始的供给经济学，古典经济学对供给及其决定因素进行了较为系统、深入的研究。马克思曾经明确指出，古典经济学家重视供给分析而不太关注需求："像李嘉图这样一些经济学家，把生产和资本的自行增殖直接看成一回事，因而他们既不关心消费的限制，也不关心流通本身由于在一切点上都必须表现对等价值而存在着的限制，而只注意生产力的发展和产业人口的增长，只注意供给而不管需求"。③李嘉图以后的西方主流经济学虽然被马克思称作庸俗经济学，但是在供给和需求谁占首位的问题上，仍然秉承了古典经济学重视供给、强调供给分析的传统。所以，大体上可以说，重视供给和供给分析一直是"凯恩斯革命"以前的西方主流经济学的传统。④正是由于这个缘故，后来强调总需求分析、创建有效需求理论的凯恩斯才抱怨说，古典经济学对总供给（函数）做了详尽的分析，而总需求分析则是个空白。"马尔萨斯曾经为之斗争的有效需求这一巨大之谜在经济学文献中完全不见踪迹"⑤，"自从萨伊和李嘉图时期以来，古典经济学者们都在讲授供给会创造它自身需求的学说"。⑥20世纪70年代后期，在美国兴起的供给学派经济学也公开承认，他们的理论源泉是古典经济学。⑦

三、主张买卖必然平衡的萨伊定律

那么，如何看待萨伊和萨伊定律呢？

萨伊在1803年出版的《政治经济学概论》一书中，确实系统地论述了生产（供给）⑧和需求的

① 大卫·李嘉图：《政治经济学及赋税原理》，载《李嘉图著作和通信集》第1卷，商务印书馆1983年版，第232页。

② 大卫·李嘉图：《李嘉图著作和通信集》第1卷，第233页。

③ 《马克思恩格斯选集》第2卷，人民出版社2012年版，第716页。

④ 显然，这里的"供给"是指决定总产出（国民收入，亚当·斯密称作财富）的两组力量（供给和需求）之一的总供给，不是指决定商品价格的两组力量（供给和需求）之一的供给。前者是宏观经济学概念，后者是微观经济学概念。

⑤ 约翰·梅纳德·凯恩斯：《就业、利息和货币通论》，商务印书馆1999年版，第37页。下文简称《通论》。

⑥ 同上书，第23页。需要指出的是，凯恩斯所说的"古典经济学"是指李嘉图到马歇尔、庇古这个时期的西方主流经济学，这和马克思所定义的古典经济学不同。

⑦ 见本文第五部分。

⑧ 经济学家往往在三种含义上使用"生产"这个概念：一是生产过程，即从要素或资源投入到产品产出的过程；二是生产能力（产能）；三是生产结果。后两种含义的生产分别是宏观经济学所说的"潜在的总产出"和"实际的总产出"，它们都可被理解为"供给"。

关系,认为供给创造需求。萨伊的论证是:人们进行生产的目的是为了消费,生产者把一种产品提供到市场上是为了换取他需要的另一种产品,因此,"一种产品一经产出,从那时刻起就给价值与它相等的其他产品开辟了销路"。①"在以产品换钱、钱换产品的两道交换过程中,货币只一瞬间起作用。当交易最后结束时,我们将发觉交易总是以一种货物交换另一种货物。"②"在一切社会,生产者越众多产品越多样化,产品便销得越快、越多和越广泛,而生产者所得的利润也越大,因为价格总是跟着需求增长。"③萨伊的这一论述被后来的经济学家们概括为"萨伊定律"。凯恩斯在《通论》中把萨伊定律表述为:"供给会创造它自身的需求"(supply creates its own demand)。④可见,萨伊定律秉承了英法古典经济学重视供给的传统,并把"供给决定需求"扭曲为"(总)供给和(总)需求必然相等"或"买卖必然平衡"。⑤

萨伊定律的主要用意是证明,只要对生产不加干涉,就不会出现普遍的生产过剩。因为"是生产给产品创造需求"⑥,有更多的供给就会有更多的需求,总供给和总需求总是平衡(或相等)的。"除非政府当局愚昧无知或贪婪无厌,否则一种产品供给不足而另一种产品充斥过剩的现象,决不会永久继续存在下去。"⑦萨伊定律暗含的假设前提有四项:(1)市场价格机制具有充分弹性,它们的自动调节可以保证各类市场及时出清;(2)利率的自动调节,可以保证当期收入中不用于消费的部分(储蓄)全部转化为投资,而这又是以利息是储蓄的报酬,是投资的成本,以及利率有完全弹性为假设前提的;(3)货币是中性的,它只是交易媒介,货币数量的变化只影响经济中的名义变量,而不影响实际变量;(4)经济社会的分配制度,能够保证把总产出和相应的总收入转换成等量的有效需求,认定不会出现普遍的生产过剩。萨伊因而在政策主张上反对政府干预经济活动,反对政府通过政策手段刺激消费以扩大总需求。他认为:"如果对生产不加干涉,一种生产很少会超过其他生产,一种产品也很少会便宜到与其他产品价格不相称的程度。"⑧"仅仅鼓励消费并无益于商业,因为困难不在于刺激消费的欲望,而在于供给消费的手段。"⑨因此,根据萨伊定律,一个经济体主要关注和努力增加的,应当是供给或生产,需求不是问题,需求自然跟着供给增长而增长。

马克思把萨伊划入资产阶级庸俗经济学家阵营,他在《资本论》第一卷就对萨伊定律进行了批判。马克思认为,萨伊定律犯了两个错误。一是把资本主义商品生产偷换成简单商品生产,而这两种生产的目的是根本不同的。前一种生产的目的是为了剩余价值或利润,后一种生产是为了自身的消费,资本主义商品生产会不顾消费需求的限制而盲目扩张。二是萨伊进一步把商品货币交换关系,偷换成物物交换关系。在物物交换过程中,一种商品的"卖"同时就是另一种商品

①② 萨伊:《政治经济学概论》,商务印书馆1963年版,第144页。

③ 同上书,第147页。

④ 约翰·梅纳德·凯恩斯:《就业、利息和货币通论》,第31页。

⑤ 马克思认为萨伊"买卖必然平衡"的观点,是从英国另一位古典经济学家詹姆斯·穆勒那里抄袭来的。(参见鲁友章、李宗正:《经济学说史》(修订版),中国人民大学出版社2013年版,第200页注①)

⑥ 萨伊:《政治经济学概论》,第142页。

⑦⑧ 同上书,第145页。

⑨ 同上书,第149页。

的“买”，即“一物易一物”，买卖必然相等或平衡。而在商品货币交换过程中，买卖在时间上和空间上是分离的，一个生产者在此时此地卖了一种产品获得货币，他不一定即刻就用货币购买另一种商品。这就可能使货币沉淀，买卖脱节，供求失衡。而当货币具有支付手段职能后，买卖双方在进行交易时，不再是“一手交钱，一手交货”，可以延期支付（如“赊账”）。这种债务链条的形成在增加经济弹性的同时，又进一步增大了经济（金融）危机的可能性。资本主义生产方式的基本矛盾则把这种可能性变成了现实性。马克思在批判萨伊定律时写道：“在这里，经济学辩护论者的方法有两个特征。第一，简单地抽去商品流通和直接的产品交换之间的区别，把两者等同起来。第二，企图把资本主义生产当事人之间的关系，归结为商品流通所产生的简单关系，从而否认资本主义生产过程的矛盾。”①

后来，凯恩斯的《通论》把萨伊定律列为主要的批判对象。凯恩斯认为，萨伊定律意味着总需求在一切产量水平上都与总供给相等，总需求函数（曲线）和总供给函数（曲线）是重叠的，“这个说法相当于到达充分就业不存在任何障碍这一命题”。②凯恩斯对萨伊定律的否定，从货币工资、商品价格和利率的黏性或刚性以及货币非中性的论证展开，说明因边际消费倾向递减、资本边际效率递减和流动偏好陷阱导致的利率黏性的存在，储蓄不会自动、等量地转化为投资。凯恩斯认为，因生产能力高度发达、有效需求不足导致的非充分就业和生产过剩，构成了资本主义经济的常态，总供给和总需求在充分就业水平上的均衡，只是特例或偶然的情形。

如果说资本主义市场经济的生产过剩经济危机，在萨伊生活的主要岁月还未曾露面，那么自1825年英国爆发人类历史上第一次生产普遍过剩的经济危机以来，经济危机就周期性地袭扰着人类的经济生活。近两百年来的经济实践已经证伪了萨伊定律，供给并没有即时创造对它自身的需求。但是如果撇开基于生产关系的制度因素，主要从生产力的长期发展看，萨伊定律认为供给会创造需求的观点是成立的。总供给是总产出增长（经济增长）主要的决定性因素，这一思想源自古典经济学而非萨伊。从长期来看，供给不但创造了需求（消费）的对象，而且创造了收入即支付能力，人们当期不花的收入早晚会用于未来的消费，供给把人的潜在需要转化为可以实现的需求，不适合人的需要的产品迟早会退出市场、停止供给。③

无须讳言，这种潜在需要向有效需求（生产需求和生活需求）的转化，是以支付能力的相应释放做支撑的。在既定的生产力发展水平上，决定支付能力大小的是社会的分配制度，归根到底是社会的生产资料所有制性质或产权制度。社会经济制度及其结构同时制约着总供给和总需求的规模，而且在供求两个侧面的作用可能是非平衡、不对称的。有些制度促进供给，但是限制了需求。如处于上升期的资本主义制度，在它建立的100年中所创造的生产力，比之前人类创造的生产力总和还要大，但是总需求却没有同步增长。马克思和恩格斯指出，资本主义制度社会化生产

① 《马克思恩格斯全集》第44卷，人民出版社2001年版，第136页注⑬。

② 约翰·梅纳德·凯恩斯：《就业、利息和货币通论》，第32页。

③ 马克思认为在社会再生产中，生产决定分配、交换和消费，生产创造出、生产出消费。这里的“生产”可以理解为“供给”，“消费”可以理解为“需求”，“再生产”显然指基于扩大再生产的长期生产过程。凯恩斯主义和新凯恩斯主义主张“需求会创造它自身的供给”，但他们承认这是短期分析得出的论断，在长期还是供给起决定性作用。只不过凯恩斯本人不关心长期问题，因为“在长期，我们都将死去了”。

与生产资料私人占有的基本矛盾，必然衍生出生产无限扩大的趋势，与劳动人民有支付能力的需求相对缩小之间的矛盾。从制度层面或生产关系视角来看，收入和财富分配的贫富分化，导致(来自穷人的)消费需要与(富人拥有的)支付能力分裂，使得一部分消费需要不能转化成有效需求。供给能力与需求能力的非对称增长，其持续发展会导致普遍的生产过剩。有些制度有利于释放需求，但是约束了供给能力的增长，如过去计划经济体制下普遍存在的生产不足或供给短缺。萨伊定律的错误不在于“供给会创造它自身的需求”这个论断本身，而在于它舍象了社会制度对供求的影响，从一般意义上抽象地讨论总供给与总需求的关系，在于它不分短期与长期，根据“供给会创造它自身的需求”的论断，一概否认资本主义制度下发生普遍生产过剩经济危机的可能性。在萨伊定律供求关系永恒均衡发展的错判中，根本找不到结构性矛盾的踪影。我国的供给侧结构性改革是要通过改革和重塑供给动力，“提高供给体系质量和效率，增强经济持续增长动力，推动我国社会生产力水平实现整体跃升”。①这与主张“供给会创造它自身的需求”、无生产过剩经济危机的萨伊定律，没有什么直接关系。

四、马克思对供给结构理论的系统化

在英法古典经济学之后，马克思对总供给的决定因素、总供给(生产)与总需求(消费)的关系作了深刻论述。虽然马克思经济学的主要目的是解剖资本主义经济的生理结构，证明资本主义制度的历史暂时性，但是马克思在他的经济学论著中也论述到供给的地位和作用、供给的决定因素、供给与需求的关系等一系列供给分析的结构性问题。

与生活在工场手工业时期的亚当·斯密不同，马克思生活在英国工业革命胜利、法国和德国也先后掀起工业革命浪潮，特别是重工业在欧洲获得快速发展的时代。工业革命极大地提高了社会生产力，确立了资本主义商品经济的统治。这使得马克思能够更清楚地观察到生产或供给在整个社会经济生活中的主导地位，发现在资本主义市场经济发展的汹涌浪潮中，工业化、科学技术、教育、分工与协作对于促进供给的重要意义。随着资本主义生产方式的最终确立，生产过剩的经济危机接踵而至，重新思考萨伊定律的有效性也有了现实基础。新世界观的创立，使马克思站在广大劳动人民的立场，精于用唯物辩证法和唯物史观这两把解剖刀，剖析他所生活时代的社会制度和经济活动。这些主客观条件使马克思得以对生产或供给进行深入的结构性分析，在许多方面超越了英法古典经济学。

早在写作1861—1863年经济学手稿时，马克思揭示了决定总供给增长或经济增长的主要原因。“生产逐年扩大是由于两个原因：第一，由于投入生产的资本不断增长；第二，由于资本使用的效率不断提高。”②显然，马克思这里所说的“生产逐年扩大”就是经济增长。其中的第一个原因就是20世纪30、40年代哈罗德—多马增长模型所说的经济增长的决定因素③；第二个原因就

① 《习近平主持召开中央财经领导小组第十一次会议》(2015年11月10日)，《人民日报》2015年11月11日，第1版。

② 《马克思恩格斯全集》第26卷第2册，人民出版社1973年版，第598页。

③ 这个模型分别由罗伊·F.哈罗德(Roy F. Harrod)和埃弗塞·多马(Evsey Domar)在1939年和1946年独立提出。

是1956年索洛(Robert Solow)和斯旺(Trevor Swan)分别独立提出来的新古典增长模型(也称索洛—斯旺模型)所说的经济增长的决定因素。

分工、协作(合作)、专业化、资本积累、科学技术、规模经济(大规模生产)、工业化、劳动生产率,这些是供给经济学分析必不可少的概念,也是决定和影响总供给的重要因素。马克思对这些供给要素作出了较为系统的结构性分析。

与配第和斯密只分析分工的经济优势不同,马克思把分工和协作联系在一起分析。显然,马克思的这种分析思路更科学。经济活动中有分工必然就需要协作,有协作必然滋育分工。马克思在《资本论》第一卷比较系统地分析了分工和协作对供给或社会生产的重大影响。概括起来,马克思认为,分工和协作使单个劳动者的劳动专门化、固定化和合作化,从而产生了以下供给效应。(1)分工和协作提高了单个劳动者的熟练程度和技艺水平,进而提高了劳动生产率。分工和协作"与独立的手工业比较,在较短时间内能生产出较多的东西,或者说,劳动生产力提高了"。① "和同样数量的单干的个人工作日的总和比较起来,结合工作日可以生产更多的使用价值,因而可以减少生产一定效用所必要的劳动时间。"②(2)分工和协作还创造了一种新的生产力,这就是集体力。"结合劳动的效果要么是单个人劳动根本不可能达到的,要么只能在长得多的时间内,或者只能在很小的规模上达到。这里的问题不仅是通过协作提高了个人生产力,而且是创造了一种生产力,这种生产力本身必然是集体力。"③马克思这里所说的"集体力"实际上就是西方现代经济学所说的合作(或联合)生产或团队生产的生产力。(3)分工和协作使单个劳动者生产的单个产品转化成联合生产的社会化产品,个体生产转化成社会化大生产。由于劳动分工,"各种操作不再由同一个手工业者按照时间的先后顺序完成,而是分离开来,孤立起来,在空间上并列在一起,每一种操作分配给一个手工业者,全部操作由协作者同时进行。这种偶然的分工一再重复,显示出它特有的优越性,并渐渐地固定为系统的分工。商品从一个要完成许多种操作的独立手工业者的个人产品,转化为不断地只完成同一种局部操作的各个手工业者的联合体的社会产品。"④(4)分工和协作有利于劳动工具改进和机器发明。"劳动生产率不仅取决于劳动者的技艺,而且也取决于他的工具的完善程度","工场手工业时期通过劳动工具适合于局部工人的专门的特殊职能,使劳动工具简化、改进和多样化。这样,工场手工业时期也就同时创造了机器的物质条件之一,因为机器就是由许多简单工具结合而成的。"⑤劳动工具改进和机器发明的创新,是科学技术进步的物化,会增加生产能力或供给潜力。同时,率先进行劳动工具改进和机器发明的部门,会引发生产方式的变革。"一个工业部门生产方式的变革,会引起其他部门生产方式的变革。"⑥(5)分工和协作推动了工艺学这门现代科学的创立。"大工业的原则是,首先不管人的手怎样,把每一个生产过程本身分解成各个构成要素,从而创立了工艺学这门完全现代的科

① 《马克思恩格斯选集》第2卷,第212页。
② 同上书,第207—208页。
③ 同上书,第207页。
④ 同上书,第211页。
⑤ 同上书,第212页。
⑥ 同上书,第217页。

学。"①当然，马克思也分析了在资本主义制度下，分工和协作的发展使劳动者成为"片面的局部工人"。②

马克思在《资本论》第一卷及其1857—1858年经济学手稿中，还充分肯定了科学技术进步对提高劳动生产率的作用。"大工业把巨大的自然力和自然科学并入生产过程，必然大大提高劳动生产率，这一点是一目了然的。"③科学技术进步及其创新的经济效果突出地表现为，在推动经济增长或发展的过程中对劳动和其他资源消耗的节约，经济增长（财富的创造）越来越多地取决于技术进步及其应用（创新），越来越少地取决于劳动和资源的消耗。马克思写道："随着大工业的发展，现实财富的创造较少地取决于劳动时间和已耗费的劳动量，较多地取决于在劳动时间内所运用的作用物的力量，而这种作用物自身——它们的巨大效率——又和生产它们所花费的直接劳动时间不成比例，而是取决于科学的一般水平和技术进步，或者说取决于这种科学在生产上的应用。"④并且，科学技术进步提高和强化了资本的扩张能力，使一定量的资本获得了更大的生产能力，推动了社会进步。"正像只要提高劳动力的紧张程度就能加强对自然财富的利用一样，科学和技术使执行职能的资本具有一种不以它的一定量为转移的扩张能力。同时，这种扩张能力对原资本中已进入更新阶段的那一部分也发生反作用。资本以新的形式无代价地合并了在它的旧形式背后所实现的社会进步。"⑤

值得重视的是，生活在19世纪的马克思，就曾明确论述了教育对提高人的素质和技艺，促进人的全面发展，从而提高社会生产效率的重要意义。当时英国的《工厂法》规定，接受过初等教育的劳动者才是合格的劳动者。马克思对此评价道："尽管工厂法的教育条款整个说来是不足道的，但还是把初等教育宣布为劳动的强制性条件。这一条款的成就第一次证明了智育和体育同体力劳动相结合的可能性，从而也证明了体力劳动同智育和体育相结合的可能性。""从工厂制度中萌发出了未来教育的幼芽，未来教育对所有已满一定年龄的儿童来说，就是生产劳动同智育和体育相结合，它不仅是提高社会生产的一种方法，而且是造就全面发展的人的唯一方法。"⑥马克思不但肯定了市场竞争对技术进步的经济效果，而且科学地说明了竞争、生产成本、劳动生产率和生产规模之间的关系。他说："竞争斗争是通过使商品便宜来进行的。在其他条件不变时，商品的便宜取决于劳动生产率，而劳动生产率又取决于生产规模。"⑦

马克思对总供给与总需求内在关系的系统分析，在其创立的新世界观指引下，达到的高度和深度是古典经济学所无法比拟的。马克思的《政治经济学批判导言》分析了社会再生产过程中生产、分配、交换和消费四个环节之间的辩证关系。其中，生产起决定性作用，没有生产，就没有分配、交换和消费的对象。生产、分配、交换和消费"它们构成一个总体的各个环节，一个统一体内

① 《马克思恩格斯选集》第2卷，第230页。
② 同上书，第212页。
③ 同上书，第218页。
④ 同上书，第782—783页。
⑤ 同上书，第272页。
⑥ 同上书，第230页。
⑦ 同上书，第281页。

部的差别。生产既支配着与其他要素相对而言的生产自身，也支配着其他要素。过程总是从生产重新开始。交换和消费不能是起支配作用的东西，这是不言而喻的。分配，作为产品的分配，也是这样。而作为生产要素的分配，它本身就是生产的一个要素。因此，一定的生产决定一定的消费、分配、交换和这些不同要素相互间的一定关系。当然，生产就其单方面形式来说也决定于其他要素。”[①]例如，当市场规模扩大时，生产的规模也会扩大，社会分工也更细致、更发达。就生产和消费的关系来说，“生产中介着消费，它创造出消费的材料，没有生产，消费就没有对象。”由此可见，生产创造并生产出消费。“但是消费也中介着生产，因为正是消费替产品创造了主体，产品对这个主体才是产品。产品在消费中才得到最后完成。”“产品只是在消费中才成为现实的产品”，“消费创造出新的生产的需要，也就是创造出生产的观念上的内在动机，后者是生产的前提”。[②]从马克思的观点来看，虽然在生产（供给）和消费（需求）[③]的关系上，供给或生产占首位，起决定性作用，但是供给和需求是相互依存相互影响的，需求制约着供给，反作用于供给。

更为重要的是，马克思还把供给和供给结构的决定作用，提升到生产关系或制度层面来分析，这就比古典经济学家的相关分析要深刻得多。马克思在谈到生产、分配、交换和消费四个环节的关系时指出：“在分配是产品的分配之前，它是(1)生产工具的分配，(2)社会成员在各类生产之间的分配（个人从属于一定的生产关系）——这是同一关系的进一步规定。这种分配包含在生产过程本身中并且决定生产的结构，产品的分配显然只是这种分配的结果。如果在考察生产时把包含在其中的这种分配撇开，生产显然是一个空洞的抽象。”[④]也就是说，制度或生产关系的性质决定了资源配置（生产工具的分配和社会成员在各类生产之间的分配）的结构[⑤]，从而决定了供给（生产）结构，收入分配（产品的分配）结构不过是生产关系结构和供给结构的必然结果。马克思总是把财富及其生产与生产方式的具体社会历史形式联系在一起，他所说的财富和财富生产总是指一定生产方式和交换方式下的财富和财富生产，而不是抽象的财富及其生产。马克思写道：“当问题是要了解某一社会生产方式的特殊性质时，恰好只有这些形式才是重要的。……这些形式对于物质财富本身是有决定作用的。”[⑥]

马克思在《资本论》第二卷所论述的社会总资本再生产的比例关系，实际上就是我们今天所说的市场经济总供给结构的基本比例关系。马克思认为，每一年生产的社会总产品，即西方宏观经济学所说的“总产出”或供给方的GDP，在价值形态上由c（不变资本价值）、v（可变资本价值）和m（剩余价值）三部分构成；在实物的使用价值形态上由生产资料（第Ⅰ部类的产品）和生活资料（第Ⅱ部类的产品）构成。就简单再生产来说，要保证社会再生产正常进行，“第Ⅰ部类的商品

---

① 《马克思恩格斯选集》第2卷，第699页。

② 同上书，第691页。

③ 本文作者认为，马克思这里所说的“生产”是指生产结果，因为“给消费提供对象”的只能是生产结果，所以这里的“生产”也可以理解为“供给”。马克思所说的“消费”包括生产消费和生活消费，这两种消费合在一起就是宏观经济学所说的总需求。

④ 《马克思恩格斯全集》第30卷，人民出版社1995年版，第37页。

⑤ 根据马克思的有关论述，“生产工具的分配和社会成员在各类生产之间的分配”本身就是社会经济制度。但“生产工具的分配和社会成员在各类生产之间的分配”，显然还有“资源（生产要素）配置”的含义。

⑥ 《马克思恩格斯全集》第26卷第1册，人民出版社1972年版，第308—309页。

资本中的 $(v+m)$ 价值额(也就是第Ⅰ部类的总商品产品中与此相应的比例部分),必须等于不变资本Ⅱc,也就是第Ⅱ部类的总商品产品中分出来的与此相应的部分;或者说,Ⅰ$(v+m)=$Ⅱc。”①这意味着,简单再生产的实现条件是:第一部类一年内新创造的、体现为生产资料的价值Ⅰ$(v+m)$必须等于第二部类一年内所消耗的生产资料的价值Ⅱc。这个简单再生产条件也可以扩展为:Ⅰ$(c+v+m)=$Ⅰ$c+$Ⅱc,即第一部类一年内所生产的生产资料在实物上和价值上都必须等于整个经济在一年内所消耗的生产资料。就扩大再生产来说,“在以资本的增加为基础的生产中,Ⅰ$(v+m)$必须$=$Ⅱc加上再并入资本的那部分剩余产品,加上第Ⅱ部类扩大生产所必需的不变资本的追加部分;而第Ⅱ部类扩大生产的最低限度,就是第Ⅰ部类本身进行实际积累,即实际扩大生产所不可缺少的最低限度。”“就像第Ⅰ部类必须用它的剩余产品为第Ⅱ部类提供追加的不变资本一样,第Ⅱ部类也要同样为第Ⅰ部类提供追加的可变资本。”②即社会扩大再生产的条件是:Ⅰ$(v+m)>$Ⅱc,或Ⅰ$(c+v+m)>$Ⅰ$c+$Ⅱc。扩大再生产的条件就是经济增长的前提条件。这个条件告诉我们,要实现一定的经济增长,不但需要一定的积累率,而且这些资本或产品积累需要在两大部类之间保持恰当的比例,包括价值构成和实物构成的恰当比例。

马克思在《资本论》第三卷论述了资本主义市场经济体系总供求的结构关系。马克思把(总)供给界定为“就是处在市场上的产品,或者能提供给市场的产品”③,把(总)需求区分为“市场上出现的对商品的需要”和“实际的社会需要”,前者也就是今天宏观经济学所说的“总需求”或“有效需求”。对此马克思指出,“社会需要(在这里总是指有支付能力的需要)……也就是说,调节需求原则的东西,本质上是由不同阶级的互相关系和它们各自的经济地位决定的”。④可见,马克思是在结构性质上,把总需求分析和制度供给分析结合在一起的,总需求规模及其结构最终取决于制度的特性及其结构,而制度决定了分配关系和分配比例。

马克思在《资本论》第三卷进一步论述了总供给结构必须与总需求结构相适应及相匹配的条件。他写道:“只有当全部产品是按必要的比例生产时,它们才能卖出去。社会劳动时间可分别用在各个特殊生产领域的份额的这个数量界限,不过是价值规律本身进一步展开的表现,虽然必要劳动时间在这里包含着另一种意义。为了满足社会需要,只有如许多的劳动时间才是必要的。”⑤根据马克思的这个论述,社会总产品的生产(总供给)不但要在总量上和总需求相适应,在总社会必要劳动时间分配的结构上也必须和总需求的结构相匹配,否则一部分产品生产出来了,由于不适合社会需要,这部分产品将会过剩、价值无法实现,社会不承认这些产品花费的生产时间是必要劳动时间。马克思的这段论述按照今天的经济学语言来表述就是:资源(即物化的“社会劳动时间”)配置只有根据社会需求结构(即社会需求“必要的比例”)来进行,生产出来的产品才能形成有效供给,才能实现其价值。

在商品经济(市场经济)条件下,通过什么机制来调节资源的按比例配置呢?马克思的答案

---

① 《马克思恩格斯选集》第2卷,第394页。
② 同上书,第430页。
③ 同上书,第485页。
④ 同上书,第480—481页。
⑤ 《马克思恩格斯全集》第46卷,人民出版社2003年版,第717页。

是:竞争即市场竞争机制。马克思说:"必要劳动时间究竟按怎样的量在不同的生产领域中分配?竞争不断地调节这种分配,正像它不断地打乱这种分配一样。"①马克思又进一步指出,由于资本主义商品生产受剩余价值规律调节,所以这种必要的比例会通过市场竞争机制而经常遭到破坏,生产过剩不可避免。"在每个行业,每个资本家都按照他的资本进行生产,而不管社会需要,特别是不管同一行业其他资本的竞争性供给。"②资本主义"生产的界限是资本家的利润,决不是生产者的需要"。③"资产阶级生产方式包含着生产力自由发展的界限——在危机中,特别是在作为危机的基本现象的生产过剩中暴露出来的界限。"④马克思认为,与资本主义生产不同,基于自由人联合体的社会生产受实际的社会需要调节,因此,只有在生产资料社会公有制下,生产(资源)才有可能自觉地按比例进行配置。⑤

总之,与西方宏观经济学侧重于总量和供求的一般均衡分析不同,马克思对总量和总量关系的分析,尤其重视结构关系分析。马克思创建的无产阶级政治经济学,系统阐述了决定供给的一系列因素的内在联系,以及决定经济增长的主要因素,比西方现代经济增长理论的发现差不多早了一个世纪。更为重要的是,马克思从制度或生产关系的高度,揭示了决定总供给和总需求规模及二者实现平衡的生产关系经济结构和其他必要条件,以及市场经济下资源配置机制的内在矛盾。马克思既指出了资本主义生产方式对于促进生产力或总供给能力增长的积极作用,也指明了资本主义制度对于生产力进一步发展的历史局限性。马克思的供给理论和对供给侧的结构性分析,对于社会主义市场经济的供给侧结构性改革,具有重要的理论指导意义。

五、供给学派经济学的是与非

供给学派产生的背景在于,20 世纪 70 年代中后期,美国经济由二战后的经济增长"黄金时期"转入滞胀时期——增长速度持续走低,失业增加,通货膨胀日益严重。滞胀是一系列内外因素促成的。70 年代两次石油危机和美国陷入越南战争泥沼是其主要外因,制造业生产能力不足和全要素生产率下降是其主要内因,更深层次的内因是资本主义基本矛盾的激化。在第二次世界大战结束后的最初 20 年,美国经济的生产率年均增速大约为 3%。此后,美国生产率增长速度下降到年均 1%,1977 年以后生产率出现负增长。生产率增长的减速又引起通货膨胀加剧和经济增长率下降。到 70 年代末,美国的年通货膨胀率由 60 年代的 2%—3%陡升到 8%以上,而年均经济增长率则由五六十年代的 4.2%下降到 3%以下。由于滞胀的病根主要在总供给一方,凯恩斯主义的需求管理政策药不对症,于是供给学派大行其道。

美国供给学派的基本思想是:正是生产而不是消费产生收入,没有生产就不可能有消费;在供给与需求的关系问题上,供给是"因",需求是"果",供给决定需求而不是相反。因此,经济学和

① 《马克思恩格斯全集》第 26 卷第 1 册,第 234—235 页。
② 《马克思恩格斯全集》第 26 卷第 3 册,人民出版社 1974 年版,第 129 页。
③ 《马克思恩格斯全集》第 26 卷第 2 册,第 602 页。
④ 同上书,第 603 页。
⑤ 《马克思恩格斯全集》第 26 卷第 3 册,第 126 页。

政府政策的重点应当放在供给一方而不是需求一方。乔治·吉尔德(George Gilder)强调:"资本主义的财富之源是经济的供给。在西方资本主义经济中,这个简单的认识是一切成功经济政策的核心。"①供给学派的代表人物都认为,引起美国经济停滞和通货膨胀的原因是供给不足;造成供给不足的主要原因是政府对经济活动干预过多——不断增加政府开支和税收,越来越多的规章条例,这些都妨碍了自由市场制度对劳动、储蓄、投资和生产积极性的刺激。不难看出,供给学派的基本思想来自古典经济学。

供给学派反对凯恩斯主义的需求决定理论和需求管理政策,认为美国经济的滞胀是长期推行凯恩斯主义的结果。吉尔德说:"在经济学中,当需求在优先次序上取代供给时,必然造成经济呆滞、缺乏创造力、通货膨胀以及生产率下降。"②供给学派认为,凯恩斯主义刺激总需求的政策是无效且有害的,因为需求本身并不生产什么。在凯恩斯主义者看来,如果人们不购买,就没有人为市场进行生产;人们购买得越多,生产的产品就越多。因此,通过财政政策增加总需求将会增加 GDP。罗伯茨则认为,凯恩斯主义者把供给和需求的因果关系弄颠倒了,因为"不管总需求增加多大,只要工作努力和投资下降,生产就将下降"。③

供给学派承认,皈依萨伊定律是其理论基础。吉尔德认为,"萨伊定律的中心思想仍然是正确的:供给创造需求。不可能存在总商品供过于求这样的事情"。④"萨伊定律之所以重要是因为它把注意力集中在供给、集中在刺激的能力或资本的投资方面。它使经济学家首先关心各个生产者的动机和刺激,使他们从专心于分配和需求转过来,并再次集中于生产手段"。⑤吉尔德重申了萨伊定律的本意,即市场经济自发运行不会出现普遍的生产过剩。他认为就整个经济体系来说,"购买力与生产力始终能处于均衡状态。一个经济中的财富始终足够购买它的产品。由总需求不足引起的商品过剩不可能存在。概而言之,生产者在生产过程中创造出对他们商品的需求"。⑥"这个观念显然从多方面看却是简单的,但是它包含着许多至关重要的凯恩斯和其他人从未驳斥过的经济学真理和意义。这些真理是当代供给学派的理论基础。"⑦他还进一步强调,"萨伊定律及其变种都是供给学派理论的基本规则"。⑧

可见,供给学派复活萨伊定律,重新强调萨伊定律具有所谓的真理性,不是因为萨伊和萨伊定律对经济的总供给能力及其增长的决定因素做了什么有价值的分析,而是为了颠覆当时在经济理论和经济政策上占统治地位的凯恩斯定律("需求可以创造供给"),把经济学家、政府和公众关注的目光由需求方拉回到供给方。正是由于供给学派在经济理论上没有什么创新,只是重申

① 乔治·吉尔德:《供给学派》,载外国经济学说研究会编:《现代国外经济学论文选》第 17 辑,商务印书馆 1997 年版,第 16 页。

② 乔治·吉尔德:《财富与贫困》,上海译文出版社 1985 年版,第 45 页。

③ 保罗·克雷格·罗伯茨:《凯恩斯主义模型的破产》,载外国经济学说研究会编:《现代国外经济学论文选》第 17 辑,第 2 页。

④ 乔治·吉尔德:《供给学派》,载外国经济学说研究会编:《现代国外经济学论文选》第 17 辑,第 29 页。

⑤ 诺曼·图尔:《税收变化的经济效果:新古典学派的分析》,载外国经济学说研究会编:《现代国外经济学论文选》第 17 辑,第 61 页。

⑥⑦ 乔治·吉尔德:《供给学派》,载外国经济学说研究会编:《现代国外经济学论文选》第 17 辑,第 21 页。

⑧ 同上文,第 30 页。

了古典经济学关于供给的观点以及萨伊定律，所以，当时有学者把供给学派的出现看作是古典经济学的转世和萨伊定律的复活。1981 年美国《每月评论》编辑部题为“评供给经济学”的评论指出：“供给经济学是萨伊定律的再版”，“是名副其实的返祖现象”。①

供给学派在经济学发展史上的主要影响是政策研究，并在此基础上提出了一系列应对滞胀的改革主张和政策建议。所以严格来说，供给学派经济学是一种经济政策学。托马斯·黑尔斯通斯(Thomas J. Hailstones)在《供给学派经济学导论》一书中提出，“供给学派经济学可以界定为通过影响商品和服务供给的各种政策措施，旨在刺激经济增长和促进物价稳定的一种政策研究”。②

供给学派经济政策的核心思想，强调通过调动个人和企业的积极性来增加供给，这主要有两个途径。(1)减税。对人们生产和投资积极性的激励，来源于对劳动、储蓄(投资)、发明、创新和企业家才能的税后报酬。人们看重的是税后净报酬而不是税前报酬。在一般情况下，税后报酬率与人们的积极性同向变化。因此，高税率会打击人们劳动、储蓄和投资的积极性。(2)宽松的市场环境。供给学派的一些成员认为，经济体系如同弹簧，它本身是有张力的，现在政府给它施加的压力或负担(例如高税率和过多的规章条例)过大，它卷曲和萎缩了，一旦解除了这些外在压力或负担，经济弹簧就会恢复其固有的张力。也就是说，现在只要给个人和企业松绑、减负，恢复自由竞争，经济就会活跃起来。基于这些认识，供给学派提出了两大政策主张：一是减税特别是削减边际税率；二是减少政府干预，恢复自由竞争，大幅度削减那些过时的、不必要的、妨碍自由竞争的规章条例。简单地说，供给学派的政策主张就是减税和削减政府为市场制定的规章条例。这需要两个条件：削减政府开支，以平衡预算；限制货币发行量，以稳定物价。

供给学派还进一步主张，通过私有化和市场化改革来重建自由市场，恢复市场机制的弹性和企业家精神，促进经济增长。吉尔德说：“综观历史，从威尼斯到香港，增长最快的国家或地区不是产生于资源得天独厚的地区，却是出现在具有充分思想自由和财产私有权的国家(或地区)。”③

可见，以阿瑟·贝茨·拉弗(Arthur Betz Laffer)、祖德·撒迪厄斯·万尼斯基(Jude Thaddeus Wanniski)等为代表的供给学派，主要提出了一套如何解决美国经济滞胀、重振经济、增加供给的政策主张，在经济理论上却没有多少独创性。供给学派的理论主要是借用前人或他人的，其来源有两个。一为古典经济学和萨伊定律，二为当代西方经济学家罗伯特·亚历山大·蒙代尔(Robert Alexander Mundell)和马丁·斯图尔特·费尔德斯坦(Martin Stuart Feldstein)等人的有关理论。

美国总统里根(1981—1989 年在任)基于供给侧学派实施“经济复兴计划”的结果，使得美国社会富者愈富、穷者愈穷。美国 2008 年金融危机的爆发，以及法国学者托马斯·皮凯蒂撰写的

---

① 《每月评论》编辑部：《评供给经济学》，载外国经济学说研究会编：《现代国外经济学论文选》第 5 辑，商务印书馆 1984 年版，第 135 页。

② Thomas J.Hailstones, *A Guide to Supply-Side Economics*, Richmond, VA: Robert F.Dame, 1982, p.3.

③ 转引自托马斯·W.黑兹利特：《供给学派的弱点：奥地利学派的批判》，载外国经济学说研究会编：《现代国外经济学论文选》第 17 辑，第 113—114 页。

《21 世纪资本论》在国际学术界引发的广泛讨论，都与“占领华尔街”运动提出的 99%与 1%美国人之间的贫富对立密不可分。有些论者不顾中国与美国之间社会制度和各自面临经济局势的根本不同，错误地把中国正在进行的供给侧结构性改革的理论源流，上溯到 20 世纪 70 年代后期在美国出现的供给学派和 80 年代的里根经济学。习近平总书记因而告诫全党：“首先，我要讲清楚，我们讲的供给侧结构性改革，同西方经济学的供给学派不是一回事，不能把供给侧结构性改革看成是西方供给学派的翻版，更要防止有些人用他们的解释来宣扬‘新自由主义’，借机制造负面舆论。”①

六、结　束　语

供给分析和供给侧结构性改革的理论源头，当可追溯至英法古典经济学，古典经济学之后的萨伊则不在之列。萨伊定律是要证明，如果政府不干预，自由市场经济的自发运行会引致供求之间稳定的均衡状态，不可能出现生产普遍过剩的经济危机。萨伊定律不是论证中国为何和如何进行供给侧结构性改革的理论。马克思对市场经济总供给的决定因素、总供给和总需求之间的关系，特别是对总供给结构深刻的系统分析，大大超越了他那个时代的西方资产阶级经济学家。马克思的供给理论和供给侧结构性分析，对中国今天如何进行供给侧结构性改革具有重要的指导意义。供给学派提出的减税、减少政府干预和重建市场机制等政策建议，对中国当前的供给侧结构性改革有可借鉴的参考价值。我们应当看到，中国今天的经济形势与美国 20 世纪 80 年代有诸多不同。近 40 年前供给学派经济学流行时，美国经济的主要病症是滞胀；而中国经济目前面临经济增速下行和通货紧缩并存的压力。美国当时的主要经济问题是经济增长动力失速（主要表现为全要素生产率负增长）、制造业生产能力不足和供给相对短缺；而中国经济目前的主要困难是产能大面积的持续过剩，以及过多的库存迟迟不能有效化解。中国经济目前既有供给侧的问题，也有需求侧的问题。一方面是产能过剩、库存过多，另一方面还有 7 000 多万需要脱贫的人口，他们的基本生存需要还没有得到满足。中国经济目前的结构性失衡和供给动力减弱，既有体制上的原因，也缘自中国经济处在“五个转换”②过程中的过渡性。中国经济的供给侧结构性改革，不仅仅是产业和地区经济结构的调整、优化和升级问题，更重要的是制度体制或生产关系的改革和调整问题。

中国供给侧结构性改革的关键是“改革”，重点是体制改革。经济的总供给能力和总产出由多种因素决定，经济结构变化也受多种因素影响。但是这些因素中的能动或主动因素是经济主体（个人、企业和政府）的行为及其积极性，而经济主体的积极性源于制度安排。一种制度安排如

① 习近平：《在省部级主要领导干部学习贯彻党的十八届五中全会精神专题研讨班上的讲话》（2016 年 1 月 18 日），《人民日报》2016 年 5 月 10 日，第 2 版。

② “五个转换”是：经济格局由“供给短缺型”向“需求不足型”转换；生产方式由劳动密集型向资本—技术—知识密集型转换；产业结构由“二三一”向“三二一”转换；发展动力由投资驱动向技术和创新驱动转换；经济体制由“半市场经济”向“全市场经济”转换。（参见方福前：《中国经济正在进行五个转换》，《人民论坛》2015 年 12 月（中），总第 502 期）

果能够把经济主体的贡献和回报正相关地联系在一起,能够公平公正地在社会成员中分配其劳动成果,能够通过适当的机制设计,降低经济主体从事经济活动的风险和不确定性,能够形成公平竞争的环境,能够在短期和长远、局部和整体的结合上,给经济主体带来利益或福利最大化,这种以人民为中心的制度安排就是有效率的制度,就能充分调动个人、企业和政府的积极性。个人、企业和政府的能动积极性激活和提高了,其他生产要素才能充分、有效地加以利用。因此,只有通过深化体制改革,通过制度创新和机制设计,才能调节经济主体的行为,从而提高市场化程度、政府干预的有效性和资源配置效率。这些改革的目的都是为了改善供给侧决定因素的效能,即提高单(个)要素生产率和全要素生产率。

在马克思的供给理论中,供给起决定性作用,需求决定了潜在供给的实现程度;而有效供给和有效需求的规模及其增长,在既定的生产力发展水平上,取决于与之相适应的生产关系。对于马克思《资本论》研究的对象来说,市场经济下生产(或供给)的激励机制来自对利润无限制的追逐,但是社会主义制度下的生产(或供给)及其增长,最终应取决于以人民为主体的实际社会需要。根据马克思的论述,经济结构关系取决于生产关系[或生产工具和人的分配(配置)关系],因此,不对生产关系或体制动手术,经济结构是难以调整到位的。马克思的这些重要思想和论述,是中国供给侧结构性改革取得成功的重要理论依据。

我们应当认识到,中国政府提出社会主义市场经济的供给侧结构性改革,主要是针对中国经济发展现阶段存在的主要问题症结,基于中国经济深化改革和进一步发展的需要,而不是源于某一种现成的经济学理论。实际上,改革开放以来,中国政府出台的重大改革举措和重要政策调整,都是从中国国情和当时的实际需要出发的。中国改革开放在破除计划经济体制的基础上,建立社会主义市场经济体制的实践,乃是前无古人的创举。中国今天的供给侧结构性改革,既需要借鉴包括古典经济学在内的思想资源,更需要马克思经济学供给理论的引导,从而结合中国实际创新具有中国特色的社会主义供给理论,在此基础上设计一套针对中国经济问题症结的结构性改革方案和政策组合。

(本文原载《中国社会科学》2017 年第 7 期)

马克思与凯恩斯在垄断资本时代的历史性相遇*

——对垄断资本学派凯恩斯渊源的考察

张雪琴**

摘　要　垄断资本学派以对20世纪上半期垄断资本主义经济运行规律的认识为分析起点，在建构垄断资本理论的过程中，批判性吸收了凯恩斯的思想精华，提出了垄断资本理论，进一步丰富和深化了马克思主义理论。1929—1933年的大萧条孕育了凯恩斯革命，为马克思和凯恩斯的历史性相遇提供了契机。垄断资本学派通过对凯恩斯思想的批判性继承和发展，呈现出马克思与凯恩斯在垄断资本时代的历史性相遇。这既是对马克思根本立场、观点和方法的坚持，也是对垄断资本时代经济学家思想的批判性吸收，表明了马克思在垄断资本时代的复归，为开创马克思主义发展的新境界奠定了基础。

关键词　马克思　凯恩斯　垄断资本学派

1966年，巴兰和斯威齐《垄断资本》一书出版，标志着作为当代西方马克思主义经济学重要流派之一的垄断资本学派的正式创立。在垄断资本学派走向马克思的旅途中，凯恩斯是该学派思想成长的关键人物。正是在此过程中，马克思与凯恩斯在资本主义发展的新阶段相遇了，并且通过垄断资本学派的相关理论系统呈现了两者的历史性相遇。这一方面证明了马克思在方法论上的正确性和在理论上的前瞻性；另一方面也进一步丰富了马克思主义理论。本文通过对垄断资本学派思想渊源的考察，从凯恩斯对该学派思想形成产生影响的角度进行梳理与分析，呈现了该学派立足于马克思，批判性吸收凯恩斯的思想精华，进一步丰富和深化了马克思主义理论的思想演进过程。

---

* 本文系国家社科基金青年项目"国外左翼学者关于当代资本主义金融化与经济停滞理论研究"(项目编号：17CKS029)的阶段性成果。

** 张雪琴，中共中央党校马克思主义学院讲师，经济学博士。

一、凯恩斯革命与关于经济停滞的辩论

凯恩斯(1883—1946)无疑是20世纪最著名且最富争议的经济学家之一,他不仅是批判者也是社会改革的参与者,对20世纪上半叶英国的公共生活起着极为重要的作用。斯威齐曾经用"典型的诚实但短视的资产阶级经济学家"来形容凯恩斯。在斯威齐看来,一方面,"凯恩斯是自从大卫·李嘉图以来最伟大的经济学家,并且他的学派揭示了资本主义经济的运转状况。根据凯恩斯的理论贡献,马克思的很多思想可以得到更好的阐释";另一方面,凯恩斯的主要缺点在于"不愿将经济视为社会整体的内在组成部分,不能认识到资本主义所具有的历史性特征,从而无法理解我们现在面临的灾难不是一个可怕的混乱,而是已经失去创造性的社会体制的不可避免的产物"。①

(一) 凯恩斯革命

从18世纪末到20世纪初,资本主义飞速发展、资本积累迅速增加,与此同时,作为资本主义经济规律总结的政治经济学经历了从古典政治经济学到资产阶级庸俗经济学的转变。资本积累似乎可以不受限制,消费越少,储蓄越多,能够被用于生产的资源即投资就越多,只是偶尔会因为资金性障碍和供需不协调有所间断。因此,经济学家提出资本主义发展的正常状态是积累和增长,衰退和萧条不过是资本主义暂时修复和自我调整的内在机制。阿尔弗雷德·马歇尔在《经济学原理》中就曾指出,关键的问题在于储蓄,而非对资本的需求,积累率主要取决于供给。

马歇尔的观点与20世纪20年代的经济发展大致吻合,不过在《经济学原理》第八版出版之际,资本主义已进入垄断资本主义阶段。当时世界上最发达的国家是美国,它在第一次世界大战后享受了繁荣的迷人景象,不过好景旋即被大萧条打破。在大萧条发生之前,对于美国等垄断资本主义国家而言,投资与金融的不平衡只是暂时的。在通货紧缩和价格调整之后,投资重新恢复,正是在此基础上,资产阶级庸俗经济学家将对投资不受限制的需求视为理所当然,这后来被作为西方主流经济学家的新古典经济学家奉为圭臬。然而,这时的繁荣已具有与自由竞争资本主义阶段所不同的特征:消费信贷迅速增长和产能利用率逐渐下滑同时并存。这表明支撑20年代繁荣的投资不可持续,过度积累和经济停滞已取代积累和增长成为了资本主义运行的常态。

正是在此背景下,凯恩斯《就业、利息和货币通论》(简称《通论》)于1936年出版,标志着资产阶级经济学家开始直面积累过程崩溃的事实,承认经济不会自动修复,从而为重新考虑投资理论奠定了基础。凯恩斯认为,在资本主义制度下,积累(储蓄和投资)本身存在若干缺陷。对于资本主义经济制度的正常运转而言,剩余必须投资新的产能。然而在现代资本主义制度下,投资完全是一桩冒险事业,决定现有产出水平的投资决策完全视未来若干年甚至上百年的预期利润而定。不确定性的存在、厂房和设备中积累的生产能力过剩、市场对消费品的需求已接近饱和以及外部扩张受限等因素均可能导致投资不足。投资的减少会导致就业、收入以及支出减少,且可能使

① Paul M.Sweezy, John Maynard Keynes, *Science and Society*, Vol.10, No.4, Fall, 1946, pp.398—405.

"企业成为投机漩涡中漂浮着的泡沫"。这必然对整个经济环境产生负面影响,导致经济下滑和新增投资的进一步下滑,形成恶性循环。

波兰著名经济学家、马克思主义者卡莱茨基,于1933年在他关于商业周期、工资以及失业问题的分析中,独立提出且详细分析了凯恩斯所谈及的问题,并将垄断程度纳入经济动态模型。在逝世前,他就投资问题谈道:"为何一旦资本主义在扩大再生产的轨道上偏离之后就不能在长期简单再生产中找到位置呢?事实上,只要我们不能解决对投资决策起决定作用的因素是什么这一困难,我们就会对上述情形的发生有所担忧。马克思没有明确提出这一理论,现代经济学也没有解决这一问题。有些人试图在周期性波动理论中这么做。然而,投资决策的决定性因素涉及到……长期趋势,这比'纯经济周期'的情形要困难得多……对我而言,有一件事情是清楚的:涉及资本设备的有效使用的国民收入的长期增长并不那么显而易见"。①显然,卡莱茨基的发现构成了凯恩斯革命的重要组成部分,可以说卡莱茨基和凯恩斯共同发起了这场经济学范式革命。

概而言之,罗斯福恰恰是摒弃了20世纪20年代以前的经济学范式,通过新政开启了美国经济复苏。如果说凯恩斯革命以及罗斯福新政从理论和实践的维度生动地诠释了经济学范式革命的必要,并且给出了诊治大萧条的具体办法,那么,当经济衰退在美国再次上演时,这场实践和理论上的重大革命进一步通过关于经济停滞的辩论呈现了马克思和凯恩斯的历史性相遇。

(二) 关于经济停滞的一场辩论

在走出大萧条仅仅四年后,美国再次发生了经济衰退,到1938年,美国的失业率已经上升至19%,并且在1939年仍然高达17%。经济停滞的严峻现实已经不容否认,关于经济停滞的重大辩论由此产生。其中最著名的两位人物就是阿尔文·汉森和约瑟夫·熊彼特。1938年,凯恩斯的追随者汉森以《完全复苏抑或停滞》为题,拉开了这场重大辩论的序幕。1939年,熊彼特在其重要著作《商业周期循环理论》一书的第二卷以《为何停滞》为节标题对此问题作了进一步回应。

汉森认为,资本主义的常态并不必然是增长和积累,而是有可能数十年乃至永远陷入经济增长低迷、失业率上升和产能过剩的困境。因此,汉森的分析立足于解释垄断资本主义阶段出现的投资不足,他认为这是由下述三个因素所致:地理扩张结束;人口增长率下降;以及在垄断资本主义阶段,新技术的投入尽管提高了资本使用率,但降低了资本利用率,从而不能实现完全的产能利用率。汉森认为,正是上述因素限制了新增资本的投资需求,从而在储蓄过剩倾向与投资不足倾向的相互作用下,经济体系的运行根深蒂固地存在着经济停滞的病症。

熊彼特极为贴切地将汉森对经济停滞的解释概括为"关于投资机会日趋枯竭的理论"。为了反对汉森的观点,熊彼特把问题从探究20世纪30年代经济停滞的根源,转为探讨为何始于1933年的周期性上升在如此短暂的时间内就结束了,并从类型学的角度对经济周期加以研究。他认为20世纪30年代正处于持续时间较长的朱格拉周期,并将根源归结为新政的执行人员的反商

① Michal Kalecki, The Marxian Equations of Reproduction and Modern Economics, *Social Science Information*, December 1968, pp.73—79.

业精神所导致的反商业气氛，从而将1937年的衰退冠之以“关于停滞的新政理论”。在熊彼特看来，新政同资本主义正常运转可以兼容，但是新政的执行会打击企业家信心，影响他们对未来的预期，从而阻碍投资。①

汉森和熊彼特之争已经成为经济思想史上关于停滞问题的经典争论。与此同时，罗斯福总统也曾任命“国家临时经济委员会”考察为何停滞会再次出现以及应该采取何种举措。按理说，这本应在整个社会掀起一股研究经济停滞的热潮，进一步反思凯恩斯革命所具有的重大启示，然而这一切并没有发生。1938年战争的阴霾遍布欧洲，希特勒于该年3月出兵强占奥地利，并于9月签署慕尼黑协定，规定捷克斯洛伐克割让苏台德地区给德国，随后战争全面爆发，人们的视线完全从大萧条转移至战时准备。

令人匪夷所思的是，在第二次世界大战结束后，关于停滞问题的讨论近乎销声匿迹。1952年，奥地利经济学家约瑟夫·斯坦德尔极富洞察力的著作《美国资本主义的成熟与停滞》问世，西方主流经济学家却视而不见。②1954年，汉森在对斯坦德尔新书的评论中颇有预见地指出：“除非政府采取强有力的手腕，否则美国经济将面临严重问题，甚至有可能在未来数十年不断下滑。这事实上将是停滞的一种表现。”③然而，这些关于停滞问题的讨论似乎再也无法得到来自西方主流经济学的任何回应。不过凯恩斯并没有被遗忘，西方主流经济学篡改了他的理论，却将他与马克思历史性相遇所呈现的经济学范式革命的火苗，连同他的追随者对凯恩斯革命的诠释，都拦在西方主流经济学的庙堂之外。

二、凯恩斯革命的两重意义：停滞金融化悖论

尽管大萧条点燃的经济学范式革命的火苗在西方主流经济学领域熄灭了，然而，火种既已播下，薪火已在与西方主流经济学相对立的异端经济学领域熊熊燃烧，映照出马克思与凯恩斯在垄断资本时代的历史性相遇。二战之后，在斯坦德尔和卡莱茨基这些先驱者的探索下，作为西方异端经济学重要流派之一的垄断资本学派接过了这次相遇所点燃的火炬，并据此提出了垄断金融资本理论。

（一）经济停滞

《垄断资本》出版后不久，70年代的危机以“滞胀”的形式袭来，以美国为代表的发达资本主义经济体经济增长日趋缓慢。垄断资本学派回到了汉森与熊彼特关于停滞问题的争论，他们认为由于垄断程度的提高，以及收入分配的两极化使得强烈的储蓄倾向和疲软的投资倾向所滋生

① Joseph A.Schumpeter, *Business Cycles: A Theoretical, Historical, and Statistical Analysis of the Capitalist Process*, Volume 2, New York and London: McGraw-Hill Book Company, 1939, pp.1032—1050.

② Josef Steindl, *Maturity and Stagnation in American Capitalism*, New York: Monthly Review Press, 1952.

③ Alvin H. Hansen, “The Stagnation Thesis,” in *American Economic Association*, *Readings in Fiscal Policy*, Homewood, Illinois: Richard D.Irwin, 1955, pp.540—557.

的停滞问题不可避免。同时，他们提出下述三种因素是70年代对抗经济停滞的重要力量：(1)政府支出和财政赤字的增加；(2)20世纪70年代以来，以住宅抵押贷款为主的消费债务攀升；(3)经济体中金融部门日趋膨胀。

既然停滞是垄断资本主义的常态，那么如何解释从1940—1970年近30年间停滞近乎消失的事实呢？垄断资本学派在对此问题的回答中，将立足点放在投资问题上，比较了大萧条时期和黄金年代这两个时间段中投资所具有的不同特征，初步意识到需要"关于投资决定的专门理论"。他们认为，这两个时间段在投资问题上的根本区别在于战争以推动投资的方式扭转了世界经济形势，使得原本陷入投资不足困境的垄断资本主义得以恢复。在斯威齐看来，下述五个因素是拉动投资的关键性力量：(1)战时抑制的需求；(2)战争所摧毁的对住房、汽车以及家电等物品服务的潜在需求；(3)美国霸权地位的确立有助于国际贸易的扩张；(4)诸如电子技术和喷气式飞机等军事技术转为民用；(5)军备工业的发展。

同汉森一样，垄断资本学派批判了熊彼特认为新政的执行会打击企业家信心的看法，认为潜藏在垄断资本主义运行方式之中的悲观和谨慎并没有立刻消失，反倒越来越明显。正是在这里，垄断资本学派超越了汉森，批评了后者将停滞视为永久性状态的观点，提出黄金年代繁荣的根源在于通过战争撬动了钢铁、汽车、能源、造船以及重化工等现代资本主义社会基础工业的投资繁荣。但是，投资繁荣所创造的不断扩张的产能并不能摆脱产能过剩，并且后者恰恰是投资过程内在矛盾的产物。基于此，垄断资本学派认为，"强烈的投资冲动在孕育投资丰裕的同时也抑制了未来的投资，这既是战后长期繁荣的秘密也是70年代停滞重现的根源"。概而言之，巴兰和斯威齐在理解垄断资本主义运行的过程中，将马克思与凯恩斯—汉森/卡莱茨基—斯坦德尔有机结合了起来，提出了以停滞为内核的垄断资本理论。

(二) 金融化

在《垄断资本》一书出版25年后，斯威齐认为，《垄断资本》的分析与现实相一致，不过他也为该书没有对"最近25年里，美国和全球资本主义经济中出现的急剧扩张且日趋复杂化的金融部门及其对'实体经济结构'所产生的影响"做出解释深感自责。①事实上，自20世纪70年代以来，垄断资本学派已经注意到金融部门日趋膨胀，并据此提出金融上层建筑的概念，强调以金融与生产二分法取代实体货币二分法，逐步形成了以"金融化"为内核的金融资本理论，并同以停滞为内核的垄断资本理论结合，形成了垄断金融资本理论。这一理论的提出，恰恰得益于凯恩斯关于投资对未来资本积累不利影响的分析，呈现了马克思与凯恩斯的历史性相遇。

凯恩斯对于投资和未来资本积累关系的考察涉及资本主义经济中金融矛盾的本质。1929年，凯恩斯在对股灾的回应中首次提出此问题，并在对大萧条的总结中指出："我们的资本财富是由许多不同的资产所构成的，如房屋、存货商品、制造或运输中的产品等等。然而，这些资产的名义主人，为了拥有这些资产需要不断地借入货币。在相应程度上，财富的实际所有者的所有权，

① Paul M.Sweezy, Monopoly Capital after Twenty-five Years, *Monthly Review*, Vol.43, Issue 7, December 1991.

不是体现在实物资产上，而是体现在货币上。这种‘融资’相当程度通过银行系统得以实现。银行作为存贷双方的担保人，一方是借出资金的贷款者，一方是借入资金购买实物资产的借款者。在实际资产和财务所有者间的货币面纱是现代社会的典型特征。”①

在凯恩斯看来，现代公司与现代金融密不可分，后者包括证券市场和信用贷款等，且越来越重要。凯恩斯认为，股票市场从根本上是投资人通过持有股票债券等更具流动性的纸式凭证获取财富，以降低生产性投资的风险。这就使得资本主义越来越具有两面性，并会表现在两种不同的价格结构上，即实际产出价格与金融资产价格，且彼此独立运行，明斯基正是在此基础上提出了著名的“金融不稳定性理论”。因此，如果公司的长期资产变为投资者的短期财务承诺，那么经济中会有越来越多的抵押品被用于投机，金融资产价值日益膨胀且超过实际产出价值，从而在经济中产生越来越大的波动和不稳定。

对于凯恩斯而言，现代金融结构诱发了市场对生产性资产的周期性游离，并且存在由于投机泡沫不可避免的破灭从而使得整个系统趋于不稳定的可能。凯恩斯曾经指出，“如果投机者像企业的洪流中漂浮着的泡沫一样，他未必会造成祸害。但是，当企业成为投机漩涡中的泡沫时，形势就是严重的。当一国资本的积累变为赌博场中的副产品时，积累工作多半是干不好的”。因此，凯恩斯通过对投机与经济停滞关系的探讨，强调了投资对未来资本积累的不利影响。

在此基础上，垄断资本学派提出对于资本积累过程而言，金融不是作为适可而止的助手，已经逐渐转变为雄心勃勃的推手，从而为考察资本积累的二重性奠定了基础。他们指出，由于生产领域的投资机会日趋枯竭，加之对资产价格不断上涨的信念，使得资本为不断积累的剩余寻求有利可图的投机渠道，投机性金融一跃而成经济增长的第二引擎，由此滋生了一种长期的金融外爆。不过，在他们看来，金融外爆、军事支出以及销售努力等刺激经济增长的因素都有内在的限制，最终无法抵消资本主义根深蒂固的停滞趋势。据此，垄断资本学派提出了垄断金融资本理论，他们认为在垄断资本主义阶段，经济停滞与金融化形成了一种“两难”性质的共生关系：经济发展无法离开金融化，但是经济发展最终无法忍受金融化。

三、对凯恩斯革命的反思：卡莱茨基与垄断资本学派

西方主流经济学将凯恩斯视为“经济周期药方”的兜售者，浇灭了凯恩斯革命在西方主流经济学领域迸发的革命焰火，凯恩斯革命所引发的思考并没有结束，其中就涉及对凯恩斯与卡莱茨基之间关系的探讨。比如，莫里斯·多布、青年斯威齐以及后凯恩斯主义经济学家通常将卡莱茨基视为凯恩斯左派。②卡莱茨基是凯恩斯左派吗？青年斯威齐后来又发生了什么样的转变呢？我试图从垄断资本学派凯恩斯思想渊源的角度就这两个问题进行回答，呈现马克思和凯恩斯在垄断资本时代历史性相遇的重要意义。

---

① 约翰·梅纳德·凯恩斯：《凯恩斯文集》(下卷)，李春荣、崔人元主持编译，中国社会科学出版社 2013 年版，第 178 页。

② John King, *A History of Post-Keynesian Economics Since 1936*, Cheltenham: Edward Elgar, 2002, pp.49—53.

(一) 卡莱茨基是凯恩斯左派吗?

对卡莱茨基与凯恩斯之间关系的说明,离不开卡莱茨基晚年对凯恩斯革命所做的反思,这场反思进一步再现了马克思与凯恩斯在垄断资本时代的相遇,其中一个关键人物是卡莱茨基的忠实追随者塔德马什·科瓦里克。①20世纪60年代初,科瓦里克受邀为卡莱茨基65岁生日写传记并对其进行专访。这将卡莱茨基带回到20世纪初希法亭、卢森堡与杜冈-巴拉诺夫斯基关于资本主义再生产的激烈辩论。

30年后,当卡莱茨基再次回顾这场辩论时,他挣脱了旁观者的身份,正确地认识到卢森堡和杜冈都将总需求视为资本主义的关键,两者错在认为可以在资本主义具体现实中找到解决该问题的办法。比如卢森堡认为可以通过非资本主义市场解决上述问题;而杜冈认为可以通过转向资本更为密集型的生产加以解决。1968年,科瓦里克与卡莱茨基共同发表了《对"重大"改革的观察》,试图在早期马克思主义者对资本主义能否在不诉诸法西斯主义或战争以维持充分就业的框架下,理解凯恩斯革命在经济政策上的意义。概而言之,卡莱茨基强调资本权力本能地对完全就业加以抵制,认为1937—1938年的衰退反映了政府在干预和退却之间的徘徊。

斯威齐在80年代对卡莱茨基和凯恩斯有过这样一番比较,他认为凯恩斯的论述集中在从宏观层面考察垄断与停滞之间的关系,西方主流经济学在20世纪30年代也已开始思考寡头和垄断竞争,不过相比于凯恩斯,它们的垄断理论主要是从微观层面考察单个企业和厂商具体行为方式的变化,而"卡莱茨基是第一个将宏观与微观协调起来的经济学家",并且斯坦德尔在卡莱茨基的基础上继续发展了这一思想。②科瓦里克与卡莱茨基在60年代对凯恩斯革命的反思实质上是对凯恩斯革命的超越,将问题的关键置于总需求与资本主义再生产间的关系上,回到了马克思所关注的资本积累这一核心问题,是马克思与凯恩斯在垄断资本时代相遇的具体呈现。此外,卡莱茨基对问题的分析和处理表明,他早于凯恩斯探究总需求与资本积累的关系,并且将宏观与微观进行了结合,用"凯恩斯左派"形容卡莱茨基并不恰当。

(二) 从消费不足到过度积累

1963年,卢森堡的《资本积累论》在波兰出版,这为科瓦里克同其他马克思主义者展开关于资本积累理论的辩论奠定了基础。1967年,科瓦里克的《罗莎·卢森堡的资本积累论和帝国主义论》完稿,该书以俄国民粹派对俄国为何不会发展资本主义这一问题的提出为分析起点,强调了卢森堡资本积累理论的重要作用,将20世纪政治经济学的根源追溯至马克思在《资本论》第二卷关于资本主义再生产图式的讨论,从而为创立强调国家作用的凯恩斯主义/卡莱茨基主义政治经济学奠定了基础。③通过对罗莎·卢森堡资本积累理论的梳理,科瓦里克坚持了卡莱茨基在《经济波动理论》中对卢森堡的看法。卡莱茨基认为,"卢森堡的理论作为一个整体无法被全盘接

①③ Jan Toporowski, Tadeusz Kowalik and the Accumulation of Capital, *Monthly Review*, Volume 64, Issue 8, January 2013.

② Paul M.Sweezy, The Crisis of American Capitalism, *Monthly Review*, October 1980.

受，但是她在凯恩斯《通论》出版之前就已明确提出需要通过投资或出口平衡储蓄过剩。”①不过，有意思的是，1938 年兰格曾指出：“少数消费不足主义理论家曾经认为储蓄阻碍了投资，其中最著名的要算罗莎·卢森堡”。②在《资本主义发展论》中，斯威齐也将卢森堡封为“消费不足主义女王”，并且继承了卢森堡对杜冈的反对意见，认为投资并不必然带来增长。③

科瓦里克认为，这些学者之所以将卢森堡视为消费不足主义者，关键在于他们将她的分析局限于简单再生产，因此不存在资本存量，也不可能实现经济增长，从而会出现储蓄增加导致消费不足的危机。斯威齐就曾表示在积累或者增长的情形下，工人的额外消费有助于实现剩余价值。科瓦里克认为卢森堡力图提出资本主义发展理论，因此将她的分析局限于简单再生产是错误的。值得注意的是，对于消费不足主义存在很多不同的理解，熊彼特就曾将有效需求或不开支理论作为消费不足主义的一种形式，许多马克思主义者倾向于将任何类型的需求限制都纳入消费不足主义。④然而，这样的解释会混淆了消费和生产的辩证关系，毕竟生产消费与投资密切相关。不过，斯威齐在 1951 年发表的关于卢森堡《资本积累论》英文版的书评表明在 50 年代之前他尚未改变他的观点。⑤

20 世纪 40 年代早期，斯威齐出版了《资本主义发展论》，试图对 20 世纪中期资本主义现状展开分析，有意思的是，尽管卡莱茨基在美国已经家喻户晓，然而该书仅提到了凯恩斯，对卡莱茨基却未曾提及。1946 年，斯威齐和巴兰同卡莱茨基在纽约相遇，定期进行讨论，直到 1955 年卡莱茨基返回波兰。这段经历完全转变了斯威齐对卡莱茨基的看法，也是斯威齐思想转变的重要阶段。正是在这里，斯威齐受到了来自卡莱茨基和科瓦里克的挑战，转变了他对于卢森堡消费不足主义危机的看法，并将他对危机的分析概括为“过度积累理论”。这一概念显然是受卡莱茨基以及斯坦德尔的影响⑥，并在他回应埃佛塞·多马对他初始论点的批判中首次提出。⑦在《垄断资本》一书中，巴兰和斯威齐放弃了工人的消费影响剩余价值实现的观点，也不再提及卢森堡和消费不足

---

① Jerzy Osiatynski, ed., *Collected Works of Michal Kalecki, Vol.1: Capitlaism, Business Cycles and Full Employment*, Oxford: Clarendon Press, 1990, p.255.

② Oskar Lange, “The Rate of Interest and the Optimum Propensity to Consume”, *Economica*, Volume 5, No.17, February 1938, pp.12—32.

③ 参阅保罗·斯威齐:《资本主义发展论——马克思主义政治经济学原理》，商务印书馆 1997 年版，第 191 页。

④ Joseph Schumpter, *History of Economic Analysis* , New York: Oxford University Press, 1954, p.740.

⑤ 斯威齐表示“卢森堡的书以卓越的成就引人注目……尽管由于存在大量的分析性错误最终使得中心论点归于无效。卢森堡考察了简单再生产(这时积累已被排除了)条件下的积累困难，然后搬来了非资本主义环境作为救兵以摆脱自我导致的混乱”。参阅 Paul M.Sweezy, *The Present of History: Essays and Reviews on Capitalism and Socialism*, New York and London: Monthly Review Press, pp.291—294。

⑥ 在《美国资本主义的成熟与停滞》一书中，斯坦德尔明确提出将经济中的投资不足作为剩余价值实现的主要困难，而非消费不足。在该书“卡尔·马克思与资本积累”一章，斯坦德尔引证马克思清楚表明资本主义经济中工资所带来的低消费是低投资的结果而不是原因，回到了马克思在《资本论》第一卷对工资是由积累量所决定的观点。参阅 Josef Steindl, *Maturity and Stagnation in American Capitalism*, New York: Monthly Review Press, 1952, pp.243—246。

⑦ Dana Cloud, The Cases of Margo RamlalNankoe, William, Nagesh Rao, and Loretta, http://mrzine.monthlyreview.org/2009/cloud290409.html; Susie Day, Identity, Class, and Bite Me, David Horowitz, http://mrzine.monthlyreview.org/2006/day300506.html.

主义，并且在该书导言的脚注中，指出“本书是我们以前的著作（即《资本主义发展论》）的直接继续。它也应当被理解为反映了我们对自己以前的著作的不满意”。对于巴兰和斯威齐而言，剩余实现仍然是整个问题的核心，但是这一问题以资本过度积累危机的形式呈现。上述转变有助于垄断资本学派通过卡莱茨基和斯坦德尔，把凯恩斯革命与20世纪初期关于资本主义再生产问题的讨论结合起来，深化了该学派对于危机问题的分析，一定程度上剥离了该学派所具有的消费不足主义色彩，将分析的中心立足于剩余价值生产和剩余价值实现这一资本主义生产方式所具有的核心矛盾上，更为积极地挖掘凯恩斯革命所具有的重大意义，呈现了马克思与凯恩斯在垄断资本时代的历史性相遇。

四、垄断资本时代的“古典政治经济学”与马克思

垄断资本学派以对20世纪上半期垄断资本主义的认识为起点，大萧条以及20世纪波澜壮阔的社会主义运动构成了垄断资本学派理论分析的基本图景。该学派大量吸收了凯恩斯关于经济停滞和投资及其对未来资本积累不利影响的相关论述，提出了以停滞金融化为内核的垄断金融资本理论，呈现了马克思与凯恩斯在垄断资本时代的历史性相遇。

1966年，《垄断资本》出版后不久，曾被美国马克思主义学界视为极有潜力的青年马克思主义学者后来却沦为犹太复国主义极右翼主义者的大卫·霍洛维茨盛赞该书，认为《垄断资本》的优点在于抛弃了劳动价值论和剩余价值论，并用从凯恩斯等20世纪伟大思想家那里继承的概念范畴取而代之。[①]这实质上抹杀了马克思与凯恩斯历史性相遇，妄图以凯恩斯取代马克思。霍洛维茨的上述评价令斯威齐非常尴尬。斯威齐认为造成这种误解的原因可能在于经济剩余这样的概念，因此对没有将马克思剩余价值概念坚持到底十分后悔。霍洛维茨对巴兰和斯威齐《垄断资本》的误解将我们指向了如下值得注意的地方：第一，如何理解垄断资本学派的凯恩斯渊源；第二，如何看待垄断资本主义阶段的经济学家。

马克思在批判性吸收古典政治经济学的基础上对资本主义基本运行规律做出了科学分析，为改造世界提供了可能。垄断资本学派充分吸收了资本主义新阶段经济学家的思想，同古典政治经济学家一样，这些经济学家存在着不可避免的局限性，但是在对垄断资本主义的分析上，为马克思主义者提供了批判性学习的材料。霍洛维茨的看法显然是错误的，垄断资本学派并非从凯恩斯等大思想家那里承袭概念。相反，他们在秉持马克思的根本立场、观点和方法的基础上，将其运用于对20世纪垄断资本主义现实运行的分析，批判性吸收了凯恩斯等人的相关概念，呈现了马克思与凯恩斯在垄断资本时代的历史性相遇。

马克思在《资本论》中指出：“资产阶级在法国和英国夺得了政权。从那时起，阶级斗争在实践方面和理论方面采取了日益鲜明的和带有威胁性的形式。它敲响了科学的资产阶级经济学的丧钟。现在问题不再是这个或那个原理是否正确，而是它对资本有利还是有害，方便还是不方

---

① David Horowitz, Analyzing The Surplus, *Monthly Review*, Vol.18, No.8, January 1967, pp.49—59.

便,不偏不倚的科学探讨让位于辩护士的坏心恶意。”①这里,马克思批判的是处于自由竞争资本主义阶段末期,继续为自由竞争资本主义统治秩序辩护的经济学家。如果不加分析的引用马克思的这一论断,就会忽视经济学家们在资本主义发展的新阶段提出的重要理论洞见。2012 年,《每月评论》刊载了《一些理论启示》,该文是巴兰 1962 年写就的草稿,巴兰在该文曾指出马克思在 1872 年的评论“可能过于草率并且打击面过大”。②

因此,可以根据资本主义的历史演进过程将古典政治经济学划分为两个时期,以对应资本主义发展的两个阶段。具体而言,古典政治经济学的第一个时期发生在自由竞争资本主义阶段,即传统意义的古典政治经济学;第二个时期发生在 19 世纪末从自由竞争资本主义阶段转向垄断资本主义阶段之际,不妨称为“垄断资本时代的古典政治经济学”。在自由竞争资本主义阶段的下降时期,资产阶级庸俗经济学取代传统意义的古典政治经济学,占据了统治性地位,其科学性日益下降,沦为辩护学。与之类似,从 20 世纪 70 年代开始,新自由主义经济学登场,而这对应了晚期资本主义,或者按照垄断资本学派的命名,即“国际垄断金融资本主义时期”。

1963 年,斯威齐提出“恐怕资产阶级经济学已经不可避免地走向了马克思称之为‘辩护士的坏心恶意’的状态”,并且认为凯恩斯可能是最后一个资产阶级经济学尚存一点科学性的伟大代表。巴兰也预见到了新自由主义经济学的登场,他在《一些理论启示》中一针见血地指出,“为垄断资本主义所根深蒂固的不合理性进行辩护的欲望已经导致一种新的拜物教,这甚至超过了自由竞争资本主义时期的经济思想”。③20 世纪 70 年代,新自由主义经济学在主流经济学界获得了统治地位,但却愈益无法解释现实社会问题,同资本主义经济停滞相似,西方主流经济学也趋于停滞,资产阶级经济学危机再次上演。正如《每月评论》的编辑所言,“无论是保罗·克鲁格曼还是迈克尔·斯宾塞以及其他的著名西方主流经济学家,都不能像上世纪 30 年代凯恩斯革命那样,对既有的经济学理论进行深刻认真的反思。事实上诸如凯恩斯这样的革命今天已经不再可能”。④

概而言之,马克思与凯恩斯在垄断资本时代的历史性相遇,意味着我们应该批判性吸收资产阶级古典政治经济学的相关思想,取其精华去其糟粕。有学者在对垄断竞争理论的研究中,坚持马克思主义方法论,批判性吸收了“资产阶级学院派经济学家对垄断问题的研究”,强调“马克思主义学派要发展和丰富垄断资本理论,不充分利用学院派的研究成果是难以想象的”。⑤因此,不应将马克思与资产阶级古典政治经济学完全对立,这有可能会导致马克思主义“宗派化”,无益于对现实问题的科学探讨。同时,古典政治经济学所具有的科学性并非仅存于资本主义萌芽时期,应该认识到资本主义发展有其阶段性,这是建构经济学理论的源头活水,否认这一点就有可能导致对资产阶级经济学理论的虚无主义倾向,无益于马克思主义政治经济学的进一步发展。

(本文原载《学习与探索》2018 年第 2 期)

---

① 卡尔·马克思:《资本论》,人民出版社 2004 年版,第 17 页。

②③ Paul A.Baran and Paul M.Sweezy, Some Theoretical Implications, *Monthly Review*, Volume 64, Issue 3, July-August 2012.

④ John Bellamy Fosteretc, Notes from the Editors, *Monthly Review*, Volume 64, Issue 3, July-August, 2012.

⑤ 高峰:《发达资本主义经济中的垄断与竞争——垄断资本理论研究》,南开大学出版社 1997 年版,第 7 页。

学术争鸣

演化发展经济学与新结构经济学
——哪一种产业政策的理论范式更适合中国国情

贾根良[*]

摘 要 国际学术界有关产业政策的研究存在着两种不同的理论范式:演化经济学和后新古典经济学。这两种不同的理论范式在发展经济学领域表现为演化发展经济学和新结构经济学的不同。两者的产业政策基于完全不同的理论基础:技术赶超或比较优势。新结构经济学有关政府作用的理论仍是以新古典经济学的市场失败理论为基础的,而演化发展经济学则在批判市场失败理论的基础上提出了一系列的新理论。在演化发展经济学家看来,新结构经济学不适合于中等收入国家,特别是在运用于作为超大型发展中国家的中国国情时存在着缺陷;即使是运用于低收入国家,也是有局限性的。事实证明,技术赶超而非比较优势战略更适合中国国情。以自主创新为核心的基础全面的价值链升级正是我国所有地方政府面临的共同挑战,而《吉林报告》则忽视了这一关键问题。《吉林报告》的缺陷说明,聚焦于传统意义上产业部门之间区别的新结构经济学并不适应新国际分工对产业政策提出的新要求,演化发展经济学所关注的价值链特定环节、核心技术和组织能力是产业政策的核心问题。因此,一个重要的问题就摆在了中国经济学界的面前:是通过新结构经济学研究中国经济发展问题,还是在演化发展经济学基础之上,针对中国作为超大型发展中国家的国情,发展一种历史和国情特定的中国经济发展理论?

关键词 产业政策范式 演化发展经济学 新结构经济学 历史经验 中国国情

自2016年中国经济学界开始新一轮产业政策争论以来,争论的双方基本上都是新古典经济学范式的信奉者①,其他经济学流派的绝大多数学者都对之保持着沉默。但这并不说明,其他经济学流派的学者对产业政策问题没有深入研究,恰恰相反,这些学者的研究比现在的争论早就深

---

* 贾根良,中国人民大学经济学院教授、博士生导师,中国经济发展研究会副会长,中国演化经济学年会主席之一,入选教育部2016年度"长江学者奖励计划"特聘教授。

① 在我的阅读范围内,在参与产业政策争论的学者中,宋磊(2016)和朱富强(2016, 2017a, 2017b)属于例外,宋磊属于发展型国家论学者和演化经济学研究阵营;而朱富强虽然反对新古典经济学,但他却希望吸收演化经济学的研究成果,通过对新结构经济学的修补推进产业政策的研究。然而,由于新结构经济学根植于新古典经济学,而新古典经济学与演化发展经济学在研究范式上是不可通约的,因此,这种基于新结构经济学的修补必然在视野上受到很大限制。我认为,相反的途径可能是更有价值的,也就是基于演化发展经济学,吸收新结构经济学的合理成分。

入得多。例如，在演化经济学以及与之具有历史渊源的研究传统方面，代表性研究成果就有路风（2000，2004，2016a，2016b，2016c，2016d）、贾根良等（2007，2008，2009a，2009b，2011，2015）、贾根良（2012，2013a，2013b，2013c，2013d，2013e，2014a，2014b，2014c，2016，2017a，2017b）、宋磊（2015，2016a，2016b，2016c），以及中国社会科学院工业经济研究所的贺俊等人（例如，贺俊、吕铁，2015；黄群慧、贺俊，2015；贺俊，2016，2017a，2017b）的研究成果。目前国内经济学界对产业政策的争论还有一个特点，这就是：也许除林毅夫、宋磊、贺俊和顾昕等人外，其他参与争论的学者并不知晓国际学术界在过去十多年中有关产业政策研究的新进展，因此，本文首先通过介绍当前国外经济学界有关产业政策研究的两大理论范式，厘清演化发展经济学与新结构经济学在目前产业政策的争论以及在经济思想史中所处的位置，为人们更好地理解这两大理论范式提供一个概要。在此基础上，本文第二部分将对比较优势理论作为新结构经济学产业政策的基础提出批评，并阐明演化发展经济学相应的替代性观点。最后则讨论演化发展经济学产业政策的理论范式为什么要比新结构经济学更适合中国国情的问题。

一、产业政策研究国际前沿的两大理论范式

在进行讨论之前，本文首先需要对产业政策的概念进行定义。在演化经济学家看来，所谓产业政策就是指所有有关产业发展的政策，或者是有关发展的产业政策（developmental industrial policy）（Christos Pitelis and Jochen Runde，2017），这样定义的产业政策既包括英文中"工业战略"（industrial strategy）的概念，也包括政府制定的与企业生产活动有关的微观经济政策。皮特利斯认为，微观经济政策正在大西洋两岸通过产业政策、战略和国际竞争这些伪装的概念在理论研究和政策制定中得到复兴。"正如许多作者观察到的：组织和企业是国家可持续的比较优势和竞争优势的关键性决定因素，公共产业政策的分析再也不能忽视企业以及它与政策之间的关系了"（Christos Pitelis and Jochen Runde，2017）。而那种"依据新古典经济学的分析框架，将产业政策理解为在市场机制发生障碍的情况下，政府对特定产业间的资源配置进行介入或对特定产业内部的竞争进行限制的政策，……实际上将不符合新古典经济学的学术立场的政策实践排除在产业政策之外"（宋磊，2016a：3）。本文将不采用这种以特定理论范式定义的产业政策概念。

按照上述演化经济学有关产业政策的定义，"历史上第一次审慎的、大规模的产业政策"的实施可以远溯至1485年登基的英格兰国王亨利七世。亨利七世的青少年时代是和他的一位姨妈在法国的勃艮第度过的，在这个地方，他注意到毛纺织品的生产不仅为其生产者带来了巨大的财富，而且也使面包师和其他工匠非常富裕，但其原材料却都是从英格兰进口的。1485年，当亨利接手英格兰时，英格兰是个一贫如洗的王国，未来几年的羊毛生产都抵押给了意大利的银行家，他不由自主地想起了自己在勃艮第的所见所闻。因此，他决定采取模仿勃艮第的做法，并为此制定了鼓励羊毛纺织业发展的产业政策，包括对羊毛出口征收关税、对新建立的羊毛纺织厂规定免税期、吸引海外特别是荷兰和意大利的工匠到英国定居等。这就是英国重商主义经济政策的开

端(埃里克·S.赖纳特,2010,58-62)。正是这种重商主义经济政策最终在英国导致第一次工业革命的爆发(贾根良,2017a)。

重商主义经济政策不仅是最早的产业政策,而且也是新古典经济学坚决反对的"选择性"的产业政策,正如李斯特和马克思指出的,(晚期)重商主义(16世纪末至19世纪上半叶)的经济政策实质上是"重工主义"的,英国国王乔治一世1721年在议会开幕时经内阁授意所说的话就典型地概括了这种重商主义经济政策对国家利益的关键性作用:"输出制成品并输入原料,对于公共福利的促进显然是再有利也没有的。"(弗里德里希·李斯特,1961:41)英国国王乔治一世为什么这么说呢?这是因为如果一国出口原材料并进口制成品,殖民地就只能是其悲惨的命运了。查阅任何一本社会科学著作,总是可以发现,殖民地无一例外地被定义为"宗主国的原材料来源地和制成品销售市场"。重商主义这种"选择性"的产业政策不仅是西方世界兴起的根本性因素,而且也是资本主义制度诞生的催化剂。"选择性"的产业政策对国家命运是何等重要!

从经济思想史的角度来看,最早的产业政策理论也不是美国第一任财政部长汉密尔顿在1791年向美国政府提交的《关于制造业的报告》提出的,而是晚期重商主义的经济学在对何种经济活动才能使国家致富特别是关于"好的贸易"和"坏的贸易"等问题的讨论中提出的。在他们看来,"出口原材料并进口制成品"是"坏的贸易",而"出口制成品并进口原材料"则是"好的贸易"(梅俊杰,2008:105-106)。当时的英国精英阶层正是以这种重商主义经济学说为依据制定产业政策的,从而推动了英国的崛起和第一次工业革命的爆发。演化发展经济学正是通过对西欧特别是英国的经济政策史和经济政策思想史的研究,提出了有关国富国穷的基本原理:"增长是经济活动特定的",并为之提供了演化经济学的理论解释:产业政策只有选择技术创新机会窗口大、进入壁垒高和规模报酬递增的高质量经济活动,一国才能走上富裕的道路。

正是基于对国际学术界上述研究成果的了解,2005年初,我邀请挪威著名演化经济学家、经济思想史家和发展经济学家埃里克·S.赖纳特共同为中国读者编辑一本由我命名为"演化发展经济学"的著作。这本著作在2007年以"穷国的富国论——演化发展经济学论文选"(上、下卷)为名出版,现在仍是世界上第一本,同时现在也是唯一一本以"演化发展经济学"命名的著作。图1就是我通过对该书上卷第15页的图——"以知识和生产为基础的另类教规经济学"——进行较大修改而绘制的"演化发展经济学系谱图"。

从图1可以看出,西欧主要国家(意大利、法国、英国和德国)的晚期重商主义经济学是最早的发展经济学(K.S, Jomo and Erik. S. Reinert, 2005; Erik.S. Reinert, Jayati Ghosh and Rainer Kattel, 2016),并对美国学派(汉密尔顿是其先驱)和李斯特经济学产生了重大影响,分别成为推进英国、美国和德国崛起的经济学说。美国学派、李斯特经济学和德国历史学派又对日本明治维新后的经济政策产生了深远影响,成为"中日大分流"的重要因素(贾根良,2015)。1945年后的日本和1953年后的韩国的"发展型国家"深受这种经济(产业)政策传统的影响,虽然许多发展型国家论者未能深入理解这种历史渊源。因此,演化发展经济学不仅从这些源远流长的产业政策实践及其思想史中吸收灵感来源,而且还直接从李斯特、德国历史学派和美国学派的E.P.史密斯那

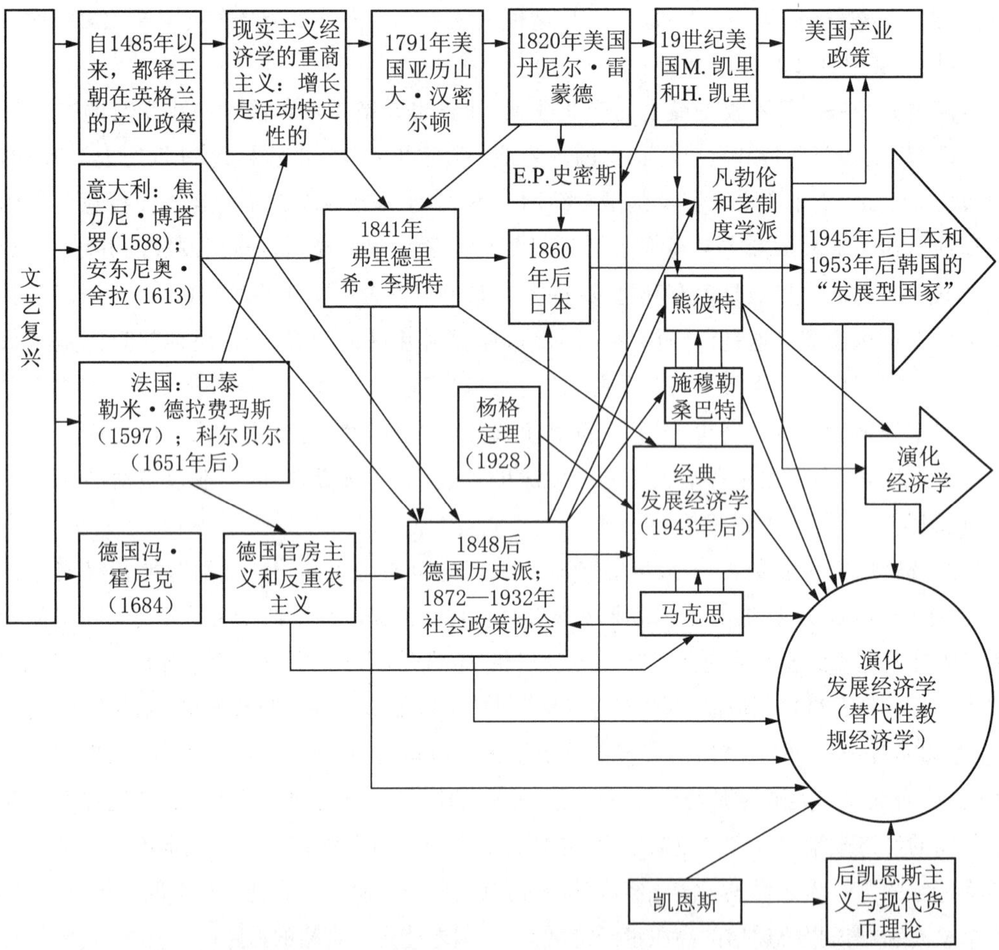

图 1　演化发展经济学(以知识和生产为基础的替代性教规经济学)系谱图

资料来源:贾根良根据埃里克·S.赖纳特和贾根良(2007)修改而成。

里直接吸收理论灵感。①

演化发展经济学实际上就是由上述以政策实践为基础的经济发展思想与广义上的现代经济演化理论合流而成,运用演化经济学的理论重新阐释历史上的经济政策实践及其经济思想,并创造新的经济发展理论,解决发展中国家经济政策实践所面临的重大问题。正是出于这种考虑,我将之命名为“演化发展经济学”。这种广义上的现代经济演化理论包括:演化经济学(其主要流派是凡勃伦以来的老制度学派和新熊彼特学派)、结构主义经典发展经济学的演化理论、继承凯恩斯传统的后凯恩斯主义学派特别是现代货币理论,并直接从马克思、熊彼特和凯恩斯那里直接吸收理论灵感②,因为和熊

① 有关李斯特对演化发展经济学或更直接说对当代中国产业政策的意义,可参见贾根良等:《新李斯特经济学在中国》,中国人民大学出版社 2015 年版;有关 E.P.史密斯工业化理论的创造性发展及其对我国智能工业化战略的重大意义,可参见贾根良:《第三次工业革命与工业智能化》,《中国社会科学》2016 年第 6 期。

② 有关马克思工业革命的理论及其对理解第三次工业革命的重大意义,可参见贾根良:《第三次工业革命与工业智能化》,《中国社会科学》2016 年第 6 期。

彼特和凡勃伦一样，马克思和凯恩斯也被公认为现代演化经济学的先驱。对于这种广义上的现代经济演化理论，我们需要简要地说明它与演化发展经济学及其产业政策理论之间的三点主要联系。

首先，演化发展经济学的产业政策理论仍需要继承并发展经典发展经济学合理的理论成分。例如，扬格定理是在斯密定理(分工受市场范围的限制)基础之上做出的重大理论创新，而斯密定理则是亚当·斯密《国富论》中经济演化思想的重要代表。在扬格定理基础上，经典发展经济学的两位开拓者罗森斯坦-罗丹和纳克斯指出，由于投资活动在产业间存在着金钱外部性，因此需要政府通过产业政策对之进行协调。对于经典发展经济学的这种理论，新古典经济学家豪斯曼和罗德里克也是承认的，在他们的著名论文《经济发展作为自我发现》(Hausman and D. Rodrik, 2003)中，他们提出了政府实施产业政策的两大理论基础——"协调失灵"和"信息外溢"，其中前者就是从经典发展经济学继承而来的。但是，演化发展经济学与经典发展经济学、新古典经济学(包括新结构经济学)的一个重要区别是，前者强调技术创新(而非后者所谓的资本积累)才是经济发展的核心驱动力。

其次，后凯恩斯主义经济学第一代学派是英国的剑桥学派(国内学者在过去经常称之为新剑桥学派)，其代表人物为卡尔多、罗宾逊夫人和帕西内蒂等人，他们探讨了作为演化经济学主题之一的分工、技术进步、报酬递增和制造业在经济发展中的重要性等问题。后凯恩斯主义经济学的另一突出贡献是其货币金融理论，特别是在过去的20多年里，现代货币理论(又称国家货币理论)异军突起，影响越来越大。例如，在2016年的美国大选中，它不仅对共和党候选人特朗普的智囊产生了重大影响(Wray, 2017)，而且，作为现代货币理论代表人物之一的斯蒂芬妮·凯尔顿(Stephanie Kelton)还在美国民主党候选人桑德斯的竞选中直接担任经济顾问。尽管由于美国垄断资本利益集团对美国政治制度的决定性影响，特朗普政府不可能以这种货币理论为基础制定经济政策，但它对发展中国家的经济政策制定却具有重大意义。

最后，新熊彼特学派演化经济学的发展。彭罗丝的《企业成长理论》(Penrose, 1959)继承和拓展了熊彼特的创造性毁灭理论，在这本名著中，彭罗斯指出，企业的"超额资源"内生地导致了企业的成长，它是作为企业间学习、专业化和协同工作，以及有抱负的管理者为"超额资源"寻找新的有利可图的用途的结果，从而为目前在商学院作为主流理论的"企业的资源和能力理论"的发展和经济学中以能力建设为核心的产业政策理论奠定了基础。纳尔逊和温特的经典著作(Nelson and Winter, 1982)不仅因为强调惯例、能力、创新和组织学习在推动组织变迁并提高组织绩效上的作用，从而对"企业的资源和能力理论"也做出了重要贡献，而且，他们还开创了演化经济学中的新熊彼特学派，发展了创新体系(创新系统)的研究方法，开辟了创新经济学的专门研究领域。"企业的资源和能力理论"和新熊彼特学派都是建立在熊彼特的学说基础之上的，因此本文将之统一称为新熊彼特学派。

自20世纪80年代以来，在演化发展经济学中，对产业政策研究影响最大的是新熊彼特学派。众所周知，以美国学者查莫斯·约翰逊在1982年出版的《通产省与日本奇迹：产业政策的成长(1925—1975)》一书为标志，正式拉开了一场全球性的产业政策大辩论。不过，正如宋磊指出的，在日本学者关于产业政策的研究中，今井贤一在 1984 年已经开始将演化经济学以及与演化经济学具有学术渊源的动态能力理论应用到关于产业政策的研究之中，但直到现在，这种研究思路仍没有得到国内学者的注意。①同样，在 20 世纪下半叶的英文文献中，由于演化经济学家没有使用过于“狭隘的”产业政策概念，而是使用了创新体系的概念（国家的、区域的、部门的和技术的）讨论政府如何通过建设创新体系在制度和政策等更系统、更多维的视角推动产业发展的问题，所以，演化经济学特别是新熊彼特学派在产业政策研究上的贡献也就很少受到国内学者的关注。

在演化经济学中，如果说今井贤一是最早将企业能力问题引入到产业政策研究的学者，那么，英国著名演化经济学家和技术创新研究专家克里斯托夫·弗里曼（Christopher Freeman）在 1982 年提交给经合组织（OECD）的一篇会议论文②，则是第一篇从宏观和中观角度从事产业政策研究的论文。弗里曼在 1987 年出版的英文著作《技术政策与经济绩效：日本国家创新系统的经验》中，研究了日本通商产业省和经联会的产业政策对日本创新效率和经济发展的重要作用。正是通过对第二次世界大战后日本发展经验的研究，并从弗里德里希·李斯特 1841 年的《政治经济学的国民体系》的英文书名（*National System of Political Economy*）中受到启发，弗里曼提出了国家创新体系（National Systems of Innovation）的概念。这展现了现代演化经济学在发展的早期就与源远流长的“替代性教规经济学”之间的历史渊源。

大约在 2007 年之后，演化经济学家开始更多地使用“产业政策”的术语。2007 年，演化经济学家泽特指出，自 20 世纪 70 年代以来，随着科学技术在现代经济中的作用越来越重要，实践中的产业政策开始转向了创新政策，越来越多的国家试图通过加强能力建设，推动技术创新，从而增强本国的国际竞争力（Luc Soete, 2007）。在对截止到 2007 年的产业政策研究文献进行评述的基础上，笔者区分了旧式的和新式的产业政策：从前在东亚与拉丁美洲国家实施的产业政策是旧式的产业政策；而以知识、能力建设和创新为核心的产业政策则是新式产业政策，后者将越来越成为产业政策理论研究的重点，对我国建设创新型国家具有重要的指导意义（贾根良、姜达洋，2009a）。2009 年，奇莫利、多西和斯蒂格里茨编辑出版了演化发展经济学在这方面的研究成果：《产业政策与发展：能力积累的政治经济学》（Cimoli, Dosi, and Stiglitz, eds. 2009）。

诺贝尔经济学奖得主斯蒂格里茨原本不属于演化经济学阵营，但自他离开世界银行成为“华盛顿共识”的反对者之后，就日益运用演化经济学研究实际经济问题。他将伦德瓦尔等演化经济学家们有关学习型经济的研究运用到发展中经济的问题，提出了经济发展和产业政策的关键问题是知识和学习问题的观点（Stiglitz, 2011）。斯蒂格利茨和格林沃德（Stiglitz and Greenwald, 2014）进一步指出，（演化经济学家们）长期以来就已认识到，生活水平的改善来自技术进步，而不

---

① 宋磊（2017）：《产业政策研究的演化经济学范式：日文文献的贡献》，中国人民大学经济学院第三届“经济与历史”学术研讨会（2017 年 10 月 21—22 日）分论坛《从经济政策史和经济政策思想史反思现代产业政策前沿问题》专题讨论论文，修改稿见作者本期专栏文章。

② 该文当时并未公开发表，直至 2004 年才以“Technological Infrastructure and International Competitiveness”为题发表于 *Industrial and Corporate Change*, Vol.13, 2004, pp.540—552。

是来自资本积累，将发达国家与欠发达国家真正区分开来的主要是知识的差距。在他们看来，发展中国家增长和追赶的步伐基本上依赖于它们能够缩小知识差距的步伐，这就使得国家如何学习、如何变得更有生产力和公共政策如何推进这种进程成为产业政策研究的核心问题。精心设计的贸易和产业政策可以推进学习型社会的建设，而设计欠妥的政策则阻碍了学习。“新自由主义”集中在静态资源配置上的思路阻碍了学习而不是推动了增长，自由贸易实际上导致了停滞，而基础广泛的工业保护和汇率干预给被保护的部门并常常是给整个经济带来了好处(Pitelis, 2016)。

那么，上述演化发展经济学的思想源流及其对产业政策的研究与过去十多年国际经济学界有关产业政策的争论有什么关系呢？在这里，我只是通过介绍一场争论和英国经济学家皮特利斯(Christos Pitelis)有关产业政策研究的综述对此做出说明。

就在中文版《穷国的富国论——演化发展经济学论文选》于2007年1月出版后，演化发展经济学的两本代表性著作在该年也相继出版了，这就是赖纳特的《富国为什么富，穷国为什么穷？》(Erik. S. Reinert, 2007)和张夏准的《富国的伪善：自由贸易的迷思与资本主义秘史》(Ha-Joon Chang, 2007)。与赖纳特更理论化的著作不同，张夏准的论著更多地是从经济政策史入手的。2007年7月21日至8月3日，《金融时报》副主编、著名经济评论员马丁·沃尔夫在该报上开辟专栏，共发表了七篇短文讨论赖纳特和张夏准的著作，张夏准一人与沃尔夫、艾伦·温特思、阿尔温德·潘纳加里亚、安妮·克鲁格、埃德蒙·费尔普斯展开了论战。我在《经济社会体制比较》杂志组织了一个专栏，在翻译这七篇短文(马丁·沃尔夫等，2008)的基础上，对这场争论的核心问题进行了评论(贾根良、黄阳华，2008；杨虎涛，2008)。与后来张夏准和提倡产业政策的林毅夫之间的争论不同(Justin Lin and Ha-Joon Chang, 2009；中本版见林毅夫，2011：93-116)，这场争论基本上是在张夏准与原教旨主义新古典经济学家之间的一次交锋，后者对产业政策基本上持反对观点。

但正如罗伯特·H.韦德(Wade, 2012)和皮特利斯(Pitelis, 2014)指出的，在最近几年，产业政策的争论又重新流行起来了。皮特利斯认为，“在这种脱胎换骨的争论中，产业政策的争论常常涉及知识或能力的转移、学习、市场的共同创造、集群、创新的生态系统和企业家精神的提升等主题”(Christos Pitelis and Jochen Runde, 2017)。皮特利斯的这种看法无异于是说演化经济学已经成为产业政策研究的主要范式之一甚至是核心范式。但他又指出：“有趣的是，一些改宗的新古典经济学家或可以称之为‘后新古典经济学家’(post-neoclassical economists)也加入到这种争论中来了，例如，罗德里克(Rodrik, 2009)、豪斯曼等(Hausmann et al., 2011)和林毅夫(Lin, 2011)等。这些经济学家认为，由于存在着信息不对称、投入的缺失和协调失败，所以需要产业政策。……甚至更具新古典经济学风格的阿吉翁等人(Aghion et al., 2011)的‘新产业政策’也认识到，定位于特定部门的垂直的产业政策干预，可能比目前新古典经济学所能领会到的更加有效。”(Christos Pitelis and Jochen Runde, 2017)

在我看来，这种“后新古典经济学”就是目前国际学术界有关产业政策争论的另一主要范式。由于它承认政府对生产活动的某种干预和产业政策的必要性，无疑具有重要的进步意义，因为新古典经济学家一直反对产业政策。例如，诺贝尔经济学奖得主贝克尔的“名言”就具有代表性：“最好的产业政策就是没有产业政策。”(Becker, 1985)但在著名发展经济学家韦德看来，由于新古典经济学家“将‘产业政策’描述成为毒药，美国政府隐藏了其产业政策的实践，以至于连非意识形态的学术研究者都声称：美国没有产业政策，或者说有坏的产业政策……(但实际上)，美国自建国以来，就一直实施着以生产为核心的产业政策，其政策收益远远超过了其成本”。(Wade, 2017)在目前的中国，反对产业政策的学者占多数，尤其是，“张维迎、林毅夫围绕产业政策存废的论战在媒体的构设及炒作下，争论演变成‘批产业政策’一边倒的舆论态势”(袁岚峰，2017)。因此，在这种特定的历史背景下，林毅夫教授的《新结构经济学》无疑具有重要的价值，其进步意义不可低估。

但是，在对这些改宗的新古典经济学家持欢迎态度的同时，一些经济学家认为，林毅夫教授的《新结构经济学》的进步意义是非常有限的。例如，范因和瓦扬贝尔热就指出，这是一种对新古典经济学“永不可能发生的范式转换”：“林毅夫的立场可见于两种相互冲突的视角。一方面，他绝不是一个新自由主义者，而且他还坚持国家的干预作用……在另一方面，可以认为，与其说林毅夫积极倡导国家干预，不如说他是以此为手段，在新自由主义(在其中，产业政策是被深恶痛绝的)丧失了合理性的情况下，来抵制对更激进措施的要求”(本·范因、艾丽莎·范·瓦扬贝尔热, 2015)。范因和瓦扬贝尔热实际上是说，林毅夫教授的《新结构经济学》试图阻挡针对“华盛顿共识”的发展范式和经济政策实践的真正的革命。范因和瓦扬贝尔热的这种说法虽然有言过其实之嫌，但也并非没有一些道理。

在我看来，这种“后新古典经济学”并没有触动新古典经济学的根本性缺陷，其产业政策的理论范式与演化发展经济学存在着本质上的不同。正如皮特利斯指出的，这种“后新古典经济学”对产业政策争论的贡献仍然执迷于传统的市场失灵或者有效的资源配置的观点，他们非常不同于市场扩大或资源创造的理路，持有这种理路的经济学家既包括在商学院工作的有关企业组织、企业能力及其战略研究理路的学者，也包括诸如卡尔多(Kaldor, 1972)、罗宾逊(Robinson, 1977)和帕西内蒂(Pasinetti, 2007)等学者的剑桥学派。在这种强调结构和干预性公共政策的“后新古典经济学”值得欢迎的同时，它们实际上对作为剑桥学派核心主题的组织和生产问题并没有什么可说的(Christos Pitelis and Jochen Runde, 2017：684-685)。

在某种程度上来说，皮特利斯对上述产业政策争论不同范式的评述是不全面的。在产业政策问题上，秉承资源创造理路的经济学当然还包括演化经济学，因为“演化经济学是资源创造的经济学，而新古典经济学则是资源配置的经济学”(贾根良，2004，前言；Witt, 2006)①；资源创造的经济学还包括“以知识和生产为基础的替代性教规经济学(演化发展经济学)”在经济思想史上的先驱，“这是一种把生产、知识、创新、协同、(规模)报酬递增和由此所引致的制度(和组织)变迁看作是经济发展核心机制的‘经济学的替代性教规’”，这是继“华盛顿共识”失败之后发展

① 在另一篇文章中，皮特利斯(Christos Pitelis, 2016, 1776)指出，新熊彼特学派、马克思和扬格都属于这种以资源创造作为核心主题的经济学研究传统。

范式的一种革命(贾根良,2007,见埃里克·S.赖纳特、贾根良,中译本前言,Ⅲ)。而新古典经济学则是经济思想史中抛弃经济发展主题转向“既定资源的静态配置”的“静态的插曲”(谭崇台,1989:32),是与生产、技术创新、规模报酬递增和由此内生的制度和组织变迁无关的“交换经济学”。

作为“后新古典经济学”在中国的发展,新结构经济学宣称它是建立在新古典经济学比较优势理论和研究方法基础之上的,但它在2016年底所提出的一些产业政策与这种理论基础是内在相冲突的,实际上已经否认了其比较优势理论。我们在下面第二部分的讨论将说明,比较优势理论在历史上曾是发达国家让欠发达国家安于贫困的理论,发达国家在历史上摆脱贫困都是违背比较优势理论的结果;它所尊奉的新古典经济学研究方法对研究产业政策来说是不恰当的,与现代知识经济更是不相干。通过这些讨论,我将提供演化发展经济学替代性的理论和观点。

二、产业政策的理论基础:比较优势还是技术赶超?

在讨论新结构经济学的比较优势理论之前,我们需要简述其基本观点。林毅夫教授写道:“新结构经济学的切入点是要素禀赋结构。新结构经济学认为,一个经济体在每个时点上的产业和技术结构内生于该经济体在该时点给定的要素禀赋和结构。”(林毅夫,2017b)“要素禀赋结构是指一个经济中自然资源、劳动力和资本的相对份额。在任何国家和地区的发展早期阶段,要素禀赋结构的特征是资本的严重缺乏。……当一个国家劳动资源相对丰裕,该国的比较优势就在于劳动密集型产业。如果这个国家遵循比较优势,发展劳动密集型为主的产业,由于生产过程中使用较多廉价的劳动力,节约昂贵的资本,其产品相对来说成本就比较低,因而具有竞争力,利润从而可以作为资本积累的剩余量也就较大。而当资本相对丰富、劳动力相对稀缺时,具有比较优势的产业就是资本密集型产业,发展资本密集型为主的产业就能创造出最多的剩余。”(林毅夫,1999)“在现代社会,决定结构变迁的根本力量是要素禀赋结构从资本和劳动力比例水平较低向较高水平的提升。……某一时点的比较优势是由其要素禀赋结构决定的,遵循一国的比较优势来选择技术、发展产业,是实现快速发展、消除贫困和收入收敛的最好办法。”(林毅夫,2017b)

那么,如何评价新结构经济学的比较优势理论呢?让我们首先从对世界经济史的观察入手对其做出评价。这种理论突出了经济剩余对不同经济活动选择的重要性,确实,有谁能否认经济剩余是经济发展的必要条件呢?然而,历史却说明,当一国对其命运具有决定性影响的经济活动进行选择时,经济剩余的多寡并不重要。它还强调一国在选择某种经济活动时,正确的方法是选择要素成本低的经济活动,因为这种经济活动能产生更多的经济剩余,从而为选择资本密集程度更高的产业提供了物质条件。但历史事实是如何呢?我们在这里仅举两个例子。

第一个例子是我们在前面已经提到的:当亨利七世在1485年接手英格兰时,英格兰是个一贫如洗的王国,正是在这种情况下,亨利七世采取了违背其比较优势的产业政策,吸引荷兰和意大利的工匠到英国定居,经济史学家们认为,这是英国两百多年后之所以崛起的首创性的产业政策。然而,亨利七世的这种选择并不符合比较优势理论的条件:只有在积累较多经济剩余的条件下,才能选择资本密集程度更高的羊毛纺织制造业;也不符合新结构经济学认为的“成功的产业政策必须是针对有潜在比较优势产业的政策”。当时的英国在国际上具有比较优势的产业是养羊业，放牧羊群的农民的收入比法国和低地国家的居民都低得多，确实符合比较优势理论要素成本低的条件。但养羊业却不能给英格兰带来更多的经济剩余，原因就在于进口羊毛的国家将其加工成制成品后再返销英格兰，其价格是其英格兰出口羊毛价格的几倍甚至十几倍。当亨利七世接手英格兰时，它为什么是个一贫如洗的王国？原因就在于其长期秉承要素禀赋参与国际分工的结果，其结果是陷入了“贫困的恶性循环”。它如何以及何时才能够积累比较优势理论在选择资本密集程度高的制造业时所要求的经济剩余呢？英格兰的这个例子说明新结构经济学所强调的经济剩余的至关重要性并不成立。

第二个例子是拉丁美洲的故事，它说明了拉丁美洲许多国家在当时经济剩余很高，也选择了资本密集程度很高的采矿业，但却陷入了“中等收入(甚至高等收入)陷阱”，至今仍无法摆脱。众所周知，当第二次工业革命在 19 世纪 70 年代爆发后，西欧和美国迅猛的重化工业化导致了对矿产品的大量需求，拉丁美洲各国就通过大量接收移民和矿产资源的出口更深地卷入了欧美资本主义的国际分工体系之中，成为其主要的矿产品来源地和工业制成品的销售市场。在刚开始的时候，拉丁美洲很多国家很富裕。例如，阿根廷在 19 世纪末是世界上最富裕的国家之一：按照柯林·克拉克的数据，在 20 世纪 20 年代，阿根廷的人均收入仍高居世界第五位，而当时的澳大利亚人均收入位居世界第六位，但到了 2013 年，按照国际货币基金组织公布的数据计算，阿根廷的人均 GDP 已经下降到只是澳大利亚的 1/5.5。是什么原因导致了这种巨大的差异呢？一个原因是，由于重工业革命对矿产品的大量需求，拉丁美洲许多国家将经济剩余投向了资本密集的采矿业，相对于它们进口的轻工业消费品而言，采矿业无疑是资本密集程度更高的产业，但出口矿物原料并不能使国家致富；另一个原因则是澳大利亚在 20 世纪 10 至 20 年代通过保护主义政策建立起了独立自主的资本品工业，而阿根廷却没有(Dieter Senghaas, 1985, 146-151)，未能及时建立而非过早选择资本密集的工业恰是阿根廷长期陷入“中等收入陷阱”的根本原因。

既然要素禀赋结构和比较优势不能构成产业政策制定的理论基础，那么，我们应该遵循什么样的原则呢？还是让我们从对世界经济史的观察入手。亨利七世在一贫如洗的情况下为什么要进入毛纺织业？演化经济学的研究告诉我们，因为相对于羊毛出口等原材料生产，毛纺织业等制造业具有更大和更频繁的技术创新窗口，从而可以带来更长的产业链、更大的规模经济、更多的就业机会、更高的附加值、更高的利润和更高的工资。这也就是说，技术创新窗口的大小和变化速度是亨利七世实施其产业政策的基础。虽然他并不知道这些经济学道理，但他从毛纺织业所带来的普遍富裕中直觉地意识到了技术能力对其进入毛纺织业成功的关键作用。因此，他采取政策措施的主要目的就是为了促进英格兰毛纺织制造业本土技术能力的形成，这些措施包括：提高羊毛出口的关税，以使外国的毛纺织品生产者不得不承受比他们的英格兰同行更高的原材料价格，以便鼓励羊毛在英格兰本土加工；并吸引海外特别是荷兰和意大利的工匠到英国定居；对新建立的羊毛纺织厂给予一段时间的免税期；或者在某些特定时期和特定地区授予其专营权等。

在英国工业革命爆发之前，技术都是以工匠所具有的技能和诀窍等形式存在的。技术对当时西欧各国的争霸及其产业政策制定的决定性影响，可以从两个事例中略见一斑。一个是对“政治经济学"这个术语的提出的决定性影响;另一个则是对英法争霸和工业革命为什么没有在法国爆发的影响。法国重商主义者蒙克莱田之所以创造"政治经济学"这个术语,是因为他受到了强烈的刺激。他在英国流亡期间,遇到了许多信奉新教的法国侨民,其中多数人是身怀技艺的手工业者。他看到这些能工巧匠为英国带来的好处,叹息法国因迫使他们移居国外而蒙受的巨大损失,很想把他看到的英国的做法运用到法国。因此,当他怀着发展民族工商业、保护第三等级利益的坚定信念回到法国后,就满怀激情地撰写了献给年轻的国王路易十三和王后的《献给国王和王太后的政治经济学》(阿尔金,2007)。罗斯托将法国工匠的大量流失看作工业革命没有在法国爆发的一个重要因素:在英国工业革命爆发前西欧各国群雄争霸的时代,"欧洲各国充满生气的重商主义政府都在建立全国市场,引进和保护当时能够得到的最好的技术。……现代史初期的宗教问题和引发英国1688年革命(和1685年法国取消南特敕令)的全部因素,都直接与第一次工业革命的策源地有关系。……(身怀技艺的)胡格诺派教徒的出走削弱了法国在关键的时期和事实证明是关键的方面同英国竞赛的能力。"(罗斯托,1997,136;153)

讨论到这里,我们不得不提出产业政策制定的一个理论基础问题:它究竟应该是以技术赶超理论为基础,还是以比较优势理论为基础?技术赶超包括两个方面:技术追赶和技术蛙跳。技术追赶是技术蛙跳的基础,它们两者都是以技术能力为基础的,而比较优势则是以要素禀赋为基础的。这个问题实际上又回到了经济思想史中李斯特的古老问题:国民财富的基础究竟是生产力还是交换价值?所谓交换价值就是古典经济学的"蓄积的财富",也就是新结构经济学的"(经济)剩余"。因此,演化发展经济学与新结构经济学的分歧,在经济思想史上的意义就可以归结为:产业政策的理论基础究竟是应该回到亚当·斯密,还是回到李斯特?

李斯特认为,亚当·斯密混淆了财富的原因和财富本身。"财富的原因与财富本身完全不同。一个人可以据有财富,那就是交换价值;但是他如果没有那份生产力……他将越过越穷。一个人也许很穷,但是他如果据有那份生产力,他就会富裕起来。"(李斯特,1961,第118页)那么,什么是财富的生产力呢?李斯特以渔夫的例子区分了这两个概念,他说:"国家财富并不在于交换价值的占有,而是在于生产力的占有,正同一个渔夫的财富不在于占有了多少条鱼,而是在于不断地捕鱼以满足他的需要的那种能力和手段。"(李斯特,1961,第296页)李斯特在这里所指的"能力和手段"实际上就是演化经济学的企业能力理论和国家能力理论中所说的"技术能力和组织能力"的概念,这就是为什么演化发展经济学的源流要远溯到李斯特及其以远的原因。李斯特对生产力的定义虽然很芜杂,但其核心无非是(个体的和公共的)新知识、新技术、企业家精神和由新技术内生的制度和组织能力。新结构经济学与亚当·斯密一样,也混淆了财富的原因和财富本身,它关心的是经济"剩余"而非生产力。

在我们刚引述的李斯特的上段话中,他实际上是说,一个国家在刚开始时虽然很穷,但如果它不断积累和革新其技术能力(为了讨论的简洁,本文暂不涉及组织能力问题),这个国家终究会富裕起来;而一个国家在刚开始时仅靠要素禀赋出卖自然资源或体力劳动,虽然"蓄积的财富"或"(经济)剩余"很多,但因为没有积累和不断革新其技术能力,这个国家最终会陷入"贫困的陷阱"而不能自拔,就像自然资源丰富的许多拉丁美洲国家陷入"中等收入陷阱"一样。因此,经济发展的核心问题是技术能力的积累和不断革新,而不是可用于再投资的"(经济)剩余"问题,用李斯特的话来说,就是生产力问题而不是交换价值问题,技术赶超而非比较优势应该成为产业政策制定的理论基础。因而,这个结论就对新结构的下述命题提出了疑问:"在现代社会,决定结构变迁的根本力量是要素禀赋结构从资本和劳动力比例水平较低向较高水平的提升。"(Lin, 2017b)显而易见,这个命题忽视了技术创新和结构变迁在推动资本—劳动比提高中的决定性作用:没有技术创新,资本—劳动比就不可能得到提高,当然,两者之间存在着循环累积因果的关系,但在演化经济学家看来,技术能力的建设和技术创新才是决定结构变迁更根本性的力量,演化经济学在这方面有大量的研究。

演化发展经济学与新结构经济学在产业政策制定基础上的本质不同可以追溯到 18 世纪末和 19 世纪的美国。一些学者将 1776 年看作是世界历史中的一个不平凡年份,因为在这一年发生了历史上的两件大事:美国独立和亚当·斯密《国富论》的出版。但是,这两个事件对美国的影响却是相当不同的。亚当·斯密根据其国际分工的相对优势理论,反对独立后的美国发展制造业。他写道:"英属美洲殖民地,几乎把所有的资本都投在农业上。那里也就主要为了这个原因,才很迅速地日趋于富强。那里,除了家庭制造业和粗糙制造业,就没有制造业。至于输出业和航海业,则大部分由住在英国的商人投资经营。……假使美洲人联合起来,或用其他激烈手段,阻止欧洲制造品输入,使能够制造同种物品的本地人有独占的机会,因而使本地大部分资本,转投到制造业上来,结果将不但不能加速他们年产物价值的增进,恐怕还会加以阻碍,不但不能使其国家渐臻富强,恐怕还会加以妨害。同样,如果他们要设法垄断全部输出业,结果也许更会如此。"(亚当·斯密,1972:336-337)

由于美国自然资源和土地的要素禀赋价格相当低廉(这很好地符合新结构经济学的要素禀赋论),所以,亚当·斯密关于美国不要发展制造业的观点和自由贸易理论在南北战争前的美国非常流行,在美国的大学中是占支配性的经济学说。然而,它却遭到了美国学派的政治家和经济学者的坚决反对。1791 年,亚历山大·汉密尔顿在其著名的《关于制造业的报告》中指出,"……不仅国家的财富,而且国家的独立和安全看来都与制造业的发达有着实质性的关系"(转引自 W. W.罗斯托,1997:156)。因此,美国学派早期代表人物雷蒙德一针见血地指出,英国并不是靠亚当·斯密的建议致富的,而他们却为了自己的利益让别的国家来遵循这一方案,"这就很好地揭示了他们的目的,即鼓吹亚当·斯密理论体系的作用好让别的国家上当,而他们自己是绝不会被自己所欺骗的"(Raymond, 1820:134)。但是,美国南方的种植园主信奉比较优势和自由贸易理论,为英国生产工业制成品供应棉花等初级产品,在林肯当选美国总统后,他们就迫不及待地挑起了对美国北方工业保护主义的战争。显而易见,如果南方在美国的南北战争中获胜,拉丁美洲目前的状况就是美国的命运。

美国学派之所以反对比较优势理论,是因为他们发现,技术进步是资本的本质。美国学派将资本定义为机器设备等资本货物,我们知道,第一次工业革命使机器替代工匠成为了能够及时反映当时技术进步的载体,所以,他们的这种定义就反映了资本—劳动比的提高是技术进步的结果。美国学派的先驱汉密尔顿在《关于制造业的报告》中将国际间商品竞争的性质抽象为一种唯一的共同要素投入，即生产中施加和利用的产业能量，采用机器的目的就是通过开发大自然中的能量替代人类体力劳动做工的能量，机器的生产率远高于劳动力(迈克尔·赫德森，2010：335)。美国著名政治家和美国学派的早期代表人物亨利·克莱继承和发展了汉密尔顿的思想，他指出："科学使一个人像 200 人甚至 1 000 人那样强有力，它不靠自然力，因此科学将胜过也必将胜过依靠劳动力的数量。在其他条件相等的情况下，一个建立在科学基础之上，培育实用的、机械的和制造工艺优势的国家必将在力量上是优异的，并能保持这种优势地位。"(迈克尔·赫德森，2010：124)

第二代美国学派代表人物帕申·史密斯和亨利·凯里在 19 世纪中叶及时利用当时有机化学的进步，将化肥视作与劳动和土地相竞争的资本品，提出了生产要素之间交叉竞争的理论和"资本的能量生产率"理论。按照这些理论，由于劳动、资本和土地作为生产投入都可被还原为作为"工作作用力"的能量，所以它们之间存在着相互竞争的关系。机器和化肥作为当时科学技术进步载体的资本，可以替代劳动和土地作为原始工作的提供者，它提供能量的效率是劳动和土地的几倍，而单位成本又是后两者的几分之一。例如，蒸汽织布机比手动织布机的生产率之所以高十几倍，原因就在于人的肌肉作为动力来源，被动力程度高十几倍和单位成本只是劳动力的几分之一的蒸汽动力所替代的结果。

美国学派的学者观察到，19 世纪一些拥有丰富劳动力资源和肥沃土地的国家，其工农业产品却因为价格过高而在世界市场上没有立足之地，原因就在于工业化国家所拥有的用科学技术武装起来的高等级能量所驱动的资本排挤掉了落后国家未经改良的土地和缺乏技能的劳动力这些要素禀赋，所以，美国学派成为亚当·斯密相对优势的国际分工理论和自由贸易理论的坚定反对者，为美国工业保护主义的产业政策提供了强有力的理论指导。美国学派认为，由不同技术水平所导致的国家间能量密集型资本的生产率差距构成了富国愈富和穷国愈穷的基础，后发国家只有在技术上创造出更能提高能量生产率的资本(货物)，才能取得经济追赶的成功，这就是美国学派的"资本的能量生产率理论"。美国和德国正是从第二次工业革命的电力电气、内燃机和钢制品等新兴产业入手，率先开发了作为其核心技术的"电力和石油密集型"资本，才一举"蛙跳"到在"煤炭密集型"资本上拥有绝对技术优势的英国的前面(贾根良，2013d，2013b)。

美国学派的上述资本概念完全不同古典经济学、新古典经济学以及新结构经济学在财务或金融意义上的资本概念。余永定在评论新结构经济学时曾指出，林毅夫教授的新结构经济学把资本—劳动比的变化作为要素禀赋结构变化的表征，但是，经济增长理论中的资本是同质的，而产业升级涉及的是异质资本；相应地，资本—劳动比的变化可以推导出资本和劳动边际成本和边际收入的变化，但却无法解释技术转换问题；以要素禀赋结构变化为基础的比较优势理论不能作为产业升级的指导(余永定，2014)。新结构经济学之所以不能作为产业升级的指导，是因为其自身以及作为其基础的新古典经济学有关资本—劳动比的概念只是一种金融或财务上的概念，或者李斯特批评亚当·斯密时所指的"交换价值"的概念。而美国学派以技术进步为核心的资本概念不仅为美国 19 世纪的产业升级提供了指导，而且，正是从美国学派和马克思那里受到启发，我提出了智能工业化的概念和"资本的智能生产率理论"，作为人工智能时代制定产业政策的理论基础(贾根良,2016)。

新结构经济学不能作为产业升级指导的另一重要原因是,它无法最终实现经济追赶。与维纳的“产品生命周期”理论一样,新结构经济学从比较优势理论出发,强调从成熟的技术入手亦步亦趋地实现经济追赶。我们知道,当技术趋于成熟后,技术的使用就会是一个以资本密集为特征的高度标准化和机械化的过程,所以,当这种成熟技术被转移到欠发达国家时,具有讽刺意味的是,它所需要的恰恰正是欠发达国家所缺乏的资本。但是,欠发达国家利用比较成本优势,不断攀登成熟技术的阶梯,能够实现经济追赶吗?著名演化经济学家佩蕾丝的回答是,“由于种种原因,这是极其不可能的”(卡洛塔·佩蕾丝,2007,第 181 页)。为什么是这样呢?请看图 2。

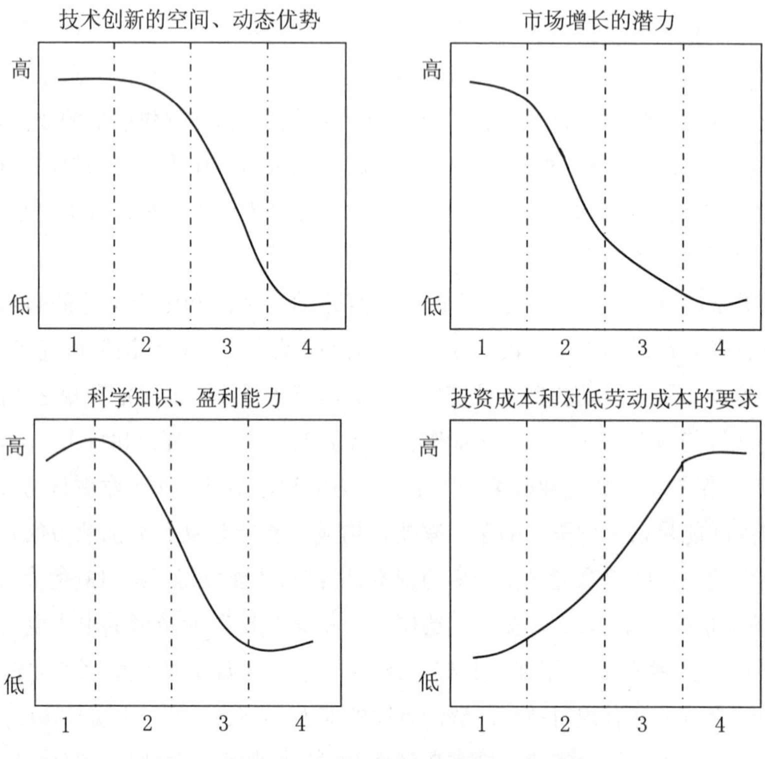

图 2　技术潜力的变化与技术追赶的机会窗口

资料来源:根据赖纳特和贾根良(2007)第 181 页和 182 页的两个图综合而成。

在图 2 中的第 1 阶段甚或第 2 阶段,不仅盈利机会和增长潜力大,而且它也为技术追赶提供了广阔的天地;而到了第 4 阶段,技术创新的“机会窗口”很小,但却有利于投资驱动和具有廉价劳动力比较优势的国家。在新熊彼特学派看来,在这种情况下,由于发达国家已经占据了技术创新的制高点,落后国家无论怎样追赶,也无法缩小与发达国家的技术和经济差距。因此,佩蕾丝认为,在技术成熟的传统产业上不存在技术追赶的“机会窗口”。

按照上述理论,对发展中国家的技术经济追赶真正具有意义的则是新技术革命开始时的第 1 阶段。在这个阶段,虽然新技术最初出现在发达国家,但由于其技术体系处于最原始的早期阶段,科技知识大多处于公共知识和实验室阶段,因此,知识的意会性程度、经验和技能要求都很低,产业的进入壁垒也低。处于这个阶段的新技术革命几乎会将所有具有一定技术能力的国家都"拉回到同一起跑线上"。某些新兴的发展中国家由于更像是"一张白纸",甚至能比率先崛起的国家更加适应新技术经济范式的制度要求,而后者则往往严重受困于旧技术经济范式的锁定效应,正如19世纪下半叶英国的情况所说明的(Perez C. and L. Soete, 1988)。因此,如果发展中国家在这个阶段能够以更快的速度进入新技术革命,不仅可以有效地缩小与发达国家之间的技术差距,而且还有可能像19世纪最后30年美国和德国取代英国的技术领导地位那样,实现蛙跳式发展(贾根良、刘琳,2011)。这也就是说,对后发国家而言,真正具有追赶意义的是由新技术革命为之提供的"机会窗口"。对于积累了一定技术能力的国家来说,其"比较优势"恰恰就在于这种新技术革命的前沿技术领域,而不是在于廉价劳动力和自然资源等要素禀赋的比较优势。

韩国经济学家李根通过对韩国和中国台湾自20世纪80年代以来经济赶超的经验研究验证并发展了佩蕾丝的经济追赶理论。李根的研究说明,韩国和中国台湾在20世纪70年代到80年代中期在进入汽车、钢铁和化工等资金密集的传统工业后(其技术属于李根所谓变化慢的长周期技术),很快就在80年代中期进入了电子、半导体、平板显示器和信息技术等新兴产业,这些新兴产业的技术前沿都属于技术变化快的"短周期技术"。在这种情况下,"现存的技术领先者的统治地位很可能被不断涌现的新技术所打乱,而且在短周期技术行业(的)后来者也不必过于依赖那些受领先者控制的已有的技术……这个特性也意味着更低的进入门槛、更大的利润可能性,而且因为与发达国家的技术冲突会较少,这也意味着需要较少的特许权使用费,甚至有可能产生先发/快发优势和产品差异化效应(李根,2016,前言,Ⅻ)",从而可以成功地实现经济赶超。

与林毅夫教授"新结构经济学"实质上关注的是低收入国家不同,李根的这本书专注于中等收入国家。在他看来,技术赶超是中等收入国家能否跨越"中等收入陷阱"的关键因素,"从中等收入向高收入水平过渡时则主要涉及以技术为基础的专业化,其关键是中等收入国家能否在新技术出现频繁的短周期技术领域取得优势"(李根,2016:21-22)。李根建议:"中等收入国家专注于最少依赖现有技术的技术领域,以及那些能提供最大发展机会的新技术领域。如此一来,我们的发现便补充了林毅夫的经济发展理论。林毅夫提出政策制定者应该致力于引进那些对技术领先者而言已经成熟,而在本国尚未发展的行业。而本书推荐技术后发国选择优先进入那些更短技术周期的领域。我们认为,当技术后发国具备一定的技术能力后,它便可以进入一个对后来者和领先者都算是新兴技术的领域。"(李根,2016,前言,Ⅻ)但在我看来,李根的"发现"实际上只不过是佩雷斯理论的应用和拓展而已,而它与林毅夫教授的经济发展理论之间的关系是互补关系,而非"补充的"关系,因为按照李根的看法,"新结构经济学"及其比较优势战略适合于从低收入经济到中等收入的转型,但不适合于从中等收入向高收入水平的转型。

我在前面的讨论中已经说明,技术和组织能力的积累是从低收入经济到中等收入转型的基础和核心。一个低收入国家如果在这个过程中建立不起相应的技术和组织能力,即使积累了新结构经济学再多的"剩余",就像20世纪初人均收入很高的一些拉丁美洲国家一样,它在中等收入阶段进入新兴技术领域也是没有基础的,即使进入,也不可能像韩国和中国台湾那样实现经济追赶。因此，新结构经济学无法为中等收入的发展中国家摆脱“中等收入陷阱”在产业升级上提供理论指导，虽然作为低收入发展中国家制定产业政策的理论依据在某种程度上是富有启发性的，甚至在某种程度上具有适用性，但也存在着缺陷。在演化发展经济学家看来，技术能力建设而非要素禀赋是历史上所有国家或经济体赶超成功的基础和核心，经济发展的总体战略应该以技术赶超理论而非比较优势理论为基础，虽然比较优势作为一种次要的和补充性的原则在经济发展过程中可以得到局部的应用。

三、演化发展经济学作为产业政策的理论基础更适合于我国国情

上一部分已经指出，“新结构经济学”及其比较优势战略不适合于中等收入经济体向高收入经济体的转型；我国现在已经迈入中等收入国家行列，因此，这种经济学也不大适合我国国情。一些研究者还从国家经济规模的角度出发，指出新结构经济学在应用于发展中大国时存在着局限性。①例如，余永定教授就指出：“中国是一个大国，存在着丰富的多样性和巨大的差异性，其发展的初始条件与一般发展中国家也有很大不同。因而，中国大概可以容纳两种以上的发展模式。一些省份和产业部门按要素禀赋结构的特点寻求发展；另一些省份和产业部门根据国家的产业政策寻求发展。但对于一般发展中国家，特别是数目众多的发展中小国来说，走按禀赋结构实现产业结构升级（或并不寻求升级——因为我们依然不清楚如何升级）可能是最好的选择。”（余永定，2014）朱富强博士也指出，新结构经济学没有充分考虑一国尤其是大国比较优势的多元性，没有考虑不同规模经济体对世界市场依赖程度的差异，它更适合于新加坡之类的“出口型经济”的小国，而非像中国这样的大国，因为小国需要充分利用国际市场才能获得规模经济，而大国本身就拥有培育新型产业的足够广泛的市场，大国的产业升级往往可以突破小步跑式的局限而实现某些产业的大跨步发展（朱富强，2017a）。

我虽有保留但基本上赞同余永定教授和朱富强博士的上述观点，然而，本文并不打算从大国经济结构的多样性、市场规模和规模经济的角度对此进行讨论（相关内容的部分研究可参看贾根良，2013a，2013b，2013d），而是通过对演化经济学有关技术赶超“机会窗口”理论的修正和创新，从新技术的供给方面对我国产业升级的途径进行初步的探讨，并说明作为产业政策的理论基础，演化发展经济学为什么比“新结构经济学”更适合于我国国情。根据我国作为“超大型发展中国家”的国情，对演化经济学相关理论进行修正和创新，并不意味着演化经济学不适合于中国国情，因为这在本质上不同于不适合中等收入国家跨越“中等收入陷阱”的新结构经济学。但值得说明的是，本部分提出的新理论和政策建议是针对作为中等收入的“超大型发展中国家”的中国国情的，不见得完全适合于一般性的中等收入国家。本文主要是从传统工业（作为传统产业的代表）的重要性、新国际分工作为世界经济结构的重大变化和知识生产新模式这三个方面对我国作为“超大型发展中国家”的重要意义入手，探讨演化经济学的技术赶超理论为什么需要加以修正、创

① 在发展经济学中，人口超过 5 000 万的国家就被称为发展中大国了，所以，中国应该被称作“超大型发展中国家”。

新或发展。

首先,传统工业中也存在着技术赶超的“机会窗口”,佩蕾丝和李根的技术赶超理论需要创新和发展,这对于我国的产业升级、就业和经济增长来说,尤其具有重要的意义。国际社会一般将所有的工业划分为高新技术产业和中低技术产业,或者区分为高新技术产业和传统工业,因此,我在这里使用高新技术产业作为新兴产业或战略性新产业的粗略代表。发达国家传统工业的增加值和就业占所有工业的比例曾长期维持在平均60%左右的水平,在过去十多年中,虽然受“去工业化”的影响有所下降,但在整个工业中仍占据半壁江山。在我国,传统工业所占比例远高于发达国家。十几年前,我国传统工业占全部工业的比重高达85%(白玲等,2010),现在大致上仍维持在这个比例。据报道,工业和信息化部节能与综合利用司司长高云虎2016年12月上旬在北京举行的第12届环境与发展论坛上说,2015年,高新技术产业相对于其他工业行业呈现出快速发展态势,占我国全部工业比重达到15%左右(李禾,2016),这就是说,传统工业仍占我国全部工业85%左右的比例。这样高的占比对我国经济发展意味着什么呢?

作为世界第一制造业大国,我国目前是世界上唯一工业门类最齐备的国家。而在十年前曾作为制造业在国民经济中占比最高的美国,由于“去工业化”,目前许多工业门类在其国民经济中已经消失,对其经济增长、就业和创新造成严重的不良后果(William B. Bonvillian and Charles Weiss, 2015)。即使是韩国这样的“发展中大国”,其人口(2014年为5 041万)也不到我国的1/24,大约是我国东北地区的42%;地域面积大约只是我国东北地区的1/15,因此,韩国在出口导向型经济的发展中,许多工业特别是传统工业“残缺不全”不会影响其增长和就业,正如李根指出的,韩国没必要建立飞机制造业(李根,2016:127),正是因为这个原因,李根不大可能注意到传统工业有可能存在着技术赶超的“机会窗口”的问题,但对于中国这样一个相当于十几个或二十几个“发展中大国”的“超大型发展中国家”来说,传统工业的创新和国际竞争力对于国民经济的增长和就业具有举足轻重的作用,因此,我们不得不对这个问题高度重视。

要讨论传统工业中是否存在着技术赶超的“机会窗口”,我们首先就必须从新技术革命的前沿技术谈起,因为传统工业的“机会窗口”正是由其提供的。那么,除了第二节已经谈到的原因外,演化经济学家为什么建议所有中等收入国家都要模仿新技术革命的前沿技术,而无需顾及新结构经济学的“比较优势”呢?或者就像怀疑者常常提出的:如果在20世纪70年代新技术革命浪潮兴起之时,演化经济学家就建议每个中等收入国家都专业化于信息和通讯技术的生产,这不是荒谬的吗?为了回答这种疑问,我们在这里有必要首先介绍技术革命浪潮、技术经济范式和通用性技术的概念。演化经济学家认为,自工业革命以来,世界经济已经经历五次技术革命浪潮,现在开始进入第六次。在马克思和演化经济学家看来,新技术革命是最具革命性的生产力,每次技术革命浪潮都会产生一种新的技术经济范式和一种新的通用性技术,从而掀起一场飓风般的“创造性毁灭”过程。新的技术经济范式通过熊彼特的“创造性毁灭”,不仅创造了新技术、新产业、新市场、新组织和新的经商管理原则,而且也摧毁了旧技术经济范式的技术和组织能力。由于这种新的技术经济范式是每隔数十年才能出现,因此,这就导致了(技术的和组织的)“能力摧毁”的间断性。

技术经济范式革命所导致的这种“能力摧毁”的间断性就为后发工业化国家提供了赶超的“机会窗口”。一方面,正如我在第二部分已经指出的,这种新技术革命几乎会将所有具有一定技术能力的国家在新技术的发展上都“拉回到同一起跑线上”;而另一方面,每次技术革命的“能力摧毁”都为(中等收入的)后发工业化国家创造了“制度创新的后发优势”,从而为后发工业化国家提供了新技术革命的“后发优势”和“快发优势”。在经济思想史中,正是演化经济学这个术语和研究范式的创立者凡勃伦在《德意志帝国与工业革命》(1915)中最早讨论了发展经济学中的“后发优势”概念和后来者在制度创新上“蛙跳”的优势。他在该书中指出,当一个国家在引进技术时,它不会将技术原生国的制度重负携带过来。因此,当德国在将更发达的技术最彻底地应用于不受既得利益集团阻碍的环境之时,而在英国,旧制度阻碍了新制度的产生,导致了其原生性新技术的发展受到抑制,从而在英国产生制度创新上的“先行者劣势”的同时,在德国却创造了“制度创新的后发优势”。19 世纪末的德国特别是美国对英国的赶超就是在这种“制度创新的后发优势”情况下发生的,尽管许多原创性的发明和技术创新源于英国(贾根良,2004:229-233)。

在每次技术革命浪潮中,都有一些欠发达经济体抓住前沿技术的历史机遇实现了经济的现代化。20 世纪 80 年代以来,经济增长最快的经济体都与信息技术革命有关,突出的代表有韩国、新加坡、中国、中国台湾、芬兰、爱尔兰、以色列、印度。如果中等收入国家没有尽早进入新技术革命浪潮的前沿技术,而是固守新结构经济学所谓的比较优势,那么,它们不仅将错失新兴产业的爆炸性增长所带来的重大结构变革,错失“制度创新的后发优势”,错失新技术革命在技术赶超上所提供的创新潜力巨大、创新频次很高的“机会窗口”,而且,它们还将错失我在下面将提出的新技术革命通过“创造性毁灭过程”对传统工业的革命性改造在技术赶超上所提供的“机会窗口”。本文将这两种“机会窗口”分别命名为新技术革命为中等收入国家的技术赶超所提供的“第一种机会窗口”和“第二种机会窗口”。

我们已经指出,每次技术革命浪潮都会产生一种新的通用性技术,例如,第一次技术革命浪潮是机械化,第五次技术革命浪潮是信息技术。这些通用性技术直接影响到人类的所有生产活动,它们不仅创造了新的工业部门,而且在传统工业部门也产生了“创造性毁灭”的技术革命。不采用这种新的通用性技术的经济将与前沿国家之间的技术和经济差距将越拉越大。例如,19 世纪 70 年代爆发的第三次技术革命浪潮产生的通用技术是电气化和重型机械技术,如果一个欠发达国家在积累了第一次技术革命浪潮的机械化技术和第二次技术革命浪潮的蒸汽技术的初步技术能力后,不是迅速跳跃到第三次技术革命浪潮的通用技术,而是按照新结构经济学的建议,按部就班地走完机械化技术和蒸汽技术的全过程,那么,它不仅将重新背负上这两次技术革命的既得利益集团阻碍最新技术革命的制度障碍,而且与当时创造了电气化和重型机械技术的发达国家之间的技术经济差距必将越拉越大。

在第一次和第二次技术革命浪潮中处于领导地位的英国,为什么在第三次和第四次技术革命浪潮中被美国和德国全面赶超?原因就在于美国和德国在新兴产业上的领先技术为其改造传统工业上提供了绝对优势,使其传统工业的技术得到了更快和更全面的革新。例如,在 19 世纪和 20 世纪之交的美国和德国,效率更高的电动机和内燃机很快就得到了普遍的采用,而蒸汽机在英国却仍占统治地位；在第四次技术革命浪潮中，随着石油化工的发展，美国的化纤纺织业替代了英国棉纺织业在纺织业上的国际统治地位，正是因为这种原因，英国在“传统工业”上也逐渐丧失了“世界工厂”的优势地位(贾根良，2013b)。在这方面，高铁就是发生在我们眼前的故事：德国的高铁技术在国际上处于领先地位，但在德国和欧盟却无用武之地，而在我国却取得了快速的技术进步和广泛的采用(贾根良，2013d)；美国的铁路系统在世界上曾是最先进的，但现在却因为利益集团的阻碍在建设高铁上困难重重。

在当代世界，率先利用信息技术革命前沿技术在传统工业上实现重大技术蛙跳的突出事例已经发生在我国：2013 年，当德国提出的工业 4.0 计划仍停留在抽象的概念上之时，沈阳机床集团在 2012 年就已制造出了世界上首台以互联网为基础的 I5 智能数控系统，为之提供了实实在在的中国样板(胡启林，2014)。德国和日本一直是机床嵌入式数控系统技术的垄断者，后进入者在这种技术上无法与之竞争，但信息技术特别是物联网的发展为后进入者利用 PC 平台系统绕开嵌入式系统领先者的绝对优势提供了“机会窗口”，I5 智能数控系统正是利用这种“机会窗口”成功地实现了技术蛙跳(路风、王晨，2016d)，跨越到了德国和日本的前面，为我所谓传统工业中技术赶超的“机会窗口”提供了重要的例证(见图 3)。在图 3 中，尽早进入新技术革命的前沿技术在中等收入国家可以产生技术赶超的“第一种机会窗口”，这是佩蕾丝和李根所讨论的，但他们没有提出和讨论传统工业尽早采用新的通用技术及其组织管理模式所产生的“第二种机会窗口”。这种“机会窗口”将产生先发优势或快发优势，从而实现传统工业的技术蛙跳和产业升级。

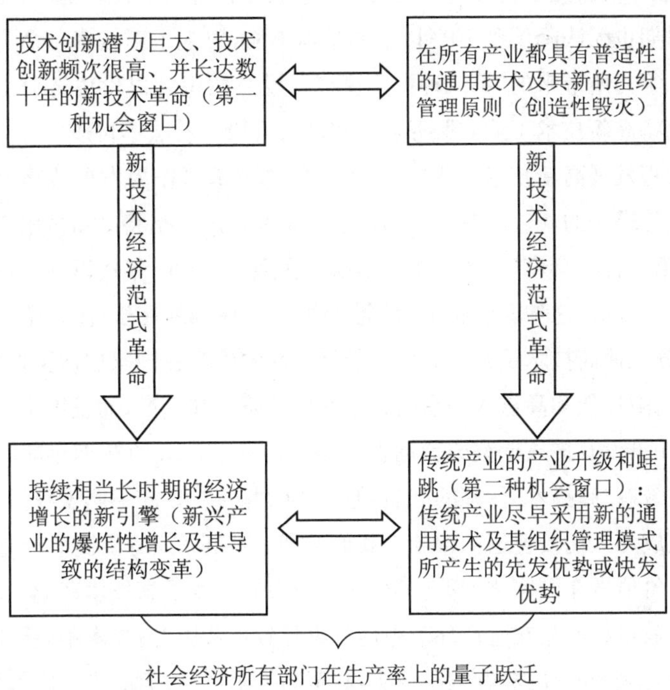

图 3　新技术革命所带来的两种技术(经济)追赶的机会窗口

资料来源：在卡洛塔·佩蕾丝(2007，第 14 页)的图示基础上修改而成。

目前,我国传统工业正面临着技术蛙跳和产业升级的重大“机会窗口”,因为按照笔者的研究,每次工业革命都由两次技术革命浪潮所构成,其奇数的技术革命浪潮的威力和广泛的社会影响只有通过偶数的技术革命才能被充分展现出来。例如,在第一次工业革命中,英国产业革命(第一次技术革命浪潮)只有通过 1829 年开始的“蒸汽和铁路时代”(第二次技术革命浪潮),才能产生世界性的影响,这似乎是一种历史规律(贾根良,2014b)。在每次工业革命中,传统工业的“毁灭性创造”都是发生在偶数的技术革命浪潮期间,这也就是说,每次工业革命的威力都是通过传统工业的技术革命而充分展现出来的。目前世界经济开始进入第六次技术革命浪潮,信息革命的威力将通过以智能化、纳米、新材料、新能源和生物技术革命为核心的第六次技术革命浪潮深刻地改变人类的社会经济生活,改造传统工业正在成为新一轮“信息化”或我所谓智能工业化的主力。

上述结论对于当前我国产业政策的制定尤其具有重要意义,因为长期以来,人们就将产业升级看作是发展高新技术产业(战略性新兴产业)或者是以新兴产业代替旧的产业。在这种观念指导下,我国的地方政府根本就没有耐心在突破核心技术上动脑筋和下苦功,而是“为了追求 GDP 指标,一有所谓‘新的产业机会’就闻风而动,一哄而上,纷纷建立低水平重复的产业园区,这是导致我国各地产业结构雷同和低端产能严重过剩的重要原因。目前,地方政府纷纷建立机器人产业园,并有可能陷入‘机器人产业大战’的陷阱之中,重蹈产能过剩、产品无利甚至亏本的覆辙”(贾根良,2014c)。这种产业升级的流行观念忽视了传统工业在一国工业结构中占主体地位的基本事实,忽视了我国即使以无以复加的速度发展高新技术产业,但传统工业占全部工业的比重在今后相当长历史时期也无法降低到 70%以下的基本事实,忽视了新技术革命为传统工业的技术赶超和提升国际竞争力所带来的“第二种机会窗口”,没有意识到以价值链分工为特征的新国际分工已经使笼统地将高新技术工业和服务业视作产业升级的看法不再成立。

人们之所以误将发展高新技术产业(以下也使用这个术语作为发展战略性新兴产业或以新兴产业代替旧产业等提法的代表)视作产业升级,在某种程度上是将高新技术产业等同于了高创新和高利润率的“第一种机会窗口”的结果。如果是在 20 世纪 60 年代以前,这种看法是成立的,但在 20 世纪 80 年代以后,这种看法就不(完全)成立了。原因就在于,由于全球价值链在国家之间的分解,新国际分工使高技术的核心部件与最终产品的生产在国家层次上发生了分离:发达国家从事高创新率、高附加值和高进入壁垒的核心部件的研发和生产,而发展中国家则从事惯例化的、低附加值的和几乎没有进入壁垒的劳动密集型生产环节。大约在十年前,我就已经注意到,尽管我国大量出口带有“高技术”标签的产品,但真正的“高技术”却不属于我们,我国高技术产业“高技术不高”已经成为人们较普遍的印象。我们的研究结论是,高新技术产业的概念和分类标准没有考虑到产品价值链在国家之间的分解,这就使人们产生了高技术产业发展的“统计幻觉”,正是高技术部件与其最终产品在生产环节中的分离导致了我国“高技术不高”,因此,对高技术的政策支持已不能再是笼统的高技术产业、企业,甚至高技术产品,而应当锁定为具体生产环节(贾根良等,2009b)。

遵循上述研究思路,我提出了“高端产业低端化”的概念(贾根良,2013c)。按照产业分类,光伏和机器人产业隶属于高新技术产业,但我通过对我国这两个产业的案例研究发现,在参与以全球价值链分工为特征的新国际分工中,我国光伏产业实际上在国际分工中处于“担水劈柴”的地位。这种通过出口“原材料”并进口国外高附加值投入和关键机器设备,90%以上产品销往国外市场,利用廉价劳动力和各地政府在土地、税收、环境和融资等方面提供的低成本扶持政策打造的低端加工制造业,在很大程度上属于一种为他人做嫁衣的“飞地型经济”。与光伏产业由于缺乏国内市场为他人做嫁衣的“飞地型经济”不同,我国真正有规模、实现大批量生产的工业机器人企业几乎没有,绝大部分机器人企业是背靠跨国公司从事下游低端的配套组装和服务,生产机器人的关键性零部件如高精度减速器和伺服电机等依赖进口,高附加值的机器人市场基本上已被发达国家的跨国公司所垄断。因此,演化经济学的技术赶超理论需要根据新国际分工的发展加以修正和创新:在高新技术产业或一般地说新兴产业中,只有价值链高端和核心技术才具备技术赶超的“机会窗口”(贾根良,2013c),技术赶超应从价值链高端入手(贾根良,2014e)。

“高端产业低端化”是我国产业转型升级缓慢和艰难的根源。这种状况如不能扭转,不仅使我国依靠新技术革命和新兴产业实现产业升级的目标存在着落空的危险,而且将使我国利用新技术革命改造传统产业的产业升级出现为他国高附加值产品“做嫁衣裳”的局面,因为在“高端产业低端化”的情况下,改造传统产业的高附加值产品和核心技术将不得不从发达国家购买(贾根良,2014c)。例如,2016 年,我国芯片(或集成电路)的进口额是 2 271 亿美元,而当年我国贸易顺差为 5 100 亿美元,一个“小小的”芯片的进口金额就相当于该年我国贸易顺差总额的 45%!实际上,新国际分工在国家之间所导致的全球价值链在高端、中端和低端之间的分工不仅发生在“高新技术产业”这样的“高端产业”中,而且也发生在“传统工业”中;不仅发生在工业领域中,而且也发生在农业、采掘业(自然资源产业)和服务业之中,由于我国在新国际分工中的大部分产业处于全球价值链低端,并且在向价值链高端转型升级中未能得到产业政策的大力支持,从而使我国在进入 21 世纪之后的几年就出现了“高端失守、低端混乱和大量产能过剩”的局面(贾根良,2010a, 2014a),这是习近平总书记在 2015 年底之所以提出“供给侧结构性改革”的主要原因。为此,我提出了我国产业升级的核心问题是从“出口低附加值的低端产品、进口高附加值的高端产品”向“进口价值链中的低端产品、出口价值链中的高端产品”的历史性转变(贾根良,2010b;贾根良等,2015a)。

上面基于演化经济学的理论范式对于我国产业升级问题的讨论与新结构经济学存在哪些根本性的不同呢?讨论这个问题,无法回避对新结构经济学的《吉林报告》做出评论,因为该报告的理论基础就在于从“违背比较优势型赶超战略”转轨到“遵循比较优势型发展战略”。《吉林报告》是由北京大学新结构经济学研究中心应吉林省发展和改革委员会的邀请为其提供的一份关于吉林省经济发展战略的研究报告,该报告在 2017 年 8 月 21 日由北京大学新结构经济学研究中心国内智库组以《吉林省经济结构转型升级报告(征求意见稿)》(我们简称其为《吉林报告》)的名义发布。该报告中提出的“吉林应转变重工业赶超战略思维,在产业发展上既要扬长,也要弥补轻工业的短板”的观点在国内引发了一场激烈的争论。我在下面将结合《吉林报告》的创新和不足,依次从三个方面对演化发展经济学与新结构经济学的基本理论架构在应用于我国国情时的根本性不同进行讨论，最后则就林毅夫教授将中等发达国家的产业分成五大类的新观点与新结构经济学原初理论的内在冲突做出简短的评论。

首先，技术赶超战略还是比较优势战略更适合中国国情？长期以来，林毅夫教授一直就在反对中国经济发展的“赶超”行为，大力宣传其劳动密集型比较优势的中国经济发展战略，他将目前东北经济的困难归咎于20世纪50年代的“重工业赶超战略”以及2003年后第一轮东北振兴战略对这种违背比较优势的赶超战略的强化。他反对中国发展飞机制造业：“如果飞机在中国就不可能有很大的市场！因为这个需要很高的收入水平！所以美国是世界的飞机生产基地，市场规模是给定的，它给定源头，给定你的收入水平。”（林毅夫，2005）对于战略性新兴产业，林毅夫教授的建议是：“我们可以等发达国家研究成熟后再引进技术，但可能是10、20年后才成熟。”（梅志清，2011）对于信息技术硬件产业，林毅夫教授坚持我国应大力发展劳动密集型的组装产业，反对自主创新，并因韩国三星电子违背了其比较优势理论，而诟病其进入芯片产业的行为，因为“韩国企业的发展模式通常和三星电子相似，追求等级较高、资金密集程度超过其资源禀赋的技术和产品”（林毅夫，2000）。

林毅夫教授的上述观点不仅与中国作为超大型发展中国家的国情不符，而且也与演化发展经济学的技术赶超战略相反。在我看来，我国东北在20世纪50年代实施的“重工业赶超战略”是正确的，它之所以在后来出现问题，原因就在于孙冶方先生所诟病的“复制古董”的技术管理体制等因素；第一轮东北振兴战略之所以成就不彰，原因主要在于未能抓住“技术赶超”并缺乏以“技术能力”为核心的产业政策，而不是继续延续20世纪50年代“重工业赶超战略”的结果。

近年来，“芯片进口超石油”以及我国信息技术硬件产业的核心技术受制于人给我国经济、政治和军事所带来的极大安全隐患问题得到人们的高度关注（卢义杰，2017）。具有讽刺意味的是，我国进口的芯片不仅来自美国，而且还大量来自韩国；因为三星电子已经超越英特尔成为全球第一大芯片制造商。虽然近年来“互联网＋”在我国热火朝天，但“腾讯和阿里成为巨头，主要是依托了中国这个人口庞大的市场，他们的强项在于科技的应用，以及由此形成的强客户关系，其核心竞争力不在科技本身。但三星就完全不同，它正在迅速崛起，成为掌控核心技术的超级巨头”（刘晓博，2017）。事实胜于雄辩，正如笔者在过去早就指出的，“比较优势理论不值得一驳”，它是与我国自主创新和“创新驱动发展战略”背道而驰的。

其次，新结构经济学不了解“颠覆式创新”对于我国这样一个超大型发展中国家占据科技制高点的重要性，没有注意到20世纪70年代以来知识生产模式的巨大变化。因此，演化发展经济学与之存在分歧的一个问题就是：我国的基础科学研究为什么要提前布局，而不能等到“技术和产业越来越接近国际的前沿”时才临时抱佛脚？林毅夫教授为产业政策的必要性提出的一个理由是，“随着一个国家的发展，技术和产业会越来越接近国际的前沿，新的技术创新和产业的升级需要与这些新技术和新产业相关的基础科学的突破相适应。基础科学的研发属于公共产品范畴，倘其发现不能申请专利，企业家就不会有积极性持续地从事这方面研究”（林毅夫，2017a），“发达国家的政府也必须对其企业家所要从事的新一轮的技术创新和新产业发展所需要的基础科研给予支持”（林毅夫，2017a）。“颠覆式创新”来自基础科学研究，美国战后以来之所以雄踞高科技霸主地位，之所以能够发动信息技术革命和生物技术革命，与其在既有技术和产业仍处于大发展之初的时候就已布局新的基础科学研究密切相关，与美国政府将基础研究成果商业化的产业政策密不可分(贾根良，2017a)。林毅夫教授为产业政策提供的理由之所以仍基于新古典经济学的市场失败理论，一个重要原因就是不了解"颠覆式创新"对产业政策提出的新要求。①

与以交换为核心的新古典经济学和新结构经济学不同，演化经济学和演化发展经济学是以生产和知识为核心的，所以，后者一直在关注20世纪70年代以来知识生产新模式对创新政策和产业政策提出的挑战，注意着信息技术、生物技术、认知技术和纳米技术的跨学科"会聚"对于技术赶超所提供的机会窗口。1994年，吉本斯等人在合著的《知识生产的新模式》一书中描述了新知识生产模式的特征：(1)知识在应用中产生；(2)知识生产的跨学科性；(3)知识生产主体的技能、经验的异质性和组织的多样性；(4)知识与社会关注问题的相关性提高，并反映所有生产主体的利益；(5)评价知识价值的标准多元化(贾根良等，2003；迈克尔·吉本斯等，2011)。一些学者根据对20世纪70年代以后领先国家产学研模式的观察，认为一种更新的方式正在崛起，即科学探索本身与工业应用的发展更深刻地结合起来。科研不仅仅在用已有范式和已有基础知识来研发工业应用，而且甚至开始以工业的需要来引领科学发展的方向和对新范式的开拓(Martin，2003，转引自封凯栋，2012)。

基础科学研究和生产之间越来越交织在一起，这使得我国在人均收入水平大大低于发达国家之时，就必须布局基础科学研究。更重要的是，这种研究对国防和军事工业尤为重要。实际上，我国也是这样做的，例如，我国在纳米科技和生物学等基础科学的研究上已经走到国际前沿，关键是如何将之尽早商业化的问题，如何解决在我国长期以来就存在的基础研究与生产相脱节的"老大难"问题。据报道，中国目前在纳米领域贡献了全球超过三分之一的科研论文，几乎是美国的两倍，然而这些前沿的纳米科技理论成果的商业化(转化能力)却比较差。"《中国纳米科学与技术发展白皮书》调查显示，如何加强纳米科研成果的应用被认为是中国纳米科学发展所面临的最大挑战之一。如何平衡基础研究与应用研究，如何让产业界更多地加入基础研究中来，将是中国未来需要着力解决的问题。"(齐芳，2017)在这方面，美国在颠覆式创新中跨越"死亡之谷"的产业政策值得我国大力借鉴(沈梓鑫、贾根良，2017)。

再次，演化发展经济学与新结构经济学的第三个根本性不同就在于：我国产业政策的实施对象是应该以传统意义上的产业部门为核心，还是以价值链的中高端环节和核心技术为核心？这涉及如何评论《吉林报告》的创新和不足的问题。反对《吉林报告》的绝大数人在没有细读《吉林报告》的情况下就激烈地反对吉林发展轻工业，而《吉林报告》提供的数据却说明，"目前吉林省以纺织业、电子信息、医药产业、食品产业为代表的轻工业已经占据八大重点工业的半壁江山"，事实已经使得反对吉林发展轻工业的观点站不住脚了，《吉林报告》的创新就是颠覆了人们对东北不适合发展轻工业的思维定式。但是，对于吉林乃至东北如何发展轻工业的问题，我却有不同的

① 因为文章篇幅太大，本文在发表前删掉了原文中的第三部分内容——"为什么需要产业政策：两种理论范式的根本性不同"，这部分内容将另文发表。与新结构经济学的产业政策仍基于新古典经济学的"市场失败"理论不同，演化(发展)经济学在批判"市场失败"理论的基础之上提出了一系列新的理论，部分观点可参看贾根良(2017a)。

看法,这涉及两个问题。第一个问题是:吉林承接我国东部沿海等地的轻纺和电子制造业的产业转移能够推动吉林在这些产业上的转型升级吗?东北地区是否存在着发展轻工业的其他途径?《吉林报告》将劳动力成本低和转移农村剩余劳动力作为承接这些产业的理由,但我国东部沿海等地的这些产业会将其价值链高端或高端产品转移到东北地区吗?如果不能,吉林省这些相关产业的价值链高端或高端产品将如何发展?在我看来,我国东北地区轻工业的发展还有一条替代性的途径,这就是通过自主创新直接进入高附加值的价值链高端,并利用第六次技术革命浪潮中的新材料、生物技术和纳米技术为轻工业发展提供的重要机遇。东北地区不仅可以在纺织业、医药产业、农本工业等轻工业上升级到高端价值链,而且还可以利用东北装备制造业的优势,成为我国在上述轻工业高端设备方面的提供者。

《吉林报告》将吉林承接我国东部沿海等地的产业转移作为重要的政策建议,反映出它没有注意到我国各地区转型升级的核心问题并不在于以新产业代替旧产业或者省级之间的产业转移问题,而是面临着共同的挑战:以自主创新为核心的基础全面的价值链升级问题,我国所有的产业——无论是农业、轻工业,还是传统的装备制造业、战略性新兴产业——都面临着这个根本性的问题。例如,我国东部沿海地区纺织工业的高端价值链和核心技术仍受制于日本和韩国,本身就面临着攀登价值链高端和掌控核心技术的问题,而《吉林报告》之所以提出吉林应承接我国东部沿海地区纺织业产业转移的政策建议,原因就在于它因袭了在我国流行的以劳动力成本为基础的所谓"腾笼换鸟"的"转型升级"的思路。这种思路不仅将在我国各地区之间造就"走动的工业",无助于其技术能力的根本性提升,而且还将人们的注意力从价值链升级和核心技术等关键性问题上转移开来了,从而注意不到传统工业正在成为智能工业化的主力军问题。我对我国"高技术不高"和"高端产业低端化"问题的研究说明,在当今价值链分工的时代,新结构经济学产业政策的分析框架——聚焦于传统意义上的产业部门之间的区别,如它所倡导的从劳动密集型产业到资本密集型产业的"产业升级"——已不再有效,产业价值链的特定环节、核心技术和组织能力问题已经成为产业政策的核心问题,而这正是演化发展经济学所关注的问题。

最后,林毅夫教授将中等发达国家的产业分成五大类反映出其实际政策建议已经发生重大变化,但这种从实际出发的新观点与新结构经济学原初理论框架是内在相冲突的。可能是因为新结构经济学原初理论框架遭到许多学者批评的结果,并受韩国学者李根著作的启发,林毅夫教授针对"像中国这样的中等发达国家,怎样来界定潜在比较优势(的问题)",把中等发达国家的产业分成五大类:追赶型产业、领先型产业、退出型产业、弯道超车型产业、国防安全产业,并针对这些不同类型的产业,提出了针对性的产业政策(林毅夫,2016)。虽然这种分类不完善,而且我也不赞成其中的某些政策建议,但这种分类基本上是符合实际的和有价值的,是其脱离新古典经济学框架的一个重要步骤。然而,这种关于"中等收入国家的产业政策"与其"潜在"比较优势理论是否存在内在冲突?林毅夫教授所提出的弯道超车型产业和国防安全产业发展的必要性难道不是与比较优势理论以及新结构经济学的理论框架相冲突吗?正如张夏准指出的,林毅夫太忠实于新古典经济学,以至于自己不能从新古典经济学的桎梏中解放出来(林毅夫,2012:111),这就使其政策建议和理论视野大大地受到了新古典经济学理论框架的限制。因此,希望林毅夫教授能够真正地走上对新古典经济学“离经叛道”的道路，只有这样，他才能发展一种适合于中国国情的经济发展理论，对中国经济学做出更大的贡献。

参考文献

[1] 阿尔金:《改变历史的经济学家》,晏智杰译,华夏出版社 2007 年版。

[2] 埃里克·S.赖纳特、贾根良:《穷国的富国论——演化发展经济学论文选》(上、下卷),贾根良等译,北京:高等教育出版社 2007 年版。

[3] 白玲、刁伟涛:《我国传统工业如何以技术创新应对国际金融危机》,《社会科学辑刊》2010 年第 5 期。

[4] 本·范因、艾丽莎·范·瓦扬贝尔热:《不可能实现的范式转换？评林毅夫的新结构经济学》,《社会科学战线》2015 年第 7 期。

[5] 封凯栋:《发展转型与自主创新:基于工业革命历史经验的讨论》,《经济社会体制比较 》2012 年第 6 期。

[6] 弗里德里希·李斯特:《政治经济学的国民体系》,陈万煦译,商务印书馆 1961 年版。

[7] 贺俊、吕铁:《从产业结构到现代产业体系:继承、批判与拓展》,《中国人民大学学报》2015 年第 5 期。

[8] 贺俊:《调整新经济结构性产业政策指向》,《中国社会科学报》(经济学版)2016 年 9 月 23 日。

[9] 贺俊:《产业政策批判之再批判与“设计得当”的产业政策》,《学习与探索》2017 年第 1 期。

[10] 贺俊:《探寻产业政策有效的边界条件》,《学习与探索》2017 年第 8 期。

[11] 黄群慧、贺俊:《中国制造业的核心能力、功能定位与发展战略》,《中国工业经济》2015 年第 6 期。

[12] 胡启林:《沈阳机床 I5 数控系统为中国机床铸魂》,《装备制造》2014 年第 7 期。

[13] 路风:《动态企业理论的发展》,《国际经济评论》2000 年第 5 期。

[14] 路风:《发展我国自主知识产权汽车工业的政策选择》,《商务周刊》2004 年 3 月 20 日。

[15] 路风:《光变:一个企业及其工业史》,当代中国出版社 2016 年版。

[16] 路风:《产业升级与中国经济发展的政策选择》,《文化纵横》2016 年第 4 期。

[17] 路风:《再论产业升级与中国经济发展的政策选择》,《文化纵横》2016 年第 8 期。

[18] 路风、王晨:《中国数控机床“逆袭”之路》,《瞭望》2016 年第 20 期。

[19] 贾根良、刘辉锋:《自组织创新网络与科技管理的变革》,《天津社会科学》2003 年第 1 期。

[20] 贾根良:《演化经济学:经济学革命的策源地》,山西人民出版社 2004 年版。

[21] 贾根良、曾云敏:《生产性制度与经济体制改革思路的重大调整》,《经济理论与经济管理》2007 年第 3 期。

[22] 贾根良、黄阳华:《评发展中国家贸易保护还是自由贸易的新争论》,《经济社会体制比较》2008 年第 5 期。

[23] 贾根良、姜达洋:《国外产业政策理论研究的新进展》,载黄泰岩主编:《国外经济热点前沿》第 5 辑,经济科学出版社 2009 年版。

[24] 贾根良、秦升:《中国“高技术不高”悖论的成因与政策建议》,《当代经济研究》2009 年第 5 期。

[25] 贾根良:《国际大循环经济发展战略的致命弊端》,《马克思主义研究》2010 年第 6 期。

[26] 贾根良:《保护民族产业与内向型经济:中国崛起的唯一选择》,《当代财经》2010 年第 12 期。

[27] 贾根良、刘琳:《中国稀土问题的经济史透视与演化经济学分析》,《北京大学学报》(社会科学版) 2011 年第 4 期。

[28] 贾根良:《新李斯特主义:替代新自由主义全球化的新学说》,《学习与探索》2012 年第 3 期。

[29] 贾根良:《国内经济一体化:内需问题的政治经济学研究》,载《清华政治经济学报》第 8 卷,经济文献出版社 2013 年版。

[30] 贾根良:《第三次工业革命与新型工业化道路的新思维——来自演化经济学和经济史的视角》,《中国人民大学学报》2013 年第 2 期。

[31] 贾根良:《迎接第三次工业革命关键在于发展模式的革命:我国光伏和机器人产业的案例研究与反思》,《经济理论与经济管理》2013 年第 5 期。

[32] 贾根良:《美国崛起为何能抓住"机会窗口":第二次工业革命时期美国经验借鉴》,载于"第三次工业 革命专栏"第 6 期,《人民论坛》2013 年 2 月 16 日。

[33] 贾根良:《从价值链高端入手实现技术赶超》,《科技日报》2013 年 5 月 27 日。

[34] 贾根良:《中国应该走一条什么样的技术追赶道路》,《求是》2014 年第 6 期。

[35] 贾根良:《第三次工业革命:来自世界经济史的长期透视》,《学习与探索》2014 年第 9 期。

[36] 贾根良:《技术革命浪潮和我国产业升级的艰难选择》,《经济导刊》2014 年第 5 期。

[37] 贾根良等:《新李斯特经济学在中国》,中国人民大学出版社 2015 年版。

[38] 贾根良:《甲午战争败于晚清领导集团的发展战略观——贾根良教授访谈录》,《管理学刊 》2015 年第 2 期。

[39] 贾根良:《李斯特经济学的历史地位、性质与重大现实意义》,《学习与探索》2015 年第 1 期。

[40] 贾根良等:《美国学派与美国 19 世纪内需主导型工业化道路研究》,中国人民大学出版社 2016 年版。

[41] 贾根良:《第三次工业革命与工业智能化》,《中国社会科学》2016 年第 6 期。

[42] 贾根良:《开创大变革时代国家经济作用大讨论的新纲领——评马祖卡托的〈企业家型国家:破除公共与私人部门的神话〉》,《政治经济学报》第 8 卷,经济文献出版社 2017 年版。

[43] 贾根良:《重商主义、工业文化的诞生与英国工业革命》,《工业文化研究》第 1 辑,社会科学文献出版社 2017 年版。

[44] 姜奇平:《奇平视点:驳"经济智囊"林毅夫教授比较优势论》,eNet 硅谷动力,2009 年 3 月 26 日,http://www.wangchao.net.cn/bbsdetail _1935212.html。

[45] 卡洛塔·佩蕾丝:《技术革命与金融资本》,中国人民大学出版社 2007 年版。

[46] 克利斯·弗里曼、弗朗西斯科·卢桑:《光阴似箭——从工业革命到信息革命》,中国人民大学出版社 2007 年版。

[47] 克里斯托夫·弗里曼:《技术政策与经济绩效:日本国家创新系统的经验》,张宇轩译,东南大学出版社 2008 年版。

[48] 李根:《经济赶超的熊彼特分析:知识、路径创新和中等收入陷阱》,清华大学出版社 2016 年版。

[49] 李禾:《高新技术产业占我国全部工业比重达 15%》,中国科技网,2016 年 12 月 15 日,http://www.stdaily.com/cxzg80/kebaojicui/2016-12/15/content_485485.shtml。

[50] 林毅夫:《要素禀赋、比较优势与经济发展》,《中国改革》1999 年第 8 期。

[51] 林毅夫:《比较优势运用与我国信息产业发展》,《上海经济研究》2000 年第 9 期。

[52] 林毅夫:《按照比较优势选择产业政策》,《中国发展观察》2005 年第 7 期。

[53] 林毅夫:《新结构经济学——反思经济发展与政策的理论框架》,北京大学出版社 2012 年版。

[54] 林毅夫:《要用有比较优势的产业和发达国家比》,凤凰财经,2013 年 4 月 6 日,http://money.163.com/13/0406/15/8RPPL1OD00254TK2.html。

[55] 林毅夫:《新结构经济学与中国产业政策》,《决策探索》2014 年第 10 期。

[56] 林毅夫:《产业政策与国家发展新结构经济学视角》,《比较》2016 年第 6 期。

[57] 林毅夫:《产业政策与我国经济的发展:新结构经济学的视角》,《复旦学报》(社会科学版)2017 年第 2 期。

[58] 林毅夫:《新结构经济学的理论基础和发展方向》,《经济评论》2017 年第 3 期。

[59] 林毅夫:《中国如何追求新技术新产业发展》,《中华工商时报》2017 年 8 月 18 日。

[60] 刘晓博:《三星电子快上天了! 不打败它,就别谈中国崛起!》,和讯网,2017 年 5 月 3 日,http://news.hexun.com/2017-05-03/189049383.html。

[61] 卢义杰:《马凯评"芯片进口超石油":制造业核心技术不能受制于人》,人民网,2017 年 3 月 7 日,http://politics.people.com.cn/n1/2017/0307/c1001-29128863.html。

[62] 罗斯托:《这一切是怎么开始的——现代经济的起源》,黄其祥、纪坚博译,商务印书馆 1997 年版。

[63] 马丁·沃尔夫等:《自由贸易抑或贸易保护? ——基于张夏准和赖纳特新著的评论》,康健、王晓蓉译,《经济社会体制比较》2008 年第 5 期。

[64] 迈克尔·赫德森:《保护主义: 美国经济崛起的秘诀(1815—1914)》,贾根良等译,中国人民大学出版社 2010 年版。

[65] 迈克尔·吉本斯等:《知识生产的新模式:当代社会科学与研究的动力学》,北京大学出版社 2011 年版。

[66] 梅俊杰:《自由贸易的神话:英美富强之道考辨》,上海三联出版社 2008 年版。

[67] 梅志清:《林毅夫:最前沿创新中国玩不起》,《南方日报》2011 年 5 月 27 日。

[68] 齐芳:《中国已成为纳米科技领域重要贡献者——来自 2017 中国国际纳米科学技术会议的报道》,《光明日报》2017 年 8 月 29 日。

[69] 沈梓鑫、贾根良:《美国在颠覆式创新中如何跨越"死亡之谷"?》,《财经问题研究》2018 年第 3 期。

[70] 宋磊:《样板与对手:日本经济模式论之于中国经济模式论》,《日本学刊》2014 年第 1 期,第 89—102 页。

[71] 宋磊:《生产主义的产业政策观》,《经济学家》2015 年第 8 期。

[72] 宋磊:《追赶型工业战略的比较政治经济学》,北京大学出版社 2016 年版。

[73] 宋磊:《被忽视的政治逻辑和管理实践:对林毅夫、张维迎之争的再反思》,《文化纵横》2016 年第 12 期。

[74] 宋磊:《日本的产业政策失败了么》,《现代日本经济》2016 年第 5 期。

[75] 谭崇台:《发展经济学》,上海人民出版社 1989 年版。

[76] 亚当·斯密:《国民财富的性质和原因的研究》,商务印书馆 1972 年版。

[77] 余永定:《发展经济学的重构》,载林毅夫:《新结构经济学:反思经济发展与政策的理论框架》,苏剑译,北京大学出版社 2014 年版。

[78] 袁岚峰:《从产业政策争论到意识形态的交锋——从"林张之争"看当下学术舆论环境》,《经济导刊》2017 年第 2 期。

[79] 张夏准:《富国陷阱:发达国家为何踢开梯子》,肖炼等译,社会科学文献出版社 2007 年版。

[80] 朱富强:《现代发展经济学如何发展:兼论林毅夫的"比较优势战略"》,《社会科学战线》2016 年第 3 期。

[81] 朱富强:《如何通过比较优势的转换来实现产业升级——评林毅夫的新结构经济学》,《学术月刊》2017 年第 2 期。

[82] 朱富强:《如何理解新结构经济学的 GIFF 框架:内在逻辑、现实应用和方法论意义》,《人文杂志》2017 年第 7 期。

[83] Aghion, P., Boulanger, J., Cohen, E., 2011, "Rethinking industrial policy", *Bruegel Policy Briefs*, 04.

[84] Akbar Noman and Joseph E. Stiglitz(eds.), 2017, *Efficiency, Finance, and Varieties of Industrial Policy*, New York: Columbia University Press.

[85] Alexander Hamilton, 1971, *Report on the Subject of Manufactures*, Boston: Harvard University Press.

[86] Archibugi, Daniele, Lundvall, Bengt-Ake(eds.), 2001, *The Globalizing Learning Economy*, Oxford: Oxford University Press.

[87] Becker, G., 1985, "The best industrial policy is none at all", *BusinessWeek*, 25 August.

[88] Christos Pitelis and Jochen Runde, 2017, Capabilities, resources, learning and innovation: a blueprint for a post-classical economics and public policy, *Cambridge Journal of Economics*, 41:679-691.

[89] Dieter Senghaas, 1985, *The European Experience: A Historical Critique of Development Theory*, New Hampshire: Berg Publishers Ltd.

[90] E. Peshine Smith, 1853, *A Manual of Political Economy*, New York: G. P. Putnam & Son.

[91] Ha-Joon Chang, 2007, *Bad Samaritans: The Myth of Free Trade and the Secret History of Capitalism*, Bloomsbury Press.

[92] Hausman, R. and D. Rodrik, 2003, "Economic Development as Self-Discovery", *Journal of Development Economics*, 72(2):603-633.

[93] Justin Lin, Ha-Joon Chang, 2009, Should Industrial Policy in Developing Countries Conform to Comparative Advantage or Defy it? A Debate Between Justin Lin and Ha-Joon Chang, *Development Policy Review*, Volume 27, Issue 5. September: 483-502.

[94] K. S., Jomo and Reinert, Erik S.(eds.), 2005, *The Origins of Development Economics: Schools of Economic Thought Have Addressed Development*, London and New York: Zed Books.

[95] Lundvall, Bengt-Ake(eds.), 1992, *National systems of innovation: Toward a theory of innovation and interactive learning*, London: Pinter Publishers.

[96] Mario Cimoli, Giovanni Dosi and Joseph E. Stiglitz(eds.), 2009, *Industrial policy and develop-*

ment: *The political economy of capabilities accumulation*, New York: Oxford University Press.

[97] Noman, A., Stiglitz, J.(eds.), 2016, *Efficiency*, *finance and varieties of industrial policy*, New York: Columbia University Press.

[98] Perez C. and L. Soete, 1988, "Catching Up in Technology: Entry Barriers and Windows of Opportunity" in G. Dosi et al.(eds.), *Technical Change and Economic Theory*, Pinter, London.

[99] Pitelis, C. N., 2012c, *Innovation*, *Resource Creation*, *Learning and Catching-up*: *Building on Pasinetti to Revitalize Cambridge Economics*, Social Science Electronic Publishing.

[100] Pitelis, C. N., 2016, "Learning, innovation, increasing returns and resource creation: Luigi Pasinetti's 'original sin' of, and call for a post-classical, economics", *Cambridge Journal of Economics*, Vol.40, No.6:1774-1775.

[101] Raymond, Daniel, 1820, *Thoughts on Political Economy*, Baltimore, Fielding Lucas Jr.

[102] Reinert Erik S., Ghosh Jayati and Kattel Rainer(eds.), 2016, *Handbook of alternative theories of economic development*, Edward Elgar Publishing.

[103] Reinert Erik S., 2007, *How Some Countries Got Rich and Why Poor Countries Stay Poor*, London: Constable.

[104] Wade, Robert H., 2012, "The return of industrial policy?" *International Review of Applied Economics*, Vol.26, No.2:223-240.

[105] Stiglitz, J., 2011, "Rethinking development economics", *World Bank Research Observer*, Vol. 26, No.2, 230-236.

[106] Stiglitz, J. E. and Greenwald, B. C., 2014, *Creating a Learning Society*: *A New Approach to Growth*, *Development*, *and Social Progress*, Cambridge, MA, Columbia University Press.

[107] Wade, R., 2017, "The American paradox: ideology of free markets and the hidden practice of directional thrust", *Cambridge Journal of Economics* 2017, May 2017, Vol. 41 Issue3, 859-880.

[108] Witt, U., 2006, "Evolutionary Economics, Max Planck Institute of Economics, Evolutionary Economics Group", http://ideas.repec.org/p/esi/evopap/2006-05.html.

[109] William B. Bonvillian and Charles Weiss, 2015, *Technological innovation in legacy sectors*, Oxford University Press.

[110] Wray L. R., 2017, Trumponomics: Causes and Prospects, *Real-World Economics Review*, (78):98-111.

[111] Yin-wah Chu, 2016, *The Asian Developmental State*: *Reexaminations and New Departures*, Hampshire: Palgrave Macmillan.

(本文原载《南方经济》2018 年第 1 期)

政府的功能及其限度
——评林毅夫与田国强、张维迎的争论

朱富强[*]

摘　要　现实生活中的市场失灵远比新古典经济学所承认的要广泛，这就赋予了政府远比新古典经济学意义上的有限政府更为广泛的职能，也为有为政府夯实了理论基础。有为政府说的“有为”“无为”和“乱为”都是针对市场缺陷及其失灵而言的，因而有为政府的作用边界是清楚的，有为政府的概念也是逻辑自洽的；同时，基于市场缺陷的弥补为有为政府确立了一个理想目标，而现实政府要不断接近这一目标则需要一个过程，这又有赖于有为政府主导的一整套制度安排，所以有为政府体现了目标和过程的统一。此外，田国强论证有为政府无效和有限政府高效的逻辑和证据并不能经受思辨逻辑的拷问，集中在产业政策上也是如此，比如市场机制和民营企业并不能有效避免和摆脱产能过剩问题。最后，市场化改革的推行也并不必然导向有限政府而非有为政府；相反，如果考虑真正的有效市场，有为政府反而是更佳的选择。

引　言

围绕国家的角色形象以及政府的功能承担，学术界一直存在截然不同的观点，衍生出了不同的经济学流派，这充分体现在林毅夫和张维迎、田国强以及文贯中等学者之间的争论中。不可否认，每位论战者的论述都有自身的逻辑和道理，但从思辨逻辑角度看，很多论点因根植于特定的逻辑而不免具有片面性。其中一个重要原因是，现代经济学人大多出身于数理专业，非常注重形式逻辑的严密性，也善于构建基于各种假设的数理模型，但也正因如此，他们在面对生活世界并需要运用思辨逻辑时，所展开的分析和论断往往就显得不那么严谨，甚至暴露出很明显的漏洞。另一个重要原因是，现代经济学受功能主义分析思维影响甚大，以致流行的认知和视角往往着眼于事物的表象，却很少深入事物的内在本质和作用机理，而专注表象的研究往往倾向于用孤立的案例和局部的数据来得出或论证观点，从而往往会潜含严重的工具主义谬误。就市场和政府的

---

* 朱富强，河南大学经济学院特聘教授，中山大学岭南学院副教授。

关系而言,不少经济学人容易为特定分析思维、传统智慧及其内含的意识形态所左右:演化主义经济学人往往过于推崇市场机制的作用,建构主义经济学人则会忽视政府行为潜含的"自负",从而很少有人真正去关注、挖掘和构建市场与政府之间的互补共进关系。正因如此,在看待政府和市场这两大机制的基本功能、作用范围以及相互关系时,现代经济学人以及不同经济学流派的学者往往趋向两个极端。其中,受传统智慧的影响,现代经济学主流更加关注政府失灵而非市场失灵,从而主张严格限制政府行为,这集中体现在国内"主流"经济学人的论述和论断中。

一、为何需要有为政府:基本理论依据

有为政府和有限政府之争根本上涉及对市场失灵的不同认识。事实上,只要存在市场失灵,政府就能起到一定的积极作用并具有可为功能。问题在于如何界定现代政府的作用边界和强度?这就与市场失灵的广度和深度有关,而且市场失灵的广度和深度本身是随时空转换而动态变化的。一般地,传统意义上的市场失灵主要针对早期市场机制,并且是狭义的,它主要是指规模经济、垄断、信息不完全或不对称、外部性以及公共产品等的存在,导致市场无法实现资源配置效率的最大化。显然,如果确定了这类市场失灵的类型和范围,那么也就明确了政府进行经济调控的作用领域,这也就是田国强等强调的有限政府的边界。但是,进一步拓展视域就可以发现现代社会中存在着更为广泛的市场失灵,这包括:(1)风险保障市场的不完全;(2)资源的不可分性;(3)多重均衡问题;(4)不能解决社会效率和公平之间的矛盾;(5)个人价值与社会价值之间的冲突;(6)市场主体的不完全理性或非理性;(7)不能保证社会秩序持续扩展而不会内卷;(8)无法自行保证供给不断增长的社会性需求;(9)过度竞争引发的炫耀性消费;(10)策略性行为引发的打埋伏机制。显然,这些广义市场失灵的存在,也就赋予了政府更大的职能承担,进而极大地扩展了政府积极有为的作用空间,相应地,也就导向了林毅夫等提出的"有为政府"。

(一)市场主体特征理论

传统狭义的市场失灵理论主要集中在市场客体(机制)的缺陷上,如不存在理性行为和完全竞争所需要的完全信息。基于这一视角,新古典经济学等认为,这些市场客体的缺陷可以随着社会发展和市场建设而得到改进和修复,以致市场失灵也将逐渐缓和乃至消逝,进而政府的经济功能将逐渐式微,乃至退到扮演"守夜人角色"的最小政府。问题是,随着市场经济的拓展和推进,引起市场失灵的因素逐渐转向了另一方面——市场主体,这导致市场失灵不仅持续存在,还不断扩大和加重。究其原因,市场客体往往可以在发展中得到逐渐建设和完善,但市场主体的特性则要稳定得多,很难在短期内得到改变,反而可能随着市场经济的推行而强化。为此,我们在认知和理解市场秩序以及社会秩序时,在理解市场活动和政府行为的内在缺陷时,都必须从审视市场主体的人性特征以及其行为互动着手。一般地,对市场主体的行为考察主要包括两方面:(1)个体的理性特质,集中体现在理性的程度上,基于有限理性的互动产生了囚徒困境、公地悲剧以及集体行动困境等现象;(2)个体间的相异性,这集中体现在资源的分配上,权力和地位不平等造成

了市场交换和收益分配的不公正。

首先，就市场主体的理性特质而言。新古典经济学以及奥地利学派所推崇的竞争市场下“无形的手”预定协调机制、福利经济学定理、自发秩序扩展原理以及科斯中性定理等，都设定了完全理性的行为主体。但所谓的完全理性只是一种虚构，现实生活中的任何个体都只是有限理性或近似理性的。实际上，除了在基于建构理性主义思维而构建(长期)市场有效的模型外，现代主流经济学在对现实行为进行静态分析时基本上都是基于行为功利主义的短视理性，尤其是经济人分析范式所内含的根本上就是基于一次性行为功利判断的极端有限理性；相应地，由此衍生出的行为互动往往导向一种具有内固力的市场纳什均衡，乃至得出了囚徒困境的一般性结论。显然，囚徒困境不仅反映了个体理性与集体理性之间的冲突，也揭示出现代主流经济学引以为傲的理性行为中暗含着的根深蒂固的“理性自负”。事实上，个体理性的有限性不仅表现为只考虑近期利益而忽视长期利益，也表现为只考虑个人或局部利益而忽视集体或全局利益，因而基于个体理性行动往往会导致集体无理性。这就意味基于个人效率最大化的帕累托原则这一方法来评估公共政策的失败，进而需要寻找新的标准来评估社会效率，就引出了政府的相关功能承担。

其次，就市场主体间的异质性而言。新古典经济学以及奥地利学派推崇的自由市场观、市场公平分配观、科斯中性定理、福利经济学第一定理等都设定了同质的行为主体，或者至多在口味偏好、行为目的、个人知识以及警觉性等方面的人际差异性。但是，现实市场中的行为主体在根本上是异质性的，而且主要体现在地位和权力的不平等上，从而根本无法将现实世界的消费者和企业等都还原为同质的原子体。相应地，只要回到异质性市场主体的现实世界，新古典经济学的市场信条就必然面临质疑和挑战，如：(1)异质性市场主体因各种因素而面临不同的“选择集”，从而绝对没有平等的自由，也绝对不会有实质性的公正交换；(2)商人往往只关心能带来最大收益的那些富人需要的商品，而对那些有助于社会大众的公共品则漠不关心；或者市场经济体系中拥有更大权力的生产者倾向于通过各种途径来诱导人们的消费而并不是根据消费者需求来激励供给，从而也就无法实现社会效用最大化。①很大程度上，新古典经济学教材中所崇尚和宣扬的只是一种逻辑化市场，它在现实世界中根本就不存在，现实市场机制所导向的结果也迥异于所谓的有效市场。②这也意味着，新自由主义的市场化主张具有明显的简单化倾向，它将政府和市场在经济事务中的角色对立起来，并未努力去沟通它们之间的互补性，而这是现代经济学应该且必然会关注的重要课题。

(二) 市场堕落效应理论

传统市场失灵集中关注效率方面，但市场失灵另一更重要表现在于社会价值的忽视和丧失。譬如，基于自由交换的帕累托改进原理，一些经济学帝国主义者提出了一系列非人道的政策主张：性交易乃至强奸权利合法化、建立婴儿买卖和人体器官买卖市场，甚至允许毒品买卖和奴隶

① 朱富强：《市场机制能否保障主体的自由和交换的公正》，《上海财经大学学报》2010 年第 5 期。

② 朱富强：《市场的逻辑还是逻辑化的市场》，《财经研究》2014 年第 5 期。

交易等等。显然,尽管从经济学的分析思维来说,这些交易似乎是有效率的(尽管这种效率也是从短期和局部上而言的);但是,在社会文化和伦理道德层面,这些"有效"的市场成果却违反了他人或社会的利益,故而一直为社会道德所贬斥以及为法律所禁止。这意味着,从经济学来说有效率的市场成果,在社会文化和伦理道德层面却难以为社会所接受。①这如何解释?这正反映出被长期忽视的另一市场失灵类型:某些交易从市场运行来说似乎是有效率的,却衍生出对社会发展极度不利的后果;相应地,如果放任这种交易的推行,就必然造成社会伦理的式微和解体,进而使得整个社会陷入无序和失范状态。这显然带来了新的思考:究竟是以社会合理价值来审视和反思现代经济学的分析结论?还是以现代经济学的分析来审视和重塑现代社会价值和法律道德规范?康芒斯强调,社会"合理价值"是审视市场成果的可接受性以及市场运行有效性的重要标准,如果市场交易所促进的东西不符合社会需要和社会价值,那么这种市场也就不是合理和有效的。但是,现代主流经济学却不关注市场运行中出现的失灵现象,而仅仅关注市场"运行"中效率欠缺的失灵,反而以经济学的有效市场分析来重塑法律和道德。

社会价值的忽视和丧失正体现出市场内含的堕落效应,还包括以效率牺牲公平、庸俗同质化、实用媚俗化等。究其原因,商人为了在商业主义社会中获取最大利益,就必须迎合大多数人的口味和偏好,从而滋生出强烈的实用化、媚俗化和平庸化倾向。相应地,由于商业主义的渗透,现代高等教育偏离了社会发展的目的,逐渐沦为个人谋利的手段,甚至退化为一种工具主义的技能培训;这样一来,现代学术就日益庸俗化、实用化和功利化了,短、平、快的实证论文获得了推崇和鼓励。事实上,托克维尔通过对早期美国社会的观察发现,民主体制下的学术风气呈现三大显著特征:(1)学术取向的实用化,如重实践而轻理论,重一般观念而轻具体观念;(2)学术精神的平庸化,如有追求而少大志,缺少创新精神;(3)学术控制的极权化,如信仰的从众取向,学术中的多数"暴政"。同样,马尔库塞在对二战后美国社会的考察中也指出,发达工业社会创造出了丰裕的物质条件,由此成功地容纳、化解了社会中一切可能存在的否定力量,社会文化为适应社会的需要日益商业化、世俗化、物质化、标准化、大众化;进而平庸的娱乐和无聊的消遣就吞噬了人们的心灵,它以文化的形式告诉人们,现存社会是最好的、最合理的,认同这个社会并接受它的观念就可以得到快乐和幸福,以致人们的自由意识和批判精神在不知不觉之中被不断增长的"虚假需求"、不断更新的商品以及维护现实的"肯定文化"所窒息和消除了。结果,现代发达工业社会使得人成为单向度的人,成为缺乏批判和反省的人,对自身和他人的未来漠不关心,对周遭现实毫无批判地接受。显然,市场堕落效应在当今社会的肆意呈现,也促使我们进一步思考政府所应承担的角色,拓宽新古典经济学教科书上所赋予其的政府功能。

(三)促进分配正义理论

上文引入了市场主体的相异性,尤其是权力和地位的不平等性,这也必然导致市场收入分配的不合理性。一般地,在现实世界中,市场交易中的供求关系根本上体现为权力之间的较量,交

① 朱富强:《现代主流经济学的认知局限》,《政治经济学报》第10卷,社会科学文献出版社2017年版。

易剩余的分配结构也必然决定于当事人的权力对比；因此，分配结果总是有利于权力大的一方，强势者往往会占有更大的收入份额。进而，更大的收入份额又进一步增强了强势者的力量，从而使得它在今后的交易中拥有更大的优势，并获得更大的收入份额……如此循环往复，就产生了市场经济中的马太效应：富者愈富、穷者愈穷，最终导向社会收入分配的两极化。当然，一些经济学人也许会依据库兹涅茨倒U形收入分配规律而认为，市场经济中的收入差距在拉大到一定限度之后就会出现缩小的趋势，并以此来为现实中的收入差距辩护，并反对人为干预来缩小这种收入差距。但实际上，这并没有认真区别"倒U形"收入曲线前后端的影响因素差异：(1)收入差距变化曲线中前一段的扩大主要源于自发市场的马太效应；(2)收入差距变化曲线中后一段的缩小主要源于社会干预的转移效应。[①]也即收入分配本身就是社会力量博弈的结果，而随着财产权利的集中，其所有者将在谈判中拥有越来越强大的权势，从而也会获得越来越有利的收入份额，这是一个自我强化的过程。尤其是在一个权力分布极端不平衡的社会，完全基于力量决定的供求市场就必然有强烈的掠夺性，必然缺乏对正义和公平的关怀。为此，一个良善的社会就体现为：存在一系列法律来限制那些附属于特定功能角色的财产权利的使用，使之不会因累积效应而膨胀，这也正是民生主义的经济干预政策之理论基础。同时，正是通过抗衡力量的引入以及对财产权利的"约束"壮大了弱势者在谈判中的力量和地位，从而最终使得收入分配差距拉大的趋势出现缓和，甚至转向缩小。

事实上，在一个良性发展的社会中，人们对社会正义往往具有基本共识，这就是个人的收入所得与其劳动贡献应该相对称。其中，就成熟而完善的市场而言，它应该维护每个市场主体的应得权利，致力于促进社会权利和国民财富之间的平衡发展；就合理和合法性的政府而言，它应当是弱势群体的保护者，应该确保社会中不存在统治和剥削其他群体的权力。显然，在现实市场中，无论是资源的初始占有还是财富转移的程序制定都控制在少数权势者手中，由此带来的收入分配就具有明显的不合理性；而且，初始分配收入的不合理性不仅表现在工资收入没有体现其劳动贡献，而且表现在依据劳动贡献来获取收入的原则也忽视了人类个体的自然不平等。因此，从正义原则角度，就要求通过收入再分配对初始分配收入中的不合理进行弥补：(1)对那些受到损害的主体进行补偿，从而实现补偿正义；(2)对那些处于自然弱势地位的主体提供援助，从而实现纠正正义。[②]所有这些都赋予政府在收入分配领域的积极作用。但是，边际革命以降的现代主流经济学反对古典经济学从力量博弈将收入分配与规则制度联系起来，而是根据边际生产力原理将生产理论和收入理论统一起来，进而将市场收入与生产贡献等同起来；相应地，它将初始分配收入视为正义的，并由此主张私有财产神圣不可侵犯，而将基于收入再分配的征税视为违反基本正义。正是在现代西方主流经济学的鼓吹下，政府的纠正和补偿正义以及收入再分配功能被放弃了，而市场机制则得到了过分的推崇。

① 朱富强：《完善社会主义市场经济体制的"顶层设计"思维：重温邓小平的南巡精神》，《经济学家》2013 年第 1 期。

② 朱富强：《收入再分配的理论基础：基于社会正义的原则》，《天津社会科学》2016 年第 5 期。

(四) 资源配置机制理论

从市场化失灵来引出政府功能的承担,这主要是从必要性角度而言的。政府能否承担这种功能,还需要进一步探究政府作用的本身机制。按照现代企业一般理论,所有的资源配置方式都可以归结为两种基本类型:价格机制和组织机制。其中,价格机制是通过市场来运行的,而组织机制在微观上则主要体现为企业内部的命令系统。也即,基于企业组织的资源配置方式与基于市场的资源配置方式比较,具有不同的特点:在企业组织中,发生资源配置的主体之间存在地位和等级的差异,产生命令和服从关系,也就产生了生产的计划。因此,企业经济往往也被看成是一个小的统制经济,或计划经济。也即,非个人的计划起源于企业内部,计划机制往往也可以被视为企业机制,而国家计划配置方式只不过是企业配置方式在国民经济上的拓延。因此,如果说企业管理协调是在微观经济层次上对市场协调方式的替代,那么,政府的管理协调就可看成在宏观经济层次上取代市场协调的方式。这一点可从两方面理解:(1)正如企业组织的管理协调引入了企业管理人员一样,国家组织的宏观协调则引入了政府行政官员;(2)正如企业组织中也存在大量的隐性协调的活动,如企业文化建设、职工培训等一样,在一个国家组织中也存在大量的隐性协调需要政府来施行。正因如此,国家计划实际上是属于两种基本资源配置方式之一的组织配置方式,政府显性协调在本质上也是宏观的组织管理协调方式;相应地,计划和市场这两种基本资源配置方式在本质上并没有优劣之分,区别只是在于各自与环境的相容程度:不同方式与何种环境相适应以及发生作用的"限度"如何。①

一般来说,政府的根本作用在于促进市场主体之间的行为协调,从而提高劳动有效性,增进社会合作。政府的这种协调功能表现在直接和间接两个方面:其中,直接的协调作用主要指政府以产权代理者或控制者的身份对经济直接进行计划、管理和经营等活动;间接的协调作用则主要是指以裁判者的身份通过间接的方式——如设定游戏规则、提高国民整体认知水平、培育社会的合作精神等——为市场经济活动提供辅助性支持以提高社会协调性的活动。当然,政府的经济干预也会产生政府失灵。不过,政府失灵的产生原因不同于市场失灵:市场机制的失灵主要在于孤立个体在自发互动上的协调性不足,政府机制的失灵则主要体现为集中的权力在使用上的制约性不足。相应地,市场机制的失灵是集中于研究市场交换和个体行为的经济学家应该关注的,其基本思维在于如何提高行为的协调性以促进社会合作和分工深化;政府机制的失灵则集中于研究政治组织和群体行为的社会政治学家所重点关注的对象,其基本思维在于如何建立起一套有效的监督机制来保证政府及其代理人做它该做的事。不幸的是,现代学术的学科关注点似乎颠倒了过来:经济学家努力为自生自发的秩序进行辩护,政治学家则在如何完善对政府及其代理人的监督机制上似乎也无大作为。结果,中国社会就盛行两种极端观点:(1)针对市场失灵问题,不是寻求市场的完善之道而是试图取消了事,这是改革开放前的计划经济实践所展示的;(2)针对政府失灵问题,也不是寻求政府监督体系的完善而是取消政府相关职能,这正是现代经济学界的流行观点。有鉴于此,良善社会就应该努力避免这两种极端倾向,而这也正是新时期下的有为

① 朱富强:《如何认识有为政府的经济功能:理论基础和实践成效的检视》,《学术研究》2018年第7期。

政府建设的追求。

基于上述分析，我们就可以从市场失灵的角度对有为政府作一定义。所谓有为政府，主要是指承担积极功能以高效地弥补市场缺陷、维护社会分工合作并推动社会秩序扩展的政府。从否定层面讲，它针对的是另外两种政府行为：(1)无为政府，即无视市场缺陷，放任它自由运行而无所作为的卸责政府，这往往是由于对市场缺陷的认识不足或者政府本身缺乏足够的能力；(2)乱为政府，即不仅没有采取积极行动以弥补市场缺陷反而采取恶意行动抑制市场积极作用的恶棍政府，这往往是由于对个人私利的追求或其他政治的、社会的、文化的因素。相应地，要建立成熟而有效的有为政府，至少需要做两方面的工作：(1)要对市场的内在缺陷以及政府的应有责任有清楚的认识，并以此形成“良知”；(2)要建立起相对完善的制度安排制约政府及其代理人的不合理行为，并以此促成“良行”。王阳明用“良知”来指称天理，这种天理又源于人心，并通过“诚意”促使人依良知而行，从而实现“知行合一”；这里的“良知”指称对事物内在本质和事物之间相互作用之因果关系的认识，而这种认识又来源于不断地探究，并依据“尽其在我”的社会责任而将良知应用于实践，这就是良行。所谓“厚道泽众，良行至远”是也。为此，确定有为政府的职能，就涉及这样两个方面的内容：(1)明确政府所必须促进的目的；(2)研究什么样的政府形式最适合于实现这些目的。

二、有为政府的政策是否有效：田国强的论断剖析

田国强反对有为政府而主张有限政府，主要集中体现在产业政策之争上。针对林毅夫对基于“华盛顿共识”的“三化”批判，田国强提出了尖锐的反批评，并强调，“改革的方向性问题首先要明确，松绑放权的经济自由化、市场化和民营化的市场导向改革方向不可动摇”。[①]我们承认，市场化的改革方向不可否定，但同时也提醒要关注两大问题：(1)市场化是否存在一个边界或度，这个边界和度又在哪儿？实际上，这里是在追问这样的问题：我们究竟应该如何理解市场经济？(2)中国过去的经济成功能否仅仅归功于“三化”改革？事实上，改革开放前的几十年在一穷二白的环境中为工业发展打下了坚实的基础，改革前后的国际环境也发生了巨大变化，这些对中国改革后的经济腾飞都起到了很大作用。但是，正是由于将中国经济发展的单一性地归功于市场化改革，田国强就逻辑性地强调要继续推进这种市场化改革方向，并由此得出政府职能应该定位于有限政府而不是有为政府的论断。既然如此，我们究竟该如何理解“有为政府”的功能及其相应的产业政策呢？

(一) 有为政府的有效性

田国强对有为政府的有效性抱有怀疑和否定态度，认为有为政府的产业政策不仅无力解决

① 田国强：《对当前中国改革及平稳转型意义重大的三个问题：供给侧结构性改革的关键与有限政府的建立》，《第一财经日报》2016年10月24日。

现实经济问题，而且还会产生极大的误导作用。他的主要理由是：(1)政府政策具有内生性，一个政策的退出必然引出一个反向行为，从而使得政府政策失败，这就是所谓的“上有政策下有对策”，理性预期学派理论已经说明了这一点；(2)政府是由自利个体所组成的，在信息不对称性下就容易产生机会主义行为，从而需要诉诸制度安排来规避激励扭曲和政府失效，这是现代激励机制理论重点强调的。相应地，我们可以对田国强的论断逻辑作如下审视：(1)以理性预期理论来论证政策的内生性和失败的必然性，试问：理性预期在多大程度上是现实的？要知道，理性预期本身就是一个既有启发又极端片面的抽象理论，也很少能够得到现实的确证。[①](2)以信息的不对称性来预测政府的机会主义行为，试问，政府决策有多少是个人行为？要知道，绝大多数组织决策都有一个规范的程序，当前现实中的“一把手”独断行为也正是有为政府的制度安排所致力解决的。(3)以统制经济来否定有为政府的有效性，试问：有为政府在何种意义上可以等同于统制经济呢？要知道，有为政府和有限政府之争根本不同于传统的计划和市场之争，因为有为政府根本不会否定市场机制在现代经济中的基础性作用，而是关注建立一个怎样的有效市场。

首先，田国强之所以怀疑和否定有为政府的有效性，很大程度上因为他将有为政府的经济政策等同于向传统统制经济和计划经济的回归。这一认知和论证逻辑与张维迎几乎一致，我们已经从人类认知能力的有限性、激励机制的扭曲性、政府官员的迟钝性等方面做了系统的解释，这里不再赘述。[②]简单地将现代社会的有为政府和有限政府之争等同于计划与市场之争，是将复杂的社会问题简单化，使得学术和论争更易趋向极端。事实上，正是简单地将有为政府和计划经济对应起来，田国强才将计划经济制度下的政府行为都称为“有为”，并以此来论证有为政府缺乏有效边界。但这是两回事。同时，田国强又认为，计划当局往往都是出于好心，却又往往会出现好心办错事的结果；相应地，有为政府强调通过政府干预经济活动、用政策手段尤其是产业政策手段来解决短期发展问题，这种着眼短期的行为同样会产生类似的恶果。实际上，在这里应该是完全树错了批判的靶子，因为，有为政府的产业政策根本不同于统制政府下的计划经济，它需要充分利用市场机制的积极功能；有为政府的产业政策与市场主体行为也存在一个重要特征差异，它主要是着眼长期而不是解决短期问题。

其次，田国强之所以怀疑和否定有为政府的有效性，还在于他是从一个绝对性视角进行审查的。田国强问道：“世界上有从来不会犯错误、天使般的有为政府存在吗？”[③]我们当然承认，永远不会有完美的有为政府，这也正是有为政府需要不断建设以及政府行为需要受到严格规制的原因。不过，以此来否定有为政府，我们就同样可以反问：“世界上有从来不会犯错误、天使般的有效市场存在吗？”如果没有，为何不像有限政府主张者那样来提倡“有限市场”而不是“有效市场”或“自由市场”呢？如果要建立“有限市场”，首要的工作当然就在于努力探究市场作用的广度和力度，并且维护和建设这种“有限市场”又需要一个有为政府。相应地，在建设有为政府的过程之中，我们首先就需要在深刻的理论研究基础上确立一个理想状态，这也就是有为政府构建的最优

① 朱富强：《经济学说的两类特征及其价值：兼论分析和综合两种方法》，《南大商学评论》2016年第4辑。

② 朱富强：《为何需要产业政策：张维迎和林毅夫之争的逻辑考辨》，《社会科学战线》2017年第4期。

③ 田国强：《再论有限政府和有为政府：与林毅夫教授再商榷》，《第一财经日报》2016年11月7日。

目标；同时，必须清楚认识到这一最优目标并不是现实的，但可以不断地向它接近。在此过程中，我们虽然希望政府的政策和行为不要犯错误，但这种理想往往因信息等因素的限制而不现实；为此，我们就转向尽可能少犯错误这一次优目标，或者构建一个制度安排使得政府具有自我纠错和修正的能力。

最后，田国强之所以怀疑和否定有为政府的有效性，还在于他认为这个提法是因为对市场经济的误解。田国强说，有为政府的倡导者往往只是知道市场经济存在好坏之别，就“由此以偏概全地认为建立现代市场制度的市场化改革不重要，以为中国经济持续发展的问题不在于制度，从而反对或不重视中国进行市场化改革，更强调通过政策应对来促进经济发展”。①但实际上，以此作为反对有为政府的理由也非常牵强。究其原因，有为政府并不否定制度建设的重要性，根本上不反对市场化改革的总体路向；恰恰相反，有为政府的建设本身就有赖于构建一整套的制度体系，政策则仅仅是有为政府解决短期突出问题的一个辅助性手段。从根本上说，无论是有为政府还是有效市场，都不是先天的自然之物，而是人类基于其特定目的而构建的，这种目的的存在也就塑造出政府、市场等社会事物的内在本质。进而，为了社会的健康发展之目的，我们在形塑具有互补共进关系的政府机制与市场机制时，首先要确定需要何种市场，再进一步探究如何建设这种市场，进而在此过程中考虑政府的作用，最终确定需要何种有为政府。在这里，有为政府说不同于有限政府说的是，它不将特定的“市场化改革”当作先验目标，而是倾向于辨析市场化的结构：比如哪些领域存在市场化不足而需要推进，哪些领域存在市场化过度而需要抑制等。

（二）产业政策的合理性

田国强对有为政府的反对集中体现在对产业政策的态度上：他不是反对所有的产业政策，但确实反对政府主导的产业政策。在田国强看来，有为政府所规划的产业政策是政府主导的，从而也就必然是无效的。他所持的理由有：(1)由于政府官员缺乏足够高的市场敏感度，缺乏足够的必要信息和动力，从而难以做出明智的产业发展抉择；(2)由于政策内生性和信息不对称性，有为政府的产业政策往往只在短期或者在局部有用，而中长期的弊端大于短期好处；(3)基于非常有限的信息做出事先的产业政策规划和措施，即使平均期望可能还可以，但方差却可能会很大，以致产业政策的效果往往会走向两极。因此，田国强断言，在当前中国社会提倡有为政府往往会带来系统性风险，产业政策最多也是治标不治本，而且一定会造成资源的极度无效率配置。不可否认，上述几方面很大程度上体现了产业政策的当前现实，也都建立在大量现实案例的基础之上。问题是，是否就可以由此断言产业政策的无效呢？

首先，我们对田国强否定产业政策的上述论证逻辑作一审视。(1)政府根据产业总体发展趋势以及国家整体基础设施的短板而制定相应产业政策，而不是对具体技术、产品乃至产业的研发进行规定乃至垄断运营；同时，这方面产业政策主要依赖科学知识和宏观经济信息，而不是依赖

① 田国强：《对当前中国改革及平稳转型意义重大的三个问题：供给侧结构性改革的关键与有限政府的建立》，《第一财经日报》2016 年 10 月 24 日。

于如现场企业家那样的对短期利润和信息变动的市场敏感度。(2)尽管产业政策在一定程度上会衍生出逆向选择效应,但好的产业政策恰恰在于降低自发市场中的外部性和搭便车行为;同时,有为政府旨在建立一个促进政府和市场互补的制度安排,相应的产业政策也不是取决于某特定官员的意志,而需要有一整套的决策程序。(3)有为政府的产业政策从根本上也是着眼长期并随着经济环境变化而调整的,从这个角度上就很难断言它只在短期或者局部有用,且中长期的弊端大于短期好处。即使我们可以举出不少产业政策长期失败的例子,我们也无法从根本上否定产业政策,否则经济危机在西方社会爆发,是否就可以断言纯粹市场的中长期弊端大于短期好处了呢?(4)如果政府着眼于产业发展的长期趋势,那么,这些产业政策的成败方差就不会大于自发市场中的企业或产业。要知道,产业政策毕竟广泛收集各国经验并经历了反复的论证,而现场者的一个个行动其实往往更为盲目;同时,在当前政府机制很不健全的情况下,许多产业政策的论证往往流于形式,但这也正是有为政府需要加以完善的。(5)任何固化和僵化的政策都潜伏着系统性风险,不仅政府会如此,市场同样会如此,大规模的经济危机就是市场系统性风险的集中体现;相应地,有为政府的产业政策也致力于多元结构而不是"将所有鸡蛋放在一个篮子里",大国尤其如此。

其次,我们对产业政策所引发的现实问题作一考察。田国强以 2008 年的 4 万亿元经济刺激计划及其有关产业振兴规划为例,指出中国社会的产业政策往往会引发一拥而上的恶性竞争和产能过剩现象,当中央政府出台某个产业的发展规划之后,地方政府会依葫芦画瓢地竞相推出类似乃至基本一样的产业规划。对此,我们也可以作一逻辑审视。(1)有为政府的建立本身就包含了塑造中央和地方之间的互补协调的良性关系,有为政府的产业政策也要兼顾中央政府和地方政府的平衡并且在各地方政府之间进行协调,因而避免一拥而上的重复建设本身就是产业政策需要重点考虑的。(2)固然 2008 年的 4 万亿元经济刺激有可议之处,也有相当大的改进空间,但我们也要思考:如果没有当时的 4 万亿元,我们的现在经济是否可能更糟糕? 进而则可以思考,我们能否制定出比当时 4 万亿元经济刺激更优的产业政策? 如何能够做到这一点,那么,当时又为何没有做到? 只有坚持这样一连串的追问,我们提出的政策建议才是建设性的,才能更好地推进有为政府的建设。(3)田国强将产业政策定性为"治标",这也是误解。实际上,有为政府的构建根本目的在于治本,构建合理有效的制度安排也是治本之策的基础。一般地,如果只是采用工具主义态度来解决短期问题,那么就只是治标;但是,如果试图寻找市场和政府之间的协调和平衡,那么就是为了治本。在很大程度上,市场中的个体决策所面对的反而恰恰是短期问题,从这个角度上说它只是为了治标。当然,奥地利学派认为,一个个短期问题的解决就可以产生自发扩展的秩序。问题是,自发秩序也可能出现内卷。

再次,我们对政府干预经济衍生的"恶现象"作一审查。田国强说:"经济粗放发展、贪腐猖獗、贫富差距过大、社会公平正义不足、政府公共服务不到位等问题……(的)一个重要原因就是政府角色越位、错位和缺位并存。"①就此而言,我们可以得出两点结论:(1)迄今为止理想的有为政府并没有真正建立起来,这正是我们要致力解决的;(2)迄今为止合理的商业伦理也没有切实

① 田国强:《有限政府,有为政府?》,《财经》2016 年 11 月 7 日。

塑造起来，这也是我们要重点关注的。事实上，任何政商关系都是两方面的，都是腐败的官僚和贪婪的商人之合谋。关于当前的现状，我们也要反问这样一个问题：既然官员如此为非作歹，社会大众为何还是如此欢迎和鼓动政府惩治商人而不是积极支持和联合商人去制约政府与官员呢？根本上是因为，商人失去了其应有责任而变得唯利是图和为富不仁。事实上，正是由于许多商人未尽到应尽的社会责任，而变为"为富不仁、唯利是图"的逐利者，也就必然得不到社会大众的拥护和追随，进而商人也形成不了一股有效制衡政治权力的势力，这反过来又间接地促使官员权力的持续膨胀和坐大。有鉴于此，有为政府正是致力于通过制度变革和设计来规范自身行为，进而制约那些"不作为"和"乱作为"的行径。

最后，田国强还以"产业创新主要源自企业家"这一传统认知来否定有为政府。田国强说："从各国来看，企业创新（非基础性科学研究）的主体都是民营企业。国内公认最具有创新性的阿里巴巴、腾讯、华为等企业，也都是民企。余额宝等互联网金融的出现是不让民营经济进入金融行业倒逼的结果，是死地而后生导致的结果"，因此，"产业政策制定，其根本着眼点还是应该在于激励企业家精神，让市场在资源配置中充分发挥决定性作"。①确实，市场经济中无时无刻不在进行创新，这些创新大多数都是个体自发完成的，因而产业创新、调整和升级也就需要激励和发挥企业家精神。但是，这里还是存在一些值得追问之处：(1)何为企业家精神？企业家精神是否一定是创新性而非破坏性？如果有，这也正体现了市场机制的缺陷，而有为政府则努力将这种破坏性行为扼杀在萌芽阶段。(2)不同层次的创新动力是否存在差异？如那些周期长、投入大和风险高的创新是一般现场"企业家"所能承担的吗？如果不能，这正反映了社会协助机制的缺失，而有为政府也致力于培育这种企业家精神或推动企业家精神从潜能转化为现实。一般来说，逐利的市场主体主要从事应用性技术创新，而基础性科学创新往往有赖于政府的支持。不过，田国强也对此提出了质疑：(1)基础科研是科技创新之本，政府的确要发挥重要甚至是主导的作用，但是产业技术发展的方向不是由政府的选择决定，而是由市场需求与企业家精神决定的；(2)中国的基础研究投入不可谓不大，但真正具有国际影响力的原创性、引领性成果严重缺乏。对此，有为政府说的解释则是：(1)即使当前中国的基础研究投入成效不理想，我们也不能说它不重要，而是要从中审查原先决策的问题进而加以改进，这是有为政府的基本要求，也是完善途径；(2)孤立的案例无法说明政府在基础研究上投入的价值，因为很多价值的显现要滞后很长一段时间，而且社会上的很多创新本身就是相互启发和利用的，如卫星导向 GPS 就首先是用于军事用途。

三、如何推进市场化改革：剖析真实市场机制

田国强反对"有为政府"概念最为重要和根本的原因在于，他认为，由于迄今为止成熟的市场机制还没有建立起来，当前中国政府存在大量的事前和事后乱为，因而提倡"有为政府"往往就会强化政府的乱为而忽视市场化改革的紧迫性。问题是，如果没有对市场机制缺陷的剖析，如果没

① 田国强：《有限政府，有为政府？》，《财经》2016 年 11 月 7 日。

有建立起真正的有为政府，能够推进合理的市场化改革吗？很大程度上，新古典经济学及其派生出的“华盛顿共识”都是在照搬书本上的抽象理论和西方社会的独特经验，但是，市场本身却是特定时空下的创设之物，并随社会发展而演变，这就产生了多样化的市场类型。因此，这就涉及我们究竟应该建设怎样的市场这个问题，关键是要与我们独特的社会环境相适应。相反，在缺乏对市场特性及其适应条件的足够认识下，机械地模仿和搬用他国尤其是欧美国家的市场模式，那么欧美社会已有的那种效果我们往往也难以达到。

（一）富民强国是否必然导出有限政府

田国强认为，建立有限政府是富民强国的必然要求，其内在逻辑是：欲强国，必先富民；欲富民，必赋私权；保私权，必限公权。相应地，田国强还得出结论：“中国改革实践所取得的巨大成就，也正是源自遵循了这一基本内在逻辑，而发展过程中出现的种种问题恰恰是源自对内在逻辑的违背。”①那么，我们究竟该如何认识这一论证逻辑呢？不可否认，国家的强盛依赖于全体人民的努力，所以必须给予一定的物质刺激以激发人民的劳动投入或创新意识，进而也就必须对私权给予相当的保障。但是，如果由此将强国与富民对立起来，将强国与有为政府等同起来，而将富民与有为政府对立起来，以致彻底否定有为政府，甚至否定有为政府在特定时空下的积极作用，则是不合理的。相反，只要在有效制度安排下不出现明显的官员腐败，国强和民富就是相互促进的，因为国强有助于将更多资源用于民生建设，而且还会带来显著的公共品效应，从而促进民富。

首先，国家的繁荣和人们福祉的提高根本上体现在民富上，因而政府应该积极推行富民之策。但问题是，富民和强国之间是否存在矛盾关系，甚至存在根本性的对立？要知道，斯密的《国富论》就同时关注这两大目标：“第一，给人民提供充足的收入或生计，或者更确切地说，使人民能给自己提供这样的收入和生计；其次，为国家和社会提供公共服务所需的充分收入，使公务得以进行。总之，其目的在于富国裕民。”②更不要说，在面临激烈的国家争斗时期，往往都是先强国再富民的，这已为大量的历史事件所证实。明显的例子是，近现代日本迅速崛起并在甲午战争中战胜中国，恰恰在于它当时的国强而非民富。同样，在崛起过程中，英国长期实行的都是军事工业主义，也是当时世界上最强大的军事国家：在1688—1815年间英国至少有52%的时间是处于战争状态，1715—1815年的国防费用几乎是1850—1913年间的300%，甚至也超过了1914—1980年间的费用总和（包括两次世界大战），是1850—1913年间所有公共开支的两倍。③有鉴于此，彭慕兰就指出，英国和其他欧洲国家的确有制度上的优势，“但是在1800年以前的世界中，它们似乎仅仅适用于战争、武装的远程贸易和殖民”。④讲这些，并不是要否定富民的最终意义，只

① 田国强：《对当前中国改革及平稳转型意义重大的三个问题：供给侧结构性改革的关键与有限政府的建立》，《第一财经日报》2016年10月24日。

② [英]亚当·斯密：《国民财富的性质和原因的研究》（下卷），商务印书馆1974年版，第1页。

③ [英]约翰·霍布森：《西方文明的东方起源》，山东画报出版社2009年版，第227页。

④ Pomeran, K., *The Great Divergence: China, Europe, and the Marketing of Modern World Economy*, Princeton: Princeton University Press, 2000, p.166.

是想表明，在发展过程中将强国和富民对立起来并没有什么严格的逻辑和现实依据。尤其是任何国家的普遍民富都有赖于国家能够保护他们免受外来的掠夺和剥削，而这恰恰需要国强。很大程度上，国强尽管不是民富的充分条件，但却是普遍民富的必要条件。纵观古今中外的历史和现实，在一个国力不强的国家，尽管会存在少数富豪甚至是巨富，但社会大众必然是普遍贫困的。

其次，私有财产只有得到一定程度的保护，才能维持社会的稳定，才能促进展开生产投资等经济活动。但问题是，私权是否应该被绝对化和神圣化，乃至任何调整私权的制度和政策都可以被视为不正义？这涉及两方面的问题：(1)私有财产的取得本身是否合理？(2)私有财产的调整对社会有何影响？第一，就前一问题而言，新古典经济学以及奥地利学派之所以坚持"私有财产神圣不可侵犯"信条，就在于它们基于边际生产力分配论而将市场收入与各生产要素及其主体的劳动贡献对应起来，从而是合理和正义的。但问题是，市场收入果真体现人们的劳动贡献或应得权利了吗？显然，如果现实市场的收入与其贡献不相称，那么，从社会正义或分配正义的角度讲，这种私有财产也就不是神圣不可侵犯的。为此，我们可以审视一下现有的收入分配机制：基于边际生产力的生产要素分配净尽定理依赖于各种强条件，而这些强条件在现实市场中并不能得到满足；相反，考虑到市场主体的异质性和市场力量的不均等性，现实市场收入更主要由特定的分配规则和社会制度以及其背后的力量结构所决定。第二，就后一问题而言，田国强认为最核心的公民私权包括基本生存权、经济自由选择权、私有产权，但这三者往往并不相容。显然，在不相容时，天赋人权观要求首先保障第一项。同时，随着社会的发展，人们对社会权利和自由的关注逐渐从个人财产权转向了免于匮乏和保障安全的自由。因此，尽管财产权自启蒙运动始就被视为人类最基本的权利，但西方社会的观念目前却逐渐转向了以致财产已不再属于绝对的私人领域，因此对财产所征收的税率在不断提高。譬如，一个美国人死后留有遗产 2 000 万美元，但其中近 1 000 万美元要上交给政府，试问，这又如何有"私有财产神圣不可侵犯"之说？这与部分没收有什么不同吗？讲这些，并不是说不需要保护私有财产，尤其是在当前社会。但确实要强调，对私有财产的保护不是绝对的，富人对财产的使用在任何时期都会受到一定的限制，而且这种限制随着社会发展而加强，这也是复杂自由主义的基本理念。

再次，私权的保护有赖于健全而透明的制度安排，需要"以预先制定的规则来划分政府和个人的权利范围及政府与市场、政府与社会的治理边界"。但问题是，这是否就如田国强所宣称的，"要成为一个有效的政府，必须是一个定位恰当的有限政府"呢？①事实上，一个有效的市场必须存在纠正市场失灵的机制，有为政府的主旨就在于此。例如，由于一些技术和产业创新领域高度的不确定性以及配套设施的不完善，导致民企没有能力或不敢进入，那么好的有为政府就能够提供相关支持；再如，由于个人价值和社会价值的冲突，一些个人或企业在追求利益最大化时可能会损害社会的整体利益，那么好的有为政府就能够设定一些规范来制约相关行为。从这个意义上说，有效的政府也就是有为政府，如何又要规定为一个先验的有限政府呢？田国强强调："政府

① 田国强：《有限政府，有为政府？》，《财经》2016 年 11 月 7 日。

要在维护和服务方面发挥好的作用,而不是在经济活动中发挥过多的作用。"①但问题是,什么叫"过多"呢?要界定这一点,就首先必须搞清楚市场机制的缺陷和市场失灵的表现,从而确定政府的作用范围。同时,在政府的应有功能确定后,就要保障政府做它该做的事,这种制度安排也有赖于一个有为政府。

最后,基于上述分析就可以得出如下几点:(1)有为政府与强国富民之间并没有逻辑矛盾,如西方民族国家兴起之初首先注重的就是富国,并由此推动了经济大发展,并产生了相应的重商主义和历史主义思考和政策主张;(2)私权和公权之间也并不存在截然的对立关系,两者的集中都会危害个人自由和社会发展,从而良善社会需要在私权和公权之间取得平衡;(3)不同时代对私权和公权的享有和限制存在差异,这与社会权利的拓展程度密切相关,这也是自由主义复杂化发展的基本趋势;(4)有为政府并不意味着公权集中在少数人手中,而是要形成真正体现人们诉求的公意,这才是民主的真正本质。当然,不可否认,迄今为止还没有建立起成熟而高效的有为政府,"不作为""乱作为"的现象时有发生。即使如此,针对目前社会经济的混乱状况,我们也需要对原因仔细加以辨析:有多少是政府"乱作为"造成的?又有多少是市场固有缺陷造成的失灵问题?有多少是因为特定时空下市场不完善而政府却无为造成的?同时,又有多少是源自政府"乱作为"和市场缺陷这两者的相加?所有这些都有赖于在建设有为政府时详加探究,有为政府绝不是一个口号,也不是一蹴而就的工作,而是需要锲而不舍的探讨和努力;同时,有为政府也绝不等同于包含了"乱作为"的全能型政府,而是非常强调有所为和有所不为,必然有作用边界。

(二)模仿式市场化改革是否有效可行

田国强认为,中国的大改革方向必须明确,这就是经济自由化、市场化和民营化的松绑放权。为了论证这一改革方向的极度重要性和必要性,田国强分别从理论内在逻辑分析、历史比较分析及量化实证分析三大视角切入,进而将未来经济发展走向归结为"坚持还是不坚持市场化的改革方向,市场化的改革到位不到位"。②不可否认,中国社会的市场化改革还有待进一步推进,但由此来否定有为政府却存在严重问题。按照我的理解,有为政府从来没有打算成为改革的绊脚石,反而积极推动改革;同时也从来不否定现实世界中还存在大量的政府"乱作为"现象,反而积极推动相关领域的市场化。从历史上看,现实的市场经济根本上就是政府"设计"的,K.波兰尼就指出:"自由放任绝非自然产生的;如果让事物自然发展,绝不会产生自由市场。"③由此可以得出两点基本认识:(1)有为政府与有效市场根本不矛盾,相反,正如林毅夫指出的,有为政府和有效市场是互补关系,尽管有为政府与有限政府所理解的有效市场存在内涵上的差异。(2)有为政府与有限政府在改革路向上不存在本质性不同,两者的差别主要在于:如何理解市场化改革?"三化"

① 田国强:《对当前中国改革及平稳转型意义重大的三个问题:供给侧结构性改革的关键与有限政府的建立》,《第一财经日报》2016年10月24日。

② 田国强:《对当前中国改革及平稳转型意义重大的三个问题:供给侧结构性改革的关键与有限政府的建立》,《第一财经日报》2016年10月24日。

③ 波兰尼:《巨变:当代政治与经济的起源》,社会科学文献出版社2013年版,第250页。

本身是否应有个界定或限度？根本上，这又源于对现实市场机制缺陷的认识上存在差异。

首先，我们对田国强的上述论证逻辑作一辨析。(1)田国强以哈特的不完全合约理论来否定有为政府，但这种批判实际上树错了靶子，因为，它将有为政府等同于以前的统制政府，将有为政府的产业政策当成了统制政府下的经济计划。其实，有为政府从来不会寻求占有，更不要说独占剩余控制权，也不是要扩建所谓的国有企业；相反，有为政府一直致力于建设和完善市场机制，希望建立一个有效的市场体制，或者说构建市场和政府两大机制互补的市场社会主义。(2)田国强将中国改革成就归功于"三化"改革并以此来主张"三化"改革的继续，这显然无视了市场化改革中已经暴露出的严重问题。事实上，即使市场化改革带来了快速的经济增长，这种增长也呈现出明显的无序式，集中体现为：经济增长是粗放投入型的，收入分配是势力博弈型的。在很大程度上，社会制度的有序程度与经济增长速度之间的存在一种倒 U 形关系，并最终将难以维持这种高速增长态势。因此，有为政府从未否认过去几十年改革的总体成就，不过是强调也应该到了审视市场机制内在缺陷的时候。(3)田国强借计量分析而将现实社会问题从市场化改革中排除出去，这种做法是缺乏说服力的。事实上，按照同样的计量逻辑，我们也可以将很多现实问题归咎于市场化改革问题。针对市场化改革的总体路向，我们还可以进一步思考：是否存在一种不变的市场？如果市场是可变的，那么，就需要进一步审视现实市场是否合理的问题。

其次，我们对田国强的科学研究逻辑作一拷问。田国强在很多场合强调论断的得出应该以科学方法为基础。那么，何为科学的方法呢？现代经济学认为最为重要的方法就是计量分析，认为计量分析结论以大量数据为基础，是客观的，也就是科学的。但是，实证分析的客观性实际上只是一种虚构：无论数据资料的选择还是分析工具的选择都充满了主观性。基于数据比较的计量分析也是如此，因为不同时空下的其他变量根本是无法得到控制，保持稳定不变。试问：迄今有什么计量研究的文章中控制住了其他扰动因素？有多少计量研究的文章满足了穆勒 170 年前提出的五大比较逻辑方法：一致方法、差异方法、剩余方法、伴随变化方法和契合差异并用法？我们回到田国强的研究逻辑：田国强认为只有通过控制实验才能得到因果关系的推断，并由此驳斥林毅夫对比中国和苏东转型绩效所获得的结论。问题是，田国强将中国转型成功归功于"三化"改革就通过控制实验了吗？实际上，诺贝尔经济学奖得主安格斯·迪顿以及罗德里克等人都指出，随机控制实验并不适用于全国性的政策和制度变革，因为不可能将全国的人随机分成有变革和没有变革两组来检验变革的作用。同时，比较分析本来就有横向比较和纵向比较，尤其是，如果纵向比较由于变量众多以及变动而无法控制，那么，横向比较也就是一个重要的替代手段。

再次，我们对市场化改革的当前方向作一探究。田国强强调，当前中国社会的问题根本上是由于市场化不到位所造成的，因而突破这一困境的根本途径就在于进一步深化市场化制度改革。这里的问题是：何为市场化改革不到位？是指总量上的比例不足还是结构上的不合理？从现实表现来看，市场化改革不到位应该包括以上这两方面。但是，新古典经济和奥地利学派的学者往往只关注总量上的比例不足，从而一个劲地鼓吹"市场化"，却不去认真辨析哪些方面的市场化有待加强，哪些方面的市场化则需要加以规范和遏制。很大程度上，这也正是源于新古典自由主义的抽象思维，导致在实践中它往往不再将"三化"仅仅当成手段，而是将之作为不变的目标；相应地，新古典自由主义者往往就不会正视迄今为止的市场化改革过程中所暴露出来的问题，反而以其他因素进行辩解。而且，在改革过程中，确实总是存在各种复杂的因素，所以新古典自由主义者往往总能找到辩解的理由和依据。事实上，如果推进优化目前市场化结构的改革，就要突破新古典自由主义的思想和政策禁锢，就需要对市场机制的优劣以及现实表现作更深入的剖析。新古典自由主义者往往把欧美市场当成理想的存在，从而倾向于引进并模仿欧美的市场模式。问题是，欧美的市场机制就是我们所想建设的吗？难道欧美市场经济暴露出的问题还不明显和严重吗？即使目前美国社会还有很强的经济活力，我们也需要清楚美国所具有的独特条件，而这些独特条件在当前中国往往并不存在。

最后，我们对模仿式"三化"改革的结果进行审视。基于华盛顿共识的"三化"政策主要来自新古典经济学的基本学说和欧美社会的现实制度，因而"三化"政策在发展中国家的运用，在某种程度上可以看成是一种模仿或照搬。问题是，任何制度都隶属于与整个社会相容的一整套制度体系，如果直接照搬，那么往往就会出现与本国其他制度不相容的情形；尤其是如果缺乏对市场内在缺陷的足够认识，基于"三化"所引进和发展的市场往往也会是彰显其恶，并与本国旧有制度的恶结合在一起而产生恶恶相加乱象。很大程度上，正是受到"华盛顿共识"的影响，很多原社会主义国家都将原本为提高效率而推进的市场化改革当成了目的本身，变成了"为改革而改革""为市场化而市场化"，最终使工具和手段变成了改革的根本目的。不过，田国强坚决否认，目前中国的问题是照搬式的"三化"改革造成的，因为根本不存在照搬问题。对此，我的看法是：(1)不可否认，绝大多部分的市场化改革都在照搬，而且，很多经济学人也极力主张照搬。例如，文贯中就说，"对新自由主义来说，共识是其浓缩，'三化'是其提倡的部分内容……共识提炼出了决定发达市场经济的10条共同的规律性特征，因而对深化市场经济的本质属性的认识做出了自己独特的贡献"。①问题是，丰富复杂并在不断演化的市场经济果真可以简化为这10条"共识"吗？将市场机制如此简单化究竟是对市场认知的贡献还是对市场改革的误导？如果说"共识"的话，又是谁的共识呢？为何还有如此多的人包括大量的经济学家反对呢？(2)尽管"华盛顿共识"一直在鼓吹照搬，而且照搬已经成了风潮，但是，受各种条件所限，完全彻底的照搬往往又几乎不可能，从而"三化"的市场改革也带有强烈的选择性。正因如此，在逆向选择效应的驱动下，现实世界所呈现的往往是"画虎不成反类犬"式的照搬，往往是舍弃精华取其糟粕的学习，故而必然比被模仿的国家产生更大的困境。

（本文原载《政治经济学报》第7卷）

① 文贯中：《如何看待作为新自由主义及其核心华盛顿共识——兼与林毅夫商榷》，《第一财经日报》2016年10月26日。

学 术 书 评

从价值到积累的理论融合与马克思经济学的创造性转化

——评孟捷著《价值和积累理论》

骆　桢　李亚伟

马克思主义政治经济学因揭示人类社会发展规律而获得持久的生命力，尤其是对资本主义经济内在矛盾运动的深刻分析，使马克思获得资本主义病理学家的美誉。然而近些年来，鲜有马克思主义政治经济学的基础理论创新，孟捷的新书《价值与积累理论》①似乎打破了这个略显沉寂的局面。从他的《马克思主义经济学的创造性转化》②一书，到《危机与机遇：再论马克思主义经济学的创造性转化》③一文，再到本书，我们可以看到一个马克思主义理论工作者对理论创新和发展孜孜不倦的追求。

马克思主义政治经济学的创新和发展，总是面临着在传承与突破间的权衡。传承什么、如何在传承的基础上寻求突破，才能既坚持了马克思主义的理论内核与宗旨，又能推进其进一步发展，并推动理论与现实问题分析相结合，实现理论创新的与时俱进？对于该问题，《价值和积累理论》给出了一个很好的范例。

一、《价值与积累理论》的理论基础与创新之处

在《价值与积累理论》一书中，孟捷通过引入市场非均衡性和技术创新条件下复杂劳动还原，使马克思的劳动价值论成为技术创新条件下经济增长、劳动过程、劳资关系以及资本积累的内在矛盾等问题的分析工具。这不仅将劳动价值论和资本积累理论融为一体，也真正体现了劳动价值论的理论意义。孟捷对劳动价值论的发展都是基于马克思原本的设定，可谓是题中之义，比如非均衡与不确定性来自马克思“社会必要劳动时间第二种含义”以及“三类企业竞争形成社会必

---

① 孟捷：《价值和积累理论》，社会科学文献出版社 2018 年版。
② 孟捷：《马克思主义经济学的创造性转化》，经济科学出版社 2001 年版。
③ 孟捷：《危机与机遇：再论马克思主义经济学的创造性转化》，《经济学动态 》2009 年第 3 期。

要劳动时间标准”，又比如“正和关系”来自复杂劳动还原与社会必要劳动时间标准的三类企业动态竞争。但也有学者有不同看法，他们大多认为这种做法模糊了抽象层次。不过，如果价值概念仅仅是用于更抽象的理论分析，似乎也就此取消了其作为资本主义经济规律分析工具的功用。如此一来，就会产生一些新的问题，比如，用什么概念进行具体的现实问题分析，而这些概念和抽象概念之间又是什么关系？也就是说，以抽象层次为由拒绝本书中对劳动价值论的运用，仍然没有取消该问题本身。只要是基于马克思的理论，即使使用其他概念，背后的机制和关系仍然不变。

具体来说，《价值与积累理论》主要基于马克思理论中的“社会必要劳动时间的第二种含义”（后文简称“社会必要劳动时间Ⅱ”）、三类企业竞争模型、复杂劳动还原以及劳动力价值的历史性等四个部分，通过引入技术创新和资本积累，在原有概念基础上分析了资本积累的矛盾运动与技术创新对该过程的影响，得出了新颖的结论，并构建了相关变量的新的数量模型。

我们打破原书的章节顺序，基于图 1 进一步介绍该书的具体工作。因为书中各章节之间存在联系，并不能将图中的某一部分单独对应某一章，虽然某些章节在内容上确实相对集中。

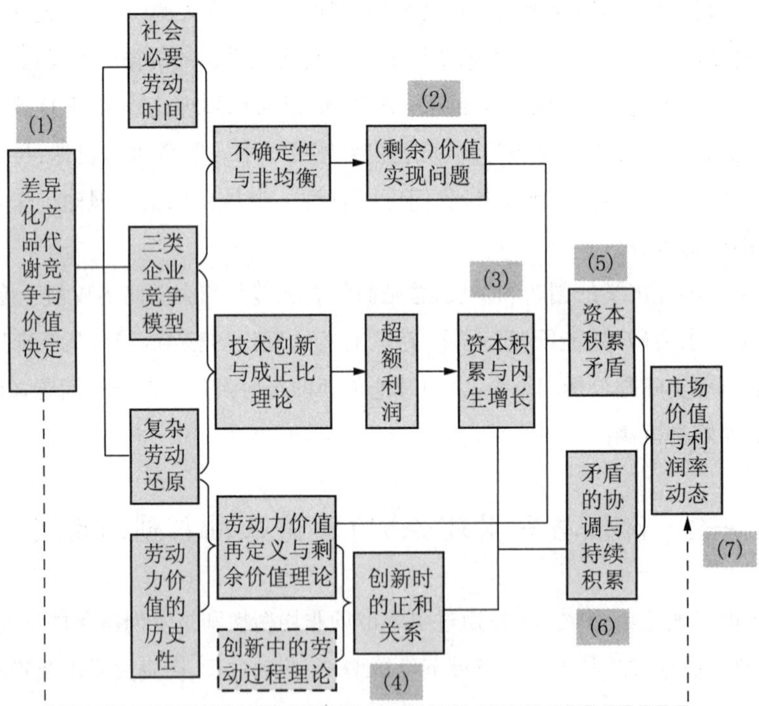

图 1　《价值与积累理论》一书的理论创新体系及基础

图 1 中，灰色方框的内容是该书理论创新所使用到的马克思的原初理论，虚线方框则是该书理论创新所使用的其他学者发展的理论，实线方框则是该书的主要理论创新部分。

首先，在图中(1)所示部分中，该书利用“冯金华方程”对社会必要劳动时间Ⅱ做了数学表达，基于复杂劳动还原，在马克思的好、中、差三类企业竞争形成社会必要劳动时间的标准故事中，考虑了技术创新条件下部门内差异性产品的代谢竞争,说明了在技术创新条件下价值的形成机制和数量关系。这部分说明了在创新条件下,商品生产的劳动耗费到价值形成的机制问题、数量关系问题及其影响因素。

其次,基于“社会必要劳动时间Ⅱ”和社会必要劳动时间标准形成的竞争模型,可引出资本主义市场的不确定性、非均衡性和(剩余)价值实现的问题。这为进一步分析资本积累及其矛盾关系对非均衡性和价值实现的影响打下了基础。这部分关系在图中(2)处。

再次,技术创新的条件下,在社会必要劳动时间标准决定的企业竞争中引入复杂劳动还原,则可以从数量关系上得到劳动生产率和单位时间内价值创造的“成正比关系”。这一关系可以部分解释超额利润的来源问题。如果超额利润仅仅是来源于其他部门的转移,则此消彼长,难以形成整体积累的加速,无法解释大规模技术创新带来的积累热潮。基于价值创造的超额利润分析,孟捷将技术进步同资本积累相结合,提出了与西方经济学截然不同的内生增长机制。这便是图中(3)处的逻辑。

此外,在图中(4)所示处,基于马克思定义劳动力价值时所提出的“历史性”和技术创新条件下的复杂劳动还原,孟捷进一步发展了劳动力价值决定理论。在传统政治经济学理论对劳动力价值决定的分析之上,考虑剩余价值实现和资本积累的条件(比例要求)与劳动过程中劳资之间的博弈,将劳动力价值的决定看作是一个动态变化的过程。由此可以得出,在技术创新条件下,出于合作的需要,劳资关系会缓和。于是,不仅价值创造存在“正比关系”,而且在劳动过程中形成“合作”为主,而不是“对抗”的局面,孟捷称之为“正和关系”。在该关系下,收入分配相对均衡,实际工资提高的同时能维持剩余价值率稳定甚至提高。这又有利于资本积累的稳定和剩余价值的实现。

最后,在不存在技术创新的情况下,根据“剩余价值实现问题”和“劳动力价值再定义与剩余价值”的分析,很容易导出资本积累的矛盾。因为此时的劳资关系更富对抗性,不仅随着工资和利润之间的消长,积累、产出和就业会不断波动,而且一旦工资过低还会引发经济危机。即图中(5)处所说的资本积累矛盾。然而,如果存在持续技术创新,则劳资关系处于“正和状态”。此时,不仅有新技术带来的效率提高,而且更富合作性的劳资关系可以维持更为平衡的分配关系,在实际工资增长的同时实现利润率的稳定甚至增长。这不仅保证了消费需求伴随产能持续增长,还强化了资本积累的意愿,保障了剩余价值的实现条件。也就是图中(6)处所说的资本积累矛盾的调节。

在实际经济运行中,以上两种情况均可能出现。技术创新与否不仅影响(剩余)价值的生产,也影响价值的实现。于是,在多部门均衡价格体系基础上,孟捷创造性地引入“冯金华方程”、MELT(劳动时间的货币表现)和“价值实现系数”,不仅提出了解决价值转形问题的新方法,而且将积累矛盾和价值实现问题引入利润率平均化的生产价格体系中。于是,从本质层面的价值创造——上图(1)处,到现象层面考虑利润率平均化后由货币表现的“市场价值”——上图(7)处,形成一个从本质到现象展开的完整体系。

在这样一个体系中,还能进一步分析利润率下降规律,以及价值实现对该规律的影响,并由此对“置盐定理”提出批评。

二、《价值与积累理论》理论创新的贡献

基于以上分析，我们可以看到一个相互联系的理论体系的雏形。该理论体系不仅植根于马克思原有的理论基础和概念，而且对马克思的经济理论进行了发展和补充。从理论发展的角度来看，《价值与积累理论》有如下几点贡献。

首先，该书的理论创新使劳动价值论焕发了新的生机。长久以来，劳动价值论面临的困境不仅在于解决价值转形问题上缺乏共识，而且在于对包括价值转形在内的劳动价值论相关问题的研究，逐渐变为一种抽象的数学游戏。然而，孟捷的模型涵盖了技术创新条件下的价值创造、劳资分配、剩余价值实现以及资本积累，形成一个系统的、动态的整体，劳动价值论也变成分析资本积累矛盾的工具。而且因为有明确的数量关系，该体系还能基于投入产出表的数据进一步发展为经验研究的基本框架。

从价值到市场价值，该体系不仅可以解释竞争市场的商品交换比例，还可作为剩余价值实现程度和资本积累的分析工具。这一理论过程是从抽象到具体，从本质到现象的完美呈现，也是马克思科学方法论的自然结果。

其次，该书提出了一个系统解释市场经济长期增长的机制。通常而言，马克思对资本主义矛盾的分析被认为是解释经济危机或者增长停滞的重要理论。然而，马克思并没有系统解释资本积累矛盾的调节以及由此带来的长期增长，因此这也就成了马克思经济学发展的重要方向。曼德尔将长期增长看作是由外生因素推动、六个半自动变量相互配合的产物①；积累的社会结构学派和调节学派则着力分析了制度因素如何在维持利润率水平中发挥作用②。然而，形成持续资本积累制度的基础是什么？合作型的劳资关系和合理的分配关系的经济基础又是什么？孟捷在该书中将技术创新和相对剩余价值生产作为该问题的回答。在该书中，技术创新不仅是生产的效率提高，也改变着劳动过程中的劳资关系与分配关系，从而实现在产量迅速扩大的同时也实现剩余价值。于是，积累意愿得以维持，实现了良性循环。

由此可见，资本积累的矛盾涉及的不仅是简单的剩余价值实现的比例关系，而是从剩余价值生产的劳动过程、资本积累意愿到剩余价值实现的整个体系。资本积累矛盾的协调，并不仅仅是一个分配比例的调整问题，分配本身也是由劳动过程、劳动力市场和资本积累来决定的。于是，在该书中，调节矛盾的基础在于技术创新。技术创新不仅带来产出效率的提高和剩余的增加，还增强了劳动过程中劳资关系的合作性，有利于形成合理的收入分配关系，以保障剩余价值实现的条件和实际工资的持续上涨。

---

① Mandel, E., 1999, *Late Capitalism*, London: Verso.

② 大卫·科茨:《法国调节学派与美国积累的社会结构学派之比较》,载张宇、孟捷、卢荻主编:《高级政治经济学》第17章,经济科学出版社2002年版,第317—329页。

再次，该书的创新之处还表现为推进了对价值转形、复杂劳动还原、利润率下降趋势规律等理论难题的研究。围绕价值转形问题的讨论，摆脱了鲍特基维茨和新李嘉图主义传统带来的束缚，肯定了“新解释”采取的方法并指出其囿于净产品、假设再生产均衡所固有的缺陷，在考虑再生产失衡的前提下，利用推广到总产品的实现价值方程对转形问题作出了新的阐释。围绕复杂劳动还原的讨论，批判性地综合了希法亭和鲁宾的观点，分别探索了部门间和部门内的复杂劳动还原，为以劳动价值论为基础的内生增长理论奠定了基础。围绕利润率下降趋势的讨论，指出了马克思利润率下降理论和置盐定理的共同前提及其局限性，强调资本积累的基本矛盾和由此带来的再生产非均衡，并在此立场的基础上重写平均利润率和生产价格的决定方程，构建了一个可以解释平均利润率变动的一般框架。

最后，该书是“相对剩余价值生产”理论体系中分析“经济条件”的一部力作。孟捷在《〈资本论〉的当代价值》①一文中指出，资本主义经济推动生产力发展的机制就是相对剩余价值生产。而相对剩余价值生产要能够持续进行，必须要满足三个条件：技术供给条件、积累制度条件和经济条件。简而言之，要有持续的技术创新和进步；要有相适应的制度条件保障积累持续进行，而不是浪费在过度金融化的投机游戏中；还要在经济上满足剩余价值实现和扩大再生产平衡的数量比例关系。《价值与积累理论》一书主要分析的是相对剩余价值生产中的经济条件及其数量规律。该书不仅提出了系统的价值决定、剩余价值决定、利润率平均化与剩余价值实现等数量关系模型，而且还给出了具体的数量关系的规律，比如创新条件下的代谢竞争对价值决定的影响，新技术及其代谢对超额利润和资本积累的影响，以及考虑剩余价值实现条件的技术变化和利润率变动等。

可见，该书在孟捷的社会主义市场经济体系的理论谱系中，是相对剩余价值生产的“经济条件”的具体化，并且是基于劳动价值论的数量关系体系进行分析的着力之作。

三、总结与展望

在学习《资本论》的时候，我们总是惊叹于马克思对于资本主义经济的深刻洞见和整体把握。然而，这种整体性的呈现是建立在马克思特殊的叙事手法上的。更多的近现代研究往往不能对马克思的理论进行系统性的发展，而是孤立地分析某些问题，这一点尤其体现在数理马克思经济学的发展上。孟捷的这本新书再次还原了马克思理论的系统性和整体性特色，无论是模型创新还是数量分析都是对基本问题解析与重构的一以贯之的逻辑的产物，是马克思科学方法论的再次呈现。

基于书中已有的模型框架和投入产出数据，进行经验实证研究顺理成章。除此之外，沿着该书的思路，还可以引申出很多发展路径。

首先，该书通过不确定性和剩余价值实现率将价值理论和资本积累理论融合在一起，但是实

① 孟捷：《〈资本论〉的当代价值》，《光明日报》2018 年 6 月 5 日，第 15 版。

现率的设定还没有完全内生化。也就是说，书中模型还没有将剩余价值的实现作为资本积累的结果的数量关系表达出来。一旦这个工作得以完成，那么整个体系可以从一个静态或者比较静态模型变成动态模型。

其次，书中已经就超额剩余价值与马克思内生增长理论的部分提出一个基于资本积累的内生增长框架，但是仍未完成对其中的技术进步及其相关经济条件如何进行的量化分析。除了经济条件和投入之外，技术进步有自己的逻辑和规律，且有很大不确定性。解决该问题需要实现历史和逻辑的统一，并且将其在数量关系上进行呈现，这是一个很有挑战性的工作。

最后，作为孟捷提出的相对剩余价值生产的“经济条件”的一部分，该书并没有明确其和“技术条件”“制度条件”之间的关系。当然，这应该是一个更长期且宏大的工作。

解读新时代下的中国经济

——评龚刚著《当代中国经济》(第二版)

马　丽*

摘　要　自改革开放后,中国经济神话般的崛起,成为全球经济增长的耀眼点,瞩目于世界,引发中、西方学者对中国经济运行的热烈讨论。《当代中国经济》(第二版)利用国际经济学界通用的语言和范式对新时代下的中国经济进行分析和解读,帮助读者理解中国经济的运行,并对中国经济的未来进行分析和预测,并重点对习近平经济学思想进行学术性概括阐释,即新常态、供给侧结构性改革和"一带一路"。分析认为新常态意味着中国经济进入发展的新阶段,需要新的发展战略形成新的发展方式与其发展阶段相适应,即中国经济对内要进行供给侧结构性改革推动经济长期增长,对外要推动"一带一路"倡议,寻找外围国家,使自己逐渐成为中心国家。

关键词　习近平经济学思想　新常态　供给侧结构性改革　"一带一路"

由高等教育出版社出版的《当代中国经济》(第二版)一书是龚刚教授对当代中国经济潜心研究的成果,具有很强的专业性、学术性和实践性。该书旨在利用国际经济学界所通用的语言和范式对当代中国经济进行深入的解读和分析,帮助读者理解中国经济,并对中国经济的未来进行分析和预测。

一、基 本 内 容

该著的研究内容广泛,结构严谨,脉络清晰,且具有极强的时效性,抓住了当前中国经济的研究热点和焦点。

该著在结构上分为三个部分。前四章构成第一部分"引言与准备"。在这一部分中,著者首先讨论了经济学的研究对象和研究方法,指出经济学的研究对象是研究在一定的经济环境下,经济社会的运行过程,或经济变量的决定过程,其中,经济环境可以从经济体制和经济发展程度两

---

* 马丽,云南财经大学国际工商学院。

个向度上进行考量。这样一种对经济学研究对象和研究方法的讨论为该书其余部分提供了基本导向。在此基础上，第二章到第四章讨论了自新中国成立以来中国经济环境在经济体制和经济发展程度两个向度上的演变，其中，第二章讨论了中国传统的社会主义经济，第三章和第四章讨论中国的经济体制改革。这使我们了解到中国当前的经济体制和生产力水平，从而为第二部分研究当代中国经济做好了环境界定上的准备。

第二部分"辉煌与解读"由第五章至第八章构成：它对当代中国经济的运行进行了分析。通过中国和世界范围历史数据的比较，回答了如下两个关键问题：第一，中国主要宏观经济变量的波动符合典型市场经济国家所体现出的波动规律。第二，中国经济的高增长及其增长方式并非意外，符合发展中国家脱离贫困陷阱后向中等收入国家发展的一般形态。

第三部分"新常态"是该书最为主要的部分，由第九章至第十四章构成，讨论了中国经济的未来，其中，贯彻了对习近平经济学思想的阐释。

二、对习近平经济学思想的学术阐释

该书最主要的贡献无疑是第三部分对习近平经济学思想所进行的学术性阐释。在作者看来，习近平的经济学思想由三个关键词构成：新常态、供给侧结构性改革和"一带一路"。其中，在现在看来，新常态可以理解成是新时代在经济学领域的表述；新常态下的供给侧结构性改革是习近平的对内经济战略；新常态下的"一带一路"则是习近平的对外开放思路。

（一）新常态——中国经济发展的新阶段

作者以如下历史唯物主义视角下不言自明的假设为基础，对习近平上述经济学思想进行学术解释：发展过程必然伴随生产力的不断提高和由此而带来的经济体在经济结构和资源禀赋等方面的不断演变，当这种演变从量变到达质变时，经济将进入新的发展阶段；新的（不同的）发展阶段必然意味着新的（不同的）经济环境，从而对经济体形成不同的约束，由此而产生不同的经济变量决定方式和经济学理论；新的（不同的）发展阶段也必然要求新的生产方式（或增长方式、发展模式）。生产方式的错配（即生产方式不适合现有发展阶段）必然给经济体带来扭曲，并由此产生各种问题。

在作者看来，习近平的经济学思想正建立在这样一种历史唯物主义的基础上。为此，作者首先利用自己之前所构建的两阶段理论，对习近平的新常态思想进行了学术解释。

按照经济增长理论，发展的过程可以理解为人均产量不断提高的过程，而人均产量的提高得益于人均资本的提高和技术的进步。现实中，人均资本的提高通常表现为农村剩余劳动力脱离土地进入城市与资本结合。这个过程实际上就是生产方式从劳动密集向资本密集逐渐转化的过程，即人均资本拥有量不断提高的过程。然而，在没有技术进步的条件下，由资本密集所带动的人均资本和人均产量的提高是有极限的，当经济达到这一极限时，唯有技术进步才能进一步提高人均资本和人均产量。技术的提高意味着生产方式趋知识（或技术）密集化。因此，在增长理论框架下,生产方式存在着从劳动密集向资本密集转移和从资本密集向知识密集转移的两个发展阶段。

需要说明的是,生产方式完成从劳动密集向资本密集的转移通常也意味着农村剩余劳动逐渐被现代工业部门所吸收,劳动力市场开始由过剩转向短缺,即出现所谓的刘易斯拐点,此时,进一步的增长将使工资快速上升。工资的快速上升也必然意味着收入分配状况开始出现好转,即出现库兹涅茨曲线的拐点。

由此,我们可以将发展中国家脱离贫困陷阱后向发达国家的发展过程分为两个阶段。第一阶段是剩余劳动力的消化过程,此时,经济处在刘易斯拐点和库兹涅茨曲线拐点出现之前,生产方式从劳动密集向资本密集转化,属低收入国家向中等收入国家发展。第二阶段是技术的追赶过程,此时,刘易斯拐点和库兹涅茨曲线拐点出现,生产方式从资本密集向知识密集转型,属中等收入国家向高收入的发达国家发展。值得注意的是,经济从第一阶段向第二阶段的发展并非自然而然,其间很有可能出现中等收入陷阱,其原因在于生产方式从资本密集向知识密集转型并非易事。新常态意味着中国进入了经济发展的第二阶段。

值得一提的是,两阶段理论是由作者在《当代中国经济》一书的第一版中首先提出。之后经过了建模和经验数据等检验。

(二) 供给侧结构性改革——新常态下中国对内经济发展战略

如前所述,当经济进入新的发展阶段之后,必然要求新的发展战略以形成新的生产方式(或增长方式、发展模式),否则错配生产方式(即生产方式不适合现有发展阶段)必将给经济体带来扭曲。

针对中国经济新常态,习近平于 2015 年底又提出"供给侧结构性改革"的思想。这实际上为我们指明了中国经济进入新常态之后必须制定新的经济发展战略,通过"供给侧结构性改革"实现以新的生产方式(或经济增长方式)来适应新常态。然而,为什么推动经济长期增长需要供给侧结构性改革?要知道,在这之前无论是在官方、媒体还是在经济学家们的眼里,推动经济增长的主要动力是需求侧,即需求侧的三驾马车——投资、消费和出口。于是我们不得不问:为推动经济长期增长而提出的供给侧结构性改革其背后的逻辑是什么?作者对此进行了详细的解释。

中国进入新常态后的另一个主要特征是:常态下经济已不再是一个"需求决定型经济",而是"供给决定型经济"。这实际上意味着推动经济增长的主要动力是供给侧,而不再是之前需求侧的三驾马车(投资、消费和出口)。这是供给侧结构性改革的逻辑起点。从宏观层次讲,经济社会的供给侧一般由资本、劳动力和技术构成,其中,劳动力供给是自然给定的,资本则由投资所累积,而投资本属需求侧。在中国,投资占 GDP 比例已经过高,过去的经济增长方式在某种程度上可以理解为投资拉动型。过分的投资不仅对资源环境形成了压力,同时也造就了产能过剩和沉重的债务杠杆。正因为如此,从宏观层次的供给侧而言,推动经济增长的唯一动力就是技术的提高。就微观层次上而言,供给侧结构性改革所提的结构并不简单地指各产业部门,如第一、第二和第三产业之间的比例,更重要的是指中国产品在国际产业价值链分布上的结构。因此,所谓的产业结构升级就是要从产业价值链的低端(如手工式的加工组装)向高端(如研发设计和提供核心零部件)提升。本质上,这也要求发展知识密集型经济以提高经济社会的技术水平。

由此可见,作为写入党章的供给侧结构性改革绝不是仅仅谋求解决"三去、一降、一补"等短期经济问题,而是要构建好中国特色的国家创新体系,即通过一系列的经济体制、政府管制体制和教育科研体制的改革,为自主研发和创新提供足够的激励,以达到发展知识密集型经济、不断提高经济社会的总体技术水平,使中国跨越中等收入陷阱,迈入发达国家行列。

(三)"一带一路"——新常态下中国的对外开放

如果说供给侧结构性改革是新常态下习近平的对内发展战略,那么"一带一路"则是新常态下习近平的对外开放思路。作者从而如下两个维度对习近平的"一带一路"思想进行了学术解释:第一从世界经济秩序去理解,第二从中国经济的新常态出发。

当今世界经济秩序基本上可以看成是一个"中心—外围"体系:美国及部分发达国家为中心区域,亚洲等发展中国家为外围区域。驱动世界经济增长的主要动力是外围国家大量的剩余劳动力和其经济增长模式——亚洲模式。采用亚洲模式的国家通常执行固定或有管理的浮动汇率制度,以调控汇率,使本币贬值,从而吸引中心国家的外商直接投资,促进本国商品的出口,同时也抑制了进口,进而积累外汇储备。由此,中心—外围体系本质上就是"美国生产美元—世界生产商品"。尽管美国时不时地会对外围国家的"亚洲模式"进行批判,指责其汇率操纵对美国相关产业和就业的冲击,然而,本质上它享受这样一种"美国生产美元—世界生产商品"的国际经济秩序。就外围的发展中国家而言,通过固定或有管理的浮动汇率制度,使本币贬值,进而追求外商直接投资和出口顺差,无疑是将外部需求因素作为拉动本国经济增长的动力,这不仅能够消化剩余劳动力和促进本国经济增长,同时也能积累大量美元以防范金融风险等。在一个需求决定型的经济社会中,这些从需求角度拉动经济增长的考量无疑都是顺理成章的。因此,它们也能接受这种客观上"不公平和不公正的国际经济秩序"。

毫无疑问,过去 40 年,中国就是这一中心—外围体系中最主要的外围国家。也正因为如此,过去 40 年,中美之间更多的是经济上的合作和共赢。

然而,中国已进入了一个新的发展阶段——新常态。新常态意味着不仅无限的剩余劳动力在中国已不复存在,同时新常态下的中国已不再是一个需求决定型经济。正因为如此,进入新常态之后,中国已不再适合担任外围国家。未来中国对外开放的目标应该是:逐渐使自己成为中心国家。而要使自己成为中心国家,则必须寻找自己的外围国家。"一带一路"可以理解为新时代(或新常态)下中国试图通过"一带一路"去寻找自己的外围国家,它体现了新时代(或新常态)下中国对外开放的基本思路。

三、讲好中国的故事

自改革开放以来,中国经济以神话般的速度崛起,世界瞩目,成为全球经济增长新的耀眼点。中国的每一个举措也都牵动着世界的神经，悄然改变着世界的格局，引发美国等现有世界秩序制定者和受益者的日益焦虑。与此同时，伴随着中国经济建设的实践所带来的理论问题也同样刺激着中、西方的经济学者，特别是近几年来，新常态、供给侧结构性改革和“一带一路”等新思想和新倡议的提出，更增加了国际社会理解中国经济的困惑，给众多探索者带来“雾里看花”的沉醉和迷思。中国虽然已经是世界第二大经济体，日益走向世界舞台中心，但在国际交流和传播中却面临着许多难题。例如，中国的市场经济地位并没有获得以美国为首的西方世界的认可。如何消除误解、建构与传播好中国的国家形象十分重要，正所谓，“讲好故事，事半功倍”。

习近平在2015年就曾经指出，希望用海外读者乐于接受的方式、易于理解的语言，讲述好中国故事，努力成为增信释疑、凝心聚力的桥梁纽带。由此可见，如何利用国际经济学界通用的语言和范式对中国经济进行分析和解读，并传播中国的经验，是我们这一代中国经济学人不可推卸的使命和职责。就这一使命而言，龚刚的《当代中国经济》(第二版)可谓走在前列。

2005—2007年，作者受教育部及清华大学委派，以菲利普斯现代中国经济客座教授(Philips Guest Professor in Modern Chinese Economy)的身份在荷兰莱顿(Leiden)大学讲授当代中国经济。该书的第一版便是在此授课的基础之上撰写而成。2012年，在国家新闻出版总署国际经典出版工程项目《当代中国经济》的支持下，Routledge Press出版了该书第一版的英文版，使其成为中国以版权输出的形式走向世界的经济学学术著作，受到中、西方广大读者的关注和好评。根据发展的需要，作者在第一版的基础上根据新时代中国经济的新常态进行了大幅调整，添加了许多新内容，完成了本版——第二版书籍的出版工作。我们相信该书第二版的英文版也将很快面世。

该书第二版的英文版问世将至少给世界提供如下解惑：

第一，无论从经济波动的特征和经济变量的决定方式看，中国是不折不扣的市场经济。中国的市场经济与中国的社会主义性质无关。中国的社会主义经济是在市场经济的规则下运行。社会主义市场经济恰恰是中国经济的特色。

第二，中国经济从高增长到中高速增长，并且未来终将走向中速增长符合经济发展的一般规律。

第三，以中国的国力和人口规模，以构建国家创新体系为核心的供给侧结构性改革必将使中国跨越中等收入陷阱，中国昂首进入世界先进行列势不可挡。

第四，中国的“一带一路”必将使沿线国家受益，帮助它们脱离贫困，走向共同富裕和发展之路。

参考文献

[1] 龚刚：《当代中国经济：第三种声音》，高等教育出版社2008年版。

[2] 龚刚：《人民币突围——走向强势货币》，人民出版社2013年版。

[3] 龚刚：《论新常态下的供给侧改革》，《南开学报》2016年第2期。

［4］龚刚:《当代中国经济》(第 2 版),高等教育出版社 2017 年版。

［5］贾兴鹏、夏晓伦:《中央经济工作会议部署明年经济工作五大政策推进供给侧改革》,人民网,2015 年 12 月 22 日,http://finance.people.com.cn/n1/2015/1222/c1004-27958807.html。

［6］习近平:《用海外乐于接受方式易于理解语言努力做增信释疑凝心聚力桥梁纽带》,人民网,2015 年 5 月 22 日,http://politics.people.com.cn/n/2015/0522/c1024-27038915.html。

［7］Gong, Gang: *Contemporary Chinese Economy*, New York: Routledge Press, 2012.

图书在版编目(CIP)数据

上海政治经济学年鉴.2018/张晖明,孟捷主编
.—上海:格致出版社:上海人民出版社,2018.12
ISBN 978-7-5432-2940-2

Ⅰ.①上… Ⅱ.①张… ②孟… Ⅲ.①政治经济学-上海-2018-年鉴 Ⅳ.①F0-54

中国版本图书馆CIP数据核字(2018)第273839号

责任编辑 忻雁翔
装帧设计 路 静

上海政治经济学年鉴2018
张晖明 孟 捷 主编

出 版	格致出版社 上海人民出版社 (200001 上海福建中路193号)
发 行	上海人民出版社发行中心
印 刷	上海商务联西印刷有限公司
开 本	787×1092 1/16
印 张	38.25
插 页	2
字 数	871,000
版 次	2018年12月第1版
印 次	2018年12月第1次印刷

ISBN 978-7-5432-2940-2/F·1172
定 价 158.00元